Prentice Hall
Álgebra 1

Randall I. Charles
Basia Hall
Dan Kennedy
Allan E. Bellman
Sadie Chavis Bragg
William G. Handlin
Stuart J. Murphy
Grant Wiggins

PEARSON

Boston, Massachusetts • Chandler, Arizona • Glenview, Illinois • Upper Saddle River, Nueva Jersey

Acknowledgments appear on page 929, which constitutes an extension of this copyright page.

PEARSON

ISBN-13: 978-0-13-371495-1
ISBN-10: 0-13-371495-0
1 2 3 4 5 6 7 8 9 10 V057 14 13 12 11 10

Resumen *del contenido*

Bienvenido al libro del estudiante *Álgebra 1,* **de Prentice Hall,** de Pearson. A lo largo de este libro de texto, encontrarás contenido que se ha desarrollado para cubrir todos los requisitos de Matemáticas que establece el *American Diploma Project* (ADP, por sus siglas en inglés). La evaluación de final del curso se elaboró a partir del examen *Algebra 1 ADP* y puede usarse como práctica para rendir el examen ADP.

Autores *de la serie*

Randall I. Charles Ph.D., es profesor emérito del Departamento de Matemáticas y Ciencias de la Computación de San Jose State University, en San José, California. Comenzó su carrera como maestro de Matemáticas en escuelas secundarias y se desempeñó como supervisor del área de Matemáticas durante cinco años. El Dr. Charles fue miembro de varias comisiones del Consejo Nacional de Maestros de Matemáticas (NCTM, por sus siglas en inglés) y fue vicepresidente del Consejo Nacional de Supervisores de Matemáticas (NCSM, por sus siglas en inglés). Gran parte de su obra y sus investigaciones se dedican a la resolución de problemas. Es autor de más de 75 libros de texto de matemáticas dirigidos a un público que abarca desde niños de Kindergarten hasta estudiantes de la universidad.

Dan Kennedy, Ph.D., es maestro de escuela y ocupa el puesto de Profesor de Matemáticas Distinguido por Lupton en la universidad Baylor School, en Chattanooga, Tennessee. El Dr. Kennedy se desempeña frecuentemente como orador en encuentros profesionales sobre la reforma educativa en el área de las Matemáticas y ha dirigido más de 50 talleres e institutos para maestros de la escuela secundaria. Es coautor de libros de texto sobre Cálculo y Precálculo. Entre 1990 y 1994, presidió la Comisión de Desarrollo del Cálculo Avanzado de la institución College Board. En 1992, recibió la beca Tandy Technology y, en 1995, obtuvo el Premio Presidencial a la Excelencia en la Enseñanza de Matemáticas.

Basia Hall se desempeña actualmente como Directora de Programas Institucionales para el Distrito Escolar Independiente de Houston. Con 33 años de experiencia en el área de la educación, la Sra. Hall se ha desempeñado como jefa de departamento, supervisora de instrucción, facilitadora del desarrollo escolar y capacitadora para el desarrollo profesional. Ha diseñado planes de estudio para Álgebra 1, Álgebra 2 y Geometría, y también participó en el desarrollo de los estándares de Matemáticas del estado de Texas. Ganó el Premio Presidencial en 1992 y fue presidenta de la Asociación de Supervisores de Matemáticas de Texas. Actualmente, es representante estatal en el NCSM.

Asesores *del programa*

Stuart Murphy se desempeña como asesor y autor de libros de aprendizaje visual. Es un ferviente defensor del desarrollo de las destrezas de aprendizaje visual y del uso de estrategias relacionadas para ayudar a los niños a mejorar como estudiantes. Es autor de *MathStart*, una serie de libros para niños que presentan conceptos matemáticos en forma de cuentos. Después de graduarse de Rhode Island School of Design, trabajó intensamente en la edición de textos educativos y colaboró como autor en varios programas de Matemáticas en escuelas primarias y secundarias. En la actualidad, se desempeña como presentador en encuentros del NCTM, la Asociación Internacional de Lectura y otras organizaciones profesionales.

Grant Wiggins, Ed.D., es presidente de Authentic Education en Hopewell, Nueva Jersey. Obtuvo su doctorado en la Universidad de Harvard y su licenciatura en St. John's College, en Annapolis. El Dr. Wiggins se desempeña como asesor en distintas escuelas, distritos y departamentos educativos estatales en una gran variedad de temas relacionados con la reforma educativa. Organiza conferencias y talleres, y elabora material impreso y recursos en línea sobre los cambios curriculares. Es conocido por ser el coautor, junto con Jay McTighe, de *Understanding by Design* y *The Understanding by Design Handbook*, las aclamadas obras sobre diseño curricular publicadas por ASCD que han obtenido numerosos premios. Su trabajo ha contado con el apoyo de Pew Charitable Trusts, la Fundación Geraldine R. Dodge y la Fundación Nacional de Ciencias.

Autores *del programa*

Álgebra 1 y Álgebra 2

Allan E. Bellman, Ph.D., es profesor y supervisor de la Facultad de Ciencias de la Educación de la Universidad de California, Davis. Anteriormente, fue maestro de Matemáticas durante 31 años en el condado de Montgomery, en Maryland. Se desempeñó como instructor en la Fundación Nacional de Becas Woodrow Wilson y en el programa T^3. Ha participado en el desarrollo de varios productos de Texas Instruments. El Dr. Bellman es especialista en el uso de la tecnología en el ámbito de la educación y suele ofrecer conferencias sobre el tema. Recibió la beca Tandy Technology en 1992 y su nombre fue incluido en dos ocasiones en la publicación *Who's Who Among America's Teachers,* que distingue a los maestros de los Estados Unidos.

Sadie Chavis Bragg, Ed.D., es vicepresidenta sénior de Academic Affairs at the Borough of Manhattan Community College, que depende de City University of New York. Anteriormente, se desempeñó como profesora de Matemáticas y fue presidenta de la Asociación Matemática Estadounidense de Instituciones Terciarias de Dos Años (AMATYC, por sus siglas en inglés). Fue codirectora del proyecto de AMATYC destinado a revisar los estándares para los cursos introductorios a las matemáticas en la universidad antes de cursar Cálculo. También fue miembro activa de la Asociación Benjamin Banneker. La Dra. Bragg es coautora de más de 50 libros de texto de matemáticas dirigidos a un público que abarca desde niños de Kindergarten hasta estudiantes de la universidad.

William G. Handlin, Sr., es maestro de escuela y presidente del Departamento de Aplicaciones Tecnológicas de la Escuela Secundaria Spring Woods, en Houston, Texas. Fue nombrado miembro vitalicio del Congreso de Padres y Maestros de Texas por su contribución al bienestar de los niños. Conduce numerosos talleres y seminarios en encuentros de profesionales en todo el mundo.

Geometría

Laurie E. Bass es maestra de los Grados 9 a 12 de Ethical Culture Fieldston School, en Riverdale, Nueva York. Ha ejercido su profesión por más de 30 años, por lo que cuenta con una amplia experiencia que abarca desde la enseñanza en sexto grado hasta la enseñanza de Cálculo avanzado. En el año 2000, recibió una Mención de Honor en la entrega de los Premios Nacionales para Maestros de Radio Shack. Ha contribuido como autora en varias publicaciones, incluidas numerosas actividades de *software* para la enseñanza de Álgebra 1 en el salón de clases. Entre sus intereses se encuentran el aprendizaje cooperativo de los estudiantes de la escuela secundaria y el análisis de la geometría con el uso de una computadora. La Sra. Bass suele desempeñarse como oradora en conferencias locales, regionales y nacionales.

Art Johnson, Ed.D., es profesor de educación en el área de Matemáticas en Boston University. Es educador en el área de las Matemáticas y cuenta con 32 años de experiencia en la enseñanza en escuelas públicas. Se desempeña frecuentemente como orador y director de talleres. Ha recibido numerosos premios: el Premio Tandy a la Excelencia en la Enseñanza, el Premio Presidencial a la Excelencia en la Enseñanza de Matemáticas y el premio al Maestro del Año en New Hampshire. También fue seleccionado por Disney Corporation para participar en el programa para elegir al Mejor Maestro Estadounidense del Año. El Dr. Johnson ha escrito 18 artículos para publicaciones del NCTM y es autor de más de 50 libros sobre distintos temas relacionados con las matemáticas.

Revisores *de la edición nacional*

Tammy Baumann
Coordinadora de Matemáticas
de los Grados K a 12
School Disctrict of the City of
Erie
Erie, Pensilvania

Sandy Cowgill
Presidenta del Departamento
de Matemáticas
Muncie Central High School
Muncie, Indiana

Kari Egnot
Maestra de Matemáticas
Newport News High School
Newport News, Virginia

Sheryl Ezze
Presidenta del área de
Matemáticas
DeWitt High School
Lansing, Michigan

Dennis Griebel
Coordinador de Matemáticas
Cherry Creek School District
Aurora, Colorado

Bill Harrington
Coordinador de Matemáticas
en escuelas secundarias
State College School District
State College, Pensilvania

Michael Herzog
Maestro de Matemáticas
Tucson Small School Project
Tucson, Arizona

Camilla Horton
Apoyo escolar en escuelas
secundarias
Memphis School District
Memphis, Tennessee

Gary Kubina
Asesor de Matemáticas
Mobile County School System
Mobile, Alabama

Sharon Liston
Presidenta del Departamento
de Matemáticas
Moore Public Schools
Ciudad de Oklahoma,
Oklahoma

Ann Marie Palmeri Monahan
Supervisora de Matemáticas
Bayonne Public Schools
Bayonne, Nueva Jersey

Indika Morris
Presidenta del Departamento
de Matemáticas
Queen Creek School District
Queen Creek, Arizona

Jennifer Petersen
Facilitadora del Currículum
de Matemáticas para los
Grados K a 12
Springfield Public Schools
Springfield, Missouri

Tammy Popp
Maestra de Matemáticas
Mehlville School District
St. Louis, Missouri

Mickey Porter
Maestro de Matemáticas
Dayton Public Schools
Dayton, Ohio

Steven Sachs
Presidente del Departamento
de Matemáticas
Lawrence North High School
Indianápolis, Indiana

John Staley
Coordinador de Matemáticas
en escuelas secundarias
Office of Mathematics, PK–12
Baltimore, Maryland

Robert Thomas, Ph.D.
Maestro de Matemáticas
Yuma Union High School
District # 70
Yuma, Arizona

Linda Ussery
Asesora de Matemáticas
Alabama Department of
Education
Tuscumbia, Alabama

Denise Vizzini
Maestra de Matemáticas
Clarksburg High School
Condado de Montgomery,
Maryland

Marcia White
Especialista en Matemáticas
Academic Operations,
Technology and Innovations
Memphis City Schools
Memphis, Tennessee

Merrie Wolfe
Presidenta del Departamento
de Matemáticas
Tulsa Public Schools
Tulsa, Oklahoma

Nota de los **autores**

¡Bienvenidos!

Las matemáticas son una herramienta poderosa que tiene innumerables aplicaciones en la vida diaria. Hemos diseñado un programa único y estimulante que te permitirá aprovechar al máximo el poder de las matemáticas y el razonamiento matemático.

El desarrollo de las destrezas matemáticas y las estrategias de resolución de problemas es un proceso continuo, un camino que se recorre tanto dentro como fuera del salón de clases. Este curso está diseñado para ayudarte a entender los conceptos matemáticos que descubres día a día dentro y fuera de la escuela.

Aprenderás principios matemáticos importantes y además verás cómo se conectan estos principios entre sí y con los conocimientos ya adquiridos. Aprenderás a resolver problemas y analizarás el razonamiento que te lleva a encontrar soluciones.

Cada capítulo comienza con las "grandes ideas" de esa sección y algunas preguntas esenciales que aprenderás a responder. A través de este proceso de preguntas y respuestas, desarrollarás la capacidad de analizar problemas de forma independiente y a resolverlos en distintas aplicaciones.

Desarrollarás tus destrezas y la confianza en ti mismo a través de la práctica y el repaso. Analiza los ejemplos para comprender los conceptos y métodos que se presentan y el razonamiento en los que se basan. Luego, haz la tarea. Pregúntate cómo se relacionan los conceptos nuevos con los viejos. ¡Haz conexiones!

Todos necesitamos ayuda en algún momento. Descubrirás que este programa contiene herramientas, tanto en el libro de texto como en el libro en línea, para que obtengas ayuda cuando la necesites.

Este curso también te ayudará a tener éxito en los exámenes que tengas en clase y en otros, como los exámenes SAT y ACT, y los exámenes estatales. Los problemas de práctica que se dan en cada lección te prepararán para entender el formato y el contenido de estas pruebas. ¡Así no habrá sorpresas!

Los hábitos de razonamiento y las destrezas de resolución de problemas que desarrollarás en este programa te serán de utilidad en tus estudios y en la vida diaria. Te prepararán para tener éxito en el futuro, no sólo como estudiante, sino también como miembro de una sociedad basada en la tecnología y que está en constante cambio.

Con nuestros mejores deseos,

Power*Algebra*.com*

¡Te damos la bienvenida a Álgebra 1! *Álgebra 1*, de Prentice Hall es parte de un programa digital e impreso para el estudio de las matemáticas en la escuela secundaria. Tómate un tiempo para dar un vistazo a los componentes de nuestro programa de Matemáticas. Comienza por **PowerAlgebra.com,** el sitio donde se encuentran los componentes digitales del programa.

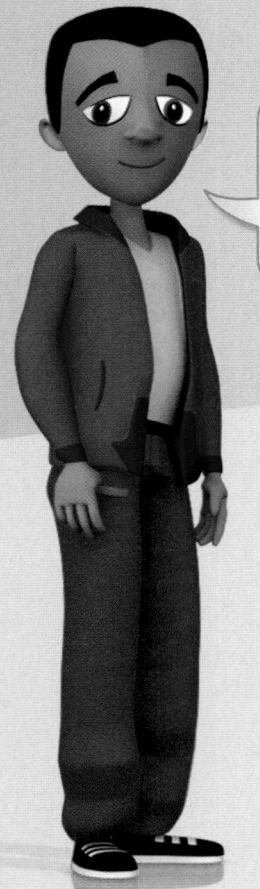

¡Hola! Soy Darío. Mis amigos y yo te mostraremos los componentes principales del programa *Álgebra 1*, de Prentice Hall.

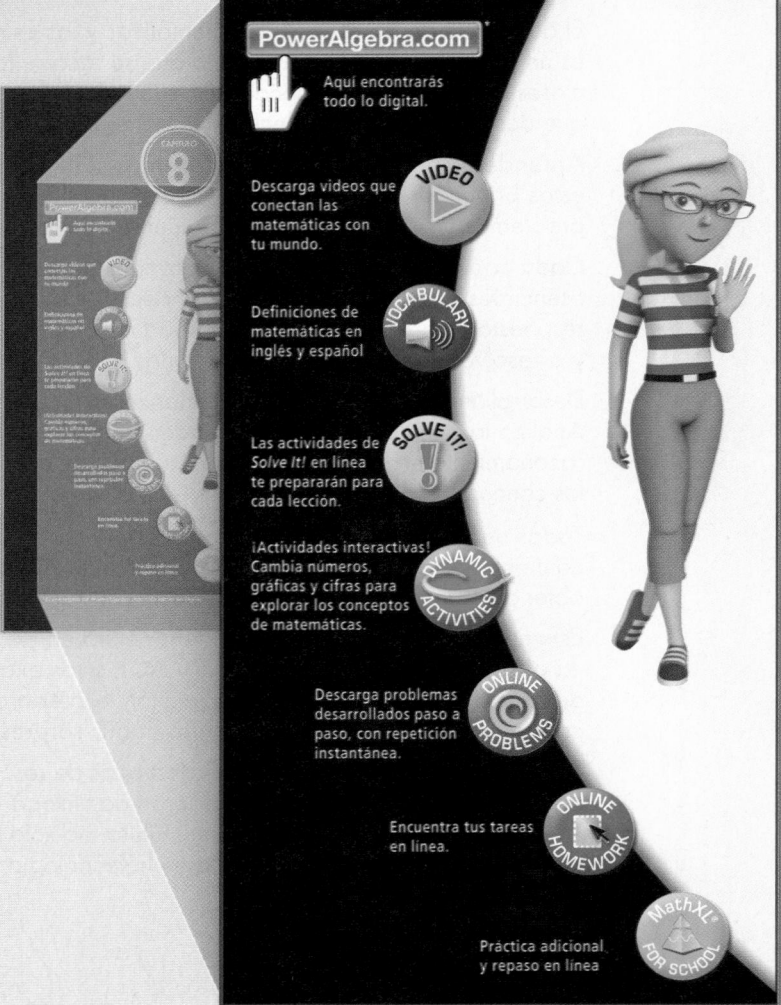

PowerAlgebra.com*

Aquí encontrarás todo lo digital.

VIDEO
Descarga videos que conectan las matemáticas con tu mundo.

VOCABULARY
Definiciones de matemáticas en inglés y español

SOLVE IT!
Las actividades de *Solve It!* en línea te prepararán para cada lección.

DYNAMIC ACTIVITIES
¡Actividades interactivas! Cambia números, gráficas y cifras para explorar los conceptos de matemáticas.

ONLINE PROBLEMS
Descarga problemas desarrollados paso a paso, con repetición instantánea.

ONLINE HOMEWORK
Encuentra tus tareas en línea.

MathXL® FOR SCHOOL
Práctica adicional y repaso en línea

*El contenido de PowerAlgebra.com sólo existe en inglés.

En la introducción de cada capítulo, se te pedirá que visites el sitio **PowerAlgebra.com** para tener acceso a los componentes en línea que se muestran arriba. Encontrarás los botones en todas las lecciones.

Grandes *ideas*

Comenzamos con las **Grandes ideas.**
Cada capítulo se organiza alrededor de
las Grandes ideas, que proporcionan los
conceptos matemáticos clave que estudiarás
en el programa. Da un vistazo a las Grandes
ideas que aparecen en las páginas xx y xxi.

GRANDES ideas

1 Equivalencia
Pregunta esencial ¿Pueden ser equivalentes
dos expresiones algebraicas que parecen ser
diferentes?

2 Propiedades
Pregunta esencial ¿Cómo se relacionan
las propiedades de los números reales con los
polinomios?

Las **Grandes ideas** son ideas de
organización para todas las lecciones del
programa. Al comienzo de cada capítulo,
te indicaremos cuáles son las Grandes ideas
que estudiarás. También presentaremos una
Pregunta esencial para cada Gran idea.

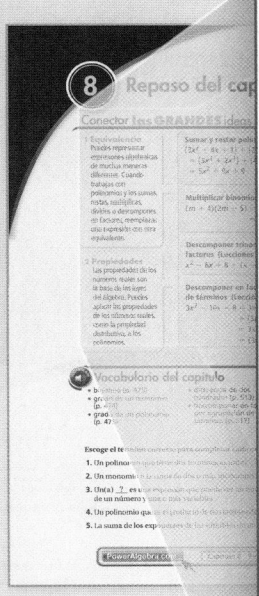

1 Equivalencia
Puedes representar
expresiones algebraicas
de muchas maneras
diferentes. Cuando
trabajas con
polinomios y los sumas,
restas, multiplicas,
divides o descompones
en factores, reemplazas
una expresión con otra
equivalente.

2 Propiedades
Las propiedades de los
números reales son
la base de las leyes
del álgebra. Puedes
aplicar las propiedades
de los números reales,
como la propiedad
distributiva, a los
polinomios.

En el **Repaso del capítulo** que aparece
al final de cada capítulo, encontrarás las
respuestas a la Pregunta esencial de cada Gran
idea. También te recordaremos en qué lección
o lecciones estudiaste los conceptos que apoyan
las Grandes ideas.

Explorar *los conceptos*

Las lecciones ofrecen muchas oportunidades para explorar los conceptos en distintos contextos y a través de distintos medios.

¡Hola! Soy Serena. Ahora puedo seguir conectada cuando estoy en la clase de Matemáticas.

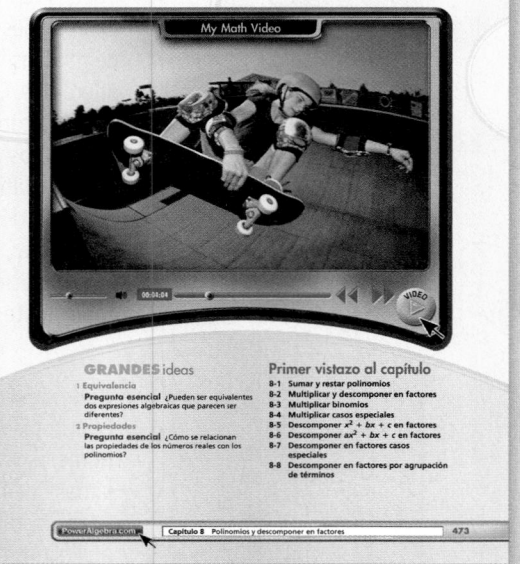

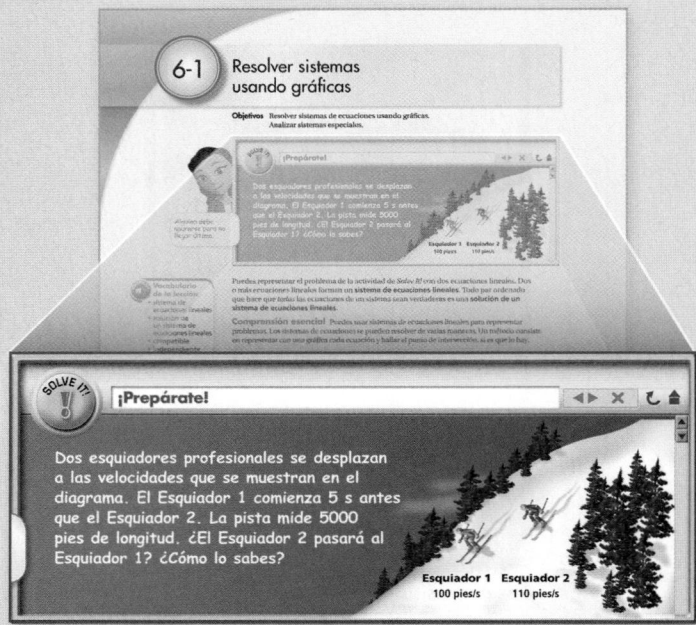

En cada capítulo, hay un video al que puedes acceder a través del sitio **PowerAlgebra.com.** El video presenta los conceptos en contextos de la vida diaria. Puedes contribuir y subir tu propio video de matemáticas.

Ésta es otra sección interesante. Cada lección empieza con una actividad de *Solve It!,* que consiste en un problema que te ayuda a relacionar lo que sabes con algún concepto importante de la lección. ¿Ves cómo el recuadro de la actividad de *Solve It!* parece extraído de una computadora? Esto se debe a que estas actividades se pueden encontrar en **PowerAlgebra.com.**

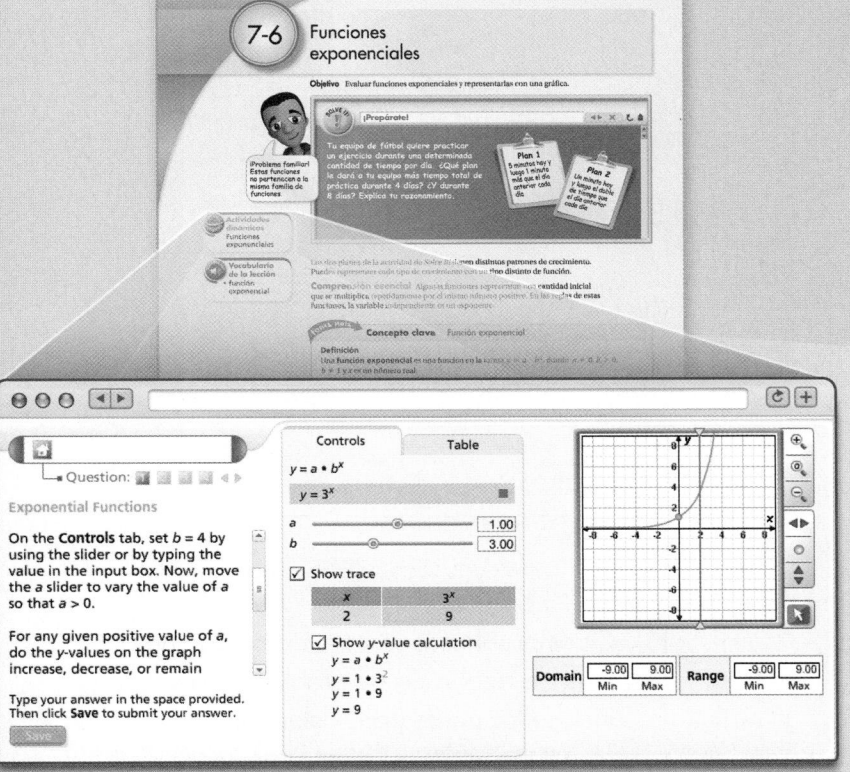

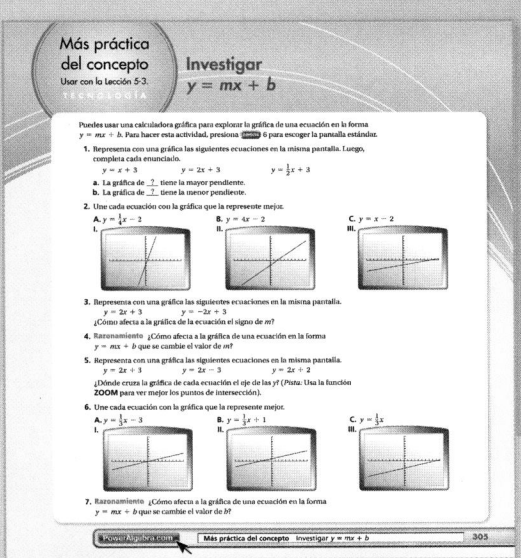

¿Quieres explorar más? Busca los íconos de 🌀 en tu libro de texto. Estos íconos te indican que hay una **Actividad dinámica** en el sitio **PowerAlgebra.com.** Con las actividades dinámicas, puedes seguir explorando el concepto que se presenta en la lección.

¡Prueba la sección **Más práctica del concepto!**
En esta sección, puedes explorar distintos aspectos de la tecnología, hacer actividades manuales o intentar resolver ejercicios de ampliación que suponen un desafío.

Pensamiento *matemático*

El razonamiento matemático es la clave para resolver problemas y comprender las matemáticas. A lo largo del programa, aprenderás estrategias para desarrollar hábitos de razonamiento matemático.

¡Hola! Soy Tyler. Los recuadros de "Planea" me ayudarán a descubrir dónde debo comenzar.

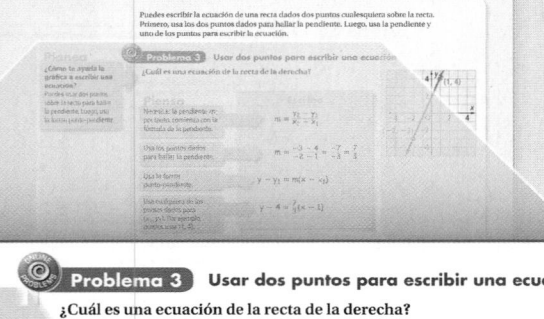

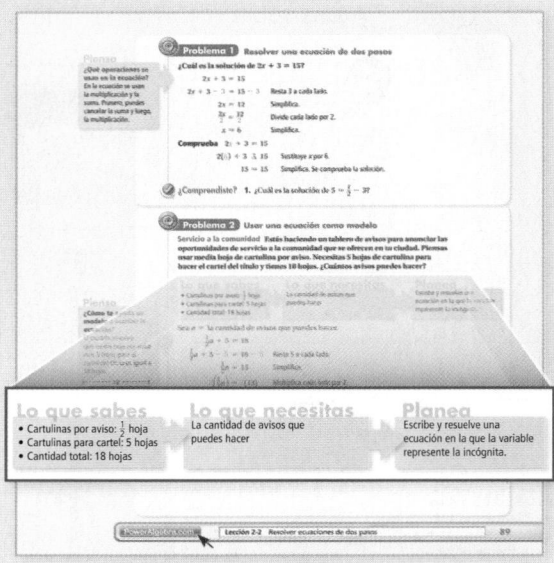

Planea

¿Cómo te ayuda la gráfica a escribir una ecuación?
Puedes usar dos puntos sobre la recta para hallar la pendiente. Luego, usa la forma punto-pendiente.

Problema 3 — Usar dos puntos para escribir una ecuación

¿Cuál es una ecuación de la recta de la derecha?

Piensa	Escribe
Necesitas la pendiente m; por tanto, comienza con la fórmula de la pendiente.	$m = \dfrac{y_2 - y_1}{x_2 - x_1}$
Usa los puntos dados para hallar la pendiente.	$m = \dfrac{-3 - 4}{-2 - 1} = \dfrac{-7}{-3} = \dfrac{7}{3}$
Usa la forma punto-pendiente.	$y - y_1 = m(x - x_1)$
Usa cualquiera de los puntos dados para (x_1, y_1). Por ejemplo, puedes usar (1, 4).	$y - 4 = \dfrac{7}{3}(x - 1)$

Los problemas resueltos incluyen comentarios que muestran las estrategias y el razonamiento en los que se basan las soluciones. Busca los recuadros llamados **Planea** y **Piensa.**

Los problemas de **Piensa-Escribe** demuestran el razonamiento en el que se basa cada paso de una solución.

Otros problemas resueltos muestran un plan de resolución de problemas que incluye los pasos para determinar **lo que sabes,** identificar **lo que necesitas** y desarrollar un plan, así que **Planea.**

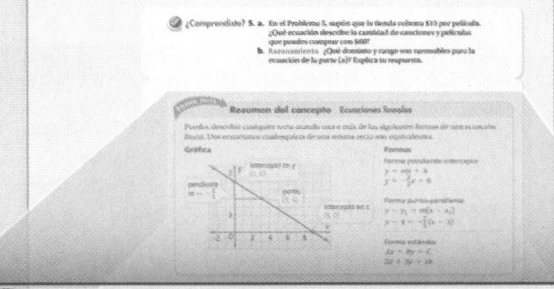

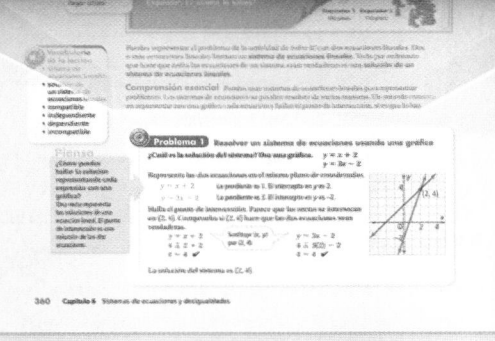

Comprensión esencial Puedes usar sistemas de ecuaciones lineales para representar problemas. Los sistemas de ecuaciones se pueden resolver de varias maneras. Un método consiste en representar con una gráfica cada ecuación y hallar el punto de intersección, si es que lo hay.

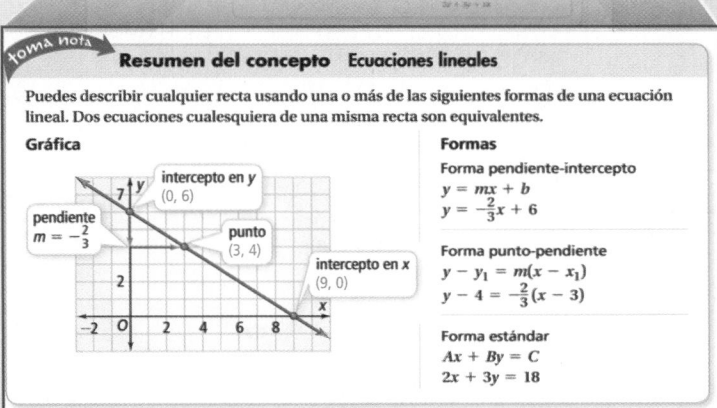

Resumen del concepto   Ecuaciones lineales

Puedes describir cualquier recta usando una o más de las siguientes formas de una ecuación lineal. Dos ecuaciones cualesquiera de una misma recta son equivalentes.

Gráfica

intercepto en *y*
(0, 6)

pendiente
$m = -\frac{2}{3}$

punto
(3, 4)

intercepto en *x*
(9, 0)

Formas

Forma pendiente-intercepto
$y = mx + b$
$y = -\frac{2}{3}x + 6$

Forma punto-pendiente
$y - y_1 = m(x - x_1)$
$y - 4 = -\frac{2}{3}(x - 3)$

Forma estándar
$Ax + By = C$
$2x + 3y = 18$

Los recuadros de **toma nota** resaltan los conceptos clave de una lección. Puedes usar estos recuadros para repasar conceptos a lo largo del año.

Parte del razonamiento matemático consiste en comprender los conceptos que se presentan. La sección de **Comprensión esencial** te ayuda a establecer un marco para comprender las Grandes ideas.

Aprendizaje *activo*

A través del aprendizaje activo, puedes aprender a resolver problemas correctamente de manera independiente. El **Cuaderno del estudiante** contiene organizadores gráficos y otras herramientas que te ayudarán a dominar las destrezas y la resolución de problemas.

> ¡Hola! Soy Maya. Cuando estudio, siempre repaso mi trabajo con el Cuaderno del estudiante.

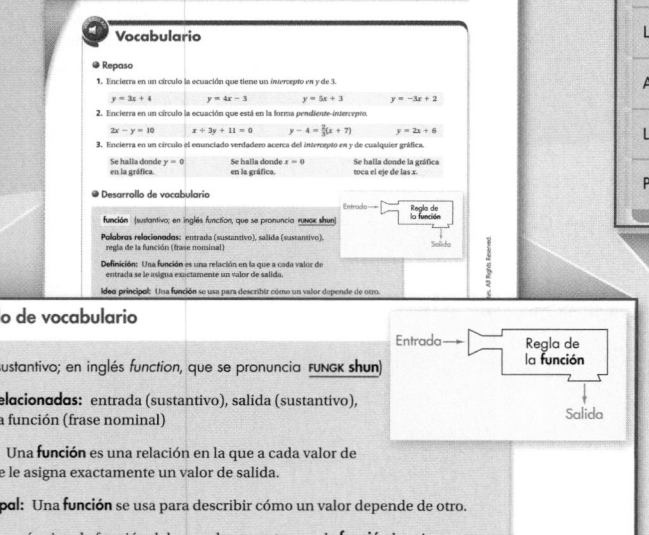

5-4 Forma punto-pendiente

Vocabulario

Repaso

1. Encierra en un círculo la ecuación que tiene un *intercepto en y* de 3.

$y = 3x + 4$ $y = 4x - 3$ $y = 5x + 3$ $y = -3x + 2$

2. Encierra en un círculo la ecuación que está en la forma *pendiente-intercepto.*

$2x - y = 10$ $x + 3y + 11 = 0$ $y - 4 = \frac{5}{3}(x + 7)$ $y = 2x + 6$

3. Encierra en un círculo el enunciado verdadero acerca del *intercepto en y* de cualquier gráfica.

Se halla donde $y = 0$ en la gráfica.   Se halla donde $x = 0$ en la gráfica.   Se halla donde la gráfica toca el eje de las x.

Desarrollo de vocabulario

● Desarrollo de vocabulario

función (sustantivo; en inglés *function*, que se pronuncia FUNGK shun)

Palabras relacionadas: entrada (sustantivo), salida (sustantivo), regla de la función (frase nominal)

Definición: Una **función** es una relación en la que a cada valor de entrada se le asigna exactamente un valor de salida.

Idea principal: Una **función** se usa para describir cómo un valor depende de otro.

Ejemplo: La máquina de función del recuadro muestra que la **función** le asigna una salida a cada entrada según una regla específica.

Entrada → Regla de la **función** → Salida

El Cuaderno del estudiante contiene una sección de **Desarrollo de vocabulario** para cada lección. Después de leer las definiciones, los ejemplos y los contraejemplos de la sección Desarrollo de vocabulario, usarás el vocabulario en contextos de la vida diaria.

Una función que se escribe como $y = kx$, donde $k \neq 0$, representa una **variación directa**. La **constante de variación** k es el coeficiente de x.

Piensa	Escribe
Comienzo con la forma de función de una variación directa.	$y = \boxed{} \cdot x$
Luego, sustituyo y por 10 y $\boxed{}$ por –2.	$10 = \boxed{} \cdot (-2)$
Ahora divido cada lado por $\boxed{}$ para hallar el valor de k.	$\boxed{} = \boxed{}$
Luego, escribo una ecuación. Sustituyo k por $\boxed{}$.	$y = \boxed{} \cdot x$
Por último, determino el valor de y cuando $x = -15$.	$y = \boxed{} \cdot \boxed{} = \boxed{}$

¿Comprendiste? Supón que *y* varía directamente con *x* y que $y = 10$ cuando $x = -2$. ¿Qué ecuación de variación directa relaciona *x* y *y*? ¿Cuál es el valor de *y* cuando $x = -15$?

10. Completa el siguiente modelo de razonamiento.

El formato **Piensa-Escribe** te permite organizar tu razonamiento para resolver un problema.

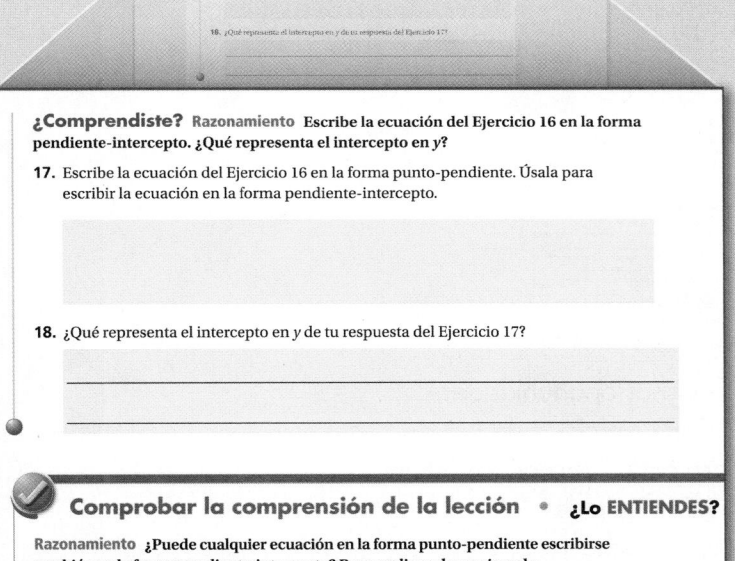

¿**Comprendiste?** Razonamiento Escribe la ecuación del Ejercicio 16 en la forma pendiente-intercepto. ¿Qué representa el intercepto en y?

17. Escribe la ecuación del Ejercicio 16 en la forma punto-pendiente. Úsala para escribir la ecuación en la forma pendiente-intercepto.

18. ¿Qué representa el intercepto en y de tu respuesta del Ejercicio 17?

Comprobar la comprensión de la lección • ¿**Lo ENTIENDES?**

Razonamiento ¿Puede cualquier ecuación en la forma punto-pendiente escribirse también en la forma pendiente-intercepto? Para explicar, da un ejemplo.

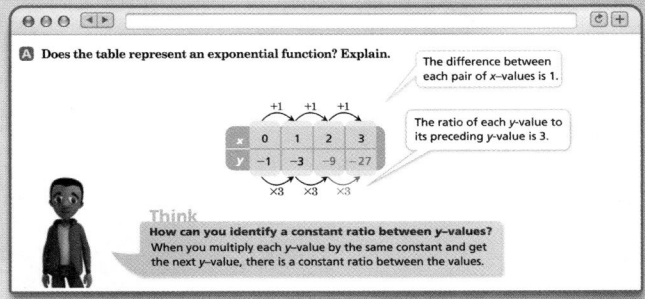

Ⓐ Does the table represent an exponential function? Explain.

The difference between each pair of x-values is 1.

The ratio of each y-value to its preceding y-value is 3.

Think
How can you identify a constant ratio between y-values?
When you multiply each y-value by the same constant and get the next y-value, there is a constant ratio between the values.

¿No estás seguro de si "comprendiste" aún? Intenta resolver los problemas de **Online Problems** en **PowerAlgebra.com.** Encontrarás algunos problemas resueltos paso a paso y herramientas matemáticas útiles, como la herramienta para hacer gráficas.

Usa las secciones de ¿**Comprendiste?** y **Comprobar la comprensión de la lección** para participar activamente en el contenido de la lección. Estas secciones te ayudarán a comprender cada lección antes de hacer la tarea.

La práctica *hace al maestro*

Si le preguntas a un profesional, te dirá que el único requisito para convertirte en un experto es practicar, practicar y ¡seguir practicando!

¡Hola! Soy Ana. Puedo dejar mi libro en la escuela y aun así hacer la tarea. Todas las lecciones están en PowerAlgebra.com.

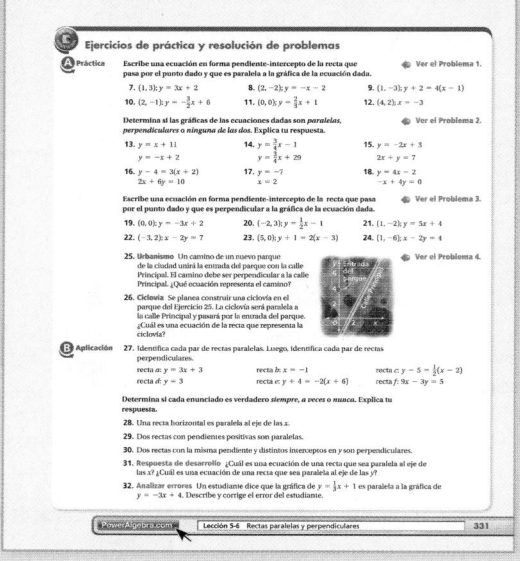

¡Te ofrecemos muchas oportunidades para practicar! Hay ejercicios de **Práctica** para cada concepto o destreza. ¿Tienes dificultades con alguno de ellos? La flecha verde te indica qué problema resuelto puedes volver a consultar en la lección. En la sección **Aplicación,** aplicarás los conceptos o las destrezas en diferentes situaciones o contextos.

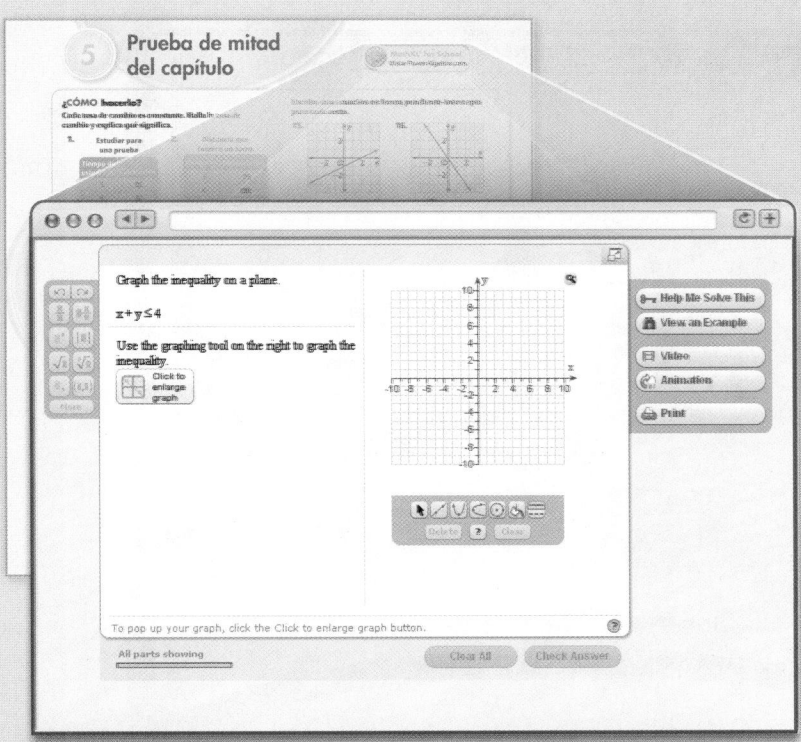

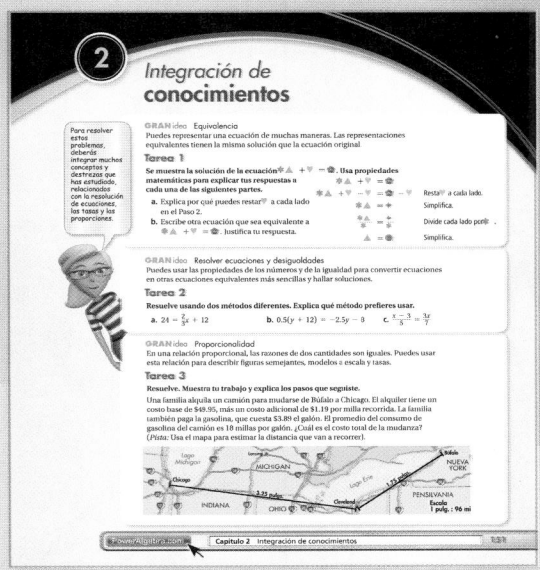

¿Quieres practicar más? Busca el ícono de 🔘 en tu libro de texto. Comprueba todas las oportunidades para practicar que hay en **MathXL® for School.** Tu maestro puede asignarte algunos ejercicios de práctica o puedes escogerlos tú mismo. ¡Podrás saber al instante si respondiste correctamente!

La mejor oportunidad para practicar la encontrarás en la sección **Integración de conocimientos,** en la que resolverás problemas interesantes. Esta sección abarca la comprensión de los conceptos, el razonamiento matemático y la resolución de problemas. Observa: ahí volverás a encontrar las Grandes ideas.

Pearson *Competencia de videos*

Deja que **My Math Video** sea tu fuente de inspiración y crea tu propio video de matemáticas. Muestra los conceptos matemáticos en acción. ¡Inscribe tu video en la Competencia de videos Pearson! Si tu video es seleccionado, se agregará a nuestra videoteca de videos de matemáticas.

Sacar **A** en el examen

Obtener buenas calificaciones en los exámenes, ya sea en los exámenes del capítulo o en las evaluaciones estatales, se basa en tener una buena comprensión de los conceptos matemáticos, haber adquirido destrezas para resolver problemas y también adquirir destrezas para rendir exámenes.

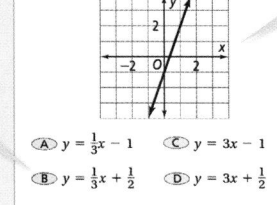

CONSEJOS

En algunas preguntas de los exámenes estandarizados te piden que uses una gráfica. Lee el ejemplo de pregunta de la derecha. Luego, sigue los consejos para responderla.

¿Cuál es una ecuación de la siguiente recta?

CONSEJO 2

Usa el punto que representa el intercepto en *y* y otro punto de la recta para hallar la pendiente.

CONSEJO 1

Identificar el intercepto en *y* puede ayudarte a eliminar algunas opciones.

(A) $y = \frac{1}{3}x - 1$ (C) $y = 3x - 1$

(B) $y = \frac{1}{3}x + \frac{1}{2}$ (D) $y = 3x + \frac{1}{2}$

Piénsalo bien

A partir de la gráfica, puedes ver que el intercepto en *y* es -1. Por tanto, puedes eliminar las opciones B y D. Para ir de $(0, -1)$ a $(1, 2)$, debes moverte 3 unidades hacia arriba y 1 unidad hacia la derecha. La pendiente es $\frac{3}{1} = 3$. Por tanto, una ecuación puede ser $y = 3x - 1$. La respuesta correcta es C.

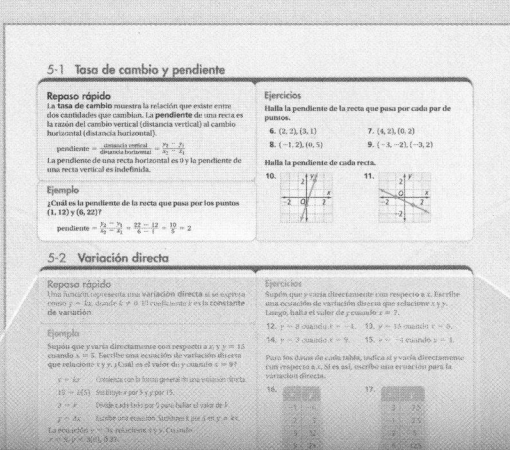

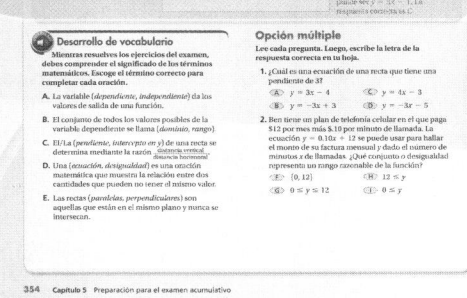

Repaso rápido

Una función representa una **variación directa** si se expresa como $y = kx$, donde $k \neq 0$. El coeficiente k es la **constante de variación**.

Ejemplo

Supón que *y* varía directamente con respecto a *x*, y $y = 15$ cuando $x = 5$. Escribe una ecuación de variación directa que relacione *x* y *y*. ¿Cuál es el valor de *y* cuando $x = 9$?

$y = kx$ — Comienza con la forma general de una variación directa.

$15 = k(5)$ — Sustituye *x* por 5 y *y* por 15.

$3 = k$ — Divide cada lado por 5 para hallar el valor de *k*.

$y = 3x$ — Escribe una ecuación. Sustituye *k* por 3 en $y = kx$.

La ecuación $y = 3x$ relaciona *x* y *y*. Cuando $x = 9$, $y = 3(9)$, ó 27.

Ejercicios

Supón que *y* varía directamente con respecto a *x*. Escribe una ecuación de variación directa que relacione *x* y *y*. Luego, halla el valor de *y* cuando $x = 7$.

12. $y = 8$ cuando $x = -4$.   **13.** $y = 15$ cuando $x = 6$.

14. $y = 3$ cuando $x = 9$.   **15.** $y = -4$ cuando $x = 4$.

Para los datos de cada tabla, indica si *y* varía directamente con respecto a *x*. Si es así, escribe una ecuación para la variación directa.

16.

x	y
−1	−6
2	3
5	12
9	24

17.

x	y
−3	7.5
−1	2.5
2	−5
5	−12.5

Al final del capítulo, hallarás un **Repaso rápido** de los conceptos presentados en el capítulo y algunos ejemplos y ejercicios para que compruebes tus destrezas para resolver problemas relacionados con los conceptos.

En la Preparación para el examen acumulativo al final del capítulo también hallarás **Consejos** para fortalecer tus destrezas para rendir exámenes. Se incluyen distintos tipos de problemas en distintos formatos para que te sientas seguro al responder los ejercicios de la evaluación estatal.

Grandes ideas

Estas Grandes ideas son las ideas que organizan el estudio de áreas importantes de las Matemáticas: Álgebra, Geometría y Estadística.

Álgebra

Propiedades
- En la transición de la Aritmética al Álgebra, la atención deja de centrarse en las operaciones aritméticas (suma, resta, multiplicación y división) y le da paso al uso de las *propiedades* de estas operaciones.
- Todas las operaciones de aritmética y álgebra siguen ciertas propiedades.

Variable
- Las cantidades se usan para formar expresiones, ecuaciones y desigualdades.
- Una expresión hace referencia a una cantidad, pero no establece un enunciado sobre ella. Una ecuación (o una desigualdad) es un enunciado sobre las cantidades que menciona.
- Usar variables en lugar de números en las ecuaciones (o desigualdades) permite establecer relaciones entre números que se desconocen o no se especifican.

Equivalencia
- Se puede representar una sola cantidad por medio de distintas expresiones.
- Las operaciones sobre una cantidad se pueden expresar por medio de distintas ecuaciones (o desigualdades).

Resolver ecuaciones y desigualdades
- Resolver una ecuación es el proceso de volver a escribir la ecuación para simplificar lo más posible lo que indica sobre la variable.
- Se pueden usar las propiedades de los números y de la igualdad para transformar una ecuación (o una desigualdad) en ecuaciones (o desigualdades) equivalentes que sean más sencillas para poder hallar soluciones.
- Mediante el análisis de gráficas o tablas, se puede hallar información útil sobre las ecuaciones y las desigualdades (incluyendo las soluciones).
- Las cantidades y los tipos de soluciones varían de forma previsible, en base al tipo de ecuación.

Proporcionalidad
- Dos cantidades son *proporcionales* si tienen la misma razón en cada instancia en la que se miden al mismo tiempo.
- Dos cantidades son *inversamente proporcionales* si tienen el mismo producto en cada instancia en la que se miden al mismo tiempo.

Función
- Una función es una relación entre variables en la que cada valor de la variable de entrada se asocia con un solo valor de la variable de salida.
- Las funciones se pueden representar de varias formas, por ejemplo, con gráficas, tablas, ecuaciones o en palabras. Cada representación es particularmente útil en determinada situación.
- Algunas familias de funciones importantes se desarrollan a través de las transformaciones de la mínima expresión de la función.
- Se pueden crear nuevas funciones a partir de otras funciones aplicando las operaciones aritméticas o aplicando una función al valor de salida de otra función.

Representar
- Muchos problemas matemáticos de la vida diaria se pueden representar de manera algebraica. Estas representaciones pueden facilitar la obtención de soluciones algebraicas.
- Se puede usar una función que represente una situación de la vida diaria para estimar o predecir eventos futuros.

Estadística y probabilidad

Recopilación y análisis de datos

- Las técnicas de muestreo se usan para reunir datos de situaciones de la vida diaria. Si los datos son representativos de la población más grande, se pueden hacer inferencias sobre esa población.
- Las técnicas de muestreo sesgadas proporcionan datos que probablemente no sean representativos de la población más grande.
- Los conjuntos de datos numéricos se describen a través de medidas de tendencia central y de dispersión.

Representación de datos

- Las representaciones de datos más adecuadas dependen del tipo de datos: cuantitativos o cualitativos, univariados o bivariados.
- Los diagramas de puntos, las gráficas de caja y los histogramas son distintas maneras de mostrar la distribución de los datos en un rango de valores posible.

Probabilidad

- La probabilidad expresa la posibilidad de que ocurra un evento particular.
- Los datos se pueden usar para calcular una probabilidad experimental, y las propiedades matemáticas se pueden usar para determinar una probabilidad teórica.
- Tanto la probabilidad experimental como la probabilidad teórica se pueden usar para hacer predicciones o tomar decisiones sobre eventos futuros.
- Se pueden usar varios métodos de conteo para desarrollar probabilidades teóricas.

Geometría

Visualización

- La visualización te puede ayudar a relacionar las propiedades de objetos reales con los dibujos bidimensionales de esos objetos.

Transformaciones

- Las transformaciones son funciones matemáticas que representan relaciones con figuras.
- Las transformaciones se pueden describir geométricamente o a través de coordenadas.
- Las simetrías de las figuras se pueden definir y clasificar a través de las transformaciones.

Medición

- Es posible medir algunos atributos de las figuras geométricas, como la longitud, el área, el volumen y las medidas de los ángulos. Se usan unidades para describir estos atributos.

Razonamiento y demostración

- Las definiciones establecen los significados y eliminan posibles malentendidos.
- Otras realidades son más complejas y difíciles de ver. A veces es posible comprobar una verdad compleja a partir de verdades más simples a través del razonamiento deductivo.

Semejanza

- Dos figuras geométricas son semejantes cuando las longitudes correspondientes son proporcionales y los ángulos correspondientes son congruentes.
- Las áreas de las figuras semejantes son proporcionales al cuadrado de sus longitudes correspondientes.
- Los volúmenes de las figuras semejantes son proporcionales al cubo de sus longitudes correspondientes.

Geometría de coordenadas

- Un sistema de coordenadas en una recta es una recta numérica en la que se rotulan puntos que corresponden a números reales.
- Un sistema de coordenadas en un plano se forma con dos rectas numéricas perpendiculares, llamadas eje de las x y eje de las y, y los cuadrantes que conforman. El plano de coordenadas se puede usar para representar varias funciones.
- Es posible comprobar algunas verdades complejas a través del razonamiento deductivo en combinación con las fórmulas de distancia, del punto medio y la pendiente.

Fundamentos del Álgebra

2 Resolver ecuaciones

Visual ¡Míralo!

Razonamiento ¡Inténtalo!

Práctica ¡Hazlo!

Resolver desigualdades

4

Introducción a las funciones

Visual **¡Míralo!**

Razonamiento **¡Inténtalo!**

Práctica **¡Hazlo!**

5

Funciones lineales

6

Sistemas de ecuaciones y desigualdades

Visual ¡Míralo!

Razonamiento ¡Inténtalo!

Práctica ¡Hazlo!

7

Exponentes y funciones exponenciales

8 Polinomios y descomponer en factores

Visual ¡Míralo!

Razonamiento ¡Inténtalo!

Práctica ¡Hazlo!

Funciones y ecuaciones cuadráticas

10 Expresiones y ecuaciones radicales

Visual ¡Míralo!

Razonamiento ¡Inténtalo!

Práctica ¡Hazlo!

Expresiones y funciones racionales

12 Análisis de datos y probabilidad

Visual ¡Míralo!

Razonamiento ¡Inténtalo!

Práctica ¡Hazlo!

Evaluación inicial

Opción múltiple

Lee cada pregunta. Luego, escribe la letra de la respuesta correcta en tu hoja.

1. Sofía puso $50 en una cuenta de ahorros. Si ahorra $15 por semana durante un año, ¿cuánto habrá ahorrado en total?

- (A) $50
- (B) $65
- (C) $780
- (D) $830

2. ¿Cuál de los siguientes conjuntos es el dominio de $\{(2, -3), (-1, 0), (0, 4), (-1, 5), (4, -2)\}$?

- (F) $\{-3, 0, 4, 5, -2\}$
- (G) $\{-3, 4, 5, -2\}$
- (H) $\{2, -1, 4\}$
- (I) $\{2, -1, 0, 4\}$

3. ¿Qué par ordenado es la solución del sistema de ecuaciones que se representa a continuación?

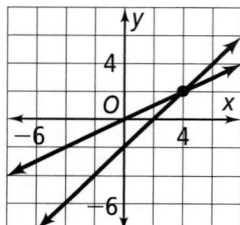

- (A) $(4, 1)$
- (B) $(1, 4)$
- (C) $(4, 2)$
- (D) $(2, 4)$

4. La familia Martín tiene cabras y pollos en su granja. Si hay 23 animales que tienen un total de 74 patas, ¿qué cantidad hay de cada tipo de animal?

- (F) 14 pollos, 9 cabras
- (G) 19 pollos, 4 cabras
- (H) 9 pollos, 14 cabras
- (I) 4 pollos, 19 cabras

5. ¿Qué ecuación representa la frase "seis más que dos veces un número es igual a 72"?

- (A) $6 + x = 72$
- (B) $2x = 6 + 72$
- (C) $2 + 6x = 72$
- (D) $6 + 2x = 72$

6. ¿Cuál de las siguientes gráficas representa mejor a una persona que camina lentamente y luego comienza a acelerar?

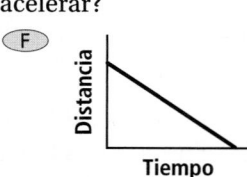
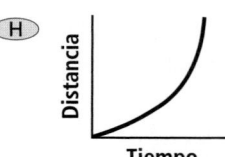
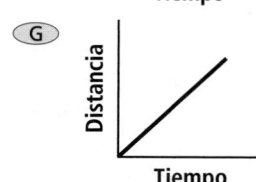
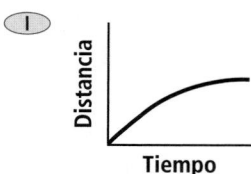

7. En la siguiente gráfica se muestra el tiempo que demora Sam en ir de su carro a la puerta del centro comercial.

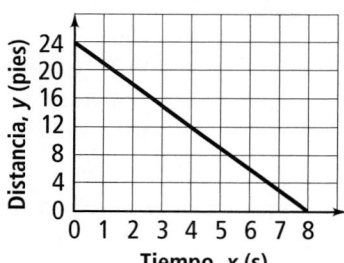

Camino desde el carro al centro comercial

¿Cuál de las siguientes opciones describe mejor el intercepto en x?

- (A) El carro de Sam estaba estacionado a 24 pies de la puerta del centro comercial.
- (B) Después de 24 s, Sam llegó a la puerta del centro comercial.
- (C) El carro de Sam estaba estacionado a 8 pies de la puerta del centro comercial.
- (D) Después de 8 s, Sam llegó a la puerta del centro comercial.

8. ¿Cómo se escribe 23.7×10^4 en notación estándar?

- (F) 0.00237
- (G) 0.0237
- (H) 237,000
- (I) 2,370,000

9. ¿Qué ecuación obtienes cuando resuelves $2x + 3y = 12$ para hallar el valor de y?

- Ⓐ $y = -\frac{2}{3}x + 4$
- Ⓑ $y = -\frac{2}{3}x + 12$
- Ⓒ $y = -2x + 12$
- Ⓓ $y = 12 - 2x$

10. La fórmula para hallar la circunferencia de un círculo es $C = 2\pi r$. ¿Qué opción es la fórmula resuelta para hallar el valor de r?

- Ⓕ $r = C \cdot 2\pi$
- Ⓖ $r = \frac{C}{2\pi}$
- Ⓗ $r = 2\pi$
- Ⓘ $r = \frac{C\pi}{2}$

11. ¿Qué tabla de valores se usó para hacer la siguiente gráfica?

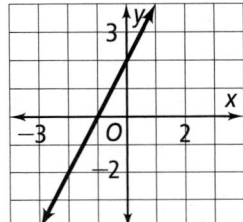

Ⓐ
x	−3	−1	0	1
y	−2	−1	2	4

Ⓑ
x	−3	−2	0	1
y	4	2	2	4

Ⓒ
x	−3	−1	0	1
y	−4	0	2	4

Ⓓ
x	−3	−2	0	1
y	−3	−2	2	4

12. En una joyería se aumenta el precio de un anillo de topacio en un 215%. La joyería pagó $70 por el anillo. ¿Cuál es el precio de venta del anillo?

- Ⓕ $91.50
- Ⓖ $150.50
- Ⓗ $161.50
- Ⓘ $220.50

13. ¿Cuál es la solución de $-3p + 4 < 22$?

- Ⓐ $p < -6$
- Ⓑ $p > -6$
- Ⓒ $p < 18$
- Ⓓ $p > 18$

14. ¿Cuál de las siguientes gráficas muestra la solución de $-5 + x > 8$?

- Ⓕ (recta numérica con punto abierto en 3)
- Ⓖ (recta numérica con punto abierto en 3)
- Ⓗ (recta numérica con punto abierto en 13)
- Ⓘ (recta numérica con punto abierto en 13)

15. ¿Entre qué dos números enteros se encuentra $\sqrt{85}$?

- Ⓐ 8 y 9
- Ⓑ 9 y 10
- Ⓒ 41 y 42
- Ⓓ 42 y 43

16. ¿Cuál es la forma simplificada de $\frac{6 + 3^2}{(2^3)(3)}$?

- Ⓕ $\frac{1}{3}$
- Ⓖ $\frac{1}{2}$
- Ⓗ $\frac{5}{8}$
- Ⓘ $\frac{5}{6}$

17. ¿Cuál de las siguientes expresiones es equivalente a $\frac{4^3}{4^6}$?

- Ⓐ $\frac{1}{4^3}$
- Ⓑ $\frac{1}{4^2}$
- Ⓒ 4^2
- Ⓓ 4^3

18. ¿Cómo se escribe 40,500,000 en notación científica?

- Ⓕ 4.05×10^7
- Ⓖ 4.05×10^6
- Ⓗ 4.05×10^{-6}
- Ⓘ 4.05×10^{-7}

19. En una mezcla para hacer pastel, hay $3\frac{3}{4}$ t de harina, $1\frac{1}{2}$ t de azúcar, $\frac{2}{3}$ t de azúcar morena y $\frac{1}{4}$ t de aceite. ¿Cuántas tazas de ingredientes hay en total?

- Ⓐ $4\frac{1}{2}$ t
- Ⓑ $5\frac{1}{6}$ t
- Ⓒ $5\frac{1}{2}$ t
- Ⓓ $6\frac{1}{6}$ t

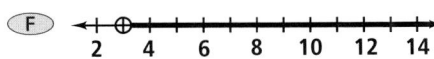

20. Cathy corrió durante 30 min a una velocidad de 5.5 mi/h. Luego, corrió durante 15 min a una velocidad de 6 mi/h. ¿Cuántas millas corrió en total?

   F   2.75 mi   H   4.25 mi

   G   4.375 mi   I   5.75 mi

21. Un hombre que mide 6 pies de estatura proyecta una sombra de 9 pies de longitud. Al mismo tiempo, un árbol cercano proyecta una sombra de 48 pies de longitud. ¿Cuál es la altura del árbol?

   A   32 pies   C   45 pies

   B   36 pies   D   72 pies

22. El triángulo *ABC* es semejante al triángulo *DEF*. ¿Cuál es el valor de *x*?

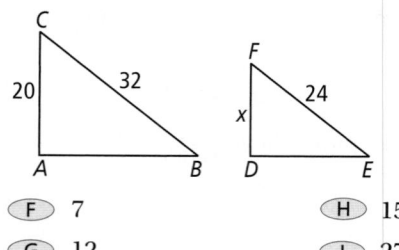

   F   7   H   15

   G   12   I   27

23. ¿Con cuáles de las siguientes longitudes de lado se puede formar un triángulo rectángulo?

   A   12, 13, 17

   B   3.2, 5.6, 6.4

   C   14, 20, 24

   D   10, 24, 26

24. La fórmula $F = \frac{9}{5}C + 32$ convierte la temperatura en grados Celsius, *C*, a grados Fahrenheit, *F*. ¿Cuánto es 35 °C en grados Fahrenheit?

   F   20 °F   H   95 °F

   G   67 °F   I   120 °F

25. Una bola de bolos se desplaza a 15 mi/h cuando choca contra los bolos. ¿A qué velocidad se desplaza en pies por segundo? (*Pista*: 1 mi = 5280 pies).

   A   11 pies/s

   B   88 pies/s

   C   22 pies/s

   D   1320 pies/s

26. ¿Cuál es la mediana de los datos sobre la altura del árbol que se muestran en la siguiente gráfica de caja y bigotes?

Altura del árbol (en pies)

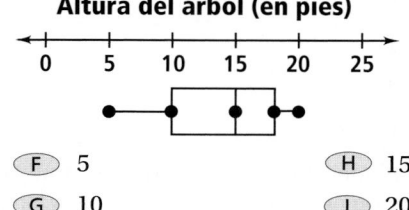

   F   5   H   15

   G   10   I   20

27. Helena anotó en el siguiente diagrama de dispersión la cantidad de horas que trabajó por día en un experimento de ciencias.

Tiempo dedicado al experimento de ciencias

¿Entre qué dos días aumentó más la cantidad de horas que Helena dedicó al experimento de ciencias?

   A   días 2 y 3

   B   días 7 y 8

   C   días 5 y 6

   D   días 9 y 10

28. Las calificaciones que obtuviste en cuatro exámenes son 78, 85, 97 y 92. ¿Qué calificación necesitas obtener en el siguiente examen para tener un promedio de 90 entre los cinco exámenes?

   F   71   H   98

   G   92   I   100

29. A continuación, se muestra la cantidad de puntos anotados por el equipo de básquetbol durante los primeros 8 partidos de la temporada.

    65 58 72 74 82 67 75 71

¿Cuánto aumentará su promedio de anotaciones por partido si el equipo anota 93 puntos en el siguiente partido?

   A   2.5   C   11.6

   B   10.5   D   19.5

¡Prepárate!

Manual de destrezas, página 787

Factores

Halla el máximo común divisor de cada conjunto de números.

1. 12, 18 **2.** 25, 35 **3.** 13, 20 **4.** 40, 80, 100

Manual de destrezas, página 787

Mínimo común múltiplo

Halla el mínimo común múltiplo de cada conjunto de números.

5. 5, 15 **6.** 11, 44 **7.** 8, 9 **8.** 10, 15, 25

Manual de destrezas, página 788

Usar la estimación

Estima cada suma o diferencia.

9. $956 - 542$ **10.** $1.259 + 5.312 + 1.7$ **11.** $\$14.32 + \$1.65 + \$278.05$

Manual de destrezas, página 789

Simplificar fracciones

Escribe cada fracción en su mínima expresión.

12. $\frac{12}{15}$ **13.** $\frac{20}{28}$ **14.** $\frac{8}{56}$ **15.** $\frac{48}{52}$

Manual de destrezas, página 790

Fracciones y decimales

Escribe cada fracción en forma decimal.

16. $\frac{7}{10}$ **17.** $\frac{3}{5}$ **18.** $\frac{13}{20}$ **19.** $\frac{93}{100}$ **20.** $\frac{7}{15}$

Manual de destrezas, página 791

Sumar y restar fracciones

Halla la suma o diferencia.

21. $\frac{4}{7} + \frac{3}{14}$ **22.** $6\frac{2}{3} + 3\frac{4}{5}$ **23.** $\frac{9}{10} - \frac{4}{5}$ **24.** $8\frac{3}{4} - 4\frac{5}{6}$

Vistazo inicial al vocabulario

25. Varias expresiones pueden tener el mismo significado. La *expresión* "ponte las pilas" significa "prepárate". En matemáticas, ¿qué otra *expresión* existe para $5 \cdot 7$?

26. Un estudiante de guitarra aprende a tocar leyendo partituras *simplificadas* para guitarra. ¿Qué significa escribir una expresión matemática *simplificada* como se muestra a la derecha?

$$5 \cdot 7 \div 5 = 7$$

27. Un estudio *evalúa* el desempeño de un autobús híbrido para determinar su valor. ¿Qué significa *evaluar* una expresión en matemáticas?

Fundamentos del Álgebra

PowerAlgebra.com *

Aquí encontrarás
todo lo digital.

Descarga videos que
conectan las
matemáticas con
tu mundo.

Definiciones de
matemáticas en
inglés y español

Las actividades de
Solve It! en línea
te prepararán para
cada lección.

¡Actividades interactivas!
Cambia números,
gráficas y cifras para
explorar los conceptos
de matemáticas.

Descarga problemas
desarrollados paso a
paso, con repetición
instantánea.

Encuentra tus tareas
en línea.

Práctica adicional
y repaso en línea

¡Estos paracaidistas están cayendo muy rápido! Puedes usar números positivos y negativos para describir todo tipo de cosas, como los cambios de altitud.

En este capítulo, aprenderás a usar diferentes tipos de números para describir situaciones de la vida diaria y efectuar operaciones.

Vocabulario

Audio de vocabulario inglés/español en línea:

Español	Inglés
coeficiente, *p. 48*	coefficient
enteros, *p. 18*	integers
evaluar, *p. 12*	evaluate
expresión algebraica, *p. 4*	algebraic expression
expresiones equivalentes, *p. 23*	equivalent expressions
inverso de suma, *p. 32*	additive inverse
número real, *p. 18*	real number
orden de las operaciones, *p. 11*	order of operations
simplificar, *p. 10*	simplify
término, *p. 48*	term
términos semejantes, *p. 48*	like terms
variable, *p. 4*	variable

My Math Video

00:04:04

VIDEO
▶

GRANDES ideas

- **Variable**

  Pregunta esencial ¿Cómo puedes representar cantidades, patrones y relaciones?

- **Propiedades**

  Pregunta esencial ¿Cómo se relacionan las propiedades con el álgebra?

Primer vistazo al capítulo

1-1 Variables y expresiones

Objetivo Escribir expresiones algebraicas.

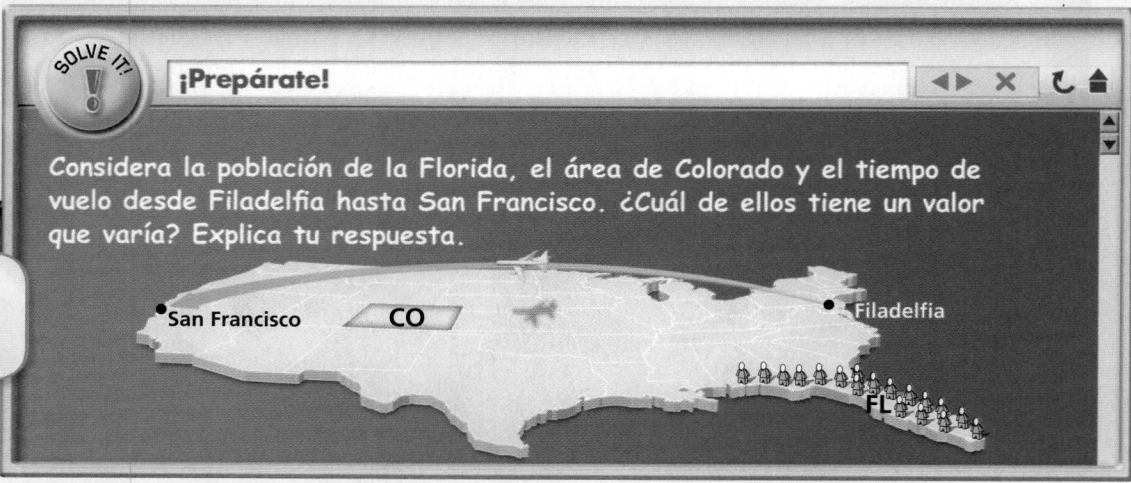

SOLVE IT!

¡Prepárate! ◀▶ ✕ ↻ ▲

Considera la población de la Florida, el área de Colorado y el tiempo de vuelo desde Filadelfia hasta San Francisco. ¿Cuál de ellos tiene un valor que varía? Explica tu respuesta.

•San Francisco   CO   Filadelfia

FL

¿Puede variar el número de estados de los Estados Unidos?

Actividades dinámicas
Usar expresiones variables

Vocabulario de la lección
- cantidad
- variable
- expresión algebraica
- expresión numérica

Una **cantidad** matemática es cualquier cosa que se puede medir o contar. Algunas cantidades permanecen constantes. Otras cambian, o varían, y se llaman *cantidades variables.*

Comprensión esencial En álgebra, se usan símbolos para representar cantidades desconocidas o que varían. Puedes representar frases matemáticas y relaciones de la vida diaria con símbolos y operaciones.

Una **variable** es un símbolo, generalmente una letra, que representa uno o más valores de una cantidad variable. Una **expresión algebraica** es una frase matemática que contiene una o más variables. Una **expresión numérica** es una frase matemática que incluye números y símbolos de operaciones, pero no variables.

Planea

¿Cómo te ayuda un diagrama a escribir una expresión algebraica?
Los modelos, como los que se muestran aquí, pueden ayudarte a visualizar las relaciones que describen las frases en palabras.

Problema 1 Escribir expresiones de suma y de resta

¿Cuál es una expresión algebraica para la frase en palabras?

Frase en palabras	Modelo	Expresión
A 32 más que un número n	$\dashleftarrow\!-\!-\!-\!-\!-$? $-\!-\!-\!-\!-\!\dashrightarrow$	$n + 32$
	n | 32	
B 58 menos un número n	$\dashleftarrow\!-\!-\!-\!-\!-$ 58 $-\!-\!-\!-\!-\!\dashrightarrow$	$58 - n$
	n | ?	

 ¿Comprendiste? **1.** Indica una expresión algebraica para 18 más que un número n.

Piensa

¿Hay más de una manera de escribir una expresión algebraica con multiplicación?
Sí. La multiplicación puede representarse con un punto o paréntesis además del signo ×.

 Problema 2 Escribir expresiones con multiplicación y división

¿Cuál es una expresión algebraica para la frase en palabras?

Frase en palabras	Modelo	Expresión

A 8 veces un número n

$\vdash\text{-----} ? \text{-----}\dashv$

| n | n | n | n | n | n | n | n |

$8 \times n,\, 8 \cdot n,\, 8n$

B el cociente de un número n y 5

$\vdash\text{-----} n \text{-----}\dashv$

| ? | ? | ? | ? | ? |

$n \div 5,\, \dfrac{n}{5}$

¿Comprendiste? **2.** Indica una expresión algebraica para cada frase en palabras de las partes (a) y (b).
  a. 6 veces un número n **b.** el cociente de 18 y un número n
  c. Razonamiento ¿Significan lo mismo las frases *6 menos un número y* y *6 menos que un número y*? Explica tu respuesta.

 Problema 3 Escribir expresiones con dos operaciones

¿Cuál es una expresión algebraica para la frase en palabras?

Frase en palabras	Expresión
A 3 más que dos veces un número x	$3 + 2x$
B 9 menos que el cociente de 6 y un número x	$\dfrac{6}{x} - 9$
C el producto de 4 y la suma de un número x y 7	$4(x + 7)$

Planea

¿Cómo puedo representar las frases visualmente?
Dibuja un diagrama. Puedes representar la frase del Problema 2, parte (A), como se muestra abajo.

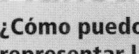

$\vdash\text{-----} ? \text{-----}\dashv$

| 3 | x | x |

¿Comprendiste? **3.** Indica una expresión algebraica para cada frase en palabras.
  a. 8 menos que el producto de un número x y 4
  b. dos veces la suma de un número x y 8
  c. el cociente de 5 y la suma de 12 y un número x

En los Problemas 1, 2 y 3, escribiste expresiones algebraicas a partir de frases en palabras. También puedes convertir expresiones algebraicas en frases en palabras.

Piensa

¿Hay una sola manera de escribir la expresión en palabras?
No. La operación que se efectuó sobre 3 y x puede describirse con diferentes palabras, como "multiplicar", "veces" y "producto".

Problema 4 Usar palabras para representar una expresión

¿Qué frase en palabras puedes usar para representar la expresión algebraica $3x$?

Expresión
$3x$ Un número al lado de una variable indica un producto.
$3 \cdot x$

Palabras tres veces un número x o   el producto de 3 y un número x

¿Comprendiste? **4.** ¿Qué frase en palabras puedes usar para representar la expresión algebraica?
  a. $x + 8.1$ **b.** $10x + 9$ **c.** $\dfrac{n}{3}$ **d.** $5x - 1$

Puedes usar palabras o una expresión algebraica para escribir una regla matemática que describa un patrón de la vida diaria.

Problema 5 Escribir una regla para describir un patrón

Pasatiempos La tabla de abajo muestra que la altura por encima del piso de una casa de cartas depende del número de niveles. ¿Cuál es la regla para la altura? Escribe la regla en palabras y en forma de una expresión algebraica.

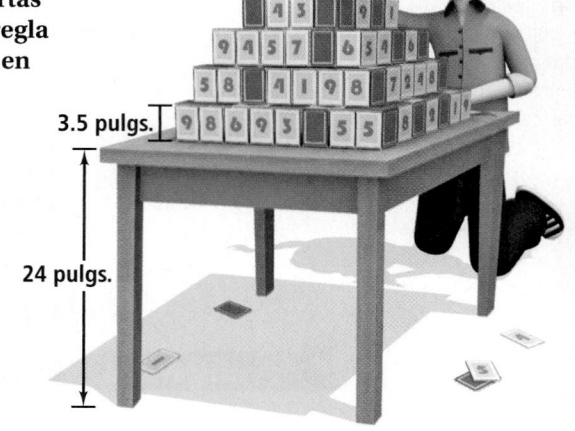

3.5 pulgs.

24 pulgs.

Casa de cartas

Número de niveles	Altura (pulgs.)
2	$(3.5 \cdot 2) + 24$
3	$(3.5 \cdot 3) + 24$
4	$(3.5 \cdot 4) + 24$
n	?

Lo que sabes

Las expresiones numéricas para la altura de números de niveles diferentes

Lo que necesitas

Una regla para hallar la altura de una casa con cualquier número de niveles n

Planea

Busca un patrón en la tabla. Describe el patrón en palabras. Luego, usa las palabras para escribir una expresión algebraica.

Regla en palabras

Multiplica el número de niveles por 3.5 y suma 24.

Regla como una expresión algebraica

La variable n representa el número de niveles de la casa de cartas.

$3.5n + 24$ — Esta expresión te permite hallar la altura para cualquier número de niveles n.

 ¿Comprendiste? **5.** Supón que dibujas un segmento desde cualquier vértice de un polígono regular hasta los otros vértices. Abajo se muestra un ejemplo para un hexágono regular. Usa la tabla para hallar un patrón. ¿Cuál es la regla para el número de triángulos no superpuestos que se forman? Escribe la regla en palabras y en forma de expresión algebraica.

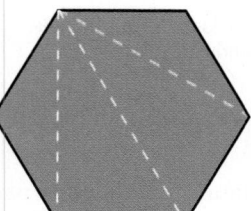

Triángulos de los polígonos

Número de lados del polígono	Número de triángulos
4	$4 - 2$
5	$5 - 2$
6	$6 - 2$
n	■

Comprobar la comprensión de la lección

¿CÓMO hacerlo?

1. Indica si cada expresión es *algebraica* o *numérica*.

    a. $7 \div 2$ **b.** $4m + 6$ **c.** $2(5 - 4)$

2. ¿Cuál es una expresión algebraica para cada frase?

    a. el producto de 9 y un número t

    b. la diferencia de un número x y $\frac{1}{2}$

    c. la suma de un número m y 7.1

    d. el cociente de 207 y un número n

Usa palabras para describir cada expresión algebraica.

3. $6c$ **4.** $x - 1$

5. $\frac{t}{2}$ **6.** $3t - 4$

¿Lo ENTIENDES?

7. Vocabulario Explica la diferencia entre expresiones numéricas y expresiones algebraicas.

8. Razonamiento Usa la tabla para decidir si $49n + 0.75$ ó $49 + 0.75n$ representa el costo total del alquiler de un camión que manejas un número n de millas.

Tarifas de alquiler de camiones

Número de millas	Costo
1	$\$49 + (\$.75 \times 1)$
2	$\$49 + (\$.75 \times 2)$
3	$\$49 + (\$.75 \times 3)$
n	■

Ejercicios de práctica y resolución de problemas

Ⓐ Práctica   **Escribe una expresión algebraica para cada frase en palabras.**   ◀ **Ver los Problemas 1 a 3.**

    9. 4 más que p **10.** y menos 12

    11. 12 menos que n **12.** el producto de 15 y c

    13. el cociente de n y 8   **14.** el cociente de 17 y k

    15. 23 menos que x **16.** la suma de v y 3

    17. un tercio de un número n **18.** un número t dividido por 82

    19. 2 más que dos veces un número w **20.** la suma de 13 y dos veces un número h

    21. 9 más que la diferencia de 17 y k **22.** 6.7 más que el producto de 5 y n

    23. 9.85 menos que el producto de 37 y t **24.** 7 menos el cociente de 3 y v

    25. 15 más el cociente de 60 y w **26.** el producto de 2.1 y la suma de 5 y k

Escribe una frase en palabras para cada expresión algebraica.   ◀ **Ver el Problema 4.**

    27. $q + 5$ **28.** $3 - t$ **29.** $\frac{y}{5}$

    30. $12x$ **31.** $14.1 - w$ **32.** $49 + m$

    33. $9n + 1$ **34.** $62 + 7h$ **35.** $\frac{z}{8} - 9$

    36. $13p + 0.1$ **37.** $15 - \frac{1.5}{d}$ **38.** $2(5 - n)$

Escribe una regla en palabras y en forma de expresión algebraica para representar la relación de cada tabla.

Ver el Problema 5.

39. Visitar lugares de interés Durante tus vacaciones, alquilas una bicicleta. Pagas $9 por cada hora que la usas. Te cuesta $5 alquilar un casco mientras usas la bicicleta.

Alquiler de bicicletas

Número de horas	Costo del alquiler
1	($9 × 1) + $5
2	($9 × 2) + $5
3	($9 × 3) + $5
n	■

40. Ventas En una zapatería, un vendedor gana un sueldo semanal de $150. Además, le pagan $2.00 por cada par de zapatos que vende durante la semana.

Ventas de zapatos

Pares de zapatos vendidos	Ganancia total
5	$150 + ($2 × 5)
10	$150 + ($2 × 10)
15	$150 + ($2 × 15)
n	■

B Aplicación

Escribe una expresión algebraica para cada frase en palabras.

41. 8 menos el producto de 9 y r

42. la suma de 15 y x, más 7

43. 4 menos que tres séptimos de y

44. el cociente de 12 y el producto de 5 y t

45. Analizar errores Un estudiante escribe la frase en palabras "el cociente de n y 5" para describir la expresión $\frac{5}{n}$. Describe y corrige el error del estudiante.

46. Pensar en un plan La tabla de la derecha muestra el número de roscas que se obtienen en una tienda con cada "docena de panadero". Escribe una expresión algebraica que indique la regla para hallar el número de roscas que se obtienen con cualquier número r de docenas de panadero.
- ¿Cuál es el patrón de incremento en el número de roscas?
- ¿Qué operación puedes efectuar sobre r para hallar el número de roscas?

Roscas

Docenas de panadero	Número de roscas
1	13
2	26
3	39
r	■

47. Boletos Tú y algunos amigos irán a un museo. Cada boleto cuesta $4.50. Escribe una expresión algebraica que indique la regla para hallar el costo de cualquier número b de boletos.

48. Voluntariado Serena y Tyler envuelven cajas de regalos a la misma velocidad. Serena comienza primero, como se muestra en el diagrama. Escribe una expresión algebraica que represente el número de cajas que habrá envuelto Tyler cuando Serena haya envuelto x cajas.

8 **Capítulo 1** Fundamentos del Álgebra

49. Opción múltiple ¿Qué expresión da el valor en dólares de d monedas de 10¢?

Ⓐ 0.10d Ⓑ 0.10 + d Ⓒ $\frac{0.10}{d}$ Ⓓ 10d

Respuesta de desarrollo Describe una situación de la vida diaria que podría representar cada expresión. Indica lo que representa cada variable.

50. 5t **51.** $b + 3$ **52.** $\frac{40}{h}$

**Desafío**

53. Razonamiento Escribes $(5 - 2) \div n$ para representar la frase *2 menos que 5 dividido por un número n*. Tu amigo escribe $(5 \div n) - 2$. ¿Son razonables estas dos interpretaciones? ¿Pueden ser imprecisas las descripciones verbales? Explica tu respuesta.

Escribe dos expresiones diferentes que puedan representar cada diagrama dado.

54.

x	1	1	1	1
x	1	1	1	1
x	1	1	1	1

55.

x	1	1	1	1
x	1	1		

Preparación para el examen estandarizado

SAT/ACT

56. ¿Cuál de las siguientes es una expresión algebraica para *2 menos que el producto de 3 y un número x*?

Ⓐ $3x - 2$ Ⓑ $(3 - 2)x$ Ⓒ $3 - 2x$ Ⓓ $2 - 3x$

57. ¿Qué frase en palabras puedes usar para representar la expresión algebraica $n \div 8$?

Ⓕ el producto de un número n y 8 Ⓗ la diferencia de un número n y 8

Ⓖ el cociente de un número n y 8 Ⓘ el cociente de 8 y un número n

58. Un parque estatal cobra el costo de una entrada más $18 por cada noche de campamento. La tabla muestra esta relación. ¿Qué expresión algebraica describe el costo total de acampar por n noches?

Ⓐ $20n + 18$ Ⓒ $18n + 20n$

Ⓑ $18n + 20$ Ⓓ $18n - 20$

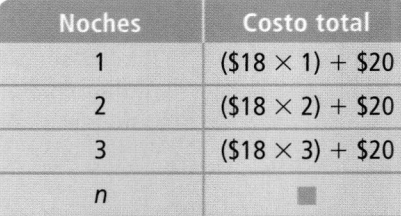

Campamento

Noches	Costo total
1	($18 × 1) + $20
2	($18 × 2) + $20
3	($18 × 3) + $20
n	■

Repaso mixto

Halla cada suma o diferencia. Escribe cada respuesta en su mínima expresión. ◀ Ver la p. 791.

59. $\frac{1}{4} + \frac{1}{2}$ **60.** $\frac{9}{14} - \frac{2}{7}$ **61.** $\frac{2}{5} + \frac{3}{10}$ **62.** $\frac{5}{6} - \frac{2}{3}$

¡Prepárate! Antes de la Lección 1-2, haz los Ejercicios 63 a 66.

Halla el máximo común divisor de cada par de números. ◀ Ver la p. 787.

63. 3 y 6 **64.** 12 y 15 **65.** 7 y 11 **66.** 8 y 12

1-2 El orden de las operaciones y evaluar expresiones

Objetivos Simplificar expresiones que incluyen exponentes.
Usar el orden de las operaciones para evaluar expresiones.

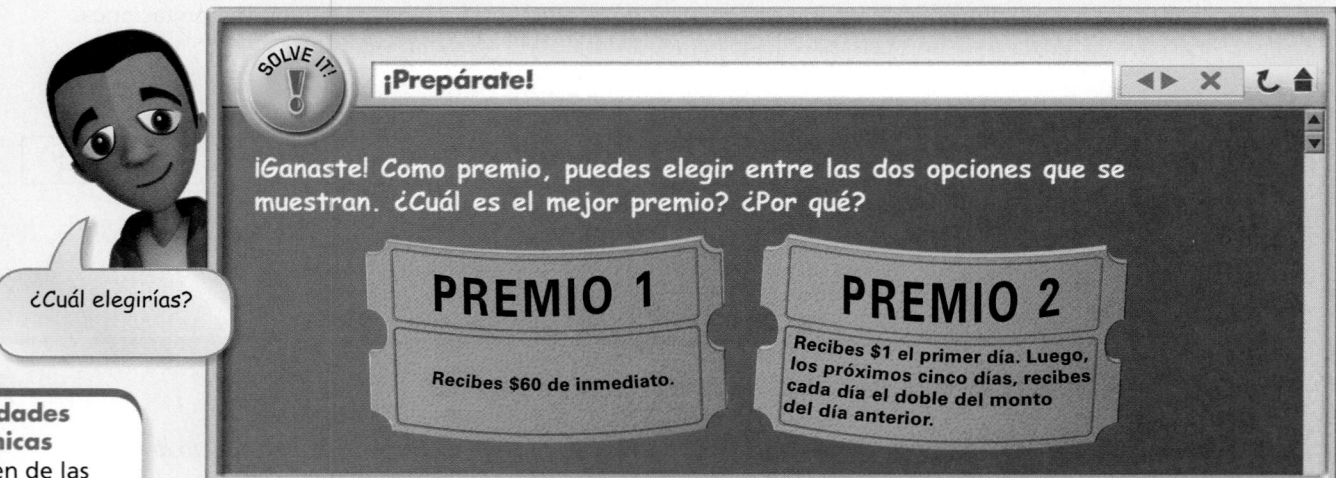

SOLVE IT!

¡Prepárate!

¡Ganaste! Como premio, puedes elegir entre las dos opciones que se muestran. ¿Cuál es el mejor premio? ¿Por qué?

¿Cuál elegirías?

PREMIO 1

Recibes $60 de inmediato.

PREMIO 2

Recibes $1 el primer día. Luego, los próximos cinco días, recibes cada día el doble del monto del día anterior.

Actividades dinámicas
El orden de las operaciones

Vocabulario de la lección
- potencia
- exponente
- base
- simplificar
- evaluar

Comprensión esencial Puedes usar *potencias* para abreviar la manera de representar la multiplicación repetida, como $2 \times 2 \times 2 \times 2 \times 2 \times 2$.

Una **potencia** tiene dos partes: una *base* y un *exponente*. El **exponente** indica cuántas veces se usa la **base** como factor. La potencia 2^3 se lee "dos a la tercera potencia" o "dos al cubo". La potencia 5^2 se lee "cinco a la segunda potencia" o "cinco al cuadrado".

Puedes **simplificar** una expresión numérica reemplazándola con un solo valor numérico. Por ejemplo, la mínima expresión de $2 \cdot 8$ es 16. Para simplificar una potencia, debes reemplazarla con su nombre más simple.

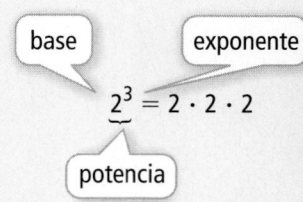

base   exponente
$$2^3 = 2 \cdot 2 \cdot 2$$
potencia

Piensa

¿Qué indica el exponente?
Muestra el número de veces que se usa la base como factor.

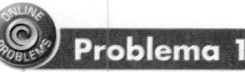

Problema 1 **Simplificar potencias**

¿Cuál es la forma simplificada de la expresión?

Ⓐ 10^7

$10^7 = 10 \cdot 10 \cdot 10 \cdot 10 \cdot 10 \cdot 10 \cdot 10$

$= 10{,}000{,}000$

Ⓑ $(0.2)^5$

$(0.2)^5 = 0.2 \cdot 0.2 \cdot 0.2 \cdot 0.2 \cdot 0.2$

$= 0.00032$

 ¿Comprendiste? **1.** ¿Cuál es la forma simplificada de cada expresión?

a. 3^4 **b.** $\left(\dfrac{2}{3}\right)^3$ **c.** $(0.5)^3$

Comprensión esencial Cuando simplificas una expresión, debes efectuar las operaciones en el orden correcto.

Podrías pensar en simplificar la expresión $2 + 3 \times 5$ de dos maneras:

> Primero, suma.

> Primero, multiplica.

$$2 + 3 \times 5 = 5 \times 5 = 25 \; \text{✗} \qquad 2 + 3 \times 5 = 2 + 15 = 17 \; \text{✔}$$

Ambos resultados pueden parecer razonables, pero sólo el segundo resultado se considera correcto. Esto es así porque en la segunda manera se usa el orden de las operaciones que los matemáticos han acordado seguir. Siempre debes usar el siguiente orden de las operaciones:

toma nota

Concepto clave   El orden de las operaciones

1. Efectúa todas las operaciones que están dentro de los símbolos de agrupación, como los paréntesis ( ) y los corchetes []. La barra de fracción también actúa como un símbolo de agrupación.
2. Simplifica las potencias.
3. Multiplica y divide de izquierda a derecha.
4. Suma y resta de izquierda a derecha.

Problema 2   **Simplificar una expresión numérica**

Piensa

¿Cómo simplificas una expresión que contiene una fracción?
Primero, simplificas el numerador y el denominador. Luego, divides el numerador por el denominador.

¿Cuál es la forma simplificada de cada expresión?

Ⓐ $(6 - 2)^3 \div 2$

$(6 - 2)^3 \div 2 = 4^3 \div 2$ Resta lo que está entre paréntesis.

$\qquad = 64 \div 2$ Simplifica la potencia.

$\qquad = 32$ Resta.

Ⓑ $\dfrac{2^4 - 1}{5}$

$\dfrac{2^4 - 1}{5} = \dfrac{16 - 1}{5}$ Simplifica la potencia.

$\qquad = \dfrac{15}{5}$ Resta.

$\qquad = 3$ Divide.

¿Comprendiste?   **2.** ¿Cuál es la forma simplificada de cada expresión?

 a. $5 \cdot 7 - 4^2 \div 2$

 b. $12 - 25 \div 5$

 c. $\dfrac{4 + 3^4}{7 - 2}$

 d. Razonamiento ¿De qué manera la barra de fracción actúa como símbolo de agrupación? Explica tu respuesta.

Puedes **evaluar** una expresión algebraica al reemplazar cada variable con un número dado. Luego, simplificas la expresión usando el orden de las operaciones.

ONLINE PROBLEMS **Problema 3** **Evaluar expresiones algebraicas**

Planea

¿En qué se parece este problema a algunos que has visto antes?

Primero, sustituyes las variables por números. Después de sustituir las variables, obtienes expresiones numéricas como las del Problema 2.

¿Cuál es el valor de la expresión cuando $x = 5$ y $y = 2$?

A $x^2 + x - 12 \div y^2$

$x^2 + x - 12 \div y^2 = 5^2 + 5 - 12 \div 2^2$	Sustituye la x por 5 y la y por 2.
$= 25 + 5 - 12 \div 4$	Simplifica las potencias.
$= 25 + 5 - 3$	Divide.
$= 27$	Suma y resta de izquierda a derecha.

B $(xy)^2$

$(xy)^2 = (5 \cdot 2)^2$	Sustituye la x por 5 y la y por 2.
$= 10^2$	Multiplica lo que está entre paréntesis.
$= 100$	Simplifica las potencias.

 ¿Comprendiste? **3.** ¿Cuál es el valor de cada expresión cuando $a = 3$ y $b = 4$ en las partes (a) y (b)?

    a. $3b - a^2$ **b.** $2b^2 - 7a$

    c. Razonamiento Halla el valor de xy^2 cuando $x = 5$ y $y = 2$. Compara tus resultados con $(xy)^2$ del Problema 3. ¿Qué conclusión puedes sacar?

ONLINE PROBLEMS **Problema 4** **Evaluar una expresión de la vida diaria**

Banca ¿Cuál es una expresión para el dinero destinado a gastos que te queda después de depositar $\frac{2}{5}$ de tus sueldos en una cuenta de ahorros? Evalúa la expresión para tus sueldos semanales de $40, $50, $75 y $100.

Lo que sabes
- Los ahorros equivalen a $\frac{2}{5}$ de los sueldos.
- Varios sueldos semanales

Lo que necesitas
- Una expresión para el dinero destinado a los gastos
- La cantidad de dinero destinado a los gastos de varios sueldos semanales

Planea
Escribe y evalúa una expresión algebraica para cada cantidad total de sueldos semanales. Usa una tabla para organizar tus resultados.

Piensa

¿Cómo te ayuda un modelo a escribir la expresión?

Este modelo muestra que el dinero destinado a gastos es igual a tus sueldos s menos la cantidad que ahorras: $\frac{2}{5}s$.

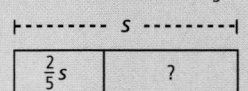

Relacionar el dinero destinado a los gastos es igual a los sueldos menos $\frac{2}{5}$ de los sueldos

Definir Sea s = tus sueldos.

Escribir $s - \frac{2}{5} \cdot s$

La expresión $s - \frac{2}{5} \cdot s$ representa la cantidad de dinero que te queda después de depositar $\frac{2}{5}$ de tus sueldos en una cuenta de ahorros.

Dinero destinado a gastos

Sueldos (s)	$s - \frac{2}{5}s$	Dinero total destinado a gastos ($)
40	$40 - \frac{2}{5}(40)$	24
50	$50 - \frac{2}{5}(50)$	30
75	$75 - \frac{2}{5}(75)$	45
100	$100 - \frac{2}{5}(100)$	60

¿Comprendiste? **4.** El costo de envío por una compra en una tienda en línea es $\frac{1}{10}$ del costo de los productos que compras. ¿Cuál es una expresión para el costo total de una compra dada? ¿Cuáles son los costos totales para compras de $43, $79, $95 y $103?

Comprobar la comprensión de la lección

¿CÓMO hacerlo?

¿Cuál es la forma simplificada de cada expresión?

1. 5^2 **2.** 2^3 **3.** $\left(\frac{3}{4}\right)^2$

Evalúa cada expresión cuando $x = 3$ y $y = 4$.

4. $x^2 + 2(x + y)$

5. $(xy)^3$

6. $4x^2 - 3xy$

¿Lo ENTIENDES?

7. Vocabulario Identifica el exponente y la base en 4^3.

8. Analizar errores Un estudiante simplificó una expresión como se muestra abajo. Halla el error y simplifica la expresión correctamente.

$$23 - 8 \cdot 2 + 3^2 = 23 - 8 \cdot 2 + 9$$
$$= 15 \cdot 2 + 9$$
$$= 30 + 9$$
$$= 39 \quad ✗$$

Ejercicios de práctica y resolución de problemas

A Práctica **Simplifica cada expresión.** ◀ **Ver los Problemas 1 y 2.**

9. 3^5 **10.** 4^3 **11.** 2^4 **12.** 10^8

13. $\left(\frac{2}{3}\right)^3$ **14.** $\left(\frac{1}{2}\right)^4$ **15.** $(0.4)^6$ **16.** 7^4

17. $20 - 2 \cdot 3^2$ **18.** $6 + 4 \div 2 + 3$ **19.** $(6^2 - 3^3) \div 2$ **20.** $5 \cdot 2^2 \div 2 + 8$

21. $80 - (4 - 1)^3$ **22.** $52 + 8^2 - 3(4 - 2)^3$ **23.** $\frac{6^4 \div 3^2}{9}$ **24.** $\frac{2 \cdot 7 + 4}{9 \div 3}$

Evalúa cada expresión cuando $s = 4$ y $t = 8$. ◀ **Ver el Problema 3.**

25. $(s + t)^3$ **26.** $s^4 + t^2 + s \div 2$ **27.** $(st)^2$

28. $3st^2 \div st + 6$ **29.** $(t - s)^5$ **30.** $(2s)^2 t$

31. $2st^2 - s^2$ **32.** $2s^2 - t^3 \div 16$ **33.** $\frac{(3s)^3 t + t}{s}$

34. Escribe una expresión para la cantidad de cambio que recibirás cuando pagues por una compra c con un billete de $20. Haz una tabla para hallar las cantidades de cambio que recibirás por compras de $11.59, $17.50, $19.00 y $20.00. ◀ **Ver el Problema 4.**

35. La cantidad de movimiento, o *momentum*, de un objeto se define como el producto de su masa m y la velocidad v. Escribe una expresión para la cantidad de movimiento de un objeto. Haz una tabla para hallar la cantidad de movimiento de un vehículo con una masa de 1000 kg que se mueve a una velocidad de 15 m/s, 20 m/s y 25 m/s.

B Aplicación

36. Geometría La expresión $\pi r^2 h$ representa el volumen de un cilindro con un radio r y una altura h.

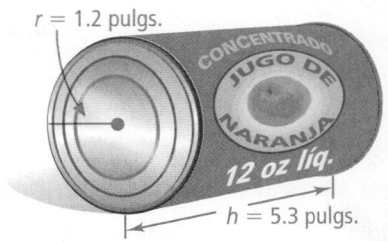
r = 1.2 pulgs.

h = 5.3 pulgs.

  a. ¿Cuál es el volumen de la lata de jugo de la derecha, a la décima de pulgada cúbica más cercana? Usa 3.14 para π.

  b. Razonamiento ¿Aproximadamente cuántas pulgadas cúbicas llenan una onza líquida de jugo, a la décima de pulgada cúbica más cercana?

Simplifica cada expresión.

37. $2[(8 - 4)^5 \div 8]$

38. $3[(4 - 2)^5 - 20]$

39. $10 - (2^3 + 4) \div 3 - 1$

40. $\dfrac{22 + 1^3 + (3^4 - 7^2)}{2^3}$

41. $3[42 - 2(10^2 - 9^2)]$

42. $\dfrac{2[8 + (67 - 2^6)^3]}{9}$

43. Pensar en un plan La cafetería de tu escuela añadió *sushi* a su menú. Los ingredientes para un arrollado son: arroz para *sushi*, hojas de algas, pepinos, queso crema y 3 oz de salmón ahumado. Un arrollado se puede cortar en 8 porciones. Escribe una expresión para la cantidad de salmón que se necesita para preparar p porciones de *sushi*. ¿Cuánto salmón se necesita para preparar 16 porciones? ¿Y 24 porciones? ¿Y 80 porciones? ¿Y 100 porciones?
  • ¿Qué operaciones necesitas para hacer tus cálculos?
  • Usa una tabla como ayuda para organizar tus resultados. ¿Qué encabezados usarás para las columnas de tu tabla?

44. Sueldo Ganas $10 por cada hora de trabajo en una tienda de alquiler de canoas. Escribe una expresión para tu sueldo por el número de horas h de trabajo. Haz una tabla para hallar cuánto ganas por 10 h, 20 h, 30 h y 40 h de trabajo.

Evalúa cada expresión para los valores dados de las variables.

45. $3(s - t)^2$; $s = 4, t = 1$

46. $2x - y^2$; $x = 7, y = 3.5$

47. $3m^2 - n$; $m = 2, n = 6$

48. $(2a + 2b)^2$; $a = 3, b = 4$

49. $2p^2 + (2q)^2$; $p = 4, q = 3$

50. $(4c - d + 0.2)^2 - 10c$; $c = 3.1, d = 4.6$

51. $\dfrac{3g + 6}{h}$; $g = 5, h = 7$

52. $\dfrac{2w + 3v}{v^2}$; $v = 6, w = 1$

53. Escribir Considera la expresión $(1 + 5)^2 - (18 \div 3)$. ¿Puedes efectuar las operaciones en diferentes órdenes y aun así obtener la respuesta correcta? Explica tu respuesta.

54. Un estudiante escribió las expresiones que se muestran y afirmó que eran iguales para todos los valores de x y y.

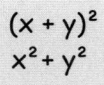
$(x + y)^2$
$x^2 + y^2$

  a. Evalúa cada expresión cuando $x = 1$ y $y = 0$.
  b. Evalúa cada expresión cuando $x = 1$ y $y = 2$.
  c. Respuesta de desarrollo Escoge otro par de valores para x y y. Evalúa cada expresión para esos valores.
  d. Escribir ¿Es correcta la afirmación del estudiante? Justifica tu respuesta.

55. Halla el valor de $14 + 5 \cdot 3 - 3^2$. Luego, cambia dos signos de operación para que el valor de la expresión sea 8.

 **Desafío**   **Usa símbolos de agrupación para que cada ecuación sea verdadera.**

56. $9 + 3 - 2 + 4 = 6$ **57.** $16 - 4 \div 2 + 3 = 9$

58. $4^2 - 5 \cdot 2 + 1 = 1$ **59.** $3 \cdot 4 + 5 - 6 + 7 = 28$

60. a. Geometría Un cono tiene una altura inclinada ℓ de 11 cm y un radio r de 3 cm. Usa la expresión $\pi r(\ell + r)$ para hallar el área total del cono. Usa 3.14 para π. Redondea a la décima de centímetro cuadrado más cercana.

  b. Razonamiento ¿Se duplica el área total del cono al duplicar el radio? ¿Y al duplicar la altura inclinada? Explica tu respuesta.

Preparación para el examen estandarizado

SAT/ACT

61. ¿Cuál es la forma simplificada de $4 + 10 \div 4 + 6$?

  Ⓐ 1.4   Ⓑ 9.5   Ⓒ 12.5   Ⓓ 24

62. ¿Cuál es el valor de $(2a)^2 b - 2c^2$ cuando $a = 2$, $b = 4$ y $c = 3$?

  Ⓕ 14   Ⓖ 28   Ⓗ 32   Ⓘ 46

63. Una camisa está en oferta a $25 en una tienda por departamentos local. El impuesto sobre la venta es igual a $\frac{1}{25}$ del precio de la camisa. ¿Cuál es el costo total de la camisa incluyendo el impuesto sobre la venta?

  Ⓐ $17   Ⓑ $26   Ⓒ $27   Ⓓ $33

64. Puedes hallar la distancia en pies que recorre un objeto al caer en t segundos usando la expresión $16t^2$. Si dejas caer una pelota desde un edificio alto, ¿a qué distancia caerá la pelota en 3 s?

  Ⓕ 16 pies   Ⓖ 48 pies   Ⓗ 96 pies   Ⓘ 144 pies

Repaso mixto

Escribe una expresión algebraica para cada frase.   ◀ Ver la Lección 1-1.

65. 4 más que p **66.** 5 menos el producto de y y 3

67. el cociente de m y 10   **68.** 3 veces la diferencia de 7 y d

Indica si cada número es *primo* o *compuesto*.   ◀ Ver la p. 786.

69. 17   **70.** 33   **71.** 43   **72.** 91

¡Prepárate!   **Antes de la Lección 1-3, haz los Ejercicios 73 a 80.**

Escribe cada fracción en forma decimal y cada decimal como fracción.   ◀ Ver la p. 790.

73. $\frac{3}{5}$ **74.** $\frac{7}{8}$ **75.** $\frac{2}{3}$ **76.** $\frac{4}{7}$

77. 0.7   **78.** 0.07   **79.** 4.25   **80.** 0.425

1-3

Los números reales y la recta numérica

Objetivos Clasificar, representar con una gráfica y comparar números reales.
Hallar y estimar raíces cuadradas.

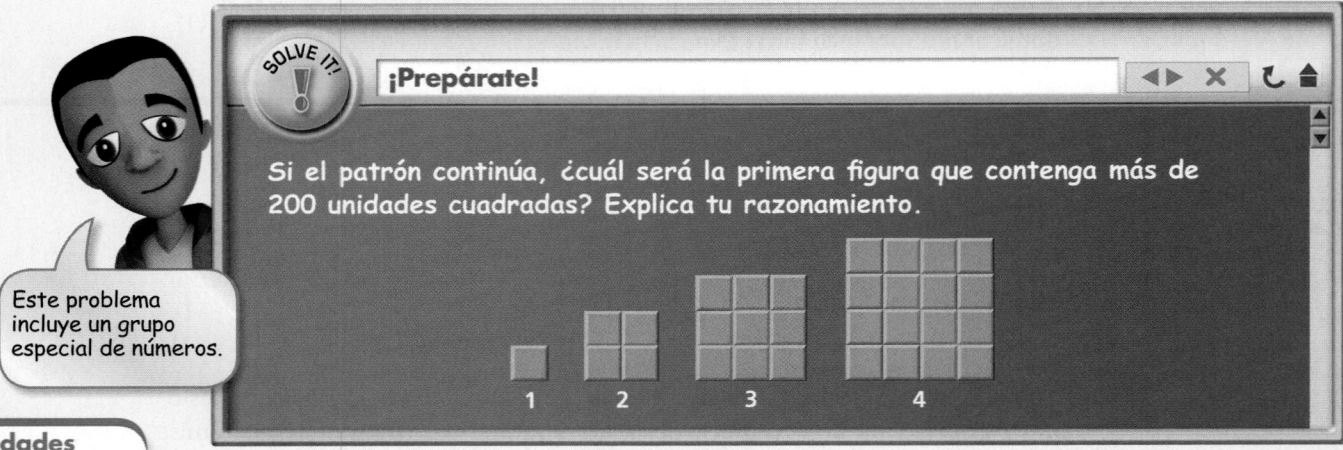

¡Prepárate!

Si el patrón continúa, ¿cuál será la primera figura que contenga más de 200 unidades cuadradas? Explica tu razonamiento.

1   2   3   4

Este problema incluye un grupo especial de números.

Actividades dinámicas

Explorar las raíces cuadradas

La recta numérica de los números reales

Vocabulario de la lección

• raíz cuadrada
• radicando
• radical
• cuadrado perfecto
• conjunto
• elemento del conjunto
• subconjunto
• número racional
• números naturales
• números enteros no negativos
• enteros
• número irracional
• números reales
• desigualdad

Los diagramas de la actividad de *Solve It!* representan lo que sucede cuando multiplicas un número por sí mismo para obtener un producto. Cuando haces esto, el número original se llama la *raíz cuadrada* del producto.

toma nota

Concepto clave   Raíz cuadrada

Álgebra   Un número a es una **raíz cuadrada** de un número b si $a^2 = b$.

Ejemplo $7^2 = 49$; por tanto, 7 es la raíz cuadrada de 49.

Comprensión esencial Puedes usar la definición de arriba para hallar las raíces cuadradas exactas de algunos números no negativos. Puedes aproximar las raíces cuadradas de otros números no negativos.

El símbolo de la raíz cuadrada, $\sqrt{}$, indica una raíz cuadrada no negativa, también llamada *raíz cuadrada principal*. La expresión que está debajo del símbolo de la raíz cuadrada se llama **radicando.**

$$\text{símbolo de la raíz cuadrada} \rightarrow \sqrt{a} \leftarrow \textbf{radicando}$$

El símbolo de la raíz cuadrada y el radicando forman un **radical**. Aprenderás acerca de las raíces cuadradas negativas en la Lección 1-6.

Piensa

¿Cómo hallas una raíz cuadrada?
Halla un número que se pueda multiplicar por sí mismo para obtener un producto que sea igual al radicando.

 Problema 1 Simplificar expresiones de la raíz cuadrada

¿Cuál es la forma simplificada de cada expresión?

A $\sqrt{81} = 9$ $9^2 = 81$; por tanto, 9 es una raíz cuadrada de 81.

B $\sqrt{\frac{9}{16}} = \frac{3}{4}$ $\left(\frac{3}{4}\right)^2 = \frac{9}{16}$; por tanto, $\frac{3}{4}$ es una raíz cuadrada de $\frac{9}{16}$.

 ¿Comprendiste? 1. ¿Cuál es la forma simplificada de cada expresión?

     a. $\sqrt{64}$ **b.** $\sqrt{25}$ **c.** $\sqrt{\frac{1}{36}}$ **d.** $\sqrt{\frac{81}{121}}$

El cuadrado de un entero se llama **cuadrado perfecto.** Por ejemplo, 49 es un cuadrado perfecto porque $7^2 = 49$. Cuando un radicando no es un cuadrado perfecto, puedes estimar la raíz cuadrada del radicando.

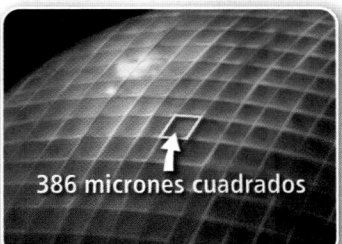

386 micrones cuadrados

 Problema 2 Estimar una raíz cuadrada

Biología Los ojos de las langostas están formados por pequeñas regiones cuadradas. Bajo el microscopio, la superficie del ojo parece papel cuadriculado. Un científico midió el área de uno de los cuadrados, que dio como resultado 386 micrones cuadrados. ¿Cuál es la longitud aproximada del lado del cuadrado al micrón más cercano?

Planea

¿Cómo puedes empezar?
La raíz cuadrada del área de un cuadrado es igual a la longitud de un lado. Por tanto, halla $\sqrt{386}$.

Método 1 Halla los dos cuadrados perfectos más cercanos para estimar $\sqrt{386}$.

     Los cuadrados perfectos más cercanos a 386 son 361 y 400.

     $19^2 = 361$

     $20^2 = 400$ ⟵   386

     Dado que 386 está más cerca de 400, $\sqrt{386} \approx 20$, y la longitud de un lado es aproximadamente 20 micrones.

Método 2 Estima $\sqrt{386}$ usando una calculadora.

     $\sqrt{386} \approx 19.6$ Usa la función de la raíz cuadrada en tu calculadora.

     La longitud de un lado del cuadrado es aproximadamente 20 micrones.

 ¿Comprendiste? 2. ¿Cuál es el valor de $\sqrt{34}$ al entero más cercano?

Comprensión esencial Los números se pueden clasificar según sus características. Algunos tipos de números pueden representarse en la recta numérica.

Puedes clasificar los números usando *conjuntos*. Un **conjunto** es un grupo de objetos bien definido. Cada objeto es un **elemento del conjunto.** Un **subconjunto** de un conjunto incluye elementos del conjunto dado. Puedes enumerar los elementos de un conjunto entre llaves { }.

Un **número racional** es cualquier número que puedes escribir como $\frac{a}{b}$, donde a y b son enteros y $b \neq 0$. Un número racional en forma decimal es un decimal finito, como 5.45, o un decimal periódico, como 0.41666..., que puedes escribir como $0.41\overline{6}$. Cada una de las siguientes gráficas muestra un subconjunto de los números racionales en una recta numérica.

Números naturales $\{1, 2, 3, \ldots\}$

Números enteros no negativos $\{0, 1, 2, 3, \ldots\}$

Enteros $\{\ldots -2, -1, 0, 1, 2, 3, \ldots\}$

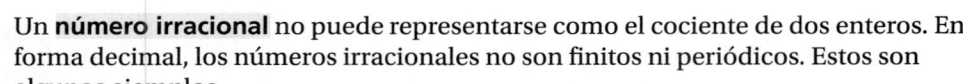

Un **número irracional** no puede representarse como el cociente de dos enteros. En forma decimal, los números irracionales no son finitos ni periódicos. Estos son algunos ejemplos.

$$0.1010010001 \ldots \qquad\qquad \pi = 3.14159265 \ldots$$

Algunas raíces cuadradas son números racionales y otras son números irracionales. Si un número entero no negativo no es un cuadrado perfecto, su raíz cuadrada es irracional.

Racional $\sqrt{4} = 2$ $\sqrt{25} = 5$

Irracional $\sqrt{3} = 1.73205080 \ldots$ $\sqrt{10} = 3.16227766 \ldots$

Los números racionales y los números irracionales forman el conjunto de los **números reales.**

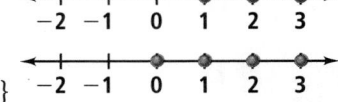

Problema 3   Clasificar números reales

¿A qué subconjuntos de los números reales pertenece cada número?

Ⓐ 15   números naturales, números enteros no negativos, enteros, números racionales

Ⓑ −1.4583   números racionales (dado que −1.4583 es un decimal finito)

Ⓒ $\sqrt{57}$ números irracionales (dado que 57 no es un cuadrado perfecto)

Piensa

¿Qué pistas usas para clasificar los números reales?
Busca signos negativos, fracciones, decimales que sean o no finitos o periódicos y radicandos que no sean cuadrados perfectos.

¿Comprendiste?   **3.** ¿A qué subconjuntos de los números reales pertenece cada número?

       a. $\sqrt{9}$ **b.** $\frac{3}{10}$ **c.** -0.45 **d.** $\sqrt{12}$

Resumen del concepto   Los números reales

Números reales

Números racionales	Enteros	Números enteros no negativos	Números naturales	Números irracionales
$\frac{-2}{3}$	-3			$\sqrt{10}$ $-\sqrt{123}$
$0.\overline{3}$	$-\frac{10}{5}$	0	$\sqrt{25}$	
			$\frac{4}{2}$ 7	$0.1010010001\ldots$
$\sqrt{0.25}$	$-\sqrt{16}$			π

Una **desigualdad** es una oración matemática que compara los valores de dos expresiones mediante un símbolo de desigualdad. Los símbolos son:

$<$, menor que $\leq$, menor que o igual a
$>$, mayor que $\geq$, mayor que o igual a

Problema 4 **Comparar números reales**

Planea

¿Cómo comparas números?
Escribe los números usando la misma forma, por ejemplo, la forma decimal.

¿Cuál es una desigualdad que compara los números $\sqrt{17}$ y $4\frac{1}{3}$?

$\sqrt{17} = 4.12310 \ldots$ Escribe la raíz cuadrada en forma decimal.

$4\frac{1}{3} = 4.\overline{3}$ Escribe la fracción en forma decimal.

$\sqrt{17} < 4\frac{1}{3}$ Compara usando un símbolo de desigualdad.

 ¿Comprendiste? **4. a.** ¿Qué desigualdad compara los números $\sqrt{129}$ y 11.52?

b. Razonamiento En el Problema 4, ¿hay otra desigualdad que compare los dos números? Explica tu respuesta.

Puedes representar todos los números reales con una gráfica y ordenarlos usando una recta numérica.

Problema 5 **Representar con una gráfica y ordenar los números reales**

Opción múltiple ¿Cuál es el orden de los números $\sqrt{4}$, 0.4, $-\frac{2}{3}$, $\sqrt{2}$ y -1.5 de menor a mayor?

Ⓐ $-\frac{2}{3}$, 0.4, -1.5, $\sqrt{2}$, $\sqrt{4}$ Ⓒ -1.5, $-\frac{2}{3}$, 0.4, $\sqrt{2}$, $\sqrt{4}$

Ⓑ -1.5, $\sqrt{2}$, 0.4, $\sqrt{4}$, $-\frac{2}{3}$ Ⓓ $\sqrt{4}$, $\sqrt{2}$, 0.4, $-\frac{2}{3}$, -1.5

Lo que sabes   **Lo que necesitas**   **Planea**

Cinco números reales   El orden de los números de menor a mayor   Representa los números en una recta numérica.

Piensa

¿Por qué es útil volver a escribir los números en forma decimal?
Te permite comparar los números que tienen valores cercanos, como $\frac{1}{4}$ y 0.26.

Primero, escribe los números que no son decimales en forma decimal: $\sqrt{4} = 2$, $-\frac{2}{3} \approx -0.67$ y $\sqrt{2} \approx 1.41$. Luego, representa los cinco números en la recta numérica para ordenarlos y lee la gráfica de izquierda a derecha.

$$-1.5 \quad -\frac{2}{3} \quad 0.4 \quad \sqrt{2} \ \sqrt{4}$$

$$\overset{-2 \ \ -1 \ \ \ 0 \ \ \ 1 \ \ \ 2 \ \ \ 3}{\longleftrightarrow}$$

De menor a mayor, los números son -1.5, $-\frac{2}{3}$, 0.4, $\sqrt{2}$ y $\sqrt{4}$. La respuesta correcta es C.

 ¿Comprendiste? **5.** Representa 3.5, -2.1, $\sqrt{9}$, $-\frac{7}{2}$ y $\sqrt{5}$ en una recta numérica. ¿Cuál es el orden de los números de menor a mayor?

Comprobar la comprensión de la lección

¿CÓMO hacerlo?

Nombra el o los subconjuntos de los números reales a los que pertenece cada número.

1. $\sqrt{11}$ **2.** -7

3. Ordena $\frac{47}{10}$, 4.1, -5 y $\sqrt{16}$ de menor a mayor.

4. Una tarjeta cuadrada tiene un área de 15 pulgs.^{2}. ¿Cuál es la longitud aproximada del lado de la tarjeta?

¿Lo ENTIENDES?

5. Vocabulario ¿Cuáles son los dos subconjuntos de los números reales que forman el conjunto de números reales?

6. Vocabulario Da un ejemplo de un número racional que no sea entero.

Razonamiento Indica si cada raíz cuadrada es *racional* o *irracional*. Explica tu respuesta.

7. $\sqrt{100}$ **8.** $\sqrt{0.29}$

Ejercicios de práctica y resolución de problemas

A Práctica   Simplifica cada expresión.   ◀ Ver el Problema 1.

9. $\sqrt{36}$ **10.** $\sqrt{169}$ **11.** $\sqrt{16}$ **12.** $\sqrt{900}$ **13.** $\sqrt{\frac{36}{49}}$

14. $\sqrt{\frac{25}{81}}$ **15.** $\sqrt{\frac{1}{9}}$ **16.** $\sqrt{\frac{121}{16}}$ **17.** $\sqrt{1.96}$ **18.** $\sqrt{0.25}$

Estima la raíz cuadrada. Redondea al entero más cercano.   ◀ Ver el Problema 2.

19. $\sqrt{17}$ **20.** $\sqrt{35}$ **21.** $\sqrt{242}$ **22.** $\sqrt{61}$ **23.** $\sqrt{320}$

Halla la longitud aproximada del lado de cada figura cuadrada a la unidad entera más cercana.

24. un mural con un área de 18 m^2

25. un tablero de juego con un área de 160 pulgs.^{2}

26. una rampa para helicópteros con un área de 3000 pies^2

Nombra el o los subconjuntos de los números reales a los que pertenece cada número.   ◀ Ver el Problema 3.

27. $\frac{2}{3}$ **28.** 13 **29.** -1 **30.** $-\frac{19}{100}$ **31.** π

32. -2.38 **33.** $\frac{17}{4573}$ **34.** $\sqrt{144}$ **35.** $\sqrt{113}$ **36.** $\frac{59}{2}$

Compara los números de cada ejercicio usando un símbolo de desigualdad.   ◀ Ver el Problema 4.

37. $5\frac{2}{3}, \sqrt{29}$ **38.** $-3.1, -\frac{16}{5}$ **39.** $\frac{4}{3}, \sqrt{2}$ **40.** $9.6, \sqrt{96}$

41. $-\frac{7}{11}, -0.63$ **42.** $\sqrt{115}, 10.72104\ldots$ **43.** $-\frac{22}{25}, -0.\overline{8}$ **44.** $\sqrt{184}, 15.56987\ldots$

Ordena los números de cada ejercicio de menor a mayor.   ◀ Ver el Problema 5.

45. $\frac{1}{2}, -2, \sqrt{5}, -\frac{7}{4}, 2.4$ **46.** $-3, \sqrt{31}, \sqrt{11}, 5.5, -\frac{60}{11}$ **47.** $-6, \sqrt{20}, 4.3, -\frac{59}{9}$

48. $\frac{10}{3}, 3, \sqrt{8}, 2.9, \sqrt{7}$ **49.** $-\frac{13}{6}, -2.1, -\frac{26}{13}, -\frac{9}{4}$ **50.** $-\frac{1}{6}, -0.3, \sqrt{1}, -\frac{2}{13}, \frac{7}{8}$

 **Aplicación**

51. Pensar en un plan Un decorador pagó $4 por pie cuadrado de revestimiento para pisos que usará en una habitación cuadrada. Si el decorador gastó $600 en el revestimiento, ¿aproximadamente cuál es la longitud de un lado de la habitación? Redondea al pie más cercano.

- ¿Cómo se relaciona el área de un cuadrado con la longitud de un lado?
- ¿Cómo puedes estimar la longitud de un lado de un cuadrado?

Indica si cada oración es *verdadera* o *falsa*. Explica tu respuesta.

52. Todos los números negativos son enteros.

53. Todos los enteros son números racionales.

54. Todas las raíces cuadradas son números irracionales.

55. Ningún número positivo es entero.

56. Razonamiento El dueño de un restaurante revestirá con paneles una parte cuadrada del techo del restaurante. La parte que revestirá tiene un área de 185 pies². El dueño planea usar paneles cuadrados de metal cuya longitud de cada lado es de 2 pies. ¿Cuál es el primer paso para hallar si el dueño podrá usar un número entero de paneles?

Escribe cada número en la forma $\frac{a}{b}$, donde a y b son enteros, para mostrar que cada uno es racional.

57. 417   **58.** 0.37   **59.** 2.01   **60.** 2.1   **61.** 3.06

62. Analizar errores Un estudiante dice que $\sqrt{7}$ es un número racional porque puedes escribir $\sqrt{7}$ como el cociente $\frac{\sqrt{7}}{1}$. ¿El estudiante tiene razón? Explica tu respuesta.

63. Construcción Un contratista está colocando baldosas en un patio cuadrado que tiene el área que se muestra a la derecha. ¿Cuál es la longitud aproximada de un lado del patio? Redondea al pie más cercano.

64. Respuesta de desarrollo Le estás enseñando matemáticas a un estudiante más pequeño. ¿Cómo explicarías qué son los números racionales y los números irracionales y en qué se diferencian?

A = 136 pies²

65. Geometría El número irracional π, que es igual a 3.14159 . . ., es la razón de la circunferencia de un círculo a su diámetro. En el siglo VI, el matemático Brahmagupta estimó que el valor de π era $\sqrt{10}$. En el siglo XIII, el matemático Fibonacci estimó que el valor de π era $\frac{864}{275}$. ¿Cuál es la mejor estimación? Explica tu respuesta.

66. Mejoras en el hogar Si apoyas una escalera contra una pared, la longitud de la escalera debe ser $\sqrt{(x)^2 + (4x)^2}$ pies para que se considere segura. La distancia x es la distancia a la que está la base de la escalera de la pared. Estima la longitud esperada de la escalera cuando la base está ubicada a 5 pies de la pared. Redondea tu respuesta a la décima más cercana.

67. Escribir ¿Hay un entero mayor en la recta numérica de los números reales? ¿Y una fracción menor? Explica tu respuesta.

68. Razonamiento Escoge tres intervalos en la recta numérica de los números reales que incluyan números racionales y números irracionales. ¿Crees que cualquier intervalo dado en la recta numérica de los números reales incluye tanto números racionales como irracionales? Explica tu respuesta.

Desafío

69. Antenas Los cables están colocados en una torre de antena a las alturas h que se muestran a la derecha. Usa la expresión $\sqrt{h^2 + (0.55h)^2}$ para estimar la longitud de los cables para cada altura. Si hay tres cables colocados en cada altura, ¿cuál es la cantidad mínima total de cable que se necesita?

70. Razonamiento A veces el producto de dos números positivos es menor que cualquiera de los dos números. Describe los números para los cuales esto es verdadero.

71. Raíces cúbicas El número a es la *raíz cúbica* de un número b si $a^3 = b$. Por ejemplo, la raíz cúbica de 8 es 2 porque $2^3 = 8$. Halla la raíz cúbica de cada número.

a. 64 **b.** 1000 **c.** 343 **d.** 2197

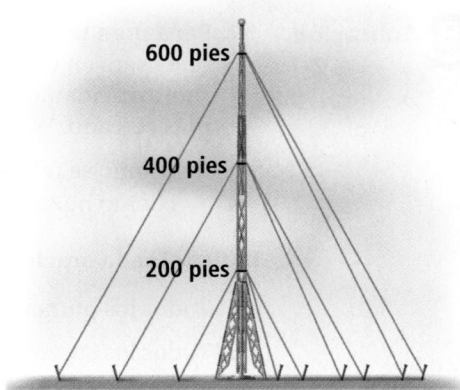

600 pies

400 pies

200 pies

Preparación para el examen estandarizado

SAT/ACT

72. Una foto cuadrada tiene un área de 225 pulgs.^{2}. ¿Cuál es la longitud de un lado de la foto?

Ⓐ 5 pulgs. Ⓑ 15 pulgs. Ⓒ 25 pulgs. Ⓓ 225 pulgs.

73. Para simplificar la expresión $9 \cdot (33 - 5^2) \div 2$, ¿qué haces primero?

Ⓕ Dividir por 2. Ⓖ Restar 5. Ⓗ Multiplicar por 9. Ⓘ Elevar 5 al cuadrado.

74. La tabla de la derecha muestra el número de páginas que puedes leer por minuto. ¿Qué expresión algebraica da una regla para hallar el número de páginas leídas en cualquier número de minutos m?

Ⓐ m Ⓒ $2m$

Ⓑ $m + 2$ Ⓓ $\dfrac{m}{2}$

Lectura

Minutos	Páginas leídas
1	2
2	4
3	6
m	■

Repaso mixto

Evalúa cada expresión para los valores dados de las variables. ◀ Ver la Lección 1-2.

75. $(r - t)^2$; $r = 11$, $t = 7$ **76.** $3m^2 + n$; $m = 5$, $n = 3$ **77.** $(2x)^2 y$; $x = 4$, $y = 8$

Escribe una expresión algebraica para cada frase en palabras. ◀ Ver la Lección 1-1.

78. la suma de 14 y x **79.** 4 multiplicado por la suma de y y 1

80. 3880 dividido por z **81.** el producto de t y el cociente de 19 y 3

¡Prepárate! Antes de la Lección 1-4, haz los Ejercicios 82 a 85.

Simplifica cada expresión. ◀ Ver la Lección 1-2.

82. $4 + 7 \cdot 2$ **83.** $(7 + 1)9$ **84.** $2 + 22 \cdot 20$ **85.** $6 + 18 \div 6$

1-4 Propiedades de los números reales

Objetivo   Identificar y usar las propiedades de los números reales.

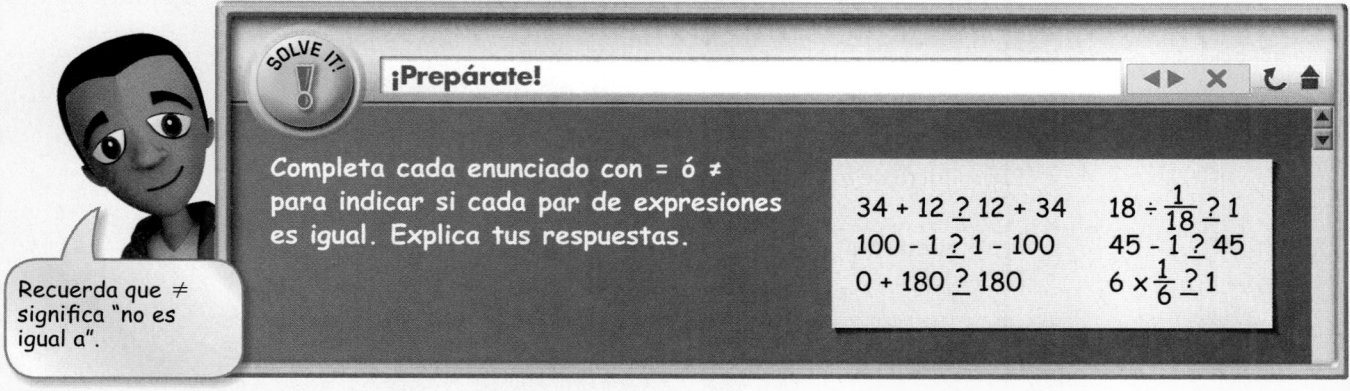

¡Prepárate!

Completa cada enunciado con = ó ≠ para indicar si cada par de expresiones es igual. Explica tus respuestas.

34 + 12 ? 12 + 34 $18 \div \frac{1}{18}$? 1

100 - 1 ? 1 - 100   45 - 1 ? 45

0 + 180 ? 180 $6 \times \frac{1}{6}$? 1

Recuerda que ≠ significa "no es igual a".

Vocabulario de la lección
- expresiones equivalentes
- razonamiento deductivo
- contraejemplo

En la actividad de *Solve It!*, se ilustran las relaciones numéricas que son siempre verdaderas para los números reales.

Comprensión esencial   Las relaciones que son siempre verdaderas para los números reales se llaman *propiedades*. Las propiedades son reglas que se usan para volver a escribir y comparar expresiones.

Dos expresiones algebraicas son **expresiones equivalentes** si tienen el mismo valor para todos los valores de la variable o las variables. Las siguientes propiedades muestran expresiones que son equivalentes para todos los números reales.

toma nota

Propiedades   Propiedades de los números reales

Sean a, b y c números reales cualesquiera.

Propiedad conmutativa de la suma y de la multiplicación
Cambiar el orden de los sumandos no cambia el total. Cambiar el orden de los factores no cambia el producto.

	Álgebra	**Ejemplo**
Suma	$a + b = b + a$	$18 + 54 = 54 + 18$
Multiplicación	$a \cdot b = b \cdot a$	$12 \cdot \frac{1}{2} = \frac{1}{2} \cdot 12$

Propiedad asociativa de la suma y de la multiplicación
Cambiar la agrupación de los sumandos no cambia el total. Cambiar la agrupación de los factores no cambia el producto.

Suma	$(a + b) + c = a + (b + c)$	$(23 + 9) + 4 = 23 + (9 + 4)$
Multiplicación	$(a \cdot b) \cdot c = a \cdot (b \cdot c)$	$(7 \cdot 9) \cdot 10 = 7 \cdot (9 \cdot 10)$

Propiedades · Propiedades de los números reales

Sea a cualquier número real.

Propiedad de identidad de la suma y de la multiplicación

La suma de cualquier número real y 0 es el número original. El producto de cualquier número real y 1 es el número original.

	Álgebra	Ejemplo
Suma	$a + 0 = a$	$5\frac{3}{4} + 0 = 5\frac{3}{4}$
Multiplicación	$a \cdot 1 = a$	$67 \cdot 1 = 67$

Propiedad del cero en la multiplicación

El producto de a y 0 es 0. $\qquad a \cdot 0 = 0 \qquad\qquad 18 \cdot 0 = 0$

Propiedad multiplicativa del -1

El producto de -1 y a es $-a$. $\quad -1 \cdot a = -a \qquad -1 \cdot 9 = -9$

Problema 1 · Identificar las propiedades

¿Qué símbolos matemáticos te dan pistas acerca de las propiedades?
Los paréntesis, los símbolos de operaciones y los números 0 y 1 pueden indicar ciertas propiedades.

Piensa

¿Qué propiedad ilustra cada enunciado?

A $42 \cdot 0 = 0$ Propiedad del cero en la multiplicación

B $(y + 2.5) + 28 = y + (2.5 + 28)$ Propiedad asociativa de la suma

C $10x + 0 = 10x$ Propiedad de identidad de la suma

 **¿Comprendiste? 1.** ¿Qué propiedad ilustra cada enunciado?

    a. $4x \cdot 1 = 4x$ **b.** $x + (\sqrt{y} + z) = x + (z + \sqrt{y})$

Puedes usar las propiedades como ayuda para resolver algunos problemas mediante el cálculo mental.

Problema 2 · Usar las propiedades para los cálculos mentales

Cine Un boleto de cine cuesta \$7.75. Una bebida cuesta \$2.40. Las palomitas de maíz cuestan \$1.25. ¿Cuál es el costo total de un boleto, una bebida y unas palomitas de maíz? Calcula mentalmente.

Planea

¿Cómo haces que la suma sea más fácil?
Busca los números que tengan partes decimales que se puedan sumar fácilmente, como 0.75 y 0.25.

$(7.75 + 2.40) + 1.25 = (2.40 + 7.75) + 1.25$ Propiedad conmutativa de la suma

$\qquad\qquad\qquad\qquad = 2.40 + (7.75 + 1.25)$ Propiedad asociativa de la suma

$\qquad\qquad\qquad\qquad = 2.40 + 9$ Simplifica lo que está dentro de los paréntesis.

$\qquad\qquad\qquad\qquad = 11.40$ Suma.

El costo total es \$11.40.

 ¿Comprendiste? 2. Una lata contiene 3 pelotas de tenis. Un paquete contiene 4 latas. Una caja contiene 6 paquetes. ¿Cuántas pelotas de tenis hay en 10 cajas? Calcula mentalmente.

Problema 3 Escribir expresiones equivalentes

Simplifica cada expresión.

A $5(3n)$

Lo que sabes

Una expresión

Lo que necesitas

Grupos de números que se puedan simplificar

Planea

Usa las propiedades para agrupar o reordenar las partes de la expresión.

$5(3n) = (5 \cdot 3)n$ Propiedad asociativa de la multiplicación

$\qquad = 15n$ Simplifica.

B $(4 + 7b) + 8$

$(4 + 7b) + 8 = (7b + 4) + 8$ Propiedad conmutativa de la suma

$\qquad = 7b + (4 + 8)$ Propiedad asociativa de la suma

$\qquad = 7b + 12$ Simplifica.

C $\dfrac{6xy}{y}$

$\dfrac{6xy}{y} = \dfrac{6x \cdot y}{1 \cdot y}$ Vuelve a escribir el denominador usando la propiedad de identidad de la multiplicación.

$\qquad = \dfrac{6x}{1} \cdot \dfrac{y}{y}$ Usa la regla para multiplicar fracciones: $\dfrac{a}{b} \cdot \dfrac{c}{d} = \dfrac{ac}{bd}$.

$\qquad = 6x \cdot 1$ $x \div 1 = x$ y $y \div y = 1$.

$\qquad = 6x$ Propiedad de identidad de la multiplicación

 ¿Comprendiste? 3. Simplifica cada expresión.

$\qquad$ **a.** $2.1(4.5x)$ $\qquad$ **b.** $6 + (4h + 3)$ $\qquad$ **c.** $\dfrac{8m}{12mn}$

En el Problema 3, se usaron el razonamiento y las propiedades para mostrar que dos expresiones son equivalentes. Esto es un ejemplo de *razonamiento deductivo*. El **razonamiento deductivo** es el proceso que consiste en razonar lógicamente partiendo de hechos hasta llegar a una conclusión.

Para mostrar que un enunciado *no* es verdadero, halla un ejemplo para el cual no sea verdadero. Un ejemplo que muestra que un enunciado es falso es un **contraejemplo**. Necesitas un solo contraejemplo para probar que un enunciado es falso.

 Problema 4 Usar el razonamiento deductivo y contraejemplos

¿El enunciado es *verdadero* o *falso*? Si es falso, da un contraejemplo.

A Para todos los números reales a y b, $a \cdot b = b + a$.

Falso. $5 \cdot 3 \neq 3 + 5$ es un contraejemplo.

B Para todos los números reales a, b y c, $(a + b) + c = b + (a + c)$.

Verdadero. Usa las propiedades de los números reales para mostrar que las expresiones son equivalentes.

$(a + b) + c = (b + a) + c$ Propiedad conmutativa de la suma

$\qquad = b + (a + c)$ Propiedad asociativa de la suma

Planea

Busca un contraejemplo para mostrar que el enunciado es falso. Si no hallas ninguno, intenta usar las propiedades para mostrar que es verdadero.

 **¿Comprendiste?** **4. Razonamiento** Indica si cada enunciado de las partes (a) y (b) es *verdadero* o *falso*. Si es falso, da un contraejemplo. Si es verdadero, usa las propiedades de los números reales para mostrar que las expresiones son equivalentes.

a. Para todos los números reales j y k, $j \cdot k = (k + 0) \cdot j$.

b. Para todos los números reales m y n, $m(n + 1) = mn + 1$.

c. ¿El enunciado de la parte (A) del Problema 4 es falso para *todos* los pares de números reales a y b? Explica tu respuesta.

 ## Comprobar la comprensión de la lección

¿CÓMO hacerlo?

Nombra la propiedad que ilustra cada enunciado.

1. $x + 12 = 12 + x$

2. $5 \cdot (12 \cdot x) = (5 \cdot 12) \cdot x$

3. Compras un sándwich por $2.95, una manzana por $.45 y una botella de jugo por $1.05. ¿Cuál es el costo total?

4. Simplifica $\frac{24cd}{c}$.

¿Lo ENTIENDES?

5. Vocabulario Indica si las expresiones de cada par son equivalentes.

a. $5x \cdot 1$ y $1 + 5x$

b. $1 + (2t + 1)$ y $2 + 2t$

6. Justifica cada paso.

$$3 \cdot (10 \cdot 12) = 3 \cdot (12 \cdot 10)$$
$$= (3 \cdot 12) \cdot 10$$
$$= 36 \cdot 10$$
$$= 360$$

 ## Ejercicios de práctica y resolución de problemas

 **Práctica**

Nombra la propiedad que ilustra cada enunciado.

 Ver el Problema 1.

7. $75 + 6 = 6 + 75$

8. $\frac{7}{9} \cdot 1 = \frac{7}{9}$

9. $h + 0 = h$

10. $389 \cdot 0 = 0$

11. $27 \cdot \pi = \pi \cdot 27$

12. $9 \cdot (-1 \cdot x) = 9 \cdot (-x)$

Cálculo mental Simplifica cada expresión.

Ver el Problema 2.

13. $21 + 6 + 9$

14. $10 \cdot 2 \cdot 19 \cdot 5$

15. $0.1 + 3.7 + 5.9$

16. $4 \cdot 5 \cdot 13 \cdot 5$

17. $55.3 + 0.2 + 23.8 + 0.7$

18. $0.25 \cdot 12 \cdot 4$

19. Excursión de pesca El cartel de la derecha muestra los costos de una excursión de pesca de altura. ¿Cuál será el costo total para 1 adulto, 2 niños y 1 persona de la tercera edad que hacen la excursión de pesca? Calcula mentalmente.

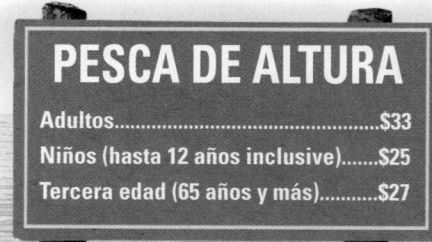

PESCA DE ALTURA

Adultos..$33

Niños (hasta 12 años inclusive).......$25

Tercera edad (65 años y más)...........$27

Simplifica cada expresión. Justifica cada paso.

Ver el Problema 3.

20. $8 + (9t + 4)$

21. $9(2x)$

22. $(4 + 105x) + 5$

23. $(10p)11$

24. $(12 \cdot r) \cdot 13$

25. $(2 + 3x) + 9$

26. $4 \cdot (x \cdot 6.3)$

27. $1.1 + (7d + 0.1)$

28. $\frac{56ab}{b}$

29. $\frac{1.5mn}{m}$

30. $\frac{13p}{pq}$

31. $\frac{33xy}{3x}$

Usa el razonamiento deductivo para indicar si cada enunciado es *verdadero* o *falso*. Ver el Problema 4.
Si es falso, da un contraejemplo. Si es verdadero, usa las propiedades de los números reales para mostrar que las expresiones son equivalentes.

32. Para todos los números reales r, s y t, $(r \cdot s) \cdot t = t \cdot (s \cdot r)$.

33. Para todos los números reales p y q, $p \div q = q \div p$.

34. Para todos los números reales x, $x + 0 = 0$.

35. Para todos los números reales a y b, $-a \cdot b = a \cdot (-b)$.

 **Aplicación**

36. Analizar errores Tu amigo te muestra el problema de la derecha. Dice que la propiedad asociativa te permite cambiar el orden en que efectúas dos operaciones. ¿Tu amigo tiene razón? Explica tu respuesta.

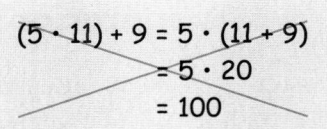

$(5 \cdot 11) + 9 = 5 \cdot (11 + 9)$
$= 5 \cdot 20$
$= 100$

37. Viajes Hay 258 mi desde Tulsa, Oklahoma, hasta Dallas, Texas. Hay 239 mi desde Dallas, Texas, hasta Houston, Texas.
   a. ¿Cuál es la distancia total de un viaje desde Tulsa hasta Dallas y desde Dallas hasta Houston?
   b. ¿Cuál es la distancia total de un viaje desde Houston hasta Dallas y desde Dallas hasta Tulsa?
   c. Usa el razonamiento para explicar cómo sabes si las distancias que se describen en las partes (a) y (b) son iguales.

Indica si las expresiones de cada par son equivalentes.

38. $2 + h + 4$ y $2 \cdot h \cdot 4$

39. $9y \cdot 0$ y 1

40. $3x$ y $3x \cdot 1$

41. $m(1 - 1)$ y 0

42. $(9 - 7) + \pi$ y 2π

43. $(3 + 7) + m$ y $m + 10$

44. $\frac{63ab}{7a}$ y $9ab$

45. $\frac{11x}{(2 + 5 - 7)}$ y $11x$

46. $\frac{7t}{4 - 8 + \sqrt{9}}$ y $7t$

47. Pensar en un plan Hannah hace una lista de regalos posibles para Mary, Jared y Michael. Tiene dos planes y puede gastar $75 en total para todos los regalos. ¿Qué plan o planes puede pagar Hannah?
   • ¿Qué propiedad puedes usar para que sea más fácil hallar el costo total de los regalos diferentes?
   • ¿Qué número comparas con el costo total de cada plan para decidir si lo puede pagar?

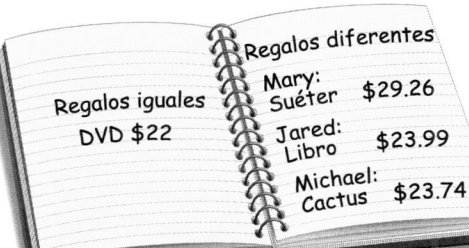

Regalos diferentes
Mary: Suéter $29.26
Jared: Libro $23.99
Michael: Cactus $23.74

Regalos iguales
DVD $22

48. Escribir Supón que mezclas pintura roja y pintura azul en una cubeta. ¿Crees que el color final de la pintura mezclada será el mismo si añades primero la pintura azul o la pintura roja en la cubeta? Relaciona tu respuesta con una propiedad de los números reales.

Simplifica cada expresión. Justifica cada paso.

49. $25 \cdot 3.9 \cdot 4$

50. $(4.4 \div 4.4)(x + 7)$

51. $(7^6 - 6^5)(8 - 8)$

Razonamiento **Responde a cada pregunta. Usa ejemplos para justificar tus respuestas.**

52. ¿Es conmutativa la resta?

53. ¿Es asociativa la resta?

54. ¿Es conmutativa la división?

55. ¿Es asociativa la división?

 **Desafío**

56. Patrones La propiedad conmutativa de la suma te permite volver a escribir expresiones de suma. ¿De cuántas maneras diferentes puedes escribir $a + b + c$? Muestra cada manera.

57. Razonamiento Supón que sabes que $a(b + c) = ab + ac$ es verdadero para todos los números reales a, b y c. Usa las propiedades de los números reales para probar que $(b + c)a = ba + ca$ es verdadero para todos los números reales a, b y c.

Preparación para el examen estandarizado

SAT/ACT

58. ¿Cuál es la forma simplificada de $(1.2 + 0) + 4.6 + 3.8$?

- Ⓐ 1.2
- Ⓑ 8.0
- Ⓒ 8.4
- Ⓓ 9.6

59. ¿Qué expresión es igual a $3 \cdot 3 \cdot 8 \cdot 8 \cdot 3$?

- Ⓕ $3 \cdot 8$
- Ⓖ 3^8
- Ⓗ $3^3 \cdot 8^2$
- Ⓘ $3 \cdot 3 + 2 \cdot 8$

60. Hay cuatro puntos marcados en la recta numérica de abajo.

¿Qué expresión representa la cantidad mayor?

- Ⓐ $M \div L$
- Ⓑ $M - L$
- Ⓒ $J + K$
- Ⓓ $L - K$

61. En tu pista de carrera local, el Carril 1 mide 0.25 mi de largo. Vives a 0.5 mi de la pista. ¿Cuál de las siguientes opciones es el trayecto más corto?

- Ⓕ correr 6 veces alrededor de la pista por el Carril 1
- Ⓖ correr hasta la pista y luego correr 5 veces alrededor de la pista por el Carril 1
- Ⓗ correr hasta la pista, correr 3 veces alrededor de la pista por el Carril 1 y luego hasta tu casa
- Ⓘ correr 8 veces alrededor de la pista por el Carril 1

Repaso mixto

Ordena los números de cada ejercicio de menor a mayor. ◀ Ver la Lección 1-3.

62. $-6, 6^3, 1.6, \sqrt{6}$

63. $\frac{8}{5}, 1.4, -17, 10^2$

64. $1.75, -4.5, \sqrt{4}, 14^1$

¡Prepárate! **Antes de la Lección 1-5, haz los Ejercicios 65 a 68.**

Resuelve las siguientes sumas y restas. ◀ Ver la p. 791.

65. $3 + 11$

66. $\frac{3}{8} + \frac{5}{8}$

67. $9.7 - 8.6$

68. $\frac{5}{9} - \frac{5}{10}$

Prueba de mitad del capítulo

MathXL® for School
Visita PowerAlgebra.com.

¿CÓMO hacerlo?

Escribe una expresión algebraica para cada frase.

1. un número n dividido por 4

2. 2 menos que el producto de 5 y n

3. La tabla muestra que el costo total de una excursión depende del número de estudiantes. ¿Cuál es una regla para el costo total de los boletos? Da la regla en palabras y como una expresión algebraica.

Excursión

Número de estudiantes	Costo total
20	$(12 \cdot 20) + 150$
40	$(12 \cdot 40) + 150$
60	$(12 \cdot 60) + 150$

4. El cartel muestra los costos de una excursión de navegación en rápidos de río. Escribe una expresión para determinar el costo del alquiler de los equipos para 3 niños y 1 adulto para una excursión que dura h horas.

Excursiones en rápidos de río

Boleto para adultos	$53
Boleto para niños	$32
Alquiler de equipos	$5 por hora

Simplifica cada expresión.

5. $24 \div (3 + 2^2)$

6. $\sqrt{144}$

Evalúa cada expresión para los valores dados de las variables.

7. $3x \cdot 2 \div y$; $x = 3$ y $y = 6$

8. $(4a)^3 \div (b - 2)$; $a = 2$ y $b = 4$

9. Nombra el o los subconjuntos de números reales a los que pertenece cada número. Luego, ordena los números de menor a mayor.
$\sqrt{105}$, -4, $\frac{4}{3}$

10. Estima $\sqrt{14}$ al entero más cercano.

11. ¿Qué propiedad se muestra en la siguiente ecuación?
$$(5 + 8) + 11 = 5 + (8 + 11)$$

12. Usa la tabla de abajo. Halla el costo total de 2 ensaladas, 1 sándwich y 2 bebidas. Calcula mentalmente.

Menú para el almuerzo

Ensalada	$6.25
Sándwich	$5.50
Bebida	$2.75

¿Lo ENTIENDES?

13. ¿Qué frases en palabras representan las expresiones $-2 + 3x$ y $3x + (-2)$? ¿Son equivalentes las dos expresiones? Explica tu respuesta.

14. Usa símbolos de agrupación para hacer que la siguiente ecuación sea verdadera.
$$4^2 + 2 \cdot 3 = 54$$

15. Escoge la palabra correcta para completar la siguiente oración: Un número natural (*siempre, a veces, nunca*) es un número entero no negativo.

16. ¿Cuántos números naturales hay en el conjunto de números de -10 a 10 incluyendo el 10? Explica tu respuesta.

17. ¿Cuál es la forma simplificada de $\frac{3abc}{abc}$, donde $abc \neq 0$? Explica tu respuesta usando las propiedades de los números reales.

18. **Razonamiento** ¿Las propiedades asociativas son verdaderas para todos los enteros? Explica tu respuesta.

19. Usa la propiedad conmutativa de la multiplicación para volver a escribir la expresión $(x \cdot y) \cdot z$ de dos maneras diferentes.

1-5 Sumar y restar números reales

Objetivo   Resolver sumas y restas de números reales.

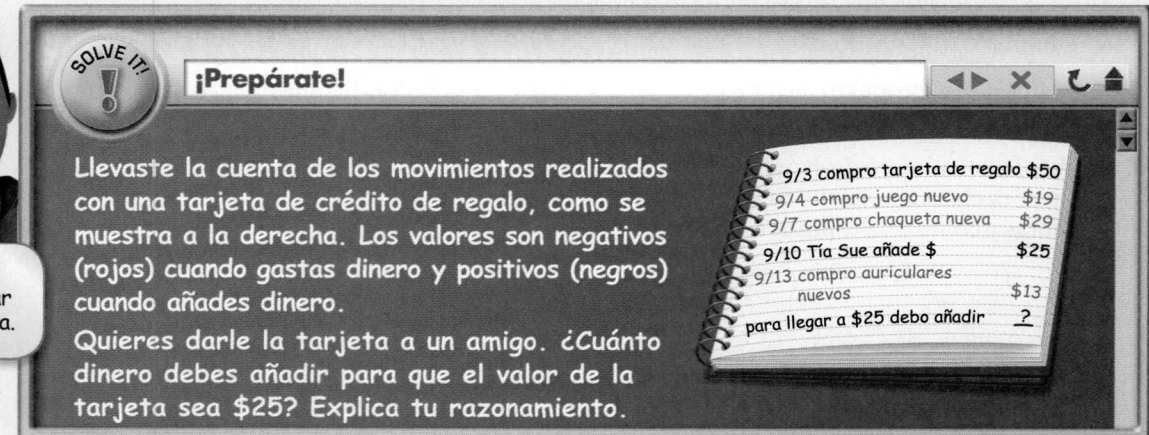

SOLVE IT!

¡Prepárate!

Llevaste la cuenta de los movimientos realizados con una tarjeta de crédito de regalo, como se muestra a la derecha. Los valores son negativos (rojos) cuando gastas dinero y positivos (negros) cuando añades dinero.

Quieres darle la tarjeta a un amigo. ¿Cuánto dinero debes añadir para que el valor de la tarjeta sea $25? Explica tu razonamiento.

> 9/3 compro tarjeta de regalo $50
> 9/4 compro juego nuevo $19
> 9/7 compro chaqueta nueva $29
> 9/10 Tía Sue añade $ $25
> 9/13 compro auriculares
>   nuevos $13
> para llegar a $25 debo añadir   _?_

Aquí puede resultarte útil usar una recta numérica.

Vocabulario de la lección
• valor absoluto
• opuestos
• inversos de suma

Comprensión esencial   Puedes sumar o restar números reales usando un modelo de recta numérica. También puedes sumar o restar números reales usando reglas que incluyan el valor absoluto.

Problema 1   **Usar modelos de rectas numéricas**

¿Cuál es el total? Usa una recta numérica.

Piensa

¿Cómo sabes en qué dirección debes moverte en la recta numérica?
Si el número que se suma es positivo, muévete a la derecha. Si el número que se suma es negativo, muévete a la izquierda.

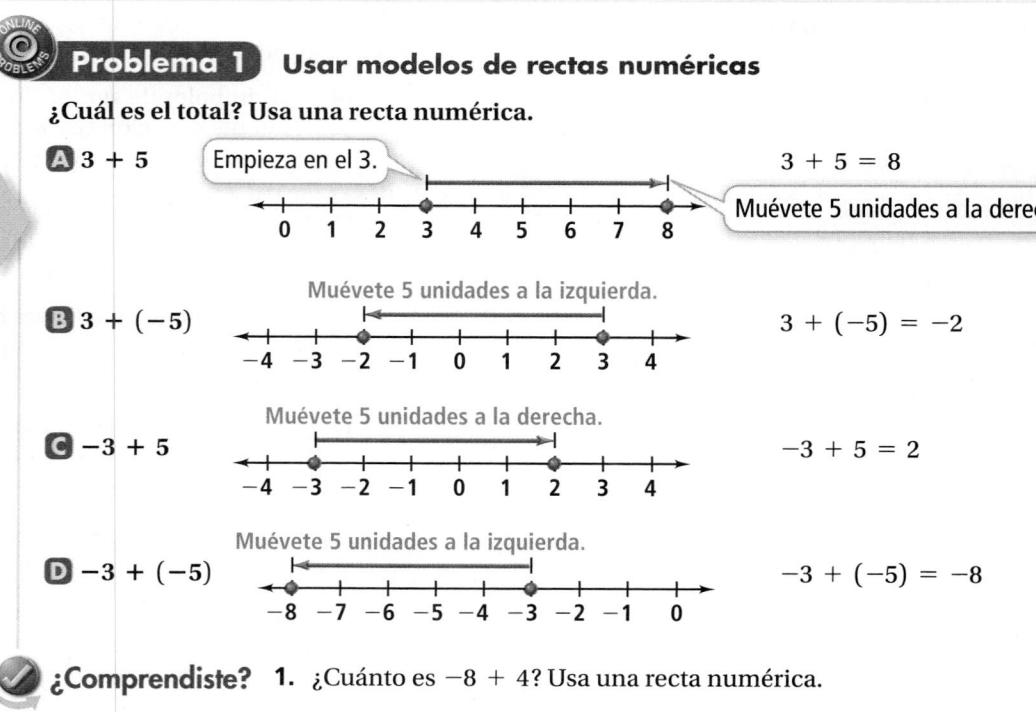

Ⓐ 3 + 5   Empieza en el 3.   3 + 5 = 8
   Muévete 5 unidades a la derecha.

Ⓑ 3 + (−5)   Muévete 5 unidades a la izquierda.   3 + (−5) = −2

Ⓒ −3 + 5   Muévete 5 unidades a la derecha.   −3 + 5 = 2

Ⓓ −3 + (−5)   Muévete 5 unidades a la izquierda.   −3 + (−5) = −8

¿Comprendiste?   **1.** ¿Cuánto es −8 + 4? Usa una recta numérica.

El **valor absoluto** de un número es su distancia del 0 en una recta numérica. El valor absoluto es siempre no negativo dado que la distancia es siempre no negativa.

Por ejemplo, el valor absoluto de 4 es 4 y el valor absoluto de -4 es 4. Puedes escribir esto como $|4| = 4$ y $|-4| = 4$.

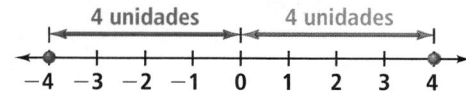

4 unidades   4 unidades

$-4 \quad -3 \quad -2 \quad -1 \quad 0 \quad 1 \quad 2 \quad 3 \quad 4$

Puedes usar el valor absoluto cuando resuelves las sumas de números reales.

toma nota

Actividades dinámicas
Sumar números reales

Concepto clave   Sumar números reales

Sumar números reales con el mismo signo
Para sumar dos números con el mismo signo, suma sus valores absolutos. El total tiene el mismo signo que los sumandos.

Ejemplos $3 + 4 = 7$ $-3 + (-4) = -7$

Sumar números con signos diferentes
Para sumar números con signos diferentes, resta sus valores absolutos. El total tiene el mismo signo que el sumando con el mayor valor absoluto.

Ejemplos $-3 + 4 = 1$ $3 + (-4) = -1$

Planea

¿Cuál es el primer paso para resolver cada suma?
Identifica si los sumandos tienen el mismo signo o si tienen signos diferentes. Luego, escoge la regla que debes usar.

Problema 2   **Sumar números reales**

¿Cuál es el total?

A $-12 + 7$

$-12 + 7 = -5$ La diferencia de los valores absolutos es 5. El sumando negativo tiene el mayor valor absoluto. El total es negativo.

B $-18 + (-2)$

$-18 + (-2) = -20$ Los sumandos tienen el mismo signo (negativo); por tanto, suma sus valores absolutos. El total es negativo.

C $-4.8 + 9.5$

$-4.8 + 9.5 = 4.7$ La diferencia de los valores absolutos es 4.7. El sumando positivo tiene el mayor valor absoluto. El total es positivo.

D $\frac{3}{4} + \left(-\frac{5}{6}\right)$

$\frac{3}{4} + \left(-\frac{5}{6}\right) = \frac{9}{12} + \left(-\frac{10}{12}\right)$ Halla el mínimo común denominador.

$\qquad\qquad = -\frac{1}{12}$ La diferencia de los valores absolutos es $\frac{1}{12}$. El sumando negativo tiene el mayor valor absoluto. El total es negativo.

¿Comprendiste? **2.** ¿Cuál es el total?

a. $-16 + (-8)$ **b.** $-11 + 9$ **c.** $9 + (-11)$ **d.** $-6 + (-2)$

Dos números que están a la misma distancia del 0 en una recta numérica pero en direcciones opuestas son **opuestos**.

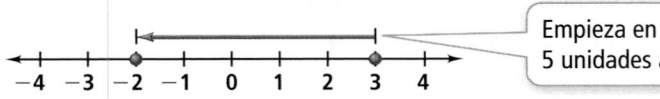

Los números −3 y 3 están a la misma distancia del 0. Por tanto, −3 y 3 son opuestos.

Un número y su opuesto se llaman **inversos de suma**. Para hallar la suma de un número y su opuesto, puedes usar la propiedad inversa de la suma.

toma nota

Propiedad **Propiedad inversa de la suma**

Para todo número real a, hay un inverso de suma $-a$ tal que
$a + (-a) = -a + a = 0.$

Ejemplos $14 + (-14) = 0$ $-14 + 14 = 0$

Puedes usar opuestos (inversos de suma) para restar números reales. Para saber cómo hacerlo, observa la siguiente recta numérica, que representa $3 - 5$ y $3 + (-5)$.

Empieza en el 3 y muévete 5 unidades a la izquierda.

$3 - 5$ y $3 + (-5)$ son expresiones equivalentes que ilustran la regla de abajo.

toma nota

Concepto clave **Restar números reales**

Para restar un número real, súmale su opuesto: $a - b = a + (-b)$.

Ejemplos $3 - 5 = 3 + (-5) = -2$ $3 - (-5) = 3 + 5 = 8$

ONLINE PROBLEMS **Problema 3** **Restar números reales**

Piensa

¿Por qué debes volver a escribir la resta como una suma?
Puedes simplificar las expresiones usando las reglas para sumar números reales que ya aprendiste en esta lección.

¿Cuál es la diferencia?

Ⓐ $-8 - (-13) = -8 + 13$ El opuesto de −13 es 13. Por tanto, suma 13.
           $= 5$ Usa las reglas de la suma.

Ⓑ $3.5 - 12.4 = 3.5 + (-12.4)$ El opuesto de 12.4 es −12.4. Por tanto, suma −12.4.
           $= -8.9$ Usa las reglas de la suma.

Ⓒ $9 - 9 = 9 + (-9)$ El opuesto de 9 es −9. Por tanto, suma −9.
        $= 0$ Propiedad inversa de la suma

 ¿Comprendiste? 3. a. ¿Cuánto es $4.8 - (-8.7)$?
           b. Razonamiento ¿Para qué valores de a y b se cumple $a - b = b - a$?

Todas las propiedades de la suma de los números reales que aprendiste en la Lección 1-4 se aplican tanto a los números positivos como a los números negativos. Puedes usar esas propiedades para reordenar y simplificar expresiones.

 Problema 4 **Sumar y restar números reales**

Buceo Un buceador se sumerge 25 pies para fotografiar corales cerebro y luego sube 16 pies para bucear por encima de un arrecife. Después, se sumerge 47 pies para inspeccionar la base del arrecife. Por último, el buceador sube 29 pies para ver una caverna submarina. ¿Cuál es la ubicación de la caverna en relación con el nivel del mar?

Lo que sabes
La distancia y la dirección para cada cambio de ubicación

Lo que necesitas
La ubicación en relación con el nivel del mar después de los cambios

Planea
Representa el recorrido del buceador con una expresión. Reordena los valores para hacer que los cálculos sean más fáciles.

Piensa

¿Cómo representas el problema con una expresión?
Empieza la expresión con cero para representar el nivel del mar. Resta el número de pies que se sumerge el buceador y suma el número de pies que sube.

$0 - 25 + 16 - 47 + 29$	Escribe una expresión.
$= 0 + (-25) + 16 + (-47) + 29$	Usa una regla para restar números reales.
$= 0 + 16 + 29 + (-25) + (-47)$	Propiedad conmutativa de la suma
$= 0 + (16 + 29) + [(-25) + (-47)]$	Agrupa los sumandos que tienen el mismo signo.
$= 0 + 45 + (-72)$	Suma lo que está dentro de los símbolos de agrupación.
$= 45 + (-72)$	Propiedad de identidad de la suma
$= -27$	Usa la regla para sumar números con signos diferentes.

La caverna está a -27 pies en relación con el nivel del mar.

 ¿Comprendiste? **4.** Un robot submarino se sumerge 803 pies hasta el fondo del océano. Sube 215 pies a medida que el agua se hace menos profunda. Luego, el submarino se sumerge 2619 pies en una grieta profunda. Después, sube 734 para fotografiar una hendidura en la pared de la grieta. ¿Cuál es la ubicación de la hendidura en relación con el nivel del mar?

 Comprobar la comprensión de la lección

¿CÓMO hacerlo?
Usa una recta numérica para resolver las siguientes sumas.

1. $-5 + 2$ **2.** $-2 + (-1)$

Resuelve las siguientes sumas o restas.

3. $-12 + 9$ **4.** $-4 + (-3)$

5. $-3 - (-5)$ **6.** $1.5 - 8.5$

¿Lo ENTIENDES?

7. Vocabulario ¿Cuál es la suma de un número y su opuesto?

8. Comparar y contrastar ¿Cómo se relaciona la resta con la suma?

9. Analizar errores Tu amigo dice que dado que $-a$ es el opuesto de a, el opuesto de un número es siempre negativo. Describe y corrige el error.

Ejercicios de práctica y resolución de problemas

 **Práctica**

Usa una recta numérica para resolver las siguientes sumas.

 Ver el Problema 1.

10. $2 + 5$

11. $-3 + 8$

12. $4 + (-3)$

13. $1 + (-6)$

14. $-6 + 9$

15. $-4 + 7$

16. $-6 + (-8)$

17. $-9 + (-3)$

Resuelve las siguientes sumas.

Ver el Problema 2.

18. $11 + 9$

19. $17 + (-28)$

20. $12 + (-9)$

21. $-2 + 7$

22. $-14 + (-10)$

23. $-9 + (-2)$

24. $3.2 + 1.4$

25. $5.1 + (-0.7)$

26. $-2.2 + (-3.8)$

27. $\frac{1}{2} + \left(-\frac{7}{2}\right)$

28. $-\frac{2}{3} + \left(-\frac{3}{5}\right)$

29. $\frac{7}{9} + \left(-\frac{5}{12}\right)$

Resuelve las siguientes restas.

Ver el Problema 3.

30. $5 - 15$

31. $-13 - 7$

32. $-19 - 7$

33. $36 - (-12)$

34. $-29 - (-11)$

35. $-7 - (-5)$

36. $8.5 - 7.6$

37. $-2.5 - 17.8$

38. $-2.9 - (-7.5)$

39. $3.5 - 1.9$

40. $\frac{1}{8} - \frac{3}{4}$

41. $\frac{7}{16} - \left(-\frac{1}{2}\right)$

42. Observación de aves Un águila comienza a volar a una altitud de 42 pies. La altitud es la distancia por encima del nivel del mar. El diagrama de abajo muestra los cambios de altitud durante el vuelo del águila. Escribe una expresión que represente el vuelo del águila. ¿Cuál es la altitud en el arroyo?

Ver el Problema 4.

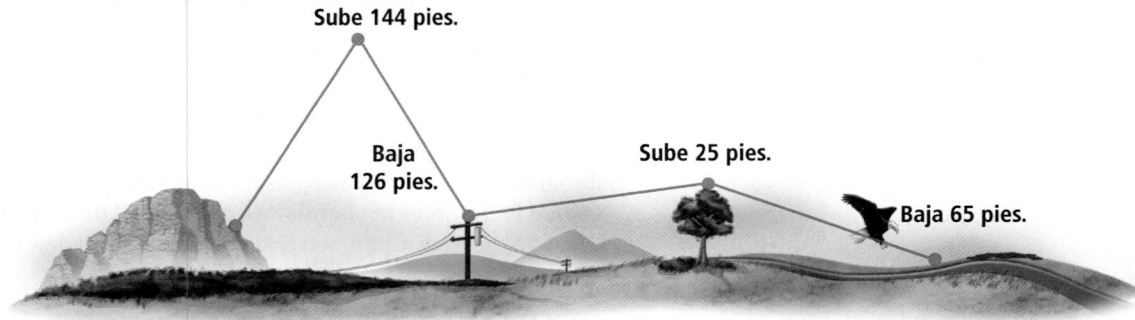

Sube 144 pies.

Baja 126 pies.

Sube 25 pies.

Baja 65 pies.

43. Mercado de valores Al principio de la semana, el precio inicial de unas acciones es $51.47 por acción. Durante la semana, el precio cambia: aumenta $1.22, luego baja $3.47, luego baja $2.11, luego baja $.98 y, por último, aumenta $2.41. ¿Cuál es el precio final de las acciones?

 **Aplicación**

Evalúa cada expresión cuando $a = -2$, $b = -4.1$ y $c = 5$.

44. $a - b + c$

45. $-c + b - a$

46. $-a + (-c)$

47. Analizar errores Describe y corrige el error que cometieron al resolver la resta que se muestra a la derecha.

$$-4 - (-5) = -4 + (-(-5))$$
$$= -4 + 5$$
$$= -1$$

48. Escribir Sin calcular, indica cuál es mayor: la suma de -135 y 257 o la suma de 135 y -257. Explica tu razonamiento.

Simplifica cada expresión.

49. $1 - \frac{1}{2} - \frac{1}{3} - \frac{1}{4}$ **50.** $7 + (2^2 - 3^2)$ **51.** $-2.1 - [2.3 - (3.5 - (-1.9))]$

52. Pensar en un plan En golf, el número esperado de golpes se llama "par". Cuando el número de golpes que se hacen es mayor que el *par*, el puntaje es positivo. Cuando el número de golpes es menor que el *par*, el puntaje es negativo. Gana el puntaje más bajo.

En la tarjeta de resultados se muestra el *par* y el puntaje de un jugador para los primeros cuatro hoyos que se jugaron en un campo de golf de nueve hoyos. Los puntajes del jugador en los cinco hoyos restantes son -1, 0, -1, $+1$, 0. El *par* para los nueve hoyos es 36. ¿Cuál es el número total de golpes del jugador para los nueve hoyos?

Tarjeta de resultados de golf

Par	Número de golpes	Puntaje
4	6	+2
4	3	−1
3	3	0
5	3	−2

- ¿Puedes resolver el problema si sumas los golpes que hizo en cada hoyo?
- ¿Cómo se relaciona el total de los puntajes del jugador con el número total de golpes?

Razonamiento Razona para determinar si el valor de cada expresión es *positivo* o *negativo*. No calcules las respuestas exactas.

53. $-225 + 318$ **54.** $-\frac{7}{8} + \frac{1}{3}$ **55.** $34.5 + 12.9 - 50$

56. Escalas de temperatura La escala de temperatura Kelvin se relaciona con la escala de temperatura de los grados Celsius, o centígrados (°C), mediante la fórmula $x = 273 + y$, donde x es el número de kelvins y la y es la temperatura en grados Celsius. ¿Cuánto es cada temperatura en kelvins?

  a. $-22\,°C$ **b.** $0\,°C$ **c.** $-32\,°C$

57. Escribir Explica cómo sabes sin calcular si la suma de un número positivo y un número negativo será positiva, negativa o cero.

Decide si cada enunciado es verdadero o falso. Explica tu razonamiento.

58. La suma de un número positivo y un número negativo es siempre negativa.

59. La diferencia de dos números es siempre menor que la suma de esos dos números.

60. Un número menos su opuesto es el doble del número.

61. Meteorología Los meteorólogos usan un barómetro para medir la presión del aire y hacer predicciones climáticas. Supón que un barómetro de mercurio estándar marca 29.8 pulgs. El mercurio sube 0.02 pulg. y luego baja 0.09 pulg. El mercurio vuelve a bajar 0.18 pulg. antes de subir 0.07 pulg. ¿Cuánto marca el barómetro al final?

62. Opción múltiple ¿Qué expresión es equivalente a $x - y$?

  (A) $y - x$ (B) $x - (-y)$ (C) $x + (-y)$ (D) $y + (-x)$

63. Química Los átomos contienen partículas llamadas protones y electrones. Cada protón tiene una carga de $+1$ y cada electrón tiene una carga de -1. Un ión de azufre tiene 18 electrones y 16 protones. La carga de un ión es la suma de las cargas de sus protones y electrones. ¿Cuál es la carga del ión de azufre?

 **Desafío**

64. Razonamiento Si $|x| > |y|$, ¿entonces $|x - y| = |x| - |y|$? Justifica tu respuesta.

65. Razonamiento Un estudiante escribió la ecuación $-|m| = |-m|$. ¿La ecuación es verdadera *siempre, a veces* o *nunca*? Explica tu respuesta.

Simplifica cada expresión.

66. $\frac{c}{4} - \frac{c}{4}$

67. $\frac{w}{5} + \left(-\frac{w}{10}\right)$

68. $\frac{d}{5} - \left(-\frac{d}{5}\right)$

69. Razonamiento Responde a cada pregunta. Justifica tus respuestas.

a. ¿Es $|a - b|$ siempre igual a $|b - a|$?

b. ¿Es $|a + b|$ siempre igual a $|a| + |b|$?

Preparación para el examen estandarizado

70. ¿Cuál es el valor de $-b - a$ cuando $a = -4$ y $b = 7$?

Ⓐ -11 Ⓑ -3 Ⓒ 3 Ⓓ 11

71. ¿Qué expresión es equivalente a $19 - 41$?

Ⓕ $|19 - 41|$ Ⓖ $|19 + 41|$ Ⓗ $-|19 - 41|$ Ⓘ $-|19 + 41|$

72. ¿Qué ecuación ilustra la propiedad de identidad de la multiplicación?

Ⓐ $x \cdot 0 = 0$ Ⓑ $x \cdot 1 = x$ Ⓒ $x(yz) = (xy)z$ Ⓓ $x \cdot y = y \cdot x$

73. ¿Cuál es una expresión algebraica para el perímetro del triángulo?

Ⓕ $8 + x$ Ⓗ 8
Ⓖ $4x$ Ⓘ $4 + x$

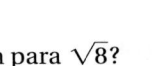

74. ¿Qué punto de la siguiente recta numérica es la mejor estimación para $\sqrt{8}$?

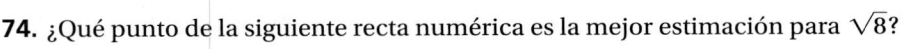

Ⓐ P Ⓑ Q Ⓒ R Ⓓ S

Repaso mixto

Indica si las expresiones de cada par son equivalentes. ◀ Ver la Lección 1-4.

75. $\frac{3}{4} \cdot d \cdot 4$ y $3d$

76. $(2.1 \cdot h) \cdot 3$ y $6.3 + h$

77. $(6 + b) + a$ y $6 + (a + b)$

Nombra el o los subconjuntos de los números reales a los que pertenece cada número. ◀ Ver la Lección 1-3.

78. $\frac{1}{3}$ **79.** -5.333 **80.** $\sqrt{16}$ **81.** 82.0371 **82.** $\sqrt{21}$

¡Prepárate! Antes de la Lección 1-6, haz los Ejercicios 83 a 85.

Evalúa cada expresión cuando $a = 2$, $h = 5$ y $w = 8$. ◀ Ver la Lección 1-2.

83. $4h - 5a \div w$

84. $a^2w - h^2 + 2h$

85. $(w^2h - a^2) + 12 \div 3a$

36 **Capítulo 1** Fundamentos del Álgebra

Un enunciado puede ser verdadero siempre, a veces o nunca. Para cada actividad, trabaja en grupo con 4 compañeros. Túrnense para predecir cada respuesta. Si el que predice da una respuesta correcta, obtiene 1 punto. De lo contrario, el que prueba que la predicción es incorrecta obtiene 1 punto. Gana el que tiene la mayor cantidad de puntos al final de cada actividad.

Actividad 1

Indica si cada descripción acerca de los miembros de tu grupo es verdadera *siempre, a veces* o *nunca*.

1. Asiste a la clase de Álgebra.

2. Vive en tu estado.

3. Toca un instrumento musical.

4. Tiene menos de 25 años.

5. Habla más de un idioma.

6. Mide más de 5 m de alto.

Actividad 2

Supón que cada miembro de tu grupo escoge una de las cuatro tarjetas de la derecha. Indica si un miembro escogido al azar tendrá *siempre, a veces* o *nunca* un número que corresponda a cada descripción.

3   6   10   13

7. mayor que 2

8. mayor que 25

9. par

10. número irracional

11. número primo

12. número racional

Actividad 3

Cada miembro de tu grupo sustituye x por un entero en cada enunciado. Indica si un miembro del grupo escogido al azar tendrá un enunciado verdadero *siempre, a veces* o *nunca*.

13. $x - 2$ es mayor que x.

14. $|x|$ es menor que x.

15. $7 + x = x + 7$

16. $13 - x = x - 13$

17. $x + 0 = x$

18. $-4 + (3 + x) = x + (-4 + 3)$

19. $x \div 5$ es menor que x.

20. $x \cdot 0 = 0$

21. $x + 9$ es menor que x.

22. $|x|$ es mayor que x.

1-6 Multiplicar y dividir números reales

Objetivo Hallar productos y cocientes de números reales.

Tal vez no sepas la respuesta, pero puedes hacer una conjetura.

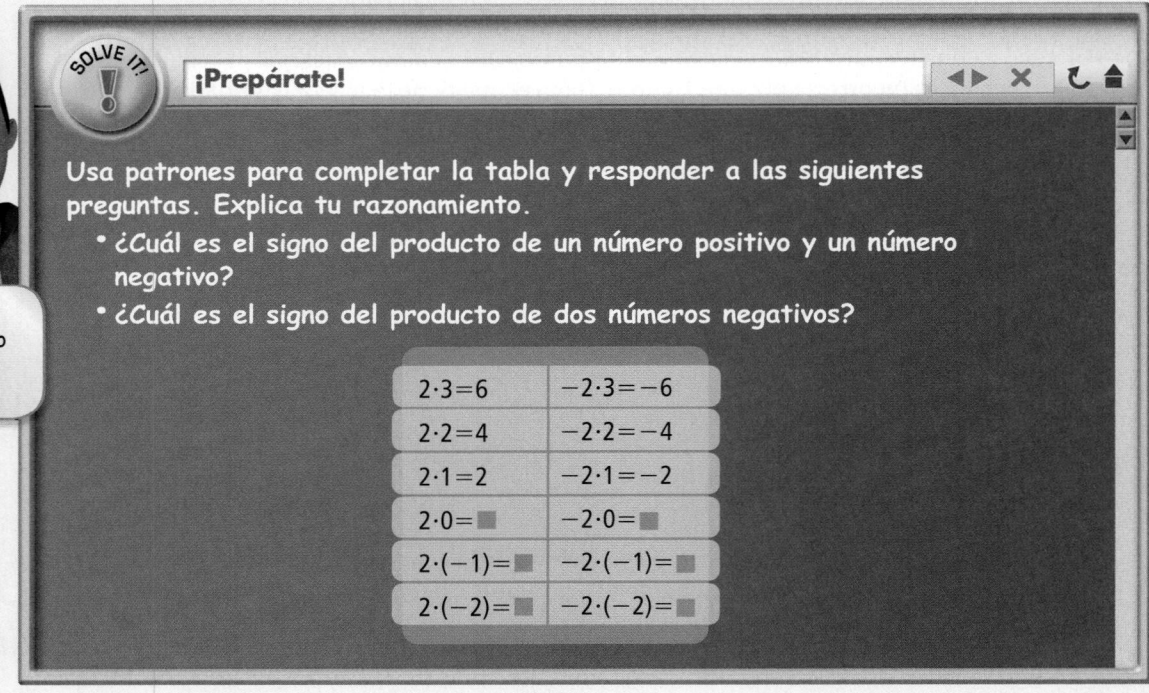

SOLVE IT!

¡Prepárate!

Usa patrones para completar la tabla y responder a las siguientes preguntas. Explica tu razonamiento.

- ¿Cuál es el signo del producto de un número positivo y un número negativo?
- ¿Cuál es el signo del producto de dos números negativos?

2·3=6	−2·3=−6
2·2=4	−2·2=−4
2·1=2	−2·1=−2
2·0=■	−2·0=■
2·(−1)=■	−2·(−1)=■
2·(−2)=■	−2·(−2)=■

Vocabulario de la lección
- inverso multiplicativo
- recíproco

Los patrones de la actividad de *Solve It!* sugieren reglas para multiplicar números reales.

Comprensión esencial Las reglas para multiplicar números reales se relacionan con las propiedades de los números reales y con las definiciones de las operaciones.

Sabes que el producto de dos números positivos es positivo. Por ejemplo, $3(5) = 15$. Puedes pensar en el producto de un número positivo y un número negativo como grupos de números. Por ejemplo, $3(-5)$ significa 3 grupos de -5. Por tanto, $3(-5) = (-5) + (-5) + (-5)$, ó $3(-5) = -15$.

También puedes derivar el producto de dos números negativos, como $-3(-5)$.

$$3(-5) = -15 \qquad \text{Empieza con el producto } 3(-5) = -15.$$

$$-[3(-5)] = -(-15) \qquad \text{Los opuestos de dos números iguales son iguales.}$$

$$-1[3(-5)] = -(-15) \qquad \text{Propiedad multiplicativa del } -1$$

$$[-1(3)](-5) = -(-15) \qquad \text{Propiedad asociativa de la multiplicación}$$

$$-3(-5) = -(-15) \qquad \text{Propiedad multiplicativa del } -1$$

$$-3(-5) = 15 \qquad \text{El opuesto de } -15 \text{ es } 15.$$

Estas explicaciones ilustran las siguientes reglas para multiplicar números reales.

Concepto clave   Multiplicar números reales

En palabras El producto de dos números con signos *diferentes* es *negativo*.

Ejemplos $2(-3) = -6$ $-2 \cdot 3 = -6$

Modelo $2(-3) = -6$

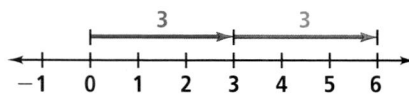

En palabras El producto de dos números reales con el *mismo* signo es *positivo*.

Ejemplos $2 \cdot 3 = 6$ $-2(-3) = 6$

Modelo $2 \cdot 3 = 6$

Planea

¿Cuál es el primer paso para hallar el producto de números reales?
Identifica el signo de los factores. Luego, determina el signo del producto.

Problema 1   Multiplicar números reales

¿Cuál es el producto?

A $12(-8) = -96$ El producto de dos números con signos diferentes es negativo.

B $24(0.5) = 12$ El producto de dos números con el mismo signo es positivo.

C $-\frac{3}{4} \cdot \frac{1}{2} = -\frac{3}{8}$ El producto de dos números con signos diferentes es negativo.

D $(-3)^2 = (-3)(-3) = 9$ El producto de dos números con el mismo signo es positivo.

¿Comprendiste? **1.** ¿Cuál es el producto?

a. $6(-15)$ **b.** $12(0.2)$ **c.** $-\frac{7}{10}\left(\frac{3}{5}\right)$ **d.** $(-4)^2$

Observa que $(-3)^2 = 9$ en la parte (d) del Problema 1. Recuerda que en la Lección 1-3 aprendiste que a es una raíz cuadrada de b si $a^2 = b$. Por tanto, -3 es una raíz cuadrada de 9. Una raíz cuadrada negativa se representa con $-\sqrt{}$. Cada número real positivo tiene una raíz cuadrada positiva y otra negativa. El símbolo $\pm$ antes del radical indica ambas raíces cuadradas.

Piensa

¿Cómo hallas una raíz cuadrada negativa?
Busca un número negativo que puedas multiplicar por sí mismo para obtener un producto igual al radicando.

Problema 2   Simplificar expresiones de la raíz cuadrada

¿Cuál es la forma simplificada de cada expresión?

A $-\sqrt{25} = -5$ $(-5)^2 = 25$; por tanto, $-\sqrt{25} = -5$.

B $\pm\sqrt{\frac{4}{49}} = \pm\frac{2}{7}$ $\left(\frac{2}{7}\right)^2 = \frac{4}{49}$ y $\left(-\frac{2}{7}\right)^2 = \frac{4}{49}$; por tanto, $\pm\sqrt{\frac{4}{49}} = \pm\frac{2}{7}$.

¿Comprendiste? **2.** ¿Cuál es la forma simplificada de cada expresión?

a. $\sqrt{64}$ **b.** $\pm\sqrt{16}$ **c.** $-\sqrt{121}$ **d.** $\pm\sqrt{\frac{1}{36}}$

Comprensión esencial Las reglas para dividir números reales se relacionan con las reglas para multiplicar números reales.

Para tres números reales cualesquiera a, b y c, donde $a \neq 0$, si $a \cdot b = c$, entonces $b = c \div a$. Por ejemplo, $-8(-2) = 16$; por tanto, $-2 = 16 \div (-8)$. Del mismo modo, $-8(2) = -16$; por tanto, $2 = -16 \div (-8)$. Estos ejemplos ilustran las siguientes reglas.

Concepto clave Dividir números reales

En palabras El cociente de dos números reales con signos *diferentes* es *negativo*.
Ejemplos $-20 \div 5 = -4$ $\qquad$ $20 \div (-5) = -4$

En palabras El cociente de dos números reales con el *mismo* signo es *positivo*.
Ejemplos $20 \div 5 = 4$ $\qquad$ $-20 \div (-5) = 4$

División con 0

En palabras El cociente de 0 y cualquier número real distinto de cero es 0. El cociente de cualquier número real y 0 es indefinido.
Ejemplos $0 \div 8 = 0$ $\qquad$ $8 \div 0$ es indefinido.

Problema 3 Dividir números reales

Piensa

¿En qué se parece la división a la multiplicación?
Para hallar el signo de un cociente, usas los signos de los números que divides, del mismo modo que para hallar el signo de un producto, usas los signos de los factores.

Paracaidismo La altitud de un paracaidista cambia –3600 pies en 4 min después de que se abre el paracaídas. ¿Cuál es el promedio de cambio de altitud del paracaidista por minuto?

$-3600 \div 4 = -900$ $\qquad$ Los números tienen signos diferentes; por tanto, el cociente es negativo.

El promedio de cambio de altitud del paracaidista es -900 pies por minuto.

 ¿Comprendiste? 3. Retiras cinco veces la misma cantidad de dinero de tu cuenta bancaria. La cantidad total que retiras es $360. ¿Cuál es el cambio en el saldo de tu cuenta cada vez que retiras dinero?

La propiedad inversa de la multiplicación describe la relación entre un número y su inverso multiplicativo.

Propiedad Propiedad inversa de la multiplicación

En palabras Por cada número real distinto de cero, a, existe un **inverso multiplicativo** $\frac{1}{a}$ tal que $a\left(\frac{1}{a}\right) = 1$.
Ejemplos El inverso multiplicativo de -4 es $-\frac{1}{4}$ porque $-4\left(-\frac{1}{4}\right) = 1$.

El **recíproco** de un número real distinto de cero en la forma $\frac{a}{b}$ es $\frac{b}{a}$. El producto de un número y su recíproco es 1; por tanto, el recíproco de un número es su inverso multiplicativo. Esto sugiere una regla para dividir fracciones.

Por qué funciona Sean a, b, c y d enteros distintos de cero.

$$\frac{a}{b} \div \frac{c}{d} = \frac{\frac{a}{b}}{\frac{c}{d}}$$ Escribe la expresión como fracción.

$$= \frac{\frac{a}{b} \cdot \frac{d}{c}}{\frac{c}{d} \cdot \frac{d}{c}}$$ Multiplica el numerador y el denominador por $\frac{d}{c}$. Dado que esto equivale a multiplicar por 1, el cociente no cambia.

$$= \frac{\frac{a}{b} \cdot \frac{d}{c}}{1}$$ Propiedad inversa de la multiplicación

$$= \frac{a}{b} \cdot \frac{d}{c}$$ Simplifica.

Esto demuestra que dividir por una fracción equivale a multiplicar por el recíproco de la fracción.

Problema 4   Dividir fracciones

Opción múltiple ¿Cuál es el valor de $\frac{x}{y}$ cuando $x = -\frac{3}{4}$ y $y = -\frac{2}{3}$?

   (A) $-\frac{9}{8}$ (B) $-\frac{1}{2}$ (C) $\frac{1}{2}$ (D) $\frac{9}{8}$

Piensa	Escribe
Vuelve a escribir la expresión.	$\frac{x}{y} = x \div y$
Sustituye la x por $-\frac{3}{4}$ y la y por $-\frac{2}{3}$.	$= -\frac{3}{4} \div \left(-\frac{2}{3}\right)$
Multiplica por el recíproco de $-\frac{2}{3}$.	$= -\frac{3}{4} \cdot \left(-\frac{3}{2}\right)$
Simplifica. Dado que ambos factores son negativos, el producto es positivo.	$= \frac{9}{8}$

La respuesta correcta es D.

✓ **¿Comprendiste? 4. a.** ¿Cuál es el valor de $\frac{3}{4} \div \left(-\frac{5}{2}\right)$?

        b. Razonamiento ¿Es $\frac{3}{4} \div \left(-\frac{5}{2}\right)$ equivalente a $-\left(\frac{3}{4} \div \frac{5}{2}\right)$? Explica tu respuesta.

Comprobar la comprensión de la lección

¿CÓMO hacerlo?

Resuelve las siguientes multiplicaciones. Simplifica, si es necesario.

1. $-3(-12)$

2. $\frac{5}{8}\left(-\frac{2}{8}\right)$

Resuelve las siguientes divisiones. Simplifica, si es necesario.

3. $-48 \div 3$

4. $-\frac{9}{10} \div \left(-\frac{4}{5}\right)$

¿Lo ENTIENDES?

5. Vocabulario ¿Cuál es el recíproco de $-\frac{1}{5}$?

6. Razonamiento Usa una recta numérica para explicar por qué $-15 \div 3 = -5$.

7. Razonamiento Determina cuántas raíces cuadradas reales tiene cada número. Explica tus respuestas.

  a. 49   **b.** 0

Ejercicios de práctica y resolución de problemas

 **Práctica**

Resuelve las siguientes multiplicaciones. Simplifica, si es necesario.

                                                        Ver el Problema 1.

8. $-8(12)$ **9.** $8(12)$ **10.** $7(-9)$ **11.** $5 \cdot 4.1$

12. $-7 \cdot 1.1$ **13.** $10(-2.5)$ **14.** $6\left(-\frac{1}{4}\right)$ **15.** $-\frac{1}{9}\left(-\frac{3}{4}\right)$

16. $-\frac{3}{7} \cdot \frac{9}{10}$ **17.** $-\frac{2}{11}\left(-\frac{11}{2}\right)$ **18.** $\left(-\frac{2}{9}\right)^2$ **19.** $(-1.2)^2$

Simplifica cada expresión.

                                                         Ver el Problema 2.

20. $\sqrt{400}$ **21.** $\sqrt{169}$ **22.** $-\sqrt{16}$ **23.** $-\sqrt{900}$ **24.** $\sqrt{\frac{36}{49}}$

25. $-\sqrt{\frac{25}{81}}$ **26.** $-\sqrt{\frac{1}{9}}$ **27.** $-\sqrt{\frac{121}{16}}$ **28.** $\pm\sqrt{1.96}$ **29.** $\pm\sqrt{0.25}$

Resuelve las siguientes divisiones. Simplifica, si es necesario.

                                                          Ver el Problema 3.

30. $48 \div 3$ **31.** $-84 \div 14$ **32.** $-39 \div (-13)$ **33.** $\frac{63}{-21}$

34. $-46 \div (-2)$ **35.** $-8.1 \div 9$ **36.** $\frac{-121}{11}$ **37.** $75 \div (-0.3)$

38. Buceo La posición vertical de un buceador en relación con la superficie del agua cambia -90 pies en 3 min. ¿Cuál es el promedio de cambio de la posición vertical del buceador por minuto?

39. Trabajo a tiempo parcial En tu trabajo a tiempo parcial, ganas la misma cantidad cada semana. La cantidad total que ganas en 4 semanas es \$460. ¿Cuánto ganas por semana?

Resuelve las siguientes divisiones. Simplifica, si es necesario.

                                                          Ver el Problema 4.

40. $20 \div \frac{1}{4}$ **41.** $-5 \div \left(-\frac{5}{3}\right)$ **42.** $\frac{9}{10} \div \left(-\frac{4}{5}\right)$ **43.** $-\frac{12}{13} \div \frac{12}{13}$

Halla el valor de la expresión $\frac{x}{y}$ para los valores dados de x y de y. Escribe tu respuesta en su mínima expresión.

44. $x = -\frac{2}{3}; y = -\frac{1}{4}$ **45.** $x = -\frac{5}{6}; y = \frac{3}{5}$ **46.** $x = \frac{2}{7}; y = -\frac{20}{21}$ **47.** $x = \frac{3}{8}; y = \frac{3}{4}$

48. Pensar en un plan Un leñador corta un tronco en 7 partes de igual longitud, como se muestra a la derecha. ¿Cuál es el cambio en la longitud del tronco después de 7 cortes?
- ¿Qué operación puedes usar para hallar la respuesta?
- ¿Será tu respuesta un valor positivo o un valor negativo? ¿Cómo lo sabes?

$2\frac{1}{4}$ pies

49. Mercado de agricultores Un granjero tiene 120 fanegas de frijoles para vender en un mercado de agricultores. Vende un promedio de $15\frac{3}{4}$ fanegas cada día. Después de 6 días, ¿cuál es el cambio en el número total de fanegas que tiene el granjero para vender en el mercado?

50. Acciones del mercado El precio de una acción cambió –$4.50 cada día durante 5 días consecutivos. Si el precio inicial de la acción era $67.50, ¿cuál fue el precio final?

Respuesta de desarrollo Escribe una expresión algebraica con x, y y z que se simplifique al valor dado cuando $x = -3$, $y = -2$ y $z = -1$. La expresión sólo debe incluir operaciones de multiplicación o división.

51. -16 **52.** 1 **53.** 12

Evalúa cada expresión cuando $m = -5$, $n = \frac{3}{2}$ y $p = -8$.

54. $-7m - 10n$ **55.** $-3mnp$

56. $8n \div (-6p)$ **57.** $2p^2(-n) \div m$

58. Buscar un patrón Amplía el patrón del diagrama a seis factores de -2. ¿Qué regla describe el signo del producto basado en el número de factores negativos?

> $-2(-2) = 4$
> $-2(-2)(-2) = -8$
> $-2(-2)(-2)(-2) = 16$

59. Temperatura La fórmula $F = \frac{9}{5}C + 32$ convierte una medida de temperatura de la escala Celsius C a la escala Fahrenheit F. ¿Cuál es la temperatura en grados Fahrenheit cuando la temperatura en grados Celsius es $-25\,°C$?

60. Razonamiento Supón que a y b son enteros. Describe qué valores de a y b hacen que el enunciado sea verdadero.
- **a.** El cociente $\frac{a}{b}$ es positivo.
- **b.** El cociente $\frac{a}{b}$ es negativo.
- **c.** El cociente $\frac{a}{b}$ es igual a 0.
- **d.** El cociente $\frac{a}{b}$ es indefinido.

61. Escribir Explica cómo se halla el cociente de $-1\frac{2}{3}$ y $-2\frac{1}{2}$.

62. Razonamiento ¿Crees que un número negativo elevado a una potencia par será positivo o negativo? Explica tu respuesta.

63. Historia El papiro de Rhind es uno de los ejemplos más conocidos de las matemáticas egipcias. Un problema solucionado en el papiro de Rhind es $100 \div 7\frac{7}{8}$. ¿Cuál es la solución del problema?

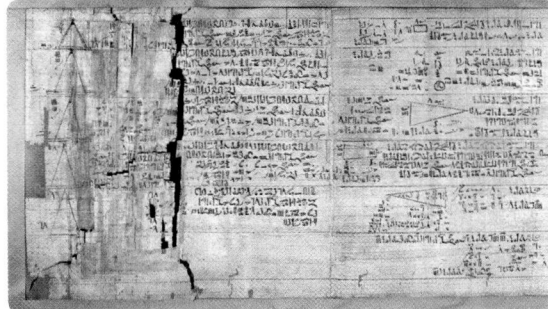

64. Analizar errores Describe y corrige el error en la división de las fracciones de la derecha.

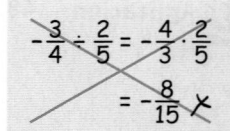

65. Razonamiento Puedes derivar la regla para la división con 0 que se muestra en la página 40.

a. Supón que $0 \div x = y$, donde $x \neq 0$. Muestra que $y = 0$. (*Pista:* Según la definición de división, si $0 \div x = y$, entonces $x \cdot y = 0$).

b. Si $x \neq 0$, muestra que no hay ningún valor de y tal que $x \div 0 = y$. (*Pista:* Supón que hay un valor de y tal que $x \div 0 = y$. ¿Qué implicaría esto acerca de x?).

 **Desafío** Determina si cada enunciado es verdadero *siempre, a veces* o *nunca*. Explica tu razonamiento.

66. El producto de un número y su recíproco es -1.

67. El cociente de un número distinto de cero y su opuesto es -1.

68. Si el producto de dos fracciones es negativo, entonces su cociente es positivo.

69. Razonamiento ¿Cuál es el mayor entero n para el que $(-n)^3$ es positivo y el valor de la expresión tiene un 2 en la posición de las unidades?

Preparación para el examen estandarizado

SAT/ACT

70. ¿Qué expresión NO tiene el mismo valor que $-11 + (-11) + (-11)$?

Ⓐ -33 Ⓑ $3(-11)$ Ⓒ $(-11)^3$ Ⓓ $33 - 66$

71. Miguel midió el área de un tramo de alfombra y calculó que el error aproximado era $3|-0.2|$. ¿Cuál es la forma decimal de $3|-0.2|$?

Ⓕ -0.6 Ⓖ -0.06 Ⓗ 0.06 Ⓘ 0.6

72. ¿Cuál es el perímetro del triángulo que se muestra?

Ⓐ $6y + 24$ Ⓒ $15y + 15$

Ⓑ $21y + 9$ Ⓓ $30y$

Repaso mixto

Resuelve las siguientes restas. ◀ Ver la Lección 1-5.

73. $46 - 16$ **74.** $34 - 44$ **75.** $-37 - (-27)$

¡Prepárate! Antes de la Lección 1-7, haz los Ejercicios 76 a 78.

Nombra la propiedad que ilustra cada enunciado. ◀ Ver la Lección 1-4.

76. $-x + 0 = -x$ **77.** $13(-11) = -11(13)$ **78.** $-5 \cdot (m \cdot 8) = (-5 \cdot m) \cdot 8$

¿Qué significa que un conjunto de números esté *cerrado* bajo la operación de multiplicación? Trabajarás con un compañero para aprender sobre la propiedad de cerradura.

Actividad 1

1. Cada jugador crea tres tarjetas, como las que se muestran a la derecha, y las rotula −1, 0 y 1. Cuando es su turno, cada uno de los jugadores toma dos tarjetas cualesquiera de las seis y multiplica los números que aparecen en ellas. Gana el primer jugador que halla un producto distinto de −1, 0 ó 1. ¿Hubo algún ganador después de que cada uno jugara 4 turnos? ¿Y después de 8 turnos? Explica tu respuesta.

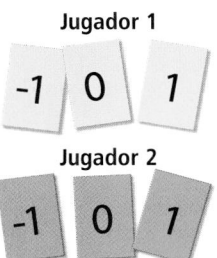

Jugador 1

Jugador 2

No es posible ganar el juego del Ejercicio 1 porque el producto de dos números cualesquiera del conjunto es un número del conjunto. Esto significa que el conjunto {−1, 0, 1} está cerrado bajo la multiplicación. Cuando efectúas una operación con dos números de un conjunto y la respuesta es un número del conjunto, el conjunto está cerrado bajo esa operación. Esta propiedad se llama propiedad de cerradura.

2. Repite el juego del Ejercicio 1 con la suma en lugar de la multiplicación. ¿El conjunto está cerrado bajo la suma? Explica tu respuesta.

3. Determina si es posible ganar cada juego. Si es posible, da un ejemplo de un resultado ganador.
   a. Se suman dos números pares cualesquiera. Gana el que halla un resultado que no sea un número par.
   b. Se multiplican dos números negativos cualesquiera. Gana el que halla un producto que no sea un número negativo.
   c. Se suman, restan o multiplican dos enteros cualesquiera. Gana el que halla un resultado que no sea un entero.

4. **Escribir** Para cada juego del Ejercicio 3, determina si el conjunto de números está cerrado bajo la operación o las operaciones que se usan en el juego. Explica tus respuestas.

Actividad 2

5. Determina si es posible ganar cada juego. Si es posible, da un ejemplo de un resultado ganador.
   a. Se halla el valor absoluto de cualquier entero. Gana el que halla un resultado que no sea un entero.
   b. Se eleva al cuadrado cualquier número negativo. Gana el que halla un resultado que no sea un número negativo.
   c. Se eleva al cuadrado cualquier número racional. Gana el que halla un resultado que no sea un número racional.

6. **Razonamiento** ¿Con qué operación u operaciones aritméticas *no* se aplica la propiedad de cerradura en el conjunto de los números enteros? Explica tu respuesta.

1-7 Propiedad distributiva

Objetivo   Usar la propiedad distributiva para simplificar expresiones.

Hay más de una manera de resolver esto.

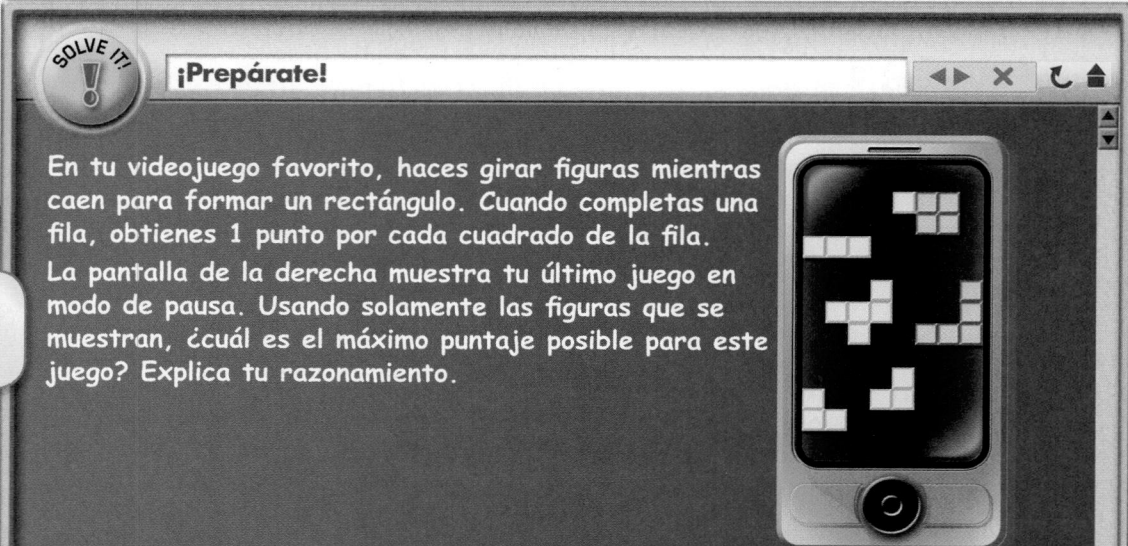

SOLVE IT!

¡Prepárate!

En tu videojuego favorito, haces girar figuras mientras caen para formar un rectángulo. Cuando completas una fila, obtienes 1 punto por cada cuadrado de la fila.

La pantalla de la derecha muestra tu último juego en modo de pausa. Usando solamente las figuras que se muestran, ¿cuál es el máximo puntaje posible para este juego? Explica tu razonamiento.

Vocabulario de la lección

- propiedad distributiva
- término
- constante
- coeficiente
- términos semejantes

Para resolver problemas de matemáticas, a menudo es útil volver a escribir las expresiones en formas más simples. La **propiedad distributiva**, que se ilustra en el siguiente modelo, es otra propiedad de los números reales que sirve para simplificar expresiones.

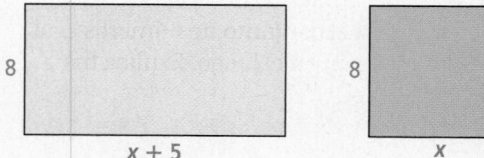

El modelo muestra que $8(x + 5) = 8(x) + 8(5)$.

Comprensión esencial   Puedes usar la propiedad distributiva para simplificar el producto de un número y una suma o diferencia.

toma nota

Propiedad   Propiedad distributiva

Sean a, b y c números reales.

Álgebra

$a(b + c) = ab + ac$

$(b + c)a = ba + ca$

$a(b - c) = ab - ac$

$(b - c)a = ba - ca$

Ejemplos

$4(20 + 6) = 4(20) + 4(6)$

$(20 + 6)4 = 20(4) + 6(4)$

$7(30 - 2) = 7(30) - 7(2)$

$(30 - 2)7 = 30(7) - 2(7)$

 Problema 1 **Simplificar expresiones**

¿Cuál es la forma simplificada de cada expresión?

A $3(x + 8)$

$3(x + 8) = 3(x) + 3(8)$ Propiedad distributiva

$= 3x + 24$ Simplifica.

B $(5b - 4)(-7)$

$(5b - 4)(-7) = 5b(-7) - 4(-7)$

$= -35b + 28$

¿Comprendiste? **1.** ¿Cuál es la forma simplificada de cada expresión?

    a. $5(x + 7)$ **b.** $12\left(3 - \frac{1}{6}t\right)$ **c.** $(0.4 + 1.1c)3$ **d.** $(2y - 1)(-y)$

Recuerda que una barra de fracción puede actuar como símbolo de agrupación. Una barra de fracción indica división. Cualquier fracción $\frac{a}{b}$ también puede escribirse como $a \cdot \frac{1}{b}$. Puedes usar esta información y la propiedad distributiva para volver a escribir algunas fracciones como sumas o diferencias.

 Problema 2 **Volver a escribir expresiones fraccionarias**

¿Qué suma o diferencia es equivalente a $\frac{7x + 2}{5}$?

$\frac{7x + 2}{5} = \frac{1}{5}(7x + 2)$ Escribe la división como multiplicación.

$= \frac{1}{5}(7x) + \frac{1}{5}(2)$ Propiedad distributiva

$= \frac{7}{5}x + \frac{2}{5}$ Simplifica.

¿Comprendiste? **2.** ¿Qué suma o diferencia es equivalente a cada expresión?

    a. $\frac{4x - 16}{3}$ **b.** $\frac{11 + 3x}{6}$ **c.** $\frac{15 + 6x}{12}$ **d.** $\frac{4 - 2x}{8}$

La propiedad multiplicativa del -1 indica que $-1 \cdot x = -x$. Para simplificar una expresión como $-(x + 6)$, puedes volver a escribir la expresión como $-1(x + 6)$.

 Problema 3 **Usar la propiedad multiplicativa del -1**

Opción múltiple ¿Cuál es la forma simplificada de $-(2y - 3x)$?

  (A) $2y + 3x$ (B) $-2y + (-3x)$ (C) $-2y + 3x$ (D) $2y - 3x$

$-(2y - 3x) = -1(2y - 3x)$ Propiedad multiplicativa del -1

$= (-1)(2y) + (-1)(-3x)$ Propiedad distributiva

$= -2y + 3x$ Simplifica.

La opción correcta es C.

¿Comprendiste? **3.** ¿Cuál es la forma simplificada de cada expresión?

    a. $-(a + 5)$ **b.** $-(-x + 31)$ **c.** $-(4x - 12)$ **d.** $-(6m - 9n)$

Puedes usar la propiedad distributiva para calcular mentalmente con más facilidad. Algunos números pueden pensarse como sumas o diferencias simples.

 **Problema 4** Usar la propiedad distributiva para el cálculo mental

Comer afuera Los sándwiches cuestan $4.95 cada uno. ¿Cuál es el costo total de 8 sándwiches? Calcula mentalmente.

Lo que sabes
- Los sándwiches cuestan $4.95.
- Comprarás 8 sándwiches.

Lo que necesitas
El costo total de 8 sándwiches

Planea
Expresa $4.95 como una diferencia y usa la propiedad distributiva.

Piensa

¿Cómo expresas decimales como sumas o diferencias simples?

Piensa en un decimal como la suma o la diferencia de su parte entera y su parte decimal.

El costo total es el producto del número de sándwiches que compras, 8, y el costo por sándwich, $4.95.

$$8(4.95) = 8(5 - 0.05)$$ Piensa en 4.95 como $5 - 0.05$.

$$= 8(5) - 8(0.05)$$ Propiedad distributiva

$$= 40 - 0.4$$ Multiplica mentalmente.

$$= 39.6$$ Resta mentalmente.

El costo total de 8 sándwiches es $39.60.

 ¿Comprendiste? **4.** Julia viaja hasta el trabajo en tren 4 veces por semana. Un boleto de ida y vuelta cuesta $7.25. ¿Cuánto gasta por semana en boletos? Calcula mentalmente.

Comprensión esencial Puedes combinar las partes semejantes de una expresión algebraica para simplificarla.

En una expresión algebraica, un **término** es un número, una variable o el producto de un número y una o más variables. Una **constante** es un término que no tiene ninguna variable. Un **coeficiente** es un factor numérico de un término. Vuelve a escribir las expresiones como sumas para identificar estas partes de una expresión.

$6a^2$, $-5ab$, $3b$ y -12 son términos.

$$6a^2 - 5ab + 3b - 12 = 6a^2 + (-5ab) + 3b + (-12)$$

coeficientes   constante

En la expresión algebraica $6a^2 - 5ab + 3b - 12$, los términos tienen coeficientes de 6, -5 y 3. El término -12 es una constante.

Los **términos semejantes** tienen los mismos factores variables. Para identificar los términos semejantes, compara los factores variables de los términos, como se muestra abajo.

Términos	$7a$ y $-3a$	$4x^2$ y $12x^2$	$6ab$ y $-2a$	xy^2 y x^2y
Factores variables	a y a	x^2 y x^2	ab y a	xy^2 y x^2y
¿Son términos semejantes?	sí	sí	no	no

Una expresión algebraica en su mínima expresión no tiene términos semejantes ni paréntesis.

No simplificada	Simplificada
$2(3x - 5 + 4x)$	$14x - 10$

Puedes usar la propiedad distributiva para combinar términos semejantes. Piensa en la propiedad distributiva como $ba + ca = (b + c)a$.

Problema 5 Combinar términos semejantes

¿Cuál es la forma simplificada de cada expresión?

Planea

¿Qué términos puedes combinar?
Puedes combinar cualquier término que tenga exactamente las mismas variables con exactamente los mismos exponentes.

A $8x^2 + 2x^2$

$8x^2 + 2x^2 = (8 + 2)x^2$ Propiedad distributiva

$\qquad\qquad = 10x^2$ Simplifica.

B $5x - 3 - 3x + 6y + 4$

$5x - 3 - 3x + 6y + 4 = 5x + (-3) + (-3x) + 6y + 4$ Vuelve a escribir como una suma.

$\qquad\qquad = 5x + (-3x) + 6y + (-3) + 4$ Propiedad conmutativa

$\qquad\qquad = (5 - 3)x + 6y + (-3) + 4$ Propiedad distributiva

$\qquad\qquad = 2x + 6y + 1$ Simplifica.

 ¿Comprendiste? 5. ¿Cuál es la forma simplificada de las expresiones de las partes (a) a (c)?

    a. $3y - y$ **b.** $-7mn^4 - 5mn^4$ **c.** $7y^3z - 6yz^3 + y^3z$

    d. Razonamiento ¿Puedes seguir simplificando

    $8x^2 - 2x^4 - 2x + 2 + xy$? Explica tu respuesta.

 ## Comprobar la comprensión de la lección

¿CÓMO hacerlo?

1. ¿Cuál es la forma simplificada de cada expresión? Usa la propiedad distributiva.

    a. $(j + 2)7$

    b. $-8(x - 3)$

    c. $-(4 - c)$

    d. $-(11 + 2b)$

Vuelve a escribir cada expresión como una suma.

2. $-8x^2 + 3xy - 9x - 3$

3. $2ab - 5ab^2 - 9a^2b$

Indica si los términos son semejantes.

4. $3a$ y $-5a$ **5.** $2xy^2$ y $-x^2y$

¿Lo ENTIENDES?

6. Vocabulario Indica si cada ecuación demuestra la propiedad distributiva. Explica tu respuesta.

    a. $-2(x + 1) = -2x - 2$

    b. $(s - 4)8 = 8(s - 4)$

    c. $5n - 45 = 5(n - 9)$

    d. $8 + (t + 6) = (8 + t) + 6$

7. Cálculo mental ¿Cómo puedes expresar 499 para resolver la multiplicación 499×5 usando el cálculo mental? Explica tu respuesta.

8. Razonamiento Indica si cada expresión está expresada en forma simplificada. Justifica tu respuesta.

    a. $4xy^3 + 5x^3y$

    b. $-(y - 1)$

    c. $5x^2 + 12xy - 3yx$

Ejercicios de práctica y resolución de problemas

 **Práctica**

Usa la propiedad distributiva para simplificar cada expresión.

Ver el Problema 1.

9. $6(a + 10)$ **10.** $8(4 + x)$ **11.** $(5 + w)5$ **12.** $(2t + 3)11$

13. $10(9 - t)$ **14.** $12(2j - 6)$ **15.** $16(7b + 6)$ **16.** $(1 + 3d)9$

17. $(3 - 8c)1.5$ **18.** $(5w - 15)2.1$ **19.** $\frac{1}{4}(4f - 8)$ **20.** $6\left(\frac{1}{3}h + 1\right)$

21. $(-8z - 10)(-1.5)$ **22.** $0(3.7x - 4.21)$ **23.** $1\left(\frac{3}{11} - \frac{7d}{17}\right)$ **24.** $\frac{1}{2}\left(\frac{1}{2}y - \frac{1}{2}\right)$

Escribe cada fracción como una suma o una diferencia.

Ver el Problema 2.

25. $\frac{2x + 7}{5}$ **26.** $\frac{17 + 5n}{4}$ **27.** $\frac{8 - 9x}{3}$ **28.** $\frac{4y - 12}{2}$

29. $\frac{25 - 8t}{5}$ **30.** $\frac{18x + 51}{17}$ **31.** $\frac{22 - 2n}{2}$ **32.** $\frac{42w + 14}{7}$

Simplifica cada expresión.

Ver el Problema 3.

33. $-(20 + d)$ **34.** $-(-5 - 4y)$ **35.** $-(9 - 7c)$ **36.** $-(-x + 15)$

37. $-(18a - 17b)$ **38.** $-(2.1c - 4d)$ **39.** $-(-m + n + 1)$ **40.** $-(x + 3y - 3)$

Calcula mentalmente las siguientes multiplicaciones.

Ver el Problema 4.

41. 5.1×8 **42.** 3×7.25 **43.** 299×3 **44.** 4×197

45. 3.9×6 **46.** 5×2.7 **47.** 6.15×4 **48.** 6×9.1

49. Compras 50 de tus canciones favoritas en un sitio Web que cobra $.99 por cada canción. ¿Cuál es el costo de 50 canciones? Calcula mentalmente.

50. El perímetro de un diamante de béisbol mide aproximadamente 360 pies. Si das 12 vueltas alrededor del diamante, ¿cuál es la distancia total que recorres? Calcula mentalmente.

51. Ciento cinco estudiantes asisten a una obra de teatro. Cada boleto cuesta $45. ¿Cuál es la cantidad total que gastan los estudiantes en boletos? Calcula mentalmente.

52. Supón que la distancia que recorres hasta la escuela es 5 millas. ¿Cuál es la distancia total de 197 viajes desde tu casa hasta la escuela? Calcula mentalmente.

Combina los términos semejantes para simplificar cada expresión.

 **Ver el Problema 5.**

53. $11x + 9x$ **54.** $8y - 7y$ **55.** $5t - 7t$

56. $-n + 4n$ **57.** $5w^2 + 12w^2$ **58.** $2x^2 - 9x^2$

59. $-4y^2 + 9y^2$ **60.** $6c - 4 + 2c - 7$ **61.** $5 - 3x + y + 6$

62. $2n + 1 - 4m - n$ **63.** $-7h + 3h^2 - 4h - 3$ **64.** $10ab + 2ab^2 - 9ab$

 **Aplicación**

Escribe una frase en palabras para cada expresión. Luego, simplifica las expresiones.

65. $3(t - 1)$ **66.** $4(d + 7)$ **67.** $\frac{1}{3}(6x - 1)$

68. Ejercicio El ritmo cardíaco recomendado para hacer ejercicio físico, en latidos por minuto, está representado por la expresión $0.8(200 - y)$, donde y es la edad de una persona en años. Usa la propiedad distributiva para volver a escribir esta expresión. ¿Cuál es el ritmo cardíaco recomendado para una persona de 20 años? ¿Y para una persona de 50 años? Calcula mentalmente.

69. Analizar errores Identifica y corrige el error que se muestra a la derecha.

70. Analizar errores Un amigo usa la propiedad distributiva para simplificar $4(2b - 5)$ y obtiene $8b - 5$ como resultado. Describe y corrige el error.

$$4(x+5) = (4 \cdot x)(4 \cdot 5)$$
$$= 80x$$

Geometría Escribe una expresión en forma simplificada para el área de cada rectángulo.

71.

| | 11 |

$3x + 2$

72.

| | $5 + 2y$ |

5

73.

| | 7 |

$5n - 9$

74. Pensar en un plan Cambias el pulverizador de la regadera por uno que ahorra agua. Estos pulverizadores usan la cantidad de agua por minuto que se muestra en cada caso. Si te das una ducha de 8 minutos, ¿cuántos galones de agua ahorrarías?

- ¿Qué usarías para representar el agua que se ahorra por minuto: una expresión con suma o una expresión con resta?
- ¿Cómo puedes usar la propiedad distributiva para hallar la cantidad total de agua que ahorras?

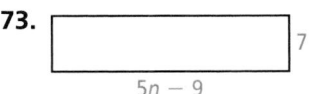

Nuevo 2.5 galones por minuto

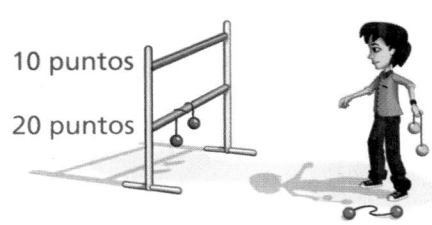

7 galones por minuto

Simplifica cada expresión.

75. $6yz + 2yz - 8yz$

76. $-2ab + ab + 9ab - 3ab$

77. $-9m^3n + 4m^3n + 5mn$

78. $3(-4cd - 5)$

79. $12x^2y - 8x^2y^2 + 11x^2y - 4x^3y^2 - 9xy^2$

80. $a - \dfrac{a}{4} + \dfrac{3}{4}a$

81. Razonamiento La propiedad distributiva también se aplica a la división, como se muestra abajo.

$$\frac{a + b}{c} = \frac{a}{c} + \frac{b}{c}$$

Usa la propiedad distributiva de la división para volver a escribir $\frac{9 + 12n}{3}$. Luego, simplifica.

82. Juegos de jardín Juegas a un juego en el que debes lanzar un par de pelotas enlazadas hacia una estructura, como se muestra a la derecha. Cuando un par de pelotas se enreda alrededor de una barra, ganas los puntos que se muestran en cada caso. Lanzas 3 pares y todos se enredan alrededor de una barra. ¿Qué expresión podría representar tu puntaje total si a pares de pelotas se enredan alrededor de la barra azul?

10 puntos

20 puntos

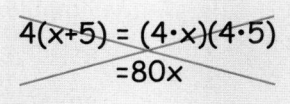

Ⓐ $30 + 10a$ Ⓒ $10a + 20(3 - a)$

Ⓑ $20a + 3 - 10a$ Ⓓ $30a + 10$

83. Respuesta de desarrollo Supón que usaste la propiedad distributiva para obtener la expresión $3m - 6n - 15$. ¿Con qué expresión podrías haber empezado?

 **Desafío**

84. Escribir Tu amigo usa el orden de las operaciones para hallar el valor de $11(39 - 3)$. ¿Usarías la propiedad distributiva en su lugar? Explica tu respuesta.

Simplifica cada expresión.

85. $5(2d + 1) + 7(5d + 3)$ **86.** $6(4t - 3) + 6(4 - 3t)$ **87.** $9(5 + t) - 7(t + 3)$

88. $4(r + 8) - 5(2r - 1)$ **89.** $-(m + 9n - 12)$ **90.** $-6(3 - 3x - 7y) + 2y - x$

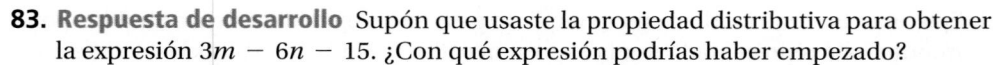

Preparación para el examen estandarizado

SAT/ACT

91. ¿Cuál es la forma simplificada de la expresión $2(7c - 1)$?

    (A) $14c - 1$ (B) $9c - 3$ (C) $14c - 2$ (D) $9c - 1$

92. Hasta el momento has recorrido 2.3 millas en una canoa. Sigues recorriendo 0.1 mi por minuto. La expresión $0.1m + 2.3$ indica la distancia recorrida (en millas) después de m minutos. ¿Qué distancia recorriste después de 25 min?

    (F) 2.5 mi   (G) 2.55 mi   (H) 4.8 mi   (I) 27.3 mi

93. La tabla de la derecha muestra la profundidad que pueden alcanzar varios vehículos sumergibles. ¿Cuál de los sumergibles puede descender hasta 12,500 pies?

    (A) *Clelia* y *Pisces* V

    (B) *Alvin*, *Clelia* y *Pisces* V

    (C) *Alvin* y *Mir* I

    (D) *Mir* I

Profundidad de los sumergibles

Sumergible	Profundidad (pies)
Alvin	14,764
Clelia	1000
Mir I	20,000
Pisces V	6280

FUENTE: Administración Nacional Oceánica y Atmosférica

94. ¿Qué expresión da el valor en dólares de c monedas de cinco centavos?

    (F) $0.05c$ (G) $0.05 + c$ (H) $0.5c$ (I) $5c$

Repaso mixto

Resuelve las siguientes multiplicaciones.   ◀ Ver la Lección 1-6.

95. -5^2 **96.** $\left(-\frac{3}{4}\right)^2$ **97.** $(-1.2)^2$

¡Prepárate! Antes de la Lección 1-8, haz los Ejercicios 98 a 100.

Escribe una frase en palabras para cada expresión algebraica.   ◀ Ver la Lección 1-1.

98. $x - 10$ **99.** $5x - 18$ **100.** $\frac{7}{y} + 12$

1-8

Introducción a las ecuaciones

Objetivo Resolver ecuaciones usando tablas y el cálculo mental.

Puedes usar un patrón para resolver este problema, pero hay otra manera.

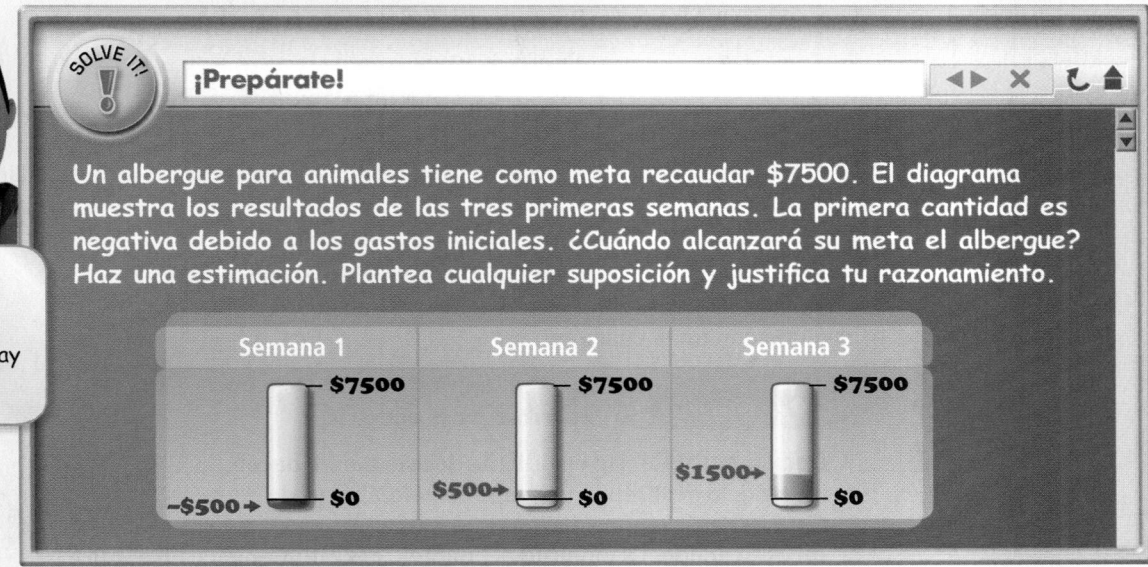

¡Prepárate!

Un albergue para animales tiene como meta recaudar $7500. El diagrama muestra los resultados de las tres primeras semanas. La primera cantidad es negativa debido a los gastos iniciales. ¿Cuándo alcanzará su meta el albergue? Haz una estimación. Plantea cualquier suposición y justifica tu razonamiento.

Semana 1	Semana 2	Semana 3
$7500	$7500	$7500
−$500 → $0	$500 → $0	$1500 → $0

Actividades dinámicas
Usar ecuaciones algebraicas

Vocabulario de la lección
- ecuación
- enunciado abierto
- solución de una ecuación

El problema de la actividad de *Solve It!* se puede representar con una ecuación. Una **ecuación** es una oración matemática que incluye el signo igual (=).

Comprensión esencial Puedes usar una ecuación para representar la relación entre dos cantidades que tienen el mismo valor.

Una ecuación es verdadera si las expresiones a ambos lados del signo igual son iguales ($1 + 1 = 2, x + x = 2x$). Una ecuación es falsa si las expresiones a ambos lados del signo igual no son iguales ($1 + 1 = 3, x + x = 3x$). Una ecuación es un **enunciado abierto** si contiene una o más variables y puede ser verdadera o falsa según los valores de las variables.

Planea

¿Cómo clasificas una ecuación?

Si una ecuación contiene sólo números, simplifica las expresiones a ambos lados para determinar si son iguales. Si hay una variable en la ecuación, la ecuación es abierta.

Problema 1 Clasificar ecuaciones

¿La ecuación es *verdadera, falsa o abierta*? Explica tu respuesta.

A $24 + 18 = 20 + 22$ Verdadera, porque ambas expresiones suman 42.

B $7 \cdot 8 = 54$ Falsa, porque $7 \cdot 8 = 56$ y $56 \neq 54$.

C $2x - 14 = 54$ Abierta, porque hay una variable.

¿Comprendiste? **1.** ¿La ecuación es *verdadera, falsa* o *abierta*? Explica tu respuesta.
   a. $3y + 6 = 5y - 8$ **b.** $16 - 7 = 4 + 5$ **c.** $32 \div 8 = 2 \cdot 3$

Una **solución de una ecuación** que contiene una variable es un valor de la variable que hace que la ecuación sea verdadera.

 Problema 2 **Identificar soluciones de una ecuación**

¿La expresión $x = 6$ es una solución de la ecuación $32 = 2x + 12$?

$32 = 2x + 12$

$32 \overset{?}{=} 2(6) + 12$ Sustituye x por 6.

$32 \neq 24$ Simplifica.

No; $x = 6$ no es una solución de la ecuación $32 = 2x + 12$.

 ¿Comprendiste? **2.** ¿La expresión $m = \frac{1}{2}$ es una solución de la ecuación $6m - 8 = -5$?

Planea

¿Cómo sabes si un número es una solución de una ecuación?
Sustituye la variable por el número en la ecuación. Simplifica cada lado para ver si obtienes un enunciado verdadero.

En los problemas de la vida diaria, la palabra *es* puede indicar igualdad. Puedes representar algunas situaciones de la vida diaria con una ecuación.

 Problema 3 **Escribir una ecuación**

Opción múltiple Un estudiante de arte quiere hacer un modelo del Campo de juego de pelota maya de Chichén Itzá, México. La longitud del campo es 2.4 veces su ancho. La longitud del modelo del estudiante es 54 pulgs. ¿Cuánto debe medir el ancho del modelo?

Ⓐ 2.4 pulgs.   Ⓒ 22.5 pulgs.
Ⓑ 11.25 pulgs.   Ⓓ 129.6 pulgs.

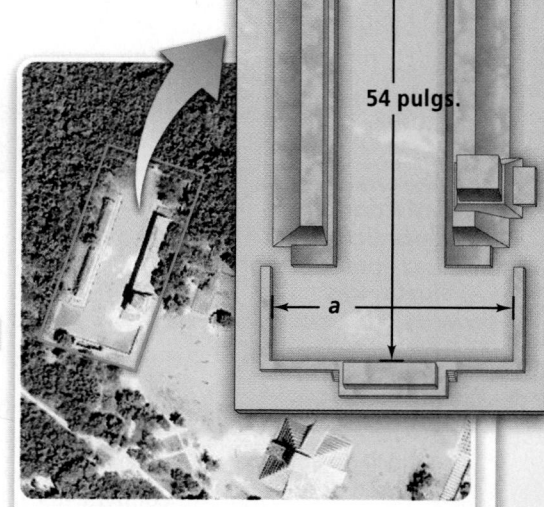

54 pulgs.

a

Vista satelital de Chichén Itzá

Relacionar   La longitud | es | 2.4 | veces | el ancho

Definir   Sea a = el ancho del modelo.

Escribir   54 = 2.4 · a

Prueba cada opción de respuesta en la ecuación para ver si es una solución.

Comprueba A:	**Comprueba B:**	**Comprueba C:**	**Comprueba D:**
$54 = 2.4a$	$54 = 2.4a$	$54 = 2.4a$	$54 = 2.4a$
$54 \overset{?}{=} 2.4(2.4)$	$54 \overset{?}{=} 2.4(11.25)$	$54 \overset{?}{=} 2.4(22.5)$	$54 \overset{?}{=} 2.4(129.6)$
$54 \neq 5.76$	$54 \neq 27$	$54 = 54$ ✔	$54 \neq 311.04$

La respuesta correcta es C.

 ¿Comprendiste? **3.** La longitud del campo de pelota de La Venta es 14 veces la altura de sus muros. Escribe una ecuación que se pueda usar para hallar la altura de un modelo que tiene una longitud de 49 cm.

Planea

¿Por qué debes comprobar cada opción de respuesta?
Debes comprobar cada opción de respuesta para ver si cometiste algún error de cálculo. Si obtienes dos respuestas correctas, entonces sabes que debes volver a revisar tu trabajo.

Problema 4   Usar el cálculo mental para hallar soluciones

¿Cuál es la solución de cada ecuación? Calcula mentalmente.

	Piensa	Solución	Comprueba
A $x + 8 = 12$	¿Qué número más 8 es igual a 12?	4	$4 + 8 = 12$ ✔
B $\frac{a}{8} = 9$	¿Qué número dividido por 8 es igual a 9?	72	$\frac{72}{8} = 9$ ✔

✓ **¿Comprendiste? 4.** ¿Cuál es la solución de $12 - y = 3$? Calcula mentalmente.

Problema 5   Usar una tabla para hallar una solución

¿Cuál es la solución de $5n + 8 = 48$? Usa una tabla.

Haz una tabla de valores. Usa el cálculo mental para escoger un valor inicial.
$5(1) + 8 = 13$ y $5(10) + 8 = 58$; por tanto, 1 es demasiado bajo y 10 es demasiado alto.

Intenta con $n = 5$ y $n = 6$.

n	$5n + 8$	Valor de $5n + 8$
5	$5(5) + 8$	33
6	$5(6) + 8$	38
7	$5(7) + 8$	43
8	$5(8) + 8$	48

El valor de $5n + 8$ aumenta a medida que aumenta n; por tanto, intenta con valores de n mayores.

Cuando $n = 8$, $5n + 8 = 48$. Por tanto, la solución es 8.

✓ **¿Comprendiste? 5. a.** ¿Cuál es la solución de $25 - 3p = 55$? Usa una tabla.
  b. ¿Cuál es un buen valor inicial para resolver la parte (a)? Explica tu razonamiento.

Problema 6   Estimar una solución

¿Cuál es una estimación de la solución de $-9x - 5 = 28$? Usa una tabla.

Para estimar la solución, halla los valores enteros de x entre los que debe estar la solución. $-9(0) - 5 = -5$ y $-9(1) - 5 = -14$. Si intentas con valores de x mayores, el valor de $-9x - 5$ se aleja de 28.

Intenta con valores menores, como $x = -1$ y $x = -2$.

x	$-9x - 5$	Valor de $-9x - 5$
-1	$-9(-1) - 5$	4
-2	$-9(-2) - 5$	13
-3	$-9(-3) - 5$	22
-4	$-9(-4) - 5$	31

Ahora, los valores de $-9x - 5$ se aproximan más a 28.

El número 28 está entre 22 y 31; por tanto, la solución está entre -3 y -4.

✓ **¿Comprendiste? 6.** ¿Cuál es la solución de $3x + 3 = -22$? Usa una tabla.

Comprobar la comprensión de la lección

¿CÓMO hacerlo?

1. ¿La expresión $y = -9$ es una solución de $y + 1 = 8$?

2. ¿Cuál es la solución de $x - 3 = 12$? Calcula mentalmente.

3. Lectura Puedes leer 1.5 páginas por cada página que puede leer tu amigo. Escribe una ecuación que relacione la cantidad de páginas p que tú puedes leer y la cantidad de páginas n que puede leer tu amigo.

¿Lo ENTIENDES?

4. Vocabulario Da un ejemplo de una ecuación verdadera, una ecuación falsa y una ecuación abierta.

5. Respuesta de desarrollo Escribe una ecuación abierta en la que uses una variable y la división.

6. Comparar y contrastar Usa dos métodos diferentes para hallar la solución de la ecuación $x + 4 = 13$. ¿Qué método prefieres? Explica tu respuesta.

Ejercicios de práctica y resolución de problemas

A Práctica   Indica si cada ecuación es *verdadera, falsa* o *abierta*. Explica tu respuesta.   🔹 **Ver el Problema 1.**

7. $85 + (-10) = 95$ **8.** $225 \div t - 4 = 6.4$ **9.** $29 - 34 = -5$

10. $-8(-2) - 7 = 14 - 5$ **11.** $4(-4) \div (-8)6 = -3 + 5(3)$ **12.** $91 \div (-7) - 5 = 35 \div 7 + 3$

13. $4a - 3b = 21$ **14.** $14 + 7 + (-1) = 21$ **15.** $5x + 7 = 17$

Indica si el número dado es una solución de cada ecuación.   🔹 **Ver el Problema 2.**

16. $8x + 5 = 29; 3$ **17.** $5b + 1 = 16; -3$ **18.** $6 = 2n - 8; 7$

19. $2 = 10 - 4y; 2$ **20.** $9a - (-72) = 0; -8$ **21.** $-6b + 5 = 1; \frac{1}{2}$

22. $7 + 16y = 11; \frac{1}{4}$ **23.** $14 = \frac{1}{3}x + 5; 27$ **24.** $\frac{3}{2}t + 2 = 4; \frac{2}{3}$

Escribe una ecuación para cada oración.   🔹 **Ver el Problema 3.**

25. La suma de $4x$ y -3 es 8.   **26.** El producto de 9 y la suma de 6 y x es 1.

27. Entrenamiento Una atleta entrena 115 min por día durante el mayor número de días posible. Escribe una ecuación que relacione el número de días d que la atleta dedica a su entrenamiento si entrena 690 min.

28. Sueldo El gerente de un restaurante gana $2.25 más por hora que el mesonero del restaurante. Escribe una ecuación que relacione la cantidad m que gana por hora el mesonero cuando el gerente gana $11.50 por hora.

Calcula mentalmente para hallar la solución de cada ecuación.   🔹 **Ver el Problema 4.**

29. $x - 3 = 10$ **30.** $4 = 7 - y$ **31.** $18 + d = 24$

32. $2 - x = -5$ **33.** $\frac{m}{3} = 4$ **34.** $\frac{x}{7} = 5$

35. $6t = 36$ **36.** $20a = 100$ **37.** $13c = 26$

Usa una tabla para hallar la solución de cada ecuación. Ver el Problema 5.

38. $2t - 1 = 11$ **39.** $5x + 3 = 23$ **40.** $0 = 4 + 2y$ **41.** $8a - 10 = 38$

42. $12 = 6 - 3b$ **43.** $8 - 5w = -12$ **44.** $-48 = -9 - 13n$ **45.** $\frac{1}{2}x - 5 = -1$

Usa una tabla para hallar dos enteros consecutivos entre los cuales esté la solución. Ver el Problema 6.

46. $6x + 5 = 81$ **47.** $3.3 = 1.5 - 0.4y$ **48.** $-115b + 80 = -489$

 **Aplicación**

49. Ventas de bicicletas En los Estados Unidos, el número y (en millones) de bicicletas vendidas con ruedas de 20 pulgs. o más grandes se puede representar con la ecuación $y = 0.3x + 15$, donde x es el número de años desde 1981. ¿En qué año se vendieron aproximadamente 22 millones de bicicletas?

50. Analizar errores Un estudiante comprobó si $d = -2$ es una solución de $-3d + (-4) = 2$, como se muestra. Describe y corrige el error del estudiante.

$-3d + (-4) = 2$
$-3(-2) + (-4) \overset{?}{=} 2$
$-6 + (-4) \overset{?}{=} 2$
$-10 \neq 2$ ✗

51. Escribir ¿Cuáles son las diferencias entre una expresión y una ecuación? ¿Una expresión matemática tiene solución? Explica tu respuesta.

52. Básquetbol Un total de 1254 espectadores asisten al partido de campeonato de un equipo de básquetbol. En el gimnasio hay seis tribunas idénticas. ¿Aproximadamente cuántos espectadores podrían sentarse en cada tribuna?

Halla la solución de cada ecuación usando el cálculo mental o una tabla. Si la solución está entre dos enteros consecutivos, identifica esos enteros.

53. $x + 4 = -2$ **54.** $4m + 1 = 9$ **55.** $10.5 = 3n - 1$ **56.** $-3 + t = 19$

57. $5a - 4 = -16$ **58.** $9 = 4 + (-y)$ **59.** $1 = -\frac{1}{4}n + 1$ **60.** $17 = 6 + 2x$

61. Respuesta de desarrollo Da tres ejemplos de ecuaciones que incluyan la multiplicación y la resta y que tengan una solución de -4.

62. Pensar en un plan Un grupo de investigadores de áreas polares perforan una capa de hielo. La perforadora está debajo de la superficie en la ubicación que se muestra. La perforadora avanza a una velocidad de 67 m/h. ¿Aproximadamente cuántas horas tardará la perforadora en alcanzar una profundidad de 300 m?
- ¿Qué ecuación representa esta situación?
- ¿Qué enteros necesitas?

Perforadora de hielo

67 m/h
0 m
−75 m
−300 m

63. Envíos La ecuación $25 + 0.25p = c$ indica el costo c en dólares que cobra una tienda por enviar un aparato que pesa l libras. Usa la ecuación y una tabla para hallar el peso de un aparato cuyo envío cuesta $55.

64. Buscar un patrón Usa una tabla. Evalúa $2x + 2$ cuando $x = -2, -1, 0, 1, 2$ y 3. ¿Qué patrón observas en los resultados? Usa este patrón para hallar la solución de $2x + 2 = 28$. Comprueba tu solución.

**Desafío**

65. **Construcción** Un equipo de construcción debe colocar 550 pies de cordón de la acera de una calle. El equipo puede colocar el cordón a una velocidad de 32 pies/h. Ayer, el equipo colocó 272 pies de cordón. Hoy, quiere terminar la tarea como máximo en 10 horas, incluidos los 15 minutos de viaje hasta el lugar de trabajo, la hora de almuerzo y los 45 minutos para desarmar las máquinas. ¿Puede el equipo alcanzar su meta? Explica tu respuesta.

66. **Razonamiento** Tu amigo dice que la solución de $15 = 4 + 2t$ está entre dos enteros consecutivos, porque 15 es un número impar y 4 y 2 son dos números pares. Explica el razonamiento de tu amigo.

Preparación para el examen estandarizado

SAT/ACT

67. ¿Qué ecuación es falsa?

ⓐ $\frac{2}{3} + 1 \cdot \frac{1}{2} = \frac{7}{6}$ ⓑ $84 - 25 = 59$ ⓒ $51 - (-57) = -6$ ⓓ $3(-3) + 3 = -6$

68. ¿Qué ecuación tiene una solución de 4?

ⓕ $0 = 8 + 2y$ ⓖ $5x + 3 = 23$ ⓗ $8a - 10 = 42$ ⓘ $2t - 1 = 9$

69. A las 7 p.m., la temperatura es 6.8 °C. Durante las 4 horas siguientes, la temperatura cambia en las cantidades que muestra la tabla. ¿Cuál es la temperatura final?

ⓐ -12.6 °C   ⓒ 1 °C

ⓑ 3.9 °C   ⓓ 5.8 °C

Cambios de temperatura

Hora	Cambio en la temperatura
8 p.m.	−0.4 °C
9 p.m.	−1.2 °C
10 p.m.	−1.3 °C
11 p.m.	−2.9 °C

70. Monique pidió 32 pizzas para servir en el picnic del consejo estudiantil. Si cada persona recibe $\frac{1}{4}$ de pizza, ¿a cuántas personas les podrá servir?

ⓕ 8   ⓗ 64

ⓖ 32   ⓘ 128

Repaso mixto

Usa la propiedad distributiva para simplificar cada expresión. ◀ **Ver la Lección 1-7.**

71. $7(4 + 2y)$ 72. $-6(3b + 11)$ 73. $(8 + 2t)(-2.1)$ 74. $(-1 + 5x)5$

Evalúa cada expresión cuando $m = 4$, $n = -1$ y $p = -\frac{1}{2}$. ◀ **Ver la Lección 1-6.**

75. $2m - 2n$ 76. $pm - n$ 77. $6mp$ 78. $7m \div (-4n)$

79. $8p - (-5n)$ 80. $-2m - n$ 81. $-1.5m \div 6p$ 82. $3n^2 \cdot (-10p^2)$

¡Prepárate! **Antes de la Lección 1-9, haz los Ejercicios 83 a 86.**

Usa una tabla para hallar la solución de cada ecuación. ◀ **Ver la Lección 1-8.**

83. $4x - 1 = 7$ 84. $0 = 10 + 10y$ 85. $5\frac{1}{2} = 7 - \frac{1}{2}b$ 86. $3t - (-5.4) = 5.4$

Usar tablas para resolver ecuaciones

Puedes hacer una tabla con una calculadora gráfica para resolver ecuaciones.

Actividad

Una balsa flota río abajo a 9 mi/h. La distancia y que recorre la balsa se puede representar con la ecuación $y = 9x$, donde x es el número de horas. Haz una tabla en una calculadora gráfica para hallar cuánto tarda la balsa en recorrer 153 mi.

Paso 1 Ingresa la ecuación $y = 9x$ en una calculadora gráfica.

  • Presiona (y=). El cursor aparece al lado de Y_1.

  • Presiona 9 (x,t,θ,n) para ingresar $y = 9x$.

Paso 2 Accede a la función de configuración de tabla *(table setup)*.

  • Presiona (2nd) (window).

  • TblStart representa el valor inicial de la tabla. Ingresa *1* para TblStart.

  • $\triangle$Tbl representa el cambio en el valor de x a medida que te desplazas de fila en fila. Ingresa *1* para $\triangle$Tbl.

Paso 3 Muestra la tabla y halla la solución.

  • Presiona (2nd) (graph). Usa ▽ para desplazarte por la tabla hasta que halles el valor de x para el cual $y = 153$. Este valor de x es 17. La balsa tarda 17 h en recorrer 153 mi.

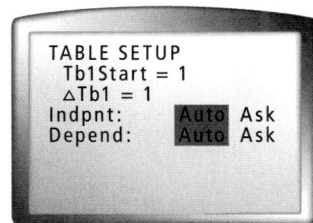

TABLE SETUP
  Tb1Start = 1
  △Tb1 = 1
  Indpnt: **Auto** Ask
  Depend: **Auto** Ask

X	Y_1	
11	99	
12	108	
13	117	
14	126	
15	135	
16	144	
17	153	
$Y_1 = 153$		

Ejercicios

Haz una tabla en una calculadora gráfica para resolver cada problema.

1. Una ciudad coloca 560 t de desechos en un relleno de tierras cada mes. La cantidad y de desechos que hay en el relleno de tierras se puede representar con la ecuación $y = 560x$, donde x es el número de meses. ¿Cuántos meses tardarán en acumularse 11,200 t de desechos en el relleno de tierras?

2. Un cupón da $15 de descuento en una compra. La cantidad total y de la compra se puede representar con $y = x - 15$, donde x es la cantidad de la compra antes de usar el cupón. Un cliente que usa el cupón paga $17 por una camisa. ¿Cuál era el precio original de la camisa?

Ordenar datos en un plano de coordenadas

Dos rectas numéricas que se intersecan en ángulos rectos forman un **plano de coordenadas**. El eje horizontal es el **eje de las x** y el eje vertical es el **eje de las y**. Los ejes se intersecan en el **origen** y dividen el plano de coordenadas en cuatro secciones llamadas **cuadrantes**.

Un **par ordenado** de números nombra la ubicación de un punto en el plano. Estos números son las **coordenadas** del punto. El punto B tiene las coordenadas $(-3, 4)$.

> La primera coordenada es la coordenada *x*. — $(-3, 4)$ — La segunda coordenada es la coordenada *y*.

Para llegar al punto (x, y), se usa la coordenada *x* para indicar a qué distancia moverse a la derecha (positivo) o a la izquierda (negativo) desde el origen. Luego, se usa la coordenada *y* para indicar a qué distancia moverse hacia arriba (positivo) o hacia abajo (negativo).

Actividad

Juega con un compañero con dos cubos numéricos y una gráfica de coordenadas. Un cubo representa los números positivos y el otro cubo representa los números negativos.

- En cada turno, un jugador lanza los dos cubos y suma los números para hallar una coordenada *x*. Se vuelven a lanzar los dos cubos y se suman los números para hallar la coordenada *y*. El jugador representa el par ordenado en la gráfica.

- Los dos jugadores se turnan. Cada jugador usa un color diferente para representar los puntos. Si un par ordenado ya está en la gráfica, el jugador no representa ningún punto y pierde el turno.

- El juego termina cuando cada jugador completa 10 turnos. El jugador con más puntos en un cuadrante obtiene 1 punto por el Cuadrante I, 2 por el Cuadrante II y así sucesivamente. Los puntos representados en los ejes no cuentan. Si ambos jugadores representan el mismo número de puntos en un cuadrante, obtienen 0 puntos por ese cuadrante.

Ejercicios

Describe los lanzamientos de un par de cubos numéricos que darían como resultado un punto marcado en la ubicación dada.

1. $(-3, 4)$ **2.** $(4, -3)$ **3.** en el Cuadrante III   **4.** el origen

1-9 Patrones, ecuaciones y gráficas

Objetivo Usar tablas, ecuaciones y gráficas para describir relaciones.

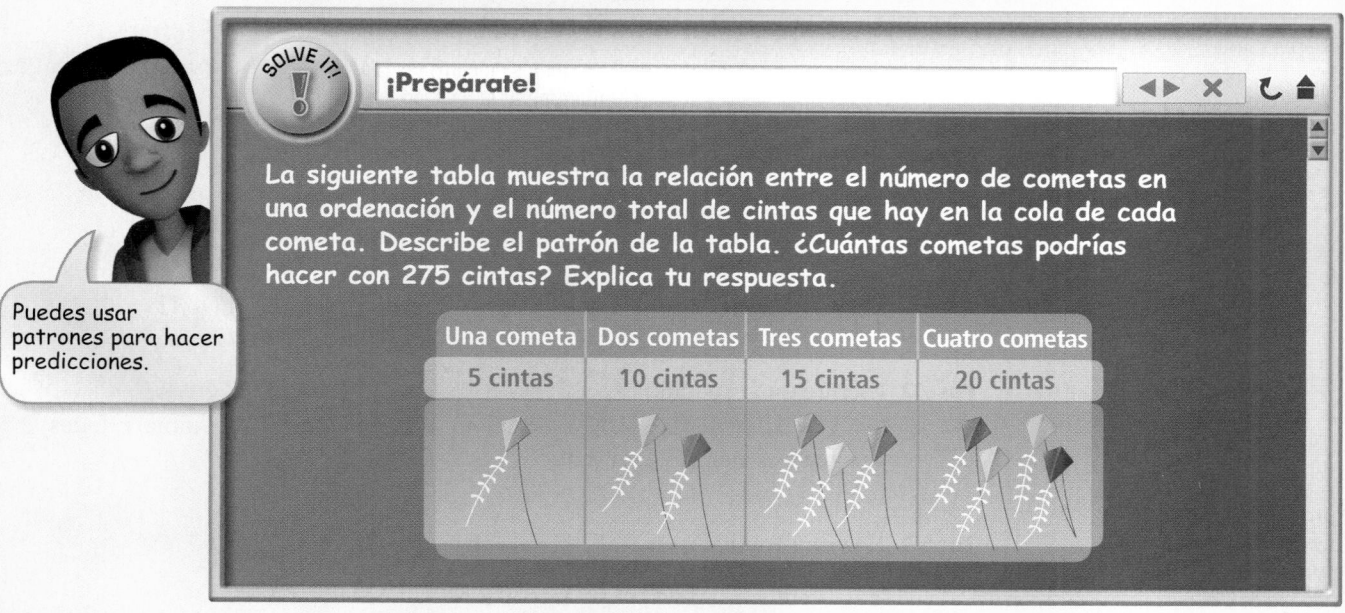

SOLVE IT!

¡Prepárate!

La siguiente tabla muestra la relación entre el número de cometas en una ordenación y el número total de cintas que hay en la cola de cada cometa. Describe el patrón de la tabla. ¿Cuántas cometas podrías hacer con 275 cintas? Explica tu respuesta.

Una cometa	Dos cometas	Tres cometas	Cuatro cometas
5 cintas	10 cintas	15 cintas	20 cintas

Puedes usar patrones para hacer predicciones.

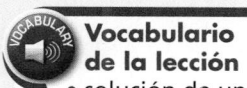
En la actividad de *Solve It!*, probablemente describiste el patrón con palabras. También puedes usar una ecuación o una gráfica para describir un patrón.

Comprensión esencial A veces, puedes hallar el valor de una cantidad si sabes el valor de otra. Puedes representar la relación entre las cantidades de diferentes maneras, por ejemplo, con tablas, ecuaciones y gráficas.

Puedes usar una ecuación con dos variables para representar la relación entre dos cantidades variables. Una **solución de una ecuación** con dos variables x y y es cualquier par ordenado (x, y) que hace que la ecuación sea verdadera.

Planea

¿Cómo sabes si un par ordenado es una solución?
Reemplaza x con el primer valor del par ordenado y y con el segundo valor del par ordenado. ¿Es verdadera la ecuación resultante?

Problema 1 Identificar las soluciones de una ecuación con dos variables

¿El par ordenado (3, 10) es una solución de la ecuación $y = 4x$?

$y = 4x$

$10 \stackrel{?}{=} 4 \cdot 3$ Sustituye x por 3 y y por 10.

$10 \neq 12$ Por tanto, (3, 10) no es una solución de $y = 4x$.

¿Comprendiste? 1. ¿Es el par ordenado una solución de la ecuación $y = 4x$?

    a. $(5, 20)$ **b.** $(-5, -20)$ **c.** $(-20, -5)$ **d.** $(1.5, 6)$

Puedes representar la misma relación entre dos variables de varias maneras diferentes.

Problema 2 · Usar una tabla, una ecuación y una gráfica

Edades Carrie y su hermana Kim nacieron el 25 de octubre, pero Kim nació 2 años antes que Carrie. ¿Cómo puedes representar la relación entre la edad de Carrie y la edad de Kim de diferentes maneras?

Lo que sabes
Kim nació 2 años antes que Carrie.

Lo que necesitas
Diferentes maneras de representar la relación

Planea
Usa una tabla, una ecuación y una gráfica.

Paso 1 Haz una tabla.

Edades de Carrie y Kim (en años)										
Edad de Carrie	1	2	3	4	5	6	7	8	9	10
Edad de Kim	3	4	5	6	7	8	9	10	11	12

Paso 2 Escribe una ecuación.

Sea $x =$ edad de Carrie. Sea $y =$ edad de Kim. A partir de la tabla, puedes ver que y es siempre 2 más que x.

Por tanto, $y = x + 2$.

Piensa

¿Por qué tiene sentido unir los puntos de la gráfica?
La edad de una persona puede ser cualquier número real positivo. En las edades de las niñas, siempre hay 2 años de diferencia. Por tanto, todos los puntos de la recta tienen sentido en esta situación.

Paso 3 Haz una gráfica.

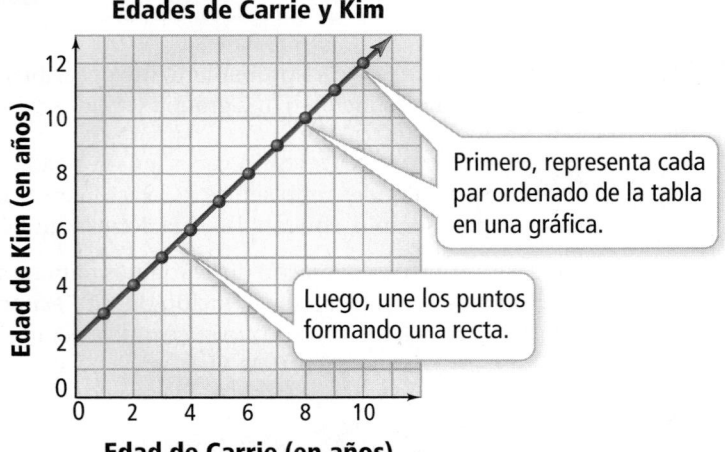

Primero, representa cada par ordenado de la tabla en una gráfica.

Luego, une los puntos formando una recta.

✓ **¿Comprendiste?** **2. a.** Will corre 6 vueltas en la pista antes de que Megan se le una. Luego, corren juntos a la misma velocidad. ¿Cómo puedes representar la relación entre el número de vueltas que da Will y el número de vueltas que da Megan de diferentes maneras? Usa una tabla, una ecuación y una gráfica.
b. Razonamiento Describe cómo cambiaría la gráfica del Problema 2 si la diferencia entre las edades fuera de 5 años en vez de 2 años.

El **razonamiento inductivo** es el proceso por el cual se llega a una conclusión a partir de un patrón que se observa. Puedes usar el razonamiento inductivo para predecir valores.

 Problema 3 **Ampliar un patrón**

La tabla muestra la relación entre el número de fichas azules y el número total de fichas que hay en cada figura. Amplía el patrón. ¿Cuál es el número total de fichas que hay en una figura que tiene 8 fichas azules?

Fichas

Número de fichas azules, x	Número total de fichas, y
1	9
2	18
3	27
4	36
5	45

Piensa

¿Debes unir los puntos de la gráfica con una recta continua?
No. El número de fichas debe ser un número entero. Usa una recta punteada para observar la tendencia.

Método 1 Haz una gráfica.

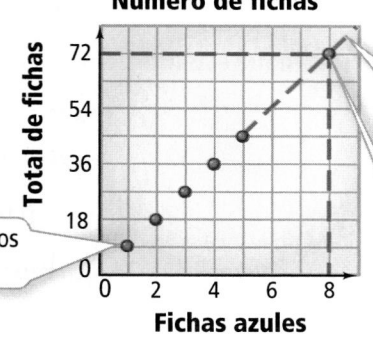

Número de fichas

Paso 1 Representa los puntos en la gráfica.

Paso 2 Los puntos están sobre una recta. Amplía el patrón con una recta discontinua.

Paso 3 Halla el punto de la recta con la coordenada x en 8. La coordenada y de este punto es 72.

El número total de fichas es 72.

Método 2 Escribe una ecuación.

$y = 9x$ El número total de fichas es 9 veces el número de fichas azules.

$ = 9(8)$ Sustituye x por 8.

$ = 72$ Simplifica.

El número total de fichas es 72.

 ¿Comprendiste? **3.** Usa la figura de fichas del Problema 3.

    a. Haz una tabla que muestre el número de fichas anaranjadas y el número total de fichas que hay en cada figura. ¿Cuántas fichas habrá en total en una figura que tiene 24 fichas anaranjadas?

    b. Haz una tabla que muestre el número de fichas azules y el número de fichas amarillas que hay en cada figura. ¿Cuántas fichas amarillas habrá en una figura que tiene 24 fichas azules?

Comprobar la comprensión de la lección

¿CÓMO hacerlo?

1. ¿Es el par $(2, 4)$ una solución de la ecuación $y = x - 2$?

2. ¿Es el par $(-3, -9)$ una solución de la ecuación $y = 3x$?

3. En la feria, las bebidas cuestan $2.50. Usa una tabla, una ecuación y una gráfica para representar la relación entre el número de bebidas que se compran y el costo.

4. Ejercicio En una cinta de correr, se queman 11 calorías en 1 minuto, 22 calorías en 2 minutos, 33 calorías en 3 minutos y así sucesivamente. ¿Cuántas calorías se queman en 10 minutos?

¿Lo ENTIENDES?

5. Vocabulario Describe la diferencia entre el razonamiento inductivo y el razonamiento deductivo.

6. Comparar y contrastar ¿En qué se parecen escribir una ecuación para representar una situación con dos variables y escribir una ecuación para representar una situación con una sola variable? ¿En qué se diferencian?

7. Razonamiento ¿Cuáles de los pares $(3, 5)$, $(4, 6)$, $(5, 7)$ y $(6, 8)$ son soluciones de $y = x + 2$? ¿Cuál es el patrón en las soluciones de $y = x + 2$?

Ejercicios de práctica y resolución de problemas

 **Práctica**

Indica si la ecuación dada tiene el par ordenado como solución.

 Ver el Problema 1.

8. $y = x + 6$; $(0, 6)$

9. $y = 1 - x$; $(2, 1)$

10. $y = -x + 3$; $(4, 1)$

11. $y = 6x$; $(3, 16)$

12. $-x = y$; $(-3.1, 3.1)$

13. $y = -4x$; $(-2, 8)$

14. $y = x + \frac{2}{3}$; $\left(1, \frac{1}{3}\right)$

15. $y = x - \frac{3}{4}$; $\left(2, 1\frac{1}{4}\right)$

16. $\frac{x}{5} = y$; $(-10, -2)$

Usa una tabla, una ecuación y una gráfica para representar cada relación.

Ver el Problema 2.

17. Tony es 3 años menor que Bel.

18. El número de fichas de damas es 24 veces el número de tableros.

19. El número de triángulos es $\frac{1}{3}$ del número de lados.

20. Gavin gana $8.50 por cada casa en la que corta el césped.

Usa la tabla para hacer una gráfica y responde a la pregunta.

Ver el Problema 3.

21. La tabla muestra la altura en pulgadas de pilas de neumáticos. Amplía el patrón. ¿Cuál es la altura de una pila de 7 neumáticos?

Pilas de neumáticos

Número de neumáticos, x	Altura de la pila, y
1	8
2	16
3	24
4	32

22. La tabla muestra la longitud en centímetros de una bufanda que estás tejiendo. Supón que el patrón continúa. ¿Cuánto mide la bufanda después de 8 días?

Bufanda tejida

Número de días, x	Longitud de la bufanda, y
1	12.5
2	14.5
3	16.5
4	18.5

Usa la tabla para escribir una ecuación y responde a la pregunta.

23. La tabla muestra las alturas en pulgadas de unos árboles después de haber sido plantados. ¿Cuál es la altura de un árbol que mide 64 pulgs. en la maceta?

Altura de los árboles

Altura en la maceta, x	Altura sin la maceta, y
30	18
36	24
42	30
48	36

24. La tabla muestra cantidades de dinero que se gana por cuidar mascotas. ¿Cuánto se gana si se trabaja 9 días?

Cuidado de mascotas

Días, x	Dólares, y
1	17
2	34
3	51
4	68

25. Patrones Haz una tabla y una gráfica para mostrar la relación entre el número de casas y el número de ventanas. ¿Cuántas ventanas hay en 9 casas?

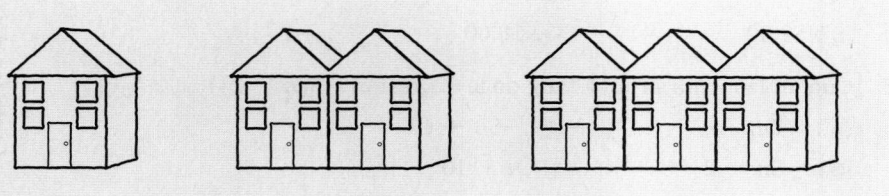

B Aplicación **Indica si el par ordenado dado es una solución de la ecuación.**

26. $y = 2x + 7$; $(-2, 3)$

27. $y = -4x - 3$; $(0, 3)$

28. $y = 5x - 8$; $(2, -2)$

29. $y = 9 - 2x$; $(-2, 5)$

30. $-\frac{1}{4}x + 6 = y$; $(2, 4)$

31. $y = 3 - \frac{x}{5}$; $\left(\frac{1}{2}, \frac{1}{10}\right)$

32. $y = 11 - 2x$; $(5, 1)$

33. $1.9x - 4 = y$; $(2, 0.2)$

34. $y = -1.2x - 2.6$; $(3.5, 6.8)$

35. Pensar en un plan La tabla muestra cuánto tarda Kayla en aprender canciones nuevas. ¿Cuántas horas debe practicar Kayla para aprender 9 canciones?
- De fila a fila, ¿cuánto aumenta el número de horas h? ¿Cuánto aumenta el número de canciones c?
- ¿En cuántas filas necesitarías ampliar la tabla para resolver el problema?

Práctica de piano de Kayla

Horas, h	Canciones aprendidas, c
1.5	1
3.0	2
4.5	3
6.0	4

36. Analizar errores Un estudiante piensa que $(4, 1)$ es una solución de $y = 3x + 1$ porque $x = 1$ cuando $y = 4$. Explica y corrige el error del estudiante.

37. Viaje por avión Usa la tabla de la derecha. ¿Cuánto tardará el avión en recorrer 5390 mi?

Viaje de un avión de pasajeros

Horas, h	1	2	3	4
Millas, m	490	980	1470	1960

38. Razonamiento Savannah observa la tabla que se muestra y dice que la ecuación $y = x - 6$ representa el patrón. Mary dice que $y = x + (-6)$ representa el patrón. ¿Quién tiene razón? Explica tu respuesta.

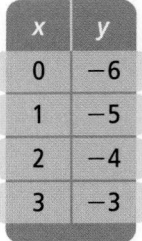

x	y
0	−6
1	−5
2	−4
3	−3

39. Respuesta de desarrollo Piensa en un problema de la vida diaria. Describe el patrón con palabras y una ecuación con dos variables. Define las variables.

Ⓒ **Desafío**

40. Temperatura Supón que la temperatura comienza en 60 °F y aumenta 2 °F cada 45 minutos. Usa una tabla, una ecuación y una gráfica para describir la relación entre la cantidad de tiempo que transcurre en horas y la temperatura.

41. Usa una tabla, una gráfica y una ecuación para representar los pares ordenados $(2, -5.5)$, $(-3, -0.5)$, $(1, -4.5)$, $(0, -3.5)$, $(-3.5, 0)$ y $(-1, -2.5)$.

Preparación para el examen estandarizado

SAT/ACT

42. Usa la gráfica. ¿Cuál es el precio total de 4 bolsas de semillas?

Ⓐ $.50   Ⓒ $4.00

Ⓑ $2.00   Ⓓ $8.00

Costo de las semillas

Costo (en dólares) vs *Número de bolsas*

43. ¿Cuál es la forma simplificada de la expresión $-5(n - 2)$?

Ⓕ $-7n$ Ⓗ $-5n + 10$

Ⓖ $-5n - 2$ Ⓘ $n + 10$

44. Si $a = 3$ y $b = -2$, ¿a qué es igual $-2b - a$?

Ⓐ -9 Ⓑ -7 Ⓒ -1 Ⓓ 1

45. ¿Cuál es el valor de -3^4?

Ⓕ -81 Ⓖ -12 Ⓗ 12 Ⓘ 81

Repaso mixto

Indica si el número dado es una solución de cada ecuación.   ◀ **Ver la Lección 1-8.**

46. $3x + 7 = 10; 0$ **47.** $80 = 4a; 20$ **48.** $10 = -5t; -2$

Da un ejemplo que ilustre cada propiedad.   ◀ **Ver la Lección 1-4.**

49. propiedad conmutativa de la suma   **50.** propiedad asociativa de la multiplicación

51. propiedad de identidad de la multiplicación   **52.** propiedad del cero en la suma

¡Prepárate! Antes de la Lección 2-1, haz los Ejercicios 53 a 60.

Resuelve las siguientes sumas o diferencias.   ◀ **Ver la Lección 1-5.**

53. $12 + (-3)$ **54.** $-7 + 4$ **55.** $-8 + (-6)$ **56.** $-42 + 15$

57. $32 - (-8)$ **58.** $-18 - 12$ **59.** $-15 - (-14)$ **60.** $-76 - 5$

Integración de
conocimientos

> Para resolver estos problemas, integrarás muchos conceptos y destrezas que se relacionan con las expresiones, las propiedades y las operaciones de números reales, y las ecuaciones.

GRANidea Variable

Puedes usar variables para representar cantidades que son desconocidas o varían y para escribir expresiones y ecuaciones.

Tarea 1

Resuelve. Muestra todo tu trabajo y explica tus pasos.

El encargado de una caballeriza planea una dieta nutritiva para 6 caballos. El encargado halla la siguiente tabla en una guía sobre la salud de los caballos. El costo de 1000 calorías de alimento para caballos es $.15. ¿Cuál es el costo por día de alimentar a los 6 caballos? (*Pista:* Primero, intenta escribir una expresión para el número de calorías diarias necesarias para alimentar a c caballos).

Calorías necesarias				
Número de caballos	1	2	3	4
Calorías necesarias por día	15,000	30,000	45,000	60,000

Tarea 2

Usa la tabla de la derecha para completar cada parte.

a. Copia la tabla. Escribe expresiones para y cuando $x = 5, 6$ y 7 para ampliar la tabla.

b. Simplifica cada expresión para y en tu tabla de la parte (a). ¿Qué patrón observas en las expresiones simplificadas?

c. Escribe una ecuación que relacione x y y. Usa tu ecuación para hallar el valor de y cuando $x = 15$.

x	y
1	1
2	$1 + 2$
3	$1 + 2 + 4$
4	$1 + 2 + 4 + 8$

GRANidea Propiedades

Las propiedades de los números reales describen relaciones que son siempre verdaderas. Las propiedades de los números reales son verdaderas tanto en aritmética como en álgebra. Puedes usarlas para volver a escribir expresiones.

Tarea 3

Resuelve. Muestra todo tu trabajo y explica tus pasos.

Compras regalos para 10 personas. Decides comprar un CD o un DVD para cada persona. Un CD cuesta $12 y un DVD cuesta $20.

a. Sea c = el número de CD que decides comprar. ¿Cuál es una expresión en función de c para el número de DVD que decides comprar?

b. ¿Cuál es una expresión en función de c para el costo de los CD? ¿Y para el costo de los DVD?

c. Escribe y simplifica una expresión en función de c para el costo *total* de todos los regalos que compras. ¿Qué propiedades de los números reales usaste para simplificar la expresión?

1 Repaso del capítulo

Conectar las **GRANDES** ideas y responder a las preguntas esenciales

1 Variable
Puedes usar variables para representar cantidades y para escribir expresiones y ecuaciones algebraicas.

Variables y expresiones (Lección 1-1)
un número n más 3 |---- ? ----|

| n | 3 |

$n + 3$

Patrones y ecuaciones (Lecciones 1-8 y 1-9)
1 variable: $x + 3 = 5$
2 variables: $y = 2x$

2 Propiedades
Las propiedades de los números reales describen relaciones que son siempre verdaderas. Puedes usarlas para volver a escribir expresiones.

Operaciones con números reales (Lecciones 1-2, 1-5 y 1-6)
2^5 $0 \cdot 3$ $2 + (-5)$ $7(-3)$

Propiedades (Lecciones 1-4 y 1-7)
$a \cdot b = b \cdot a$ $(a \cdot b) \cdot c = a \cdot (b \cdot c)$
$a(b + c) = ab + ac$

Vocabulario del capítulo

- base (p. 10)
- cantidad (p. 4)
- coeficiente (p. 48)
- conjunto (p. 17)
- constante (p. 48)
- contraejemplo (p. 25)
- cuadrado perfecto (p. 17)
- desigualdad (p. 19)
- ecuación (p. 53)
- elemento del conjunto (p. 17)
- enteros (p. 18)
- evaluar (p. 12)

- exponente (p. 10)
- expresión algebraica (p. 4)
- expresión numérica (p. 4)
- expresiones equivalentes (p. 23)
- inverso de suma (p. 32)
- inverso multiplicativo (p. 40)
- número entero no negativo (p. 18)
- número irracional (p. 18)
- número natural (p. 18)
- número racional (p. 18)

- número real (p. 18)
- opuesto (p. 32)
- orden de las operaciones (p. 11)
- potencia (p. 10)
- propiedad distributiva (p. 46)
- enunciado abierto (p. 53)
- radical (p. 16)
- radicando (p. 16)
- raíz cuadrada (p. 16)
- razonamiento deductivo (p. 25)

- razonamiento inductivo (p. 63)
- recíproco (p. 41)
- simplificar (p. 10)
- solución de una ecuación (p. 54, 61)
- subconjunto (p. 17)
- término (p. 48)
- términos semejantes (p. 48)
- valor absoluto (p. 31)
- variable (p. 4)

Escoge el término correcto para completar cada oración.

1. Los números reales que no puedes representar como un cociente de dos enteros son números __?__ .

2. La suma de un número y su __?__ es igual a cero.

3. Puedes combinar los/las __?__ para simplificar una expresión.

4. El/La __?__ es la distancia de un número respecto del cero en una recta numérica.

5. Cuando sacas conclusiones basándote en los patrones que observas, usas el/la __?__ .

1-1 Variables y expresiones

Repaso rápido

Una **variable** es un símbolo, por lo general una letra, que representa los valores de una cantidad variable. Por ejemplo, d suele representar la distancia. Una **expresión algebraica** es una frase matemática que contiene una o más variables. Una **expresión numérica** es una frase matemática que contiene números y símbolos de operaciones, pero no variables.

Ejemplo

¿Cuál es una expresión algebraica para la frase en palabras *3 menos que la mitad de un número x*?

Puedes representar "la mitad de un número x" como $\frac{x}{2}$. Luego, resta 3 para obtener $\frac{x}{2} - 3$.

Ejercicios

Escribe una expresión algebraica para cada frase en palabras.

6. el producto de un número w y 737

7. la diferencia de un número q y 8

8. la suma de un número x y 84

9. 9 más que el producto de 51 y un número t

10. 14 menos que el cociente de 63 y un número h

11. un número b menos el cociente de un número k y 5

Escribe una frase en palabras para cada expresión algebraica.

12. $12 + a$ **13.** $r - 31$

14. $19t$ **15.** $b \div 3$

16. $7c - 3$ **17.** $2 + \frac{x}{8}$

18. $\frac{y}{11} - 6$ **19.** $21d + 13$

1-2 El orden de las operaciones y evaluar expresiones

Repaso rápido

Para **evaluar** una expresión algebraica, primero sustituye cada variable por un número dado. Luego, simplifica la expresión numérica usando el orden de las operaciones.

1. Resuelve las operaciones que están dentro de los símbolos de agrupación.

2. Simplifica las potencias.

3. Multiplica y divide de izquierda a derecha.

4. Suma y resta de izquierda a derecha.

Ejemplo

Un estudiante estudia con un profesor particular 1 hora por semana y estudia solo h horas por semana. ¿Cuál es una expresión para el total de horas que estudia por semana? Evalúa la expresión cuando $h = 5$.

La expresión es $h + 1$. Para evaluar la expresión cuando $h = 5$, sustituye h por 5: $(5) + 1 = 6$.

Ejercicios

Simplifica cada expresión.

20. 9^2 **21.** 5^3 **22.** $\left(\frac{1}{6}\right)^2$

23. $7^2 \div 5$ **24.** $(2^4 - 6)^2$ **25.** $(3^3 - 4) + 5^2$

Evalúa cada expresión cuando $c = 3$ y $d = 5$.

26. $d^3 \div 15$ **27.** $(2 + d)^2 - 3^2$

28. $cd^2 + 4$ **29.** $(3c^2 - 3d)^2 - 21$

30. La expresión $6s^2$ representa el área total de un cubo con aristas de longitud s.

     a. ¿Cuál es el área total del cubo cuando $s = 6$?

     b. **Razonamiento** Explica cómo cambia el área total de un cubo si divides s por 2 en la expresión $6s^2$.

31. Un carro de carreras viaja a 205 mi/h. ¿Cuánto recorre el carro en 3 h?

1-3 Los números reales y la recta numérica

Repaso rápido

Los números racionales y los números irracionales forman el **conjunto** de los **números reales**.

Un **número racional** es cualquier número que puedes escribir como $\frac{a}{b}$, donde a y b son enteros y $b \neq 0$. Los números racionales incluyen todos los enteros positivos y negativos, así como las fracciones, los números mixtos y los decimales finitos y periódicos.

Los **números irracionales** no se pueden representar como el cociente de dos enteros. Incluyen las raíces cuadradas de todos los enteros positivos que no son cuadrados perfectos.

Ejemplo

¿El número es racional o irracional?

A -5.422 racional

B $\sqrt{7}$ irracional

Ejercicios

Indica si cada número es racional o irracional.

32. π **33.** $-\frac{1}{2}$

34. $\sqrt{\frac{2}{3}}$ **35.** $0.\overline{57}$

Estima cada raíz cuadrada. Redondea al entero más cercano.

36. $\sqrt{99}$ **37.** $\sqrt{48}$ **38.** $\sqrt{30}$

Nombra el o los subconjuntos de números reales a los que pertenece cada número.

39. -17 **40.** $\frac{13}{62}$ **41.** $\sqrt{94}$

42. $\sqrt{100}$ **43.** 4.288 **44.** $1\frac{2}{3}$

Ordena los números de cada ejercicio de menor a mayor.

45. $-1\frac{2}{3}$, 1.6, $-1\frac{4}{5}$ **46.** $\frac{7}{9}$, -0.8, $\sqrt{3}$

1-4 Propiedades de los números reales

Repaso rápido

Puedes usar propiedades como las que se muestran abajo para simplificar y evaluar expresiones.

Propiedades conmutativas $-2 + 7 = 7 + (-2)$

$3 \times 4 = 4 \times 3$

Propiedades asociativas $2 \times (14 \times 3) = (2 \times 14) \times 3$

$3 + (12 + 2) = (3 + 12) + 2$

Propiedades de identidad $-6 + 0 = -6$

$21 \times 1 = 21$

Propiedad del cero en la multiplicación $-7 \times 0 = 0$

Propiedad multiplicativa del –1 $6 \cdot (-1) = -6$

Ejemplo

Usa una propiedad de identidad para simplificar $-\frac{7ab}{a}$.

$-\frac{7ab}{a} = -7b \cdot \frac{a}{a} = -7b \cdot 1 = -7b$

Ejercicios

Simplifica cada expresión. Justifica cada paso.

47. $-8 + 9w + (-23)$

48. $\frac{6}{5} \cdot (-10 \cdot 8)$

49. $\left(\frac{4}{3} \cdot 0\right) \cdot (-20)$

50. $53 + (-12) + (-4t)$

51. $\frac{6 + 3}{9}$

Indica si las expresiones de cada par son equivalentes.

52. $(5 - 2)c$ y $c \cdot 3$

53. $41 + z + 9$ y $41 \cdot z \cdot 9$

54. $\frac{81xy}{3x}$ y $9xy$

55. $\frac{11t}{(5 + 7 - 11)}$ y t

1-5 y 1-6 Operaciones con números reales

Repaso rápido

Para sumar números con signos diferentes, halla la diferencia de sus **valores absolutos**. Luego, usa el signo del sumando que tenga el mayor valor absoluto.

$$3 + (-4) = -(4 - 3) = -1$$

Para restar, suma el opuesto.

$$9 - (-5) = 9 + 5 = 14$$

El producto o el cociente de dos números que tienen el mismo signo es positivo:

$$5 \cdot 5 = 25 \qquad (-5) \cdot (-5) = 25$$

El producto o el cociente de dos números que tienen signos diferentes es negativo:

$$6 \cdot (-6) = -36 \qquad -36 \div 6 = -6$$

Ejemplo

Los exploradores de cuevas descienden a un lugar que tiene una altitud de -1.3 mi. (La altitud negativa significa debajo del nivel del mar). Los exploradores descienden otras 0.6 mi antes de detenerse para descansar. ¿Cuál es la altitud en el punto de descanso?

$$-1.3 + (-0.6) = -1.9$$

La altitud en el punto de descanso es -1.9 mi.

Ejercicios

Resuelve las siguientes sumas. Usa una recta numérica.

56. $1 + 4$ **57.** $3 + (-8)$ **58.** $-2 + (-7)$

Simplifica cada expresión.

59. $-5.6 + 7.4$ **60.** -12^2

61. $-5(-8)$ **62.** $4.5 \div (-1.5)$

63. $-13 + (-6)$ **64.** $-9 - (-12)$

65. $(-2)(-2)(-2)$ **66.** $-54 \div (-0.9)$

Evalúa cada expresión cuando $p = 5$ y $q = -3$.

67. $-3q + 7$ **68.** $-(4q)$

69. $q - 8$ **70.** $5p - 6$

71. $-(2p)^2$ **72.** $7q - 7p$

73. $(pq)^2$ **74.** $2q \div 4p$

1-7 Propiedad distributiva

Repaso rápido

Los términos que tienen exactamente los mismos factores variables son **términos semejantes**. Puedes combinar los términos semejantes y usar la propiedad distributiva para simplificar expresiones.

Propiedad distributiva $\quad a(b + c) = ab + ac$

$$a(b - c) = ab - ac$$

Ejemplo

Simplifica $7t + (3 - 4t)$.

$$
\begin{aligned}
7t + (3 - 4t) &= 7t + (-4t + 3) && \text{Propiedad conmutativa}\\
&= (7t + (-4t)) + 3 && \text{Propiedad asociativa}\\
&= (7 + (-4))t + 3 && \text{Propiedad distributiva}\\
&= 3t + 3 && \text{Simplifica.}
\end{aligned}
$$

Ejercicios

Simplifica cada expresión.

75. $5(2x - 3)$ **76.** $-2(7 - a)$

77. $(-j + 8)\frac{1}{2}$ **78.** $3v^2 - 2v^2$

79. $2(3y - 3)$ **80.** $(6y - 1)\frac{1}{4}$

81. $(24 - 24y)\frac{1}{4}$ **82.** $6y - 3 - 5y$

83. $\frac{1}{3}y + 6 - \frac{2}{3}y$ **84.** $-ab^2 - ab^2$

85. Música Los 95 miembros del club de jazz pagan \$30 cada uno para asistir a una función de jazz. ¿Cuál es el costo total de los boletos? Calcula mentalmente.

86. Razonamiento ¿Son semejantes los términos $8x^2y$ y $-5yx^2$? Explica tu respuesta.

1-8 Introducción a las ecuaciones

Repaso rápido

Una **ecuación** puede ser verdadera o falsa, o puede ser un **enunciado abierto** con una variable. Una **solución** de una ecuación es el valor (o los valores) de la variable que hace que la ecuación sea verdadera.

Ejemplo

¿Es $c = 6$ una solución de la ecuación $25 = 3c - 2$?

$25 = 3c - 2$

$25 \stackrel{?}{=} 3 \cdot 6 - 2$ Sustituye c por 6.

$25 \neq 16$ Simplifica.

No, $c = 6$ no es una solución de la ecuación $25 = 3c - 2$.

Ejercicios

Indica si el número dado es una solución de cada ecuación.

87. $17 = 37 + 4f; f = -5$ **88.** $-3a^2 = 27; a = 3$

89. $3b - 9 = 21; b = -10$ **90.** $-2b + 4 = 3; b = \frac{1}{2}$

Usa una tabla para hallar o estimar la solución de cada ecuación.

91. $x + (-2) = 8$ **92.** $3m - 13 = 24$

93. $4t - 2 = 9$ **94.** $6b - 3 = 17$

1-9 Patrones, ecuaciones y gráficas

Repaso rápido

Puedes representar la relación entre dos cantidades variables de diferentes maneras, por ejemplo, con tablas, ecuaciones y gráficas. Una **solución de una ecuación** con dos variables es un **par ordenado** (x, y) que hace que la ecuación sea verdadera.

Ejemplo

Bo gana $15 más por semana que Sue. ¿Cómo puedes representar esta situación con una ecuación y una tabla?

Primero, escribe una ecuación. Sea $b = $ los ingresos de Bo y $s = $ los ingresos de Sue. Bo gana $15 más que Sue; por tanto, $b = s + 15$. Puedes usar la ecuación para hacer una tabla para $s = 25, 50, 75$ y 100.

Ingresos de Sue (s)	25	50	75	100
Ingresos de Bo (b)	40	65	90	115

Ejercicios

Indica si el par ordenado dado es una solución de cada ecuación.

95. $3x + 5 = y; (1, 8)$

96. $y = -2(x + 3); (-6, 0)$

97. $y = (x - 1.2)(-3); (0, 1.2)$

98. $10 - 5x = y; (-4, 10)$

99. Describe el patrón de la tabla usando palabras, una ecuación y una gráfica. Amplía el patrón cuando $x = 5, 6$ y 7.

x	y
1	15
2	25
3	35
4	45

Examen del capítulo

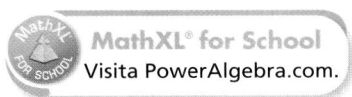

MathXL® for School
Visita PowerAlgebra.com.

¿CÓMO hacerlo?

1. Escribe una expresión algebraica para la frase *el cociente de n y 6.*

2. Escribe una frase en palabras para $-12t + 2$.

3. Evalúa la expresión $-(pq)^2 \div (-8)$ cuando $p = 2$ y $q = 4$.

4. Baile La tabla muestra que el costo total de las clases de baile en un gimnasio depende del número de clases que se toman. Escribe una regla en palabras y como una expresión algebraica para representar la relación.

Clases de baile

Número de clases	Costo total
1	$(1 \times 15) + 20$
2	$(2 \times 15) + 20$
3	$(3 \times 15) + 20$

Simplifica cada expresión.

5. $-20 - (-5) \cdot (-2^2)$

6. $\left(-\frac{1}{4}\right)^3$

7. $-\frac{7ab}{a}, a \neq 0$

8. $-|-25|$

9. $\sqrt{\frac{16}{25}}$

10. ¿El enunciado es verdadero o falso? Si es falso, da un contraejemplo.

  a. Para todos los números reales a y b, $a \cdot b$ es igual a $b \cdot a$.

  b. Para todos los números reales a y b, $a(b \cdot c) = ab \cdot ac$.

11. ¿El par ordenado (2, –5) es una solución de la ecuación $4 + 3x = -2y$? Muestra tu trabajo.

12. Ordena los números $-\frac{7}{8}, \frac{7}{4} -1\frac{4}{5}$ y $-\frac{13}{16}$ de menor a mayor.

13. Fútbol Hay e equipos en una liga de fútbol. En cada equipo, hay 11 jugadores. Haz una tabla, escribe una ecuación y haz una gráfica para describir el número total de jugadores j que hay en la liga. ¿Cuántos jugadores hay en 17 equipos?

Simplifica cada expresión.

14. $5x^2 - x^2$

15. $12 \div \left(-\frac{3}{4}\right)$

16. $-(-2 + 6t)$

17. $-3[b - (-7)]$

18. Nombra el o los subconjuntos de números reales a los que pertenece cada número.

  a. -2.324 **b.** $\sqrt{46}$

19. Identifica cada propiedad.

  a. $a(b + c) = ab + ac$

  b. $(a + b) + c = a + (b + c)$

¿Lo ENTIENDES?

20. ¿El conjunto de los enteros positivos es igual al conjunto de los enteros no negativos? Explica tu respuesta.

21. Analizar errores Halla y corrige el error en el trabajo que se muestra a la derecha.

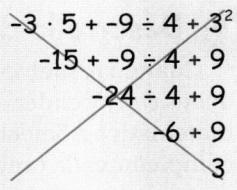

$$-3 \cdot 5 + -9 \div 4 + 3^2$$
$$-15 + -9 \div 4 + 9$$
$$-24 \div 4 + 9$$
$$-6 + 9$$
$$3$$

22. ¿El siguiente enunciado es verdadero o falso? "Si el producto de tres números es negativo, entonces todos los números son negativos". Si es falso, da un contraejemplo.

23. Razonamiento Observas que $10\,°C = 50\,°F$, $20\,°C = 68\,°F$ y $30\,°C = 86\,°F$. Usa el razonamiento inductivo para predecir el valor en grados Fahrenheit de $40\,°C$.

24. Razonamiento ¿Cuándo es el valor absoluto de una diferencia igual a la diferencia de los valores absolutos? Explica tu respuesta.

1 Preparación para el examen acumulativo

CONSEJOS

En algunas preguntas del examen, se pide que ingreses una respuesta numérica en una plantilla. En este libro, anotarás las respuestas en una plantilla como la que se muestra abajo.

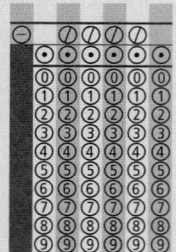

CONSEJO 1

Una respuesta puede ser una fracción o un decimal. Si una respuesta es un número mixto, vuelve a escribirlo como fracción impropia o como decimal.

¿Cuál es el valor de $\frac{1}{2} + \frac{3}{4}$?

Solución

$$\frac{1}{2} + \frac{3}{4} = \frac{2}{4} + \frac{3}{4} = \frac{5}{4} = 1\frac{1}{4}$$

Anota la respuesta como $\frac{5}{4}$ ó 1.25.

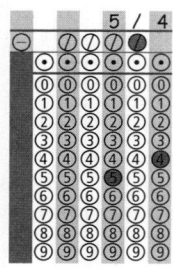 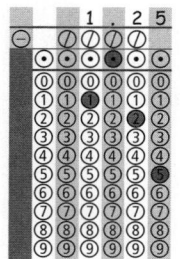

No anotes la respuesta como $1\frac{1}{4}$, porque la computadora que califica los exámenes lo leerá como $\frac{11}{4}$.

CONSEJO 2

No debes simplificar una fracción a menos que en la pregunta se te pida la mínima expresión o que la fracción no entre en la plantilla.

Piénsalo bien

Puedes sumar las fracciones como se muestra en la solución de la izquierda o puedes convertir las fracciones en decimales y sumar.

$$\frac{1}{2} + \frac{3}{4} = 0.5 + 0.75 = 1.25$$

Anota la respuesta decimal en la plantilla.

Desarrollo de vocabulario

Cuando resuelves los ejercicios del examen, debes comprender el significado de los términos matemáticos. Selecciona el término correcto para completar cada oración.

A. Una (*expresión, ecuación*) algebraica es una oración matemática que tiene el signo igual.

B. Un(a) (*coeficiente, constante*) es un factor numérico de un término.

C. El/La (*exponente, base*) de una potencia indica cuántas veces se usa un número como factor.

D. Para (*simplificar, evaluar*) una expresión algebraica, sustituyes cada variable por un número dado.

E. Un número (*racional, irracional*) es cualquier número que puedes escribir en la forma $\frac{a}{b}$, donde a y b son enteros y $b \neq 0$.

Opción múltiple

Lee cada pregunta. Luego, escribe la letra de la respuesta correcta en tu hoja.

1. Si $x = -2$, $y = 3$ y $z = 4$, ¿qué expresión tiene el mayor valor?

  Ⓐ $z(x - y)$ Ⓒ $z(x - y)^3 + x$

  Ⓑ $z(x - y)^2 - x$ Ⓓ $\frac{z}{x} - xy$

2. ¿Cuál es la solución de la ecuación $7d + 7 = 14$?

  Ⓕ -3 Ⓗ 1

  Ⓖ -1 Ⓘ 3

3. ¿Cuál es el valor de la expresión $8(-9) - 6(-3)$?

  Ⓐ -90 Ⓒ 54

  Ⓑ -54 Ⓓ 90

4. ¿Cuál es el orden de los números $\sqrt{10}$, 3.3, $\frac{8}{3}$ y $\sqrt{9}$ de menor a mayor?

   Ⓕ $\sqrt{10}$, 3.3, $\frac{8}{3}$, $\sqrt{9}$

   Ⓖ $\frac{8}{3}$, $\sqrt{9}$, 3.3, $\sqrt{10}$

   Ⓗ 3.3, $\sqrt{10}$, $\sqrt{9}$, $\frac{8}{3}$

   Ⓘ $\frac{8}{3}$, $\sqrt{9}$, $\sqrt{10}$, 3.3

5. Le envías un paquete de 8 lb a tu amigo que está en la universidad. Enviar el paquete te cuesta $.85 por libra, más una tarifa fija de $12. ¿Cuánto te costará enviar el paquete?

   Ⓐ $6.92   Ⓒ $12.85

   Ⓑ $10.20   Ⓓ $18.80

6. ¿Qué par ordenado NO es una solución de la ecuación $y = x - 3$?

   Ⓕ $(-4, -7)$ Ⓗ $(0, -3)$

   Ⓖ $(12, 9)$ Ⓘ $(-8, 11)$

7. ¿Qué propiedad ilustra la ecuación $4 + x + 7 = 4 + 7 + x$?

   Ⓐ propiedad de identidad de la suma

   Ⓑ propiedad distributiva

   Ⓒ propiedad conmutativa de la suma

   Ⓓ propiedad asociativa de la suma

8. Bill tiene un cupón de $10 para gastar en una tienda de cotillón. Debe comprar unos globos para una fiesta de cumpleaños. Si cada globo cuesta $2 y Bill usa su cupón, ¿cuál de las siguientes ecuaciones da el precio total y de su compra?

   Ⓕ $y = 2x$

   Ⓖ $y = 2x - 10$

   Ⓗ $y = 2x + 10$

   Ⓘ $y = 10 - 2x$

9. ¿Qué expresión es equivalente a $2.5(k - 3.4)$?

   Ⓐ $k - 0.9$ Ⓒ $2.5k - 3.4$

   Ⓑ $k - 5.9$ Ⓓ $2.5k - 8.5$

10. ¿Cuál es el valor de $2 + |x + 4|$ cuando $x = -5$?

   Ⓕ -7 Ⓗ 3

   Ⓖ 1   Ⓘ 11

11. Tienes 100 acciones de la Acción A y 30 acciones de la Acción B. El lunes, la Acción A disminuyó $.40 por acción y la Acción B aumentó $.25 por acción. ¿Cuál fue el cambio total en el valor de tus acciones?

   Ⓐ $-$32.50$ Ⓒ $-$.15$

   Ⓑ $-$21.20$ Ⓓ $12

12. La tabla muestra la relación entre el número de largos x que nadas en una piscina y la distancia y, en metros, que nadas. ¿Qué ecuación describe el patrón de la tabla?

Largos, x	2	4	5	8
Distancia (m), y	100	200	250	400

   Ⓕ $y = 50x$ Ⓗ $y = x + 50$

   Ⓖ $y = 100x$ Ⓘ $y = x + 100$

13. ¿Qué expresión NO es equivalente a 9?

   Ⓐ $|-4 - 5|$ Ⓒ $-|9|$

   Ⓑ $|-9|$ Ⓓ $|9|$

14. Una tienda tiene una oferta de envases de jugo. Los primeros dos envases de jugo cuestan $8 cada uno. Cada envase adicional de jugo cuesta $6. ¿Cuál es el costo de comprar 9 envases de jugo?

   Ⓕ $54   Ⓗ $58

   Ⓖ $68   Ⓘ $72

15. ¿Qué enunciado sobre los números reales es verdadero?

Números reales

   Ⓐ Todos los números racionales son enteros.

   Ⓑ Todos los números reales son números racionales.

   Ⓒ Todos los enteros son números racionales.

   Ⓓ Todos los números irracionales son enteros.

16. Chris gasta $3 por pie cuadrado de alfombra para una habitación cuadrada. Si gasta alrededor de $430 en alfombra, ¿cuál es la longitud aproximada, en pies, de un lado de la habitación?

(F) 12 pies

(H) 72 pies

(G) 36 pies

(I) 215 pies

17. Para hacer 12 pastelitos, necesitas $1\frac{1}{4}$ tazas de leche. Quieres hacer 36 pastelitos y tienes $2\frac{1}{3}$ tazas de leche. ¿Cuántas tazas de leche te faltan?

(A) $1\frac{1}{2}$ tazas

(C) $2\frac{1}{3}$ tazas

(B) $1\frac{5}{12}$ tazas

(D) $3\frac{3}{4}$ tazas

18. En un CD en blanco entran 80 min de música. Tienes que grabar m minutos de música en el CD. ¿Qué expresión representa la cantidad de tiempo t que sobra en el CD?

(F) $t = 80 - m$

(H) $t = 80 + m$

(G) $t = m - 80$

(I) $t = 80m$

19. ¿Qué expresión es equivalente a $3(2n + 1) + 4(n - 2)$?

(A) $10n + 1$

(C) $10n - 7$

(B) $10n - 1$

(D) $10n - 5$

20. El precio original de un reloj es x dólares. Después de aplicarle un descuento de $3, el reloj cuesta y dólares. ¿Qué gráfica representa esta situación?

(F)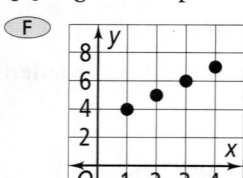

(H)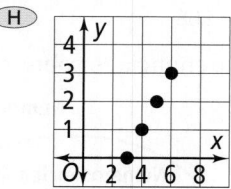

(G)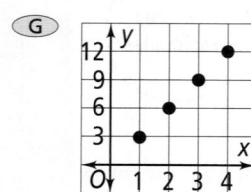

(I)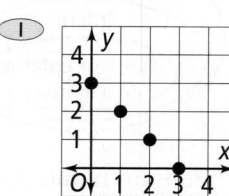

21. La expresión 2^5 representa el número de células que hay en una Placa de Petri después de que una sola célula ha pasado por varias etapas de división celular. ¿Cuántas células hay en la Placa de Petri después de la división celular?

(A) 10

(C) 32

(B) 16

(D) 64

22. Para comprar boletos de cine en línea, John debe pagar $10 por boleto más $2 por gastos de envío. Si John compra tres boletos, ¿cuánto dinero gastará?

(F) $12

(H) $32

(G) $30

(I) $36

23. ¿Cuál es el valor de $(7 - 3)^2 + 3(8)$?

(A) 32

(C) 64

(B) 40

(D) 152

RESPUESTA EN PLANTILLA

Anota tus respuestas en una plantilla.

24. Marla compra una persiana. Ella mide la longitud de la ventana en tres lugares y muestra sus resultados en la siguiente tabla. La longitud de la persiana debe ser igual a la mayor longitud medida. ¿Cuál debe ser la longitud de la persiana en pulgadas?

Lugar	Lado izquierdo	Centro	Lado derecho
Longitud (pulgs.)	$53\frac{1}{2}$	$53\frac{3}{4}$	$53\frac{3}{8}$

25. Carlos tiene $15 para gastar en cuadernos. Cada cuaderno cuesta $3.99. ¿Cuál es la máxima cantidad, en dólares, que Carlos puede gastar en cuadernos?

26. ¿Cuál es el valor de $-\frac{1}{5} + \frac{9}{10}$?

27. Tom presentó una prueba para una escuela de música. Para su prueba de piano, escogió dos composiciones de la siguiente tabla. No puede tocar durante más de 10 min.

Composición	Tiempo
Preludio	4 min, 13 s
Estudio	5 min, 24 s
Vals	4 min, 52 s

¿Cuál es la cantidad máxima de tiempo, en segundos, que puede tocar en su prueba?

¡Prepárate!

Lección 1-4 ◆ Describir un patrón

Describe la relación que se muestra en las tablas de abajo, en palabras y con una ecuación.

1.

Cantidad de céspedes cortados	Dinero ganado
1	$7.50
2	$15.00
3	$22.50
4	$30.00

2.

Cantidad de horas	Páginas leídas
1	30
2	60
3	90
4	120

Lección 1-5 ◆ Sumar y restar números reales

Simplifica cada expresión.

3. $6 + (-3)$ **4.** $-4 - 6$ **5.** $-5 - (-13)$ **6.** $-7 + (-1)$

7. $-4.51 + 11.65$ **8.** $8.5 - (-7.9)$ **9.** $\frac{3}{10} - \frac{3}{4}$ **10.** $\frac{1}{5} + \left(-\frac{2}{3}\right)$

Lección 1-6 ◆ Multiplicar y dividir números reales

Simplifica cada expresión.

11. $-85 \div (-5)$ **12.** $7\left(-\frac{6}{14}\right)$ **13.** $4^2(-6)^2$ **14.** $22 \div (-8)$

Lección 1-7 ◆ Combinar términos semejantes

Simplifica cada expresión.

15. $14k^2 - (-2k^2)$ **16.** $4xy + 9xy$ **17.** $6t + 2 - 4t$ **18.** $9x - 4 + 3x$

 Vistazo inicial al vocabulario

19. Si dices que dos camisas son *semejantes*, ¿qué significa? ¿Cuál piensas que es el significado de *semejantes* si te refieres a dos triángulos semejantes?

20. El modelo de un barco es un tipo de *modelo a escala*. ¿Cuál es la relación entre el modelo de un barco y el barco real al que representa?

Resolver ecuaciones

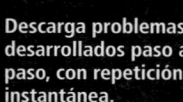

¿Has visto alguna vez un juego de mesa tan grande como éste? Una razón relaciona las dimensiones de cada pieza gigante de juego con las dimensiones normales de las piezas de juego.

En este capítulo averiguarás cómo se relacionan las razones y los modelos mediante las proporciones.

Vocabulario

Audio de vocabulario inglés/español en línea:

Español	Inglés
análisis de unidades, *p. 119*	unit analysis
cambio porcentual, *p. 144*	percent change
ecuación literal, *p. 109*	literal equation
ecuaciones equivalentes, *p. 81*	equivalent equations
escala, *p. 132*	scale
factor de conversión, *p. 119*	conversion factor
fórmula, *p. 110*	formula
operaciones inversas, *p. 82*	inverse operations
productos cruzados, *p. 125*	cross products
proporción, *p. 124*	proportion
razón, *p. 118*	ratio
tasa, *p. 118*	rate

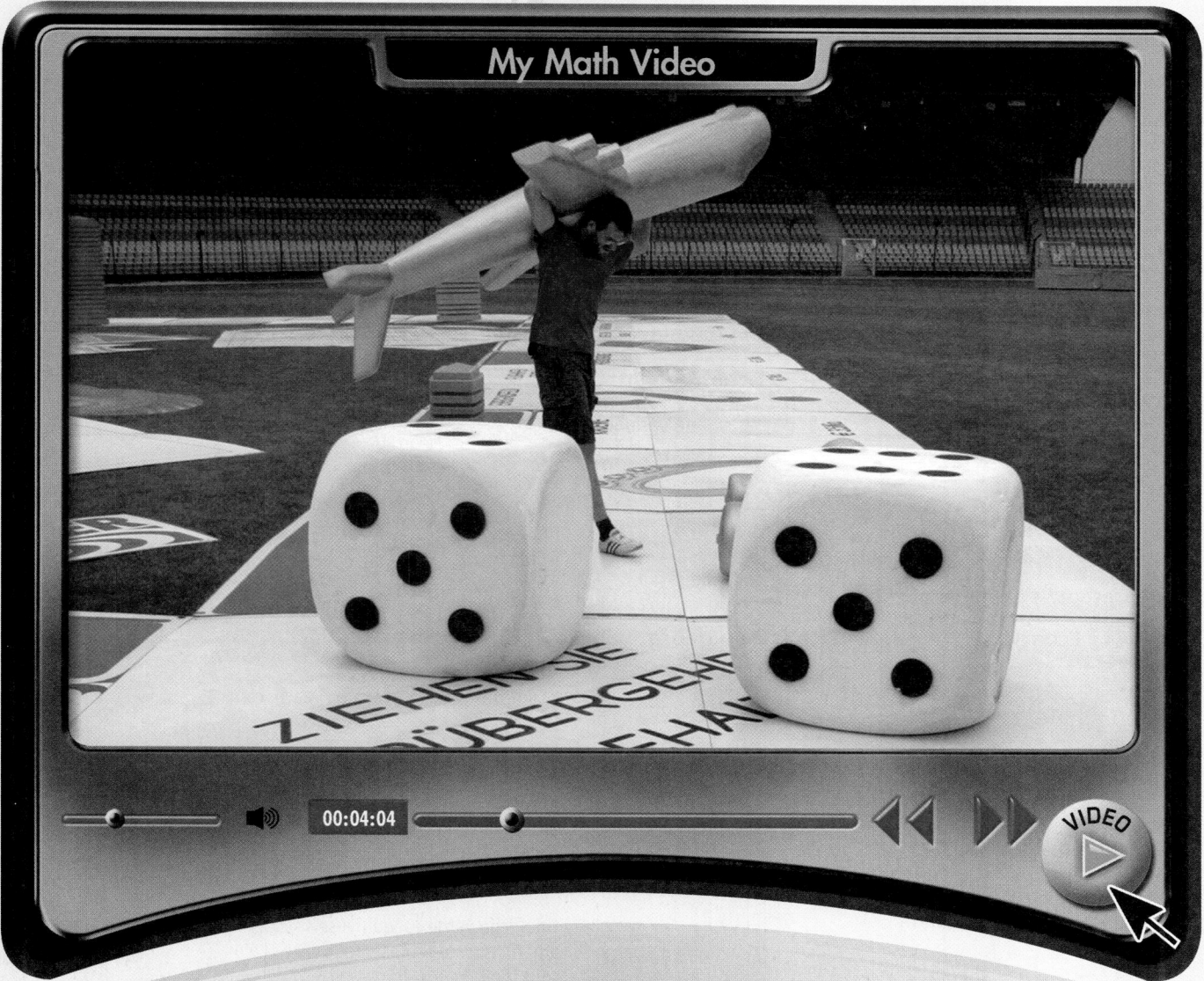

My Math Video

00:04:04

VIDEO ▶

GRANDES ideas

1 **Equivalencia**
   Pregunta esencial ¿Pueden ser equivalentes ecuaciones que parecen diferentes?

2 **Resolver ecuaciones y desigualdades**
   Pregunta esencial ¿Cómo se resuelven las ecuaciones?

3 **Proporcionalidad**
   Pregunta esencial ¿Qué relaciones pueden representar las proporciones?

Primer vistazo al capítulo

Representar ecuaciones de un paso

Las fichas de álgebra pueden resultarte útiles para entender cómo resolver ecuaciones de un paso con una variable. Puedes usar las fichas de álgebra que se muestran abajo para representar ecuaciones. Observa que la ficha amarilla es positiva y la ficha roja es negativa. Juntas forman un par cero, que representa al número 0.

Fichas de unidades

☐ = +1   ■ = −1

■ + ☐ = 0

Fichas de variables

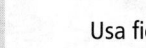 = una variable, como x

Actividad

Representa y resuelve x − 2 = 4.

Ecuación	Fichas de álgebra	Pasos
x − 2 = 4	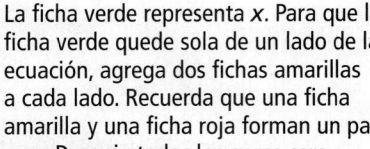	Usa fichas para representar la ecuación.
x − 2 + 2 = 4 + 2		La ficha verde representa x. Para que la ficha verde quede sola de un lado de la ecuación, agrega dos fichas amarillas a cada lado. Recuerda que una ficha amarilla y una ficha roja forman un par cero. Despeja todos los pares cero.
x = 6		Una ficha verde es igual a seis fichas amarillas. Esto representa x = 6. La solución de x − 2 = 4 es 6.

Ejercicios

Escribe la ecuación que representan las fichas de álgebra.

1.

2.

Usa fichas de álgebra para representar y resolver cada ecuación.

3. $x - 3 = 2$

4. $x - 4 = 7$

5. $x + 1 = 5$

6. $x + 4 = 7$

7. $1 + x = -3$

8. $5 + x = -3$

9. $x - 4 = -3$

10. $-4 + x = -8$

2-1 Resolver ecuaciones de un paso

Objetivo   Resolver ecuaciones de un paso con una variable.

En un juego justo, todos los jugadores empiezan con las mismas piezas.

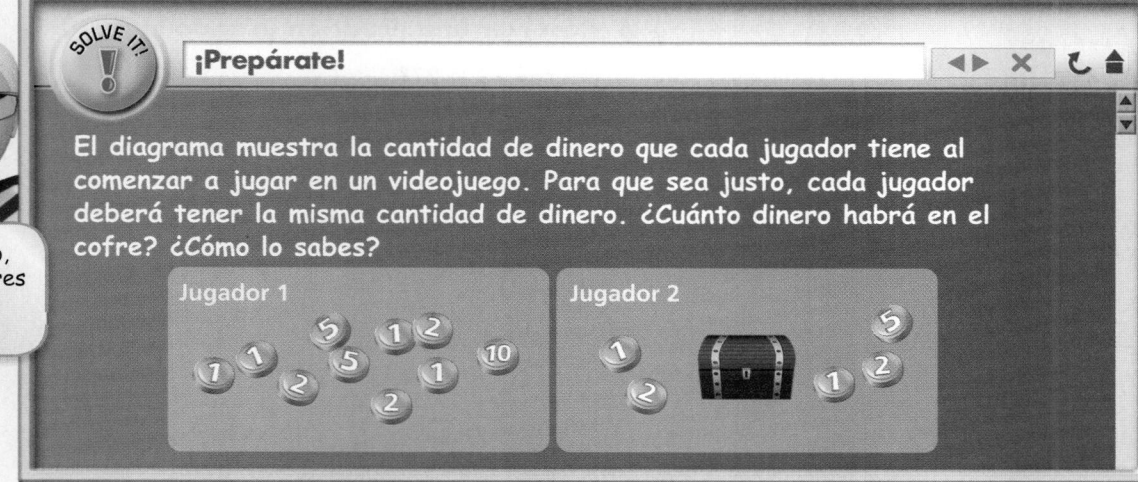

¡Prepárate!

El diagrama muestra la cantidad de dinero que cada jugador tiene al comenzar a jugar en un videojuego. Para que sea justo, cada jugador deberá tener la misma cantidad de dinero. ¿Cuánto dinero habrá en el cofre? ¿Cómo lo sabes?

Jugador 1

Jugador 2

Actividades dinámicas
Ecuaciones de un paso

Vocabulario de la lección
- ecuaciones equivalentes
- propiedad de suma de la igualdad
- propiedad de resta de la igualdad
- aislar
- operaciones inversas
- propiedad multiplicativa de la igualdad
- propiedad de división de la igualdad

En la actividad de *Solve It!*, es probable que hayas razonado para hallar la cantidad de dinero que hay en el cofre. En esta lección, aprenderás a resolver problemas como el anterior usando ecuaciones.

Comprensión esencial   Las **ecuaciones equivalentes** son ecuaciones que tienen la misma solución o las mismas soluciones. Puedes hallar la solución de una ecuación de un paso usando las propiedades de la igualdad y las operaciones inversas para escribir una ecuación equivalente más sencilla.

toma nota

Propiedad   **Propiedades de suma y resta de la igualdad**

Propiedad de suma de la igualdad   Si se suma el mismo número a cada lado de una ecuación, se obtiene como resultado una ecuación equivalente.

Álgebra

Para cualquier número real a, b y c,
si $a = b$, entonces $a + c = b + c$.

Ejemplo

$$x - 3 = 2$$
$$x - 3 + 3 = 2 + 3$$

Propiedad de resta de la igualdad   Si se resta el mismo número a cada lado de una ecuación, se obtiene como resultado una ecuación equivalente.

Álgebra

Para cualquier número real a, b y c,
si $a = b$, entonces $a - c = b - c$.

Ejemplo

$$x + 3 = 2$$
$$x + 3 - 3 = 2 - 3$$

Para resolver una ecuación, debes **aislar** la variable. Para hacerlo, debes poner la variable con coeficiente 1 sola a un lado de la ecuación.

Puedes aislar una variable usando las propiedades de la igualdad y las operaciones inversas. Una **operación inversa** cancela otra operación. Por ejemplo, la resta es la operación inversa de la suma. Al resolver una ecuación, cada operación inversa que hagas debe dar como resultado una ecuación equivalente más sencilla.

ONLINE PROBLEMS **Problema 1** Resolver una ecuación usando la resta

¿Cuál es la solución de $x + 13 = 27$?

 Planea

¿Cómo puedes visualizar la ecuación?
Puedes *hacer un diagrama*. Usa un modelo como el siguiente para visualizar la ecuación. Un modelo para la ecuación $x + 13 = 27$ es:

Piensa

Debes aislar la *x*. Primero escribe la ecuación.

Cancela la suma restando el mismo número a cada lado.

Simplifica cada lado de la ecuación.

Sustituye la ecuación original con tu respuesta para comprobarla.

Escribe

$x + 13 = 27$

$x + 13 - 13 = 27 - 13$

$x = 14$

$x + 13 = 27$
$14 + 13 \overset{?}{=} 27$
$27 = 27$ ✔

 ¿Comprendiste? **1. a.** ¿Cuál es la solución de $y + 2 = -6$? Comprueba tu respuesta.
b. Razonamiento En el Problema 1, ¿por qué se obtiene una ecuación equivalente al restar 13 a ambos lados de la ecuación original?

ONLINE PROBLEMS **Problema 2** Resolver una ecuación usando la suma

Planea

¿Cómo puedes comenzar?
Cancela las operaciones. Suma 3 a cada lado para cancelar la resta.

¿Cuál es la solución de $-7 = b - 3$?

$$-7 = b - 3$$
$$-7 + 3 = b - 3 + 3 \quad \text{Suma 3 a cada lado.}$$
$$-4 = b \quad \text{Simplifica.}$$

¿Comprendiste? **2.** ¿Cuál es la solución de cada ecuación? Comprueba tu respuesta.
a. $m - 8 = -14$ **b.** $\frac{1}{2} = y - \frac{3}{2}$

Para resolver ecuaciones, puedes usar la propiedad multiplicativa de la igualdad y la propiedad de división de la igualdad. La división es la operación inversa de la multiplicación.

 toma nota

Propiedad Propiedad multiplicativa de la igualdad y propiedad de división de la igualdad

Propiedad multiplicativa de la igualdad Si se multiplica cada lado de una ecuación por un mismo número distinto de cero, se obtiene como resultado una ecuación equivalente.

Álgebra

Para cualquier número real a, b y c,
si $a = b$, entonces $a \cdot c = b \cdot c$.

Ejemplo

$$\frac{x}{3} = 2$$

$$\frac{x}{3} \cdot 3 = 2 \cdot 3$$

Propiedad de división de la igualdad Si se divide cada lado de la ecuación por un mismo número distinto de cero, se obtiene como resultado una ecuación equivalente.

Álgebra

Para cualquier número real a, b y c,
en la que $c \neq 0$, si $a = b$, entonces $\frac{a}{c} = \frac{b}{c}$.

Ejemplo

$$5x = 20$$

$$\frac{5x}{5} = \frac{20}{5}$$

Planea

¿Cómo te ayuda un modelo a resolver la ecuación?
El modelo te indica que debes dividir 6.4 por 4 para resolver la ecuación $4x = 6.4$.

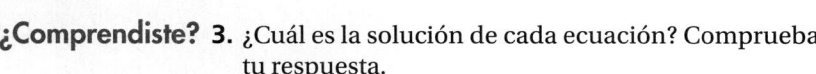

Problema 3 **Resolver una ecuación usando la división**

RESPUESTA EN PLANTILLA

¿Cuál es la solución de $4x = 6.4$?

$$4x = 6.4$$

$$\frac{4x}{4} = \frac{6.4}{4} \qquad \text{Divide cada lado por 4.}$$

$$x = 1.6 \qquad \text{Simplifica.}$$

¿Comprendiste? 3. ¿Cuál es la solución de cada ecuación? Comprueba tu respuesta.

    a. $10 = 15x$ **b.** $-3.2z = 14$

Planea

¿Cómo te ayuda un modelo a resolver la ecuación?
El modelo te indica que debes multiplicar -9 por 4 para resolver la ecuación $\frac{x}{4} = -9$.

Problema 4 **Resolver una ecuación usando la multiplicación**

¿Cuál es la solución de $\frac{x}{4} = -9$?

$$\frac{x}{4} = -9$$

$$\frac{x}{4} \cdot 4 = -9 \cdot 4 \qquad \text{Multiplica cada lado por 4.}$$

$$x = -36 \qquad \text{Simplifica.}$$

¿Comprendiste? 4. ¿Cuál es la solución de cada ecuación? Comprueba tu respuesta.

    a. $19 = \frac{r}{3}$ **b.** $\frac{x}{-9} = 8$

Si el coeficiente de la variable de una ecuación es una fracción, puedes usar el recíproco de la fracción para resolver la ecuación.

Problema 5 — Resolver ecuaciones usando recíprocos

¿Cuál es la solución de $\frac{4}{5}m = 28$?

$$\frac{4}{5}m = 28$$

$$\frac{5}{4}\left(\frac{4}{5}m\right) = \frac{5}{4}(28)$$ Multiplica cada lado por $\frac{5}{4}$, que es el recíproco de $\frac{4}{5}$.

$$m = 35$$ Simplifica.

 Piensa

¿Por qué se debe multiplicar por el recíproco?
Necesitas que el coeficiente de m sea 1. El producto de un número y su recíproco es 1; por tanto, debes multiplicar por el recíproco.

✓ **¿Comprendiste?** **5. a.** ¿Cuál es la solución de $12 = \frac{3}{4}x$? Comprueba tu respuesta.

  b. **Razonamiento** ¿Son equivalentes las ecuaciones $m = 18$ y $\frac{2}{3}m = 12$? ¿Cómo lo sabes?

Problema 6 — Usar una ecuación de un paso como modelo

Biología Los tucanes y los guacamayos azules y amarillos son pájaros tropicales. En promedio, la longitud de un tucán es aproximadamente dos tercios de la longitud del promedio de longitud del guacamayo. Los tucanes miden cerca de 24 pulgs. de largo. En promedio, ¿cuál es la longitud de un guacamayo azul y amarillo?

Relacionar   La longitud del tucán   es $\frac{2}{3}$ de   la longitud del guacamayo azul y amarillo

Definir   Sea $\ell =$ al promedio de la longitud de un guacamayo azul y amarillo.

Escribir   24 $= \frac{2}{3} \cdot$ ℓ

$$24 = \frac{2}{3}\ell$$

$$\frac{3}{2}(24) = \frac{3}{2}\left(\frac{2}{3}\ell\right)$$ Multiplica cada lado por $\frac{3}{2}$.

$$36 = \ell$$ Simplifica.

En promedio, un guacamayo azul y amarillo mide aproximadamente 36 pulgs. de largo.

 **Piensa**

¿De qué otra manera puedes resolver este problema?
Puedes empezar por el final. La longitud del tucán es $\frac{2}{3}$ de la longitud del guacamayo; por tanto, la longitud del guacamayo es $\frac{3}{2}$ de la longitud del tucán. Puedes multiplicar la longitud del tucán por $\frac{3}{2}$.

Comprueba $24 = \frac{2}{3}\ell$

$$24 \overset{?}{=} \frac{2}{3}(36)$$ Sustituye ℓ por 36.

$$24 = 24$$ Simplifica. Se comprueba la solución.

✓ **¿Comprendiste?** **6.** Una empresa de alquiler de DVD en línea pone a la venta certificados de regalo que se pueden usar para comprar planes de alquiler. Tienes un certificado de regalo por $30 y escoges un plan que cuesta $5 por mes. ¿Cuántos meses puedes pagar con el certificado de regalo?

Comprobar la comprensión de la lección

¿CÓMO hacerlo?

Resuelve cada ecuación. Comprueba tus respuestas.

1. $x + 7 = 3$

2. $9 = m - 4$

3. $5y = 24$

4. Libros Ya leíste 117 páginas de un libro. Te falta leer un tercio del libro para terminarlo. Escribe una ecuación y resuélvela para hallar el número de páginas que tiene el libro.

¿Lo ENTIENDES?

Vocabulario ¿Qué propiedad de la igualdad usarías para resolver cada ecuación? ¿Por qué?

5. $3 + x = -34$

6. $2x = 5$

7. $x - 4 = 9$

8. $\frac{x}{7} = 9$

9. Razonamiento Escribe una ecuación de un paso. Luego, escribe dos ecuaciones equivalentes a esa ecuación. ¿Cómo puedes probar que las tres ecuaciones son equivalentes?

Ejercicios de práctica y resolución de problemas

A Práctica

Resuelve las ecuaciones usando la suma o la resta. Comprueba tu respuesta. ◀ Ver los Problemas 1 y 2.

10. $6 = x + 2$ **11.** $27 + n = 46$ **12.** $23 = v + 5$ **13.** $4 = q + 13$

14. $f + 9 = 20$ **15.** $-5 + a = 21$ **16.** $-17 = 3 + k$ **17.** $5.5 = -2 + d$

18. $c + 4 = -9$ **19.** $67 = w - 65$ **20.** $23 = b - 19$ **21.** $g - 3.5 = 10$

22. $y - 19 = 37$ **23.** $q - 11 = -9$ **24.** $-2.5 = p + 7.1$ **25.** $j - 3 = -7$

Resuelve cada ecuación usando la multiplicación o la división. Comprueba tu respuesta. ◀ Ver los Problemas 3 y 4.

26. $-8n = -64$ **27.** $-7y = 28$ **28.** $5b = 145$ **29.** $6a = 0.96$

30. $-96 = 4c$ **31.** $11 = 2.2t$ **32.** $17.5 = 5s$ **33.** $7r = -\frac{7}{2}$

34. $\frac{m}{7} = 12$ **35.** $35 = \frac{j}{5}$ **36.** $\frac{k}{7} = 13$ **37.** $-39 = \frac{q}{3}$

38. $14 = \frac{z}{2}$ **39.** $\frac{q}{-9} = -9$ **40.** $-13 = \frac{m}{-5}$ **41.** $\frac{k}{4} = -\frac{17}{2}$

Resuelve cada ecuación. Comprueba tu respuesta. ◀ Ver el Problema 5.

42. $\frac{2}{3}q = 18$ **43.** $\frac{3}{4}x = 9$ **44.** $\frac{5}{8}y = -1$ **45.** $\frac{3}{5}m = -15$

46. $\frac{1}{5}x = \frac{2}{7}$ **47.** $36 = \frac{4}{9}d$ **48.** $-6 = \frac{3}{7}n$ **49.** $\frac{3}{8}p = 9$

Define una variable y escribe una ecuación para cada situación. Luego, resuelve. ◀ Ver el Problema 6.

50. Música En un estante hay espacio para guardar 30 CD. Aún queda espacio para guardar 7 CD más. ¿Cuántos CD hay ahora en el estante?

51. Población En un período de 3 años, la población de una ciudad se redujo en 7525 habitantes y llegó a los 581,600 habitantes. ¿Cuál era la población de la ciudad al comienzo del período de 3 años?

B **Aplicación**

52. Escribir Si en una ecuación de un paso hay una suma, ¿se podría resolver usando la suma? Explica tu respuesta.

53. Pensar en un plan El vestuario de una obra que se representará en el teatro de una comunidad cuesta $1500, que representa un tercio del presupuesto total. ¿Cuál es el presupuesto total de la obra?

⊢---------- ? ----------⊣

1500	1500	1500

- ¿Cómo puede ayudarte el modelo de la derecha a resolver el problema?
- ¿Cómo te indica el modelo qué operación debes usar para resolver la ecuación?

54. Espectáculos En un programa de preguntas y respuestas, se sancionó a un participante descontándole 250 puntos por una respuesta incorrecta. Después de la sanción, el puntaje fue 1050. ¿Cuántos puntos tenía el participante antes de la sanción?

Resuelve cada ecuación. Comprueba tu respuesta.

55. $\frac{2}{7} = \frac{1}{3} + a$ **56.** $23 = 7x$ **57.** $z - 4\frac{2}{3} = 2\frac{2}{3}$

58. $\frac{2}{3}g = -4\frac{1}{2}$ **59.** $6\frac{1}{4} = \frac{r}{5}$ **60.** $h + 2.8 = -3.7$

61. $\frac{3}{2}f = \frac{1}{2}$ **62.** $-4 = \frac{2}{9}d$ **63.** $1.6m = 1.28$

64. $4d = -2.4$ **65.** $4\frac{1}{4} = 1\frac{3}{4} + p$ **66.** $-5.3 + z = 8.9$

67. $-2\frac{1}{2} = \frac{t}{10}$ **68.** $5b = 8.5$ **69.** $\frac{3}{5}n = -\frac{3}{10}$

70. Picnic En una fiesta para 102 personas se sirvieron 17 lb de ensalada de papas.
  a. Escribe una ecuación y resuélvela para hallar cuántas personas comen con una libra de ensalada de papas.
  b. Escribe una ecuación y resuélvela para hallar, en promedio, la cantidad de libras de ensalada de papas que se sirve cada persona. Redondea tu respuesta a la centésima más cercana.

71. Analizar errores Describe el error que se cometió al resolver la ecuación de la derecha y corrígelo.

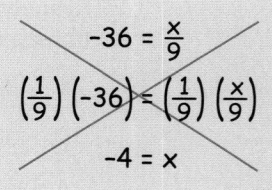

$-36 = \frac{x}{9}$

$\left(\frac{1}{9}\right)(-36) = \left(\frac{1}{9}\right)\left(\frac{x}{9}\right)$

$-4 = x$

72. Historia de los Estados Unidos Entre los años 1788 y 2008, la Constitución de los Estados Unidos fue enmendada 27 veces. ¿Cuál es el promedio de años que pasaron entre una enmienda y la siguiente? Redondea a la décima de año más cercana.

73. Vóleibol En el vóleibol, los jugadores sacan la pelota hacia el equipo contrario. Si el equipo contrario no le pega a la pelota, ese servicio es un punto directo. El promedio de puntos directos de un jugador es la cantidad de puntos directos obtenidos, divididos por la cantidad de partidos jugados. Un jugador tiene un promedio de 0.3 puntos directos y jugó 70 partidos en esta temporada. ¿Cuántos puntos directos hizo este jugador?

74. Respuesta de desarrollo Escribe un problema que pueda representarse con una ecuación de un paso. Escribe la ecuación y resuelve el problema.

75. Lenguaje Según un conteo, la letra *e* ocupa un octavo de un documento tipo redactado en inglés. Si un documento redactado en inglés tiene 2800 letras, aproximadamente, ¿cuántas letras del documento *no* son *e*?

76. Tipografía Un punto es una unidad de longitud que se usa para medir la distancia entre dos líneas de texto. Los tamaños de las fuentes generalmente se expresan en puntos. Las letras mayúsculas miden dos tercios del tamaño establecido, como se muestra en el diagrama para un tamaño de fuente de 48 puntos. En una pulgada hay 72 puntos. ¿Qué tamaño en puntos presentan las letras mayúsculas que tienen $\frac{1}{2}$ pulg. de alto?

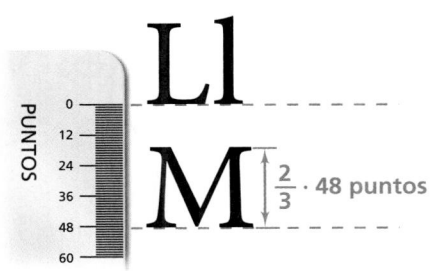

77. Razonamiento En un musical escolar, un integrante del coro cantó en el coro de apoyo la mitad de las canciones del espectáculo, es decir, en 12 canciones. Uno de los estudiantes llegó a la conclusión de que la mitad de 12 es 6; por tanto, el espectáculo tenía 6 canciones. Escribe una ecuación que ayude al estudiante a entender la cantidad correcta de canciones que había en el musical.

78. Cocina El arroz sin cocer pesa aproximadamente $\frac{4}{13}$ del peso del arroz cocido. Si quieres preparar una receta que lleva 6.5 lb de arroz, ¿cuántas libras de arroz sin cocer necesitas?

Preparación para el examen estandarizado

SAT/ACT

79. Luis ayudó a recaudar dinero para su escuela participando en una carrera. El total de dinero que recaudó puede representarse mediante la expresión $1.75m$, donde m es la cantidad de millas que corrió. Si recaudó un total de $21, ¿cuántas millas corrió Luis?

- (A) 12
- (B) 19.25
- (C) 22.75
- (D) 36.75

80. ¿Qué operación debes usar para resolver $14 + c = 39$?

- (F) potenciación al cuadrado
- (G) resta
- (H) multiplicación
- (I) división

81. Sonia está revisando los pedidos de la tienda de telas donde trabaja. Algunos de los pedidos están expresados en decimales y otros, en fracciones. ¿Cuál de las siguientes expresiones *no* es verdadera?

- (A) $\frac{10}{4} = 2.5$
- (B) $1.3 = 1\frac{1}{3}$
- (C) $0.03 = \frac{3}{100}$
- (D) $\frac{6}{5} = 1.2$

Repaso mixto

82. Si continúa el patrón que se muestra en la tabla, ¿qué cantidad se habrá recaudado en la Semana 5?

Ver la Lección 1-9.

Fondos para becas				
Semana	0	1	2	3
Cantidad (en miles)	0	2	4	6

Simplifica cada expresión. Justifica cada paso.

Ver la Lección 1-4.

83. $4(13x)$

84. $2.2 + (3.8 - x)$

85. $(m + 4.5) - 0.5$

¡Prepárate! **Antes de la Lección 2-2, haz los Ejercicios 86 a 88.**

Simplifica cada expresión.

Ver la Lección 1-2.

86. $2[2 - (2 - 3) - 2]$

87. $\left(\frac{1}{2} + \frac{1}{3}\right)^2$

88. $-1 + 2 \cdot 3 - 4$

2-2 Resolver ecuaciones de dos pasos

Objetivo   Resolver ecuaciones de dos pasos con una variable.

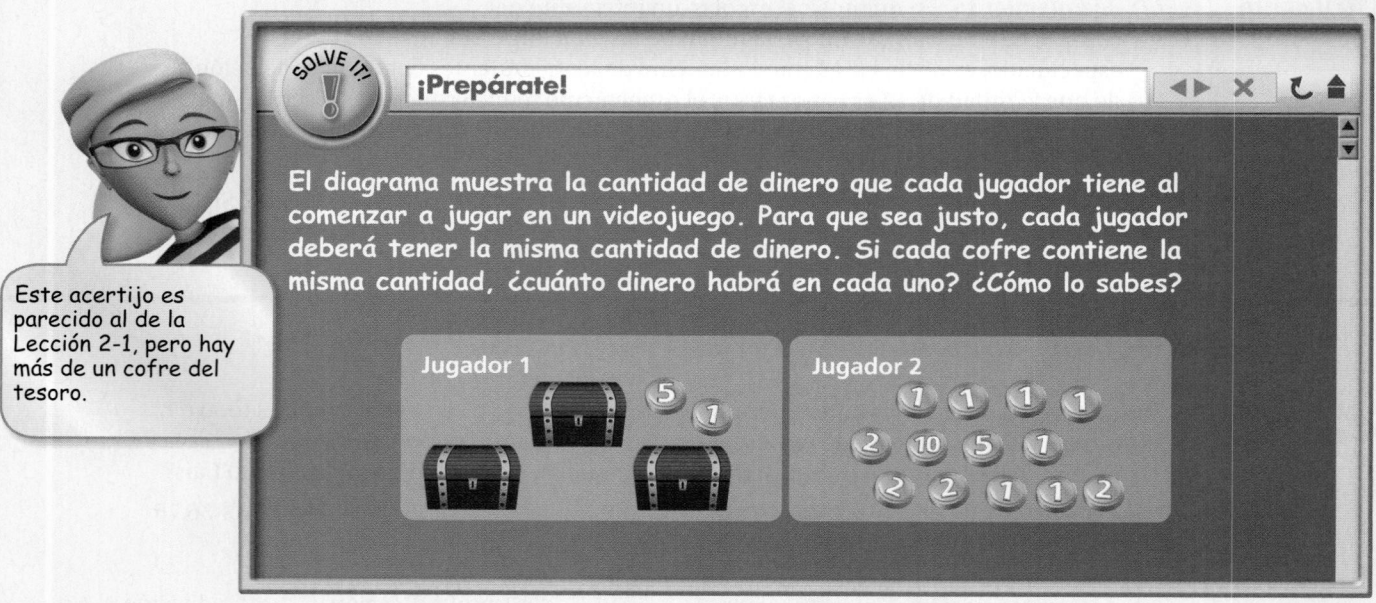

¡Prepárate!

El diagrama muestra la cantidad de dinero que cada jugador tiene al comenzar a jugar en un videojuego. Para que sea justo, cada jugador deberá tener la misma cantidad de dinero. Si cada cofre contiene la misma cantidad, ¿cuánto dinero habrá en cada uno? ¿Cómo lo sabes?

Jugador 1

Jugador 2

Este acertijo es parecido al de la Lección 2-1, pero hay más de un cofre del tesoro.

Actividades dinámicas
Resolver ecuaciones de dos pasos

El problema de la actividad de *Solve It!* puede representarse con una ecuación. Las ecuaciones de esta lección son diferentes de las ecuaciones de la Lección 2-1, porque se necesitan dos pasos para resolverlas.

Comprensión esencial   Para resolver ecuaciones de dos pasos, puedes usar las propiedades de igualdad y las operaciones inversas para formar una serie de ecuaciones equivalentes más sencillas. Puedes usar las propiedades de igualdad varias veces para aislar la variable.

Una ecuación de dos pasos, como la que se muestra abajo, incluye dos operaciones.

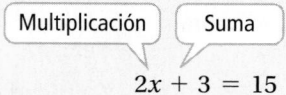

Multiplicación   Suma

$$2x + 3 = 15$$

Para resolver una ecuación de dos pasos, debes identificar las operaciones y cancelarlas usando las operaciones inversas. Puedes cancelar las operaciones siguiendo el orden inverso al orden de las operaciones. Por ejemplo, para resolver $2x + 3 = 15$, primero, puedes restar para cancelar la suma y luego, dividir para cancelar la multiplicación.

Problema 1 Resolver una ecuación de dos pasos

ONLINE PROBLEMS

Piensa

¿Qué operaciones se usan en la ecuación?
En la ecuación se usan la multiplicación y la suma. Primero, puedes cancelar la suma y luego, la multiplicación.

¿Cuál es la solución de $2x + 3 = 15$?

$$2x + 3 = 15$$

$$2x + 3 - 3 = 15 - 3 \qquad \text{Resta 3 a cada lado.}$$

$$2x = 12 \qquad \text{Simplifica.}$$

$$\frac{2x}{2} = \frac{12}{2} \qquad \text{Divide cada lado por 2.}$$

$$x = 6 \qquad \text{Simplifica.}$$

Comprueba $2x + 3 = 15$

$$2(6) + 3 \stackrel{?}{=} 15 \qquad \text{Sustituye } x \text{ por 6.}$$

$$15 = 15 \qquad \text{Simplifica. Se comprueba la solución.}$$

 ¿Comprendiste? **1.** ¿Cuál es la solución de $5 = \frac{t}{2} - 3$?

Problema 2 Usar una ecuación como modelo

Servicio a la comunidad Estás haciendo un tablero de avisos para anunciar las oportunidades de servicio a la comunidad que se ofrecen en tu ciudad. Piensas usar media hoja de cartulina por aviso. Necesitas 5 hojas de cartulina para hacer el cartel del título y tienes 18 hojas. ¿Cuántos avisos puedes hacer?

Lo que sabes
- Cartulinas por aviso: $\frac{1}{2}$ hoja
- Cartulinas para cartel: 5 hojas
- Cantidad total: 18 hojas

Lo que necesitas
La cantidad de avisos que puedes hacer

Planea
Escribe y resuelve una ecuación en la que la variable represente la incógnita.

Piensa

¿Cómo te ayuda un modelo a escribir la ecuación?
El modelo muestra que media hoja por aviso más 5 hojas para el cartel del título es igual a 18 hojas.

```
|-------- 18 --------|
| ½ a        |   5   |
```

Sea $a =$ la cantidad de avisos que puedes hacer.

$$\frac{1}{2}a + 5 = 18$$

$$\frac{1}{2}a + 5 - 5 = 18 - 5 \qquad \text{Resta 5 a cada lado.}$$

$$\frac{1}{2}a = 13 \qquad \text{Simplifica.}$$

$$2\left(\frac{1}{2}a\right) = 2(13) \qquad \text{Multiplica cada lado por 2.}$$

$$a = 26 \qquad \text{Simplifica.}$$

Puedes hacer 26 avisos de servicio a la comunidad para el tablero de anuncios.

¿Comprendiste? **2.** Supón que en el Problema 2 usaste un cuarto de hoja de cartulina por aviso y cuatro hojas enteras para el cartel del título. ¿Cuántos avisos pudiste hacer?

Si un lado de una ecuación es una fracción que tiene más de un término en el numerador, puedes cancelar la división multiplicando cada lado por el denominador.

 Problema 3 **Resolver un numerador con dos términos**

ONLINE PROBLEMS

¿Cuál es la solución de $\frac{x-7}{3} = -12$?

$$\frac{x-7}{3} = -12$$

$$3\left(\frac{x-7}{3}\right) = 3(-12) \qquad \text{Multiplica cada lado por 3.}$$

$$x - 7 = -36 \qquad \text{Simplifica.}$$

$$x - 7 + 7 = -36 + 7 \qquad \text{Suma 7 a cada lado.}$$

$$x = -29 \qquad \text{Simplifica.}$$

Planea

¿Qué operación debes hacer primero?
La multiplicación.
Si multiplicas por el denominador de la fracción en la ecuación, obtienes una ecuación de un paso. Por tanto, si primero multiplicas, no te tienes que preocupar por la fracción.

 ¿Comprendiste? **3. a.** ¿Cuál es la solución de $6 = \frac{x-2}{4}$?

b. Razonamiento Escribe el lado derecho de la ecuación de la parte (a) como la diferencia de dos fracciones. Resuelve la ecuación. ¿Fue más fácil resolver la ecuación de la parte (a) o la que volviste a escribir? ¿Por qué?

Cuando usas el razonamiento deductivo, debes plantear los pasos y la razón de cada paso usando las propiedades, las definiciones o las reglas. En el Problema 4, deberás usar el razonamiento deductivo para dar las razones de cada paso.

 Problema 4 **Usar el razonamiento deductivo**

ONLINE PROBLEMS

¿Cuál es la solución de $-t + 8 = 3$? Justifica cada paso.

Pasos	Razones
$-t + 8 = 3$	Ecuación original
$-t + 8 - 8 = 3 - 8$	Propiedad de resta de la igualdad
$-t = -5$	Usa la resta para simplificar.
$-1t = -5$	Propiedad multiplicativa de -1
$\frac{-1t}{-1} = \frac{-5}{-1}$	Propiedad de división de la igualdad
$t = 5$	Usa la división para simplificar.

Piensa

¿Por qué la solución no es $-t = -5$?
Cuando hallas el valor de una variable, el coeficiente debe ser 1, no -1.

¿Comprendiste? **4.** ¿Cuál es la solución de $\frac{x}{3} - 5 = 4$? Justifica cada paso.

Comprobar la comprensión de la lección

¿CÓMO hacerlo?

Resuelve cada ecuación. Comprueba tu respuesta.

1. $5x + 12 = -13$

2. $6 = \frac{m}{7} - 3$

3. $\frac{y - 1}{4} = -2$

4. $-x - 4 = 9$

5. Recaudación de fondos Los estudiantes de tercer año están vendiendo barras de granola para recaudar fondos. Compraron 1250 barras y pagaron $25 por gastos de envío. El costo total, con los gastos de envío incluidos, fue $800. ¿Cuánto costó cada barra de granola?

¿Lo ENTIENDES?

¿Qué propiedades de la igualdad usarías para resolver cada ecuación? ¿Qué operación resolverías primero? Explica tu respuesta.

6. $-8 = \frac{s}{4} + 3$

7. $2x - 9 = 7$

8. $\frac{x}{3} - 8 = 4$

9. $-4x + 3 = -5$

10. Razonamiento ¿Se puede resolver la ecuación $\frac{d - 3}{5} = 6$ sumando 3 antes de multiplicar por 5? Explica tu respuesta.

Ejercicios de práctica y resolución de problemas

A Práctica

Resuelve cada ecuación. Comprueba tu respuesta.

◀ Ver el Problema 1.

11. $2 + \frac{a}{4} = -1$

12. $3n - 4 = 11$

13. $-1 = 7 + 8x$

14. $\frac{y}{5} + 2 = -8$

15. $4b + 6 = -2$

16. $10 = \frac{x}{4} - 8$

17. $10 + \frac{h}{3} = 1$

18. $-14 = -5 + 3c$

19. $26 = \frac{m}{6} + 5$

20. $\frac{a}{5} - 18 = 2$

21. $-5x - 2 = 13$

22. $14 = -2k + 3$

Define una variable y escribe una ecuación para cada situación. Luego, resuelve.   ◀ Ver el Problema 2.

23. Capacidad máxima Un repartidor usa un ascensor de servicio para subir cajas de libros hasta una oficina. El repartidor pesa 160 lb y cada caja de libros pesa 50 lb. La capacidad máxima del ascensor es 1000 lb. ¿Cuántas cajas de libros puede subir al mismo tiempo?

24. Ir de compras Tienes $16 y un cupón de descuento de $5 para comprar en un supermercado de tu vecindario. Una botella de aceite de oliva cuesta $7. ¿Cuántas botellas de aceite de oliva puedes comprar?

25. Alquiler Dos amigos de una universidad alquilan un apartamento. Una vez que firman el contrato, deben pagar al dueño dos meses de alquiler y $500 de garantía. En total, pagan $2800. ¿Cuánto pagan de alquiler por mes?

Resuelve cada ecuación. Comprueba tu respuesta.   ◀ Ver el Problema 3.

26. $\frac{y - 4}{2} = 10$

27. $7 = \frac{x - 8}{3}$

28. $\frac{z + 10}{9} = 2$

29. $4 = \frac{a + 10}{2}$

30. $7\frac{1}{2} = \frac{x + 3}{2}$

31. $\frac{b + 3}{5} = -1$

32. $-2 = \frac{d - 7}{7}$

33. $\frac{g - 3}{3} = \frac{5}{3}$

Resuelve cada ecuación. Justifica cada paso.   ◀ Ver el Problema 4.

34. $14 - b = 19$

35. $20 - 3h = 2$

36. $3 - \frac{x}{2} = 6$

37. $-1 = 4 + \frac{x}{3}$

Resuelve cada ecuación. Comprueba tu respuesta.

38. $\dfrac{2 + y}{3} = -1$ **39.** $-24 = -10t + 3$ **40.** $10 = 0.3x - 9.1$

41. $\dfrac{1}{2} = \dfrac{1}{2}c - 2$ **42.** $\dfrac{x - 3}{3} = -4\dfrac{1}{2}$ **43.** $9.4 = -d + 5.6$

44. $\dfrac{d + 17}{2} = 5\dfrac{1}{3}$ **45.** $2.4 + 10m = 6.89$ **46.** $\dfrac{1}{5}t - 3 = -17$

Resuelve cada ecuación. Justifica cada paso.

47. $15 = 9 - 3p$ **48.** $4 - 5k = -16$ **49.** $9 + \dfrac{c}{-5} = -5$ **50.** $\dfrac{q}{-3} + 12 = 2$

51. Analizar errores Describe el error que se cometió al resolver la ecuación de la derecha y corrígelo.

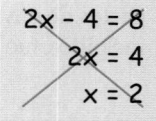

52. Escribir Sin resolver la ecuación $-3x + 5 = 44$, indica si el valor de x es positivo o negativo. ¿Cómo lo sabes?

53. a. Resuelve la ecuación $2x - 1 = 7$ cancelando primero la resta.
    b. Resuelve la ecuación de la parte (a) cancelando primero la multiplicación. ¿Obtienes el mismo resultado que obtuviste en la parte (a)?
    c. Razonamiento ¿Qué método de las partes (a) y (b) prefieres? Explica tu respuesta.

Geometría En cada triángulo, la medida del $\angle A$ es igual a la medida del $\angle B$. Halla el valor de x.

54.

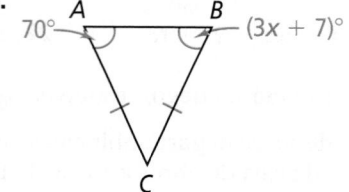

55.

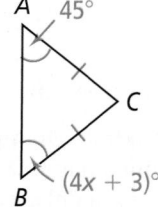

56. Pensar en un plan Un sitio Web permite a los músicos subir sus canciones a Internet. Luego, los usuarios del sitio Web pueden comprar cualquiera de las canciones que se subieron. Supón que cada músico debe abonar un único pago de $5 para usar el sitio Web. Cada vez que se descarga una de sus canciones, cada músico gana $.09. Si uno de los músicos ganó $365 por una determinada canción, ¿cuántas veces se descargó esa canción?

• ¿Cómo te ayuda el modelo de la derecha a resolver el problema?
• ¿Cómo indica el modelo qué operaciones debes usar en la ecuación?

|-------- 365 --------|

| $0.09x$ | -5 |

57. Respuesta de desarrollo Escribe un problema de la vida diaria que puedas representar con la ecuación de dos pasos $8b + 6 = 38$. Luego, resuélvelo.

58. Mejoras en el hogar Un contratista está construyendo una galería en la parte de atrás de una casa. La galería debe soportar el peso de 20 personas y de algunos muebles que pesan 250 lb. Para cumplir con esos requisitos, el contratista calcula que la galería deberá soportar 3750 lb. ¿Qué valor usó el contratista para calcular el peso por persona?

59. Ciencias de la Tierra La temperatura del aire debajo de la superficie terrestre aumenta alrededor de 10 °C por kilómetro. En el diagrama de la derecha, se muestran la temperatura en la superficie y la temperatura del aire en el fondo de una mina. ¿A cuántos kilómetros de la superficie terrestre está el fondo de la mina?

Superficie: 18 °C

Fondo de la mina: 38 °C
El dibujo no está hecho a escala.

60. Programa de automóviles compartidos Los miembros de un programa de automóviles compartidos pagan una tarifa de $50 por mes más $7.65 por cada hora que usan un auto. El mes pasado, uno de los miembros pagó $149.45. ¿Cuántas horas usó el carro este cliente el mes pasado?

 **Desafío**

61. Procesamiento de texto Tienes que tomar un documento y darle un formato de tres columnas del mismo ancho. El documento tiene 8.5 pulgs. de ancho. Debes dejar márgenes de 1 pulg. de ancho a la izquierda y a la derecha del documento. Entre las columnas hay un medianil, o margen, que mide un octavo de lo que miden las columnas. ¿Cuál es el ancho de cada columna?

Indica si cada ecuación tiene solución. Si la tiene, hállala. Si no la tiene, explica por qué.

62. $2x - 0 = 0$ **63.** $0(-2x) = 4$ **64.** $\dfrac{x-2}{2} = 0$ **65.** $\dfrac{x-2}{0} = 2$

Preparación para el examen estandarizado

R E S P U E S T A   E N   P L A N T I L L A

SAT/ACT

66. La edad de William, w, y la edad de Jamie, j, están relacionadas en la ecuación $w = 2j - 12$. Cuando William tenga 36.5 años de edad, ¿cuántos años tendrá Jamie?

67. Dominique pinta retratos en una feria anual. Su objetivo para este año es ganar $100. Gasta $15 en materiales y trabajará 2.5 horas. ¿Cuánto tendrá que ganar por hora en dólares para alcanzar su objetivo?

68. El costo de un galón de leche l cuesta $.50 más que cinco veces el costo de un galón de agua a. Si un galón de leche cuesta $3.75, ¿cuánto cuesta un galón de agua?

Repaso mixto

Resuelve cada ecuación.

◀ Ver la Lección 2-1.

69. $-5x = -25$ **70.** $7 = 3.2 + y$ **71.** $\dfrac{y}{4} = 36$ **72.** $z - 2 = 4.5$

Indica si el enunciado es *verdadero* o *falso*. Si es falso, da un contraejemplo.

◀ Ver la Lección 1-4.

73. La diferencia entre el valor absoluto de dos números es igual a la diferencia entre los mismos dos números.

74. Sumar 1 a un número siempre aumenta su valor absoluto.

¡Prepárate! Antes de la Lección 2-3, haz los Ejercicios 75 a 78.

Simplifica cada expresión.

◀ Ver la Lección 1-7.

75. $7(5 - t)$ **76.** $-2(-2x + 5)$ **77.** $-3(2 - b)$ **78.** $5(2 - 5n)$

Resolver ecuaciones de varios pasos

Objetivo   Resolver ecuaciones de varios pasos con una variable.

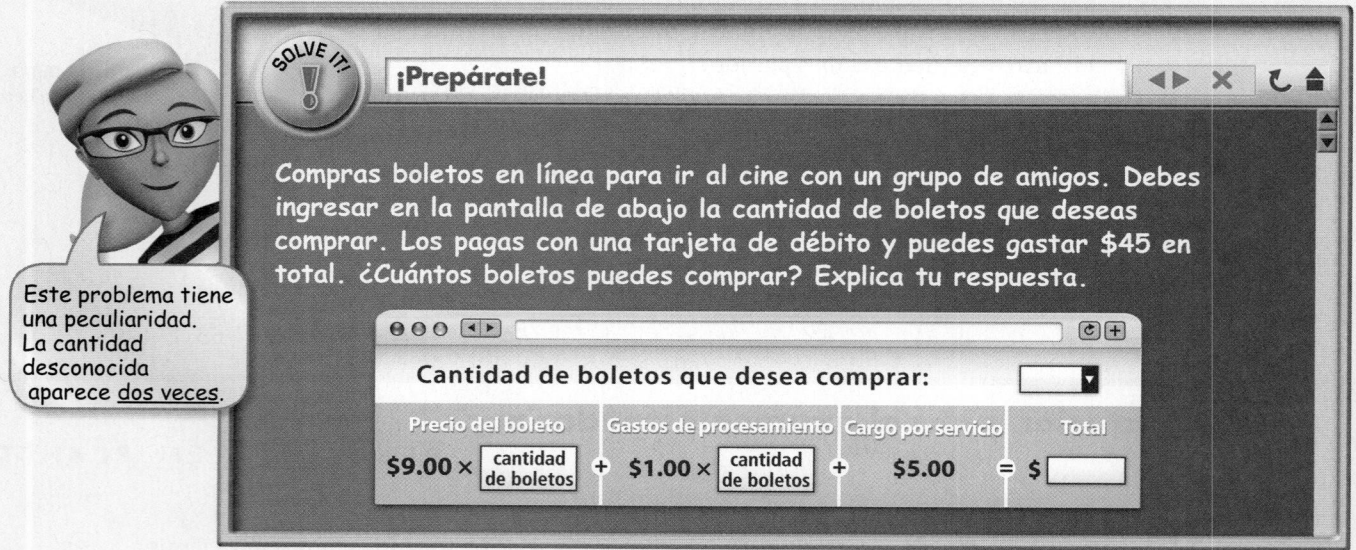

¡Prepárate!

Compras boletos en línea para ir al cine con un grupo de amigos. Debes ingresar en la pantalla de abajo la cantidad de boletos que deseas comprar. Los pagas con una tarjeta de débito y puedes gastar $45 en total. ¿Cuántos boletos puedes comprar? Explica tu respuesta.

Este problema tiene una peculiaridad. La cantidad desconocida aparece <u>dos veces</u>.

Cantidad de boletos que desea comprar:

Precio del boleto	Gastos de procesamiento	Cargo por servicio	Total
$9.00 × cantidad de boletos	+ $1.00 × cantidad de boletos	+ $5.00	= $

En esta lección, aprenderás a escribir y resolver ecuaciones de varios pasos.

Comprensión esencial Para resolver ecuaciones de varios pasos, debes formar una serie de ecuaciones equivalentes más sencillas. Para hacerlo, usa las propiedades de la igualdad, las operaciones inversas y las propiedades de los números reales. Debes usar las propiedades hasta aislar la variable.

Problema 1   Combinar términos semejantes

Piensa

¿En qué se diferencia esta ecuación de las que viste anteriormente?
La variable se encuentra en *dos* términos. Puedes simplificar la ecuación agrupando y combinando los términos semejantes.

¿Cuál es la solución de $5 = 5m - 23 + 2m$?

$$5 = 5m - 23 + 2m$$

$$5 = 5m + 2m - 23 \qquad \text{Propiedad conmutativa de la suma}$$

$$5 = 7m - 23 \qquad \text{Combina los términos semejantes.}$$

$$5 + 23 = 7m - 23 + 23 \qquad \text{Suma 23 a cada lado.}$$

$$28 = 7m \qquad \text{Simplifica.}$$

$$\frac{28}{7} = \frac{7m}{7} \qquad \text{Divide cada lado por 7.}$$

$$4 = m \qquad \text{Simplifica.}$$

Comprueba $5 = 5m - 23 + 2m$

$5 \stackrel{?}{=} 5(4) - 23 + 2(4)$ Sustituye *m* por 4.

$5 = 5$ ✓   Simplifica. Se comprueba la solución.

¿Comprendiste? **1.** ¿Cuál es la solución de cada ecuación? Comprueba cada respuesta.

        a. $11m - 8 - 6m = 22$ **b.** $-2y + 5 + 5y = 14$

 Problema 2   **Resolver una ecuación de varios pasos**

Recuerdos del concierto Marta lleva a su sobrina y a su sobrino a un concierto. Les compra camisetas y calcomanías para el carro. Las calcomanías cuestan \$1 cada una. La sobrina de Marta quiere una camiseta y 4 calcomanías, y el sobrino quiere 2 camisetas y no quiere calcomanías. Si Marta gasta \$67 en total, ¿cuánto cuesta una camiseta?

Lo que sabes
- Las calcomanías cuestan \$1.
- Artículos para la sobrina: 1 camiseta, 4 calcomanías
- Artículos para el sobrino: 2 camisetas
- Total gastado: \$67

Lo que necesitas

El costo de una camiseta

Planea

Escribe y resuelve una ecuación que represente la situación.

Piensa

¿Cómo te ayuda un modelo a escribir la ecuación?
El modelo muestra que el costo de los artículos para la sobrina más el costo de los artículos para el sobrino es \$67.

67	
c + 4	2c

Relacionar   El costo de los artículos para la sobrina (1 camiseta y 4 calcomanías)   **más**   el costo de los artículos para el sobrino (2 camisetas)   **es igual**   al total que gasta Marta.

Definir   Sea $c = $ el costo de una camiseta.

Escribir $(c + 4)$ $+$ $2c$ $=$ 67

$$(c + 4) + 2c = 67$$

$c + 2c + 4 = 67$	Propiedad conmutativa de la suma
$3c + 4 = 67$	Combina los términos semejantes.
$3c + 4 - 4 = 67 - 4$	Resta 4 a cada lado.
$3c = 63$	Simplifica.
$\dfrac{3c}{3} = \dfrac{63}{3}$	Divide cada lado por 3.
$c = 21$	Simplifica.

Una camiseta cuesta \$21.

 ¿Comprendiste? **2.** Noah y Kate compran cuerdas nuevas para sus guitarras en una tienda de música. Noah compra 2 paquetes de cuerdas. Kate compra 2 paquetes de cuerdas y un libro de música. El libro cuesta \$16. El costo total de sus compras es \$72. ¿Cuánto cuesta cada paquete de cuerdas?

Problema 3 Resolver una ecuación usando la propiedad distributiva

¿Cuál es la solución de $-8(2x - 1) = 36$?

$-8(2x - 1) = 36$	
$-16x + 8 = 36$	Propiedad distributiva
$-16x + 8 - 8 = 36 - 8$	Resta 8 a cada lado.
$-16x = 28$	Simplifica.
$\dfrac{-16x}{-16} = \dfrac{28}{-16}$	Divide cada lado por -16.
$x = -\dfrac{7}{4}$	Simplifica.

 ¿Comprendiste? 3. a. ¿Cuál es la solución de $18 = 3(2x - 6)$? Comprueba tu respuesta.

b. Razonamiento ¿Puedes resolver la ecuación de la parte (a) usando la propiedad de división de la igualdad en vez de la propiedad distributiva? Explica tu respuesta.

Para resolver ecuaciones que tienen fracciones, puedes usar diferentes métodos.

 Problema 4 Resolver ecuaciones que tienen fracciones

¿Cuál es la solución de $\dfrac{3x}{4} - \dfrac{x}{3} = 10$?

Método 1 Escribe los términos semejantes usando un común denominador y resuelve.

$\dfrac{3}{4}x - \dfrac{1}{3}x = 10$	Vuelve a escribir las fracciones.
$\dfrac{9}{12}x - \dfrac{4}{12}x = 10$	Escribe las fracciones usando un común denominador: 12.
$\dfrac{5}{12}x = 10$	Combina los términos semejantes.
$\dfrac{12}{5}\left(\dfrac{5}{12}x\right) = \dfrac{12}{5}(10)$	Multiplica cada lado por $\dfrac{12}{5}$, el recíproco de $\dfrac{5}{12}$.
$x = 24$	Simplifica.

Método 2 Quita las fracciones de la ecuación.

$12\left(\dfrac{3x}{4} - \dfrac{x}{3}\right) = 12(10)$	Multiplica cada lado por un común denominador: 12.
$12\left(\dfrac{3x}{4}\right) - 12\left(\dfrac{x}{3}\right) = 12(10)$	Propiedad distributiva
$9x - 4x = 120$	Multiplica.
$5x = 120$	Combina los términos semejantes.
$x = 24$	Divide cada lado por 5 y simplifica.

¿Comprendiste? 4. ¿Cuál es la solución de cada ecuación? ¿Por qué escogiste ese método para resolver cada ecuación?

a. $\frac{2b}{5} + \frac{3b}{4} = 3$ **b.** $\frac{1}{9} = \frac{5}{6} - \frac{m}{3}$

Puedes quitar los decimales de una ecuación multiplicando por una potencia de 10. Primero, halla la mayor cantidad de dígitos que se encuentren a la derecha del punto decimal y luego multiplica por 10 elevado a esa potencia.

 Problema 5 **Resolver una ecuación que tiene decimales**

¿Cuál es la solución de $3.5 - 0.02x = 1.24$?

Planea

La ecuación tiene décimas (3.5) y centésimas (0.02 y 1.24). La mayor cantidad de dígitos que se encuentra a la derecha del punto decimal es 2. Por tanto, para quitar los decimales debes multiplicar cada lado de la ecuación por 10^2, ó 100.

Piensa

Cuando multiplicas un decimal por 10^n, donde n es un entero positivo, puedes mover el punto decimal n lugares hacia la derecha. Por ejemplo, $100(3.5) = 350$.

$$3.5 - 0.02x = 1.24$$
$$100(3.5 - 0.02x) = 100(1.24) \quad \text{Multiplica cada lado por } 10^2, \text{ ó } 100.$$
$$350 - 2x = 124 \quad \text{Propiedad distributiva}$$
$$350 - 2x - 350 = 124 - 350 \quad \text{Resta 350 a cada lado.}$$
$$-2x = -226 \quad \text{Simplifica.}$$
$$\frac{-2x}{-2} = \frac{-226}{-2} \quad \text{Divide cada lado por } -2.$$
$$x = 113 \quad \text{Simplifica.}$$

 ¿Comprendiste? 5. ¿Cuál es la solución de $0.5x - 2.325 = 3.95$? Comprueba tu respuesta.

 ## Comprobar la comprensión de la lección

¿CÓMO hacerlo?

Resuelve cada ecuación. Comprueba tu respuesta.

1. $7p + 8p - 12 = 59$ **2.** $-2(3x + 9) = 24$

3. $\frac{2m}{7} + \frac{3m}{14} = 1$ **4.** $1.2 = 2.4 - 0.6x$

5. Jardinería En uno de los lados de un jardín rectangular, hay una valla que mide 12 pies. El jardinero tiene un vallado de 44 pies para cercar los otros tres lados. ¿Cuánto mide el lado más largo del jardín?

¿Lo ENTIENDES?

Explica cómo resolverías cada ecuación.

6. $1.3 + 0.5x = -3.41$

7. $7(3x - 4) = 49$

8. $-\frac{2}{9}x - 4 = \frac{7}{18}$

9. Razonamiento Para resolver la ecuación $-24 = 5(g + 3)$, Ben primero divide cada lado por 5, pero Amelia usa la propiedad distributiva. ¿Cuál de los dos métodos prefieres? Explica tu respuesta.

Ejercicios de práctica y resolución de problemas

 **Práctica**

Resuelve cada ecuación. Comprueba tu respuesta.

◀ Ver el Problema 1.

10. $7 - y - y = -1$ 　　　**11.** $72 + 4 - 14d = 36$ 　　　**12.** $13 = 5 + 3b - 13$

13. $6p - 2 - 3p = 16$ 　　　**14.** $x + 2 + x = 22$ 　　　**15.** $b - 9 + 6b = 30$

16. $9t - 6 - 6t = 6$ 　　　**17.** $17 = p - 3 - 3p$ 　　　**18.** $-23 = -2a - 10 + a$

Escribe una ecuación para representar cada situación. Luego, resuélvela.

◀ Ver el Problema 2.

19. Empleo Tienes un trabajo a tiempo parcial. Trabajas 3 horas los viernes y 6 horas los sábados. También recibes una mesada de $20 por semana. Ganas $92 por semana. ¿Cuánto ganas por hora en tu trabajo a tiempo parcial?

20. Viajes Una familia compra boletos de avión en línea. Cada boleto cuesta $167. Con cada boleto, la familia también compra un seguro de viajes que cuesta $19 por boleto. El sitio Web cobra $16 en concepto de gastos por toda la compra. La familia paga $1132 en total. ¿Cuántos boletos compró la familia?

Resuelve cada ecuación. Comprueba tu respuesta.

◀ Ver el Problema 3.

21. $64 = 8(r + 2)$ 　　　**22.** $5(2x - 3) = 15$ 　　　**23.** $5(2 + 4z) = 85$

24. $2(8 + 4c) = 32$ 　　　**25.** $7(f - 1) = 45$ 　　　**26.** $15 = -2(2t - 1)$

27. $26 = 6(5 - 4f)$ 　　　**28.** $n + 5(n - 1) = 7$ 　　　**29.** $-4(r + 6) = -63$

Resuelve cada ecuación. Escoge el método que prefieras. Comprueba tu respuesta.

◀ Ver el Problema 4.

30. $\frac{b}{13} - \frac{3b}{13} = \frac{8}{13}$ 　　　**31.** $5y - \frac{3}{5} = \frac{4}{5}$ 　　　**32.** $\frac{n}{5} - \frac{3n}{10} = \frac{1}{5}$

33. $\frac{2}{3} + \frac{3m}{5} = \frac{31}{15}$ 　　　**34.** $\frac{n}{2} - \frac{2n}{16} = \frac{3}{8}$ 　　　**35.** $\frac{b}{3} + \frac{1}{8} = 19$

36. $\frac{1}{4} + \frac{4x}{5} = \frac{11}{20}$ 　　　**37.** $\frac{11z}{16} + \frac{7z}{8} = \frac{5}{16}$ 　　　**38.** $\frac{x}{3} - \frac{7x}{12} = \frac{2}{3}$

Resuelve cada ecuación. Comprueba tu respuesta.

◀ Ver el Problema 5.

39. $1.06g - 3 = 0.71$ 　　　　　　　**40.** $0.11k + 1.5 = 2.49$

41. $1.025v + 2.458 = 7.583$ 　　　　**42.** $1.12 + 1.25g = 8.62$

43. $25.24 = 5g + 3.89$ 　　　　　　**44.** $0.25n + 0.1n = 9.8$

 **Aplicación**　**Resuelve cada ecuación.**

45. $6 + \frac{v}{-8} = \frac{4}{7}$ 　　　**46.** $\frac{2}{3}(c - 18) = 7$ 　　　**47.** $3d + d - 7 = \frac{25}{4}$

48. $0.25(d - 12) = 4$ 　　　**49.** $8n - (2n - 3) = 12$ 　　　**50.** $\frac{2}{3} + n + 6 = \frac{3}{4}$

51. $0.5d - 3d + 5 = 0$ 　　　**52.** $-(w + 5) = -14$ 　　　**53.** $\frac{a}{20} + \frac{4}{15} = \frac{9}{15}$

54. **Pensar en un plan** Jillian y Tyson compran materiales para tejer. Jillian quiere 3 ovillos de lana y un juego de agujas para tejer. Tyson quiere 1 ovillo de lana y 2 juegos de agujas. Cada ovillo cuesta $6.25. Si deben pagar $34.60 en total, ¿cuánto cuesta cada juego de agujas para tejer?

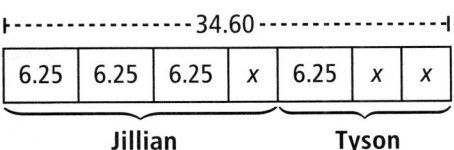

- ¿Cómo te ayuda el modelo de la derecha a resolver el problema?
- ¿Cómo te indica el modelo qué operaciones debes usar en la ecuación?

55. **Videojuegos en línea** Angie y Kenny juegan videojuegos en línea. Angie compra 1 paquete de *software* y 3 meses de abono para jugar. Kenny compra 1 paquete de *software* y 2 meses de abono. Cada paquete de *software* cuesta $20. Si gastaron $115 en total, ¿cuánto cuesta cada abono mensual?

56. **Analizar errores** Describe el error que se cometió al resolver la ecuación de la derecha y corrígelo.

$$\frac{3x}{8} - 1 = \frac{5}{8}$$

$$8\left(\frac{3x}{8} - 1\right) = 8\left(\frac{5}{8}\right)$$

$$3x - 1 = 5$$
$$3x = 6$$
$$x = 2$$

57. **Razonamiento** Supón que quieres resolver $-4m + 5 + 6m = -3$. ¿Cuál sería el primer paso? Explica tu respuesta.

58. **Escribir** Describe dos maneras de resolver $-\frac{1}{2}(5x - 9) = 17$.

59. **Bolos** Tres amigos fueron a jugar bolos. El costo del juego por persona es $5.30. El alquiler de los zapatos cuesta $2.50 por persona. En total, pagaron $55.20. ¿Cuántos partidos jugaron?

60. **Gastos de mudanza** Un estudiante universitario se muda a una residencia en la ciudad universitaria. El estudiante alquila un camión de mudanzas por $19.95 más $.99 por milla. Antes de devolver el camión, el estudiante gasta $65.32 para cargar el tanque de gasolina. El costo total de la mudanza es $144.67. ¿Cuántas millas recorrió el camión?

Geometría Halla el valor de x. (*Pista:* La suma de la medida de los ángulos de un cuadrilátero es igual a 360°).

61.
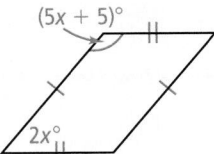

62.
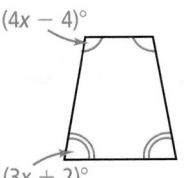

63.
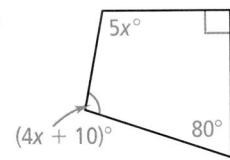

64. **Cenar afuera** Estás por pedir comida en un restaurante. Tienes $15 para gastar. El restaurante cobra 6% en concepto de impuesto sobre la venta. Además, quieres dejar una propina del 15%. La ecuación $c = x + 0.06x + 0.15x$ da como resultado el costo total c de tu comida, donde x es el costo sin contar ni el impuesto ni la propina. ¿Qué cantidad puedes gastar como máximo, sin el impuesto ni la propina?

65. **Ahorros** Tienes $85 en tu cuenta bancaria. Cada semana quieres depositar $8 de tu mesada y $15 de tu cheque semanal. La ecuación $b = 85 + (15 + 8)s$ da como resultado la cantidad b que hay en tu cuenta bancaria después de s semanas. ¿Dentro de cuántas semanas tendrás $175 en tu cuenta?

Desafío

66. **Respuesta de desarrollo** Halla tres enteros consecutivos que sumen 45. Muestra tu trabajo.

67. **Cocina** Un cocinero compra dos bolsas de arroz idénticas y las usa de tal manera que una bolsa queda con la mitad del contenido y la otra, con un tercio del contenido. El cocinero las coloca dentro de una sola bolsa, que en ese momento contiene $3\frac{1}{3}$ tazas de arroz. ¿Cuánto arroz había en una bolsa llena?

68. **Pintura** Tim tarda 6 días para pintar una casa. Lara tarda 3 días para pintarla.
    a. ¿Qué fracción de la casa puede pintar Tim en un día? ¿Qué fracción de la casa puede pintar Lara en un día?
    b. ¿Qué fracción de la casa puede pintar Tim en d días? ¿Qué fracción de la casa puede pintar Lara en d días?
    c. ¿Qué fracción de la casa pueden pintar juntos Tim y Lara en un día? ¿Qué fracción de la casa pueden pintar juntos Tim y Lara en d días?
    d. Escribe una ecuación para hallar la cantidad de días que tardarán Tim y Lara para pintar toda la casa si trabajan juntos. Luego, resuélvela.

Preparación para el examen estandarizado

SAT/ACT

69. Cuando se suma 3 a un número y luego se lo duplica, el resultado es -8. ¿Cuál era el número original?

  Ⓐ -14 Ⓑ -7 Ⓒ -5.5 Ⓓ -1

70. ¿Cuál es el valor de la expresión $-3r + 6 + r$, cuando $r = -2$?

  Ⓕ -2 Ⓖ 0 Ⓗ 10 Ⓘ 12

71. El rendimiento de gasolina del auto de Roy es en promedio 29 mi/gals. Roy comienza su viaje con la cantidad de gasolina que se muestra en el dibujo. Aproximadamente, ¿cuántos galones de gasolina le quedan al final del viaje?

  Ⓐ 6 gals.   Ⓒ 8 gals.

  Ⓑ 7 gals.   Ⓓ 9 gals.

Repaso mixto

Resuelve cada ecuación.   ◀ Ver la Lección 2-2.

72. $3y + 5 = -10$ **73.** $4x - 5 = 23$ **74.** $-3a + 21 = 9$

Nombra la propiedad representada en cada enunciado.   ◀ Ver la Lección 1-4.

75. $4 + (-4) = 0$ **76.** $(5 \cdot 6) \cdot 2 = 5 \cdot (6 \cdot 2)$ **77.** $7 \cdot 0 = 0$

¡Prepárate!   Antes de la Lección 2-4, haz los Ejercicios 78 a 80.

Simplifica cada expresión.   ◀ Ver la Lección 1-7.

78. $7y - 4y$ **79.** $4y - 7y$ **80.** $7y - 7y$

Más práctica del concepto

Usar con la Lección 2-4.

ACTIVIDAD

Representar ecuaciones que tienen variables a ambos lados

Las fichas de álgebra pueden resultarte útiles para entender cómo resolver ecuaciones que tienen variables a ambos lados.

Actividad

Representa y resuelve $3b - 4 = b + 2$.

Ecuación	Fichas de álgebra	Pasos
$3b - 4 = b + 2$	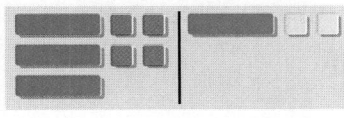	Usa fichas para representar la ecuación.
$3b - 4 - b = b + 2 - b$ $2b - 4 = 2$	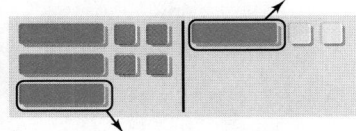	Despeja una ficha verde de cada lado de la ecuación para que las fichas verdes restantes queden de un lado.
$2b - 4 + 4 = 2 + 4$ $2b = 6$	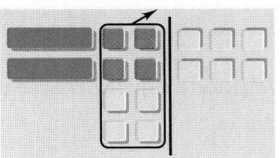	Agrega cuatro fichas amarillas a cada lado de la ecuación para formar pares cero que puedan despejarse.
$\dfrac{2b}{2} = \dfrac{6}{2}$		Observa que dos fichas verdes son iguales a seis fichas amarillas. Puedes dividir las fichas a cada lado de la ecuación en dos grupos idénticos, como muestra la figura.
$b = 3$		De esta manera, una ficha verde es igual a tres fichas amarillas. La solución de $3b - 4 = b + 2$ es $b = 3$. Para comprobarlo, puedes sustituir b por 3.

Ejercicios

Escribe la ecuación que representan las fichas de álgebra.

1.

2.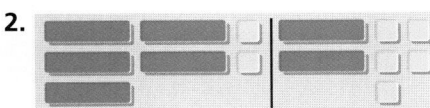

Usa fichas de álgebra para representar y resolver cada ecuación.

3. $3x - 5 = x + 3$ **4.** $6x - 4 = 3x + 2$ **5.** $5x - 3 = 3x + 1$ **6.** $4x + 4 = 1 + x$

2-4 Resolver ecuaciones que tienen variables a ambos lados

Objetivos Resolver ecuaciones que tienen variables a ambos lados.
Identificar ecuaciones que son identidades o que no tienen solución.

SOLVE IT!

¡Prepárate! ◄► ✕ ↻ ⬆

El diagrama da información sobre la población de dos ciudades. ¿En cuántos años las poblaciones de ambas ciudades serán iguales? ¿Cómo lo sabes?

Para resolver este problema podrías hacer una tabla, pero hay una forma más sencilla de hacerlo.

CIUDAD A
POBLACIÓN: 3225
Crecimiento anual:
100 habitantes por año

CIUDAD B
POBLACIÓN: 3300
Crecimiento anual:
75 habitantes por año

El problema de la actividad de *Solve It!* puede representarse como una ecuación que tiene variables a *ambos* lados.

Vocabulario de la lección
• identidad

Comprensión esencial Para resolver ecuaciones que tienen variables a ambos lados, puedes usar las propiedades de la igualdad y las operaciones inversas para escribir una serie de ecuaciones equivalentes más sencillas.

Planea

¿Cómo empiezas?
A ambos lados de la ecuación, hay términos variables. Decide qué término variable deberás sumar o restar para que la variable quede de un solo lado.

Problema 1 **Resolver una ecuación que tiene variables a ambos lados**

¿Cuál es la solución de $5x + 2 = 2x + 14$?

$$5x + 2 = 2x + 14$$

$5x + 2 - 2x = 2x + 14 - 2x$ Resta $2x$ a cada lado.

$3x + 2 = 14$ Simplifica.

$3x + 2 - 2 = 14 - 2$ Resta 2 a cada lado.

$3x = 12$ Simplifica.

$\dfrac{3x}{3} = \dfrac{12}{3}$ Divide cada lado por 3.

$x = 4$ Simplifica.

Comprueba $5x + 2 = 2x + 14$

$5(4) + 2 \stackrel{?}{=} 2(4) + 14$ Sustituye x por 4.

$22 = 22$ ✔   Simplifica. Se comprueba la solución.

Actividades dinámicas
Resolver ecuaciones

 ¿Comprendiste? **1. a.** ¿Cuál es la solución de $7k + 2 = 4k - 10$?

b. Razonamiento Resuelve la ecuación del Problema 1 restando $5x$ a cada lado, en vez de $2x$. Compara y contrasta tu solución con la del Problema 1.

 Problema 2 **Usar una ecuación que tiene variables a ambos lados**

Diseño gráfico Un diseñador gráfico dedica 1.5 horas para hacer una página de un sitio Web. Con un nuevo programa informático, el diseñador podría terminar cada página en 1.25 horas, pero dedica 8 horas para aprender a usar el programa. ¿Cuántas páginas Web tendría que hacer el diseñador para ahorrar tiempo usando el nuevo programa?

Lo que sabes
- Tiempo de diseño habitual: 1.5 horas por página
- Tiempo con el programa nuevo: 1.25 horas por página
- Tiempo para aprender el programa: 8 horas

Lo que necesitas
La cantidad de páginas que debe hacer el diseñador para ahorrar tiempo con el programa nuevo

Planea
Escribe una ecuación que represente la situación y resuélvela.

Piensa

¿Cómo te ayuda un modelo a escribir la ecuación?
El modelo muestra que el tiempo que dedica en el diseño habitual es igual al tiempo que dedica en el diseño nuevo más 8 horas que dedica para aprender el programa informático nuevo.

$1.5p$	
$1.25p$	8

Relacionar | Tiempo de diseño habitual | = | Tiempo con el programa nuevo | + | Tiempo para aprender el programa |

Definir Sea p = la cantidad de páginas que debe hacer el diseñador.

Escribir $\quad 1.5p \quad = \quad 1.25p \quad + \quad 8$

$$1.5p = 1.25p + 8$$
$$1.5p - 1.25p = 1.25p + 8 - 1.25p \qquad \text{Resta 1.25}p \text{ a cada lado.}$$
$$0.25p = 8 \qquad \text{Simplifica.}$$
$$\frac{0.25p}{0.25} = \frac{8}{0.25} \qquad \text{Divide cada lado por 0.25.}$$
$$p = 32 \qquad \text{Simplifica.}$$

El diseñador dedicará el mismo tiempo para hacer 32 páginas Web con cualquiera de los programas. Para ahorrar tiempo con el programa nuevo, el diseñador deberá hacer 33 páginas o más.

 ¿Comprendiste? **2.** El gerente de una oficina gastó $650 en la compra de una nueva fotocopiadora de bajo consumo, que reducirá la factura mensual de electricidad de la oficina de $112 a $88. ¿Cuántos meses se necesitarán para recuperar el dinero invertido en la fotocopiadora?

 Problema 3 **Resolver una ecuación con símbolos de agrupación**

¿Cómo empiezas?
En ambos lados de la ecuación, hay paréntesis. Por tanto, despeja los paréntesis usando la propiedad distributiva.

¿Cuál es la solución de $2(5x - 1) = 3(x + 11)$**?**

$$2(5x - 1) = 3(x + 11)$$

$10x - 2 = 3x + 33$	Propiedad distributiva
$10x - 2 - 3x = 3x + 33 - 3x$	Resta $3x$ a cada lado.
$7x - 2 = 33$	Simplifica.
$7x - 2 + 2 = 33 + 2$	Suma 2 a cada lado.
$7x = 35$	Simplifica.
$\dfrac{7x}{7} = \dfrac{35}{7}$	Divide cada lado por 7.
$x = 5$	Simplifica.

¿Comprendiste? **3.** ¿Cuál es la solución de cada ecuación?

   a. $4(2y + 1) = 2(y - 13)$ **b.** $7(4 - a) = 3(a - 4)$

Una ecuación que es verdadera para cada valor posible de la variable es una **identidad**. Por ejemplo, $x + 1 = x + 1$ es una identidad. Una ecuación no tiene solución si no existe un valor de la variable que haga que la ecuación sea verdadera. La ecuación $x + 1 = x + 2$ no tiene solución.

 Problema 4 **Identidades y ecuaciones que no tienen solución**

¿Cómo puedes saber cuántas soluciones tiene la ecuación?
Si cuando resuelves la ecuación despejas la variable, la ecuación es una identidad con un número infinito de soluciones o es una ecuación que no tiene solución.

¿Cuál es la solución de cada ecuación?

A $10x + 12 = 2(5x + 6)$

   $10x + 12 = 2(5x + 6)$

   $10x + 12 = 10x + 12$ Propiedad distributiva

Como $10x + 12 = 10x + 12$ siempre es verdadera, hay un número infinito de soluciones para la ecuación. La ecuación original es una identidad.

B $9m - 4 = -3m + 5 + 12m$

$9m - 4 = -3m + 5 + 12m$	
$9m - 4 = 9m + 5$	Combina los términos semejantes.
$9m - 4 - 9m = 9m + 5 - 9m$	Resta $9m$ a cada lado.
$-4 = 5$ ✗	Simplifica.

Como $-4 \neq 5$, la ecuación original no tiene solución.

¿Comprendiste? **4.** ¿Cuál es la solución de cada ecuación?

   a. $3(4b - 2) = -6 + 12b$ **b.** $2x + 7 = -1(3 - 2x)$

Cuando resuelves una ecuación, debes razonar para escoger propiedades de la igualdad que den como resultado ecuaciones equivalentes más sencillas hasta hallar una solución. Los siguientes pasos muestran una pauta general para resolver ecuaciones.

toma nota

Resumen del concepto   Resolver ecuaciones

Paso 1   Usa la propiedad distributiva para despejar los símbolos de agrupación. Usa las propiedades de la igualdad para quitar los decimales y las fracciones.

Paso 2   Combina los términos semejantes a cada lado de la ecuación.

Paso 3   Usa las propiedades de la igualdad para que los términos variables queden de un lado de la ecuación y los constantes, del otro lado.

Paso 4   Usa las propiedades de la igualdad para hallar la variable.

Paso 5   Comprueba tu solución en la ecuación original.

Comprobar la comprensión de la lección

¿CÓMO hacerlo?

Resuelve cada ecuación. Comprueba tu respuesta.

1. $3x + 4 = 5x - 10$

2. $5(y - 4) = 7(2y + 1)$

3. $2a + 3 = \frac{1}{2}(6 + 4a)$

4. $4x - 5 = 2(2x + 1)$

5. Impresiones   La imprenta Pristine imprime tarjetas comerciales por \$.10 cada una y cobra además \$15 en concepto de cargo inicial. La imprenta Printing Place ofrece tarjetas comerciales por \$.15 cada una y un cargo inicial de \$10. ¿Qué cantidad de tarjetas se pueden imprimir a un mismo precio en cualquiera de las dos imprentas?

¿Lo ENTIENDES?

Vocabulario   Empareja cada ecuación con el número correcto de soluciones.

6. $3y - 5 = y + 2y - 9$ **A.** Número infinito de soluciones.

7. $2y + 4 = 2(y + 2)$ **B.** Una solución.

8. $2y - 4 = 3y - 5$ **C.** No tiene solución.

9. Escribir   Cuando un estudiante estaba resolviendo una ecuación, observó que la variable se había despejado durante el proceso de resolución. ¿Cómo puede saber el estudiante si la ecuación es una identidad o es una ecuación que no tiene solución?

Ejercicios de práctica y resolución de problemas

A Práctica   Resuelve cada ecuación. Comprueba tu respuesta.   ◀ Ver el Problema 1.

10. $5x - 1 = x + 15$ **11.** $4p + 2 = 3p - 7$ **12.** $6m - 2 = 2m + 6$

13. $3 + 5q = 9 + 4q$ **14.** $8 - 2y = 3y - 2$ **15.** $3n - 5 = 7n + 11$

16. $2b + 4 = -18 - 9b$ **17.** $-3c - 12 = -5 + c$ **18.** $-n - 24 = 5 - n$

Escribe y resuelve una ecuación para cada situación. Comprueba tu solución.  Ver el Problema 2.

19. Arquitectura Un arquitecto está diseñando un invernadero rectangular. En una de las paredes hay un espacio de 7 pies para guardar cosas y 5 secciones para los distintos tipos de plantas. En la pared opuesta hay un espacio de 4 pies para guardar cosas y 6 secciones para las plantas. Todas las secciones para las plantas tienen el mismo largo. ¿Cuánto mide cada pared?

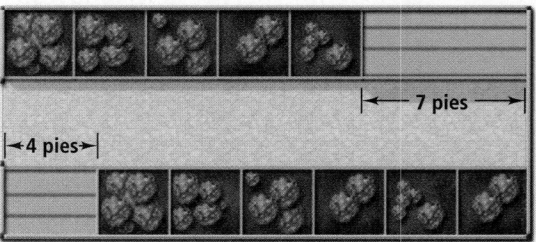

20. Negocios Una peluquera debe decidir dónde abrirá su negocio. Si escoge el Local A, pagará un alquiler mensual de $1200 y cobrará $45 por cada corte de cabello. Si escoge el Local B, pagará un alquiler mensual de $1800 y cobrará $60 por cada corte de cabello. ¿Cuántos cortes de cabello tendrá que hacer en un mes para obtener la misma ganancia en cualquiera de los locales?

Resuelve cada ecuación. Comprueba tu respuesta.  Ver el Problema 3.

21. $3(q - 5) = 2(q + 5)$　　　　　　　**22.** $8 - (3 + b) = b - 9$

23. $7(6 - 2a) = 5(-3a + 1)$　　　　　**24.** $(g + 4) - 3g = 1 + g$

25. $2r - (5 - r) = 13 + 2r$　　　　　　**26.** $5g + 4(-5 + 3g) = 1 - g$

Determina si cada ecuación es una *identidad* o si es una ecuación *sin solución*.  Ver el Problema 4.

27. $2(a - 4) = 4a - (2a + 4)$　　　　　**28.** $5y + 2 = \frac{1}{2}(10y + 4)$

29. $k - 3k = 6k + 5 - 8k$　　　　　　**30.** $2(2k - 1) = 4(k - 2)$

31. $-6a + 3 = -3(2a - 1)$　　　　　　**32.** $4 - d = -(d - 4)$

 **Aplicación**　**Resuelve cada ecuación. Si la ecuación es una identidad, escribe la palabra *identidad*. Si no tiene solución, escribe *sin solución*.**

33. $3.2 - 4d = 2.3d + 3$　　　　　　**34.** $3d + 4 = 2 + 3d - \frac{1}{2}$

35. $2.25(4x - 4) = -2 + 10x + 12$　　**36.** $3a + 1 = -3.6(a - 1)$

37. $\frac{1}{2}h + \frac{1}{3}(h - 6) = \frac{5}{6}h + 2$　　　　**38.** $0.5b + 4 = 2(b + 2)$

39. $-2(-c - 12) = -2c - 12$　　　　**40.** $3(m + 1.5) = 1.5(2m + 3)$

41. Viajes Supón que una familia viaja a un promedio de velocidad de 60 mi/h cuando van a visitar a unos parientes y luego, cuando regresan, viajan a un promedio de velocidad de 40 mi/h. El viaje de regreso dura 1 hora más que el viaje de ida.
　a. Sea d la distancia en millas que la familia recorre para visitar a sus parientes. ¿Cuántas horas tardan en llegar a destino?
　b. En términos de d, ¿cuántas horas tardan cuando regresan?
　c. Escribe una ecuación para determinar la distancia que viaja la familia para visitar a sus parientes y resuélvela. ¿Cuál es el promedio de velocidad de todo el viaje?

42. Pensar en un plan Todas las mañanas, el empleado de una tienda de comidas tiene que preparar varios pasteles y pelar una cubeta de papas. El lunes tardó 2 horas para preparar los pasteles y un promedio de 1.5 minutos para pelar cada papa. El martes, el empleado tardó el mismo tiempo para terminar el trabajo, pero tardó 2.5 horas en preparar los pasteles y un promedio de 1 minuto en pelar cada papa. Aproximadamente, ¿cuántas papas hay en la cubeta?
- ¿Qué cantidades conoces y cómo se relacionan entre sí?
- ¿Cómo puedes usar las cantidades conocidas y las desconocidas para escribir una ecuación que represente esta situación?

43. Analizar errores Describe el error que se cometió al resolver la ecuación $2x = 6x$ y corrígelo.

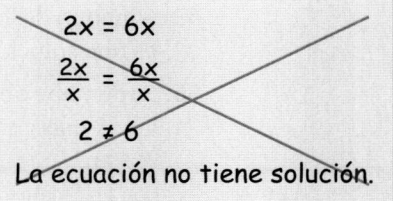

$2x = 6x$

$\dfrac{2x}{x} = \dfrac{6x}{x}$

$2 \neq 6$

La ecuación no tiene solución.

44. Esquiar Un esquiador trata de decidir si debe comprar o no un pase de esquí para la temporada. Un pase diario cuesta $67 y un pase para toda la temporada cuesta $350. Con cualquiera de los pases, el esquiador tendrá que alquilar esquíes a $25 por día. ¿Cuántos días deberá ir a esquiar para que el pase para toda la temporada le convenga más que los pases diarios?

45. Gimnasios Un gimnasio cobra $50 en concepto de inscripción y $65 mensuales. Otro gimnasio cobra $90 de inscripción y $45 mensuales. ¿Durante cuántos meses el costo de ambos gimnasios es igual?

46. Geometría El perímetro de los triángulos de abajo es igual. Halla las longitudes de los lados de cada triángulo.

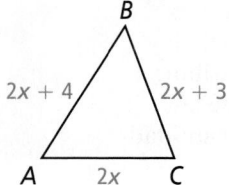
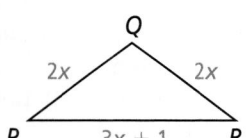

47. Negocios Una empresa pequeña que elabora jugos gasta $1200 por día en concepto de gastos del negocio y $1.10 por cada botella de jugo que elabora. La empresa cobra $2.50 por cada botella elaborada. ¿Cuántas botellas de jugo deberá vender la empresa por día para igualar sus gastos diarios?

48. Hoja de cálculo Para resolver la ecuación $7(x + 1) = 3(x - 1)$, diseñas una hoja de cálculo.
- **a.** ¿Muestra tu hoja de cálculo la solución de la ecuación?
- **b.** ¿Entre qué dos valores de x está la solución de la ecuación? ¿Cómo lo sabes?
- **c.** ¿Para qué valores de x de la hoja de cálculo es $7(x + 1)$ menor que $3(x - 1)$?

	A	B	C
1	x	$7(x + 1)$	$3(x - 1)$
2	−5	−28	−18
3	−3	−14	−12
4	−1	0	−6
5	1	14	0
6	3	28	6

49. Razonamiento Determina si los siguientes enunciados son verdaderos *siempre, a veces* o *nunca*.

    a. Una ecuación en la forma $ax + 1 = ax$ no tiene solución.

    b. Una ecuación con una variable tiene al menos una solución.

    c. Una ecuación en la forma $\frac{x}{a} = \frac{x}{b}$ tiene un número infinito de soluciones.

 **Desafío**   **Respuesta de desarrollo** **Escribe una ecuación que tenga variables a ambos lados, de modo que obtengas las soluciones dadas.**

50. $x = 5$ **51.** $x = 0$ **52.** x puede ser cualquier número.

53. Ninguno de los valores de x **54.** x es un número negativo.   **55.** x es una fracción.
es una solución.

56. Supón que tienes tres enteros consecutivos. El mayor de los tres enteros es dos veces más grande que la suma de los primeros dos. ¿Cuáles son los enteros?

Preparación para el examen estandarizado

SAT/ACT

57. ¿Cuál es la solución de $-2(3x - 4) = -2x + 2$?

     Ⓐ $-\frac{2}{3}$ Ⓑ $\frac{3}{2}$ Ⓒ 2   Ⓓ 24

58. Dos veces un número más tres es igual a la mitad de un número más 12. ¿Cuál es el número?

     Ⓕ 3.6   Ⓖ 6   Ⓗ 8   Ⓘ 10

59. El objetivo de Josie es correr 30 millas por semana. Esta semana ya corrió las distancias que muestra la tabla de la derecha. Quiere tomar un día de descanso y distribuir exactamente las millas restantes durante el resto de la semana. ¿Qué ecuación puede usar para hallar la cantidad de millas m que debe correr por día?

Millas por día						
Lun	Mar	Mié	Jue	Vie	Sáb	Dom
4	4.5	3.5	■	■	■	■

     Ⓐ $4 + 4.5 + 3.5 + 3m = 30$ Ⓒ $30 - (4 + 4.5 + 3.5) = m$

     Ⓑ $4 + 4.5 + 3.5 + 4m = 30$ Ⓓ $4 + 4.5 + 3.5 + m = 30$

Repaso mixto

Resuelve cada ecuación.   ◀ **Ver la Lección 2-3.**

60. $-2a + 5a - 4 = 11$ **61.** $6 = -3(x + 4)$ **62.** $3\left(c + \frac{1}{3}\right) = 4$

63. Un carpintero va a colocar una puerta y dos paneles laterales del mismo ancho en una abertura que tiene 3 m de ancho. La puerta medirá 1.2 m de ancho. ¿Qué ancho deberán tener los paneles laterales para que los dos paneles y la puerta completen perfectamente el espacio de la abertura?   ◀ **Ver la Lección 2-2.**

¡Prepárate!   **Antes de la Lección 2-5, haz los Ejercicios 64 a 66.**

Evalúa las expresiones para los valores dados de las variables.   ◀ **Ver la Lección 1-2.**

64. $n + 2m$; $m = 12, n = -2$ **65.** $3b \div c$; $b = 12, c = 4$ **66.** xy^2; $x = 2.8, y = 2$

Ecuaciones literales y fórmulas

Objetivo Volver a escribir y usar ecuaciones literales y fórmulas.

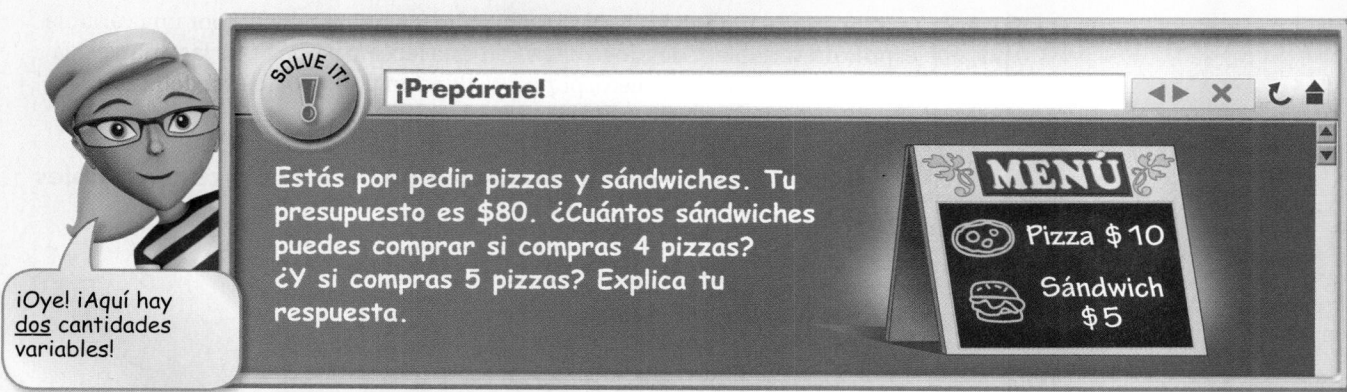

¡Prepárate!

Estás por pedir pizzas y sándwiches. Tu presupuesto es $80. ¿Cuántos sándwiches puedes comprar si compras 4 pizzas? ¿Y si compras 5 pizzas? Explica tu respuesta.

MENÚ
Pizza $10
Sándwich $5

¡Oye! ¡Aquí hay <u>dos</u> cantidades variables!

Actividades dinámicas
Resolver fórmulas para cualquier variable

Vocabulario de la lección
• ecuación literal
• fórmula

En esta lección, aprenderás a resolver problemas usando ecuaciones con más de una variable. Una **ecuación literal** es una ecuación que incluye dos o más variables.

Comprensión esencial Cuando trabajas con ecuaciones literales, puedes usar los métodos que aprendiste en este capítulo para aislar cualquier variable en particular.

Problema 1 **Volver a escribir una ecuación literal**

La actividad de *Solve It!* se representa con la ecuación $10x + 5y = 80$, donde x es la cantidad de pizzas y y es la cantidad de sándwiches. ¿Cuántos sándwiches puedes comprar si compras 3 pizzas? ¿Y si compras 6 pizzas?

Piensa

¿Por qué debes volver a escribir la ecuación?
Si vuelves a escribir la ecuación, debes aislar la y sólo una vez y luego sustituirla por x. Si primero sustituyes por x, debes aislar la y dos veces (una vez para cada valor de x).

Paso 1 Resuelve la ecuación $10x + 5y = 80$ para hallar el valor de y.

$$10x + 5y = 80$$
$$10x + 5y - 10x = 80 - 10x \quad \text{Resta } 10x \text{ a cada lado.}$$
$$5y = 80 - 10x \quad \text{Simplifica.}$$
$$\frac{5y}{5} = \frac{80 - 10x}{5} \quad \text{Divide cada lado por 5.}$$
$$y = 16 - 2x \quad \text{Simplifica.}$$

Paso 2 Usa la ecuación que volviste a escribir para hallar y cuando $x = 3$ y cuando $x = 6$.

$$y = 16 - 2x \qquad\qquad y = 16 - 2x$$
$$y = 16 - 2(3) \quad \text{Sustituye por } x. \quad y = 16 - 2(6)$$
$$y = 10 \qquad \text{Simplifica} \qquad y = 4$$

Si compras 3 pizzas, puedes comprar 10 sándwiches. Si compras 6 pizzas, puedes comprar 4 sándwiches.

¿Comprendiste? **1. a.** Resuelve la ecuación $4 = 2m - 5n$ para hallar m. ¿Cuáles son los valores de m cuando $n = -2, 0$ y 2?

b. Razonamiento Resuelve el Problema 1 sustituyendo $x = 3$ y $x = 6$ en la ecuación $10x + 5y = 80$ y luego halla el valor de y en cada caso. ¿Prefieres este método o el método que usaste en el Problema 1? Explica tu respuesta.

Al volver a escribir ecuaciones literales, es posible que tengas que dividir por una variable o por una expresión variable. Cuando lo hagas, en esta lección, supón que la variable o la expresión variable son distintas de cero, porque la división por cero no está definida.

 Problema 2 **Volver a escribir una ecuación literal sólo con variables**

Piensa

¿Cómo puedes resolver una ecuación literal para hallar una variable?
Cuando una ecuación literal contiene sólo variables, usa las variables que *no* estés hallando como constantes.

¿Qué ecuación obtienes cuando hallas el valor de x en $ax - bx = c$?

$$ax - bx = c$$

$$x(a - b) = c \qquad \text{Propiedad distributiva}$$

$$\frac{x(a - b)}{a - b} = \frac{c}{a - b} \qquad \text{Divide cada lado por } a - b, \text{ donde } a - b \neq 0.$$

$$x = \frac{c}{a - b} \qquad \text{Simplifica.}$$

 ¿Comprendiste? **2.** ¿Qué ecuación obtienes cuando hallas el valor de x en $-t = r + px$?

Una **fórmula** es una ecuación que plantea una relación entre cantidades. Las fórmulas son tipos especiales de ecuaciones literales. La tabla de abajo muestra algunas fórmulas comunes. Observa que en algunas de ellas se usan las mismas variables, pero las definiciones de las variables son diferentes.

Nombre de la fórmula	Fórmula	Definiciones de las variables
Perímetro del rectángulo	$P = 2\ell + 2a$	$P = $ perímetro, $\ell = $ longitud, $a = $ ancho
Circunferencia del círculo	$C = 2\pi r$	$C = $ circunferencia, $r = $ radio
Área del rectángulo	$A = \ell a$	$A = $ área, $\ell = $ longitud, $a = $ ancho
Área del triángulo	$A = \frac{1}{2}bh$	$A = $ área, $b = $ base, $h = $ altura
Área del círculo	$A = \pi r^2$	$A = $ área, $r = $ radio
Distancia recorrida	$d = vt$	$d = $ distancia, $v = $ velocidad, $t = $ tiempo
Temperatura	$C = \frac{5}{9}(F - 32)$	$C = $ grados Celsius, $F = $ grados Fahrenheit

Problema 3 **Volver a escribir una fórmula geométrica**

¿Cuál es el radio de un círculo cuya circunferencia es 64 pies? Redondea a la décima más cercana. Usa 3.14 para π.

$C = 2\pi r$ Escribe la fórmula apropiada.

$\dfrac{C}{2\pi} = \dfrac{2\pi r}{2\pi}$ Divide cada lado por 2π.

$\dfrac{C}{2\pi} = r$ Simplifica.

$\dfrac{64}{2\pi} = r$ Sustituye C por 64.

$10.2 \approx r$ Simplifica. Usa 3.14 para π.

El radio del círculo es aproximadamente 10.2 pies.

 ¿Comprendiste? **3.** ¿Cuál es la altura de un triángulo que tiene 24 pulgs.^{2} de área y 8 pulgs. de longitud de base?

Problema 4 **Volver a escribir una fórmula**

Biología La mariposa monarca es la única mariposa que migra todos los años hacia el Norte y hacia el Sur. La ilustración muestra la distancia que recorre un determinado grupo de mariposas monarca. Una mariposa tipo tarda alrededor de 120 días en recorrer parte de su trayecto en una dirección. ¿Qué promedio de velocidad en millas por día recorre una mariposa? Redondea a la milla por día más cercana.

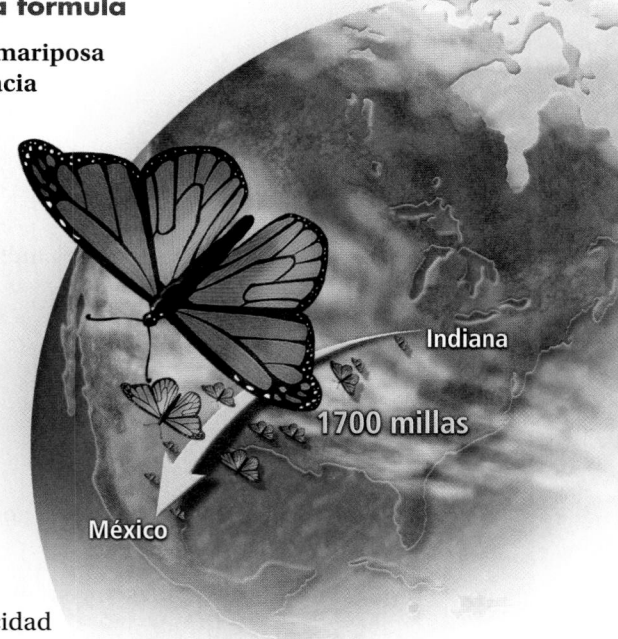

Indiana

1700 millas

México

$d = vt$ Escribe la fórmula apropiada.

$\dfrac{d}{t} = \dfrac{vt}{t}$ Divide cada lado por t.

$\dfrac{d}{t} = v$ Simplifica.

$\dfrac{1700}{120} = v$ Sustituye d por 1700 y t por 120.

$14 \approx v$ Simplifica.

Las mariposas viajan a un promedio de velocidad de alrededor de 14 millas por día.

 ¿Comprendiste? **4.** Todos los años, las ballenas grises del Pacífico migran desde las aguas cercanas a Alaska hasta las aguas de Baja California, en México, y luego regresan. Recorren una distancia de alrededor de 5000 millas en cada dirección, a un promedio de velocidad de 91 mi por día. ¿Alrededor de cuántos días tardan las ballenas en migrar en una dirección?

Comprobar la comprensión de la lección

¿CÓMO hacerlo?

Resuelve cada ecuación para hallar la variable indicada.

1. $-2x + 5y = 12$ para hallar y

2. $a - 2b = -10$ para hallar b

3. $mx + 2nx = p$ para hallar x

4. $C = \frac{5}{9}(F - 32)$ para hallar F

5. Jardinería Jonah está sembrando un jardín rectangular. El perímetro del jardín es 120 yd y su ancho es 20 yd. ¿Cuál es el largo del jardín?

¿Lo ENTIENDES?

Vocabulario Clasifica las siguientes ecuaciones como fórmula, ecuación literal o ambas.

6. $c = 2d$

7. $y = 2x - 1$

8. $A = \frac{1}{2}bh$

9. $P = 2\ell + 2a$

10. Comparar y contrastar ¿En qué se parecen el proceso de volver a escribir ecuaciones literales y el proceso de resolver ecuaciones con una variable? ¿En qué se diferencian?

Ejercicios de práctica y resolución de problemas

 **Práctica**

Resuelve cada ecuación para hallar el valor de y. Luego, halla el valor de y para cada valor de x.

🔊 **Ver el Problema 1.**

11. $y + 2x = 5$; $x = -1, 0, 3$

12. $2y + 4x = 8$; $x = -2, 1, 3$

13. $3x - 5y = 9$; $x = -1, 0, 1$

14. $4x = 3y - 7$; $x = 4, 5, 6$

15. $5x = -4y + 4$; $x = 1, 2, 3$

16. $2y + 7x = 4$; $x = 5, 10, 15$

17. $x - 4y = -4$; $x = -2, 4, 6$

18. $6x = 7 - 4y$; $x = -2, -1, 0$

Resuelve cada ecuación para hallar el valor de x.

🔊 **Ver el Problema 2.**

19. $mx + nx = p$

20. $ax - x = c$

21. $\frac{rx + sx}{t} = 1$

22. $y = \frac{x - v}{b}$

23. $S = C + xC$

24. $\frac{x}{a} = \frac{y}{b}$

25. $A = Bxt + C$

26. $4(x - b) = x$

27. $\frac{x + 2}{y - 1} = 2$

Resuelve cada problema. Si es necesario, redondea a la décima más cercana. Usa 3.14 para π.

🔊 **Ver el Problema 3.**

28. ¿Cuál es el radio de un círculo que tiene una circunferencia de 22 m?

29. ¿Cuál es la longitud de un rectángulo de 10 pulgs. de ancho y 45 pulgs.^{2} de área?

30. Un triángulo tiene 4 pies de altura y 32 pies^2 de área. ¿Cuánto mide la base?

31. El perímetro de un rectángulo mide 84 cm y la longitud mide 35 cm. ¿Cuánto mide el ancho?

32. Parques Un parque tiene forma de triángulo. El lado que forma la base del triángulo mide 200 yd de largo y el área del parque es 7500 yd^2. ¿Cuál es la longitud del lado del parque que forma la altura del triángulo?

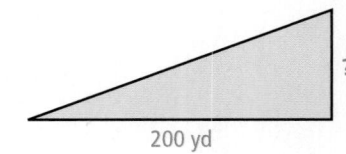

200 yd

Resuelve cada problema. Si es necesario, redondea a la décima más cercana.  **Ver el Problema 4.**

33. **Viajes** Un vehículo viaja en una carretera a una velocidad de 65 mi/h. ¿Cuánto tarda el vehículo en recorrer 25 mi?

34. **Béisbol** Para hallar el promedio de bateo p de un bateador que hace g golpes n veces al bate, se puede usar la fórmula $p = \frac{g}{n}$. Resuelve la fórmula para hallar g. Si un bateador tiene un promedio de bateo de .290 y ha estado al bate 300 veces, ¿cuántos golpes hizo el bateador?

35. **Construcción** Los albañiles usan la fórmula $n = 7\ell h$ para calcular el número n de ladrillos que se necesitan para construir una pared con una longitud ℓ y una altura h, donde ℓ y h se expresan en pies. Resuelve la fórmula para hallar el valor de h. Estima la altura de una pared de 28 pies de longitud, para la cual se necesitan 1568 ladrillos.

B Aplicación **Resuelve cada ecuación para hallar la variable indicada.**

36. $2m - nx = x + 4$ para hallar x 37. $\frac{x}{a} - 1 = \frac{y}{b}$ para hallar x 38. $ax + 2xy = 14$ para hallar y

39. $V = \frac{1}{3}\pi r^2 h$ para hallar h 40. $A = \left(\frac{f + g}{2}\right)h$ para hallar g 41. $2(x + a) = 4b$ para hallar a

42. **Pensar en un plan** Los ángulos internos de un polígono son los ángulos que forman dos lados adyacentes dentro del polígono. La suma L de las medidas de los ángulos internos de un polígono de n lados se halla usando la fórmula $L = 180(n - 2)$. La suma de los ángulos internos de un polígono es 1260°. ¿Cuántos lados tiene el polígono?
   - ¿Qué información se da en el problema?
   - ¿Qué variable necesitas hallar en la fórmula?

43. **Clima** Las nubes polares estratosféricas son nubes coloridas que se forman a temperaturas inferiores a los $-78\,°C$. ¿A cuántos grados Fahrenheit equivale esta temperatura?

44. **Ciencia** La energía E de un objeto en movimiento se llama *energía cinética*. Se calcula usando la fórmula $E = \frac{1}{2}mv^2$, donde m es la masa del objeto en kilogramos y v es la velocidad en metros por segundo. Las unidades de energía cinética son $\frac{\text{kilogramos} \cdot \text{metros}^2}{\text{segundo}^2}$ y se abrevia kg $\cdot$ m^2/s^2.
   a. Resuelve la fórmula dada para hallar m.
   b. ¿Cuál es la masa de un objeto que se mueve a 10 m/s con una energía cinética de 2500 kg $\cdot$ m^2/s^2?

Nubes polares estratosféricas

45. **Analizar errores** Describe el error que se cometió al hallar n en la ecuación literal que se encuentra a la derecha. Luego, corrige el error.

$$2m = -6n + 3$$
$$2m + 3 = -6n$$
$$\frac{2m + 3}{-6} = n$$

46. **Geometría** La fórmula para hallar el volumen de un cilindro es $V = \pi r^2 h$, donde r es el radio del cilindro y h es la altura. Resuelve la ecuación para hallar h. ¿Cuál es la altura de un cilindro que tiene un volumen de 502.4 cm^3 y un radio de 4 cm? Usa 3.14 para π.

47. **Densidad** La densidad de un objeto se calcula usando la fórmula $D = \frac{m}{V}$, donde m es la masa del objeto y V, su volumen. El oro tiene una densidad de 19.3 g/cm^3. ¿Cuál es el volumen de una cantidad de oro cuya masa es 96.5 g?

48. Respuesta de desarrollo Escribe una ecuación con tres variables. Resuelve la ecuación para hallar cada variable. Muestra todos tus pasos.

 **Desafío**

49. Área total A la derecha, se muestra un prisma rectangular de altura h que tiene bases cuadradas con longitud de lado ℓ.

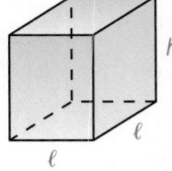

   a. Escribe una fórmula para hallar el área total $A.T.$ del prisma.

   b. Vuelve a escribir la fórmula dada para hallar h en términos de $A.T.$ y ℓ. Si ℓ mide 10 cm y $A.T.$ es 760 cm², ¿cuál es la altura del prisma?

   c. Escribir Supón que h es igual a ℓ. Escribe una fórmula para hallar $A.T.$ sólo en términos de ℓ.

50. Puntos medios Supón que un segmento de una recta numérica tiene extremos con las coordenadas a y b. La coordenada del punto medio m del segmento está dada por la fórmula $m = \frac{a+b}{2}$.

   a. Halla el punto medio de un segmento con extremos en 9.3 y 2.1.

   b. Vuelve a escribir la fórmula dada para hallar b en términos de a y m.

   c. El punto medio de un segmento se encuentra en 3.5. Uno de los extremos está en 8.9. Halla el otro extremo.

Preparación para el examen estandarizado

SAT/ACT

51. ¿Cuál es el valor de la expresión $-\frac{3}{4}m + 15$ cuando $m = 12$?

52. ¿Cuál es la solución de $9p + 6 - 3p = 45$?

53. La fórmula $F = \frac{n}{4} + 37$ relaciona el número de chirridos n que emite un grillo en 1 minuto cuando la temperatura exterior es F, expresada en grados Fahrenheit. ¿Cuántos chirridos emitirá un grillo en 1 min si la temperatura exterior es 60 °F?

Repaso mixto

Resuelve cada ecuación. Si la ecuación es una identidad, escribe la palabra *identidad*. Si no tiene solución, escribe *sin solución*.

◀ **Ver la Lección 2-4.**

54. $3x - 3 = x + 7$ **55.** $2b - 10 = -3b + 5$

56. $4 + 12a = -2(6 - 4a)$ **57.** $2(y - 4) = -4y + 10$

58. $4c - 10 = 2(2c - 5)$ **59.** $5 + 4p = 2(2p + 1)$

Evalúa cada expresión cuando $b = 3$ y $c = 7$.

◀ **Ver la Lección 1-2.**

60. bc^2 **61.** $b^2 - c^2$ **62.** $(3b)^2c$ **63.** $(b + c)^2$

¡Prepárate! Antes de la Lección 2-6, haz los Ejercicios 64 a 66.

Simplifica cada producto.

◀ **Ver la p. 792.**

64. $\frac{35}{25} \times \frac{30}{14}$ **65.** $\frac{99}{108} \times \frac{96}{55}$ **66.** $\frac{21}{81} \times \frac{63}{105}$

Hallar el perímetro, el área y el volumen

Para hallar el perímetro y el área de las figuras llamadas *figuras compuestas,* puedes usar fórmulas. Las figuras compuestas están formadas por dos o más figuras más sencillas.

Ejemplo 1

La figura compuesta de la derecha está formada por un rectángulo y un semicírculo. ¿Cuáles son el perímetro y el área de la figura? Usa 3.14 para π.

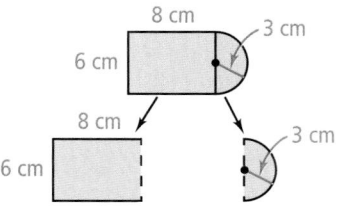

Paso 1 El perímetro P es la suma de las longitudes de los lados exteriores del rectángulo, más la mitad de la circunferencia del círculo. Para hallar el perímetro, suma estas medidas.

$$P = 8 + 6 + 8 + \left(\tfrac{1}{2} \cdot 2\pi(3)\right)$$
$$\approx 8 + 6 + 8 + \left(\tfrac{1}{2} \cdot 2(3.14)(3)\right)$$
$$= 31.42 \text{ cm}$$

Paso 2 El área total $A.T.$ es la suma del área A_r del rectángulo y el área A_s del semicírculo. Usa la fórmula apropiada para hallar el área de cada figura. Luego, súmalas para hallar el área total.

$$A_r = \ell a \qquad\qquad A_s = \tfrac{1}{2}\pi r^2$$
$$= 6 \cdot 8 \qquad\qquad \approx \tfrac{1}{2}(3.14)(3)^2$$
$$= 48 \text{ cm}^2 \qquad\qquad = 14.13 \text{ cm}^2$$

$$A.T. = A_r + A_s = 48 + 14.13 = 62.13 \text{ cm}^2$$

El perímetro es 31.42 cm. El área es 61.13 cm².

A la derecha, se muestran un prisma rectangular de longitud ℓ, ancho a y altura h, y un cilindro de radio r y altura h.

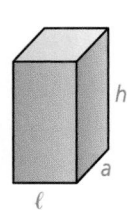
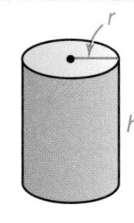

Para cada figura, el área total $A.T.$ es la suma del área de las dos bases y el área lateral.

Prisma: $A.T. = \dfrac{\text{área de las}}{\text{bases}} + \dfrac{\text{área}}{\text{lateral}}$ Cilindro: $A.T. = \dfrac{\text{área de las}}{\text{bases}} + \dfrac{\text{área}}{\text{lateral}}$

$$= 2\ell a + 2\ell h + 2ah \qquad\qquad\qquad = 2\pi r^2 + 2\pi rh$$

El volumen V de cada figura es el área de la base por la altura.

Prisma: $V = \text{área de la base} \times \textbf{altura}$ Cilindro: $V = \text{área de la base} \times \textbf{altura}$

$$= \ell ah \qquad\qquad\qquad\qquad\qquad = \pi r^2 \boldsymbol{h}$$

Ejemplo 2

¿Cuáles son el área total y el volumen de las figuras? Usa 3.14 para π.

Prisma

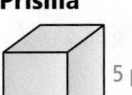

5 pulgs.
3 pulgs.
4 pulgs.

Cilindro

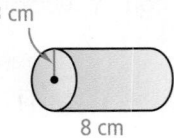

3 cm
8 cm

Paso 1 Para hallar el área total de cada figura, usa la fórmula apropiada. Sustituye. Luego, calcula.

$A.T. = 2\ell a + 2\ell h + 2ah$

$= 2(4 \cdot 3) + 2(4 \cdot 5) + 2(3 \cdot 5)$

$= 94$ pulgs.^{2}

El área total es 94 pulgs.^{2}.

$A.T. = 2\pi r^2 + 2\pi rh$

$\approx 2(3.14)(3)^2 + 2(3.14)(3)(8)$

$= 207.24$ cm^2

El área total es aproximadamente 207 cm^2.

Paso 2 Para hallar el volumen de cada figura, usa la fórmula apropiada. Sustituye. Luego, multiplica.

$V = \ell ah$

$= 4(3)(5)$

$= 60$ pulgs.^{3}

El volumen es 60 pulgs.^{3}.

$V = \pi r^2 h$

$\approx 3.14(3)^2(8)$

$= 226.08$ cm^3

El volumen es aproximadamente 226 cm^3.

Ejercicios

Halla el área y el perímetro de las siguientes figuras compuestas. Usa 3.14 para π. Redondea tu respuesta a la décima más cercana.

1.

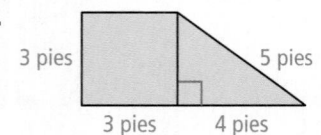

3 pies
5 pies
3 pies
4 pies

2.

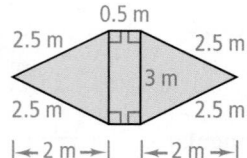

0.5 m
2.5 m
2.5 m
3 m
2.5 m
2.5 m
|← 2 m →| |← 2 m →|

3.

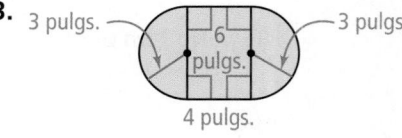

3 pulgs.
6 pulgs.
3 pulgs.
4 pulgs.

Halla el área total y el volumen de las siguientes figuras. Usa 3.14 para π. Redondea tu respuesta a la décima más cercana.

4.

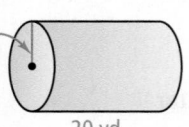

6 yd
20 yd

5.

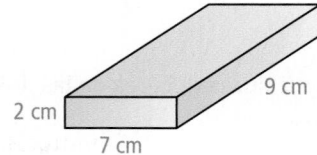

9 cm
2 cm
7 cm

6.

11 mm
11 mm
11 mm

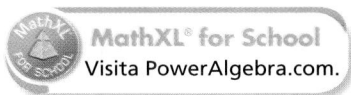

¿CÓMO hacerlo?

Resuelve cada ecuación. Comprueba tu respuesta.

1. $38 = 2a + 54$

2. $t + 18.1 = 23.9$

3. $18.9 = 2.1x$

4. $\frac{1}{2}(b - 3) = \frac{5}{2}$

Resuelve cada ecuación. Justifica tus pasos.

5. $9 - 3r = 14$

6. $3 = \frac{1}{2}b + 11$

Resuelve cada ecuación. Si la ecuación es una identidad, escribe la palabra *identidad*. Si no tiene solución, escribe *sin solución*.

7. $8(h - 1) = 6h + 4 + 2h$

8. $\frac{1}{7}(14 - 7p) - 2 = -2\left(\frac{1}{2}p + 3\right) + 6$

9. $\frac{c + 3}{5} = 15$

10. $\frac{2}{3}(x - 4) = \frac{1}{3}(2x - 6)$

11. $1.7m = 10.2$

12. $2 + \frac{1}{3}t = 1 + \frac{1}{4}t$

13. **Geometría** La fórmula para hallar el área de un triángulo es $A = \frac{1}{2}bh$. Resuelve la fórmula para hallar h. Un triángulo tiene 7 cm de base y 28 cm^2 de área. ¿Cuál es su altura?

14. **Menús** Una pizzería nueva va a imprimir nuevos menús. Cada menú tiene un costo de producción de $.50. Los dueños tienen un presupuesto total de $2500 para la impresión de los menús. ¿Cuántos menús puede imprimir la pizzería?

15. **Guitarras** Pagaste $600 para comprar una guitarra nueva. Tu guitarra costó $40 más que el doble de lo que costó la guitarra de tu amigo. ¿Cuánto costó la guitarra de tu amigo?

Define una variable y escribe una ecuación para cada situación. Luego, resuelve.

16. **Conciertos** Los boletos para un concierto cuestan $25 cada uno. Un estudiante universitario encargó algunos boletos por Internet. Pagó un cargo por servicio de $3 por boleto. El total fue $252. ¿Cuántos boletos encargó el estudiante?

17. **Gimnasios** Ser socio del gimnasio de montañismo Alpino cuesta $25 por mes más $125 en concepto de inscripción. Ser socio del gimnasio de montañismo Rocco cuesta $30 por mes más $50 de inscripción.

    a. ¿En cuántos meses se igualarán los costos de las membresías?

    b. Si sólo quisieras ser socio por un año, ¿qué gimnasio escogerías?

¿Lo ENTIENDES?

18. **Vocabulario** Completa la siguiente afirmación: Puedes usar la resta para cancelar la suma. La resta se conoce como la operación __?__ a la suma.

19. **Razonamiento** La ecuación $\frac{5}{x} = \frac{2}{x} + \frac{3}{x}$ es verdadera para todos los valores de x, cuando $x \neq 0$. ¿Es una identidad esta ecuación?

20. **Escribir** ¿Resolverías la ecuación $10 = 4(y - 1)$ usando la propiedad distributiva o dividiendo cada lado por 4? Explica tu respuesta.

21. **Razonamiento** Cuando un estudiante estaba resolviendo una ecuación, observó que la variable se había despejado durante el proceso de resolución. Llegó a la conclusión de que la ecuación debía ser una identidad. ¿Tiene razón? Explica tu respuesta.

22. **Razonamiento** Estás resolviendo la ecuación $0.02x - 0.004 = 0.028$. Tu primer paso consiste en multiplicar ambos lados por 1000 para quitar los decimales. Tu compañero comienza dividiendo ambos lados por 0.02. ¿Tiene alguna desventaja el método de tu compañero? Explica tu respuesta.

2-6 Razones, tasas y conversiones

Objetivos Hallar razones y tasas.
Convertir unidades y tasas.

SOLVE IT!

¡Prepárate!

Dos atletas olímpicos corren una carrera en los tiempos que se muestran abajo. ¿Quién es el atleta más veloz? ¿Cómo lo sabes?

¡Sí! Estamos comparando tiempos y distancias.

SALIDA   Atleta A: 800 m   META   116 s
SALIDA   Atleta B: 1500 m   META   338 s

Vocabulario de la lección
- razón
- tasa
- tasa por unidad
- factor de conversión
- análisis de unidades

Una **razón** compara dos números usando la división. La razón de dos números a y b, cuando $b \neq 0$, puede escribirse de tres maneras diferentes: $\frac{a}{b}$, $a : b$ y a a b. Por cada a unidades de una cantidad, existen b unidades de otra cantidad.

También puedes pensar en una razón como una relación multiplicativa. Por ejemplo, si la razón del número de niños al número de niñas en una clase es $2 : 1$, el número de niños es *dos veces* el número de niñas.

Una razón que compara cantidades medidas en diferentes unidades se llama **tasa**. Una tasa con 1 unidad en el denominador es una **tasa por unidad**. En la actividad de *Solve It!*, puedes expresar la velocidad de cada atleta como el número de metros recorridos por cada segundo de tiempo. Éste es un ejemplo de tasa por unidad

Comprensión esencial Puedes escribir razones y hallar tasas por unidad para comparar cantidades. También puedes convertir unidades y razones para resolver problemas.

Piensa

¿Cómo te ayuda la estimación?
Usa la estimación para *resolver un problema más sencillo*. Puedes usar la información dada para estimar las tasas por unidad. Las estimaciones pueden ayudarte a hallar la solución.

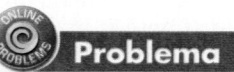

Problema 1 Comparar tasas por unidad

Ir de compras Vas a comprar camisetas. ¿Qué tienda tiene la mejor oferta?
Tienda A: 2 camisetas por $25   Tienda B: 4 camisetas por $45   Tienda C: 3 camisetas por $30

Escribe cada precio como una razón. Luego, escribe la razón como una tasa por unidad para compararlas.

Tienda A	**Tienda B**	**Tienda C**
$\dfrac{\$25}{2 \text{ camisetas}} = \dfrac{\$12.50}{1 \text{ camiseta}}$	$\dfrac{\$45}{4 \text{ camisetas}} = \dfrac{\$11.25}{1 \text{ camiseta}}$	$\dfrac{\$30}{3 \text{ camisetas}} = \dfrac{\$10}{1 \text{ camiseta}}$

La Tienda C tiene la mejor oferta de camisetas porque su tasa por unidad es la más baja.

¿Comprendiste? 1. Si la Tienda B rebaja a $42 el precio por 4 camisetas, ¿cambia la solución al Problema 1? Explica tu respuesta.

Para convertir de una unidad a otra, por ejemplo para convertir de pies a pulgadas, debes multiplicar la unidad original por un *factor de conversión* que dé como resultado la unidad elegida. Un **factor de conversión** es una razón de dos medidas equivalentes en unidades diferentes. Un factor de conversión siempre es igual a 1, por ejemplo $\frac{1 \text{ pie}}{12 \text{ pulgs.}}$. Consulta la tabla de la página 723, donde encontrarás algunas unidades de medidas usuales equivalentes.

 Problema 2 Convertir unidades

¿Cuál es la cantidad dada convertida a las unidades que se indican?

Escoge y multiplica por el factor de conversión apropiado. El factor apropiado te permitirá dividir y eliminar las unidades que tienen en común y luego simplificar.

Planea

¿Cómo escoges el factor de conversión?
Escribe un factor de conversión que tenga las unidades elegidas en el numerador y las unidades originales en el denominador.

A 330 min; horas

$330 \text{ min} \cdot \dfrac{1 \text{ h}}{60 \text{ min}}$

$= 330 \text{ min} \cdot \dfrac{1 \text{ h}}{60 \text{ min}}$

$= 5.5 \text{ h}$

← Escoge un factor de conversión. →

← Divide y elimina las unidades en común. →

← Simplifica. →

B 15 kg; gramos

$15 \text{ kg} \cdot \dfrac{1000 \text{ g}}{1 \text{ kg}}$

$= 15 \text{ kg} \cdot \dfrac{1000 \text{ g}}{1 \text{ kg}}$

$= 15{,}000 \text{ g}$

C 5 pie 3 pulgs.; pulgadas

$5 \text{ pies } 3 \text{ pulgs.} = 5 \text{ pies} + 3 \text{ pulgs.}$

$= 5 \text{ pies} \cdot \dfrac{12 \text{ pulgs.}}{1 \text{ pies}} + 3 \text{ pulgs.}$

$= 60 \text{ pulgs.} + 3 \text{ pulgs.} = 63 \text{ pulgs.}$

 ¿Comprendiste? 2. ¿Cuánto es 1250 cm convertidos a metros?

Observa que en el Problema 2 se incluyen las unidades para cada cantidad en los cálculos para determinar las unidades de las respuestas. Este proceso se llama **análisis de unidades** o *análisis dimensional*.

Problema 3 Convertir unidades entre sistemas

Arquitectura La Torre CN que se encuentra en Toronto, Canadá, mide aproximadamente 1815 pies de altura. Aproximadamente, ¿cuántos metros de altura mide la torre? Usa este dato: 1 m ≈ 3.28 pies.

Planea

¿Cómo conviertes las unidades?
Escribe el factor de conversión de manera que las unidades originales se dividan y se eliminen, y sólo queden las unidades elegidas.

Multiplica por el factor de conversión apropiado y luego divide y elimina las unidades en común.

$1815 \text{ pies} \cdot \dfrac{1 \text{ m}}{3.28 \text{ pies}} = 1815 \text{ pies} \cdot \dfrac{1 \text{ m}}{3.28 \text{ pies}} \approx 553 \text{ m}$

La Torre CN mide aproximadamente 553 m de altura.

Comprueba Redondea 1815 a 1800 y 3.28 a 3. Luego, divide 1800 por 3. $1800 \div 3 = 600$ y 600 está cerca de 553. Por tanto, 553 m es una respuesta razonable.

¿Comprendiste? 3. a. Un edificio mide 1450 pies de altura. ¿Cuál es su altura en metros? Usa este dato: 1 m ≈ 3.28 pies.

b. Las tasas de cambio de las monedas se modifican a diario. En un determinado día, la tasa de cambio de dólares a euros era aproximadamente 1 dólar = 0.63 euros. Aproximadamente, ¿cuántos euros habrías recibido ese día si hubieras cambiado $325?

También se pueden convertir tasas. Por ejemplo, puedes convertir una velocidad en millas por hora a pies por segundo. Como las tasas comparan medidas en dos unidades diferentes, debes multiplicar por dos factores de conversión para cambiar las dos unidades.

 Problema 4 **Convertir tasas**

Un estudiante corrió 50 yd en 5.8 s. ¿A qué velocidad corrió el estudiante en millas por hora? Redondea tu respuesta a la décima más cercana.

Lo que sabes
La velocidad a la que corrió en yardas por segundo

Lo que necesitas
La velocidad a la que corrió en millas por hora

Planea
Escribe la velocidad como una razón. Escoge factores de conversión para dividir y eliminar las unidades originales (yardas y segundos) de manera que te queden las unidades que necesitas (millas y horas).

$$\frac{50 \text{ yd}}{5.8 \text{ s}} \cdot \frac{1 \text{ mi}}{1760 \text{ yd}} \cdot \frac{3600 \text{ s}}{1 \text{ h}}$$ Usa factores de conversión apropiados.

Este factor de conversión cancela las yardas y deja las millas.

Este factor de conversión cancela los segundos y deja las horas.

$$= \frac{50 \text{ yd}}{5.8 \text{ s}} \cdot \frac{1 \text{ mi}}{1760 \text{ yd}} \cdot \frac{3600 \text{ s}}{1 \text{ h}}$$ Divide las unidades en común.

$$= \frac{180,000 \text{ mi}}{10,208 \text{ h}} \approx 17.6 \text{ mi/h}$$ Simplifica.

El estudiante corrió a una velocidad aproximada de 17.6 mi/h.

 ¿Comprendiste? 4. a. Un atleta corrió una carrera de 100 pies en 3.1 s. ¿A qué velocidad corrió el atleta en millas por hora? Redondea a la milla por hora más cercana.

b. Razonamiento En el Problema 4, un estudiante multiplicó por los factores de conversión $\frac{1 \text{ mi}}{1760 \text{ yd}}$, $\frac{60 \text{ s}}{1 \text{ min}}$ y $\frac{60 \text{ min}}{1 \text{ h}}$ para hallar la velocidad. ¿Podría servir este método? Explica tu respuesta.

Comprobar la comprensión de la lección

¿CÓMO hacerlo?

1. ¿Qué oferta es mejor: 6 roscas por $3.29 u 8 roscas por $4.15?

2. ¿Cuánto es 7 lb 4 oz convertidas a onzas?

3. ¿Cuál es más largo: 12 m o 13 yd?

4. Un carro viaja a 55 mi/h. ¿Cuál es la velocidad del carro en pies por segundo?

¿Lo ENTIENDES?

Vocabulario Indica si las tasas son tasas por unidad.

5. 20 mi por cada 3 h

6. 2 dólares por día

7. **Razonamiento** Multiplicar por un factor de conversión, ¿cambia la cantidad de lo que se mide? ¿Cómo lo sabes?

8. **Razonamiento** Si conviertes libras a onzas, ¿el número de onzas será mayor o menor que el número de libras? Explica tu respuesta.

Ejercicios de práctica y resolución de problemas

A Práctica

9. **Correr** Trisha corrió 10 km en 2.5 h. Jason corrió 7.5 km en 2 h. Olga corrió 9.5 km en 2.25 h. ¿Quién obtuvo el mayor promedio de velocidad?

◀ Ver el Problema 1.

10. **Población** La ciudad de Bellingham, Washington, tiene un área de 25.4 mi² y en un determinado año cuenta con una población de 74,547 habitantes. La ciudad de Bakersfield, California, tiene un área de 113.1 mi² y ese mismo año cuenta con una población de 295,536 habitantes. ¿Qué ciudad cuenta con un mayor número de habitantes por milla cuadrada?

Convierte las cantidades dadas a las unidades que se indican.

◀ Ver los Problemas 2 y 3.

11. 63 yd; pies
12. 168 h; días
13. 2.5 lb; onzas

14. 200 cm; metros
15. 4 min; segundos
16. 1500 mL; litros

17. 9 yd; metros
18. 5 kg; libras
19. 79 dólares; centavos

20. 3 ctos.; litros
21. 89 cm; pulgadas
22. 2 pies; centímetros

23. **Mantenimiento** El conserje de una escuela encontró una pérdida en un caño. Calculó que el caño perdía agua a una tasa de 4 oz líq. por minuto. ¿Cuánto perdía el caño en galones por hora?

◀ Ver el Problema 4.

24. **Ir de compras** El Sr. Swanson compró un paquete con 10 rasuradoras desechables por $6.30. Cada rasuradora le duró una semana. ¿Cuál fue el costo por día?

B Aplicación Copia y completa cada enunciado.

25. 7 pies 3 pulgs. = ■ pulgs.
26. 2.2 kg = ■ lb

27. 2.5 h = ■ min
28. 2 ctos./min = ■ gals./s

29. 75 centavos/h = ■ dólares/día
30. 60 pies/s = ■ km/h

Escoge un método Escoge entre papel y lápiz, el cálculo mental o una calculadora e indica qué medida es mayor.

31. 640 pies; 0.5 mi   **32.** 63 pulgs.; 125 cm   **33.** 75 g; 5 oz

34. Pensar en un plan Un estudiante universitario piensa suscribirse a una red social de Internet. Según la página de Internet, la suscripción cuesta "sólo 87 centavos por día". ¿Cuánto cuesta la membresía anual en dólares?
- ¿Cuántos factores de conversión deberás usar para resolver el problema?
- ¿Cómo escoges los factores de conversión apropiados?

35. Recetas Según la Receta A, para preparar 5 panecillos se necesita 1t de harina. Según la Receta B, para preparar 24 panecillos se necesitan $7\frac{1}{2}$ t de harina. Según la Receta C, para preparar 45 panecillos se necesitan 10 t de harina. ¿En qué receta se usa más cantidad de harina por panecillo?

36. Analizar errores Halla el error en la siguiente conversión. Explícalo y convierte las unidades correctamente.

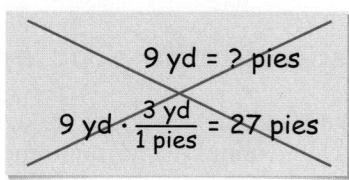

$$9 \text{ yd} = 2 \text{ pies}$$
$$9 \text{ yd} \cdot \frac{3 \text{ yd}}{1 \text{ pies}} = 27 \text{ pies}$$

37. Escribir Supón que quieres convertir kilómetros a millas. ¿Qué unidad deberías escribir en el numerador del factor de conversión? ¿Qué unidad deberías escribir en el denominador? Explica cómo lo sabes.

38. Razonamiento Determina, sin hacer la conversión, si el número de unidades nuevas será mayor o menor que el número de unidades originales.
- **a.** 3 min 20 s se convierten a segundos
- **b.** 23 cm se convierten a pulgadas
- **c.** kilómetros por hora se convierten a millas por hora

39. Tasas de cambio La siguiente tabla muestra algunas tasas de cambio en un determinado día. Si un suéter cuesta $39.95 dólares estadounidenses, ¿cuál será su precio en rupias y en libras?

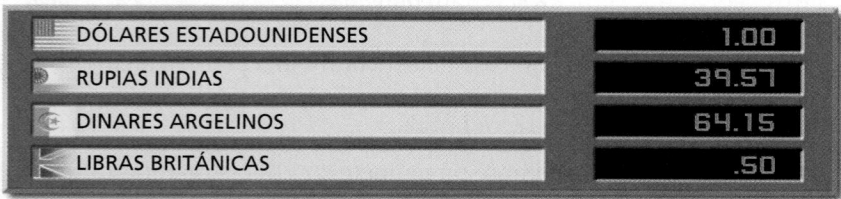

DÓLARES ESTADOUNIDENSES	1.00
RUPIAS INDIAS	39.57
DINARES ARGELINOS	64.15
LIBRAS BRITÁNICAS	.50

40. Estimación Cinco mi equivalen aproximadamente a 8 km. Calcula mentalmente para estimar la distancia en kilómetros a una ciudad que se encuentra a 30 mi de distancia.

41. Razonamiento Una carpintera está construyendo un mueble para audio y video, y está calculando el espacio que debe dejar para colocar la televisión. Quiere dejar aproximadamente un pie de espacio libre a cada lado de la televisión. ¿Qué sería mejor: medir el tamaño exacto de la televisión o estimar su tamaño a la pulgada más cercana? Explica tu respuesta.

42. Razonamiento Un viajero cambió $300 a euros para ir a Alemania, pero el viaje se suspendió. Al cabo de tres meses, el viajero cambió los euros a dólares. ¿Crees que le dieron exactamente $300? Explica tu respuesta.

 **Desafío**

43. Medición Dietrich traza en el pizarrón una recta cuya longitud está dada por la expresión 1 mm + 1 cm + 1 pulg. + 1 pie + 1 yd + 1 m. ¿Cuál es la longitud de la recta en milímetros?

44. Medidas al cuadrado En 1 pulg. hay 2.54 cm.

    a. ¿Cuántos centímetros cuadrados hay en 1 pulg.^{2}? Da tu respuesta a la centésima de centímetro cuadrado más cercana.

    b. ¿Cuántas pulgadas cuadradas hay en 129 cm^2?

Preparación para el examen estandarizado

SAT/ACT

45. La mayoría de los mamíferos respira 1 vez por cada 4 veces que late su corazón. El corazón de un perro grande late aproximadamente 180 veces por minuto. Aproximadamente, ¿cuántas veces respira el perro por minuto?

    Ⓐ 40   Ⓑ 45   Ⓒ 90   Ⓓ 720

46. ¿Qué ecuación describe mejor la relación que se muestra en la tabla?

x	-2	-1	0	1	2
y	-4	-2	0	2	4

    Ⓕ $y = x - 2$ Ⓖ $y = x - 1$ Ⓗ $y = x$ Ⓘ $y = 2x$

47. ¿Qué expresión es equivalente a $-2(3x - 4) - (-2x + 1)$?

    Ⓐ $-4x - 7$ Ⓑ $-4x - 5$ Ⓒ $-4x + 7$ Ⓓ $-4x + 9$

Repaso mixto

48. ¿Cuál es la altura de un triángulo que tiene un área de 30 cm^2 y una longitud de base de 12 cm?

    ◀ **Ver la Lección 2-5.**

49. ¿Cuál es el diámetro de un círculo que tiene una circunferencia de 47.1 pulgs.? Usa 3.14 para π.

Resuelve las ecuaciones. Comprueba tu respuesta.

    ◀ **Ver la Lección 2-3.**

50. $2y + 0.5y + 4.5 = 17$ **51.** $-\frac{2}{3}x - 8 = -12$

52. $-4.8 = -4(2.4d)$ **53.** $\frac{3a + 1}{5} = 2$

¡Prepárate! Antes de la Lección 2-7, haz los Ejercicios 54 a 57.

Simplifica las expresiones. Justifica cada paso.

    ◀ **Ver la Lección 1-4.**

54. $\frac{27x}{x}$ **55.** $\frac{b}{112b}$ **56.** $\frac{20mn}{n}$ **57.** $\frac{2xy}{7x}$

2-7 Resolver proporciones

Objetivo Resolver y aplicar proporciones.

SOLVE IT!

¡Prepárate!

Para armar collares de cuentas debes seguir un patrón en el cual hay 2 cuentas rojas grandes seguidas de 3 cuentas azules pequeñas. Por cada grupo de 5 cuentas, el collar se alarga $1\frac{1}{4}$ pulgs. ¿Cuántas cuentas de cada color necesitarás para armar un collar de 20 pulgs.? Explica tu respuesta.

Usaste razones para comparar. En este problema encontrarás razones <u>equivalentes</u>.

En la actividad de *Solve It!,* el número de cuentas rojas y de cuentas azules son cantidades que mantienen una relación proporcional. Esto significa que la razón de las cantidades es constante aunque las cantidades cambian. Por ejemplo, a medida que haces el collar, tendrás 2 cuentas rojas y 3 azules, luego 4 cuentas rojas y 6 azules, después 6 cuentas rojas y 9 azules y así sucesivamente. En cada etapa, la razón de cuentas rojas a cuentas azules se mantiene constante: 2 : 3.

Vocabulario de la lección
- proporción
- productos cruzados
- propiedad de los productos cruzados

Una relación proporcional puede producir un número infinito de razones equivalentes. Para escribir una proporción pueden usarse dos relaciones proporcionales cualesquiera. Una **proporción** es una ecuación que establece que dos razones son iguales. Por ejemplo, $\frac{a}{b} = \frac{c}{d}$, donde $b \neq 0$ y $d \neq 0$, es una proporción. Se lee "a es a b como c es a d".

Comprensión esencial Si dos razones son iguales y una de las cantidades de una de las razones es una incógnita, puedes escribir y resolver la proporción para hallar la cantidad desconocida.

Piensa

¿Cómo se relaciona este problema con otros que resolviste anteriormente?
Resolver esta proporción es como resolver una ecuación de un paso usando una multiplicación. Para aislar m simplemente se debe multiplicar por 12.

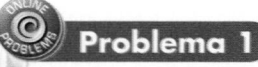

Problema 1 **Resolver una proporción usando la propiedad multiplicativa**

¿Cuál es la solución de la proporción $\frac{7}{8} = \frac{m}{12}$?

$$\frac{7}{8} = \frac{m}{12}$$

$$12 \cdot \frac{7}{8} = 12 \cdot \frac{m}{12} \qquad \text{Multiplica cada lado por 12.}$$

$$\frac{84}{8} = m \qquad \text{Simplifica.}$$

$$10.5 = m \qquad \text{Divide.}$$

¿Comprendiste? 1. ¿Cuál es la solución de la proporción $\frac{x}{7} = \frac{4}{5}$?

En la proporción $\frac{a}{b} = \frac{c}{d}$, los productos de ad y bc se llaman **productos cruzados**. Puedes usar la siguiente propiedad de los productos cruzados para resolver proporciones.

toma nota

Propiedad   Propiedad de los productos cruzados de una proporción

En palabras Los productos cruzados de una proporción son iguales.

Álgebra Si $\frac{a}{b} = \frac{c}{d}$, donde $b \neq 0$ y $d \neq 0$, entonces $ad = bc$.

Ejemplo $\frac{3}{4} = \frac{9}{12}$; por tanto, $3(12) = 4(9)$, ó $36 = 36$.

Por qué funciona Puedes usar la propiedad multiplicativa de la igualdad para demostrar la propiedad de los productos cruzados.

$\frac{a}{b} = \frac{c}{d}$ Supón que esta ecuación es verdadera.

$bd \cdot \frac{a}{b} = bd \cdot \frac{c}{d}$ Propiedad multiplicativa de la igualdad

$bd \cdot \frac{a}{b} = bd \cdot \frac{c}{d}$ Divide los factores comunes.

$da = bc$ Simplifica.

$ad = bc$ Propiedad conmutativa de la multiplicación

En esta proporción, a y d son los *extremos* de la proporción y b y c son las *medias*. Observa que en la propiedad de los productos cruzados, el producto de las medias es igual al producto de los extremos.

Problema 2   **Resolver una proporción usando la propiedad de los productos cruzados**

Piensa

¿Qué propiedad debes usar?
Cuando la variable está en el denominador, es más fácil usar la propiedad de los productos cruzados. Si usas la propiedad multiplicativa, debes multiplicar cada lado por $3x$.

¿Cuál es la solución de la proporción $\frac{4}{3} = \frac{8}{x}$?

$\frac{4}{3} = \frac{8}{x}$

$4x = 3(8)$ Propiedad de los productos cruzados

$4x = 24$ Multiplica.

$x = 6$ Divide cada lado por 4 y simplifica.

¿Comprendiste? 2. a. ¿Cuál es la solución de la proporción $\frac{y}{3} = \frac{3}{5}$?

b. Razonamiento Para resolver $\frac{3}{5} = \frac{13}{b}$, ¿usarías la propiedad de los productos cruzados o la propiedad multiplicativa de la igualdad? Explica tu respuesta.

Problema 3 **Resolver una proporción de varios pasos**

ONLINE PROBLEMS

Piensa

¿En qué se diferencia esta proporción de otras que hayas visto?
Esta proporción parece ser más compleja, pero la propiedad de los productos cruzados es verdadera para *cualquier* proporción. Cuando apliques la multiplicación cruzada, usa cada numerador como una sola variable.

¿Cuál es la solución de la proporción $\frac{b-8}{5} = \frac{b+3}{4}$?

$$\frac{b-8}{5} = \frac{b+3}{4}$$

$4(b-8) = 5(b+3)$	Propiedad de los productos cruzados
$4b - 32 = 5b + 15$	Propiedad distributiva
$4b - 32 - 4b = 5b + 15 - 4b$	Resta $4b$ de cada lado.
$-32 = b + 15$	Simplifica.
$-47 = b$	Resta 15 de cada lado y simplifica.

 ¿Comprendiste? **3.** ¿Cuál es la solución de la proporción $\frac{n}{5} = \frac{2n+4}{6}$?

Cuando representas una situación de la vida diaria mediante una proporción, debes escribirla detenidamente. Escribe la proporción de modo que los numeradores tengan las mismas unidades y los denominadores también.

Correcto: $\frac{100 \text{ mi}}{2 \text{ h}} = \frac{x \text{ mi}}{5 \text{ h}}$ **Incorrecto:** $\frac{100 \text{ mi}}{2 \text{ h}} = \frac{5 \text{ h}}{x \text{ mi}}$

 Problema 4 **Usar una proporción para resolver un problema**

ONLINE PROBLEMS

Música Un reproductor tiene una capacidad de 2 gigabytes y puede almacenar aproximadamente 500 canciones. Otro reproductor similar, pero más grande, tiene 80 gigabytes de capacidad. Aproximadamente, ¿cuántas canciones puede almacenar el reproductor más grande?

Lo que sabes
- El reproductor más pequeño tiene 2 gigabytes y puede almacenar 500 canciones.
- El reproductor más grande tiene 80 gigabytes.

Lo que necesitas
La cantidad de canciones que puede almacenar el reproductor más grande

Planea
Escribe una proporción para representar la situación. Plantea la proporción de modo que los numeradores tengan las mismas unidades y los denominadores también. Luego resuelve la proporción.

Piensa

¿Hay una sola manera de escribir una proporción?
No. Puedes escribir otras proporciones para resolver el problema. Por ejemplo, la proporción:
$\frac{2 \text{ gigabytes}}{80 \text{ gigabytes}} = \frac{500 \text{ canciones}}{c \text{ canciones}}$
también resuelve el problema.

$\frac{2 \text{ gigabytes}}{500 \text{ canciones}} = \frac{80 \text{ gigabytes}}{c \text{ canciones}}$	Escribe una proporción.
$2c = 500(80)$	Propiedad de los productos cruzados
$2c = 40{,}000$	Multiplica.
$c = 20{,}000$	Divide cada lado por 2 y simplifica.

El reproductor más grande puede almacenar 20,000 canciones.

 ¿Comprendiste? **4.** Una lata de 8 oz de jugo de naranja contiene aproximadamente 97 mg de vitamina C. Aproximadamente, ¿cuántos miligramos de vitamina C contiene una lata de 12 oz de jugo de naranja?

Comprobar la comprensión de la lección

¿CÓMO hacerlo?

Resuelve cada proporción.

1. $\frac{b}{6} = \frac{4}{5}$

2. $\frac{5}{9} = \frac{15}{x}$

3. $\frac{w+3}{4} = \frac{w}{2}$

4. $\frac{3}{x+1} = \frac{1}{2}$

5. Música En un estudio de grabación, una banda grabó 4 canciones en 3 h. ¿Cuánto tiempo tardaría la banda en grabar 9 canciones al mismo ritmo de grabación?

¿Lo ENTIENDES?

Vocabulario Usa la proporción $\frac{m}{n} = \frac{p}{q}$. Identifica:

6. los extremos

7. las medias

8. los productos cruzados

9. Razonamiento El primer paso que escribió Elisa para resolver $\frac{x}{5} = \frac{3}{4}$ fue $4x = 5(3)$. El primer paso que escribió Jen fue $20\left(\frac{x}{5}\right) = 20\left(\frac{3}{4}\right)$. ¿Funcionarán los dos métodos? Explica tu respuesta.

Ejercicios de práctica y resolución de problemas

 **Práctica**

Resuelve cada proporción usando la propiedad multiplicativa de la igualdad. 🔹 **Ver el Problema 1.**

10. $\frac{q}{8} = \frac{4}{5}$

11. $\frac{-3}{4} = \frac{x}{26}$

12. $\frac{3}{4} = \frac{x}{5}$

13. $\frac{m}{7} = \frac{3}{5}$

14. $\frac{3}{16} = \frac{x}{12}$

15. $\frac{9}{2} = \frac{k}{25}$

16. $\frac{x}{120} = \frac{1}{24}$

17. $\frac{2}{15} = \frac{h}{125}$

Resuelve cada proporción usando la propiedad de los productos cruzados. 🔹 **Ver el Problema 2.**

18. $\frac{3}{v} = \frac{8}{13}$

19. $\frac{15}{a} = \frac{3}{2}$

20. $\frac{3}{8} = \frac{30}{m}$

21. $\frac{2}{7} = \frac{4}{d}$

22. $\frac{-9}{b} = \frac{5}{6}$

23. $\frac{8}{p} = \frac{3}{10}$

24. $\frac{-3}{4} = \frac{m}{22}$

25. $\frac{2}{-5} = \frac{6}{t}$

Resuelve cada proporción usando cualquier método. 🔹 **Ver el Problema 3.**

26. $\frac{a-2}{9} = \frac{2}{3}$

27. $\frac{b+4}{5} = \frac{7}{4}$

28. $\frac{3}{7} = \frac{c+4}{35}$

29. $\frac{2c}{11} = \frac{c-3}{4}$

30. $\frac{7}{k-2} = \frac{5}{8}$

31. $\frac{3}{3b+4} = \frac{2}{b-4}$

32. $\frac{q+2}{5} = \frac{2q-11}{7}$

33. $\frac{c+1}{c-2} = \frac{4}{7}$

34. Jardinería Una jardinera está trasplantando flores a un cantero. En una hora de trabajo trasplantó 14 flores. Tiene que trasplantar 35 flores más. Si trabaja a ese ritmo, ¿cuántas horas más tardará? 🔹 **Ver el Problema 4.**

35. Floristas Un florista va a hacer centros de mesa. Para hacer 5 centros de mesa usa 2 docenas de rosas. ¿Cuántas docenas de rosas necesitará para hacer 20 centros de mesa?

36. Picnic Si una ensalada de 5 lb de fideos alcanza para que coman 14 personas, ¿cuánta ensalada de fideos deberás llevar a un picnic al que irán 49 personas?

37. Estadísticas Aproximadamente 3 de cada 30 personas son zurdas. Aproximadamente, ¿cuántas personas zurdas habrá en un grupo de 140 personas?

38. Pensar en un plan María corre 100 m en 13.4 s. Amy puede correr 100 m en 14.1 s. Para que Amy termine una carrera de 100 m al mismo tiempo que María, ¿cuántos metros de ventaja debería tener Amy?
- ¿Qué información conoces? ¿Qué información desconoces?
- ¿Qué proporción puedes escribir para resolver el problema?

39. Electricidad A la derecha se muestra la factura de electricidad de Muebles Ferguson. Se indican el costo de la electricidad por kilovatios por hora y el importe total mensual. ¿Cuántos kilovatios por hora usaron en Muebles Ferguson durante ese mes?

40. Descargar videos Una computadora tarda 15 min para descargar un programa de televisión que dura 45 min. ¿Cuánto tardará la computadora para descargar una película que dura 2 h?

41. Horarios Vas a encontrarte con un amigo en un parque que está a 4 mi de tu casa. Vas a ir en bicicleta, a un promedio de 10 mi/h. Tu amigo vive a 1.2 mi de distancia del parque y va a caminar a un promedio de 3 mi/h. ¿Cuántos minutos antes que tú tendría que salir tu amigo para que ambos lleguen al parque al mismo tiempo?

⚡ *Electricidad Centerville*	
Nombre del titular: Muebles Ferguson	
Número de cuenta: 34-14567-89	
Costo de kilovatios por hora	$.07
Importe total	$143.32
Saldo anterior	$.00
Total a pagar	$143.32

Resuelve cada proporción. Indica si en el primer paso usaste la propiedad multiplicativa de la igualdad o la propiedad de los productos cruzados. Explica tu elección.

42. $\dfrac{p}{4} = \dfrac{7}{8}$

43. $\dfrac{m}{4.5} = \dfrac{2}{5}$

44. $\dfrac{3}{10} = \dfrac{b}{7}$

45. $\dfrac{r}{2.1} = \dfrac{3.6}{2.8}$

46. $\dfrac{9}{14} = \dfrac{3}{n}$

47. $\dfrac{1.5}{y} = \dfrac{2.5}{7}$

48. $\dfrac{b+13}{2} = \dfrac{-5b}{3}$

49. $\dfrac{3b}{b-4} = \dfrac{3}{7}$

50. $\dfrac{x+2}{2x-6} = \dfrac{3}{8}$

51. Analizar errores Describe y corrige el error que se cometió al resolver la proporción de la derecha.

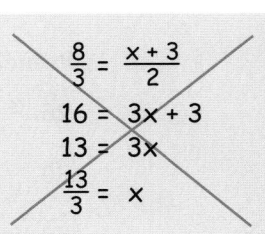

$$\dfrac{8}{3} = \dfrac{x+3}{2}$$
$$16 = 3x + 3$$
$$13 = 3x$$
$$\dfrac{13}{3} = x$$

52. Panadería Una panadería vende paquetes de 10 roscas por $3.69. Si la panadería vendiera las roscas en paquetes de 12, ¿cuánto crees que costaría cada paquete?

Ⓐ $3.08

Ⓒ $4.43

Ⓑ $4.32

Ⓓ $4.69

53. Respuesta de desarrollo Escribe una proporción que tenga una variable. Identifica los extremos, las medias y los productos cruzados. Resuelve la proporción. Indica si usaste la propiedad multiplicativa de la igualdad o la propiedad de los productos cruzados para resolver la proporción. Explica tu elección.

54. Biología Para determinar los años de crecimiento de un árbol, se cuentan los anillos concéntricos que muchos árboles tienen en su tronco. Cada anillo representa un año de crecimiento. Un arce de 12 pulgs. de diámetro tiene 32 anillos. Si el árbol continúa creciendo aproximadamente al mismo ritmo, ¿cuántos anillos tendrá cuando su diámetro sea 20 pulgs.?

 **Desafío**

Resuelve cada proporción.

55. $\dfrac{4y - 3}{y^2 + 1} = \dfrac{4}{y}$ 　　　　　　　**56.** $\dfrac{w^2 + 3}{2w + 2} = \dfrac{w}{2}$ 　　　　　　　**57.** $\dfrac{5x}{x^3 + 5} = \dfrac{5}{x^2 - 7}$

58. Carrozas para un desfile Un grupo de estudiantes de la escuela secundaria está construyendo una carroza para un desfile pegando trozos de pañuelos de papel sobre una estructura de alambre. Para cubrir un área de 3 pies de largo y 2 pies de ancho usan 150 pañuelos de papel. Quieren cubrir un área total de 8 pies de largo y 7 pies de ancho. ¿Cuál es la cantidad total de pañuelos de papel que necesitarán?

59. Insectos Un insecto tarda 1 s en avanzar 1 pie. ¿Cuántas horas tardará en avanzar 1 mi si mantiene la misma velocidad?

Preparación para el examen estandarizado

SAT/ACT

60. El equipo de fútbol de una escuela secundaria está preparando una mezcla de nueces y frutas secas para vender en una función para recaudar fondos. La receta lleva 3 lb de pasas y 2 lb de nueces. Si el equipo compra 45 lb de nueces, ¿cuántas libras de pasas necesitará?

    Ⓐ 27 　　　　　　　Ⓑ 36 　　　　　　　Ⓒ 81 　　　　　　　Ⓓ 162

61. Durante la temporada de gripe, $\frac{1}{3}$ de los estudiantes de una clase se enfermaron y sólo asistieron a clases 24 estudiantes. ¿Cuántos estudiantes hay en la clase?

    Ⓕ 16 　　　　　　　Ⓖ 30 　　　　　　　Ⓗ 36 　　　　　　　Ⓘ 72

62. El dueño de una galería de arte está enmarcando un cuadro rectangular como el que se muestra a la derecha. El dueño quiere que el ancho del cuadro enmarcado sea de $38\frac{1}{2}$ pulgs. ¿Qué ancho deberá tener cada uno de los sectores verticales del marco?

x pulgs.   30 pulgs.   *x* pulgs.

    Ⓐ $4\frac{1}{8}$ pulgs. 　　　　　　　Ⓒ $4\frac{1}{2}$ pulgs.

    Ⓑ $4\frac{1}{4}$ pulgs. 　　　　　　　Ⓓ $8\frac{1}{2}$ pulgs.

Repaso mixto

Copia y completa cada enunciado.   ◀ **Ver la Lección 2-6.**

63. 6 ctos. = ■ gals. 　　　**64.** 84 pulgs. = ■ pies 　　**65.** $2\frac{1}{2}$ yd = ■ pulgs. 　　**66.** 3 min 10 s = ■ s

Resuelve cada ecuación. Si la ecuación es una identidad, escribe *identidad*.   ◀ **Ver la Lección 2-4.**
Si no tiene solución, escribe *sin solución*.

67. $3x - (x - 4) = 2x$ 　　　　　**68.** $4 + 6c = 6 - 4c$ 　　　　　**69.** $5a - 2 = 0.5(10a - 4)$

¡Prepárate!   **Antes de la Lección 2-8, haz los Ejercicios 70 a 73.**

Resuelve cada proporción.   ◀ **Ver la Lección 2-7.**

70. $\dfrac{x}{12} = \dfrac{7}{30}$ 　　　　　**71.** $\dfrac{y}{12} = \dfrac{8}{45}$ 　　　　　**72.** $\dfrac{w}{15} = \dfrac{12}{27}$ 　　　　　**73.** $\dfrac{n}{9} = \dfrac{n + 1}{24}$

2-8 Proporciones y figuras semejantes

Objetivos Hallar las longitudes que faltan en figuras semejantes.
Usar figuras semejantes para medir de manera indirecta.

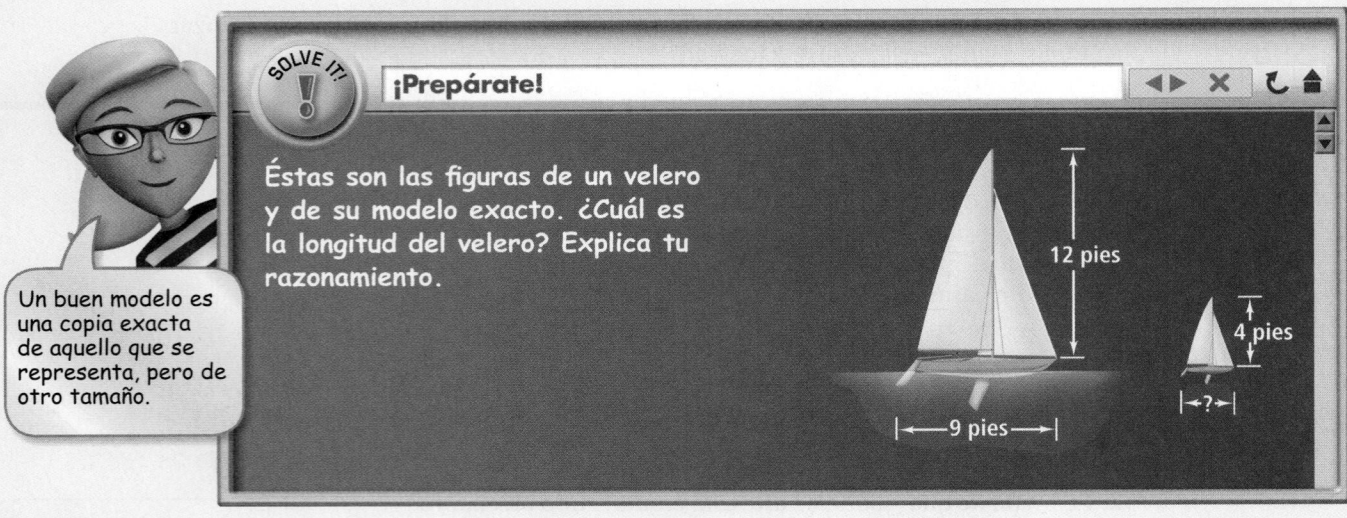

SOLVE IT!

¡Prepárate!

Éstas son las figuras de un velero y de su modelo exacto. ¿Cuál es la longitud del velero? Explica tu razonamiento.

12 pies

4 pies

|←9 pies→|

|←?→|

> Un buen modelo es una copia exacta de aquello que se representa, pero de otro tamaño.

Vocabulario de la lección
- figuras semejantes
- dibujo a escala
- escala
- modelo a escala

En la actividad de *Solve It!*, el velero y su modelo tienen la misma forma pero diferentes tamaños. Las **figuras semejantes** tienen la misma forma pero no necesariamente el mismo tamaño.

Comprensión esencial Puedes usar proporciones para hallar las longitudes de los lados desconocidos en figuras semejantes. En la vida diaria, puedes medir distancias de manera indirecta mediante estas figuras.

El símbolo ~ significa "es semejante a". En el diagrama, $\triangle ABC \sim \triangle FGH$.

```
        A                          F
      /   \                      /   \
   8 /     \ 10            12 /       \ 15
    /       \                /          \
  B ————————— C           G —————————————— H
       12                        18
```

En las figuras semejantes, las medidas de los ángulos correspondientes son iguales y las longitudes de los lados correspondientes son proporcionales. Cuando se nombran figuras semejantes, es importante mantener el orden de las letras porque indican qué partes de las figuras son correspondientes. Por tanto, como $\triangle ABC \sim \triangle FGH$, se comprueba lo siguiente.

$$\angle A \cong \angle F \quad \angle B \cong \angle G \quad \angle C \cong \angle H \quad \text{y} \quad \frac{AB}{FG} = \frac{AC}{FH} = \frac{BC}{GH}$$

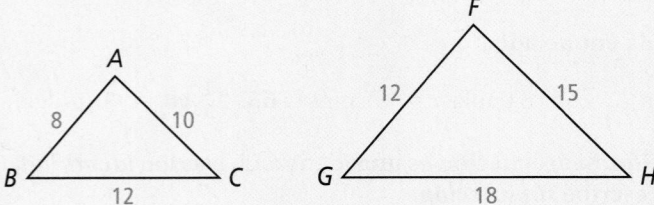

El símbolo $\cong$ significa "es congruente con". Los ángulos congruentes tienen la misma medida.

Las razones son iguales.

Problema 1 Hallar la longitud de un lado

Opción múltiple En el diagrama,
$\triangle ABC \sim \triangle DEF$. ¿Cuánto mide DE?

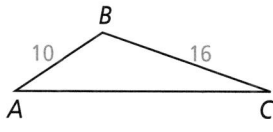
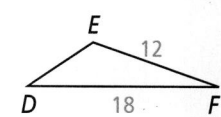

- (A) 7.5
- (C) 21.3
- (B) 9.5
- (D) 24

Lo que sabes

- La longitud de $\overline{AB}$ se corresponde con $\overline{DE}$
- Las longitudes de otros dos lados correspondientes, $\overline{BC}$ y $\overline{EF}$
- Los triángulos son semejantes.

Lo que necesitas

La longitud de $\overline{DE}$

Planea

Escribe una proporción con dos pares de lados correspondientes: $\overline{AB}$ y $\overline{DE}$, y $\overline{BC}$ y $\overline{EF}$. La única incógnita es la longitud de $\overline{DE}$; por tanto, puedes resolver una proporción para averiguarla.

$$\frac{BC}{EF} = \frac{AB}{DE}$$ Escribe la proporción.

$$\frac{16}{12} = \frac{10}{DE}$$ Sustituye las longitudes.

$$16(DE) = 12(10)$$ Propiedad de los productos cruzados

$$16DE = 120$$ Multiplica.

$$DE = 7.5$$ Divide cada lado por 16 y simplifica.

DE mide 7.5. La respuesta correcta es la opción A.

 ¿Comprendiste? 1. Usa las figuras del Problema 1. ¿Cuánto mide AC?

También puedes usar proporciones para resolver problemas de medición indirecta, como hallar una distancia usando un mapa. Puedes usar figuras semejantes y proporciones para hallar longitudes que no puedes medir de manera directa.

 Problema 2 Aplicar la semejanza

Medición indirecta Los rayos del sol iluminan a la niña y al edificio formando el mismo ángulo y los dos triángulos semejantes que se muestran. ¿Qué altura tiene el edificio?

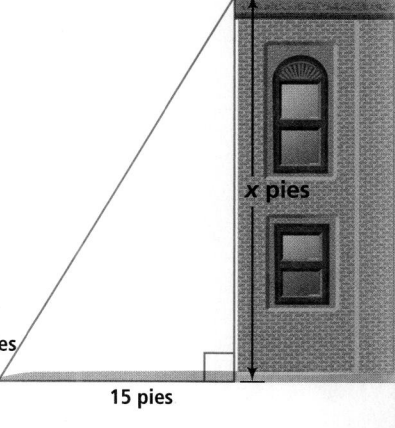

Piensa

¿Hay una sola manera de escribir una proporción?
No. Puedes escribir diferentes proporciones para hallar la altura. Por ejemplo, la siguiente proporción también resuelve el problema:

$$\frac{\text{sombra de la niña}}{\text{sombra del edificio}} = \frac{\text{estatura de la niña}}{\text{altura del edificio}}$$

$$\frac{\text{sombra del edificio}}{\text{sombra de la niña}} = \frac{\text{altura del edificio}}{\text{estatura de la niña}}$$ Escribe una proporción.

$$\frac{3}{15} = \frac{5}{x}$$ Sustituye.

$$3x = 15(5)$$ Propiedad de los productos cruzados

$$3x = 75$$ Multiplica.

$$x = 25$$ Divide cada lado por 3.

El edificio mide 25 pies de altura.

¿Comprendiste? **2.** Un hombre que mide 6 pies de estatura está parado al lado de un mástil. La sombra del hombre mide 3.5 pies y la sombra del mástil mide 17.5 pies. ¿Cuál es la altura del mástil?

Un **dibujo a escala** es un dibujo semejante a un objeto o a un lugar real. Los planos, los diseños y los mapas son algunos ejemplos de dibujos a escala. En un dibujo a escala, la razón entre cualquier longitud del dibujo y la longitud real es siempre la misma. Esta razón se llama **escala** del dibujo.

Problema 3 Interpretar dibujos a escala

Mapas ¿Cuál es la distancia real entre Jacksonville y Orlando? Usa una regla para medir la distancia que hay entre Jacksonville y Orlando en el siguiente mapa.

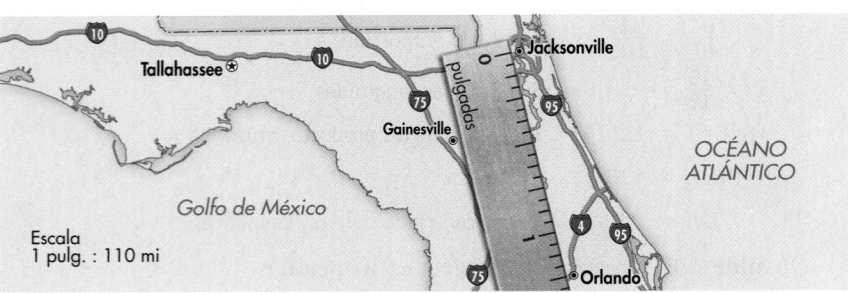

Escala
1 pulg. : 110 mi

Piensa

¿Qué indica la escala del mapa?
La escala indica que cada pulgada en el mapa representa 110 mi de distancia real.

Relacionar   escala del mapa $= \dfrac{\text{distancia en el mapa}}{\text{distancia real}}$

Definir   Sea $x = $ la distancia total entre Jacksonville y Orlando.

Escribir $\dfrac{1}{110} = \dfrac{1.25}{x}$

$1(x) = 110(1.25)$ Propiedad de los productos cruzados

$x = 137.5$ Multiplica.

La distancia real entre Jacksonville y Orlando es 137.5 mi.

 ¿Comprendiste? **3. a.** La distancia, en un mapa, entre Jacksonville y Gainesville es aproximadamente 0.6 pulgs. ¿Cuál es la distancia real entre Jacksonville y Gainesville?

b. Razonamiento Si sabes que la distancia real entre dos ciudades es 250 mi y que las ciudades, en un mapa, están a 2 pulgs. de distancia, ¿cómo hallas la escala del mapa?

Un **modelo a escala** es un modelo tridimensional que es similar a un objeto tridimensional. La razón entre una medida lineal de un modelo y la medida lineal del objeto real correspondiente es siempre la misma. Esta razón se llama la escala del modelo.

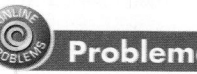 **Problema 4** Usar modelos a escala

Ciencias La ilustración muestra el modelo gigante de un corazón. El corazón tiene el tamaño apropiado para una persona de 170 pies de estatura. Aproximadamente, ¿de qué tamaño crees que será el corazón de un hombre de 6 pies de estatura?

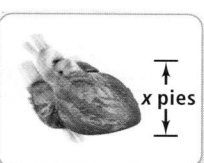

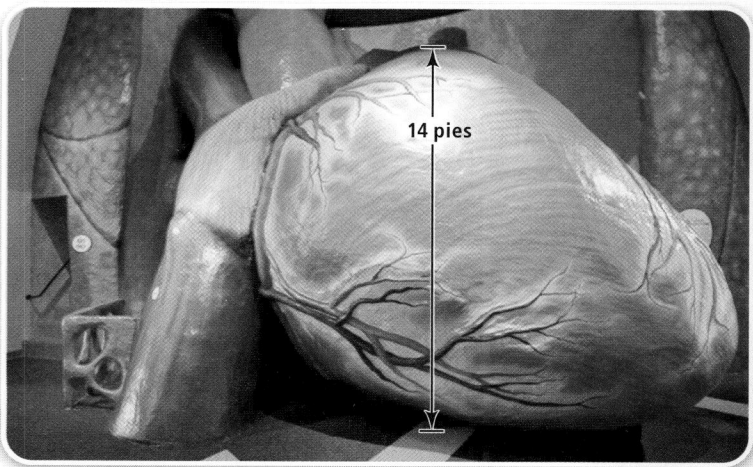

14 pies

6 pies

Piensa

¿Se parece este problema a otros que hayas visto anteriormente?
Sí, los problemas de modelos a escala son como los problemas de dibujos a escala; por tanto, puedes escribir una proporción como la que usaste para hallar la altura del edificio en el Problema 2.

$$\frac{\text{tamaño del corazón gigante}}{\text{tamaño del corazón de un hombre}} = \frac{\text{estatura de una persona gigante}}{\text{estatura del hombre}}$$ Escribe una proporción.

$$\frac{14}{x} = \frac{170}{6}$$ Sustituye.

$$14(6) = 170x$$ Propiedad de los productos cruzados

$$0.49 \approx x$$ Divide cada lado por 170 y simplifica.

El tamaño del corazón del hombre será aproximadamente 0.49 pies, o 5.9 pulgs.

 ¿Comprendiste? **4.** El modelo a escala de un edificio es 6 pulgs. de altura. La escala del modelo es 1 pulg. : 50 pies. ¿Cuál es la altura del edificio real?

 ## Comprobar la comprensión de la lección

¿CÓMO hacerlo?

1. Fotocopias Con una fotocopiadora se amplía el dibujo de un triángulo rectángulo que tiene 3 cm de base y 7 cm de altura. El triángulo que se amplió tiene 17.5 cm de altura.
a. ¿Cuánto mide la base del triángulo ampliado?
b. ¿Cuál es la escala de la ampliación?

2. Mapas La escala de un mapa es 1 cm : 75 km. ¿Cuál es la distancia real entre dos ciudades que están en el mapa a 3 cm de distancia?

¿Lo ENTIENDES?

3. Vocabulario Supón que $\triangle MNP \sim \triangle RST$. ¿Cómo identificas las partes correspondientes?

4. Razonamiento Supón que $\triangle ABC \sim \triangle TUV$. Determina si cada par de medidas es igual.
a. las medidas de $\angle A$ y $\angle T$
b. los perímetros de los dos triángulos
c. las razones de los lados $\frac{BC}{UV}$ y $\frac{AC}{TV}$

5. Razonamiento La escala de un mapa es 1 pulg. : 100 mi. La distancia real entre dos ciudades, ¿es 100 veces la distancia que se muestra en el mapa? Explica tu respuesta.

Ejercicios de práctica y resolución de problemas

Ver el Problema 1.

 **Práctica**   Las figuras de cada par son semejantes. Identifica los lados y los ángulos correspondientes.

6. $\triangle ABC \sim \triangle DEF$

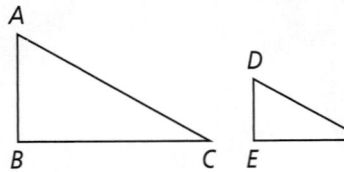

7. $FGHI \sim KLMN$

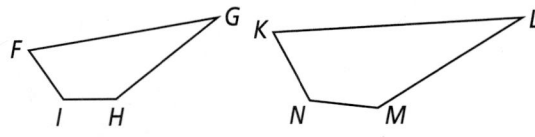

Las figuras de cada par son semejantes. Halla las longitudes que faltan.

8.

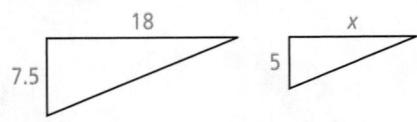

9.

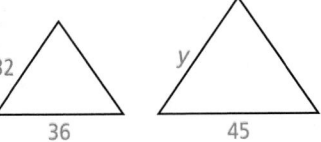

10.

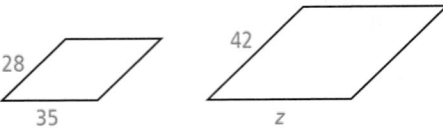

11.

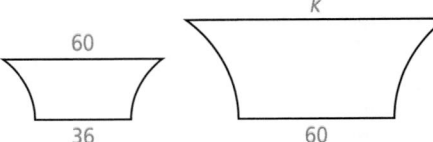

12. Puentes En el diagrama del parque, $\triangle ADF \sim \triangle BCF$. El cruce peatonal del punto A mide aproximadamente 20 yd de largo. Se construirá un puente sobre el lago, que unirá el punto B con el punto C. ¿Cuál será la longitud del puente?

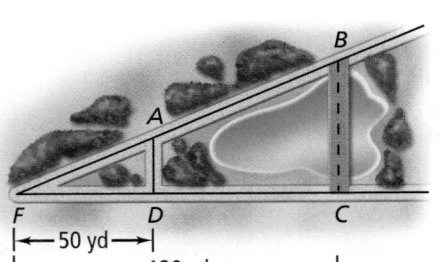

Ver el Problema 2.

La escala de un mapa es 1 cm : 15 km. Halla las distancias reales que corresponden a las distancias en el mapa.

Ver el Problema 3.

13. 2.5 cm   **14.** 0.2 cm   **15.** 15 cm   **16.** 4.6 cm

17. Películas Un maquetista profesional está haciendo el modelo de una mosca a escala gigante para usar en una película de ciencia ficción. Una mosca real mide alrededor de 0.2 pulgs. de largo y su envergadura es alrededor de 0.5 pulgs. El modelo de la mosca para la película medirá 27 pies de largo. ¿Cuánto medirá su envergadura?

Ver el Problema 4.

18. Mapas Abbottsville y Broken Branch están a 175 millas el uno del otro. En un mapa, la distancia entre las dos ciudades es 2.5 pulgs. ¿Cuál es la escala del mapa?

B **Aplicación**   **Arquitectura** Un arquitecto usa el siguiente plano para la remodelación de un lavadero. La longitud de lado de la cuadrícula representa 12 pulgs.

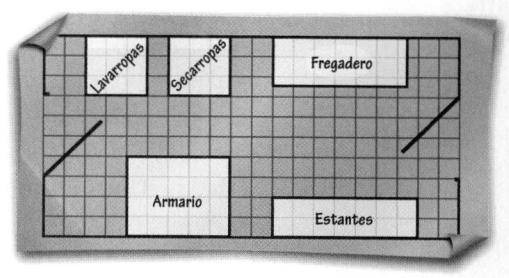

19. Halla la longitud y el ancho reales del fregadero.

20. Halla la longitud y el ancho reales de la habitación.

21. ¿Se podrá atravesar el lavadero con un carrito para la ropa que mida $3\frac{1}{2}$ pies de ancho, desde la puerta de la izquierda hasta la puerta de la derecha?

22. Modelos de cohetes Para armar un determinado modelo de cohete se usa la escala 1 : 144. El cohete real mide 168 pies de altura. ¿Qué altura tendrá el modelo una vez armado?

23. Analizar errores Las dos figuras de la derecha son semejantes. Un estudiante usa la proporción $\frac{BC}{CJ} = \frac{GH}{FN}$ para hallar FN.

   a. ¿Qué error cometió el estudiante?

   b. ¿Qué proporción debería haber usado el estudiante?

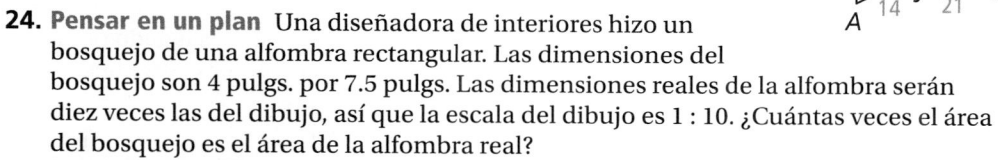

24. Pensar en un plan Una diseñadora de interiores hizo un bosquejo de una alfombra rectangular. Las dimensiones del bosquejo son 4 pulgs. por 7.5 pulgs. Las dimensiones reales de la alfombra serán diez veces las del dibujo, así que la escala del dibujo es 1 : 10. ¿Cuántas veces el área del bosquejo es el área de la alfombra real?

   • ¿Qué figuras del problema son semejantes? ¿Cuáles son sus dimensiones?

   • ¿Cómo puedes usar las proporciones para hallar las dimensiones de la alfombra real?

25. Camiones El modelo de un camión con acoplado tiene la forma de un prisma rectangular de 2 pulgs. de ancho, 9 pulgs. de longitud y 4 pulgs. de altura. La escala del modelo es 1 : 34. ¿Cuántas veces el volumen del camión con acoplado real es el volumen del modelo?

26. La Torre Eiffel La Torre Eiffel tiene 324 m de altura. ¿Qué escala se usó para hacer el modelo de la Torre Eiffel que se muestra a la derecha?

   Ⓐ 1 mm : 0.9 m

   Ⓑ 1 mm : 6 m

   Ⓒ 1 mm : 30 m

   Ⓓ 1 mm : 324 m

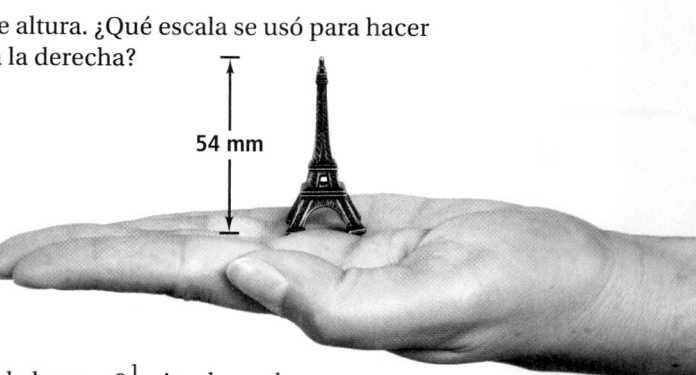

54 mm

27. Escribir Todos los cuadrados, ¿son semejantes? Explica tu respuesta.

28. Razonamiento Un fabricante de botes quiere construir una canoa que mida 6 pies de largo y $2\frac{1}{2}$ pies de ancho, pero esas dimensiones le parecieron demasiado pequeñas. El fabricante quiere agregar 2 pies de largo y 2 pies de ancho, pero sin perder la forma de la canoa. Explica por qué no se mantendrá la forma de la canoa.

Desafío

29. **Carpintería** Un carpintero está construyendo un tablero para una mesa a partir de un bosquejo. El bosquejo muestra un paralelogramo cuyos lados miden 2 pulgs. y 3 pulgs. Además, el bosquejo especifica que los lados del tablero terminado deberán medir 4 pies y 6 pies. ¿Puede estar seguro el carpintero de que el tablero terminado será semejante al paralelogramo del dibujo? Explica tu respuesta.

30. **Pintura** Una pintura mide 30 pulgs. de ancho y 22.5 pulgs. de alto. Quieres reproducirla en una hoja de papel de $8\frac{1}{2}$ pulgs. por 11 pulgs., dejando como mínimo un margen de 1 pulg. a cada lado.
    a. ¿Qué escala debes usar si mantienes la hoja de papel en la orientación vertical? Supón que la reproducción tendrá el mayor tamaño posible.
    b. ¿Qué escala debes usar si pones la hoja de papel de lado?

Preparación para el examen estandarizado

SAT/ACT

31. La escala de un mapa es 1 pulg. : 80 mi. Si la distancia real entre dos ciudades es 350 mi, ¿a cuántas pulgadas de distancia estarán en el mapa?

    (A) $4\frac{1}{4}$ pulgs. (B) $4\frac{3}{16}$ pulgs. (C) $4\frac{3}{8}$ pulgs. (D) $4\frac{1}{2}$ pulgs.

32. El costo c de comprar r rosas en el Servicio de entregas de Sandra está dado por la ecuación $c = 3r + 15$. Si Luke puede gastar $50 en rosas, ¿cuántas rosas puede comprar?

    (F) 11 (G) $11\frac{2}{3}$ (H) 12 (I) 13

33. ¿Qué propiedad de la suma muestra la ecuación $a + (b + c) = (a + b) + c$?

    (A) conmutativa (B) asociativa (C) inversa (D) identidad

34. En un mercado de productos de granja, Tamara y Will abrieron dos puestos de venta de papayas. Tamara vendía las papayas a $5 cada una y Will, a $7. Al mediodía, Tamara había vendido 3 papayas más que Will y, entre los dos, habían ganado $147. ¿Cuántas papayas vendieron entre los dos?

    (F) 8 (G) 11 (H) 14 (I) 25

Repaso mixto

Resuelve cada proporción. ◀ Ver la Lección 2-7.

35. $\frac{y}{4} = \frac{17}{2}$ 36. $\frac{3}{a} = \frac{2}{3}$ 37. $\frac{20}{14} = \frac{2-x}{7}$ 38. $\frac{-3}{m} = \frac{2}{m+1}$

39. Si sumas un número a 3, el resultado será el mismo que si hubieras multiplicado ese número por 3. ¿Cuál es ese número? ◀ Ver la Lección 2-4.

¡Prepárate! Antes de la Lección 2-9, haz los Ejercicios 40 a 43.

Simplifica las expresiones. ◀ Ver la Lección 1-2.

40. $4 + 0.5(8)$ 41. $0.2(5 - 3)$ 42. $0.1(5) - 0.25$ 43. $3 - 0.01(10)$

2-9 Porcentajes

Objetivos Resolver problemas de porcentaje usando proporciones.
Resolver problemas de porcentaje usando una ecuación de porcentaje.

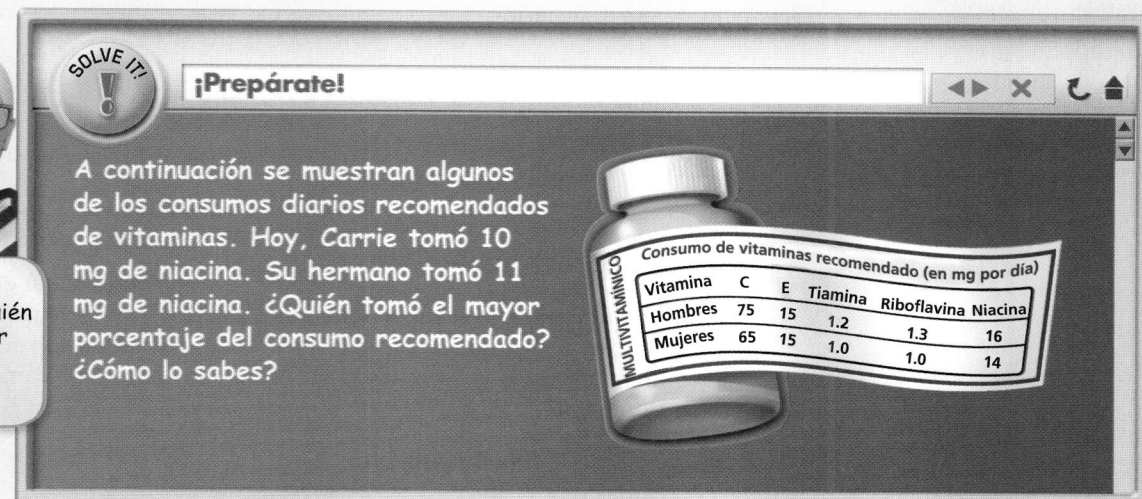

¡Prepárate!

A continuación se muestran algunos de los consumos diarios recomendados de vitaminas. Hoy, Carrie tomó 10 mg de niacina. Su hermano tomó 11 mg de niacina. ¿Quién tomó el mayor porcentaje del consumo recomendado? ¿Cómo lo sabes?

¡Ten cuidado! Se pide que halles quién consumió el mayor <u>porcentaje</u>, no la mayor cantidad.

Consumo de vitaminas recomendado (en mg por día)

Vitamina	C	E	Tiamina	Riboflavina	Niacina
Hombres	75	15	1.2	1.3	16
Mujeres	65	15	1.0	1.0	14

Actividades dinámicas
Porcentajes y proporciones

El problema de la actividad de *Solve It!* trata sobre porcentajes. Los porcentajes son útiles porque unifican las comparaciones con una base común: 100. En esta lección, resolverás problemas de porcentaje de diferentes maneras.

Comprensión esencial Puedes resolver problemas de porcentaje usando proporciones o una ecuación de porcentaje, que están estrechamente relacionadas. Si escribes un porcentaje como una fracción, puedes usar una proporción para resolver un problema de porcentaje.

toma nota

Concepto clave La proporción de porcentaje

Puedes usar la proporción de porcentaje que se muestra abajo para representar "*a* es el *p* por ciento de *b*". En la proporción, *b* es la base y *a* es una parte de la base *b*.

Álgebra $\dfrac{a}{b} = \dfrac{p}{100}$, donde $b \neq 0$

Ejemplo ¿Qué porcentaje de 50 es 25?
$$\dfrac{25}{50} = \dfrac{p}{100}$$

Modelo

	parte	base
Número → 0	25	50
Porcentaje → 0%	*p*%	100%

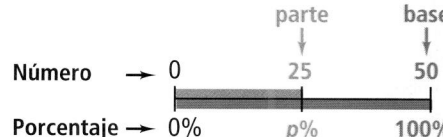

Problema 1   Hallar un porcentaje usando la proporción de porcentaje

Piensa

¿Cómo te ayuda un modelo a visualizar la proporción?
Usa un modelo como el siguiente para visualizar cualquier problema de porcentaje. Un modelo para la proporción $\frac{42}{56} = \frac{p}{100}$ es

0		42	56

0%   p%   100%

¿Qué porcentaje es 42 de 56?

$$\frac{a}{b} = \frac{p}{100}$$ Escribe la proporción de porcentaje.

$$\frac{42}{56} = \frac{p}{100}$$ Sustituye a por 42 y b por 56.

$42(100) = 56p$ Propiedad de los productos cruzados

$4200 = 56p$ Multiplica.

$75 = p$ Divide cada lado por 56.

42 es el 75% de 56.

✓ ¿Comprendiste? 1. ¿Qué porcentaje es 54 de 90?

En el Problema 1 usaste la proporción de porcentaje $\frac{a}{b} = \frac{p}{100}$ para hallar el porcentaje. Cuando escribes $\frac{p}{100}$ como $p\%$ y resuelves para hallar a, obtienes la ecuación $a = p\% \cdot b$. Esta ecuación se llama ecuación de porcentaje. Para resolver cualquier problema de porcentaje puedes usar tanto la ecuación de porcentaje como la proporción de porcentaje.

toma nota   Concepto clave   La ecuación de porcentaje

Puedes usar la ecuación de porcentaje que se muestra abajo para representar "a es el p por ciento de b". En la ecuación, a es parte de la base b.

Álgebra $a = p\% \cdot b$, donde $b \neq 0$

Ejemplo ¿Qué porcentaje es 25 de 50?
$25 = p\% \cdot 50$

Modelo

0		25		50

0%   p%   100%

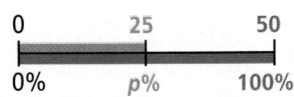

Problema 2   Hallar un porcentaje usando la ecuación de porcentaje

Piensa

¿Este problema está relacionado con otros que hayas visto anteriormente?
Sí. Este problema se relaciona con el Problema 1. En ambos hay que hallar un porcentaje, pero para hacerlo se usan métodos diferentes.

¿Qué porcentaje es 2.5 de 40?

$a = p\% \cdot b$ Escribe la ecuación de porcentaje.

$2.5 = p\% \cdot 40$ Sustituye a por 2.5 y b por 40.

$0.0625 = p\%$ Divide cada lado por 40.

$6.25\% = p\%$ Escribe el decimal como un porcentaje.

2.5 es el 6.25% de 40.

✓ ¿Comprendiste? 2. Razonamiento ¿Qué porcentaje es 63 de 84? Para resolverlo, usa la ecuación de porcentaje. Luego, usa la proporción de porcentaje. Compara tus respuestas.

Problema 3 Hallar una parte

Ir de compras Una camisa de vestir que habitualmente cuesta $38.50 tiene una rebaja de un 30% de descuento. ¿Cuál es el precio de la camisa con la rebaja?

Paso 1 Usa la ecuación de porcentaje para hallar la cantidad descontada.

$a = p\% \cdot b$ Escribe la ecuación de porcentaje.

$\quad = 30\% \cdot 38.50$ Sustituye p por 30 y b por 38.50.

$\quad = 0.30 \cdot 38.50$ Escribe el porcentaje como un decimal.

$\quad = 11.55$ Multiplica.

Paso 2 Halla el precio rebajado.

$$\$38.50 - \$11.55 = \$26.95$$

El precio rebajado de la camisa es $26.95.

¿Comprendiste? 3. Una familia vende un carro a una concesionaria por un 60% menos que el precio que pagó por él. La familia pagó $9000 por el carro. ¿A qué precio lo vendió?

Piensa

¿Cómo te ayuda un modelo a visualizar cómo hallar una parte o base?
Usa el siguiente modelo para visualizar cómo hallar la parte en la ecuación $a = 30\% \cdot 38.50$.

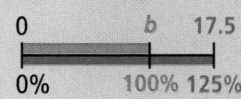

Problema 4 Hallar la base

¿El 125% de qué número es 17.5?

$a = p\% \cdot b$ Escribe la ecuación de porcentaje.

$17.5 = 125\% \cdot b$ Sustituye a por 17.5 y p por 125.

$17.5 = 1.25 \cdot b$ Escribe el porcentaje como un decimal.

$14 = b$ Divide cada lado por 1.25.

El 125% de 14 es 17.5.

¿Comprendiste? 4. ¿El 30% de qué número es 12.5? Usa la ecuación de porcentaje para resolver el problema. Luego, resuélvelo mediante la proporción de porcentaje.

Piensa

El 125% de un número, ¿será mayor que el número?
Sí. Cuando multiplicas un número por un porcentaje mayor que 100%, la parte será mayor que la base, como se muestra en el siguiente modelo.

```
0          b   17.5
|----------|----|
0%       100% 125%
```

Una aplicación común del porcentaje es el interés simple, que es el interés que se gana sólo sobre el capital de una cuenta.

toma nota

Concepto clave Fórmula del interés simple

Abajo se da la fórmula del interés simple, donde I es el interés, c es el capital, r es la tasa de interés anual escrita como un decimal y t es el tiempo en años.

Álgebra $I = crt$

Ejemplo Si inviertes $50 a una tasa de interés simple del 3.5% anual durante 3 años, el interés que ganarás será $I = 50(0.035)(3) = \$5.25$.

Para resolver problemas con porcentajes, es conveniente conocer los equivalentes fraccionarios de los porcentajes comunes. Puedes usar las fracciones para comprobar si tus respuestas son razonables. Éstos son algunos porcentajes comunes representados como fracciones.

$$1\% = \frac{1}{100} \qquad 5\% = \frac{1}{20} \qquad 10\% = \frac{1}{10} \qquad 20\% = \frac{1}{5} \qquad 25\% = \frac{1}{4}$$

$$33.\overline{3}\% = \frac{1}{3} \qquad 50\% = \frac{1}{2} \qquad 66.\overline{6}\% = \frac{2}{3} \qquad 75\% = \frac{3}{4} \qquad 100\% = 1$$

 Problema 5 **Usar la fórmula de interés simple**

Finanzas **Hiciste un depósito de $840 en una cuenta de ahorros con una tasa de interés simple del 4.5% anual. Quieres mantener el dinero en la cuenta durante 4 años. ¿Cuánto interés ganarás? Comprueba si tu respuesta es razonable.**

Piensa

Éste es un problema de interés simple; por tanto, usa la fórmula de interés simple.

Escribe

$I = crt$

Identifica lo que sabes por el problema:
$c = 840$, $r = 0.045$ y $t = 4$.

$= 840(0.045)(4)$

$= 151.2$

La cuenta dará $151.20.

Comprueba si tu respuesta es razonable usando un porcentaje común. Como 4.5% es aproximadamente 5%, usa 5%.

$840 \cdot \frac{1}{20} \cdot 4 = 42 \cdot 4 = \$168$

Por tanto, $151.20 es razonable. ✔

 ¿Comprendiste? **5.** Hiciste un depósito de $125 en una cuenta de ahorros a una tasa de interés simple del 1.75% anual. Ganaste $8.75 de intereses. ¿Cuánto tiempo estuvo tu dinero en la cuenta?

Resumen del concepto **Resolver problemas con porcentajes**

Tipo de problema	Ejemplo	Proporción	Ecuación
Hallar un porcentaje.	¿Qué porcentaje es 3.5 de 6.3?	$\frac{3.5}{6.3} = \frac{p}{100}$	$3.5 = p\% \cdot 6.3$
Hallar una parte.	¿Cuánto es el 32% de 125?	$\frac{a}{125} = \frac{32}{100}$	$a = 32\% \cdot 125$
Hallar una base.	¿El 25% de qué número es 11?	$\frac{11}{b} = \frac{25}{100}$	$11 = 25\% \cdot b$

Comprobar la comprensión de la lección

¿CÓMO hacerlo?

1. ¿Qué porcentaje es 21 de 70?

2. ¿Qué porcentaje es 60 de 50?

3. ¿Cuánto es el 35% de 80?

4. ¿El 75% de qué número es 36?

5. Finanzas ¿Qué interés ganarás si inviertes $1200 a una tasa de interés simple del 2.5% anual durante 6 años?

¿Lo ENTIENDES?

6. Vocabulario Completa: *p*% es equivalente a una fracción con un numerador *p* y un denominador __?__.

7. Razonamiento Hiciste un depósito de dinero en una cuenta de ahorros que da un interés simple anual del 4%. El primer año ganaste $75 de intereses. ¿Cuánto dinero ganarás durante el segundo año?

8. Respuesta de desarrollo Da un ejemplo de un problema de porcentaje donde la parte sea mayor que la base.

Ejercicios de práctica y resolución de problemas

 **Práctica**

Halla cada porcentaje.   ◀ Ver los Problemas 1 y 2.

9. ¿Qué porcentaje es 15 de 75?   **10.** ¿Qué porcentaje es 75 de 15?

11. ¿Qué porcentaje es 10 de 16?   **12.** ¿Qué porcentaje es 40 de 32?

13. ¿Qué porcentaje es 20 de 48?   **14.** ¿Qué porcentaje es 88 de 88?

Halla cada parte.   ◀ Ver el Problema 3.

15. ¿Cuánto es el 25% de 144?   **16.** ¿Cuánto es el 63% de 150?

17. ¿Cuánto es el 12.5% de 104?   **18.** ¿Cuánto es el 150% de 63?

19. ¿Cuánto es el 125% de 12.8?   **20.** ¿Cuánto es el 1% de 1?

21. Ir de compras Una raqueta de tenis cuesta habitualmente $65. La raqueta tiene una rebaja de un 20% de descuento. ¿Cuál es el precio de oferta con la rebaja?

22. Cuidado del cabello En un salón de belleza se compran botellas de gel para el cabello por $4.50 y se agrega un margen de ganancia sobre el precio de un 40%. ¿A qué precio se vende cada botella en el salón?

Halla cada base.   ◀ Ver el Problema 4.

23. ¿El 20% de qué número es 80?   **24.** ¿El 80% de qué número es 20?

25. ¿El 60% de qué número es 13.5?   **26.** ¿El 160% de qué número es 200?

27. ¿El 150% de qué número es 34?   **28.** ¿El 1% de qué número es 1?

29. Finanzas Haces un depósito de $1200 en una cuenta de ahorros que da un   ◀ Ver el Problema 5.
interés simple a una tasa del 3% anual. ¿Cuánto interés habrás ganado al cabo de 3 años?

30. Finanzas Haces un depósito de $150 en una cuenta de ahorros que da un interés simple a una tasa del 5.5% anual. ¿Cuánto interés habrás ganado al cabo de 4 años?

B Aplicación **Indica si tienes que hallar un *porcentaje*, una *parte* o una *base*. Luego, resuelve.**

31. ¿Cuánto es el 9% de 56?   **32.** ¿Qué porcentaje es 96 de 36?   **33.** ¿Cuánto es el 95% de 150?

34. ¿Cuánto es el 175% de 64?   **35.** ¿Qué porcentaje es 400 de 30?   **36.** ¿60 es el 250% de qué número?

37. Geografía Aproximadamente 11,800 mi² de la Florida están cubiertas por agua, lo que representa alrededor de un 18% del área de la Florida. ¿Cuál es el área total de la Florida redondeada al millar de millas cuadradas más cercano?

38. Finanzas Un estudiante tiene $1500 para depositar en una cuenta de ahorros. ¿Cuál es la tasa más baja que le permitirá ganar $95 de interés simple al cabo de un año?

Ⓐ 5.5%

Ⓑ 6.25%

Ⓒ 6.33%

Ⓓ 7%

Resuelve usando el cálculo mental.

39. El 20% de 80 es ___?___ .   **40.** 120 es el 200% de ___?___ .   **41.** 30 es el ___?___% de 40.

Indica cuál es mayor, *A* o *B*. Supón que *A* y *B* son números positivos.

42. *A* es el 20% de *B*.   **43.** *B* es el 150% de *A*.   **44.** *B* es el 90% de *A*.

45. Pensar en un plan La Casa de la Moneda de los Estados Unidos anunció que a fines de 2006 el costo de producir y distribuir una moneda de 1¢ era 1.21¢. ¿Qué porcentaje del valor de una moneda de 1¢ representa este costo? ¿Qué conclusión puedes sacar sobre el costo de fabricar monedas de 1¢?
• ¿Cómo te ayuda un modelo a visualizar el problema?
• ¿Cómo puedes usar una proporción o una ecuación de porcentaje para resolver el problema?

46. Economía ¿Fabricarías un objeto si el costo de producirlo y distribuirlo fuera mayor que el 100% de su valor? Explica tu respuesta.

47. Analizar errores Se pidió a un estudiante que inventara y resolviera un problema de porcentaje. El estudiante escribió: "¿Qué porcentaje es 3 de 1.5?" y lo resolvió como se muestra a la derecha. Describe el error que encuentras en la solución del estudiante y corrígelo.

$$\frac{a}{b} = \frac{p}{100}$$
$$\frac{1.5}{3} = \frac{p}{100}$$
$$150 = 3p$$
$$50 = p$$
3 es el 50% de 1.5.

48. Escribir Se bebió parte de una botella de agua. Escribe los pasos necesarios para determinar qué porcentaje de agua se bebió.

49. Finanzas Una cuenta de ahorros da un interés simple a una tasa del 6% anual. El año pasado la cuenta dio $10.86 de interés. ¿Cuál era el saldo de la cuenta a principios del año pasado?

50. Muebles Una mueblería pone en venta un juego de muebles por $990. También se puede comprar el juego en un plan de pago de 24 cuotas de $45 cada una. Si escoges el plan de pago en cuotas, ¿qué porcentaje del precio original habrás pagado cuando termines? Redondea al porcentaje más cercano.

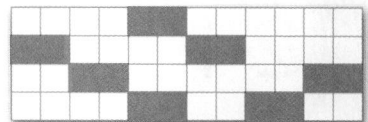

51. Geometría Todas las cuadrículas de la figura de la derecha tienen el mismo tamaño. ¿Qué porcentaje de la figura es rojo?

Desafío

52. Ir de compras Marcia compró un vestido con una rebaja del 15% sobre su precio original. Por entregar un cupón de la tienda, obtuvo un descuento adicional sobre el precio rebajado del 10%. Marcia pagó $91.80 por el vestido. ¿Cuál era el precio original?

53. Transporte público El 80% de los estudiantes de la clase del Sr. Ferreira viven a más de media milla de la escuela. De esos estudiantes, el 80% usan un transporte público para ir a la escuela. De los estudiantes que van en algún transporte público, el 75% va en autobús y el 75% de ellos compran un abono mensual. Hay nueve estudiantes que compran el abono mensual para el autobús. ¿Cuántos estudiantes hay en la clase del Sr. Ferreira?

Preparación para el examen estandarizado

SAT/ACT

54. Se descubrió una enfermedad poco común que afecta a 2 de cada 10,000 árboles de un bosque. ¿Qué porcentaje de los árboles se encuentra afectado?

   (A) 0.0002%   (B) 0.002%   (C) 0.02%   (D) 0.2%

55. Un kilómetro equivale aproximadamente a 5/8 mi. Un piloto de carros de carrera europeo está manejando a 120 km/h. Aproximadamente, ¿a qué velocidad maneja en millas por hora?

   (F) 75 mi/h   (G) 100 mi/h   (H) 160 mi/h   (I) 192 mi/h

56. ¿Cuál es la solución de $\frac{x}{2} + \frac{x}{3} - 15 = 0$?

   (A) 12   (B) 18   (C) 24   (D) 30

Repaso mixto

57. Arte En una tarjeta postal se va a reproducir una pintura de 36 cm de ancho y 22.5 cm de alto. En la postal, la imagen tendrá 9 cm de altura. ¿Qué ancho tendrá la imagen?

◀ Ver la Lección 2-8.

58. Gatos El gato de Alexis come cada 5 días 3 latas de comida para gatos. Alexis no estará en su casa durante 30 días, pero un amigo va a alimentar a su gato. ¿Cuántas latas de comida para gatos deberá dejar para alimentarlo mientras ella no esté?

◀ Ver la Lección 2-7.

59. Taxis Un taxi cobra $1.75 por el primer $\frac{1}{8}$ mi y $.30 por cada $\frac{1}{8}$ mi adicional. Escribe una ecuación que indique el costo c de un viaje en taxi en términos de la cantidad de millas m. ¿Cuántas millas recorriste si el viaje costó $7.75?

◀ Ver la Lección 2-7.

¡Prepárate! Antes de la Lección 2-10, haz los Ejercicios 60 a 62.

Resuelve cada problema de porcentaje.

◀ Ver la Lección 2-9.

60. ¿Qué porcentaje es 100 de 8?   **61.** ¿Cuánto es el 20% de 3?   **62.** ¿Qué porcentaje es 35 de 20?

2-10 Expresar el cambio como un porcentaje

Objetivos Hallar cambios porcentuales.
Hallar el error relativo en medidas lineales y no lineales.

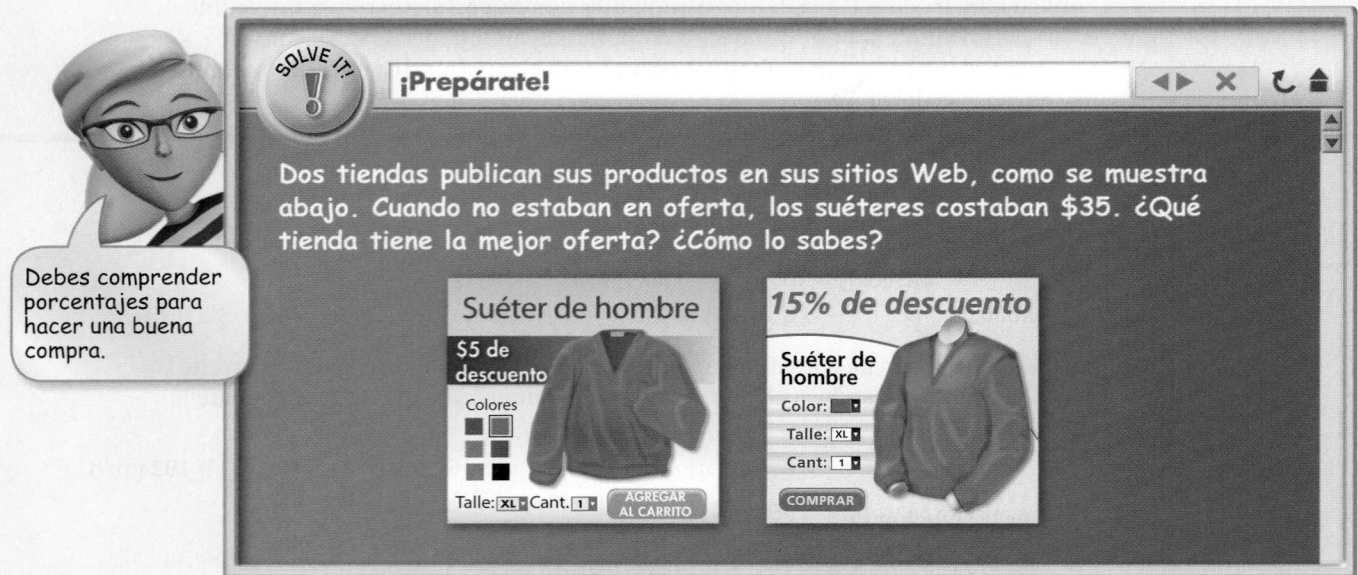

¡Prepárate!

Dos tiendas publican sus productos en sus sitios Web, como se muestra abajo. Cuando no estaban en oferta, los suéteres costaban $35. ¿Qué tienda tiene la mejor oferta? ¿Cómo lo sabes?

Debes comprender porcentajes para hacer una buena compra.

Suéter de hombre
$5 de descuento
Colores
Talle: XL Cant. 1   AGREGAR AL CARRITO

15% de descuento
Suéter de hombre
Color:
Talle: XL
Cant: 1
COMPRAR

Vocabulario de la lección
- cambio porcentual
- aumento porcentual
- disminución porcentual
- error relativo
- error porcentual

En la actividad de *Solve It!*, el 15% de descuento es un cambio porcentual en el precio del suéter. Un **cambio porcentual** expresa una cantidad de cambio como un porcentaje de una cantidad original. En esta lección, aprenderás cómo calcular el cambio porcentual.

Comprensión esencial Puedes hallar un cambio porcentual si conoces la cantidad inicial y cuánto cambió.

Si una cantidad nueva es mayor que la cantidad original, el cambio porcentual se llama **aumento porcentual**. Si la cantidad nueva es menor que la original, el cambio porcentual se llama **disminución porcentual**.

toma nota

Concepto clave   Cambio porcentual

El cambio porcentual es la razón de la cantidad de cambio y la cantidad original.

$$\text{cambio porcentual, } p\% = \frac{\text{cantidad de aumento o disminución}}{\text{cantidad original}}$$

- candidad de aumento = cantidad nueva − cantidad original
- cantidad de disminución = cantidad original − cantidad nueva

Un ejemplo común de cómo hallar una disminución porcentual es hallar un porcentaje de descuento. Si es necesario, en esta lección redondea los resultados al porcentaje más cercano.

 Problema 1 Hallar una disminución porcentual

Ropa Un abrigo está de oferta. El precio original era $82. El precio rebajado es $74.50. ¿Cuál es el descuento expresado como un cambio porcentual?

Piensa

¿Este problema tiene un aumento porcentual o una disminución porcentual?
La cantidad nueva es menor que la original; por tanto, el problema tiene una disminución porcentual.

$$\text{cambio porcentual} = \frac{\text{cantidad de aumento o disminución}}{\text{cantidad original}}$$

$$= \frac{\text{cantidad original} - \text{cantidad nueva}}{\text{cantidad original}}$$ Ésta es una disminución porcentual. Escribe la razón apropiada.

$$= \frac{82 - 74.50}{82}$$ Sustituye.

$$= \frac{7.5}{82}$$ Simplifica.

$$\approx 0.09, \text{ ó } 9\%$$ Escribe el resultado como un porcentaje.

El precio del abrigo disminuyó aproximadamente en un 9%.

 ¿Comprendiste? **1.** El promedio de precipitaciones mensuales en Chicago, Illinois, llega a su punto máximo en junio, con 4.1 pulgs. El promedio mensual en diciembre es 2.8 pulgs. ¿Cuál es la disminución porcentual de junio a diciembre?

Un ejemplo común de cómo hallar un aumento porcentual es hallar un porcentaje de margen de ganancia.

 Problema 2 Hallar un aumento porcentual

Música Una tienda compra una guitarra eléctrica por $295. Luego, la tienda aumenta el precio de la guitarra a $340. ¿Cuál es el margen de ganancia expresado como un cambio porcentual?

Piensa

¿Has visto un problema como éste anteriormente?
Sí. Hallar aumentos porcentuales es como hallar disminuciones porcentuales. La diferencia está en el cálculo de la cantidad de aumento o de disminución.

$$\text{cambio porcentual} = \frac{\text{cantidad de aumento o disminución}}{\text{cantidad original}}$$

$$= \frac{\text{cantidad nueva} - \text{cantidad original}}{\text{cantidad original}}$$ Éste es un aumento porcentual. Escribe la razón apropiada.

$$= \frac{340 - 295}{295}$$ Sustituye.

$$= \frac{45}{295}$$ Simplifica.

$$\approx 0.15 \text{ ó } 15\%$$ Escribe el resultado como un porcentaje.

El precio de la guitarra aumentó aproximadamente en un 15%.

 ¿Comprendiste? **2.** El peaje que tienen que pagar los carros con pasajeros para pasar por un túnel aumentó en un año de $3 a $3.50. ¿Cuál fue el aumento porcentual?

Comprensión esencial Puedes usar porcentajes para comparar valores estimados o medidos con valores reales o exactos.

Concepto clave Error relativo

El **error relativo** es la razón del valor absoluto de la diferencia de un valor medido (o estimado) y un valor real en comparación con el valor real.

$$\text{error relativo} = \frac{|\,\text{valor estimado o medido } - \text{ valor real}\,|}{\text{valor real}}$$

Cuando un error relativo se expresa como un porcentaje, se llama **error porcentual**.

Problema 3 Hallar errores porcentuales

Opción múltiple Un decorador estima que una alfombra rectangular mide 5 pies por 8 pies. En realidad, la alfombra mide 4 pies por 8 pies. ¿Cuál fue el error porcentual del área estimada?

Ⓐ 0.25%   Ⓑ 20%   Ⓒ 25%   Ⓓ 80%

Piensa

¿Qué te indica el error porcentual?
El error porcentual indica la exactitud de una medida o una estimación.

$\text{error porcentual} = \dfrac{|\,\text{valor estimado } - \text{ valor real}\,|}{\text{valor real}}$ Escribe la razón.

$= \dfrac{|\,5(8) - 4(8)\,|}{4(8)}$ Sustituye.

$= \dfrac{|\,40 - 32\,|}{32}$ Multiplica.

$= \dfrac{8}{32}$ Simplifica.

$= 0.25,$ ó 25%   Escribe el resultado como un porcentaje.

El área estimada es un 25% menos que la real. La respuesta correcta es la C.

 ¿Comprendiste? **3.** Piensas que la distancia que hay entre tu casa y la de un amigo es 5.5 mi. La distancia real es 4.75 mi. ¿Cuál es el error porcentual en tu estimación?

En el Problema 3 se conocían las medidas reales. Muchas veces no conoces las medidas reales pero sí sabes la exactitud de las medidas que tienes.

Recuerda la última vez que usaste una regla. Como la precisión de una regla es limitada, mediste a la unidad o fracción de unidad más cercana, como centímetros o cuartos de pulgada. El máximo error posible que puede haber en cualquier medición es la mitad de la unidad escogida.

Problema 4 Hallar dimensiones máximas y mínimas

Carteles Vas a enmarcar un cartel y mides su longitud a la media pulgada más cercana y obtienes 18.5 pulgs. ¿Cuáles son las longitudes máxima y mínima posibles del cartel?

Mediste a las 0.5 pulgs. más cercanas; por tanto, el máximo error posible es 0.25 pulgs.

Longitud mínima = valor medido − error posible = 18.5 − 0.25 = 18.25
Longitud mínima = valor medido + error posible = 18.5 + 0.25 = 18.75

La longitud mínima posible es 18.25 pulgs. La máxima es 18.75 pulgs.

 ¿Comprendiste? 4. La estatura de un estudiante es 66 pulgs., medida a la pulgada más cercana. ¿Cuáles son las posibles estaturas máxima y mínima del estudiante?

Problema 5 Hallar el máximo error porcentual posible

Manualidades El diagrama de la derecha muestra las medidas de una caja envuelta para regalo a la pulgada más cercana. ¿Cuál es el máximo error porcentual posible al calcular el volumen de la caja?

5 pulgs.

12 pulgs.

6 pulgs.

Lo que sabes
- Las medidas de la caja envuelta para regalo a la pulgada más cercana
- La fórmula de volumen:
  $V = \ell ah$
- El máximo error posible de cada medida: 0.5 pulgs.

Lo que necesitas
El máximo error porcentual posible al calcular el volumen

Planea
Halla los volúmenes mínimo y máximo. Halla las diferencias entre los volúmenes posibles y el volumen medido. Usa la diferencia mayor para hallar el error porcentual.

Volumen medido

$V = \ell ah$
   $= (12)(6)(5)$
   $= 360$

Volumen mínimo

$V = \ell ah$
   $= (11.5)(5.5)(4.5)$
   $= 284.625$

Volumen máximo

$V = \ell ah$
   $= (12.5)(6.5)(5.5)$
   $= 446.875$

Halla las diferencias.

$|\text{volumen mínimo} - \text{volumen medido}| = |284.625 - 360| = 75.375$
$|\text{volumen máximo} - \text{volumen medido}| = |446.875 - 360| = 86.875$

Usa la diferencia mayor para hallar el máximo error porcentual posible.

$$\text{máximo error porcentual posible} = \frac{\text{diferencia mayor del volumen}}{\text{volumen medido}}$$

$$= \frac{86.875}{360} \qquad \text{Sustituye.}$$

$$\approx 0.24 \text{ ó } 24\% \qquad \text{Escribe el resultado como un porcentaje.}$$

El máximo error porcentual posible del volumen, de acuerdo con las medidas tomadas a la pulgada más cercana, es aproximadamente un 24%.

 **¿Comprendiste? 5. Razonamiento** Si la caja envuelta para regalo del Problema 5 se midiera a la media pulgada más cercana, ¿cómo afectaría esto al máximo error posible?

Comprobar la comprensión de la lección

¿CÓMO hacerlo?

1. **Correr** El promedio de tiempo que el año pasado tardaba un atleta para correr una milla fue 6 min 13 s. El promedio del atleta, este año, fue 6 min 5 s. ¿Cuál es la disminución porcentual?

2. **Carros** Una concesionaria de carros usados compra un carro por $2800 y lo vende a $4500. ¿Cuál es el aumento porcentual?

3. **Caballos** Un veterinario midió la altura de un caballo hasta el lomo en 7.5 pies, al medio pie más cercano. ¿Cuáles son las alturas máxima y mínima posibles del caballo?

¿Lo ENTIENDES?

4. **Vocabulario** Determina si las situaciones incluyen un aumento porcentual o una disminución porcentual.

   a. Un sombrero que costaba $12 se vendió a $9.50.

   b. Compras un CD por $10 y lo vendes a $8.

   c. Una tienda compra vasos al por mayor por $2 cada vaso. Luego, la tienda los vende a $4.50.

5. **Razonamiento** ¿Cuál es el máximo error posible en una medición que se toma a la décima de metro más cercana?

6. **Escribir** ¿En qué se diferencia calcular un aumento porcentual de calcular una disminución porcentual?

Ejercicios de práctica y resolución de Problemas

 **Práctica** **Indica si cada cambio porcentual es un aumento o una disminución. Luego, halla el cambio porcentual. Redondea al porcentaje más cercano.** ◀ **Ver los Problemas 1 y 2.**

7. cantidad original: 12
   cantidad nueva: 18

8. cantidad original: 9
   cantidad nueva: 6

9. cantidad original: 15
   cantidad nueva: 14

10. cantidad original: 7.5
    cantidad nueva: 9.5

11. cantidad original: 40.2
    cantidad nueva: 38.6

12. cantidad original: 2008
    cantidad nueva: 1975

13. cantidad original: 14,500
    cantidad nueva: 22,320

14. cantidad original: 195.50
    cantidad nueva: 215.25

15. cantidad original: 1325.60
    cantidad nueva: 1685.60

16. **Empleo** Cuando se contrató a un empleado, su salario era de $8 por hora. Después de recibir un aumento, el empleado ganaba $8.75 por hora. ¿Cuál fue el aumento porcentual?

17. **Clima** El 1.° de junio de 2007 hubo aproximadamente 18.75 h de luz del día en Anchorage, Alaska. El 1.° de noviembre de 2007, hubo aproximadamente 8.5 h de luz. ¿Cuál fue la disminución porcentual?

Halla el error porcentual en cada estimación. Redondea al porcentaje más cercano. ◀ **Ver el Problema 3.**

18. Estimas que el hermanito de tu amigo tiene aproximadamente 8 años. En realidad, tiene 6.5 años.

19. Estimas que tu escuela tiene aproximadamente 45 pies de altura. En realidad, tiene 52 pies de altura.

Se da una medida. Halla las medidas máxima y mínima posibles.

◀ Ver el Problema 4.

20. El peso que un doctor toma de un paciente es 162 lb, a la libra más cercana.

21. Un huevo de avestruz tiene una masa de 1.1 kg a la décima de kilogramo más cercana.

22. La longitud de la célula de una cebolla es 0.4 mm a la décima de milímetro más cercana.

23. Geometría La siguiente tabla muestra las dimensiones que tiene un prisma y las dimensiones máxima y mínima posibles basadas en el máximo error posible. ¿Cuál es el máximo error porcentual posible cuando se halla el volumen del prisma?

◀ Ver el Problema 5.

Dimensiones	Largo	Ancho	Alto
Medida	10	6	4
Mínima	9.5	5.5	3.5
Máxima	10.5	6.5	4.5

24. Geometría Las longitudes de lado del rectángulo de la derecha se midieron a la mitad de metro más cercana. ¿Cuál es el máximo error porcentual posible cuando se halla el área del rectángulo?

7.5 m

18.5 m

Ⓑ Aplicación **Halla el cambio porcentual. Redondea al porcentaje más cercano.**

25. de 2 pies a $5\frac{1}{2}$ pies

26. de 18 lb a $22\frac{1}{4}$ lb

27. de $140\frac{1}{4}$ g a $80\frac{3}{4}$ g

28. de $8.99 a $15.99

29. de $168.45 a $234.56

30. de $4023.52 a $982.13

Se dan las dimensiones de un rectángulo medidas a la unidad entera más cercana. Halla las áreas máxima y mínima posibles de cada rectángulo.

31. 7 m por 8 m

32. 18 pulgs. por 15 pulgs.

33. 24 pies por 22 pies

34. Escribir ¿En qué se parecen un cambio porcentual y un error porcentual?

35. Respuesta de desarrollo Escribe un problema de cambio porcentual que hayas vivido recientemente.

36. Pensar en un plan Durante una temporada, un promedio de 6500 fanáticos presenciaron cada partido del equipo de básquetbol de una universidad cuando el equipo jugaba de local. La temporada siguiente, el promedio de fanáticos por partido aumentó aproximadamente en un 12%. ¿Cuál fue el promedio de fanáticos de cada partido durante esa temporada?
  • ¿Qué información falta: la cantidad nueva o la cantidad original?
  • ¿Cómo te ayuda un cambio porcentual a hallar la cantidad que falta?

37. Analizar errores Un estudiantes quiere hallar el cambio porcentual cuando una cantidad aumenta de 12 a 18, como se muestra a la derecha. Describe el error del estudiante y corrígelo.

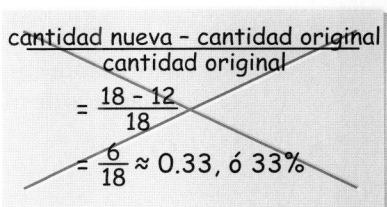

38. **Error de redondeo** Tu clase de Ciencias visita un acuario. En el informe que presentaste sobre la visita, dibujaste una de las peceras y redondeaste las medidas como se muestra en el diagrama de la derecha. Puedes afirmar según las medidas que se redondearon que el volumen de la pecera es aproximadamente de $(7)(5)(3) = 105$ m³. ¿Cuál es el error porcentual de tu cálculo del volumen, según ese redondeo?

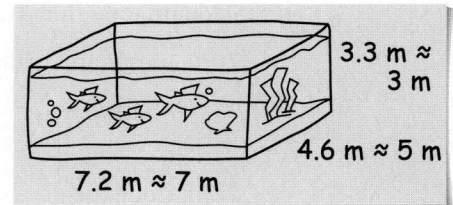

3.3 m ≈ 3 m

4.6 m ≈ 5 m

7.2 m ≈ 7 m

39. **Descuentos para estudiantes** Para obtener un 5% de descuento, muestras tu identificación de estudiante en un restaurante de la zona. Pagas $12 por tu comida. ¿Cuánto hubiera costado tu comida sin el descuento?

 **Desafío**

40. **Geometría** Un cilindro mide 2 pies de altura. El diámetro de la base es 5 pies. Cada dimensión es exacta al pie más cercano. ¿Cuál es el máximo error posible al calcular el volumen del cilindro? Usa 3.14 para π.

41. **a.** Se aumentó en un 10% la longitud de los lados de un cuadrado que mide 4 m por 4 m. Halla el aumento porcentual del área.
   b. Se aumentó en un 10% la longitud de los lados de un cuadrado que mide 6 m por 6 m. Halla el aumento porcentual del área.
   c. **Razonamiento** Predice el aumento porcentual del área de un cuadrado que mide 8 m por 8 m si las longitudes de los lados se aumentan en un 10%. Explica y comprueba tu respuesta.

Preparación para el examen estandarizado

SAT/ACT

42. Marcus compró una camisa que tenía un precio marcado de $28, pero estaba rebajado en un 15% de ese precio. ¿Cuál es el precio de la camisa con el descuento?

   Ⓐ $4.20   Ⓑ $23.80   Ⓒ $24.80   Ⓓ $32.20

43. ¿Qué ecuación obtienes cuando resuelves $ax + bx = c$ para hallar x?

   Ⓕ $x = c - ab$ Ⓖ $x = c - a - b$ Ⓗ $x = \dfrac{c}{a - b}$ Ⓘ $x = \dfrac{c}{a + b}$

44. Un maestro quiere entregar 2 lápices a cada estudiante. Una tienda vende lápices en cajas que traen 24 unidades. Si el maestro tiene 125 estudiantes en total, ¿cuántas cajas debe comprar?

   Ⓐ 5   Ⓑ 6   Ⓒ 10   Ⓓ 11

Repaso mixto

Resuelve cada problema de porcentaje.   ◀ Ver la Lección 2-9.

45. ¿Qué porcentaje es 8 de 12?   46. ¿Cuánto es el 35% de 185?   47. ¿El 20% de qué número es 4.2?

¡Prepárate!   Antes de la Lección 3-1, haz los Ejercicios 48 a 51.

Representa con una gráfica los números en una misma recta numérica. Luego, ordénalos de menor a mayor.   ◀ Ver la Lección 1-3.

48. -3 49. $\dfrac{1}{2}$ 50. 2   51. -2.8

Integración de conocimientos

Para resolver estos problemas, deberás integrar muchos conceptos y destrezas que has estudiado, relacionados con la resolución de ecuaciones, las tasas y las proporciones.

GRAN idea   Equivalencia

Puedes representar una ecuación de muchas maneras. Las representaciones equivalentes tienen la misma solución que la ecuación original.

Tarea 1

Se muestra la solución de la ecuación ❋▲ + ♥ = ✿. Usa propiedades matemáticas para explicar tus respuestas a cada una de las siguientes partes.

   a. Explica por qué puedes restar ♥ a cada lado en el Paso 2.
   b. Escribe otra ecuación que sea equivalente a ❋▲ + ♥ = ✿. Justifica tu respuesta.

❋▲ + ♥ = ✿

❋▲ + ♥ − ♥ = ✿ − ♥   Resta ♥ a cada lado.

❋▲ = ✦   Simplifica.

$\frac{❋▲}{❋} = \frac{✦}{❋}$ Divide cada lado por ❋.

▲ = ●   Simplifica.

GRAN idea   Resolver ecuaciones y desigualdades

Puedes usar las propiedades de los números y de la igualdad para convertir ecuaciones en otras ecuaciones equivalentes más sencillas y hallar soluciones.

Tarea 2

Resuelve usando dos métodos diferentes. Explica qué método prefieres usar.

   a. $24 = \frac{2}{3}x + 12$
   b. $0.5(y + 12) = -2.5y - 8$
   c. $\frac{x - 3}{5} = \frac{3x}{7}$

GRAN idea   Proporcionalidad

En una relación proporcional, las razones de dos cantidades son iguales. Puedes usar esta relación para describir figuras semejantes, modelos a escala y tasas.

Tarea 3

Resuelve. Muestra tu trabajo y explica los pasos que seguiste.

Una familia alquila un camión para mudarse de Búfalo a Chicago. El alquiler tiene un costo base de $49.95, más un costo adicional de $1.19 por milla recorrida. La familia también paga la gasolina, que cuesta $3.89 el galón. El promedio del consumo de gasolina del camión es 18 millas por galón. ¿Cuál es el costo total de la mudanza? (*Pista:* Usa el mapa para estimar la distancia que van a recorrer).

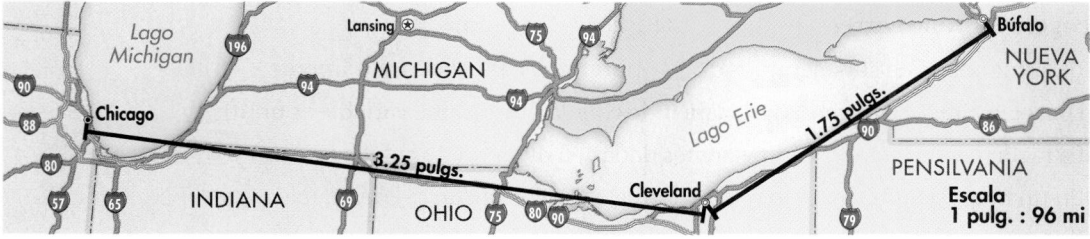

2 Repaso del capítulo

Conectar las GRANDES ideas y responder a las preguntas esenciales

1 Equivalencia
Puedes representar una ecuación de muchas maneras. Las representaciones equivalentes tienen la misma solución que la ecuación original.

Resolver ecuaciones (Lecciones 2-1, 2-2, 2-3 y 2-4)
Las ecuaciones equivalentes tienen la misma solución o soluciones. Para resolver una ecuación dada, debes desarrollar una serie de ecuaciones equivalentes más sencillas que aíslen la variable.

2 Resolver ecuaciones y desigualdades
Puedes usar las propiedades de los números y de la igualdad para convertir ecuaciones en otras ecuaciones equivalentes más sencillas y hallar soluciones.

Resolver ecuaciones (Lecciones 2-1, 2-2, 2-3 y 2-4)
Usa ecuaciones para representar situaciones de la vida diaria y hallar cantidades desconocidas.

Ecuaciones literales y fórmulas (Lección 2-5)
Las fórmulas representan relaciones confiables de la vida diaria. Úsalas para resolver problemas.

3 Proporcionalidad
En una relación proporcional, las razones de dos cantidades son iguales. Puedes usar esta relación para describir figuras semejantes, modelos a escala y tasas.

Tasas, proporciones y figuras semejantes (Lecciones 2-6, 2-7 y 2-8)
Usa tasas para representar ideas como crecimiento, velocidad y precios por unidad. Usa proporciones para interpretar dibujos a escala.

Porcentajes (Lecciones 2-9 y 2-10)
Las fórmulas representan relaciones de la vida real confiables. Úsalas para resolver problemas.

Vocabulario del capítulo

- aislar (p. 82)
- análisis de unidades (p. 119)
- aumento porcentual (p. 144)
- cambio porcentual (p. 144)
- dibujo a escala (p. 132)
- disminución porcentual (p. 144)
- ecuaciones equivalentes (p. 81)

- ecuaciones literales (p. 109)
- error porcentual (p. 146)
- error relativo (p. 146)
- escala (p. 132)
- factor de conversión (p. 119)
- figuras semejantes (p. 130)
- fórmula (p. 110)
- identidad (p. 104)

- modelo a escala (p. 132)
- operaciones inversas (p. 82)
- productos cruzados (p. 125)
- propiedad de división de la igualdad (p. 83)
- propiedad de los productos cruzados (p. 125)
- propiedad de suma de la igualdad (p. 81)

- propiedad de resta de la igualdad (p. 81)
- propiedad multiplicativa de la igualdad (p. 83)
- proporción (p. 124)
- razón (p. 118)
- tasa (p. 118)
- tasa por unidad (p. 118)

Escoge el término correcto para completar cada oración.

1. La suma y la resta son ejemplos de __?__ porque se cancelan mutuamente.

2. Una ecuación que es verdadera para todos los valores de una variable es un(a) __?__ .

3. La razón de dos medidas equivalentes dadas en diferentes unidades es un(a) __?__ .

4. En un mapa, la información como "1 pulg. : 5 mi" es el/la __?__ del mapa.

5. En la proporción $\frac{a}{b} = \frac{c}{d}$, ad y bc son las/los __?__ .

2-1 y 2-2 Resolver ecuaciones de un paso y de dos pasos

Repaso rápido

Para resolver una ecuación, debes aislar la variable a un lado de la ecuación. Puedes usar **propiedades de la igualdad** y **operaciones inversas** para aislar la variable. Por ejemplo, usas la multiplicación para cancelar su operación inversa, la división.

Ejemplo

¿Cuál es la solución de $\frac{y}{2} + 5 = 8$?

$$\frac{y}{2} + 5 - 5 = 8 - 5 \qquad \text{Resta para cancelar la suma.}$$

$$\frac{y}{2} = 3 \qquad \text{Simplifica.}$$

$$2 \cdot \frac{y}{2} = 3 \cdot 2 \qquad \text{Multiplica para cancelar la división.}$$

$$y = 6 \qquad \text{Simplifica.}$$

Ejercicios

Resuelve cada ecuación. Comprueba tus respuestas.

6. $x + 5 = -2$

7. $a - 2.5 = 4.5$

8. $3b = 42$

9. $\frac{n}{5} = 13$

10. $7x - 2 = 22.5$

11. $\frac{y}{4} - 3 = -4$

12. $8 + 3m = -7$

13. $-\frac{3d}{4} + 5 = 11$

14. Cenar Cinco amigos dividen en partes iguales la cuenta de un restaurante que suma $32.50. ¿Cuánto paga cada uno?

15. Razonamiento Justifica cada paso al resolver $4x - 3 = 9$.

$$4x - 3 + 3 = 9 + 3 \qquad \underline{\quad ? \quad}$$

$$4x = 12 \qquad \underline{\quad ? \quad}$$

$$\frac{4x}{4} = \frac{12}{4} \qquad \underline{\quad ? \quad}$$

$$x = 3 \qquad \underline{\quad ? \quad}$$

2-3 Resolver ecuaciones de varios pasos

Repaso rápido

Para resolver algunas ecuaciones, es posible que necesites combinar términos semejantes o usar la propiedad distributiva para quitar fracciones o decimales.

Ejemplo

¿Cuál es la solución de $12 = 2x + \frac{4}{3} - \frac{2x}{3}$?

$$3 \cdot 12 = 3\left(2x + \frac{4}{3} - \frac{2x}{3}\right) \qquad \text{Multiplica por 3.}$$

$$36 = 6x + 4 - 2x \qquad \text{Simplifica.}$$

$$36 = 4x + 4 \qquad \text{Combina los términos semejantes.}$$

$$36 - 4 = 4x + 4 - 4 \qquad \text{Resta 4.}$$

$$32 = 4x \qquad \text{Combina los términos semejantes.}$$

$$\frac{32}{4} = \frac{4x}{4} \qquad \text{Divide cada lado por 4.}$$

$$8 = x \qquad \text{Simplifica.}$$

Ejercicios

Resuelve cada ecuación. Comprueba tu respuesta.

16. $7(s - 5) = 42$

17. $3a + 2 - 5a = -14$

18. $-4b - 5 + 2b = 10$

19. $3.4t + 0.08 = 11$

20. $10 = \frac{c}{3} - 4 + \frac{c}{6}$

21. $\frac{2x}{7} + \frac{4}{5} = 5$

Escribe una ecuación para representar cada situación. Luego, resuelve la ecuación.

22. Ganancias Trabajas 4 h el sábado y 8 h el domingo. Además, recibes una bonificación de $50. Ganas $164 en total. ¿Cuánto ganaste por hora?

23. Espectáculos Cada boleto para un concierto comprado en Internet cuesta $37, más un cargo por servicios de $8.50 por cada boleto. El sitio Web también cobra una tarifa por transacción de $14.99 por la compra. En total, pagaste $242.49. ¿Cuántos boletos compraste?

2-4 Resolver ecuaciones que tienen variables a ambos lados

Repaso rápido

Cuando una ecuación tiene variables a ambos lados, puedes usar las propiedades de la igualdad para aislar la variable a un lado. Una ecuación no tiene solución si ningún valor de la variable la hace verdadera. Una ecuación es una **identidad** si cada valor de la variable la hace verdadera.

Ejemplo

¿Cuál es la solución de $3x - 7 = 5x + 19$?

$3x - 7 - 3x = 5x + 19 - 3x$	Resta $3x$.
$-7 = 2x + 19$	Simplifica.
$-7 - 19 = 2x + 19 - 19$	Resta 19.
$-26 = 2x$	Simplifica.
$\frac{-26}{2} = \frac{2x}{2}$	Divide cada lado por 2.
$-13 = x$	Simplifica.

Ejercicios

Resuelve cada ecuación. Si la ecuación es una identidad, escribe *identidad*. Si no tiene solución, escribe *sin solución*.

24. $\frac{2}{3}x + 4 = \frac{3}{5}x - 2$ **25.** $6 - 0.25f = f - 3$

26. $3(h - 4) = -\frac{1}{2}(24 - 6h)$ **27.** $5n = 20(4 + 0.25n)$

28. Arquitectura Dos edificios tienen la misma altura total. Uno de los edificios tiene 8 pisos con una altura h. El otro edificio tiene una planta baja de 16 pies y 6 pisos más de altura h. Escribe una ecuación para hallar la altura h de los pisos y resuélvela.

29. Viajes Un tren hace un viaje a 65 mi/h. Un avión que va a 130 mi/h hace el mismo viaje en 3 horas menos. Escribe una ecuación para hallar la distancia del viaje y resuélvela.

2-5 Ecuaciones literales y fórmulas

Repaso rápido

Una **ecuación literal** es una ecuación que incluye una o más variables. Una **fórmula** es una ecuación que establece una relación entre cantidades. Puedes usar las propiedades de la igualdad para resolver una ecuación literal para una variable en términos de otras variables.

Ejemplo

¿Cuál es el ancho de un rectángulo que tiene 91 pies^2 de área y 7 pies de una longitud?

$A = \ell a$	Escribe la fórmula apropiada.
$\frac{A}{\ell} = a$	Divide cada lado por ℓ.
$\frac{91}{7} = a$	Sustituye A por 91 y ℓ por 7.
$13 = a$	Simplifica.

El ancho del rectángulo es 13 pies.

Ejercicios

Resuelve cada ecuación para hallar x.

30. $ax + bx = -c$ **31.** $\frac{x + r}{t} + 1 = 0$

32. $m - 3x = 2x + p$ **33.** $\frac{x}{p} + \frac{x}{q} = s$

Resuelve cada problema. Si es necesario, redondea a la décima más cercana. Usa 3.14 para π.

34. ¿Cuál es el ancho de un rectángulo que tiene 5.5 cm de longitud y 220 cm^2 de área?

35. ¿Cuál es el radio de un círculo que tiene 94.2 mm de circunferencia?

36. Un triángulo tiene 15 pulgs. de altura y 120 pulgs.^{2} de área. ¿Cuál es la longitud de la base?

2-6 Razones, tasas y conversiones

Repaso rápido

Una razón entre dos números medidos en diferentes unidades se llama **tasa**. Un **factor de conversión** es una razón de dos medidas equivalentes en unidades diferentes, como $\frac{1\ h}{60\ min}$, y siempre es igual a 1. Para convertir de una unidad a otra, debes multiplicar la unidad original por un factor de conversión que tenga las unidades originales en el denominador y las unidades escogidas en el numerador.

Ejemplo

Una pintura mide 17.5 pulgs. de ancho. ¿Cuál es el ancho en centímetros? Recuerda que 1 pulg. = 2.54 cm.

$$17.5\ \text{pulgs.} \cdot \frac{2.54\ cm}{1\ \text{pulg.}} = 44.45\ cm$$

La pintura mide 44.45 cm de ancho.

Ejercicios

Convierte las cantidades dadas a las unidades que se indican.

37. $6\frac{1}{2}$ pies; pulgs.

38. 4 lb 7 oz; oz

39. 135 s; min

40. 2.25 mi; yd

41. Producción Una máquina que corta pan en rebanadas funciona 20 h por día durante 30 días y corta 144,000 panes. ¿Cuántos panes corta por hora?

42. Mascotas Un jerbo consume aproximadamente $\frac{1}{4}$ oz de comida por día. Aproximadamente, ¿cuántas libras de comida come un jerbo en un año?

43. Deportes Si una pelota de béisbol se desplaza a 90 mi/h, ¿cuántos segundos tarda en desplazarse 60 pies?

2-7 y 2-8 Resolver proporciones y usar figuras semejantes

Repaso rápido

Los **productos cruzados** de una proporción son iguales. Si $\frac{a}{b} = \frac{c}{d}$, donde $b \neq 0$ y $d \neq 0$, entonces $ad = bc$.

Si dos figuras son **semejantes**, entonces los ángulos correspondientes son congruentes y las longitudes de los lados correspondientes están en proporción. Puedes usar proporciones para hallar las longitudes de lados que faltan en figuras semejantes y para hacer una medición indirecta.

Ejemplo

Un árbol proyecta una sombra de 10 m de largo. En el mismo momento, un cartel que está al lado del árbol proyecta una sombra de 4 m de largo. El cartel mide 2.5 m de altura. ¿Cuál es la altura del árbol?

$\frac{x}{10} = \frac{2.5}{4}$ Escribe una proporción.

$4x = 10(2.5)$ Propiedad de los productos cruzados

$4x = 25$ Simplifica.

$x = 6.25$ Divide cada lado por 4.

Ejercicios

Resuelve cada proporción.

44. $\frac{3}{7} = \frac{9}{x}$

45. $\frac{-8}{10} = \frac{y}{5}$

46. $\frac{6}{15} = \frac{a}{4}$

47. $\frac{3}{-7} = \frac{-9}{t}$

48. $\frac{b+3}{7} = \frac{b-3}{6}$

49. $\frac{5}{2c-3} = \frac{3}{7c+4}$

50. Modelos Un avión tiene 25 pies de envergadura y 20 pies de longitud. Vas a diseñar un avión a escala con 15 pulgs. de envergadura. ¿Cuál será la longitud de tu modelo?

51. Proyecciones Proyectas un dibujo de 7 pulgs. de ancho y $4\frac{1}{2}$ pulgs. de alto sobre una pared. La imagen proyectada mide 27 pulgs. de altura. ¿Cuál es el ancho de la imagen proyectada?

2-9 Porcentajes

Repaso rápido

Un porcentaje es una razón que compara un número con 100. Si escribes un porcentaje como una fracción, puedes usar una proporción para resolver el problema de porcentaje.

Ejemplo

¿Qué porcentaje es 105 de 84?

$$\frac{105}{84} = \frac{p}{100}$$ Escribe la proporción del porcentaje.

$$100(105) = 84p$$ Propiedad de los productos cruzados

$$10,500 = 84p$$ Simplifica.

$$125 = p$$ Divide cada lado por 84.

105 es el 125% de 84.

Ejercicios

52. ¿Qué porcentaje es 111 de 37?

53. ¿Cuánto es el 72% de 150?

54. ¿El 60% de qué número es 102?

55. Jardinería Una jardinera piensa que el 75% de las semillas que siembra van a germinar. Quiere que germinen 45 plantas. ¿Cuántas semillas deberá plantar?

56. Recaudación de fondos Una organización de beneficencia envió 700 cartas para recaudar fondos y recibió 210 contribuciones como respuesta. ¿Cuál fue el porcentaje de respuestas?

57. Encuestas En una encuesta, el 60% de los estudiantes dijo preferir las roscas a las donas. Si respondieron a la encuesta 120 estudiantes, ¿cuántos estudiantes prefirieron las roscas?

2-10 Expresar el cambio como un porcentaje

Repaso rápido

El **cambio porcentual** $p\%$ es la razón de la cantidad de cambio y la cantidad original.

$$p\% = \frac{\text{cantidad de aumento o de disminución}}{\text{cantidad original}}$$

Puedes usar la fórmula de cambio porcentual para expresar el cambio como un porcentaje.

Ejemplo

Una librería compra un libro por $16 y aumenta su precio a $28. ¿Cuál es el margen de ganancia que tendrá, expresado como un cambio porcentual?

$$\text{cambio porcentual} = \frac{\text{cantidad nueva} - \text{cantidad original}}{\text{cantidad original}}$$

$$= \frac{28 - 16}{16}$$ Sustituye.

$$= \frac{12}{16}$$ Simplifica.

$$= 0.75 \text{ ó } 75\%$$ Escribe el resultado como un porcentaje.

El precio del libro aumentó en un 75%.

Ejercicios

Indica si cada cambio porcentual es un aumento o una disminución. Luego, halla el cambio porcentual. Redondea al porcentaje más cercano.

58. cantidad original: 27
cantidad nueva: 30

59. cantidad original: 250
cantidad nueva: 200

60. cantidad original: 873
cantidad nueva: 781

61. cantidad original: 4.7
cantidad nueva: 6.2

62. Demografía En 1970, la población de los Estados Unidos fue aproximadamente 205 millones de habitantes. En 2007, fue aproximadamente 301 millones. ¿Cuál fue el aumento porcentual?

63. Astronomía El tiempo que hay entre el amanecer y el atardecer del día más corto del año en Jacksonville, en la Florida, es aproximadamente 10 h 11 min. En el día más largo, este tiempo es 14 h 7 min. ¿Cuál es el aumento porcentual?

64. Clima Una mañana la temperatura fue 38 °F. Esa tarde fue 57 °F. ¿El aumento en la temperatura fue de un 50%? Explica tu respuesta.

Examen del capítulo

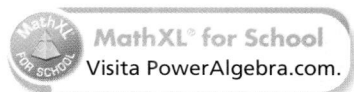

¿CÓMO hacerlo?

Resuelve cada proporción.

1. $\frac{8}{k} = -\frac{12}{30}$

2. $\frac{3}{5} = \frac{y + 1}{9}$

Resuelve cada ecuación. Comprueba tus respuestas.

3. $3w + 2 = w - 4$

4. $\frac{1}{4}(k - 1) = 7$

5. $6y = 12.8$

6. $\frac{5n + 1}{8} = \frac{3n - 5}{4}$

7. **Ciclismo** Andas en bicicleta como entrenamiento para una carrera. Tardas 12 min para recorrer 2.5 mi. ¿Cuál es tu velocidad en millas por hora?

Las figuras de cada par son semejantes. Halla las longitudes que faltan.

8.
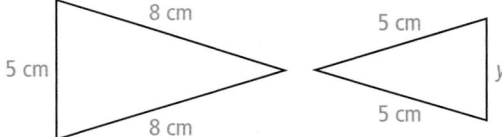

9.

10. **Sombras** Al final de la tarde, un niño que mide 3.5 pies de altura proyecta una sombra de 60 pulgs. El niño está parado junto a un poste de teléfono que proyecta una sombra de 50 pies. Ambas sombras forman triángulos semejantes. ¿Cuál es la altura del poste de teléfono?

Indica si cada cambio porcentual es un aumento o una disminución. Luego, halla el cambio porcentual.

11. cantidad original: $5000
    cantidad nueva: $6500

12. cantidad original: 150 lb
    cantidad nueva: 135 lb

Define una variable y escribe una ecuación para cada situación. Luego, resuelve.

13. **Agricultura y ganadería** Dispones de 100 pies de vallado para construir un corral circular para las ovejas.

    a. ¿Cuál es el diámetro del mayor corral que puedes construir? Usa 3.14 para π.

    b. ¿Cuál es el área del mayor corral que puedes construir?

14. **Mapas** La escala de un mapa es 1 pulg. : 25 mi. Si mides en el mapa 6.5 pulgs. entre dos ciudades, ¿cuál es la distancia real?

15. **Aves** En una reserva de aves, el 30% de las aves son colibríes. Si hay aproximadamente 350 aves en la reserva en un determinado momento, ¿cuántos son colibríes?

¿Lo ENTIENDES?

16. **Razonamiento** Explica qué es más exacto: medir al milímetro más cercano o al octavo de pulgada más cercano.

17. **Escribir** Un paquete de 30 CD vírgenes cuesta $9.50. Un paquete de 50 cuesta $13. ¿Cómo sabes qué compra es más conveniente?

18. **Analizar errores** El año pasado, el promedio de asistencia a los partidos de básquetbol de una escuela aumentó de 1000 a 1500 espectadores. Un estudiante dijo que esto representó un 150% de aumento. Explica el error del estudiante. ¿Cuál es el aumento porcentual real?

2 Preparación para el examen acumulativo

CONSEJOS

En algunas preguntas de los exámenes, se te pide que escribas una respuesta breve. En este libro de texto, las preguntas de respuesta breve por lo general valen 2 puntos cada una. Para obtener la puntuación máxima en una pregunta, debes dar la respuesta correcta (incluyendo las unidades apropiadas si correspondiera) y justificar tu razonamiento o mostrar tu trabajo.

Consejo 1

Si escribes la expresión correcta, pero cometes un error al calcular tu respuesta, podrías obtener un punto.

Para reunir dinero para una excursión con su clase, Mandy vende copias de fotografías históricas. Consigue cada fotografía por $2.75 y cada marco por $4.25. Mandy quiere vender cada fotografía enmarcada por $10.00. Escribe una expresión que represente la cantidad total de dinero que tendrá Mandy después de vender n fotografías enmarcadas. Evalúa tu expresión para 12 fotografías enmarcadas y muestra tu trabajo.

Solución

Gana $3n$ después de vender n fotografías enmarcadas.

Gana $3(12) = \$36$ vendiendo 12 fotografías enmarcadas.

Consejo 2

También puedes obtener un punto si no escribes una expresión, pero muestras un método apropiado para obtener la respuesta correcta.

Piénsalo bien

Para enmarcar cada fotografía, Mandy gasta $\$2.75 + \$4.25 = \$7$. Gana $\$10 - (\$7) = \$3$ por la venta de una fotografía. Por tanto, gana $3n$ por la venta de n fotografías enmarcadas. Gana $3(12) = \$36$ por la venta de 12 fotografías enmarcadas. Esta respuesta está completa y obtendrá 2 puntos.

Desarrollo de vocabulario

Al resolver los ejercicios de un examen, debes comprender lo que significan los términos matemáticos. Empareja cada término con su significado matemático.

A. Variable

B. Semejante

C. Factor de escala

D. Perímetro

E. Fórmula

I. La distancia alrededor de la parte externa de una figura.

II. Dos figuras que tienen exactamente la misma forma pero no necesariamente el mismo tamaño.

III. Una oración matemática que define la relación entre cantidades.

IV. Un símbolo que representa un número o números.

V. La razón de las longitudes de los lados correspondientes de figuras semejantes.

Opción múltiple

Lee cada pregunta. Luego, escribe la letra de la respuesta correcta en tu hoja.

1. ¿Qué expresión es equivalente a $2b - 3a + b + a$?

(A) $b - 2a$ (C) $3b - 4a$

(B) $b - 4a$ (D) $3b - 2a$

2. Belle encuestó a sus compañeros de la clase de música. La razón de estudiantes que prefieren tocar los instrumentos de cuerdas a los que prefieren los instrumentos de viento es 2 : 5. Hay 28 estudiantes en la clase de Belle. ¿Cuántos prefieren tocar los instrumentos de cuerdas?

(F) 5   (H) 20

(G) 8   (I) 25

3. ¿Qué ecuación es equivalente a
$2(3x - 1) - 3(5x - 3) = 4$?

- (A) $-3x - 5 = 4$
- (C) $-9x - 11 = 4$
- (B) $-9x - 4 = 4$
- (D) $-9x + 7 = 4$

4. El enunciado $-2 \cdot (7 \cdot 4) = (-2 \cdot 7) \cdot 4$ es un ejemplo ¿de qué propiedad?

- (F) Propiedad conmutativa de la multiplicación
- (G) Propiedad de identidad de la multiplicación
- (H) Propiedad distributiva
- (I) Propiedad asociativa de la multiplicación

5. Jim usa 3 tazas de duraznos para elaborar 4 frascos de mermelada. También prepara mermelada de fresa y durazno. Usa la misma cantidad de fresas que de duraznos. ¿Cuántas tazas de fresas necesita Jim para elaborar 10 frascos de mermelada de fresa y durazno?

- (A) $3\frac{3}{4}$ t
- (C) $7\frac{1}{2}$ t
- (B) $4\frac{1}{2}$ t
- (D) 9 t

6. ¿A cuál de las siguientes expresiones es equivalente $3(6x + 2) - 2(5x + 3)$?

- (F) $8x$
- (H) $8x + 9$
- (G) $8x + 5$
- (I) $8x + 12$

7. El carro de Sabrina recorrió 28,000 millas. Si recorre 36 mi por día, ¿qué ecuación se puede usar para hallar la cantidad total de millas m que habrá recorrido el carro de Sabrina después de que lo use por d días?

- (A) $d = 36m + 28,000$
- (B) $m = 36d + 28,000$
- (C) $m + 36d = 28,000$
- (D) $d = 28,000m + 36$

8. ¿Qué operación se debe hacer primero para simplificar la expresión $12 + 6 \cdot 3 - (35 - 14 \div 7)$?

- (F) $12 + 6$
- (H) $35 - 14$
- (G) $6 \cdot 3$
- (I) $14 \div 7$

9. Érica está armando sombreros con plumas para la obra de teatro de su escuela. Cada sombrero lleva 3 plumas. ¿Qué ecuación representa la cantidad de plumas p que Érica necesita para armar s sombreros?

- (A) $s = 3p$
- (C) $s = p + 3$
- (B) $p = 3s$
- (D) $p = s + 3$

10. ¿Qué propiedad muestra la ecuación $8 \times (7 \times 9) = (7 \times 9) \times 8$?

- (F) Propiedad conmutativa de la multiplicación
- (G) Propiedad asociativa de la multiplicación
- (H) Propiedad de identidad de la multiplicación
- (I) Propiedad de cerradura de la multiplicación

11. Usa el diagrama de abajo, que muestra triángulos semejantes que se forman con las sombras de una persona y de un árbol.

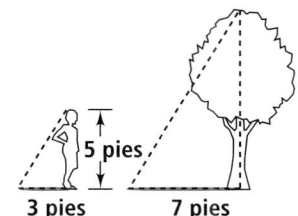

5 pies

3 pies   7 pies

¿Cuál es la altura aproximada del árbol?

- (A) 4 pies
- (C) 12 pies
- (B) 9 pies
- (D) 105 pies

12. ¿Cuál de las siguientes fracciones es equivalente a $\frac{36}{153}$?

- (F) $\frac{13}{47}$
- (H) $\frac{4}{17}$
- (G) $\frac{1}{9}$
- (I) $\frac{9}{34}$

13. ¿Qué producto es igual a -36?

- (A) $12(2 - 12)$
- (B) $6(2 + 12)$
- (C) $12(1 - 22)$
- (D) $3(10 - 22)$

14. El año pasado, Conner pagó el 15% de sus ingresos en impuestos nacionales. En total pagó $3000. José también pagó el 15% de sus ingresos en impuestos, pero pagó $3600. ¿Cuánto más que Conner gana José?

- F $4000
- G $6000
- H $20,000
- I $24,000

15. La tabla muestra los precios de los boletos de autobús según las millas que se recorran. ¿Qué ecuación representa la relación entre el precio del boleto p y la cantidad de millas viajadas m?

Millas	Precio
100	$50
150	$70
200	$90
250	$110

- A $p = 2m$
- B $p = 0.5m$
- C $p = 2m + 10$
- D $p = 0.4m + 10$

16. La fórmula del volumen V de un cono es $V = \frac{1}{3}\pi r^2 h$, donde h es la altura del cono y r es el radio de la base. La altura de un cono es 5 pulgs. y el radio de la base es 2 pulgs. ¿Cuál es el volumen aproximado del cono? Usa 3.14 para π.

- F 2 pulgs.^{3}
- G 6 pulgs.^{3}
- H 15 pulgs.^{3}
- I 21 pulgs.^{3}

17. Durante una excursión, Josh anotó el tiempo que tardaba en recorrer las distancias que muestra la tabla de abajo.

Tiempo (horas)	2	5	7	8
Distancia (millas)	60	150	210	240

¿Qué ecuación representa la relación entre la distancia d y el tiempo t?

- A $d = 30t$
- B $t = 30d$
- C $d = 30 + t$
- D $t = d + 30$

Anota tus respuestas en una plantilla.

18. ¿Cuál es el valor de x si $\frac{13}{55} = \frac{x}{10}$? Redondea tu respuesta a la centésima más cercana.

19. Cuando Paige terminó la escuela intermedia e ingresó en la secundaria, el tamaño de su clase aumentó en un 225%. En su clase de la escuela intermedia había 56 estudiantes. ¿Cuántos estudiantes hay en su clase de la secundaria?

20. El perímetro de un rectángulo está dado por la ecuación $2a + 33 = 54$. ¿Cuánto mide a, el ancho del rectángulo?

21. Pablo puede lavar 6 carros en 40 min. A esta tasa, ¿cuántos carros podrá lavar Pablo en 4 h?

22. La fórmula del tiempo que permanece un semáforo en amarillo es $t = \frac{1}{8}v + 1$, donde t representa el tiempo en segundos y v el límite de velocidad en millas por hora. Si la luz está en amarillo durante 6 s, ¿cuál es el límite de velocidad en millas por hora?

Respuesta breve

23. El costo por usar una tarjeta telefónica es 35 centavos por llamada más 25 centavos por minuto. Escribe una expresión para hallar el costo de una llamada que dura n minutos. Una determinada llamada costó $3.60. ¿Cuántos minutos duró la llamada? Muestra tu trabajo.

24. Travis vende fotos de ciudades de todo el país, en blanco y negro. El ancho de cada foto es igual a la mitad de su altura. Escribe una ecuación que represente el área A de una foto dada su altura h. Usa esta ecuación para hallar el área de una foto de 4 pulgs. de alto.

25. Carroll tiene un retazo de tela de 4 yd de largo para confeccionar cortinas. Cada cortina necesita un recorte de tela de 16 pulgs. de largo. ¿Cuántas cortinas puede confeccionar Carroll?

26. Una empresa que alquila carros cobra $25.00 por día más $.30 por cada milla que se recorra con el carro. Daniel alquila un carro mientras reparan el suyo y sólo lo usa para ir y volver de su trabajo todos los días. Daniel maneja 7 mi hasta su trabajo y otras 7 mi de vuelta. Escribe una expresión que represente el costo que tiene Daniel para alquilar un carro durante d días. Daniel lo alquila por 4 días. ¿Cuánto debe pagar por el alquiler?

¡Prepárate!

Lección 1-3 ◀ ## Ordenar números racionales

Completa cada enunciado con $<$, $=$ ó $>$.

1. -3 ■ -5 **2.** 7 ■ $\frac{14}{2}$ **3.** -8 ■ -8.4 **4.** $-\frac{5}{2}$ ■ 2.5

Lección 1-5 ◀ ## Valor absoluto

Simplifica cada expresión.

5. $5 + |4 - 6|$ **6.** $|30 - 28| - 6$ **7.** $|-7 + 2| - 4$

Lección 2-1 ◀ ## Resolver ecuaciones de un paso

Resuelve cada ecuación. Comprueba las soluciones.

8. $x - 4 = -2$ **9.** $b + 4 = 7$ **10.** $-\frac{3}{4}y = 9$ **11.** $\frac{m}{12} = 2.7$

12. $-8 + x = 15$ **13.** $n - 7 = 22.5$ **14.** $-\frac{12}{7}z = 48$ **15.** $\frac{5y}{4} = -15$

Lección 2-2 ◀ ## Resolver ecuaciones de dos pasos

Resuelve cada ecuación. Comprueba las soluciones.

16. $-5 + \frac{b}{4} = 7$ **17.** $4.2m + 4 = 25$ **18.** $-12 = 6 + \frac{3}{4}x$

19. $6 = -z - 4$ **20.** $4m + 2.3 = 9.7$ **21.** $\frac{5}{8}t - 7 = -22$

22. $-4.7 = 3y + 1.3$ **23.** $12.2 = 5.3x - 3.7$ **24.** $5 - \frac{1}{3}x = -15$

Lecciones 2-3 y 2-4 ◀ ## Resolver ecuaciones de varios pasos

Resuelve cada ecuación. Comprueba las soluciones.

25. $4t + 7 + 6t = -33$ **26.** $2a + 5 = 9a - 16$ **27.** $\frac{1}{3} + \frac{4y}{6} = \frac{2}{3}$

28. $6(y - 2) = 8 - 2y$ **29.** $n + 3(n - 2) = 10.4$ **30.** $\frac{1}{3}w + 3 = \frac{2}{3}w - 5$

Vistazo inicial al vocabulario

31. Puedes formar una palabra *compuesta*, como sacapuntas, si unes dos palabras. ¿Por qué piensas que $-4 < x < 7$ es una *desigualdad compuesta*?

32. La *intersección* de dos caminos es el lugar donde los caminos se cruzan. ¿Cómo definirías la *intersección* de dos grupos de objetos?

Resolver desigualdades

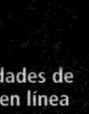
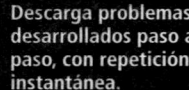
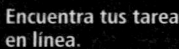

¡Siempre quise formar parte de una banda! Me pregunto cómo saben la cantidad máxima de personas que pueden asistir a un concierto o cuál es la duración mínima que puede tener una canción.

En este capítulo, aprenderás sobre desigualdades. Las desigualdades pueden ayudarte en situaciones en las que hay un valor máximo o mínimo.

Vocabulario

Audio de vocabulario inglés/español en línea:

Español	Inglés
complemento de un conjunto, p. 196	complement of a set
conjunto universal, p. 196	universal set
conjunto vacío, p. 195	empty set
conjuntos disjuntos, p. 215	disjoint sets
desigualdad compuesta, p. 200	compound inequality
desigualdades equivalentes, p. 171	equivalent inequalities
intersección, p. 215	intersection
notación de intervalo, p. 203	interval notation
notación por comprensión, p. 194	set-builder notation
notación por extensión, p. 194	roster form
solución de una desigualdad, p.165	solution of an inequality
unión, p. 214	union

My Math Video

00:04:04

VIDEO ▷

GRANDES ideas

1 Variable

Pregunta esencial ¿Cómo representas relaciones entre cantidades que no son iguales?

2 Equivalencia

Pregunta esencial Las desigualdades que parecen diferentes, ¿pueden ser equivalentes?

3 Resolver ecuaciones y desigualdades

Pregunta esencial ¿Cómo resuelves desigualdades?

Primer vistazo al capítulo

Las desigualdades y sus gráficas

Objetivo Escribir, representar con una gráfica e identificar soluciones de desigualdades.

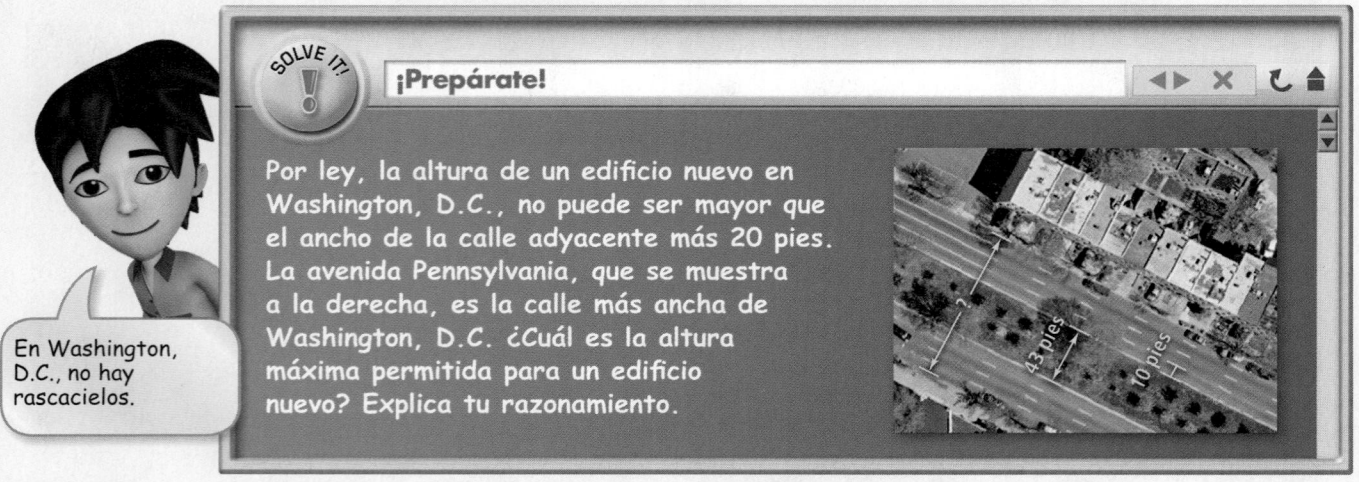

SOLVE IT!

¡Prepárate!

Por ley, la altura de un edificio nuevo en Washington, D.C., no puede ser mayor que el ancho de la calle adyacente más 20 pies. La avenida Pennsylvania, que se muestra a la derecha, es la calle más ancha de Washington, D.C. ¿Cuál es la altura máxima permitida para un edificio nuevo? Explica tu razonamiento.

En Washington, D.C., no hay rascacielos.

Vocabulario de la lección

• solución de una desigualdad

En la actividad de *Solve It!* debes comparar dos cantidades: la altura de un edificio y el ancho de la calle adyacente a ese edificio. Puedes usar una desigualdad para comparar las cantidades.

Comprensión esencial Una desigualdad es una oración matemática que tiene un símbolo de desigualdad que compara los valores de dos expresiones. Puedes representar con una gráfica los valores que satisfacen la desigualdad con una recta numérica.

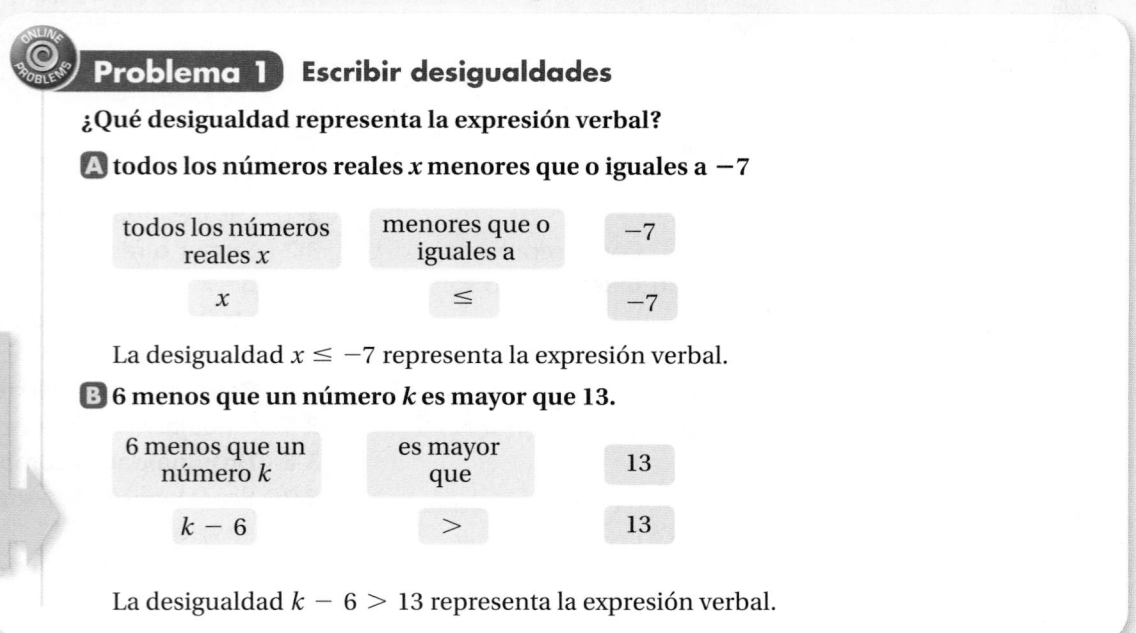

Problema 1 **Escribir desigualdades**

¿Qué desigualdad representa la expresión verbal?

A todos los números reales x menores que o iguales a -7

todos los números reales x	menores que o iguales a	-7
x	$\leq$	-7

La desigualdad $x \leq -7$ representa la expresión verbal.

B 6 menos que un número k es mayor que 13.

6 menos que un número k	es mayor que	13
$k - 6$	$>$	13

La desigualdad $k - 6 > 13$ representa la expresión verbal.

Piensa

Menos que y *menor que* tienen distintos significados. Por ejemplo, "6 menos que k" significa $k - 6$, mientras que "6 es menor que k" significa $6 < k$.

¿Comprendiste? **1.** ¿Qué desigualdad representan las siguientes expresiones verbales?

 a. todos los números reales p mayores que o iguales a 1.5

 b. La suma de t y 7 es menor que -3.

La **solución de una desigualdad** es cualquier número que hace verdadera la desigualdad. Las soluciones de la desigualdad $x < 5$ son todos los números reales x menores que 5. Puedes evaluar una expresión para determinar si un valor es una solución de una desigualdad.

 Problema 2 **Evaluar para identificar soluciones**

¿El número es una solución de $2x + 1 > -3$?

A -3 **B** -1

$$2x + 1 > -3$$
$$2(-3) + 1 \overset{?}{>} -3 \qquad \leftarrow \text{Sustituye } x. \rightarrow$$
$$-6 + 1 \overset{?}{>} -3 \qquad \leftarrow \text{Simplifica.} \rightarrow$$
$$-5 \not> -3 \qquad \leftarrow \text{Compara.} \rightarrow$$

-3 no hace verdadera la desigualdad original; por tanto, -3 *no* es una solución.

$$2x + 1 > -3$$
$$2(-1) + 1 \overset{?}{>} -3$$
$$-2 + 1 \overset{?}{>} -3$$
$$-1 > -3$$

-1 hace verdadera la desigualdad original; por tanto, -1 es una solución.

Piensa

¿Es -1 la *única* solución de la desigualdad?
No. *Cualquier* número que haga verdadera la desigualdad original es una solución de la desigualdad. La solución -1 es una de un número infinito de soluciones.

 ¿Comprendiste? **2. a.** Toma en cuenta los números -1, 0, 1 y 3. ¿Cuáles son las soluciones de $13 - 7y \le 6$?

 b. **Razonamiento** En el Problema 2, ¿cómo se relaciona la solución de la ecuación relacionada $2x + 1 = -3$ con las soluciones de la desigualdad?

Puedes usar una gráfica para indicar todas las soluciones de una desigualdad.

Desigualdad **Gráfica**

$n < 1$ 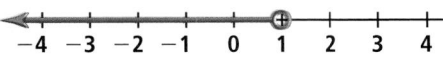 El punto abierto muestra que 1 *no* es una solución. Colorea la recta numérica a la izquierda de 1.

$a \ge 0$ El punto cerrado muestra que 0 es una solución. Colorea la recta numérica a la derecha de 0.

$f > -3$  El punto abierto muestra que -3 *no* es una solución. Colorea la recta numérica a la derecha de -3.

$-2 \ge x$ El punto cerrado muestra que -2 es una solución. Colorea la recta numérica a la izquierda de -2.

También puedes escribir $-2 \ge x$ como $x \le -2$.

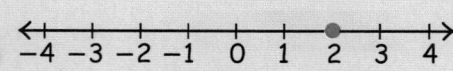

Problema 3 Representar una desigualdad con una gráfica

¿Cuál es la gráfica que representa $2 \geq a$?

Piensa

Si 2 es mayor que o igual a *a*, entonces *a* debe ser menor que o igual a 2.

a ≤ 2 significa todos los números reales *a* menores que o iguales a 2. Como 2 es una solución, dibuja un punto cerrado en el 2.

Los números menores que 2 están a la izquierda de 2 en la recta numérica. Colorea la recta numérica a la izquierda de 2.

Escribe

$a \leq 2$

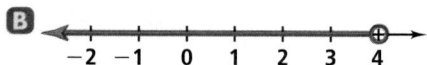

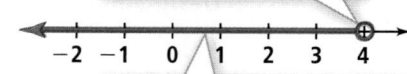

✓ **¿Comprendiste?** **3.** ¿Cuál es la gráfica de cada desigualdad?

a. $x > -4$ **b.** $c < 0$ **c.** $3 \leq n$

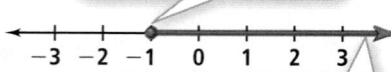

Problema 4 Escribir una desigualdad a partir de una gráfica

¿Qué desigualdad representa cada gráfica?

Planea

¿Cómo sabes qué símbolo de desigualdad debes usar?
Observa la flecha para ver si la solución corresponde a cantidades mayores o menores que el extremo. Observa el extremo para ver si se incluye "igual a" en la solución.

A

El punto cerrado significa que −1 es una solución.

La recta numérica está coloreada hacia la derecha de −1; por tanto, todos los números mayores que −1 son soluciones.

La gráfica representa la desigualdad $x \geq -1$.

B

El punto abierto significa que 4 *no* es una solución.

La recta numérica está coloreada hacia la izquierda de 4; por tanto, todos los números menores que 4 son soluciones.

La gráfica representa la desigualdad $x < 4$.

✓ **¿Comprendiste?** **4.** ¿Qué desigualdad representa cada gráfica?

a.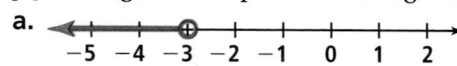

b.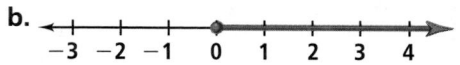

Problema 5 Escribir desigualdades de la vida diaria

¿Qué desigualdad describe la situación? Asegúrate de definir una variable.

Planea

¿Cómo sabes qué símbolo de desigualdad debes usar?
La frase "Desde $19.99" da a entender que el precio de una cabalgata empieza en $19.99 y va aumentando. Por tanto, el precio es mayor que o igual a 19.99.

A

Sea p = el precio en dólares de una cabalgata.

El cartel indica que $p \geq 19.99$.

B

Sea v = la velocidad permitida en millas por hora.

El cartel indica que $v \leq 8$.

✓ **¿Comprendiste?** **5. Razonamiento** En la parte (B) del Problema 5, ¿la velocidad puede ser *todos* los números reales menores que o iguales a 8? Explica tu respuesta.

---

toma nota

Resumen del concepto   Representar desigualdades

En palabras	Con símbolos	Con una gráfica
x es menor que 3.	$x < 3$	
x es mayor que -2.	$x > -2$	
x es menor que o igual a 0.	$x \leq 0$	
x es mayor que o igual a 1.	$x \geq 1$	

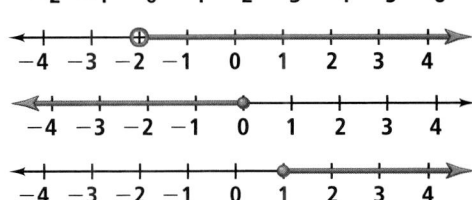

✓ **Comprobar la comprensión de la lección**

¿CÓMO hacerlo?

1. ¿Qué desigualdad algebraica representa todos los números reales y mayores que o iguales a 12?

2. ¿Es el número una solución de $6x - 3 \geq 10$?

   a. -1 **b.** 0   **c.** 3   **d.** 4

3. ¿Cómo se representa $2 > p$ con una gráfica?

4. ¿Qué desigualdad representa la gráfica?

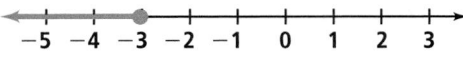

¿Lo ENTIENDES?

5. Vocabulario ¿Cómo decides si un número es una solución de una desigualdad?

6. Comparar y contrastar ¿Qué situaciones se podrían representar con la desigualdad $x \geq 0$? ¿En qué se diferencian de las situaciones que podrías representar con la desigualdad $x > 0$?

7. Respuesta de desarrollo ¿Qué situación de la vida diaria puedes representar con la siguiente gráfica?

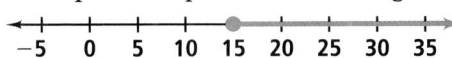

Ejercicios de práctica y resolución de problemas

A Práctica

Escribe una desigualdad que represente cada expresión verbal. ◀ **Ver el Problema 1.**

8. v es mayor que o igual a 5.

9. b es menor que 4.

10. 3 menos que g es menor que o igual a 17.

11. El cociente de k y 9 es mayor que $\frac{1}{3}$.

Determina si cada número es una solución de la desigualdad dada. ◀ **Ver el Problema 2.**

12. $3y - 8 > 22$ **a.** 2   **b.** 0   **c.** 5

13. $8m - 6 \leq 10$ **a.** 2   **b.** 3   **c.** -1

14. $4x + 2 < -6$ **a.** 0   **b.** -2 **c.** 1

15. $\frac{6 - n}{n} \geq 11$ **a.** 0.5   **b.** 2   **c.** 4

16. $m(m - 3) < 54$ **a.** -10 **b.** 0   **c.** 9

Empareja cada desigualdad con su gráfica. ◀ **Ver el Problema 3.**

17. $x < -1$ **18.** $x \geq -1$ **19.** $-1 < x$ **20.** $-1 \geq x$

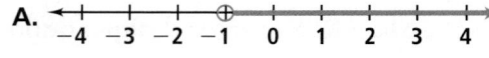

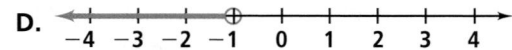

Representa cada desigualdad con una gráfica.

21. $y > 2$ **22.** $t < -4$ **23.** $z \leq -5$ **24.** $v \geq -2$

25. $-3 < f$ **26.** $-\frac{9}{4} \leq c$ **27.** $8 \geq b$ **28.** $5.75 > d$

Escribe una desigualdad para cada gráfica. ◀ **Ver el Problema 4.**

29. 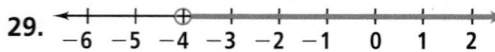   **30.**

31. 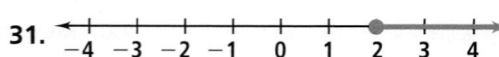   **32.**

33.   **34.**

Define una variable y escribe una desigualdad para representar cada situación. ◀ **Ver el Problema 5.**

35. El restaurante tiene una capacidad máxima de 172 personas.

36. Una persona debe tener al menos 35 años de edad para ser elegido Presidente de los Estados Unidos.

37. En esta instalación eléctrica sólo pueden usarse focos que no tengan más de 75 vatios de potencia.

38. Al menos 475 estudiantes asistieron al concierto de la orquesta el jueves por la noche.

39. Un empleado judicial ha ganado más de $20,000 desde que fue contratado.

 **Aplicación**

40. Analizar errores Un estudiante dice que la desigualdad $3x + 1 > 0$ siempre es verdadera porque si se multiplica un número por 3 y luego se suma 1 al resultado, siempre se obtendrá un número mayor que 0. Explica el error del estudiante.

41. Respuesta de desarrollo Describe una situación que puedas representar con la desigualdad $x \geq 25$.

42. Venta de boletos Supón que tu escuela planea hacer un musical. El objetivo del director es recaudar al menos $4500 con la venta de los boletos. Los boletos para adultos cuestan $7.50 y los boletos para estudiantes cuestan $5.00. Sea a la cantidad de boletos para adultos y e la cantidad de boletos para estudiantes. ¿Qué desigualdad representa el objetivo del director?

Ⓐ $5a + 7.5e < 4500$ Ⓒ $7.5a + 5e \leq 4500$

Ⓑ $7.5a + 5e > 4500$ Ⓓ $7.5a + 5e \geq 4500$

43. Física Según la teoría de la relatividad de Albert Einstein, ningún objeto puede viajar más rápido que la velocidad de la luz, que es aproximadamente 186,000 mi/s. ¿Qué desigualdad representa esta información?

Escribe las desigualdades en palabras.

44. $n < 5$ **45.** $b > 0$ **46.** $7 \geq x$ **47.** $z \geq 25.6$

48. $4 > q$ **49.** $21 \geq m$ **50.** $35 \geq w$ **51.** $g - 2 < 7$

52. $a \leq 3$ **53.** $6 + r > -2$ **54.** $8 \leq h$ **55.** $1.2 > k$

56. Fiesta escolar Quieres preparar pastelitos para una fiesta escolar. Necesitas 2 tazas de harina para preparar una bandeja con 12 pastelitos. Tienes un paquete de harina de 5 lb que contiene 18 tazas. ¿Qué desigualdad representa la cantidad posible de pastelitos que puedes preparar?

57. Escribir Explica qué significan las frases *no más de* y *no menos de* cuando se escriben desigualdades que representan situaciones de la vida diaria.

Resuelve los Ejercicios 58 y 59 con el mapa de la derecha.

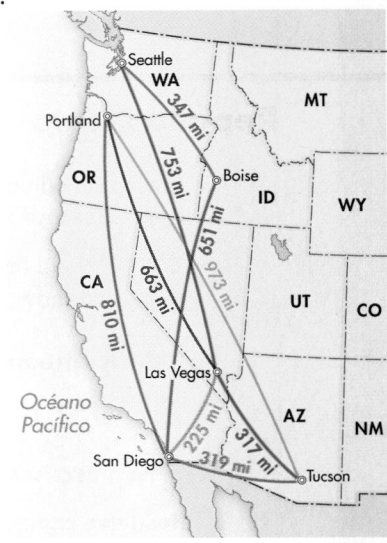

58. Pensar en un plan Tienes pensado viajar desde Portland hasta Tucson. Sea x la distancia en millas de cualquier vuelo entre Portland y Tucson. ¿Qué enunciado es verdadero para la distancia en millas de cualquier ruta desde Portland hasta Tucson? Supón que ninguna ruta pasa por la misma ciudad más de una vez y que no hay más de una escala en cada ruta.
  • ¿Cuántas rutas hay entre Portland y Tucson? ¿Cuáles son? ¿Cuál es la ruta más corta?
  • ¿Puedes escribir una desigualdad que represente la distancia en millas de cualquier ruta entre Portland y Tucson?

59. Viaje por avión Tu agente de viajes está organizándote un viaje desde San Diego hasta Seattle. No hay vuelos directos disponibles. La Opción A consiste en viajar de San Diego a Boise y luego a Seattle. La Opción B consiste en viajar de San Diego a Las Vegas y luego a Seattle. ¿Qué desigualdad compara las distancias de vuelo de estas dos opciones?

C Desafío

60. Razonamiento ¿Qué gráfica corresponde a la desigualdad $-3 < -x$? Explica tu respuesta.

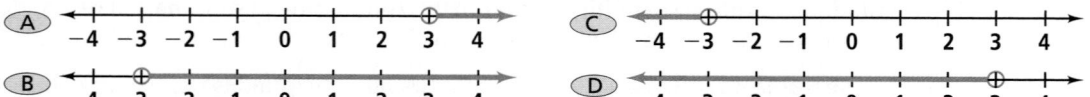

61. Razonamiento Da un contraejemplo para el siguiente enunciado: Si $x > y$, entonces $x^2 > y^2$.

62. Razonamiento Describe los números x y y de modo que si $x > y$, entonces $x^2 = y^2$.

Representa en una recta numérica.

63. todos los valores de p tal que $p > -3$ y $p \leq 3$

64. todos los valores de q tal que $q < -2$ ó $q > 5$

Preparación para el examen estandarizado

SAT/ACT

65. ¿Qué desigualdad tiene las mismas soluciones que $k > 6$?

Ⓐ $k < -6$ Ⓑ $k < 6$ Ⓒ $6 < k$ Ⓓ $-k > -6$

66. ¿Cuál es el valor de la expresión $\dfrac{2^3 \cdot 4 - (-3)^2}{(-3)^2 + 4 \cdot 5}$?

Ⓕ $\dfrac{23}{29}$ Ⓖ $\dfrac{41}{29}$ Ⓗ $\dfrac{23}{11}$ Ⓘ $\dfrac{41}{11}$

67. La temporada pasada, Betsy anotó 36 puntos. Esto es 8 menos que el doble de la cantidad de puntos que anotó Amy. ¿Cuántos puntos anotó Amy?

Ⓐ 22   Ⓑ 36   Ⓒ 44   Ⓓ 72

Respuesta breve

68. En un aeropuerto, se está reparando una pista de 1263 pies de longitud. El supervisor del proyecto informó que se ha completado menos de un tercio del trabajo. Dibuja un diagrama de la pista que muestre cuánto se ha reparado. ¿Qué desigualdad representa la cantidad de pies p que falta reparar?

Repaso mixto

Indica si cada cambio porcentual es un *aumento* o una *disminución*. Luego, halla el cambio porcentual. Redondea al porcentaje más cercano.

Ver la Lección 2-10.

69. cantidad original: $10
cantidad nueva: $12

70. cantidad original: 20 pulgs.
cantidad nueva: 18 pulgs.

71. cantidad original: 36°
cantidad nueva: 12°

Halla los productos o cocientes.

Ver la Lección 1-6.

72. $-4(-11)$ **73.** $\dfrac{5}{6} \cdot \left(-\dfrac{1}{4}\right)$ **74.** $-3.9 \div 1.3$ **75.** $\dfrac{4}{7} \div \left(-\dfrac{2}{5}\right)$

¡Prepárate!   Antes de la Lección 3-2, haz los Ejercicios 76 a 79.

Resuelve cada ecuación.

Ver la Lección 2-1.

76. $y - 5 = 6$ **77.** $p - 4 = -6$ **78.** $v + 5 = -6$ **79.** $k + \dfrac{2}{3} = \dfrac{5}{9}$

3-2 Sumar o restar para resolver desigualdades

Para poder ser presidente, es necesario ganar en una cantidad mínima de estados.

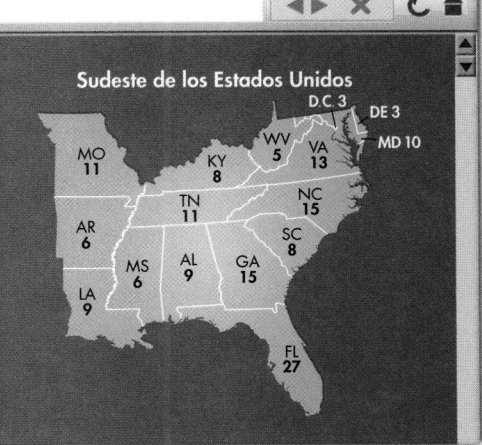

¡Prepárate!

En las elecciones presidenciales de los Estados Unidos, un candidato debe obtener por lo menos 270 de un total de 538 votos electorales para ser el ganador. Supón que un candidato obtiene 238 votos electorales en estados que no pertenecen al sudeste de los Estados Unidos.

¿Cuál es la cantidad mínima de estados del sudeste de los Estados Unidos en los que el candidato debe ganar para convertirse en presidente? ¿Cuáles son esos estados? Justifica tu razonamiento.

Actividades dinámicas
Desigualdades lineales

Vocabulario de la lección
• desigualdades equivalentes

Puedes representar la situación de la actividad de *Solve It!* mediante la desigualdad $238 + x \geq 270$, donde x representa la cantidad de votos electorales necesarios para ganar. Puedes hallar las soluciones de la desigualdad aplicando una de las *propiedades de la desigualdad*.

Comprensión esencial Del mismo modo en que resolviste ecuaciones mediante las propiedades de la igualdad en el Capítulo 2, puedes usar las propiedades de la desigualdad para resolver desigualdades.

A continuación, se muestra la propiedad de suma de la desigualdad. Si se aplica esta propiedad a una desigualdad, se obtiene una desigualdad equivalente. Las **desigualdades equivalentes** son aquellas que tienen las mismas soluciones.

---

toma nota

Concepto clave   Propiedad de suma de la desigualdad

En palabras
Sean a, b y c números reales.
Si $a > b$, entonces $a + c > b + c$.
Si $a < b$, entonces $a + c < b + c$.

Esta propiedad también es válida para $\geq$ y $\leq$.

Ejemplos
$5 > 4$; por tanto, $5 + 3 > 4 + 3$.
$-2 < 0$; por tanto, $-2 + 1 < 0 + 1$.

Con un diagrama
El siguiente diagrama muestra una manera de pensar esta regla.

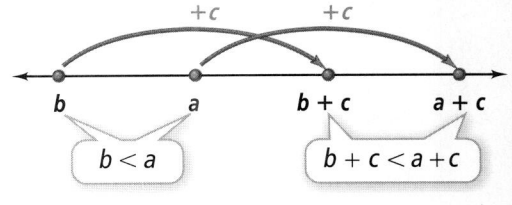

¿Cuáles son las soluciones de $x - 15 > -12$? Representa las soluciones con una gráfica.

$$x - 15 > -12$$

$$x - 15 + 15 > -12 + 15$$ Suma 15 a ambos lados.

$$x > 3$$ Simplifica.

Las soluciones de $x > 3$ son todos los números reales mayores que 3.

¿Comprendiste? **1.** ¿Cuáles son las soluciones de $n - 5 < -3$? Representa las soluciones con una gráfica.

En el Problema 1, ¿cómo puedes comprobar que la desigualdad final $x > 3$ describe las soluciones de la desigualdad original $x - 15 > -12$? La desigualdad original tiene un número infinito de soluciones; por tanto, no puedes comprobarlas todas. Sin embargo, puedes verificar que la desigualdad final es correcta comprobando su extremo y la dirección del símbolo de desigualdad. Esto es lo que harás en el Problema 2.

 **Problema 2** Resolver una desigualdad y comprobar las soluciones

¿Cuáles son las soluciones de $10 \geq x - 3$? Representa las soluciones con una gráfica y compruébalas.

Piensa

Escribe

Debes aislar x. Cancela la resta sumando el mismo número a cada lado.

$$10 \geq x - 3$$
$$10 + 3 \geq x - 3 + 3$$
$$13 \geq x$$

La gráfica de $13 \geq x$ (ó $x \leq 13$) contiene el número 13 y todos los números reales que están a la izquierda de 13.

Para comprobar el extremo 13 de $13 \geq x$, asegúrate de que 13 sea la solución de la *ecuación* relacionada $10 = x - 3$.

$$10 = x - 3$$
$$10 \overset{?}{=} 13 - 3$$
$$10 = 10 ✔$$

Para comprobar el símbolo de desigualdad de $13 \geq x$, asegúrate de que una solución de la desigualdad original sea un número *menor que* 13.

$$10 \geq x - 3$$
$$10 \overset{?}{\geq} 12 - 3$$
$$10 \geq 9y$$

 ¿Comprendiste? **2.** ¿Cuáles son las soluciones de $m - 11 \geq -2$? Representa las soluciones con una gráfica y compruébalas.

A continuación, se muestra la propiedad de resta de la desigualdad.

toma nota

Concepto clave   Propiedad de resta de la desigualdad

En palabras

Sean a, b y c números reales.
Si $a > b$, entonces $a - c > b - c$.
Si $a < b$, entonces $a - c < b - c$.
Esta propiedad también es verdadera para $\geq$ y $\leq$.

Ejemplos

$-3 < 5$, entonces $-3 - 2 < 5 - 2$.
$3 > -4$, entonces $3 - 1 > -4 - 1$.

Con un diagrama

El siguiente diagrama muestra una manera de pensar esta regla.

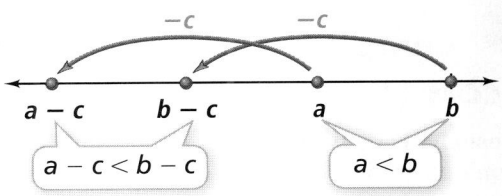

$a - c < b - c$ $a < b$

ONLINE PROBLEMS

Problema 3   Usar la propiedad de resta de la desigualdad

Piensa

¿En qué se diferencia esta desigualdad de las demás que ya has visto?
La expresión $t + 6$ tiene una suma; por tanto, se debe restar para cancelar la suma y aislar la variable.

¿Cuáles son las soluciones de $t + 6 > -4$? Representa las soluciones con una gráfica.

$$t + 6 > -4$$
$$t + 6 - 6 > -4 - 6 \quad \text{Resta 6 de ambos lados.}$$
$$t > -10 \quad \text{Simplifica.}$$

-10 -8 -6 -4 -2 0

Las soluciones de $t > -10$ son todos los números reales que están a la derecha de -10.

✓ **¿Comprendiste?** **3.** ¿Cuáles son las soluciones de $-1 \geq y + 12$? Representa las soluciones con una gráfica.

ONLINE PROBLEMS

Problema 4   Escribir y resolver una desigualdad

Piensa

¿Cómo sabes qué símbolo de desigualdad debes usar?
Es posible que las palabras y frases como *máximo* y *no más de* indiquen que debes usar el símbolo $\leq$.

Computadoras El disco rígido de tu computadora tiene una capacidad de 120 gigabytes (GB). Ya usaste 85 GB. Quieres guardar algunos videos caseros en el disco rígido. ¿Qué tamaños puede tener la colección de videos caseros que podrías guardar?

Relacionar	espacio usado del disco rígido	más	tamaño de los videos	es como máximo	capacidad del disco rígido

Definir   Sea v = el tamaño de la colección de videos

Escribir	85	+	v	$\leq$	120

$$85 + v \leq 120$$
$$85 + v - 85 \leq 120 - 85 \quad \text{Resta 85 de cada lado.}$$
$$v \leq 35 \quad \text{Simplifica.}$$

La colección de videos caseros puede ser de cualquier tamaño menor que o igual a 35 GB.

 **¿Comprendiste?** **4. a.** Un club quiere vender al menos 25 plantas para recaudar fondos. Los miembros del club venden 8 plantas el miércoles y 9 plantas el jueves. ¿Cuáles son las cantidades posibles de plantas que pueden vender el viernes para alcanzar su objetivo?

      b. Razonamiento ¿Puedes usar el mismo símbolo de desigualdad para representar frases como *al menos, no menos de* y *mayor que o igual a*? Explica tu respuesta.

Comprobar la comprensión de la lección

¿CÓMO hacerlo?

Resuelve cada desigualdad. Representa las soluciones con una gráfica y compruébalas.

1. $p - 4 < 1$

2. $8 \geq d - 2$

3. $y + 5 < -7$

4. $4 + c > 7$

5. Una ciclista sube su bicicleta hasta la cima de una ladera en una telesilla. La telesilla puede cargar hasta 680 lb. La ciclista pesa 124 lb y la bicicleta pesa 32 lb. ¿Cuáles son los posibles pesos adicionales que podría cargar la telesilla?

¿Lo ENTIENDES?

6. Escribir ¿Cómo puedes usar las propiedades de suma y resta de la desigualdad para obtener desigualdades equivalentes?

7. Razonamiento ¿Qué puedes hacer a la primera desigualdad de cada par para obtener la segunda desigualdad?

  a. $x + 4 \leq 10; x \leq 6$

  b. $m - 1 > 3; m > 4$

  c. $5 \geq 3 + n; 2 \geq n$

  d. $-6 < y - 2; -4 < y$

8. Comparar y contrastar Supón que resuelves las siguientes dos desigualdades: $y + 4 \leq 6$ y $y - 4 \leq 6$. ¿En qué se parecen los métodos que usas para resolver las desigualdades? ¿En qué se diferencian?

Ejercicios de práctica y resolución de problemas

 **Práctica**   Indica qué número sumarías a cada lado de las desigualdades para resolverlas.

 Ver los Problemas 1 y 2.

9. $f - 6 \geq -3$ **10.** $1 < d - 7$ **11.** $a - 3.3 \geq 2.6$ **12.** $5 > -18 + m$

Resuelve cada desigualdad. Representa las soluciones con una gráfica y compruébalas.

13. $y - 2 > 11$ **14.** $v - 4 < -3$ **15.** $-6 > c - 2$ **16.** $8 \leq f - 4$

17. $t - 4 \geq -7$ **18.** $s - 10 \leq 1$ **19.** $9 < p - 3$ **20.** $-3 \geq x - 1$

21. $0 < -\frac{1}{3} + f$ **22.** $z - 12 \leq -4$ **23.** $-\frac{3}{4} > r - \frac{3}{4}$ **24.** $y - 1 \geq 1.5$

25. $4.3 > -0.4 + s$ **26.** $-2.5 > n - 0.9$ **27.** $c - \frac{4}{7} < \frac{6}{7}$ **28.** $p - 1\frac{1}{2} > 1\frac{1}{2}$

Indica qué número restarías de cada lado de las desigualdades para resolverlas.

Ver el Problema 3.

29. $x + 3 > 0$ **30.** $9 < \frac{7}{5} + s$ **31.** $6.8 \geq m + 4.2$ **32.** $\ell + \frac{1}{3} \geq \frac{7}{3}$

Resuelve cada desigualdad. Representa las soluciones con una gráfica y compruébalas.

33. $x + 5 \le 10$ **34.** $n + 6 > -2$ **35.** $2 < 9 + c$

36. $-1 \ge 5 + b$ **37.** $\frac{1}{4} + a \ge -\frac{3}{4}$ **38.** $8.6 + z < 14$

39. $\frac{1}{3} < n + 3$ **40.** $3.8 \ge b + 4$ **41.** $\frac{3}{5} + d \ge -\frac{2}{5}$

42. Ejercicio Tu objetivo es caminar al menos 10,000 pasos por día. Según tu  **Ver el Problema 4.** podómetro, has caminado 5274 pasos. Escribe y resuelve una desigualdad para hallar las cantidades posibles de pasos que puedes caminar para alcanzar tu objetivo.

43. Recaudación de fondos El club del medio ambiente vende herbarios de interior para el Día de la Tierra. Cada miembro debe vender al menos 10 herbarios. Vendiste 3 herbarios el lunes y 4 herbarios el martes. Escribe y resuelve una desigualdad para hallar las posibles cantidades de herbarios que puedes vender para alcanzar tu meta.

44. Presupuesto mensual En tu trabajo a tiempo parcial, ganas $250 por mes. Eres miembro de un club de kayak que cuesta $20 por mes y ahorras al menos $100 por mes. Escribe y resuelve una desigualdad para hallar las posibles cantidades de dinero que te quedan para gastar por mes.

B Aplicación **Indica qué puedes hacer a la primera desigualdad para obtener la segunda.**

45. $36 \le -4 + y$; $40 \le y$ **46.** $9 + b > 24$; $b > 15$ **47.** $m - \frac{1}{2} < \frac{3}{8}$; $m < \frac{7}{8}$

Indica si las dos desigualdades de cada par son equivalentes.

48. $45 \le -5 + z$; $40 \le z$ **49.** $7 + c > 33$; $c > 26$ **50.** $n - \frac{1}{4} < \frac{5}{4}$; $n < 1$

Puedes hacer un modelo para representar una desigualdad. Por ejemplo, el siguiente modelo representa la desigualdad $85 + v < 120$. Haz un modelo para representar cada una de las siguientes desigualdades.

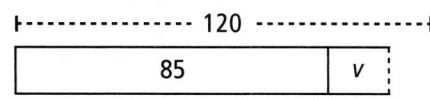

51. $17 + x < 51$ **52.** $12 + y > 18$ **53.** $-3 + m \le 13$

Resuelve las desigualdades. Justifica cada paso.

54. $y - 4 + 2 \ge 10$ **55.** $\frac{3}{5} + d \le 2\frac{3}{5}$ **56.** $z - 1.4 < 3.9$

57. $-5 > p - \frac{1}{5}$ **58.** $a + 5.2 < -4.6$ **59.** $-3.1 > z - 1.9$

60. $\frac{5}{8} + v - \frac{7}{16} > 0$ **61.** $-4p - 2 + 5p > 10$ **62.** $5y + 5 - 4y < 8$

63. $h - \frac{1}{8} \ge -1$ **64.** $8v - 7v - 3 \ge -6$ **65.** $5 \ge m - \frac{7}{16}$

66. Gobierno El Senado de los Estados Unidos está compuesto por 2 senadores de cada uno de los 50 estados. Para que un tratado sea ratificado, deben aprobarlo al menos dos tercios de los senadores presentes. Supón que todos los senadores están presentes y que 48 votaron a favor del tratado. ¿Cuáles son las posibles cantidades de senadores adicionales que deben votar a favor del tratado para ratificarlo?

67. a. Si $56 + 58 = t$, ¿$t = 56 + 58$?

b. Si $56 + 58 \le r$, ¿$r \le 56 + 58$? Justifica tu respuesta.

c. Explica las diferencias entre estos dos ejemplos.

68. Pensar en un plan Quieres clasificar para una competencia local de clavados. En la competencia de hoy, debes obtener al menos 53 puntos. A la derecha se muestran los puntajes que obtuviste en 5 clavados (el puntaje máximo posible es 10 puntos). ¿Qué puntajes podrías obtener en el clavado desde equilibrio de manos que te permitirían clasificar para la competición local?

TARJETA DE PUNTAJE OFICIAL	
CLAVADO	**PUNTAJE**
hacia delante	9.8
hacia atrás	8.9
inverso	8.4
hacia adentro	8.2
con tirabuzón	9.4
desde equilibrio de manos	?

- ¿Qué información conoces? ¿Qué información necesitas?
- ¿De qué manera podría ayudarte escribir y resolver una desigualdad?
- ¿Qué significa la solución de la desigualdad en términos de la situación original?

69. Puntajes clasificatorios Para entrar en una competencia, los estudiantes deben obtener, como mínimo, un total de 450 puntos en cinco pruebas clasificatorias. Cada prueba vale 100 puntos. En las primeras cuatro pruebas, tus puntajes fueron 94, 88, 79 y 95. ¿Cuáles son tres puntajes posibles que podrías obtener en la última prueba para entrar en la competencia?

Analizar errores Describe y corrige el error en la resolución de cada desigualdad o en la gráfica de la solución.

70.

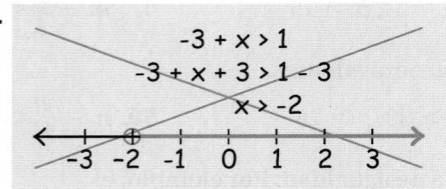

71.

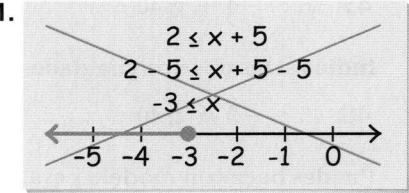

72. a. Respuesta de desarrollo Usa los símbolos de desigualdad $<$, $\le$, $>$ y $\ge$ para escribir cuatro desigualdades con suma o resta.

b. Resuelve las desigualdades de la parte (a) y representa sus soluciones con una gráfica.

73. a. Mallory dice que puede resolver la desigualdad $a + 3.2 \ge 8.6$ sustituyendo a por 5, 6 y 7. Si $a = 5$, la desigualdad es falsa. Si $a = 6$ y $a = 7$, la desigualdad es verdadera. Por tanto, Mallory dice que la solución es $a \ge 6$. ¿Su razonamiento es correcto? Justifica tu respuesta.

b. Razonamiento Explica por qué sustituir por valores en la desigualdad no garantiza que la solución de Mallory sea correcta.

74. Geometría Supón que las longitudes de los lados de un triángulo son a, b y c, donde c es la longitud del lado más largo. Puedes usar la siguiente ecuación y las siguientes desigualdades para determinar si el triángulo es rectángulo, acutángulo u obtusángulo.

- Si $a^2 + b^2 = c^2$, entonces el triángulo es rectángulo.
- Si $a^2 + b^2 > c^2$, entonces el triángulo es acutángulo.
- Si $a^2 + b^2 < c^2$, entonces el triángulo es obtusángulo.

Clasifica los triángulos con las siguientes longitudes de los lados como *rectángulo*, *acutángulo* u *obtusángulo*.

a. 4 pulgs., 5 pulgs., 6 pulgs.   **b.** 3 cm, 4 cm, 5 cm   **c.** 10 m, 15 m, 20 m

75. Banca Para no tener que pagar gastos de mantenimiento, el saldo de tu cuenta corriente debe ser al menos $500 al final de cada mes. Tu saldo actual es $536.45. Gastas $125.19 con tu tarjeta de débito. ¿Cuáles son las cantidades de dinero posibles que puedes depositar en tu cuenta al final del mes para no pagar gastos de mantenimiento?

 **Desafío**

Razonamiento Decide si cada desigualdad es verdadera para todos los números reales. Si la desigualdad no es verdadera, da un contraejemplo.

76. $x + y > x - y$

77. Si $x \le y$, entonces $x + w \le y + w$.

78. Si $w < z$, entonces $x - w > x - z$.

79. Si $x > y$, entonces $x > y + w$.

80. Razonamiento Halla los números reales a, b, c y d para los que $a < b$ y $c < d$ son verdaderos, pero $a - c < b - d$ no es verdadero.

Preparación para el examen estandarizado

SAT/ACT

81. ¿Cuál es la solución de $-21 + p > 30$?

   Ⓐ $p < 9$ Ⓑ $p > 9$ Ⓒ $p < 51$ Ⓓ $p > 51$

82. Richard ganó una carrera en bicicleta de 130 millas. Terminó la carrera en 11 horas y 45 minutos. ¿Cuál fue su promedio de velocidad?

   Ⓕ 11.8 mi/h   Ⓖ 11.4 mi/h   Ⓗ 11.1 mi/h   Ⓘ 10.8 mi/h

83. La variable a es un entero. ¿Cuál de los siguientes valores NO podría ser igual a a^3?

   Ⓐ -27 Ⓑ -8 Ⓒ 16   Ⓓ 64

Respuesta breve

84. El máximo goleador en el equipo de fútbol de tu escuela terminó el campeonato con un promedio de 4 goles por partido en 15 partidos. Tú ocupas el segundo lugar como goleador y tienes un promedio de 4 goles por partido en 14 partidos. Aún te queda un último partido por jugar. ¿Cuántos goles debes anotar en el partido final para convertirte en el máximo goleador del equipo? Muestra tu trabajo.

Repaso mixto

Define una variable y escribe una desigualdad para representar cada situación.   ◀ **Ver la Lección 3-1.**

85. Un colibrí emigra más de 1850 millas.

86. Un pulpo puede medir hasta 18 pies de largo.

Simplifica.   ◀ **Ver la Lección 1-2.**

87. $7^2 + 23$

88. $3(4 - 5)^2 - 4$

89. $0.4 + 0.2(4.2 - 3.4)$

¡Prepárate! Antes de la Lección 3-3, haz los Ejercicios 90 a 92.

Resuelve cada ecuación.   ◀ **Ver la Lección 2-1.**

90. $10 = \frac{v}{2}$

91. $15 = -22y$

92. $\frac{3}{4}z = -18$

3-3 Multiplicar o dividir para resolver desigualdades

Objetivo Resolver desigualdades por medio de la multiplicación y la división.

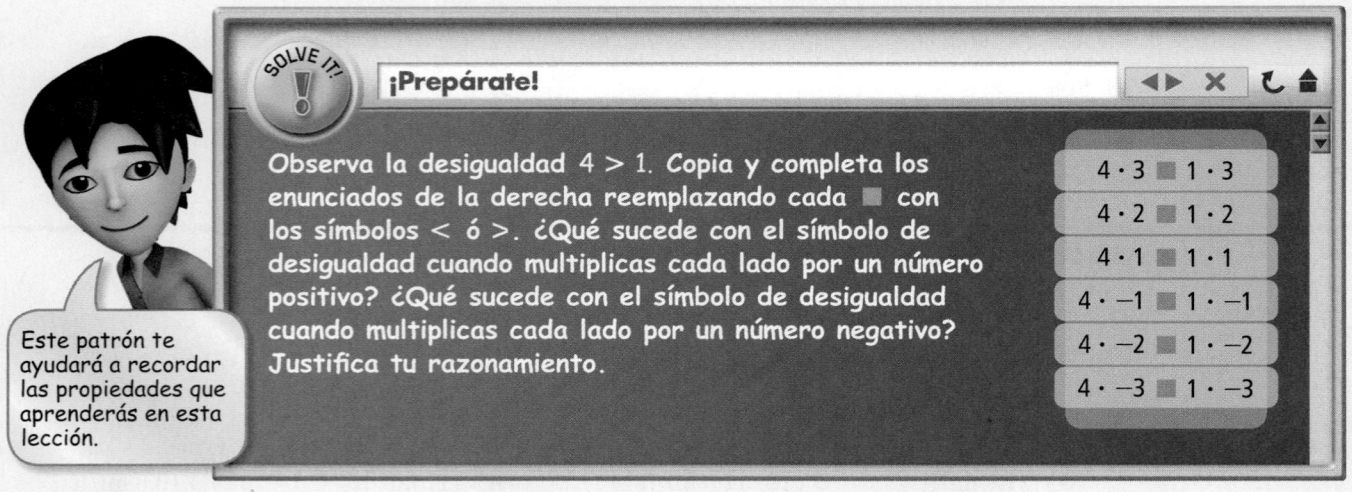

¡Prepárate!

Observa la desigualdad $4 > 1$. Copia y completa los enunciados de la derecha reemplazando cada ■ con los símbolos $<$ ó $>$. ¿Qué sucede con el símbolo de desigualdad cuando multiplicas cada lado por un número positivo? ¿Qué sucede con el símbolo de desigualdad cuando multiplicas cada lado por un número negativo? Justifica tu razonamiento.

$4 \cdot 3$ ■ $1 \cdot 3$

$4 \cdot 2$ ■ $1 \cdot 2$

$4 \cdot 1$ ■ $1 \cdot 1$

$4 \cdot -1$ ■ $1 \cdot -1$

$4 \cdot -2$ ■ $1 \cdot -2$

$4 \cdot -3$ ■ $1 \cdot -3$

Este patrón te ayudará a recordar las propiedades que aprenderás en esta lección.

Actividades dinámicas
Resolver desigualdades

En la actividad de *Solve It!*, es posible que hayas notado que cuando se multiplican ambos lados de una desigualdad por un número negativo, se cambia el símbolo de desigualdad.

Comprensión esencial Del mismo modo en que multiplicaste y dividiste para resolver ecuaciones en el Capítulo 2, puedes resolver desigualdades mediante esas operaciones.

toma nota

Concepto clave Propiedad multiplicativa de la desigualdad

En palabras

Sean a, b y c números reales, y $c > 0$.

Si $a > b$, entonces $ac > bc$.

Si $a < b$, entonces $ac < bc$.

Con un diagrama

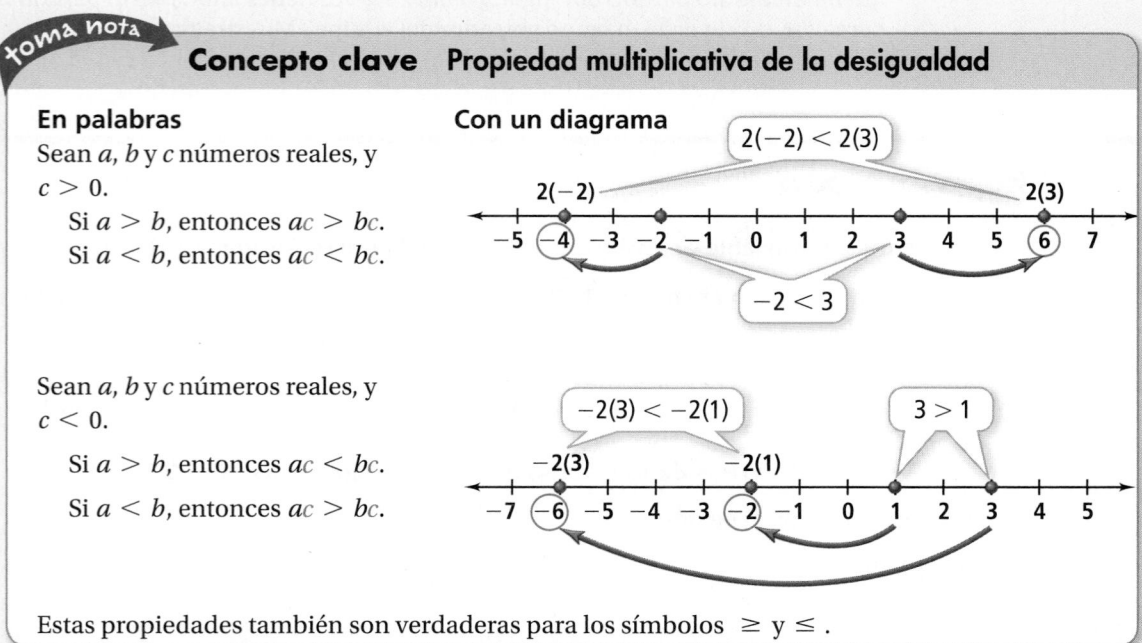

Sean a, b y c números reales, y $c < 0$.

Si $a > b$, entonces $ac < bc$.

Si $a < b$, entonces $ac > bc$.

Estas propiedades también son verdaderas para los símbolos $\geq$ y $\leq$.

Por qué funciona Al multiplicar o dividir cada lado de una desigualdad por un número negativo, se cambia el sentido de la desigualdad. Debes invertir el símbolo de la desigualdad para que sea verdadera. Por ejemplo:

$$3 > 1$$

$$-2(3) \; \blacksquare \; -2(1) \qquad \text{Multiplica por } -2.$$

$$-6 \; \blacksquare \; -2 \qquad \text{Simplifica.}$$

$$-6 < -2 \qquad \text{Invierte el signo de la desigualdad para que sea verdadera.}$$

 **Problema 1** Multiplicar por un número positivo

¿Cuáles son las soluciones de $\frac{x}{3} < -2$? Representa las soluciones con una gráfica.

Piensa

¿Por qué se multiplica por 3?
Puedes multiplicar por cualquier múltiplo de 3. Sin embargo, multiplicar por 3 aísla la variable.

$$\frac{x}{3} < -2$$

$$3\left(\frac{x}{3}\right) < 3(-2) \qquad \text{Multiplica cada lado por 3.}$$

$$x < -6 \qquad \text{Simplifica.}$$

(Recta numérica: $-9 \;\; -8 \;\; -7 \;\; -6 \;\; -5 \;\; -4 \;\; -3 \;\; -2$, círculo abierto en -6)

 ¿Comprendiste? **1.** ¿Cuáles son las soluciones de $\frac{c}{8} > \frac{1}{4}$? Representa las soluciones con una gráfica.

 **Problema 2** Multiplicar por un número negativo

¿Cuáles son las soluciones de $-\frac{3}{4}w \geq 3$? Representa las soluciones con una gráfica y compruébalas.

Escribe

Piensa

Al multiplicar por un número negativo, cambia la desigualdad. Invierte el símbolo de la desigualdad para que el enunciado sea verdadero.

$$-\frac{3}{4}w \geq 3$$

$$-\frac{4}{3}\left(-\frac{3}{4}w\right) \leq -\frac{4}{3}(3)$$

$$w \leq -4$$

(Recta numérica: $-6 \;\; -5 \;\; -4 \;\; -3 \;\; -2 \;\; -1 \;\; 0 \;\; 1$, punto cerrado en -4)

Para comprobar el extremo de $w \leq -4$, asegúrate de que -4 sea la solución de la ecuación $-\frac{3}{4}w = 3$.

$$-\frac{3}{4}(-4) \stackrel{\text{?}}{=} 3$$

$$3 = 3 \; ✔$$

Para comprobar el símbolo de desigualdad de $w \leq -4$, asegúrate de que una de las soluciones de la desigualdad original sea un número menor que -4.

$$-\frac{3}{4}(-5) \stackrel{\text{?}}{\geq} 3$$

$$3\tfrac{3}{4} \geq 3 \; ✔$$

¿Comprendiste? 2. ¿Cuáles son las soluciones de $-\frac{n}{3} < -1$? Representa con una gráfica y comprueba.

Dividir para resolver desigualdades es similar a multiplicar para resolver desigualdades. Si divides cada lado de una desigualdad por un número negativo, debes invertir la dirección del símbolo de desigualdad.

toma nota

Concepto clave Propiedad de división de la desigualdad

Sean a, b y c números reales, donde $c > 0$.

  Si $a > b$, entonces $\frac{a}{c} > \frac{b}{c}$.

  Si $a < b$, entonces $\frac{a}{c} < \frac{b}{c}$.

Sean a, b y c números reales, donde $c < 0$.

  Si $a > b$, entonces $\frac{a}{c} < \frac{b}{c}$.

  Si $a < b$, entonces $\frac{a}{c} > \frac{b}{c}$.

Ejemplos

$6 > 3$; por tanto, $\frac{6}{3} > \frac{3}{3}$.

$9 < 12$; por tanto, $\frac{9}{3} < \frac{12}{3}$.

$6 > 3$; por tanto, $\frac{6}{-3} < \frac{3}{-3}$.

$9 < 12$; por tanto, $\frac{9}{-3} > \frac{12}{-3}$.

Estas propiedades también son verdaderas para las desigualdades con los símbolos $\geq$ y $\leq$.

Problema 3 **Dividir por un número positivo**

Trabajo a tiempo parcial Después de la escuela, paseas perros en tu vecindario. Ganas $4.50 por cada perro que paseas. ¿Cuántos perros debes pasear para ganar al menos $75?

Relacionar precio por perro por cantidad de perros es al menos cantidad deseada

Definir Sea p = la cantidad de perros.

Escribir 4.50 · p ≥ 75

$4.50p \geq 75$

$\dfrac{4.50p}{4.50} \geq \dfrac{75}{4.50}$ Divide cada lado por 4.50.

$p \geq 16\frac{2}{3}$ Simplifica.

Piensa

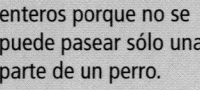

¿Qué tipos de soluciones tienen sentido en esta situación?
Sólo tienen sentido las soluciones con números enteros porque no se puede pasear sólo una parte de un perro.

Sin embargo, como p representa la cantidad de perros, debe ser un entero positivo. Por tanto, debes pasear al menos 17 perros para ganar al menos $75.

 ¿Comprendiste? 3. a. Los miembros de un club de estudiantes planean comprar comida para un comedor de beneficencia. Un cajón de verduras cuesta $10.68. El club puede gastar un máximo de $50 para este proyecto. ¿Cuáles son las cantidades posibles de cajas que pueden comprar?

    b. Razonamiento En el Problema 3, ¿por qué redondeas al número entero más grande?

Problema 4 **Dividir por un número negativo**

¿Cuáles son las soluciones de $-9y \leq 63$? Representa las soluciones con una gráfica.

$$-9y \leq 63$$

$$\frac{-9y}{-9} \geq \frac{63}{-9} \qquad \text{Divide cada lado por } -9. \text{ Invierte el símbolo de desigualdad.}$$

$$y \geq -7 \qquad \text{Simplifica cada lado.}$$

 ¿Comprendiste? **4.** ¿Cuáles son las soluciones de $-5x > -10$? Representa las soluciones con una gráfica.

Piensa

¿En qué se diferencia esta desigualdad de la desigualdad del Problema 3?
El coeficiente es negativo. Puedes resolverla con las propiedades de la desigualdad igualmente, pero debes prestar atención a la dirección del símbolo de desigualdad.

Comprobar la comprensión de la lección

¿CÓMO hacerlo?

Empareja cada desigualdad con su gráfica.

1. $x + 2 > -1$

2. $-\frac{x}{3} < -1$

3. $x - 4 \leq -1$

4. $-3x \geq 9$

A.

B.

C.

D.

¿Lo ENTIENDES?

5. ¿Qué operación usarías para resolver la desigualdad? Explica tu respuesta.

a. $1 \leq -\frac{x}{2}$ **b.** $y - 4 > -5$ **c.** $-6w < -36$

6. Analizar errores Describe el error en la solución y corrígelo.

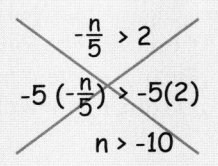
$$-\frac{n}{5} > 2$$
$$-5\left(-\frac{n}{5}\right) > -5(2)$$
$$n > -10$$

Ejercicios de práctica y resolución de problemas

 Práctica

Resuelve cada desigualdad. Representa con una gráfica y comprueba tus soluciones.

Ver los Problemas 1 y 2.

7. $\frac{x}{5} \geq -2$ **8.** $\frac{w}{6} < 1$ **9.** $4 > \frac{p}{8}$ **10.** $1 \leq -\frac{5}{4}y$

11. $-\frac{v}{2} \geq 1.5$ **12.** $-3 < \frac{x}{3}$ **13.** $-7 \leq \frac{7}{3}x$ **14.** $8 > \frac{2}{3}k$

15. $0 \leq -\frac{3}{11}m$ **16.** $-\frac{3}{2}b < 6$ **17.** $-\frac{3}{4} < -\frac{3}{8}m$ **18.** $-5 \geq -\frac{5}{9}y$

Resuelve cada desigualdad. Representa con una gráfica y comprueba tus soluciones.

Ver los Problemas 3 y 4.

19. $3m \geq 6$ **20.** $4t < -12$ **21.** $-30 > -5c$ **22.** $-4w \leq 20$

23. $11z > -33$ **24.** $56 < -7d$ **25.** $18b \leq -3$ **26.** $-7y \geq 17$

27. $-5h < 65$ **28.** $8t \leq 64$ **29.** $63 \geq 7q$ **30.** $-12x > 132$

31. Mensajes de texto Los mensajes de texto cuestan $.15 cada uno. No puedes gastar más de $10. ¿Cuántos mensajes de texto puedes enviar?

32. Peceras Los peces tetra cuestan $3.99 cada uno. Puedes gastar $25 como máximo. ¿Cuántos tetras puedes comprar para tu pecera?

 **Aplicación**   Escribe cuatro soluciones para cada desigualdad.

33. $\frac{x}{2} \le -1$

34. $\frac{r}{3} \ge -4$

35. $-1 \ge \frac{r}{3}$

36. $0.5 > \frac{1}{2}c$

Explica qué puedes hacerle a la primera desigualdad para obtener la segunda.

37. $-\frac{c}{4} > 3; c < -12$

38. $\frac{n}{5} \le -2; n \le -10$

39. $5z > -25; z > -5$

40. $\frac{3}{4}b \le 3; b \le 4$

Reemplaza cada ■ con el número que hace que las desigualdades sean equivalentes.

41. ■$s > 14; s < -7$

42. ■$x \ge 25; x \le -5$

43. $-8u \le$ ■$; u \ge -0.5$

44. $-2a >$ ■$; a < -9$

Determina si cada enunciado es verdadero *siempre, a veces* o *nunca*. Justifica tu respuesta.

45. Si $x > 3$ y $y < 1$, entonces $xy > 0$.

46. Si $x < 0$ y $y < 0$, entonces $xy > 0$.

47. Si $x \ge 0$ y $y > 1$, entonces $xy > 0$.

48. Si $x > 0$ y $y \ge 0$, entonces $xy > 0$.

49. Pensar en un plan Un amigo te llama y te propone que se encuentren en el parque que está a 2 millas dentro de 25 minutos. Después de la llamada, sales con tu patineta. ¿A qué velocidades (en millas por minuto) puedes andar en tu patineta para llegar al parque en un máximo de 25 minutos?
- ¿Cómo se relacionan la distancia recorrida, la velocidad y el tiempo?
- ¿De qué manera puede ayudarte una desigualdad a resolver el problema?
- ¿De qué manera puede ayudarte el siguiente modelo a resolver el problema?

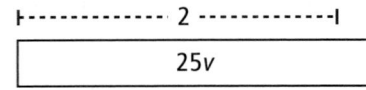

Resuelve las desigualdades. Justifica cada paso.

50. $-4.5 > 9p$

51. $-1 \ge \frac{t}{3}$

52. $\frac{3}{4}n < 4$

53. $0.5 \le \frac{1}{2}c$

54. $-8u < 4$

55. $\frac{n}{5} \le -2$

56. $-12 > 4a$

57. $1 < -\frac{5}{7}s$

58. Viajes Una familia planea hacer un paseo en carro a campo traviesa. Avanzan a un promedio de velocidad de 55 mi/h, y su objetivo es recorrer al menos 400 mi/día. ¿Cuántas horas por día deben conducir?

59. Almuerzo Tienes $30. Quieres comprar un sándwich y una bebida para ti y dos amigos, de acuerdo con el menú de la derecha. Gastarás el dinero que quede en refrigerios. ¿Cuál es la cantidad mínima de refrigerios que podrías comprar? ¿Cuál es la cantidad máxima de refrigerios que podrías comprar? Explica tu respuesta.

Bebidas
Peq $1
Med $1.50
Gra $2

Sándwiches
Vegetariano $4
De pollo $5
De carne $7

Refrigerios
Pretzels $1   Helado $2
Brownie $3

60. Respuesta de desarrollo Escribe una desigualdad que se pueda resolver dividiendo por un número negativo y cuya solución sea $x < \frac{1}{3}$.

61. Patrones Observa el siguiente patrón de desigualdades: $\frac{x}{2} < 10$, $\frac{x}{3} < 10$, $\frac{x}{4} < 10$, ... Supón que un número real a es una solución para una de las desigualdades del patrón. ¿Qué otras desigualdades del patrón sabes que tienen a como solución? Explica tu respuesta.

62. Razonamiento Si $ax \leq ay$ y $ay \leq az$, entonces ¿$x \leq z$? Explica tu respuesta.

 **Desafío**

63. Construcción Un constructor está construyendo una pasarela rectangular de $3\frac{1}{3}$ pies de ancho por 35 pies de largo con adoquines. Cada adoquín tiene un área de $\frac{4}{9}$ pies^2. ¿Cuál es la cantidad mínima de adoquines que necesita para hacer la pasarela?

64. Básquetbol Una empresa vende pelotas de básquetbol para adultos que tienen una circunferencia de 29.5 pulgs. También venden pelotas para niños, cuya circunferencia es 27.75 pulgs. Las pelotas se ponen en cajas con forma de cubo cuyas aristas miden 8 pulgs., 9 pulgs. ó 10 pulgs. de largo. ¿Cuál es la caja más pequeña en que se puede poner cada tipo de pelota?

Preparación para el examen estandarizado

SAT/ACT

65. La alcaldesa de la ciudad de Renee escogió a 160 estudiantes de su escuela para que asistieran a un debate. Esta cantidad de estudiantes no supera $\frac{1}{4}$ de los estudiantes de la escuela de Renee. ¿Cuál es la menor cantidad posible de estudiantes que asisten a la escuela de Renee?

    Ⓐ 40   Ⓑ 160   Ⓒ 320   Ⓓ 640

66. Un maestro de arte tiene una caja con 100 marcadores. El maestro da 7 marcadores a cada estudiante de la clase y le sobran 16 marcadores. ¿Cuántos estudiantes hay en la clase?

    Ⓕ 11   Ⓖ 12   Ⓗ 13   Ⓘ 14

Respuesta breve

67. El ancho de un rectángulo es 3 pulgs. más corto que su longitud. El perímetro del rectángulo es 18 pulgs. ¿Cuál es la longitud del rectángulo? Muestra tu trabajo.

Repaso mixto

Resuelve las desigualdades.   ◀ **Ver la Lección 3-2.**

68. $x + 5 \leq -6$ **69.** $y - 4.7 \geq 8.9$ **70.** $q - 5 < 0$

71. $\frac{1}{2} > \frac{3}{4} + c$ **72.** $-\frac{2}{3} < b + \frac{1}{3}$ **73.** $y - 21 \leq 54$

¡Prepárate!   **Antes de la Lección 3-4, haz los Ejercicios 74 a 76.**

Resuelve las ecuaciones.   ◀ **Ver la Lección 2-3.**

74. $-x + 8 + 4x = 14$ **75.** $-6(2y + 2) = 12$ **76.** $0.5t + 3.5 - 2.5t = 1.5t$

Más propiedades algebraicas

Las siguientes propiedades te permitirán comprender mejor las relaciones algebraicas.

Propiedad reflexiva, propiedad de simetría y propiedad transitiva de la igualdad

Para todos los números reales a, b y c:

Propiedad reflexiva

$a = a$

Ejemplos

$5x = 5x$, $\$1 = \$1$

Propiedad de simetría

Si $a = b$, entonces $b = a$.

Si $15 = 3t$, entonces $3t = 15$.

Si 1 par $=$ 2 calcetines, entonces 2 calcetines $=$ 1 par.

Propiedad transitiva

Si $a = b$ y $b = c$, entonces $a = c$.

Si $d = 3y$ y $3y = 6$, entonces $d = 6$.

Si 36 pulgs. $=$ 3 pies y 3 pies $=$ 1 yd, entonces 36 pulgs. $=$ 1 yd.

Propiedad transitiva de la desigualdad

Para todos los números reales a, b y c, si $a < b$ y $b < c$, entonces $a < c$.

Ejemplos Si $8x < 7$ y $7 < y$, entonces $8x < y$.

Si 1 taza $<$ 1 cto. y 1 cto. $<$ 1 gal. entonces 1 taza $<$ 1 gal.

Ejemplo

Usa la propiedad dada entre paréntesis para completar cada enunciado.

A Si $7x < y$ y $y < z + 2$, entonces $7x < \blacksquare$. (propiedad transitiva de la desigualdad)

Si $7x < y$ y $y < z + 2$, entonces $7x < z + 2$.

B Si 2000 lb $=$ 1 tonelada, entonces 1 tonelada $=$ __?__ . (propiedad de simetría)

Si 2000 lb $=$ 1 tonelada, entonces 1 tonelada $=$ 2000 lb.

Ejercicios

Nombra la propiedad que ejemplifica cada enunciado.

1. Si $3.8 = n$, entonces $n = 3.8$.　　**2.** 6 pulgs. $=$ 6 pulgs.　**3.** Si $x = 7$ y $7 = 5 + 2$, entonces $x = 5 + 2$.

4. Si la clase de matemáticas es más temprano que la clase de arte, y la clase de arte es más temprano que la clase de historia, entonces la clase de matemáticas es más temprano que la clase de historia.

5. Completa la siguiente oración. Si Amy es más baja que Greg, y Greg es más bajo que Lisa, entonces Amy es más baja que __?__ .

Representar desigualdades de varios pasos

En ocasiones, necesitas efectuar dos o más pasos para resolver una desigualdad. Los modelos te permitirán comprender mejor cómo resolver desigualdades de varios pasos.

Actividad

Representa y resuelve $2x - 3 < 1$.

Desigualdad	Modelo	Piensa
$2x - 3 < 1$		Las fichas representan la desigualdad.
$2x - 3 + 3 < 1 + 3$		Agrega 3 fichas amarillas a cada lado.
$2x < 4$		Quita los pares cero para simplificar.
$\frac{2x}{2} < \frac{4}{2}$		Divide cada lado en dos grupos iguales.
$x < 2$		Cada ficha verde es menos que dos fichas amarillas; por tanto, $x < 2$.

Ejercicios

Escribe una desigualdad para cada modelo. Resuelve las desigualdades con fichas cuadradas.

1.

2.

Usa fichas cuadradas para representar y resolver las desigualdades.

3. $2n - 5 \geq 3$

4. $-9 > 4x - 1$

5. $3w + 4 < -5$

6. $z + 6 \leq 2z + 2$

7. $3m + 7 \geq m - 5$

8. $5b + 6 > 3b - 2$

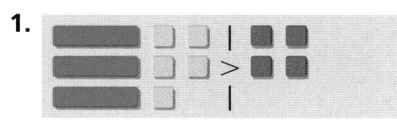

Resolver desigualdades de varios pasos

Objetivos   Resolver desigualdades de varios pasos.

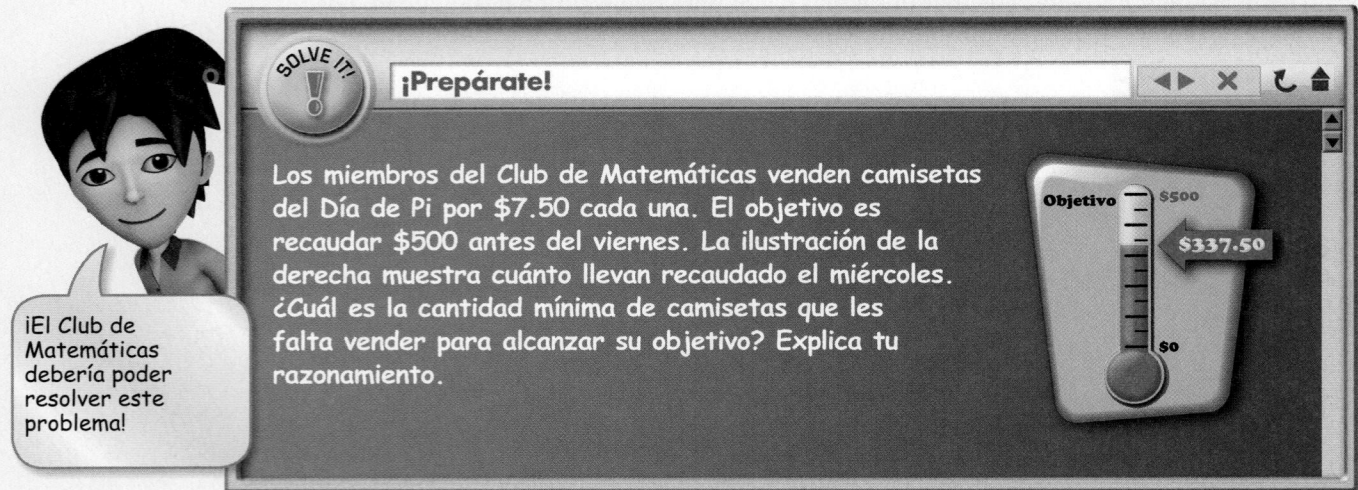

¡El Club de Matemáticas debería poder resolver este problema!

¡Prepárate!

Los miembros del Club de Matemáticas venden camisetas del Día de Pi por $7.50 cada una. El objetivo es recaudar $500 antes del viernes. La ilustración de la derecha muestra cuánto llevan recaudado el miércoles. ¿Cuál es la cantidad mínima de camisetas que les falta vender para alcanzar su objetivo? Explica tu razonamiento.

Objetivo $500

$337.50

$0

Puedes representar la situación de la actividad de *Solve It!* mediante la desigualdad $337.50 + 7.50x \geq 500$. En esta lección, aprenderás cómo escribir y resolver desigualdades de varios pasos como ésta.

Comprensión esencial   Las desigualdades de varios pasos se resuelven de la misma manera en que se resuelven las desigualdades de un paso. Se usan las propiedades de la desigualdad para convertir la desigualdad original en una serie de desigualdades equivalentes más simples.

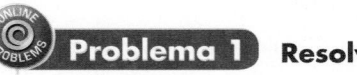

Problema 1   **Resolver en más de un paso**

¿Cuáles son las soluciones de $9 + 4t > 21$? Comprueba las soluciones.

$$9 + 4t > 21$$

$$9 + 4t - 9 > 21 - 9 \qquad \text{Resta 9 de cada lado.}$$

$$4t > 12 \qquad \text{Simplifica.}$$

$$\frac{4t}{4} > \frac{12}{4} \qquad \text{Divide cada lado por 4.}$$

$$t > 3 \qquad \text{Simplifica.}$$

Comprueba $9 + 4(3) \stackrel{?}{=} 21$ Comprueba el extremo de $t > 3$ sustituyendo t por 3 en la ecuación relacionada.

$$21 = 21 \; ✔ \qquad \text{Simplifica.}$$

$$9 + 4(4) \stackrel{?}{\geq} 21 \qquad \text{Comprueba el símbolo de la desigualdad } t > 3 \text{ sustituyendo } t \text{ por 4 en la desigualdad original.}$$

$$25 > 21 \; ✔ \qquad \text{Simplifica.}$$

Planea

¿Cómo puedes comprobar la solución?
Comprueba el extremo, 3. Luego, escoge un valor mayor que 3 y comprueba el símbolo de desigualdad.

¿Comprendiste? **1.** ¿Cuáles son las soluciones de las desigualdades? Comprueba las soluciones.

    a. $-6a - 7 \leq 17$ **b.** $-4 < 5 - 3n$ **c.** $50 > 0.8x + 30$

Puedes adaptar fórmulas que ya conoces para escribir desigualdades. A partir de la situación de la vida diaria, puedes determinar qué símbolo de desigualdad debes usar.

Problema 2 **Escribir y resolver una desigualdad de varios pasos**

Geometría En una huerta comunitaria, quieres colocar una cerca alrededor de una huerta contigua a la huerta de un amigo tuyo. Tienes un máximo de 42 pies de cerca. ¿Cuáles son las longitudes posibles de tu huerta?

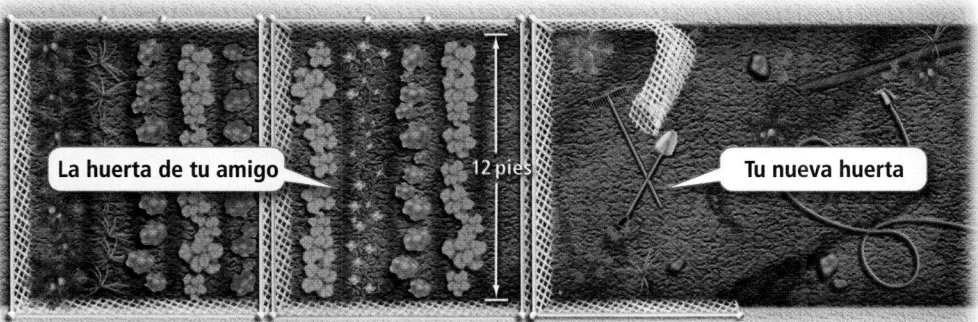

La huerta de tu amigo   12 pies   Tu nueva huerta

Relacionar   Como la cerca rodeará la huerta, puedes usar la fórmula para hallar el perímetro: $P = 2\ell + 2a$.

dos veces la longitud	más	dos veces el ancho	es como máximo	la longitud de la cerca

Definir   Sea $\ell =$ la longitud de la huerta.

Escribir 2ℓ $+$ $2(12)$ $\leq$ 42

$$2\ell + 2(12) \leq 42$$

$$2\ell + 24 \leq 42 \qquad \text{Simplifica.}$$

$$2\ell + 24 - 24 \leq 42 - 24 \qquad \text{Resta 24 de cada lado.}$$

$$2\ell \leq 18 \qquad \text{Simplifica.}$$

$$\frac{2\ell}{2} \leq \frac{18}{2} \qquad \text{Divide cada lado por 2.}$$

$$\ell \leq 9 \qquad \text{Simplifica.}$$

La longitud de la huerta debe ser 9 pies o menos.

¿Comprendiste? **2.** Quieres hacer un cartel rectangular de 18 pies de longitud. No tienes más que 48 pies de ribete para el cartel. ¿Cuáles son los anchos posibles para el cartel?

Problema 3 **Usar la propiedad distributiva**

Opción múltiple ¿Cuál es una solución de $3(t + 1) - 4t \geq -5$?

    (A) 8   (B) 9   (C) 10   (D) 11

$3(t + 1) - 4t \geq -5$	
$3t + 3 - 4t \geq -5$	Propiedad distributiva
$-t + 3 \geq -5$	Combina los términos semejantes.
$-t + 3 - 3 \geq -5 - 3$	Resta 3 de cada lado.
$-t \geq -8$	Simplifica.
$\dfrac{-t}{-1} \leq \dfrac{-8}{-1}$	Divide cada lado por −1. Invierte el símbolo de desigualdad.
$t \leq 8$	Simplifica.

8 es una solución de la desigualdad $t \leq 8$. La respuesta correcta es A.

 **Piensa**

Puedes resolver el problema por medio del razonamiento y la estrategia de *adivinar y comprobar.* Si 9 ó 10 es una solución, al menos una más de las opciones de respuesta también sería una solución. Por tanto, elimina 9 y 10 como respuestas posibles. Supón que 8 u 11 son soluciones correctas y comprueba tu suposición.

 ¿Comprendiste? **3.** ¿Cuáles son las soluciones de $15 \leq 5 - 2(4m + 7)$? Comprueba tus soluciones.

Algunas desigualdades tienen variables a ambos lados del símbolo de desigualdad. Debes reunir los términos variables en uno de los lados de la desigualdad y los términos constantes en el otro lado.

 Problema 4 **Resolver una desigualdad que tiene variables a ambos lados**

¿Cuáles son las soluciones de $6n - 1 > 3n + 8$?

$6n - 1 > 3n + 8$	
$6n - 1 - 3n > 3n + 8 - 3n$	Para reunir las variables a la izquierda, resta 3n de cada lado.
$3n - 1 > 8$	Simplifica.
$3n - 1 + 1 > 8 + 1$	Para reunir las constantes a la derecha, suma 1 a cada lado.
$3n > 9$	Simplifica.
$\dfrac{3n}{3} > \dfrac{9}{3}$	Divide cada lado por 3.
$n > 3$	Simplifica.

Piensa

¿Por qué se resta 3n de cada lado de la desigualdad en lugar de 6n?

Puedes restar tanto 3n como 6n de cada lado. Sin embargo, al restar 3n obtienes un término variable con un coeficiente positivo.

 ¿Comprendiste? **4. a.** ¿Cuáles son las soluciones de $3b + 12 > 27 - 2b$? Comprueba tus soluciones.

    b. Razonamiento El primer paso para resolver el Problema 4 fue restar 3n de cada lado de la desigualdad. ¿Qué otro paso se podría haber efectuado primero para resolver la desigualdad? Explica tu respuesta.

En ocasiones, al resolver una desigualdad, obtienes como resultado un enunciado que es *siempre* verdadero, como $4 > 1$. En esos casos, las soluciones son todos los números reales. Si el enunciado *nunca* es verdadero, como en $9 \leq -5$, la desigualdad no tiene solución.

 Problema 5 **Desigualdades con soluciones especiales**

ONLINE PROBLEMS

A ¿Cuáles son las soluciones de $10 - 8a \geq 2(5 - 4a)$?

$$10 - 8a \geq 2(5 - 4a)$$

$$10 - 8a \geq 10 - 8a \qquad \text{Propiedad distributiva}$$

$$10 - 8a + 8a \geq 10 - 8a + 8a \qquad \text{Suma } 8a \text{ a cada lado.}$$

$$10 \geq 10 \qquad \text{Simplifica.}$$

Como la desigualdad $10 \geq 10$ siempre es verdadera, las soluciones de $10 - 8a \geq 2(5 - 4a)$ son todos los números reales.

B ¿Cuáles son las soluciones de $6m - 5 > 7m + 7 - m$?

$$6m - 5 > 7m + 7 - m$$

$$6m - 5 > 6m + 7 \qquad \text{Simplifica.}$$

$$6m - 5 - 6m > 6m + 7 - 6m \qquad \text{Resta } 6m \text{ de cada lado.}$$

$$-5 > 7 \qquad \text{Simplifica.}$$

Como la desigualdad $-5 > 7$ nunca es verdadera, la desigualdad $6m - 5 > 7m + 7 - m$ no tiene solución.

 ¿Comprendiste? **5.** ¿Cuáles son las soluciones de cada desigualdad?

a. $9 + 5n \leq 5n - 1$ **b.** $8 + 6x \geq 7x + 2 - x$

Planea

¿Hay otra manera de resolver esta desigualdad?
Sí. En lugar de usar la propiedad distributiva, primero puedes dividir cada lado por 2.

Piensa

Sin resolver la desigualdad, ¿cómo puedes darte cuenta de que no tiene solución?
Los términos variables a cada lado de la desigualdad son iguales, pero -5 *no* es mayor que 7.

Comprobar la comprensión de la lección

¿CÓMO hacerlo?

Resuelve cada desigualdad, si es posible. Si la desigualdad no tiene solución, escribe *sin solución*. Si las soluciones son todos los números reales, escribe *todos los números reales*.

1. $7 + 6a > 19$

2. $2(t + 2) - 3t \geq -1$

3. $6z - 15 < 4z + 11$

4. $18x - 5 \leq 3(6x - 2)$

5. El perímetro de un rectángulo es 24 cm como máximo. Dos lados opuestos miden 4 cm de longitud cada uno. ¿Cuáles son las longitudes posibles de los otros dos lados?

¿Lo ENTIENDES?

6. Razonamiento ¿Cómo puedes darte cuenta de que la desigualdad $3t + 1 > 3t + 2$ no tiene solución con sólo mirar los términos de la desigualdad?

7. Razonamiento ¿Puedes resolver la desigualdad $2(x - 3) \leq 10$ *sin* usar la propiedad distributiva? Explica tu respuesta.

8. Analizar errores Un amigo dice que las soluciones de la desigualdad $-2(3 - x) > 2x - 6$ son todos los números reales. ¿Estás de acuerdo con tu amigo? Explica tu respuesta. ¿Qué pasaría si el símbolo de desigualdad fuera $\geq$?

Ejercicios de práctica y resolución de problemas

 **Práctica**

Resuelve cada desigualdad. Comprueba tus soluciones.   ◀ **Ver el Problema 1.**

9. $5f + 7 \leq 22$

10. $6n - 3 > -18$

11. $-5y - 2 < 8$

12. $6 - 3p \geq -9$

13. $9 \leq -12 + 6r$

14. $6 \leq 12 + 4j$

Escribe y resuelve una desigualdad.   ◀ **Ver el Problema 2.**

15. Viaje familiar En un viaje desde Buffalo, Nueva York, hasta St. Augustine, la Florida, una familia quiere recorrer al menos 250 millas en las primeras 5 horas de viaje. ¿Cuál debería ser el promedio de velocidad para alcanzar su objetivo?

16. Geometría Un triángulo isósceles tiene al menos dos lados congruentes. El perímetro de un triángulo isósceles determinado tiene un máximo de 12 pulgs. La longitud de cada uno de los dos lados congruentes es 5 pulgs. ¿Cuáles son las longitudes posibles del lado que falta?

Resuelve cada desigualdad.   ◀ **Ver los Problemas 3 y 4.**

17. $3(k - 5) + 9k \geq -3$

18. $-(7c - 18) - 2c > 0$

19. $-3(j + 3) + 9j < -15$

20. $-4 \leq 4(6y - 12) - 2y$

21. $30 > -(5z + 15) + 10z$

22. $-4(d + 5) - 3d > 8$

23. $4x + 3 < 3x + 6$

24. $4v + 8 \geq 6v + 10$

25. $5f + 8 \geq 2 + 6f$

26. $6 - 3p \leq 4 - p$

27. $3m - 4 \leq 6m + 11$

28. $4t + 17 > 7 + 5t$

Resuelve cada desigualdad, si es posible. Si la desigualdad no tiene solución, escribe *sin solución*. Si las soluciones son todos los números reales, escribe *todos los números reales*.   ◀ **Ver el Problema 5.**

29. $-3(w - 3) \geq 9 - 3w$

30. $-5r + 6 \leq -5(r + 2)$

31. $-2(6 + s) \geq -15 - 2s$

32. $9 + 2x < 7 + 2(x - 3)$

33. $2(n - 8) < 16 + 2n$

34. $6w - 4 \leq 2(3w + 6)$

 **Aplicación**

Resuelve cada desigualdad, si es posible. Si la desigualdad no tiene solución, escribe *sin solución*. Si las soluciones son todos los números reales, escribe *todos los números reales*.

35. $-3(x - 3) \geq 5 - 4x$

36. $3s + 6 \leq -5(s + 2)$

37. $3(2 + t) \geq 15 - 2t$

38. $\frac{4}{3}s - 3 < s + \frac{2}{3} - \frac{1}{3}s$

39. $4 - 2n \leq 5 - n + 1$

40. $-2(0.5 - 4t) \geq -3(4 - 3.5t)$

41. $4(a - 2) - 6a \leq -9$

42. $4(3n - 1) \geq 2(n + 3)$

43. $17 - (4k - 2) \geq 2(k + 3)$

44. Pensar en un plan El plan de tu teléfono celular cuesta $39.99 por mes más $.15 por cada mensaje de texto que envías o recibes. Tienes un máximo de $45 para gastar en tu factura telefónica. ¿Cuál es la cantidad máxima de mensajes de texto que puedes enviar o recibir el próximo mes?
- ¿Qué información conoces? ¿Qué información necesitas?
- ¿Qué desigualdad puedes usar para hallar la cantidad máxima de mensajes de texto que puedes enviar o recibir?
- ¿Cuáles son las soluciones de la desigualdad? ¿Son razonables?

45. Alquileres El centro de estudiantes quiere alquilar un salón de baile para el baile de la escuela. El precio del alquiler del salón es $1500 por 3 horas y $125 por cada media hora adicional. Supón que el centro de estudiantes recauda $2125. ¿Cuál es la cantidad máxima de horas que pueden alquilar el salón?

46. Escribir Supón que un amigo tiene dificultades para resolver $3.75(q - 5) > 4(q + 3)$. Explica cómo resolver la desigualdad, muestra todos los pasos necesarios e identifica las propiedades que usarías.

47. Biología El promedio de la temperatura corporal normal de los seres humanos es 98.6 °F. Un aumento anormal de la temperatura corporal se clasifica como hipertermia, es decir, fiebre. ¿Cuál de las desigualdades representa la temperatura corporal en grados Celsius de una persona con hipertermia? (*Pista:* Para convertir los grados Celsius, C, a grados Fahrenheit, F, usa la fórmula $F = \frac{9}{5}C + 32$).

   (A) $\frac{9}{5}C + 32 \geq 98.6$ (B) $\frac{9}{5}C + 32 \leq 98.6$ (C) $\frac{9}{5}C + 32 < 98.6$ (D) $\frac{9}{5}C + 32 > 98.6$

48. Respuesta de desarrollo Escribe dos desigualdades diferentes que puedas resolver restando 3 de cada lado y luego dividiendo cada lado por –5. Resuelve cada desigualdad.

49. a. Resuelve $6v + 5 \leq 9v - 7$ reuniendo los términos variables en el lado izquierdo y los términos constantes en el lado derecho de la desigualdad.
  b. Resuelve $6v + 5 \leq 9v - 7$ reuniendo los términos constantes en el lado izquierdo y los términos variables en el lado derecho de la desigualdad.
  c. Compara los resultados de las partes (a) y (b).
  d. ¿Qué método prefieres? Explica tu respuesta.

50. Cálculo mental Determina si cada desigualdad es *siempre verdadera* o *nunca verdadera*.
  a. $5s + 7 \geq 7 + 5s$ **b.** $4t + 6 > 4t - 3$ **c.** $5(m + 2) < 5m - 4$

51. Comisión Una vendedora que trabaja en una zapatería gana $325 por semana más una comisión del 4% de sus ventas. Esta semana, su objetivo es ganar al menos $475. ¿Cuántos dólares debe ganar como mínimo con la venta de zapatos para alcanzar su objetivo?

52. Un estudiante usa la siguiente tabla para resolver $7y + 2 < 6(4 - y)$.

y	7y + 2	<	6(4 − y)
0.5	$7(0.5) + 2 = 5.5$	Verdadero	$6(4 - 0.5) = 21$
1	$7(1) + 2 = 9$	Verdadero	$6(4 - 1) = 18$
1.5	$7(1.5) + 2 = 12.5$	Verdadero	$6(4 - 1.5) = 15$
2	$7(2) + 2 = 16$	Falso	$6(4 - 2) = 12$

  a. Razonamiento Según la tabla, ¿crees que la solución de $7y + 2 < 6(4 - y)$ sería en la forma $y < c$ ó $y > c$, donde c es un número real? Explica tu respuesta.
  b. Estimar Basándote en la tabla, estima el valor de c.
  c. Resuelve la desigualdad. Compara la solución real con la solución que estimaste.

Analizar errores Describe el error en cada solución y corrígelo.

53.
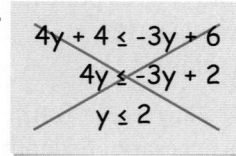
$4y + 4 \leq -3y + 6$
$4y \leq -3y + 2$
$y \leq 2$

54.
$5(p + 3) > 4p + 2$
$5p + 3 > 4p + 2$
$5p > 4p - 1$
$p > -1$

C Desafío

55. Geometría La base de un triángulo es 12 pulgs. Su altura es $(x + 6)$ pulgs. Su área no es mayor que 72 pulgs.^{2}. ¿Cuáles son los valores enteros posibles de x?

56. Trabajo a tiempo parcial Puedes ganar dinero dando clases particulares por $8 la hora y paseando perros por $7.50 la hora. Dispones de 15 horas para trabajar. ¿Cuál es la máxima cantidad de horas que puedes pasear perros para ganar al menos $115?

57. Cargamentos En el ascensor de un edificio se pueden cargar hasta 4000 lb sin que haya peligro. Un trabajador transporta mercadería en cajas de 50 lb desde la zona de carga hasta el cuarto piso del edificio. El trabajador pesa 210 lb. La carretilla que usa pesa 95 lb.
a. ¿Cuál es la máxima cantidad de cajas que puede llevar en un viaje?
b. El trabajador debe entregar 275 cajas. ¿Cuántos viajes deberá hacer?

Preparación para el examen estandarizado

SAT/ACT

58. El Club de Ciencias espera reunir al menos 200 kg de latas de aluminio para reciclar durante un semestre de 21 semanas. En la gráfica se muestran los resultados de la primera semana. Sea x la masa mínima de latas que deben reunir en promedio por semana durante el resto del semestre. ¿Cuál es el valor de x?

59. ¿Cuál es la solución de $2x + 8 = 4x + 2$?

60. ¿Cuál es la solución de $-5n - 16 = -7n$?

61. La tienda Great Gifts paga a sus proveedores $65 por cada caja con 12 campanillas. El dueño de la tienda quiere determinar la cantidad mínima x que debe cobrar a sus clientes por campanilla para obtener como mínimo un 50% de ganancia por caja. ¿Cuál es el valor de x? Si es necesario, redondea a la centésima más cercana.

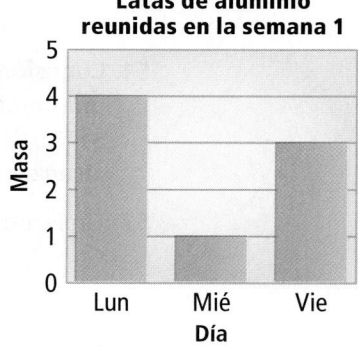

Latas de aluminio reunidas en la semana 1

Repaso mixto

Resuelve las desigualdades.

◀ Ver la Lección 3-3.

62. $-9m \geq 36$

63. $-24 \leq 3y$

64. $\dfrac{y}{5} > -4$

65. $-\dfrac{t}{3} \leq 1$

¡Prepárate! Antes de la Lección 3-5, haz los Ejercicios 66 a 68.

Determina si cada conjunto representa el conjunto de los *números naturales*, los *números enteros no negativos* o los *enteros*.

◀ Ver la Lección 1-3.

66. los enteros no negativos

67. los números para contar

68. . . . , $-3, -2, -1, 0, 1, 2, 3, . . .$

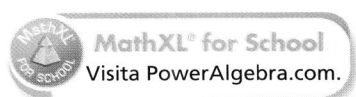

¿CÓMO hacerlo?

Escribe una desigualdad que represente cada expresión verbal o gráfica.

1. todos los números reales y mayores que o iguales a 12

2. 8 más que un número m es menos que 5.

3.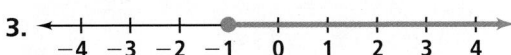

4. El producto de –3 y t es mayor que 11.

5. c menos que 7 es menor que o igual a –3.

6.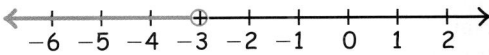

7. Un gato pesa no más de 8 lb.

Resuelve las desigualdades. Representa las soluciones con una gráfica.

8. $8d + 2 < 5d - 7$

9. $2n + 1 \geq -3$

10. $-2x + 7 \leq 45$

11. $5s - 3 + 1 < 8$

12. $5(3p - 2) > 50$

13. $\frac{y}{2} < -3$

14. $6 \geq -\frac{4}{5}n$

15. $-1.5d > 18$

16. Un equipo de béisbol quiere reunir al menos 160 latas de comida para una campaña solidaria. Los integrantes del equipo consiguieron 42 latas de comida el lunes y 65 latas de comida el miércoles. Escribe y resuelve una desigualdad para describir cuántas latas de comida deben juntar el viernes para alcanzar su objetivo o superarlo.

17. Supón que ganas $7.25 por hora trabajando a tiempo parcial para un florista. Escribe y resuelve una desigualdad para hallar cuántas horas *completas* debes trabajar para ganar al menos $125.

Resuelve cada desigualdad, si es posible. Si la desigualdad no tiene solución, escribe *sin solución*. Si las soluciones son todos los números reales, escribe *todos los números reales*.

18. $7 - 6b \leq 19$

19. $15f + 9 > 3(5f + 3)$

20. $6z - 15 \geq 4z + 11$

21. $-3(4 - m) \geq 2(4m - 14)$

22. $8z + 5 - 2z \leq 3(2z + 1) + 2$

23. Las animadoras quieren hacer un cartel rectangular para un partido de fútbol americano. La longitud del cartel es 30 pies. Las animadoras no pueden usar más de 96 pies de ribete para poner alrededor del borde del cartel. ¿Cuáles son los anchos posibles del cartel?

¿Lo ENTIENDES?

24. a. Analizar errores Un estudiante dice que la siguiente gráfica representa las soluciones de la desigualdad $-3 < x$. ¿Qué error cometió el estudiante?

b. ¿Qué desigualdad representa la gráfica en realidad?

Decide si las dos desigualdades de cada par son equivalentes. Explica tu respuesta.

25. $36 \leq -4 + y; 40 \leq y$

26. $9 + b > 24; b > 33$

27. $m - \frac{1}{2} < \frac{3}{8}; m < \frac{7}{8}$

28. Razonamiento Un gimnasio local ofrece a sus socios un período de prueba de 3 meses. Se descuentan $25 de la cuota mensual normal, x. Si el precio total del período de prueba es menor que $100, considerarás la posibilidad de asociarte. ¿Qué desigualdad puedes usar para determinar si debes asociarte?

3-5 Trabajar con conjuntos

Objetivos Escribir conjuntos y nombrar subconjuntos.
Hallar el complemento de un conjunto.

¡Cuidado! Tu teléfono escoge entre muchas combinaciones.

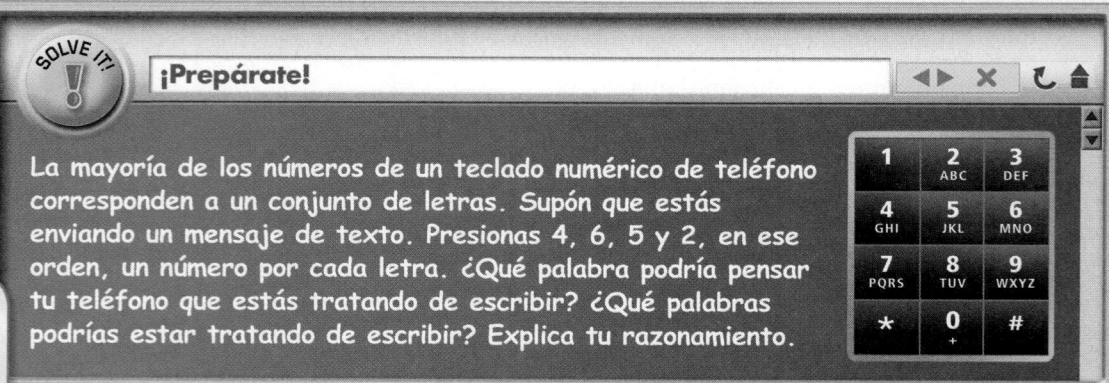

¡Prepárate!

La mayoría de los números de un teclado numérico de teléfono corresponden a un conjunto de letras. Supón que estás enviando un mensaje de texto. Presionas 4, 6, 5 y 2, en ese orden, un número por cada letra. ¿Qué palabra podría pensar tu teléfono que estás tratando de escribir? ¿Qué palabras podrías estar tratando de escribir? Explica tu razonamiento.

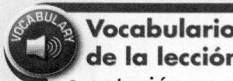

Vocabulario de la lección
- notación por extensión
- notación por comprensión
- conjunto vacío
- conjunto universal
- complemento de un conjunto

En la Lección 1-3 aprendiste que un *conjunto* es un grupo de elementos bien diferenciados. Un *subconjunto* contiene elementos de un conjunto. Por ejemplo, el número 6 del teléfono corresponde al conjunto {M, N, O} y {M, O} es un subconjunto de este conjunto.

Comprensión esencial Los conjuntos son la base del lenguaje matemático. Puedes escribir los conjuntos de maneras diferentes, formar conjuntos más pequeños de un conjunto más grande y describir los elementos que *no* están en un conjunto dado.

La **notación por extensión** es una manera de escribir conjuntos que enumera los elementos entre llaves, { }. Por ejemplo, el conjunto que contiene el 1 y el 2 se escribe {1, 2}, y el de los múltiplos de 2 se escribe {2, 4, 6, 8, . . .}.

La **notación por comprensión** es otra manera de escribir conjuntos. Describe las propiedades que un elemento debe tener para estar incluido en un conjunto. Por ejemplo, puedes escribir el conjunto {2, 4, 6, 8, . . . } en notación por comprensión como $\{x \mid x$ es multiplo de 2$\}$. Se lee como "el conjunto de todos los números reales x, tal que x es múltiplo de 2".

Planea

¿En qué se diferencia la notación por extensión de la notación por comprensión?
La notación por extensión *enumera* los elementos de un conjunto. La notación por comprensión *describe* las propiedades de esos elementos.

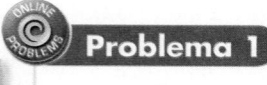 **Problema 1** Usar la notación por extensión y la notación por comprensión

¿Cómo escribes "*T* es el conjunto de los números naturales que son menores que 6" en notación por extensión? ¿Y en notación por comprensión?

Notación por extensión

Escribe "*T* es" como "*T* =".

Enumera todos los números naturales menores que 6.

$T = \{1, 2, 3, 4, 5\}$

Notación por comprensión

Usa una variable.

Describe los límites de la variable.

$T = \{x \mid x$ es un número natural, $x < 6\}$

¿Comprendiste? **1.** N es el conjunto de números naturales pares que son menores que o iguales a 12. ¿Cómo escribes N en notación por extensión? ¿Y en notación por comprensión?

Puedes usar la notación por comprensión para escribir las soluciones de una desigualdad lineal.

 Problema 2 **Desigualdades y notación por comprensión**

Planea

¿En qué se parece este problema a otros que hayas resuelto?
Se debe usar las propiedades de desigualdad para resolver una desigualdad de varios pasos, como en la Lección 3-4.

Opción múltiple En notación por comprensión, ¿cómo escribes las soluciones de $-5x + 7 \le 17$?

Ⓐ $x \ge -2$ Ⓒ $\{-2, -1, 0, \ldots\}$

Ⓑ $\{x \mid x \ge -2\}$ Ⓓ $\{x \mid x \le -2\}$

$$-5x + 7 \le 17$$
$$-5x + 7 - 7 \le 17 - 7 \qquad \text{Resta 7 de cada lado.}$$
$$-5x \le 10 \qquad \text{Simplifica.}$$
$$\frac{-5x}{-5} \ge \frac{10}{-5} \qquad \text{Divide cada lado por } -5. \text{ Invierte el símbolo de desigualdad.}$$
$$x \ge -2 \qquad \text{Simplifica.}$$

En notación por comprensión, las soluciones se dan con $\{x \mid x \ge -2\}$. La respuesta es B.

 ¿Comprendiste? **2.** En notación por comprensión, ¿cómo escribes las soluciones de $9 - 4n > 21$?

Sabes que un conjunto A es un subconjunto de un conjunto B si cada elemento de A es también un elemento de B. Por ejemplo, si $B = \{-2, -1, 0, 1, 2, 3\}$ y $A = \{-1, 0, 2\}$, entonces A es un subconjunto de B. Puedes escribir esta relación como $A \subseteq B$.

El **conjunto vacío**, o *conjunto nulo*, es el conjunto que no contiene ningún elemento. El conjunto vacío es un subconjunto de todos los conjuntos. Usa $\emptyset$ ó $\{\ \}$ para representar el conjunto vacío.

 Problema 3 **Hallar subconjuntos**

¿Cuáles son todos los subconjuntos del conjunto $\{3, 4, 5\}$?

$\emptyset$	Comienza con el conjunto vacío.
$\{3\}, \{4\}, \{5\}$	Enumera los subconjuntos con un elemento.
$\{3, 4\}, \{3, 5\}, \{4, 5\}$	Enumera los subconjuntos con dos elementos.
$\{3, 4, 5\}$	Enumera el conjunto original. Siempre se considera un subconjunto.

Piensa

¿Por qué el conjunto original se considera un subconjunto?
Es un subconjunto porque contiene elementos del conjunto original. En este caso, es el subconjunto que contiene los tres elementos.

Los ocho subconjuntos de $\{3, 4, 5\}$ son $\emptyset, \{3\}, \{4\}, \{5\}, \{3, 4\}, \{3, 5\}, \{4, 5\}$ y $\{3, 4, 5\}$.

 ¿Comprendiste? **3. a.** ¿Cuáles son los subconjuntos del conjunto $P = \{a, b\}$? ¿Y del conjunto $S = \{a, b, c\}$?

b. Razonamiento Sea $A = \{x \mid x < -3\}$ y $B = \{x \mid x \le 0\}$. ¿Es A un subconjunto de B? Explica tu razonamiento.

Cuando trabajas con conjuntos, el conjunto más grande que usas se llama **conjunto universal**, o universo. El **complemento de un conjunto** es el conjunto de todos los elementos del conjunto universal que *no* están en el conjunto. Indicas el complemento de A como A'.

En los siguientes diagramas de Venn, U representa el conjunto universal. Observa que $A \subseteq U$ y $A' \subseteq U$.

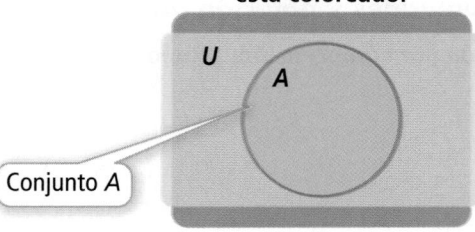

El conjunto A está coloreado.

Conjunto A

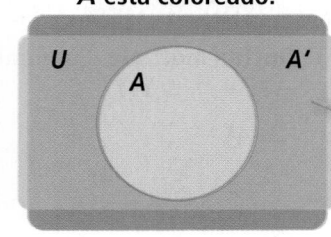

El complemento del conjunto A está coloreado.

Complemento del conjunto A

Problema 4   Hallar el complemento de un conjunto

El conjunto universal $U = \{$rey, reina, alfil, caballo, torre, peón$\}$ y el conjunto A es el conjunto de las piezas de ajedrez que se mueven hacia los lados. ¿Cuál es el complemento del conjunto A?

Rey   Reina   Alfil   Caballo   Torre   Peón

Lo que sabes
- Los elementos del conjunto U
- Los elementos del conjunto A

Lo que necesitas
- Los elementos de A'

Planea
Usa un diagrama de Venn para hallar todos los elementos del conjunto U que *no* están en el conjunto A.

El diagrama de Venn muestra la relación entre los conjuntos A y U. Los elementos del conjunto U que *no* están en el conjunto A son alfil, caballo y peón.

Por tanto, $A' = \{$alfil, caballo, peón$\}$.

Tipos de piezas de ajedrez

U
rey
reina
torre
A
alfil
caballo
peón

¿Comprendiste?   **4.** El conjunto universal
$U = \{$meses del año$\}$
y el conjunto
$A = \{$meses que tienen exactamente 31 días$\}$.
¿Cuál es el complemento del conjunto A? Escribe tu respuesta en notación por extensión.

Comprobar la comprensión de la lección

¿CÓMO hacerlo?

1. ¿Cómo escribes "G es el conjunto de los números naturales impares que son menores que 18" en notación por extensión? ¿Y en notación por comprensión?

2. En notación por comprensión, ¿cómo escribes las soluciones de $5 + d \leq 8$?

3. ¿Cuáles son todos los subconjuntos de $\{4, 8, 12\}$?

4. Dado el conjunto universal $U = \{$estaciones del año$\}$ e $I = \{$invierno$\}$, ¿cuál es I'?

¿Lo ENTIENDES?

5. Vocabulario ¿Cuál es el complemento de A'? Explica tu respuesta.

6. El primer conjunto de cada par, ¿es un subconjunto del segundo conjunto? Explica tu respuesta.
  a. $\emptyset$; $\{1, 3, 5\}$ **b.** $\{1, 3, 5\}$; $\{1, 3\}$ **c.** $\{3\}$; $\{1, 3, 5\}$

7. Razonamiento Un conjunto no vacío es un conjunto que contiene por lo menos un elemento. Dados los conjuntos no vacíos A y B, supón que $A \subseteq B$. ¿Es $B \subseteq A$ *siempre*, *a veces* o *nunca* verdadero?

8. Analizar errores Un estudiante dice que los siguientes conjuntos A y B son iguales. ¿Qué error cometió el estudiante?
  $A = \{x \mid x$ es un número entero no negativo menor que 5$\}$
  $B = \{1, 2, 3, 4\}$

Ejercicios de práctica y resolución de problemas

 **Práctica**

Escribe cada conjunto en notación por extensión y en notación por comprensión. ◀ Ver el Problema 1.

9. M es el conjunto de los enteros que son mayores que –1 y menores que 4.

10. N es el conjunto de los números reales que son factores de 12.

11. P es el conjunto de los números naturales que son menores que 11.

12. R es el conjunto de los números naturales pares que son menores que 2.

Escribe las soluciones de cada desigualdad en notación por comprensión. ◀ Ver el Problema 2.

13. $4y + 7 \geq 23$ **14.** $5r + 8 < 63$ **15.** $13 - 9m < 58$

16. $7 - 3d \geq 28$ **17.** $2(3p - 11) \geq -16$ **18.** $3(2k + 12) < -42$

Haz una lista de todos los subconjuntos de cada conjunto. ◀ Ver el Problema 3.

19. $\{$a, e, i, o$\}$ **20.** $\{0, 1, 2\}$ **21.** $\{$perro, gato, pez$\}$

22. $\{-2, 2\}$ **23.** $\{1\}$ **24.** $\{+, -, \times, \div\}$

25. Supón que $U = \{1, 2, 3, 4, 5\}$ es el conjunto universal y $A = \{2, 3\}$. ¿Cuál es A'? ◀ Ver el Problema 4.

26. Supón que $U = \{1, 2, 3, 4, 5, 6, 7, 8\}$ es el conjunto universal y $P = \{2, 4, 6, 8\}$. ¿Cuál es P'?

27. Supón que $U = \{\ldots, -3, -2, -1, 0, 1, 2, 3, \ldots\}$ es el conjunto universal y $R = \{\ldots, -3, -1, 1, 3, \ldots\}$. ¿Cuál es R'?

28. Supón que $U = \{1, 2\}$ es el conjunto universal y $T = \{1\}$. ¿Cuál es T'?

B Aplicación

29. Pensar en un plan El conjunto universal *U* y el conjunto *A* se definen abajo. ¿Cuáles son los elementos de *A'*?

    U = {días de la semana}
    A = {días de la semana que contienen la letra N}
- ¿Cuáles son los elementos del conjunto universal?
- ¿Cuáles son los elementos del conjunto *A*?
- ¿Cómo puedes hallar el complemento del conjunto *A*?

Supón que $U = \{0, 1, 2, 3, 4, 5, 6\}$, $A = \{2, 4, 6\}$, y $B = \{1, 2, 3\}$. Indica si cada enunciado es *verdadero* o *falso*. Explica tu razonamiento.

30. $A \subseteq U$ **31.** $U \subseteq B$ **32.** $B \subseteq A$ **33.** $\emptyset \subseteq B$

Escribe cada conjunto en notación por comprensión.

34. $B = \{11, 12, 13, 14, \ldots\}$ **35.** $M = \{1, 3, 5, 7, 9, 11, 13, 17, 19\}$

36. $S = \{1, 2, 3, 4, 6, 12\}$ **37.** $G = \{\ldots, -2, -1, 0, 1, 2, \ldots\}$

38. El conjunto universal *U* y el conjunto *B* se definen abajo. ¿Cuáles son los elementos de *B'*?

    U = {estados de los Estados Unidos}
    A = {estados que no comienzan con la letra A}

39. El conjunto universal *U* = {planetas del sistema solar de la Tierra} y el conjunto *P* = {los planetas cuya distancia del Sol es mayor que la distancia entre la Tierra y el Sol}. ¿Cuál es el complemento del conjunto *P*? Escribe tu respuesta en notación por extensión.

Resuelve cada desigualdad. Escribe tus soluciones en notación por comprensión.

40. $-2(3x + 7) > -14$ **41.** $-2(3x + 7) > -14 - 6x$

42. $-2(3x + 7) \geq -14 - 6x$ **43.** $-3(4x + 8) + 1 \geq -23$

44. $-3(4x + 8) + 1 \geq -23 - 12x$ **45.** $-3(4x + 8) + 1 < -23 - 12x$

46. Supón que $U = \{x \mid x$ es un múltiplo de 2, $x < 18\}$ es el conjunto universal y $C = \{4, 8, 12, 16\}$. ¿Cuál es C'?

47. Supón que $U = \{x \mid x$ es un entero, $x \leq 12\}$ es el conjunto universal y $T = \{x \mid x$ es un número natural, $x \leq 12\}$. ¿Cuál es T'?

48. Respuesta de desarrollo Escribe una desigualdad de dos pasos con soluciones que estén dadas por $\{n \mid n > 0\}$.

49. ¿Cuántos elementos hay en el conjunto $\{x \mid x$ es un número primo par, $x < 100\}$?

 **Desafío**

50. Razonamiento Sin enumerar cada subconjunto de un conjunto, ¿puedes determinar la cantidad de subconjuntos que tiene el conjunto?

Usa tu respuesta del Ejercicio 50. Determina cuántos subconjuntos tiene cada conjunto.

51. $R = \{$números positivos pares menores que 20$\}$ **52.** $Q = \{0\}$

Preparación para el examen estandarizado

SAT/ACT

53. Sea el conjunto universal $U = \{x \mid x$ es un número natural$\}$, y sea el conjunto $E = \{2, 4, 6, 8, \ldots\}$. ¿Cuál es E'?

Ⓐ $\{1, 3, 5, 7, \ldots\}$ Ⓒ $\{$todos los enteros positivos$\}$

Ⓑ $\{0, 2, 4, 6, 8, \ldots\}$ Ⓓ $\{2, 4, 6, 8, \ldots\}$

54. ¿Qué conjunto representa las soluciones de $-9x + 17 \geq -64$?

Ⓕ $\{x \mid x \leq 9\}$ Ⓖ $\{x \mid x \geq 9\}$ Ⓗ $\left\{x \mid x \leq -\frac{47}{9}\right\}$ Ⓘ $\left\{x \mid x \geq -\frac{47}{9}\right\}$

55. En el siguiente diagrama, $\triangle ABC \sim \triangle EFG$. ¿Cuál es FG?

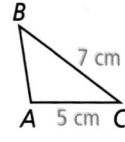

Ⓐ $3\frac{8}{9}$ Ⓑ $6\frac{3}{7}$ Ⓒ 11 Ⓓ $12\frac{3}{5}$

56. ¿Cuál es la solución de número entero no negativo menor para $-10n \leq 5$?

Ⓕ -1 Ⓖ 0 Ⓗ 1 Ⓘ 2

Respuesta breve

57. La florería Mum's Florist vende dos docenas de rosas por $24.60. La florería First Flowers Florist vende 6 rosas por $7.50. ¿Qué florería tiene el menor costo por rosa? Explica tu respuesta.

Repaso mixto

Resuelve cada desigualdad.   ◀ **Ver la Lección 3-4.**

58. $3b + 2 > 26$ **59.** $2(t + 2) - 3t \geq -1$ **60.** $6z - 15 < 4z + 11$

Evalúa cada expresión para el valor dado de la variable.   ◀ **Ver la Lección 1-2.**

61. $3n - 6; n = 4$ **62.** $7 - 2b; b = 5$ **63.** $\frac{2d - 3}{5}; d = 9$

¡Prepárate!   **Antes de la Lección 3-6, haz los Ejercicios 64 a 66.**

Representa cada par de desigualdades en una recta numérica.   ◀ **Ver la Lección 3-1.**

64. $c < 8; c \geq 10$ **65.** $t \geq -2; t \leq -5$ **66.** $m \leq 7; m > 12$

3-6 Desigualdades compuestas

Objetivos Resolver y representar con una gráfica desigualdades compuestas con *y*.
Resolver y representar con una gráfica desigualdades compuestas con *o*.

¿Puedes predecir la cantidad <u>exacta</u>?

SOLVE IT!

¡Prepárate!

En el diagrama se muestra la cantidad de cajas de naranjas que un naranjo produce en 1 año. Un cultivador de naranjas gana $9.50 por cada caja de naranjas que vende. ¿Cuánto esperaría ganar el cultivador en un año con 1 naranjo? Explica tu razonamiento.

Promedio de la producción anual del naranjo (cantidad de cajas por año)

1.3   4.0

Actividades dinámicas
Desigualdades compuestas

Vocabulario de la lección
• desigualdad compuesta
• notación de intervalo

La actividad de *Solve It!* incluye un valor que está entre dos números. Puedes usar una desigualdad compuesta para representar esta relación. Una **desigualdad compuesta** consiste en dos desigualdades diferentes unidas por la palabra *y* o por la palabra *o*.

Comprensión esencial Para hallar las soluciones de una desigualdad compuesta puedes identificar dónde se superponen los conjuntos de solución de las diferentes desigualdades o puedes combinar los conjuntos de solución para formar un conjunto de solución más grande.

La gráfica de una desigualdad compuesta con *y* incluye la *superposición* de las gráficas de las dos desigualdades que forman la desigualdad compuesta.

La gráfica de una desigualdad compuesta con *o* incluye *cada* gráfica de las dos desigualdades que forman la desigualdad compuesta.

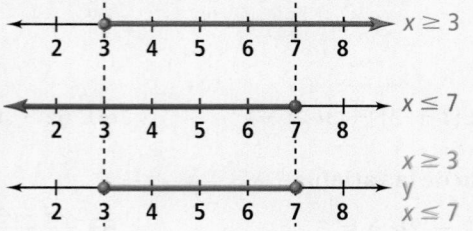

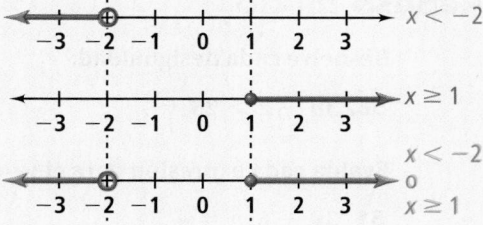

Puedes volver a escribir la desigualdad compuesta con *y* como una sola desigualdad. Por ejemplo, en la desigualdad de arriba, puedes escribir $x \geq 3$ y $x \leq 7$ como $3 \leq x \leq 7$. Esto se lee como "*x* es mayor que o igual a 3 y menor que o igual a 7". Otra manera de leerlo es "*x* está entre 3 y 7 inclusive". En este ejemplo, *inclusive* significa que las soluciones de la desigualdad incluyen tanto 3 como 7.

 **Problema 1** Escribir una desigualdad compuesta

¿Qué desigualdad compuesta representa la frase? Representa las soluciones con una gráfica.

A todos los números reales que son
mayores que −2 y menores que 6

$n > -2$ y $n < 6$

$-2 < n$ y $n < 6$

$-2 < n < 6$

B todos los números reales que son menores
que 0 o mayores que o iguales a 5

$t < 0$ ó $t \geq 5$

¿Comprendiste? **1.** Para las partes (a) y (b) que siguen, escribe una desigualdad compuesta
que represente cada frase. Representa las soluciones con una gráfica.

  a. todos los números reales que son mayores que o iguales a −4 y
  menores que 6

  b. todos los números reales que son menores que o iguales a $2\frac{1}{2}$ o
  mayores que 6

  c. **Razonamiento** ¿Cuál es la diferencia entre "x está entre −5 y
  7" y "x está entre −5 y 7 inclusive"?

Piensa

¿Por qué puedes escribir una desigualdad con y sin la palabra y?
La desigualdad compuesta $-2 < n$ y $n < 6$ significa que n es mayor que −2 y n es menor que 6. Esto significa que n está entre −2 y 6. Esto se escribe como $-2 < n < 6$.

Una solución de una desigualdad compuesta con **y** es cualquier número que hace
que *ambas* desigualdades sean verdaderas. Una manera de resolver una desigualdad
compuesta es separarla en dos desigualdades.

 Problema 2 Resolver una desigualdad compuesta con **y**

¿Cuáles son las soluciones de $-3 \leq m - 4 < -1$? Representa las soluciones con una gráfica.

$$-3 \leq m - 4 < -1$$

$-3 \leq m - 4$ y $m - 4 < -1$ Escribe la desigualdad compuesta como dos desigualdades unidas por la palabra y.

$-3 + 4 \leq m - 4 + 4$ y $m - 4 + 4 < -1 + 4$ Suma 4 a cada lado de cada desigualdad.

$1 \leq m$ y $m < 3$ Simplifica.

$1 \leq m < 3$ Escribe las soluciones como una sola desigualdad.

Planea

¿Cómo sabes que debes unir las dos desigualdades con y?
La desigualdad compuesta $-3 \leq m - 4 < -1$ significa que la cantidad $m - 4$ está entre −3 y −1, incluido −3. Por tanto, se usa la palabra y.

¿Comprendiste? **2.** ¿Cuáles son las soluciones de $-2 < 3y - 4 < 14$? Representa las
soluciones con una gráfica.

También puedes resolver una desigualdad como $-3 \leq m - 4 < -1$ trabajando con
las tres partes de la desigualdad al mismo tiempo. Debes aislar la variable que está
entre los símbolos de desigualdad. Este método se usa en el Problema 3.

 **Problema 3** Escribir y resolver una desigualdad compuesta

Promedio de las pruebas Para obtener una B en tu curso de álgebra, debes lograr un promedio no redondeado entre 84 y 86 inclusive. Obtuviste 86, 85 y 80 puntos en las primeras tres pruebas del período de calificaciones. ¿Qué calificaciones posibles puedes obtener en la cuarta y última prueba para obtener una B en el curso?

Lo que sabes

- El promedio de las pruebas debe estar entre 84 y 86 inclusive.
- Las primeras 3 calificaciones

Lo que necesitas

Las calificaciones posibles que puedes obtener en la última prueba para obtener una B en el curso

Planea

Escribe una expresión para el promedio de las pruebas. Luego, escribe y resuelve una desigualdad compuesta.

Piensa

¿Cuál es otra manera de resolver este problema?
Puedes *empezar por el final* para resolver este problema. Puedes comenzar con la desigualdad $84 \leq x \leq 86$, donde x representa el promedio de las calificaciones. Luego, vuelves a escribir la desigualdad en los términos de la suma total de las 4 calificaciones.

$$84 \leq \frac{86 + 85 + 80 + x}{4} \leq 86 \qquad \text{Escribe una desigualdad compuesta.}$$

$$4(84) \leq 4\left(\frac{251 + x}{4}\right) \leq 4(86) \qquad \text{Multiplica cada parte por 4.}$$

$$336 \leq 251 + x \leq 344 \qquad \text{Simplifica.}$$

$$336 - 251 \leq 251 + x - 251 \leq 344 - 251 \qquad \text{Resta 251 de cada parte.}$$

$$85 \leq x \leq 93 \qquad \text{Simplifica.}$$

Tus calificaciones en la cuarta prueba deben estar entre 85 y 93 inclusive.

 **¿Comprendiste?** 3. **Razonamiento** Supón que obtuviste 78, 78 y 79 en las primeras tres pruebas. ¿Es posible que obtengas una B en el curso? Supón que 100 es la calificación máxima que puedes obtener en el curso y en la prueba. Explica tu respuesta.

Una solución de una desigualdad compuesta con *o* es cualquier número que hace que *cualquiera* de las desigualdades sea verdadera. Para resolver una desigualdad compuesta con *o*, debes resolver por separado las dos desigualdades que forman la desigualdad compuesta.

 **Problema 4** Resolver una desigualdad compuesta con *o*

¿Cuáles son las soluciones de $3t + 2 < -7$ ó $-4t + 5 < 1$? Representa las soluciones con una gráfica.

Planea

¿En qué se diferencia esta desigualdad de otras que resolviste?
Tiene la palabra *o*. A diferencia de una desigualdad con *y*, está formada por dos desigualdades con soluciones que no se superponen.

$$3t + 2 < -7 \qquad \text{ó} \qquad -4t + 5 < 1$$
$$3t + 2 - 2 < -7 - 2 \qquad \text{ó} \qquad -4t + 5 - 5 < 1 - 5$$
$$3t < -9 \qquad \text{ó} \qquad -4t < -4$$
$$\frac{3t}{3} < \frac{-9}{3} \qquad \text{ó} \qquad \frac{-4t}{-4} > \frac{-4}{-4}$$
$$t < -3 \qquad \text{ó} \qquad t > 1$$

> Invierte el símbolo de desigualdad cuando dividas por un número negativo.

Las soluciones están dadas por $t < -3$ ó $t > 1$.

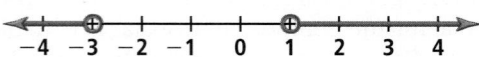

 ¿Comprendiste? 4. ¿Cuáles son las soluciones de $-2y + 7 < 1$ ó $4y + 3 \leq -5$? Representa las soluciones con una gráfica.

Puedes usar una desigualdad como $x \leq -3$ para describir una parte de la recta numérica llamada *intervalo*. También puedes usar la *notación de intervalo* para describir un *intervalo* en la recta numérica. La **notación de intervalo** incluye el uso de tres símbolos especiales. Estos símbolos son:

paréntesis: Usa (ó) cuando un símbolo $<$ ó $>$ indica que los extremos del intervalo *no* se incluyen.

corchetes: Usa [ó] cuando un símbolo $\leq$ ó $\geq$ indica que los extremos del intervalo *sí* se incluyen.

infinito: Usa ∞ cuando el intervalo continúa al infinito en una dirección *positiva*.
Usa $-\infty$ cuando el intervalo continúa al infinito en una dirección *negativa*.

Desigualdad	Gráfica	Notación de intervalo
$x \geq 2$		$[2, \infty)$
$x < 2$		$(-\infty, 2)$
$1 < x \leq 5$		$(1, 5]$
$x < -3$ ó $x \geq 4$		$(-\infty, -3)$ ó $[4, \infty)$

Problema 5 Usar la notación de intervalo

A ¿Cuál es la gráfica de $[-4, 6)$? ¿Cómo escribes $[-4, 6)$ como una desigualdad?

El corchete indica que -4 está incluido. Por tanto, usa un círculo cerrado en -4.

El paréntesis indica que 6 *no* está incluido. Por tanto, usa un círculo abierto en 6.

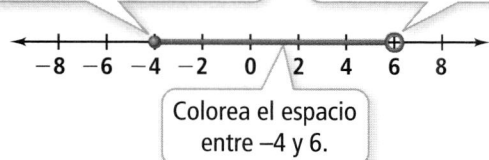

Colorea el espacio entre -4 y 6.

Planea

¿Cómo escribes la notación de intervalo como una desigualdad?

Como ayuda, primero puedes leer el significado en voz alta. $[-4, 6)$ significa todos los números reales mayores que o iguales a -4 y menores que 6.

La desigualdad $-4 \leq x < 6$ representa la notación de intervalo $[-4, 6)$.

B ¿Cuál es la gráfica de $x \leq -1$ ó $x > 2$? ¿Cómo escribes $x \leq -1$ ó $x > 2$ en notación de intervalo?

La notación de intervalo $(-\infty, -1]$ ó $(2, \infty)$ representa la desigualdad $x \leq -1$ ó $x > 2$.

¿Comprendiste? **5. a.** ¿Cuál es la gráfica de $(-2, 7]$? ¿Cómo escribes $(-2, 7]$ como una desigualdad?
b. ¿Cuál es la gráfica de $y > 7$? ¿Cómo escribes $y > 7$ en notación de intervalo?

Comprobar la comprensión de la lección

¿CÓMO hacerlo?

1. ¿Qué desigualdad compuesta representa la frase "todos los números reales que son mayores que o iguales a 0 y menores que 8"? Representa las soluciones con una gráfica.

2. ¿Cuáles son las soluciones de $-4 \leq r - 5 < -1$? Representa las soluciones con una gráfica.

3. Tus calificaciones en Ciencias son 83 y 87. ¿Qué calificaciones posibles puedes obtener en tu próxima prueba para tener un promedio entre 85 y 90 inclusive?

4. Escribe el intervalo que se representa en la siguiente recta numérica como una desigualdad y en notación de intervalo.

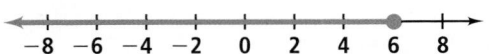

¿Lo ENTIENDES?

5. **Vocabulario** ¿Cuáles de las siguientes opciones son desigualdades compuestas?

   A. $x > 4$ ó $x < -4$ **B.** $x \geq 6$

   C. $8 \leq 5x < 30$ **D.** $7x > 42$ ó $-5x \leq 10$

6. **Analizar errores** Un estudiante escribe la desigualdad $x \geq 17$ en notación de intervalo como $[17, \infty]$. Explica por qué esto es incorrecto.

7. **Razonamiento** ¿Cuáles son las soluciones de $3x - 7 \leq 14$ ó $4x - 8 > 20$? Escribe tus soluciones como una desigualdad compuesta y en notación de intervalo.

8. **Escribir** Compara la gráfica de una desigualdad compuesta con y con la gráfica de una desigualdad compuesta con o.

Ejercicios de práctica y resolución de problemas

 **Práctica**

Escribe una desigualdad compuesta que represente cada frase. Representa las soluciones con una gráfica.

    9. todos los números reales que están entre -5 y 7

   10. La circunferencia de una pelota de básquetbol femenino debe medir entre 28.5 pulgs. y 29 pulgs. inclusive.

Resuelve cada desigualdad compuesta. Representa las soluciones con una gráfica.

Ver los Problemas 2 y 3.

   11. $-4 < k + 3 < 8$ 12. $5 \leq y + 2 \leq 11$ 13. $3 < 4p - 5 \leq 15$

   14. $15 \leq \dfrac{20 + 11 + k}{3} \leq 19$ 15. $\dfrac{1}{4} < \dfrac{2x - 7}{2} < 5$ 16. $-3 \leq \dfrac{6 - q}{9} \leq 3$

Resuelve cada desigualdad compuesta. Representa las soluciones con una gráfica.

Ver el Problema 4.

   17. $6b - 1 < -7$ ó $2b + 1 > 5$ 18. $5 + m > 4$ ó $7m < -35$

   19. $4d + 5 \geq 13$ ó $7d - 2 < 12$ 20. $7 - c < 1$ ó $4c \leq 12$

   21. $5y + 7 \leq -3$ ó $3y - 2 \geq 13$ 22. $5z - 3 > 7$ ó $4z - 6 < -10$

Escribe cada intervalo como una desigualdad. Luego, representa con una gráfica las soluciones.

Ver el Problema 5.

   23. $(-\infty, 2]$ 24. $[-4, 5]$ 25. $(-\infty, -1]$ ó $(3, \infty)$ 26. $[6, \infty)$

Escribe cada desigualdad en notación de intervalo. Luego, representa el intervalo con una gráfica.

27. $x > -2$ **28.** $x \leq 0$ **29.** $x < -2$ ó $x \geq 1$ **30.** $-3 \leq x < 4$

 **Aplicación** **Resuelve cada desigualdad. Escribe cada conjunto en notación de intervalo.**

31. $7 < x + 6 \leq 12$ **32.** $-9 < 3m + 6 \leq 18$

33. $f + 14 < 9$ ó $-9f \leq -45$ **34.** $12h - 3 \geq 15h$ ó $5 > -0.2h + 10$

Escribe una desigualdad compuesta que pueda representarse con cada gráfica.

35. 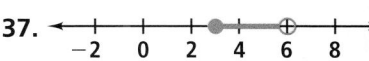 **36.** **37.**

Resuelve cada desigualdad compuesta. Justifica cada paso.

38. $4r - 3 > 11$ ó $4r - 3 \leq -11$ **39.** $2 \leq 0.75v \leq 4.5$

40. $\dfrac{4y + 2}{5} - 5 > 3$ ó $\dfrac{4 - 3y}{6} > 4$ **41.** $-\dfrac{4}{3} \leq \dfrac{1}{7}w - \dfrac{3}{4} < 1$

42. Química La acidez del agua de una piscina se considera normal si el promedio de tres lecturas de pH está entre 7.2 y 7.8 inclusive. Las primeras dos lecturas de una piscina son 7.4 y 7.9. ¿Qué valores posibles para la tercera lectura p harán que el pH promedio sea normal?

43. Pensar en un plan El teorema de desigualdad del triángulo establece que la suma de las longitudes de dos lados cualesquiera de un triángulo es mayor que la longitud del tercer lado. Se dan las longitudes de dos lados de un triángulo. ¿Cuáles son las longitudes x posibles del tercer lado del triángulo?
- ¿Hay un límite superior para el valor de x? ¿Hay un límite inferior?
- ¿Cómo puedes usar las respuestas de la pregunta anterior para escribir una o más desigualdades que incluyan x?

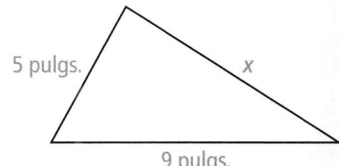

Usa tus respuestas del Ejercicio 43 para responder los Ejercicios 44 a 47. Se dan las longitudes de dos lados de un triángulo. Halla las longitudes posibles del tercer lado.

44. 3.75 pulgs., 7 pulgs. **45.** 15 pies, 21 pies **46.** 14 mm, 35 mm **47.** 6 m, 17 m

48. Física La fuerza ejercida sobre un resorte es proporcional a la distancia a la que el resorte se estira a partir de su posición de descanso. Supón que estiras el resorte a una distancia de d pulgadas aplicando una fuerza de F libras. Para tu resorte, $\dfrac{d}{F} = 0.8$. Aplicas fuerzas entre 25 lb y 40 lb inclusive. ¿Qué desigualdad describe las distancias a las que se estira el resorte?

49. Razonamiento Describe las soluciones de $4x - 9 < 7$ ó $3x - 10 > 2$.

50. Nutrición Un varón de 15 años sedentario debe consumir no más de 2200 calorías por día. Un varón de 15 años moderadamente activo debe consumir entre 2400 y 2800 calorías por día. Un varón de 15 años activo debe consumir entre 2800 y 3200 calorías por día. Representa estos rangos en una recta numérica. Representa cada rango de calorías con la notación de intervalo.

 **Desafío**

51. Química La materia está en estado líquido cuando su temperatura está entre su punto de fusión y su punto de ebullición. El punto de fusión del elemento mercurio es $-38.87\,°C$, y su punto de ebullición es $356.58\,°C$. ¿Cuál es el rango de temperaturas en grados Fahrenheit para los cuales el mercurio *no* está en estado líquido? (*Pista:* $C = \frac{5}{9}(F - 32)$). Expresa el rango como una desigualdad y en notación de intervalo.

52. Ritmo cardíaco El ritmo cardíaco recomendado mientras se hace ejercicio varía según la edad y el estado físico. Para una persona sana que hace ejercicio moderado a intenso, como hacer una caminata, la desigualdad $0.5(220 - e) \leq R \leq 0.9(220 - e)$ da un rango objetivo para el ritmo cardíaco R (en latidos por minuto), según una edad e (en años).
a. ¿Cuál es el rango objetivo para el ritmo cardíaco de una persona de 15 años?
b. ¿Cuántos años tiene una persona cuyo rango objetivo está entre 99 y 178.2 latidos por minuto?

Preparación para el examen estandarizado

SAT/ACT

53. Un taxi recorrió 5 mi hasta la casa de John y luego lo llevó al aeropuerto, que está a 10 mi. ¿Qué desigualdad representa las distancias posibles d del taxi desde el aeropuerto cuando comenzó a ir a la casa de John?

(A) $5 \leq d \leq 10$ (B) $5 \leq d \leq 15$ (C) $0 \leq d \leq 5$ (D) $0 \leq d \leq 10$

54. Un estudiante debe obtener al menos 24 créditos en la escuela secundaria para graduarse. ¿Qué desigualdad o gráfica NO describe esta situación?

(F) $c \leq 24$

(G) $c \geq 24$

(H) $24 \leq c$

(I)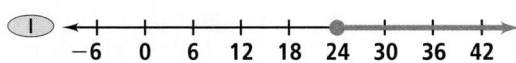
$\quad -6 \quad 0 \quad 6 \quad 12 \quad 18 \quad 24 \quad 30 \quad 36 \quad 42$

Respuesta breve

55. El Departamento de Agua del Condado cobra una tarifa administrativa mensual de $\$10.40$ más $\$.0059$ por cada galón de agua que se usa, hasta, pero sin incluir, 7500 gal. ¿Cuál es el número mínimo y máximo de galones de agua que usaron los consumidores que tienen un gasto mensual de al menos $\$35$ pero no más de $\$50$? Expresa las cantidades al galón más cercano.

Repaso mixto

Sea $A = \{1, 3, 5, 7\}$, sea $B = \{4, 8, 12\}$ y sea el conjunto universal $U\{1, 2, 3, 4, 5, 7, 8, 12, 15\}$.

◀ **Ver la Lección 3-5.**

56. ¿Cuáles son los subconjuntos de A? **57.** ¿Cuál es B'? **58.** ¿Es B' un subconjunto de A?

Resuelve cada desigualdad.

◀ **Ver la Lección 3-4.**

59. $5 < 6b + 3$ **60.** $12n \leq 3n + 27$ **61.** $2 + 4r \geq 5(r - 1)$

¡Prepárate! Antes de la Lección 3-7, haz los Ejercicios 62 a 64.

Completa cada enunciado con $<$, $=$ ó $>$.

◀ **Ver la Lección 1-5.**

62. $|3 - 7| \;\blacksquare\; 4$ **63.** $|-5| + 2 \;\blacksquare\; 6$ **64.** $\left|6 - 2\frac{1}{4}\right| \;\blacksquare\; 3\frac{5}{8}$

Ecuaciones y desigualdades de valor absoluto

Objetivo Resolver ecuaciones y desigualdades que incluyen valores absolutos.

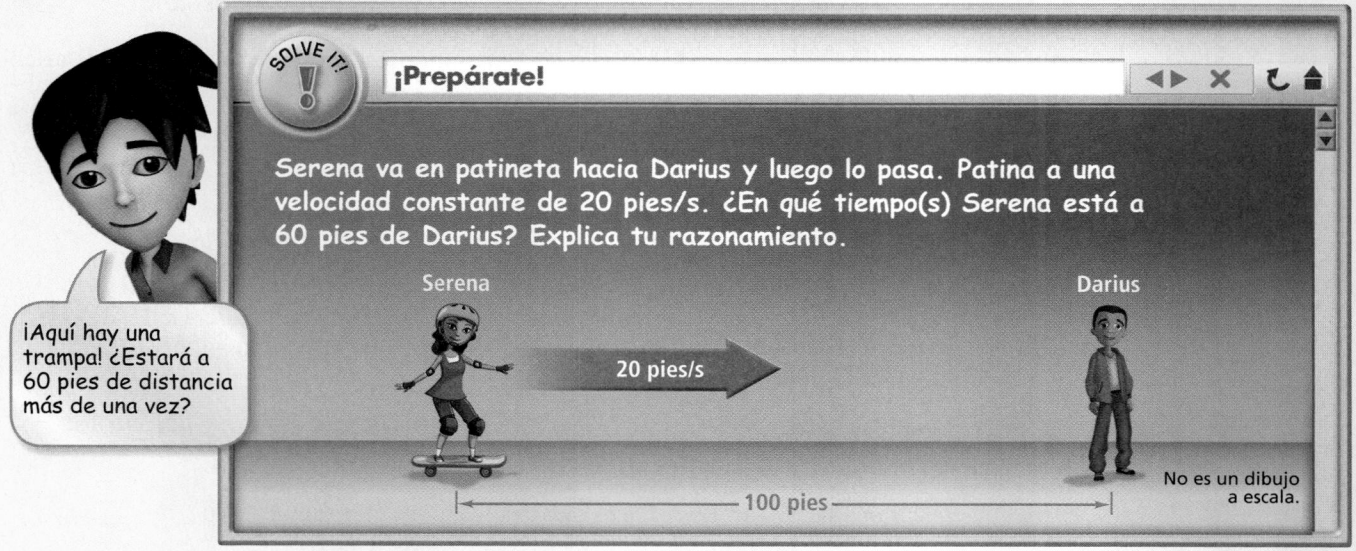

¡Prepárate!

Serena va en patineta hacia Darius y luego lo pasa. Patina a una velocidad constante de 20 pies/s. ¿En qué tiempo(s) Serena está a 60 pies de Darius? Explica tu razonamiento.

Serena   Darius

20 pies/s

No es un dibujo a escala.

├──────────── 100 pies ────────────┤

¡Aquí hay una trampa! ¿Estará a 60 pies de distancia más de una vez?

En la actividad de *Solve It!*, la distancia de Serena con respecto a Darius disminuye y luego aumenta. Puedes usar un valor absoluto para representar esos cambios.

Comprensión esencial Para resolver las ecuaciones y desigualdades de valor absoluto, primero puedes aislar la expresión de valor absoluto, si es necesario. Luego, escribe un par equivalente de ecuaciones o desigualdades lineales.

Problema 1   Resolver una ecuación de valor absoluto

¿Cuáles son las soluciones de $|x| + 2 = 9$? Representa las soluciones con una gráfica y compruébalas.

$$|x| + 2 = 9$$
$$|x| + 2 - 2 = 9 - 2 \quad \text{Resta 2 de cada lado.}$$
$$|x| = 7 \quad \text{Simplifica.}$$
$$x = 7 \text{ ó } x = -7 \quad \text{Definición de valor absoluto}$$

Piensa

¿Cuántas soluciones tiene la ecuación?
Hay dos valores en una recta numérica que están a 7 unidades a partir del 0: 7 y −7. Por tanto, la ecuación tiene dos soluciones.

Comprueba $\quad |7| + 2 \overset{?}{=} 9 \qquad \leftarrow$ Sustituye x por 7 y −7. $\rightarrow \quad |-7| + 2 \overset{?}{=} 9$

$\qquad\qquad\qquad 7 + 2 = 9 \; ✔ \qquad\qquad\qquad\qquad\qquad\qquad 7 + 2 = 9 \; ✔$

¿Comprendiste? **1.** ¿Cuáles son las soluciones de $|n| - 5 = -2$? Representa las soluciones con una gráfica y compruébalas.

Algunas ecuaciones, como $|2x - 5| = 13$, tienen expresiones variables dentro de los símbolos de valor absoluto. La ecuación $|2x - 5| = 13$ significa que la distancia en una recta numérica desde $2x - 5$ hasta el 0 es 13 unidades. Hay dos puntos que están a 13 unidades desde el 0: 13 y -13. Por tanto, para hallar los valores de x, debes resolver las ecuaciones $2x - 5 = 13$ y $2x - 5 = -13$. Puedes generalizar este proceso de la siguiente manera.

toma nota

Concepto clave   Resolver ecuaciones de valor absoluto

Para resolver una ecuación en la forma $|A| = b$, donde A representa una expresión variable y $b > 0$, resuelve $A = b$ y $A = -b$.

Problema 2   Resolver una ecuación de valor absoluto

Opción múltiple A partir de una distancia de 100 pies, tu amiga patina hacia ti y luego te pasa. Patina a una velocidad constante de 20 pies/s. Su distancia d desde donde estás tú en pies después de t segundos está dada por $d = |100 - 20t|$. ¿En qué tiempos está a 40 pies de distancia de ti?

$100 - 20t = 40$	← Escribe dos ecuaciones. →	$100 - 20t = -40$
$-20t = -60$	← Resta 100 de cada lado. →	$-20t = -140$
$t = 3$	← Divide cada lado por -20. →	$t = 7$

Las soluciones son 3 s y 7 s. La respuesta correcta es C.

 ¿Comprendiste? 2. ¿Cuáles son las soluciones de $|3x - 1| = 8$? Comprueba las soluciones.

Recuerda que el valor absoluto representa la distancia desde el 0 en una recta numérica. La distancia siempre es no negativa. Por tanto, cualquier ecuación que establece que el valor absoluto de una expresión es negativo no tiene soluciones.

Problema 3   Resolver una ecuación de valor absoluto sin solución

¿Cuáles son las soluciones de $3|2z + 9| + 12 = 10$?

$$3|2z + 9| + 12 = 10$$
$$3|2z + 9| = -2 \quad \text{Resta 12 de cada lado.}$$
$$|2z + 9| = -\frac{2}{3} \quad \text{Divide cada lado por 3.}$$

El valor absoluto de una expresión no puede ser negativo; por tanto, no tiene solución.

 ¿Comprendiste? 3. ¿Cuáles son las soluciones de $|3x - 6| - 5 = -7$?

Puedes escribir desigualdades de valores absolutos como desigualdades compuestas.
En las siguientes gráficas se muestran dos desigualdades de valores absolutos.

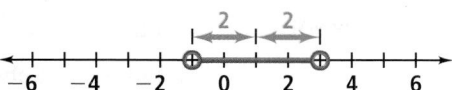

$$|n - 1| < 2$$

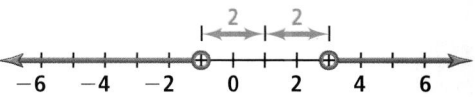

$$|n - 1| > 2$$

$|n - 1| < 2$ representa todos los
números con una distancia desde el 1
que es menor que 2 unidades. Por tanto,
$|n - 1| < 2$ significa $-2 < n - 1 < 2$.

$|n - 1| > 2$ representa todos los
números con una distancia desde el 1
que es mayor que 2 unidades. Por tanto,
$|n - 1| > 2$ significa $n - 1 < -2$ ó
$n - 1 > 2$.

toma nota

Concepto clave   Resolver desigualdades de valor absoluto

Para resolver una desigualdad en la forma $|A| < b$, donde
A es una expresión variable y $b > 0$, resuelve la desigualdad
compuesta $-b < A < b$.

Para resolver una desigualdad en la forma $|A| > b$, donde
A es una expresión variable y $b > 0$, resuelve la desigualdad
compuesta $A < -b$ ó $A > b$.

Reglas similares son verdaderas para $|A| \leq b$ ó $|A| \geq b$.

Problema 4   Resolver una desigualdad de valor absoluto que incluye $\geq$

¿Cuáles son las soluciones de $|8n| \geq 24$? Representa las soluciones con una gráfica.

Piensa

La desigualdad dice que
8n está al menos a 24
unidades a partir del 0 en
una recta numérica.

Para que esté al menos a
24 unidades a partir del
0, 8n puede ser menor
que o igual a −24 o
mayor que o igual a 24.

Debes aislar n. Cancela
la multiplicación
dividiendo cada lado por
el mismo número.

Escribe

$|8n| \geq 24$

$8n \leq -24$ ó $8n \geq 24$

$\dfrac{8n}{8} \leq \dfrac{-24}{8}$ ó $\dfrac{8n}{8} \geq \dfrac{24}{8}$

$n \leq -3$ ó $n \geq 3$

¿Comprendiste? **4.** ¿Cuáles son las soluciones de $|2x + 4| \geq 5$? Representa las soluciones con una gráfica.

 **Problema 5** **Resolver una desigualdad de valor absoluto que incluye ≤**

Fabricación Una empresa fabrica cajas de galletas saladas que deben pesar 213 g. Un inspector de control de calidad escoge cajas al azar para pesarlas. Cualquier caja que varíe del peso más de 5 g se devuelve. ¿Cuál es el rango de pesos permitidos para una caja de galletas saladas?

Relacionar | la diferencia entre el peso real y el peso ideal | | es como máximo | | 5 g |

Definir   Sea $p =$ el peso real en gramos.

Escribir | $|p - 213|$ | | $\leq$ | | 5 |

$$|p - 213| \leq 5$$
$$-5 \leq p - 213 \leq 5 \qquad \text{Escribe una desigualdad compuesta.}$$
$$208 \leq \quad p \quad \leq 218 \qquad \text{Suma 213 a cada expresión.}$$

El peso de una caja de galletas saladas debe ser entre 208 g y 218 g inclusive.

Piensa

¿De qué otra manera podrías escribir esta desigualdad?

Podrías separar la desigualdad compuesta en dos partes:
$p - 213 \geq -5$ y
$p - 213 \leq 5$.

 ¿Comprendiste? **5. a.** Un productor de alimentos fabrica cajas de pasta de 32 oz. No todas las cajas pesan exactamente 32 oz. La diferencia permitida del peso ideal es 0.05 oz como máximo. Escribe y resuelve una desigualdad de valor absoluto para hallar el rango de pesos permitidos.

b. Razonamiento En el Problema 5, ¿podrías haber resuelto la desigualdad $|p - 213| \leq 5$ sumando primero 213 a cada lado? Explica tu razonamiento.

 Comprobar la comprensión de la lección

¿CÓMO hacerlo?

Resuelve y representa con una gráfica cada ecuación o desigualdad.

1. $|x| = 5$

2. $|n| - 3 = 4$

3. $|2t| = 6$

4. $|h - 3| < 5$

5. $|x + 2| \geq 1$

¿Lo ENTIENDES?

6. Razonamiento ¿Cuántas soluciones esperas obtener cuando resuelves una ecuación de valor absoluto? Explica tu respuesta.

7. Escribir Explica por qué la ecuación de valor absoluto $|3x| + 8 = 5$ no tiene solución.

8. Comparar y contrastar Explica las semejanzas y las diferencias entre resolver la ecuación $|x - 1| = 2$ y resolver las desigualdades $|x - 1| \leq 2$ y $|x - 1| \geq 2$.

Ejercicios de práctica y resolución de problemas

A Práctica

Resuelve cada ecuación. Representa con una gráfica y comprueba tus soluciones.

◀ Ver el Problema 1.

9. $|b| = \frac{1}{2}$ **10.** $4 = |y|$ **11.** $|n| + 3 = 7$ **12.** $7 = |s| - 3$

13. $|x| - 10 = -2$ **14.** $5|d| = 20$ **15.** $-3|m| = -9$ **16.** $|y| + 3 = 3$

Resuelve cada ecuación. Si no tiene solución, escribe *sin solución*.

◀ Ver los Problemas 2 y 3.

17. $|r - 8| = 5$ **18.** $|c + 4| = 6$ **19.** $2 = |g + 3|$

20. $3 = |m + 2|$ **21.** $-2|7d| = 14$ **22.** $-3|2w| = -12$

23. $3|v - 3| = 9$ **24.** $2|d + 4| = 8$ **25.** $|4f + 1| - 2 = 5$

26. $|3t - 2| + 6 = 2$ **27.** $4|2y - 3| - 1 = 11$ **28.** $3|x + 2| + 4 = 13$

29. $-4|k| = 12$ **30.** $|-3n| - 2 = 4$ **31.** $-4|k + 1| = 16$

Resuelve cada desigualdad y represéntala con una gráfica.

◀ Ver los Problemas 4 y 5.

32. $|x| \geq 3$ **33.** $|x| < 5$ **34.** $|x + 3| < 5$

35. $|y + 8| \geq 3$ **36.** $|y - 2| \leq 1$ **37.** $|p - 7| \leq 3$

38. $|2c - 5| < 9$ **39.** $|3t + 1| > 8$ **40.** $|4w + 1| > 11$

41. $|5t - 4| \geq 16$ **42.** $|4x + 7| > 19$ **43.** $|2v - 1| \leq 9$

44. $|3d - 7| > 28$ **45.** $|2f + 9| \leq 13$ **46.** $|5m - 9| \geq 24$

47. Control de calidad La longitud ideal de un tipo de avión a escala es 90 cm. La longitud real puede variar de la ideal en 0.05 cm como máximo. ¿Cuáles son las longitudes aceptables para el avión a escala?

48. Básquetbol La circunferencia ideal de una pelota de básquetbol femenino es 28.75 pulgs. La circunferencia real puede variar de la ideal en 0.25 pulg. como máximo. ¿Cuáles son las circunferencias aceptables de una pelota de básquetbol femenino?

B Aplicación

Resuelve cada ecuación o desigualdad. Si no tiene solución, escribe *sin solución*.

49. $|2d| + 3 = 21$ **50.** $1.2|5p| = 3.6$ **51.** $\left|d + \frac{1}{2}\right| + \frac{3}{4} = 0$

52. $|f| - \frac{2}{3} = \frac{5}{6}$ **53.** $3|5y - 7| - 6 = 24$ **54.** $|t| + 2.7 = 4.5$

55. $-2|c - 4| = -8.4$ **56.** $\frac{|y|}{-3} = 5$ **57.** $|n| - \frac{5}{4} < 5$

58. $\frac{7}{8} < |c + 7|$ **59.** $4 - 3|m + 2| > -14$ **60.** $|-3d| \geq 6.3$

61. Pensar en un plan El promedio de temperatura mensual, T, para San Francisco California, generalmente está entre 7.5 °F más y menos que 56.5 °F inclusive. ¿Cuál es el promedio de temperatura mensual en San Francisco?

- ¿Debes representar esta situación con una ecuación o con una desigualdad?
- ¿Cómo puedes usar la información dada para escribir la ecuación o la desigualdad?

62. Biología La temperatura corporal de un caballo, T, se considera normal si tiene una diferencia de al menos 0.9 °F con respecto a 99.9 °F. Halla el rango de las temperaturas corporales normales para un caballo.

63. Ciclismo Comenzando a una distancia de 200 pies desde donde estás tú, tu amigo va en su bicicleta hacia ti y luego te pasa a una velocidad de 18 pies/s. Su distancia d (en pies) desde donde estás tú t segundos después de que comenzó a andar en bicicleta está dada por $d = |200 - 18t|$. ¿En qué tiempo(s) está a 120 pies desde donde estás tú?

Analizar errores Halla y corrige el error que se cometió al resolver cada ecuación o desigualdad.

64.

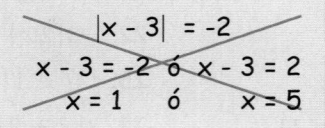

65.

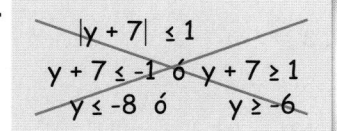

66. Respuesta de desarrollo Escribe una ecuación de valor absoluto cuyas soluciones sean 2 y 6.

67. Razonamiento Explica por qué puedes volver a escribir $|x + 5| > 1$ como una desigualdad compuesta con o.

68. Encuestas Según una encuesta para una elección futura de consejo escolar, el 40% de los votantes probablemente votarán por el consejo en ejercicio. La encuesta muestra un margen de error de ± 3 puntos porcentuales. Escribe y resuelve una ecuación de valor absoluto para hallar el menor y el mayor porcentaje de votantes, v, que probablemente votarán por el consejo en ejercicio.

69. Banca El peso oficial de una moneda de 5¢ es 5 g, pero el peso real puede variar de esta cantidad hasta 0.194 g. Supón que un banco pesa un rollo de 40 monedas de 5¢. El envoltorio pesa 1.5 g.

    a. ¿Cuál es el rango de pesos posibles para el rollo de monedas de 5¢?

    b. Razonamiento Si todas las monedas de 5¢ del rollo tienen cada una el peso oficial, entonces el peso del rollo es $40(5) + 1.5 = 201.5$ g. ¿Es posible que un rollo pese 201.5 g y que incluya monedas de 5¢ que no tengan el peso oficial? Explica tu respuesta.

70. Producción de petróleo Una refinería de petróleo tiene como objetivo producir 900,000 barriles de petróleo por día. La producción diaria varía hasta 50,000 barriles de ese objetivo inclusive. ¿Cuáles son la cantidad mínima y la cantidad máxima de barriles de petróleo que se producen cada día?

Escribe una desigualdad de valor absoluto que represente cada conjunto de números.

71. todos los números reales que están a menos de 4 unidades del 0

72. todos los números reales que están a 7 unidades de 0 como máximo

73. todos los números reales que están a más de 2 unidades del 6

74. todos los números reales que están a 2 unidades de –1 como mínimo

75. Fabricación El diámetro ideal de un pistón para un tipo de motor de carro es 90.000 mm. El diámetro real puede variar del ideal en 0.008 mm como máximo. ¿Cuál es el rango de diámetros aceptables para el pistón?

76. Mantenimiento de la granja Por seguridad, la altura recomendada de una cerca para caballos es 5 pies. Debido a la superficie despareja del suelo, la altura real de la cerca puede variar de esta recomendación hasta 3 pulgs. Escribe y resuelve una ecuación de valor absoluto para hallar las alturas máxima y mínima de la cerca.

C **Desafío**

Resuelve cada ecuación. Comprueba tus soluciones.

77. $|x + 4| = 3x$ **78.** $|4t - 5| = 2t + 1$ **79.** $\frac{4}{3}|2y + 3| = 4y$

Determina si cada enunciado es *siempre*, *a veces* o *nunca* verdadero para los números reales a y b.

80. $|ab| = |a| \cdot |b|$ **81.** $\left|\dfrac{a}{b}\right| = \dfrac{|a|}{|b|}, b \neq 0$ **82.** $|a + b| = |a| + |b|$

Preparación para el examen estandarizado

R E S P U E S T A E N P L A N T I L L A

SAT/ACT

83. Se muestran las precipitaciones mensuales esperadas en una ciudad para junio, julio y agosto. Las precipitaciones reales generalmente varían de la cantidad esperada hasta 0.015 pulg. ¿Cuál es la cantidad máxima de precipitaciones que la ciudad puede esperar en julio?

Precipitaciones mensuales esperadas (pulgadas)		
Junio	Julio	Agosto
4.12	4.25	4.41

84. ¿Cuál es la solución de la ecuación $\frac{x}{4} - 3 = 7$?

85. ¿Cuál es la solución de la ecuación $3w + 2 = 4w - 3$?

86. José compra 4 camisas de vestir que cuestan $28 cada una y 2 pares de pantalones que cuestan $38 cada uno. Todas las prendas están de oferta con el 35% de descuento. ¿Cuánto dinero ahorrará José si compra las prendas en oferta en vez de comprarlas sin el descuento?

87. ¿El 75% de qué número es 90?

Repaso mixto

Escribe una desigualdad compuesta para representar cada situación.   ◀ **Ver la Lección 3-6.**

88. La mayor elevación de América del Norte es 20,320 pies sobre el nivel del mar en el monte McKinley, en Alaska. La menor elevación de América del Norte es 282 pies debajo del nivel del mar en el Valle de la Muerte, en California.

89. La temperatura corporal normal del ser humano, T, está entre 0.3 °C más y menos que 37.2 °C.

Simplifica cada expresión.   ◀ **Ver la Lección 1-7.**

90. $2(x + 5)$ **91.** $-3(y - 7)$ **92.** $4(\ell + 3) - 7$ **93.** $-(m - 4) + 8$

¡Prepárate!   **Antes de la Lección 3-8, haz los Ejercicios 94 a 97.**

Escribe cada conjunto en notación por comprensión.   ◀ **Ver la Lección 3-5.**

94. $A = \{0, 1, 2, 3, 4, 5, 6, 7, 8, 9\}$ **95.** $B = \{1, 3, 5, 7\}$

Escribe cada conjunto en notación por extensión.

96. $C = \{n \mid n$ es un número par entre -15 y $-5\}$

97. $D = \{k \mid k$ es un número compuesto entre 7 y 17$\}$

Uniones e intersecciones de conjuntos

Objetivo Hallar las uniones e intersecciones de conjuntos.

¿En qué club participarías? ¿Participarías en más de uno?

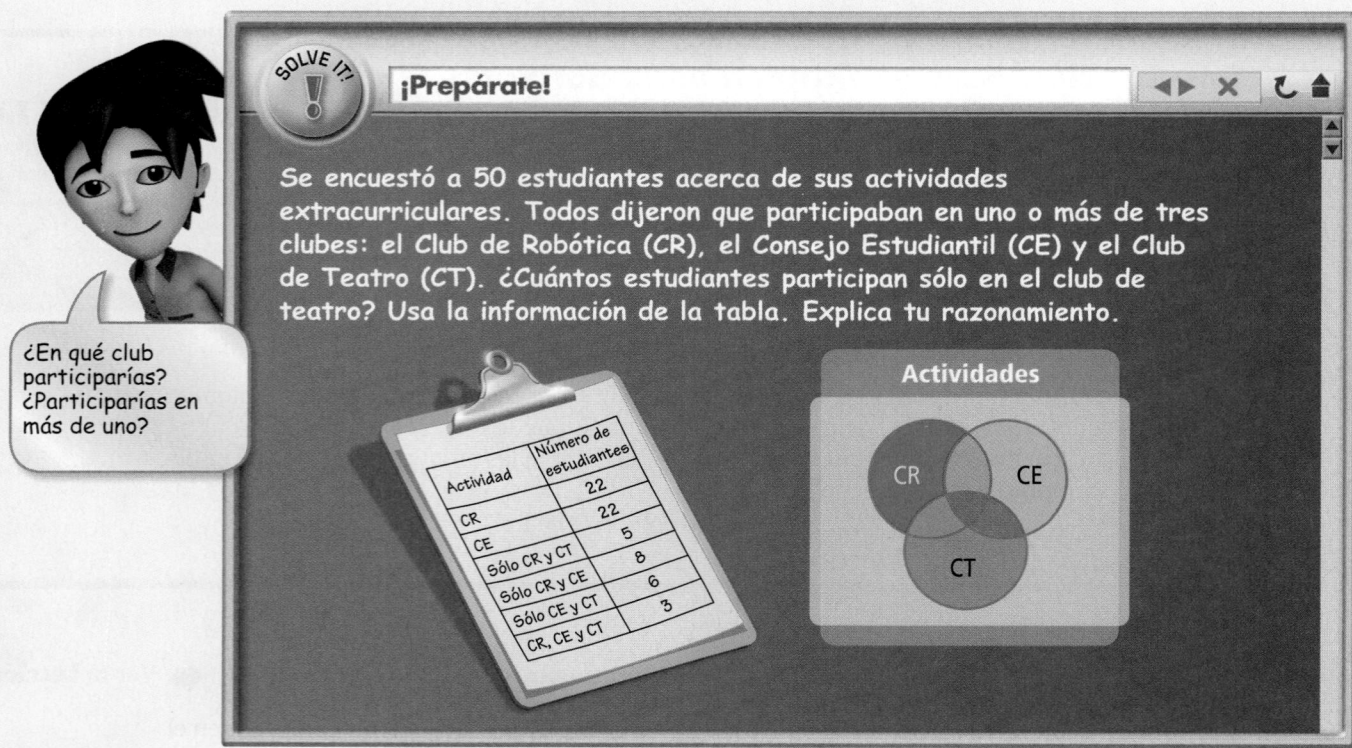

SOLVE IT!

¡Prepárate!

Se encuestó a 50 estudiantes acerca de sus actividades extracurriculares. Todos dijeron que participaban en uno o más de tres clubes: el Club de Robótica (CR), el Consejo Estudiantil (CE) y el Club de Teatro (CT). ¿Cuántos estudiantes participan sólo en el club de teatro? Usa la información de la tabla. Explica tu razonamiento.

Actividad	Número de estudiantes
CR	22
CE	22
Sólo CR y CT	5
Sólo CR y CE	8
Sólo CE y CT	6
CR, CE y CT	3

Actividades

CR   CE   CT

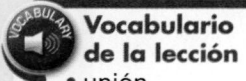

Vocabulario de la lección
- unión
- intersección
- conjuntos disjuntos

Algunas regiones del diagrama de Venn de la actividad de *Solve It!* muestran *uniones* e *intersecciones* de conjuntos.

Comprensión esencial Dados dos o más conjuntos, puedes describir qué elementos pertenecen a *por lo menos un* conjunto. También puedes describir qué elementos pertenecen a *todos* los conjuntos. Usa símbolos para representar estas relaciones.

La **unión** de dos o más conjuntos es el conjunto que contiene todos los elementos de los conjuntos. El símbolo de unión es $\cup$. Para hallar la unión de dos conjuntos, haz una lista de los elementos que están en uno u otro conjunto, o en ambos conjuntos. Un elemento está en la unión si pertenece a *por lo menos uno* de los conjuntos. En el diagrama de Venn de abajo, está coloreado $A \cup B$.

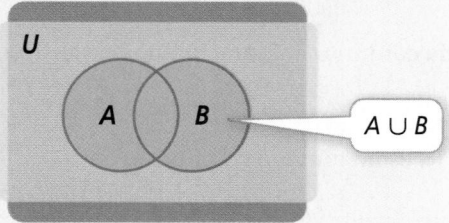

U

A B

$A \cup B$

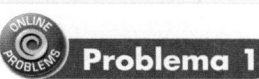
En tu bolsillo izquierdo, tienes una moneda de 25¢, un clip y una llave. En tu bolsillo derecho, tienes una moneda de 1¢, una moneda de 25¢, un lápiz y una canica. ¿Qué conjunto representa los diferentes objetos que tienes en los bolsillos?

Paso 1 Escribe conjuntos que representen los contenidos de cada bolsillo.

Bolsillo izquierdo: I = {moneda de 25¢, clip, llave}
Bolsillo derecho: D = {moneda de 1¢, moneda de 25¢, lápiz, canica}

Paso 2 Escribe la unión de los conjuntos, la cual representa los diferentes objetos que hay en tus bolsillos.

$I \cup D$ = {moneda de 25¢, clip, llave, moneda de 1¢, lápiz, canica}

Piensa

¿Qué sucede si un objeto está en ambos conjuntos?
Ambos conjuntos, I y D, contienen una moneda de 25¢; por tanto, la moneda de 25¢ está en la unión de I y D. Sin embargo, debes enumerarlo sólo una vez.

¿Comprendiste? **1. a.** Escribe los conjuntos P y Q que figuran a continuación en notación por extensión. ¿Cuál es $P \cup Q$?
$P = \{x \mid x$ es un número entero no negativo menor que 5$\}$
$Q = \{y \mid y$ es un número natural par menor que 5$\}$

b. Razonamiento ¿Qué es verdadero acerca de la unión de dos conjuntos diferentes si un conjunto es un subconjunto del otro?

La **intersección** de dos o más conjuntos es el conjunto de elementos que son comunes a todos los conjuntos. Un elemento está en la intersección si pertenece a *todos* los conjuntos. El símbolo de intersección es $\cap$. Cuando hallas la intersección de dos conjuntos, enumera sólo los elementos que están en ambos conjuntos. En el diagrama de Venn que está a continuación, está coloreado $A \cap B$.

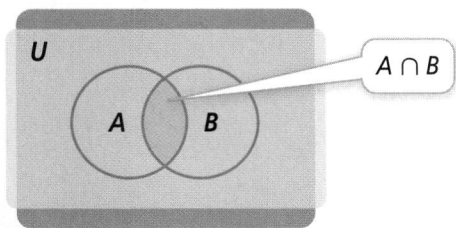

Los **conjuntos disjuntos** no tienen elementos en común. La intersección de los conjuntos disjuntos es el conjunto vacío. El siguiente diagrama muestra dos conjuntos disjuntos.

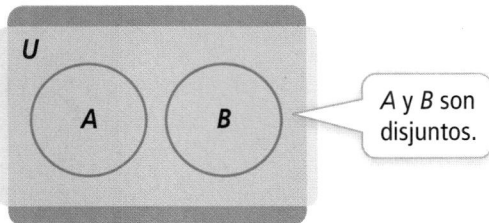

Problema 2 Intersección de conjuntos

El conjunto $X = \{x \mid x$ es un número natural menor que 19$\}$, el conjunto $Y = \{y \mid y$ es un entero impar$\}$ y el conjunto $Z = \{z \mid z$ es un múltiplo de 6$\}$.

A ¿Cuál es $X \cap Z$?

Enumera los elementos que son tanto números naturales menores que 19 como múltiplos de 6: $X \cap Z = \{6, 12, 18\}$.

B ¿Cuál es $Y \cap Z$?

Enumera los elementos que son tanto enteros impares como múltiplos de 6. No hay múltiplos de 6 que sean impares; por tanto, Y y Z son conjuntos disjuntos. No tienen elementos en común. $Y \cap Z = \emptyset$, el conjunto vacío.

Piensa

¿Por qué los conjuntos *Y* y *Z* son disjuntos?
Todos los elementos de *Z* son múltiplos de 6; por tanto, todos los elementos de *Z* son *pares*. *Y* contiene sólo números *impares*. Por tanto, ningún elemento de *Z* pertenece a *Y*.

¿Comprendiste? **2.** Sea $A = \{2, 4, 6, 8\}$, $B = \{0, 2, 5, 7, 8\}$ y $C = \{n \mid n$ es un número entero no negativo impar$\}$.

    a. ¿Cuál es $A \cap B$?   **b.** ¿Cuál es $A \cap C$?   **c.** ¿Cuál es $C \cap B$?

Puedes dibujar diagramas de Venn para resolver problemas que incluyan relaciones entre conjuntos.

Problema 3 Hacer un diagrama de Venn

Campamento Tres amigos van de campamento. Los objetos de cada una de sus mochilas forman un conjunto. ¿Qué objetos tienen en común los tres amigos?

Piensa

¿Cómo sabes en qué diagrama debes colocar cada objeto?
Los objetos que los amigos tienen en común pertenecen a una intersección. Usa el diagrama de Venn para determinar la intersección correcta.

Dibuja un diagrama de Venn para representar la unión y la intersección de los conjuntos.

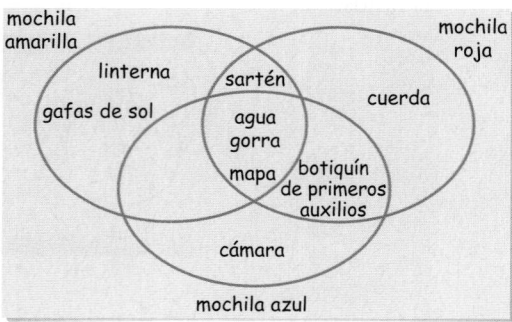

Los tres amigos tienen una gorra, un mapa y una botella de agua en sus mochilas.

¿Comprendiste? **3.** Sea $A = \{x \mid x$ es una de las primeras cinco letras del alfabeto$\}$, $B = \{x \mid x$ es una vocal$\}$ y $C = \{x \mid x$ es una letra de de la palabra VERDURA$\}$. ¿Qué letras están en los tres conjuntos?

También puedes usar diagramas de Venn para mostrar el *número* de elementos que hay en la unión o en la intersección de conjuntos.

 Problema 4 **Usar un diagrama de Venn para mostrar números de elementos**

Encuestas Se hizo una encuesta a 500 personas sobre cómo van al trabajo. Algunos van en carro, algunos usan el transporte público y otros hacen las dos cosas. Doscientas personas van al trabajo en carro y 125 usan ambos tipos de transporte. ¿Cuántas personas usan el transporte público?

Lo que sabes
- El número de personas encuestadas: 500
- El número de personas que van en carro: 200
- El número de personas que van en carro *y* usan el transporte público: 125

Lo que necesitas
El número de personas que usan el transporte público

Planea
- Dibuja un diagrama de Venn.
- Calcula el número de personas que sólo van en carro.
- Calcula el número de personas que sólo usan el transporte público.

Paso 1 Dibuja un diagrama de Venn. Sea C = personas que van en carro y T = personas que usan el transporte público.

Paso 2 La intersección de C y T representa a las personas que usan ambos medios de transporte: $C \cap T$ tiene 125 personas.

Paso 3 Halla el número de personas que sólo van en carro: $200 - 125 = 75$. Escribe 75 en el diagrama de Venn.

Paso 4 El número total de personas que viajan para ir al trabajo es 500. Resta para hallar el número de personas que sólo usan el transporte público: $500 - 200 = 300$.

El número de personas que usan el transporte público es $300 + 125 = 425$.

 ¿Comprendiste? **4.** De los 30 estudiantes del gobierno estudiantil, 20 son estudiantes sobresalientes y 9 son dirigentes y estudiantes sobresalientes. Todos los estudiantes son dirigentes, estudiantes sobresalientes o ambos. ¿Cuántos son dirigentes pero no estudiantes sobresalientes?

Recuerda que en la Lección 3-6 aprendiste que la gráfica de una desigualdad compuesta con *y* contiene la *superposición* de las gráficas de las dos desigualdades que forman la desigualdad compuesta. Puedes pensar en la superposición como la intersección de dos conjuntos. Del mismo modo, puedes pensar en las soluciones de una desigualdad con *o* como la unión de dos conjuntos.

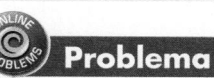 **Problema 5** Escribir soluciones de una desigualdad

¿Cuáles son las soluciones de $|2x - 1| < 3$? Escribe las soluciones como la unión o como la intersección de dos conjuntos.

$$|2x - 1| < 3$$

$-3 < 2x - 1 < 3$ Escribe una desigualdad compuesta.

$-2 < \quad 2x \quad < 4$ Suma 1 a cada expresión.

$-1 < \quad x \quad < 2$ Divide cada lado por 2.

Piensa

La solución de la desigualdad, ¿es una unión o una intersección?

La solución es una desigualdad compuesta unida por la palabra *y*. Por tanto, la solución es una intersección.

Las soluciones de la desigualdad están dadas por $-1 < x < 2$. Puedes escribirlo como $x > -1$ y $x < 2$. Esta desigualdad compuesta es la intersección de dos conjuntos, la cual puedes escribir de esta manera: $\{x \mid x > -1\} \cap \{x \mid x < 2\}$.

 ¿Comprendiste? 5. Resuelve cada desigualdad. Escribe las soluciones como la unión o como la intersección de dos conjuntos.

a. $8 \le x + 5 < 11$ **b.** $|4x - 6| > 14$

 Comprobar la comprensión de la lección

¿CÓMO hacerlo?

Sea $X = \{2, 4, 6, 8, 10\}$, $Y = \{1, 2, 3, 4, 5, 6, 7, 8, 9, 10\}$ y $Z = \{1, 3, 5, 7, 9\}$. **Halla cada unión o intersección.**

1. $X \cup Y$ **2.** $X \cap Y$ **3.** $X \cap Z$ **4.** $Y \cup Z$

5. En una encuesta de 80 personas que usan su teléfono celular para tomar fotografías y jugar juegos, 49 toman fotografías y 35 toman fotografías y juegan juegos. ¿Cuántas personas sólo usan su teléfono celular para jugar juegos?

¿Lo ENTIENDES?

6. Vocabulario Supón que A y B son conjuntos no vacíos. ¿Qué conjunto contiene más elementos: $A \cup B$ ó $A \cap B$? Explica tu razonamiento.

7. Comparar y contrastar ¿En qué se diferencian las uniones y las intersecciones de conjuntos?

Determina si cada enunciado es *verdadero* o *falso*.

8. Si x es un elemento del conjunto A y x no es un elemento del conjunto B, entonces x es un elemento de $A \cup B$.

9. Si x no es un elemento del conjunto A y x es un elemento del conjunto B, entonces x es un elemento de $A \cap B$.

 **Ejercicios de práctica y resolución de problemas**

A Práctica

Halla cada unión o intersección. Sea $A = \{1, 3, 4\}$, $B = \{x \mid x$ es un número entero no negativo par menor que 9$\}$, $C = \{2, 5, 7, 10\}$ y $D = \{x \mid x$ es un número entero no negativo impar menor que 10$\}$.   ◀ Ver los Problemas 1 y 2.

10. $A \cup B$ **11.** $A \cup C$ **12.** $A \cup D$ **13.** $B \cup C$

14. $B \cup D$ **15.** $C \cup D$ **16.** $A \cap B$ **17.** $A \cap C$

18. $A \cap D$ **19.** $B \cap C$ **20.** $B \cap D$ **21.** $C \cap D$

Dibuja un diagrama de Venn para representar la unión y la intersección de estos conjuntos.

◀ Ver el Problema 3.

22. Las letras de las palabras ÁLGEBRA, GEOMETRÍA Y CÁLCULO están representadas por los conjuntos $V = \{A, L, G, E, B, R\}$, $W = \{G, E, O, M, T, R, I, A\}$ y $X = \{C, A, L, U, O\}$, respectivamente.

23. Sea $E = \{x \mid x$ es un número compuesto positivo menor que 10$\}$, $F = \{1, 2, 4, 5, 6, 8, 9\}$ y $G = \{x \mid x$ es un número par positivo menor que o igual a 10$\}$.

24. Sea $L = \{A, B, C, 1, 2, 3,$ caballo, vaca, cerdo$\}$, $M = \{-1, 0, 1, B, Y,$ cerdo, pato, $\Delta\}$ y $N = \{C, 3,$ pato, $\Delta\}$.

25. Campamento Veintiocho niñas fueron de campamento. Hubo dos actividades ◀ Ver el Problema 4. principales: vóleibol y natación. Catorce niñas hicieron natación, 5 participaron en ambas actividades y 4 niñas no hicieron ninguna de las dos cosas. ¿Cuántas niñas sólo jugaron vóleibol?

26. Deportes invernales Un vendedor de esquíes encuesta a 200 personas que esquían o practican *snowboard*. Si 196 personas esquían y 154 personas hacen ambas actividades, ¿cuántas personas practican *snowboard*?

Resuelve cada desigualdad. Escribe las soluciones como la unión o como la intersección de dos conjuntos.

◀ Ver el Problema 5.

27. $|3x - 5| < 14$

28. $-6 < n + 7 \leq 21$

29. $|8w - 1| \geq 7$

30. $3 \leq |5d + 11|$

31. $2|x - 7| > 28$

32. $|4.5t - 1.5| \leq 12$

Aplicación

Halla cada unión o intersección. Sea $W = \{5, 6, 7, 8\}$, $X = \{3, 6, 9\}$, $Y = \{2, 3, 7, 8\}$ y $Z = \{x \mid x$ es un número entero no negativo par menor que 10$\}$.

33. $W \cup Y \cup Z$

34. $X \cap Y \cap Z$

35. $W \cap X \cap Z$

36. Escribir Sea $M = \{x \mid x$ es un múltiplo de 3$\}$ y $N = \{x \mid x$ es un múltiplo de 5$\}$. Describe la intersección de M y N.

37. Pensar en un plan El grupo sanguíneo está en parte determinado por los *antígenos* que tiene un glóbulo rojo. Un antígeno es una proteína que está en la superficie de un glóbulo rojo. El grupo A contiene el antígeno A. El grupo B contiene el antígeno B. El grupo AB contiene ambos antígenos, A y B. El grupo O no tiene ningún antígeno. En un hospital hay 25 pacientes con el antígeno A, 17 con el antígeno B, 10 con los antígenos A y B y 30 sin los antígenos A ni B. ¿Cuántos pacientes están representados por estos datos?
  • ¿De qué manera un diagrama de Venn puede ayudarte a resolver el problema?
  • ¿Qué estrategias puedes usar para completar el diagrama de Venn?

38. Deportes En una encuesta que se hizo a estudiantes acerca de sus deportes preferidos, los resultados incluyen 22 a los que les gusta el tenis, 25 a los que les gusta el fútbol americano, 9 a los que les gusta el tenis y el fútbol americano, 17 a los que les gusta el tenis y el béisbol, 20 a los que les gusta el fútbol americano y el béisbol, 6 a los que les gustan los tres deportes y 4 a los que no les gusta ninguno. ¿A cuántos estudiantes les gusta sólo el tenis y el fútbol americano? ¿A cuántos les gusta sólo el tenis y el béisbol? ¿A cuántos les gusta sólo el béisbol y el fútbol americano?

39. Razonamiento Supón que A y B son conjuntos tal que $A \subseteq B$. ¿Qué es verdadero acerca de $A \cap B$?

El *producto cruzado* de dos conjuntos A y B, indicado por $A \times B$, es el conjunto de todos los pares ordenados con el primer elemento en A y el segundo elemento en B. En notación por comprensión, se escribe:

$$A \times B = \{(a, b) \mid a \text{ es un elemento de } A, b \text{ es un elemento de } B\}$$

Por ejemplo, supón que $A = \{1, 2\}$ y $B = \{7, 10, 12\}$. Entonces:

$$A \times B = \{(1, 7), (1, 10), (1, 12), (2, 7), (2, 10), (2, 12)\}$$

Dados los conjuntos A y B, halla $A \times B$.

40. $A = \{1, 2, 3\}$, $B = \{-3, -2, -1, 0\}$

41. $A = \{\pi, 2\pi, 3\pi, 4\pi\}$, $B = \{2, 4\}$

42. $A = \{$uva, manzana, naranja$\}$, $B = \{$mermelada, jugo$\}$

43. $A = \{$reducir, reutilizar, reciclar$\}$, $B = \{$plástico$\}$

 **Desafío**

44. Usa un diagrama de Venn para determinar si el enunciado $(A \cap B)' = A' \cap B'$ es *verdadero* o *falso*.

45. Razonamiento ¿El enunciado $(A \cup B) \cap C = A \cup (B \cap C)$ es *siempre, a veces* o *nunca* verdadero? Justifica tu respuesta.

Preparación para el examen estandarizado

SAT/ACT

46. El conjunto $X = \{x \mid x \text{ es un factor de 12}\}$ y el conjunto $Y = \{y \mid y \text{ es un factor de 16}\}$. ¿Qué conjunto representa $X \cap Y$?

Ⓐ $\emptyset$ Ⓑ $\{1, 2, 4\}$ Ⓒ $\{0, 1, 2, 4\}$ Ⓓ $\{1, 2, 3, 4, 6, 8, 12, 16\}$

47. ¿Qué desigualdad compuesta es equivalente a $|x + 4| < 8$?

Ⓕ $-12 < x < 4$ Ⓗ $-12 > x > 4$

Ⓖ $x < -12$ ó $x > 4$ Ⓘ $x > -12$ ó $x < 4$

Respuesta breve

48. Supón que ganas $80 por semana en tu trabajo de verano. Tu empleador te ofrece un aumento de $20 o del 20%. ¿Cuál aceptarías? Explica tu respuesta.

Repaso mixto

Resuelve cada ecuación o desigualdad.   ◀ **Ver la Lección 3-7.**

49. $|x| = 4$ **50.** $|n| + 7 = 9$ **51.** $4|f - 5| = 12$ **52.** $3|3y + 2| = 18$

53. $|4d| \le 20$ **54.** $|x - 3| \ge 7$ **55.** $|2w + 6| > 24$ **56.** $2|3x| + 1 = 9$

Indica si cada par ordenado es una solución de la ecuación dada.   ◀ **Ver la Lección 1-9.**

57. $x + 3 = y$; $(1, 4)$ **58.** $2x - 5 = y$; $(-1, 8)$ **59.** $\frac{1}{2}x + 7 = y$; $(8, 11)$

¡Prepárate! **Antes de la Lección 4-1, haz los Ejercicios 60 a 63.**

Representa cada punto en la misma gráfica de coordenadas.   ◀ **Ver Repaso, p. 60.**

60. $(1, 4)$ **61.** $(-1, -5)$ **62.** $(3, -6)$ **63.** $(-2, 1)$

Integración de
conocimientos

GRANidea Variable

Puedes usar desigualdades algebraicas para representar relaciones entre cantidades que no son iguales.

Tarea 1

Una tienda de artículos para campamento normalmente ofrece tiendas con un precio entre \$68 y \$119. La tienda tiene una oferta. ¿Cuál es el rango de precios posibles que podrías pagar por una tienda?

TODAS LAS TIENDAS REBAJADAS
Descuentos del 10% al 25%

▶ Compre ahora

GRANidea Equivalencia

Puedes representar una desigualdad usando símbolos de infinitas maneras. Las representaciones equivalentes tienen las mismas soluciones que la desigualdad original.

Tarea 2

Para cada figura, halla los valores de x tal que el área A de la figura cumple con la condición dada.

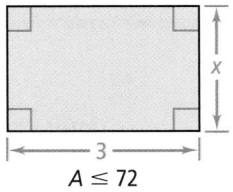

$A \leq 72$

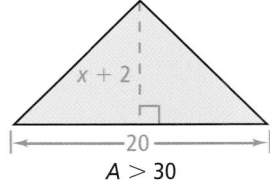

$A > 30$

GRANidea Resolver ecuaciones y desigualdades

Puedes usar las propiedades de la desigualdad para transformar una desigualdad en desigualdades equivalentes más sencillas y luego hallar las soluciones.

Tarea 3

Tienes una fotografía de 12 pulgs. de ancho y 18 pulgs. de largo. Colocas un paspartú alrededor de la fotografía de x pulgs. de ancho, como se muestra a la derecha. Quieres hacer un marco para la fotografía con paspartú, pero sólo tienes una madera de 80 pulgs. de largo para hacer el marco. ¿Cuáles son las dimensiones del marco más grande que puedes hacer?

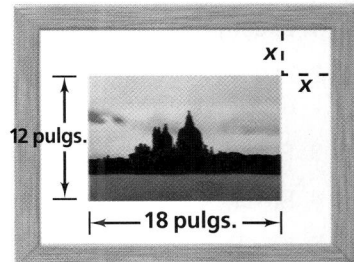

12 pulgs.

18 pulgs.

3 Repaso del capítulo

Conectar las GRANDES ideas y responder a las preguntas esenciales

1 Variable
Puedes usar las desigualdades algebraicas para representar relaciones entre cantidades que no son iguales.

Las desigualdades y sus gráficas (Lecciones 3-1, 3-2, 3-3, 3-4, 3-6, 3-7)

$c \geq -2$

2 Equivalencia
Puedes representar una desigualdad de muchas maneras. Las representaciones equivalentes tienen las mismas soluciones que la desigualdad original.

Resolver desigualdades de un paso (Lecciones 3-2, 3-3)
Las desigualdades de cada par son equivalentes.

$$f - 4 \geq -3 \qquad 6y < 24$$
$$f \geq 1 \qquad y < 4$$

3 Resolver ecuaciones y desigualdades
Puedes usar las propiedades de la desigualdad para transformar una desigualdad en desigualdades equivalentes más sencillas y luego hallar las soluciones.

Resolver desigualdades de varios pasos (Lección 3-4)
$$7z + 10 \leq 24$$
$$7z + 10 - 10 \leq 24 - 10$$
$$7z \leq 14$$
$$\frac{7z}{7} \leq \frac{14}{7}$$
$$z \leq 2$$

Resolver desigualdades compuestas y de valor absoluto (Lecciones 3-6, 3-7)
$$|3m + 2| \leq 14$$
$$-14 \leq 3m + 2 \leq 14$$
$$-16 \leq 3m \leq 12$$
$$-\frac{16}{3} \leq m \leq 4$$

🔊 Vocabulario del capítulo

- complemento de un conjunto (p. 196)
- conjunto universal (p. 196)
- conjunto vacío (p. 195)
- conjuntos disjuntos (p. 215)
- desigualdad compuesta (p. 200)
- desigualdades equivalentes (p. 171)
- intersección (p. 215)
- notación de intervalo (p. 203)
- notación por comprensión (p. 194)
- notación por extensión (p. 194)
- solución de una desigualdad (p. 165)
- unión (p. 214)

Escoge el término correcto para completar cada oración.

1. El conjunto $\{5, 10, 15, 20, \ldots\}$ representa los múltiplos de 5 escritos en   ? .

2. El/La   ?   de dos o más conjuntos es el conjunto que contiene todos los elementos de los conjuntos.

3. El conjunto que no contiene ningún elemento es el/la   ? .

4. El/La   ?   es un número que hace que la desigualdad sea verdadera.

5. Las desigualdades $6a \geq 12$ y $a \geq 2$ son   ? .

3-1 Las desigualdades y sus gráficas

Repaso rápido

Una **solución de una desigualdad** es cualquier número que hace que la desigualdad sea verdadera. Puedes indicar todas las soluciones de una desigualdad en la gráfica. Un punto cerrado indica que el extremo es una solución. Un punto abierto indica que el extremo *no* es una solución.

Ejemplo

¿Cuál es la gráfica de $x \leq -4$?

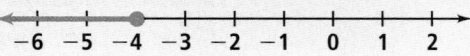

Ejercicios

Representa cada desigualdad con una gráfica.

6. $x > 5$

7. $h \leq -1$

8. $10 \geq p$

9. $r < 3.2$

Escribe una desigualdad para cada gráfica.

10.
−1	0	1	2	3	4	5	6	7

11.
−6	−5	−4	−3	−2	−1	0	1	2

12.
−7	−6	−5	−4	−3	−2	−1	0	1

3-2 Sumar o restar para resolver desigualdades

Repaso rápido

Puedes usar las propiedades de suma y de resta de la desigualdad para transformar una desigualdad en una desigualdad equivalente más sencilla.

Ejemplo

¿Cuáles son las soluciones de $x + 4 \leq 5$?

$$x + 4 \leq 5$$
$$x + 4 - 4 \leq 5 - 4 \quad \text{Resta 4 de cada lado.}$$
$$x \leq 1 \quad \text{Simplifica.}$$

Ejercicios

Resuelve cada desigualdad. Representa tus soluciones con una gráfica.

13. $w + 3 > 9$

14. $v - 6 < 4$

15. $-4 < t + 8$

16. $n - \frac{1}{2} \geq \frac{3}{4}$

17. $22.3 \leq 13.7 + h$

18. $q + 0.5 > -2$

19. Mesada Tienes un máximo de $15.00 para gastar. Quieres comprar un CD usado que cuesta $4.25. Escribe y resuelve una desigualdad para hallar las cantidades adicionales posibles que puedes gastar.

3-3 Multiplicar o dividir para resolver desigualdades

Repaso rápido

Puedes usar las propiedades multiplicativa y de división de la desigualdad para transformar una desigualdad. Cuando multiplicas o divides cada lado de una desigualdad por un número negativo, debes invertir el símbolo de la desigualdad.

Ejemplo

¿Cuáles son las soluciones de $-3x > 12$?

$$-3x > 12$$

$$\frac{-3x}{-3} < \frac{12}{-3} \quad \text{Divide cada lado por } -3. \text{ Invierte el símbolo de la desigualdad.}$$

$$x < -4 \quad \text{Simplifica.}$$

Ejercicios

Resuelve cada desigualdad. Representa tus soluciones con una gráfica.

20. $5x < 15$

21. $-6t > 18$

22. $\frac{y}{3} \le 2$

23. $-\frac{h}{4} < 6$

24. $25.5g > 102$

25. $-\frac{3}{5}n \ge -9$

26. $44.5 \le 2.7d$

27. $-17.1m < 23.8$

28. Trabajo a tiempo parcial Ganas $7.25 por hora cuidando niños. Escribe y resuelve una desigualdad para hallar cuántas horas completas debes trabajar para ganar al menos $200.

3-4 Resolver desigualdades de varios pasos

Repaso rápido

Cuando resuelves desigualdades, a veces necesitas efectuar más de un paso. Debes agrupar los términos variables de un lado de la desigualdad y los términos constantes del otro lado.

Ejemplo

¿Cuáles son las soluciones de $3x + 5 > -1$?

$$3x + 5 > -1$$

$$3x > -6 \quad \text{Resta 5 de cada lado.}$$

$$x > -2 \quad \text{Divide cada lado por 3.}$$

Ejercicios

Resuelve cada desigualdad.

29. $4k - 1 \ge -3$

30. $6(c - 1) < -18$

31. $3t > 5t + 12$

32. $-\frac{6}{7}y - 6 \ge 42$

33. $4 + \frac{x}{2} > 2x$

34. $3x + 5 \le 2x - 8$

35. $13.5a + 7.4 \le 85.7$

36. $42w > 2(w + 7)$

37. Comisión Una vendedora gana $200 por semana más una comisión igual al 4% de sus ventas. Esta semana su meta es ganar no menos de $450. Escribe y resuelve una desigualdad para hallar la cantidad de ventas que debe hacer para alcanzar su meta.

3-5 Trabajar con conjuntos

Repaso rápido

El **complemento** de un conjunto A es el conjunto de todos los elementos del conjunto universal que *no* están en A.

Ejemplo

Supón que $U = \{1, 2, 3, 4, 5, 6\}$ y $Y = \{2, 4, 6\}$. ¿Cuál es Y'?

Los elementos de U que *no* están en Y son 1, 3 y 5.
Por tanto, $Y' = \{1, 3, 5\}$.

Ejercicios

Haz una lista de todos los subconjuntos de cada conjunto.

38. $\{s, t\}$

39. $\{5, 10, 15\}$

40. ¿Cómo escribes "A es el conjunto de los números enteros no negativos pares que son menores que 18" en notación por extensión? ¿Cómo escribes A en notación por comprensión?

41. Supón que $U = \{1, 2, 3, 4, 5, 6, 7, 8\}$ y $B = \{2, 4, 6, 8\}$. ¿Cuál es B'?

3-6 Desigualdades compuestas

Repaso rápido

Dos desigualdades unidas por la palabra *y* o la palabra *o* se llaman **desigualdades compuestas.** Una solución de una desigualdad compuesta con *y* hace que ambas desigualdades sean verdaderas. Una solución de una desigualdad con *o* hace que una u otra desigualdad sea verdadera.

Ejemplo

¿Cuáles son las soluciones de $-3 \leq z - 1 < 3$?

$-3 \leq z - 1 < 3$

$-2 \leq z < 4$ Suma 1 a cada parte de la desigualdad.

Ejercicios

Resuelve cada desigualdad compuesta.

42. $-2 \leq d + \frac{1}{2} < 4\frac{1}{2}$

43. $0 < -8b \leq 12$

44. $2t \leq -4$ ó $7t \geq 49$

45. $5m < -10$ ó $3m > 9$

46. $-1 \leq a - 3 \leq 2$

47. $9.1 > 1.4p \geq -6.3$

48. Clima La temperatura máxima en una ciudad para un mes dado es 88 °F y la temperatura mínima es 65 °F. Escribe una desigualdad compuesta para representar el rango de temperaturas para el mes dado.

3-7 Ecuaciones y desigualdades de valor absoluto

Repaso rápido

Resolver una ecuación o desigualdad que contiene una expresión de valor absoluto es similar a resolver otras ecuaciones y desigualdades. Debes escribir dos ecuaciones o desigualdades con valores positivos y negativos. Luego, resuelve las ecuaciones.

Ejemplo

¿Cuál es la solución de $|x| - 7 = 3$?

$$|x| - 7 = 3$$
$$|x| = 10 \qquad \text{Suma 7 a cada lado.}$$
$$x = 10 \text{ ó } x = -10 \qquad \text{Definición de valor absoluto}$$

Ejercicios

Resuelve cada ecuación o desigualdad. Si no tiene solución, escribe *sin solución*.

49. $|y| = 3$ **50.** $|n + 2| = 4$

51. $4 + |r + 2| = 7$ **52.** $|x + 3| = -2$

53. $|5x| \le 15$ **54.** $|3d + 5| < -2$

55. $|2x - 7| - 1 > 0$ **56.** $4|k + 5| > 8$

57. Fabricación La longitud ideal de un tipo de clavo es 20 mm. La longitud real puede variar de la ideal en 0.4 mm como máximo. Halla el rango de las longitudes aceptables del clavo.

3-8 Uniones e intersecciones de conjuntos

Repaso rápido

La **unión** de dos o más conjuntos es el conjunto que contiene todos los elementos de los conjuntos. La **intersección** de dos o más conjuntos es el conjunto de elementos que son comunes a todos los conjuntos. Los **conjuntos disjuntos** no tienen elementos en común.

Ejemplo

Actividades estudiantiles De 100 estudiantes que practican deportes o toman clases de música, 70 estudiantes practican un deporte y 50 estudiantes practican un deporte y toman clases de música. ¿Cuántos estudiantes *sólo* toman clases de música?

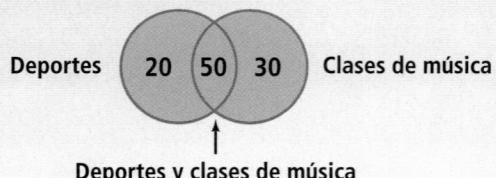

Por tanto, 30 estudiantes sólo toman clases de música.

Ejercicios

58. Dados $A = \{1, 2, 3, 4, 5, 6, 7, 8, 9\}$ y $B = \{2, 4, 6, 8\}$, ¿cuál es $A \cup B$?

59. Sea $P = \{1, 5, 7, 9, 13\}$, $R = \{1, 2, 3, 4, 5, 6, 8\}$ y $Q = \{1, 3, 5\}$. Dibuja un diagrama de Venn que represente la intersección y la unión de los conjuntos.

60. Sea $N = \{x \mid x$ es un múltiplo de 2$\}$ y $P = \{x \mid x$ es un múltiplo de 6$\}$. Describe la intersección de N y P.

61. Gatos Hay 15 gatos. Diez tienen rayas y 7 tienen rayas y ojos verdes. Los demás gatos tienen ojos verdes pero no tienen rayas. ¿Cuántos gatos tienen ojos verdes pero no tienen rayas?

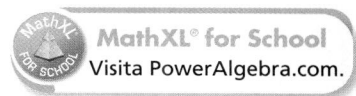

MathXL® for School
Visita PowerAlgebra.com.

¿CÓMO hacerlo?

Escribe una desigualdad para cada gráfica.

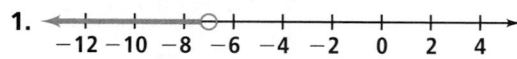

1. (gráfica de -12 a 4, círculo abierto en -6)

2. (gráfica de -2 a 6, punto relleno en 5)

3. (gráfica de -6 a 2, círculo en -5)

4. (gráfica de -3 a 5, círculo abierto en 4)

Resuelve cada desigualdad. Representa las soluciones con una gráfica.

5. $z + 7 \leq 9$

6. $-\frac{1}{3}x < 2$

7. $5w \geq -6w + 11$

8. $-\frac{7}{2}(m - 2) < 21$

9. $|x - 5| \geq 3$

10. $9 \leq 6 - b < 12$

11. $4 + 3n \geq 1$ ó $-5n > 25$

12. $10k < 75$ y $4 - k \leq 0$

Haz una lista de los subconjuntos de cada conjunto.

13. $\{1, 3, 5, 7\}$

14. $\{rojo, azul, amarillo\}$

15. **Control de calidad** Un fabricante está cortando rectángulos de tela de 18.55 pulgs. de largo por 36.75 pulgs. de ancho. La longitud y el ancho de cada rectángulo deben estar entre 0.05 pulgs. más y menos que el tamaño deseado. Escribe y resuelve las desigualdades para hallar el rango aceptable para la longitud ℓ y el ancho a.

Escribe una desigualdad compuesta que cada gráfica podría representar.

16. (gráfica de -10 a 6, punto relleno en -5, círculo en 3)

17. (gráfica de -4 a 4, círculos en -3 y 2)

18. **Opción múltiple** Supón que $A = \{x \mid x > -1\}$ y $B = \{x \mid -3 \leq x \leq 2\}$. ¿Qué enunciado es verdadero?

Ⓐ $A \cup B = \{\ \}$

Ⓑ $A' = \{x \mid x < -1\}$

Ⓒ $A \cap B = \{x \mid -1 < x \leq 2\}$

Ⓓ $B \subseteq \{x \mid x < 2\}$

Resuelve cada ecuación. Comprueba tu solución.

19. $|4k - 2| = 11$

20. $23 = |n + 10|$

21. $|3c + 1| - 4 = 13$

22. $4|5 - t| = 20$

23. **Recaudación de fondos** Un club de teatro quiere recaudar al menos \$500 en la venta de boletos de su función anual. Los integrantes del club vendieron 50 boletos a un precio especial de \$5. El precio habitual de los boletos el día de la función es \$7.50. ¿Cuántos boletos deben vender como mínimo el día de la función para alcanzar la meta?

24. De 145 corredores, 72 corren sólo los fines de semana y 63 corren los fines de semana y durante la semana. ¿Cuántos corredores corren sólo durante la semana?

¿Lo ENTIENDES?

25. **Respuesta de desarrollo** Escribe una desigualdad de valor absoluto que tenga 3 y –5 como dos de sus soluciones.

26. **Escribir** Compara y contrasta la propiedad multiplicativa de la igualdad y la propiedad multiplicativa de la desigualdad.

27. Describe la región rotulada C en términos del conjunto A y el conjunto B.

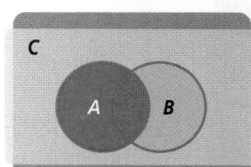

28. Supón que el conjunto A tiene 9 elementos. ¿Cuál es el mayor número de elementos que un subconjunto de A puede tener?

CONSEJOS

Algunas preguntas de los exámenes te piden que escribas una respuesta desarrollada. En este libro, una pregunta de respuesta desarrollada generalmente vale un máximo de 4 puntos. A veces estas preguntas tienen varias partes. Para obtener todo el puntaje de la pregunta, debes responder cada parte y mostrar todo tu trabajo o justificar tu razonamiento.

El Club de Teatro debe recaudar $440 para cubrir el costo de la obra de teatro para niños. Los precios de los boletos son $14 para adultos y $2 para niños. El club espera que asistan tres veces más niños que adultos a ver la obra. Escribe y resuelve una ecuación para hallar cuántos boletos para adultos y para niños debe vender el club para cubrir el costo.

CONSEJO 2

Una respuesta de 3 puntos podría abordar el problema de manera correcta, pero podría tener un error.

Piénsalo bien

En una respuesta de 4 puntos se definen las variables, se muestra el trabajo y se da una respuesta escrita al problema. Por tanto, relaciona lo que se da con lo que se pide. Identifica las variables y haz un modelo que puedas usar para escribir una ecuación. Luego, muestra tu trabajo a medida que usas esta ecuación para hallar la solución.

CONSEJO 1

Una respuesta de 1 punto podría incluir una ecuación incorrecta sin dar el número de niños que deben asistir para cubrir los costos.

Solución

x = número de adultos
$3x$ = número de niños

$$14(x) + 2(3x) = 440$$
$$14x + 6x = 440$$
$$20x = 440$$
$$x = 22$$
$$3x = 66$$

Por tanto, deben asistir 22 adultos y 66 niños.

Desarrollo de vocabulario

Cuando resuelves los ejercicios del examen, debes entender el significado de los términos matemáticos. Escoge el término correcto para completar cada oración.

A. Dos desigualdades unidas por la palabra *y* o la palabra *o* forman una desigualdad (*compuesta, conectada*).

B. Las desigualdades (*equivalentes, semejantes*) son desigualdades que tienen las mismas soluciones.

C. Cualquier número que hace que una desigualdad sea verdadera es una (*unión, solución*) de la desigualdad.

D. (*Una proporción, Un factor de conversión*) es una ecuación que establece que dos razones son iguales.

E. Un punto (*abierto, cerrado*) en una gráfica de una desigualdad muestra que el punto es una solución de la desigualdad.

Opción múltiple

Lee cada pregunta. Luego, escribe la letra de la respuesta correcta en tu hoja.

1. Estás haciendo pulseras para vender en una feria. En la tabla se muestra el costo total, c, de hacer p pulseras. ¿Qué ecuación representa la relación entre el número de pulseras que haces y el costo total?

Pulseras, p	Costo, c
10	$9.00
15	$13.50
20	$18.00
25	$22.50

  Ⓐ $c = 9p$ Ⓒ $9c = p$

  Ⓑ $c = 0.9p$ Ⓓ $0.9c = p$

2. ¿Cuáles son las soluciones de $2u + 5.2 \leq 9.4 + u$?

  Ⓕ $u \geq 4.2$ Ⓗ $u \leq 14.6$

  Ⓖ $u \leq 48.9$ Ⓘ $u \leq 4.2$

3. Un equipo de béisbol puede gastar $1500 en bates. Los bates cuestan $32 cada uno. ¿Qué desigualdad representa el número de bates b que pueden comprar?

- (A) $32b \leq 1500$
- (B) $32b \geq 1500$
- (C) $32b + b \leq 1500$
- (D) $32b + b \geq 1500$

4. ¿Cuál es la solución de $w - 4 = 18 + 3w$?

- (F) -11
- (H) 3.5
- (G) -3.5
- (I) 11

5. ¿Qué gráfica representa las soluciones de la desigualdad $3n \leq -6$?

- (A)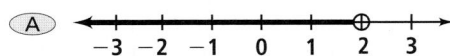
- (B)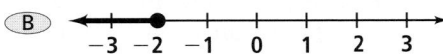
- (C)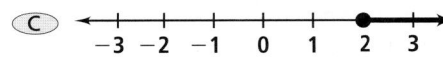
- (D)

6. En la primavera, podías servir en tenis a una velocidad de 43 mi/h. La velocidad de tu servicio aumentó un 12% después de practicar todo el verano. Aproximadamente, ¿qué tan rápido sirves después de la práctica?

- (F) 38 mi/h
- (H) 51 mi/h
- (G) 48 mi/h
- (I) 55 mi/h

7. El costo de un libro de pasta dura, x, es al menos $3 más que el doble del costo de un libro de pasta blanda, y. ¿Qué desigualdad representa esta situación?

- (A) $2y + 3 \geq x$
- (C) $2y + 3 \leq x$
- (B) $x + 3 \leq 2y$
- (D) $x + 2y \leq 3$

8. ¿Cuál es la solución de $\frac{18}{x} = \frac{5}{7}$?

- (F) 12.9
- (G) 20
- (H) 25.2
- (I) 35

9. Un zorro corre a una velocidad de 42 mi/h y un gato corre a una velocidad de 44 pies/s. ¿Cuál es la diferencia entre sus velocidades? (*Pista:* 1 mi = 5280 pies).

- (A) 12 pies/s
- (C) 17.6 mi/h
- (B) 17.6 pies/s
- (D) 30 mi/h

10. Cuando simplificas la expresión $206 - 4(17 - 3^2)$, ¿qué parte de la expresión simplificas primero?

- (F) $206 - 4$
- (H) $17 - 3$
- (G) 3^2
- (I) $4(17)$

11. ¿Qué expresión es equivalente a $8y - (6y - 5)$?

- (A) $2y - 5$
- (B) $14y - 5$
- (C) $2y + 5$
- (D) $14y + 5$

12. Max ahorró $16,000 y compró un carro que cuesta $10,500. Pagará $1200 cada año de seguro del carro. ¿Qué desigualdad puedes usar para hallar el número máximo de años que puede pagar el seguro con los ahorros que le quedan?

- (F) $10,500 + 1200x \leq 16,000$
- (G) $10,500 - 1200x \leq 16,000$
- (H) $16,000 + 1200x \leq 10,500$
- (I) $16,000 - 1200x \leq 10,500$

13. Sea $L = \{3, 4, 5\}$, $M = \{x \mid x$ es un entero negativo mayor que $-5\}$ y $N = \{-1, 0, 1\}$. ¿Cuál es $L \cap M$?

- (A) $\{3, 4, 5\}$
- (C) $\{-4, -3, -2, -1, 3, 4, 5\}$
- (B) $\{-5, -4, -3\}$
- (D) $\{\}$

14. ¿Cuáles son las soluciones de $-\frac{1}{9}a + 1 < 8$?

- (F) $a > 7$
- (H) $a > -63$
- (G) $a < 7$
- (I) $a < -63$

15. ¿Qué opción describe mejor el siguiente enunciado?
Si $x < 0$ y $y \geq 0$, entonces $xy < 0$.

- (A) siempre verdadero
- (B) a veces verdadero, cuando $y < 0$
- (C) a veces verdadero, cuando $y > 0$
- (D) nunca verdadero

16. ¿Cuáles son las soluciones de $4 < 6b - 2 \leq 28$?

- (F) $\frac{1}{3} < b \leq \frac{13}{3}$
- (G) $6 < b \leq 30$
- (H) $\frac{2}{3} < b \leq \frac{14}{3}$
- (I) $1 < b \leq 5$

17. Cuentas el número de melones que usas según el número de tazones de ensalada de frutas que preparaste, como se muestra en la tabla de la derecha. ¿Qué ecuación describe la relación entre el número de tazones de ensalada de frutas, f, y el número de melones utilizados, m?

Ensalada de frutas, f	Melones, m
2	1
4	2
6	3
8	4
10	5

- Ⓐ $f = 0.5m$
- Ⓒ $m = 0.5f$
- Ⓑ $2f = m$
- Ⓓ $2m = 0.5f$

18. ¿Qué gráfica representa las soluciones de la desigualdad $3(f + 2) > 2f + 4$?

Ⓕ

Ⓖ

Ⓗ

Ⓘ

R E S P U E S T A   E N   P L A N T I L L A

Anota tus respuestas en una plantilla.

19. Puedes cortar 400 pies^2 de césped si trabajas 5 min, 800 pies^2 si trabajas 10 min, 1200 pies^2 si trabajas 15 min, y así sucesivamente. ¿Cuántos pies cuadrados puedes cortar en 45 min?

20. Un insecto vuela 20 pies en 1 s. ¿Qué tan rápido vuela el insecto en millas por hora? Redondea a la centésima más cercana, si es necesario.

21. Isabella cubre el tablero de una mesa cuadrada con azulejos cuadrados. El tablero de la mesa mide 2 pies de largo y 2 pies de ancho. Cada azulejo mide $\frac{1}{4}$ pulg. de largo y $\frac{1}{4}$ pulg. de ancho. ¿Cuál es el número mínimo de azulejos que se necesitan para cubrir el tablero de la mesa?

22. ¿Cuál es la solución de $\frac{7}{5} = \frac{9}{x}$? Si es necesario, redondea tu respuesta a la milésima más cercana.

23. Supón que $P = \{-2, 6, 7, 9\}$ y $Q = \{0, 2, 4, 6\}$. ¿Cuántos elementos hay en el conjunto $P \cup Q$?

24. Una familia fue a un parque de diversiones. Una persona debe medir 3 pies de alto para subir a la montaña rusa. Un niño mide 4 pulgs. menos que la estatura reglamentaria. ¿Qué porcentaje debe aumentar la estatura del niño para que toda la familia pueda subir a la montaña rusa?

25. ¿Cuál es el valor de d cuando $11(d + 1) = 4(d + 8)$?

26. Armas un modelo a escala de un campo de deportes. El campo real es un rectángulo de 315 pies de longitud y 300 pies de ancho. Tu modelo a escala mide 15 pulgs. de ancho. ¿Cuál es su longitud en pulgadas?

Respuesta breve

27. Tienes un plan de teléfono celular que cuesta $25 por mes. También debes pagar $.10 el minuto por cada minuto después de los primeros 500 min. El total de tu cuenta de teléfono fue más de $30 el mes pasado. Escribe una desigualdad para representar el número de minutos, m, que hablaste por teléfono el mes pasado. Supón que usas 525 min el mes que viene. ¿Cuál será el total de tu cuenta de teléfono?

28. Una empresa de electricidad cobra una tarifa mensual de $30.60 más $.0176 por cada kilovatio por hora (kWh) de energía consumida. Escribe una ecuación para representar el costo de la cuenta de electricidad de la familia de cada mes. Supón que la familia consumió 1327 kWh de energía. ¿Cuál fue el total de su cuenta?

29. Una máquina dispensadora tiene 360 refrigerios al comienzo. Después de 1 día, tiene 327 refrigerios, después de 2 días tiene 294 refrigerios, después de 3 días tiene 261 refrigerios, y así sucesivamente. Describe el patrón del número de refrigerios, n, según el número de días, d.

Respuesta desarrollada

30. Una empresa tiene un presupuesto de $1500 para comprar papel este año. El precio normal del papel es $32 por caja, con un descuento del 10% por pedidos al por mayor. Si la empresa gasta por lo menos $1400 en papel, el envío es sin cargo. Escribe una desigualdad compuesta que represente el número de cajas que la empresa puede comprar con el descuento y el envío sin cargo. ¿Cuáles son los números posibles de cajas que la empresa puede comprar con el descuento y el envío sin cargo?

¡Prepárate!

Lección 1-2 ◆ **Evaluar expresiones**

Evalúa cada expresión para el o los valores dados de la o las variables.

1. $3x - 2y; x = -1, y = 2$

2. $-w^2 + 3w; w = -3$

3. $\frac{3 + k}{k}; k = 3$

4. $h - (h^2 - 1) \div 2; h = -1$

Lección 1-9 ◆ **Usar tablas, ecuaciones y gráficas**

Usa una tabla, una ecuación y una gráfica para representar cada relación.

5. Bob tiene 9 años más que su perro.

6. Susana nada 1.5 vueltas por minuto.

7. Cada cartón de huevos cuesta $3.

Repaso, página 60 ◆ **Representar en el plano de coordenadas**

Representa los pares ordenados en el mismo plano de coordenadas.

8. $(3, -3)$ **9.** $(0, -5)$ **10.** $(-2, 2)$ **11.** $(-2, 0)$

Lección 2-2 ◆ **Resolver ecuaciones de dos pasos**

Resuelve cada ecuación. Comprueba tu respuesta.

12. $5x + 3 = -12$ **13.** $\frac{n}{6} - 1 = 10$ **14.** $7 = \frac{x + 8}{2}$ **15.** $\frac{x - 1}{4} = \frac{3}{4}$

Lección 3-7 ◆ **Resolver ecuaciones de valor absoluto**

Resuelve cada ecuación. Si no hay solución, escribe *sin solución*.

16. $|r + 2| = 2$ **17.** $-3|d - 5| = -6$

18. $-3.2 = |8p|$ **19.** $5|2x - 7| = 20$

Vistazo inicial al vocabulario

20. La cantidad de dinero que ganas en un trabajo de verano es *dependiente* de la cantidad de horas que trabajas. ¿Qué crees que significa que una variable es *dependiente* de otra variable?

21. Si hay una *relación* entre dos personas, quiere decir que están relacionadas. Si $(1, 2)$, $(3, 4)$ y $(5, 6)$ forman una *relación* matemática, ¿con qué número está relacionado el 3?

22. Cuando una caldera funciona de manera *continua*, no hay pausas ni interrupciones en su funcionamiento. ¿Cómo crees que se ve una gráfica *continua*?

Introducción a las funciones

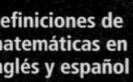
¡El equipo de salto con dos cuerdas
hace unos movimientos increíbles!
¿Sabías que en el salto con dos
cuerdas se aplican las matemáticas?
Una ecuación relaciona la cantidad
de saltos que da una persona con la
velocidad a la que se mueve la soga.

En este capítulo, aprenderás
sobre un tipo especial de relación
matemática llamada función.

Vocabulario

Audio de vocabulario inglés/español en línea:

Español	Inglés
dominio, *p. 268*	domain
función, *p. 241*	function
función lineal, *p. 241*	linear function
función no lineal, *p. 246*	nonlinear function
gráfica continua, *p. 255*	continuous graph
gráfica discreta, *p. 255*	discrete graph
notación de una función, *p. 269*	function notation
progresión, *p. 274*	sequence
rango, *p. 268*	range
relación, *p. 268*	relation
variable dependiente, *p. 240*	dependent variable
variable independiente, *p. 240*	independent variable

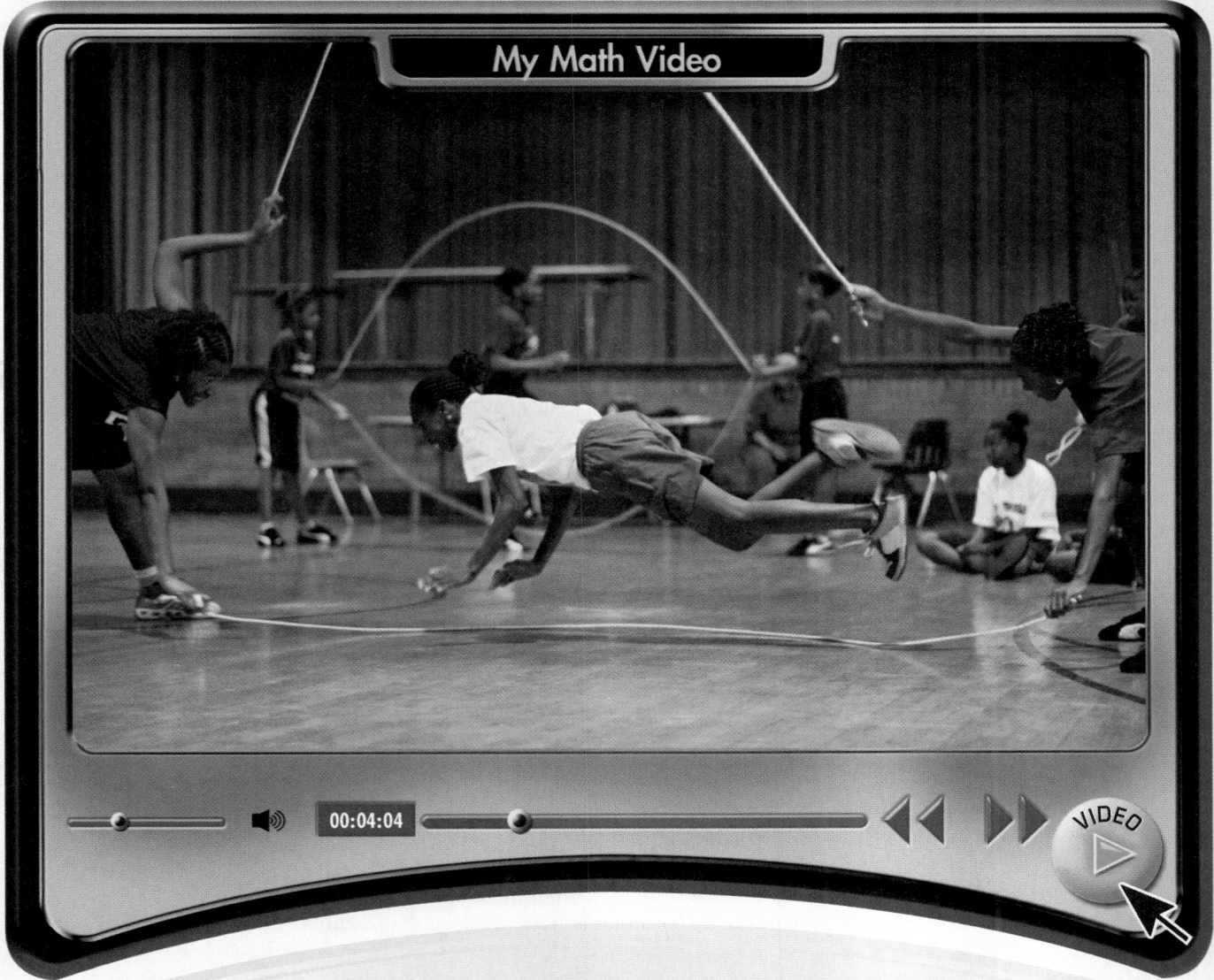

My Math Video

00:04:04

VIDEO

GRANDES ideas

1 Funciones

Pregunta esencial ¿Cómo puedes representar y describir funciones?

2 Representar

Pregunta esencial ¿Las funciones pueden describir situaciones de la vida diaria?

Primer vistazo al capítulo

4-1 Usar gráficas para relacionar dos cantidades

Objetivo Representar relaciones matemáticas mediante gráficas.

Las gráficas te permiten <u>ver</u> relaciones que se han descrito de otras maneras.

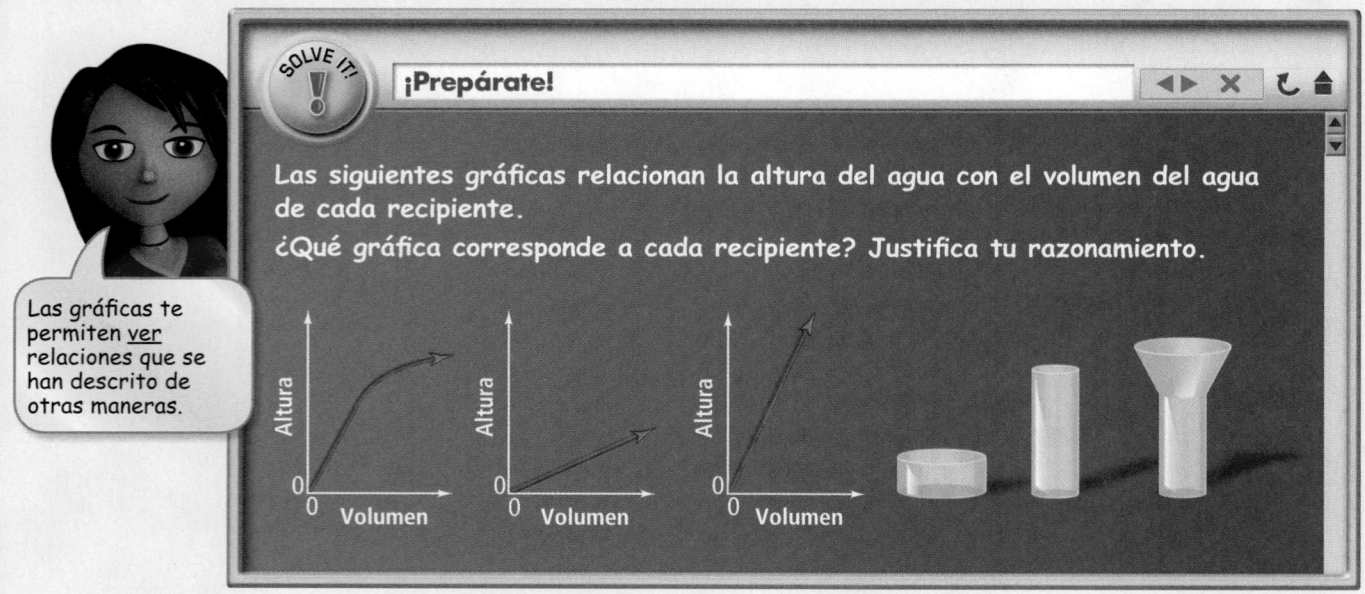

SOLVE IT!

¡Prepárate!

Las siguientes gráficas relacionan la altura del agua con el volumen del agua de cada recipiente.

¿Qué gráfica corresponde a cada recipiente? Justifica tu razonamiento.

Como habrás observado en la actividad de *Solve it!*, el cambio en la altura del agua a medida que aumenta el volumen se relaciona con la forma del recipiente.

Comprensión esencial Puedes usar gráficas para representar visualmente la relación entre dos cantidades variables a medida que ambas cambian.

Piensa

¿Cómo puedes analizar la relación representada en una gráfica?
Lee los títulos. Los títulos de los ejes te indican qué variables se relacionan. La gráfica representa la relación a medida que las variables cambian.

Problema 1 Analizar una gráfica

En la gráfica se muestra el volumen de aire que hay en un globo a medida que lo inflas, hasta que estalla. ¿Cuáles son las variables? Describe cómo se relacionan las variables en distintos puntos de la gráfica.

Las variables son el volumen y el tiempo. El volumen aumenta cada vez que soplas y se mantiene constante cada vez que te detienes para respirar. Cuando el globo estalla en el medio del cuarto soplido, el volumen disminuye a 0.

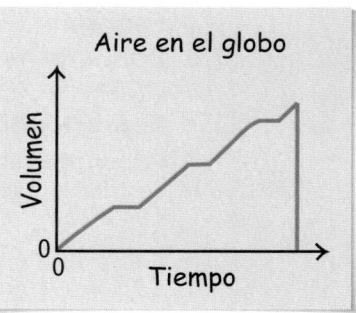

¿Comprendiste? **1.** ¿Cuáles son las variables de cada gráfica? Describe cómo se relacionan las variables en distintos puntos de la gráfica.

a.

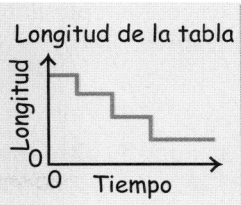

Longitud de la tabla

b.

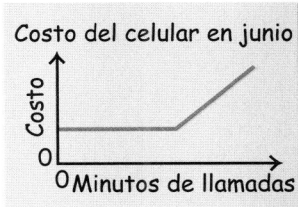

Costo del celular en junio

Tanto las tablas como las gráficas pueden mostrar relaciones entre variables. Los datos de una tabla a menudo se muestran mediante una gráfica para representar la relación visualmente.

Problema 2 **Emparejar una tabla y una gráfica**

Opción múltiple Una banda permitió a sus seguidores que descargaran su nuevo video de su sitio Web. En la tabla se muestra la cantidad total de descargas después de 1, 2, 3 y 4 días. ¿Qué gráfica podría representar los datos que se muestran en la tabla?

Descargas del video

Día	Total de descargas
1	346
2	1011
3	3455
4	10,426

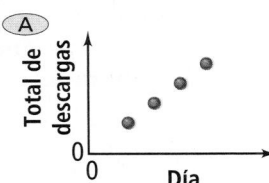
A

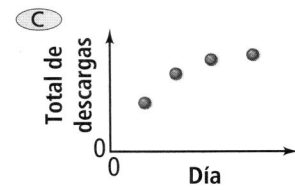
C

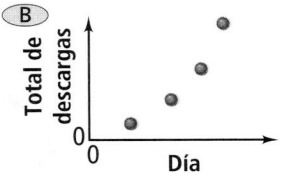
B

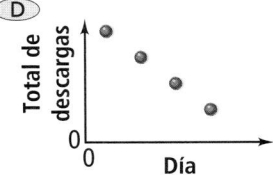
D

Lo que sabes
La relación representada por una tabla

Lo que necesitas
Una gráfica que pueda representar la relación

Planea
Compara el patrón de cambio de la tabla con cada gráfica.

En la tabla, la cantidad total de descargas aumenta cada día, y cada aumento es claramente mayor que el aumento anterior. Por tanto, la gráfica debe aumentar de izquierda a derecha, y cada aumento debe ser más pronunciado que el aumento anterior. La respuesta correcta es la B.

✅ **¿Comprendiste?** **2.** En la tabla se muestra la cantidad de filtro solar que queda en un envase según la cantidad de veces que se ha usado el filtro. ¿Qué gráfica podría representar los datos que se muestran en la tabla?

Filtro solar				
Cantidad de usos	0	1	2	3
Cantidad de filtro solar (oz)	5	4.8	4.6	4.4

A. 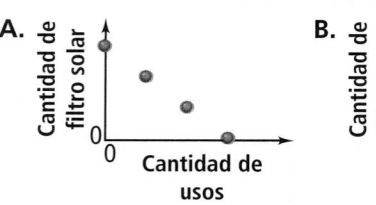   **B.** 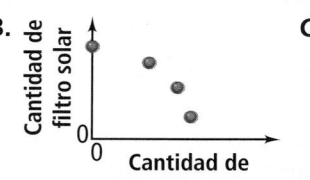   **C.**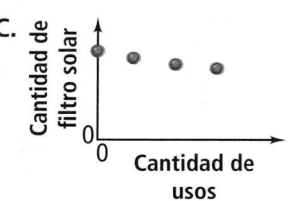

En el Problema 1, la cantidad de descargas, que está en el eje vertical de cada gráfica, depende del día, que está en el eje horizontal. Cuando una cantidad depende de otra, debes mostrar la cantidad independiente en el eje horizontal y la cantidad dependiente en el eje vertical.

 Problema 3 **Hacer un bosquejo de una gráfica**

Cohetes Un cohete a escala se eleva rápidamente y luego disminuye su velocidad hasta detenerse a medida que se acaba el combustible. Comienza a descender rápidamente hasta que se abre el paracaídas. Después de eso, cae lentamente hasta la Tierra. ¿Qué bosquejo de gráfica podría representar la altura del cohete durante su vuelo? Rotula cada sección.

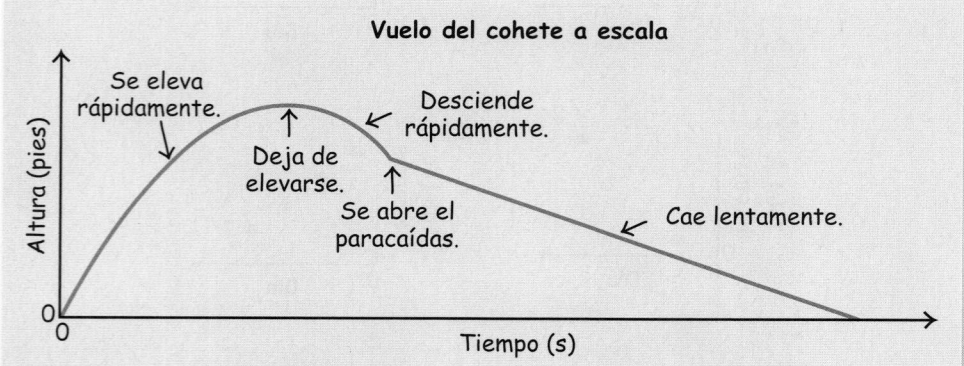

✅ **¿Comprendiste?** **3. a.** Supón que empiezas a balancearte en un columpio del área de juego. Te mueves hacia atrás y hacia adelante y te balanceas más alto en el aire. Luego, te balanceas lentamente hasta detenerte. ¿Qué bosquejo de gráfica puede representar cómo tu altura desde el piso puede cambiar con el tiempo? Rotula cada sección.

b. Razonamiento Si saltaras del columpio en vez de detenerte lentamente, ¿cómo cambiaría la gráfica de la parte (a)? Explica tu respuesta.

Comprobar la comprensión de la lección

¿CÓMO hacerlo?

1. ¿Cuáles son las variables de la gráfica de la derecha? Consulta la gráfica para describir cómo se relacionan las variables.

2. Describe la relación entre el tiempo y la temperatura en la siguiente tabla.

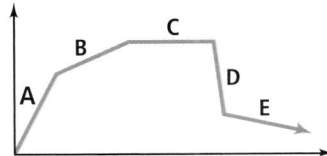

Tiempo (cantidad de horas después del mediodía)	1	3	5	7
Temperatura (°F)	61	62	58	51

¿Lo ENTIENDES?

3. Empareja uno de los segmentos rotulados de la siguiente gráfica con cada una de las siguientes descripciones verbales: *aumentar lentamente, constante* y *disminuir rápidamente*.

4. **Razonamiento** Describe una relación de la vida diaria que se pueda representar con la gráfica anterior.

Ejercicios de práctica y resolución de problemas

A Práctica

¿Cuáles son las variables de cada gráfica? Describe cómo se relacionan las variables en distintos puntos de la gráfica.

Ver el Problema 1.

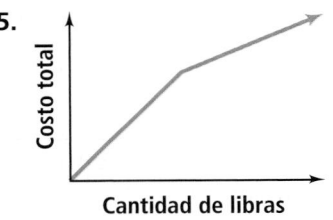

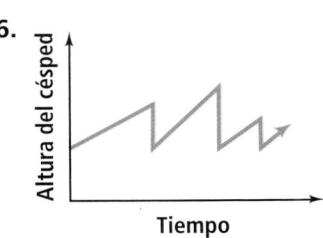

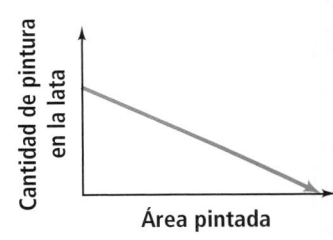

5.

6.

7.

Empareja cada gráfica con su tabla relacionada. Explica tus respuestas.

Ver el Problema 2.

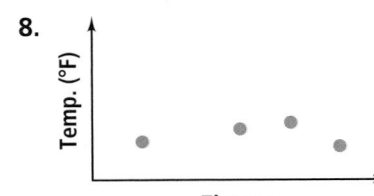

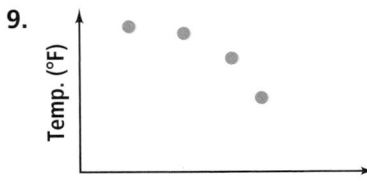

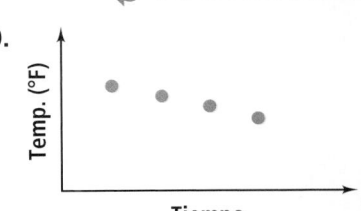

8.

9.

10.

A.

Tiempo	Temperatura (°F)
1 P.M.	91°
3 P.M.	89°
5 P.M.	81°
7 P.M.	64°

B.

Tiempo	Temperatura (°F)
1 P.M.	61°
3 P.M.	60°
5 P.M.	59°
7 P.M.	58°

C.

Tiempo	Temperatura (°F)
1 P.M.	24°
3 P.M.	26°
5 P.M.	27°
7 P.M.	21°

Dibuja una gráfica para representar cada situación. Rotula cada sección.

◀ Ver el Problema 3.

11. horas de luz solar de cada día a lo largo de un año

12. tu distancia desde el suelo mientras estás en la rueda de Chicago

13. tu ritmo cardíaco mientras miras una película de terror

 **Aplicación**

14. Pensar en un plan El *shishi-odoshi*, un adorno japonés muy popular para los jardines, se pensó originalmente para ahuyentar a los ciervos. Mediante el uso de agua, provoca un golpe seco cada vez que se eleva un tubo de bambú. Dibuja una gráfica que podría representar el volumen de agua que hay en el tubo de bambú mientras funciona.

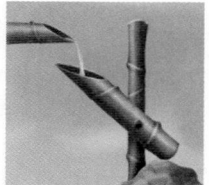   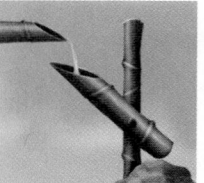

El tubo comienza a llenarse.   El tubo comienza a caer.   El tubo cae y vierte el agua.   El tubo se eleva, golpea la roca y hace ruido.

- ¿Qué cantidades varían en esta situación?
- ¿Cómo se relacionan estas cantidades?

15. Analizar errores Las camisetas cuestan $12.99 cada una por las 5 primeras camisetas que se compran. Cada camiseta adicional cuesta $4.99 cada una. Describe y corrige el error de la gráfica de la derecha que representa la relación entre el costo total y la cantidad de camisetas que se compran.

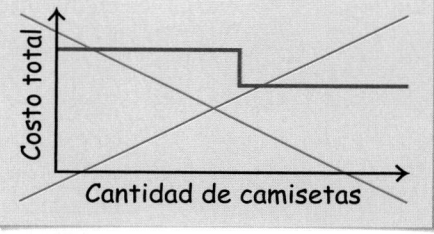

16. Respuesta de desarrollo Describe una relación de la vida diaria entre el área de un rectángulo y su ancho, a medida que el ancho varía y la longitud permanece igual. Dibuja una gráfica que muestre esta relación.

17. Esquiar Dibuja una gráfica para cada situación. ¿Las gráficas son iguales? Explica tu respuesta.
  a. tu velocidad cuando viajas en telesilla desde la base de una pista de esquí hasta la cima
  b. tu velocidad cuando esquías desde la cima de una pista de esquí hasta la base

18. Razonamiento En el siguiente diagrama de la izquierda, se muestra una parte de un camino para bicicletas.
  a. Explica si la siguiente gráfica es una representación razonable de cómo puede cambiar la velocidad del ciclista de la bicicleta azul.

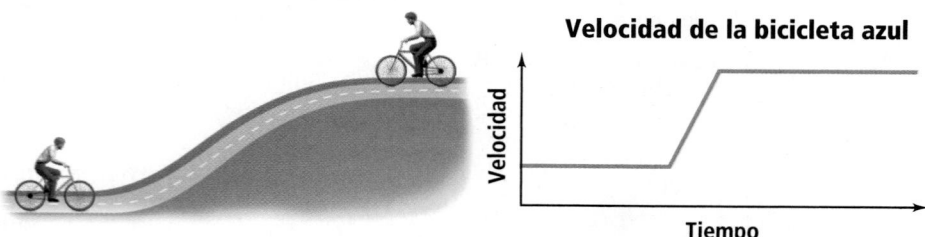

  b. Dibuja dos gráficas que podrían representar la velocidad de una bicicleta en el tiempo. Dibuja una gráfica para la bicicleta azul y otra para la bicicleta roja.

19. Atletismo En la gráfica de la derecha, se muestra la distancia que recorren tres corredores durante una carrera. Describe qué sucede en los tiempos A, B, C y D. ¿En qué orden terminan los corredores? Explica tu respuesta.

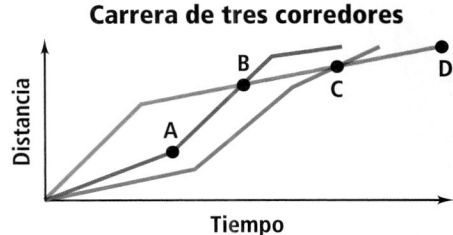

Carrera de tres corredores

20. Razonamiento En la gráfica de la derecha, se muestra la distancia vertical que recorre la persona A cuando sube por unas escaleras y la persona B cuando sube caminando por una escalera mecánica que está al lado de las escaleras. Copia la gráfica. Luego, traza una recta que podría representar la distancia vertical que recorre la persona C cuando sube quieto por la escalera mecánica. Explica tu razonamiento.

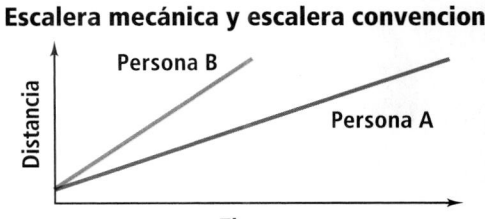

Escalera mecánica y escalera convencional

Preparación para el examen estandarizado

SAT/ACT

21. En la gráfica de la derecha, se muestra la distancia desde tu casa a medida que caminas hasta la parada del autobús, esperas el autobús y luego vas en el autobús hacia la escuela. ¿Qué punto representa un tiempo en el que estás esperando el autobús?

Distancia desde casa

    Ⓐ A   Ⓒ C

    Ⓑ B   Ⓓ D

22. ¿Cuál es la solución de $-2x < 4$?

    Ⓕ $x < 2$ Ⓖ $x > 2$ Ⓗ $x < -2$ Ⓘ $x > -2$

Respuesta breve

23. Ganas $8.50 por hora. Luego, te aumentan a $9.35 por hora. Halla el aumento porcentual. Luego, halla tu pago por hora si recibes el mismo aumento porcentual dos veces más. Muestra tu trabajo.

Repaso mixto

Sea $A = \{-3, 1, 4\}$, $B = \{x \mid x$ es un número impar mayor que -2 y menor que 10$\}$ y $C = \{1, 4, 7, 12\}$. Halla cada unión o intersección.

◀ Ver la Lección 3-8.

24. $A \cup B$ **25.** $A \cap B$ **26.** $B \cup C$ **27.** $A \cap C$

¡Prepárate! Antes de la Lección 4-2, haz los Ejercicios 28 y 29.

Usa una tabla, una ecuación y una gráfica para representar cada relación.

◀ Ver la Lección 1-9.

28. Donald tiene 4 años más que Connie.   **29.** Haces 3 tarjetas por hora.

4-2

Patrones y funciones lineales

Objetivo Identificar y representar patrones que describen funciones lineales.

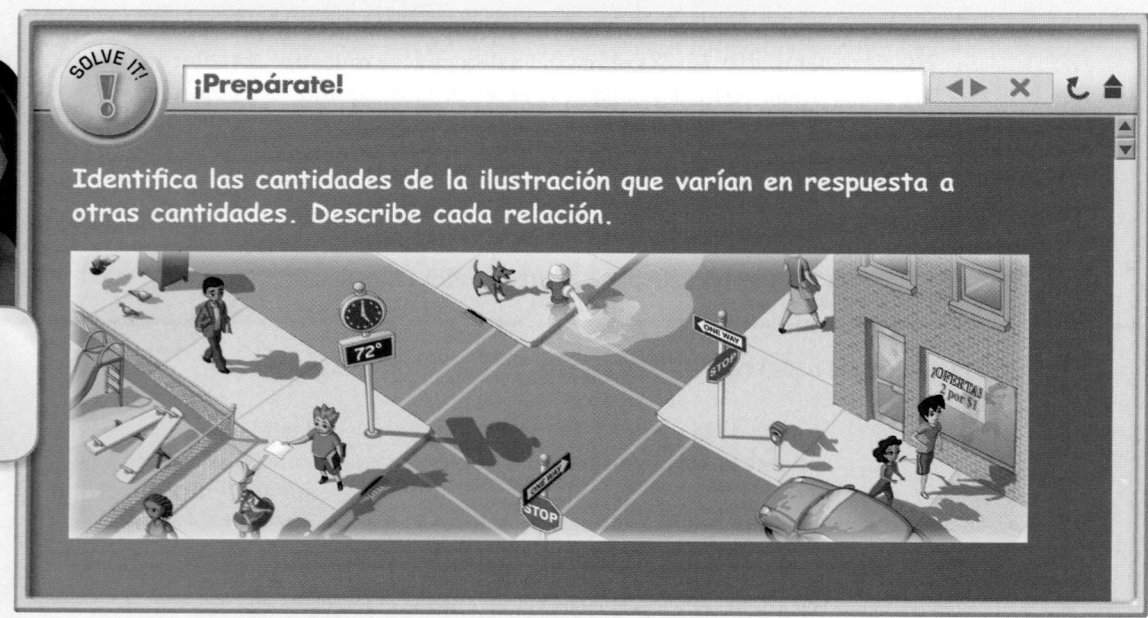

> Una relación es la que existe entre la longitud de una sombra y la hora del día.

Vocabulario de la lección
- variable dependiente
- variable independiente
- entrada
- salida
- función
- función lineal

En la actividad de *Solve It!*, identificaste variables cuyo valor *depende* del valor de otra variable. En una relación entre variables, la **variable dependiente** cambia en respuesta a otra variable, la **variable independiente**. Los valores de la variable independiente se llaman **entradas**. Los valores de la variable dependiente se llaman **salidas**.

Comprensión esencial El valor de una variable puede estar determinado únicamente por el valor de otra variable. Ese tipo de relaciones se pueden representar con tablas, palabras, ecuaciones, conjuntos de pares ordenados y gráficas.

Problema 1   Representar una relación geométrica

En el siguiente diagrama, ¿cuál es la relación entre la cantidad de rectángulos y el perímetro de la figura que forman? Representa esta relación con una tabla, palabras, una ecuación y una gráfica.

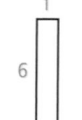

1 rectángulo

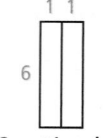

2 rectángulos

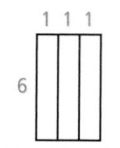

3 rectángulos

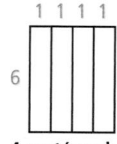

4 rectángulos

Piensa

¿Cuál es la variable dependiente?
El perímetro *depende* de la cantidad de rectángulos, por tanto el perímetro es la variable dependiente.

Paso 1 Haz una tabla. Usa x como la variable independiente y y como la variable dependiente.
Sea x = la cantidad de rectángulos.
Sea y = el perímetro de la figura.

Escribe cada par de valores de entrada y de salida de x y y como un par ordenado (x, y).

Cantidad de rectángulos, x	Perímetro, y	Par ordenado (x, y)
1	$2(1) + 2(6) = 14$	$(1, 14)$
2	$2(2) + 2(6) = 16$	$(2, 16)$
3	$2(3) + 2(6) = 18$	$(3, 18)$
4	$2(4) + 2(6) = 20$	$(4, 20)$

Paso 2 Busca un patrón en la tabla. Describe el patrón en palabras para poder escribir una ecuación que represente la relación.

En palabras Multiplica la cantidad de rectángulos de cada figura por 2 para obtener la longitud total de los lados superior e inferior de la figura combinada. Luego, suma 2(6), ó 12, de la longitud total de los lados izquierdo y derecho de la figura combinada para obtener el perímetro completo.

Ecuación $y = 2x + 12$

Paso 3 Usa la tabla para hacer una gráfica.

Con una gráfica, puedes ver un patrón formado por la relación entre la cantidad de rectángulos y el perímetro de la figura combinada.

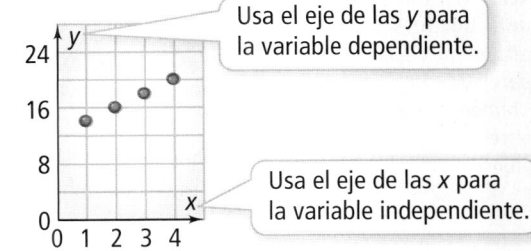

Usa el eje de las y para la variable dependiente.

Usa el eje de las x para la variable independiente.

 ¿Comprendiste? **1.** En el siguiente diagrama, ¿cuál es la relación entre la cantidad de triángulos y el perímetro de la figura que forman? Representa esta relación con una tabla, palabras, una ecuación y una gráfica.

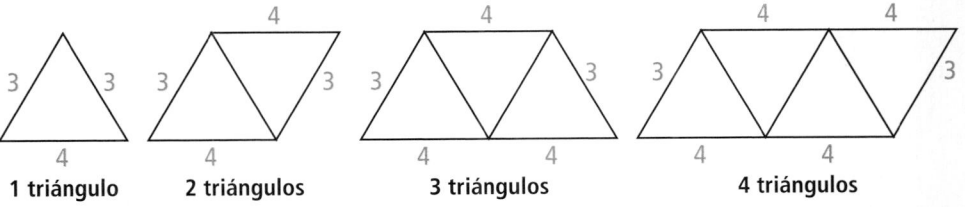

| 1 triángulo | 2 triángulos | 3 triángulos | 4 triángulos |

Puedes describir la relación del Problema 1 diciendo que el perímetro es una función de la cantidad de rectángulos. Una **función** es la relación que empareja cada valor de entrada con exactamente un valor de salida.

Has aprendido que una manera de representar una función es con una gráfica. Una **función lineal** es una función cuya gráfica es una recta no vertical o parte de una recta no vertical.

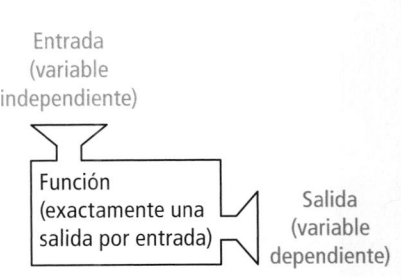

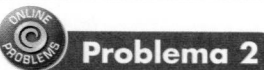 **Problema 2** Representar una función lineal

Fotografía En la tabla se muestra la relación entre la cantidad de fotos que tomas, x, y la cantidad de memoria libre, y, que queda en el chip de memoria de la cámara, expresada en *megabytes* (MB). ¿Es la relación una función lineal? Describe la relación con palabras, una ecuación y una gráfica.

Memoria de la cámara

Cantidad de fotos, x	Memoria (MB), y
0	512
1	509
2	506
3	503

Lo que sabes
La cantidad de memoria libre dada la cantidad de fotografías tomadas, como se muestra en la tabla.

Lo que necesitas
Otras representaciones que describan la relación

Planea
Busca un patrón que puedas describir en palabras para escribir una ecuación. Haz una gráfica para mostrar el patrón.

Piensa

¿Cómo sabes si una relación de una tabla es una función?
Si cada entrada está emparejada con *exactamente* una salida, entonces la relación es una función.

La cantidad y de memoria libre está determinada solamente por la cantidad x de fotos que tomas. Puedes ver esto en la tabla anterior, donde cada valor de entrada de x corresponde a exactamente un valor de salida de y. Por tanto, y es una función de x. Para describir la relación, observa en la siguiente tabla cómo cambia y respecto de cada cambio de x.

Memoria de la cámara

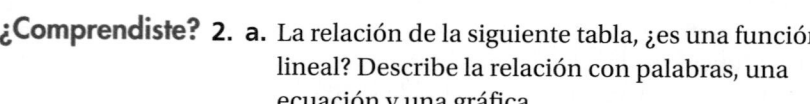

La memoria es de 512 MB antes de que se tomen fotos.

La variable independiente x aumenta 1 por vez.

La variable dependiente y disminuye 3 cada vez que x aumenta 1.

Cantidad de fotos, x	Memoria (MB), y
0	512
1	509
2	506
3	503

En palabras La cantidad de memoria libre que queda en el chip es 512 menos 3 veces la cantidad de fotos tomadas.

Ecuación $y = 512 - 3x$

Gráfica Puedes hacer una gráfica con los datos de la tabla. Los puntos están en una recta; por tanto, la relación entre la cantidad de fotos tomadas y la cantidad de memoria libre es una función lineal.

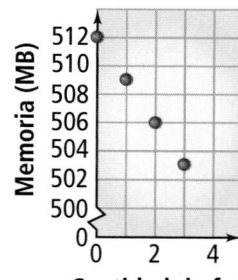

✔ **¿Comprendiste?** **2. a.** La relación de la siguiente tabla, ¿es una función lineal? Describe la relación con palabras, una ecuación y una gráfica.

Entrada, x	0	1	2	3
Salida, y	8	10	12	14

b. Razonamiento ¿El conjunto de pares ordenados (0, 2), (1, 4), (3, 5) y (1, 8) representan una función lineal? Explica tu respuesta.

Comprobar la comprensión de la lección

¿CÓMO hacerlo?

1. Representa con una gráfica cada conjunto de pares ordenados. Describe en palabras el patrón que se muestra en la gráfica.
   a. $(0, 0), (1, 1), (2, 2), (3, 3), (4, 4)$
   b. $(0, 8), (1, 6), (2, 4), (3, 2), (4, 0)$
   c. $(3, 0), (3, 1), (3, 2), (3, 3), (3, 4)$

2. Consulta el siguiente diagrama. Copia y completa la tabla para mostrar la relación entre la cantidad de cuadrados y el perímetro de la figura que forman.

1 cuadrado 2 cuadrados 3 cuadrados

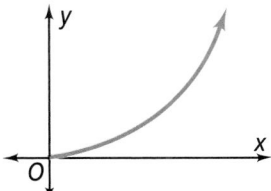

Cantidad de cuadrados	Perímetro
1	4
2	6
3	■
4	■
10	■
■	62
n	■

¿Lo ENTIENDES?

3. **Vocabulario** La cantidad de pasta de dientes que hay en un tubo disminuye cada vez que te cepillas los dientes. Nombra las variables independientes y dependientes de esta relación.

4. **Razonamiento** Indica si cada conjunto de pares ordenados del Ejercicio 1 representa una función. Justifica tus respuestas.

5. **Razonamiento** ¿La siguiente gráfica representa una función lineal? Explica tu respuesta.

Ejercicios de práctica y resolución de problemas

A Práctica

Para cada diagrama, halla la relación entre la cantidad de figuras y el perímetro de la figura que forman. Representa esta relación con una tabla, palabras, una ecuación y una gráfica.

◀ Ver el Problema 1.

6.
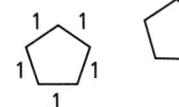 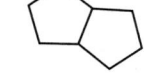 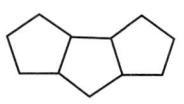

1 pentágono   2 pentágonos   3 pentágonos

7.
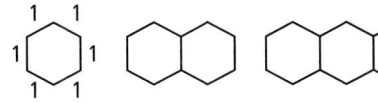

1 hexágono   2 hexágonos   3 hexágonos

Para cada tabla, determina si la relación es una función lineal. Luego, representa la relación con palabras, una ecuación y una gráfica.

◀ Ver el Problema 2.

8.

x	y
0	5
1	8
2	11
3	14

9.

x	y
0	−3
1	2
2	7
3	12

10.

x	y
0	43
1	32
2	21
3	10

Para cada tabla, determina si la relación es una función lineal. Luego, representa la relación con palabras, una ecuación y una gráfica.

11. Escalar montañas

Cantidad de horas escalando, x	Altura (pies), y
0	1127
1	1219
2	1311
3	1403

12. Cuenta de la tienda

Cantidad de latas de sopa, x	Cuenta total, y
0	$52.07
1	$53.36
2	$54.65
3	$55.94

13. Gasolina en el tanque

Millas recorridas, x	Galones de gasolina, y
0	11.2
17	10.2
34	9.2
51	8.2

Ⓑ Aplicación

14. Analizar errores Una panadería hace pan en hornadas. Se descartan para la venta varios panes por hornada debido a defectos. Tu amigo dice que la cantidad total de panes defectuosos es la variable independiente. Explica y corrige el error.

15. Jardinería Puedes hacer 5 gals. de fertilizante líquido si mezclas 8 cdtas. de fertilizante en polvo con agua. Representa con una tabla, una ecuación y una gráfica la relación entre las cucharaditas de polvo que se usan y los galones de fertilizante que se producen. ¿La cantidad de fertilizante producido es una función de la cantidad de polvo utilizado? Explica tu respuesta.

16. Razonamiento Representa con una gráfica los pares ordenados (–2, –3), (0, –1), (1, 0), (3, 2) y (4, 4). Determina si la relación es una función lineal. Explica tu respuesta.

17. Pensar en un plan Los engranajes son partes comunes de muchos tipos de maquinarias. En el siguiente diagrama, el engranaje A gira en respuesta al movimiento del engranaje B. Describe la relación entre la cantidad de giros del engranaje B y la cantidad de giros del engranaje A. Usa palabras, una ecuación y una gráfica.

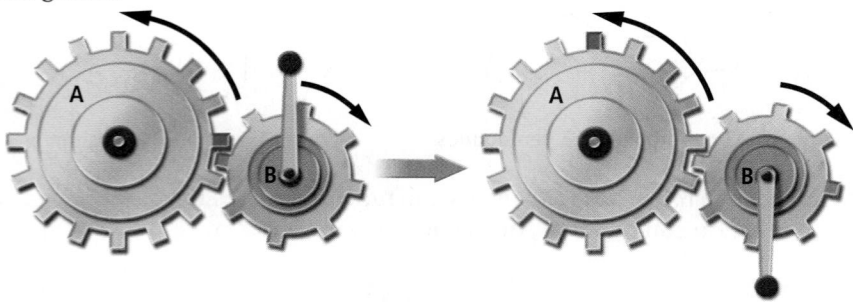

- ¿Cuáles son las variables independientes y las dependientes?
- ¿Cuántas veces debes girar el engranaje B para que el engranaje A gire una vez?

18. Carro eléctrico Un fabricante produce un carro que puede recorrer 40 mi con la carga de su batería antes de comenzar a usar gasolina. Luego, el carro recorre 50 mi por cada galón de gasolina usado. Representa la relación entre la cantidad de gasolina usada y la distancia recorrida con una tabla, una ecuación y una gráfica. ¿La distancia recorrida es una función de la cantidad de gasolina usada? ¿Cuáles son las variables independientes y las dependientes? Explica tu respuesta.

 **Desafío**

19. **Atletismo** En la gráfica de la derecha, se muestra la distancia que recorrió una corredora como función de la cantidad de tiempo (en minutos) que ha estado corriendo. Dibuja una gráfica que muestre el tiempo que ha estado corriendo como función de la distancia que ha recorrido.

20. **Películas** Cuando se proyecta una película, por el proyector pasa una determinada cantidad de cuadros por minuto. Dices que la duración de la película en minutos es una función de la cantidad de cuadros. Otra persona dice que la cantidad de cuadros es una función de la duración de la película. ¿Pueden tener razón los dos? Explica tu respuesta.

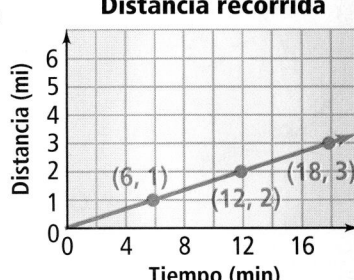

Distancia recorrida

Preparación para el examen estandarizado

SAT/ACT

21. Una boca de incendios de 3 pies está al lado de una señal de tránsito. La sombra de la boca de incendios mide 4.5 pies de largo. La sombra de la señal de tránsito mide 12 pies de largo. Las sombras forman triángulos semejantes. ¿Cuál es la altura en pies de la señal?

    (A) 1.6875   (B) 8   (C) 12   (D) 16.5

22. ¿Cuál es la solución de $5d + 6 - 3d = 12$?

    (F) 2.25   (G) 3   (H) 9   (I) 18

23. ¿Cuáles son las soluciones de $|4x - 11| = 13$?

    (A) 6 y −6   (B) 24 y 6   (C) −0.5 y 6   (D) sin solución

Respuesta breve

24. En la siguiente tabla se muestra la relación entre la cantidad de aplicaciones, x, de una botella de atomizador para la garganta y la cantidad de líquido, y, (en miligramos) que queda en la botella. Describe la relación con palabras, una ecuación y una gráfica.

Atomizador para la garganta					
Cantidad de aplicaciones, x	0	1	2	3	4
Líquido restante (mg), y	62,250	62,200	62,150	62,100	62,050

Repaso mixto

25. Un día de primavera comienza fresco y se pone más cálido a medida que se acerca el mediodía. La temperatura se estabiliza justo después del mediodía. Disminuye cada vez más rápido a medida que se acerca el atardecer. Dibuja una gráfica que muestre la temperatura posible en el transcurso del día. Rotula cada sección.

◀ **Ver la Lección 4-1.**

¡Prepárate! Antes de la Lección 4-3, haz los Ejercicios 26 y 27.

Usa una tabla, una ecuación y una gráfica para representar cada relación.

◀ **Ver la Lección 1-9.**

26. La cantidad de sobres de mostaza que se usa es dos veces la cantidad de *hot dogs* que se venden.

27. Estás tres lugares delante de tu amigo mientras esperas en una fila larga.

4-3 Patrones y funciones no lineales

Objetivo Identificar y representar patrones que describen funciones no lineales.

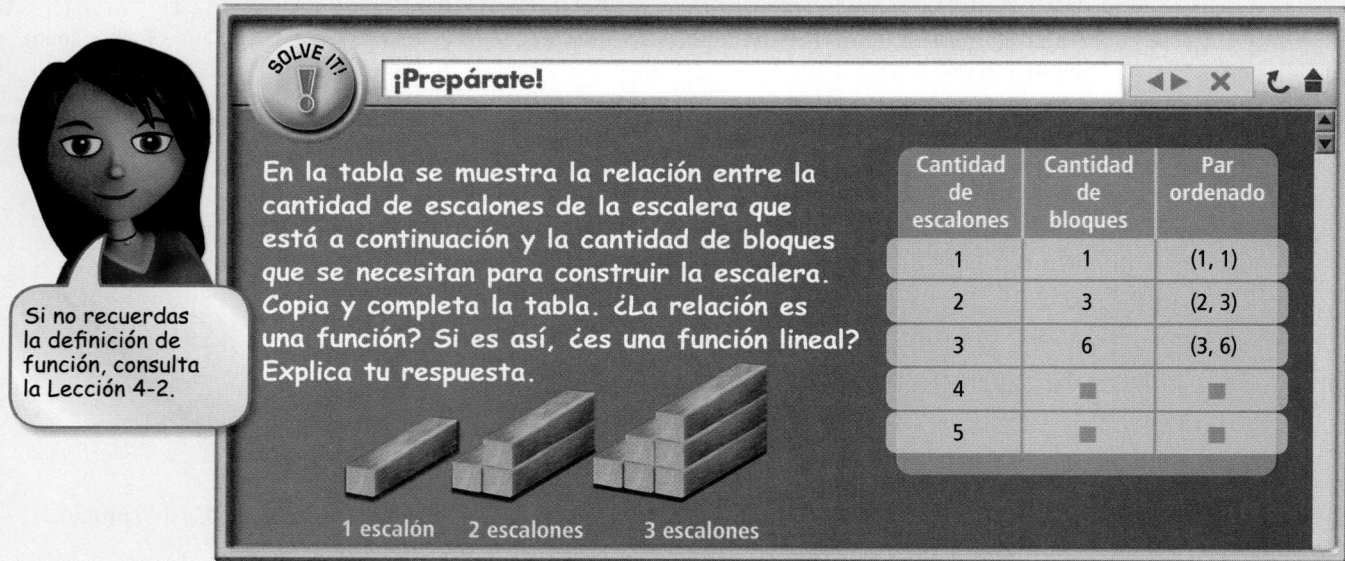

¡Prepárate!

En la tabla se muestra la relación entre la cantidad de escalones de la escalera que está a continuación y la cantidad de bloques que se necesitan para construir la escalera. Copia y completa la tabla. ¿La relación es una función? Si es así, ¿es una función lineal? Explica tu respuesta.

Cantidad de escalones	Cantidad de bloques	Par ordenado
1	1	(1, 1)
2	3	(2, 3)
3	6	(3, 6)
4	■	■
5	■	■

1 escalón   2 escalones   3 escalones

Si no recuerdas la definición de función, consulta la Lección 4-2.

Vocabulario de la lección
• función no lineal

La relación de la actividad de *Solve it!* es un ejemplo de una función no lineal. Una **función no lineal** es una función cuya gráfica no es una recta o parte de una recta.

Comprensión esencial Al igual que las funciones lineales, las funciones no lineales se pueden representar con palabras, tablas, ecuaciones, conjuntos de pares ordenados y gráficas.

toma nota

Resumen del concepto   Funciones lineales y no lineales

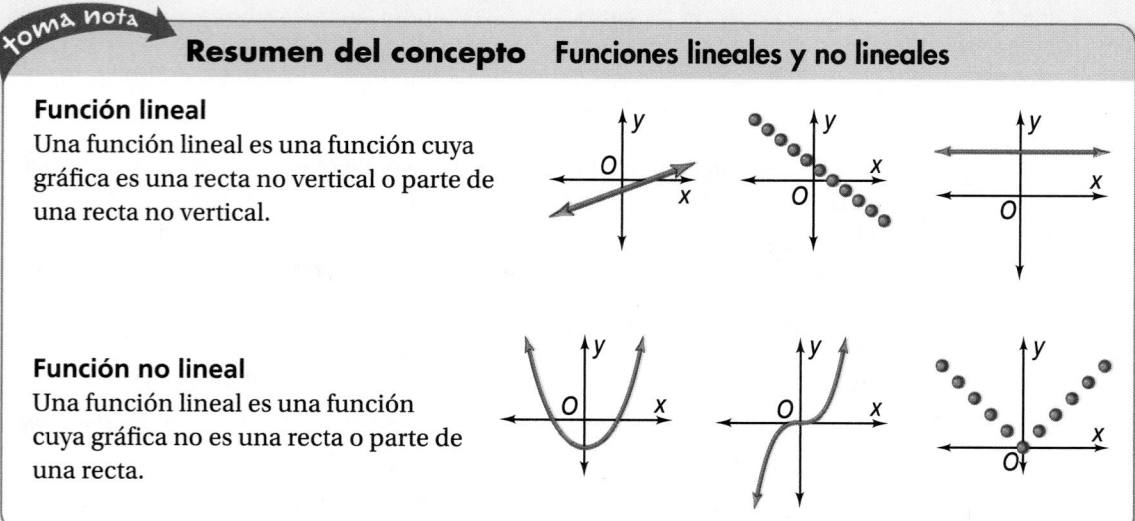

Función lineal
Una función lineal es una función cuya gráfica es una recta no vertical o parte de una recta no vertical.

Función no lineal
Una función lineal es una función cuya gráfica no es una recta o parte de una recta.

 **Problema 1** **Clasificar funciones como lineales o no lineales**

Pizza El área A, en pulgadas cuadradas, de una pizza es una función de su radio, r, en pulgadas. El costo, C, en dólares, de la salsa para una pizza es una función del peso, p, en onzas, de la salsa que se usa. Representa con una gráfica estas funciones que se muestran en las siguientes tablas. ¿Cada función es *lineal* o *no lineal*?

Área de la pizza

Radio (pulgs.), r	Área (pulgs.^{2}), A
2	12.57
4	50.27
6	113.10
8	201.06
10	314.16

Costo de la salsa

Peso (oz), p	Costo, C
2	$.80
4	$1.60
6	$2.40
8	$3.20
10	$4.00

Lo que sabes
Las relaciones que se muestran en las tablas son funciones.

Lo que necesitas
Clasificar las funciones como *lineales* o *no lineales*

Planea
Usa las tablas para hacer gráficas.

Representa con una gráfica A como una función de r.

Representa con una gráfica C como una función de p.

Piensa

¿Cómo te indica una gráfica si una función es lineal o no lineal?
La gráfica de una función lineal es una recta no vertical o parte de una recta, pero la gráfica de una función no lineal no lo es.

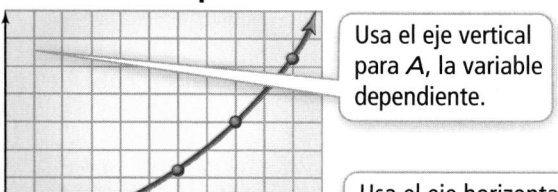

Área de la pizza

Usa el eje vertical para A, la variable dependiente.

Usa el eje horizontal para r, la variable independiente.

La gráfica es una curva, no una recta; por tanto, la función es no lineal.

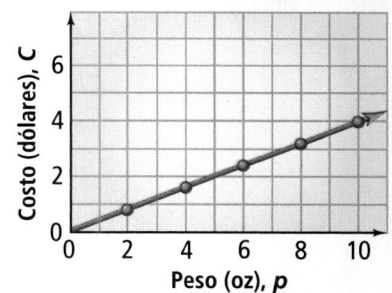

Costo de la salsa

La gráfica es una recta; por tanto, la función es lineal.

¿Comprendiste? **1. a.** En la siguiente tabla se muestra la fracción A del área original de un pedazo de papel que queda después de cortar el papel por la mitad n veces. Representa con una gráfica la función que se representa en la tabla. ¿La función es *lineal* o *no lineal*?

Corte de papel

Cantidad de cortes, n	1	2	3	4
Fracción del área original que queda, A	$\frac{1}{2}$	$\frac{1}{4}$	$\frac{1}{8}$	$\frac{1}{16}$

b. Razonamiento ¿Llegará a cero el área A de la parte (a)? Explica tu respuesta.

 **Problema 2** Representar patrones y funciones no lineales

En la tabla se muestra la cantidad total de bloques de cada figura como función de la cantidad de bloques de una arista.

 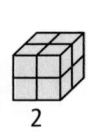 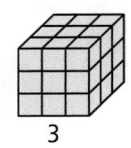

Cantidad de bloques de la arista, x	Cantidad total de bloques, y	Par ordenado, (x, y)
1	1	(1, 1)
2	8	(2, 8)
3	27	(3, 27)
4	▪	▪
5	▪	▪

¿Qué patrón puedes usar para completar la tabla? Representa la relación con palabras, una ecuación y una gráfica.

Dibuja las siguientes dos figuras para completar la tabla.

Piensa

¿Cómo puedes usar un patrón para completar la tabla?
Puedes dibujar figuras con 4 y 5 bloques en cada arista. Luego, puedes analizar las figuras para determinar la cantidad total de bloques que contienen.

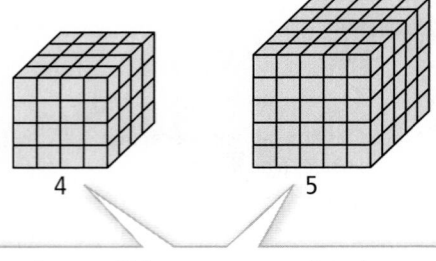

Un cubo con 4 bloques en una arista tiene $4 \cdot 4 \cdot 4 = 64$ bloques. Un cubo con 5 bloques en una arista tiene $5 \cdot 5 \cdot 5 = 125$ bloques.

Cantidad de bloques de la arista, x	Cantidad total de bloques, y	Par ordenado, (x, y)
1	1	(1, 1)
2	8	(2, 8)
3	27	(3, 27)
4	64	(4, 64)
5	125	(5, 125)

En palabras La cantidad total de bloques, y, es el cubo de la cantidad de bloques, x, de una arista.

Ecuación $y = x^3$

Puedes usar la tabla para hacer una gráfica. Los puntos no están en una recta. Por tanto, la relación entre la cantidad de bloques de una arista y la cantidad total de bloques es una función no lineal.

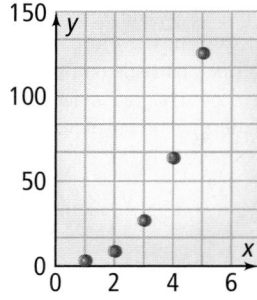

 ¿Comprendiste? **2.** En la tabla se muestra la cantidad total de ramas nuevas de cada figura del patrón que está a continuación. ¿Qué patrón puedes usar para completar la tabla? Representa la relación con palabras, una ecuación y una gráfica.

Número de figura, x	1	2	3	4	5
Cantidad de ramas nuevas, y	3	9	27	▪	▪

Una función se puede pensar como una regla que se aplica a la entrada para obtener la salida. Puedes describir una función no lineal con palabras o con una ecuación, al igual que hiciste con las funciones lineales.

 Problema 3 Escribir una regla para describir una función no lineal

Los pares ordenados $(1, 2)$, $(2, 4)$, $(3, 8)$, $(4, 16)$ y $(5, 32)$ representan una función. ¿Cuál es la regla que representa esta función?

Haz una tabla para organizar los valores de x y de y. Para cada fila, nombra las reglas que producen el valor de y dado cuando sustituyes el valor de x. Busca un patrón en los valores de y.

Piensa

¿Cómo puedes usar el razonamiento para escribir una regla?
Puedes *resolver un problema más sencillo* escribiendo una regla basada en la primera o en las primeras dos filas de la tabla. Luego, verifica si la regla funciona con las otras filas.

x	y
1	2
2	4
3	8
4	16
5	32

¿Qué regla produce 2, dado un valor de x de 1? Las reglas $y = 2x$, $y = x + 1$ y $y = 2^x$ funcionan para $(1, 2)$.

$y = x + 1$ no funciona para $(2, 4)$. $y = 2x$ funciona para $(2, 4)$, pero no para $(3, 8)$. $y = 2^x$ funciona para los tres pares.

$8 = 2 \cdot 2 \cdot 2$ y $16 = 2 \cdot 2 \cdot 2 \cdot 2$. El patrón de los valores de y coincide con 2^1, 2^2, 2^3, 2^4, 2^5 ó $y = 2^x$.

La función se puede representar con la regla $y = 2^x$.

 ¿Comprendiste? 3. ¿Cuál es una regla para la función representada por los pares ordenados $(1, 1)$, $(2, 4)$, $(3, 9)$, $(4, 16)$ y $(5, 25)$?

 ## Comprobar la comprensión de la lección

¿CÓMO hacerlo?

1. Representa con una gráfica la función representada por la siguiente tabla. ¿La función es *lineal* o *no lineal*?

x	0	1	2	3	4
y	12	13	14	15	16

2. Los pares ordenados $(0, -2)$, $(1, 1)$, $(2, 4)$, $(3, 7)$ y $(4, 10)$ representan una función. ¿Qué regla representa esta función?

3. ¿Qué regla puede representar la función que se muestra en la siguiente tabla?

x	0	1	2	3	4
y	0	−1	−4	−9	−16

A. $y = x^2$ **B.** $y = -x^3$ **C.** $y = -x^2$

¿Lo ENTIENDES?

4. **Vocabulario** ¿La gráfica representa una *función lineal* o una *función no lineal*? Explica tu respuesta.

a. 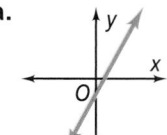   b.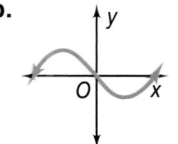

5. **Analizar errores** Un compañero de clase dice que la función que se muestra en la tabla de la derecha se puede representar con la regla $y = x + 1$. Describe y corrige el error de tu compañero.

x	y
0	1
1	2
2	5
3	10
4	17

Ejercicios de práctica y resolución de problemas

A Práctica

El costo *C*, en dólares, de los lápices es una función de la cantidad *n* de lápices que se compran. La longitud *L* de un lápiz, en pulgadas, es la función del tiempo *t*, en segundos, que se le saca punta. Representa con una gráfica la función que se muestra en cada una de las siguientes tablas. Indica si la función es *lineal* o *no lineal*.

◀ **Ver el Problema 1.**

6.

Costo de los lápices					
Cantidad de lápices, *n*	6	12	18	24	30
Costo, *C*	$1	$2	$3	$4	$5

7.

Sacar punta a los lápices					
Tiempo (s), *t*	0	3	6	9	12	15
Longitud (pulgs.), *L*	7.5	7.5	7.5	7.5	7.4	7.3

Representa con una gráfica la función que se muestra en cada tabla. Indica si la función es *lineal* o *no lineal*.

8.

x	*y*
0	5
1	5
2	5
3	5

9.

x	*y*
0	−4
1	−3
2	0
3	5

10.

x	*y*
0	0
1	1
2	−5
3	8

11.

x	*y*
0	0
1	3
2	6
3	9

12. Para el siguiente diagrama, en la tabla se da la cantidad total de triángulos pequeños, *y*, de la figura número *x*. ¿Qué patrón puedes usar para completar la tabla? Representa la relación con palabras, una ecuación y una gráfica.

◀ **Ver el Problema 2.**

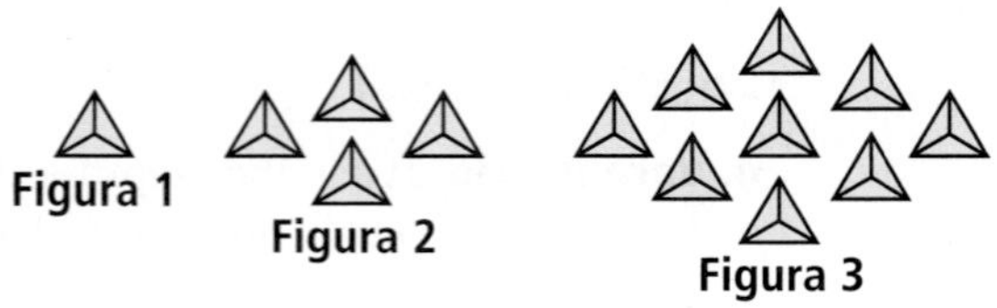

Figura 1

Figura 2

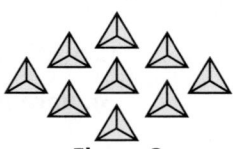

Figura 3

Número de figura, *x*	Total de triángulos pequeños, *y*	Par ordenado, (*x*, *y*)
1	3	(1, 3)
2	12	(2, 12)
3	27	(3, 27)
4	■	■
5	■	■

Cada conjunto de pares ordenados representa una función. Escribe una regla que represente la función.

◀ **Ver el Problema 3.**

13. (0, 0), (1, 4), (2, 16), (3, 36), (4, 64)

14. $\left(1, \frac{2}{3}\right), \left(2, \frac{4}{9}\right), \left(3, \frac{8}{27}\right), \left(4, \frac{16}{81}\right), \left(5, \frac{32}{243}\right)$

15. (1, 2), (2, 16), (3, 54), (4, 128), (5, 250)

16. (0, 0), (1, 0.5), (2, 2), (3, 4.5), (4, 8)

B Aplicación

17. Escribir La regla $V = \frac{4}{3}\pi r^3$ da el volumen *V* de una esfera como función de su radio *r*. Nombra las variables independientes y dependientes de la relación. Explica tu razonamiento.

18. Respuesta de desarrollo Escribe una regla para una función no lineal tal que *y* sea negativa cuando *x* = 1, positiva cuando *x* = 2, negativa cuando *x* = 3, positiva cuando *x* = 4, y así sucesivamente.

19. Pensar en un plan Los tubos para cemento se usan como moldes para las columnas cilíndricas de cemento. El volumen V de un tubo es el producto de su longitud ℓ y el área A de su base circular. Puedes hacer $\frac{2}{3}$ pies^3 de cemento por bolsa. Escribe una regla para hallar la cantidad de bolsas de cemento que se necesitan para llenar un tubo de 4 pies de largo como una función de su radio r. ¿Cuántas bolsas se necesitan para llenar un tubo con un radio de 4 pulgs.? ¿Y con un radio de 5 pulgs.? ¿Y con un radio de 6 pulgs.?

4 pies

- ¿Cuál es la regla para el volumen V de cualquier tubo?
- ¿Qué operación usas para hallar la cantidad de bolsas que se necesitan para un volumen dado?

20. Fuente Un diseñador quiere hacer una fuente circular dentro de un cuadrado de pasto como se muestra a la derecha. ¿Cuál es la regla para el área A del pasto como una función de r?

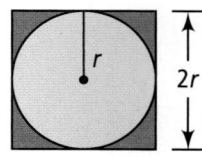

Desafío

21. Razonamiento ¿Cuál es la regla para la función representada por $\left(0, \frac{2}{19}\right), \left(1, 1\frac{2}{19}\right), \left(2, 4\frac{2}{19}\right), \left(3, 9\frac{2}{19}\right), \left(4, 16\frac{2}{19}\right)$ y $\left(5, 25\frac{2}{19}\right)$? Explica tu razonamiento.

22. Razonamiento Una función determinada corresponde con la siguiente descripción: A medida que el valor de x aumenta 1 cada vez, el valor de y disminuye constantemente en una cantidad más pequeña por vez y nunca alcanza un valor tan bajo como 1. ¿Esta función es *lineal* o *no lineal*? Explica tu razonamiento.

Preparación para el examen estandarizado

SAT/ACT

23. Los pares ordenados $(-2, 1)$, $(-1, -2)$, $(0, -3)$, $(1, -2)$ y $(2, 1)$ representan una función. ¿Qué regla puede representar la función?

   Ⓐ $y = -3x - 5$ Ⓑ $y = x^2 - 3$ Ⓒ $y = x + 3$ Ⓓ $y = x^2 + 5$

24. Haces un modelo de la biblioteca. Se muestran los planos de la biblioteca y los planos de tu modelo. ¿Cuál es el valor de x?

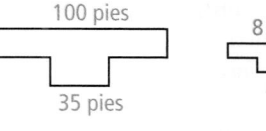
100 pies   8 pulgs.   35 pies x

   Ⓕ 1.4 pulgs.   Ⓗ 23.2 pulgs.

   Ⓖ 2.8 pulgs.   Ⓘ 437.5 pulgs.

Respuesta breve

25. Una lata de tomates de 15 oz cuesta \$.89 y una lata de 29 oz cuesta \$1.69. ¿Cuál de las latas tiene el menor costo por onza? Justifica tu respuesta.

Repaso mixto

26. Determina si la relación de la tabla es una función. Luego describe la relación con palabras, una ecuación y una gráfica.

x	0	1	2	3
y	3	5	7	9

Ver la Lección 4-2.

¡Prepárate! Antes de la Lección 4-4, haz los Ejercicios 27 a 29.

Evalúa cada expresión cuando $x = -3$, $x = 0$ y $x = 2.5$.

Ver la Lección 1-2.

27. $7x - 3$ **28.** $1 + 4x$ **29.** $-2x^2$

Prueba de mitad del capítulo

¿CÓMO hacerlo?

1. **Buffet** En la gráfica se muestra la cantidad de rebanadas de torrijas que hay en una bandeja en un buffet de desayuno a medida que pasa el tiempo. ¿Cuáles son las variables? Describe cómo se relacionan las variables en diferentes puntos de la gráfica.

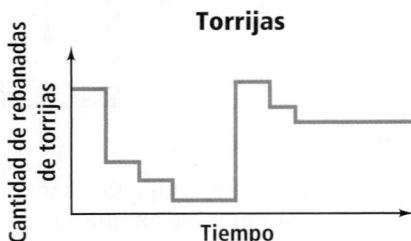

Dibuja una gráfica de la altura de cada objeto en el tiempo. Rotula cada sección.

2. **Diversión** Lanzas un disco al aire. Golpea una rama en la subida y cae en un techo. Se queda en el techo durante un minuto hasta que el viento lo hace volar hasta el suelo.

3. **Ascensor** Un ascensor se llena de personas en la planta baja. La mayoría de las personas baja en el séptimo piso y las restantes bajan en el noveno piso. Luego, dos personas suben en el décimo piso y vuelven a la planta baja sin paradas.

Para cada tabla, nombra la variable independiente y la dependiente. Luego, describe la relación con palabras, una ecuación y una gráfica.

4. **Onzas de gaseosa**

Cantidad de latas	Gaseosa (oz)
1	12
2	24
3	36
4	48

5. **Galletas para perros restantes**

Cantidad de trucos	Cantidad de galletas
1	20
2	17
3	14
4	11

Indica si la función que se muestra en cada tabla es *lineal* o *no lineal*.

6.

x	1	2	3	4
y	6	8	10	12

7.

x	0	2	4	6
y	5	5	5	5

8.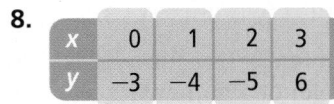

x	0	1	2	3
y	−3	−4	−5	6

¿Lo ENTIENDES?

9. **Vocabulario** ¿Cada gráfica representa una *función lineal* o una *función no lineal*? Explica tu respuesta.

a.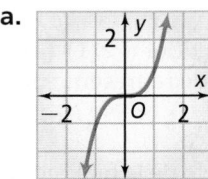

b.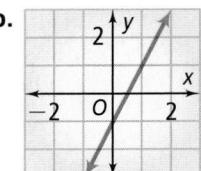

c.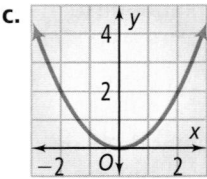

d.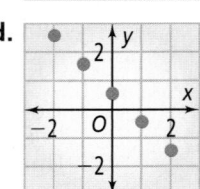

10. **Escribir** El tamaño de una colmena de abejas aumenta a medida que pasa el tiempo. Tu amigo dice que el tiempo es la variable dependiente porque el tamaño depende del tiempo. ¿Tu amigo tiene razón? Explica tu respuesta.

11. **Respuesta de desarrollo** En algunas funciones, el valor de la variable dependiente disminuye a medida que el valor de la variable independiente aumenta. ¿Cuál es un ejemplo de la vida diaria de esta situación?

Representar con una gráfica la regla de una función

Objetivo Representar con una gráfica ecuaciones que representen funciones.

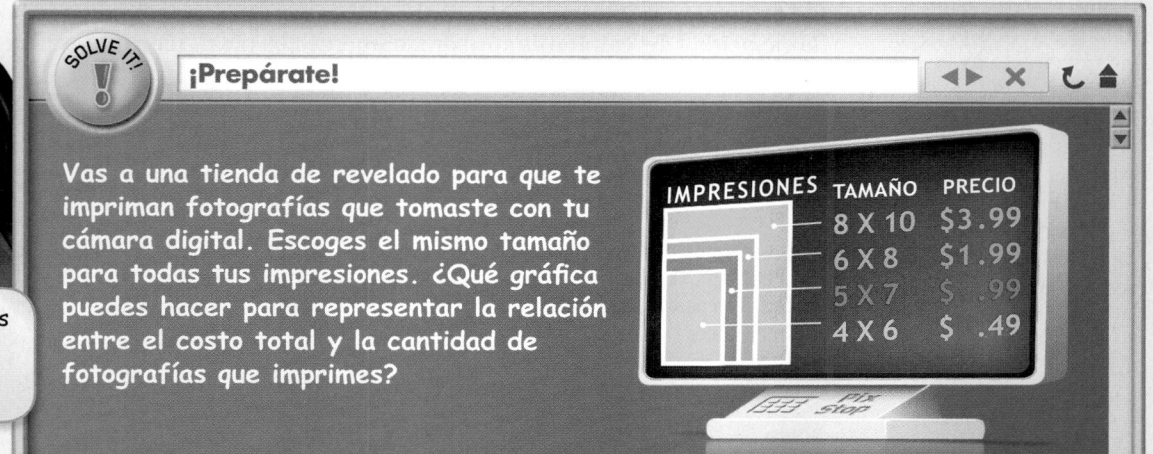

En algunas gráficas de la vida diaria, debes unir los puntos.

¡Prepárate!

Vas a una tienda de revelado para que te impriman fotografías que tomaste con tu cámara digital. Escoges el mismo tamaño para todas tus impresiones. ¿Qué gráfica puedes hacer para representar la relación entre el costo total y la cantidad de fotografías que imprimes?

IMPRESIONES	TAMAÑO	PRECIO
	8 X 10	$3.99
	6 X 8	$1.99
	5 X 7	$ .99
	4 X 6	$ .49

Vocabulario de la lección
- gráfica continua
- gráfica discreta

Puedes usar una tabla de valores como ayuda para hacer una gráfica en la actividad de *Solve It!*

Comprensión esencial El conjunto de todas las soluciones de una ecuación forma la gráfica de la ecuación. Una gráfica puede incluir soluciones que no aparecen en la tabla. Una gráfica de la vida diaria debe mostrar solamente los puntos que tengan sentido en la situación dada.

Piensa

¿Qué valores de entrada tienen sentido en este caso?
En la ecuación, se puede usar cualquier entrada x y obtener un salida y. Escoge valores enteros de x para obtener valores enteros de y, que son más fáciles de representar con una gráfica.

Problema 1 Representar con una gráfica la regla de una función

¿Cuál es la gráfica de la regla de la función $y = -2x + 1$?

Paso 1 Haz una tabla de valores.

x	$y = -2x + 1$	(x, y)
-1	$y = -2(-1) + 1 = 3$	$(-1, 3)$
0	$y = -2(0) + 1 = 1$	$(0, 1)$
1	$y = -2(1) + 1 = -1$	$(1, -1)$
2	$y = -2(2) + 1 = -3$	$(2, -3)$

Paso 2 Representa los pares ordenados con una gráfica.

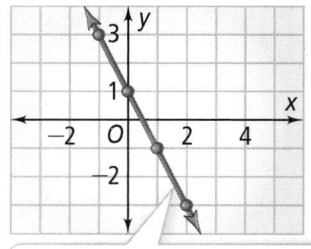

Une los puntos con una recta para representar *todas* las soluciones.

¿Comprendiste? **1.** ¿Cuál es la gráfica de la regla de la función $y = \frac{1}{2}x - 1$?

Cuando representas con una gráfica la regla de una función de la vida diaria, debes escoger intervalos apropiados para las unidades de los ejes. Todos los intervalos de un eje deben representar el mismo cambio de valor. Si todos los datos son no negativos, muestra sólo el primer cuadrante.

Problema 2 **Representar con una gráfica la regla de una función de la vida diaria**

ONLINE PROBLEMS

Transporte La regla de la función $P = 146c + 30,000$ representa el peso total, P, en libras, de un camión de mezcla de hormigón que transporta h pies cúbicos de hormigón. Si la capacidad del camión es aproximadamente 200 pies^3, ¿con qué gráfica es razonable representar la regla de la función?

Planea

¿Cómo escoges valores para una variable independiente de la vida diaria?
Busca información acerca de cuáles pueden ser los valores. En este problema, la variable independiente h está limitada por la capacidad del camión, que es 200 pies^3.

Paso 1
Haz una tabla para hallar los pares ordenados (h, P).

El camión tiene una capacidad de 0 a 200 pies^3 de hormigón. Por tanto, sólo los valores de h que van de 0 a 200 son razonables.

h	$P = 146h + 30,000$	(h, P)
0	$P = 146(0) + 30,000 = 30,000$	$(0, 30,000)$
50	$P = 146(50) + 30,000 = 37,300$	$(50, 37,300)$
100	$P = 146(100) + 30,000 = 44,600$	$(100, 44,600)$
150	$P = 146(150) + 30,000 = 51,900$	$(150, 51,900)$
200	$P = 146(200) + 30,000 = 59,200$	$(200, 59,200)$

Paso 2
Representa con una gráfica los pares ordenados que aparecen en la tabla.

P alcanza casi las 60,000 lb. Por tanto, tienen sentido los valores de P que van de 0 a 60,000, en incrementos de 10,000 en la cuadrícula.

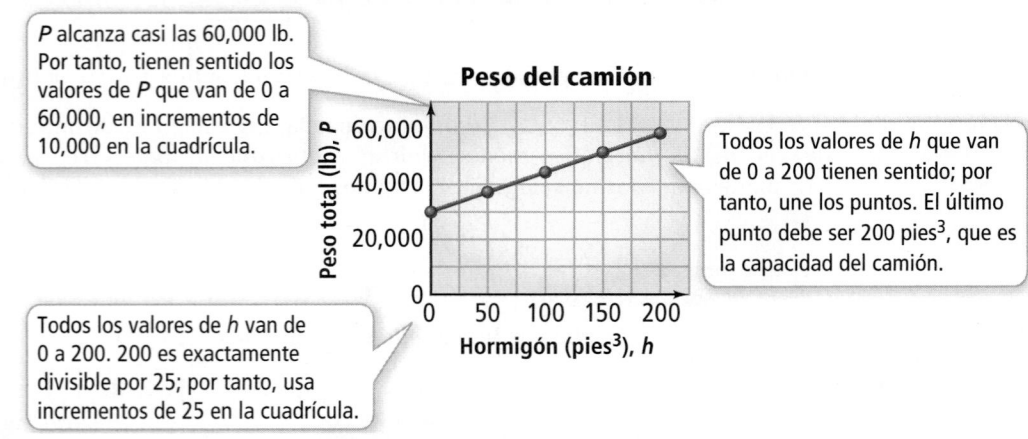

Peso del camión

Todos los valores de h que van de 0 a 200 tienen sentido; por tanto, une los puntos. El último punto debe ser 200 pies^3, que es la capacidad del camión.

Todos los valores de h van de 0 a 200. 200 es exactamente divisible por 25; por tanto, usa incrementos de 25 en la cuadrícula.

 ¿Comprendiste? **2. a.** La regla de la función $P = 8g + 700$ representa el peso total, P, en libras, de una piscina que contiene g galones de agua. ¿Qué gráfica de la regla de la función es razonable si la capacidad es 250 gals.?

b. Razonamiento ¿Cuánto pesa la piscina cuando está vacía? Explica tu respuesta.

En el Problema 2, el camión tenía capacidad para cualquier cantidad de hormigón de 0 a 200 pies^3, como por ejemplo, 27.3 pies^3 ó $105\frac{2}{3}$ pies^3. Puedes unir los puntos de la tabla porque cualquiera de los puntos que están entre ellos tiene sentido.

Algunas gráficas pueden estar compuestas de puntos precisos y aislados. Por ejemplo, en la actividad de *Solve It!*, representaste con una gráfica sólo los puntos que indican números enteros de fotografías para imprimir.

Concepto clave   Gráficas continuas y discretas

Gráfica continua
Una **gráfica continua** no tiene interrupciones.

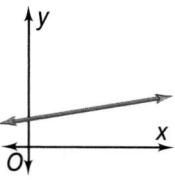

Gráfica discreta
Una **gráfica discreta** está compuesta por puntos precisos y aislados.

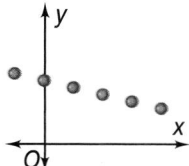

Problema 3   Identificar gráficas continuas y discretas

Mercado de agricultores Un productor local de quesos está haciendo queso Cheddar para vender en un mercado de agricultores. A continuación se muestra la cantidad de leche que usó para hacer el queso y el precio al que lo vende. Escribe una función para cada situación y represéntala con una gráfica. ¿La gráfica es *continua* o *discreta*?

Se usa 1 gal. de leche para hacer 16 oz de queso Cheddar.

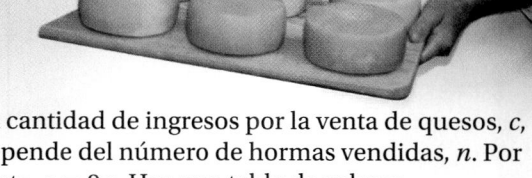

Cada horma de queso Cheddar cuesta $9.

El peso del queso en onzas, p, depende de la cantidad de galones de leche utilizados, l. Por tanto, $p = 16l$. Haz una tabla de valores.

l	0	1	2	3	4
p	0	16	32	48	64

Representa con una gráfica los pares ordenados (l, p).

La cantidad de ingresos por la venta de quesos, c, depende del número de hormas vendidas, n. Por tanto, $c = 9n$. Haz una tabla de valores.

n	0	1	2	3	4
c	0	9	18	27	36

Representa con una gráfica los pares ordenados (n, c).

Piensa

¿Cómo decides si una gráfica es continua o discreta?
Decide qué valores son razonables para la variable independiente. Por ejemplo, si 3 y 4 tienen sentido, ¿3.3 y 3.7 también lo tienen?

Peso del queso

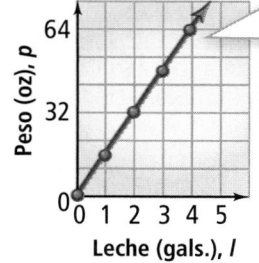

Peso (oz), p — 64, 32 — Leche (gals.), l — 0 1 2 3 4 5

Cualquier cantidad de leche tiene sentido; por tanto, une los puntos. La gráfica es continua.

Ingresos

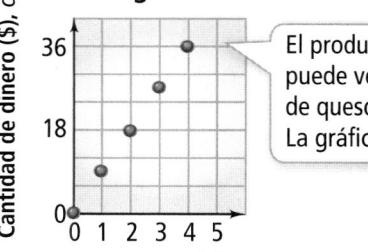

Cantidad de dinero ($), c — 36, 18 — Hormas vendidas, n — 0 1 2 3 4 5

El productor sólo puede vender hormas de queso enteras. La gráfica es discreta.

¿Comprendiste? **3.** Representa la regla de cada función con una gráfica. ¿La gráfica es *continua* o *discreta*? Justifica tu respuesta.

    a. La regla de la función $a = 3t$ indica que la cantidad de agua en galones, a, que tiene una piscina para niños depende de la cantidad de tiempo, t, en minutos, que la piscina ha estado llenándose.

    b. La regla de la función $C = 16n$ indica que el costo de boletos, C, en dólares, para partidos de béisbol depende del número de boletos comprados, n.

Las reglas de las funciones que se representaron con una gráfica en los Problemas 1 a 3 constituyen funciones lineales. También puedes representar con una gráfica reglas de funciones no lineales. Cuando la regla de una función no se relaciona con una situación de la vida diaria, debes representarla como una función continua.

 Problema 4 **Representar con una gráfica reglas de funciones no lineales**

¿Cuál es la gráfica de la regla de cada función?

Ⓐ $y = |x| - 4$

Paso 1
Haz una tabla de valores.

Paso 2
Representa con una gráfica los pares ordenados. Une los puntos.

Piensa

¿Qué valores de entrada tienen sentido para estas funciones no lineales?
Incluye el 0 y valores negativos y positivos para poder observar cómo cambian las gráficas.

x	$y = |x| - 4$	(x, y)
-4	$y = |-4| - 4 = 0$	$(-4, 0)$
-2	$y = |-2| - 4 = -2$	$(-2, -2)$
0	$y = |0| - 4 = -4$	$(0, -4)$
2	$y = |2| - 4 = -2$	$(2, -2)$
4	$y = |4| - 4 = 0$	$(4, 0)$

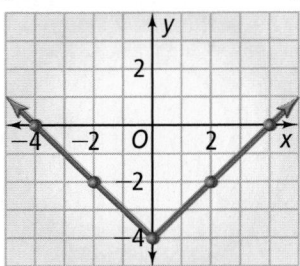

Ⓑ $y = x^2 + 1$

Paso 1
Haz una tabla de valores.

Paso 2
Representa con una gráfica los pares ordenados. Une los puntos.

x	$y = x^2 + 1$	(x, y)
-2	$y = (-2)^2 + 1 = 5$	$(-2, 5)$
-1	$y = (-1)^2 + 1 = 2$	$(-1, 2)$
0	$y = 0^2 + 1 = 1$	$(0, 1)$
1	$y = 1^2 + 1 = 2$	$(1, 2)$
2	$y = 2^2 + 1 = 5$	$(2, 5)$

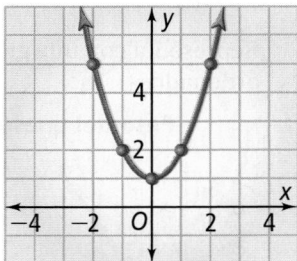

 ¿Comprendiste? **4.** ¿Cuál es la gráfica de la regla de la función $y = x^3 + 1$?

Comprobar la comprensión de la lección

¿CÓMO hacerlo?

Representa con una gráfica la regla de cada función.

1. $y = 2x + 4$

2. $y = \frac{1}{2}x - 7$

3. $y = 9 - x$

4. $y = -x^2 + 2$

5. La regla de la función $h = 18 + 1.5n$ representa la altura h, en pulgadas, de una pila de conos señalizadores.
   a. Haz una tabla para la regla de la función.
   b. Supón que la pila de conos no puede medir más de 30 pulgs. de alto. ¿Qué gráfica de la regla de la función es razonable?

¿Lo ENTIENDES?

Vocabulario Indica si cada relación debe representarse con una gráfica *continua* o *discreta*.

6. La cantidad de roscas, r, que quedan de una docena depende de la cantidad de roscas vendidas, v.

7. La cantidad de gas, g, que queda en el tanque de una parrilla a gas depende de la cantidad de tiempo que se usó la parrilla, t.

8. Analizar errores Tu amigo representa $y = x + 3$ en la gráfica de la derecha. Describe y corrige el error de tu amigo.

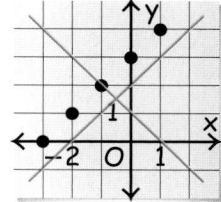

Ejercicios de práctica y resolución de problemas

 **Práctica**

Representa con una gráfica la regla de cada función.

◀ Ver el Problema 1.

9. $y = x - 3$

10. $y = 2x + 5$

11. $y = 3x - 2$

12. $y = 5 + 2x$

13. $y = 3 - x$

14. $y = -5x + 12$

15. $y = 10x$

16. $y = 4x - 5$

17. $y = 9 - 2x$

18. $y = 2x - 1$

19. $y = \frac{3}{4}x + 2$

20. $y = -\frac{1}{2}x + \frac{1}{2}$

Representa con una gráfica la regla de cada función. Explica tu elección de intervalos sobre los ejes de la gráfica. Indica si la gráfica es *continua* o *discreta*.

◀ Ver los Problemas 2 y 3.

21. Bebidas La altura, h, en pulgadas, de una botella de jugo de 20 oz depende de la cantidad de onzas de jugo, j, que bebes. Esta situación se representa con la regla de la función $h = 6 - 0.3j$.

22. Transporte El peso total, p, en libras, de un camión con remolque con capacidad para transportar 8 carros depende de la cantidad de carros, c, que lleva el remolque. Esta situación se representa con la regla de la función $p = 37,000 + 4200c$.

23. Reparto a domicilio El costo en dólares, C, del servicio de reparto de pizza depende de la cantidad de pizzas, p, que se piden. Esta situación se representa con la regla de la función $C = 5 + 9p$.

Representa con una gráfica la regla de cada función.

◀ Ver el Problema 4.

24. $y = |x| - 7$

25. $y = |x| + 2$

26. $y = 2|x|$

27. $y = x^3 - 1$

28. $y = 3x^3$

29. $y = -2x^2$

30. $y = |-2x| - 1$

31. $y = -x^3$

32. $y = |x - 3| - 1$

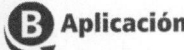 **Aplicación**

33. Analizar errores En la gráfica de la derecha se muestra la distancia en millas que corres, d, en función del tiempo en minutos, t, en una carrera de 5 millas. Tu amigo dice que la gráfica no es continua porque termina en $d = 5$; por tanto, es una gráfica discreta. ¿Estás de acuerdo? Explica tu respuesta.

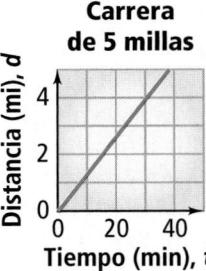

Carrera de 5 millas

34. Escribir ¿Está el punto $(2, 2\frac{1}{2})$ en la gráfica de $y = x + 2$? ¿Cómo lo sabes?

35. Geometría El área A de un triángulo rectángulo isósceles depende de la longitud ℓ de cada cateto. Esto se representa con la regla $A = \frac{1}{2}\ell^2$. Representa la regla de la función con una gráfica. ¿La gráfica es *continua* o *discreta*? ¿Cómo lo sabes?

36. ¿Qué regla de la función se representa en la siguiente gráfica?

A $y = -\frac{1}{2}x + 1$

B $y = \frac{1}{2}x - 1$

C $y = \left|\frac{1}{2}x\right| - 1$

D $y = \frac{1}{2}x + 1$

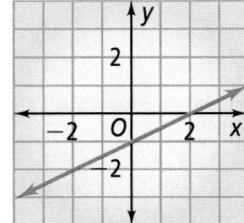

37. Artículos deportivos La cantidad de dinero que gasta una entrenadora de básquetbol en una tienda de artículos deportivos depende de la cantidad de pelotas que compra. Esta situación se representa con la regla de la función $d = 15p$.

a. Haz una tabla de valores y representa la regla de la función con una gráfica. ¿La gráfica es *continua* o *discreta*? Explica tu respuesta.

b. Supón que la entrenadora gastó $120, sin incluir los impuestos. ¿Cuántas pelotas compró?

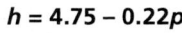

$h = 4.75 - 0.22p$

38. Pensar en un plan La altura, h, en pulgadas, del vinagre que contienen los frascos de pepinillos de la derecha depende de la cantidad de pepinillos, p, que comes. ¿Cuántos pepinillos debes comer aproximadamente para que el nivel del vinagre del frasco de la izquierda disminuya hasta el nivel del frasco de la derecha? Halla la respuesta con una gráfica.

• ¿Cuál debe ser el valor máximo de p en el eje horizontal?

• ¿Qué valores de p son razonables en esta situación?

4 pulgs.

39. Objetos que caen La altura, h, en pies, de una bellota que cae de una rama que está a 100 pies del suelo depende del tiempo en segundos, t, que pasó desde que cayó. Esto se representa con la regla $h = 100 - 16t^2$. ¿Aproximadamente cuánto tarda la bellota en llegar al suelo? Usa una gráfica y da una respuesta que esté entre dos valores de números enteros consecutivos para t.

258 Capítulo 4 Introducción a las funciones

Desafío

40. Razonamiento Representa con una gráfica la regla de las siguientes funciones en el mismo plano de coordenadas.

$$y = |x| + 1 \qquad y = |x| + 4 \qquad y = |x| - 3$$

En la regla de la función $y = |x| + k$, ¿cómo afecta a la gráfica un cambio en el valor de k?

41. Razonamiento Haz una tabla de valores y una gráfica para las reglas de las funciones $y = 2x$ y $y = 2x^2$. ¿Cómo cambia el valor de y cuando duplicas el valor de x en cada regla de la función?

Preparación para el examen estandarizado

RESPUESTA EN PLANTILLA

SAT/ACT

42. La cuenta de un plomero, c, incluye $125 de materiales y $50 la hora por t horas de trabajo. Esta situación se puede representar con la regla de la función $c = 50t + 125$. Supón que el plomero trabaja $3\frac{1}{4}$ horas. ¿Cuál es el total de la cuenta?

43. En una carrera de carros, se regalarán gorras a no más de $\frac{1}{10}$ de las personas que asistan. Si pueden asistir 3510 personas como máximo, ¿cuál es el mayor número de gorras que se pueden regalar?

44. ¿Cuál es la solución de $\frac{12}{b} = \frac{36}{51}$?

45. ¿Cuál es la solución de $2(x - 5) = 2 - x$?

Repaso mixto

Indica si la función que se muestra en cada tabla es *lineal* o *no lineal*. ◀ **Ver la Lección 4-3.**

46.

x	0	1	2	3	4
y	0	−1	−1	−3	−2

47.

x	0	1	2	3	4
y	−7	−6	−5	−4	−3

Resuelve cada ecuación. Si no tiene solución, escribe *sin solución*. ◀ **Ver la Lección 3-7.**

48. $|x - 5| = 7$ **49.** $|x + 3| = 4$ **50.** $6 = |a - 7|$

51. $20 = |n + 11|$ **52.** $-3|4q| = 10$ **53.** $-2|5y| = -40$

54. $8|z - 1| = 24$ **55.** $|b + 2| + 5 = 1$ **56.** $3|t + 1| + 1 = 7$

¡Prepárate! Antes de la Lección 4-5, haz los Ejercicios 57 y 58.

Define una variable y escribe una ecuación para cada situación. Luego, resuelve el problema. ◀ **Ver la Lección 2-2.**

57. Ir de compras Tienes $14. Los conos de helado cuestan $4, y la heladería ofrece un descuento de $2 en el precio del primer cono. ¿Cuántos conos de helado puedes comprar?

58. Jardinería Pides 5 yd de mantillo y pagas $35 por la entrega. El costo total con la entrega incluida es $200. ¿Cuánto cuesta cada yarda de mantillo?

Representar funciones con una gráfica y resolver ecuaciones

Has aprendido a representar con una gráfica la regla de una función a partir de una tabla de valores. También puedes representar la regla de una función con una calculadora gráfica.

Ejemplo 1

Representa con una gráfica $y = \frac{1}{2}x - 4$ usando una calculadora gráfica.

Paso 1 Presiona la tecla (**y=**). A la derecha de $Y_1 =$, ingresa $\frac{1}{2}x - 4$ presionando (**(** 1 **÷** 2 **)** **x,t,θ,n** **−** 4.

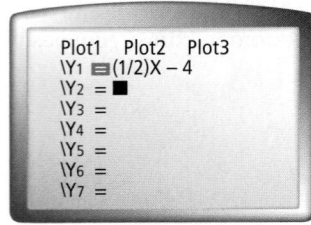

Paso 2 La pantalla de la calculadora gráfica es una "ventana" que te permite ver sólo una parte de la gráfica. Presiona la tecla (**window**) para establecer los bordes de la gráfica. Una buena ventana para ver esta regla de la función es la ventana estándar: $-10 \leq x \leq 10$ y $-10 \leq y \leq 10$.

Para que los ejes muestren 1 unidad entre las marcas, puedes configurar 1 para **Xscl** y **Yscl**, como se muestra a continuación.

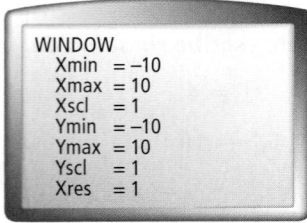

Paso 3 Presiona la tecla (**graph**). A continuación, se muestra la gráfica de la regla de la función.

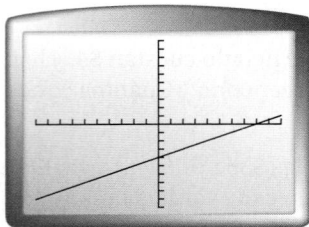

En el Capítulo 2, aprendiste cómo resolver ecuaciones en una variable. También puedes resolver ecuaciones usando una calculadora gráfica para representar cada lado de la ecuación como la regla de una función. La coordenada x del punto donde se intersecan las gráficas es la solución de la ecuación.

Ejemplo 2

Resuelve $7 = -\frac{3}{4}k + 3$ con una calculadora gráfica.

Paso 1 Presiona (y=). Borra las ecuaciones. Luego, ingresa cada lado de la ecuación dada. Para $\mathbf{Y_1}$ =, ingresa 7. Para $\mathbf{Y_2}$ =, ingresa $-\frac{3}{4}x + 3$ presionando (((-) 3 ÷ 4) (x,t,θ,n) + 3. Observa que debes reemplazar la variable k por x.

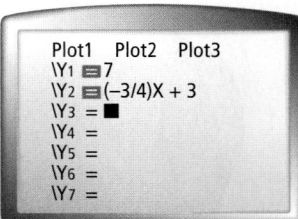

Paso 2 Representa con una gráfica las reglas de la función. Presiona (zoom) 6 para usar una ventana de gráfica estándar. Esto da una ventana definida por $-10 \le x \le 10$ y $-10 \le y \le 10$.

Paso 3 Usa la función **CALC**. Selecciona **INTERSECT** y presiona 3 veces la tecla (enter) para hallar el punto donde se intersecan las gráficas.

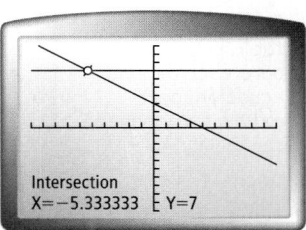

El valor de la calculadora para la coordenada x del punto de intersección es -5.333333. La verdadera coordenada x es $-5\frac{1}{3}$.

La solución de la ecuación $7 = -\frac{3}{4}k + 3$ es $-5\frac{1}{3}$.

Ejercicios

Representa la regla de cada función con una calculadora gráfica.

1. $y = 6x + 3$

2. $y = -3x + 8$

3. $y = 0.2x - 7$

4. $y = -1.8x - 6$

5. $y = -\frac{1}{3}x + 5$

6. $y = \frac{8}{3}x - 5$

7. Respuesta de desarrollo Representa $y = -0.4x + 8$ con una gráfica. Con la pantalla de (window), prueba con distintos valores para **Xmin**, **Xmax**, **Ymin** y **Ymax** hasta que veas que la gráfica cruza ambos ejes. ¿Qué valores usaste para **Xmin**, **Xmax**, **Ymin** y **Ymax**?

8. Razonamiento ¿Cómo puedes representar la ecuación $2x + 3y = 6$ en una calculadora gráfica?

Usa una calculadora gráfica para resolver cada ecuación.

9. $8a - 12 = 6$

10. $-4 = -3t + 2$

11. $-5 = -0.5x - 2$

12. $4 + \frac{3}{2}n = -7$

13. $\frac{5}{4}d - \frac{1}{2} = 6$

14. $-3y - 1 = 3.5$

4-5 Escribir la regla de una función

Objetivo Escribir ecuaciones para representar funciones.

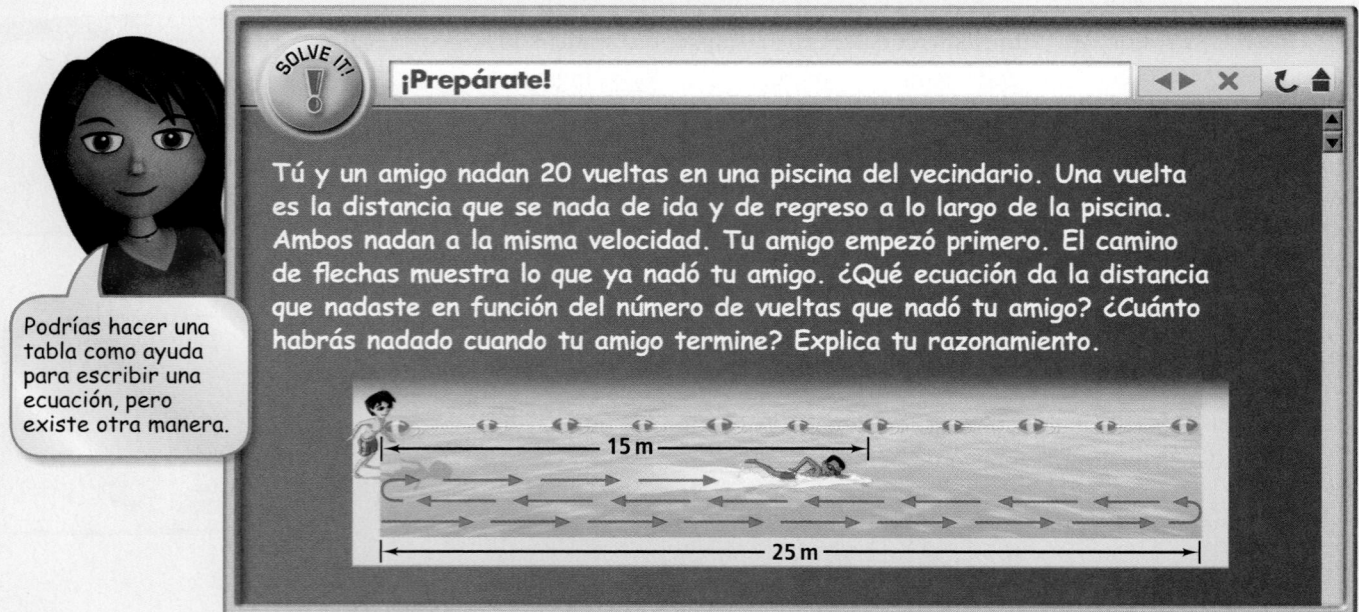

¡Prepárate! ◄► ✕ ↻ ⌂

Tú y un amigo nadan 20 vueltas en una piscina del vecindario. Una vuelta es la distancia que se nada de ida y de regreso a lo largo de la piscina. Ambos nadan a la misma velocidad. Tu amigo empezó primero. El camino de flechas muestra lo que ya nadó tu amigo. ¿Qué ecuación da la distancia que nadaste en función del número de vueltas que nadó tu amigo? ¿Cuánto habrás nadado cuando tu amigo termine? Explica tu razonamiento.

Podrías hacer una tabla como ayuda para escribir una ecuación, pero existe otra manera.

15 m

25 m

En la actividad de *Solve It!* puedes ver cómo el valor de una variable depende de otra. Cuando ves un patrón en una relación, puedes escribir una regla.

Comprensión esencial Muchas relaciones funcionales de la vida diaria pueden representarse con ecuaciones. Puedes usar una ecuación para hallar la solución de un problema dado de la vida diaria.

Piensa

¿Cómo te ayuda un modelo a visualizar una situación de la vida diaria?
Usa un modelo como el que se muestra abajo para representar la relación que se describe.

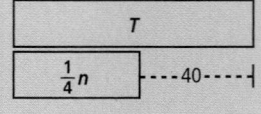

T

$\frac{1}{4}n$ ----40----

Problema 1 Escribir la regla de una función

Insectos Puedes estimar la temperatura contando el número de chirridos del grillo del árbol nevado. La temperatura exterior es cerca de 40 °F mayor que un cuarto del número de chirridos que emite el grillo en un minuto. ¿Qué regla de la función representa esta situación?

Relacionar   temperatura   es   40 °F   mayor que $\frac{1}{4}$ de   el número de chirridos en 1 min

Definir   Sea T = la temperatura. Sea n = el número de chirridos en 1 min.

Escribir T =   40   + $\frac{1}{4}$ · n

Una regla de la función que representa esta situación es $T = 40 + \frac{1}{4}n$.

¿Comprendiste? **1.** Un basurero contiene 50,000 toneladas de desechos. Acumula un promedio de 420 toneladas adicionales de desechos por mes. ¿Qué regla de una función representa la cantidad total de desechos después de m meses?

Problema 2 Escribir y evaluar la regla de una función

Ingresos de un concierto A continuación se muestra el plano de las butacas de un concierto. Las butacas reservadas están agotadas. El total de ingresos por ventas dependerá del número de boletos que se vendan para la platea general. Escribe la regla de una función para representar esta situación. ¿Cuál es el máximo total de ingresos posible?

Platea general: $10.00
30 filas, 16 butacas por fila

Butacas reservadas: $25.00
10 filas, 12 butacas por fila

ESCENARIO

Planea

¿Cómo te ayuda un modelo a escribir una ecuación?
Un modelo como el siguiente te puede ayudar a escribir una expresión para los ingresos por la venta de boletos para butacas de platea general.

|← Platea general →|
10 ------------------
            n boletos

Para obtener los ingresos totales, suma los ingresos por la venta de boletos para butacas reservadas.

Relacionar total de ingresos   se compone de   ingresos por platea general   más   ingresos por butacas reservadas

precio por boleto   ·   número de boletos vendidos

Definir Sea I = el total de ingresos.

Sea n = el número de boletos vendidos para platea general.

Escribir I = 10 · n + $(25 \cdot 10 \cdot 12)$

$$I = 10n + 3000$$

La regla de la función $I = 10n + 3000$ representa esta situación. Hay $30 \cdot 16 = 480$ boletos para butacas de platea general. Sustituye n por 480 para hallar los máximos ingresos posibles.

$$I = 10(480) + 3000 = 7800$$

El máximo total de ingresos posibles por la venta de boletos es $7800.

 ¿Comprendiste? **2. a.** Una residencia para perros cobra $15 por día de alojamiento. Cuando los perros llegan a la residencia, deben pasar por un baño antipulgas que cuesta $12. Escribe la regla de una función para representar el costo total de n días de alojamiento más un baño. ¿Cuánto cuesta una estadía por 10 días?
   b. **Razonamiento** ¿La estadía por 5 días cuesta la mitad de lo que cuesta la estadía por 10 días? Explica tu respuesta.

PowerAlgebra.com   **Lección 4-5** Escribir la regla de una función   **263**

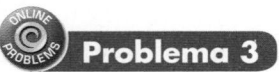

Problema 3 Escribir la regla de una función no lineal

Geometría Escribe la regla de una función para el área de un rectángulo que mide 5 pies más de largo que de ancho. ¿Cuál es el área del rectángulo si su ancho mide 9 pies?

Piensa

¿Cómo te ayuda *hacer un diagrama* a escribir una regla?
Un diagrama representa la información de un problema en forma visual. Te ayuda a comprender más claramente la relación entre las variables.

Paso 1 Primero, debes representar la relación general. El área A de un rectángulo es el producto de su longitud, ℓ, y su ancho, a.

a | A | ℓ

$A = \ell \cdot a$

Paso 2 Corrige el modelo para mostrar que la longitud mide 5 pies más que el ancho.

a | A | $a + 5$

La longitud es 5 pies mayor que el ancho. Puedes sustituir ℓ por $a + 5$.

Paso 3 Usa el diagrama del Paso 2 para escribir la regla de la función. La regla de la función $A = (a + 5)a$, ó $A = a^2 + 5a$, representa el área del rectángulo. Cuando el ancho mide 9 pies, sustituye la a por 9 para hallar el área.

$$A = 9^2 + 5(9)$$
$$= 81 + 45$$
$$= 126$$

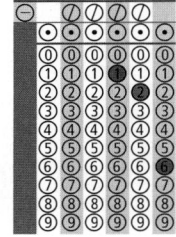

Cuando el ancho mide 9 pies, el área del rectángulo es 126 pies^2.

 ¿Comprendiste? **3. a.** Escribe la regla de una función para el área de un triángulo con 4 pulgs. más de altura que el doble de la longitud de la base. ¿Cuál es el área del triángulo si la longitud de su base mide 16 pulgs.?

b. Razonamiento Representa con una gráfica la regla de la función del Problema 3. ¿Cómo sabes que la regla es no lineal?

 Comprobar la comprensión de la lección

¿CÓMO hacerlo?

Escribe una regla de la función para representar cada situación.

1. el costo total, C, por l libras de cobre si cada libra cuesta $ 3.57

2. la altura en pies, p, de un objeto cuya altura, h, está en pulgadas

3. la cantidad y de dinero que recibe tu amiga como mesada si recibe $2 más que la cantidad x que tú recibes

4. el volumen V de una caja en forma de cubo cuyas aristas miden 1 pulg. más de longitud que el diámetro d de la pelota que se guardará en la caja

¿Lo ENTIENDES?

5. Vocabulario Supón que escribes una ecuación donde a es una función de b. ¿Cuál es la variable dependiente y cuál la variable independiente?

6. Analizar errores Un trabajador cavó 3 hoyos para colocar los postes de una cerca. Tardará 15 min en cavar cada hoyo adicional. Tu amigo escribe la regla $t = 15n + 3$ por el tiempo t, en minutos, que se requiere para cavar n hoyos adicionales. Describe y corrige el error de tu amigo.

7. Razonamiento ¿La gráfica de la regla de una función que relaciona el área de un cuadrado con su longitud de lado es *continua* o *discreta*? Explica tu respuesta.

Ejercicios de práctica y resolución de problemas

Ver el Problema 1.

A Práctica   **Escribe la regla de una función para representar cada enunciado.**

8. y es 5 menos que el producto de 4 y x.

9. C es 8 más que la mitad de n.

10. 7 menos que tres quintos de b es a.

11. 2.5 más que el cociente de h y 3 es w.

Escribe la regla de una función para representar cada situación.

12. Salarios Los ingresos de un trabajador, i, dependen del número de horas, n, trabajadas a una tasa de $8.75 por hora.

13. Pizza El precio de una pizza, p, es $6.95 más $.95 por cada sabor, s, que se le agrega.

La carretilla transporta n ladrillos de 4 lb cada uno.

14. Pesos totales El peso total, P, en libras, de una carretilla que pesa 42 lb es la suma de su propio peso y el peso de los ladrillos que transporta, como muestra el dibujo de la derecha.

15. Hornear El extracto de almendras, a, que queda en una botella de 8 oz se reduce en $\frac{1}{6}$ de oz por cada tanda, t, de galletas que se hornea.

Ver el Problema 2.

16. Aviación Un helicóptero se mantiene inmóvil en el aire a 40 pies del suelo. Luego, asciende a una velocidad de 21 pies/s. Escribe una regla que represente la altura, h, del helicóptero respecto del suelo en función del tiempo, t. ¿Qué altura alcanza el helicóptero después de 45 s?

17. Buceo Un equipo de buceadores se reúne a una profundidad de -10 pies respecto de la superficie del agua. Luego, el equipo se sumerge a una velocidad de -50 pies/min. Escribe una regla que represente la profundidad, p, que alcanza el equipo en función del tiempo, t. ¿Qué profundidad alcanza después de 3 min?

18. Publicaciones Se está preparando un libro nuevo que tendrá una introducción de 24 páginas. Además, tendrá c capítulos de 12 páginas y 48 páginas más al final. Escribe una regla que represente el número total de páginas, p, del libro en función del número de capítulos. Supón que el libro tiene 25 capítulos. ¿Cuántas páginas tendrá?

19. Escribe la regla de una función para representar el área de un triángulo cuya base es 3 cm mayor que 5 veces su altura. ¿Cuál es el área del triángulo cuando su altura es 6 cm?

Ver el Problema 3.

20. Escribe la regla de una función para representar el volumen del cilindro que se muestra a la derecha, cuya altura es 3 pulgs. mayor que 4 veces el radio de su base. ¿Cuál es el volumen del cilindro cuando su radio es 2 pulgs.?

21. Escribe la regla de una función para representar el área de un rectángulo con una longitud 2 pies menor que tres veces su ancho. ¿Cuál es el área del rectángulo cuando su ancho es 2 pies?

B Aplicación   **22. Respuesta de desarrollo** Escribe la regla de una función que represente una situación de la vida diaria. Evalúa tu función con un valor de entrada y explica qué representa la salida.

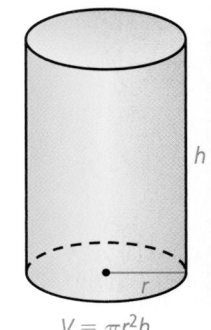
$V = \pi r^2 h$

23. Escribir ¿Cuál es la ventaja o las ventajas de tener una regla en lugar de una tabla de valores para representar una función?

24. Historia de las matemáticas La razón áurea ha sido estudiada y usada por matemáticos y artistas durante más de 2000 años. El rectángulo áureo, construido con la razón áurea, tiene una longitud que mide aproximadamente 1.6 veces la medida del ancho. Escribe una regla para representar el área de un rectángulo áureo en función de su ancho.

25. Ballenas Desde una profundidad de 3.5 m por debajo de la superficie del agua, una ballena nariz de botella se sumerge a una velocidad de 1.8 m/s. Escribe una regla que represente la profundidad, p, de la ballena en función del tiempo en minutos. ¿Qué profundidad alcanza después de 4 min?

26. Pensar en un plan La altura, h, en pulgadas, del jugo que hay en la jarra de la derecha depende de la cantidad de jugo, j, en onzas que se sirve. Escribe la regla de una función que represente esta situación. ¿Cuál es la altura del jugo después de servir 47 oz?

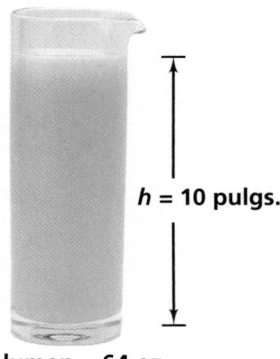

h = 10 pulgs.

volumen = 64 oz

- ¿Cuál es la altura del jugo si se sirve la mitad del contenido de la jarra?
- ¿Qué fracción del jugo servirías para que la altura se reduzca en 1 pulg.?

27. Propinas Vas a cenar y decides dejarle una propina del 15% a la camarera. Al entrar al restaurante tenías $55.
 a. Dibuja una tabla que muestre cuánto dinero te quedaría después de pedir una comida de $15, $21, $24 ó $30.
 b. Escribe la regla de una función que represente la cantidad de dinero, d, que te quedaría si la comida costara c dólares sin incluir la propina.
 c. Representa con una gráfica la regla de la función.

28. Alquiler de carros Una agencia de alquiler de carros cobra $29 diarios para alquilar un carro y $13.95 diarios por el sistema de posicionamiento global, o GPS. Además, cobra $3.80 el galón de gasolina para entregar el tanque lleno a sus clientes.
 a. Un carro tiene un tanque de 12 galones y un GPS. Escribe una regla que represente el total de la cuenta, c, en función del número de días, d, que se alquila el carro.
 b. ¿Cuánto cuesta alquilar ese carro por 9 días?

29. Proyectores Antes de colocar tu nuevo proyector en la pared, consultas el manual de instrucciones. El manual dice que debes multiplicar el ancho de imagen deseado por 1.8 para hallar la distancia correcta entre la lente del proyector y la pared.
 a. Escribe una regla para describir la distancia entre la lente y la pared en función del ancho de imagen deseado.
 b. El diagrama muestra la sala donde se instalará el proyector. ¿Podrás proyectar una imagen de 7 pies de ancho? Explica tu respuesta.
 c. ¿Cuál es el ancho de imagen máximo que puedes proyectar en la sala?

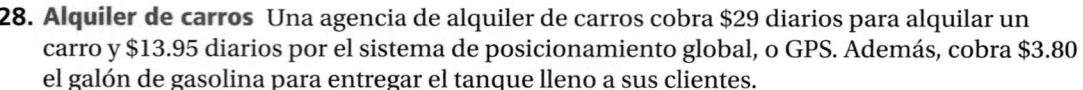

12 pies   ? pies

30. Razonamiento Escribe una regla como ejemplo de una función no lineal que se ajuste a la siguiente descripción:

Cuando d es igual a 4, r es igual a 9 y r es una función de d.

C Desafío

Haz una tabla y una gráfica de cada conjunto de pares ordenados (x, y). Luego, escribe la regla de una función para representar la relación entre x y y.

31. $(-4, 7), (-3, 6), (-2, 5), (-1, 4), (0, 3), (1, 2), (2, 1), (3, 0), (4, -1)$

32. $(-4, 15), (-3, 8), (-2, 3), (-1, 0), (0, -1), (1, 0), (2, 3), (3, 8), (4, 15)$

Preparación para el examen estandarizado

SAT/ACT

33. Compras x libras de cerezas por \$2.99 la libra. ¿Cuál es la regla de la función que representa el cambio, C, que recibes si pagas con un billete de \$50?

(A) $C = 2.99x - 50$ (C) $C = 50x - 2.99$

(B) $C = 50 - 2.99x$ (D) $C = 2.99 - 50x$

34. ¿Cuál es la solución de $-5 < h + 2 < 11$?

(F) $-3 < h < 11$ (G) $-7 < h < 9$ (H) $-7 > h > 9$ (I) $h < -7$ ó $h > 9$

35. ¿Qué ecuación obtienes cuando resuelves $-ax + by^2 = c$ para hallar b?

(A) $b = \dfrac{c - ax}{y^2}$ (B) $b = y^2(c + ax)$ (C) $b = \dfrac{c + ax}{y^2}$ (D) $b = \dfrac{c}{y^2} + ax$

Respuesta desarrollada

36. La dosis, D, recomendada de un remedio, en miligramos, depende de la masa corporal, m, de una persona, en kilogramos. La regla de la función $D = 0.1\,m^2 + 5m$ representa esta relación.

   a. ¿Cuál es la dosis recomendada para una persona cuya masa es 60 kg? Muestra tu trabajo.

   b. Una libra equivale a aproximadamente 0.45 kg. Explica la manera de encontrar la dosis recomendada para una persona de 200 libras. ¿Cuál es la dosis?

Repaso mixto

Representa con una gráfica las reglas de las funciones.   ◀ **Ver la Lección 4-4.**

37. $y = 9 - x$ **38.** $y = 4 + 3x$ **39.** $y = x + 1.5$

40. $y = 4x - 1$ **41.** $y = 6x$ **42.** $y = 12 - 3x$

Convierte la cantidad dada a la unidad dada.   ◀ **Ver la Lección 2-6.**

43. 8.25 lb; onzas   **44.** 450 cm; metros   **45.** 17 yd; pies

46. 90 s; minutos   **47.** 216 h; días   **48.** 9.5 km; metros

¡Prepárate!   **Antes de la Lección 4-6, haz los Ejercicios 49 a 56.**

Resuelve las siguientes multiplicaciones. Simplifica si es necesario.   ◀ **Ver la Lección 1-6.**

49. $-4(9)$ **50.** $-3(-7)$ **51.** $-7.2(-15.5)$ **52.** $-6(1.5)$

53. $-4\left(-\dfrac{7}{2}\right)$ **54.** $-\dfrac{4}{9}\left(-\dfrac{9}{4}\right)$ **55.** $\dfrac{25}{9}\left(\dfrac{3}{5}\right)$ **56.** $\dfrac{7}{10}\left(\dfrac{15}{8}\right)$

4-6 Formalizar relaciones y funciones

Objetivos Determinar si una relación es una función.
Hallar el dominio y el rango y usar la notación de una función.

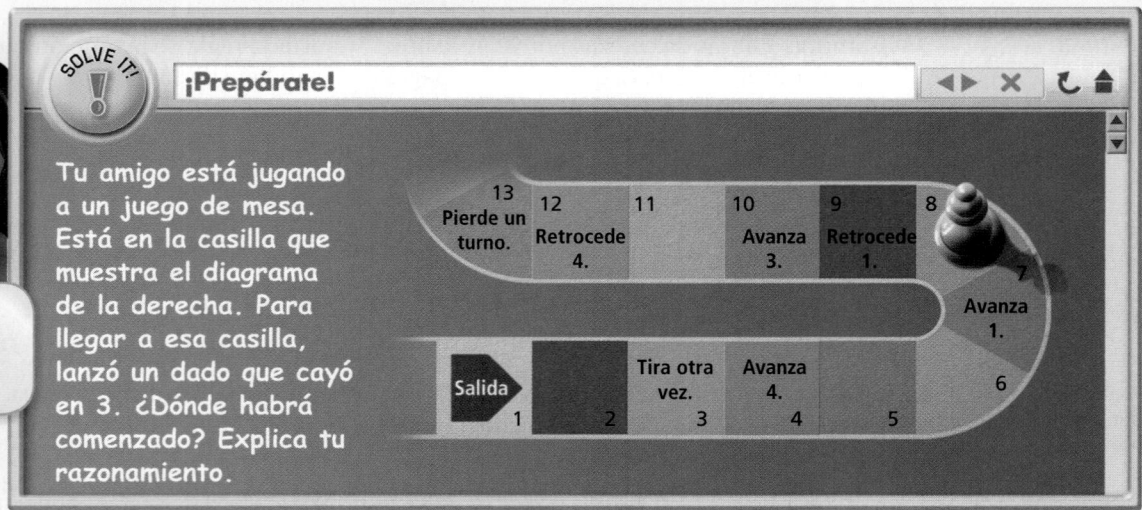

SOLVE IT!

¡Prepárate!

Tu amigo está jugando a un juego de mesa. Está en la casilla que muestra el diagrama de la derecha. Para llegar a esa casilla, lanzó un dado que cayó en 3. ¿Dónde habrá comenzado? Explica tu razonamiento.

El lugar al que llegas se relaciona con el lugar donde comienzas.

Actividades dinámicas
Explorador de funciones

Vocabulario de la lección
• relación
• dominio
• rango
• prueba de recta vertical
• notación de función

Una **relación** es el emparejamiento de números de un conjunto, llamado **dominio**, con números de otro conjunto, llamado **rango**. Una relación se representa comúnmente como un conjunto de pares ordenados (x, y). En este caso, el dominio es el conjunto de valores de x y el rango es el conjunto de valores de y.

Comprensión esencial Una función es una clase especial de relación en la que cada valor del domino corresponde a exactamente un valor del rango.

Piensa

¿Cuándo una relación *no* es una función?
En una función, cada valor del dominio corresponde a exactamente un valor del rango. Por tanto, una relación en la que cada valor del dominio corresponde a más de un valor del rango no puede ser una función.

Problema 1 Identificar funciones mediante diagramas de correspondencia

Identifica el dominio y el rango de cada relación. Representa la relación con un diagrama de correspondencia. ¿La relación es una función?

A {(−2, 0.5), (0, 2.5), (4, 6.5), (5, 2.5)}
El domino es {−2, 0, 4, 5}.
El rango es {0.5, 2.5, 6.5}.

Dominio	Rango
−2	0.5
0	2.5
4	6.5
5	

Cada valor del dominio corresponde a un solo valor del rango. La relación es una función.

B {(6, 5), (4, 3), (6, 4), (5, 8)}
El domino es {4, 5, 6}.
El rango es {3, 4, 5, 8}.

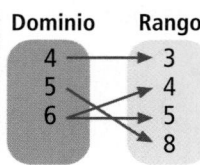

Dominio	Rango
4	3
5	4
6	5
	8

El valor 6 del dominio corresponde a dos valores del rango. La relación no es un función.

¿Comprendiste? **1.** Identifica el dominio y el rango de cada relación. Representa la relación con un diagrama de correspondencia. ¿La relación es una función?

   a. $\{(4.2, 1.5), (5, 2.2), (7, 4.8), (4.2, 0)\}$

   b. $\{(-1, 1), (-2, 2), (4, -4), (7, -7)\}$

Otra manera de determinar si una relación es una función es analizar la gráfica de la relación mediante la **prueba de recta vertical**. Si cualquier recta vertical cruza más de un punto de la gráfica, entonces hay más de un valor del rango para algunos valores del dominio. Por tanto, la relación no es una función.

 Problema 2 **Identificar funciones mediante la prueba de recta vertical**

¿La relación es una función? Usa la prueba de recta vertical.

Ⓐ $\{(-4, 2), (-3, 1), (0, -2), (-4, -1), (1, 2)\}$ Ⓑ $y = -x^2 + 3$

Piensa

Usa un lápiz como recta vertical. Colócalo en forma paralela al eje de las *y* y deslízalo sobre la gráfica. Observa si el lápiz interseca más de un punto en algún momento.

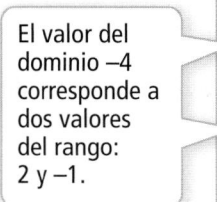 El valor del dominio −4 corresponde a dos valores del rango: 2 y −1.

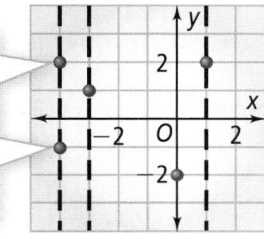

No hay ninguna recta vertical que pase por más de un punto de la gráfica.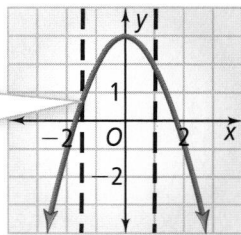

La relación no es una función.

La relación es una función.

 ¿Comprendiste? **2.** ¿La relación es una función? Usa la prueba de recta vertical.

   a. $\{(4, 2), (1, 2), (0, 1), (-2, 2), (3, 3)\}$

   b. $\{(0, 2), (1, -1), (-1, 4), (0, -3), (2, 1)\}$

Has aprendido que las funciones se pueden representar como ecuaciones con *x* y *y*, tales como $y = -3x + 1$. A continuación se muestra la misma ecuación, pero escrita en **notación de función**.

$$f(x) = -3x + 1$$

Observa que $f(x)$ reemplaza a *y*. Se lee "*f* de *x*". La letra *f* es el nombre de la función, no una variable. La notación de función se usa para resaltar que el valor de la función $f(x)$ depende de la variable independiente *x*. En lugar de la *f*, también se pueden usar otras letras, como la *g* y la *h*.

 Problema 3 **Evaluar una función**

Piensa

¿En qué se parece esta función a otras que has visto anteriormente?
La función $p(x) = 250x$ se puede escribir como $y = 250x$. Recuerda que $p(x)$ no es la multiplicación de *p* por *x*.

Leer La función $p(x) = 250x$ representa el número de palabras $p(x)$ que puedes leer en *x* minutos. ¿Cuántas palabras puedes leer en 8 min?

$p(x) = 250x$

$p(8) = 250(8)$ Sustituye la *x* por 8.

$p(8) = 2000$ Simplifica.

Puedes leer 2000 palabras en 8 min.

¿Comprendiste? 3. Usa la función del Problema 3. ¿Cuántas palabras puedes leer en 6 min?

 Problema 4 **Hallar el rango de una función**

Piensa

¿De qué otra manera se pueden pensar el dominio y el rango?
El dominio es el conjunto de valores de entrada de la función. El rango es el conjunto de valores de salida.

Opción múltiple El dominio de $f(x) = -1.5\,x + 4$ es $\{1, 2, 3, 4\}$. ¿Cuál es el rango?

Ⓐ $\{-2, -0.5, 1, 2.5\}$

Ⓑ $\{-2.5, -1, 0.5, 2\}$

Ⓒ $\{-2.5, -1, -0.5, 2\}$

Ⓓ $\{-2.5, -0.5, 1, 2\}$

Paso 1 Haz una tabla. Anota los valores del dominio como valores de x.

x	$-1.5x + 4$	$f(x)$
1	$-1.5(1) + 4$	2.5
2	$-1.5(2) + 4$	1
3	$-1.5(3) + 4$	-0.5
4	$-1.5(4) + 4$	-2

Paso 2 Evalúa $f(x)$ para cada valor del dominio. Los valores de $f(x)$ forman el rango.

El rango es $\{-2, -0.5, 1, 2.5\}$. La respuesta correcta es la A.

 ¿Comprendiste? 4. El dominio de $f(x) = 4x - 12$ es $\{1, 3, 5, 7\}$. ¿Cuál es el rango?

 Problema 5 **Identificar un dominio y un rango razonables**

Pintura Tienes 3 cuartos de galón de pintura para pintar los ribetes de tu casa. Un cuarto de pintura alcanza para cubrir 100 pies^2. La función $A(c) = 100c$ representa el área $A(c)$, en pies cuadrados, que cubren c cuartos de pintura. ¿Qué dominio y rango son razonables para esta función? ¿Cuál es la gráfica de la función?

Lo que sabes
- Un cuarto de galón de pintura alcanza para cubrir 100 pies^2.
- Tienes 3 cuartos de pintura.

Lo que necesitas
Valores razonables de dominio y rango para representar la función con una gráfica

Planea
Halla las cantidades mínima y máxima de pintura que puedes usar y las áreas de los ribetes que puedes pintar. Haz una gráfica con estos valores.

La cantidad mínima de pintura que puedes usar es ninguna. Por tanto, el valor mínimo del dominio es 0. Sólo tienes 3 cuartos de pintura, así que la cantidad máxima que puedes usar es 3 cuartos. El valor máximo del dominio es 3. El dominio es $0 \le c \le 3$.

Para hallar el rango, evalúa la función usando los valores mínimo y máximo del dominio.

$$A(0) = 100(0) = 0 \qquad A(3) = 100(3) = 300$$

El rango es $0 \le A(c) \le 300$.

Para representar la función con una gráfica, haz una tabla de valores. Escoge valores de c que estén en el dominio. La gráfica es un segmento de recta que se extiende de $(0, 0)$ a $(3, 300)$.

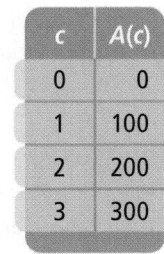

c	$A(c)$
0	0
1	100
2	200
3	300

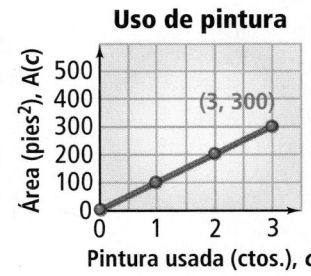

Uso de pintura

5. a. Si tienes 7 cuartos de pintura, ¿qué dominio y rango son razonables para resolver el Problema 5?

b. Razonamiento ¿Por qué en el Problema 5 *no* es razonable usar valores del dominio menores que 0 o mayores que 3?

Comprobar la comprensión de la lección

¿CÓMO hacerlo?

1. Identifica el dominio y el rango de la relación {(−2, 3), (−1, 4), (0, 5), (1, 6)}. Representa la relación con un diagrama de correspondencia. ¿La relación es una función?

2. ¿La relación de la gráfica de la derecha es una función? Usa la prueba de recta vertical.

3. ¿Qué es $f(2)$ en la función $f(x) = 4x + 1$?

4. El dominio de $f(x) = \frac{1}{2}x$ es {−4, −2, 0, 2, 4}. ¿Cuál es el rango?

¿Lo ENTIENDES?

5. Vocabulario Escribe $y = 2x + 7$ con la notación de función.

6. Comparar y contrastar Para indicar si una relación es una función, puedes usar un diagrama de correspondencia o la prueba de recta vertical. ¿Qué método prefieres? Explica tu respuesta.

7. Analizar errores Un estudiante dibujó la recta discontinua en la gráfica de la derecha y llegó a la conclusión de que la gráfica representaba una función. ¿Tiene razón? Explica tu respuesta.

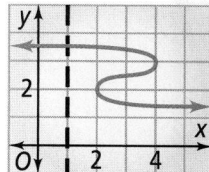

Ejercicios de práctica y resolución de problemas

 **Práctica**

Identifica el dominio y el rango de cada relación. Usa un diagrama de correspondencia para determinar si la relación es una función.

◀ Ver el Problema 1.

8. {(3, 7), (3, 8), (3, −2), (3, 4), (3, 1)}

9. {(6, −7), (5, −8), (1, 4), (7, 5)}

10. {(0.04, 0.2), (0.2, 1), (1, 5), (5, 25)}

11. {(4, 2), (1, 1), (0, 0), (1, −1), (4, −2)}

Usa la prueba de recta vertical para determinar si la relación es una función.

◀ Ver el Problema 2.

12. 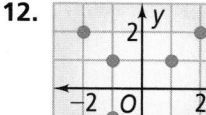 **13.** 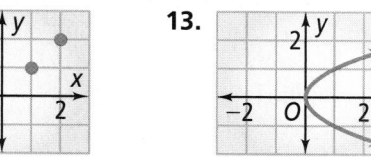 **14.** 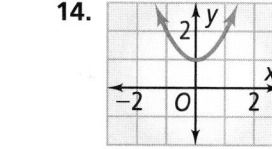 **15.**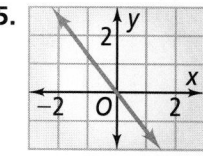

16. Física La luz viaja a una velocidad de aproximadamente 186,000 mi/s. La función $d(t) = 186{,}000t$ mide la distancia en millas, $d(t)$, que recorre la luz en t segundos. ¿Qué distancia recorre la luz en 30 s?

◀ Ver el Problema 3.

17. Ir de compras Compras jugo de naranja por $4.50 cada recipiente y tienes un bono de descuento de $7. La función $f(x) = 4.50x − 7$ representa tu costo total $f(x)$ por comprar x recipientes y usar el bono de descuento. ¿Cuánto pagas para comprar 4 recipientes de jugo de naranja?

Halla el rango de cada función para el dominio dado.

Ver el Problema 4.

18. $f(x) = 2x - 7; \{-2, -1, 0, 1, 2\}$

19. $g(x) = -4x + 1; \{-5, -1, 0, 2, 10\}$

20. $h(x) = x^2; \{-1.2, 0, 0.2, 1.2, 4\}$

21. $f(x) = 8x - 3; \left\{-\frac{1}{2}, \frac{1}{4}, \frac{3}{4}, \frac{1}{8}\right\}$

Halla un dominio y un rango razonables para cada función. Luego, representa la función con una gráfica.

Ver el Problema 5.

22. Combustible Un carro puede recorrer 32 mi por cada galón de gasolina. La función $d(x) = 32x$ representa la distancia en millas, $d(x)$, que puede recorrer el carro con x galones de gasolina. El tanque de gasolina tiene una capacidad de 17 gals.

23. Nutrición En una taza de leche hay 98 Unidades Internacionales (UI) de vitamina D. La función $V(t) = 98t$ representa la cantidad $V(t)$ de vitamina D, en UI, que incorporas al beber t tazas de leche. Tienes una jarra de leche con una capacidad de 16 tazas.

B Aplicación Determina si la relación que representa cada tabla es una función. Si la relación es una función, establece el dominio y el rango.

24.

x	0	3	3	5
y	2	1	-1	3

25.

x	-4	-1	0	3
y	-4	-4	-4	-4

26. Respuesta de desarrollo Haz una tabla para representar una relación que no sea una función. Explica por qué la relación no es una función.

27. Razonamiento Si $f(x) = 6x - 4$ y $f(a) = 26$, ¿cuál es el valor de a? Explica tu respuesta.

28. Pensar en un plan Una máquina de una fábrica tarda 10 min en calentarse. La máquina tarda 15 minutos en completar un ciclo y puede estar en funcionamiento un máximo de 6 h diarias, incluido el tiempo de calentamiento. Haz una gráfica que muestre el tiempo total que funciona la máquina durante 1 día en función del número de ciclos que completa.
- ¿Qué dominio y qué rango son razonables?
- ¿La función es lineal?

29. Lavado de carros Un grupo de teatro lava carros para recaudar fondos. El grupo sólo puede gastar $34 en jabón. El jabón que compran con ese dinero les alcanza para lavar 40 carros. Cobran $5 por cada carro que lavan.
- **a.** Si c es el número total de carros lavados y g es la ganancia, ¿cuál es la variable independiente y cuál la variable dependiente?
- **b.** ¿La relación entre c y g es una función? Explica tu respuesta.
- **c.** Escribe una ecuación para mostrar esta relación.
- **d.** Halla un dominio y un rango razonables para la situación.

30. Respuesta de desarrollo ¿Qué valor de x permite que la relación $\{(1, 5), (x, 8), (-7, 9)\}$ sea una función?

Determina si cada relación es una función. Supón que cada variable diferente tiene un valor diferente.

31. $\{(a, b), (b, a), (c, c), (e, d)\}$

32. $\{(b, b), (c, d), (d, c), (c, a)\}$

33. $\{(c, e), (c, d), (c, b)\}$

34. $\{(a, b), (b, c), (c, d), (d, e)\}$

35. Razonamiento ¿La gráfica de una función puede ser una recta horizontal? ¿Y una recta vertical? Explica tu respuesta.

36. Para formar la relación inversa de una relación escrita como un conjunto de pares ordenados, debes invertir las coordenadas de cada par ordenado. Por ejemplo, la relación inversa de $\{(1, 8), (3, 5), (7, 9)\}$ es $\{(8, 1), (5, 3), (9, 7)\}$. Da un ejemplo de una relación que sea una función, pero cuya relación inversa *no* lo sea.

Usa las funciones $f(x) = 2x$ y $g(x) = x^2 + 1$ para hallar el valor de cada expresión.

37. $f(3) + g(4)$ **38.** $g(3) + f(4)$ **39.** $f(5) - 2 \cdot g(1)$ **40.** $f(g(3))$

Preparación para el examen estandarizado

SAT/ACT

41. ¿Cuál es el valor de la función $f(x) = 7x$ cuando $x = 0.75$?

42. Andrew necesita x dólares para comprar un refrigerio. Scott necesita 2 dólares más que Andrew, pero Nick necesita sólo la mitad de dólares que Andrew. Los tres necesitan $17 en total para pagar su refrigerio. ¿Cuántos dólares necesita Nick?

43. ¿Cuál es la mayor cantidad de estampillas de $.43 que puedes comprar con $5?

44. ¿Cuál es el mayor ancho posible del rectángulo, redondeado a la pulgada más cercana?

$\ell = 35$ pulgs.

$A < 184$ pulgs.^{2}

Repaso mixto

Escribe la regla de una función para representar cada situación.

◀ Ver la Lección 4-5.

45. Cuidas niños por $5 la hora y recibes una propina de $7. Tus ingresos, I, dependen de la cantidad de horas, h, que trabajas.

46. Compras varios pares de medias por $4.50 el par y una camisa por $10. La cantidad total, c, que gastas depende del número de pares de medias que compras, m.

47. La gráfica de la derecha muestra la distancia que recorre una familia desde su casa hasta su lugar de vacaciones en la montaña.

  a. ¿Cuáles son las variables de la gráfica?
  b. Copia la gráfica. Describe cómo se relacionan las variables en diferentes puntos de la gráfica.

◀ Ver la Lección 4-1.

Viaje a la montaña

Distancia desde la casa

Tiempo

¡Prepárate! Antes de la Lección 4-7, haz los Ejercicios 48 a 50.

Evalúa cada expresión para $x = 1, 2, 3$ y 4.

◀ Ver la Lección 1-2.

48. $9 + 3(x - 1)$ **49.** $8 + 7(x - 1)$ **50.** $0.4 - 3(x - 1)$

4-7 Progresiones y funciones

Objetivos Identificar y ampliar los patrones de las progresiones.
Representar progresiones aritméticas con la notación de función.

Identifica el patrón para poder ampliarlo.

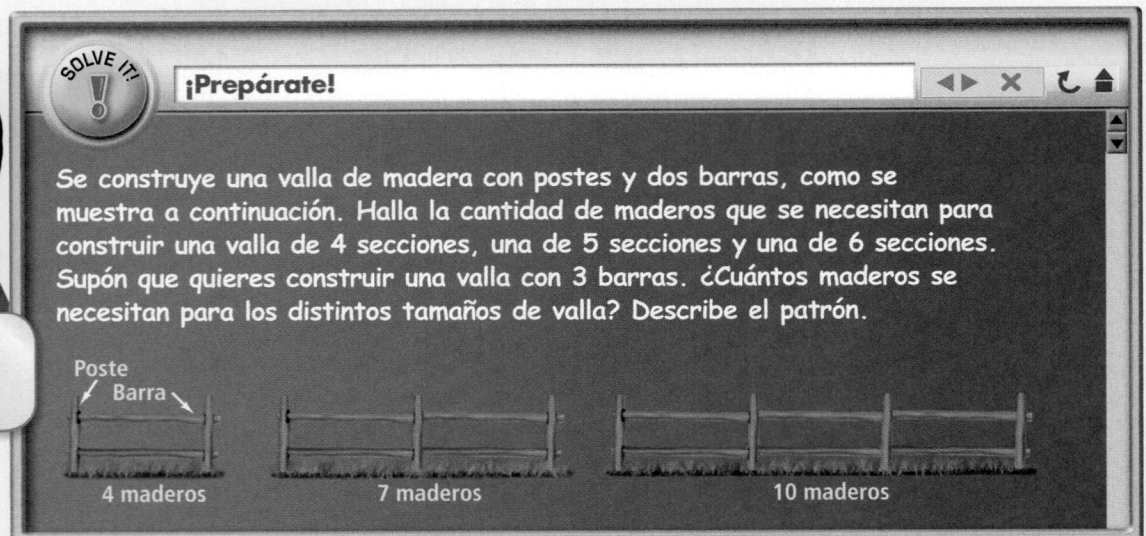

SOLVE IT! **¡Prepárate!**

Se construye una valla de madera con postes y dos barras, como se muestra a continuación. Halla la cantidad de maderos que se necesitan para construir una valla de 4 secciones, una de 5 secciones y una de 6 secciones. Supón que quieres construir una valla con 3 barras. ¿Cuántos maderos se necesitan para los distintos tamaños de valla? Describe el patrón.

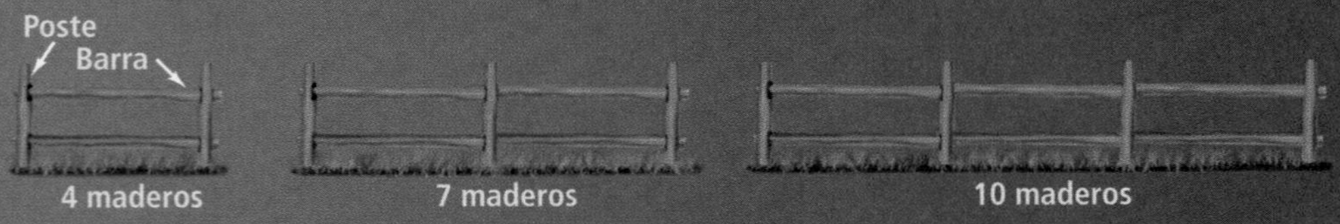

Vocabulario de la lección
- progresión
- término de una progresión
- progresión aritmética
- diferencia común

En la actividad de *Solve It!*, el número de maderos que se usan para construir 1 sección de la valla, 2 secciones de la valla, y así sucesivamente, forman un patrón, es decir, una progresión. Una **progresión** es una lista ordenada de números que muchas veces forma un patrón. Cada número de la lista se denomina **término de la progresión**.

Comprensión esencial Cuando identificas un patrón en una progresión, puedes usar ese patrón para ampliar la progresión. También puedes representar algunas progresiones con la regla de la función que puedas usar para hallar cualquier término de la progresión.

Problema 1 Ampliar progresiones

Describe un patrón para cada progresión. ¿Cuáles son los dos términos que siguen en cada una?

A 5, 8, 11, 14, . . .

+3 +3 +3

Un patrón es "sumar 3 al término anterior". Por tanto, los dos términos que siguen son $14 + 3 = 17$ y $17 + 3 = 20$.

B 2.5, 5, 10, 20, . . .

×2 ×2 ×2

Un patrón es "multiplicar el término anterior por 2". Por tanto, los dos términos que siguen son $2(20) = 40$ y $2(40) = 80$.

Planea

¿Cómo identificas un patrón?
Observa la manera en que cada término de la progresión se relaciona con el término anterior. Tu objetivo es identificar una única regla que puedas aplicar a todos los términos para obtener el término siguiente.

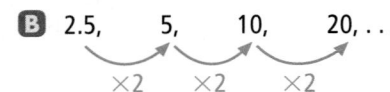

¿Comprendiste? **1.** Describe un patrón para cada progresión. ¿Cuáles son los dos términos que siguen en cada una?

    a. 5, 11, 17, 23, . . .   **b.** 400, 200, 100, 50, . . .

    c. 2, −4, 8, −16, . . .   **d.** −15, −11, −7, −3, . . .

En una **progresión aritmética**, la diferencia entre dos números consecutivos es constante. Esta diferencia se denomina **diferencia común**.

 Problema 2   **Identificar una progresión aritmética**

Indica si la progresión es aritmética. Si lo es, ¿cuál es la diferencia común?

Planea

¿Cómo identificas una progresión aritmética?
Debe haber la misma diferencia entre cada par de términos consecutivos.

Ⓐ 3,   8,   13,   18, . . .

    +5   +5   +5

Ⓑ 6,   9,   13,   17, . . .

    +3   +4   +4

La progresión tiene una diferencia común de 5; por tanto, es una progresión aritmética.

La progresión no tiene una diferencia común; por tanto, no es una progresión aritmética.

 ¿Comprendiste? **2.** Indica si la progresión es una progresión aritmética. Si lo es, ¿cuál es la diferencia común?

    a. 8, 15, 22, 30, . . .   **b.** 7, 9, 11, 13, . . .

    c. 10, 4, −2, −8, . . .   **d.** 2, −2, 2, −2, . . .

Una progresión es una función que relaciona el número de término con el valor del término. Observa la progresión 7, 11, 15, 19, ... Piensa en cada término como si fuera la salida de una función. Piensa en el número de término como si fuera la entrada.

número de término	1	2	3	4	← entrada
término	7	11	15	19	← salida

Puedes usar la diferencia común de los términos de una progresión aritmética para escribir la regla de una función que represente la progresión. Para la progresión 7, 11, 15, 19, ... , la diferencia común es 4.

    Sea n = el número de término de la progresión.
    Sea $A(n)$ = el valor del enésimo término de la.

      valor del término 1 = $A(1)$ = 7   La diferencia común es 4.

      valor del término 2 = $A(2)$ = 7 + 4

      valor del término 3 = $A(3)$ = 7 + 4 + 4   La cantidad de números 4 agregados es *1 menos que* el número de término.

      valor del término 4 = $A(4)$ = 7 + 4 + 4 + 4

      valor del término n = $A(n)$ = 7 + 4 + 4 + ... + 4 = 7 + $(n − 1)4$

La regla de la función que representa la progresión anterior es $A(n) = 7 + (n − 1)4$. Puedes hallar el décimo término hallando $A(10)$. Por tanto, el décimo término es

$$A(10) = 7 + (10 − 1)4 = 7 + 36 = 43.$$

Puedes hallar cualquier término de una progresión aritmética si conoces el primer término y la diferencia común.

Concepto clave   **Regla para una progresión aritmética**

El enésimo término de la progresión aritmética con el primer término $A(1)$ y la diferencia común d está dado por

$$A(n) = A(1) + (n - 1)d$$

↑	↑	↑	
enésimo término	primer término	número de término	diferencia común

Problema 3   **Escribir la regla de una progresión aritmética**

Subasta en línea Una subasta en línea funciona como se muestra a continuación. Escribe una regla para representar las ofertas como una progresión aritmética. ¿Qué oferta aparece en la decimosegunda posición?

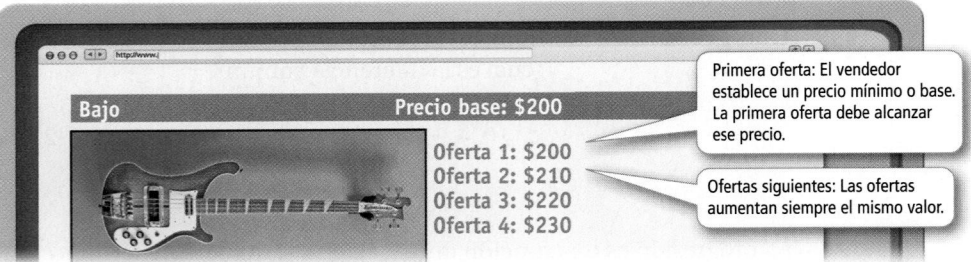

Primera oferta: El vendedor establece un precio mínimo o base. La primera oferta debe alcanzar ese precio.

Bajo   Precio base: $200

Oferta 1: $200
Oferta 2: $210
Oferta 3: $220
Oferta 4: $230

Ofertas siguientes: Las ofertas aumentan siempre el mismo valor.

Haz una tabla de las ofertas. Identifica el primer término y la diferencia común.

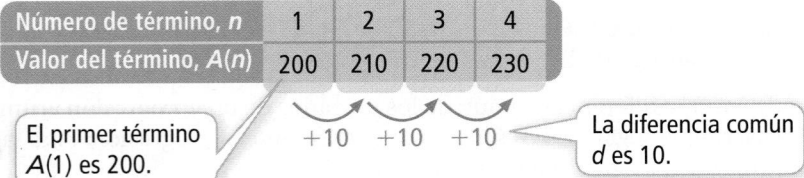

Número de término, n	1	2	3	4
Valor del término, $A(n)$	200	210	220	230

+10   +10   +10

El primer término $A(1)$ es 200.

La diferencia común d es 10.

¿Qué información necesitas para escribir la regla de una progresión aritmética?
Necesitas conocer el primer término de la progresión y la diferencia común.

Sustituye $A(1) = 200$ y $d = 10$ en la fórmula $A(n) = A(1) + (n - 1)d$. La regla $A(n) = 200 + (n - 1)10$ representa la progresión de las ofertas de la subasta. Para hallar la decimosegunda oferta, evalúa $A(n)$ para $n = 12$.

$$A(12) = 200 + (12 - 1)10 = 310$$

La decimosegunda oferta es $310.

¿Comprendiste? **3. a.** Un pase para el metro tiene un valor inicial de $100. Después de un viaje, el valor del pase es $98.25. Después de dos viajes, el valor es $ 96.50. Después de tres viajes, el valor es $94.75. Escribe una regla para representar los valores restantes del pase en forma de progresión aritmética. ¿Cuál es el valor del pase después de 15 viajes?

 b. **Razonamiento** ¿Cuántos viajes se pueden hacer con el pase de $100?

Comprobar la comprensión de la lección

¿CÓMO hacerlo?

Describe un patrón para cada progresión. Luego, halla los dos términos que siguen en la progresión.

1. 3, 11, 19, 27, . . .

2. 3, −6, 12, −24, . . .

Indica si la progresión es aritmética. Si lo es, identifica la diferencia común.

3. 1, −7, −14, −21, . . .

4. 11, 20, 29, 38, . . .

5. Escribe la regla de una progresión aritmética con un primer término de 9 y una diferencia común de −2. ¿Cuál es el séptimo término de la progresión?

¿Lo ENTIENDES?

6. Vocabulario Observa la siguiente progresión aritmética: 25, 19, 13, 7, . . . ¿La diferencia común es 6 ó − 6? Explica tu respuesta.

7. Analizar errores Describe y corrige el siguiente error, que se cometió en el proceso de hallar el décimo término de la progresión aritmética 4, 12, 20, 28,...

> ~~primer término = 4~~
> ~~diferencia común = 8~~
> ~~décimo término = 4 + 10(8) = 84~~

8. Razonamiento ¿Puedes usar la siguiente regla para hallar el enésimo término de una progresión aritmética cuyo primer término es $A(1)$ y la diferencia común es d? Explica tu respuesta.

$$A(n) = A(1) + nd - d$$

Ejercicios de práctica y resolución de problemas

Ⓐ Práctica

Describe un patrón para cada progresión. Luego, halla los dos términos que siguen.

◀ Ver el Problema 1.

9. 6, 13, 20, 27, . . .

10. 8, 4, 2, 1, . . .

11. 2, 6, 10, 14, . . .

12. 10, 4, −2, −8, . . .

13. 13, 11, 9, 7, . . .

14. 2, 20, 200, 2000, . . .

15. 1.1, 2.2, 3.3, 4.4, . . .

16. 99, 88, 77, 66, . . .

17. 4.5, 9, 18, 36, . . .

Indica si la progresión es aritmética. Si lo es, identifica la diferencia común.

◀ Ver el Problema 2.

18. −7, −3, 1, 5, . . .

19. −9, −17, −26, −33, . . .

20. 19, 8, −3, −14, . . .

21. 2, 11, 21, 32, . . .

22. $\frac{1}{2}, \frac{1}{3}, \frac{1}{6}, 0, \ldots$

23. 0.2, 1.5, 2.8, 4.1, . . .

24. 10, 8, 6, 4, . . .

25. 10, 24, 36, 52, . . .

26. 3, 6, 12, 24, . . .

27. 15, 14.5, 14, 13.5, 13, . . .

28. 4, 4.4, 4.44, 4.444, . . .

29. −3, −7, −10, −14, . . .

30. Taller mecánico Después de que un cliente compra 4 llantas nuevas, el bote de reciclado de un taller mecánico contiene 20 llantas. Luego, otro cliente compra 4 llantas nuevas y el bote de reciclado pasó a contener 24 llantas. Escribe una regla para representar el número de llantas que había en el bote como una progresión aritmética. ¿Cuántas llantas hay en el bote después de que 9 clientes compran 4 llantas nuevas?

◀ Ver el Problema 3.

31. Cafetería Tu tarjeta para la cafetería tiene un valor de $50. Después del almuerzo del lunes, su valor es $46.75. Después de tu almuerzo del martes, su valor es $43.50. Escribe una regla que represente la cantidad de dinero que queda en la tarjeta como una progresión aritmética. ¿Qué valor queda en la tarjeta después de 12 almuerzos?

Halla el segundo, el cuarto y el undécimo término de la progresión descrita por cada regla.

32. $A(n) = 5 + (n - 1)(-3)$

33. $A(n) = -3 + (n - 1)(5)$

34. $A(n) = -11 + (n - 1)(2)$

35. $A(n) = 9 + (n - 1)(8)$

36. $A(n) = 0.5 + (n - 1)(3.5)$

37. $A(n) = -7 + (n - 1)(5)$

38. $A(n) = 1 + (n - 1)(-6)$

39. $A(n) = -2.1 + (n - 1)(-1.1)$

B **Aplicación** **Indica si cada progresión es aritmética. Justifica tu respuesta. Si la progresión es aritmética, escribe la regla de la función para representarla.**

40. 0.3, 0.9, 1.5, 2.1, . . .

41. $-3, -7, -11, -15, . . .$

42. 1, 8, 27, 64, . . .

43. $-5, 5, -5, 5, . . .$

44. 46, 31, 16, 2, . . .

45. $0.2, -0.6, -1.4, -2.2, . . .$

46. Razonamiento Una progresión aritmética tiene una diferencia común de cero. El trigésimo octavo término de la sucesión es 2.1. ¿Cuál es el octogésimo quinto término de la sucesión? Explica tu respuesta.

47. Respuesta de desarrollo Escribe la regla de la función de una progresión cuyo sexto término es 25.

Escribe los primeros seis términos de cada progresión. Explica el significado del sexto término en el contexto de la situación.

48. La primera semana, una caña de bambú mide 30 pulgs. de alto. Luego, crece 6 pulgs. por semana.

49. La primera semana, pides prestados $350 a un amigo. Luego, le devuelves $25 por semana.

50. Pensar en un plan Supón que el primer viernes de un año nuevo es el cuarto día del año. ¿El año tendrá 53 viernes, independientemente de que sea bisiesto o no?
- ¿Qué regla representa la sucesión de los días del año que son viernes?
- ¿Cuántas semanas enteras hay en un año de 365 días?

51. Buscar un patrón A la derecha se muestran las primeras cinco filas del triángulo de Pascal.
a. Haz una predicción de los números de la séptima fila.
b. Halla la suma de los números de cada una de las primeras cinco filas. Haz una predicción de la suma de los números de la séptima fila.

52. Transporte Los autobuses pasan cada 9 min a partir de las 6 A.M. Llegas a la parada de autobús a las 7:16 A.M. ¿Cuánto esperarás hasta que llegue el próximo autobús?

53. Representaciones múltiples Usa la tabla de la derecha, que muestra una progresión aritmética.
a. Copia y completa la tabla.
b. Representa los pares ordenados (x, y) en un plano de coordenadas.
c. ¿Qué observas acerca de los puntos de tu gráfica?

x	y
1	5
2	8
3	■
4	■

54. Teoría de números La progresión de Fibonacci es 1, 1, 2, 3, 5, 8, 13, ... Después de los primeros dos números, cada número es la suma de los dos anteriores.

  a. ¿Cuál es el próximo término de la progresión? ¿Y el undécimo término de la progresión?

  b. Respuesta de desarrollo Escoge otros dos números para empezar una progresión como la de Fibonacci. Escribe los primeros siete términos de tu progresión.

 **Desafío**   **Halla la diferencia común de cada progresión aritmética. Luego, halla el término que sigue.**

55. $4, x + 4, 2x + 4, 3x + 4, \ldots$ **56.** $a + b + c, 4a + 3b + c, 7a + 5b + c, \ldots$

57. a. Geometría Dibuja la figura que sigue en el patrón.

  b. Razonamiento ¿Qué color tiene la vigésima figura? Explica tu respuesta.

  c. ¿Cuántos lados tiene la vigesimotercera figura? Explica tu respuesta.

Preparación para el examen estandarizado

SAT/ACT

58. ¿Cuál es el séptimo término de la progresión aritmética que representa la regla $A(n) = -9 + (n - 1)(0.5)$?

  (A) -7 (B) -6.5 (C) -6 (D) -5.5

59. ¿Cuál es la solución de $-24 + s > 38$?

  (F) $s < 14$ (G) $s > 14$ (H) $s < 62$ (I) $s > 62$

Respuesta breve

60. El primer salario anual de Marta es $26,500. Al comienzo de cada año, recibe un aumento de $2880. Escribe la regla de una función para hallar el salario $f(n)$ de Marta después de n años. ¿Cuál será su salario después de 6 años?

Repaso mixto

Halla el rango de cada función para el dominio $\{-3, -1.2, 0, 1, 10\}$.   ◀ **Ver la Lección 4-6.**

61. $f(x) = -4x$ **62.** $g(x) = 1 - 4x$ **63.** $h(x) = 3x^2$

64. $g(x) = 11 - 1.5x^2$ **65.** $h(x) = 9x + 8$ **66.** $f(x) = \frac{3}{4}x - 5$

¡Prepárate! **Antes de la Lección 5-1, haz los Ejercicios 67 a 69.**   ◀ **Ver la Lección 2-6.**

67. Una piscina se llena a una tasa de 8 gals./min. ¿Cuál es la tasa en galones por hora?

68. Se lanza una pelota a una velocidad de 90 mi/h. ¿Cuál es esta velocidad en pies por segundo?

69. Compras agua mineral en paquetes de 12 botellas que cuestan $3 cada uno. Si bebes 3 botellas por día, ¿cuánto gastas por semana?

Integración de conocimientos

Para resolver estos problemas, integrarás muchos conceptos y destrezas que has estudiado sobre las funciones.

GRANidea Funciones

Una función es una relación en la que un valor de entrada corresponde a exactamente un valor de salida. Para representar funciones, puedes usar palabras, tablas, ecuaciones, conjuntos de pares ordenados y gráficas.

Tarea 1

Resuelve. Muestra tu trabajo y explica tus pasos.

Vas en tu bicicleta a una velocidad constante de 30 pies/s. Tu amigo usa un cronómetro para tomarte el tiempo que tardas en recorrer una cuadra de 264 pies de longitud.

a. Haz una gráfica para representar la situación, donde la variable independiente sea el tiempo y la variable dependiente sea la distancia recorrida.

b. Haz otra gráfica para representar la situación, donde la variable independiente sea el tiempo y la variable dependiente sea la velocidad.

c. ¿Las dos gráficas representan funciones? Si es así, ¿son lineales o no lineales? Explica tu respuesta.

d. Halla un dominio y un rango razonables para cada gráfica.

e. Escribe la regla de la función para cada gráfica.

Tarea 2

Resuelve. Muestra tu trabajo y explica tus pasos.

El gerente de una tienda está haciendo un pedido de bolsas. El precio por bolsa depende del número de bolsas que compre. La gráfica de la derecha muestra el precio por bolsa según el número de bolsas que se compran.

a. ¿La gráfica representa una función? Si es así, ¿la función es *lineal* o *no lineal*? Explica tu respuesta.

b. Halla un dominio y un rango razonables para cada gráfica.

c. ¿Cuánto costaría comprar 1500 bolsas?

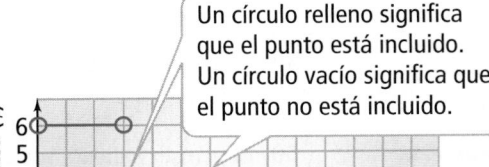

Un círculo relleno significa que el punto está incluido. Un círculo vacío significa que el punto no está incluido.

GRANidea Representar

Puedes usar funciones para representar situaciones de la vida diaria en las que un valor de entrada corresponda a un único valor de salida.

Tarea 3

Resuelve. Muestra tu trabajo y explica tus pasos.

Haces un collar de nudos. La tabla de la derecha muestra la cantidad de cordel que necesitas para collares de diferentes longitudes.

a. Identifica las variables independiente y dependiente.

b. Escribe la regla de la función que representa la situación y represéntala con una gráfica.

c. ¿La gráfica es *continua* o *discreta*? Explica tu razonamiento.

d. ¿Cuánto cordel necesitas para hacer un collar de 15 pulgs.?

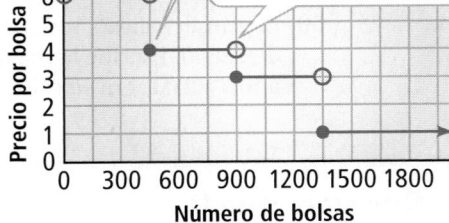

Longitud del collar (pulgs.)	Cantidad de cordel (pulgs.)
10	200
11	202
12	204
13	206

Conectar las GRANDES ideas y responder a las preguntas esenciales

1 Funciones
Una función es una relación en la que un valor de entrada corresponde a exactamente un valor de salida. Para representar funciones, puedes usar palabras, tablas, ecuaciones, conjuntos de pares ordenados y gráficas.

Patrones y funciones (Lecciones 4-2 y 4-3)

Lineal

No lineal

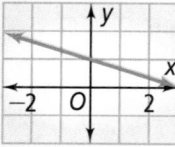
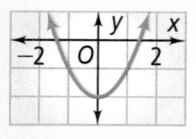

Notación de función y progresiones (Lecciones 4-6 y 4-7)

n	$A(n) = 3 + (n - 1)\,(2)$	$A(n)$
1	$3 + (1 - 1)\,(2)$	3
2	$3 + (2 - 1)\,(2)$	5
3	$3 + (3 - 1)\,(2)$	7

2 Representar
Puedes usar funciones para representar situaciones de la vida diaria en las que un valor de entrada corresponda a un único valor de salida.

Usar gráficas para relacionar dos cantidades (Lección 4-1)

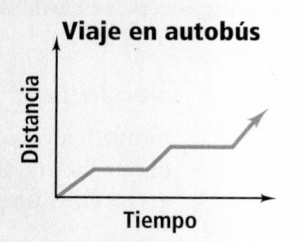

Viaje en autobús

Distancia

Tiempo

Representar con una gráfica la regla de una función (Lección 4-4)

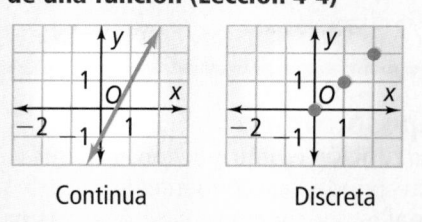

Continua   Discreta

Escribir la regla de una función (Lección 4-5)
$$C = \frac{1}{4}n + 6 \qquad A = s^2$$

Vocabulario del capítulo

- diferencia común, p. 275
- dominio, p. 268
- entrada, p. 240
- función, p. 241
- función lineal, p. 241
- función no lineal, p. 246
- gráfica continua, p. 255
- gráfica discreta, p. 255
- notación de función, p. 269
- progresión, p. 274
- progresión aritmética, p. 275
- prueba de recta vertical, p. 269
- rango, p. 268
- relación, p. 268
- salida, p. 240
- término de una progresión, p. 274
- variable dependiente, p. 240
- variable independiente, p. 240

Escoge el término correcto para completar cada oración.

1. Si el valor de a cambia en función del valor de b, entonces b es el/la __?__ .

2. La gráfica de una función __?__ es una recta no vertical o parte de una recta no vertical.

3. Una gráfica __?__ está compuesta de puntos precisos y aislados.

4. El/La __?__ de una función es el conjunto de todos los valores de salida.

4-1 Usar gráficas para relacionar dos cantidades

Repaso rápido

Puedes usar gráficas para representar la relación entre dos variables.

Ejemplo

Un hombre juega con su perro a que éste le traiga el objeto que él le arroja. Haz el bosquejo de una gráfica para representar la distancia entre ellos y el tiempo.

Juego de arrojar y traer el objeto

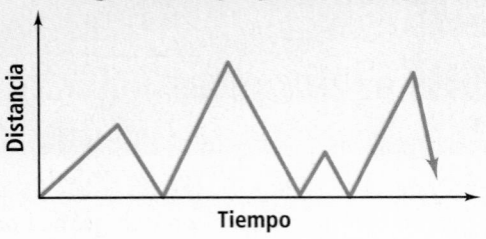

Ejercicios

5. **Viajes** La velocidad de un carro aumenta a medida que se adentra en una carretera. El carro viaja por la carretera a 65 mi/h hasta que disminuye la velocidad para salir. Antes de llegar a destino, el carro se detiene en tres semáforos. Haz el bosquejo de una gráfica que muestre la velocidad del carro a través del tiempo. Rotula cada sección.

6. **Surf** Un surfista profesional se adentra en el mar más allá de la rompiente, monta una ola, vuelve a pasar la rompiente, monta otra ola y luego nada de regreso a la playa. Haz el bosquejo de una gráfica que muestre la distancia posible entre el surfista y la playa a través del tiempo.

4-2 Patrones y funciones lineales

Repaso rápido

Una **función** es una relación en la que cada valor de **entrada** corresponde a exactamente un valor de **salida**. Una **función lineal** es una función cuya gráfica es una recta o parte de una recta.

Ejemplo

El número y de huevos que quedan de una docena depende del número x de tortillas que preparas con 2 huevos, como se muestra en la tabla. Representa esta relación con palabras, una ecuación y una gráfica.

Número de tortillas preparadas, x	0	1	2	3
Número de huevos que quedan, y	12	10	8	6

Busca un patrón en la tabla. Cada vez que x aumenta 1, y disminuye 2. El número y de huevos que quedan es 12 menos la cantidad 2 multiplicada por el número x de tortillas que preparas: $y = 12 - 2x$.

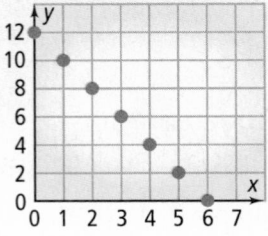

Ejercicios

Identifica en cada tabla las variables independiente y dependiente. Representa la relación con palabras, una ecuación y una gráfica.

7. **Pintura en la lata**

Número de sillas pintadas, p	Pintura en la lata (oz), L
0	128
1	98
2	68
3	38

8. **Costo de los bocaditos**

Número de bocaditos comprados, b	Costo total, C
0	$18
1	$21
2	$24
3	$27

9. **Altitud**

Número de tramos de escalera subidos, n	0	1	2	3
Altitud (pies sobre el nivel del mar), A	311	326	341	356

4-3 Patrones y funciones no lineales

Ejemplo

El área A de un campo cuadrado depende de la longitud de lado l del campo. ¿Esta función es *lineal* o *no lineal*?

Longitud de lado (pies), l	10	15	20	25
Área (pies²), A	100	225	400	625

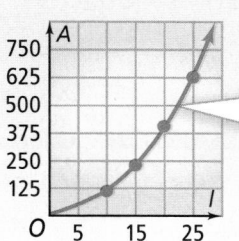

Representa los pares ordenados y une los puntos. La gráfica no es una recta; por tanto, la función es no lineal.

Ejercicios

Representa con una gráfica la función que muestra cada tabla. Indica si la función es *lineal* o *no lineal*.

10.

x	y
1	0
2	1
3	8
4	20

11.

x	y
1	0
2	4.5
3	9
4	13.5

12.

x	y
1	2
2	6
3	12
4	72

13.

x	y
1	−2
2	−9
3	−16
4	−23

4-4 Representar con una gráfica la regla de una función

Ejemplo

La altura total, h, de una pila de latas depende del número n de capas hechas con latas de 4.5 pulgs. de alto. Esta situación se representa con $h = 4.5n$. Representa la función con una gráfica.

n	h
0	0
1	4.5
2	9
3	13.5
4	18

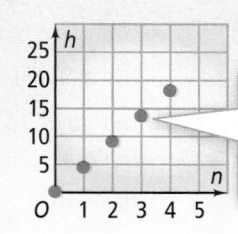

La gráfica es discreta porque sólo tienen sentido los números enteros de capas.

Ejercicio

Representa con una gráfica la regla de la función. Explica por qué la gráfica es *continua* o *discreta*.

14. Nueces Tu costo c por comprar n libras de nueces por $6/lb se representa con $c = 6n$.

15. Mudanza Al principio, un camión tenía 24 sillas. Bajas 2 sillas por vez. El número de sillas n que quedan después de v veces se representa con $n = 24 - 2v$.

16. Inundación Una cañería se rompe y llena un sótano con 37 pulgs. de agua. Una bomba extrae el agua a una velocidad de 1.5 pulgs./h. El nivel del agua en pulgadas, n, después de t horas se representa con $n = 37 - 1.5t$.

17. Representa $y = -|x| + 2$ con una gráfica.

4-5 Escribir la regla de una función

Repaso rápido

Para escribir la regla de una función sobre una situación de la vida diaria, es útil hacer un modelo verbal.

Ejemplo

En una pista de carreras de motocross, una licencia para competir te cuesta $40 más $15 por carrera. ¿Qué regla de una función representa tu costo total?

costo total = licencia + costo por carrera · número de carreras

$$C = 40 + 15 · n$$

La regla de la función es $C = 40 + 15 · n$.

Ejercicios

Escribe la regla de una función que represente cada situación.

18. **Jardinería ornamental** El volumen de grava, V, que queda en una pila de 243 pies^3 disminuye 0.2 pies^3 por cada palada de grava, p, que se esparce en una acera.

19. **Diseño** El costo total, C, de contratar a un paisajista es $200 por la primera consulta más $45 por cada hora, h, que el paisajista dedica a trazar los planos.

4-6 Formalizar relaciones y funciones

Repaso rápido

Una **relación** empareja números del **dominio** con números del **rango**. Puede ser una función o no.

Ejemplo

¿La relación {(0, 1), (3, 3), (4, 4) (0, 0)} es una función?

Los valores de x de los pares ordenados forman el dominio, y los valores de y forman el rango. El valor 0 del dominio corresponde a dos valores del rango: 1 y 0. Por tanto, la relación no es una función.

Ejercicios

Indica si cada relación es una función.

20. $\{(-1, 7), (9, 4), (3, -2), (5, 3), (9, 1)\}$

21. $\{(2, 5), (3, 5), (4, -4), (5, -4), (6, 8)\}$

Evalúa cada función cuando $x = 2$ y $x = 7$.

22. $f(x) = 2x - 8$

23. $h(x) = -4x + 61$

24. El dominio de $t(x) = -3.8x - 4.2$ es $\{-3, -1.4, 0, 8\}$. ¿Cuál es el rango?

4-7 Progresiones y funciones

Repaso rápido

Una **progresión** es una lista ordenada de números, denominados términos, que muchas veces forma un patrón. En una **progresión aritmética**, hay una **diferencia común** entre términos consecutivos.

Ejemplo

Indica si la progresión es aritmética.

5, 2, −1, −4, . . .

La progresión tiene una diferencia común de −3; por tanto, es una progresión aritmética.

−3 −3 −3

Ejercicios

Describe un patrón para cada progresión. Luego, halla los dos términos siguientes de la progresión.

25. 1, 5, 25, 125, . . .

26. −2, −5, −8, −11, . . .

27. 4, 6.5, 9, 11.5, . . .

28. 2, −4, 8, −16, . . .

Indica si la progresión es aritmética. Si lo es, identifica la diferencia común.

29. 2.9, 4.1, 5.3, 6.5, . . .

30. −15, −5, 5, 15, . . .

31. −7, −13, −20, −26, . . .

32. 3, 6, 12, 24, . . .

Examen del capítulo

4

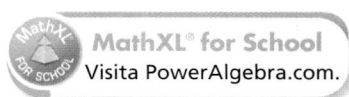

MathXL® for School
Visita PowerAlgebra.com.

¿CÓMO hacerlo?

1. **Diversión** Vas al parque en tu bicicleta, te sientas un rato a leer y luego vuelves en tu bicicleta a tu casa. Tardas menos tiempo en el viaje de regreso a casa que en el viaje de ida al parque. Haz el bosquejo de una gráfica que muestre la distancia posible que recorriste a través del tiempo. Rotula cada sección.

2. Identifica las variables independiente y dependiente en la siguiente tabla. Luego, describe la relación usando palabras, una ecuación y una gráfica.

Velocidad del sonido en el aire				
Temperatura (°C)	10	15	20	25
Velocidad (m/s)	337	340	343	346

Representa con una gráfica la función que muestra cada una de las siguientes tablas. Indica si la función es *lineal* o *no lineal*.

3.
x	y
−3	−5
−1	−1
1	3
3	7

4.
x	y
0	1
1	2
2	5
3	10

Haz una tabla de valores para cada regla de la función. Luego, representa la función con una gráfica.

5. $y = 1.5x - 3$

6. $y = -x^2 + 4$

Identifica el dominio y el rango de cada relación. Usa un diagrama de correspondencia para determinar si la relación es una función.

7. $\{(-2, 5), (8, 6), (3, 12), (5, 6)\}$

8. $\{(9, 6), (3, 8), (4, 9.5), (9, 2)\}$

9. **Hornear** Una botella contiene 48 cdtas. de vainilla. La cantidad C de vainilla que queda en la botella disminuye 2 cdtas. por cada tanda de galletas, t, que preparas. Escribe la regla de una función para representar esta situación. ¿Cuánta vainilla queda después de preparar 12 tandas de galletas?

10. **Sorpresas** Compras sorpresas para una fiesta por $2.47 cada una. Puedes gastar $30 como máximo en las sorpresas. ¿Qué dominio y rango son razonables para esta situación?

Halla el rango de cada función para el dominio $\{-4, -2, 0, 1.5, 4\}$.

11. $f(x) = -2x - 3$

12. $f(x) = 5x^2 + 4$

Halla el segundo, el cuarto y el undécimo término de la progresión que describe cada regla.

13. $A(n) = 2 + (n - 1)(-2.5)$

14. $A(n) = -9 + (n - 1)(3)$

Indica si cada progresión es aritmética. Justifica tu respuesta. Si la progresión es aritmética, escribe la regla de una función para representarla.

15. 128, 64, 32, 16, . . .

16. 3, 3.25, 3.5, 3.75, . . .

¿Lo ENTIENDES?

Vocabulario Indica si cada relación debe representarse con una gráfica *continua* o *discreta*.

17. el precio de un pavo que se vende por $.89 la libra

18. la ganancia que obtienes al vender flores por $1.50 cada una si cada flor te cuesta $.80

19. **Razonamiento** ¿Una función puede tener un número infinito de valores en el dominio y un número finito de valores en el rango? Si es así, describe una situación de la vida diaria que pueda representarse con ese tipo de función.

20. **Escribir** ¿Cuál es la diferencia entre una relación y una función? ¿Todas las relaciones son funciones? ¿Todas las funciones son relaciones? Explica tu respuesta.

CONSEJOS

En algunas preguntas del examen, se te pide que escojas la gráfica que mejor representa una situación de la vida diaria. Lee la pregunta de la derecha. Luego, sigue los consejos y respóndela.

Aiko corrió a una velocidad constante durante la mayor parte de la carrera. Hacia el final, aumentó la velocidad hasta que cruzó la línea de llegada. ¿Qué gráfica representa mejor la distancia recorrida por Aiko a lo largo del tiempo?

La velocidad de Aiko aumenta hacia el final de la carrera; por tanto, la línea debe subir más rápidamente al final de la gráfica.

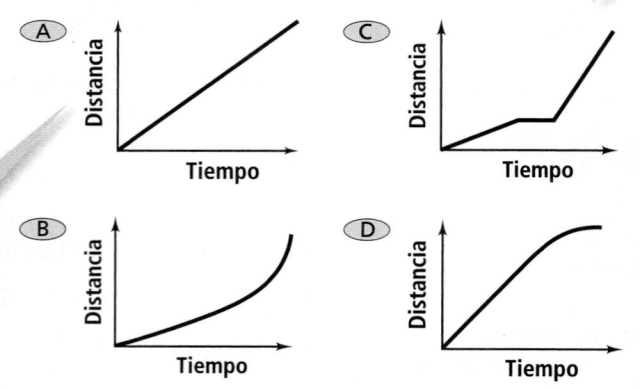

Piénsalo bien

La opción A muestra que la velocidad es *constante* durante *toda* la carrera.

La opción B muestra que la velocidad *aumenta* hacia el *final* de la carrera.

La opción C muestra una *detención total* en la *mitad* de la carrera.

La opción D muestra que la velocidad *disminuye* hacia el *final* de la carrera.

La repuesta correcta es la B.

CONSEJO 1

Durante la mayor parte de la carrera, la velocidad de Aiko es constante; por tanto, la mayor parte de la gráfica debe ser una recta.

Desarrollo de vocabulario

Cuando resuelves los ejercicios del examen, debes comprender el significado de los términos matemáticos. Empareja cada término con su significado matemático.

A. variable dependiente

B. ecuación

C. expresión numérica

D. función

E. dominio

I. un enunciado matemático que establece que dos cantidades tienen el mismo valor

II. una relación en la que cada valor de entrada corresponde a exactamente un valor de salida

III. una expresión matemática que contiene operaciones y números, pero no variables

IV. una variable cuyo valor cambia en función de otra variable

V. los posibles valores de entrada de una función o relación

Opción múltiple

Lee cada pregunta. Luego, escribe la letra de la respuesta correcta en tu hoja.

1. ¿Qué valores de x y y harán que la expresión $5(x - y)^2$ sea igual a 20?

   (A) $x = 0, y = 3$ (C) $x = 3, y = 5$

   (B) $x = 1, y = 1$ (D) $x = 5, y = 1$

2. Angie usa la ecuación $I = 0.03v + 25{,}000$ para hallar sus ingresos anuales, I, sobre la base de sus ventas totales, v. ¿Cuál es la variable independiente?

   (F) I (H) v

   (G) 0.03   (I) 25,000

3. ¿Qué expresión es equivalente a $6b - 3a + b + 2a$?

   (A) $5b - a$ (C) $7b - a$

   (B) $5b - 5a$ (D) $7b - 5a$

4. En la gráfica de la relación de la derecha, falta un punto. La relación *no* es una función. ¿Qué punto falta?

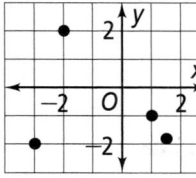

  F $(0, 0)$ **H** $(-1, 2)$

  G $(1, 1)$ **I** $(2, -2)$

5. Lindsey usa un mapa para hallar la distancia entre su casa y la casa de Juanita. En el mapa, la distancia es 2.5 pulgs. Si el mapa está a una escala de $\frac{1}{8}$ pulgs. : 1.5 mi, ¿a qué distancia de Juanita vive Lindsey?

  A 0.5 mi   **C** 4.8 mi

  B 3.75 mi   **D** 30 mi

6. Pedro corrió 2 más que $\frac{3}{4}$ de la cantidad de millas que corrió Carla. ¿Qué ecuación representa la relación entre el número de millas que corrió Pedro, p, y el número de millas que corrió Carla, c?

  F $c = \frac{3}{4}p + 2$ **H** $c = \frac{3}{4}p - 2$

  G $p = \frac{3}{4}c + 2$ **I** $p = \frac{3}{4}c - 2$

7. La expresión $C = \frac{5}{9}(F - 32)$ da la relación entre los grados Fahrenheit, F, y los grados Celsius, C. Manuel tiene un amigo por correspondencia en Europa, que le contó que la semana pasada la temperatura fue 25 °C. ¿Cuál fue la temperatura en grados Fahrenheit?

  A $-18\,°F$ **C** $77\,°F$

  B $-4\,°F$ **D** $102\,°F$

8. ¿Qué gráfica podría representar la circunferencia de un globo a medida que se desinfla?

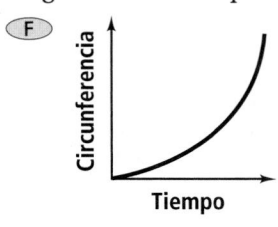

F

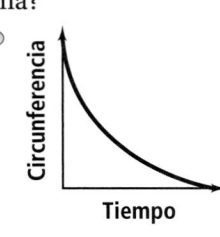

H

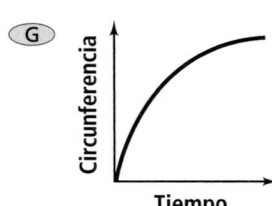

G

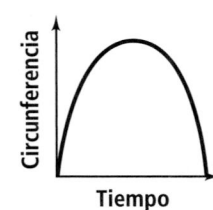

I

9. El Sr. Washington compra un galón de leche por $3.99 y algunas cajas de cereales por $4.39 cada una. Si tiene $20, ¿cuántas cajas de cereales puede comprar?

  A 3   **C** 5

  B 4   **D** 6

10. En un estudio clínico, un equipo de médicos descubrió que 3 de cada 70 personas experimentaban un efecto colateral después de tomar un remedio determinado. Este equipo predice que 63,000 personas tomarán el remedio el año próximo. ¿Cuántas personas se espera que experimenten un efecto colateral?

  F 300   **H** 2700

  G 900   **I** 21,000

11. ¿Qué ecuación puede usarse para generar la tabla de valores de la derecha?

  A $y = x + 9$

  B $y = 2x + 4$

  C $y = x + 3$

  D $y = 3x - 2$

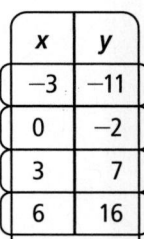

x	y
−3	−11
0	−2
3	7
6	16

12. ¿Qué recta numérica muestra la solución de la desigualdad compuesta $-5 < -2x + 7 < 15$?

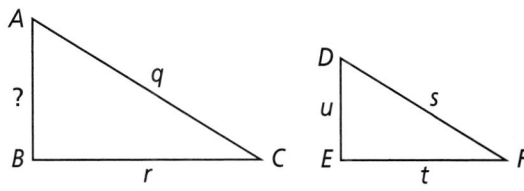

13. En el siguiente diagrama, el $\triangle ABC$ y el $\triangle DEF$ son semejantes.

A, q, ?, B, r, C, D, s, u, E, t, F

¿Qué expresión representa AB?

  A $\frac{qu}{s}$ **C** $\frac{qr}{u}$

  B $\frac{ru}{s}$ **D** $\frac{rs}{t}$

14. La suma de dos enteros impares consecutivos es 24. ¿Qué ecuación puede usarse para hallar el primer entero n?

- Ⓕ $n + 1 = 24$
- Ⓗ $2n + 1 = 24$
- Ⓖ $n + 2 = 24$
- Ⓘ $2n + 2 = 24$

15. La siguiente tabla muestra la relación entre el tiempo que dura un cubo de hielo en el sol y su peso.

Tiempo (min)	0	1	2	3	4
Peso (g)	9	8	5	2	0

¿Qué gráfica representa mejor los datos de la tabla?

Ⓐ 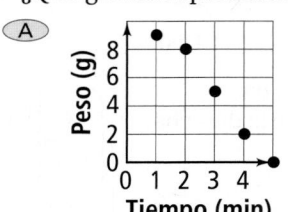 Ⓒ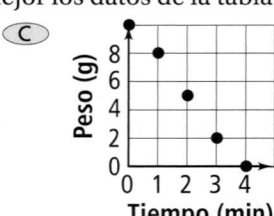

Ⓑ 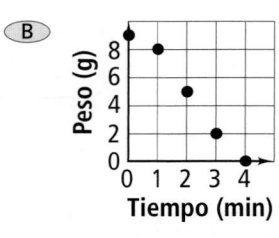 Ⓓ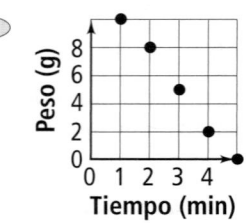

16. ¿Cuál de las siguientes situaciones se puede representar con una función lineal?

- Ⓕ la estatura de una persona según su edad
- Ⓖ el peso de una bolsa con monedas de 1¢ según el número de monedas
- Ⓗ la duración de un día según el día del año
- Ⓘ la calificación del examen según las horas que el estudiante dedicó a estudiar

RESPUESTA EN PLANTILLA

Anota tus respuestas en una plantilla.

17. Sasha enmarca una foto de 5 pulgs. por 7 pulgs. Para hacerlo, usa un marco de 3 pulgs. de ancho, como se muestra a la derecha. ¿Cuál es el área del marco en pulgadas cuadradas?

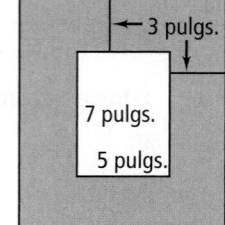

18. La suma de dos enteros consecutivos es −15. ¿Cuál es el producto de los dos enteros?

19. Max escribe un patrón numérico en el que cada número es 1 menos que el doble del número anterior. Si el primer número es 2, ¿cuál es el quinto número?

20. Los siguientes rectángulos son semejantes.

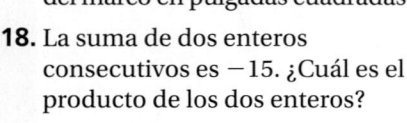

El área del rectángulo A es 180 pies^2. El área del rectángulo B es 45 pies^2. ¿Cuál es el perímetro del rectángulo B en pies?

21. Si se nada de un extremo al otro de una piscina de natación, se da una vuelta de 50 m. En una competencia de natación, Tamara nada 25 vueltas. ¿Cuántos kilómetros nada?

22. Una empresa de Internet cobra $8.95 mensuales por los primeros 3 meses de alojamiento de tu sitio web. Luego, cobra $11.95 por cada mes de alojamiento. ¿Cuánto cobrará, en dólares, por 8 meses de alojamiento?

Respuesta breve

23. Haces un viaje en avión que comienza en Seattle y termina en Boston, con una escala en Dallas. El vuelo de Seattle a Dallas dura 2 h 55 min. La escala en Dallas dura 1 h 25 min. El vuelo de Dallas a Boston dura 3 h 40 min. ¿Cuántas horas dura todo el viaje?

24. ¿Qué valores de x hacen que ambas desigualdades sean verdaderas?
$$3x < 4x + 6$$
$$2x + 1 < 15$$

Respuesta desarrollada

25. Una lavadora usa un promedio de 41 galones de agua por cada carga de ropa sucia.
- **a.** Identifica las variables independiente y dependiente en esta situación.
- **b.** Escribe la regla de una función para representar la situación.
- **c.** Supón que en un mes usaste 533 galones de agua para lavar ropa sucia. ¿Cuántas cargas de ropa sucia lavaste?

CAPÍTULO 5

¡Prepárate!

Lección 1-9   ◀ Soluciones de una ecuación con dos variables

Indica si el par ordenado dado es una solución de la ecuación.

1. $4y + 2x = 3; (1.5, 0)$ **2.** $y = 7x - 5; (0, 5)$ **3.** $y = -2x + 5; (2, 1)$

Lección 2-5   ◀ Transformar ecuaciones

Halla y para resolver cada ecuación.

4. $2y - x = 4$ **5.** $3x = y + 2$ **6.** $-2y - 2x = 4$

Lección 2-6   ◀ Comparar tasas por unidad

7. Transporte Un carro recorrió 360 km en 6 h. Un tren recorrió 400 km en 8 h. Un barco recorrió 375 km en 5 h. ¿Cuál tuvo, en promedio, la mayor velocidad?

8. Plantas Un abedul creció 2.5 pulgs. en 5 meses. Una planta de frijoles creció 8 pulgs. en 10 meses. Un rosal creció 5 pulgs. en 8 meses. ¿Cuál creció más rápido?

Lección 4-4   ◀ Representar con una gráfica la regla de una función

Haz una tabla de valores para cada regla de las siguientes funciones. Luego, representa con una gráfica cada función.

9. $f(x) = x + 3$ **10.** $f(x) = -2x$ **11.** $f(x) = x - 4$

Lección 4-7   ◀ Progresiones aritméticas

Escribe una regla para cada progresión aritmética.

12. $2, 5, 8, 11, \ldots$ **13.** $13, 10, 7, 4, \ldots$ **14.** $-3, -0.5, 2, 4.5, \ldots$

 ## Vistazo inicial al vocabulario

15. Una colina empinada tiene mayor *pendiente* que una llanura plana. ¿Qué describe la *pendiente* de una recta en una gráfica?

16. Dos calles son *paralelas* cuando van en la misma dirección y no se cruzan. ¿Qué significa en matemáticas que dos rectas son *paralelas*?

17. John estaba llevando un mensaje a la oficina del director cuando el director lo *interceptó* y se llevó el mensaje. Cuando una gráfica pasa por el eje de las *y*, tiene un *intercepto en y*. ¿Qué crees que representa un *intercepto en y* de una gráfica?

Funciones lineales

PowerAlgebra.com *

Aquí encontrarás todo lo digital.

Descarga videos que conectan las matemáticas con tu mundo.

Definiciones de matemáticas en inglés y español

Las actividades de *Solve It!* en línea te prepararán para cada lección.

Actividades interactivas! Cambia números, gráficas y cifras para explorar los conceptos de matemáticas.

Descarga problemas desarrollados paso a paso, con repetición instantánea.

Encuentra tus tareas en línea.

Práctica adicional y repaso en línea

Estos artistas están ordenados formando rectas paralelas. ¿Cómo crees que decidieron dónde pararse para formar las rectas?

¿Sabías que hay muchas maneras de describir rectas? No son solamente derechas o inclinadas. En este capítulo, aprenderás a usar el álgebra para describir rectas.

Vocabulario

Audio de vocabulario inglés/español en línea:

Español	Inglés
ecuación lineal, p. 306	linear equation
forma estándar, p. 320	standard form
forma pendiente-intercepto, p. 306	slope-intercept form
forma punto-pendiente, p. 313	point-slope form
intercepto en x, p. 320	x-intercept
intercepto en y, p. 306	y-intercept
línea de tendencia, p. 334	trend line
pendiente, p. 293	slope
rectas paralelas, p. 327	parallel lines
rectas perpendiculares, p. 328	perpendicular lines
tasa de cambio, p. 292	rate of change
variación directa, p. 299	direct variation

El contenido de PowerAlgebra.com sólo existe en inglés.

My Math Video

00:04:04

VIDEO

GRANDES ideas

1 Proporcionalidad

Pregunta esencial ¿Qué indica la pendiente de una recta acerca de la recta?

2 Funciones

Pregunta esencial ¿Qué información te da la ecuación de una recta?

3 Hacer modelos

Pregunta esencial ¿Cómo puedes hacer predicciones basándote en un diagrama de dispersión?

Primer vistazo al capítulo

5-1 **Tasa de cambio y pendiente**

5-2 **Variación directa**

5-3 **Forma pendiente-intercepto**

5-4 **Forma punto-pendiente**

5-5 **Forma estándar**

5-6 **Rectas paralelas y perpendiculares**

5-7 **Diagramas de dispersión y líneas de tendencia**

5-8 **Representar con una gráfica funciones de valor absoluto**

5-1 Tasa de cambio y pendiente

Objetivos Hallar las tasas de cambio a partir de tablas.
Hallar la pendiente.

¡Prepárate!

En la tabla se muestra la distancia horizontal y la distancia vertical hasta la base de la montaña en distintos postes a lo largo del recorrido de un telesquí. Los postes están unidos con cables. ¿Entre qué postes tiene mayor pendiente el cable? ¿Cómo lo sabes?

Antes de ir a una pista de esquí, ¡fíjate cuál es su pendiente!

Poste	Distancia horizontal	Distancia vertical
A	20	30
B	40	35
C	60	60
D	100	70

Comprensión esencial Puedes usar razones para mostrar una relación entre cantidades que cambian, como el cambio horizontal y vertical.

La **tasa de cambio** muestra la relación entre dos cantidades que cambian. Cuando una cantidad depende de la otra, se comprueba lo siguiente:

$$\text{tasa de cambio} = \frac{\text{cambio en la variable dependiente}}{\text{cambio en la variable independiente}}$$

Vocabulario de la lección
- tasa de cambio
- pendiente

Problema 1 Hallar la tasa de cambio usando una tabla

Banda estudiantil En la tabla se muestra la distancia que una banda recorre en distintos tiempos. ¿Es constante la tasa de cambio de la distancia con respecto al tiempo? ¿Qué representa la tasa de cambio?

$$\text{tasa de cambio} = \frac{\text{cambio en la distancia}}{\text{canbio en el tiempo}}$$

Calcula la tasa de cambio de una fila de la tabla a la siguiente.

$$\frac{520-260}{2-1}=\frac{260}{1} \qquad \frac{780-520}{3-2}=\frac{260}{1} \qquad \frac{1040-780}{4-3}=\frac{260}{1}$$

La tasa de cambio es constante y es igual a $\frac{260 \text{ pies}}{1 \text{ min}}$. Representa la distancia que la banda recorre por minuto.

Distancia recorrida

Tiempo (min)	Distancia (pies)
1	260
2	520
3	780
4	1040

Piensa

¿Se parece este problema a otro que hayas visto antes?
Sí. En la Lección 2-6, escribiste tasas y tasas por unidad. La tasa de cambio del Problema 1 es un ejemplo de una tasa por unidad.

 ¿Comprendiste? **1.** En el Problema 1, ¿tendrás la misma tasa de cambio si usas filas no consecutivas en la tabla? Explica tu respuesta.

Tal como se muestra a la derecha, las gráficas de los pares ordenados (tiempo, distancia) del Problema 1 se encuentran sobre una recta. La relación entre el tiempo y la distancia es lineal. Cuando los datos son lineales, la tasa de cambio es constante.

Observa también que la tasa de cambio que hallaste en el Problema 1 es la razón del cambio vertical (*distancia vertical*) al cambio horizontal (*distancia horizontal*) entre dos puntos sobre la recta. La tasa de cambio es la *pendiente* de la recta.

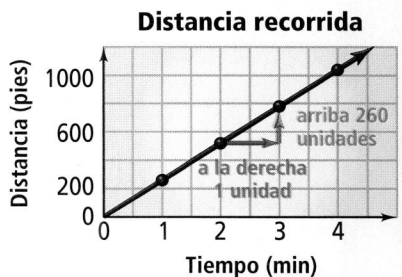

Distancia recorrida

$$\text{pendiente} = \frac{\text{cambio vertical}}{\text{cambio horizontal}} = \frac{\text{distancia vertical}}{\text{distancia horizontal}}$$

ONLINE PROBLEMS **Problema 2** **Hallar la pendiente usando una gráfica**

Planea

¿Qué necesitas para hallar la pendiente?
Tienes que hallar la distancia vertical y la distancia horizontal. Puedes usar la gráfica para contar unidades de cada distancia.

¿Cuál es la pendiente de cada recta?

A

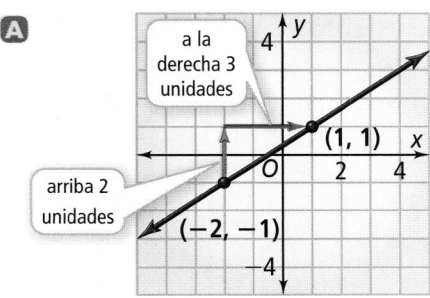

a la derecha 3 unidades

(1, 1)

arriba 2 unidades

(−2, −1)

$$\text{pendiente} = \frac{\text{distancia vertical}}{\text{distancia horizontal}}$$

$$= \frac{2}{3}$$

La pendiente de la recta es $\frac{2}{3}$.

B

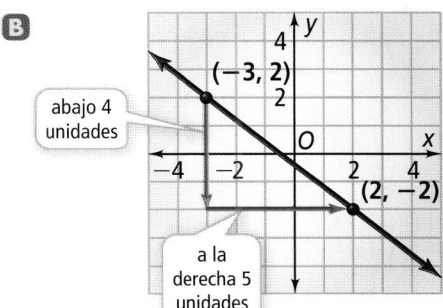

(−3, 2)

abajo 4 unidades

(2, −2)

a la derecha 5 unidades

$$\text{pendiente} = \frac{\text{distancia vertical}}{\text{distancia horizontal}}$$

$$= \frac{-4}{5} = -\frac{4}{5}$$

La pendiente de la recta es $-\frac{4}{5}$.

 ¿Comprendiste? **2.** ¿Cuál es la pendiente de cada recta en las partes (a) y (b)?

a.

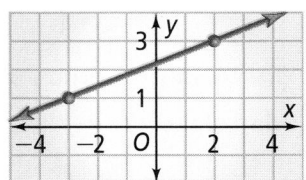

b.

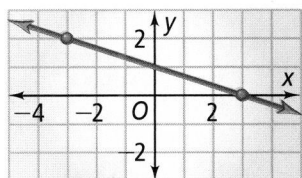

c. Razonamiento Escoge dos puntos nuevos sobre la recta de la parte (A) del Problema 2 para hallar la pendiente. ¿Obtienes la misma pendiente?

Observa que la recta de la parte (A) del Problema 2 tiene una pendiente positiva y se inclina hacia arriba de izquierda a derecha. La recta de la parte (B) del Problema 2 tiene una pendiente negativa y se inclina hacia abajo de izquierda a derecha.

Puedes usar dos puntos cualesquiera de una recta para hallar su pendiente. Usa subíndices para distinguir entre los dos puntos. En el diagrama, (x_1, y_1) son las coordenadas del punto A, y (x_2, y_2) son las coordenadas del punto B. Para hallar la pendiente de $\overleftrightarrow{AB}$, puedes usar la *fórmula de la pendiente*.

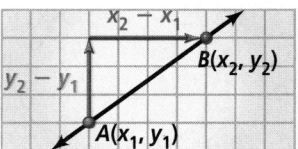

toma nota

Concepto clave   La fórmula de la pendiente

$$\text{pendiente} = \frac{\text{distancia vertical}}{\text{distancia horizontal}} = \frac{y_2 - y_1}{x_2 - x_1}, \text{ donde } x_2 - x_1 \neq 0$$

La coordenada x que uses primero en el denominador tiene que formar parte del mismo par ordenado que la coordenada y que uses primero en el numerador.

Problema 3   **Hallar la pendiente usando puntos**   RESPUESTA EN PLANTILLA

¿Cuál es la pendiente de la recta que pasa por $(-1, 0)$ y $(3, -2)$?

Planea

¿Tiene importancia qué punto es (x_1, y_1) y qué punto es (x_2, y_2)?
No. Puedes escoger cualquiera de los dos puntos en la fórmula de la pendiente como el punto (x_1, y_1). El otro punto será (x_2, y_2).

Piensa

Necesitas hallar la pendiente; por tanto, comienza con la fórmula de la pendiente.

Sustituye (x_1, y_1) por $(-1, 0)$ y (x_2, y_2) por $(3, -2)$.

Simplifica para hallar la respuesta que debes situar en la plantilla.

Escribe

$$\text{pendiente} = \frac{y_2 - y_1}{x_2 - x_1}$$

$$= \frac{-2 - 0}{3 - (-1)}$$

$$= \frac{-2}{4} = -\frac{1}{2}$$

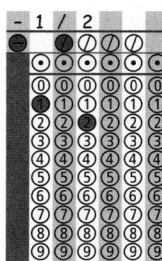

✓ **¿Comprendiste?**   **3.** ¿Cuál es la pendiente de la recta que pasa por $(1, 3)$ y $(4, -1)$?

Problema 4   **Hallar la pendiente de rectas horizontales y verticales**

¿Cuál es la pendiente de cada recta?

Piensa

¿Puedes generalizar estos resultados?
Sí. Todos los puntos en una recta horizontal tienen el mismo valor de y; por tanto, la pendiente es siempre cero. Hallar la pendiente de una recta vertical siempre implica una división por cero. La pendiente siempre es indefinida.

A

Sea $(x_1, y_1) = (-3, 2)$ y $(x_2, y_2) = (2, 2)$.

$$\text{pendiente} = \frac{y_2 - y_1}{x_2 - x_1} = \frac{2 - 2}{2 - (-3)} = \frac{0}{5} = 0$$

La pendiente de la recta horizontal es 0.

B
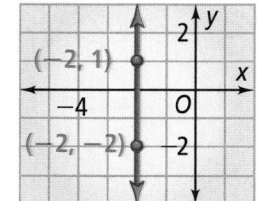

Sea $(x_1, y_1) = (-2, -2)$ y $(x_2, y_2) = (-2, 1)$.

$$\text{pendiente} = \frac{y_2 - y_1}{x_2 - x_1} = \frac{1 - (-2)}{-2 - (-2)} = \frac{3}{0}$$

La división por cero es indefinida.
La pendiente de la recta vertical es indefinida.

¿Comprendiste? **4.** ¿Cuál es la pendiente de la recta que pasa por los puntos dados?

           a. $(4, -3), (4, 2)$ **b.** $(-1, -3), (5, -3)$

La siguiente tabla resume lo que has aprendido acerca de la pendiente.

toma nota

Resumen del concepto   Pendientes de rectas

Una recta con pendiente positiva se inclina hacia arriba de izquierda a derecha.	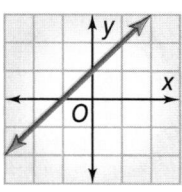	Una recta con pendiente negativa se inclina hacia abajo de izquierda a derecha.	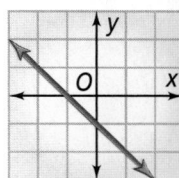
Una recta con pendiente 0 es horizontal.	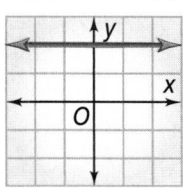	Una recta con pendiente indefinida es vertical.	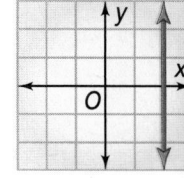

Comprobar la comprensión de la lección

¿CÓMO hacerlo?

1. ¿Es constante la tasa de cambio del precio con respecto a la cantidad de lápices comprados? Explica tu respuesta.

Costo de los lápices				
Cantidad de lápices	1	4	7	12
Costo ($)	0.25	1	1.75	3

2. ¿Cuál es la pendiente de la recta?

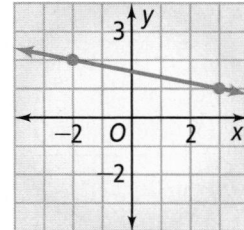

3. ¿Cuál es la pendiente de la recta que pasa por $(-1, 2)$ y $(2, -3)$?

¿Lo ENTIENDES?

4. Vocabulario ¿Qué característica de una gráfica representa la tasa de cambio? Explica tu respuesta.

5. Respuesta de desarrollo Da un ejemplo de una situación del mundo real que puedas representar con una recta horizontal. ¿Cuál es la tasa de cambio de la situación? Explica tu respuesta.

6. Comparar y contrastar ¿En qué se parece y en qué se diferencia hallar la pendiente de una recta contando las unidades de cambio vertical y horizontal en una gráfica, y hallarla con la fórmula de la pendiente?

7. Analizar errores Un estudiante calculó que la pendiente de la recta que se encuentra a la derecha es 2. Explica el error. ¿Cuál es la pendiente correcta?

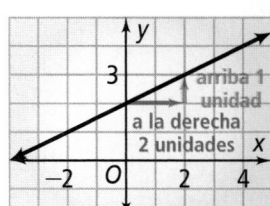

Ejercicios de práctica y resolución de problemas

 **Práctica**

Determina si cada tasa de cambio es constante. Si lo es, halla la tasa de cambio y explica qué representa.

 Ver el Problema 1.

8. Velocidad de una tortuga

Tiempo (min)	Distancia (m)
1	6
2	12
3	15
4	21

9. *Hot dogs* y panes

Hot dogs	Panes
1	1
2	2
3	3
4	4

10. Descenso de un avión

Tiempo (min)	Elevación (pies)
0	30,000
2	29,000
5	27,500
12	24,000

Halla la pendiente de cada recta.

 Ver el Problema 2.

11.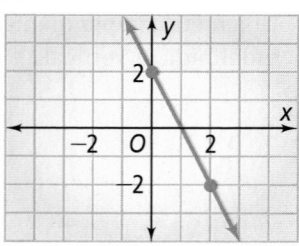

12.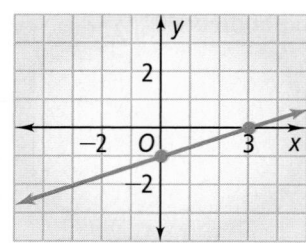

13.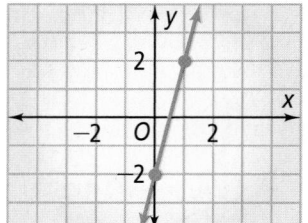

14.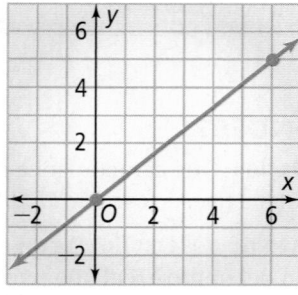

15.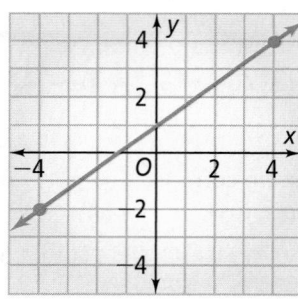

16.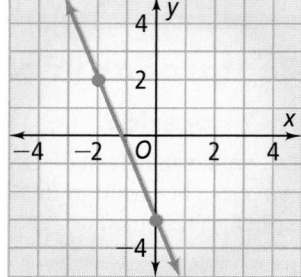

Halla la pendiente de la recta que pasa por cada par de puntos.

 Ver el Problema 3.

17. $(0, 0), (3, 3)$

18. $(1, 3), (5, 5)$

19. $(4, 4), (5, 3)$

20. $(0, -1), (2, 3)$

21. $(-6, 1), (4, 8)$

22. $(2, -3), (5, -4)$

Halla la pendiente de cada recta.

 Ver el Problema 4.

23.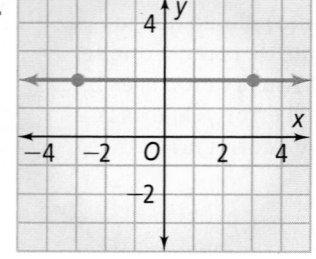

24.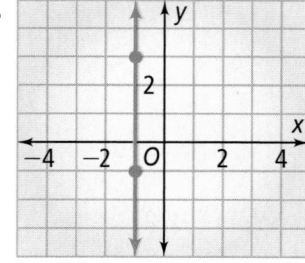

25.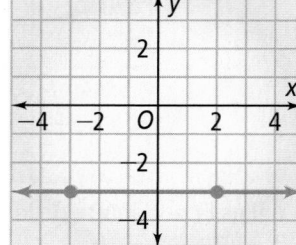

B **Aplicación** Sin representar con una gráfica, indica si la pendiente de la recta que representa cada relación lineal es *positiva*, *negativa*, *cero* o *indefinida*. Luego, halla la pendiente.

26. La longitud del recorrido de un autobús es de 4 mi en el sexto día y de 4 mi en el decimoséptimo día.

27. Una niñera gana $9 por 1 h y $36 por 4 h.

28. Un estudiante obtiene 98 en un examen por contestar una pregunta incorrectamente y 90 por contestar incorrectamente cinco preguntas.

29. El costo total de comprar cinco uniformes, incluido el costo de envío, es $66. El costo total de comprar nueve uniformes, incluido el costo de envío, es $114.

Indica cuál es la variable independiente y cuál es la variable dependiente en cada relación lineal. Luego, halla la tasa de cambio de cada situación.

30. Después de 1 h, la nieve tiene 0.02 m de profundidad; después de 3 h, tiene 0.06 m.

31. El costo de los boletos es $36 para tres personas y $84 para siete personas.

32. Después de 1 h, un carro está a 200 km de su destino y, después de 3 h, está a 80 km de su destino.

Halla la pendiente de la recta que pasa por cada par de puntos.

33. $(-2, 1), (7, 1)$

34. $(4.25, 0), (3.5, 3)$

35. $\left(-\frac{1}{2}, \frac{4}{7}\right), \left(8, \frac{4}{7}\right)$

36. $(-5, 0.124), (-5, -0.584)$

37. $(-42.25, 5.2), (3.25, 3)$

38. $\left(-2, \frac{2}{11}\right), \left(-2, \frac{7}{13}\right)$

39. Pensar en un plan La gráfica muestra las tasas de crecimiento en promedio de tres animales diferentes. ¿El crecimiento de qué animal muestra la tasa de cambio más rápida? ¿Y la más lenta?
  • ¿Cómo puedes hallar las tasas de cambio con la gráfica?
  • ¿Tus respuestas son razonables?

40. Respuesta de desarrollo Halla dos puntos que estén sobre una recta con pendiente −9.

41. Ganancias El negocio de John dio ganancias de $4500 en enero y de $8600 en marzo. ¿Cuál es la tasa de cambio de sus ganancias en este período de tiempo?

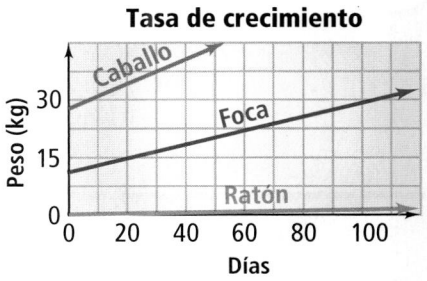

Tasa de crecimiento

Cada par de puntos está sobre una recta que tiene la pendiente dada. Halla *x* o *y*.

42. $(2, 4), (x, 8)$; pendiente $= -2$

43. $(4, 3), (5, y)$; pendiente $= 3$

44. $(2, 4), (x, 8)$; pendiente $= -\frac{1}{2}$

45. $(3, y), (1, 9)$; pendiente $= -\frac{5}{2}$

46. $(-4, y), (2, 4y)$; pendiente $= 6$

47. $(3, 5), (x, 2)$; pendiente indefinida

48. Razonamiento ¿Es verdad que una recta que tiene pendiente 1 siempre pasará por el origen? Explica tu razonamiento.

49. Progresiones aritméticas Usa la progresión aritmética 10, 15, 20, 25,...
    a. Halla la diferencia común de la progresión.
    b. Sea x = el número del término y y = el término correspondiente de la progresión. Representa con una gráfica los pares ordenados (x, y) para los ocho primeros términos de la progresión. Traza una recta que una los puntos.
    c. Razonamiento ¿Cómo se relaciona la pendiente de la recta de la parte (b) con la diferencia común de la progresión?

 **Desafío** ¿Están los puntos de cada conjunto sobre la misma recta? Explica tu respuesta.

50. $A(1, 3), B(4, 2), C(-2, 4)$ **51.** $G(3, 5), H(-1, 3), I(7, 7)$ **52.** $D(-2, 3), E(0, -1), F(2, 1)$

53. $P(4, 2), Q(-3, 2), R(2, 5)$ **54.** $G(1, -2), H(-1, -5), I(5, 4)$ **55.** $S(-3, 4), T(0, 2), X(-3, 0)$

Halla la pendiente de la recta que pasa por cada par de puntos.

56. $(a, -b), (-a, -b)$ **57.** $(-m, n), (3m, -n)$ **58.** $(2a, b), (c, 2d)$

Preparación para el examen estandarizado

SAT/ACT

59. La pendiente de una recta es $\frac{4}{3}$. ¿Por qué puntos podría pasar esta recta?

    Ⓐ $(24, 19), (8, 10)$ Ⓑ $(10, 8), (16, 0)$ Ⓒ $(28, 10), (22, 2)$ Ⓓ $(4, 20), (0, 17)$

60. Sea $\{-5, 0, 10\}$ el dominio de la función $f(x) = \frac{1}{5}x - 12$. ¿Cuál es el rango?

    Ⓕ $\{-5, 0, 10\}$ Ⓖ $\{0, 12, 13\}$ Ⓗ $\{-13, -12, -11\}$ Ⓘ $\{-13, -12, -10\}$

Respuesta desarrollada

61. El perímetro del rectángulo de la derecha mide menos de 30 pulgs. y más de 20 pulgs.
    a. ¿Qué desigualdad representa la situación?
    b. ¿Qué gráfica representa todos los valores posibles de x?
    c. ¿Qué gráfica representa todos los posibles perímetros del triángulo?

6 pulgs.

$(x + 2)$ pulgs.

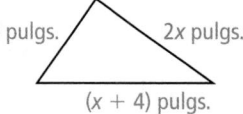

6 pulgs.   2x pulgs.

$(x + 4)$ pulgs.

Repaso mixto

Halla el segundo, el cuarto y el décimo término de cada progresión.   ◀ **Ver la Lección 4-7.**

62. $A(n) = 3 + (n - 1)(2)$ **63.** $A(n) = -5 + (n - 1)(6)$ **64.** $A(n) = 12 + (n - 1)(3)$

Halla cada unión o intersección. Sean $A = \{1, 2, 3, 4\}, B = \{2, 4, 6, 8, 10\}$ **y**   ◀ **Ver la Lección 3-8.**
$C = \{3, 5, 7, 8\}$.

65. $A \cap B$ **66.** $A \cap C$ **67.** $B \cap C$ **68.** $B \cup C$ **69.** $A \cup C$

¡Prepárate!   **Antes de la Lección 5-2, haz los Ejercicios 70 a 74.**

Resuelve cada proporción.   ◀ **Ver la Lección 2-7.**

70. $\frac{5}{8} = \frac{x}{12}$ **71.** $\frac{-4}{9} = \frac{n}{-45}$ **72.** $\frac{y}{3} = \frac{25}{15}$ **73.** $\frac{7}{n} = \frac{-35}{50}$ **74.** $\frac{14}{18} = \frac{63}{n}$

Variación directa

Objetivo Escribir y representar con una gráfica la ecuación de una variación directa.

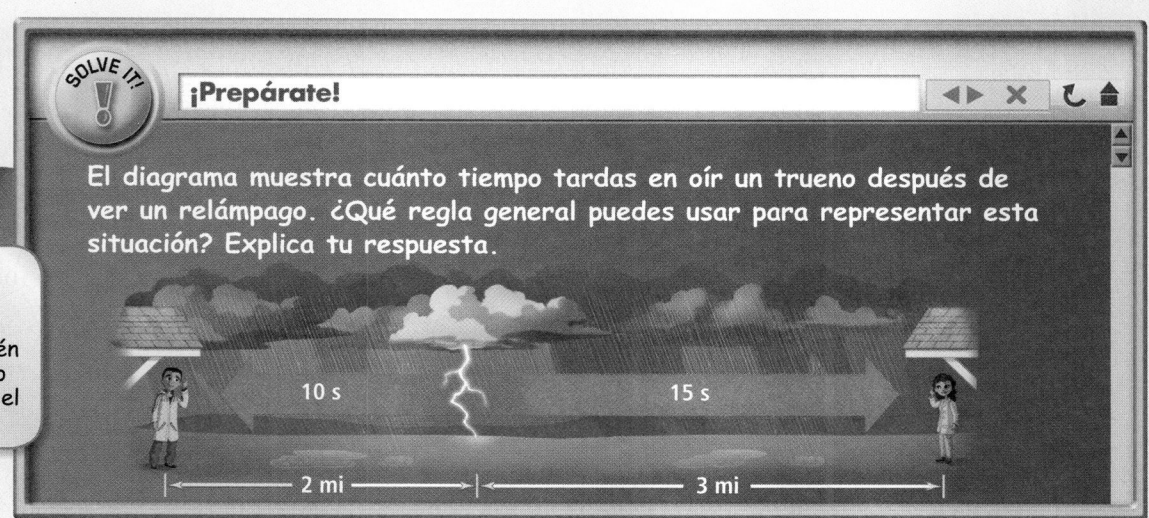

SOLVE IT!

¡Prepárate!

El diagrama muestra cuánto tiempo tardas en oír un trueno después de ver un relámpago. ¿Qué regla general puedes usar para representar esta situación? Explica tu respuesta.

10 s   15 s

|← 2 mi →| |← 3 mi →|

A medida que aumenta tu distancia del relámpago, también aumenta el tiempo que tardas en oír el trueno.

Actividades dinámicas
Variación directa

El tiempo que se tarda en escuchar el trueno *varía directamente con* la distancia a la que se está del relámpago.

Comprensión esencial Si la razón de dos variables es constante, entonces las variables tienen una relación especial llamada *variación directa*.

Vocabulario de la lección
• variación directa
• constante de variación en variaciones directas

Una **variación directa** es una relación que se puede representar mediante una función como $y = kx$, donde $k \neq 0$. La **constante de variación en variaciones directas** k es el coeficiente de x. Al dividir cada lado de $y = kx$ por x, puedes ver que la razón de las variables es constante: $\frac{y}{x} = k$.

Para determinar si una ecuación representa una variación directa, halla el valor de y. Si puedes escribir la ecuación en la forma $y = kx$, donde $k \neq 0$, representa una variación directa.

Piensa

¿Se parecen estas ecuaciones a otras que hayas visto antes?
Sí. Tienen dos variables, por lo que son ecuaciones literales. Para determinar si son ecuaciones de variación directa, halla el valor de y.

ONLINE PROBLEMS

Problema 1 Identificar una variación directa

¿La ecuación representa una variación directa? Si es así, halla la constante de variación.

A $7y = 2x$

$y = \frac{2}{7}x$ ← Halla y para resolver cada ecuación. →

La ecuación tiene la forma $y = kx$; por tanto, la ecuación es una variación directa. La constante de variación es $\frac{2}{7}$.

B $3y + 4x = 8$

$3y = 8 - 4x$

$y = \frac{8}{3} - \frac{4}{3}x$

No puedes escribir la ecuación en la forma $y = kx$. No es una variación directa.

¿Comprendiste? **1.** ¿Representa $4x + 5y = 0$ una variación directa? Si es así, halla la constante de variación.

Para escribir una ecuación para una variación directa, halla primero la constante de variación k con un par ordenado distinto de $(0, 0)$, que sepas que es una solución de la ecuación.

 Problema 2 **Escribir una ecuación de variación directa**

Supón que y varía directamente con x y que $y = 35$ cuando $x = 5$. ¿Qué ecuación de variación directa relaciona x y y? ¿Cuál es el valor de y cuando $x = 9$?

$y = kx$	Comienza con la forma de función de una variación directa.
$35 = k(5)$	Sustituye x por 5 y y por 35.
$7 = k$	Divide cada lado por 5 para hallar el valor de k.
$y = 7x$	Escribe una ecuación. Sustituye k por 7 en $y = kx$.

La ecuación $y = 7x$ relaciona x y y. Cuando $x = 9$, $y = 7(9)$, ó 63.

Piensa

Asegúrate de no terminar en $7 = k$. Para escribir la ecuación de variación directa, tienes que sustituir k por 7 en $y = kx$.

 ¿Comprendiste? **2.** Supón que y varía directamente con x y que $y = 10$ cuando $x = -2$. ¿Qué ecuación de variación directa relaciona x y y? ¿Cuál es el valor de y cuando $x = -15$?

 Problema 3 **Representar con una gráfica una variación directa**

Exploración del espacio El peso en Marte y varía directamente con el peso en la Tierra x. Se muestran los pesos, en la Tierra y en Marte, de los instrumentos científicos a bordo de la sonda *Phoenix Mars Lander*.

Peso en Marte
50 lb

Peso en la Tierra
130 lb

A **¿Qué ecuación relaciona el peso en la Tierra x y el peso en Marte y, en libras?**

$y = kx$	Comienza con la forma de función de una variación directa.
$50 = k(130)$	Sustituye x por 130 y y por 50.
$0.38 \approx k$	Divide cada lado por 130 para hallar el valor de k.
$y = 0.38x$	Escribe una ecuación. Sustituye k por 0.38 en $y = kx$.

La ecuación $y = 0.38x$ da el peso y en Marte, en libras, de un objeto que pesa x libras en la Tierra.

B **¿Cuál es la gráfica de la ecuación en la parte (A)?**

Haz una tabla de valores. Luego, dibuja la gráfica.

Piensa

¿Representaste con una gráfica ecuaciones como $y = 0.38x$ anteriormente?
Sí. En el Capítulo 4, hiciste una tabla de valores y marcaste puntos para representar con una gráfica funciones lineales.

x	y
0	$0.38(0) = 0$
50	$0.38(50) = 19$
100	$0.38(100) = 38$
150	$0.38(150) = 57$

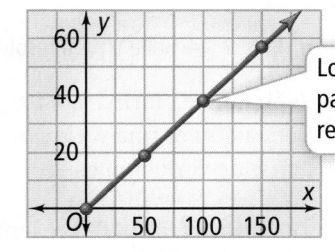

Los puntos forman un patrón lineal. Traza una recta que los una.

¿Comprendiste? **3. a.** El peso en la Luna y varía directamente con respecto al peso en la Tierra x. Una persona que pesa 100 lb en la Tierra pesa 16.6 lb en la Luna. ¿Qué ecuación relaciona el peso en la Tierra x y el peso en la Luna y? ¿Cuál es la gráfica de esa ecuación?

b. **Razonamiento** ¿Cuál es la pendiente de la gráfica de $y = 0.38x$ del Problema 3? ¿Cómo se relaciona la pendiente con la ecuación?

 toma nota

Resumen del concepto   Gráficas de variaciones directas

La gráfica de una ecuación de variación directa $y = kx$ es una recta con las siguientes propiedades:
- La recta pasa por $(0, 0)$.
- La pendiente de la recta es k.

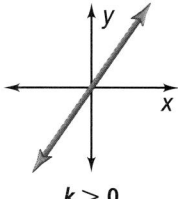 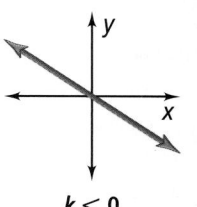

$k > 0$ $k < 0$

Puedes volver a escribir una ecuación de variación directa $y = kx$ en la forma $\frac{y}{x} = k$. Cuando un conjunto de pares de datos (x, y) varían directamente, $\frac{y}{x}$ es la constante de variación. Es igual para todos los pares de datos.

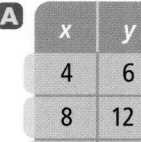 **Problema 4**   **Escribir una variación directa a partir de una tabla**

¿Varía directamente y con x para los datos de las tablas? Si es así, escribe una ecuación para la variación directa.

A

x	y
4	6
8	12
10	15

B

x	y
−2	3.2
1	2.4
4	1.6

Halla $\frac{y}{x}$ para cada par ordenado.

$\frac{6}{4} = 1.5$ $\frac{12}{8} = 1.5$ $\frac{15}{10} = 1.5$

La razón $\frac{y}{x} = 1.5$ es la misma para cada par ordenado. Por tanto, y varía directamente con x. La ecuación de variación directa es $y = 1.5x$.

Halla $\frac{y}{x}$ para cada par ordenado.

$\frac{3.2}{-2} = -1.6$ $\frac{2.4}{1} = 2.4$ $\frac{1.6}{4} = 0.4$

La razón $\frac{y}{x}$ no es la misma para cada par ordenado. Por tanto, y no varía directamente con x.

Planea

¿Cómo puedes comprobar tu respuesta?
Representa gráficamente los pares ordenados en el plano de coordenadas. Si los puedes unir con una recta que pase por $(0, 0)$, entonces y varía directamente con respecto a x.

 **¿Comprendiste?** **4.** ¿Varía directamente y con x para los datos de la tabla de la derecha? Si es así, escribe una ecuación para la variación directa.

x	y
−3	2.25
1	−0.75
4	−3

Comprobar la comprensión de la lección

¿CÓMO hacerlo?

1. ¿La ecuación $6y = 18x$ representa una variación directa? Si es así, ¿cuál es la constante de variación?

2. Supón que y varía directamente con x, y que $y = 30$ cuando $x = 3$. ¿Qué ecuación de variación directa relaciona x y y?

3. Una receta lleva 1 taza de harina para hacer 12 pastelitos. La cantidad de pastelitos que se pueden hacer varía directamente con la cantidad de harina que se usa. Tienes $2\frac{1}{2}$ tazas de harina. ¿Cuántos pastelitos puedes hacer?

4. ¿Varía directamente y con respecto a x? Si es así, ¿qué ecuación representa la variación directa?

x	y
−2	1
2	−1
4	−2

¿Lo ENTIENDES?

Vocabulario Determina si cada enunciado es verdadero *siempre, a veces* o *nunca*.

5. El par ordenado $(0, 0)$ es una solución de la ecuación de variación directa $y = kx$.

6. Puedes escribir una variación directa como $y = k + x$, donde $k \neq 0$.

7. La constante de variación para una variación directa representada por $y = kx$ es $\frac{y}{x}$.

8. **Razonamiento** Supón que q varía directamente con p. ¿Significa esto que p varía directamente con q? Explica tu respuesta.

Ejercicios de práctica y resolución de problemas

A Práctica

Determina si cada ecuación representa una variación directa. Si es así, halla la constante de variación.

◀ Ver el Problema 1.

9. $2y = 5x + 1$

10. $8x + 9y = 10$

11. $-12x = 6y$

12. $y + 8 = -x$

13. $-4 + 7x + 4 = 3y$

14. $0.7x - 1.4y = 0$

Supón que y varía directamente con x. Escribe una ecuación de variación directa que relacione x y y. Luego, halla el valor de y cuando $x = 12$.

◀ Ver el Problema 2.

15. $y = -10$ cuando $x = 2$.

16. $y = 7\frac{1}{2}$ cuando $x = 3$.

17. $y = 5$ cuando $x = 2$.

18. $y = 125$ cuando $x = -5$.

19. $y = 10.4$ cuando $x = 4$.

20. $y = 9\frac{1}{3}$ cuando $x = -\frac{1}{2}$.

Representa con una gráfica cada ecuación de variación directa.

◀ Ver el Problema 3.

21. $y = 2x$

22. $y = \frac{1}{3}x$

23. $y = -x$

24. $y = -\frac{1}{2}x$

25. **Tiempo de viaje** La distancia d que recorres en bicicleta varía directamente con la cantidad de tiempo t que andas en bicicleta. Supón que recorres 13.2 mi en 1.25 h. ¿Qué ecuación relaciona d y t? ¿Qué gráfica representa la ecuación?

26. **Geometría** El perímetro p de un hexágono regular varía directamente con la longitud ℓ de un lado del hexágono. ¿Qué ecuación relaciona p y ℓ? ¿Qué gráfica representa la ecuación?

Indica si _y_ varía directamente con _x_ para los datos de cada tabla. Si es así, escribe una ecuación para la variación directa.

◀ Ver el Problema 4.

27.

x	y
−6	9
1	−1.5
8	−12

28.

x	y
3	5.4
7	12.6
12	21.6

29.

x	y
−2	1
3	6
8	11

Ⓑ Aplicación   **Supón que _y_ varía directamente con _x_. Escribe una ecuación de variación directa que relacione _x_ y _y_. Luego, representa con una gráfica la ecuación.**

30. $y = \frac{1}{2}$ cuando $x = 3$.   **31.** $y = -5$ cuando $x = \frac{1}{4}$.

32. $y = \frac{6}{5}$ cuando $x = -\frac{5}{6}$.   **33.** $y = 7.2$ cuando $x = 1.2$.

34. Pensar en un plan La cantidad de sangre en el cuerpo de una persona varía directamente con el peso corporal. Una persona que pesa 160 lb tiene aproximadamente 4.6 ctos. de sangre. Aproximadamente, ¿cuántos cuartos de sangre hay en el cuerpo de una persona que pesa 175 lb?
- ¿Cómo puedes hallar la constante de variación?
- ¿Puedes escribir una ecuación que relacione cuartos de sangre con peso?
- ¿Cómo puedes usar la ecuación para determinar la solución?

35. Electricidad La ley de Ohm, $V = I \times R$, relaciona el voltaje, la corriente y la resistencia de un circuito. _V_ es el voltaje medido en voltios, _I_ es la corriente medida en amperes, _R_ es la resistencia medida en ohmios.
a. Halla el voltaje de un circuito con una corriente de 24 amperes y una resistencia de 2 ohmios.
b. Halla la resistencia de un circuito con una corriente de 24 amperes y un voltaje de 18 voltios.

Razonamiento Indica si las dos cantidades varían directamente. Explica tu razonamiento.

36. la cantidad de onzas de cereal y la cantidad de calorías que contiene el cereal

37. el tiempo que lleva recorrer cierta distancia y la velocidad a la que viajas

38. el perímetro de un cuadrado y la longitud de los lados del cuadrado

39. la cantidad de dinero que te queda y la cantidad de artículos que compras

40. a. Representa con una gráfica las siguientes ecuaciones de variación directa en el mismo plano de coordenadas:
$y = x, y = 2x, y = 3x$ y $y = 4x$.
b. Buscar un patrón Describe cómo cambian las gráficas a medida que aumenta la constante de variación.
c. Predice cómo será la gráfica de $y = \frac{1}{2}x$.

41. Analizar errores Usa la tabla de la derecha. Un estudiante dijo que _y_ varía directamente con _x_ porque a medida que _x_ aumenta 1, _y_ también aumenta 1. Explica el error del estudiante.

x	y
0	3
1	4
2	5

42. Escribir Supón que _y_ varía directamente con _x_. Explica cómo cambia el valor de _y_ en cada situación.
a. Se duplica el valor de _x_.   **b.** Se reduce a la mitad el valor de _x_.

43. Física La fuerza que tienes que aplicar a una palanca varía directamente con el peso que deseas levantar. Supón que para levantar un peso de 50 lb tienes que aplicar una fuerza de 20 lb a una determinada palanca.

   a. ¿Cuál es la razón de fuerza a peso de la palanca?

   b. Escribe una ecuación que relacione fuerza y peso. ¿Qué fuerza necesitas para levantar a un amigo que pesa 130 lb?

 **Desafío**   **Los pares ordenados de cada ejercicio son para la misma variación directa. Halla cada uno de los valores faltantes.**

44. $(3, 4)$ y $(9, y)$

45. $(1, y)$ y $\left(\frac{3}{2}, -9\right)$

46. $(-5, 3)$ y $(x, -4.8)$

47. Rendimiento de gasolina Un carro recorre 32 mi por cada galón. La cantidad de galones g de gasolina que usa varía directamente con la cantidad de millas m que recorre.

   a. Supón que el precio de la gasolina es \$3.85 por galón. Escribe una función que dé el costo c de g galones de gasolina. ¿Es una variación directa? Explica tu razonamiento.

   b. Escribe una ecuación de variación directa que relacione el costo de la gasolina con las millas recorridas.

   c. ¿Cuánto costará comprar gasolina para un viaje de 240 mi?

Preparación para el examen estandarizado

RESPUESTA EN PLANTILLA

SAT/ACT

48. El precio p que pagas varía directamente con la cantidad de lápices que compras. Supón que compras 3 lápices por \$.51. ¿Cuánto cuesta cada lápiz, en dólares?

49. Una motoneta puede recorrer 72 mi por cada galón de gasolina y tiene capacidad para 2.3 gals. La función $d(x) = 72x$ representa la distancia $d(x)$, en millas, que puede recorrer la motoneta con x galones de gasolina. ¿Cuántas millas puede recorrer la motoneta con el tanque lleno de gasolina?

50. La tabla de la derecha muestra la cantidad de horas que un dependiente trabaja por semana y la cantidad de dinero que gana, antes de que le deduzcan los impuestos. Si trabaja 34 h por semana, ¿cuánto dinero ganará, en dólares?

Sueldo semanal

Tiempo (h)	Sueldo (\$)
12	99.00
17	140.25
21	173.25
32	264.00

51. ¿Cuál es el mayor valor en el rango de $y = x^2 - 3$ para el dominio $\{-3, 0, 1\}$?

Repaso mixto

Halla la pendiente de la recta que pasa por cada par de puntos.   ◀ Ver la Lección 5-1.

52. $(2, 4), (0, 2)$

53. $(5, 8), (-5, 8)$

54. $(0, 0), (3, 18)$

55. $(1, -2), (-2, 3)$

¡Prepárate!   **Antes de la Lección 5-3, haz los Ejercicios 56 a 59.**

Evalúa cada expresión.   ◀ Ver la Lección 1-2.

56. $6a + 3$ cuando $a = 2$

57. $-2x - 5$ cuando $x = 3$

58. $\frac{1}{4}x + 2$ cuando $x = 16$

59. $8 - 5n$ cuando $n = 3$

Investigar
$$y = mx + b$$

Puedes usar una calculadora gráfica para explorar la gráfica de una ecuación en la forma $y = mx + b$. Para hacer esta actividad, presiona (zoom) 6 para escoger la pantalla estándar.

1. Representa con una gráfica las siguientes ecuaciones en la misma pantalla. Luego, completa cada enunciado.

$$y = x + 3 \qquad\qquad y = 2x + 3 \qquad\qquad y = \frac{1}{2}x + 3$$

    a. La gráfica de __?__ tiene la mayor pendiente.

    b. La gráfica de __?__ tiene la menor pendiente.

2. Une cada ecuación con la gráfica que la represente mejor.

    A. $y = \frac{1}{4}x - 2$ **B.** $y = 4x - 2$ **C.** $y = x - 2$

    I. 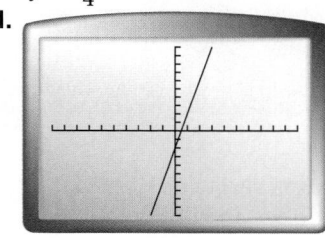   **II.** 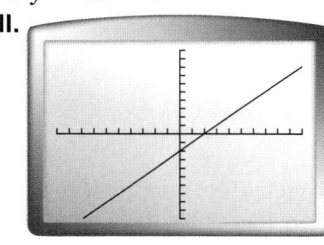   **III.**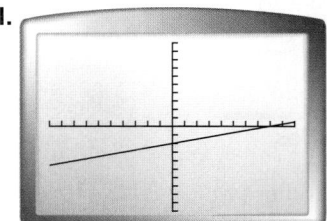

3. Representa con una gráfica las siguientes ecuaciones en la misma pantalla.

$$y = 2x + 3 \qquad\qquad y = -2x + 3$$

¿Cómo afecta a la gráfica de la ecuación el signo de m?

4. Razonamiento ¿Cómo afecta a la gráfica de una ecuación en la forma $y = mx + b$ que se cambie el valor de m?

5. Representa con una gráfica las siguientes ecuaciones en la misma pantalla.

$$y = 2x + 3 \qquad\qquad y = 2x - 3 \qquad\qquad y = 2x + 2$$

¿Dónde cruza la gráfica de cada ecuación el eje de las y? (*Pista:* Usa la función **ZOOM** para ver mejor los puntos de intersección).

6. Une cada ecuación con la gráfica que la represente mejor.

    A. $y = \frac{1}{3}x - 3$ **B.** $y = \frac{1}{3}x + 1$ **C.** $y = \frac{1}{3}x$

    I. 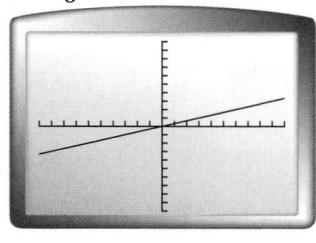   **II.** 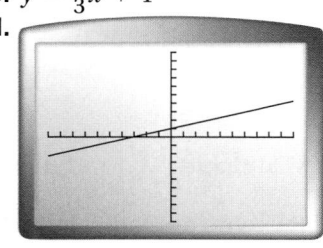   **III.**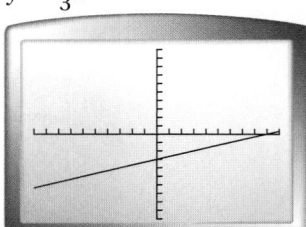

7. Razonamiento ¿Cómo afecta a la gráfica de una ecuación en la forma $y = mx + b$ que se cambie el valor de b?

5-3 Forma pendiente-intercepto

Objetivos Escribir ecuaciones lineales usando la forma pendiente-intercepto.
Representar con una gráfica ecuaciones lineales en la forma pendiente-intercepto.

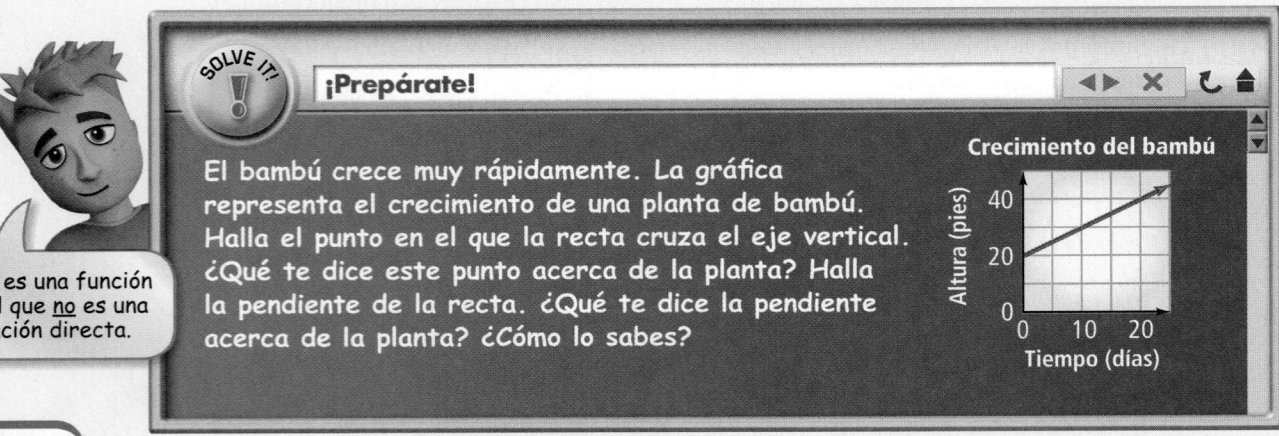

SOLVE IT!

¡Prepárate!

El bambú crece muy rápidamente. La gráfica representa el crecimiento de una planta de bambú. Halla el punto en el que la recta cruza el eje vertical. ¿Qué te dice este punto acerca de la planta? Halla la pendiente de la recta. ¿Qué te dice la pendiente acerca de la planta? ¿Cómo lo sabes?

Crecimiento del bambú

Ésta es una función lineal que <u>no</u> es una variación directa.

Actividades dinámicas
Forma pendiente-intercepto de una recta

Vocabulario de la lección
• función madre
• función madre lineal
• ecuación lineal
• intercepto en y
• forma pendiente-intercepto

La función de la sección *Solve It!* es una función lineal pero no una variación directa. Las variaciones directas son sólo parte de la familia de las funciones lineales.

Una familia de funciones es un grupo de funciones que tienen características comunes. Una **función madre** es la función más simple con estas características. La **función madre lineal** es $y = x$ ó $f(x) = x$. A la derecha se muestran las gráficas de tres funciones lineales.

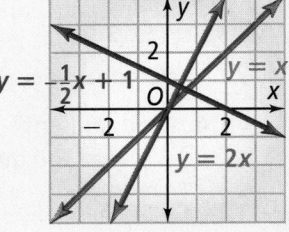

$y = -\frac{1}{2}x + 1$, $y = x$, $y = 2x$

Una **ecuación lineal** es una ecuación que representa una función lineal. En una ecuación lineal, las variables no se pueden elevar a una potencia distinta de 1. Por tanto, $y = 2x$ es una ecuación lineal, pero $y = x^2$ y $y = 2^x$ no lo son. La gráfica de una ecuación lineal contiene todos los pares ordenados que son soluciones de la ecuación.

Las gráficas de las funciones lineales pueden cruzar el eje de las y en cualquier punto. Un **intercepto en y** de una gráfica es la coordenada y de un punto en el que la gráfica cruza el eje de las y.

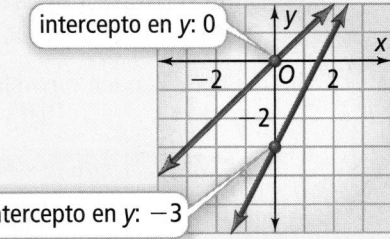

intercepto en y: 0

intercepto en y: −3

Comprensión esencial Puedes usar la pendiente y el intercepto en y de una recta para escribir y representar con una gráfica una ecuación de la recta.

toma nota

Concepto clave Forma pendiente-intercepto de una ecuación lineal

La **forma pendiente-intercepto** de una ecuación lineal para una recta no vertical es
$$y = mx + b.$$
↑ pendiente ↑ intercepto en y

Problema 1 **Identificar la pendiente y el intercepto en y**

¿Cuáles son la pendiente y el intercepto en y de la gráfica de $y = 5x - 2$?

$y = mx + b$ Usa la forma pendiente-intercepto.

pendiente · intercepto en y

$y = 5x + (-2)$ Piensa en $y = 5x - 2$ como $y = 5x + (-2)$.

La pendiente es 5; el intercepto en y es −2.

 ¿Comprendiste? **1. a.** ¿Cuáles son la pendiente y el intercepto en y de la gráfica de $y = -\frac{1}{2}x + \frac{2}{3}$?

b. Razonamiento ¿Cómo cambiarán la gráfica y la ecuación de la recta de la parte (a) si el intercepto en y se mueve 3 unidades hacia abajo?

 Problema 2 **Escribir una ecuación en la forma pendiente-intercepto**

¿Cuál es una ecuación de la recta con pendiente $-\frac{4}{5}$ e intercepto en y 7?

$y = mx + b$ Usa la forma pendiente-intercepto.

$y = -\frac{4}{5}x + 7$ Sustituye m por $-\frac{4}{5}$ y b por 7.

Una ecuación para la recta es $y = -\frac{4}{5}x + 7$.

 ¿Comprendiste? **2.** ¿Cuál es una ecuación para la recta con pendiente $\frac{3}{2}$ e intercepto en y −1?

Problema 3 **Escribir una ecuación a partir de una gráfica**

Opción múltiple ¿Qué ecuación representa la recta que se muestra?

Ⓐ $y = -2x + 1$ Ⓒ $y = \frac{1}{2}x - 2$

Ⓑ $y = 2x + 1$ Ⓓ $y = 2x - 2$

Halla la pendiente. Dos puntos de la recta son (0, −2) y (2, 2).

pendiente $= \dfrac{2 - (-2)}{2 - 0} = \dfrac{4}{2} = 2$

El intercepto en y es −2. Escribe una ecuación en la forma pendiente-intercepto.

$y = mx + b$

$y = 2x + (-2)$ Sustituye m por 2 y b por −2.

Una ecuación para la recta es $y = 2x - 2$. La respuesta correcta es D.

 ¿Comprendiste? **3. a.** ¿Cuál es una ecuación para la recta que se muestra a la derecha?

b. Razonamiento ¿La ecuación de la recta depende de los puntos que usaste para hallar la pendiente? Explica tu respuesta.

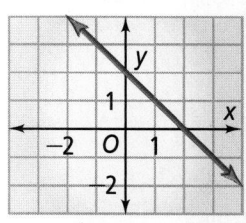

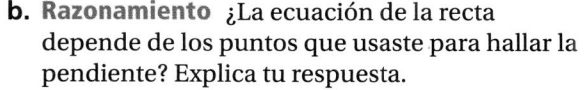

Problema 4 Escribir una ecuación a partir de dos puntos

¿Qué ecuación en la forma pendiente-intercepto representa la recta que pasa por los puntos $(2, 1)$ y $(5, -8)$?

Lo que sabes
La recta pasa por $(2, 1)$ y $(5, -8)$.

Lo que necesitas
Una ecuación de la recta

Planea
Usa los dos puntos para hallar la pendiente. Luego, usa la pendiente y un punto para hallar el intercepto en y.

Piensa

¿Puedes usar cualquiera de los puntos para hallar el intercepto en *y*?
Sí. Puedes sustituir la pendiente y las coordenadas de cualquier punto de la recta en la forma $y = mx + b$ y hallar el valor de b.

Paso 1 Usa los dos puntos para hallar la pendiente.

$$\text{pendiente} = \frac{-8 - 1}{5 - 2} = \frac{-9}{3} = -3$$

Paso 2 Usa la pendiente y las coordenadas de uno de los puntos para hallar b.

$y = mx + b$ Usa la forma pendiente-intercepto.

$1 = -3(2) + b$ Sustituye m por -3, x por 2 y y por 1.

$7 = b$ Resuelve para hallar el valor de b.

Paso 3 Sustituye la pendiente y el intercepto en y en la forma pendiente-intercepto.

$y = mx + b$ Usa la forma pendiente-intercepto.

$y = -3x + 7$ Sustituye m por -3 y b por 7.

Una ecuación de la recta es $y = -3x + 7$.

 ¿Comprendiste? **4.** ¿Qué ecuación en la forma pendiente-intercepto representa la recta que pasa por los puntos $(3, -2)$ y $(1, -3)$?

Puedes usar la pendiente y el intercepto en y de una ecuación para representar una recta con una gráfica.

Planea

¿Qué información puedes usar?
La pendiente te dice la razón del cambio vertical al cambio horizontal. Marca el intercepto en y. Luego, usa la pendiente para marcar otro punto en la recta.

Problema 5 Representar con una gráfica una ecuación lineal

¿Cuál es la gráfica de $y = 2x - 1$?

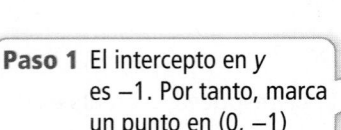

Paso 2 La pendiente es 2, ó $\frac{2}{1}$. Mueve 2 unidades hacia arriba y 1 unidad hacia la derecha. Marca otro punto.

Paso 1 El intercepto en y es -1. Por tanto, marca un punto en $(0, -1)$

Paso 3 Traza una recta que pase por los dos puntos.

 ¿Comprendiste? **5.** ¿Cuál es la gráfica de cada ecuación lineal?

    a. $y = -3x + 4$ **b.** $y = 4x - 8$

La forma pendiente-intercepto es útil para representar situaciones del mundo real en las que se tiene un valor inicial (el intercepto en *y*) y una tasa de cambio (la pendiente).

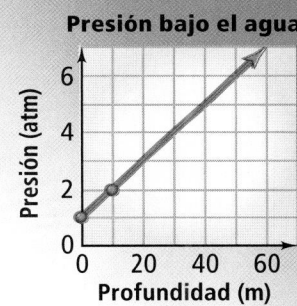

A 0 metros, la presión es 1 atm.

 Problema 6 **Representar una función**

Física **La presión del agua se puede medir en atmósferas (atm). Usa la información del diagrama para escribir una ecuación que represente la presión *y* a una profundidad de *x* metros. ¿Qué gráfica representa la presión?**

Piensa

¿Cómo identificas el intercepto en *y*?
El intercepto en *y* es el valor de *y* cuando $x = 0$. Por tanto, el intercepto en *y* es la presión a una profundidad de 0 m. Éste es el valor inicial, 1 atm.

Paso 1 Identifica la pendiente y el intercepto en *y*.

La pendiente es la tasa de cambio, 0.1 atm/m.

El intercepto en *y* es el valor inicial, 1 atm.

Paso 2 Sustituye la pendiente y el intercepto en *y* en la forma pendiente-intercepto.

$y = mx + b$ Usa la forma pendiente-intercepto.

$y = 0.1x + 1$ Sustituye *m* por 0.1 y *b* por 1.

La presión aumenta 0.1 atm/m.

Paso 3 Representa con una gráfica la ecuación.

El intercepto en *y* es 1. Marca el punto (0, 1).

La pendiente es 0.1, que es igual a $\frac{1}{10}$. Marca un segundo punto 1 unidad hacia arriba del intercepto en *y* y 10 unidades hacia la derecha. Luego, traza una recta que pase por los dos puntos.

Presión bajo el agua

 ¿Comprendiste? **6.** Un fontanero cobra una tarifa de $65 por una reparación, más $35 por hora. Escribe una ecuación que represente el costo total *y* de una reparación que lleva *x* horas. ¿Qué gráfica representa el costo total?

Comprobar la comprensión de la lección

¿CÓMO hacerlo?

1. ¿Cuál es una ecuación de la recta que tiene pendiente 6 e intercepto en *y* −4?

2. ¿Qué ecuación en forma pendiente-intercepto representa la recta que pasa por los puntos $(-3, 4)$ y $(2, -1)$?

3. ¿Cuál es la gráfica de $y = 5x + 2$?

¿Lo ENTIENDES?

4. Vocabulario ¿Es $y = 5$ una ecuación lineal? Explica tu respuesta.

5. Razonamiento ¿Es *siempre, a veces* o *nunca* verdadero que una ecuación en forma pendiente-intercepto representa una variación directa? Justifica tu respuesta con ejemplos.

6. Escribir Describe dos métodos diferentes que puedes usar para representar con una gráfica la ecuación $y = 2x + 4$. ¿Qué método prefieres? Explica tu respuesta.

Ejercicios de práctica y resolución de problemas

 **Práctica**

Halla la pendiente y el intercepto en *y* de la gráfica de cada ecuación.

◀ Ver el Problema 1.

7. $y = 3x + 1$

8. $y = -x + 4$

9. $y = 2x - 5$

10. $y = -3x + 2$

11. $y = 5x - 3$

12. $y = -6x$

13. $y = 4$

14. $y = -0.2x + 3$

15. $y = \frac{1}{4}x - \frac{1}{3}$

Escribe una ecuación en forma pendiente-intercepto de la recta con la pendiente *m* dada y el intercepto en *y* b.

◀ Ver el Problema 2.

16. $m = 1, b = -1$

17. $m = 3, b = 2$

18. $m = \frac{1}{2}, b = -\frac{1}{2}$

19. $m = 0.7, b = -2$

20. $m = -0.5, b = 1.5$

21. $m = -2, b = \frac{8}{5}$

Escribe una ecuación en forma pendiente-intercepto de cada recta.

◀ Ver el Problema 3.

22.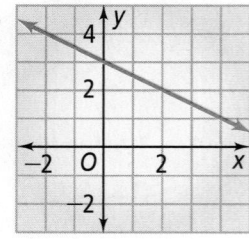

23.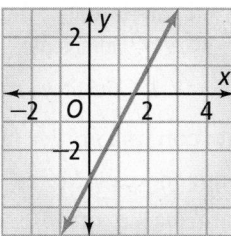

24.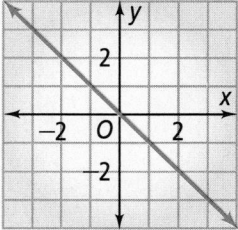

25.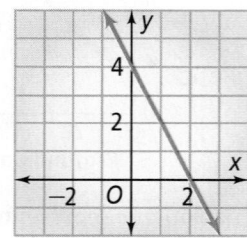

26.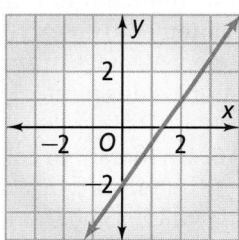

27.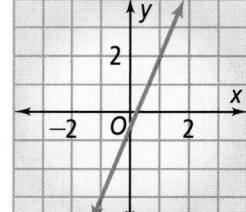

Escribe una ecuación en forma pendiente-intercepto de la recta que pasa por los puntos dados.

◀ Ver el Problema 4.

28. $(0, 3)$ y $(2, 5)$

29. $(-2, 4)$ y $(3, -1)$

30. $(-3, 3)$ y $(1, 2)$

31. $(-2, -1)$ y $(4, 2)$

32. $(-7, -3)$ y $(-12, 5)$

33. $(-6, 5)$ y $(1, 0)$

34. $(3, 0.5)$ y $(10, -0.2)$

35. $(-2, 6.9)$ y $(-4, 4.6)$

36. $(1.5, -2.4)$ y $(-0.5, 1.2)$

Representa con una gráfica cada ecuación.

◀ Ver el Problema 5.

37. $y = x + 5$

38. $y = 3x + 4$

39. $y = -2x + 1$

40. $y = -4x - 1$

41. $y = 2x - 4$

42. $y = 6x - 3$

43. $y = -3x + 3$

44. $y = 7x$

45. $y = 5x + 1$

46. $y = -3x - 1$

47. $y = -x + 10$

48. $y = 15x + 5$

49. Ventas al por menor Supón que tienes un cupón de descuento de $5 en una tienda de telas. Compras una tela que cuesta $7.50 la yarda. Escribe una ecuación que represente la cantidad total de dinero y que pagarías si compraras x yardas de tela. ¿Cuál es la gráfica de la ecuación?

◀ Ver el Problema 6.

50. Temperatura La temperatura al amanecer es 65 °F. Cada hora del día, la temperatura aumenta 5 °F. Escribe una ecuación que represente la temperatura y, en grados Fahrenheit, después de x horas durante el día. ¿Cuál es la gráfica de la ecuación?

B Aplicación **Halla la pendiente y el intercepto en y de la gráfica de cada ecuación.**

51. $y - 2 = -3x$ **52.** $y + \frac{1}{2}x = 0$ **53.** $y - 9x = \frac{1}{2}$ **54.** $2y - 6 = 3x$

55. $-2y = 6(5 - 3x)$ **56.** $y - d = cx$ **57.** $y = (2 - a)x + a$ **58.** $2y + 4n = -6x$

59. Pensar en un plan Los osos polares están considerados una especie en peligro de extinción. En el año 2005, había aproximadamente 25,000 osos polares en todo el mundo. Si la cantidad de osos polares disminuye en 1000 por año, ¿en qué año se extinguirán los osos polares?
- ¿Qué ecuación representa la cantidad de osos polares?
- ¿Cómo te ayuda hacer una gráfica de la ecuación a resolver el problema?

60. Analizar errores Un estudiante dibujó la gráfica de la derecha para la ecuación $y = -2x + 1$. ¿Qué error cometió el estudiante? Dibuja la gráfica correcta.

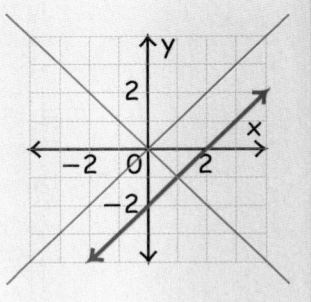

61. Computadoras Un servicio de reparación de computadoras cobra $50 por diagnosticar y $35 por hora por las reparaciones. Sea x la cantidad de horas que lleva reparar una computadora. Sea y el costo total de la reparación.
a. Escribe una ecuación en forma pendiente-intercepto que relacione x y y.
b. Representa con una gráfica la ecuación.
c. Razonamiento Explica por qué deberías trazar la recta solamente en el Cuadrante I.

Usa la pendiente y el intercepto en y para graficar cada ecuación.

62. $y = 7 - 3x$ **63.** $2y + 4x = 0$ **64.** $3y + 6 = -2x$

65. $y + 2 = 5x - 4$ **66.** $4x + 3y = 2x - 1$ **67.** $-2(3x + 4) + y = 0$

68. Razonamiento ¿Cómo cambiaría la gráfica de $y = -3x + 2$ si se reemplazara -3 por 4? ¿Cómo cambiaría si 2 se reemplazara por 0? Explica tu respuesta.

69. Respuesta de desarrollo Escribe una ecuación lineal. Identifica la pendiente y el intercepto en y. Luego, representa con una gráfica tu ecuación.

70. Escribir Describe dos maneras en que puedes determinar si una ecuación es lineal.

71. Pasatiempos Supón que estás armando un rompecabezas de 5000 piezas. Ya has ubicado 175 piezas. Ubicas 10 piezas más por minuto.
a. Escribe una ecuación en forma pendiente-intercepto que represente la cantidad de piezas ubicadas. Representa con una gráfica la ecuación.
b. Después de 50 minutos más, ¿cuántas piezas habrás ubicado?

C Desafío **Halla el valor de a para que la gráfica de cada ecuación tenga la pendiente m dada.**

72. $y = 2ax + 4, m = -1$ **73.** $y = -\frac{1}{2}ax - 5, m = \frac{5}{2}$ **74.** $y = \frac{3}{4}ax + 3, m = \frac{9}{16}$

75. Navegación Un barco comienza un viaje con 145 lb de comida. La tripulación planea comer un total de 15 lb de comida por día.

    a. Escribe una ecuación en forma pendiente-intercepto que relacione la cantidad de comida restante y y la cantidad de días x.

    b. Representa con una gráfica tu ecuación.

    c. La tripulación planea tener un resto de 25 lb de comida al terminar su viaje. ¿Cuántos días esperan que dure el viaje?

Preparación para el examen estandarizado

SAT/ACT

76. ¿Cuál de las siguientes ecuaciones representa la recta que tiene pendiente 5 y pasa por el punto $(0, -2)$?

    Ⓐ $y = x - 2$ Ⓑ $y = 5x - 2$ Ⓒ $y = -2x - 5$ Ⓓ $y = 5x$

77. ¿Cuál es la pendiente de la recta que pasa por los puntos $(-5, 3)$ y $(1, 7)$?

    Ⓕ $-\dfrac{5}{3}$ Ⓖ $-\dfrac{2}{3}$ Ⓗ $\dfrac{2}{3}$ Ⓘ $\dfrac{3}{2}$

78. ¿Qué recta numérica muestra la solución de $|2x + 5| \leq 3$?

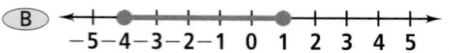

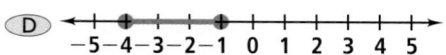

79. ¿Qué ecuación representa la gráfica de la derecha?

    Ⓕ $y = -\dfrac{3}{2}x + 4$ Ⓗ $y = -\dfrac{2}{3}x + 4$

    Ⓖ $y = -4x + \dfrac{3}{2}$ Ⓘ $y = 4x - \dfrac{2}{3}$

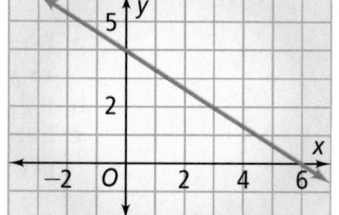

Respuesta breve

80. Si a, b y c son números reales, $a \neq 0$ y $b > c$, ¿el enunciado $ab > ac$ es verdadero *siempre*, *a veces* o *nunca*? Explica tu respuesta.

Repaso mixto

Supón que y varía directamente con x. Escribe una ecuación de variación directa que relacione x y y. Luego, halla el valor de y cuando $x = 10$.

◀ Ver la Lección 5-2.

81. $y = 5$ cuando $x = 1$.   **82.** $y = 8$ cuando $x = 4$.   **83.** $y = 9$ cuando $x = 3$.

Resuelve cada ecuación. Justifica cada paso.

◀ Ver la Lección 2-2.

84. $21 = -2t + 3$ **85.** $\dfrac{q}{3} - 3 = 6$ **86.** $8x + 5 = 61$

¡Prepárate!   Antes de la Lección 5-4, haz los Ejercicios 87 a 90.

Simplifica cada expresión.

◀ Ver la Lección 1-7.

87. $-3(x - 5)$ **88.** $5(x + 2)$ **89.** $-\dfrac{4}{9}(x - 6)$ **90.** $1.5(x + 12)$

Forma punto-pendiente

Objetivo Escribir y representar con una gráfica ecuaciones lineales usando la forma punto-pendiente.

¿Puedes usar siempre la forma punto-pendiente? Inténtalo aquí y luego aprende una forma más sencilla en la lección.

SOLVE IT!

¡Prepárate! ◀▶ ✕ ↻ ⬆

La línea roja muestra la altitud de un globo aerostático durante su descenso lineal. ¿Cuál es una ecuación de la recta en forma pendiente-intercepto? (Pista: ¿Cuál es la altitud del globo cuando empieza su descenso en $x = 0$?)

Altitud (metros)

- (5, 640)
- (15, 620)
- (35, 580)
- (45, 560)

680
640
600
560
520

0   10   20   30   40   50 x

Tiempo (segundos)

Actividades dinámicas
Forma punto-pendiente de una recta

Vocabulario de la lección
• forma punto-pendiente

Aprendiste cómo escribir una ecuación de una recta usando su intercepto en *y*. En esta lección aprenderás cómo escribir una ecuación *sin* usar el intercepto en *y*.

Comprensión esencial Puedes usar la pendiente y cualquier punto de una recta para escribir y representar con una gráfica una ecuación de la recta. Dos ecuaciones cualesquiera de la misma recta son equivalentes.

---

toma nota

Concepto clave Forma punto-pendiente de una ecuación lineal

Definición
La **forma punto-pendiente** de una ecuación de una recta no vertical con pendiente m y que pasa por el punto (x_1, y_1) es $y - y_1 = m(x - x_1)$.

Símbolos
$$y - y_1 = m(x - x_1)$$
↑ coordenada y ↑ **pendiente**   ↑ coordenada x

Gráfica

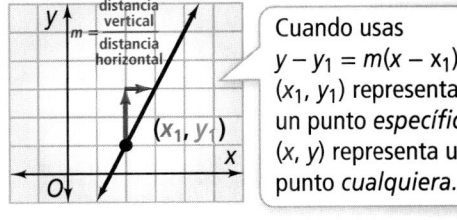

Cuando usas $y - y_1 = m(x - x_1)$, (x_1, y_1) representa un punto *específico* y (x, y) representa un punto *cualquiera*.

Por qué funciona Dado el punto (x_1, y_1) de una recta y la pendiente m de la misma recta, puedes usar la definición de pendiente para derivar la forma punto-pendiente.

$$\frac{y_2 - y_1}{x_2 - x_1} = m$$ Usa la definición de pendiente.

$$\frac{y - y_1}{x - x_1} = m$$ Sea (x, y) cualquier punto de la recta. Sustituye (x_2, y_2) por (x, y).

$$\frac{y - y_1}{x - x_1} \cdot (x - x_1) = m(x - x_1)$$ Multiplica cada lado por $(x - x_1)$.

$$y - y_1 = m(x - x_1)$$ Simplifica el lado izquierdo de la ecuación.

 **Problema 1** **Escribir una ecuación en forma punto-pendiente**

Piensa

Como conoces un punto y la pendiente, usa la forma punto-pendiente.

Una recta pasa por $(-3, 6)$ y tiene pendiente -5. ¿Cuál es una ecuación de la recta?

$$y - y_1 = m(x - x_1)$$ Usa la forma punto-pendiente.

$\boxed{y_1 = 6}$ $\boxed{m = -5}$ $\boxed{x_1 = -3}$

$$y - 6 = -5[x - (-3)]$$ Sustituye (x_1, y_1) por $(-3, 6)$ y m por -5.

$$y - 6 = -5(x + 3)$$ Simplifica dentro de los símbolos de agrupación.

 ¿Comprendiste?   **1.** Una recta pasa por $(8, -4)$ y tiene pendiente $\frac{2}{3}$. ¿Cuál es una ecuación de la recta en forma punto-pendiente?

 **Problema 2** **Representar con una gráfica usando la forma punto-pendiente**

Planea

¿Cómo te ayuda la ecuación a hacer una gráfica?
Usa el punto de la ecuación. Usa la pendiente de la ecuación para hallar otro punto. Representa con una gráfica usando los dos puntos.

¿Cuál es la gráfica de la ecuación $y - 1 = \frac{2}{3}(x - 2)$?

La ecuación está en la forma punto-pendiente, $y - y_1 = m(x - x_1)$. Un punto (x_1, y_1) de la recta es $(2, 1)$ y la pendiente m es $\frac{2}{3}$.

Paso 1 Marca un punto en $(2, 1)$.

Paso 2 Usa la pendiente, $\frac{2}{3}$. Muévete 2 unidades hacia arriba y 3 hacia la derecha. Marca un punto.

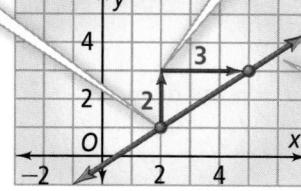

Paso 3 Traza una recta que pase por los dos puntos.

 ¿Comprendiste?   **2.** ¿Cuál es la gráfica de la ecuación $y + 7 = -\frac{4}{5}(x - 4)$?

Puedes escribir la ecuación de una recta dados dos puntos cualesquiera sobre la recta. Primero, usa los dos puntos dados para hallar la pendiente. Luego, usa la pendiente y uno de los puntos para escribir la ecuación.

Planea

¿Cómo te ayuda la gráfica a escribir una ecuación?
Puedes usar dos puntos sobre la recta para hallar la pendiente. Luego, usa la forma punto-pendiente.

Problema 3 Usar dos puntos para escribir una ecuación

¿Cuál es una ecuación de la recta de la derecha?

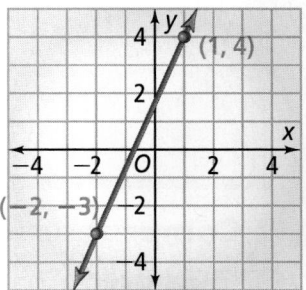

(1, 4)

(−2, −3)

Piensa

Necesitas la pendiente m; por tanto, comienza con la fórmula de la pendiente.

Usa los puntos dados para hallar la pendiente.

Usa la forma punto-pendiente.

Usa cualquiera de los puntos dados para (x_1, y_1). Por ejemplo, puedes usar (1, 4).

Escribe

$$m = \frac{y_2 - y_1}{x_2 - x_1}$$

$$m = \frac{-3 - 4}{-2 - 1} = \frac{-7}{-3} = \frac{7}{3}$$

$$y - y_1 = m(x - x_1)$$

$$y - 4 = \frac{7}{3}(x - 1)$$

¿Comprendiste? 3. a. En el último paso del Problema 3, usa el punto $(-2, -3)$ en lugar de (1, 4) para escribir una ecuación de la recta.
   b. Razonamiento Vuelve a escribir las ecuaciones del Problema 3 y la parte (a) en forma pendiente-intercepto. Compara las dos ecuaciones reescritas. ¿Qué puedes concluir?

Problema 4 Usar una tabla para escribir una ecuación

Diversión La tabla muestra la altitud de un globo aerostático durante su descenso lineal. ¿Qué ecuación en forma pendiente-intercepto da la altitud del globo en cualquier momento dado? ¿Qué representan la pendiente y el intercepto en y?

Planea

¿Cómo te ayuda la tabla a escribir una ecuación?
La tabla te da cuatro puntos. Puedes usar dos de los puntos para hallar la pendiente. Luego, usas la forma punto-pendiente.

$$m = \frac{590 - 640}{30 - 10} = -2.5$$ Usa dos puntos, como (10, 640) y (30, 590), para hallar la pendiente.

$$y - y_1 = m(x - x_1)$$ Usa la forma punto-pendiente.

$$y - 640 = -2.5(x - 10)$$ Usa el punto (10, 640) y la pendiente -2.5.

$$y = -2.5x + 665$$ Vuelve a escribir la ecuación en la forma pendiente-intercepto.

Descenso del globo aerostático

Tiempo, x (s)	Altitud, y (m)
10	640
30	590
70	490
90	440

La pendiente -2.5 representa la velocidad de descenso del globo en metros por segundo. El intercepto en y 665 representa la altitud inicial del globo en metros.

4.a. La tabla muestra la cantidad de galones de agua y que hay en un tanque después de x horas. La relación es lineal. ¿Qué ecuación en la forma punto-pendiente representa los datos? ¿Qué representa la pendiente?

b. **Razonamiento** Escribe la ecuación de la parte (a) en la forma pendiente-intercepto. ¿Qué representa el intercepto en y?

Volumen de agua en el tanque

Tiempo, x (h)	Agua, y (gals.)
2	3320
3	4570
5	7070
8	10,820

Comprobar la comprensión de la lección

¿CÓMO hacerlo?

1. ¿Cuál es la pendiente y un punto de la gráfica de $y - 12 = \frac{4}{9}(x + 7)$?

2. ¿Cuál es una ecuación de la recta que pasa por los puntos $(3, -8)$ y tiene pendiente -2?

3. ¿Cuál es la gráfica de la ecuación $y - 4 = 3(x + 2)$?

4. ¿Cuál es una ecuación de la recta que pasa por los puntos $(-1, -2)$ y $(2, 4)$?

¿Lo ENTIENDES?

5. **Vocabulario** ¿Qué características de la gráfica de la ecuación $y - y_1 = m(x - x_1)$ puedes identificar?

6. **Razonamiento** ¿Es $y - 4 = 3(x + 1)$ una ecuación de una recta que pasa por $(-2, 1)$? Explica tu respuesta.

7. **Razonamiento** ¿Puede cualquier ecuación en la forma punto-pendiente escribirse también en la forma pendiente-intercepto? Para explicar, da un ejemplo.

Ejercicios de práctica y resolución de problemas

Ⓐ Práctica

Escribe una ecuación en forma punto-pendiente de la recta que pasa por el punto dado y que tiene la pendiente m dada.

◀ Ver el Problema 1.

8. $(3, -4)$; $m = 6$

9. $(4, 2)$; $m = -\frac{5}{3}$

10. $(-2, -7)$; $m = \frac{4}{5}$

11. $(4, 0)$; $m = -1$

Representa con una gráfica cada ecuación.

◀ Ver el Problema 2.

12. $y + 3 = 2(x - 1)$

13. $y - 1 = -3(x + 2)$

14. $y + 5 = -(x + 2)$

15. $y - 2 = \frac{4}{9}(x - 3)$

Escribe una ecuación en forma punto-pendiente para cada recta.

◀ Ver el Problema 3.

16.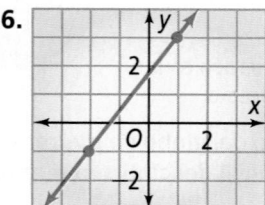

17.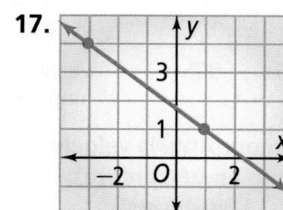

18.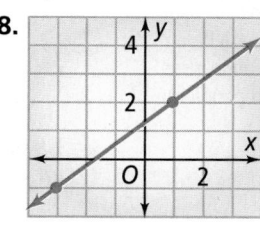

Escribe una ecuación en forma punto-pendiente de la recta que pasa por los puntos dados. Luego, escribe la ecuación en forma pendiente-intercepto.

◀ Ver el Problema 4.

19. $(1, 4), (-1, 1)$ **20.** $(2, 4), (-3, -6)$ **21.** $(-6, 6), (3, 3)$

Representa los datos de cada tabla con una ecuación lineal en forma pendiente-intercepto. Luego, indica qué representan la pendiente y el intercepto en y.

22.

Tiempo pintando, x (días)	Volumen de pintura, y (gals.)
2	56
3	44
5	20
6	8

23.

Tiempo trabajado, x (h)	Sueldo ganado, y ($)
1	8.50
3	25.50
6	51.00
9	76.50

B Aplicación

Representa con una gráfica la recta que pasa por el punto dado y que tiene la pendiente m dada.

24. $(-3, -2)$; $m = 2$ **25.** $(6, -1)$; $m = -\frac{5}{3}$ **26.** $(-3, 1)$; $m = \frac{1}{3}$

27. Analizar errores Un estudiante representó con una gráfica la ecuación $y - 2 = \frac{2}{3}(x - 0)$ como se muestra a la derecha. Describe y corrige el error del estudiante.

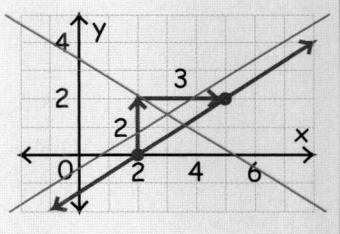

28. Pensar en un plan La relación entre los grados Fahrenheit (°F) y los grados Celsius (°C) es lineal. Cuando la temperatura es de 50 °F, es de 10 °C. Cuando la temperatura es de 77 °F, es de 25 °C. Escribe una ecuación que dé la temperatura en grados Celsius, C, en términos de la temperatura en grados Fahrenheit, F. ¿Cuál es la temperatura en grados Celsius cuando es de 59 °F?

- ¿Cómo te puede ayudar la forma punto-pendiente a escribir la ecuación?
- ¿Qué dos puntos puedes usar para hallar la pendiente?

29. a. Respuesta de desarrollo Escribe una ecuación de una recta que pasa por $(-2, 5)$.
  b. Razonamiento ¿Cuántas ecuaciones diferentes podrías escribir para la parte (a)? Explica tu respuesta.

30. a. Geometría La figura $ABCD$ es un rectángulo. Escribe ecuaciones en forma punto-pendiente de las rectas que contienen los lados de $ABCD$.
  b. Razonamiento Haz una conjetura acerca de las pendientes de las rectas paralelas.
  c. Usa tu conjetura para escribir una ecuación de la recta que pasa por $(0, -4)$ y es paralela a $y - 9 = -7(x + 3)$.

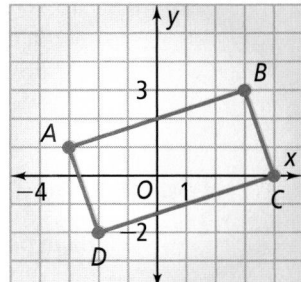

31. Punto de ebullición La relación entre la altitud y el punto de ebullición del agua es lineal. A una altitud de 8000 pies, el agua hierve a 197.6 °F. A una altitud de 4500 pies, el agua hierve a 203.9 °F. Escribe una ecuación que dé el punto de ebullición e del agua, en grados Fahrenheit, en términos de la altitud a, en pies. ¿Cuál es el punto de ebullición del agua a 2500 pies?

C Desafío

32. Razonamiento Puedes usar la forma punto-pendiente para derivar la forma pendiente-intercepto. Supón que una recta tiene una pendiente m y un intercepto en y b. Muestra que una ecuación de la recta es $y = mx + b$ escribiendo primero una ecuación en forma punto-pendiente y luego resolviéndola para hallar el valor de y.

33. Bosques Un guarda forestal planta un árbol y mide su circunferencia anualmente durante los siguientes cuatro años. La tabla muestra las mediciones del guarda forestal.

Crecimiento del árbol				
Tiempo (años)	1	2	3	4
Circunferencia (pulgs.)	2	4	6	8

   a. Muestra que los datos son lineales y escribe una ecuación que represente los datos.

   b. Predice la circunferencia del árbol después de 10 años.

   c. La circunferencia del árbol después de 10 años fue de 43 pulgs. Cuatro años más tarde, fue de 49 pulgs. Basándote en esta nueva información, ¿sigue siendo lineal la relación entre el tiempo y la circunferencia? Explica tu respuesta.

Preparación para el examen estandarizado

SAT/ACT

34. Los ingresos de una empresa han aumentado $20,000 por año. En el año 2011, los ingresos fueron de $730,000. ¿Qué ecuación da los ingresos y de la empresa (en miles de dólares) x años después del año 2000?

   Ⓐ $y - 730 = 20(x - 11)$ Ⓒ $y = 20x + 730$

   Ⓑ $x - 11 = 20(y - 730)$ Ⓓ $x = 20y + 11$

35. ¿Qué ecuación es equivalente a $y + 12 = -3(x - 2)$?

   Ⓕ $y = -15(x - 2)$ Ⓖ $y = -3x - 14$ Ⓗ $y = -3x - 6$ Ⓘ $y = 9x + 6$

36. ¿Qué número NO es una solución $6 \geq |x - 2|$?

   Ⓐ -3 Ⓑ 0 Ⓒ 8 Ⓓ 10

Respuesta breve

37. La tabla muestra la cantidad de mensajes de texto enviados desde un teléfono celular y el costo mensual del plan telefónico.

   a. Representa los datos con una gráfica.

   b. ¿Qué ecuación representa la relación entre la cantidad de mensajes enviados m y el costo mensual c?

Costo del plan telefónico			
Mensajes de texto enviados	20	50	80
Costo mensual ($)	41.99	44.99	47.99

Repaso mixto

Halla la pendiente y el intercepto en y de la gráfica de cada ecuación.   ◀ Ver la Lección 5-3.

38. $y = x + 4$ **39.** $y = 6x$ **40.** $y = -x - 13$

¡Prepárate!   Antes de la Lección 5-5, haz los Ejercicios 41 a 43.

Halla y para resolver cada ecuación.   ◀ Ver la Lección 2-5.

41. $7xy = z$ **42.** $ay - 3 = 7b$ **43.** $6(x - y) = c$

¿CÓMO hacerlo?

Cada tasa de cambio es constante. Halla la tasa de cambio y explica qué significa.

1.
Estudiar para una prueba

Tiempo de estudio (h)	Calificación
5	85
6	87
7	89
8	91

2.
Distancia que recorre un carro

Tiempo (s)	Distancia (m)
3	75
6	150
9	225
12	300

Halla la pendiente de la recta que pasa por cada par de puntos.

3. $(7, 3), (5, 1)$

4. $(-2, 1), (3, 6)$

5. $(6, -4), (6, 6)$

6. $(2, 5), (-8, 5)$

Indica si cada ecuación es una variación directa. Si lo es, halla la constante de variación.

7. $y = 3x$

8. $5x + 3 = 8y + 3$

9. $-3x - 35y = 14$

Halla la pendiente y el intercepto en y de la gráfica de cada ecuación.

10. $y = \frac{1}{5}x + 3$

11. $3x + 4y = 12$

12. $6y = -8x - 18$

13. Tarjetas de crédito En el año 2000, las personas gastaron $1,243 mil millones en las cuatro tarjetas de crédito más usadas. En 2005, gastaron $1,838 mil millones en los mismos cuatro tipos de tarjetas de crédito. ¿Cuál fue la tasa de cambio?

14. Ciclismo La distancia que se mueve hacia adelante una rueda varía directamente con la cantidad de rotaciones. Supón que la rueda se mueve 56 pies en 8 rotaciones. ¿Qué distancia se mueve la rueda en 20 rotaciones?

Escribe una ecuación en forma pendiente-intercepto para cada recta.

15.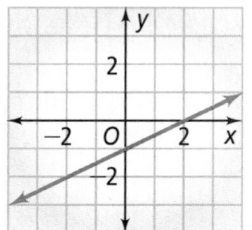

16.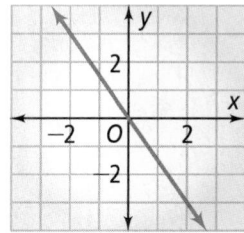

Representa cada ecuación con una gráfica.

17. $y = 4x - 3$

18. $y + 3 = \frac{1}{2}(x + 2)$

Escribe una ecuación en forma punto-pendiente para la recta que pasa por el punto dado y que tiene la pendiente m dada.

19. $(2, -2); m = -\frac{1}{2}$

20. $(4, 0); m = 4$

Escribe una ecuación de la recta que pasa por cada par de puntos.

21. $(4, -2)$ y $(8, -6)$

22. $(-1, -5)$ y $(2, 10)$

¿Lo ENTIENDES?

23. Escribir Describe dos métodos que puedes usar para escribir una ecuación de una recta dada su gráfica.

24. Vocabulario ¿Cómo puedes hallar el intercepto en y de la gráfica de una ecuación lineal?

25. Razonamiento ¿Puedes representar con una gráfica una recta si su pendiente es indefinida? Explica tu respuesta.

26. Negocios Una vendedora gana $18 por hora, más un bono de $75 por cumplir con su objetivo de venta. Escribe y representa con una gráfica una ecuación que represente sus ganancias totales, incluyendo el bono. ¿Qué representa la variable independiente? ¿Qué representa la variable dependiente?

5-5   Forma estándar

Objetivos   Representar con una gráfica ecuaciones lineales usando interceptos.
Escribir ecuaciones lineales en forma estándar.

¡Prepárate!   ◀▶   ✕   ↻   ⌂

Un atleta quiere preparar una merienda con maníes y nueces de cajú que contenga una cantidad de proteínas determinada. Las nueces de cajú tienen 4 g de proteínas por onza y los maníes, 7 g de proteínas por onza. ¿Cuántos gramos de proteínas contendrá la merienda del atleta? ¿Qué representan los puntos (7, 0) y (0, 4)? Explica tu respuesta.

¿Alguna vez has preparado una merienda con varios ingredientes? ¿Cómo decidiste qué cantidad de cada ingrediente usar?

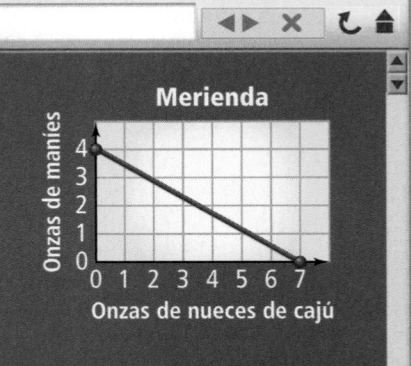

Merienda

Onzas de maníes / Onzas de nueces de cajú

Vocabulario de la lección
- intercepto en *x*
- forma estándar de una ecuación lineal

En esta lección, aprenderás a usar interceptos para representar una recta con una gráfica. Recuerda que un intercepto en *y* es la coordenada *y* del punto por donde una gráfica cruza el eje de las *y*. El **intercepto en *x*** es la coordenada *x* del punto por donde una gráfica cruza el eje de las *x*.

Comprensión esencial   Una de las formas de una ecuación lineal, llamada *forma estándar*, te permite hallar interceptos con facilidad. Puedes usar los interceptos para trazar la gráfica.

Concepto clave   Forma estándar de una ecuación lineal

La **forma estándar de una ecuación lineal** es $Ax + By = C$, donde A, B y C son números reales, y A y B no son ambos cero.

Piensa

¿Por qué sustituyes *y* por 0 para hallar el intercepto en *x*?
El intercepto en *x* es el punto de la coordenada *x* de un punto ubicado sobre el eje de las *x*. Cualquier punto del eje de las *x* tiene una coordenada *y* de 0.

Problema 1   **Hallar interceptos en *x* y en *y***

¿Cuáles son los interceptos en *x* y en *y* de la gráfica de $3x + 4y = 24$?

Paso 1   Para hallar el intercepto en *x*, sustituye *y* por 0. Halla el valor de *x*.

$$3x + 4y = 24$$
$$3x + 4(0) = 24$$
$$3x = 24$$
$$x = 8$$

El intercepto en *x* es 8.

Paso 2   Para hallar el intercepto en *y*, sustituye *x* por 0. Halla el valor de *y*.

$$3x + 4y = 24$$
$$3(0) + 4y = 24$$
$$4y = 24$$
$$y = 6$$

El intercepto en *y* es 6.

¿Comprendiste? **1.** ¿Cuáles son los interceptos en x y en y de la gráfica de cada ecuación?

      a. $5x - 6y = 60$ **b.** $3x + 8y = 12$

 Problema 2   **Representar con una gráfica una recta usando los interceptos**

¿Cuál es la gráfica de $x - 2y = -2$?

Lo que sabes	Lo que necesitas	Planea
Una ecuación de la recta	Las coordenadas de al menos dos puntos de la recta	Halla y marca los interceptos en x y en y. Traza una recta que pase por esos puntos.

Piensa

¿Qué puntos representan los interceptos?
El intercepto en x es –2; por tanto, la gráfica cruza el eje de las x en el punto (–2, 0). El intercepto en y es 1; por tanto, la gráfica cruza el eje de las y en el punto (0, 1).

Paso 1 Halla los interceptos.

$$x - 2y = -2$$
$$x - 2(0) = -2$$
$$x = -2$$

$$x - 2y = -2$$
$$0 - 2y = -2$$
$$-2y = -2$$
$$y = 1$$

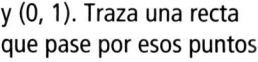 **Paso 2** Marca los puntos (–2, 0) y (0, 1). Traza una recta que pase por esos puntos.

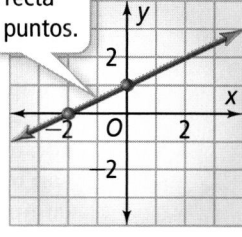

 ¿Comprendiste? **2.** ¿Cuál es la gráfica de $2x + 5y = 20$?

Si $A = 0$ en la forma estándar $Ax + By = C$, entonces puedes escribir la ecuación como $y = b$, donde b es una constante. Si $B = 0$, puedes escribir la ecuación como $x = a$, donde a es una constante. La gráfica de $y = b$ es una recta horizontal y la gráfica de $x = a$ es una recta vertical.

 Problema 3   **Representar con una gráfica rectas horizontales y verticales**

Piensa

¿Por qué hay que escribir $x = 3$ en forma estándar?
Cuando escribes $x = 3$ en forma estándar, puedes ver que, para cualquier valor de y, $x = 3$. Esta forma de ecuación hace que representar la recta con una gráfica sea más fácil.

¿Cuál es la gráfica de cada ecuación?

A $x = 3$

$1x + 0y = 3$ ← Escribe la expresión en forma estándar. → $0x + 1y = 3$

B $y = 3$

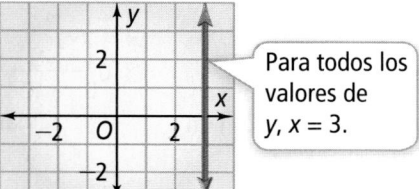

Para todos los valores de y, $x = 3$.

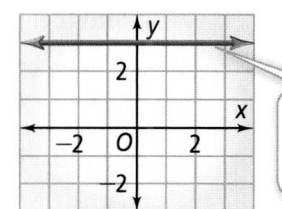

Para todos los valores de x, $y = 3$.

 ¿Comprendiste? **3.** ¿Cuál es la gráfica de cada ecuación?

    a. $x = 4$ **b.** $x = -1$ **c.** $y = 0$ **d.** $y = 1$

Dada una ecuación en forma pendiente-intercepto o en forma punto-pendiente, puedes volver a escribirla en forma estándar usando sólo enteros.

 Problema 4 **Convertir a forma estándar**

¿Cómo se escribe $y = -\frac{3}{7}x + 5$ en forma estándar usando enteros?

Planea

¿Por dónde puedes empezar?
Debes eliminar la fracción. Por tanto, multiplica cada lado de la ecuación por el denominador de la fracción.

$$y = -\frac{3}{7}x + 5$$

$$7y = 7\left(-\frac{3}{7}x + 5\right)$$ Multiplica cada lado por 7.

$$7y = -3x + 35$$ Propiedad distributiva

$$3x + 7y = 35$$ Suma $3x$ a cada lado.

 ¿Comprendiste? **4.** Escribe $y - 2 = -\frac{1}{3}(x + 6)$ en forma estándar usando enteros.

 Problema 5 **Usar la forma estándar como modelo**

Comprar en línea Una tienda de descarga de archivos multimedia vende canciones por $1 cada una y películas por $12 cada una. Tienes $60 para gastar. Escribe y representa con una gráfica una ecuación que describa los archivos que puedes comprar. ¿Cuáles son tres maneras posibles de combinar la cantidad de canciones y películas que puedes comprar?

Piensa

¿Hay otra manera de hallar soluciones?
Puedes aplicar la estrategia de *adivinar y comprobar* sustituyendo una variable por valores y hallando el valor de la otra variable. Luego, comprueba que tu solución tenga sentido en el contexto del problema. Representar con una gráfica es la forma más rápida de ver *todas* las soluciones.

Relacionar | el precio de una canción | por | la cantidad de canciones | más | el precio de una película | por | la cantidad de películas | es igual a | $60 |

Definir   Sea x = la cantidad de canciones compradas.

        Sea y = la cantidad de películas compradas.

Escribir 1 $\cdot$ x $+$ 12 $\cdot$ y $=$ 60

Una ecuación que puede representar esta situación es $x + 12y = 60$. Halla los interceptos.

$x + 12y = 60$	$x + 12y = 60$
$x + 12(0) = 60$	$0 + 12y = 60$
$x = 60$	$y = 5$

Usa los interceptos para hacer una gráfica. Sólo los puntos del primer cuadrante tienen sentido.

Los interceptos te dan dos combinaciones de canciones y películas. Usa la gráfica para identificar una tercera combinación. Todos los puntos rojos son una solución posible.

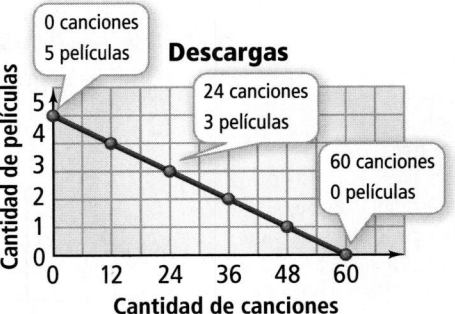

Comprueba que sea razonable No puedes comprar una fracción de una canción o de una película. La gráfica es una recta, pero sólo los puntos con coordenadas de enteros son soluciones.

¿Comprendiste? **5. a.** En el Problema 5, supón que la tienda cobrara $15 por película. ¿Qué ecuación describe la cantidad de canciones y películas que puedes comprar con $60?

b. Razonamiento ¿Qué dominio y rango son razonables para la ecuación de la parte (a)? Explica tu respuesta.

Resumen del concepto   Ecuaciones lineales

Puedes describir cualquier recta usando una o más de las siguientes formas de una ecuación lineal. Dos ecuaciones cualesquiera de una misma recta son equivalentes.

Gráfica

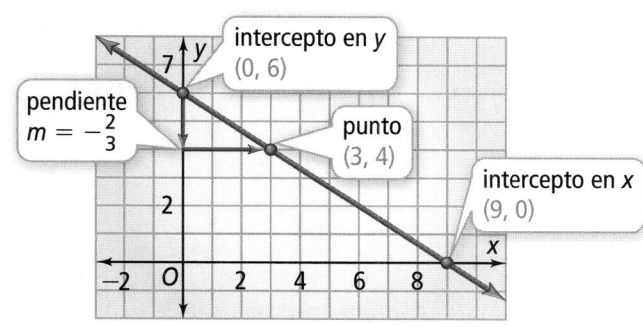

intercepto en y
(0, 6)

pendiente
$m = -\frac{2}{3}$

punto
(3, 4)

intercepto en x
(9, 0)

Formas

Forma pendiente-intercepto
$y = mx + b$
$y = -\frac{2}{3}x + 6$

Forma punto-pendiente
$y - y_1 = m(x - x_1)$
$y - 4 = -\frac{2}{3}(x - 3)$

Forma estándar
$Ax + By = C$
$2x + 3y = 18$

Comprobar la comprensión de la lección

¿CÓMO hacerlo?

1. ¿Cuáles son los interceptos en x y en y de la gráfica de $3x - 4y = 9$?

2. ¿Cuál es la gráfica de $5x + 4y = 20$?

3. ¿La gráfica de $y = -0.5$ es una *recta horizontal*, una *recta vertical* o *ninguna de las dos*?

4. ¿Cómo se escribe $y = \frac{1}{2}x + 3$ en forma estándar usando enteros?

5. Una tienda vende paquetes de tarjetas de regalo por $10 ó $25. Gastaste $285 en tarjetas de regalo. Escribe una ecuación en forma estándar para representar esta situación. ¿Cuáles son tres combinaciones de tarjetas de regalo que podrías haber comprado?

¿Lo ENTIENDES?

6. Vocabulario Indica si cada ecuación lineal está en *forma pendiente-intercepto*, en *forma punto-pendiente* o en *forma estándar*.

a. $y + 5 = -(x - 2)$
b. $y = -2x + 5$
c. $y - 10 = -2(x - 1)$
d. $2x + 4y = 12$

7. Razonamiento ¿Qué forma usarías para escribir una ecuación de la recta que se muestra a la derecha: *forma pendiente-intercepto, forma punto-pendiente* o *forma estándar*? Explica tu respuesta.

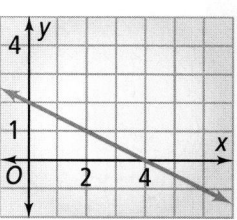

Ejercicios de práctica y resolución de problemas

 **Práctica**

Halla los interceptos en x y en y de la gráfica de cada ecuación. ◀ **Ver el Problema 1.**

8. $x + y = 9$

9. $x - 2y = 2$

10. $-3x + 3y = 7$

11. $3x - 5y = -20$

12. $7x - y = 21$

13. $-5x + 3y = -7.5$

Traza una recta con los interceptos dados. ◀ **Ver el Problema 2.**

14. intercepto en x: 3
intercepto en y: 5

15. intercepto en x: -1
intercepto en y: -4

16. intercepto en x: 4
intercepto en y: -3

Representa con una gráfica cada ecuación usando los interceptos en x y en y.

17. $x + y = 4$

18. $x + y = -3$

19. $x - y = -8$

20. $-2x + y = 8$

21. $-4x + y = -12$

22. $6x - 2y = 18$

Para cada ecuación, indica si la gráfica es una recta _horizontal_ o _vertical_. ◀ **Ver el Problema 3.**

23. $y = -4$

24. $x = 3$

25. $y = \frac{7}{4}$

26. $x = -1.8$

Representa con una gráfica cada ecuación.

27. $y = 6$

28. $x = -3$

29. $y = -2$

30. $x = 7$

Escribe cada ecuación en forma estándar usando enteros. ◀ **Ver el Problema 4.**

31. $y = 2x + 5$

32. $y + 3 = 4(x - 1)$

33. $y - 4 = -2(x - 3)$

34. $y = \frac{1}{4}x - 2$

35. $y = -\frac{2}{3}x - 1$

36. $y + 2 = \frac{2}{3}(x + 4)$

37. Videojuegos En un videojuego, ganas 5 puntos por cada joya que ◀ **Ver el Problema 5.**
encuentras y 2 puntos por cada estrella que encuentras. Escribe y representa
con una gráfica una ecuación para la cantidad de joyas y estrellas que debes
encontrar para ganar 250 puntos. ¿Cuáles son tres combinaciones de joyas y
estrellas que puedes encontrar para ganar 250 puntos?

38. Ropa Una tienda vende camisetas a \$12 cada una y sudaderas a \$15 cada una.
Planeas gastar \$120 en camisetas y sudaderas. Escribe y representa con una gráfica
una ecuación para esta situación. ¿Cuáles son tres combinaciones de camisetas y
sudaderas que puedes comprar con \$120?

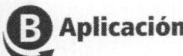 **Aplicación**

39. Escribir Las tres formas de las ecuaciones lineales que has aprendido son la
forma pendiente-intercepto, la forma punto-pendiente y la forma estándar.
Explica cuándo es mejor usar cada una de ellas.

40. Pensar en un plan Preparas una ensalada de frutas. Quieres que la cantidad
total de carbohidratos de piña y sandía sea igual a 24 g. La piña tiene 3 g de
carbohidratos por onza y la sandía, 2 g por onza. ¿Qué gráfica muestra todas las
combinaciones posibles de onzas de piña y onzas de sandía?
- ¿Puedes escribir una ecuación que represente la situación?
- ¿Qué dominio y rango son razonables para la gráfica?

41. Comparar y contrastar Representa con una gráfica $3x + y = 6$, $3x - y = 6$ y $-3x + y = 6$. ¿En qué se parecen las gráficas? ¿En qué se diferencian?

42. Razonamiento ¿Cuál es la pendiente y el intercepto en y de la gráfica de $Ax + By = C$?

43. Analizar errores Un estudiante dice que la ecuación $y = 4x + 1$ se puede escribir en forma estándar como $4x - y = 1$. Describe y corrige el error del estudiante.

44. Razonamiento Los coeficientes de x y de y en la forma estándar de una ecuación lineal no pueden ser ambos cero. Explica por qué.

🖩 **Calculadora gráfica** Usa una calculadora gráfica para representar con una gráfica cada ecuación. Haz un bosquejo de la gráfica. Incluye los interceptos en x y en y.

45. $2x - 8y = -16$ **46.** $-3x - 4y = 0$ **47.** $x + 3.5y = 7$

48. $-x + 2y = -8$ **49.** $3x + 3y = -15$ **50.** $4x - 6y = 9$

En cada gráfica, halla los interceptos en x y en y. Luego, escribe una ecuación en forma estándar usando enteros.

51. 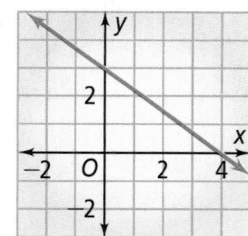   **52.** 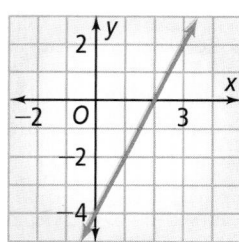   **53.**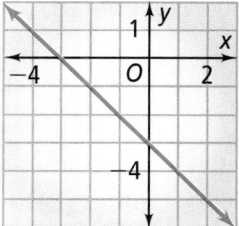

Halla los interceptos en x y en y de la recta que pasa por los puntos dados.

54. $(-6, 4), (3, -5)$ **55.** $(-5, -5), (4, -2)$ **56.** $(-7, 6), (-4, 11)$

57. $(-2, 8), (4, 2)$ **58.** $(3, -8), (-4, 13)$ **59.** $(5, 0.4), (-1, -2)$

60. Deportes A la derecha se muestra el marcador de un partido de fútbol americano. Todos los puntos que anotó el equipo local fueron por goles de campo de 3 puntos y anotaciones con intentos de puntos extra exitosos de 7 puntos. Escribe y representa con una gráfica una ecuación lineal para esta situación. Enumera todas las combinaciones posibles de goles de campo y anotaciones que el equipo pudo haber obtenido.

C Desafío

61. Geometría Representa con una gráfica $x + 4y = 8$, $4x - y = -1$, $x + 4y = -12$ y $4x - y = 20$ en el mismo plano de coordenadas. ¿Qué figura parecen formar las cuatro rectas?

Escribe una ecuación de cada recta en forma estándar.

62. La recta contiene el punto $(-4, -7)$ y tiene la misma pendiente que la gráfica de $y + 3 = 5(x + 4)$.

63. La recta tiene la misma pendiente que $4x - y = 5$ y el mismo intercepto en y que la gráfica de $3y - 13x = 6$.

64. a. Representa con una gráfica $2x + 3y = 6$, $2x + 3y = 12$ y $2x + 3y = 18$ en el mismo plano de coordenadas.

   b. ¿Cómo se relacionan las rectas de la parte (a)?

   c. A medida que C aumenta, ¿qué ocurre con la gráfica de $2x + 3y = C$?

65. a. Recaudación de fondos Supón que tu escuela hará un concurso de talentos a fin de recaudar fondos para comprar instrumentos nuevos para la banda. Crees que asistirán 200 estudiantes y 150 adultos. Hacer el concurso de talentos costará $200. ¿Qué ecuación describe los precios de boletos que se pueden fijar para estudiantes y adultos para recaudar $1000?

   b. Respuesta de desarrollo Representa con una gráfica tu ecuación. ¿Cuáles son tres precios posibles que se pueden fijar para los boletos de estudiantes y adultos?

Preparación para el examen estandarizado

SAT/ACT

66. ¿Cómo se escribe $y = -\frac{3}{4}x + 2$ en forma estándar usando enteros?

   Ⓐ $\frac{3}{4}x + y = 2$ Ⓑ $3x + 4y = 2$ Ⓒ $3x + 4y = 8$ Ⓓ $-3x - 4y = 8$

67. ¿Cuál de las siguientes opciones es una ecuación de una recta horizontal?

   Ⓕ $3x + 6y = 0$ Ⓖ $2x + 7 = 0$ Ⓗ $-3y = 29$ Ⓘ $x - 2y = 4$

68. ¿Qué ecuación representa una recta con el mismo intercepto en y que la recta de $y = 6 - 8x$, pero con la mitad de su pendiente?

   Ⓐ $y = -4x + 3$ Ⓑ $y = 6 - 4x$ Ⓒ $y = 3 - 8x$ Ⓓ $y = -16x + 6$

69. ¿Cuál es la solución de $\frac{7}{2}x - 19 = -13 + 2x$?

   Ⓕ -9 Ⓖ -4 Ⓗ 4 Ⓘ 9

Respuesta breve

70. El club de teatro planea asistir a una producción profesional. Irán entre 10 y 15 estudiantes. Cada entrada cuesta $25 más $2 de recargo. Se paga un cargo administrativo único de $3 por el total. ¿Qué función lineal representa esta situación? ¿Qué dominio y rango son razonables para la función?

Repaso mixto

Escribe una ecuación en forma punto-pendiente de la recta que pasa por los puntos dados. Luego, escribe la ecuación en forma pendiente-intercepto.   ◀ Ver la Lección 5-4.

71. $(5, -1), (-3, 4)$ **72.** $(0, -2), (3, 2)$ **73.** $(-2, -1), (1, 2)$

Resuelve cada desigualdad compuesta. Representa con una gráfica tu solución.   ◀ Ver la Lección 3-6.

74. $-6 < 3t \leq 9$ **75.** $-9.5 < 3 - y \leq 1.3$ **76.** $3x + 1 > 10$ ó $5x + 3 \leq -2$

¡Prepárate! Antes de la Lección 5-6, haz los Ejercicios 77 a 79.

Halla la pendiente de la recta que pasa por cada par de puntos.   ◀ Ver la Lección 5-1.

77. $(0, -4), (2, 0)$ **78.** $(5, 5), (3, -1)$ **79.** $(-4, 2), (5, 2)$

5-6 Rectas paralelas y perpendiculares

Objetivos Determinar si las rectas son paralelas, perpendiculares o ninguna de las dos.
Escribir ecuaciones de rectas paralelas y perpendiculares.

Las rectas que nunca se intersecan tienen una relación especial.

SOLVE IT!

¡Prepárate!

Copia la gráfica que se muestra a la derecha. ¿Puedes trazar una recta que no interseque ninguna de las rectas de la gráfica? Si es así, traza la recta. Si no, explica por qué.

¿Puedes trazar una recta que interseque una de las rectas tal que la intersección forme cuatro ángulos congruentes? Si es así, traza la recta. Si no, explica por qué.

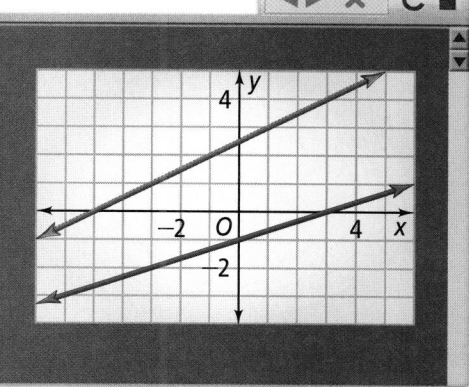

Vocabulario de la lección
- rectas paralelas
- rectas perpendiculares
- recíprocos inversos

Dos rectas diferenciadas en un plano de coordenadas pueden intersecarse o ser *paralelas*. Las **rectas paralelas** son aquellas que están en un mismo plano y nunca se intersecan.

Comprensión esencial Puedes determinar la relación que existe entre dos rectas al comparar sus pendientes e interceptos en *y*.

toma nota

Concepto clave   Pendientes de rectas paralelas

En palabras
Las rectas no verticales son paralelas si tienen la misma pendiente y distintos interceptos en *y*. Las rectas verticales son paralelas si tienen interceptos en *x* diferentes.

Ejemplo
Las gráficas de $y = \frac{1}{2}x + 1$ y $y = \frac{1}{2}x - 2$ son rectas que tienen la misma pendiente, $\frac{1}{2}$, e interceptos en *y* diferentes. Las rectas son paralelas.

Gráfica

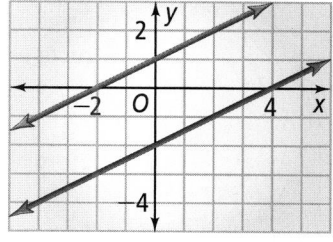

Puedes usar el hecho de que las pendientes de las rectas paralelas son iguales para escribir la ecuación de una recta paralela a una recta dada.

 **Problema 1** Escribir una ecuación de una recta paralela

Una recta pasa por el punto $(12, 5)$ y es paralela a la gráfica de $y = \frac{2}{3}x - 1$. ¿Qué ecuación en forma pendiente-intercepto representa la recta?

Paso 1 Identifica la pendiente de la recta dada. La pendiente de la gráfica de $y = \frac{2}{3}x - 1$ es $\frac{2}{3}$. La recta paralela tiene la misma pendiente.

Piensa

¿Por qué debes empezar con la forma punto-pendiente?
Conoces uno de los puntos de la recta. Puedes aplicar lo que sabes sobre rectas paralelas para hallar la pendiente. Por tanto, es conveniente usar la forma punto-pendiente.

Paso 2 Escribe una ecuación en forma pendiente-intercepto de la recta que pasa por el punto $(12, 5)$ y cuya pendiente es $\frac{2}{3}$.

$$y - y_1 = m(x - x_1)$$ Empieza con la forma punto-pendiente.

$$y - 5 = \frac{2}{3}(x - 12)$$ Sustituye (x_1, y_1) por $(12, 5)$ y m por $\frac{2}{3}$.

$$y - 5 = \frac{2}{3}x - \frac{2}{3}(12)$$ Propiedad distributiva

$$y - 5 = \frac{2}{3}x - 8$$ Simplifica.

$$y = \frac{2}{3}x - 3$$ Suma 5 a cada lado.

La gráfica de $y = \frac{2}{3}x - 3$ pasa por el punto $(12, 5)$ y es paralela a la gráfica de $y = \frac{2}{3}x - 1$.

 ¿Comprendiste? **1.** Una recta pasa por el punto $(-3, -1)$ y es paralela a la gráfica de $y = 2x + 3$. ¿Qué ecuación en forma pendiente-intercepto representa la recta?

También puedes usar la pendiente para determinar si dos rectas son perpendiculares. Las **rectas perpendiculares** son rectas que se intersecan para formar ángulos rectos.

toma nota **Concepto clave** **Pendientes de rectas perpendiculares**

En palabras
Dos rectas no verticales son perpendiculares si el producto de sus pendientes es igual a -1. Si una recta es vertical y la otra es horizontal, también son perpendiculares.

Gráfica

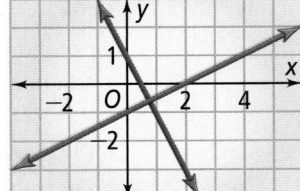

Ejemplo
La gráfica de $y = \frac{1}{2}x - 1$ tiene una pendiente de $\frac{1}{2}$.
La gráfica de $y = -2x + 1$ tiene una pendiente de -2.
Como $\frac{1}{2}(-2) = -1$, las rectas son perpendiculares.

Los **recíprocos inversos** son dos números cuyo producto es igual a -1. Por tanto, las pendientes de las rectas perpendiculares son recíprocos inversos. Para hallar el recíproco inverso de $-\frac{3}{4}$, por ejemplo, primero halla el recíproco: $-\frac{4}{3}$. Luego, escribe el opuesto: $\frac{4}{3}$. Como $-\frac{3}{4} \cdot \frac{4}{3} = -1$, $\frac{4}{3}$ es el recíproco inverso de $-\frac{3}{4}$.

Problema 2 Clasificar rectas

Piensa

¿Por qué debes escribir cada ecuación en forma pendiente-intercepto?
La pendiente de una ecuación en forma pendiente-intercepto se puede identificar con facilidad. Sólo hay que mirar el coeficiente de *x*.

¿Las gráficas de $4y = -5x + 12$ y $y = \frac{4}{5}x - 8$ son *paralelas, perpendiculares* o *ninguna de las dos*? Explica tu respuesta.

Paso 1 Para hallar la pendiente de cada recta, escribe su ecuación en forma pendiente-intercepto, si es necesario. Sólo hay que volver a escribir la primera ecuación.

$$4y = -5x + 12 \qquad \text{Escribe la primera ecuación.}$$

$$\frac{4y}{4} = \frac{-5x + 12}{4} \qquad \text{Divide cada lado por 4.}$$

$$y = -\frac{5}{4}x + 3 \qquad \text{Simplifica.}$$

La pendiente de la gráfica de $y = -\frac{5}{4}x + 3$ es $-\frac{5}{4}$.

La pendiente de la gráfica de $y = \frac{4}{5}x - 8$ es $\frac{4}{5}$.

Paso 2 Las pendientes no son iguales; por tanto, las rectas no pueden ser paralelas. Multiplica las pendientes para ver si son recíprocos inversos.

$$-\frac{5}{4} \cdot \frac{4}{5} = -1$$

Las pendientes son recíprocos inversos; por tanto, las rectas son perpendiculares.

✓ **¿Comprendiste?** **2.** ¿Las gráficas de los siguientes pares de ecuaciones son *paralelas, perpendiculares* o *ninguna de las dos*? Explica tu respuesta.

a. $y = \frac{3}{4}x + 7$ y $4x - 3y = 9$ **b.** $6y = -x + 6$ y $y = -\frac{1}{6}x + 6$

Problema 3 Escribir una ecuación de una recta perpendicular

Opción múltiple ¿Qué ecuación representa la recta que pasa por el punto $(2, 4)$ y es perpendicular a la gráfica de $y = \frac{1}{3}x - 1$?

Ⓐ $y = \frac{1}{3}x + 10$ Ⓑ $y = 3x + 10$ Ⓒ $y = -3x - 2$ Ⓓ $y = -3x + 10$

Piensa

¿Cómo sabes que hallaste el recíproco inverso?
Multiplica los dos números entre sí para comprobar. Si el producto es −1, los números son recíprocos inversos:
$\frac{1}{3}(-3) = -1$.

Paso 1 Identifica la pendiente de la gráfica de la ecuación dada. La pendiente es $\frac{1}{3}$.

Paso 2 Halla el recíproco inverso de la pendiente del Paso 1. El recíproco inverso de $\frac{1}{3}$ es -3. Por tanto, la recta perpendicular tiene una pendiente de -3.

Paso 3 Usa la forma punto-pendiente para escribir una ecuación de la recta perpendicular.

$$y - y_1 = m(x - x_1) \qquad \text{Escribe la ecuación en forma punto-pendiente.}$$

$$y - 4 = -3(x - 2) \qquad \text{Sustituye } (x_1, y_1) \text{ por } (2, 4) \text{ y } m \text{ por } -3.$$

$$y - 4 = -3x + 6 \qquad \text{Propiedad distributiva}$$

$$y = -3x + 10 \qquad \text{Suma 4 a cada lado.}$$

La ecuación es $y = -3x + 10$. La respuesta correcta es D.

✓ **¿Comprendiste?** **3.** Una recta pasa por el punto $(1, 8)$ y es perpendicular a la gráfica de $y = 2x + 1$. ¿Qué ecuación en forma pendiente-intercepto representa la recta?

 **Problema 4** **Resolver un problema de la vida diaria**

Arquitectura Un arquitecto usa un *software* para diseñar el cielo raso de una habitación. El arquitecto necesita ingresar una ecuación que represente una nueva viga. La viga nueva será perpendicular a la viga existente, representada por la recta roja. La viga nueva pasará por la esquina representada por el punto azul. ¿Qué ecuación representa la nueva viga?

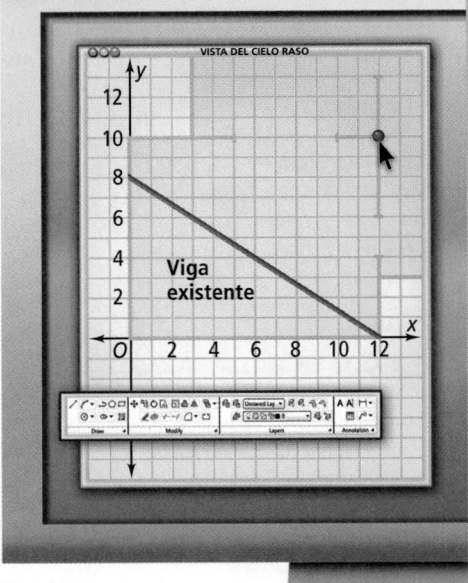

Planea

¿Has visto antes un problema como éste?
Sí. Escribiste la ecuación de una recta perpendicular en el Problema 3. Sigue los mismos pasos en este problema después de calcular la pendiente de la recta de la gráfica.

Paso 1 Usa la fórmula de la pendiente para hallar la pendiente de la recta roja que representa la viga existente.

$$m = \frac{4-6}{6-3}$$ Los puntos (3, 6) y (6, 4) están sobre la recta roja.

$$= -\frac{2}{3}$$ Simplifica.

La pendiente de la recta que representa la viga existente es $-\frac{2}{3}$.

Paso 2 Halla el recíproco inverso de la pendiente del Paso 1. El recíproco inverso de $-\frac{2}{3}$ es $\frac{3}{2}$.

Paso 3 Usa la forma punto-pendiente para escribir una ecuación. La pendiente de la recta que representa la viga nueva es $\frac{3}{2}$. Pasará por el punto (12, 10). La viga nueva se puede representar con la ecuación $y - 10 = \frac{3}{2}(x - 12)$, o en forma pendiente-intercepto, $y = \frac{3}{2}x - 8$.

 ¿Comprendiste? **4.** ¿Qué ecuación podría ingresar el arquitecto para representar una segunda viga cuya gráfica pasará por la esquina en el punto (0, 10) y será paralela a la viga existente? Da tu respuesta en forma pendiente-intercepto.

 ## Comprobar la comprensión de la lección

¿CÓMO hacerlo?

1. ¿Cuáles de las siguientes ecuaciones tienen gráficas paralelas entre sí? ¿Cuáles tienen gráficas perpendiculares entre sí?

$$y = -\frac{1}{6}x \qquad y = 6x \qquad y = 6x - 2$$

2. ¿Cuál es una ecuación de la recta que pasa por el punto (3, −1) y es paralela a $y = -4x + 1$? Da tu respuesta en forma pendiente-intercepto.

3. ¿Cuál es una ecuación de la recta que pasa por el punto (2, −3) y es perpendicular a $y = x - 5$? Da tu respuesta en forma pendiente-intercepto.

¿Lo ENTIENDES?

4. Vocabulario Indica si los dos números de cada par son recíprocos inversos.

   a. $-2, \frac{1}{2}$ **b.** $\frac{1}{4}, 4$ **c.** $5, -5$

5. Respuesta de desarrollo Escribe ecuaciones de dos rectas paralelas.

6. Comparar y contrastar ¿En qué se parece el proceso de determinar si dos rectas son paralelas al proceso de determinar si son perpendiculares? ¿En qué se diferencian los procesos?

Ejercicios de práctica y resolución de problemas

A Práctica

Escribe una ecuación en forma pendiente-intercepto de la recta que pasa por el punto dado y que es paralela a la gráfica de la ecuación dada.

◀ Ver el Problema 1.

7. $(1, 3); y = 3x + 2$

8. $(2, -2); y = -x - 2$

9. $(1, -3); y + 2 = 4(x - 1)$

10. $(2, -1); y = -\frac{3}{2}x + 6$

11. $(0, 0); y = \frac{2}{3}x + 1$

12. $(4, 2); x = -3$

Determina si las gráficas de las ecuaciones dadas son *paralelas*, *perpendiculares* o *ninguna de las dos*. Explica tu respuesta.

◀ Ver el Problema 2.

13. $y = x + 11$
$y = -x + 2$

14. $y = \frac{3}{4}x - 1$
$y = \frac{3}{4}x + 29$

15. $y = -2x + 3$
$2x + y = 7$

16. $y - 4 = 3(x + 2)$
$2x + 6y = 10$

17. $y = -7$
$x = 2$

18. $y = 4x - 2$
$-x + 4y = 0$

Escribe una ecuación en forma pendiente-intercepto de la recta que pasa por el punto dado y que es perpendicular a la gráfica de la ecuación dada.

◀ Ver el Problema 3.

19. $(0, 0); y = -3x + 2$

20. $(-2, 3); y = \frac{1}{2}x - 1$

21. $(1, -2); y = 5x + 4$

22. $(-3, 2); x - 2y = 7$

23. $(5, 0); y + 1 = 2(x - 3)$

24. $(1, -6); x - 2y = 4$

25. Urbanismo Un camino de un nuevo parque de la ciudad unirá la entrada del parque con la calle Principal. El camino debe ser perpendicular a la calle Principal. ¿Qué ecuación representa el camino?

◀ Ver el Problema 4.

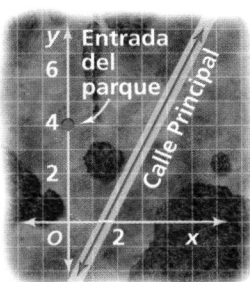

26. Ciclovía Se planea construir una ciclovía en el parque del Ejercicio 25. La ciclovía será paralela a la calle Principal y pasará por la entrada del parque. ¿Cuál es una ecuación de la recta que representa la ciclovía?

B Aplicación

27. Identifica cada par de rectas paralelas. Luego, identifica cada par de rectas perpendiculares.

recta a: $y = 3x + 3$

recta b: $x = -1$

recta c: $y - 5 = \frac{1}{2}(x - 2)$

recta d: $y = 3$

recta e: $y + 4 = -2(x + 6)$

recta f: $9x - 3y = 5$

Determina si cada enunciado es verdadero *siempre*, *a veces* o *nunca*. Explica tu respuesta.

28. Una recta horizontal es paralela al eje de las x.

29. Dos rectas con pendientes positivas son paralelas.

30. Dos rectas con la misma pendiente y distintos interceptos en y son perpendiculares.

31. Respuesta de desarrollo ¿Cuál es una ecuación de una recta que sea paralela al eje de las x? ¿Cuál es una ecuación de una recta que sea paralela al eje de las y?

32. Analizar errores Un estudiante dice que la gráfica de $y = \frac{1}{3}x + 1$ es paralela a la gráfica de $y = -3x + 4$. Describe y corrige el error del estudiante.

33. Pensar en un plan Un diseñador quiere crear un nuevo logo, como se muestra a la derecha. El diseñador quiere agregar al logo una recta que sea perpendicular a la recta azul y pase por el punto rojo. ¿Qué ecuación representa la nueva recta?

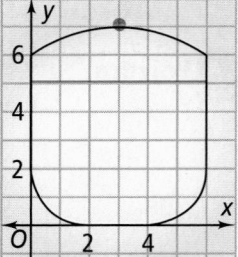

- ¿Cuál es la pendiente de la recta azul?
- ¿Cuál es la pendiente de la nueva recta?

34. Razonamiento ¿Para qué valor de k las gráficas de $12y = -3x + 8$ y $6y = kx - 5$ son paralelas? ¿Para qué valor de k son perpendiculares?

35. Agricultura Dos agricultores usan máquinas cosechadoras para recolectar el maíz de sus campos. Uno de los agricultores tiene 600 acres de maíz y el otro tiene 1000 acres de maíz. Las máquinas pueden cosechar 100 acres por día. Escribe dos ecuaciones que correspondan al número de acres de maíz y que *no* se han cosechado después de x días. ¿Las gráficas de las ecuaciones son *paralelas*, *perpendiculares* o *ninguna de las dos*? ¿Cómo lo sabes?

 **Desafío**

36. Geometría En un rectángulo, los lados opuestos son paralelos y los lados adyacentes son perpendiculares. La figura $ABCD$ tiene los vértices $A(-3, 3)$, $B(-1, -2)$, $C(4, 0)$ y $D(2, 5)$. Demuestra que $ABCD$ es un rectángulo.

37. Geometría Un triángulo rectángulo tiene dos lados perpendiculares entre sí. El triángulo PQR tiene los vértices $P(4, 3)$, $Q(2, -1)$ y $R(0, 1)$. Determina si PQR es un triángulo rectángulo. Explica tu razonamiento.

Preparación para el examen estandarizado

38. ¿Qué ecuación representa la gráfica de una recta paralela a la recta de la derecha?

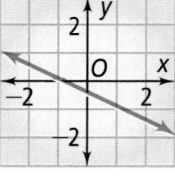

(A) $y = \frac{1}{2}x + 5$ (C) $y = -2x + 4$

(B) $y = 2x - 6$ (D) $y = -\frac{1}{2}x - 2$

39. ¿Cuál es la solución de $(5x - 1) + (-2x + 7) = 9$?

(F) $\frac{3}{7}$ (G) 1   (H) 3   (I) 5

40. En el supermercado Sal's Supermarket se venden cajas de veinticuatro botellas de agua de 12 oz por $15.50. En el supermercado Shopper's World se venden paquetes de 12 botellas de agua de 12 oz por $8.15. ¿Qué tienda ofrece el mejor precio por botella? Explica tu respuesta.

Repaso mixto

Representa con una gráfica cada ecuación usando los interceptos en x y en y.   ◀ Ver la Lección 5-5.

41. $x + y = 8$ **42.** $2x + y = -3$ **43.** $x - 3y = -6$

¡Prepárate! **Antes de la Lección 5-7, haz los Ejercicios 44 a 47.**

Escribe una ecuación en forma pendiente-intercepto para la recta que pasa por los puntos dados.   ◀ Ver la Lección 5-3.

44. $(1, 1), (3, 7)$ **45.** $(2, 5), (12, 1)$ **46.** $(0.5, 2), (4.5, 3)$ **47.** $(13, 20), (6, 60)$

5-7 Diagramas de dispersión y líneas de tendencia

Objetivos Escribir una ecuación de una línea de tendencia y de una recta de regresión.
Usar una línea de tendencia y una recta de regresión para hacer predicciones.

El número de álbumes digitales descargados afecta las ventas de CD.

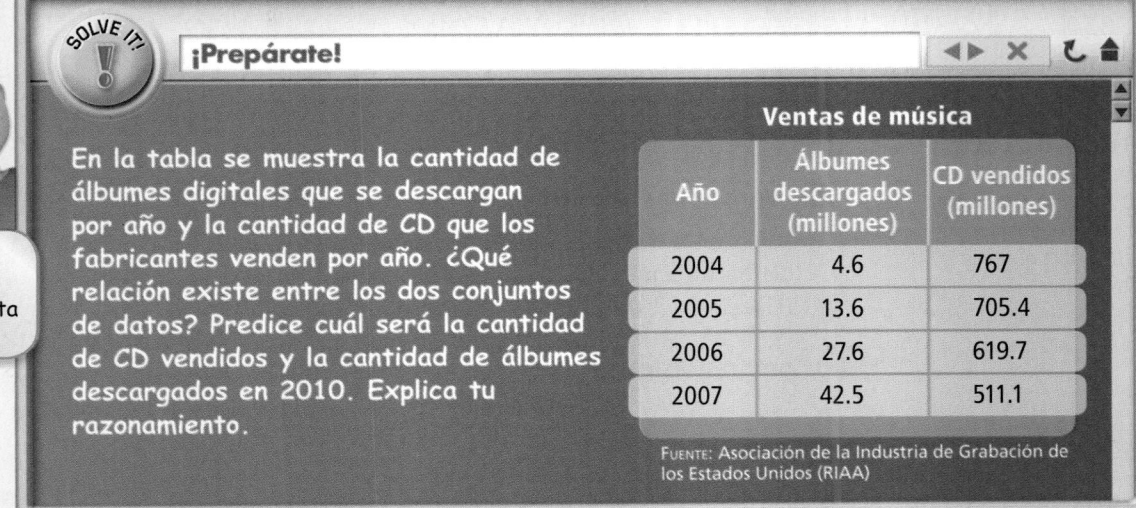

¡Prepárate!

En la tabla se muestra la cantidad de álbumes digitales que se descargan por año y la cantidad de CD que los fabricantes venden por año. ¿Qué relación existe entre los dos conjuntos de datos? Predice cuál será la cantidad de CD vendidos y la cantidad de álbumes descargados en 2010. Explica tu razonamiento.

Ventas de música

Año	Álbumes descargados (millones)	CD vendidos (millones)
2004	4.6	767
2005	13.6	705.4
2006	27.6	619.7
2007	42.5	511.1

Fuente: Asociación de la Industria de Grabación de los Estados Unidos (RIAA)

Actividades dinámicas
Explorar la correlación

Vocabulario de la lección
- diagrama de dispersión
- correlación positiva
- correlación negativa
- sin correlación
- línea de tendencia
- interpolación
- extrapolación
- recta de regresión
- coeficiente de correlación
- causalidad

En la actividad de *Solve It!*, la cantidad de álbumes descargados por año y la cantidad de CD vendidos por año están relacionados.

Comprensión esencial Puedes determinar si dos conjuntos de datos numéricos están relacionados si los representas con una gráfica como pares ordenados. Si los dos conjuntos de datos se relacionan, puedes usar una recta para estimar o predecir valores.

Un **diagrama de dispersión** es una gráfica que relaciona dos conjuntos de datos diferentes presentándolos como pares ordenados. La mayoría de los diagramas de dispersión están en el primer cuadrante del plano de coordenadas, porque los datos generalmente son números positivos.

Los diagramas de dispersión se pueden usar para hallar tendencias en los datos. Los siguientes diagramas de dispersión muestran los tres tipos de relación que dos conjuntos de datos pueden tener:

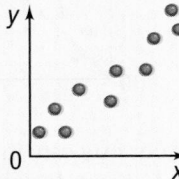

Cuando *y* tiende a aumentar a medida que *x* aumenta, los dos conjuntos de datos tienen una **correlación positiva**.

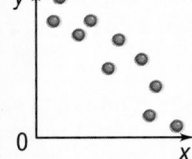

Cuando *y* tiende a disminuir a medida que *x* aumenta, los dos conjuntos de datos tienen una **correlación negativa**.

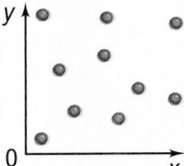

Cuando *x* y *y* no se relacionan, se dice que los dos conjuntos de datos están **sin correlación**.

Problema 1 Hacer un diagrama de dispersión y describir la correlación

Temperatura En la tabla se muestra la altitud de un avión y la temperatura que se registra fuera del avión.

Altitud del avión y temperatura exterior											
Altitud (m)	0	500	1000	1500	2000	2500	3000	3500	4000	4500	5000
Temperatura (°F)	59.0	59.2	61.3	55.5	41.6	29.8	29.9	18.1	26.2	12.4	0.6

Piensa

La altitud máxima es 5000 m. Por tanto, una escala razonable para colocar en el eje de la altitud es de 0 a 5500, con rótulos cada 1000 m. Puedes usar un razonamiento parecido para rotular el eje de la temperatura.

Ⓐ Haz un diagrama de dispersión con los datos.

Usa los datos como pares ordenados. Para la altitud de 1500 m y la temperatura de 55.5 °F, marca (1500, 55.5).

Ⓑ ¿Qué tipo de relación muestra el diagrama de dispersión?

La temperatura que se registra fuera del avión tiende a disminuir a medida que la altitud del avión aumenta. Por tanto, los datos tienen una correlación negativa.

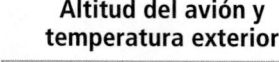
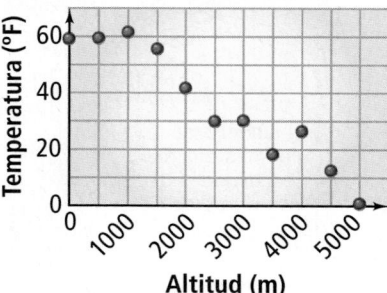

Altitud del avión y temperatura exterior

¿Comprendiste? **1. a.** Haz un diagrama de dispersión con los datos de la siguiente tabla. ¿Qué tipo de relación muestra el diagrama de dispersión?

Compras de gasolina								
Dólares gastados	10	11	9	10	13	5	8	4
Galones comprados	2.5	2.8	2.3	2.6	3.3	1.3	2.2	1.1

b. Razonamiento Toma en cuenta la población de una ciudad y el número de letras del nombre de la ciudad. ¿Esperas que los dos conjuntos de datos tengan *correlación positiva, correlación negativa* o que queden *sin correlación* entre ellos? Explica tu razonamiento.

Cuando dos conjuntos de datos tienen una correlación positiva o negativa, puedes usar una línea de tendencia para mostrar la correlación con mayor claridad. Una **línea de tendencia** es una recta en un diagrama de dispersión que se traza cerca de los puntos y muestra una correlación.

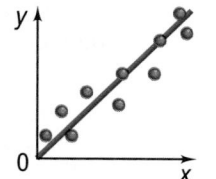
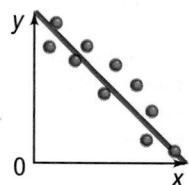

Puedes usar la línea de tendencia para estimar un valor que esté entre dos valores conocidos o para predecir un valor que esté fuera del rango de los valores conocidos. La estimación de un valor que está entre dos valores conocidos se llama **interpolación**. La estimación de un valor que está fuera del rango de los valores conocidos se llama **extrapolación**.

Problema 2 Escribir una ecuación de una línea de tendencia

Biología Haz un diagrama de dispersión con los datos que se muestran a la derecha. ¿Cuál es el peso aproximado de un oso panda de 7 meses de edad?

Peso de un oso panda

Edad (meses)	Peso (lb)
1	2.5
2	7.6
3	12.5
4	17.1
6	24.3
8	37.9
10	49.2
12	54.9

Planea

¿Cómo puedes trazar una línea de tendencia precisa?
Una línea de tendencia precisa debe ajustarse lo más posible a los datos. Debería haber aproximadamente la misma cantidad de puntos por encima de la línea y por debajo de la línea.

Paso 1 Haz un diagrama de dispersión y traza una línea de tendencia. Estima las coordenadas de dos puntos que estén sobre la línea.

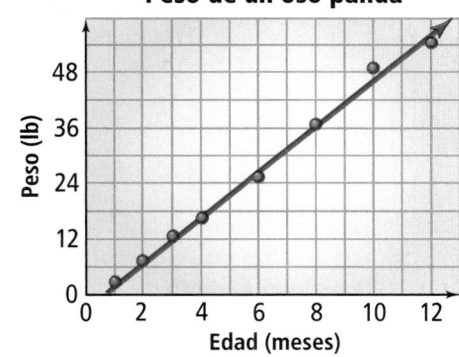

Peso de un oso panda

Dos puntos que están sobre la línea de tendencia son (4, 17.1) y (8, 37.9).

Paso 2 Escribe una ecuación de la línea de tendencia.

$m = \dfrac{y_2 - y_1}{x_2 - x_1} = \dfrac{37.9 - 17.1}{8 - 4} = \dfrac{20.8}{4} = 5.2$ Halla la pendiente de la línea de tendencia.

$y - y_1 = m(x - x_1)$ Usa la forma punto-pendiente.

$y - 17.1 = 5.2(x - 4)$ Sustituye m por 5.2 y (x_1, y_1) por (4, 17.1).

$y - 17.1 = 5.2x - 20.8$ Propiedad distributiva

$y = 5.2x - 3.7$ Suma 17.1 a cada lado.

Paso 3 Estima el peso de un oso panda de 7 meses de edad.

$y = 5.2(7) - 3.7$ Sustituye x por 7.

$y = 32.7$ Simplifica.

El peso de un oso panda de 7 meses de edad es aproximadamente 32.7 lb.

Piensa

¿Cómo puedes comprobar que tu respuesta sea razonable?
Como $x = 7$ se puede ver en la gráfica, halla el valor de y correspondiente. Cuando $x = 7$, $y \approx 32.7$. Por tanto, la estimación es razonable.

✓ **¿Comprendiste?** **2. a.** Haz un diagrama de dispersión con los siguientes datos. Traza una línea de tendencia y escribe la ecuación. ¿Cuál es la longitud corporal aproximada de un oso panda de 7 meses de edad?

Longitud corporal de un oso panda								
Edad (meses)	1	2	3	4	5	6	8	9
Longitud corporal (pulgs.)	8.0	11.75	15.5	16.7	20.1	22.2	26.5	29.0

b. Razonamiento ¿Crees que puedes usar tu modelo para extrapolar la longitud corporal de un oso panda de 3 años de edad? Explica tu respuesta.

La línea de tendencia que muestra la relación que existe entre dos conjuntos de datos con mayor precisión se llama **recta de regresión**. Con una calculadora gráfica se puede calcular la ecuación de la recta de regresión mediante un método llamado regresión lineal.

La calculadora gráfica también da el **coeficiente de correlación** r: un número del –1 al 1 que indica qué tan precisa es la ecuación que representa los datos.

$r = -1$	$r = 0$	$r = 1$
correlación negativa marcada	sin correlación	correlación positiva marcada

Mientras más cerca esté r de 1 ó -1, más cerca se agrupan los datos en torno a la recta de regresión. Si r está cerca de 1, los datos se agrupan alrededor de una recta de regresión con pendiente positiva. Si r está cerca de -1, los datos se agrupan alrededor de una recta de regresión con pendiente negativa.

Problema 3   Hallar la recta de regresión

Matrículas universitarias Usa una calculadora gráfica para hallar la ecuación de la recta de regresión que corresponda a los datos de la derecha. ¿Cuál es el coeficiente de correlación, con tres lugares decimales? Predice el costo de asistir a la universidad en el año académico 2012–2013.

Promedio de matrículas para carreras de 4 años en universidades públicas

Año académico	Costo ($)
2000–2001	3508
2001–2002	3766
2002–2003	4098
2003–2004	4645
2004–2005	5126
2005–2006	5492
2006–2007	5836

FUENTE: CONSEJO UNIVERSITARIO

Paso 1 Presiona (stat). Del menú **EDIT**, escoge **Edit**. Ingresa los años en L_1. Sea $x = 2000$ el año académico 2000–2001, $x = 2001$ el año académico 2001–2002, y así sucesivamente. Ingresa los costos en L_2.

Paso 2 Presiona (stat). Del menú **CALC**, escoge **LinReg(ax + b)**. Presiona (enter) para hallar la ecuación de la recta de regresión y el coeficiente de correlación. La calculadora muestra la ecuación en la forma $y = ax + b$.

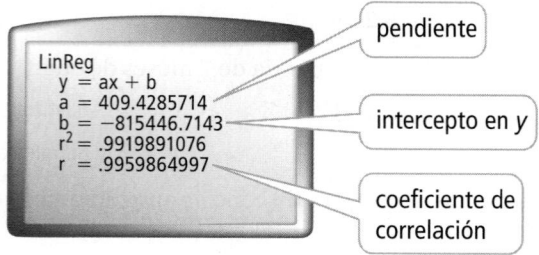

LinReg
y = ax + b
a = 409.4285714 — pendiente
b = −815446.7143 — intercepto en y
r^2 = .9919891076
r = .9959864997 — coeficiente de correlación

Piensa

¿Qué significa el valor del coeficiente de correlación?
El coeficiente de correlación de 0.996 se acerca a 1. Por tanto, hay una correlación positiva marcada entre el año académico y el costo de asistir a la universidad.

Redondea a la centésima más cercana. La ecuación de la recta de regresión es $y = 409.43x - 815{,}446.71$. El coeficiente de correlación es aproximadamente 0.996.

Paso 3 Predice el costo de asistir a la universidad en el año académico 2012–2013.

$y = 409.43x - 815{,}446.71$ Usa la ecuación de la recta de regresión.

$y = 409.43(2012) - 815{,}446.71$ Sustituye x por 2012.

$y \approx 8326$ Simplifica. Redondea al número entero no negativo más cercano.

El costo de cursar una carrera de cuatro años en una universidad pública en el año académico 2012–2013 será de aproximadamente $8326.

¿Comprendiste? **3. a.** Predice el costo de asistir a la universidad en el año académico 2016–2017.

b. Razonamiento ¿Qué indica la pendiente de la recta de regresión del Problema 3 sobre la tasa de cambio en el costo?

La **causalidad** ocurre cuando un cambio en una cantidad causa un cambio en una segunda cantidad. La correlación entre cantidades no siempre implica que haya causalidad.

 Problema 4 **Identificar si una relación es causal**

En las siguientes situaciones, ¿es probable que haya correlación? Si es así, ¿la correlación refleja una relación causal? Explica tu respuesta.

A **la cantidad de panes horneados y la cantidad de harina usada**

Hay una correlación positiva y también una relación causal. A medida que la cantidad de panes horneados aumenta, la cantidad de harina usada aumenta también.

B **la cantidad de buzones de correo y la cantidad de bomberos de una ciudad**

Es probable que haya una correlación positiva, porque tanto la cantidad de buzones como la cantidad de bomberos tienden a aumentar a medida que la población de una ciudad aumenta. Sin embargo, la instalación de más buzones no *causará* un aumento en la cantidad de bomberos; por tanto, no hay relación causal.

Piensa

Las relaciones causales siempre tienen correlación. Sin embargo, es posible que dos conjuntos de datos que tienen correlación no tengan una relación causal.

 ¿Comprendiste? **4.** En las siguientes situaciones, ¿es probable que haya correlación? Si es así, ¿la correlación refleja una relación causal? Explica tu respuesta.

a. el costo de las vacaciones de una familia y el tamaño de su casa

b. el tiempo dedicado al ejercicio físico y la cantidad de calorías quemadas

 ## Comprobar la comprensión de la lección

¿CÓMO hacerlo?

Usa la tabla.

Temperaturas diarias máximas medias durante enero en latitudes septentrionales							
Latitud (° N)	35	33	30	25	43	40	39
Temperatura (°F)	46	52	67	76	32	37	44

FUENTE: DEPARTAMENTO DE COMERCIO DE LOS ESTADOS UNIDOS

1. Haz un diagrama de dispersión con los datos. ¿Qué tipo de relación muestra el diagrama de dispersión?

2. Traza una línea de tendencia y escribe su ecuación.

3. Predice cuál será la temperatura diaria máxima en promedio durante enero a una latitud de 50° N.

¿Lo ENTIENDES?

4. Vocabulario Dado un conjunto de pares de datos, ¿cómo decidirías si debes usar la interpolación o la extrapolación para hallar un valor determinado?

5. Comparar y contrastar ¿En qué se parecen una línea de tendencia y la recta de regresión de un conjunto de pares de datos? ¿En qué se diferencian?

6. Analizar errores Observa la siguiente tabla. Un estudiante dice que los datos tienen una correlación negativa, porque a medida que x disminuye, y también disminuye. ¿Cuál es el error del estudiante?

x	10	7	5	4	1	0
y	1	0	−2	−4	−7	−9

Ejercicios de práctica y resolución de problemas

Ⓐ Práctica　**Para cada tabla, haz un diagrama de dispersión con los datos. Describe el tipo**　◀ Ver el Problema 1.
de correlación que muestra el diagrama de dispersión.

7.

Ventas de *jeans*				
Precio en promedio	21	28	36	40
Cantidad vendida	130	112	82	65

8.

Compras de gasolina					
Dólares gastados	10	11	9	8	13
Galones comprados	2.6	3	2.4	2.2	3.5

Parques de diversiones　**Usa la siguiente tabla para resolver los Ejercicios 9 y 10.**　◀ Ver el Problema 2.

Asistencia de público y ganancias en los parques de diversiones de los EE. UU.									
Año	1990	1992	1994	1996	1998	2000	2002	2004	2006
Asistencia (millones)	253	267	267	290	300	317	324	328	335
Ganancias (miles de millones)	5.7	6.5	7.0	7.9	8.7	9.6	9.9	10.8	11.5

FUENTE: ASOCIACIÓN INTERNACIONAL DE PARQUES DE DIVERSIONES Y ATRACCIONES TURÍSTICAS

9. Haz un diagrama de dispersión con los pares de datos (año, asistencia de público). Traza una línea de tendencia y escribe su ecuación. Estima cuál fue la asistencia de público a los parques de diversiones de los Estados Unidos en 2005.

10. Haz un diagrama de dispersión con los pares de datos (año, ganancias). Traza una línea de tendencia y escribe su ecuación. Predice cuál será la ganancia de los parques de diversiones de los Estados Unidos en 2012.

11. Espectáculos　Usa una calculadora gráfica para hallar la ecuación de la　◀ Ver el Problema 3.
recta de regresión para los datos de la tabla. Halla el valor del coeficiente
de correlación r, con tres lugares decimales. Luego, predice cuál será el número
de boletos de cine vendidos en los Estados Unidos en 2014.

Boletos de cine vendidos en los EE.UU. por año										
Año	1998	1999	2000	2001	2002	2003	2004	2005	2006	2007
Boletos vendidos (millones)	1289	1311	1340	1339	1406	1421	1470	1415	1472	1470

FUENTE: ASOCIACIÓN CINEMATOGRÁFICA DE LOS ESTADOS UNIDOS

En cada situación, indica si es probable que haya correlación. Si es así, indica si　◀ Ver el Problema 4.
la correlación refleja una relación causal. Explica tu razonamiento.

12. la cantidad de tiempo que estudias para un examen y la calificación que obtienes

13. la estatura de una persona y el número de letras del nombre de la persona

14. el tamaño del pie y el sueldo de un maestro

15. el precio de las hamburguesas en una tienda de comestibles y la cantidad de hamburguesas vendidas

Ⓑ Aplicación　**16. Respuesta de desarrollo**　Describe tres situaciones de la vida diaria: una con correlación
positiva, otra con correlación negativa y otra sin correlación.

17. Escribir Da dos conjuntos de datos que tengan correlación entre sí, pero que *no* tengan una relación causal.

18. Negocios Durante un mes, la cantidad de jamón vendido en una charcutería disminuyó mientras que la cantidad de pavo vendido aumentó. ¿Éste es un ejemplo de dos conjuntos de datos con *correlación positiva, correlación negativa* o *sin correlación*?

19. Pensar en un plan Los estudiantes midieron los diámetros y las circunferencias de las partes superiores de varios cilindros. A continuación se muestran los datos que recopilaron. Estima el diámetro de un cilindro con una circunferencia de 22 cm.

Parte superior de los cilindros									
Diámetro (cm)	3	3	5	6	8	8	9.5	10	10	12
Circunferencia (cm)	9.3	9.5	16	18.8	25	25.6	29.5	31.5	30.9	39.5

- ¿Cómo puedes usar un diagrama de dispersión para hallar una ecuación de una línea de tendencia?
- ¿Cómo puedes usar la ecuación de la línea de tendencia para hacer una estimación?

20. Población de los Estados Unidos Usa los siguientes datos:

Población estimada de los Estados Unidos (millares)							
Año	2000	2001	2002	2003	2004	2005	2006
Hombres	138,482	140,079	141,592	142,937	144,467	145,973	147,512
Mujeres	143,734	145,147	146,533	147,858	149,170	150,533	151,886

FUENTE: OFICINA DE CENSOS DE LOS ESTADOS UNIDOS

- **a.** Haz un diagrama de dispersión con los pares de datos (hombres, mujeres).
- **b.** Traza una línea de tendencia y escribe su ecuación.
- **c.** Usa la ecuación para predecir cuántas mujeres habrá en los Estados Unidos si la cantidad de hombres aumenta a 150,000,000.
- **d. Razonamiento** Imagina un diagrama de dispersión con los pares de datos (año, hombres). ¿Sería razonable usar este diagrama de dispersión para predecir cuántos hombres habrá en los Estados Unidos en 2035? Explica tu razonamiento.

21. a. Calculadora gráfica Usa una calculadora gráfica para hallar la ecuación de la recta de regresión que corresponde a los siguientes datos. Sea $x = 8$ el año 1998, $x = 9$ el año 1999, y así sucesivamente.

Venta de juegos de computadora y videojuegos en los EE.UU.										
Año	1998	1999	2000	2001	2002	2003	2004	2005	2006	2007
Ventas por unidad (en millones)	152.4	184.5	196.3	210.3	225.8	240.9	249.5	229.5	241.6	267.9

FUENTE: NPD GROUP/SERVICIO DE REGISTRO DE VENTAS AL POR MENOR

- **b.** ¿Cuál es la pendiente de la recta de regresión? ¿Qué significa la pendiente en función del número de unidades de juegos de computadora y videojuegos vendidos?
- **c.** ¿Cuál es el intercepto en *y* de la recta de regresión? ¿Qué significa el intercepto en *y* en función del número de unidades de juegos de computadora y videojuegos vendidos?

Desafío

22. a. Haz un diagrama de dispersión con los siguientes datos. Luego, halla la ecuación de la recta de regresión. Traza la recta de regresión en tu diagrama de dispersión.

Distancias de frenado de carros								
Velocidad (mi/h)	10	15	20	25	30	35	40	45
Distancia de frenado (pies)	27	44	63	85	109	136	164	196

b. Usa tu ecuación para predecir la distancia de frenado a 90 mi/h.

c. Razonamiento La distancia de frenado real a 90 mi/h se aproxima a 584 pies. ¿Por qué crees que esta distancia no se acerca a tu predicción?

d. Supón que marcas (90, 584) en tu diagrama de dispersión. ¿Qué efecto tendría sobre la pendiente y el intercepto en y de la recta de regresión que hallaste en la parte (a)?

Preparación para el examen estandarizado

SAT/ACT

23. Supón que haces una investigación en todas las escuelas de tu estado. ¿Qué relación esperarías hallar entre el número de estudiantes y el número de maestros de cada escuela?

    Ⓐ correlación positiva   Ⓒ sin correlación

    Ⓑ correlación negativa   Ⓓ ninguna de las anteriores

24. Una recta horizontal pasa por el punto $(5, -2)$. ¿Qué otro punto también está sobre la recta?

    Ⓕ $(5, 2)$ Ⓖ $(-5, -2)$ Ⓗ $(-5, 2)$ Ⓘ $(5, 0)$

25. Cuando se bombean 18 gals. de agua en un tanque vacío, el tanque se llena a tres cuartos de su capacidad. ¿Cuántos galones de agua puede contener el tanque?

    Ⓐ 12   Ⓑ 13.5   Ⓒ 18.5   Ⓓ 24

Respuesta breve

26. En la tabla se muestra el saldo de la cuenta bancaria de un estudiante en distintos momentos. Estima cuánto dinero hay en la cuenta bancaria del estudiante en la Semana 6. Justifica tu respuesta.

Saldo semanal de la cuenta bancaria					
Semana	1	3	4	7	9
Saldo de la cuenta	$35	$68	$85	$105	$136

Repaso mixto

Escribe una ecuación en forma pendiente-intercepto de la recta que pasa por el punto dado y es paralela a la gráfica de la ecuación dada.

◀ Ver la Lección 5-6.

27. $y = 5x + 1; (2, -3)$ **28.** $y = -x - 9; (0, 5)$ **29.** $2x + 3y = 9; (-1, 4)$

¡Prepárate! Antes de la Lección 5-8, haz los Ejercicios 30 a 33.

Halla cada valor absoluto.

◀ Ver la Lección 1-5.

30. $|2 - 7|$ **31.** $|7 - 7|$ **32.** $|56 - 38|$ **33.** $|-24 + 12|$

Reunir datos sobre las líneas

En esta actividad, soltarás una pelota desde distintas alturas y anotarás cuál es la altura máxima después del primer rebote. Haz la actividad sobre una superficie dura. Mide todas las alturas desde la parte inferior de la pelota.

Actividad

Coloca uno de los extremos de una regla de 1 metro en el suelo y pégala con cinta adhesiva a la pared. Pega otra regla de 1 metro a la pared desde la parte superior de la primera regla.

1. **Recopilación de datos** Suelta la pelota desde 50 cm. Anota con cuidado la altura máxima que alcanza después del primer rebote. Repite la actividad.

2. Copia y completa la tabla de la derecha. Puedes hacer más mediciones usando distintas alturas iniciales.

3. Representa con una gráfica los datos de ambos intentos sobre el mismo plano de coordenadas.

4. **Razonamiento** ¿Por qué es razonable usar $(0, 0)$ como un punto de los datos?

5. Traza una línea de tendencia que incluya el punto $(0, 0)$.

6. **a. Predecir** Usa tu línea para predecir la altura máxima del primer rebote después de soltar la pelota desde 175 cm.
   b. ¿Desde qué altura deberías soltar la pelota para que alcance 2 m después del primer rebote?

7. **a.** Usa una calculadora gráfica para hallar la ecuación de la recta de regresión para los datos de la tabla.
   b. Predecir Usa tu ecuación para predecir la altura máxima del primer rebote después de soltar la pelota desde 175 cm.
   c. ¿En qué se parecen y en qué se diferencian tus predicciones de la parte (a) del Paso 6 y las de la parte (b) del Paso 7?

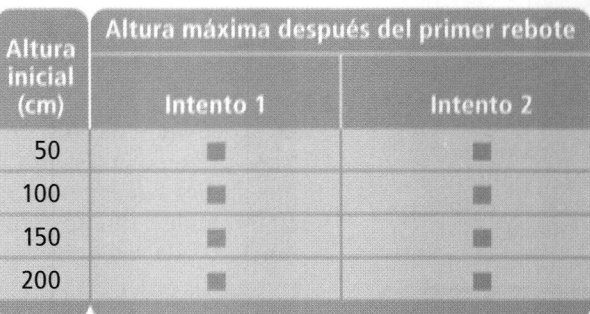

Datos sobre la altura del rebote

Altura inicial (cm)	Altura máxima después del primer rebote	
	Intento 1	Intento 2
50	■	■
100	■	■
150	■	■
200	■	■

Ejercicios

8. **Opción múltiple** La gráfica de la derecha muestra los datos de los rebotes de una pelota. Sea x =altura inicial en centímetros. Sea y =altura máxima en centímetros. ¿Qué ecuación representa mejor los datos?

   (A) $y = 0.3x$ (C) $y = 0.5x$
   (B) $y = 0.4x$ (D) $y = 0.6x$

9. Supón que los estudiantes usaron distintos tipos de pelotas y hallaron que las pendientes de las líneas de tendencia no eran las mismas. ¿Qué significa la pendiente?

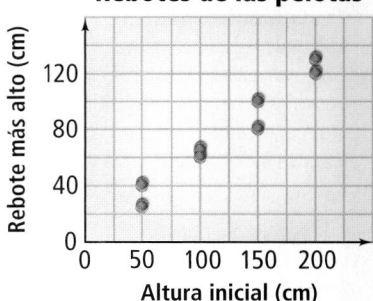

Rebotes de las pelotas

5-8 Representar con una gráfica funciones de valor absoluto

Objetivos Representar con una gráfica una función de valor absoluto.
Trasladar la gráfica de una función de valor absoluto.

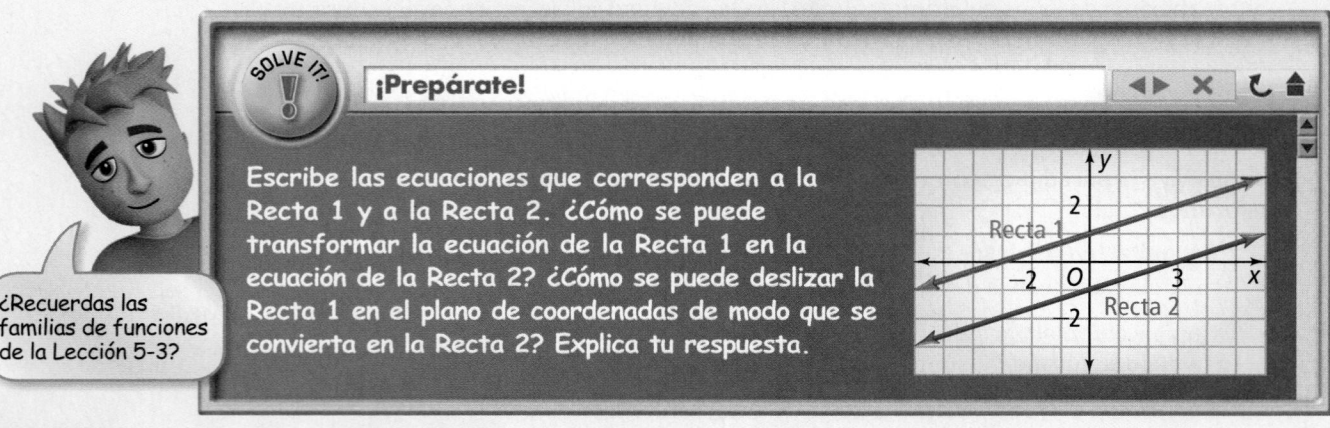

¡Prepárate!

Escribe las ecuaciones que corresponden a la Recta 1 y a la Recta 2. ¿Cómo se puede transformar la ecuación de la Recta 1 en la ecuación de la Recta 2? ¿Cómo se puede deslizar la Recta 1 en el plano de coordenadas de modo que se convierta en la Recta 2? Explica tu respuesta.

¿Recuerdas las familias de funciones de la Lección 5-3?

Actividades dinámicas
Valor absoluto con ecuaciones lineales

Vocabulario de la lección
• función de valor absoluto
• traslación

En la actividad de *Solve It!,* describiste cómo se puede desplazar una recta para que se transforme en una segunda recta. Puedes usar un método similar para representar con una gráfica *funciones de valor absoluto*. Una **función de valor absoluto** tiene una gráfica en forma de V que se abre hacia arriba o hacia abajo. La función madre de la familia de funciones de valor absoluto es $y = |x|$.

Una **traslación** es cuando una gráfica se desplaza de forma horizontal, vertical o de ambas maneras. El resultado es una gráfica con el mismo tamaño y la misma forma, pero en distinta posición.

Comprensión esencial Puedes representar con una gráfica ecuaciones de valor absoluto con rapidez desplazando la gráfica de $y = |x|$.

Problema 1 Describir traslaciones

A continuación se muestran las gráficas de $y = |x|$ y $y = |x| - 2$. ¿Cómo se relacionan las gráficas?

Planea

¿Cómo puedes comparar las gráficas?
Observa las características que has estudiando con otras gráficas, como la forma, el tamaño o los puntos individuales.

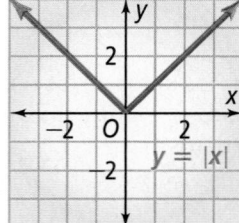

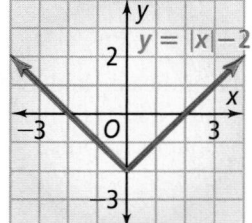

Las gráficas tienen la misma forma. Observa que cada punto de $y = |x| - 2$ está 2 unidades más abajo que el punto correspondiente de $y = |x|$. La gráfica de $y = |x| - 2$ es la gráfica de $y = |x|$ trasladada 2 unidades hacia abajo.

¿Comprendiste? **1. a.** ¿Cómo se relaciona la gráfica de la derecha con la gráfica de $y = |x|$?

b. **Razonamiento** ¿Cuál es el dominio y el rango de cada función del Problema 1?

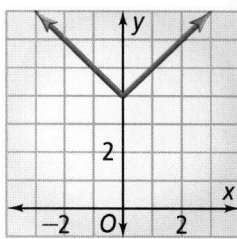

La gráfica de $y = |x| + k$ es una traslación de $y = |x|$. Sea k un número positivo. Entonces, la gráfica de $y = |x| + k$ traslada la gráfica de $y = |x|$ hacia arriba k unidades, mientras que $y = |x| - k$ traslada la gráfica de $y = |x|$ hacia abajo k unidades.

Problema 2 **Representar con una gráfica una traslación vertical**

¿Cuál es la gráfica de $y = |x| + 2$?

Lo que sabes	Lo que necesitas	Planea
• La ecuación de una función de valor absoluto • La gráfica de $y = |x|$	La gráfica de la función	Indica la dirección y la extensión de la traslación. Traslada el punto del intercepto en *y* y un punto a cada lado de éste. Traza la gráfica.

Piensa

¿Por qué debes comenzar con la gráfica de $y = |x|$?
Como $y = |x|$ es la función madre de $y = |x| + 2$, puedes comenzar con la gráfica de $y = |x|$ y trasladarla hacia arriba.

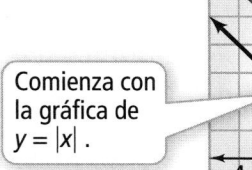 Comienza con la gráfica de $y = |x|$.

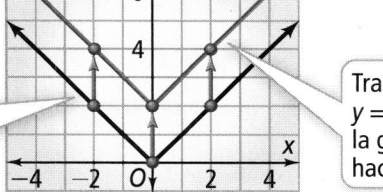 Traza la gráfica de $y = |x| + 2$ trasladando la gráfica de $y = |x|$ hacia *arriba* 2 unidades.

 ¿Comprendiste? **2.** ¿Cuál es la gráfica de $y = |x| - 7$?

Si sabes cuál es la dirección de una traslación y el número de unidades que debe trasladarse la función, puedes escribir una ecuación para describir la traslación.

Planea

¿Cómo puedes comenzar?
Para hacer una traslación hacia arriba, comienza con la ecuación $y = |x| + k$. Para hacer una traslación hacia abajo, comienza con la ecuación $y = |x| - k$.

Problema 3 **Escribir ecuaciones de traslaciones verticales**

¿Cuál es una ecuación para cada traslación de $y = |x|$?

A **11 unidades hacia arriba**

Una ecuación posible es $y = |x| + 11$.

B **14 unidades hacia abajo**

Una ecuación posible es $y = |x| - 14$.

¿Comprendiste? 3. ¿Cuál puede ser una ecuación para cada traslación de $y = |x|$?
     a. 8 unidades hacia arriba   **b.** 5 unidades hacia abajo

Las siguientes gráficas muestran lo que ocurre cuando representas con una gráfica $y = |x + 2|$ y $y = |x - 2|$.

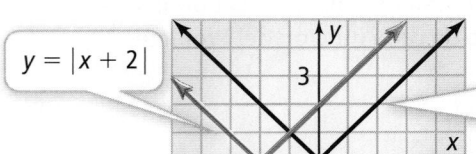

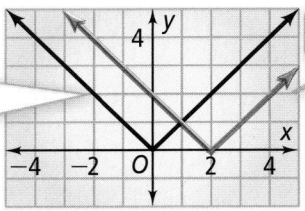

Para un número positivo h, $y = |x + h|$ traslada la gráfica de $y = |x|$ a la izquierda h unidades y $y = |x - h|$ traslada la gráfica de $y = |x|$ a la derecha h unidades.

Problema 4 Representar con una gráfica una traslación horizontal

¿Cuál es la gráfica de $y = |x + 5|$?

Piensa

¿Cómo puedes comprobar que la gráfica es correcta?
Puedes usar la ecuación para comprobar que los puntos de la gráfica son soluciones.

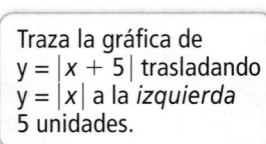

Traza la gráfica de $y = |x + 5|$ trasladando $y = |x|$ a la *izquierda* 5 unidades.

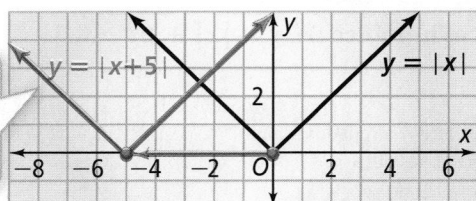

¿Comprendiste? **4.** ¿Cuál es la gráfica de $y = |x - 5|$?

Planea

¿Cómo puedes comenzar?
Para hacer una traslación hacia la derecha, comienza con la ecuación $y = |x - h|$. Para hacer una traslación hacia la izquierda, comienza con la ecuación $y = |x + h|$.

Problema 5 Escribir ecuaciones de traslaciones horizontales

¿Cuál es una ecuación para cada traslación de $y = |x|$?

A 9 unidades a la derecha

Una ecuación posible es $y = |x - 9|$.

B 4 unidades a la izquierda

Una ecuación posible es $y = |x + 4|$.

¿Comprendiste? **5.** ¿Cuál es una ecuación para cada traslación de $y = |x|$?
   a. 8 unidades a la derecha   **b.** 6 unidades a la izquierda

Comprobar la comprensión de la lección

¿CÓMO hacerlo?

1. ¿En qué se diferencia la gráfica de $y = |x| - 8$ de la gráfica de $y = |x|$? ¿En qué se parece?

2. ¿Cuál es la ecuación correspondiente a la traslación de $y = |x|$ 9 unidades hacia arriba?

3. ¿Cuál es la gráfica de $y = |x + 7|$?

¿Lo ENTIENDES?

4. Comparar y contrastar ¿En qué se parecen la gráfica de $y = |x| - 4$ y la gráfica de $y = |x - 4|$? ¿En qué se diferencian?

5. Analizar errores Un estudiante quiere representar con una gráfica la ecuación $y = |x - 10|$ y traslada la gráfica de $y = |x|$ hacia la izquierda 10 unidades. Describe cuál es el error del estudiante.

Ejercicios de práctica y resolución de problemas

A Práctica

Describe cómo se relaciona cada gráfica con la gráfica de $y = |x|$.

◀ **Ver el Problema 1.**

6.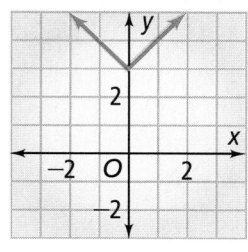

7.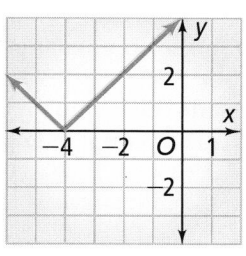

8.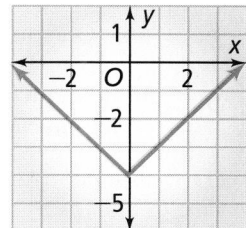

Representa con una gráfica cada función trasladando $y = |x|$.

◀ **Ver el Problema 2.**

9. $y = |x| - 3$ **10.** $y = |x| + 7$ **11.** $y = |x| + 3$

12. $y = |x| - 6$ **13.** $y = |x| + 6$ **14.** $y = |x| - 2.5$

Escribe una ecuación para cada traslación de $y = |x|$.

◀ **Ver el Problema 3.**

15. 9 unidades hacia arriba **16.** 7 unidades hacia abajo **17.** 0.25 unidades hacia arriba

18. 3.25 unidades hacia abajo **19.** 5.9 unidades hacia arriba **20.** 1 unidad hacia abajo

Representa con una gráfica cada función trasladando $y = |x|$.

◀ **Ver el Problema 4.**

21. $y = |x - 3|$ **22.** $y = |x + 3|$ **23.** $y = |x - 1|$

24. $y = |x + 6|$ **25.** $y = |x - 7|$ **26.** $y = |x + 2.5|$

Escribe una ecuación para cada traslación de $y = |x|$.

◀ **Ver el Problema 5.**

27. 9 unidades a la izquierda **28.** 9 unidades a la derecha **29.** 0.5 unidades a la derecha

30. $\frac{3}{2}$ unidades a la izquierda **31.** $\frac{5}{2}$ unidades a la izquierda **32.** 8.2 unidades a la derecha

B Aplicación

A la derecha se muestra la gráfica de $y = -|x|$. Representa con una gráfica cada función trasladando $y = -|x|$.

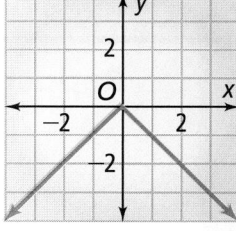

33. $y = -|x| + 3$ **34.** $y = -|x| - 3$

35. $y = -|x + 3|$ **36.** $y = -|x - 3|$

Escribe una ecuación para cada traslación de $y = -|x|$.

37. 2 unidades hacia arriba **38.** 2.25 unidades a la izquierda

39. 15 unidades hacia abajo **40.** 4 unidades a la derecha

41. Escribir Explica en qué se parece la relación entre $y = |x|$ y $y = |x| + k$ a la relación entre $y = mx$ y $y = mx + b$.

42. Razonamiento Haz una tabla con los valores de $y = |x|$ y $y = |x| + 5$. ¿En qué se parecen y en qué se diferencian los valores de y y los valores de x correspondientes?

43. Pensar en un plan ¿Qué punto o puntos tienen en común las gráficas de $y = |x - 2|$ y $y = |x + 4|$?

- ¿Cómo se relacionan estas gráficas?
- ¿Te ayudaría una gráfica o una tabla a resolver este problema?

44. ¿Qué punto o puntos tienen en común las gráficas de $y = -|x| + 7$ y $y = |x - 3|$?

Representa con una gráfica cada traslación de $y = |x|$. Describe cómo se relaciona cada gráfica con la gráfica de $y = |x|$.

45. $y = |x - 1| + 2$ **46.** $y = |x + 2| - 1$

47. a. Representa con una gráfica $y = |x - 2| + 3$.

     b. El *vértice* de una función de valor absoluto es el punto en el que la gráfica de la función cambia de dirección. ¿Cuál es el vértice de la gráfica de $y = |x - 2| + 3$?

     c. Razonamiento ¿Qué relación observas entre el vértice y la ecuación? ¿Cuál es el vértice de la gráfica de $y = |x - h| + k$?

**Desafío**

48. a. Haz una tabla de valores para representar con una gráfica $y = |2x|$.

     b. Traslada $y = |2x|$ para representar con una gráfica $y = |2x| + 3$.

     c. Traslada $y = |2x|$ para representar con una gráfica $y = |2(x - 1)|$.

     d. Traslada $y = |2x|$ para representar con una gráfica $y = |2(x - 1)| + 3$.

49. Representa con una gráfica $y = -|x + 4| - 7$.

Preparación para el examen estandarizado

RESPUESTA EN PLANTILLA

SAT/ACT

50. Cuando $f(x) = 5x - 7$, ¿qué valor de x da como resultado $f(x) = -3$?

51. ¿Cuál es la pendiente de la recta que se muestra a la derecha?

52. ¿Cuál es el valor de $f(x) = x^2 - 4x + 6$ cuando $x = -3$?

53. ¿Cuál es el intercepto en x de la recta $y = -4x + 2$?

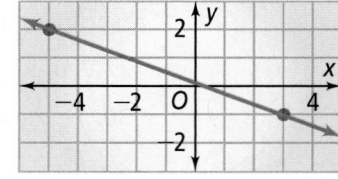

Repaso mixto

Los siguientes datos siguen un modelo lineal. Escribe una ecuación de la línea de tendencia o usa una calculadora gráfica para hallar una ecuación de la recta de regresión.   **Ver la Lección 5-7.**

54.

Año	1	2	3	4
Precio	$5.30	$5.57	$5.82	$6.05

55.

Onzas	8	12	16	20
Calorías	100	151	202	250

¡Prepárate!   **Antes de la Lección 6-1, haz los Ejercicios 56 a 59.**

Representa con una gráfica cada ecuación.   **Ver la Lección 5-3.**

56. $y = 2x - 1$ **57.** $y = -3x + 5$ **58.** $y = \frac{1}{3}x + 2$ **59.** $y = -\frac{5}{2}x - 7$

Características de las gráficas de valor absoluto

En las lecciones anteriores, exploraste las características de las gráficas lineales. En esta sección explorarás las características de las gráficas de valor absoluto expresadas como $y = a|x - h| + k$.

En una gráfica lineal, puedes identificar los interceptos en x y en y, el dominio y el rango, y la pendiente. En una gráfica de valor absoluto, también puedes identificar la dirección hacia donde la gráfica se abre y el *vértice*. El vértice de una gráfica de valor absoluto es el punto en el que la gráfica cambia de dirección. La gráfica de $y = a|x - h| + k$ tiene el vértice (h, k).

La gráfica de una función de valor absoluto siempre tendrá un intercepto en y, pero en cuanto a interceptos en x puede tener uno, dos o ninguno. Una gráfica de valor absoluto tiene una pendiente diferente por cada *rama*. Las ramas son las dos semirrectas a cada lado del vértice.

Ejemplo

Representa con una gráfica $y = |x + 1| - 2$. ¿Cuál es la pendiente de cada rama, los interceptos en x y en y, el vértice y el dominio y el rango?

Paso 1 Marca el punto $(-1, -2)$.

Paso 2 Usa la ecuación para hallar un punto ubicado a cualquiera de los lados del vértice.

Paso 3 Traza las dos ramas de la gráfica.

El dominio son todos los números reales. El rango son todos los números reales mayores que o iguales a -2.

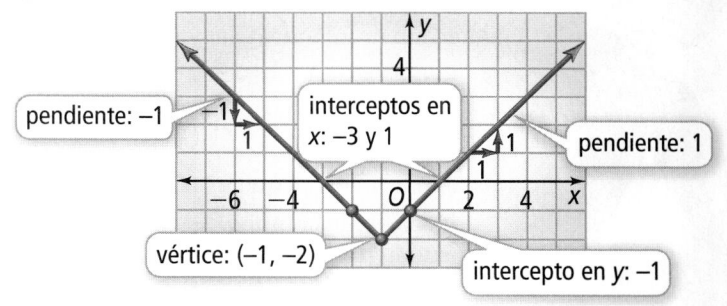

pendiente: -1 · interceptos en x: -3 y 1 · pendiente: 1 · vértice: $(-1, -2)$ · intercepto en y: -1

Ejercicios

1. **a.** Representa con una gráfica $y = -|x - 3| - 4$, $y = |x - 3| - 4$, $y = -2|x + 3| - 4$ y $y = 2|x + 3| - 4$.
   b. ¿Qué gráficas se abren hacia arriba y qué gráficas se abren hacia abajo?
   c. **Razonamiento** ¿Cómo afecta el signo de a la dirección en que se abre la gráfica?
   d. ¿Cuáles son las pendientes de las ramas izquierda y derecha de cada gráfica?
   e. **Razonamiento** ¿Cómo se relaciona la pendiente de la rama izquierda con la pendiente de la rama derecha? ¿Cómo se relaciona a con la pendiente de las ramas?

2. **a.** Representa con una gráfica $y = -2|x - 1| + 4$.
   b. ¿Cuál es el vértice de la gráfica?
   c. ¿Cuáles son el dominio y el rango de la función?
   d. ¿Cuáles son los interceptos en x y en y?
   e. **Razonamiento** ¿Cómo puedes usar el vértice y el signo de a para determinar el rango de la función de valor absoluto?

Integración de conocimientos

Para resolver estos problemas, integrarás varios conceptos y destrezas que has estudiado sobre funciones lineales.

GRANidea Proporcionalidad

En la gráfica de una recta, la razón de la pendiente indica la tasa de cambio.

Tarea 1

Halla la tasa de cambio de cada tabla, ecuación o gráfica. ¿Cómo hallaste la tasa de cambio?

a.

x	2	4	6
y	10	20	30

b. $5x + 3y = -2$

c.

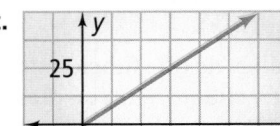

GRANidea Funciones

Existen varias formas para expresar la ecuación de una recta. Cada forma brinda información diferente. Por ejemplo, a partir de la forma punto-pendiente, puedes determinar un punto y la pendiente de una recta.

Tarea 2

Escribe una ecuación en forma pendiente-intercepto, en forma punto-pendiente o en forma estándar con la información dada sobre cada recta. Explica por qué escogiste la forma que usaste.

a. pasa por los puntos $(-1, 4)$ y $(-5, 2)$

b. pendiente 2, intercepto en y -4

c. su intercepto en x es 6 y su intercepto en y es 3

d. pasa por el punto $(1, 2)$ y su pendiente es $-\frac{5}{3}$

GRANidea Representar

Puedes representar la tendencia de datos de la vida diaria en un diagrama de dispersión con la ecuación de una recta. Puedes usar la ecuación para estimar o hacer predicciones.

Tarea 3

Al comienzo de un período de 20 meses, Stacie era propietaria de una tienda de ropa. Durante ese período, inauguró una segunda tienda de ropa en otro lugar. En la tabla se muestra el total de ventas mensuales de las tiendas de Stacie durante el período de 20 meses.

Ventas mensuales (en miles de dólares)										
Mes	2	4	6	8	10	12	14	16	18	20
Ventas	3	5	4	6	5	12	16	22	26	32

a. Haz un diagrama de dispersión con los datos de la tabla.

b. ¿Cuáles son dos ecuaciones que representan los datos? ¿Cuál es el dominio y el rango de cada ecuación? Explica el proceso que seguiste.

c. ¿Aproximadamente cuánto dinero ganaron las tiendas de Stacie en el quinto mes? ¿Cuánto dinero esperas que ganen las tiendas en el vigésimo cuarto mes? Explica tu respuesta.

5 Repaso del capítulo

Conectar las GRANDES ideas y responder a las preguntas esenciales

1 Proporcionalidad
En la gráfica de una recta, la razón para la pendiente indica la tasa de cambio.

→ **Tasa de cambio y pendiente (Lección 5-1)**

$$\text{pendiente} = \frac{\text{distancia vertical}}{\text{distancia horizontal}} = \frac{y_2 - y_1}{x_2 - x_1}$$

→ **Rectas paralelas y perpendiculares (Lección 5-6)**
Las rectas paralelas tienen la misma pendiente. El producto de las pendientes de las rectas perpendiculares es igual a -1.

2 Funciones
Existen varias formas para expresar la ecuación de una recta. Cada forma brinda información diferente. Por ejemplo, a partir de la forma punto-pendiente, puedes determinar un punto y la pendiente de una recta.

→ **Forma pendiente-intercepto (Lección 5-3)**
$$y = mx + b$$

→ **Forma punto-pendiente (Lección 5-4)**
$$y - y_1 = m(x - x_1)$$

→ **Forma estándar (Lección 5-5)**
$$Ax + By = C$$

3 Representar
Puedes representar la tendencia de datos de la vida diaria en un diagrama de dispersión con la ecuación de una recta. Puedes usar la ecuación para estimar o hacer predicciones.

→ **Diagramas de dispersión y líneas de tendencia (Lección 5-7)**
La línea de tendencia que muestra la relación entre dos conjuntos de datos con mayor precisión se llama recta de regresión.

Vocabulario del capítulo

- correlación negativa (p. 333)
- correlación positiva (p. 333)
- diagrama de dispersión (p. 333)
- ecuación lineal (p. 306)
- extrapolación (p. 334)
- forma estándar de una ecuación lineal (p. 320)
- forma pendiente-intercepto (p. 306)
- forma punto-pendiente (p. 313)
- función de valor absoluto (p. 342)
- intercepto en x (p. 320)
- intercepto en y (p. 306)
- interpolación (p. 334)
- recta de regresión (p. 336)
- línea de tendencia (p. 334)
- rectas paralelas (p. 327)
- rectas perpendiculares (p. 328)
- pendiente (p. 293)
- recíprocos inversos (p. 328)
- sin correlación (p. 333)
- tasa de cambio (p. 292)
- variación directa (p. 299)

Escoge el término de vocabulario correcto para completar cada oración.

1. El proceso de estimar un valor que está entre dos valores conocidos en un conjunto de datos se llama ___?___.

2. La pendiente de una recta representa el/la ___?___ de una función.

3. La forma de una ecuación lineal que muestra la pendiente y un punto se llama ___?___.

4. Dos rectas son perpendiculares cuando sus pendientes son ___?___.

5. La recta que representa los datos de un diagrama de dispersión con mayor precisión se llama ___?___.

5-1 Tasa de cambio y pendiente

Repaso rápido

La **tasa de cambio** muestra la relación que existe entre dos cantidades que cambian. La **pendiente** de una recta es la razón del cambio vertical (distancia vertical) al cambio horizontal (distancia horizontal).

$$\text{pendiente} = \frac{\text{distancia vertical}}{\text{distancia horizontal}} = \frac{y_2 - y_1}{x_2 - x_1}$$

La pendiente de una recta horizontal es 0 y la pendiente de una recta vertical es indefinida.

Ejemplo

¿Cuál es la pendiente de la recta que pasa por los puntos $(1, 12)$ y $(6, 22)$?

$$\text{pendiente} = \frac{y_2 - y_1}{x_2 - x_1} = \frac{22 - 12}{6 - 1} = \frac{10}{5} = 2$$

Ejercicios

Halla la pendiente de la recta que pasa por cada par de puntos.

6. $(2, 2), (3, 1)$ **7.** $(4, 2), (0, 2)$

8. $(-1, 2), (0, 5)$ **9.** $(-3, -2), (-3, 2)$

Halla la pendiente de cada recta.

10. 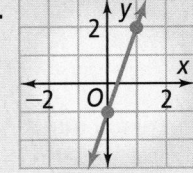   **11.**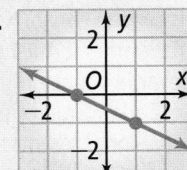

5-2 Variación directa

Repaso rápido

Una función representa una **variación directa** si se expresa como $y = kx$, donde $k \neq 0$. El coeficiente k es la **constante de variación**.

Ejemplo

Supón que y varía directamente con respecto a x, y $y = 15$ cuando $x = 5$. Escribe una ecuación de variación directa que relacione x y y. ¿Cuál es el valor de y cuando $x = 9$?

$y = kx$	Comienza con la forma general de una variación directa.
$15 = k(5)$	Sustituye x por 5 y y por 15.
$3 = k$	Divide cada lado por 5 para hallar el valor de k.
$y = 3x$	Escribe una ecuación. Sustituye k por 3 en $y = kx$.

La ecuación $y = 3x$ relaciona x y y. Cuando $x = 9$, $y = 3(9)$, ó 27.

Ejercicios

Supón que y varía directamente con respecto a x. Escribe una ecuación de variación directa que relacione x y y. Luego, halla el valor de y cuando $x = 7$.

12. $y = 8$ cuando $x = -4$.   **13.** $y = 15$ cuando $x = 6$.

14. $y = 3$ cuando $x = 9$.   **15.** $y = -4$ cuando $x = 4$.

Para los datos de cada tabla, indica si y varía directamente con respecto a x. Si es así, escribe una ecuación para la variación directa.

16.

x	y
−1	−6
2	3
5	12
9	24

17.

x	y
−3	7.5
−1	2.5
2	−5
5	−12.5

5-3, 5-4 y 5-5 Formas de las ecuaciones lineales

Repaso rápido

La gráfica de una ecuación lineal es una recta. Las ecuaciones lineales se pueden escribir de distintas formas.

La **forma pendiente-intercepto** de una ecuación lineal es $y = mx + b$, donde m es la pendiente y b es el **intercepto en y**.

La **forma punto-pendiente** de una ecuación lineal es $y - y_1 = m(x - x_1)$, donde m es la pendiente y (x_1, y_1) es uno de los puntos de la recta.

La **forma estándar** de una ecuación lineal es $Ax + By = C$, donde A, B, y C son números reales y A y B no son ambos cero.

Ejemplo

¿Cuál es una ecuación de la recta que tiene una pendiente de –4 y pasa por el punto $(-1, 7)$?

$y - y_1 = m(x - x_1)$	Usa la forma punto-pendiente.
$y - 7 = -4(x - (-1))$	Sustituye (x_1, y_1) por $(-1, 7)$ y m por -4.
$y - 7 = -4(x + 1)$	Simplifica las operaciones que están dentro de los símbolos de agrupación.

Una ecuación de la recta puede ser $y - 7 = -4(x + 1)$.

Ejercicios

Escribe una ecuación en forma pendiente-intercepto de la recta que pasa por los puntos dados.

18. $(-3, 4), (1, 4)$ **19.** $(3, -2), (6, 1)$

Escribe una ecuación de cada recta.

20. 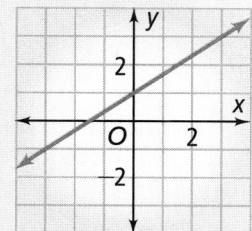   **21.**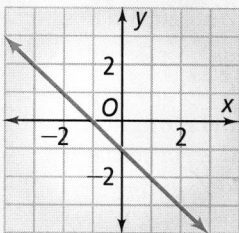

Representa con una gráfica cada ecuación.

22. $y = 4x - 3$ **23.** $y = 2$

24. $y + 3 = 2(x - 1)$ **25.** $x + 4y = 10$

5-6 Rectas paralelas y perpendiculares

Repaso rápido

Las **rectas paralelas** son rectas que están en el mismo plano y nunca se intersecan. Dos rectas son **perpendiculares** si se intersecan para formar ángulos rectos.

Ejemplo

¿Las gráficas de $y = \frac{4}{3}x + 5$ y $y = -\frac{3}{4}x + 2$ son *paralelas*, *perpendiculares* o *ninguna de las dos*? Explica tu respuesta.

La pendiente de la gráfica de $y = \frac{4}{3}x + 5$ es $\frac{4}{3}$.

La pendiente de la gráfica de $y = -\frac{3}{4}x + 2$ es $-\frac{3}{4}$.

$$\frac{4}{3}\left(-\frac{3}{4}\right) = -1$$

Las pendientes son recíprocos inversos; por tanto, las gráficas son perpendiculares.

Ejercicios

Escribe una ecuación de la recta que pasa por el punto dado y es paralela a la gráfica de la ecuación dada.

26. $(2, -1); y = 5x - 2$ **27.** $(0, -5); y = 9x$

Determina si las gráficas de las dos ecuaciones son *paralelas*, *perpendiculares* o *ninguna de las dos*. Explica tu respuesta.

28. $y = 6x + 2$ **29.** $2x - 5y = 0$

$\quad\quad 18x - 3y = 15$ $\quad\quad y + 3 = \frac{5}{2}x$

Escribe una ecuación de la recta que pasa por el punto dado y es perpendicular a la gráfica de la ecuación dada.

30. $(3, 5); y = -3x + 7$ **31.** $(4, 10); y = 8x - 1$

5-7 Diagramas de dispersión y líneas de tendencia

Repaso rápido

Un **diagrama de dispersión** muestra dos conjuntos de datos como pares ordenados. La **línea de tendencia** de un diagrama de dispersión muestra la correlación que existe entre dos conjuntos de datos. La línea de tendencia más precisa es la **recta de regresión**. Para estimar o predecir valores en un diagrama de dispersión, se puede usar la **interpolación** o la **extrapolación**.

Ejemplo

Estima la longitud de la planta de kudzu en la semana 3.

Cuando $s = 3$, $\ell \approx 10$. Por tanto, en la semana 3, la longitud de la planta de kudzu es aproximadamente 10 pies.

Crecimiento de la planta de kudzu

Predice cuál será la longitud de la planta de kudzu en la semana 11.

$\ell = 3.5s$ Usa la ecuación de la línea de tendencia.

$\ell = 3.5(11)$ Sustituye s por 11.

$\ell = 38.5$ Simplifica.

La longitud de la planta en la semana 11 será de aproximadamente 38.5 pies.

Ejercicios

Describe el tipo de correlación que muestran los diagramas de dispersión.

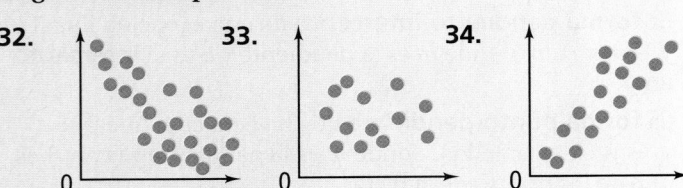

32.   33.   34.

35. **a.** Haz un diagrama de dispersión con los siguientes datos.

Estaturas y longitud de brazos						
Estatura (m)	1.5	1.8	1.7	2.0	1.7	2.1
Longitud de brazos (m)	1.4	1.7	1.7	1.9	1.6	2.0

    b. Escribe una ecuación de una línea de tendencia razonable o usa una calculadora gráfica para hallar la ecuación de la recta de regresión.

    c. Estima la longitud de brazos de una persona que mida 1.6 m de estatura.

    d. Predice la longitud de brazos de una persona que mide 2.2 m de estatura.

5-8 Representar con una gráfica funciones de valor absoluto

Repaso rápido

La gráfica de una **función de valor absoluto** tiene la forma de una **V** que se abre hacia arriba o hacia abajo.

Una **traslación** desplaza una gráfica de forma vertical, horizontal o de ambas maneras. Para representar con una gráfica una función de valor absoluto, puedes trasladar $y = |x|$.

Ejemplo

Representa con una gráfica la función de valor absoluto $y = |x - 4|$.

Comienza con la gráfica de $y = |x|$. Traslada la gráfica 4 unidades a la derecha.

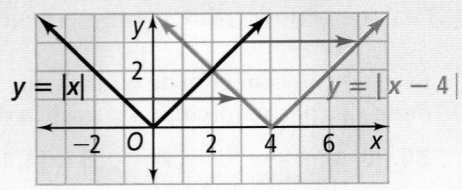

Ejercicios

Representa con una gráfica cada función trasladando $y = |x|$.

36. $y = |x| + 2$ 37. $y = |x| - 7$

38. $y = |x + 3|$ 39. $y = |x - 5|$

Escribe una ecuación para cada traslación de $y = |x|$.

40. 5.5 unidades hacia abajo   41. 11 unidades a la izquierda

42. 13 unidades hacia arriba   43. 6.5 unidades a la derecha

44. Escribe una ecuación para la función de valor absoluto de la derecha.

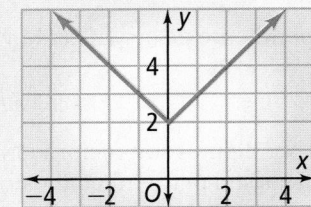

¿CÓMO hacerlo?

Escribe una ecuación en forma pendiente-intercepto de cada recta.

1.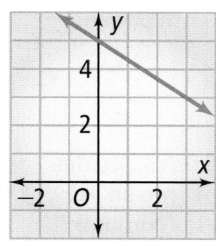

2.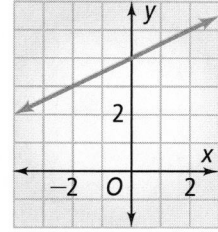

Escribe una ecuación en forma punto-pendiente de la recta que pasa por el punto dado y con la pendiente dada.

3. $(5, 1); m = \frac{1}{3}$

4. $(-2, 3); m = -2$

Escribe cada ecuación en forma estándar usando enteros.

5. $y = \frac{3}{4}x + 5$

6. $y + 4 = \frac{1}{3}(x + 6)$

Representa con una gráfica cada ecuación.

7. $y = 4x - 3$

8. $y = 7$

9. $y + 3 = \frac{1}{2}(x + 2)$

10. $-3x + 5y = 15$

Determina si cada ecuación representa una variación directa. Si es así, halla la constante de variación.

11. $2x + 3y = 0$

12. $4x + 6y = 3$

Representa con una gráfica cada función.

13. $y = |x - 4|$

14. $y = |x| + 3$

15. Peluquería para mascotas Quieres empezar un negocio de peluquería para mascotas. Gastas $30 en suministros. Planeas cobrar $5 por cada mascota que atiendas.
  a. Escribe una ecuación que relacione la ganancia y con el número de mascotas x que atiendes.
  b. Representa con una gráfica la ecuación. ¿Cuáles son los interceptos en x y en y?

16. Haz un diagrama de dispersión y traza una línea de tendencia con los datos de la tabla. Usa la interpolación o la extrapolación para estimar el número de inventores que solicitaron patentes en 2006 y los que lo harán en 2015.

Número de inventores que solicitaron patentes

Año	Inventores
1999	22,052
2001	20,588
2003	18,462
2005	14,039
2007	13,748

FUENTE: OFICINA DE PATENTES

17. ¿Cuál es una ecuación de la recta paralela a $y = -x + 1$ que pasa por el punto $(4, 4)$?

18. ¿Cuál es una ecuación de la recta perpendicular a $y = -x - 2$ que pasa por el punto $(-2, 4)$?

¿Lo ENTIENDES?

19. Escribir ¿Cómo se usan las líneas de mejor encaje y otras líneas de tendencia en los diagramas de dispersión?

20. Respuesta de desarrollo Escribe una ecuación cuya gráfica sea paralela a la gráfica de $y = 0.5x - 10$.

21. Comparar y contrastar ¿Una ecuación que representa una variación directa es un tipo de ecuación lineal? Explica tu respuesta.

22. Vocabulario ¿Qué significa cuando una recta de regresión tiene un coeficiente de correlación cercano a 1?

23. Razonamiento ¿Cuántas rectas puedes trazar que sean paralelas a la de la gráfica y pasen por el punto que se muestra? Explica tu respuesta.

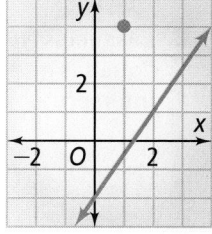

5 Preparación para el examen acumulativo

CONSEJOS

En algunas preguntas de los exámenes estandarizados te piden que uses una gráfica. Lee el ejemplo de pregunta de la derecha. Luego, sigue los consejos para responderla.

CONSEJO 1

Identificar el intercepto en y puede ayudarte a eliminar algunas opciones.

¿Cuál es una ecuación de la siguiente recta?

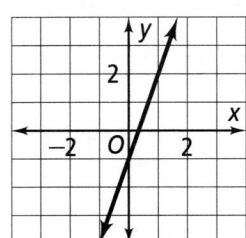

Ⓐ $y = \frac{1}{3}x - 1$ Ⓒ $y = 3x - 1$

Ⓑ $y = \frac{1}{3}x + \frac{1}{2}$ Ⓓ $y = 3x + \frac{1}{2}$

CONSEJO 2

Usa el punto que representa el intercepto en y y otro punto de la recta para hallar la pendiente.

Piénsalo bien

A partir de la gráfica, puedes ver que el intercepto en y es -1. Por tanto, puedes eliminar las opciones B y D. Para ir de $(0, -1)$ a $(1, 2)$, debes moverte 3 unidades hacia arriba y 1 unidad hacia la derecha. La pendiente es $\frac{3}{1} = 3$. Por tanto, una ecuación puede ser $y = 3x - 1$. La respuesta correcta es C.

Desarrollo de vocabulario

Mientras resuelves los ejercicios del examen, debes comprender el significado de los términos matemáticos. Escoge el término correcto para completar cada oración.

A. La variable (*dependiente, independiente*) da los valores de salida de una función.

B. El conjunto de todos los valores posibles de la variable dependiente se llama (*dominio, rango*).

C. El/La (*pendiente, intercepto en y*) de una recta se determina mediante la razón $\frac{\text{distancia vertical}}{\text{distancia horizontal}}$.

D. Una (*ecuación, desigualdad*) es una oración matemática que muestra la relación entre dos cantidades que pueden no tener el mismo valor.

E. Las rectas (*paralelas, perpendiculares*) son aquellas que están en el mismo plano y nunca se intersecan.

Opción múltiple

Lee cada pregunta. Luego, escribe la letra de la respuesta correcta en tu hoja.

1. ¿Cuál es una ecuación de una recta que tiene una pendiente de 3?

Ⓐ $y = 3x - 4$ Ⓒ $y = 4x - 3$

Ⓑ $y = -3x + 3$ Ⓓ $y = -3x - 5$

2. Ben tiene un plan de telefonía celular en el que paga $12 por mes más $.10 por minuto de llamada. La ecuación $y = 0.10x + 12$ se puede usar para hallar el monto de su factura mensual y dado el número de minutos x de llamadas. ¿Qué conjunto o desigualdad representa un rango razonable de la función?

Ⓕ $\{0, 12\}$ Ⓗ $12 \le y$

Ⓖ $0 \le y \le 12$ Ⓘ $0 \le y$

3. ¿Qué expresión es equivalente a $3(12x + 2) - 2(10x + 3)$?

   (A) $16x$

   (B) $16x + 5$

   (C) $16x + 9$

   (D) $16x + 12$

4. ¿Cuál es la pendiente de la recta que se muestra a la derecha?

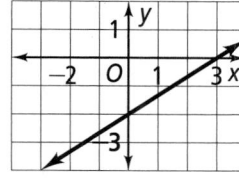

   (F) -2

   (G) $\frac{2}{3}$

   (H) $\frac{3}{2}$

   (I) 3

5. Tim usa la función $g = 0.05d$ para hallar cuánto dinero g necesita para comprar gasolina según el número de millas d que recorre. ¿Cuál de los siguientes enunciados es verdadero?

   (A) El número de millas que Tim recorre depende de cuánto dinero necesite para la gasolina.

   (B) El número de millas que Tim recorre depende del precio de un galón de gasolina.

   (C) La cantidad de dinero que Tim necesita para comprar gasolina depende del número de millas que recorra.

   (D) La cantidad de dinero que Tim necesita para comprar gasolina es constante.

6. ¿Cuál de las ecuaciones *no* es una función?

   (F) $y = 0$

   (G) $y = 2x - 4$

   (H) $x = -3$

   (I) $y = -x$

7. El perímetro P de un rectángulo se puede hallar usando la fórmula $P = 2(\ell + a)$, donde ℓ representa la longitud y a, el ancho. ¿Qué ecuación representa el ancho en función de P y ℓ?

   (A) $a = 2(P - \ell)$

   (B) $a = \frac{P - \ell}{2}$

   (C) $a = 2P - \ell$

   (D) $a = \frac{P}{2} - \ell$

8. Usa la gráfica de la derecha. Si el intercepto en y tiene un incremento de 2 y la pendiente permanece igual, ¿cuál será el intercepto en x?

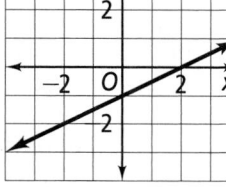

   (F) -3

   (G) -2

   (H) 1

   (I) 4

9. La Casa de la Moneda de los Estados Unidos cobra $25 por una edición limitada de monedas, más $6 por gastos de envío. El costo c de comprar n monedas se puede hallar usando la función $c = 25n + 6$. Hay un límite de 5 monedas por compra. ¿Cuál es un dominio razonable para la función?

   (A) $\{5\}$

   (B) $\{1, 2, 3, 4, 5\}$

   (C) $\{25, 50, 75, 100, 125\}$

   (D) $\{31, 56, 81, 106, 131\}$

10. Un asesor financiero reunió datos sobre la cantidad de dinero que ganan y ahorran cada año las personas de entre 20 y 29 años de edad. Los resultados se muestran en el diagrama de dispersión. ¿Cuál de las opciones describe mejor la pendiente de la recta de mejor encaje?

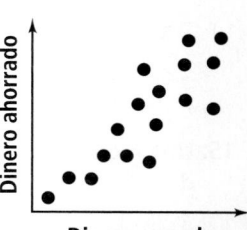

   (F) positiva

   (G) negativa

   (H) cero

   (I) indefinida

11. ¿Qué gráfica muestra una recta con una pendiente de $\frac{1}{3}$ y un intercepto en y de -1?

   (A) 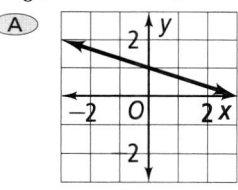

   (C) 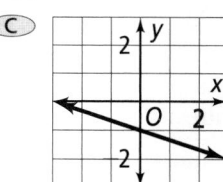

   (B) 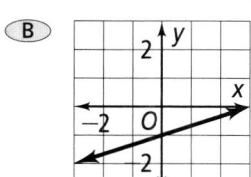

   (D) 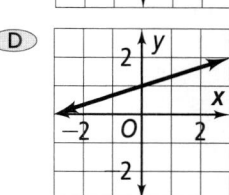

12. ¿Cuál de los conjuntos es la intersección de $X = \{3, 4, 5, 6, 7, 8\}$ y $Y = \{1, 2, 5, 6, 7, 8, 11\}$?

   (F) $\varnothing$

   (G) $\{5, 6, 7, 8\}$

   (H) $\{3, 4, 5, 6, 7\}$

   (I) $\{5, 6, 7, 8, 11\}$

13. Si a, b y c son números reales, y $b > c$, ¿para qué valores de a la expresión $\frac{b}{a} < \frac{c}{a}$ siempre es verdadera?

   (A) $a > 0$

   (B) $a \geq 0$

   (C) $a < 0$

   (D) $a \leq 0$

14. En la gráfica se muestra la relación entre el precio total de los tomates y la cantidad de libras de los tomates comprados. ¿Qué enunciado es verdadero?

Precio de los tomates

- Ⓕ La cantidad de libras depende del precio total.
- Ⓖ La cantidad de tomates depende del precio total.
- Ⓗ El precio total depende de la cantidad de libras.
- Ⓘ La cantidad de tomates depende de la cantidad de libras.

15. Una recta pasa por el punto $(2, 1)$ y tiene una pendiente de $-\frac{3}{5}$. ¿Cuál es una ecuación de la recta?

- Ⓐ $y - 1 = -\frac{3}{5}(x - 2)$
- Ⓑ $y - 1 = -\frac{5}{3}(x - 2)$
- Ⓒ $y - 2 = -\frac{3}{5}(x - 1)$
- Ⓓ $y - 2 = -\frac{5}{3}(x - 1)$

RESPUESTA EN PLANTILLA

Anota tus respuestas en una plantilla.

16. ¿Cuál es la pendiente de una recta que es perpendicular a la recta que se muestra a la derecha?

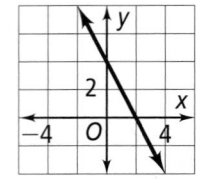

17. Fran hace un mantel rectangular con un área de 5 pies². Su mamá hace un mantel tres veces más largo y tres veces más ancho que el de Fran. ¿Cuál es el área, en pies cuadrados, del mantel de la mamá de Fran?

18. En una competencia de gimnasia, la duración de una coreografía no puede superar los 90 s. Por cada segundo que sobrepase los 90 s, se descuentan 0.05 puntos del puntaje del atleta. Supón que Jenny obtuvo 9.865 puntos por su coreografía, pero ésta duró 93 s. ¿Cuántos puntos ganó en realidad?

19. Los puntos $(-2, 11)$ y $(6, 3)$ están sobre la misma recta. ¿Cuál es el intercepto en x de la recta?

20. Hannah hizo una encuesta a 500 estudiantes de su escuela para averiguar si preferían el béisbol o el fútbol americano. Los resultados se muestran en el siguiente diagrama de Venn. ¿Cuánto estudiantes prefirieron fútbol americano?

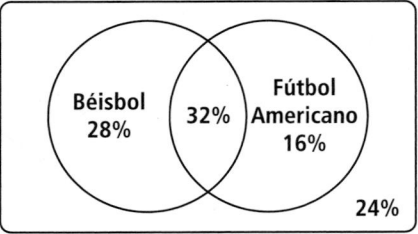

21. ¿Cuál es el volumen, en pulgadas cúbicas, del prisma rectangular de la derecha?

22. ¿Cuál es la solución de la ecuación $4x + 7 = 9x + 2$?

23. Los precios de los bonos de una compañía se cotizan en cuartos de un punto. El precio de un bono aumenta de $84\frac{1}{2}$ a $86\frac{1}{4}$. ¿Cuántos puntos aumentó el precio?

24. Un vendedor de libros en línea cobra $3 por pedido más $1 por libro por costos de envío. John hace un pedido de cuatro libros que tienen el mismo precio. El costo total de su pedido es $30. ¿Cuál es el precio, en dólares, de cada libro?

Respuesta breve

25. Determina si el siguiente enunciado es verdadero *siempre*, *a veces* o *nunca*: Si $x + y > 0$, entonces $xy > 0$. Justifica tu respuesta.

26. La recta p pasa por el punto $(5, -2)$ y tiene una pendiente de 0. La recta q pasa por el punto $(-13, -9)$ y es paralela a la recta p. ¿Cuál es una ecuación de la recta q? Muestra tu trabajo.

Respuesta desarrollada

27. El perímetro de un cuadrado es 16 pulgs. Un trapecio tiene la misma área y altura que el cuadrado. El área de un trapecio es $\frac{1}{2}h(b_1 + b_2)$, donde h es la altura y b_1 y b_2 son las longitudes de las bases. Si una de las bases del trapecio mide 3 pulgs. de longitud, ¿cuál es la longitud de la otra base? Muestra tu trabajo.

¡Prepárate!

Lección 2-4 **Resolver ecuaciones**

**Resuelve cada ecuación. Si la ecuación es una identidad, escribe *identidad*.
Si no tiene solución, escribe *sin solución*.**

1. $3(2 - 2x) = -6(x - 1)$

2. $3p + 1 = -p + 5$

3. $4x - 1 = 3(x + 1) + x$

4. $\frac{1}{2}(6c - 4) = 4 + c$

5. $5x = 2 - (x - 7)$

6. $v + 5 = v - 5$

Lección 3-4 **Resolver desigualdades**

Resuelve cada desigualdad.

7. $5x + 3 < 18$

8. $-\frac{r}{5} + 1 \geq -6$

9. $-3t - 5 < 34$

10. $-(7f + 18) - 2f \leq 0$

11. $8s + 7 > -3(5s - 4)$

12. $\frac{1}{2}(x + 6) + 1 \geq -5$

Lección 4-5 **Escribir funciones**

13. La altura de un triángulo es 1 cm menor que dos veces la longitud de la base. Sea
$x =$ la longitud de la base.

a. Escribe una expresión para hallar la altura del triángulo.

b. Escribe una regla de la función para el área del triángulo.

c. ¿Cuál es el área del triángulo si la longitud de la base es 16 cm?

Lecciones 5-3,
5-4 y 5-5 **Representar con una gráfica ecuaciones lineales**

Representa con una gráfica cada ecuación.

14. $2x + 4y = -8$

15. $y = -\frac{2}{3}x + 3$

16. $y + 5 = -2(x - 2)$

 ## Vistazo inicial al vocabulario

17. Se dice que dos respuestas a una pregunta son *incompatibles* si ninguna puede
ser verdadera. Se dice que dos respuestas a una pregunta son *compatibles* si las
dos pueden ser verdaderas. Si un sistema de dos ecuaciones lineales no tiene una
solución en la que ambas ecuaciones sean verdaderas, ¿crees que el sistema es
incompatible o *compatible*?

18. Cuando un equipo pierde un partido, lo *eliminan* del torneo. El *método de
eliminación* es una manera de resolver un sistema de ecuaciones. ¿Crees que
usar el método de eliminación agrega o elimina una variable de un sistema de
ecuaciones?

Sistemas de ecuaciones y desigualdades

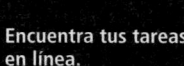
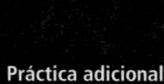
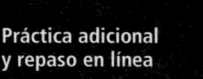

Parece que estos pandas tienen
el mismo tamaño. ¿Eso significa
que tienen la misma edad? ¡No
necesariamente!

Los individuos crecen a tasas
diferentes.

En este capítulo, aprenderás a
resolver problemas que incluyen más
de una ecuación, como averiguar
cuándo tendrán el mismo tamaño
dos animales que crecen a tasas
diferentes.

 ## Vocabulario

Audio de vocabulario inglés/español en línea:

Español	Inglés
compatible, *p. 361*	consistent
dependiente, *p. 361*	dependent
desigualdad lineal, *p. 390*	linear inequality
incompatible, *p. 361*	inconsistent
independiente, *p. 361*	independent
método de eliminación, *p. 374*	elimination method
método de sustitución, *p. 368*	substitution method
solución de un sistema de desigualdades lineales, *p. 396*	solution of a system of linear inequalities
solución de un sistema de ecuaciones lineales, *p. 360*	solution of a system of linear equations
solución de una desigualdad, *p. 390*	solution of an inequality

My Math Video

00:04:04

VIDEO
▶

GRANDES ideas

1 **Resolver ecuaciones y desigualdades**
Pregunta esencial ¿Cómo puedes resolver un sistema de ecuaciones o desigualdades?

2 **Representar**
Pregunta esencial ¿Los sistemas de ecuaciones pueden representar situaciones de la vida diaria?

Primer vistazo al capítulo

6-1 **Resolver sistemas usando gráficas**
6-2 **Resolver sistemas usando la sustitución**
6-3 **Resolver sistemas usando la eliminación**
6-4 **Aplicaciones del sistema lineal**
6-5 **Desigualdades lineales**
6-6 **Sistemas de desigualdades lineales**

6-1 Resolver sistemas usando gráficas

Objetivos Resolver sistemas de ecuaciones usando gráficas.
Analizar sistemas especiales.

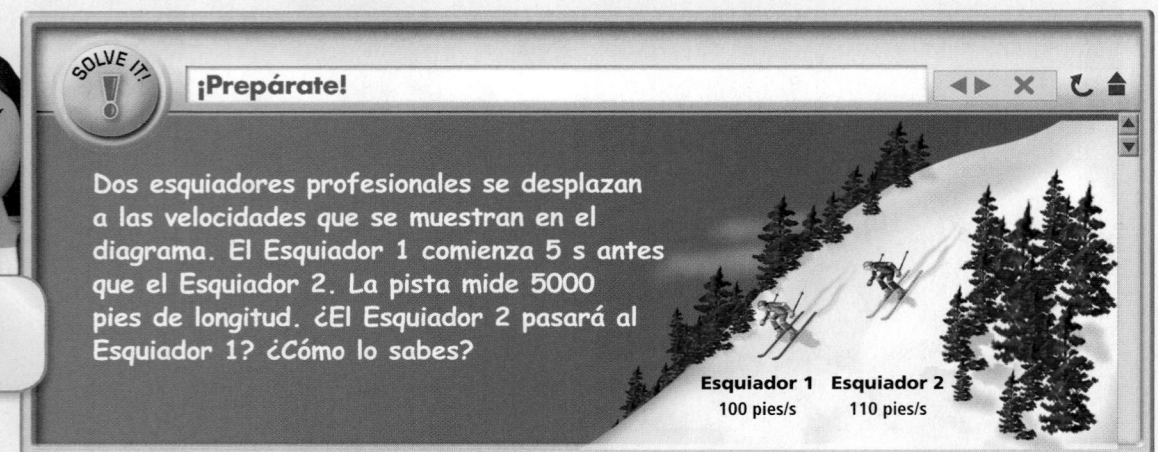

¡Prepárate!

Dos esquiadores profesionales se desplazan a las velocidades que se muestran en el diagrama. El Esquiador 1 comienza 5 s antes que el Esquiador 2. La pista mide 5000 pies de longitud. ¿El Esquiador 2 pasará al Esquiador 1? ¿Cómo lo sabes?

Esquiador 1 100 pies/s   **Esquiador 2** 110 pies/s

Alguien debe apurarse para no llegar último.

Vocabulario de la lección
- sistema de ecuaciones lineales
- solución de un sistema de ecuaciones lineales
- compatible
- independiente
- dependiente
- incompatible

Puedes representar el problema de la actividad de *Solve It!* con dos ecuaciones lineales. Dos o más ecuaciones lineales forman un **sistema de ecuaciones lineales**. Todo par ordenado que hace que *todas* las ecuaciones de un sistema sean verdaderas es una **solución de un sistema de ecuaciones lineales**.

Comprensión esencial Puedes usar sistemas de ecuaciones lineales para representar problemas. Los sistemas de ecuaciones se pueden resolver de varias maneras. Un método consiste en representar con una gráfica cada ecuación y hallar el punto de intersección, si es que lo hay.

Piensa

¿Cómo puedes hallar la solución representando cada expresión con una gráfica?
Una recta representa las soluciones de *una* ecuación lineal. El punto de intersección es una solución de las *dos* ecuaciones.

Problema 1   Resolver un sistema de ecuaciones usando una gráfica

¿Cuál es la solución del sistema? Usa una gráfica. $y = x + 2$
$y = 3x - 2$

Representa las dos ecuaciones en el mismo plano de coordenadas.

$y = x + 2$ La pendiente es 1. El intercepto en y es 2.

$y = 3x - 2$ La pendiente es 3. El intercepto en y es -2.

Halla el punto de intersección. Parece que las rectas se intersecan en (2, 4). Comprueba si (2, 4) hace que las dos ecuaciones sean verdaderas.

$y = x + 2$
$4 \stackrel{?}{=} 2 + 2$
$4 = 4$ ✔

Sustituye (x, y) por (2, 4).

$y = 3x - 2$
$4 \stackrel{?}{=} 3(2) - 2$
$4 = 4$ ✔

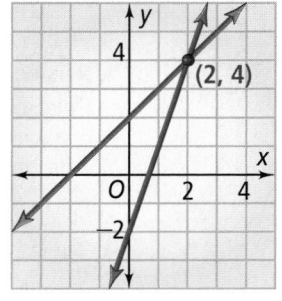

La solución del sistema es (2, 4).

¿Comprendiste? **1.** ¿Cuál es la solución del sistema? Usa una gráfica. $y = 2x + 4$

Comprueba tu respuesta. $y = x + 2$

 Problema 2 **Escribir un sistema de ecuaciones**

Biología Un grupo de científicos estudiaron el peso de dos caimanes durante un período de 12 meses. A continuación se muestran el peso inicial y la tasa de crecimiento de cada caimán. ¿Después de cuántos meses los caimanes pesaban lo mismo?

CAIMÁN 1	CAIMÁN 2
Peso inicial: 4 lb	Peso inicial: 6 lb
Tasa de crecimiento:	Tasa de crecimiento:
1.5 lb por mes	1 lb por mes

 Actividades dinámicas
Resolver sistemas lineales usando gráficas

Piensa

¿Hay otra manera de resolver este problema?
Sí. Puedes *hacer una tabla*. Muestra el peso de cada caimán después de 1 mes, de 2 meses y así sucesivamente.

Relacionar | peso del caimán | es igual al | peso inicial | más | tasa de crecimiento | por | tiempo |

Definir   Sea p = peso del caimán.
        Sea t = tiempo en meses.

Escribir   Caimán 1: p = 4 + 1.5 · t

         Caimán 2: p = 6 + 1 · t

Representa las dos ecuaciones en el mismo plano de coordenadas.

$p = 4 + 1.5t$ La pendiente es 1.5. El intercepto en p es 4.

$p = 6 + t$ La pendiente es 1. El intercepto en p es 6.

Las rectas se intersecan en (4, 10).

Después de 4 meses, los dos caimanes pesaban 10 lb.

Peso de los caimanes

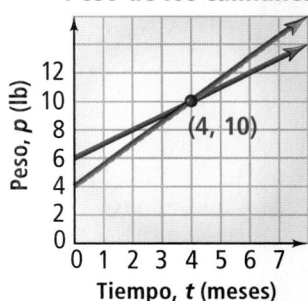

 ¿Comprendiste? **2.** Un servicio de radio por satélite cobra $10 por mes más un costo de activación de $20. Otro servicio cobra $11 por mes más un costo de activación de $15. ¿En qué mes los dos servicios tienen el mismo costo?

Un sistema de ecuaciones que tiene por lo menos una solución es **compatible**. Un sistema compatible puede ser *independiente* o *dependiente*.

Un sistema compatible que es **independiente** tiene exactamente una solución. Por ejemplo, los sistemas de los Problemas 1 y 2 son compatibles e independientes. Un sistema compatible que es **dependiente** tiene infinitas soluciones.

Un sistema de ecuaciones que no tiene soluciones es **incompatible**.

Piensa

Si dos ecuaciones tienen la misma pendiente y el mismo intercepto en y, sus gráficas serán iguales. Si dos ecuaciones tienen la misma pendiente pero distintos interceptos en y, sus gráficas serán rectas paralelas.

Problema 3 Sistemas con infinitas soluciones o sin solución

¿Cuál es la solución de cada sistema? Usa una gráfica.

A $2y - x = 2$

$y = \frac{1}{2}x + 1$

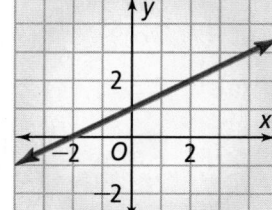

Representa las ecuaciones $2y - x = 2$ y $y = \frac{1}{2}x + 1$ en el mismo plano de coordenadas.

Las ecuaciones representan la misma recta. Cualquier punto de la recta es una solución del sistema; por tanto, hay infinitas soluciones. El sistema es compatible y dependiente.

B $y = 2x + 2$

$y = 2x - 1$

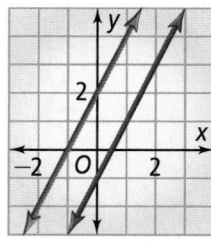

Representa las ecuaciones $y = 2x + 2$ y $y = 2x - 1$ en el mismo plano de coordenadas.

Las rectas son paralelas; por tanto, no tiene solución. El sistema es incompatible.

¿Comprendiste? **3.** ¿Cuál es la solución de cada sistema de las partes (a) y (b)? Usa una gráfica. Describe la cantidad de soluciones.

a. $y = -x - 3$

$y = -x + 5$

b. $y = 3x - 3$

$3y = 9x - 9$

c. Razonamiento Antes de representar las ecuaciones con una gráfica, ¿cómo puedes determinar si un sistema de ecuaciones tiene exactamente una solución, infinitas soluciones o si no tiene solución?

---

toma nota

Resumen del concepto   Sistemas de ecuaciones lineales

Una solución	Infinitas soluciones	Sin solución
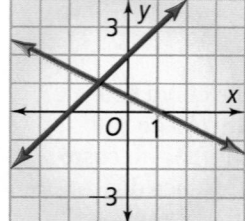	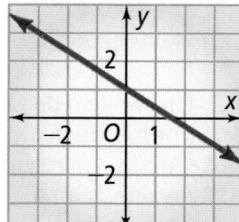	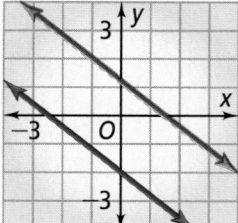
Las rectas se intersecan en un punto. Las rectas tienen pendientes diferentes. Las ecuaciones son compatibles e independientes.	Las rectas son iguales. Las rectas tienen la misma pendiente y el mismo intercepto en y. Las ecuaciones son compatibles y dependientes.	Las rectas son paralelas. Las rectas tienen la misma pendiente y diferentes interceptos en y. Las ecuaciones son incompatibles.

Comprobar la comprensión de la lección

¿CÓMO hacerlo?

Resuelve cada sistema usando una gráfica.

1. $y = x + 7$
$y = 2x + 1$

2. $y = \frac{1}{2}x + 6$
$y = x - 2$

3. $y = -3x - 3$
$y = 2x + 2$

4. $y = -x - 4$
$4x - y = -1$

5. Entradas para un concierto Las entradas para un concierto cuestan $10 cada una si las compras en línea, pero debes pagar $8 por el servicio por cada pedido. Las entradas cuestan $12 cada una si las compras en la puerta la noche del concierto.

   a. Escribe un sistema de ecuaciones para representar la situación. Sea c el costo total. Sea e la cantidad de entradas.

   b. Representa las ecuaciones con una gráfica y halla el punto de intersección. ¿Qué representa este punto?

¿Lo ENTIENDES?

6. Vocabulario Une cada tipo de sistema con la cantidad de soluciones que tiene el sistema.

   A. incompatible
   B. compatible y dependiente
   C. compatible e independiente

   I. exactamente una solución
   II. infinitas soluciones
   III. sin solución

7. Escribir Supón que representas con una gráfica un sistema de ecuaciones lineales. Si un punto está en una sola recta, ¿es una solución del sistema? Explica tu respuesta.

8. Razonamiento ¿Es posible que un sistema de dos ecuaciones lineales tenga exactamente dos soluciones? Explica tu respuesta.

9. Razonamiento Supón que hallas que dos ecuaciones lineales son verdaderas cuando $x = -2$ y $y = 3$. ¿Qué conclusión puedes sacar sobre las gráficas de las ecuaciones? Explica tu respuesta.

Ejercicios de práctica y resolución de problemas

 **Práctica**   **Resuelve cada ejercicio usando una gráfica. Comprueba tu solución.**   ◀ **Ver el Problema 1.**

10. $y = 2x$
$y = -2x + 8$

11. $y = \frac{1}{2}x + 7$
$y = \frac{3}{2}x + 3$

12. $y = \frac{1}{3}x + 1$
$y = -3x + 11$

13. $y = x - 4$
$y = -x$

14. $y = -x + 3$
$y = x + 1$

15. $4x - y = -1$
$-x + y = x - 5$

16. $y = -\frac{1}{2}x + 2$
$y = \frac{1}{2}x + 6$

17. $2x - y = -5$
$-2x - y = -1$

18. $x = -3$
$y = 5$

19. Estadísticas estudiantiles La cantidad de estudiantes diestros en una clase de 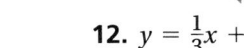 ◀ **Ver el Problema 2.** matemáticas es nueve veces la cantidad de estudiantes zurdos. En la clase hay 30 estudiantes en total. ¿Cuántos estudiantes diestros hay en la clase? ¿Cuántos estudiantes zurdos hay en la clase?

20. Plantas Un vivero cultiva un árbol que mide 3 pies de altura y crece en promedio a una tasa de 1 pie por año. Otro árbol del vivero mide 4 pies de altura y crece en promedio a una tasa de 0.5 pies por año. ¿Después de cuántos años los dos árboles tendrán la misma altura?

21. Condición física En el gimnasio local, los socios pagan una cuota de $20 y $3 por cada clase de aerobics. Quienes no son socios pagan $5 por cada clase de aerobics. ¿Cuántas clases de aerobics tendrán el mismo costo para quienes son socios y para quienes no son socios?

Resuelve cada sistema usando una gráfica. Indica si el sistema tiene *una solución, infinitas soluciones* o *no tiene solución*.

◀ Ver el Problema 3.

22. $y = x + 3$
$y = x - 1$

23. $y = 2x - 1$
$3y = 6x - 5$

24. $3x + y = 2$
$4y = 12 - 12x$

25. $2x - 2y = 5$
$y = x - 4$

26. $y = 2x - 2$
$2y = 4x - 4$

27. $y - x = 5$
$3y = 3x + 15$

28. $2x + 2y = 4$
$12 - 3x = 3y$

29. $2y = x - 2$
$3y = \frac{3}{2}x - 3$

30. $3x - y = 2$
$4y = -x + 5$

Ⓑ Aplicación

31. Pensar en un plan Buscas un trabajo extracurricular. En un trabajo pagan $9 por hora. En otro pagan $12 por hora, pero debes comprar un uniforme que cuesta $39. ¿Después de cuántas horas de trabajo tus ingresos netos de cada trabajo serían iguales?

- ¿Qué ecuaciones puedes escribir para representar la situación?
- ¿Cómo te ayuda a resolver el problema representar las ecuaciones con una gráfica?

32. Analizar errores Un estudiante representa con una gráfica el sistema $y = -x + 3$ y $y = -2x - 1$, como se muestra a la derecha. El estudiante saca la conclusión de que el sistema no tiene solución. Describe y corrige el error del estudiante.

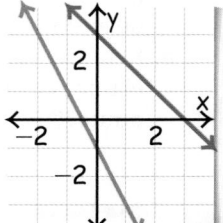

33. Razonamiento Supón que representas con una gráfica un sistema de ecuaciones lineales y que el punto de intersección es (3, 7). ¿Puedes estar seguro de que el par ordenado (3, 7) es la solución? ¿Qué debes hacer para estar seguro?

34. Planes telefónicos Un proveedor de teléfonos celulares ofrece un plan que cuesta $40 por mes más $.20 por cada mensaje de texto enviado o recibido. Un plan similar cuesta $60 por mes, pero ofrece un servicio ilimitado de mensajes de texto.

- **a.** ¿Cuántos mensajes de texto deberías enviar o recibir para que los planes costaran lo mismo cada mes?
- **b.** Si enviaras o recibieras un promedio de 50 mensajes de texto cada mes, ¿qué plan escogerías? ¿Por qué?

Sin representar los sistemas con una gráfica, decide si cada sistema tiene *una solución, infinitas soluciones* o *no tiene solución*. Justifica tu respuesta.

35. $y = x - 4$
$y = x - 3$

36. $x - y = -\frac{1}{2}$
$2x - 2y = -1$

37. $y = 5x - 1$
$10x = 2y + 2$

38. $3x + 2y = 1$
$4y = 6x + 2$

39. Banca En la gráfica de la derecha se muestra el saldo de dos cuentas bancarias a lo largo del tiempo. Usa la gráfica para escribir un sistema de ecuaciones que indique la cantidad de dinero que hay en cada cuenta a lo largo del tiempo. Sea t = el tiempo en semanas y s = el saldo en dólares. Si las cuentas siguen aumentando como se muestra, ¿cuándo tendrán el mismo saldo?

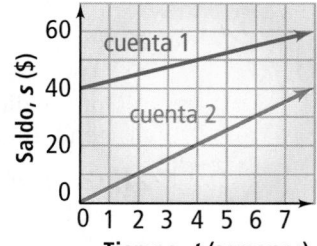

Saldos de las cuentas

40. Respuesta de desarrollo Una de las ecuaciones de un sistema es $y = \frac{1}{2}x - 2$.

- **a.** Escribe otra ecuación de modo que el sistema tenga una solución.
- **b.** Escribe otra ecuación de modo que el sistema no tenga solución.
- **c.** Escribe otra ecuación de modo que el sistema tenga infinitas soluciones.

 **Desafío**

41. Razonamiento Observa el sistema de la derecha.

$$y = gx + 3$$
$$y = hx + 7$$

a. Si $g \geq h$, ¿el sistema tendrá exactamente una solución *siempre, a veces* o *nunca*? Explica tu razonamiento.

b. Si $g \leq h$, ¿el sistema tendrá infinitas soluciones *siempre, a veces* o *nunca*? Explica tu razonamiento.

42. Senderismo Dos excursionistas van por un camino señalizado. El primer excursionista comienza en un punto ubicado a 6 mi del comienzo del camino y avanza a una velocidad de 4 mi/h. Al mismo tiempo, el otro excursionista empieza a caminar a 1 mi del comienzo y avanza a una velocidad de 3 mi/h.

a. ¿Qué sistema de ecuaciones representa esta situación?

b. Representa con una gráfica las dos ecuaciones y halla el punto de intersección.

c. ¿El punto de intersección es importante en esta situación? Explica tu respuesta.

Preparación para el examen estandarizado

SAT/ACT

43. ¿Qué par ordenado es la solución del sistema?

$$2x + 3y = -17$$
$$3x + 2y = -8$$

Ⓐ $(2, -7)$　　　Ⓑ $(-4, 2)$　　　Ⓒ $(-2, -1)$　　　Ⓓ $\left(-\frac{4}{3}, -2\right)$

44. ¿Qué expresión es equivalente a $5(m - 12) + 8$?

Ⓕ $5m - 68$　　　Ⓖ $5m - 20$　　　Ⓗ $5m - 4$　　　Ⓘ $5m - 52$

Respuesta desarrollada

45. En la tabla de la derecha se muestran los costos de estacionamiento en dos garajes distintos.

a. ¿Qué sistema de ecuaciones representa esta situación?

b. ¿Cuántas horas de estacionamiento costarían lo mismo en los dos garajes?

c. Si tuvieras que estacionar un carro durante 3 h, ¿qué garaje escogerías? ¿Por qué?

Costo de estacionamiento

Garaje	Tarifa plana	Tarifa por hora
A	$5	$2.50
B	$20	$0

Repaso mixto

Representa cada función trasladando la gráfica de $y = |x|$.　　◀ **Ver la Lección 5-8.**

46. $y = |x| - 2$　　**47.** $y = |x| - 1$　　**48.** $y = |x + 3|$　　**49.** $y = |x + 2|$

Halla la pendiente de una recta que sea paralela a la gráfica de la ecuación.　　◀ **Ver la Lección 5-6.**

50. $y = x + 3$　　**51.** $y = -\frac{1}{2}x - 4$　　**52.** $3y + 2x = 7$　　**53.** $3x = 5y + 10$

¡Prepárate! **Antes de la Lección 6-2, haz los Ejercicios 54 a 57.**

Resuelve cada ecuación para hallar y.　　◀ **Ver la Lección 2-5.**

54. $4x + 2y = 38$　　**55.** $\frac{1}{2}x + \frac{1}{3}y = 5$　　**56.** $\frac{3}{2}y = \frac{4}{5}x$　　**57.** $1.5x - 4.5y = 21$

Más práctica del concepto

Usar con la Lección 6-1.

TECNOLOGÍA

Resolver sistemas usando tablas y gráficas

Actividad

Resuelve el sistema usando una tabla.
$$y = 3x - 7$$
$$y = -0.5x + 7$$

Paso 1
Ingresa las ecuaciones en la pantalla **y=**.

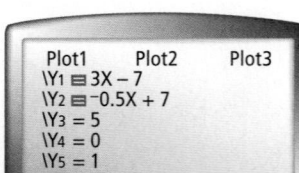

Paso 2
Usa la función **tblset**. Asigna 0 a TblStart y 1 a $\triangle$Tbl.

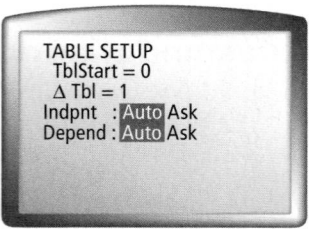

Paso 3
Presiona **table** para mostrar la tabla en la pantalla.

X	Y₁	Y₂
0	-7	7
1	-4	6.5
2	-1	6
3	2	5.5
4	5	5
5	8	4.5
6	11	4

X=0

1. ¿Qué valor de x da el mismo valor para Y_1 y Y_2?

2. ¿Qué par ordenado es la solución del sistema?

Actividad

Resuelve el sistema usando una gráfica.
$$y = -5x + 6$$
$$y = -x - 2$$

Paso 1 Ingresa las ecuaciones en la pantalla **y=**.

Paso 2 Representa las ecuaciones con una gráfica. Usa una ventana de gráfica estándar.

Paso 3 Usa la función **calc**. Escoge **INTERSECT** para hallar el punto en el que las rectas se intersecan.

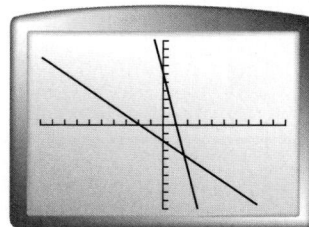

3. Copia y completa: Las rectas se intersecan en (_?_ , _?_); por tanto, este punto es la solución del sistema.

Ejercicios

Usa una tabla y una gráfica para resolver cada sistema. Haz un bosquejo de tu gráfica.

4. $y = 5x - 3$
$y = 3x + 1$

5. $y = 2x - 13$
$y = x - 9$

6. $2x - y = 1.5$
$y = -\frac{1}{2}x - 1.5$

En la pantalla Y=:
\Y₁ = 3X - 7
\Y₂ = -0.5X + 7
\Y₃ = 5
\Y₄ = 0
\Y₅ = 1
\Y₆ = 1
\Y₇ = 1
Plot1 Plot2 Plot3

TABLE SETUP
TblStart = 0
$\triangle$ Tbl = 1
Indpnt : Auto Ask
Depend : Auto Ask

Más práctica del concepto

Usar con la Lección 6-2.

A C T I V I D A D

Resolver sistemas usando fichas de álgebra

Las fichas de álgebra pueden ayudarte a resolver ecuaciones lineales con una variable y también pueden ayudarte a resolver sistemas de ecuaciones lineales con dos variables.

Actividad

Representa y resuelve el sistema.

$$-x + 2y = 4$$
$$y = x + 1$$

> Dado que $y = x + 1$, usa fichas que representen $x + 1$ para representar y.

Ecuación	Fichas de álgebra	Pasos
$-x + 2y = 4$ $-x + 2(x + 1) = 4$ $-x + 2x + 2 = 4$		Sustituye y por $x + 1$ en la primera ecuación.
$(-x + x) + x + 2 = 4$ $x + 2 = 4$	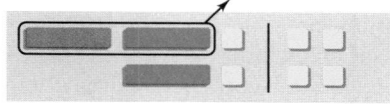	Quita el par cero x y $-x$.
$x + 2 - 2 = 4 - 2$	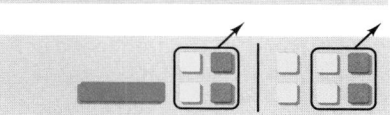	Resta 2 de cada lado. Quita los pares cero.
$x = 2$		Halla el valor de x.
$y = x + 1$		Representa la segunda ecuación.
$y = 2 + 1$ $y = 3$	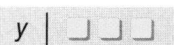	Sustituye x por 2 y simplifica.

La solución del sistema es $(2, 3)$.

Ejercicios

Representa y resuelve cada sistema.

1. $y = x + 1$
$2x + y = 10$

2. $x + 4y = 1$
$x + 4 = y$

3. $y = 2x - 1$
$y = x + 2$

6-2 Resolver sistemas usando la sustitución

Objetivo Resolver sistemas de ecuaciones usando la sustitución.

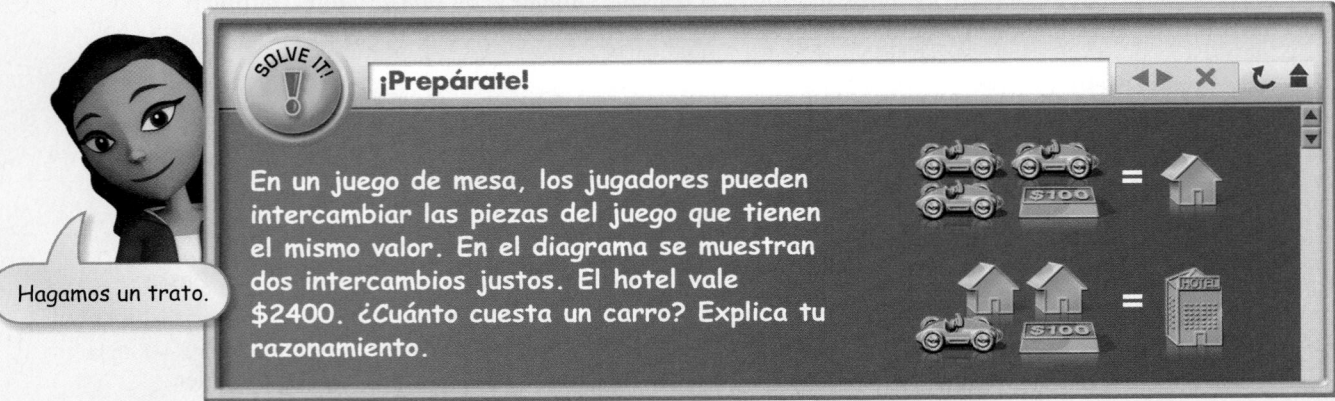

Hagamos un trato.

SOLVE IT!

¡Prepárate!

En un juego de mesa, los jugadores pueden intercambiar las piezas del juego que tienen el mismo valor. En el diagrama se muestran dos intercambios justos. El hotel vale $2400. ¿Cuánto cuesta un carro? Explica tu razonamiento.

Vocabulario de la lección
• método de sustitución

Puedes representar los intercambios justos con un sistema lineal. Puedes hallar una variable de una de las ecuaciones para resolver sistemas lineales. Luego, sustituye la variable por la expresión en la otra ecuación. Esto se llama el **método de sustitución**.

Comprensión esencial Los sistemas de ecuaciones se pueden resolver de varias maneras. Cuando un sistema tiene al menos una ecuación que se puede resolver con rapidez para hallar una variable, el sistema se puede resolver eficientemente usando la sustitución.

Planea

¿Cómo puedes empezar?
Si ya se halló una variable en una ecuación, usa esa ecuación para hacer la sustitución. Si se halló una variable en las dos ecuaciones, puedes usar cualquiera de las dos ecuaciones.

Problema 1 Usar la sustitución

¿Cuál es la solución del sistema? Usa la sustitución.
$$y = 3x$$
$$x + y = -32$$

Paso 1 Dado que $y = 3x$, puedes sustituir y por $3x$ en $x + y = -32$.

$x + y = -32$ Escribe la segunda ecuación.

$x + 3x = -32$ Sustituye y por $3x$.

$4x = -32$ Simplifica.

$x = -8$ Divide cada lado por 4.

Paso 2 Sustituye x por -8 en cualquiera de las ecuaciones y halla y.

$y = 3x$ Escribe cualquiera de las ecuaciones.

$y = 3(-8) = -24$ Sustituye x por -8 y resuelve.

La solución es $(-8, -24)$. Sustituye las variables por $(-8, -24)$ en cada ecuación para comprobar la solución.

Comprueba

$$y = 3x \qquad\qquad x + y = -32$$

$$-24 \overset{?}{=} 3(-8) \qquad -8 + (-24) \overset{?}{=} -32$$

$$-24 = -24 \checkmark \qquad\qquad -32 = -32 \checkmark$$

 ¿Comprendiste? **1.** ¿Cuál es la solución del sistema? Usa la sustitución. $y = 2x + 7$
Comprueba tu respuesta. $\qquad\qquad\qquad y = x - 1$

Para usar la sustitución con el fin de resolver sistemas de ecuaciones, debes hallar una variable en una de las ecuaciones.

 Problema 2 **Hallar una variable y usar la sustitución**

¿Cuál es la solución del sistema? Usa la sustitución. $\quad 3y + 4x = 14$
$\qquad\qquad\qquad\qquad\qquad\qquad\qquad\qquad\qquad\qquad\qquad -2x + y = -3$

Lo que sabes
No se halló el valor de las variables en ninguna de las ecuaciones.

Lo que necesitas
La solución del sistema

Planea
Resuelve una de las ecuaciones para hallar una variable. Luego, usa el método de sustitución para hallar la solución del sistema.

Piensa

¿Qué variable debes hallar?
Si una ecuación tiene una variable con un coeficiente de 1 ó −1, halla esa variable. En general, es más fácil hallar una variable con un coeficiente de 1 ó −1.

Paso 1 Resuelve una de las ecuaciones para hallar una variable.

$$-2x + y = -3 \qquad \text{Escribe la segunda ecuación.}$$

$$-2x + y + 2x = -3 + 2x \qquad \text{Suma } 2x \text{ a cada lado.}$$

$$y = 2x - 3 \qquad \text{Simplifica.}$$

Paso 2 Sustituye y por $2x - 3$ en la otra ecuación y halla x.

$$3y + 4x = 14 \qquad \text{Escribe la primera ecuación.}$$

$$3(2x - 3) + 4x = 14 \qquad \text{Sustituye } y \text{ por } 2x - 3. \text{ Usa paréntesis.}$$

$$6x - 9 + 4x = 14 \qquad \text{Propiedad distributiva}$$

$$10x = 23 \qquad \text{Suma 9 a cada lado. Simplifica.}$$

$$x = 2.3 \qquad \text{Divide cada lado por 10.}$$

Paso 3 Sustituye x por 2.3 en cualquiera de las ecuaciones y halla y.

$$-2x + y = -3 \qquad \text{Escribe alguna de las ecuaciones.}$$

$$-2(2.3) + y = -3 \qquad \text{Sustituye } x \text{ por 2.3.}$$

$$-4.6 + y = -3 \qquad \text{Simplifica.}$$

$$y = 1.6 \qquad \text{Suma 4.6 a cada lado.}$$

La solución es (2.3, 1.6).

 ¿Comprendiste? **2. a.** ¿Cuál es la solución del sistema? Usa la sustitución. $6y + 5x = 8$
$\qquad\qquad\qquad\qquad\qquad\qquad\qquad\qquad\qquad\qquad\qquad\qquad x + 3y = -7$

b. Razonamiento En el primer paso de la parte (a), ¿qué variable hallaste? ¿Qué ecuación resolviste para hallar la variable?

 **Problema 3** Usar sistemas de ecuaciones

RESPUESTA EN PLANTILLA

Kiosco de refrigerios En un kiosco de refrigerios se venden paquetes de refrigerios de dos tamaños. Un paquete grande cuesta $5 y un paquete pequeño cuesta $3. En un día, se vendieron 60 paquetes de refrigerios por un total de $220. ¿Cuántos paquetes pequeños se vendieron?

Paso 1 Escribe el sistema de ecuaciones. Sea x = el número de paquetes grandes de $5 y sea y = el número de paquetes pequeños de $3.

$x + y = 60$ Representa el número total de paquetes de refrigerios.

$5x + 3y = 220$ Representa la cantidad de dinero obtenida por 60 paquetes de refrigerios.

Paso 2 $x + y = 60$ Usa la primera ecuación para hallar y.

$y = 60 - x$ Resta x de cada lado.

Paso 3 $5x + 3(60 - x) = 220$ Sustituye y por $60 - x$ en la segunda ecuación.

$5x + 180 - 3x = 220$ Propiedad distributiva

$2x = 40$ Simplifica.

$x = 20$ Divide cada lado por 2.

Paso 4 $20 + y = 60$ Sustituye x por 20 en la primera ecuación.

$y = 40$ Resta 20 de cada lado.

La solución del sistema es (20, 40). En el kiosco de refrigerios se vendieron 40 paquetes pequeños de refrigerios.

 ¿Comprendiste? **3.** Para alquilar 6 videojuegos, pagas $22. La tienda cobra $4 por los videojuegos nuevos y $2 por los videojuegos más viejos. ¿Cuántos videojuegos nuevos alquilaste?

Piensa

¿Qué representa la solución en la vida diaria?
Comprueba qué representan las variables asignadas. Aquí, (20, 40) representa 20 paquetes grandes de refrigerios y 40 paquetes pequeños de refrigerios.

Si obtienes una identidad, como $2 = 2$, cuando resuelves un sistema de ecuaciones, entonces el sistema tiene infinitas soluciones. Si obtienes un enunciado falso, como $8 = 2$, entonces el sistema no tiene solución.

 Problema 4 Sistemas con infinitas soluciones o sin solución

¿Cuántas soluciones tiene cada sistema?

A $x = -2y + 4$
    $3.5x + 7y = 14$

Sustituye x por $-2y + 4$ en $3.5x + 7y = 14$.

$3.5x + 7y = 14$

$3.5(-2y + 4) + 7y = 14$

$-7y + 14 + 7y = 14$

$14 = 14$ ✔

El sistema tiene infinitas soluciones.

B $y = 3x - 11$
    $y - 3x = -13$

Sustituye y por $3x - 11$ en $y - 3x = -13$.

$y - 3x = -13$

$(3x - 11) - 3x = -13$

$-11 = -13$ ✗

El sistema no tiene solución.

Piensa

¿Cuántas soluciones puede tener un sistema de ecuaciones lineales?
Un sistema puede tener exactamente una solución, infinitas soluciones o no tener solución.

 ¿Comprendiste? **4.** ¿Cuántas soluciones tiene el sistema? $6y + 5x = 8$
                                                        $2.5x + 3y = 4$

Comprobar la comprensión de la lección

¿CÓMO hacerlo?

Resuelve cada sistema usando la sustitución. Comprueba tu solución.

1. $4y = x$
   $3x - y = 70$

2. $-2x + 5y = 19$
   $3x - 4 = y$

Indica si el sistema tiene *una solución, infinitas soluciones* o si *no tiene solución*.

3. $y = 2x + 1$
   $4x - 2y = 6$

4. $-x + \frac{1}{2}y = 13$
   $x + 15 = \frac{1}{2}y$

5. Concurso de talentos En un concurso de talentos del canto y la comedia, los números de canto duran 5 min y los números de comedia duran 3 min. El concurso tiene 12 números y dura 50 min. ¿Cuántos números de canto y cuántos números de comedia hay en el concurso?

¿Lo ENTIENDES?

6. Vocabulario ¿En qué casos es mejor usar el método de sustitución que usar una gráfica para resolver un sistema de ecuaciones lineales?

Para cada sistema, indica qué ecuación usarías primero para hallar una variable en el primer paso del método de sustitución. Explica tu elección.

7. $-2x + y = -1$
   $4x + 2y = 12$

8. $2.5x - 7y = 7.5$
   $6x - y = 1$

Indica si cada enunciado es *verdadero* o *falso*. Explica tu respuesta.

9. Si obtienes una identidad cuando resuelves un sistema usando la sustitución, entonces el sistema no tiene solución.

10. No puedes usar el método de sustitución para resolver un sistema que no tiene una variable con un coeficiente de 1 ó -1.

Ejercicios de práctica y resolución de problemas

 **Práctica**   Resuelve cada sistema usando la sustitución. Comprueba tu respuesta.    **Ver los Problemas 1 y 2.**

11. $x + y = 8$
   $y = 3x$

12. $2x + 2y = 38$
   $y = x + 3$

13. $x + 3 = y$
   $3x + 4y = 7$

14. $y = 8 - x$
   $7 = 2 - y$

15. $y = -2x + 6$
   $3y - x + 3 = 0$

16. $3x + 2y = 23$
   $\frac{1}{2}x - 4 = y$

17. $y - 2x = 3$
   $3x - 2y = 5$

18. $4x = 3y - 2$
   $18 = 3x + y$

19. $2 = 2y - x$
   $23 = 5y - 4x$

20. $4y + 3 = 3y + x$
   $2x + 4y = 18$

21. $7x - 2y = 1$
   $2y = x - 1$

22. $4y - x = 5 + 2y$
   $3x + 7y = 24$

23. Entradas de teatro Las entradas para adultos para una obra de teatro cuestan $22. Las entradas para niños cuestan $15. Las entradas para un grupo de 11 personas costaron $228 en total. Escribe y resuelve un sistema de ecuaciones para hallar cuántos niños y cuantos adultos había en el grupo.   **Ver el Problema 3.**

24. Transporte Una escuela planea una excursión para 142 personas. En el viaje participarán seis conductores y habrá dos tipos de vehículos: autobuses y microbuses. En un autobús entran 51 pasajeros. En un microbús entran 10 pasajeros. Escribe y resuelve un sistema de ecuaciones para hallar cuántos autobuses y cuántos microbuses se necesitarán.

25. Geometría La medida de un ángulo agudo en un triángulo rectángulo es cuatro veces la medida del otro ángulo agudo. Escribe y resuelve un sistema de ecuaciones para hallar las medidas de los ángulos agudos.

Indica si el sistema tiene *una solución, infinitas soluciones* o si
no tiene solución.

◀ Ver el Problema 4.

26. $y = \frac{1}{2}x + 3$
$2y - x = 6$

27. $6y = -5x + 24$
$2.5x + 3y = 12$

28. $x = -7y + 34$
$x + 7y = 32$

29. $5 = \frac{1}{2}x + 3y$
$10 - x = 6y$

30. $17 = 11y + 12x$
$12x + 11y = 14$

31. $1.5x + 2y = 11$
$3x + 6y = 22$

 **Aplicación**

32. Geometría El rectángulo que se muestra tiene un perímetro de 34 cm y el área dada. Su longitud es 5 más que dos veces su ancho. Escribe y resuelve un sistema de ecuaciones para hallar las dimensiones del rectángulo.

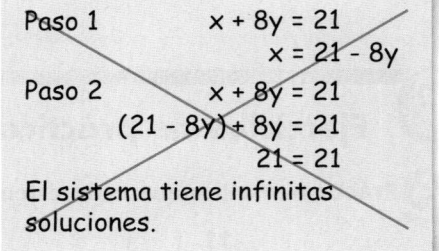

33. Escribir ¿Cuál sería el primer paso para resolver el siguiente sistema? Explica tu respuesta.

$$1.2x + y = 2$$
$$1.4y = 2.8x + 1$$

34. Monedas Tienes $3.70 en monedas de 10¢ y monedas de 25¢. Tienes 5 monedas de 25¢ más que monedas de 10¢. ¿Cuántas monedas de cada tipo tienes?

35. Analizar errores Describe y corrige el error que se cometió a la derecha al hallar la solución del siguiente sistema:

$$7x + 5y = 14$$
$$x + 8y = 21$$

> Paso 1 $x + 8y = 21$
> $x = 21 - 8y$
> Paso 2 $x + 8y = 21$
> $(21 - 8y) + 8y = 21$
> $21 = 21$
> El sistema tiene infinitas soluciones.

36. Arte Un artista venderá grabados de dos tamaños en una feria de artesanías. El artista cobrará $20 por un grabado pequeño y $45 por un grabado grande. El artista quiere vender el doble de grabados pequeños que de grabados grandes. El puesto que el artista alquila cuesta $510 por día. ¿Cuántos grabados de cada tamaño debe vender el artista para recuperar los gastos?

37. Pensar en un plan En una escuela secundaria, 350 estudiantes asisten a un curso de álgebra. La razón de niños a niñas que estudian álgebra es 33 : 37. ¿Cuántas más niñas que niños estudian álgebra?

- ¿Cómo puedes escribir un sistema de ecuaciones para representar la situación?
- ¿Qué ecuación resolverás para hallar una variable en el primer paso de la resolución del sistema? ¿Por qué?
- ¿Cómo puedes interpretar la solución en el contexto del problema?

38. Comparar y contrastar ¿Cómo puedes determinar que un sistema de ecuaciones lineales no tiene solución usando una gráfica? ¿Cómo puedes determinar que un sistema de ecuaciones lineales no tiene solución usando la sustitución?

39. Fuegos artificiales Un especialista en pirotecnia planea que dos cohetes exploten a la misma altura en el aire. Los cohetes se desplazan a las velocidades que se muestran a la derecha. El Cohete B se lanza 0.25 s antes que el Cohete A. ¿Cuántos segundos después de que se lanza el Cohete B explotarán los dos cohetes?

Cohete A
220 pies/s

Cohete B
200 pies/s

40. Escribir Sea a cualquier número real. ¿El sistema de la derecha tendrá una solución *siempre, a veces* o *nunca*? Explica tu respuesta.

$$y = ax$$
$$y = ax + 4$$

41. Razonamiento Explica cómo puedes usar la sustitución para mostrar que el sistema de la derecha no tiene solución.

$$y + x = x$$
$$\frac{3x}{2y} = 4$$

**Desafío**

42. Agricultura Un agricultor cultiva maíz, tomates y girasoles en una granja de 320 acres. Este año, el agricultor quiere plantar el doble de acres de tomates que de girasoles. El granjero también quiere plantar 40 acres más de maíz que de tomates. ¿Cuántos acres de cada cultivo debe plantar?

43. Atletismo Melisa y Pamela corren una carrera de 200 m. Melisa corre a un promedio de 7.5 m/s. Pamela corre a un promedio de 7.8 m/s, pero empieza 1 s después que Melisa.

a. ¿Cuánto le llevará a Pamela alcanzar a Melisa?
b. ¿Pamela pasará a Melisa antes de la llegada? Explica tu respuesta.

Preparación para el examen estandarizado

RESPUESTA EN PLANTILLA

SAT/ACT

44. ¿Cuál es el valor de la coordenada x de la solución del sistema dado?

$$2x + 3y = 144$$
$$y - x = 24$$

45. Preparas pastelitos de arándano y debes comprar una bandeja para pastelitos y moldes para hornear. Cada paquete tiene 50 moldes y cuesta $1.25. La bandeja para pastelitos cuesta $15. Si tienes $22 para gastar, ¿cuántos moldes puedes comprar como máximo?

46. ¿Cuál es el intercepto en x de $2y - 3x = 24$?

47. Una tienda en línea cobra el 4% del costo de un pedido para cubrir los gastos de envío. ¿Cuánto pagarías en dólares por el envío de un pedido de $146?

48. ¿Cuál es la solución de la ecuación $2x - 3 = 8$?

Repaso mixto

Resuelve cada sistema usando gráficas. Indica si el sistema tiene *una solución, infinitas soluciones* o si *no tiene solución*. ◀ **Ver la Lección 6-1.**

49. $y = 3x + 3$
$y = x - 3$

50. $y = x + 1$
$2x + y = 10$

51. $y = -x + 2$
$x + y = 3$

Halla la pendiente de una recta que sea perpendicular a la gráfica de cada ecuación. ◀ **Ver la Lección 5-6.**

52. $y = 3x$

53. $y = -\frac{1}{4}x$

54. $\frac{1}{3}x - y = 2$

¡Prepárate! Antes de la Lección 6-3, haz los Ejercicios 55 a 57.

Resuelve cada ecuación. Comprueba tu respuesta. ◀ **Ver la Lección 2-4.**

55. $5x + 1 = 3x - 5$

56. $4c - 7 = -c + 3$

57. $5k + 7 = 3k + 10$

6-3 Resolver sistemas usando la eliminación

Objetivo Resolver sistemas sumando o restando para eliminar una variable.

¡Prepárate!

En una cafetería se vende fruta fresca por peso. Todas las manzanas pesan lo mismo y todas las naranjas pesan lo mismo. ¿Cuánto pesa una manzana? ¿Cuánto pesa una naranja? ¿Cómo lo sabes?

Mmm...¿Se pueden usar los métodos de las lecciones anteriores para resolver este problema?

Según las propiedades de suma y de resta de la igualdad, si $a = b$ y $c = d$, entonces $a + c = b + d$ y $a - c = b - d$. Por ejemplo, $5 + 1 = 6$ y $3 + 4 = 7$; por tanto, $(5 + 1) + (3 + 4) = 6 + 7$. En el **método de eliminación**, usas estas propiedades para sumar o restar ecuaciones para eliminar una variable de un sistema.

Vocabulario de la lección
• método de eliminación

Comprensión esencial Hay varias maneras de resolver un sistema de ecuaciones. Algunos sistemas están escritos de manera tal que un buen método para resolverlos es eliminar una variable.

Problema 1 Resolver un sistema sumado ecuaciones

¿Cuál es la solución del sistema? Usa la eliminación.

$$2x + 5y = 17$$
$$6x - 5y = -9$$

Planea

¿Qué variable debes eliminar?
Puedes eliminar cualquier variable. Dado que los coeficientes de y son opuestos, puedes sumar las ecuaciones para eliminar y en un paso.

Paso 1 Elimina una variable. Dado que la suma de los coeficientes de y es 0, suma las ecuaciones para eliminar y.

$$2x + 5y = 17$$
$$\underline{6x - 5y = -9}$$
$$8x + 0 = 8 \quad \text{Suma las dos ecuaciones.}$$
$$x = 1 \quad \text{Halla } x.$$

Paso 2 Sustituye x por 1 para hallar la variable eliminada.

$$2x + 5y = 17 \quad \text{Puedes usar la primera ecuación.}$$
$$2(1) + 5y = 17 \quad \text{Sustituye } x \text{ por 1.}$$
$$2 + 5y = 17 \quad \text{Simplifica.}$$
$$y = 3 \quad \text{Halla } y.$$

Dado que $x = 1$ y $y = 3$, la solución es $(1, 3)$.

¿Comprendiste? **1.** ¿Cuál es la solución de cada sistema? Usa la eliminación.

a. $5x - 6y = -32$
$3x + 6y = 48$

b. $-3x - 3y = 9$
$3x - 4y = 5$

 Problema 2 **Resolver un sistema restando ecuaciones**

Opción múltiple El Club de teatro vende 101 entradas en total para su primera obra. Una entrada para estudiantes cuesta $1. Una entrada para adultos cuesta $2.50. En total, se vendieron entradas por $164. ¿Cuántas entradas para estudiantes se vendieron?

Ⓐ 25 Ⓑ 42 Ⓒ 59 Ⓓ 76

Definir Sea a = la cantidad de entradas para adultos vendidas.
Sea e = la cantidad de entradas para estudiantes vendidas.

Relacionar cantidad total de entradas   venta total de entradas

Escribir $a + e = 101$ $2.5a + e = 164$

Piensa

¿En qué se parece este problema al Problema 1?
En cada problema, buscas los coeficientes de una variable que son iguales u opuestos. Aquí, los coeficientes de e son iguales; por tanto, elimina e.

Paso 1 Elimina una variable. Dado que la diferencia de los coeficientes de e es 0, elimina e.

$a + e = 101$
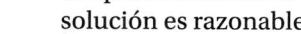
$2.5a + e = 164$
$-1.5a + 0 = -63$ Resta las ecuaciones.
$a = 42$ Halla a.

Paso 2 Halla la variable eliminada. Usa cualquier ecuación.

$a + e = 101$ Puedes usar la primera ecuación.
$42 + e = 101$ Sustituye a por 42.
$e = 59$ Halla e.

Se vendieron 59 entradas para estudiantes. La respuesta correcta es C.

Comprueba 42 está cerca de 40 y 59 está cerca de 60. La cantidad total de entradas es aproximadamente 40 + 60 = 100, que está cerca de 101. La venta total es aproximadamente $2.50(40) + $60 = $160, que está cerca de $164. La solución es razonable.

 ¿Comprendiste? **2.** Se tarda 130 min en lavar 2 carros y 3 camiones. Se tarda 190 min en lavar 2 carros y 5 camiones. ¿Cuánto se tarda en lavar cada tipo de vehículo?

A partir de los Problemas 1 y 2, puedes ver que para eliminar una variable, la suma o resta de sus coeficientes debe ser igual a cero. A veces, debes multiplicar una o las dos ecuaciones por una constante de modo que, al sumar o restar las ecuaciones, se elimine una variable.

Problema 3 **Resolver un sistema multiplicando una ecuación**

¿Cuál es la solución del sistema? Usa la eliminación. $-2x + 15y = -32$
$7x - 5y = 17$

Lo que sabes

Un sistema de ecuaciones que no se puede resolver rápidamente usando una gráfica o la sustitución

Lo que necesitas

La solución del sistema

Planea

Multiplica una o las dos ecuaciones por una constante para que los coeficientes de una variable sean iguales u opuestos. Luego, elimina la variable.

Piensa

Puedes eliminar cualquier variable. Puedes eliminar y en menos pasos que x porque sólo debes multiplicar una ecuación.

Paso 1 Para eliminar una variable, puedes multiplicar $7x - 5y = 17$ por 3 y luego sumar.

$$-2x + 15y = -32 \qquad\qquad -2x + 15y = -32$$
$$7x - 5y = 17 \quad \boxed{\text{Multiplica por 3.}} \quad 21x - 15y = 51$$
$$\overline{}$$
$$19x + \quad 0 = 19 \qquad \text{Suma las ecuaciones.}$$
$$x = 1 \qquad \text{Halla } x.$$

Paso 2 Halla la variable eliminada. Usa cualquiera de las ecuaciones originales.

$$7x - 5y = 17 \qquad \text{Puedes usar la segunda ecuación.}$$
$$7(1) - 5y = 17 \qquad \text{Sustituye } x \text{ por 1.}$$
$$y = -2 \qquad \text{Halla } y.$$

La solución es $(1, -2)$.

 ¿Comprendiste? **3.a.** ¿Cuál es la solución del sistema? Usa la eliminación. $-5x - 2y = 4$
$3x + 6y = 6$

b. Razonamiento Describe otra manera de resolver el sistema de la parte (a).

 Problema 4 **Resolver un sistema multiplicando ambas ecuaciones**

¿Cuál es la solución del sistema? Usa la eliminación. $3x + 2y = 1$
$4x + 3y = -2$

Planea

¿Cómo puedes comenzar?
Halla el m.c.m. de los coeficientes de la variable que quieres eliminar. Multiplica para hacer que los coeficientes sean iguales al m.c.m.

Paso 1 Para eliminar una variable, multiplica cada ecuación.

$$3x + 2y = 1 \quad \boxed{\text{Multiplica por 3.}} \quad 9x + 6y = 3$$
$$4x + 3y = -2 \quad \boxed{\text{Multiplica por 2.}} \quad 8x + 6y = -4$$
$$\overline{}$$
$$x + \quad 0 = 7 \qquad \text{Resta las ecuaciones.}$$

Paso 2 Halla la variable eliminada. Usa cualquiera de las ecuaciones originales.

$$3x + 2y = 1 \qquad \text{Puedes usar la primera ecuación.}$$
$$3(7) + 2y = 1 \qquad \text{Sustituye } x \text{ por 7.}$$
$$2y = -20 \qquad \text{Resta 21 de cada lado. Simplifica.}$$
$$y = -10 \qquad \text{Halla } y.$$

La solución es $(7, -10)$.

¿Comprendiste? 4. ¿Cuál es la solución del sistema? Usa la eliminación. $4x + 3y = -19$
$$3x - 2y = -10$$

Recuerda que si obtienes un enunciado falso cuando resuelves un sistema, entonces el sistema no tiene solución. Si obtienes una identidad, entonces el sistema tiene infinitas soluciones.

Problema 5   Hallar el número de soluciones

¿Cuántas soluciones tiene el sistema? $2x + 6y = 18$
$$x + 3y = 9$$

Multiplica la segunda ecuación por -2.

$$2x + 6y = 18 \qquad\qquad 2x + 6y = 18$$
$$x + 3y = 9 \quad \boxed{\text{Multiplica por } -2.} \quad \underline{-2x - 6y = -18}$$
$$0 = 0 \qquad \text{Suma las ecuaciones.}$$

Dado que $0 = 0$ es una identidad, hay infinitas soluciones.

 ¿Comprendiste? 5. ¿Cuántas soluciones tiene el sistema? $-2x + 5y = 7$
$$-2x + 5y = 12$$

Piensa

¿Podrías haber resuelto este problema de otra manera?
Sí. Por ejemplo, podrías haber multiplicado la segunda ecuación por 2 y restado.

El siguiente diagrama de flujo puede ayudarte a decidir qué pasos dar cuando resuelves un sistema de ecuaciones usando la eliminación.

¿Puedo eliminar una variable sumando o restando las ecuaciones dadas?   *sí* → Hazlo.

no

¿Puedo multiplicar una de las ecuaciones por un número y luego sumar o restar las ecuaciones?   *sí* → Hazlo.

no

Multiplica las dos ecuaciones por distintos números. Luego, suma o resta las ecuaciones.

Comprobar la comprensión de la lección

¿CÓMO hacerlo?

Resuelve cada sistema usando la eliminación.

1. $3x - 2y = 0$
$4x + 2y = 14$

2. $3p + q = 7$
$2p - 2q = -6$

3. $3x - 2y = 1$
$8x + 3y = 2$

¿Lo ENTIENDES?

4. Vocabulario Si sumas dos ecuaciones con dos variables y la suma es una ecuación con una variable, ¿qué método usas para resolver el sistema? Explica tu respuesta.

5. Razonamiento Explica cómo la propiedad de suma de la igualdad te permite sumar ecuaciones.

6. Escribir Explica cómo puedes resolver un sistema de ecuaciones usando la eliminación.

Ejercicios de práctica y resolución de problemas

(A) Práctica

Resuelve cada sistema usando la eliminación.

◀ **Ver los Problemas 1 y 2.**

7. $3x + 3y = 27$
$x - 3y = -11$

8. $-x + 5y = 13$
$x - y = 15$

9. $2x + 4y = 22$
$2x - 2y = -8$

10. $4x - 7y = 3$
$x - 7y = -15$

11. $5x - y = 0$
$3x + y = 24$

12. $6x + 5y = 39$
$3x + 5y = 27$

13. Concurso de talentos En el concurso de talentos de tu escuela se presentarán 12 números solistas y 2 números grupales. El concurso durará 90 min. Los 6 mejores artistas solistas repetirán su actuación en una segunda función de 60 min en la que también se presentarán los 2 números grupales. Cada número solista dura x minutos y cada número grupal dura y minutos.
   a. Escribe un sistema de ecuaciones para representar la situación.
   b. Resuelve el sistema de la parte (a). ¿Cuánto dura cada número solista? ¿Cuánto dura cada número grupal?

14. Muebles Un carpintero diseña una mesa con dos alas abatibles de igual tamaño. A continuación, se muestra la longitud de la mesa con un ala levantada y con las dos alas levantadas. ¿Cuánto mide la mesa cuando ninguna de las alas está levantada?

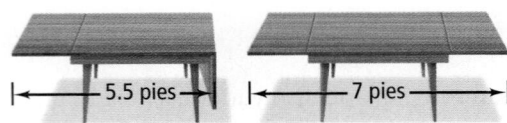

| 5.5 pies | 7 pies |

Resuelve cada sistema usando la eliminación.

◀ **Ver los Problemas 3 y 4.**

15. $2x + 3y = 9$
$x + 5y = 8$

16. $3x + y = 5$
$2x - 2y = -2$

17. $6x + 4y = 42$
$-3x + 3y = -6$

18. $3x + 2y = 17$
$2x + 5y = 26$

19. $6x - 3y = 15$
$7x + 4y = 10$

20. $5x - 9y = -43$
$3x + 8y = 68$

Indica si el sistema tiene _una solución, infinitas soluciones_ o si _no tiene solución_.

◀ **Ver el Problema 5.**

21. $9x + 8y = 15$
$9x + 8y = 30$

22. $3x + 4y = 24$
$6x + 8y = 24$

23. $5x - 3y = 10$
$10x + 6y = 20$

24. $2x - 5y = 17$
$6x - 15y = 51$

25. $4x - 7y = 15$
$-8x + 14y = -30$

26. $4x - 8y = 15$
$-5x + 10y = -30$

(B) Aplicación

27. Pensar en un plan Un estudio fotográfico ofrece retratos en un formato de 8×10 y en tamaño de bolsillo. Un cliente compró dos retratos de 8×10 y cuatro retratos de bolsillo, y pagó $52. Otro cliente compró tres retratos de 8×10 y dos retratos de bolsillo, y pagó $50. ¿Cuánto cuesta un retrato de 8×10? ¿Cuánto cuesta un retrato de bolsillo?
   • ¿Puedes eliminar una variable con sólo sumar o restar?
   • Si no es así, ¿cuántas ecuaciones debes multiplicar por una constante?

28. **Razonamiento** Un empleado de una juguetería empaquetó dos cajas de muñecas idénticas y juguetes de felpa para enviar en cajas que pesan 1 oz cuando están vacías. En una caja entraron 3 muñecas y 4 juguetes de felpa. El empleado anotó que el peso era 12 oz. En la otra caja entraron 2 muñecas y 3 juguetes de felpa. El empleado anotó que el peso era 10 oz. Explica por qué el empleado debe haber cometido un error.

29. **Analizar errores** Un estudiante resolvió un sistema de ecuaciones con el método de eliminación. Describe y corrige el error cometido en la parte de la solución que se muestra.

$$5x + 4y = 2 \quad — \times 3 \rightarrow \quad 15x + 12y = 6$$
$$3x + 3y = -3 \quad — \times 4 \rightarrow \quad \underline{12x + 12y = -3}$$
$$3x + 0 = 9$$
$$x = 3$$

30. **Nutrición** La mitad de una pizza de pepperoni más tres cuartos de una pizza de jamón y piña tienen 765 calorías. Un cuarto de una pizza de pepperoni más una pizza entera de jamón y piña tienen 745 calorías. ¿Cuántas calorías tiene una pizza entera de pepperoni? ¿Cuántas calorías tiene una pizza entera de jamón y piña?

31. **Respuesta de desarrollo** Escribe un sistema de ecuaciones que se pueda resolver eficientemente con el método de eliminación. Explica qué harías para eliminar una de las variables. Luego, resuelve el sistema.

Resuelve cada sistema usando cualquier método. Explica por qué escogiste el método que usaste.

32. $y = 2.5x$
$2y + 3x = 32$

33. $2x + y = 4$
$6x + 7y = 12$

34. $3x + 2y = 5$
$4x + 5y = 16$

35. $y = \frac{2}{3}x + 1$
$2x + 3y = 27$

36. $x + y = 1.5$
$2x + y = 1$

37. $\frac{1}{3}x + \frac{1}{2}y = 0$
$\frac{1}{2}x + \frac{1}{5}y = \frac{11}{5}$

38. **Comparar y contrastar** ¿Qué tienen en común el método de sustitución y el método de eliminación? Explica tu respuesta. Da un ejemplo de un sistema que prefieras resolver usando un método en lugar del otro. Justifica tu elección.

39. **Vacaciones** Un hotel ofrece dos paquetes de actividades. Uno de ellos cuesta $192 e incluye 3 h de cabalgatas y 2 h de navegación en paracaídas. El segundo cuesta $213 e incluye 2 h de cabalgatas y 3 h de navegación en paracaídas. ¿Cuánto cuesta hacer cada actividad durante 1 h?

40. **Geometría** Cada uno de los cuadrados de las figuras que se muestran a la derecha tiene la misma área, y cada uno de los triángulos tiene la misma área. El área total de la Figura A es 141 cm². El área total de la Figura B es 192 cm². ¿Cuál es el área de cada cuadrado y de cada triángulo?

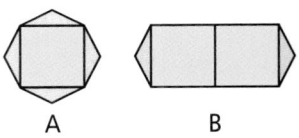
A   B

Desafío **Resuelve cada sistema usando la eliminación.**

41. $\frac{2}{x} - \frac{3}{y} = -5$
$\frac{4}{x} + \frac{6}{y} = 14$

42. $2x = 5(2 - y)$
$y = 3(-x + 5)$

43. $2x - 3y + z = 0$
$2x + y + z = 12$
$y - z = 4$

44. Razonamiento Usa el blanco de juego de dardos de la derecha. ¿Puedes anotar exactamente 100 puntos con siete dardos que se clavan en el blanco? Explica tu respuesta.

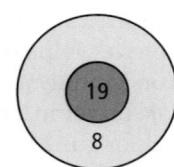

Preparación para el examen estandarizado

RESPUESTA EN PLANTILLA

SAT/ACT

45. ¿Cuál es el valor de la coordenada y de la solución del sistema dado?

$$4x + 3y = 33$$
$$3x + 2y = 23$$

46. ¿Cuál es el intercepto en y de $2x + 5y = 15$?

47. Compras un cepillo de dientes por $2.83 y un tubo de pasta de dientes por $2.37. El impuesto sobre la venta es 5%. Incluido el impuesto, ¿cuál es el costo total en dólares de tus compras?

48. Tres camiones de bomberos y 4 ambulancias entran en un estacionamiento de 152 pies de longitud. Dos camiones de bomberos y 5 ambulancias entran en un estacionamiento de 136 pies de longitud. ¿Cuántos pies debe medir un estacionamiento para que entren 1 camión de bomberos y 5 ambulancias? Supón que hay 1 pie de distancia entre cada vehículo.

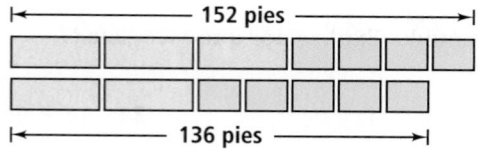

49. Compites en una carrera de bicicletas de montaña. El promedio de tu velocidad es 10 mi/h. Si el recorrido de la carrera es 65 mi, ¿cuántos minutos te llevará terminar la carrera?

Repaso mixto

Resuelve cada sistema usando la sustitución.

◀ **Ver la Lección 6-2.**

50. $y = \frac{1}{2}x$
$2y + 3x = 28$

51. $x - 7 = y$
$2x - y = 41$

52. $x + 2y = -1$
$3x - 5y = 30$

Resuelve cada desigualdad.

◀ **Ver la Lección 3-4.**

53. $4 - 2a < 3a - 1$

54. $3(2x - 1) \geq 5x + 4$

55. $2.7 + 2b > 3.4 - 1.5b$

¡Prepárate! Antes de la Lección 6-4, haz el Ejercicio 56.

56. Dos trenes se desplazan en dos pares de vías paralelas. El primer tren parte de una ciudad $\frac{1}{2}$ h antes que el segundo tren. El primer tren viaja a 55 mi/h. El segundo tren viaja a 65 mi/h. ¿Cuánto tarda el segundo tren en pasar al primer tren?

◀ **Ver la Lección 2-4.**

Matrices y resolución de sistemas

Una *matriz* es una ordenación rectangular de números en filas y columnas. El plural de *matriz* es *matrices*. Aprenderás más sobre las operaciones con matrices, como la suma y la resta de matrices, en el Capítulo 12.

Puedes usar un tipo especial de matriz, llamada *matriz ampliada*, para resolver un sistema de ecuaciones lineales. Una matriz ampliada se forma usando los coeficientes y las constantes de las ecuaciones de un sistema. La ecuación debe escribirse en forma estándar.

Sistema de ecuaciones	**Matriz ampliada**
$7x + 6y = 10$ $4x + 5y = -5$	$\begin{bmatrix} 7 & 6 & \vert & 10 \\ 4 & 5 & \vert & -5 \end{bmatrix}$

Recuerda las operaciones que realizaste cuando resolviste sistemas usando la eliminación. Puedes realizar operaciones similares en las filas de una matriz ampliada.

Puedes realizar cualquiera de las siguientes operaciones de fila en una matriz ampliada para producir una matriz ampliada equivalente.

Intercambiar dos filas. $\begin{bmatrix} 7 & 6 & \vert & 10 \\ 4 & 5 & \vert & -5 \end{bmatrix} \rightarrow \begin{bmatrix} 4 & 5 & \vert & -5 \\ 7 & 6 & \vert & 10 \end{bmatrix}$

Multiplicar una fila por una constante, excepto 0. $\begin{bmatrix} 7 & 6 & \vert & 10 \\ 4 & 5 & \vert & -5 \end{bmatrix} \rightarrow \begin{bmatrix} 7 & 6 & \vert & 10 \\ 2(4) & 2(5) & \vert & 2(-5) \end{bmatrix} \rightarrow \begin{bmatrix} 7 & 6 & \vert & 10 \\ 8 & 10 & \vert & -10 \end{bmatrix}$

Sumar el múltiplo de una fila a otra fila.

$\begin{bmatrix} 7 & 6 & \vert & 10 \\ 4 & 5 & \vert & -5 \end{bmatrix} \rightarrow \begin{bmatrix} 7 + 2(4) & 6 + 2(5) & \vert & 10 + 2(-5) \\ 4 & 5 & \vert & -5 \end{bmatrix} \rightarrow \begin{bmatrix} 15 & 16 & \vert & 0 \\ 4 & 5 & \vert & -5 \end{bmatrix}$

Para resolver un sistema usando una matriz ampliada, escoge operaciones de fila que transformen la matriz ampliada en una matriz que tenga el número 1 a lo largo de la diagonal principal (de arriba a la izquierda hacia abajo a la derecha) y el 0 por encima y por debajo de la diagonal principal, como se muestra a continuación.

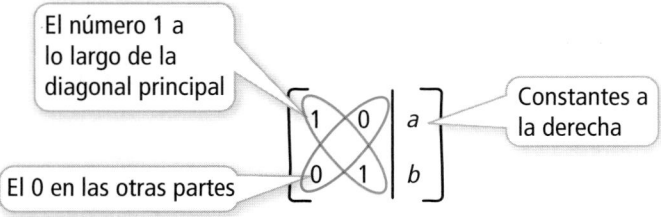

El número 1 a lo largo de la diagonal principal

Constantes a la derecha

El 0 en las otras partes

$\begin{bmatrix} 1 & 0 & \vert & a \\ 0 & 1 & \vert & b \end{bmatrix}$

Ejemplo

Resuelve el sistema usando una matriz ampliada. $3x + 2y = 11$
$4x + y = 18$

$$\begin{bmatrix} 3 & 2 & | & 11 \\ 4 & 1 & | & 18 \end{bmatrix}$$

Escribe el sistema como una matriz ampliada.

$$\begin{bmatrix} 3 + (-2)(4) & 2 + (-2)(1) & | & 11 + (-2)(18) \\ 4 & 1 & | & 18 \end{bmatrix} \rightarrow \begin{bmatrix} -5 & 0 & | & -25 \\ 4 & 1 & | & 18 \end{bmatrix}$$

Multiplica la fila 2 por –2 y súmala a la fila 1.

$$\begin{bmatrix} -\frac{1}{5}(-5) & -\frac{1}{5}(0) & | & -\frac{1}{5}(-25) \\ 4 & 1 & | & 18 \end{bmatrix} \rightarrow \begin{bmatrix} 1 & 0 & | & 5 \\ 4 & 1 & | & 18 \end{bmatrix}$$

Multiplica la fila 1 por $-\frac{1}{5}$.

$$\begin{bmatrix} 1 & 0 & | & 5 \\ 4 + (-4)(1) & 1 + (-4)(0) & | & 18 + (-4)(5) \end{bmatrix} \rightarrow \begin{bmatrix} 1 & 0 & | & 5 \\ 0 & 1 & | & -2 \end{bmatrix}$$

Multiplica la fila 1 por –4 y súmala a la fila 2.

$$x = 5$$
$$y = -2$$

Escribe cada fila de la matriz como una ecuación.

La solución del sistema es (5, –2).

Ejercicios

Resuelve cada sistema usando una matriz ampliada.

1. $3x + 2y = 26$
$x + y = 7$

2. $-4x - 4y = 16$
$4x + 5y = 14$

3. $2x + 2y = 14$
$-x - 2y = -13$

4. Comparar y contrastar Resuelve el sistema de ecuaciones del ejemplo anterior usando el método de eliminación. ¿En qué se parecen las operaciones de fila que usaste en esta actividad a las operaciones que realizaste usando el método de eliminación? ¿En qué se diferencian?

5. Escribir ¿Las operaciones de fila se parecen más al método de sustitución o al método de eliminación? Explica tu respuesta.

6. Cosmetología Un peluquero halla que puede cortar el cabello de 3 clientes y teñir el cabello de 2 clientes en 315 min. Cortar el cabello de 2 clientes y teñir el cabello de 4 clientes lleva 450 min. ¿Cuánto tarda en cortar el cabello de un cliente? ¿Cuánto tarda en teñir el cabello de un cliente? Escribe un sistema de ecuaciones y resuélvelo usando una matriz ampliada.

7. Analizar errores Según un estudiante, en la matriz ampliada de la derecha se muestra que la solución del sistema es (5, 3). ¿Cuál es el error del estudiante? ¿Cuál es la solución correcta del sistema?

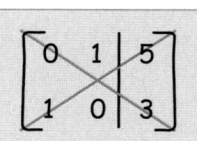

Objetivo Escoger el mejor método para resolver un sistema de ecuaciones lineales.

En esta lección, decidirás cuáles son los mejores métodos para resolver distintos sistemas.

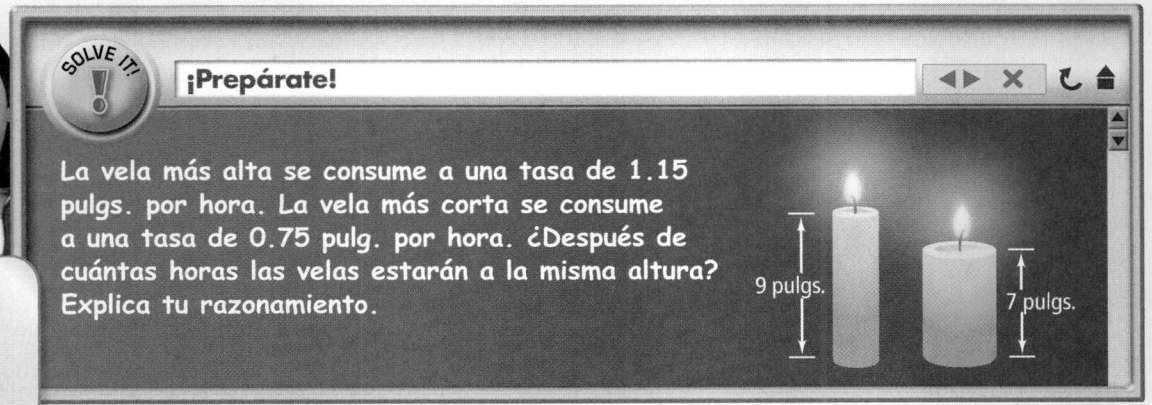

¡Prepárate!

La vela más alta se consume a una tasa de 1.15 pulgs. por hora. La vela más corta se consume a una tasa de 0.75 pulg. por hora. ¿Después de cuántas horas las velas estarán a la misma altura? Explica tu razonamiento.

9 pulgs. 7 pulgs.

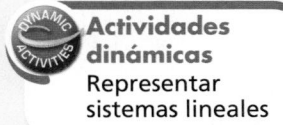

Actividades dinámicas
Representar sistemas lineales

Comprensión esencial Puedes resolver sistemas de ecuaciones lineales usando una gráfica, el método de sustitución o el método de eliminación. El método más adecuado para resolver un sistema depende de las formas de las ecuaciones dadas y el nivel de precisión que debe tener la solución.

toma nota

Resumen del concepto **Escoger un método para resolver sistemas lineales**

Método	Cuándo usarlo
Usar una gráfica	Se usa cuando se necesita una representación visual de las ecuaciones o cuando se estima una solución.
Sustitución	Se usa cuando ya se halló una variable en una ecuación o cuando es fácil hallar una de las variables.
Eliminación	Se usa cuando los coeficientes de una variable son iguales u opuestos, o cuando no es conveniente usar una gráfica o el método de sustitución.

Los sistemas de ecuaciones sirven para representar problemas que contienen distintas cantidades, tasas y puntos de equilibrio.

El punto de equilibrio de una empresa es el punto en el que la renta es igual a los gastos. En la gráfica se muestra el punto de equilibrio de una empresa.

Observa que los valores de y de la recta roja representan los dólares gastados. Los valores de y de la recta azul representan los dólares ganados; por tanto, y se usa para representar tanto los gastos como la renta.

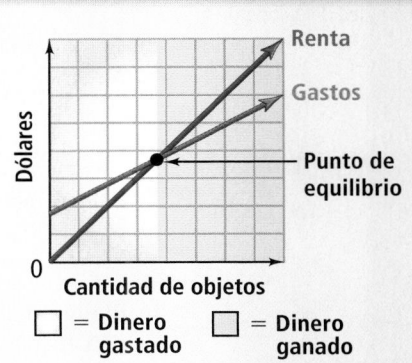

 **Problema 1** Hallar un punto de equilibrio

Negocios Un diseñador de moda diseña y vende sombreros. El material necesario para confeccionar cada sombrero cuesta $5.50. Los sombreros se venden por $12.50 cada uno. El diseñador gasta $1400 en publicidad. ¿Cuántos sombreros debe vender el diseñador para llegar a un punto de equilibrio?

Piensa

¿Qué ecuaciones debes escribir?
El punto de equilibrio se alcanza cuando la renta es igual a los gastos; por tanto, escribe una ecuación para la renta y una ecuación para los gastos.

Paso 1   Escribe un sistema de ecuaciones. Sea x = la cantidad de sombreros vendidos y y = la cantidad de dólares de gastos o renta.

Gastos: $y = 5.5x + 1400$ Renta: $y = 12.5x$

Paso 2   Escoge un método. Usa la sustitución porque en ambas ecuaciones ya se halló y.

$y = 5.5x + 1400$ Comienza con una ecuación.
$12.5x = 5.5x + 1400$ Sustituye y por $12.5x$.
$7x = 1400$ Resta $5.5x$ de cada lado.
$x = 200$ Divide cada lado por 7.

Dado que x es la cantidad de sombreros, el diseñador debe vender 200 sombreros para alcanzar un punto de equilibrio.

 ¿Comprendiste? 1. Un experto en crucigramas escribió un nuevo libro de sudokus. El costo inicial del libro fue $864. Los gastos de encuadernación y empaque de cada libro fueron $.80. El precio del libro es $2. ¿Cuántas copias del libro deben venderse para llegar a un punto de equilibrio?

 Problema 2 Resolver un problema con distintas cantidades

Productos lácteos El dueño de una granja lechera produce leche de bajo contenido graso con un 1% de materia grasa y leche entera con 3.5% de materia grasa. ¿Cuántos galones de cada tipo de leche deben combinarse para obtener 100 gals. de leche que contenga 2% de materia grasa?

Piensa

¿Qué significan los porcentajes cuando se usan como coeficientes?
Los porcentajes describen la concentración de materia grasa en cada tipo de leche. Si multiplicas los porcentajes por una cantidad de galones, obtendrás la cantidad de materia grasa que hay en esa cantidad de galones.

Paso 1   Escribe un sistema de ecuaciones. Sea x = la cantidad de galones de leche de bajo contenido graso y y = la cantidad de galones de leche entera.

Galones en total: $x + y = 100$ Contenido graso $0.01x + 0.035y = 0.02(100)$

Paso 2   La primera ecuación es fácil de resolver, ya sea para hallar x o y; por tanto, usa la sustitución.

$x + y = 100$ Escribe la primera ecuación.
$x = 100 - y$ Resta y de cada lado.

Paso 3   Sustituye x por $100 - y$ en la segunda ecuación y halla y.

$0.01x + 0.035y = 0.02(100)$ Escribe la segunda ecuación.
$0.01(100 - y) + 0.035y = 0.02(100)$ Sustituye x por $100 - y$.
$1 - 0.01y + 0.035y = 2$ Propiedad distributiva
$0.025y = 1$ Resta 1 de cada lado. Luego, simplifica.
$y = 40$ Divide cada lado por 0.025.

Paso 4   Sustituye y por 40 en cualquiera de las ecuaciones y halla x.

$x + 40 = 100$ Sustituye y por 40 en la primera ecuación.
$x = 60$ Halla x.

El dueño de la granja lechera debe mezclar 60 gals. de leche de bajo contenido graso con 40 gals. de leche entera.

¿Comprendiste?
2. Una solución anticongelante tiene 20% de alcohol. Otra solución anticongelante tiene 12% de alcohol. ¿Cuántos litros de cada solución deben combinarse para obtener 15 L de solución anticongelante que tenga 18% de alcohol?

Cuando un avión atraviesa los Estados Unidos de oeste a este, los vientos constantes que soplan de oeste a este actúan como viento de cola. Esto aumenta la velocidad del avión con relación al suelo. Cuando un avión viaja de este a oeste, los vientos actúan como viento de frente. Esto disminuye la velocidad del avión con relación al suelo.

De oeste a este	**De este a oeste**
velocidad aérea + velocidad del viento = velocidad en tierra	velocidad aérea – velocidad del viento = velocidad en tierra

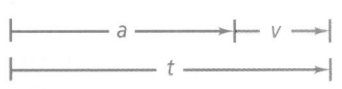

 Problema 3 **Resolver un problema relacionado con los vientos o la corriente**

Viajes Un pasajero viaja de Charlotte, Carolina del Norte, a Los Angeles, California. Al mismo tiempo, otro pasajero viaja de Los Angeles a Charlotte. Los dos aviones viajan a la misma velocidad aérea. Las velocidades en tierra se muestran a continuación. ¿Cuál es la velocidad aérea? ¿Cuál es la velocidad del viento?

Los Angeles, CA

Velocidad en tierra = 550 mi/h
Velocidad aérea = a

Velocidad del viento = v

Velocidad en tierra = 495 mi/h
Velocidad aérea = a

Charlotte, NC

Piensa

¿Cómo se relacionan las velocidades?
La velocidad aérea es la velocidad del avión sin la influencia del viento. Suma la velocidad del viento y la velocidad aérea para hallar la velocidad en tierra con viento de cola. Resta la velocidad del viento de la velocidad aérea para hallar la velocidad en tierra con viento de frente.

Usa la velocidad en tierra con viento de cola y con viento de frente para escribir el sistema. Sea a = la velocidad aérea de los aviones. Sea v = la velocidad del viento.

velocidad aérea	+	velocidad del viento	=	velocidad en tierra con viento de cola	velocidad aérea	−	velocidad del viento	=	velocidad en tierra con viento de frente
a	+	v	=	550	a	−	v	=	495

Escoge un método para resolver el sistema. Usa la eliminación.

$$a + v = 550$$
$$\underline{a - v = 495}$$
$$2a + 0 = 1045 \qquad \text{Suma las ecuaciones.}$$
$$a = 522.5 \qquad \text{Halla } a.$$

Sustituye a por 522.5 en cualquiera de las ecuaciones y halla v.

$$522.5 + v = 550 \qquad \text{Sustituye } a \text{ por 522.5 en la primera ecuación.}$$
$$v = 27.5 \qquad \text{Halla } v.$$

La velocidad aérea es 522.5 mi/h. La velocidad del viento es 27.5 mi/h.

 **¿Comprendiste?** **3. a.** Remas río arriba a una velocidad de 2 mi/h. Recorres la misma distancia río abajo a una velocidad de 5 mi/h. ¿A qué velocidad remarías en aguas tranquilas? ¿Cuál es la velocidad de la corriente?

b. Razonamiento Supón que tu velocidad de remo en aguas tranquilas es 3 mi/h y la velocidad de la corriente es 4 mi/h. ¿Qué sucederá cuando trates de remar río arriba?

 ## Comprobar la comprensión de la lección

¿CÓMO hacerlo?

1. Boletín informativo La impresión de un boletín informativo cuesta $1.50 por copia más $450 por gastos de imprenta. Las copias se venden por $3 cada una. ¿Cuántas copias del boletín informativo deben venderse para alcanzar un punto de equilibrio?

2. Joyería Una aleación de metal es un metal fabricado mediante la combinación de 2 o más tipos de metal. Un joyero tiene dos aleaciones de metal. Una de las aleaciones contiene 30% de oro y la otra, 10% de oro. ¿Qué cantidad de cada aleación debe combinar el joyero para obtener 4 kg de una aleación que contenga 15% de oro?

3. Volar Con viento de cola, un pájaro voló a una velocidad en tierra de 3 mi/h. Al volar sobre el mismo camino pero con el viento de frente, el pájaro voló a una velocidad en tierra de 1.5 mi/h. ¿Cuál es la velocidad aérea del pájaro? ¿Cuál es la velocidad del viento?

¿Lo ENTIENDES?

4. Vocabulario ¿Qué relación existe entre la renta y los gastos antes de alcanzar un punto de equilibrio? ¿Qué relación existe entre la renta y los gastos después de alcanzar un punto de equilibrio?

5. Razonamiento ¿Qué método usarías para resolver el siguiente sistema? Explica tu respuesta.

$$3x + 2y = 9$$
$$-2x + 3y = 5$$

6. Razonamiento El jugo de arándanos y manzana de una marca contiene 15% de jugo de arándanos. Otra marca que elabora esa bebida usa 40% de jugo de arándanos. Quieres combinar el jugo de las dos marcas para preparar una bebida que contenga 25% de jugo de arándanos. Sin calcular el resultado, ¿cuál de las marcas de jugo necesitarás usar en mayor cantidad para preparar tu bebida? Explica tu respuesta.

 ## Ejercicios de práctica y resolución de problemas

 **Práctica**

7. Negocios Se necesitan $2400 para el funcionamiento de una tienda de bicicletas. El promedio del costo por bicicleta es $60. El promedio del precio de venta de una bicicleta es $120. ¿Cuántas bicicletas deben venderse cada mes para que la tienda alcance un punto de equilibrio?

Ver el Problema 1.

8. Teatro Producir un musical cuesta $88,000 más $5900 por cada función. En una función con venta de entradas agotadas, se ganan $7500. Si se agotan las entradas en todas las funciones, ¿cuántas funciones se necesitan para alcanzar un punto de equilibrio?

9. Inversiones Divides $1500 en dos cuentas de ahorros. La Cuenta A paga 5% de interés anual y la Cuenta B, 4% de interés anual. Después de un año, recibes un total de $69.50 en concepto de interés. ¿Cuánto dinero invertiste en cada cuenta?

Ver el Problema 2.

10. Trabajo en metales Un trabajador metalúrgico tiene una aleación de metal que contiene 20% de cobre y otra aleación que contiene 60% de cobre. ¿Cuántos kilogramos de cada aleación debe combinar para obtener 80 kg de una aleación que contiene 52% de cobre?

11. **Aeropuertos** En un aeropuerto, un pasajero camina sobre una cinta móvil. ◀ Ver el Problema 3.
El pasajero debe regresar por la cinta para buscar un bolso que olvidó.
La velocidad en tierra del pasajero es 2 pies/s si avanza en sentido contrario a la
cinta y 6 pies/s si avanza sobre la cinta. ¿Cuál es la velocidad del pasajero fuera
de la cinta? ¿Cuál es la velocidad de la cinta móvil?

12. **Andar en kayak** Una persona rema río arriba en un kayak desde el campamento para
fotografiar una cascada y regresa. La velocidad de remo al avanzar río arriba y río abajo se
muestra a continuación. ¿Cuál es la velocidad de remo en aguas tranquilas? ¿Cuál es
la velocidad de la corriente?

B Aplicación

13. **Dinero** Tienes un tarro con monedas de 1¢ y monedas de 25¢. Quieres escoger
15 monedas que sumen exactamente $4.35.
 a. Escribe y resuelve un sistema de ecuaciones para representar la situación.
 b. ¿Tu solución es razonable en función del problema original? Explica tu respuesta.

Resuelve cada sistema. Explica por qué elegiste el método que usaste.

14. $4x + 5y = 3$
 $3x - 2y = 8$

15. $2x + 7y = -20$
 $y = 3x + 7$

16. $5x + 2y = 17$
 $x - 2y = 8$

17. **Razonamiento** Halla A y B de modo que la solución del siguiente sistema sea $(2, 3)$.

$$Ax - 2By = 6$$
$$3Ax - By = -12$$

18. **Pensar en un plan** Un remolcador puede remolcar un bote 24 mi río abajo en 2 h. Si avanza
río arriba, el remolcador puede arrastrar el mismo bote 16 mi en 2 h. ¿Cuál es la velocidad
del remolcador en aguas tranquilas? ¿Cuál es la velocidad de la corriente?
 • ¿Cómo puedes usar la fórmula $d = vt$ para resolver el problema?
 • ¿Cómo se relacionan las velocidades del remolcador cuando avanza río arriba y río abajo
 con la velocidad que tiene en aguas tranquilas y la velocidad de la corriente?

Respuesta de desarrollo Sin resolver los sistemas, decide qué método usarías para resolverlos:
una gráfica, el método de sustitución o *el método de eliminación*. Explica tu respuesta.

19. $y = 3x - 1$
 $y = 4x$

20. $3m - 4n = 1$
 $3m - 2n = -1$

21. $4s - 3t = 8$
 $t = -2s - 1$

22. **Negocios** Una perfumista tiene dos perfumes para vender. El Perfume A se vende por
$15 la onza. El Perfume B se vende por $35 la onza. ¿Qué cantidad de cada perfume debe
combinarse para obtener un frasco de 3 onzas de perfume que se pueda vender por $63?

23. **Química** En un laboratorio químico, hay dos tipos de vinagre. Uno contiene 5% de ácido
acético y el otro, 6.5% de ácido acético. Quieres obtener 200 mL de vinagre que contenga 6%
de ácido acético. ¿Cuántos mililitros de cada tipo de vinagre debes mezclar?

24. Paseo en botes Un bote avanza sobre un río con una corriente de 1.5 km/h. En una hora, el bote puede recorrer río abajo dos veces la distancia que puede recorrer río arriba. ¿Cuál es la velocidad del bote en aguas tranquilas?

25. Razonamiento Según un estudiante, la mejor manera de resolver el sistema de la derecha es mediante el método de sustitución. ¿Estás de acuerdo? Explica tu respuesta.

$$y - 3x = 4$$
$$y - 6x = 12$$

26. Espectáculos Un participante de un concurso televisivo gana 150 puntos por cada respuesta correcta y pierde 250 puntos por cada respuesta incorrecta. Después de responder 20 preguntas, el participante obtuvo 200 puntos. ¿Cuántas preguntas respondió en forma correcta? ¿Cuántas respondió en forma incorrecta?

 **Desafío**

27. Teoría de números Puedes representar el valor de cualquier número de dos dígitos con la expresión $10a + b$, donde a es el dígito de las decenas y b es el dígito de las unidades. Por ejemplo, si a es 5 y b es 7, el valor del número es $10(5) + 7$, ó 57. ¿Qué número de dos dígitos se describe a continuación?
• El dígito de las unidades es un número más que el doble del dígito de las decenas.
• El valor del número es dos números más que cinco veces el dígito de las unidades.

28. Mezcla de nueces Quieres vender tarros de 1 lb de una mezcla de maníes y nueces de cajú por $5. Pagas $3 por cada libra de maníes y $6 por cada libra de nueces de cajú. Planeas combinar 4 partes de maníes y 1 parte de nueces de cajú para la mezcla. Gastaste $70 en los materiales para empezar. ¿Cuántos tarros debes vender para alcanzar un punto de equilibrio?

Preparación para el examen estandarizado

SAT/ACT

29. El año pasado, un cuarto de los estudiantes de tu clase tocaba un instrumento musical. Este año entraron 6 estudiantes nuevos a la clase. Cuatro de los estudiantes nuevos tocan un instrumento musical. Ahora, un tercio de los estudiantes toca un instrumento. ¿Cuántos estudiantes hay en tu clase actualmente?

    (A) 18   (B) 24   (C) 30   (D) 48

30. ¿Qué opción de respuesta muestra la solución correcta de hallar y en $2x - y = z$?

    (F) $y = 2x + z$ (G) $y = 2x - z$ (H) $y = -2x + z$ (I) $y = -2x - z$

Respuesta breve

31. ¿Cuál es una ecuación de una recta que pasa por los puntos (3, 1) y (4, 3) escrita en la forma pendiente-intercepto?

Repaso mixto

Resuelve cada sistema usando la eliminación.   **◀ Ver la Lección 6-3.**

32. $x + 3y = 11$
    $2x + 3y = 4$

33. $2x + 4y = -12$
    $-6x + 5y = 2$

34. $5x + 8y = 40$
    $3x - 10y = -13$

¡Prepárate!   **Antes de la Lección 6-5, haz los Ejercicios 35 a 37.**

Resuelve cada desigualdad. Comprueba tus soluciones.   **◀ Ver la Lección 3-4.**

35. $3a + 5 > 20$

36. $2d - 3 \geq 4d + 2$

37. $3(q + 4) \leq -2q - 8$

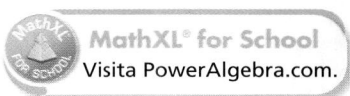

¿CÓMO hacerlo?

Resuelve cada sistema usando una gráfica. Indica si cada sistema tiene *una solución, infinitas soluciones* o si *no tiene solución*.

1. $y = x - 1$
$y = -3x - 5$

2. $y = \frac{4}{3}x - 2$
$3y - 4x = -6$

3. $y = 3x - 4$
$y - 3x = 1$

4. $y = 3x - 14$
$y - x = 10$

Resuelve cada sistema usando la sustitución.

5. $y = 2x + 5$
$y = 6x + 1$

6. $x = y + 7$
$y - 8 = 2x$

7. $4x + y = 2$
$3y + 2x = -1$

8. $4x + 9y = 24$
$y = -\frac{1}{3}x + 2$

Resuelve cada sistema usando la eliminación.

9. $2x + 5y = 2$
$3x - 5y = 53$

10. $4x + 2y = 34$
$10x - 4y = -5$

11. $11x - 13y = 89$
$-11x + 13y = 107$

12. $3x + 6y = 42$
$-7x + 8y = -109$

Escribe y resuelve un sistema de ecuaciones para resolver cada problema. Explica por qué escogiste el método que usaste.

13. Geometría La longitud de un rectángulo es 3 veces el ancho. El perímetro mide 44 cm. ¿Cuáles son las dimensiones del rectángulo?

14. Agricultura y ganadería Una agricultora cultiva sólo calabazas y maíz en su granja de 420 acres. Este año quiere plantar 250 acres más de maíz que de calabazas. ¿Cuántos acres de cada cultivo debe plantar?

15. Monedas Tienes 21 monedas en total. Todas las monedas son de 5¢ y de 10¢. El valor total de las monedas es $1.70. ¿Cuántas monedas de 5¢ y de 10¢ tienes?

16. Negocios Supón que montas una heladería. Compras un congelador por $200. La elaboración de cada cono de helado cuesta $.45. Los conos se venden por $1.25. ¿Cuántos conos debes vender para alcanzar un punto de equilibrio?

¿Lo ENTIENDES?

Razonamiento Sin resolver los sistemas, indica qué método usarías para resolver cada uno: *una gráfica, el método de sustitución* o *el método de eliminación*. Explica tu respuesta.

17. $y = 2x - 5$
$4y + 8x = 15$

18. $2y + 7x = 3$
$y - 7x = 9$

19. Razonamiento Si un sistema de ecuaciones lineales tiene infinitas soluciones, ¿qué puedes decir sobre las pendientes y los interceptos en y de las gráficas de las ecuaciones?

20. Respuesta de desarrollo Escribe un sistema de ecuaciones que podrías resolver con el método de sustitución.

21. Razonamiento Supón que escribes un sistema de ecuaciones para hallar el punto de equilibrio de una empresa. Resuelves el sistema y descubres que no tiene solución. ¿Qué significaría eso con respecto a la empresa?

6-5 Desigualdades lineales

Objetivos Representar con una gráfica desigualdades lineales con dos variables.
Usar desigualdades lineales para representar situaciones de la vida diaria.

> Uno de estos y uno de esos . . . No, un momento. Tres de estos . . .

¡Prepárate!

Quieres comprar libros de tapa blanda y libros de tapa dura en una feria. Puedes gastar $20 como máximo. ¿Qué combinaciones de libros de tapa blanda y de tapa dura puedes comprar? Explica tu respuesta.

Libros de tapa blanda $2.50

Libros de tapa dura $4.50

Vocabulario de la lección
- desigualdad lineal
- solución de una desigualdad

Se puede obtener una **desigualdad lineal** con dos variables, como $y > x - 3$, al reemplazar el signo igual en una ecuación lineal con un signo de desigualdad. La **solución de una desigualdad** con dos variables es un par ordenado que hace que la desigualdad sea verdadera.

Comprensión esencial Una desigualdad lineal con dos variables tiene infinitas soluciones. Estas soluciones se pueden representar en un plano de coordenadas como el conjunto de todos los puntos a un lado del borde del semiplano.

Piensa

¿Alguna vez probaste soluciones?
Sí. Probaste si los pares ordenados son soluciones de las ecuaciones. Ahora probarás pares ordenados para ver si satisfacen una desigualdad.

Problema 1 Identificar las soluciones de una desigualdad lineal

¿El par ordenado es una solución de $y > x - 3$?

A $(1, 2)$

$y > x - 3$ ← Escribe la desigualdad. →

$2 \overset{?}{>} 1 - 3$ ← Sustituye. →

$2 > -2$ ✔ ← Simplifica. →

$(1, 2)$ es una solución.

B $(-3, -7)$

$y > x - 3$

$-7 \overset{?}{>} -3 - 3$

$-7 > -6$ ✗

$(-3, -7)$ *no* es una solución.

¿Comprendiste? **1. a.** ¿El par ordenado $(3, 6)$ es una solución de $y \le \frac{2}{3}x + 4$?

b. Razonamiento Supón que un par ordenado no es una solución de $y > x + 10$. ¿Debe ser una solución de $y < x + 10$? Explica tu respuesta.

Actividades
dinámicas
Desigualdades
lineales

La gráfica de una desigualdad lineal con dos variables consiste en todos los puntos de un plano de coordenadas que representan soluciones. La gráfica es una región llamada *semiplano* que se delimita con una recta. Los puntos que están de un lado del borde del semiplano son soluciones, mientras que los puntos que están del otro lado no lo son.

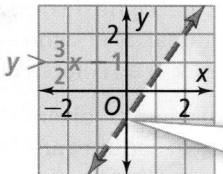

Los puntos que están sobre una recta *discontinua* no son soluciones. La recta discontinua se usa para representar desigualdades con los símbolos > ó <.

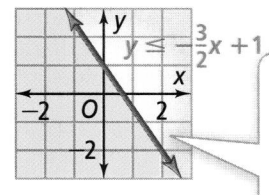

Los puntos que están sobre una recta *continua* son soluciones. La recta continua se usa para representar desigualdades con los símbolos ≥ ó ≤.

Problema 2 **Representar con una gráfica una desigualdad con dos variables**

Piensa

¿Por qué $y = x - 2$ representa el borde del semiplano?
Para cualquier valor de x, el valor de y correspondiente es el límite entre los valores de y mayores que $x - 2$ y los valores de y menores que $x - 2$.

¿Cuál es la gráfica de $y > x - 2$?

Primero, representa con una gráfica el borde del semiplano $y = x - 2$. Dado que el signo de la desigualdad es >, los puntos sobre el borde del semiplano *no* son soluciones. Usa una recta discontinua para indicar que los puntos no se incluyen en la solución.

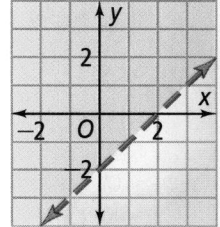

Para determinar qué lado del borde del semiplano hay que colorear, prueba con un punto que no esté sobre el borde. Por ejemplo, prueba el punto (0, 0).

$$y > x - 2$$
$$0 \overset{?}{\geq} 0 - 2 \qquad \text{Sustituye } (x, y) \text{ por } (0, 0).$$
$$0 > -2 \checkmark \qquad (0, 0) \text{ es una solución.}$$

Como el punto (0, 0) es una solución de la desigualdad, también lo son todos los puntos que están en el mismo lado del borde del semiplano que (0, 0). Colorea la región que está arriba del borde del semiplano.

 ¿Comprendiste? 2. ¿Cuál es la gráfica de $y \leq \frac{1}{2}x + 1$?

Una desigualdad con una variable se puede representar sobre una recta numérica o en un plano de coordenadas. El borde del semiplano será una recta horizontal o vertical.

Problema 3 **Representar con una gráfica una desigualdad lineal con una variable**

Piensa

¿Alguna vez representaste con una gráfica desigualdades como éstas?
Sí. En la Lección 3-1, representaste con una gráfica desigualdades con una variable sobre una recta numérica. Aquí las representas en un plano de coordenadas.

¿Cuál es la gráfica de cada desigualdad en el plano de coordenadas?

Ⓐ $x > -1$

Representa $x = -1$ con una recta discontinua. Usa el punto (0, 0) como punto de prueba.

$$x > -1$$
$$0 > -1 \checkmark$$

Colorea el lado de la recta que contiene el punto (0, 0).

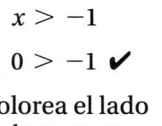

Ⓑ $y \geq 2$

Representa $y = 2$ con una recta continua. Usa el punto (0, 0) como punto de prueba.

$$y \geq 2$$
$$0 \geq 2 \; \boldsymbol{\mathsf{x}}$$

Colorea el lado de la recta que *no* contiene el punto (0, 0).

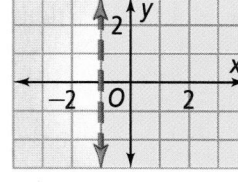

 **¿Comprendiste? 3.** ¿Cuál es la gráfica de cada desigualdad?

        a. $x < -5$ **b.** $y \leq 2$

Cuando se halla y en una desigualdad lineal, la dirección del signo de desigualdad determina qué lado del borde del semiplano hay que colorear. Si el signo es $<$ ó $\leq$, colorea por debajo del borde del semiplano. Si el signo es $>$ ó $\geq$, colorea arriba del borde.

A veces, para determinar qué región se debe colorear, hay que resolver primero la desigualdad para hallar y antes de usar el método que se describió anteriormente.

Problema 4   **Volver a escribir una desigualdad para representarla con una gráfica**

Diseño de interiores Una decoradora de interiores remodelará una cocina. La pared que está sobre la cocina y la tabla de la cocina se volverá a hacer como se muestra. Los dueños de la casa pueden gastar \$420 o menos. Escribe una desigualdad lineal y representa las soluciones con una gráfica. ¿Cuáles son tres precios posibles para el papel tapiz y los azulejos?

Área con azulejos
3 pies • 4 pies = 12 pies^2

Área con papel tapiz
3 pies • 8 pies = 24 pies^2

Sea x = el costo por pie cuadrado del papel tapiz.

Sea y = el costo por pie cuadrado de los azulejos.

Piensa

¿Qué signo de desigualdad debes usar?
Debes leer el enunciado del problema con atención. En el problema, "\$420 o menos" significa que la solución incluye, pero no sobrepasa, \$420; por tanto, usa $\leq$.

Escribe una desigualdad y halla y.

$24x + 12y \leq 420$	El costo total es \$420 o menos.
$12y \leq -24x + 420$	Resta $24x$ de cada lado.
$y \leq -2x + 35$	Divide cada lado por 12.

Representa con una gráfica la desigualdad $y \leq -2x + 35$. El signo de la desigualdad es $\leq$; por tanto, el borde del semiplano es continuo y debes colorear por debajo de él. La gráfica tiene sentido sólo si está en el primer cuadrante. Tres precios posibles del papel tapiz y los azulejos por pie cuadrado son \$5 y \$25, \$5 y \$15, y \$10 y \$10.

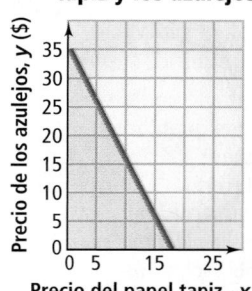

Precios del papel tapiz y los azulejos

Precio de los azulejos, y (\$)

Precio del papel tapiz , x (\$)

 ¿Comprendiste? 4. Darás una fiesta y puedes gastar no más de \$12 en nueces. Los maníes cuestan \$2/lb. Las nueces de cajú cuestan \$4/lb. ¿Cuáles son tres combinaciones posibles de maníes y nueces de cajú que puedes comprar?

Problema 5 **Escribir una desigualdad a partir de una gráfica**

Opción múltiple ¿Qué desigualdad representa la gráfica de la derecha?

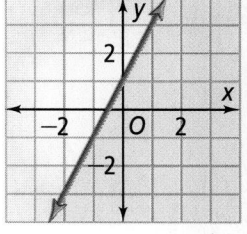

Ⓐ $y \leq 2x + 1$　　　　　　　Ⓒ $y \geq 2x + 1$

Ⓑ $y \leq x + 1$　　　　　　　Ⓓ $y < 2x + 1$

La pendiente de la recta es 2 y el intercepto en y es 1; por tanto, la ecuación que representa el borde del semiplano es $y = 2x + 1$. El borde del semiplano es continuo, de modo que el signo de la desigualdad puede ser ≤ ó ≥. El signo debe ser ≤, porque la región que está por debajo del borde del semiplano está coloreada. La desigualdad es $y \leq 2x + 1$.

La respuesta correcta es A.

 ¿Comprendiste? **5.** Quieres escribir una desigualdad a partir de una gráfica. El borde del semiplano es discontinuo y tiene una pendiente de $\frac{1}{3}$ y un intercepto en y de -2. La región que está arriba del borde está coloreada. ¿Qué desigualdad debes escribir?

Comprobar la comprensión de la lección

¿CÓMO hacerlo?

1. ¿El par ordenado $(-1, 4)$ es una solución de la desigualdad $y < 2x + 5$?

Representa con una gráfica cada desigualdad lineal.

2. $y \leq -2x + 3$　　　　　**3.** $x < -1$

4. ¿Qué desigualdad representa la gráfica de la derecha?

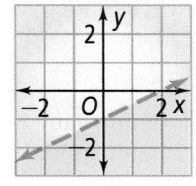

¿Lo ENTIENDES?

5. Vocabulario ¿En qué se parece una desigualdad lineal con dos variables a una ecuación lineal con dos variables? ¿En qué se diferencian?

6. Razonamiento Para representar con una gráfica la desigualdad $y < \frac{3}{2}x + 3$, ¿debes colorear la región que está por encima o por debajo del borde del semiplano? Explica tu respuesta.

7. Razonamiento Escribe una desigualdad que describa la región del plano de coordenadas que *no* está incluida en la gráfica de $y < 5x + 1$.

 # Ejercicios de práctica y resolución de problemas

Ⓐ **Práctica** **Determina si los pares ordenados son una solución de las desigualdades lineales.** ◀ **Ver el Problema 1.**

8. $y \leq -2x + 1; (2, 2)$　　　**9.** $x < 2; (-1, 0)$　　　**10.** $y \geq 3x - 2; (0, 0)$

11. $y > x - 1; (0, 1)$　　　**12.** $y \geq -\frac{2}{5}x + 4; (0, 0)$　　　**13.** $3y > 5x - 12; (-6, 1)$

Representa con una gráfica cada desigualdad lineal. ◀ **Ver el Problema 2.**

14. $y \leq x - 1$　　**15.** $y \geq 3x - 2$　　**16.** $y < -4x - 1$　　**17.** $y > 2x - 6$

18. $y < 5x - 5$　　**19.** $y \leq \frac{1}{2}x - 3$　　**20.** $y > -3x$　　**21.** $y \geq -x$

Representa cada desigualdad en el plano de coordenadas.

◀ Ver los Problemas 3 y 4.

22. $x \leq 4$ **23.** $y \geq -1$ **24.** $x > -2$ **25.** $y < -4$

26. $-2x + y \geq 3$ **27.** $x + 3y < 15$ **28.** $4x - y > 2$ **29.** $-x + 0.25y \leq -1.75$

30. Carpintería Piensas gastar $200 para comprar tablas de madera y construir muebles de exterior. El cedro cuesta $2.50 por pie y el pino cuesta $1.75 por pie. Sea $x =$ el número de pies de cedro y sea $y =$ el número de pies de pino. ¿Qué desigualdad muestra cuánto puedes comprar de cada tipo de madera? Representa la desigualdad con una gráfica. ¿Qué tres cantidades posibles de cada tipo de madera se pueden comprar con tu presupuesto?

31. Negocios En una pescadería, se cobra $9 por cada libra de bacalao y $12 por cada libra de salmón. Sea $x =$ la cantidad de libras de bacalao. Sea $y =$ la cantidad de libras de salmón. ¿Qué desigualdad muestra qué cantidad de cada tipo de pescado se debe vender en la pescadería para obtener una renta diaria de $120? Representa la desigualdad con una gráfica. ¿Qué tres cantidades posibles de cada tipo de pescado permitirían obtener esa renta?

Escribe una desigualdad lineal que represente cada gráfica.

◀ Ver el Problema 5.

32. 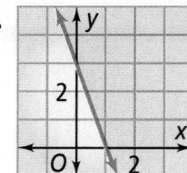   **33.** 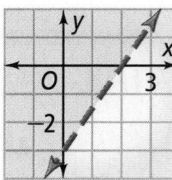   **34.**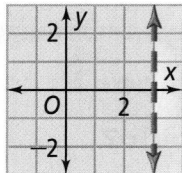

B Aplicación

35. Pensar en un plan Un camión que puede cargar no más de 6400 lb se usa para transportar refrigeradores y pianos verticales. Cada refrigerador pesa 250 lb y cada piano pesa 475 lb. Escribe cada desigualdad y represéntala con una gráfica para mostrar cuántos refrigeradores y cuántos pianos se pueden llevar en el camión. ¿Una carga de 12 refrigeradores y 8 pianos será demasiado para el camión? Explica tu respuesta.
- ¿Qué signo de desigualdad debes usar?
- ¿Qué lado del borde del semiplano debes colorear?

36. Empleo Un estudiante que tiene dos trabajos de verano gana $10 por hora en una cafetería y $8 por hora en una tienda de comestibles. El estudiante quiere ganar al menos $800 por mes.
- **a.** Escribe una desigualdad y represéntala con una gráfica para mostrar la situación.
- **b.** El estudiante trabaja 60 h por mes en la tienda de comestibles y puede trabajar 90 h mensuales como máximo. ¿Puede ganar al menos $800 por mes? Explica cómo puedes usar tu gráfica para determinarlo.

37. Analizar errores Un estudiante representó gráficamente la desigualdad $y \geq 2x + 3$ como se muestra a la derecha. Describe y corrige el error del estudiante.

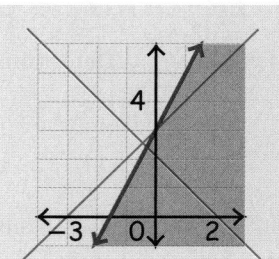

38. Escribir Al representar una desigualdad con una gráfica, ¿siempre puedes usar el punto $(0, 0)$ como punto de prueba para determinar qué región debes colorear? Si no es así, ¿cómo escogerías un punto de prueba?

C Desafío

39. Tienda de música En una tienda de música, se venden CD por $5 cada uno y se compran CD usados por $1.50 cada uno. Vas a la tienda con $20 y algunos CD para vender. Quieres que te queden por lo menos $10 cuando salgas de la tienda. Escribe una desigualdad y represéntala con una gráfica para mostrar cuántos CD podrías comprar y vender.

40. Comestibles En la tienda de comestibles, la leche cuesta normalmente $3.60 por galón y la carne molida cuesta $3 por libra. Hoy hay dos ofertas especiales: la leche tiene un descuento de $.50 por galón y la carne molida tiene un descuento del 20%. No quieres gastar más de $20. Escribe una desigualdad lineal y represéntala con una gráfica para mostrar cuántos galones de leche y cuántas libras de carne molida puedes comprar hoy.

41. Razonamiento Quieres representar con una gráfica una desigualdad lineal expresada en la forma $y > mx + b$. El punto $(1, 2)$ no es una solución, pero el punto $(3, 2)$ sí lo es. ¿La pendiente del borde del semiplano es *positiva, negativa, cero* o *indefinida*? Explica tu respuesta.

Preparación para el examen estandarizado

SAT/ACT

42. ¿Cuál es la desigualdad de la gráfica que se muestra?

   Ⓐ $y + x \geq -3$ Ⓒ $x - y > -3$

   Ⓑ $y - x \geq 3$ Ⓓ $y > -x + 3$

43. Pegas ilustraciones en tu álbum de recortes con 3 calcomanías. Cuando empezaste, tenías 24 calcomanías. Ahora hay 2 ilustraciones en tu álbum. Escribes la ecuación $3(x + 2) = 24$ para hallar el número x de ilustraciones adicionales que puedes pegar en el álbum. ¿Cuántas ilustraciones más puedes agregar?

   Ⓕ 4   Ⓗ 8

   Ⓖ 6   Ⓘ 12

Respuesta breve

44. En la Tienda A, los paquetes de arroz de 1 lb se venden al precio que se muestra. En la Tienda B, el arroz se vende a granel al precio que se muestra. Para cada tienda, escribe una función que describa el costo de comprar arroz en relación al peso. ¿En qué se diferencian los dominios de las dos funciones?

ARROZ A GRANEL

$2.00 $2.00/lb

Repaso mixto

45. Empresas pequeñas Un electricista gasta $12,000 para comenzar con su empresa. Estima que sus gastos serán de $25 por día y espera ganar $150 por día. Si sus estimaciones son correctas, ¿después de cuántos días de trabajo alcanzará un punto de equilibrio?

◀ Ver la Lección 6-4.

46. ¿Qué desigualdad compuesta representa la frase "todos los números reales mayores que 2 y menores que o iguales a 7"? Representa las soluciones con una gráfica.

◀ Ver la Lección 3-6.

¡Prepárate! Antes de la Lección 6-6, haz los Ejercicios 47 a 49.

Resuelve cada sistema con una gráfica. Indica si los sistemas tienen *una solución, infinitas soluciones* o si *no tienen solución*.

◀ Ver la Lección 6-1.

47. $y = \frac{3}{2}x$
    $-2x + y = 3$

48. $3x + y = 6$
    $2x - y = 4$

49. $x + y = 11$
    $x + y = 16$

6-6 Sistemas de desigualdades lineales

Objetivos Resolver sistemas de desigualdades lineales con gráficas.
Representar situaciones de la vida diaria con sistemas de desigualdades lineales.

SOLVE IT!

¡Prepárate!

Quieres comprar por lo menos 6 tonos de llamada en un sitio Web, pero no puedes gastar más de $15. ¿Cuántos tonos de alta calidad y cuántos tonos de la lista de los 10 mejores puedes comprar? Explica cómo hallaste tu respuesta.

Aquí se puede usar más de una combinación.

TONOS DE LLAMADA

DE ALTA CALIDAD **$1.50** COMPRAR

LOS 10 MEJORES **$3.00** COMPRAR

Vocabulario de la lección
- sistema de desigualdades lineales
- solución de un sistema de desigualdades lineales

Un **sistema de desigualdades lineales** se compone de dos o más desigualdades lineales. La **solución de un sistema de desigualdades lineales** es un par ordenado que hace que *todas* las desigualdades del sistema sean verdaderas. La gráfica de un sistema de desigualdades lineales es el conjunto de puntos que representan todas las soluciones del sistema.

Comprensión esencial Puedes representar las soluciones de un sistema de desigualdades lineales en el plano de coordenadas. La gráfica del sistema es la región en la que se superponen las gráficas de cada desigualdad.

Problema 1 **Representar con una gráfica un sistema de desigualdades**

Piensa

¿Alguna vez viste un problema como éste?
Sí. La solución de un sistema de ecuaciones se muestra a través de la intersección de dos rectas. Las soluciones de un sistema de desigualdades se muestran a través de la intersección de dos regiones coloreadas.

¿Cuál es la gráfica del sistema? $y < 2x - 3$
$2x + y > 2$

Representa con una gráfica $y < 2x - 3$ y $2x + y > 2$.

La región azul representa las soluciones de $2x + y > 2$.

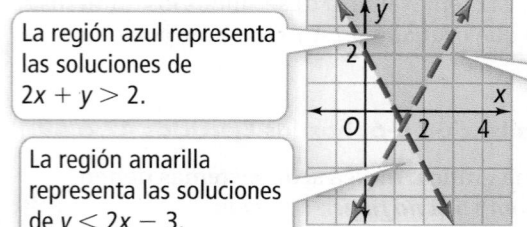

La región verde representa las soluciones de *ambas* desigualdades.

La región amarilla representa las soluciones de $y < 2x - 3$.

Las soluciones del sistema están en la región verde, donde las gráficas se superponen.

Comprueba (3, 0) está en la región verde. Analiza si (3, 0) satisface ambas desigualdades.

$y \overset{?}{\le} 2x - 3$　　　← Escribe ambas desigualdades. →　　$2x + y \overset{?}{\ge} 2$

$0 \overset{?}{\le} 2(3) - 3$　　　← Sustituye (x, y) por (3, 0). →　　$2(3) + 0 \overset{?}{\ge} 2$

$0 < 3$ ✔　　　← Simplifica. Se comprueba la solución. →　　$6 > 2$ ✔

 ¿Comprendiste?　1. ¿Cuál es la gráfica del sistema?　　$y \ge -x + 5$
$-3x + y \le -4$

 Actividades dinámicas
Sistemas de desigualdades lineales

Piensa

¿Alguna vez viste un problema como éste?
Sí. Escribiste una desigualdad a partir de una gráfica en la Lección 6-5. Ahora escribirás dos desigualdades.

Puedes combinar tus conocimientos sobre ecuaciones lineales y sobre desigualdades para describir una gráfica a través de un sistema de desigualdades.

Problema 2 **Escribir un sistema de desigualdades a partir de una gráfica**

¿Qué sistema de desigualdades se representa con la siguiente gráfica?

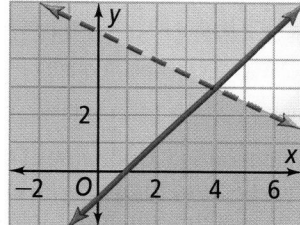

Para escribir un sistema que se represente a través de la gráfica, escribe una desigualdad que represente la región amarilla y una desigualdad que represente la región azul.

El borde del semiplano rojo es $y = -\frac{1}{2}x + 5$. La región no incluye el borde, sino sólo los puntos que están por debajo de él. La desigualdad es $y < -\frac{1}{2}x + 5$.

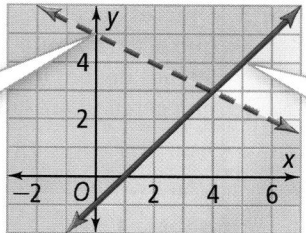

El borde del semiplano azul es $y = x - 1$. La región abarca el borde del semiplano y los puntos que están arriba de él. La desigualdad es $y \ge x - 1$.

La gráfica muestra la intersección del sistema $y < -\frac{1}{2}x + 5$ y $y \ge x - 1$.

 ¿Comprendiste?　2. a. ¿Qué sistema de desigualdades se representa a través de la gráfica?

b. Razonamiento En la parte (a), ¿el punto en el que los bordes de los semiplanos se intersecan es una solución del sistema? Explica tu respuesta.

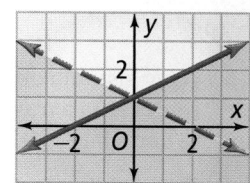

Puedes representar diversas situaciones de la vida diaria al escribir y representar con una gráfica sistemas de desigualdades lineales. En algunas situaciones de la vida diaria se presentan tres o más restricciones; por tanto, debes escribir un sistema de al menos tres desigualdades.

 **Problema 3** Usar un sistema de desigualdades

Administración del tiempo Planeas qué harás después de la escuela. Puedes dedicar un máximo de 6 h diarias a jugar al básquetbol y hacer la tarea. Quieres jugar al básquetbol menos de 2 h. Debes dedicar por lo menos $1\frac{1}{2}$ h a hacer la tarea. ¿Qué gráfica muestra cómo puedes usar tu tiempo?

Lo que sabes
- Un máximo de 6 h para jugar al básquetbol y hacer la tarea
- Menos de 2 h para jugar al básquetbol
- Por lo menos $1\frac{1}{2}$ h para hacer la tarea

Lo que necesitas
Hallar distintas maneras de usar el tiempo

Planea
Escribe y representa con una gráfica una desigualdad para cada restricción. Halla la región en la que las tres restricciones se superponen.

Sea x = el número de horas para jugar al básquetbol.

Sea y = el número de horas para hacer la tarea.

Escribe un sistema de desigualdades.

$x + y \leq 6$ Un máximo de 6 h para jugar al básquetbol y hacer la tarea

$x < 2$ Menos de 2 h para jugar al básquetbol

$y \geq 1\frac{1}{2}$ Por lo menos $1\frac{1}{2}$ h para hacer la tarea

Representa el sistema con una gráfica. Dado que el tiempo no puede ser negativo, la gráfica tiene sentido sólo en el primer cuadrante. Las soluciones del sistema son todos los puntos que están en la región coloreada, lo que incluye los puntos que están sobre los bordes de los semiplanos continuos.

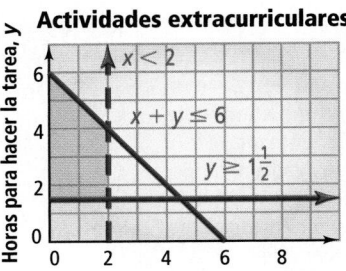

Actividades extracurriculares

Horas para hacer la tarea, y

Horas para jugar al básquetbol, x

 ¿Comprendiste? 3. Quieres hacer una cerca para un corral de perros rectangular. Quieres que el corral mida por lo menos 10 pies de ancho. El corral puede medir 50 pies de longitud como máximo. Tienes 126 pies de material para hacer una cerca. ¿Qué gráfica muestra las dimensiones posibles del corral?

 ## Comprobar la comprensión de la lección

¿CÓMO hacerlo?

1. ¿Cuál es la gráfica del sistema?
$$y > 3x - 2$$
$$2y - x \leq 6$$

2. ¿Qué sistema de desigualdades se representa a través de la gráfica de la derecha?

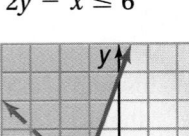

3. Las cerezas cuestan $4/lb. Las uvas cuestan $2.50/lb. No puedes gastar más de $15 para comprar frutas y necesitas por lo menos 4 lb en total. ¿Qué gráfica muestra la cantidad de cada fruta que puedes comprar?

¿Lo ENTIENDES?

4. Vocabulario ¿Cómo puedes determinar si un par ordenado es una solución de un sistema de desigualdades lineales?

5. Razonamiento Supón que quieres representar con una gráfica un sistema de dos desigualdades lineales y que los bordes de los semiplanos de las desigualdades son paralelos. ¿Esto significa que el sistema no tiene solución? Explica tu respuesta.

6. Escribir ¿En qué se diferencian hallar la solución de un sistema de desigualdades y hallar la solución de un sistema de ecuaciones? ¿En qué se parecen? Explica tu respuesta.

Ejercicios de práctica y resolución de problemas

 **Práctica**

Determina si los pares ordenados son una solución de los sistemas dados.

◀ **Ver el Problema 1.**

7. $(2, 12)$;
$y > 2x + 4$
$y < 3x + 7$

8. $(8, 2)$;
$3x - 2y \leq 17$
$0.3x + 4y > 9$

9. $(-3, 17)$;
$y > -5x + 2$
$y \geq -3x + 7$

Resuelve cada sistema de desigualdades con una gráfica.

10. $y < 2x + 4$
$-3x - 2y \geq 6$

11. $y < 2x + 4$
$2x - y \leq 4$

12. $y > 2x + 4$
$2x - y \leq 4$

13. $y > \frac{1}{4}x$
$y \leq -x + 4$

14. $y < 2x - 3$
$y > 5$

15. $y \leq -\frac{1}{3}x + 7$
$y \geq -x + 1$

16. $x + 2y \leq 10$
$x + 2y \geq 9$

17. $y \geq -x + 5$
$y \leq 3x - 4$

18. $y \leq 0.75x - 2$
$y > 0.75x - 3$

19. $8x + 4y \geq 10$
$3x - 6y > 12$

20. $2x - \frac{1}{4}y < 1$
$4x + 8y > 4$

21. $6x - 5y < 15$
$x + 2y \geq 7$

Escribe un sistema de desigualdades para cada gráfica.

◀ **Ver el Problema 2.**

22.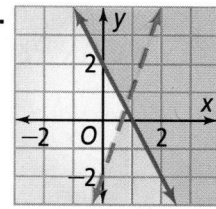

23.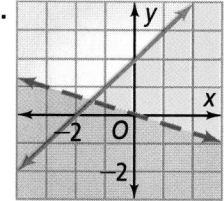

24.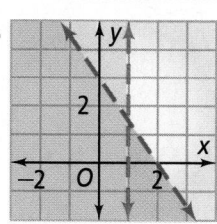

25.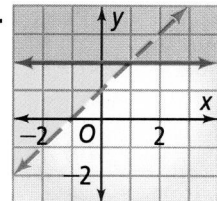

26. Ingresos Supón que trabajas cortando césped y que ganas $12 por hora. También trabajas en una tienda de ropa y ganas $10 por hora. Necesitas ganar por lo menos $350 por semana, pero no puedes trabajar más de 35 h semanales. Debes trabajar 10 h por semana como mínimo en la tienda de ropa. ¿Qué gráfica muestra cuántas horas por semana puedes trabajar en cada empleo?

◀ **Ver el Problema 3.**

27. Manejar Dos amigos deciden turnarse para manejar en un viaje de Filadelfia, Pensilvania, hasta Denver, Colorado. Uno de los amigos maneja a un promedio de velocidad de 60 mi/h. El otro amigo maneja a un promedio de velocidad de 55 mi/h. Quieren recorrer por lo menos 500 millas por día. Planean manejar no más de 10 h por día. El amigo que maneja más despacio quiere manejar menos horas. ¿Qué gráfica muestra cómo pueden dividir el tiempo de manejo cada día?

**Aplicación**

28. Pensar en un plan Quieres cercar un área rectangular en un jardín. Tienes sólo 150 pies de material para una cerca. Quieres que el jardín tenga una longitud de por lo menos 40 pies y un ancho de por lo menos 5 pies. ¿Qué gráfica muestra las dimensiones posibles que puede tener el jardín?
- ¿Qué variables usarás? ¿Qué representarán?
- ¿Cuántas desigualdades debes escribir?

29. a. Representa con una gráfica los sistemas $y > 3x + 3$ y $y \le 3x - 5$.
   b. Escribir ¿Nunca se intersecan los bordes de los semiplanos $y = 3x + 3$ y $y = 3x - 5$y? ¿Cómo lo sabes?
   c. ¿Se superponen las regiones sombreadas de la gráfica de la parte (a)?
   d. ¿Tiene solución el sistema de desigualdades? Explica tu respuesta.

30. Analizar errores Un estudiante representó el sistema con la siguiente gráfica. Describe y corrige el error del estudiante.

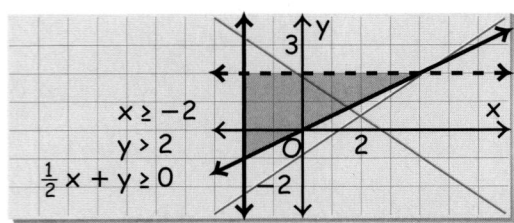

$x \ge -2$
$y > 2$
$\frac{1}{2}x + y \ge 0$

31. Cupones de regalo Recibes un cupón de regalo de $100 para gastar en una tienda de ropa. En la tienda se venden camisetas por $15 y camisas por $22. No quieres gastar más que la cantidad del cupón. Quieres que te queden $10 como máximo del cupón sin gastar. Necesitas por lo menos una camisa. ¿Cuáles son todas las combinaciones posibles de camisetas y camisas que puedes comprar?

32. a. Geometría Representa con una gráfica el sistema de desigualdades lineales.
   b. Describe la forma de la región que representa la solución.
   c. Halla los vértices de la región que representa la solución.
   d. Halla el área de la región que representa la solución.

$x \ge 2$
$y \ge -3$
$x + y \le 4$

33. ¿Qué región representa la solución del sistema?
   (A) I
   (C) III
   (B) II
   (D) IV

$y \le -\frac{3}{2}x - 2$
$3y - 9x \ge 6$

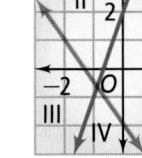

Respuesta de desarrollo Escribe un sistema de desigualdades lineales con las siguientes características.

34. Todas las soluciones están en el tercer cuadrante.

35. No hay soluciones.

Desafío

36. Negocios Una joyera planea hacer un anillo de plata y oro. El precio del oro es aproximadamente $25 por gramo y el precio de la plata, aproximadamente $.40 por gramo. La joyera tiene en cuenta lo siguiente para decidir cuánto oro y cuánta plata debe usar en el anillo.
- La masa total debe ser mayor que 10 g pero menor que 20 g.
- El anillo debe contener por lo menos 2 g de oro.
- El costo total del oro y la plata debe ser menos de $90.
   a. Escribe y representa con una gráfica las desigualdades que describen esta situación.
   b. Para una de las soluciones, halla la masa del anillo y el costo del oro y la plata.

37. Resuelve $|y| \geq x$. (*Pista*: Escribe dos desigualdades y luego represéntalas con una gráfica).

38. Arte estudiantil Una maestra quiere exhibir una fila de obras artísticas realizadas por los estudiantes en una pared de 20 pies de longitud. Algunas obras miden 8.5 pulgs. de ancho; otras obras miden 11 pulgs. de ancho. La maestra dejará 3 pulgs. de espacio a la izquierda de cada obra. Quiere exhibir por lo menos 16 obras. Escribe y representa con una gráfica un sistema de desigualdades que describa cuántas obras artísticas de cada tamaño se pueden exhibir.

Preparación para el examen estandarizado

SAT/ACT

39. El punto $(-3, 11)$, ¿es una solución de cuál de los siguientes sistemas?

Ⓐ $y \geq x - 2$
$2x + y \leq 5$

Ⓑ $y > x + 8$
$3x + y > 2$

Ⓒ $y > -x + 8$
$2x + 3y \geq 7$

Ⓓ $y \leq -3x + 1$
$x - y \geq -15$

40. En un avión viajan 18 pasajeros. Algunos tienen 1 maleta y otros, 2 maletas. Hay 27 maletas en total. Sea $m =$ la cantidad de pasajeros con 1 maleta y $d =$ la cantidad de pasajeros con 2 maletas. ¿Qué sistema describe esta situación?

Ⓕ $m + d = 27$
$m + 2d = 18$

Ⓖ $d = 18 - m$
$m + 2d = 27$

Ⓗ $m + d = 18$
$m = 27 + 2d$

Ⓘ $m = 18 - d$
$m + 2d = 18$

41. Llenas un vaso con hielo y luego viertes agua a temperatura ambiente. ¿Qué gráfica representa mejor el cambio en la temperatura del vaso?

Ⓐ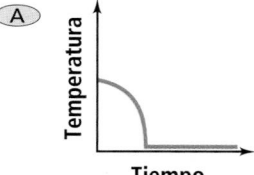

Ⓑ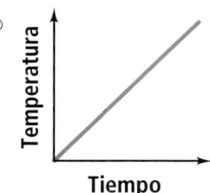

Ⓒ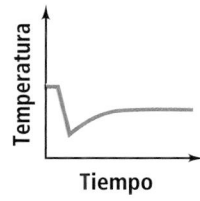

Ⓓ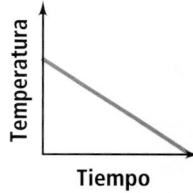

Respuesta desarrollada

42. Supón que la recta que pasa por los puntos $(-1, 6)$ y $(x, 2)$ es perpendicular a la gráfica de $2x + y = 3$.

a. Halla el valor de x. Muestra tus cálculos.

b. ¿Cuál es una ecuación de la recta perpendicular a la gráfica de $2x + y = 3$ que pasa por los puntos dados?

c. ¿Qué par ordenado es una solución de ambas ecuaciones? Explica tu respuesta.

Repaso mixto

Representa cada desigualdad lineal con una gráfica.

◀ **Ver la Lección 6-5.**

43. $y - x \leq 3$

44. $3y + x > 4$

45. $y \leq 5$

¡Prepárate! Antes de la Lección 7-1, haz los Ejercicios 46 a 48.

Simplifica cada expresión.

◀ **Ver la Lección 1-2.**

46. $(1 + 3)^2 - (1 + 3)$

47. $4^3 + 5^2 + (4 - 3)^1$

48. $7^2 + 2(3^3 + 5)$

Representar con una gráfica desigualdades lineales

Una calculadora gráfica puede mostrar las soluciones de una desigualdad o de un sistema de desigualdades. Para ingresar una desigualdad, presiona **apps** y avanza hasta seleccionar **INEQUAL**. Mueve el cursor sobre el signo = para una de las ecuaciones. Observa los signos de desigualdad que están en la parte inferior de la pantalla, sobre las teclas rotuladas **F2–F5**. Presiona **alpha** seguido de una de las teclas **F2–F5** para cambiar el signo = por un signo de desigualdad.

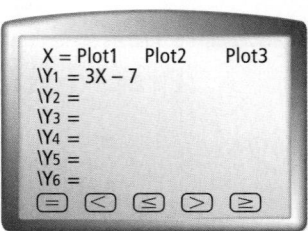

Actividad 1

Representa con una gráfica la desigualdad $y < 3x - 7$.

1. Mueve el cursor sobre el signo = para Y_1. Presiona **alpha** y **F2** para seleccionar el signo <.

2. Ingresa la desigualdad dada como Y_1.

3. Presiona **graph** para representar la desigualdad con una gráfica.

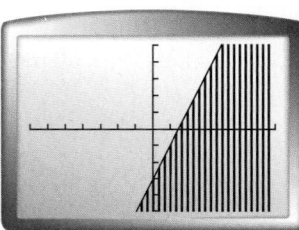

Actividad 2

Representa el sistema con una gráfica.
$$y < -2x - 3$$
$$y \geq x + 4$$

4. Mueve el cursor sobre el signo = para Y_1. Presiona **alpha** y **F2** para seleccionar el signo <. Ingresa la primera desigualdad como Y_1.

5. Luego, mueve el cursor sobre el signo = para Y_2, y presiona **alpha** y **F5** para seleccionar el signo ≥. Ingresa la segunda desigualdad como Y_2.

6. Presiona **graph** para representar el sistema de desigualdades con una gráfica.

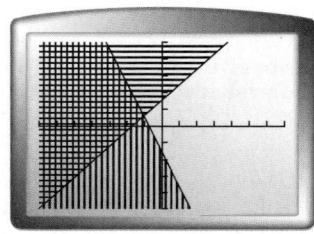

Ejercicios

Usa una calculadora gráfica para representar cada desigualdad con una gráfica. Haz un bosquejo de tu gráfica.

7. $y \leq x$

8. $y > 5x - 9$

9. $y \geq -1$

10. $y < -x + 8$

Usa una calculadora gráfica para representar cada sistema de desigualdades con una gráfica. Haz un bosquejo de tu gráfica.

11. $y \geq -x + 3$
$y \leq x + 2$

12. $y > x$
$y \geq -2x + 5$

13. $y \geq -1$
$y < 0.5x - 2$

14. $y \geq 2x - 2$
$y \leq 2x - 4$

Integración de
conocimientos

GRANidea Resolver ecuaciones y desigualdades

Existen varias maneras de resolver sistemas de ecuaciones y desigualdades, entre las que se incluyen la representación con una gráfica y el uso de las formas equivalentes de las ecuaciones y desigualdades dentro del sistema. La cantidad de soluciones depende del tipo de sistema.

Tarea 1

Resuelve con dos métodos diferentes. Explica qué método crees que es más eficaz.

a. $3x - 9y = 3$
$6x - 3y = -24$

b. $7x - 3y = 20$
$5x + 3y = 16$

c. $y = \frac{1}{2}x - 6$
$2x + 6y = 19$

Tarea 2

Resuelve. Muestra todos tus cálculos y explica los pasos que seguiste.

El triángulo de la izquierda tiene un perímetro de 14. El triángulo de la derecha tiene un perímetro de 21. ¿Cuál es el valor de x y de y?

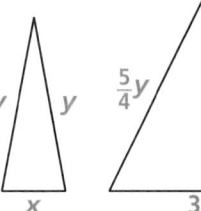

GRANidea Hacer modelos

Puedes representar varios problemas matemáticos de la vida diaria de manera algebraica. Cuando tengas que hallar el valor de dos incógnitas, es posible que puedas escribir y resolver un sistema de ecuaciones o desigualdades.

Tarea 3

Resuelve el problema. Muestra todos tus cálculos y explica los pasos que seguiste.

En una ciudad, se organiza el desfile del 4 de Julio. Habrá dos tipos de carrozas, como se muestra a continuación. Se dejará un espacio de 10 pies después de cada carroza.

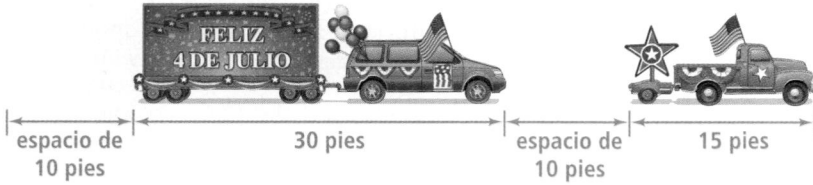

espacio de 10 pies — 30 pies — espacio de 10 pies — 15 pies

a. El desfile debe tener por lo menos 150 pies de longitud, pero no debe exceder los 200 pies. ¿Qué combinaciones de carrozas grandes y pequeñas son posibles?

b. Poner en funcionamiento las carrozas grandes cuesta $600 y las carrozas chicas, $300. El presupuesto de la ciudad para el funcionamiento de las carrozas es $2500. Teniendo esto en cuenta, ¿cómo cambia tu respuesta a la parte (a)? ¿Qué combinaciones de carrozas grandes y pequeñas son posibles?

Conectar las GRANDES ideas y responder a las preguntas esenciales

1 Resolver ecuaciones y desigualdades

Existen varias maneras de resolver sistemas de ecuaciones y desigualdades, entre las que se incluyen la representación con una gráfica y el uso de las formas equivalentes de las ecuaciones y desigualdades dentro del sistema. La cantidad de soluciones depende del tipo de sistema.

Resolver sistemas de ecuaciones (Lecciones 6-1, 6-2 y 6-3)

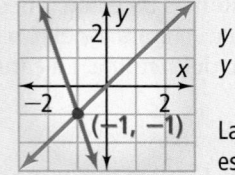

$$y = x$$
$$y = -3x - 4$$

La solución es $(-1, -1)$.

Desigualdades lineales (Lecciones 6-5 y 6-6)

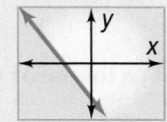

2 Hacer modelos

Puedes representar varios problemas matemáticos de la vida diaria de manera algebraica. Cuando tengas que hallar el valor de dos incógnitas, es posible que puedas escribir y resolver un sistema de ecuaciones.

Aplicar sistemas lineales (Lección 6-4)

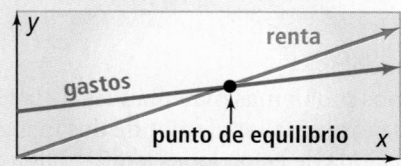

Vocabulario del capítulo

- compatible (p. 361)
- dependiente (p. 361)
- desigualdad lineal (p. 390)
- incompatible (p. 361)
- independiente (p. 361)

- método de eliminación (p. 374)
- método de sustitución (p. 368)
- sistema de desigualdades lineales (p. 396)
- sistema de ecuaciones lineales (p. 360)

- solución de un sistema de desigualdades lineales (p. 396)
- solución de un sistema de ecuaciones lineales (p. 360)
- solución de una desigualdad (p. 390)

Escoge el término correcto para completar cada oración.

1. Un sistema de ecuaciones que no tiene solución se llama   ? .

2. Puedes resolver un sistema de ecuaciones al sumar o restar las ecuaciones de modo de quitar una de las variables. Esto se llama método de   ? .

3. Dos o más ecuaciones lineales juntas forman un(a)   ? .

6-1 Resolver sistemas usando gráficas

Repaso rápido
Una manera de resolver un sistema de ecuaciones lineales es representar cada ecuación con una gráfica y hallar el punto de intersección de la gráfica, si es que lo hay.

Ejemplo

¿Cuál es la solución del sistema? $y = -2x + 2$
$y = 0.5x - 3$

$y = -2x + 2$ La pendiente es -2. El intercepto en y es 2.

$y = 0.5x - 3$ La pendiente es 0.5. El intercepto en y es -3.

Las rectas parecen intersecarse en el punto $(2, -2)$. Comprueba si $(2, -2)$ hace que ambas ecuaciones sean verdaderas.

$-2 = -2(2) + 2$ ✔

$-2 = 0.5(2) - 3$ ✔

Por tanto, la solución es $(2, -2)$.

Ejercicios
Resuelve cada sistema con una gráfica. Comprueba tu respuesta.

4. $y = 3x + 13$
$y = x - 3$

5. $y = -x + 4$
$y = 3x + 12$

6. $y = 2x + 3$
$y = \frac{1}{3}x - 2$

7. $y = 1.5x + 2$
$4.5x - 3y = -9$

8. $y = -2x - 21$
$y = x - 7$

9. $y = x + 1$
$2x - 2y = -2$

10. Escribir canciones Juan ha escrito 24 canciones hasta el momento. Escribe un promedio de 6 canciones por año. Julia comenzó a escribir canciones este año y espera escribir aproximadamente 12 canciones por año. ¿Dentro de cuántos años, a partir de ahora, Julia habrá escrito tantas canciones como Juan? Escribe un sistema de ecuaciones y represéntalo con una gráfica para hallar tu respuesta.

11. Razonamiento Describe la gráfica de un sistema de ecuaciones que no tenga solución.

6-2 Resolver sistemas usando la sustitución

Repaso rápido
Puedes resolver un sistema de ecuaciones resolviendo una ecuación para hallar una variable y luego sustituyendo esa variable por la expresión en la otra ecuación.

Ejemplo

¿Cuál es la solución del sistema? $y = -\frac{1}{3}x$
$3x + 3y = -18$

$3x + 3y = -18$ Escribe la segunda ecuación.

$3x + 3(-\frac{1}{3}x) = -18$ Sustituye y por $-\frac{1}{3}x$.

$2x = -18$ Simplifica.

$x = -9$ Halla x.

$y = -\frac{1}{3}(-9)$ Sustituye x por -9 en la primera ecuación.

$y = 3$

La solución es $(-9, 3)$.

Ejercicios
Resuelve cada sistema usando la sustitución. Indica si los sistemas tienen *una solución*, *infinitas soluciones* o si *no tienen solución*.

12. $y = 2x - 1$
$2x + 2y = 22$

13. $-x + y = -13$
$3x - y = 19$

14. $2x + y = -12$
$-4x - 2y = 30$

15. $\frac{1}{3}y = \frac{7}{3}x + \frac{5}{3}$
$x - 3y = 5$

16. $y = x - 7$
$3x - 3y = 21$

17. $3x + y = -13$
$-2x + 5y = -54$

18. Negocios El dueño de una peluquería cobra $20 más que el asistente por cada corte de cabello. Ayer el asistente cortó el cabello de 12 clientes y el dueño cortó el cabello de 6 clientes. Los ingresos totales por los cortes de cabello fueron $750. ¿Cuánto cobra el dueño por cada corte de cabello? Escribe y resuelve un sistema de ecuaciones para resolver el problema.

6-3 y 6-4 Resolver sistemas usando la eliminación; Aplicaciones de los sistemas

Repaso rápido

Puedes sumar o restar ecuaciones en un sistema para eliminar una variable. Antes de sumar o restar, es posible que tengas que multiplicar una o ambas ecuaciones por una constante para poder eliminar una variable.

Ejemplo

¿Cuál es la solución del sistema?

$$3x + 2y = 41$$
$$5x - 3y = 24$$

$3x + 2y = 41$ Multiplica por 3. $9x + 6y = 123$
$5x - 3y = 24$ Multiplica por 2. $\underline{10x - 6y = 48}$
$$19x + 0 = 171$$
$$x = 9$$

$3x + 2y = 41$ Escribe la primera ecuación.

$3(9) + 2y = 41$ Sustituye x por 9.

$y = 7$ Halla y.

La solución es (9, 7).

Ejercicios

Resuelve cada sistema usando la eliminación. Indica si los sistemas tienen *una solución, infinitas soluciones* o si *no tienen solución*.

19. $x + 2y = 23$
$\quad\;\; 5x + 10y = 55$

20. $7x + y = 6$
$\quad\;\; 5x + 3y = 34$

21. $5x + 4y = -83$
$\quad\;\; 3x - 3y = -12$

22. $9x + \frac{1}{2}y = 51$
$\quad\;\; 7x + \frac{1}{3}y = 39$

23. $4x + y = 21$
$\quad\;\; -2x + 6y = 9$

24. $y = 3x - 27$
$\quad\;\; x - \frac{1}{3}y = 9$

25. Arreglos florales Una florista tarda 3 h 15 min para armar 3 centros de mesa pequeños y 3 centros de mesa grandes. Tarda 6 h 20 min para hacer 4 centros de mesa pequeños y 7 centros de mesa grandes. ¿Cuánto se tarda en hacer cada centro de mesa pequeño y cada centro de mesa grande? Escribe y resuelve un sistema de ecuaciones para hallar tu respuesta.

6-5 y 6-6 Desigualdades lineales; Sistemas de desigualdades

Repaso rápido

Una **desigualdad lineal** describe una región del plano de coordenadas con un borde del semiplano. Dos o más desigualdades forman un **sistema de desigualdades**. Las soluciones del sistema se encuentran en la región en que las gráficas de las desigualdades se superponen.

Ejemplo

¿Cuál es la gráfica del sistema? $y > 2x - 4$
$$y \leq -x + 2$$

Representa con una gráfica los bordes de los semiplanos $y = 2x - 4$ y $y = -x + 2$. Para $y > 2x - 4$, usa un borde del semiplano discontinuo y sombrea la región que está arriba de él. Para $y \leq -x + 2$, usa un borde del semiplano continuo y colorea la región que está por debajo de él. La región verde de superposición contiene las soluciones del sistema.

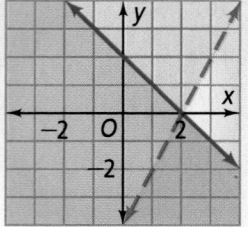

Ejercicios

Resuelve cada sistema de desigualdades con una gráfica.

26. $y \geq x + 4$
$\quad\;\; y < 2x - 1$

27. $4y < -3x$
$\quad\;\; y < -\frac{3}{4}x$

28. $2x - y > 0$
$\quad\;\; 3x + 2y \leq -14$

29. $x + 0.5y \geq 5.5$
$\quad\;\; 0.5x + y < 6.5$

30. $y < 10x$
$\quad\;\; y > x - 5$

31. $4x + 4 > 2y$
$\quad\;\; 3x - 4y \geq 1$

32. Descargas Te quedan 60 megabytes (MB) de espacio en tu reproductor multimedia portátil. Puedes escoger entre descargar archivos de canciones que ocupan 3.5 MB o archivos de video que ocupan 8 MB. Quieres descargar por lo menos 12 archivos. ¿Qué gráfica muestra la cantidad de canciones y videos que puedes descargar?

Examen del capítulo

6

¿CÓMO hacerlo?

Resuelve cada sistema con una gráfica. Indica si los sistemas tienen *una solución, infinitas soluciones* o si *no tienen solución.*

1. $y = 3x - 7$
$y = -x + 1$

2. $x + 3y = 12$
$x = y - 8$

3. $x + y = 5$
$x + y = -2$

Resuelve cada sistema usando la sustitución.

4. $y = 4x - 7$
$y = 2x + 9$

5. $8x + 2y = -2$
$y = -5x + 1$

6. $y + 2x = -1$
$y - 3x = -16$

Resuelve cada sistema usando la eliminación.

7. $4x + y = 8$
$-3x - y = 0$

8. $2x + 5y = 20$
$3x - 10y = 37$

9. $3x + 2y = -10$
$2x - 5y = 3$

Resuelve cada sistema de desigualdades con una gráfica.

10. $y > 4x - 1$
$y \le -x + 4$

11. $x > -3$
$-3x + y \ge 6$

12. Venta de patio Vas a una venta de patio en la que todos los objetos cuestan $1 ó $5. Gastas menos de $45. Escribe y representa con una gráfica una desigualdad lineal que describa la situación.

13. Jardinería Un granjero quiere hacer un jardín rectangular que cerrará con una cerca. El jardín no puede tener más de 30 pies de ancho. El granjero quiere usar 180 pies de materiales como máximo.

   a. Escribe un sistema de desigualdades lineales que represente esta situación.

   b. Representa el sistema con una gráfica para mostrar todas las soluciones posibles.

Escribe un sistema de ecuaciones que represente cada situación. Resuélvelo con cualquier método.

14. Educación En un taller de escritores se inscriben novelistas y poetas a una razón de 5 : 3. Hay 24 personas en el taller. ¿Cuántos novelistas hay? ¿Cuántos poetas hay?

15. Química Un químico tiene una solución que contiene 30% de insecticida y otra solución que contiene 50% de insecticida. ¿Qué cantidad de cada solución debe mezclar para obtener 200 L de una solución que contenga 42% de insecticida?

¿Lo ENTIENDES?

16. Respuesta de desarrollo Escribe un sistema de dos ecuaciones lineales que no tenga solución.

17. Analizar errores Un estudiante llegó a la conclusión de que $(-2, -1)$ es una solución de la desigualdad $y < 3x + 2$, como se muestra a continuación. Describe y corrige el error del estudiante.

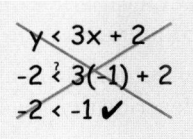

18. Razonamiento Piensa en un sistema de dos ecuaciones lineales con dos variables. Si las gráficas de las ecuaciones no son la misma recta, ¿es posible que el sistema tenga infinitas soluciones? Explica tu respuesta.

Razonamiento Supón que sumas dos ecuaciones lineales que forman un sistema y obtienes el resultado que se muestra a continuación. ¿Cuántas soluciones tiene el sistema?

19. $x = 8$ **20.** $0 = 4$ **21.** $0 = 0$

CONSEJOS

En algunas preguntas de los exámenes, se pide que resuelvas un problema en el que debes usar un sistema de ecuaciones. Lee el ejemplo de pregunta que se muestra a la derecha. Luego sigue los consejos para responderla.

CONSEJO 1

Cuando escribas una ecuación, trata de usar variables que tengan sentido con respecto al problema. En lugar de usar x y y, usa v para las monedas de 25¢ y c para las monedas de 5¢.

Melissa tiene un frasco para guardar cambio. El frasco contiene 21 monedas. Todas las monedas son de 25¢ y de 5¢. Las monedas del frasco suman $3.85 en total. ¿Cuántas monedas de 25¢ hay?

- Ⓐ 3
- Ⓑ 7
- Ⓒ 14
- Ⓓ 21

CONSEJO 2

Asegúrate de responder la pregunta formulada. En este caso, sólo debes hallar la cantidad de monedas de 25¢.

Piénsalo bien

Escribe un sistema de ecuaciones.

$$v + c = 21$$
$$0.25v + 0.05c = 3.85$$

Resuelve la primera ecuación para hallar c y sustituye para hallar v.

$$0.25v + 0.05c = 3.85$$
$$0.25v + 0.05(21 - v) = 3.85$$
$$0.2v + 1.05 = 3.85$$
$$v = 14$$

La respuesta correcta es C.

🔊 Desarrollo de vocabulario

Mientras resuelves los ejercicios del examen, debes comprender el significado de los términos matemáticos. Escoge el término correcto para completar cada oración.

A. El método de (*sustitución, eliminación*) es una forma de resolver un sistema de ecuaciones en el que se reemplaza una variable con una expresión equivalente que contiene otra variable.

B. Una (*ecuación, desigualdad*) lineal es una oración matemática que describe una región del plano de coordenadas que tiene un borde del semiplano.

C. Un (*intercepto en x, intercepto en y*) es la coordenada de un punto en el que una gráfica interseca al eje de las y.

D. El (*área, perímetro*) de una figura es la distancia que hay a lo largo de la parte exterior de la figura.

E. Una (*regla de la función, relación*) es una ecuación que se puede usar para hallar un valor único del rango dado un valor del dominio.

Opción múltiple

Lee cada pregunta. Luego, escribe la letra de la respuesta correcta en tu hoja.

1. Un grupo de estudiantes irá de excursión. Si el grupo viaja en 3 microbuses y 1 carro, pueden ir 22 estudiantes. Si el grupo viaja en 2 microbuses y 4 carros, pueden ir 28 estudiantes. ¿Cuántos estudiantes pueden ir en cada microbús?

- Ⓐ 2
- Ⓑ 4
- Ⓒ 6
- Ⓓ 10

2. La escuela de Greg pagó $1012.50 por 135 camisetas de bienvenida. ¿Cuánto le costaría a la escuela comprar 235 camisetas?

- Ⓕ $750.00
- Ⓖ $1762.50
- Ⓗ $2025.00
- Ⓘ $2775.00

3. ¿Qué expresión es equivalente a $64s - (8s - 4)$?

  A $52s$ **C** $56s + 4$

  B $60s$ **D** $56s - 4$

4. ¿Qué ecuación describe una recta que tiene una pendiente de 12 y un intercepto en y de 4?

  F $y = 12x + 4$ **H** $y = 4x + 12$

  G $y = 12(x + 4)$ **I** $y = x + 3$

5. ¿Cuál es la solución del sistema de ecuaciones que se muestra a la derecha?

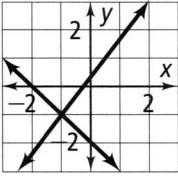

  A $(1, -1)$

  B $(-1, 1)$

  C $(-1, -1)$

  D $(1, 1)$

6. El ancho de la sala de estar rectangular de la casa de Ben tiene 3 pies menos que la longitud. El perímetro es 70 pies. ¿Qué ecuación se puede usar para hallar la longitud, ℓ, de la habitación?

  F $70 = \ell - 3$ **H** $70 = 2(\ell - 3)$

  G $70 = 2\ell - 3$ **I** $70 = 2(2\ell - 3)$

7. En la florería Marisa's Flower Shop se cobra $3 por rosa más $16 por gastos de envío. Chris quiere enviar un ramo de rosas a su madre. ¿Qué valor está en el rango de la función que da el costo del ramo en función de la cantidad de rosas?

  A $16   **C** $34

  B $27   **D** $48

8. ¿Qué número es una solución de $8 > 3x - 1$?

  F   0   **H**   4

  G   3   **I**   6

9. La fórmula para hallar el área A de un trapecio es $A = \frac{1}{2}(b_1 + b_2)h$, donde b_1 y b_2 representan las longitudes de las bases y h representa la altura. ¿Qué ecuación se puede usar para hallar la altura de un trapecio?

  A $h = 2A - b_1 - b_2$

  B $h = \dfrac{2A}{b_1 + b_2}$

  C $h = \dfrac{A(b_1 + b_2)}{2}$

  D $h = \dfrac{A - 2}{b_1 + b_2}$

10. Martín usó 400 pies de cerca para cerrar un área rectangular en su patio trasero. Isabella quiere cercar un área similar cuya longitud y cuyo ancho duplican las medidas del patio trasero de Martín. ¿Qué longitud debe tener la cerca que necesita Isabella?

  F   800 pies   **H**   1600 pies

  G   1200 pies   **I**   2000 pies

11. En Conic Company, los ingresos de un empleado nuevo I, en dólares, se pueden calcular usando la función $I = 0.05v + 30{,}000$, en la que v representa las ventas totales en dólares que hizo el empleado. Los empleados nuevos ganaron entre $50,000 y $60,000 el año pasado. ¿Qué valor está en el dominio de la función?

  A $34,000   **C** $430,000

  B $300,000   **D** $3,400,000

12. El fondo de la clase de Miguel tiene $65. La clase lavará carros para recaudar dinero para un viaje. La siguiente gráfica representa la cantidad de dinero que tendrá la clase si cobra $4 por cada carro lavado.

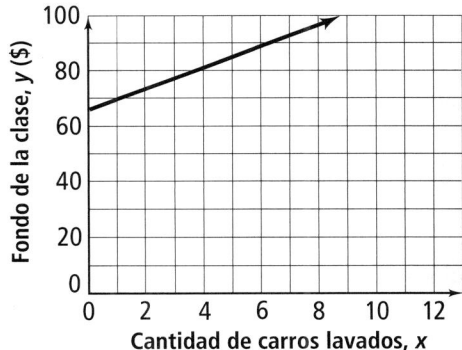

¿Cómo cambiaría la gráfica si la clase cobrara $5 por cada carro lavado?

  F   El intercepto en y aumentaría.

  G   La pendiente aumentaría.

  H   El intercepto en y disminuiría

  I   La pendiente disminuiría.

13. Un sistema tiene dos ecuaciones lineales con dos variables. Las gráficas de las ecuaciones tienen la misma pendiente pero distintos interceptos en y. ¿Cuántas soluciones tiene el sistema?

  A   0   **C**   2

  B   1   **D**   infinitas soluciones

14. Romina tiene 25 monedas en el bolsillo. Todas las monedas son de 10¢ ó de 5¢. Si Romina tiene $2.30 en total, ¿cuántas monedas de 10¢ tiene?

   F 4   **H** 18

   G 15   **I** 21

15. ¿Qué problema se puede representar con la ecuación $19.2 = 3.2x$?

   A Elizabeth tenía $3.20 y luego recibió su cheque semanal. ¿Qué valor tenía el cheque?

   B Jack compró algunas cajas de cereal en una tienda por $3.20 cada una. ¿Cuánto dinero gastó en las cajas de cereal?

   C María gastó $19.20 en calcetines. Si cada par de calcetines cuesta $3.20, ¿cuántos pares compró?

   D Andrés tenía $19.20 y gastó $3.20 en el almuerzo. ¿Cuánto dinero tenía Andrés después del almuerzo?

RESPUESTA EN PLANTILLA

Anota tus respuestas en una plantilla.

16. Un artista quiere colocar un marco rectangular alrededor de una pintura de 12 pulgs. de ancho y 19 pulgs. de longitud. El marco mide 3 pulgs. de ancho en cada lado. Redondeando a la pulgada cuadrada más cercana, ¿cuál es el área de la pintura con el marco?

17. ¿Cuál es la solución de $4(-3x + 6) - 1 = -13$?

18. En un polígono regular, todos los lados tienen la misma longitud. Supón que un hexágono regular tiene un perímetro de 25.2 pulgs. ¿Cuál es la longitud de cada lado en pulgadas?

19. La suma de cuatro números enteros consecutivos es 250. ¿Cuál es el mayor de estos números enteros?

20. ¿Cuál es la pendiente de una recta que es perpendicular a una recta que se representa con la ecuación $y = -5x + 8$?

21. En un mapa, la casa de Julia está a 8.5 pulgs. de la biblioteca. Si la escala del mapa es 1 pulg. : 0.25 mi, ¿a cuántas millas de la biblioteca vive Julia?

22. La gráfica muestra la distancia a la que se encuentra Jillian de su casa mientras vuelve de la escuela. ¿Cuántas calles camina Jillian por minuto?

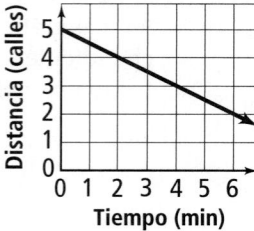

23. Sam quiere pedir una pizza. Tony's Pizza cobra $7 por una pizza grande de queso más $.75 por cada agregado. María's Pizza cobra $8 por una pizza grande de queso más $.50 por cada agregado. ¿Con qué cantidad de agregados la pizza grande costará lo mismo en los dos restaurantes?

24. Pamela pagó $9500 por la cuota universitaria este año. La universidad planea aumentar la cuota en un 6% el año próximo. ¿Cuánto deberá pagar Pamela por la cuota universitaria el año próximo?

25. En una exposición de un museo se muestran varias obras de arte de un artista. En la siguiente tabla se muestra la cantidad de cada tipo de obra exhibida.

Obra	Cantidad
Fotografías	37
Pinturas	43
Esculturas	10

¿Cuál es la razón de las esculturas al total de obras? Da tu respuesta como una fracción en su forma más simple.

Respuesta breve

26. El volumen V de un cubo se obtiene con la fórmula $V = l^3$, en la que l representa la longitud de una arista del cubo. Supón que la longitud de la arista es 24 pulgs. ¿Cuál es el volumen del cubo en pies cúbicos?

27. Planeas enviar una encuesta por correo a distintas casas. Una caja de 50 sobres cuesta $3.50 y cada estampilla cuesta $.42. ¿Cuánto te costará enviar 400 encuestas?

Respuesta desarrollada

28. Los vértices del cuadrilátero $ABCD$ son $A(1, 1)$, $B(1, 5)$, $C(5, 5)$ y $D(7, 1)$.

   a. Un trapecio es una figura de cuatro lados que tiene exactamente un par de lados paralelos. ¿La figura $ABCD$ es un trapecio? Explica tu respuesta.

   b. Quieres transformar la figura $ABCD$ en un paralelogramo moviendo sólo el punto B. Un paralelogramo es una figura de cuatro lados con dos pares de lados opuestos paralelos. ¿Cuáles deberían ser las nuevas coordenadas del punto B? Explica tu respuesta.

CAPÍTULO 7

¡Prepárate!

Manual de destrezas, página 790

◆ **Convertir fracciones a decimales**

Escribe en forma decimal.

1. $\frac{7}{10}$ **2.** $6\frac{2}{5}$ **3.** $\frac{8}{1000}$ **4.** $\frac{7}{2}$ **5.** $\frac{3}{11}$

Lección 1-2

◆ **Usar el orden de las operaciones**

Simplifica cada expresión.

6. $(9 \div 3 + 4)^2$ **7.** $5 + (0.3)^2$ **8.** $3 - (1.5)^2$ **9.** $64 \div 2^4$

10. $4 \div (0.5)^2$ **11.** $(0.25)4^2$ **12.** $2(3 + 7)^3$ **13.** $-3(4 + 6 \div 2)^2$

Lección 1-2

◆ **Evaluar expresiones**

Evalúa cada expresión para $a = -2$ y $b = 5$.

14. $(ab)^2$ **15.** $(a - b)^2$ **16.** $a^3 + b^3$ **17.** $b - (3a)^2$

Lección 2-10

◆ **Hallar el cambio porcentual**

Indica si cada cambio porcentual es un aumento o una disminución. Luego, halla el cambio porcentual. Redondea al porcentaje más cercano.

18. $15 a $20 **19.** $20 a $15

20. $600 a $500 **21.** $2000 a $2100

Lección 4-6

◆ **Entender el dominio y el rango**

Halla el rango de cada función con el dominio $\{-2, 0, 3.5\}$.

22. $f(x) = -2x^2$ **23.** $g(x) = 10 - x^3$ **24.** $y = 5x - 1$

 Vistazo inicial al vocabulario

25. Si decimos que una planta ha incrementado su tamaño, ¿cambió el tamaño de la planta? ¿Qué crees que describe el *factor incremental* de la planta?

26. En una expresión matemática, un exponente indica la multiplicación repetida por el mismo número. ¿Cómo esperarías que cambie una cantidad al experimentar un *incremento exponencial*?

27. Cuando sufres de decaimiento, te sientes cada vez con menos ánimo y fuerza. Si el *decaimiento exponencial* representa el cambio en la cantidad de médicos en los Estados Unidos a través del tiempo, ¿crees que la cantidad de médicos incrementa o disminuye?

CAPÍTULO

7

Exponentes y funciones exponenciales

¡Mira esta fotografía! La población
bacteriana del Grand Prismatic Spring
en el Parque Nacional Yellowstone es
la que crea los diferentes colores que
ves alrededor del manantial.

¿Sabías que puedes usar exponentes
para describir el crecimiento de
una población? En este capítulo
aprenderás a usarlos.

Vocabulario

Audio de vocabulario inglés/español en línea:

Español	Inglés
decaimiento exponencial, *p. 457*	exponential decay
factor de decaimiento, *p. 457*	decay factor
factor incremental, *p. 455*	growth factor
función exponencial, *p. 447*	exponential function
incremento exponencial, *p. 455*	exponential growth
interés compuesto, *p. 456*	compound interest
notación científica, *p. 420*	scientific notation

My Math Video

00:04:04

VIDEO

GRANDES ideas

1 Equivalencia

Pregunta esencial ¿Cómo puedes representar números muy grandes y muy pequeños?

2 Propiedades

Pregunta esencial ¿Cómo puedes simplificar expresiones que incluyen exponentes?

3 Función

Pregunta esencial ¿Cuáles son las características de las funciones exponenciales?

Primer vistazo al capítulo

7-1 **El exponente cero y los exponentes negativos**

7-2 **Notación científica**

7-3 **Multiplicar potencias que tienen la misma base**

7-4 **Más propiedades multiplicativas de los exponentes**

7-5 **Propiedades de división de los exponentes**

7-6 **Funciones exponenciales**

7-7 **Incremento exponencial y decaimiento exponencial**

El exponente cero y los exponentes negativos

Objetivo Simplificar expresiones que incluyen el exponente cero y los exponentes negativos.

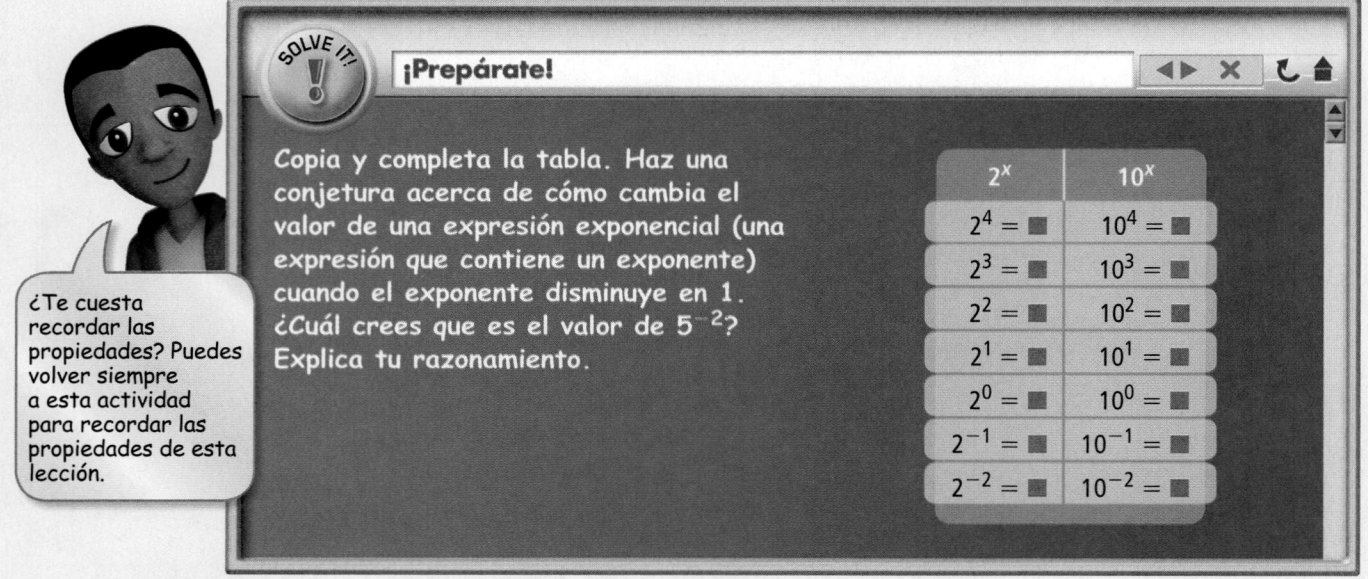

SOLVE IT!

¡Prepárate!

Copia y completa la tabla. Haz una conjetura acerca de cómo cambia el valor de una expresión exponencial (una expresión que contiene un exponente) cuando el exponente disminuye en 1. ¿Cuál crees que es el valor de 5^{-2}? Explica tu razonamiento.

2^x	10^x
$2^4 = \blacksquare$	$10^4 = \blacksquare$
$2^3 = \blacksquare$	$10^3 = \blacksquare$
$2^2 = \blacksquare$	$10^2 = \blacksquare$
$2^1 = \blacksquare$	$10^1 = \blacksquare$
$2^0 = \blacksquare$	$10^0 = \blacksquare$
$2^{-1} = \blacksquare$	$10^{-1} = \blacksquare$
$2^{-2} = \blacksquare$	$10^{-2} = \blacksquare$

¿Te cuesta recordar las propiedades? Puedes volver siempre a esta actividad para recordar las propiedades de esta lección.

Los patrones que hallaste en la actividad de *Solve It!* ilustran las definiciones del exponente cero y los exponentes negativos.

Comprensión esencial Puedes ampliar la idea de los exponentes para incluir el exponente cero y los exponentes negativos.

Observa 3^3, 3^2 y 3^1. Disminuir los exponentes en 1 es lo mismo que dividir por 3. Si continúas el patrón, 3^0 es igual a 1 y 3^{-1} es igual a $\frac{1}{3}$.

toma nota

Propiedades   El exponente cero y los exponentes negativos

El exponente cero Para todos los números distintos de cero a, $a^0 = 1$.

Ejemplos $4^0 = 1$ $\qquad\qquad$ $(-3)^0 = 1$ $\qquad\qquad$ $(5.14)^0 = 1$

Exponente negativo Para todo número distinto de cero a y un entero n, $a^{-n} = \frac{1}{a^n}$.

Ejemplos $7^{-3} = \frac{1}{7^3}$ $\qquad\qquad$ $(-5)^{-2} = \frac{1}{(-5)^2}$

414   **Capítulo 7**   Exponentes y funciones exponenciales

¿Por qué no puedes usar el 0 como base con un exponente cero? La primera propiedad que se explica en la página anterior implica el siguiente patrón.

$$3^0 = 1 \qquad 2^0 = 1 \qquad 1^0 = 1 \qquad 0^0 = 1$$

Sin embargo, considera el siguiente patrón.

$$0^3 = 0 \qquad 0^2 = 0 \qquad 0^1 = 0 \qquad 0^0 = 0$$

No es posible que 0^0 sea igual a 1 y a 0. Entonces, 0^0 es indefinido.

¿Por qué no puedes usar el 0 como base con un exponente negativo? Usar el 0 como base con un exponente negativo dará como resultado la división por cero, la cual es indefinida.

Piensa

¿Puedes usar la definición del cero como exponente cuando la base es un número negativo?
Sí. La definición del cero como exponente es verdadera para todas las bases distintas de cero.

 Problema 1   **Simplificar potencias**

¿Cuál es la forma simplificada de cada expresión?

A 9^{-2}

$$9^{-2} = \frac{1}{9^2} \qquad \text{Usa la definición de exponente negativo.}$$

$$= \frac{1}{81} \qquad \text{Simplifica.}$$

B $(-3.6)^0 = 1$ Usa la definición de cero como exponente.

¿Comprendiste?   **1.** ¿Cuál es la forma simplificada de cada expresión?

   a. 4^{-3} **b.** $(-5)^0$ **c.** 3^{-2} **d.** 6^{-1} **e.** $(-4)^{-2}$

Una expresión algebraica está en su mínima expresión cuando las potencias con una base variable se escriben sólo con exponentes positivos.

Piensa

¿Qué parte de la expresión debes volver a escribir?
La base b tiene un exponente negativo; por tanto, debes volver a escribirla con un exponente positivo.

 Problema 2   **Simplificar expresiones exponenciales**

¿Cuál es la forma simplificada de cada expresión?

A $5a^3b^{-2}$

$$5a^3b^{-2} = 5a^3\left(\frac{1}{b^2}\right) \qquad \text{Usa la definición de exponente negativo.}$$

$$= \frac{5a^3}{b^2} \qquad \text{Simplifica.}$$

B $\dfrac{1}{x^{-5}}$

$$\frac{1}{x^{-5}} = 1 \div x^{-5} \qquad \text{Usa un signo de división para volver a escribirla.}$$

$$= 1 \div \frac{1}{x^5} \qquad \text{Usa la definición de exponente negativo.}$$

$$= 1 \cdot x^5 \qquad \text{Multiplica por el recíproco de } \frac{1}{x^5}, \text{ que es } x^5.$$

$$= x^5 \qquad \text{Propiedad de identidad de la multiplicación}$$

¿Comprendiste?   **2.** ¿Cuál es la forma simplificada de cada expresión?

   a. x^{-9} **b.** $\dfrac{1}{n^{-3}}$ **c.** $4c^{-3}b$ **d.** $\dfrac{2}{a^{-3}}$ **e.** $\dfrac{n^{-5}}{m^2}$

Cuando evalúas una expresión exponencial, puedes simplificar la expresión antes de sustituir las variables por los valores.

Problema 3 Evaluar una expresión exponencial

Planea

¿Cómo simplificas la expresión?
Usa la definición de exponente negativo para volver a escribir la expresión sólo con exponentes positivos.

¿Cuál es el valor de $3s^3t^{-2}$ cuando $s = 2$ y $t = -3$?

Método 1 Primero simplifica.

$$3s^3t^{-2} = \frac{3(s)^3}{t^2}$$

$$= \frac{3(2)^3}{(-3)^2}$$

$$= \frac{24}{9} = 2\frac{2}{3}$$

Método 2 Primero sustituye.

$$3s^3t^{-2} = 3(2)^3(-3)^{-2}$$

$$= \frac{3(2)^3}{(-3)^2}$$

$$= \frac{24}{9} = 2\frac{2}{3}$$

 ¿Comprendiste? 3. ¿Cuál es el valor de cada expresión de las partes (a) a (d) cuando $n = -2$ y $w = 5$?

a. $n^{-4}w^0$ b. $\dfrac{n^{-1}}{w^2}$ c. $\dfrac{n^0}{w^6}$ d. $\dfrac{1}{nw^{-1}}$

e. Razonamiento ¿Es más fácil evaluar n^0w^0 cuando $n = -2$ y $w = 3$ si primero simplificas o si primero sustituyes? Explica tu respuesta.

Problema 4 Usar una expresión exponencial

Crecimiento de la población Una población bacteriana marina se duplica cada hora en condiciones controladas de laboratorio. La cantidad de bacterias está representada por la expresión $1000 \cdot 2^h$, donde h es el número de horas después de que un científico mide el tamaño de la población. Evalúa la expresión cuando $h = 0$ y $h = -3$. ¿Qué representa cada valor de la expresión en la situación?

Lo que sabes
$100 \cdot 2^h$ representa la población.

Lo que necesitas
Los valores de la expresión cuando $h = 0$ y $h = -3$

Planea
Sustituye cada valor de h de la expresión y simplifica.

$1000 \cdot 2^h = 1000 \cdot 2^0$ Sustituye h por 0.

$= 1000 \cdot 1 = 1000$ Simplifica.

El valor de la expresión cuando $h = 0$ es 1000. Había 1000 bacterias en el momento en que el científico midió la población.

$1000 \cdot 2^h = 1000 \cdot 2^{-3}$ Sustituye h por -3.

$= 1000 \cdot \frac{1}{8} = 125$ Simplifica.

El valor de la expresión cuando $h = -3$ es 125. Había 125 bacterias 3 h antes de que el científico midiera la población.

¿Comprendiste? **4.** Una población de insectos se triplica todas las semanas. La cantidad de insectos está representada por la expresión $5400 \cdot 3^s$, donde s es el número de semanas después de medir la población. Evalúa la expresión para $s = -2$, $s = 0$ y $s = 1$. ¿Qué representa cada valor de la expresión en la situación?

 ## Comprobar la comprensión de la lección

¿CÓMO hacerlo?

Simplifica cada expresión.

1. 2^{-5}

2. m^0

3. $5s^2t^{-1}$

4. $\dfrac{4}{x^{-3}}$

Evalúa cada expresión cuando $a = 2$ y $b = -4$.

5. a^3b^{-1}

6. $2a^{-4}b^0$

¿Lo ENTIENDES?

7. Vocabulario Un exponente positivo muestra la multiplicación repetida. Un exponente negativo, ¿qué operación repetida muestra?

8. Analizar errores Un estudiante simplificó $\dfrac{x^n}{a^{-n}b^0}$ de manera incorrecta, como se muestra abajo. Halla y corrige el error del estudiante.

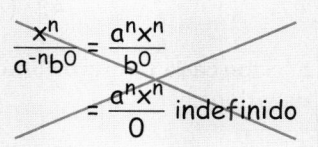

 ## Ejercicios de práctica y resolución de problemas

 **A Práctica**

Simplifica cada expresión.

◀ Ver el Problema 1.

9. 3^{-2}

10. $(-4.25)^0$

11. $(-5)^{-2}$

12. -5^{-2}

13. $(-4)^{-2}$

14. 2^{-6}

15. -3^0

16. -12^{-1}

17. $\dfrac{1}{2^0}$

18. 58^{-1}

19. 1.5^{-2}

20. $(-5)^{-3}$

Simplifica cada expresión.

◀ Ver el Problema 2.

21. $4ab^0$

22. $\dfrac{1}{x^{-7}}$

23. $5x^{-4}$

24. $\dfrac{1}{c^{-1}}$

25. $\dfrac{3^{-2}}{n}$

26. $k^{-4}j^0$

27. $\dfrac{3x^{-2}}{y}$

28. $\dfrac{7ab^{-2}}{3w}$

29. $c^{-5}d^{-7}$

30. $c^{-5}d^7$

31. $\dfrac{8}{2s^{-3}}$

32. $\dfrac{7s}{5t^{-3}}$

33. $\dfrac{6a^{-1}c^{-3}}{d^0}$

34. $2^{-3}x^2z^{-7}$

35. $12^0t^7u^{-11}$

36. $\dfrac{7s^0t^{-5}}{2^{-1}m^2}$

Evalúa cada expresión cuando $r = -3$ y $s = 5$.

◀ Ver el Problema 3.

37. r^{-3}

38. s^{-3}

39. $\dfrac{3r}{s^{-2}}$

40. $\dfrac{s^0}{r^{-2}}$

41. $4s^{-1}$

42. $r^0 s^{-2}$

43. $r^{-4}s^2$

44. $2^{-4}r^3 s^{-2}$

45. Tráfico de Internet La cantidad de personas que visitan un sitio Web se triplica todos los meses. La cantidad de personas está representada por la expresión $8100 \cdot 3^m$, donde m es el número de meses después de medir el número de personas. Evalúa la expresión $m = -4$. ¿Qué representa el valor de la expresión en la situación?

◀ Ver el Problema 4.

46. Crecimiento de la población Una población de pinzones de cactus de Galápagos se incrementa un medio cada década. La cantidad de pinzones está representada por la expresión $45 \cdot 1.5^d$, donde d es el número de décadas después de medir la población. Evalúa la expresión cuando $d = -2$, $d = 0$ y $d = 1$. ¿Qué representa cada valor de la expresión en la situación?

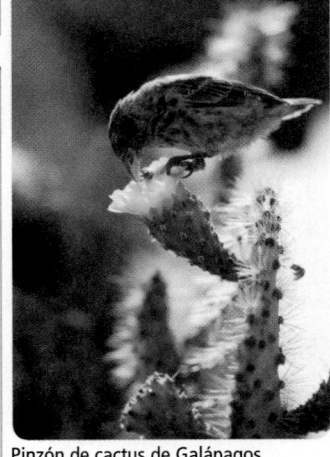
Pinzón de cactus de Galápagos

 **Aplicación**   **Cálculo mental** El valor de cada expresión, ¿es *positivo* o *negativo*?

47. -2^2

48. $(-2)^2$

49. $(-2)^3$

50. $(-2)^{-3}$

Escribe cada número como una potencia de 10 usando exponentes negativos.

51. $\dfrac{1}{10}$

52. $\dfrac{1}{100}$

53. $\dfrac{1}{1000}$

54. $\dfrac{1}{10,000}$

55. a. Patrones Completa el patrón usando potencias de 5.

$\dfrac{1}{5^2} = \blacksquare$ $\dfrac{1}{5^1} = \blacksquare$ $\dfrac{1}{5^0} = \blacksquare$ $\dfrac{1}{5^{-1}} = \blacksquare$ $\dfrac{1}{5^{-2}} = \blacksquare$

b. Escribe $\dfrac{1}{5^{-4}}$ usando un exponente positivo.

c. Vuelve a escribir $\dfrac{1}{a^{-n}}$ como una potencia de a.

Vuelve a escribir cada fracción con todas las variables del numerador.

56. $\dfrac{a}{b^{-2}}$

57. $\dfrac{4g}{h^3}$

58. $\dfrac{5m^6}{3n}$

59. $\dfrac{8c^5}{11d^4 e^{-2}}$

60. Pensar en un plan Supón que el presupuesto de tu club de teatro se duplica todos los años. Este año el presupuesto es de $500. ¿De cuánto fue el presupuesto del club hace 2 años?

• ¿Qué expresión representa de cuánto será el presupuesto del club en 1 año? ¿Y en 2 años? ¿Y en a años?

• ¿Qué valor de a puedes sustituir en tu expresión para hallar el presupuesto del club de hace 2 años?

61. Copia y completa la tabla de la derecha.

62. a. Simplifica $a^n \cdot a^{-n}$.

b. Razonamiento ¿Cuál es la relación matemática entre a^n y a^{-n}? Explica tu respuesta.

n	3	$\blacksquare$	$\blacksquare$	$\dfrac{5}{8}$	$\blacksquare$
n^{-1}	$\blacksquare$	6	$\dfrac{1}{7}$	$\blacksquare$	0.5

63. Respuesta de desarrollo Escoge una fracción para usar como un valor para la variable a. Halla los valores de a^{-1}, a^2 y a^{-2}.

64. Fabricación Una empresa está fabricando varillas de metal con un diámetro objetivo de 1.5 mm. Una varilla es aceptable cuando su diámetro está dentro de 10^{-3} mm del diámetro objetivo. Escribe una desigualdad para el rango aceptable de diámetros.

65. Razonamiento ¿Son recíprocos $3x^{-2}$ y $3x^2$? Explica tu respuesta.

 **Desafío**

Simplifica cada expresión.

66. $\left(\dfrac{r^{-7}b^{-8}}{t^{-4}w^1}\right)^0$

67. $(-5)^2 - (0.5)^{-2}$

68. $\dfrac{6}{m^2} + \dfrac{5m^{-2}}{3^{-3}}$

69. $2^3(5^0 - 6m^2)$

70. $\dfrac{2x^{-5}y^3}{n^2} \div \dfrac{r^2y^5}{2n}$

71. $2^{-1} - \dfrac{1}{3^{-2}} + 5\left(\dfrac{1}{2^2}\right)$

72. ¿Para qué valor o valores de n es $n^{-3} = \left(\dfrac{1}{n}\right)^5$?

Preparación para el examen estandarizado

RESPUESTA EN PLANTILLA

SAT/ACT

73. ¿Cuál es la forma simplificada de $-6(-6)^{-1}$?

74. El segmento CD representa el vuelo de un ave que pasa a través de los puntos $(1, 2)$ y $(5, 4)$. ¿Cuál es la pendiente de una recta que representa el vuelo de una segunda ave que voló de manera perpendicular a la primera ave?

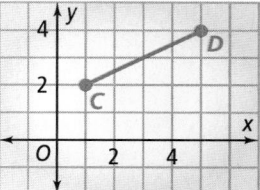

75. ¿Cuál es la solución de la ecuación $1.5(x - 2.5) = 3$?

76. ¿Cuál es la forma simplificada de la ecuación $|3.5 - 4.7| + 5.6$?

77. ¿Cuál es el intercepto en y de la gráfica de $3x - 2y = -8$?

Repaso mixto

Resuelve cada sistema con una gráfica.　　　　　**Ver la Lección 6-6.**

78. $y > 3x + 4$
$y \le -3x + 1$

79. $y \le -2x + 1$
$y < 2x - 1$

80. $y \ge 0.5x$
$y \le x + 2$

Escribe una ecuación en la forma pendiente-intercepto para la recta cuya pendiente dada es m y cuyo intercepto en y es b.　　　　**Ver la Lección 5-3.**

81. $m = -1, b = 4$

82. $m = 5, b = -2$

83. $m = \dfrac{2}{5}, b = -3$

84. $m = -\dfrac{3}{11}, b = -17$

85. $m = \dfrac{5}{9}, b = \dfrac{1}{3}$

86. $m = 1.25, b = -3.79$

¡Prepárate!　　**Antes de la Lección 7-2, haz los Ejercicios 87 a 91.**

Simplifica cada expresión.　　　　　**Ver la Lección 7-1.**

87. $6 \cdot 10^4$ 　　**88.** $7 \cdot 10^{-2}$ 　　**89.** $8.2 \cdot 10^5$ 　　**90.** $3 \cdot 10^{-3}$ 　　**91.** $3.4 \cdot 10^5$

7-2 Notación científica

Objetivos Escribir números en notación científica y en notación estándar.
Comparar y ordenar números usando la notación científica.

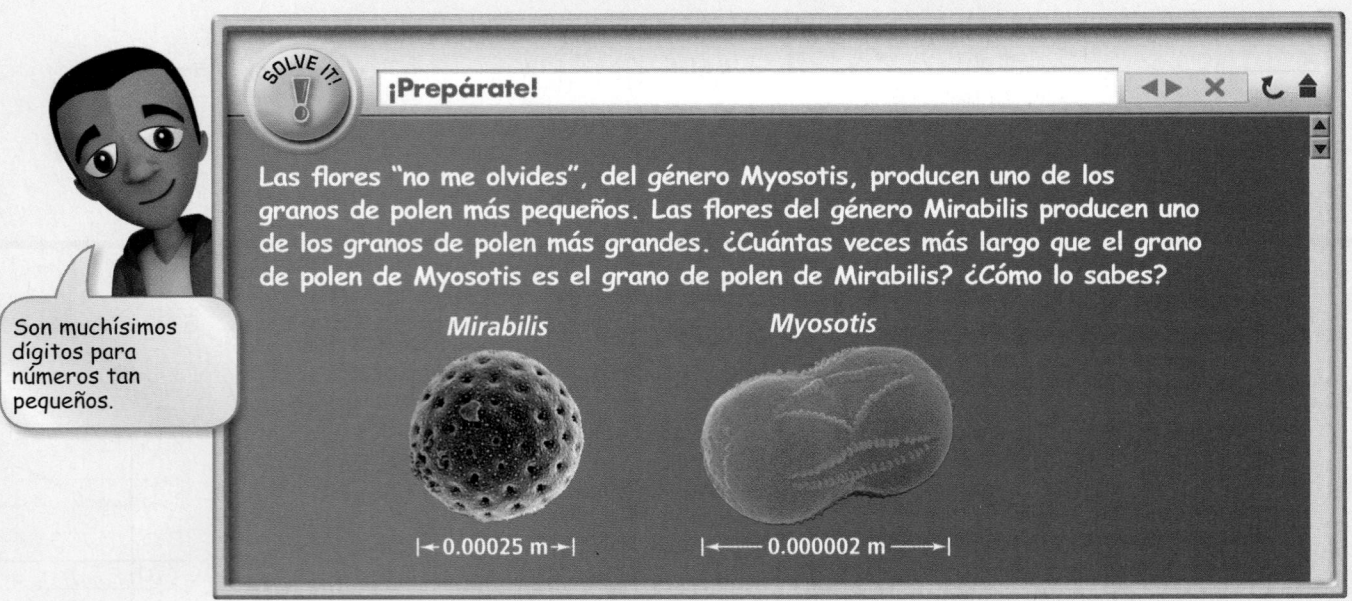

SOLVE IT!

¡Prepárate!

Las flores "no me olvides", del género Myosotis, producen uno de los granos de polen más pequeños. Las flores del género Mirabilis producen uno de los granos de polen más grandes. ¿Cuántas veces más largo que el grano de polen de Myosotis es el grano de polen de Mirabilis? ¿Cómo lo sabes?

Mirabilis

Myosotis

|← 0.00025 m →| |← 0.000002 m →|

Son muchísimos dígitos para números tan pequeños.

Vocabulario de la lección
- notación científica

En la actividad de *Solve It!,* trabajaste con números muy pequeños. Los científicos y los matemáticos usan potencias de 10 para escribir números muy pequeños o muy grandes, como las masas de las partículas subatómicas o los diámetros de los planetas.

Comprensión esencial Puedes usar potencias de 10 para escribir y comparar números muy grandes o muy pequeños más fácilmente. La *notación científica* es una manera abreviada de escribir números usando potencias de 10.

toma nota

Concepto clave   Notación científica

Un número en **notación científica** se escribe como el producto de dos factores en la forma $a \times 10^n$, donde n es un entero y $1 \leq a < 10$.

Ejemplos 8.3×10^5 4.12×10^{22} 7.1×10^{-5}

Puedes usar una calculadora científica para trabajar con números en notación científica. La E que aparece en la pantalla de la calculadora representa la exponenciación. En la pantalla de una calculadora, 1.35E8 significa 1.35×10^8, es decir, 135,000,000. La tecla  te permite ingresar un exponente para una potencia de 10. Por tanto, para ingresar 4×10^6, puedes ingresar 4  6.

Planea

Comprueba que el primer factor sea mayor que o igual a 1 y menor que 10. Luego, comprueba que el segundo factor esté escrito como una potencia de 10.

 Problema 1 **Reconocer la notación científica**

¿El número está escrito en notación científica? Si no es así, explica tu respuesta.

Ⓐ 0.23×10^{-3}

No. 0.23 es menor que 1.

Ⓑ 2.3×10^{7}

Sí

Ⓒ 9.3×100^{9}

No. 100^{9} no está en la forma 10^{n}.

✓ **¿Comprendiste?** **1.** ¿El número está escrito en notación científica? Si no es así, explica tu respuesta.

a. 53×10^{4} **b.** 3.42×10^{-7} **c.** 0.35×100

Con la notación científica, usas los exponentes no negativos para escribir números mayores que 1. Observa que $1{,}430{,}000{,}000 = 1.43 \times 1{,}000{,}000{,}000 = 1.43 \times 10^{9}$. El Problema 2 te muestra un método abreviado. Puedes usar exponentes negativos para escribir números entre 0 y 1.

 Problema 2 **Escribir un número en notación científica**

Ciencias físicas **¿Cómo se escribe cada número en notación científica?**

Ⓐ **la distancia aproximada entre el Sol y Saturno: 1,430,000,000 km**

$$1{,}430{,}000{,}000 = 1.43 \times 10^{9}$$

Usa el 9 como el exponente.

Mueve el punto decimal 9 lugares hacia la izquierda.

Quita los ceros después del 3.

Planea

¿Cuál es el primer paso al escribir un número en notación científica?

Mueve el punto decimal para que el primer factor esté entre 1 y 10.

Ⓑ **el radio de un átomo: 0.0000000001 m**

$$0.0000000001 = 1 \times 10^{-10}$$

Mueve el punto decimal 10 lugares hacia la derecha y usa −10 como el exponente. Quita los ceros que están antes del 1.

✓ **¿Comprendiste?** **2.** ¿Cómo se escribe cada número en notación científica?

a. 678,000 **b.** 0.000032 **c.** 51,400,000 **d.** 0.0000007

Observa que $5.5 \times 10^{6} = 5.5 \times 1{,}000{,}000 = 5{,}500{,}000$. Podrás ver un método abreviado en el Problema 3.

 Problema 3 **Escribir un número en notación estándar**

Piensa

¿Qué te indica el exponente acerca del número?

Si el exponente de 10 es positivo, el número es mayor que o igual a 1.
Si el exponente de 10 es negativo, el número es menor que 1.

Biología **¿Cómo se escribe cada número en notación estándar?**

Ⓐ **el peso de un elefante asiático: 5.5×10^{6} g**

$$5.5 \times 10^{6} = 5{,}500{,}000$$ Mueve el punto decimal 6 lugares hacia la derecha.

$$= 5{,}500{,}000$$

Ⓑ **el peso de una hormiga: 3.1×10^{-3} g**

$$3.1 \times 10^{-3} = 0.0031$$ Mueve el punto decimal 3 lugares hacia la izquierda.

$$= 0.0031$$

¿Comprendiste? **3.** ¿Cómo se escribe cada número de las partes (a) a (d) en notación estándar?

    a. 5.23×10^7 **b.** 4.6×10^{-5} **c.** 2.09×10^{-4} **d.** 3.8×10^{12}

    e. Razonamiento ¿Cómo escribes un número en la forma $a \times 10^0$ en notación estándar?

Puedes comparar y ordenar los números escritos en notación científica. Primero, compara las potencias de 10. Si los números tienen la misma potencia de 10, entonces compara los decimales.

 Problema 4 **Comparar números escritos en notación científica**

Geografía El mapa de abajo muestra cuatro océanos principales del mundo y sus áreas totales. ¿Cuál es el orden de los océanos de la menor a la mayor área total?

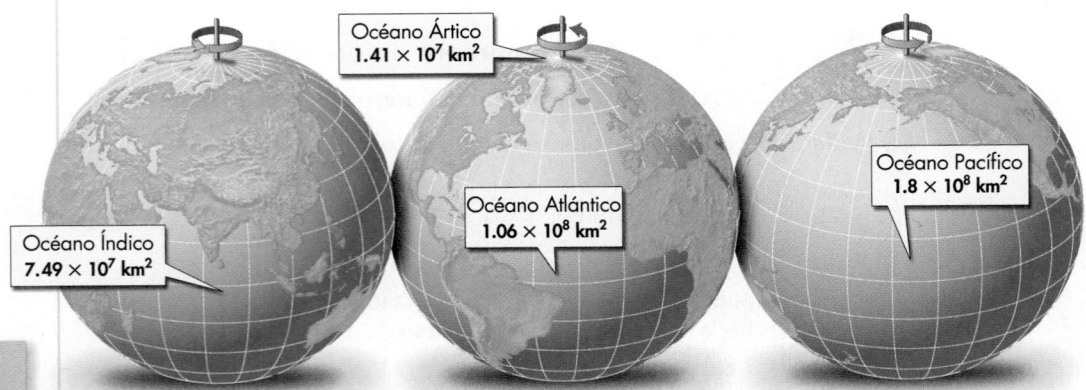

Océano Ártico
$1.41 \times 10^7 \text{ km}^2$

Océano Pacífico
$1.8 \times 10^8 \text{ km}^2$

Océano Atlántico
$1.06 \times 10^8 \text{ km}^2$

Océano Índico
$7.49 \times 10^7 \text{ km}^2$

Piensa

¿Por qué primero ordenas los números según las potencias de 10?

Si dos números escritos en notación científica tienen diferentes potencias de 10, entonces el número con la mayor potencia de 10 es el mayor.

Ordena los números según las potencias de 10. Ordena los números con la misma potencia de 10 según sus partes decimales.

    1.41×10^7 7.49×10^7 1.06×10^8 1.8×10^8

    Ártico   Índico   Atlántico   Pacífico

De la menor a la mayor área total, el orden de los océanos es el Ártico, el Índico, el Atlántico y el Pacífico.

 ¿Comprendiste? **4.** ¿Cuál es el orden de las siguientes partes de un átomo de la menor a la mayor masa?

    neutrón: 1.675×10^{-24} g, electrón: 9.109×10^{-28} g, protón: 1.673×10^{-24} g

Puedes escribir números como 815×10^5 y 0.078×10^{-2} en notación científica.

    $815 \times 10^5 = 81{,}500{,}000 = 8.15 \times 10^7$ $0.078 \times 10^{-2} = 0.00078 = 7.8 \times 10^{-4}$

Los problemas de arriba muestran un patrón. Cuando mueves un punto decimal n hacia la izquierda, el exponente de 10 se incrementa en n. Cuando mueves un punto decimal n hacia la derecha, el exponente de 10 disminuye en n.

Problema 5 **Usar la notación científica para ordenar números**

¿Cuál es el orden de menor a mayor de 49.7×10, 4.17×10^7, 0.047×10^9 y 495?

Lo que sabes

49.7×10, 4.17×10^7, 0.047×10^9 y 495

Lo que necesitas

El orden de los números de menor a mayor

Planea

Escribe cada número en notación científica. Luego, compáralos.

Piensa

¿Cómo escribes 49.7×10 en notación científica?
Mueve el punto decimal un lugar hacia la izquierda. Incrementa el exponente de 10 en 1.

Paso 1 Escribe cada número en notación científica.

49.7×10	4.17×10^7	0.047×10^9	495
↓	↓	↓	↓
4.97×10^2	4.17×10^7	4.7×10^7	4.95×10^2

Paso 2 Ordena los números según las potencias de 10. Ordena los números con la misma potencia de 10 según sus partes decimales.

$$4.95 \times 10^2 \qquad 4.97 \times 10^2 \qquad 4.17 \times 10^7 \qquad 4.7 \times 10^7$$

Paso 3 Escribe los números originales en orden.

$$495 \qquad 49.7 \times 10 \qquad 4.17 \times 10^7 \qquad 0.047 \times 10^9$$

 ¿Comprendiste? **5.** ¿Cuál es el orden de menor a mayor de 24.8×10^{-4}, 28×10^3, 0.025×10^4 y 258×10^{-5}?

Comprobar la comprensión de la lección

¿CÓMO hacerlo?

Escribe cada número en notación científica.

1. 0.0007 **2.** $32{,}000{,}000$

Escribe cada número en notación estándar.

3. 3.5×10^6 **4.** 1.27×10^{-4}

Ordena los números de cada lista de menor a mayor.

5. 10^5, 10^{-3}, 10^0, 10^{-1}, 10^1

6. 5×10^{-3}, 2×10^4, 3×10^0, 7×10^{-1}

7. 2.5×10^7, 2.1×10^7, 3.5×10^6, 3.6×10^6

¿Lo ENTIENDES?

8. Respuesta de desarrollo Describe una situación en la que sea más fácil usar números escritos en notación científica que usar números escritos en notación estándar.

9. Analizar errores Un estudiante escribió 1.88×10^{-5} en notación estándar, como se muestra abajo. Describe y corrige el error del estudiante.

$$\overline{1.88 \times 10^{-5}} = 0.00188$$

10. Razonamiento Un estudiante afirma que 3.5×10^{11} es mayor que 1.4×10^{13} porque $3.5 > 1.4$. ¿Tiene razón el estudiante? Explica tu respuesta.

Ejercicios de práctica y resolución de problemas

 **Práctica** ¿El número está escrito en notación científica? Si no es así, explica tu respuesta. ◀ **Ver el Problema 1.**

11. 44×10^8 **12.** 3.2×10^6 **13.** 0.9×10^{-2} **14.** 6.7×1000^9

15. 7.3×10^{-5} **16.** 1.12×10^1 **17.** 457×10^7 **18.** 9.54×10^{15}

Escribe cada número en notación científica.

◀ **Ver el Problema 2.**

19. 9,040,000,000   **20.** 0.02   **21.** 9.3 millones   **22.** 21,700

23. 0.00325   **24.** 8,003,000   **25.** 0.00092   **26.** 0.0156

Escribe cada número en notación estándar.

◀ **Ver el Problema 3.**

27. 5×10^2 **28.** 7.45×10^2 **29.** 2.04×10^3 **30.** 7.2×10^6

31. 8.97×10^{-1} **32.** 1.3×10^0 **33.** 2.74×10^5 **34.** 4.8×10^{-3}

Ordena los números de cada lista de menor a mayor.

◀ **Ver los Problemas 4 y 5.**

35. $9 \times 10^{-7}, 8 \times 10^{-8}, 7 \times 10^{-6}, 6 \times 10^{-10}$

36. $8.2 \times 10^5, 7.9 \times 10^5, 2.7 \times 10^5, 8.1 \times 10^5$

37. $50.1 \times 10^{-3}, 4.8 \times 10^{-3}, 0.52 \times 10^{-3}, 56 \times 10^{-3}$

38. $0.53 \times 10^7, 5300 \times 10^{-1}, 5.3 \times 10^5, 530 \times 10^8$

39. Física La media vida de un isótopo radiactivo es la cantidad de tiempo que le toma desintegrarse a una mitad de una muestra del isótopo. ¿Cuál es el orden de los siguientes isótopos radiactivos del uranio de menor a mayor media vida?

Isótopo	^{232}U	^{234}U	^{235}U	^{236}U
Media vida (años)	68.9	2.45×10^5	7.04×10^8	2.34×10^7

 **Aplicación** Simplifica. Escribe cada respuesta en notación científica.

40. $4(2 \times 10^{-3})$ **41.** $8(3 \times 10^{14})$ **42.** $0.2(3 \times 10^2)$

43. $6(5.3 \times 10^{-4})$ **44.** $0.3(8.2 \times 10^{-3})$ **45.** $0.5(6.8 \times 10^5)$

46. Pensar en un plan Un año luz es la distancia que viaja la luz en un año. Un año luz es aproximadamente 5,878,000,000,000 mi. La tabla muestra una estimación de la distancia de la Tierra a la que se encuentran varias estrellas, en años luz. ¿A cuántas millas de distancia de la Tierra está cada estrella?
- ¿Cómo conviertes años luz en millas?
- ¿Qué notación es más fácil de usar para escribir distancias largas?

47. Escribir En notación científica, mil millones se escribe 10^9. Explica por qué, en notación científica, 436 mil millones se escribe 4.36×10^{11} en vez de 436×10^9.

Distancia desde la Tierra

Estrella	Distancia (años luz)
Próxima Centauri	4.2
Sirius	8.7
Vega	27
Polaris	431

FUENTE: NASA

48. Física El radio de una molécula de agua es aproximadamente 1.4 angstroms. Un angstrom es 0.00000001 cm. ¿Cuál es el diámetro de la molécula de agua en centímetros? Usa la notación científica.

49. Razonamiento Explica cómo cambia el exponente de 10 cuando multiplicas un número escrito en notación científica por 100. Muestra un ejemplo.

 **Desafío**

50. Economía El producto bruto interno (PBI) es una medida de la producción económica de un país. En 2005, el PBI de los Estados Unidos fue aproximadamente 1.2×10^{13} dólares. Esto es aproximadamente 3 veces el PBI de los Estados Unidos en 1985. ¿Cuál fue el PBI de los Estados Unidos en 1985?

51. Escribe $\frac{1}{300}$ en notación científica.

Preparación para el examen estandarizado

SAT/ACT

52. Una muestra de laboratorio tiene una masa de 0.000345 g. ¿Cómo se escribe esta cantidad en notación científica?

Ⓐ 0.345×10^{3} Ⓑ 0.345×10^{-3} Ⓒ 3.45×10^{-4} Ⓓ 3.45×10^{4}

53. ¿Cuál es la unión de $\{1, 3, 5, 7\}$ y $\{3, 4, 5\}$?

Ⓕ $\{\ \}$ Ⓖ $\{1, 7\}$ Ⓗ $\{3, 5\}$ Ⓘ $\{1, 3, 4, 5, 7\}$

54. ¿Cuál es la ecuación de la gráfica de la derecha?

Ⓐ $y = 2x - \frac{1}{2}$ Ⓒ $y = \frac{1}{2}x - \frac{1}{2}$

Ⓑ $y = -2x - \frac{1}{2}$ Ⓓ $y = -\frac{1}{2}x + 2$

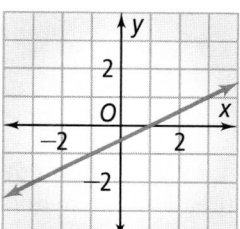

Respuesta breve

55. Un estudiante está reuniendo latas para recaudar dinero para una excursión. El estudiante reúne 150 latas por semana. Haz una gráfica de la situación. ¿Cuántas semanas le tomará al estudiante reunir 1200 latas?

Repaso mixto

Simplifica cada expresión.
◀ Ver la Lección 7-1.

56. cd^{-6} **57.** $a^{0}b^{3}$ **58.** $9w^{-3}$ **59.** $\frac{4m}{n^{-5}}$ **60.** $\frac{3^{-2}}{k^{-5}}$

Representa cada desigualdad lineal con una gráfica.
◀ Ver la Lección 6-5.

61. $y < -\frac{1}{4}x + 2$ **62.** $y \geq \frac{2}{3}x$ **63.** $y < 3x - 4$ **64.** $y > -3x + \frac{1}{2}$

¡Prepárate! Antes de la Lección 7-3, haz los Ejercicios 65 a 70.

Vuelve a escribir cada expresión con exponentes.
◀ Ver la página 794.

65. $t \cdot t \cdot t \cdot t \cdot t \cdot t \cdot t$ **66.** $(6 - m)(6 - m)(6 - m)$ **67.** $(r + 2)(r + 2)(r + 2)(r + 2)$

68. $5 \cdot 5 \cdot 5 \cdot s \cdot s \cdot s$ **69.** $2 \cdot 2 \cdot 2 \cdot 2 \cdot 2 \cdot x \cdot x \cdot x$ **70.** $8 \cdot 8 \cdot (x - 1)(x - 1)(x - 1)$

7-3 Multiplicar potencias que tienen la misma base

Objetivo Multiplicar potencias que tienen la misma base.

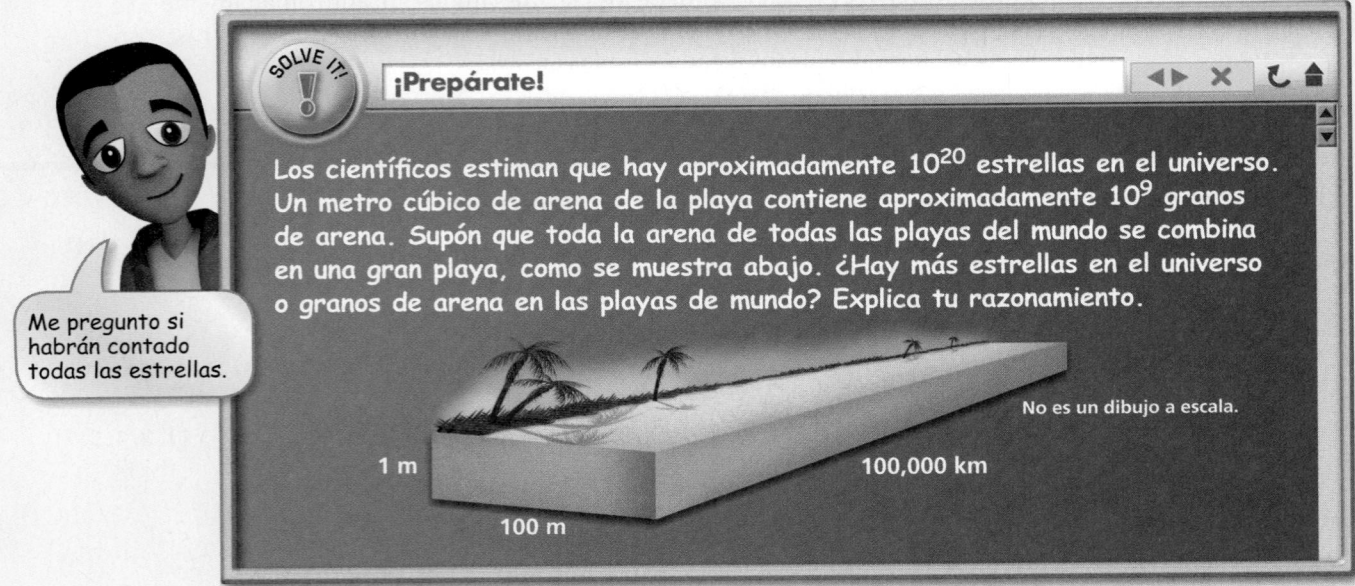

Me pregunto si habrán contado todas las estrellas.

SOLVE IT!

¡Prepárate!

Los científicos estiman que hay aproximadamente 10^{20} estrellas en el universo. Un metro cúbico de arena de la playa contiene aproximadamente 10^9 granos de arena. Supón que toda la arena de todas las playas del mundo se combina en una gran playa, como se muestra abajo. ¿Hay más estrellas en el universo o granos de arena en las playas de mundo? Explica tu razonamiento.

No es un dibujo a escala.

1 m

100,000 km

100 m

Todos los números de la actividad de *Solve It!* son potencias de 10. En esta lección, aprenderás un método para multiplicar potencias que tienen la misma base.

Comprensión esencial Puedes usar una propiedad de exponentes para multiplicar potencias que tienen la misma base.

Puedes escribir un producto de potencias que tienen la misma base, como $3^4 \cdot 3^2$, usando un exponente.

$$3^4 \cdot 3^2 = (3 \cdot 3 \cdot 3 \cdot 3) \cdot (3 \cdot 3) = 3^6$$

Observa que la suma de los exponentes de la expresión $3^4 \cdot 3^2$ es igual al exponente de 3^6.

toma nota

Propiedad   Multiplicar potencias que tienen la misma base

En palabras Para multiplicar potencias que tienen la misma base, suma los exponentes.

Álgebra $a^m \cdot a^n = a^{m+n}$, donde $a \neq 0$ y m y n son enteros

Ejemplos $4^3 \cdot 4^5 = 4^{3+5} = 4^8$ $\qquad$ $b^7 \cdot b^{-4} = b^{7+(-4)} = b^3$

Por qué funciona Puedes usar la multiplicación repetida para volver a escribir un producto de potencias.

$$a^m \cdot a^n = \underbrace{(a \cdot a \cdot \ldots \cdot a)}_{m \text{ factores de } a} \cdot \underbrace{(a \cdot a \cdot \ldots \cdot a)}_{n \text{ factores de } a} = \underbrace{a \cdot a \cdot \ldots \cdot a}_{m + n \text{ factores de } a} = a^{m+n}$$

Piensa

¿Cuándo puedes usar la propiedad para multiplicar potencias?
Puedes usar la propiedad para multiplicar potencias cuando las bases de las potencias son iguales.

 Problema 1 **Multiplicar potencias**

¿Cómo se escribe cada expresión usando cada base sólo una vez?

A $12^4 \cdot 12^3 = 12^{4+3}$ Suma los exponentes de las potencias que tienen la misma base.

$= 12^7$ Simplifica el exponente.

B $(-5)^{-2}(-5)^7 = (-5)^{-2+7}$ Suma los exponentes de las potencias que tienen la misma base.

$= (-5)^5$ Simplifica el exponente.

✓ **¿Comprendiste?** **1.** ¿Cómo se escribe cada expresión usando cada base sólo una vez?

a. $8^3 \cdot 8^6$ **b.** $(0.5)^{-3}(0.5)^{-8}$ **c.** $9^{-3} \cdot 9^2 \cdot 9^6$

Cuando los factores de la variable tienen más de una base, asegúrate de combinar sólo las potencias que tienen la misma base.

Planea

¿Qué partes de la expresión puedes combinar?
Puedes agrupar los coeficientes y multiplicar. También puedes escribir cualquier potencia que tenga la misma base con un solo exponente.

 Problema 2 **Multiplicar potencias en expresiones algebraicas**

¿Cuál es la forma simplificada de cada expresión?

A $4z^5 \cdot 9z^{-12} = (4 \cdot 9)(z^5 \cdot z^{-12})$ Propiedades conmutativa y asociativa de la multiplicación

$= 36(z^{5+(-12)})$ Multiplica los coeficientes. Suma los exponentes de las potencias que tienen la misma base.

$= 36z^{-7}$ Simplifica el exponente.

$= \dfrac{36}{z^7}$ Vuelve a escribir con un exponente positivo.

B $2a \cdot 9b^4 \cdot 3a^2 = (2 \cdot 9 \cdot 3)(a \cdot a^2)(b^4)$ Propiedades conmutativa y asociativa de la multiplicación

$\boxed{a = a^1}$

$= 54(a^1 \cdot a^2)(b^4)$ Multiplica los coeficientes. Escribe a como a^1.

$= 54(a^{1+2})(b^4)$ Suma los exponentes de las potencias que tienen la misma base.

$= 54a^3b^4$ Simplifica.

✓ **¿Comprendiste?** **2.** ¿Cuál es la forma simplificada de cada expresión de las partes (a) a (c)?

a. $5x^4 \cdot x^9 \cdot 3x$ **b.** $-4c^3 \cdot 7d^2 \cdot 2c^{-2}$ **c.** $j^2 \cdot k^{-2} \cdot 12j$

d. Razonamiento Explica cómo puedes simplificar la expresión $x^a \cdot x^b \cdot x^c$.

Puedes usar la propiedad para multiplicar potencias que tienen la misma base para multiplicar dos números escritos en notación científica.

 Problema 3 **Multiplicar números escritos en notación científica**

¿Cuál es la forma simplificada de $(3 \times 10^5)(5 \times 10^{-12})$? Escribe tu respuesta en notación científica.

Planea

¿Qué números puedes agrupar para calcular más fácilmente?
Agrupa 3 y 5. Agrupa las potencias de 10.

$$(3 \times 10^5)(5 \times 10^{-12}) = (3 \cdot 5)(10^5 \cdot 10^{-12})$$ Propiedades conmutativa y asociativa de la multiplicación

$$= 15 \cdot 10^{-7}$$ Multiplica. Suma los exponentes.

$$= 1.5 \times 10^1 \cdot 10^{-7}$$ Escribe 15 en notación científica.

$$= 1.5 \times 10^{-6}$$ Suma los exponentes.

¿Comprendiste? **3.** ¿Cuál es la forma simplificada de $(7 \times 10^8)(4 \times 10^5)$? Escribe tu respuesta en notación científica.

 **Problema 4** **Multiplicar números escritos en notación científica**

Química A los 20 °C, un metro cúbico de agua tiene una masa de aproximadamente 9.98×10^5 g. Cada gramo de agua contiene aproximadamente 3.34×10^{22} moléculas de agua. Aproximadamente, ¿cuántas moléculas de agua contiene la gota de agua que se muestra abajo?

1 m³

$V = 1.13 \times 10^{-7} \, \text{m}^3$

Planea

¿Cómo hallas la cantidad de moléculas?
Usa el análisis de unidades. Divide y elimina las unidades comunes.

$$\text{moléculas de agua} = \cancel{\text{metros cúbicos}} \cdot \frac{\text{gramos}}{\cancel{\text{metros cúbicos}}} \cdot \frac{\text{molécula}}{\cancel{\text{gramos}}}$$ Usa el análisis de unidades.

$$= (1.13 \times 10^{-7}) \cdot (9.98 \times 10^5) \cdot (3.34 \times 10^{22})$$ Sustituye.

$$= (1.13 \cdot 9.98 \cdot 3.34) \times (10^{-7} \cdot 10^5 \cdot 10^{22})$$ Propiedades conmutativa y asociativa de la multiplicación

$$\approx 37.7 \times 10^{-7+5+22}$$ Multiplica. Suma los exponentes.

$$= 37.7 \times 10^{20}$$ Simplifica.

$$= 3.77 \times 10^{21}$$ Escribe en notación científica.

La gota de agua contiene aproximadamente 3.77×10^{21} moléculas de agua.

 ¿Comprendiste? **4.** Aproximadamente, ¿cuántas moléculas de agua hay en una piscina que contiene 200 m³ de agua? Escribe tu respuesta en notación científica.

Comprobar la comprensión de la lección

¿CÓMO hacerlo?

1. ¿Cómo se escribe $8^4 \cdot 8^8$ usando cada base sólo una vez?

2. ¿Cuál es la forma simplificada de $2n^3 \cdot 3n^{-2}$?

3. ¿Cómo se escribe $(3 \times 10^5)(8 \times 10^4)$ en notación científica?

4. **Medición** El diámetro de una moneda de 1¢ es aproximadamente 1.9×10^{-5} km. Se necesitarían aproximadamente 2.1×10^9 monedas de 1¢ colocadas una al lado de la otra para rodear el Ecuador una vez. ¿Cuál es la longitud aproximada del Ecuador?

¿Lo ENTIENDES?

5. **Escribir** ¿Puedes escribir $x^8 \cdot y^3$ como una sola potencia? Explica tu razonamiento.

6. **Razonamiento** Supón que $a \times 10^m$ y $b \times 10^n$ son dos números escritos en notación científica. Su producto $ab \times 10^{m+n}$, ¿es *siempre, a veces* o *nunca* un número escrito en notación científica? Justifica tu respuesta.

7. **Analizar errores** Tu amigo dice que $4a^2 \cdot 3a^5 = 7a^7$. ¿Estás de acuerdo con tu amigo? Explica tu respuesta.

Ejercicios de práctica y resolución de problemas

 **Práctica**

Vuelve a escribir cada expresión usando cada base sólo una vez. ◀ Ver el Problema 1.

8. $7^3 \cdot 7^4$

9. $(-6)^{12} \cdot (-6)^5 \cdot (-6)^2$

10. $9^6 \cdot 9^{-4} \cdot 9^{-2}$

11. $2^2 \cdot 2^7 \cdot 2^0$

12. $5^{-2} \cdot 5^{-4} \cdot 5^8$

13. $(-8)^5 \cdot (-8)^{-5}$

Simplifica cada expresión. ◀ Ver el Problema 2.

14. $m^3 m^4$

15. $5c^4 \cdot c^6$

16. $4t^{-5} \cdot 2t^{-3}$

17. $(7x^5)(8x)$

18. $3x^2 \cdot x^2$

19. $(-2.4n^4)(2n^{-1})$

20. $b^{-2} \cdot b^4 \cdot b$

21. $(-2m^3)(3.5m^{-3})$

22. $(15a^3)(-3a)$

23. $(x^5y^2)(x^{-6}y)$

24. $(5x^5)(3y^6)(3x^2)$

25. $(4c^4)(ac^3)(-3a^5c)$

26. $x^6 \cdot y^2 \cdot x^4$

27. $a^6b^3 \cdot a^2b^{-2}$

28. $-m^2 \cdot 4r^3 \cdot 12r^{-4} \cdot 5m$

Simplifica cada expresión. Escribe cada respuesta en notación científica. ◀ Ver el Problema 3.

29. $(2 \times 10^3)(3 \times 10^2)$

30. $(2 \times 10^6)(3 \times 10^3)$

31. $(4 \times 10^6) \cdot 10^{-3}$

32. $(1 \times 10^3)(3.4 \times 10^{-8})$

33. $(8 \times 10^{-5})(7 \times 10^{-3})$

34. $(5 \times 10^7)(3 \times 10^{14})$

Escribe cada respuesta en notación científica. ◀ Ver el Problema 4.

35. **Astronomía** La distancia que recorre la luz en un segundo (un segundo luz) es aproximadamente 1.86×10^5 mi. Saturno está aproximadamente a 475 segundos luz del Sol. ¿A aproximadamente cuántas millas del Sol está Saturno?

36. **Biología** El cuerpo humano contiene aproximadamente 2.7×10^4 microlitros (μL) de sangre por cada libra que pesa el cuerpo. Cada microlitro de sangre contiene aproximadamente 7×10^4 glóbulos blancos. ¿Aproximadamente cuántos glóbulos blancos hay en el cuerpo de una persona que pesa 140 lb?

Aplicación **Completa cada ecuación.**

37. $5^2 \cdot 5^{\blacksquare} = 5^{11}$

38. $5^7 \cdot 5^{\blacksquare} = 5^3$

39. $2^{\blacksquare} \cdot 2^4 = 2^1$

40. $c^{-5} \cdot c^{\blacksquare} = c^6$

41. $m^{\blacksquare} \cdot m^{-4} = m^{-9}$

42. $a \cdot a \cdot a^3 = a^{\blacksquare}$

43. $a^{\blacksquare} \cdot a^4 = 1$

44. $a^{12} \cdot a^{\blacksquare} = a^{12}$

45. $x^3 y^{\blacksquare} \cdot x^{\blacksquare} = y^2$

46. Pensar en un plan Un litro de agua contiene aproximadamente 3.35×10^{25} moléculas. El río Mississippi vierte aproximadamente 1.7×10^7 L de agua por segundo. ¿Aproximadamente cuántas moléculas vierte el río Mississippi por minuto? Escribe tu respuesta en notación científica.

- ¿Cómo puedes usar el análisis de unidades como ayuda para hallar la respuesta?
- ¿Qué propiedades puedes usar para calcular más fácilmente?

Geometría **Halla el área de cada figura.**

47.
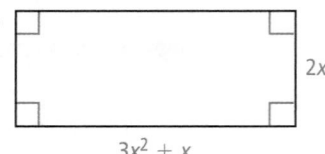
$2x$

$3x^2 + x$

48.
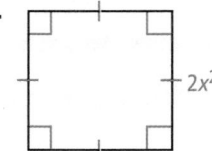
$2x^2$

49.
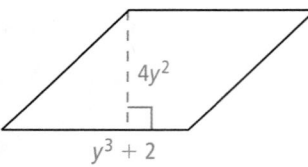
$4y^2$

$y^3 + 2$

50.
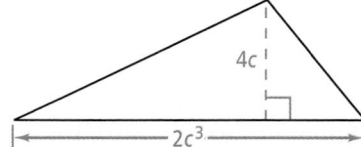
$4c$

$2c^3$

Simplifica cada expresión. Escribe cada respuesta en notación científica.

51. $(9 \times 10^7)(3 \times 10^{-16})$

52. $(8 \times 10^{-3})(0.1 \times 10^9)$

53. $(0.7 \times 10^{-12})(0.3 \times 10^8)$

54. $(0.4 \times 10^0)(3 \times 10^{-4})$

55. $(0.2 \times 10^5)(4 \times 10^{-12})$

56. $(0.5 \times 10^{13})(0.3 \times 10^{-4})$

57. Química En química, un *mol* es una unidad de medida igual a 6.02×10^{23} átomos de una sustancia. La masa de un solo átomo de neón es aproximadamente 3.35×10^{-23} g. ¿Cuál es la masa de 2 mols de átomos de neón? Escribe tu respuesta en notación científica.

Simplifica cada expresión.

58. $\dfrac{1}{x^3 \cdot x^{-7}}$

59. $\dfrac{1}{a^4 \cdot a^{-3}}$

60. $\dfrac{4}{c \cdot c^{-5}}$

61. $2a^3(3a + 1)$

62. $8m^3(m^4 + 2)$

63. $-4x^3(3x^3 - 10x)$

64. a. Respuesta de desarrollo Escribe y^6 como el producto de dos potencias que tienen la misma base de cuatro maneras diferentes. Usa sólo exponentes positivos.

b. Escribe y^6 como el producto de dos potencias que tienen la misma base de cuatro maneras diferentes, usando exponentes negativos o el exponente cero en cada producto.

c. Razonamiento ¿De cuántas maneras puedes escribir y^6 como el producto de dos potencias? Explica tu razonamiento.

C **Desafío**

Simplifica cada expresión.

65. $3^x \cdot 3^{2-x} \cdot 3^2$

66. $2^n \cdot 2^{n+2} \cdot 2$

67. $3^x \cdot 2^y \cdot 3^2 \cdot 2^x$

68. $(a + b)^2(a + b)^{-3}$

69. $(t + 3)^7(t + 3)^{-5}$

70. $5^{x+1} \cdot 5^{1-x}$

71. Naturaleza En un libro, hay una foto ampliada de una abeja carpintera. Una abeja carpintera mide aproximadamente 6×10^{-3} m de largo. La foto mide 13.5 cm de largo. ¿Aproximadamente cuántas veces más larga que la abeja carpintera es la foto?

Preparación para el examen estandarizado

SAT/ACT

72. ¿Cuál es la forma simplificada de $(2x^2y^3)(4xy^{-2})$?

A $6x^3y^5$ B $6x^2y^6$ C $8x^2y$ D $8x^3y$

73. ¿Cuál es el intercepto en x de la gráfica de $5x - 3y = 30$?

F -10 G -6 H 6 I 10

74. En las Olimpíadas de Atenas, el mejor tiempo para los 100 m vallas femeninos fue 2.06×10^{-1} min. ¿Con qué número se puede expresar este tiempo en minutos?

A 0.206 B 20.6 C 206×10^1 D 206×10^{-2}

75. ¿Cuál es la solución de $4x - 5 = 2x + 13$?

F 3 G 4 H 9 I 32

Respuesta desarrollada

76. La empresa de Bill empaqueta sus espejos circulares en cajas que tienen fondo cuadrado, como se muestra a la derecha. Muestra tu trabajo para cada respuesta.

a. ¿Cuál es una expresión para hallar el área del fondo de la caja?

b. Si el espejo tiene un radio de 4 pulgs., ¿cuál es el área del fondo de la caja?

c. El área del fondo de una segunda caja es 196 pulgs.^{2}. ¿Cuál es el diámetro del espejo más grande que cabe en la caja?

Repaso mixto

Escribe cada número en notación científica.

⬅ Ver la Lección 7-2.

77. 2,358,000   **78.** 0.00465   **79.** 0.00007   **80.** 5.1 mil millones

Halla el tercer, el séptimo y el décimo término de la secuencia que describe cada regla.

⬅ Ver la Lección 4-7.

81. $A(n) = 10 + (n - 1)(4)$ **82.** $A(n) = -5 + (n - 1)(2)$ **83.** $A(n) = 1.2 + (n - 1)(-4)$

¡Prepárate! Antes de la Lección 7-4, haz los Ejercicios 84 a 87.

Simplifica cada expresión.

⬅ Ver la Lección 7-1.

84. $(-2)^{-4}$ **85.** $5xy^0$ **86.** $4m^{-1}n^2$ **87.** $-3x^3y^{-2}z^6$

Potencias de potencias y potencias de productos

Puedes usar patrones para hallar un método abreviado para simplificar una potencia elevada a una potencia o un producto elevado a una potencia.

Actividad 1

Copia y completa los enunciados de los Ejercicios 1 a 6.

1. $(4^5)^2 = 4^5 \cdot 4^5 = 4^{\blacksquare + \blacksquare} = 4^{5 \cdot \blacksquare} = 4^{\blacksquare}$

2. $(3^6)^3 = 3^6 \cdot 3^6 \cdot 3^6 = 3^{\blacksquare + \blacksquare + \blacksquare} = 3^{6 \cdot \blacksquare} = 3^{\blacksquare}$

3. $(5^8)^4 = 5^8 \cdot 5^8 \cdot 5^8 \cdot 5^8 = 5^{\blacksquare + \blacksquare + \blacksquare + \blacksquare} = 5^{8 \cdot \blacksquare} = 5^{\blacksquare}$

4. $(a^4)^2 = a^4 \cdot a^4 = a^{\blacksquare + \blacksquare} = a^{4 \cdot \blacksquare} = a^{\blacksquare}$

5. $(n^2)^3 = \blacksquare \cdot \blacksquare \cdot \blacksquare = n^{\blacksquare + \blacksquare + \blacksquare} = n^{2 \cdot \blacksquare} = n^{\blacksquare}$

6. $(x^5)^4 = \blacksquare \cdot \blacksquare \cdot \blacksquare \cdot \blacksquare = x^{\blacksquare + \blacksquare + \blacksquare + \blacksquare} = x^{5 \cdot \blacksquare} = x^{\blacksquare}$

7. a. Buscar un patrón ¿Qué patrón ves en tus respuestas de los Ejercicios 1 a 6?

b. Predecir Usa tu patrón para simplificar $(y^{11})^{33}$.

Actividad 2

Copia y completa los enunciados de los Ejercicios 8 a 12.

8. $(3n)^2 = 3n \cdot 3n = (3 \cdot 3)(n \cdot n) = 3^{\blacksquare} n^{\blacksquare}$

9. $(2x)^3 = 2x \cdot 2x \cdot 2x = (2 \cdot 2 \cdot 2)(x \cdot x \cdot x) = 2^{\blacksquare} x^{\blacksquare}$

10. $(ab)^2 = ab \cdot ab = (a \cdot a)(b \cdot b) = a^{\blacksquare} b^{\blacksquare}$

11. $(xy)^3 = xy \cdot xy \cdot xy = (\blacksquare \cdot \blacksquare \cdot \blacksquare)(\blacksquare \cdot \blacksquare \cdot \blacksquare) = x^{\blacksquare} y^{\blacksquare}$

12. $(pq)^4 = \blacksquare \cdot \blacksquare \cdot \blacksquare \cdot \blacksquare = (\blacksquare \cdot \blacksquare \cdot \blacksquare \cdot \blacksquare)(\blacksquare \cdot \blacksquare \cdot \blacksquare \cdot \blacksquare) = p^{\blacksquare} q^{\blacksquare}$

13. a. Buscar un patrón ¿Qué patrón ves en tus respuestas de los Ejercicios 8 a 12?

b. Predecir Usa tu patrón para simplificar $(rs)^{20}$.

7-4 Más propiedades multiplicativas de los exponentes

Objetivos Elevar una potencia a una potencia.
Elevar un producto a una potencia.

¡Cuidado! Al multiplicar r por 2.5, no estás multiplicando el volumen por 2.5.

Actividades dinámicas
Multiplicar expresiones exponenciales

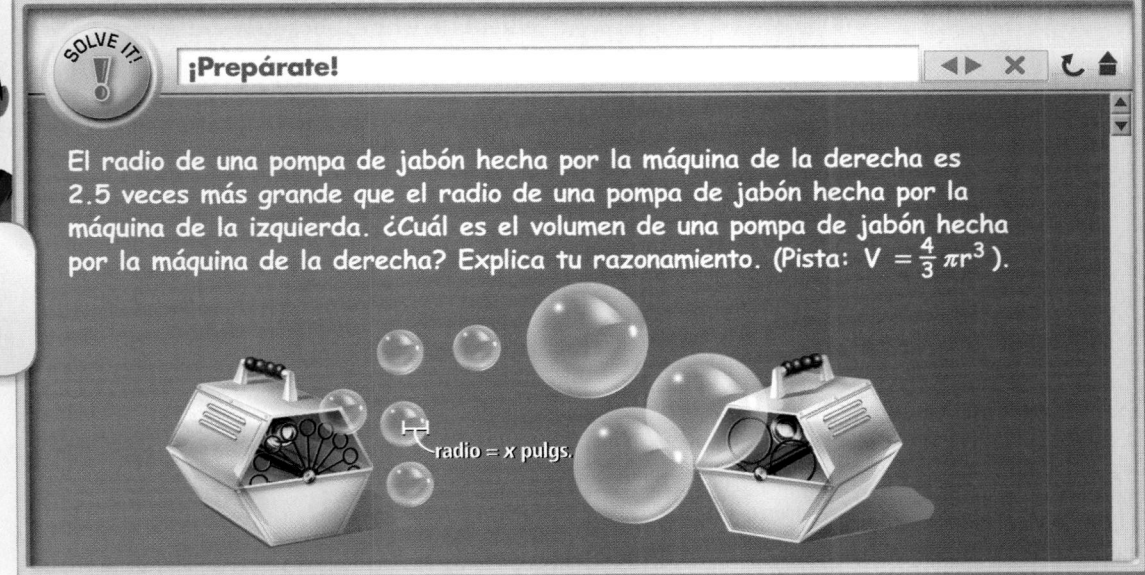

SOLVE IT!

¡Prepárate!

El radio de una pompa de jabón hecha por la máquina de la derecha es 2.5 veces más grande que el radio de una pompa de jabón hecha por la máquina de la izquierda. ¿Cuál es el volumen de una pompa de jabón hecha por la máquina de la derecha? Explica tu razonamiento. (Pista: $V = \frac{4}{3}\pi r^3$).

radio = x pulgs.

En la actividad de *Solve It!*, la expresión para el volumen de la pompa de jabón más grande incluye un producto elevado a una potencia. En esta lección usarás las propiedades de los exponentes para simplificar expresiones similares.

Comprensión esencial Puedes usar las propiedades de los exponentes para simplificar una potencia elevada a una potencia o un producto elevado a una potencia.

Puedes usar la multiplicación repetida para simplificar una potencia elevada a una potencia.

$$(x^5)^2 = x^5 \cdot x^5 = x^{5+5} = x^{5 \cdot 2} = x^{10}$$

Observa que $(x^5)^2 = x^{5 \cdot 2}$. Elevar una potencia a una potencia es igual a elevar la base al producto de los exponentes.

---

toma nota

Propiedad Elevar una potencia a una potencia

En palabras Para elevar una potencia a una potencia, multiplica los exponentes.

Álgebra $(a^m)^n = a^{mn}$, donde $a \neq 0$ y m y n son enteros

Ejemplos $(5^4)^2 = 5^{4 \cdot 2} = 5^8$ $\qquad\qquad (m^3)^5 = m^{3 \cdot 5} = m^{15}$

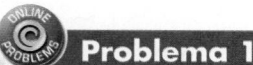 **Problema 1** **Simplificar una potencia elevada a una potencia**

¿Cuál es la forma simplificada de $(n^4)^7$?

$(n^4)^7 = n^{4 \cdot 7}$ Multiplica los exponentes al elevar una potencia a una potencia.

$\qquad\quad = n^{28}$ Simplifica.

 ¿Comprendiste? **1.** ¿Cuál es la forma simplificada de cada expresión en las partes (a) a (c)?

a. $(p^5)^4$ **b.** $(p^4)^5$ **c.** $(p^{-5})^4$

d. Razonamiento ¿Es $(a^m)^n = (a^n)^m$ verdadero para todos los enteros m y n? Explica tu respuesta.

Usa el orden de las operaciones cuando simplificas una expresión exponencial.

 Problema 2 **Simplificar una expresión con potencias**

¿Cuál es la forma simplificada de $y^3(y^5)^{-2}$?

Piensa

Al elevar una potencia a una potencia, multiplicas los exponentes.

Al multiplicar potencias que tienen la misma base, sumas los exponentes.

Escribe la expresión usando sólo exponentes positivos.

Escribe

$y^3(y^5)^{-2} = y^3 y^{5 \cdot (-2)}$

$\qquad\qquad = y^3 y^{-10}$

$\qquad\qquad = y^{3+(-10)}$

$\qquad\qquad = y^{-7}$

$\qquad\qquad = \dfrac{1}{y^7}$

 ¿Comprendiste? **2.** ¿Cuál es la forma simplificada de cada expresión?

a. $x^2(x^6)^{-4}$ **b.** $w^{-2}(w^7)^3$ **c.** $(r^{-5})^{-2}r^3$

Puedes usar la multiplicación repetida para simplificar una expresión como $(4m)^3$.

$(4m)^3 = 4m \cdot 4m \cdot 4m$

$\qquad\quad = 4 \cdot 4 \cdot 4 \cdot m \cdot m \cdot m$

$\qquad\quad = 4^3 m^3$

$\qquad\quad = 64m^3$

Observa que $(4m)^3 = 4^3 m^3$. Este ejemplo ilustra otra propiedad de los exponentes.

Propiedad   Elevar un producto a una potencia

En palabras   Para elevar un producto a una potencia, eleva cada factor a la potencia y multiplica.

Álgebra $(ab)^n = a^n b^n$, donde $a \neq 0$, $b \neq 0$ y n es un entero

Ejemplo $(3x)^4 = 3^4 x^4 = 81x^4$

Problema 3   Simplificar un producto elevado a una potencia

Opción múltiple   ¿Qué expresión representa el área del cuadrado?

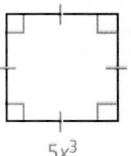

(A) $10x^3$ (C) $25x^5$

(B) $5x^6$ (D) $25x^6$

$5x^3$

$(5x^3)^2 = 5^2(x^3)^2$ Eleva cada factor a la segunda potencia.

$\qquad\quad = 5^2 x^6$ Multiplica los exponentes de una potencia elevada a una potencia.

$\qquad\quad = 25x^6$ Simplifica.

La respuesta correcta es D.

Planea

¿Cómo hallas el área de un cuadrado?
El área de un cuadrado con una longitud de un lado l es l^2. Eleva la longitud del lado del cuadrado al cuadrado para hallar el área.

¿Comprendiste?   **3.** ¿Cuál es la forma simplificada de cada expresión?

a. $(7m^9)^3$ **b.** $(2z)^{-4}$ **c.** $(3g^4)^{-2}$

Problema 4   Simplificar una expresión con productos

¿Cuál es la forma simplificada de $(n^5)^2(4mn^{-2})^3$ **?**

$(n^5)^2(4mn^{-2})^3 = (n^5)^2 4^3 m^3 (n^{-2})^3$ Eleva cada factor de $4mn^{-2}$ a la tercera potencia.

$\qquad\qquad\qquad = n^{10} 4^3 m^3 n^{-6}$ Multiplica los exponentes de una potencia elevada a una potencia.

$\qquad\qquad\qquad = 4^3 m^3 n^{10} n^{-6}$ Propiedad conmutativa de la multiplicación

$\qquad\qquad\qquad = 4^3 m^3 n^{10+(-6)}$ Suma los exponentes de las potencias que tienen la misma base.

$\qquad\qquad\qquad = 64 m^3 n^4$ Simplifica.

Piensa

¿Cuál es el exponente de m?
Tiene un exponente implícito de 1. Al igual que con los coeficientes, no necesitas escribir los exponentes de 1.

¿Comprendiste?   **4.** ¿Cuál es la forma simplificada de cada expresión?

a. $(x^{-2})^2(3xy^5)^4$ **b.** $(3c^5)^4(c^2)^3$ **c.** $(6ab)^3(5a^{-3})^2$

Puedes usar la propiedad de elevar un producto a una potencia para resolver problemas que incluyen la notación científica. Por ejemplo, para simplificar la expresión $(3 \times 10^8)^2$, elevas 3 y 10^8 a la segunda potencia. Luego, multiplicas las dos potencias.

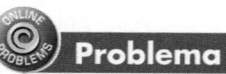

Problema 5 **Elevar un número escrito en notación científica a una potencia**

Aviones La expresión $\frac{1}{2}mv^2$ indica la energía cinética, en julios, de un objeto con una masa de m kg que viaja a una velocidad de v metros por segundo. ¿Cuál es la energía cinética de un avión experimental sin tripulación con una masa de 1.3×10^3 kg que viaja a una velocidad de aproximadamente 3.1×10^3 m/s?

Planea

¿Cómo elevas un número escrito en notación científica a una potencia?
Un número escrito en notación científica es un producto. Usa la propiedad para elevar un producto a una potencia.

$\frac{1}{2}mv^2 = \frac{1}{2} \cdot (1.3 \times 10^3)(3.1 \times 10^3)^2$ Sustituye m y v por los valores en la expresión.

$= \frac{1}{2} \cdot 1.3 \cdot 10^3 \cdot 3.1^2 \cdot (10^3)^2$ Eleva los dos factores a la segunda potencia.

$= \frac{1}{2} \cdot 1.3 \cdot 10^3 \cdot 3.1^2 \cdot 10^6$ Multiplica los exponentes de una potencia elevada a una potencia.

$= \frac{1}{2} \cdot 1.3 \cdot 3.1^2 \cdot 10^3 \cdot 10^6$ Usa la propiedad conmutativa de la multiplicación.

$= \frac{1}{2} \cdot 1.3 \cdot 3.1^2 \cdot 10^{3+6}$ Suma los exponentes de las potencias que tienen la misma base.

$= 6.2465 \times 10^9$ Simplifica. Escribe en notación científica.

El avión tiene una energía cinética de aproximadamente 6.2×10^9 julios.

 ¿Comprendiste? **5.** ¿Cuál es la energía cinética de un avión con una masa de 2.5×10^5 kg que viaja a una velocidad de 3×10^2 m/s?

Comprobar la comprensión de la lección

¿CÓMO hacerlo?

Simplifica cada expresión.

1. $(n^3)^6$

2. $(b^{-7})^3$

3. $(3a)^4$

4. $(9x^5)^2(x^2)^5$

Simplifica cada expresión. Escribe cada respuesta en notación científica.

5. $(4 \times 10^5)^2$

6. $(2 \times 10^{-3})^5$

¿Lo ENTIENDES?

7. Vocabulario Compara y contrasta la propiedad de elevar una potencia a una potencia y la propiedad de multiplicar potencias que tienen la misma base.

8. Analizar errores Un estudiante simplificó $x^5 + x^5$ como x^{10}. Otro estudiante simplificó $x^5 + x^5$ como $2x^5$. ¿Qué estudiante tiene razón? Explica tu respuesta.

9. Respuesta de desarrollo Escribe cuatro expresiones diferentes que sean equivalentes a $(x^4)^3$.

Ejercicios de práctica y resolución de problemas

 **Práctica** Simplifica cada expresión. ⬅ **Ver los Problemas 1 y 2.**

10. $(n^8)^4$

11. $(n^4)^8$

12. $(c^2)^5$

13. $(q^{10})^{10}$

14. $(w^7)^{-1}$

15. $(x^3)^{-5}$

16. $d(d^{-2})^{-9}$

17. $(z^8)^0 z^5$

18. $(a^5)^3 c^4$

19. $(c^3)^5(d^3)^0$

20. $(t^2)^{-2}(t^2)^{-5}$

21. $(m^3)^{-1}(x^2)^5$

Simplifica cada expresión.

◀ Ver los Problemas 3 y 4.

22. $(4m)^5$

23. $(7a)^{-2}$

24. $(5y)^4$

25. $(12g^4)^{-1}$

26. $(3n^{-6})^{-4}$

27. $(2y^4)^{-3}$

28. $(xy)^0$

29. $(r^2s)^5$

30. $(2x)^3 x^2$

31. $(y^2z^{-3})^5(y^3)^2$

32. $(mg^4)^{-1}(mg^4)$

33. $p(p^{-7}q^3)^{-2}q^{-3}$

34. $(3b^{-2})^2(a^2b^4)^3$

35. $c^{-12}(c^{-2}d)^3 d^5$

36. $(2j^2k^4)^{-5}(k^{-1}j^7)^6$

37. $4j^2k^6(2j^{11})^3k^5$

Simplifica. Escribe cada respuesta en notación científica.

◀ Ver el Problema 5.

38. $(3 \times 10^5)^2$

39. $(4 \times 10^2)^5$

40. $(2 \times 10^{-10})^3$

41. $(2 \times 10^{-3})^3$

42. $(7.4 \times 10^4)^2$

43. $(6.25 \times 10^{-12})^{-2}$

44. $(3.5 \times 10^{-4})^3$

45. $(2.37 \times 10^8)^3$

46. Geometría El radio de un cilindro es 7.8×10^{-4} m. La altura del cilindro es 3.4×10^{-2} m. ¿Cuál es el volumen del cilindro? Escribe tu respuesta en notación científica. (*Pista:* $V = \pi r^2 h$).

B Aplicación

Completa cada ecuación.

47. $(b^2)^{\blacksquare} = b^8$

48. $(m^{\blacksquare})^3 = m^{-12}$

49. $(x^{\blacksquare})^7 = x^6$

50. $(n^9)^{\blacksquare} = 1$

51. $(y^{-4})^{\blacksquare} = y^{12}$

52. $7(c^1)^{\blacksquare} = 7c^8$

53. $(5x^{\blacksquare})^2 = 25x^{-4}$

54. $(3x^3y^{\blacksquare})^3 = 27x^9$

55. $(m^2n^3)^{\blacksquare} = \dfrac{1}{m^6n^9}$

56. Pensar en un plan ¿Cuántas veces el volumen del cubo pequeño es el volumen del cubo grande?

- ¿Qué expresión puedes escribir para hallar el volumen del cubo pequeño? ¿Y para hallar el volumen del cubo grande?
- ¿Qué propiedad de los exponentes puedes usar para simplificar las expresiones de volumen?

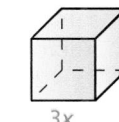

$3x$

$6x$

Simplifica cada expresión.

57. $3^2(3x)^3$

58. $(4.1)^5(4.1)^{-5}$

59. $(b^5)^3b^2$

60. $(-5x)^2 + 5x^2$

61. $(-2a^2b)^3(ab)^3$

62. $(2x^{-3})^2(0.2x)^2$

63. $4xy^2 0^4(-y)^{-3}$

64. $(10^3)^4(4.3 \times 10^{-8})$

65. $(3^7)^2(3^{-4})^3$

66. Razonamiento Simplifica $(x^2)^3$ y x^{2^3}. ¿Son equivalentes las expresiones? Explica tu respuesta.

67. Medición ¿Cuántos milímetros cúbicos hay en un metro cúbico? Escribe tu respuesta como una potencia de 10.

68. Energía eólica La potencia que genera una turbina eólica depende de la velocidad del viento. La expresión $800v^3$ indica la potencia en vatios para una determinada turbina eólica a una velocidad del viento v, expresada en metros por segundo. Si la velocidad del viento se triplica, ¿por qué factor se incrementa la potencia generada por la turbina eólica?

69. ¿Puedes escribir la expresión $49x^2y^2z^2$ usando un solo exponente? Muestra cómo puedes hacerlo o explica por qué no es posible.

70. a. Geografía La Tierra tiene un radio de aproximadamente 6.4×10^6 m. ¿Cuál es el área total aproximada de la Tierra? Usa la fórmula para el área total de una esfera, A.T. $= 4\pi r^2$. Escribe tu respuesta en notación científica.

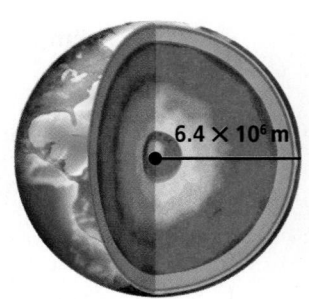

6.4 × 10⁶ m

b. Los océanos cubren aproximadamente el 70% de la superficie de la Tierra. Aproximadamente, ¿cuántos metros cuadrados de la superficie de la Tierra están cubiertos por el agua de los océanos?

c. Los océanos tienen un promedio de profundidad de 3790 m. Estima el volumen del agua de los océanos de la Tierra.

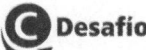 **Desafío** Resuelve cada ecuación. Usa el dato que si $a^x = a^y$, entonces $x = y$.

71. $5^6 = 25^x$

72. $3^x = 27^4$

73. $8^2 = 2^x$

74. $4^x = 2^6$

75. $3^{2x} = 9^4$

76. $2^x = \frac{1}{32}$

77. Razonamiento ¿Cuántas maneras diferentes hay de volver a escribir la expresión $16x^4$ usando sólo la propiedad de elevar un producto a una potencia? Muestra las maneras.

Preparación para el examen estandarizado

SAT/ACT

78. ¿Qué expresión NO es igual a $25n^{12}$?

Ⓐ $(5n^6)^2$ Ⓑ $(5n^3)(5n^9)$ Ⓒ $25(n^3)^9$ Ⓓ $5^2(n^2)^6$

79. Una mañana, un empleado lavó 4 carros y 2 microbuses en menos de 115 min. Esa tarde, el empleado tardó más de 150 min para lavar 3 carros y 5 microbuses. La información se puede representar con las desigualdades $4x + 2y < 115$ y $3x + 5y > 150$, donde x es el tiempo que le toma lavar un carro y y es el tiempo que le toma lavar un microbús. ¿Qué región de la gráfica de la derecha representa la cantidad posible de minutos que le toma lavar un carro y un microbús?

Ⓕ A Ⓖ B Ⓗ C Ⓘ D

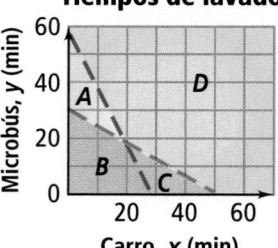

Tiempos de lavado

Microbús, y (min)

Carro, x (min)

Respuesta breve

80. Un caracol se desplaza a una velocidad de 3×10^{-2} mi/h. ¿Cuál es la velocidad del caracol en pulgadas por minuto? Muestra tu trabajo.

Repaso mixto

Simplifica cada expresión.

◀ Ver la Lección 7-3.

81. $bc^{-6}b^3$

82. $(a^2b^3)(a^6)$

83. $9m^3(6m^2n^4)$

84. $2t(-2t^4)$

Halla la pendiente de la recta que pasa a través de cada par de puntos.

◀ Ver la Lección 5-1.

85. $(0, 3), (4, 0)$

86. $(2, -5), (3, 1)$

87. $(-3, 6), (1, 0)$

88. $(0, 0), (1, -9)$

¡Prepárate! Antes de la Lección 7-5, haz los Ejercicios 89 a 93.

Escribe cada fracción en su mínima expresión.

◀ Ver la página 789.

89. $\frac{5}{20}$

90. $\frac{124}{4}$

91. $\frac{6}{15}$

92. $\frac{5xy}{15x}$

93. $\frac{3ac}{12a}$

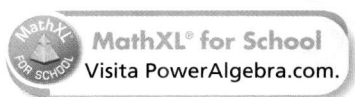
¿CÓMO hacerlo?

Simplifica cada expresión.

1. $5^{-1}(3^{-2})$

2. $(r^{-5})^{-4}$

3. $(2x^5)(3x^{12})$

4. $\dfrac{mn^{-4}}{p^0q^{-2}}$

5. $a^2b^0(a^{-3})$

6. $(3^2)^{-1}(4m^2)^3$

7. $(2m^3)^0(3m^6)^{-1}$

8. $(3t^2)^3(2t^0)^{-3}$

Escribe cada número en notación científica.

9. 48,030,000,000

10. 0.0042

11. 0.0000312

12. 76 millones

Escribe cada número en notación estándar.

13. 8.3×10^9

14. 6.12×10^3

15. 1.2×10^{-4}

16. 4.326×10^{-1}

Simplifica. Escribe cada respuesta en notación científica.

17. $0.5(8 \times 10^5)$

18. $(4 \times 10^7)(3 \times 10^{-1})$

19. $(6 \times 10^5)(1.2 \times 10^8)$

20. $(9 \times 10^{-3})^2$

21. **Astronomía** El radio de Marte es aproximadamente 3.4×10^3 km.

   a. ¿Cuál es el área total aproximada de Marte? Usa la fórmula para el área total de una esfera, A.T. $= 4\pi r^2$. Escribe tu respuesta en notación científica.

   b. Escribe tu respuesta de la parte (a) en forma estándar.

22. **Geometría** Una caja tiene un fondo cuadrado cuyos lados miden $3x^2$ cm. de longitud. La altura de la caja es $4xy$ cm. ¿Cuál es el volumen de la caja?

23. Evalúa $\frac{1}{2}a^{-4}b^2$ para $a = -2$ y $b = 4$.

¿Lo ENTIENDES?

24. **Razonamiento** Una población de bacterias se triplica cada semana en un laboratorio. La cantidad de bacterias está representada por la expresión $900 \cdot 3^x$, donde x es el número de semanas después de que el científico midió el tamaño de la población. Cuando $x = -2$, ¿qué representa el valor de la expresión?

25. Usa las propiedades de los exponentes para explicar si cada una de las siguientes expresiones es igual a 64.

   a. $2^5 \cdot 2$ b. $2^2 \cdot 2^3$ c. $(2^2)(2^2)^2$

26. **Razonamiento** ¿Está el número 10^5 escrito en notación científica? Explica tu respuesta.

27. **Escribir** ¿Es el siguiente enunciado *siempre, a veces* o *nunca* verdadero? Explica tu respuesta.

   Un número elevado a un exponente negativo es negativo.

28. **Analizar errores** Identifica y corrige el error que cometió un estudiante en el siguiente trabajo.

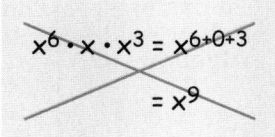

$$x^6 \cdot x \cdot x^3 = x^{6+0+3}$$
$$= x^9$$

7-5 Propiedades de división de los exponentes

Objetivos Dividir potencias que tienen la misma base.
Elevar un cociente a una potencia.

Puedes repasar los porcentajes en la Lección 2-9.

Actividades dinámicas
Dividir expresiones exponenciales

SOLVE IT!

¡Prepárate!

Para fabricar varas de madera, una máquina quita parte de un bloque de madera como se muestra en el diagrama. ¿Qué porcentaje de madera quita la máquina del bloque de madera original para formar la vara? Explica cómo hallaste la respuesta. (Pista: ¿Cuál es el volumen de la vara?).

En la actividad de *Solve It!*, la expresión del volumen de la vara incluye un cociente elevado a una potencia.

Comprensión esencial Puedes usar las propiedades de los exponentes para dividir potencias que tienen la misma base.

Puedes usar la multiplicación repetida para simplificar cocientes de potencias que tienen la misma base. Amplía el numerador y el denominador. Luego, divide y elimina los factores comunes.

$$\frac{4^5}{4^3} = \frac{4 \cdot 4 \cdot 4 \cdot 4 \cdot 4}{4 \cdot 4 \cdot 4} = 4^2$$

Este ejemplo ilustra la siguiente propiedad de los exponentes.

toma nota

Propiedad   Dividir potencias que tienen la misma base

En palabras Para dividir potencias que tienen la misma base, resta los exponentes.

Álgebra $\frac{a^m}{a^n} = a^{m-n}$, donde $a \neq 0$ y m y n son enteros

Ejemplos $\frac{2^6}{2^2} = 2^{6-2} = 2^4$ $\frac{x^4}{x^7} = x^{4-7} = x^{-3} = \frac{1}{x^3}$

Problema 1 Dividir expresiones algebraicas

¿Cuál es la forma simplificada de cada expresión?

 $\dfrac{x^8}{x^3}$

$\dfrac{x^8}{x^3} = x^{8-3}$ Resta los exponentes al dividir potencias que tienen la misma base.

$= x^5$ Simplifica.

B $\dfrac{m^2 n^4}{m^5 n^3}$

$\dfrac{m^2 n^4}{m^5 n^3} = m^{2-5} n^{4-3}$ Resta los exponentes al dividir potencias que tienen la misma base.

$= m^{-3} n^1$ Simplifica los exponentes.

$= \dfrac{n}{m^3}$ Vuelve a escribir con exponentes positivos.

 ¿Comprendiste? 1. ¿Cuál es la forma simplificada de cada expresión?

   a. $\dfrac{y^5}{y^4}$ **b.** $\dfrac{d^3}{d^9}$ **c.** $\dfrac{k^6 j^2}{k j^5}$ **d.** $\dfrac{a^{-3} b^7}{a^5 b^2}$ **e.** $\dfrac{x^4 y^{-1} z^8}{x^4 y^{-5} z}$

Puedes usar la propiedad de división de potencias que tienen la misma base para dividir números escritos en notación científica.

 Problema 2 Dividir números escritos en notación científica

Demografía La densidad de población describe el número de personas que hay por unidad de superficie. Durante un año, la población de Angola fue 1.21×10^7 personas. El área de Angola es 4.81×10^5 mi^2. ¿Cuál fue la densidad de población de Angola ese año?

Lo que sabes
- La población
- El área

Lo que necesitas
La densidad de población

Planea
Escribe la razón de la población al área.

$\dfrac{1.21 \times 10^7}{4.81 \times 10^5} = \dfrac{1.21}{4.81} \times 10^{7-5}$ Resta los exponentes al dividir potencias que tienen la misma base.

$= \dfrac{1.21}{4.81} \times 10^2$ Simplifica el exponente.

$\approx 0.252 \times 10^2$ Divide. Redondea al milésimo más cercano.

$= 25.2$ Escribe en notación estándar.

La densidad de población de Angola fue aproximadamente 25.2 personas por milla cuadrada.

 ¿Comprendiste? 2. Durante un año, Honduras tuvo una población de 7.33×10^6 personas. El área de Honduras es 4.33×10^4 mi^2. ¿Cuál fue la densidad de población de Honduras de ese año?

Puedes usar la multiplicación repetida para simplificar un cociente elevado a una potencia.

$$\left(\frac{x}{y}\right)^3 = \frac{x}{y} \cdot \frac{x}{y} \cdot \frac{x}{y} = \frac{x \cdot x \cdot x}{y \cdot y \cdot y} = \frac{x^3}{y^3}$$

Esto ilustra otra propiedad de los exponentes.

toma nota

Propiedad   Elevar un cociente a una potencia

En palabras   Para elevar un cociente a una potencia, eleva el numerador y el denominador a la potencia y simplifica.

Álgebra $\left(\frac{a}{b}\right)^n = \frac{a^n}{b^n}$, donde $a \neq 0$, $b \neq 0$ y n es un entero

Ejemplos $\left(\frac{3}{5}\right)^3 = \frac{3^3}{5^3} = \frac{27}{125}$ $\left(\frac{x}{y}\right)^5 = \frac{x^5}{y^5}$

Problema 3   Elevar un cociente a una potencia

Opción múltiple ¿Cuál es la forma simplificada de $\left(\frac{z^4}{5}\right)^3$?

Ⓐ $\frac{z^7}{15}$ Ⓑ $\frac{z^{12}}{15}$ Ⓒ $\frac{z^7}{125}$ Ⓓ $\frac{z^{12}}{125}$

$\left(\frac{z^4}{5}\right)^3 = \frac{(z^4)^3}{5^3}$ Eleva el numerador y el denominador a la tercera potencia.

$= \frac{z^{4 \cdot 3}}{5^3}$ Multiplica los exponentes del numerador.

$= \frac{z^{12}}{125}$ Simplifica.

La respuesta correcta es D.

Piensa

¿Cómo puedes comprobar tu respuesta?
Sustituye la variable de la expresión original y de la expresión simplificada por el mismo número. Las expresiones deben ser iguales.

¿Comprendiste? **3. a.** ¿Cuál es la forma simplificada de $\left(\frac{4}{x^3}\right)^2$?

b. Razonamiento Describe dos maneras diferentes de simplificar la expresión $\left(\frac{a^7}{a^5}\right)^3$. ¿Qué método prefieres? Explica tu respuesta.

Puedes escribir una expresión en la forma $\left(\frac{a}{b}\right)^{-n}$ con exponentes positivos.

$\left(\frac{a}{b}\right)^{-n} = \frac{1}{\left(\frac{a}{b}\right)^n}$ Usa la definición de exponente negativo.

$= \frac{1}{\left(\frac{a^n}{b^n}\right)}$ Eleva el cociente a una potencia.

$= 1 \cdot \frac{b^n}{a^n}$ Multiplica por el recíproco de $\frac{a^n}{b^n}$ que es $\frac{b^n}{a^n}$.

$= \frac{b^n}{a^n} = \left(\frac{b}{a}\right)^n$ Simplifica. Escribe el cociente con un exponente.

Por tanto, $\left(\frac{a}{b}\right)^{-n} = \left(\frac{b}{a}\right)^n$ para todos los números a y b distintos de cero y los enteros positivos n.

Simplificar una expresión exponencial

¿Cuál es la forma simplificada de $\left(\frac{2x^6}{y^4}\right)^{-3}$?

$\left(\frac{2x^6}{y^4}\right)^{-3} = \left(\frac{y^4}{2x^6}\right)^{3}$ Vuelve a escribir usando el recíproco de $\frac{2x^6}{y^4}$.

$= \frac{(y^4)^3}{(2x^6)^3}$ Eleva el numerador y el denominador a la tercera potencia.

$= \frac{y^{12}}{8x^{18}}$ Simplifica.

Planea

¿Cómo escribes una expresión en forma simplificada?
Usa las propiedades de los exponentes para escribir cada variable con un solo exponente positivo.

¿Comprendiste? **4.** ¿Cuál es la forma simplificada de $\left(\frac{a}{5b}\right)^{-2}$?

Comprobar la comprensión de la lección

¿CÓMO hacerlo?

Simplifica cada expresión.

1. $\frac{y^3}{y^{10}}$

2. $\left(\frac{x^4}{3}\right)^3$

3. $\left(\frac{m}{n}\right)^{-3}$

4. $\left(\frac{3x^2}{5y^4}\right)^{-4}$

5. Un cubo grande está compuesto por muchos cubos pequeños. El volumen del cubo grande es 7.506×10^5 mm^3. El volumen de cada cubo pequeño es 2.78×10^4 mm^3. ¿Cuántos cubos pequeños conforman el cubo grande?

¿Lo ENTIENDES?

6. Vocabulario ¿En qué se parecen la propiedad de elevar un cociente a una potencia y la propiedad de elevar un producto a una potencia?

7. a. Razonamiento Ross simplifica $\frac{a^3}{a^7}$ como se muestra a la derecha. Explica por qué funciona el método de Ross.

$$\frac{a^3}{a^7} = \frac{1}{a^{7-3}} = \frac{1}{a^4}$$

b. Respuesta de desarrollo Escribe un cociente de potencias y usa el método de Ross para simplificarlo.

Ejercicios de práctica y resolución de problemas

A Práctica   Copia y completa cada ecuación.   ◀ **Ver el Problema 1.**

8. $\frac{5^9}{5^2} = 5^{\blacksquare}$

9. $\frac{2^4}{2^3} = 2^{\blacksquare}$

10. $\frac{3^2}{3^5} = 3^{\blacksquare}$

11. $\frac{5^2 5^3}{5^3 5^2} = 5^{\blacksquare}$

Simplifica cada expresión.

12. $\frac{3^8}{3^6}$

13. $\frac{3^6}{3^8}$

14. $\frac{d^{14}}{d^{17}}$

15. $\frac{n^{-1}}{n^{-4}}$

16. $\frac{5s^{-7}}{10s^{-9}}$

17. $\frac{x^{11}y^3}{x^{11}y}$

18. $\frac{c^3 d^{-5}}{c^4 d^{-1}}$

19. $\frac{10m^6 n^3}{5m^2 n^7}$

20. $\frac{m^3 n^2}{m^{-1} n^3}$

21. $\frac{3^2 m^5 t^6}{3^5 m^7 t^{-5}}$

22. $\frac{x^5 y^{-8} z^3}{xy^{-4} z^3}$

23. $\frac{12a^{-1} b^6 c^{-3}}{4a^5 b^{-1} c^5}$

Simplifica cada cociente. Escribe cada respuesta en notación científica.   ◀ Ver el Problema 2.

24. $\dfrac{5.2 \times 10^{13}}{1.3 \times 10^{7}}$

25. $\dfrac{3.6 \times 10^{-10}}{9 \times 10^{-6}}$

26. $\dfrac{6.5 \times 10^{4}}{5 \times 10^{6}}$

27. $\dfrac{8.4 \times 10^{-5}}{2 \times 10^{-8}}$

28. $\dfrac{4.65 \times 10^{-4}}{3.1 \times 10^{2}}$

29. $\dfrac{3.5 \times 10^{6}}{5 \times 10^{8}}$

30. Computadoras El promedio del tiempo que una computadora tarda en ejecutar una orden se mide en picosegundos. En una hora hay 3.6×10^{15} picosegundos. ¿Qué fracción de segundo es un picosegundo?

31. Fauna y flora Los datos de un conteo de venados de un área boscosa indican que unos 3.16×10^{3} venados habitan 7.228×10^{4} acres de tierra. ¿Cuál es la densidad de población de venados?

32. Astronomía La masa del Sol es 1.998×10^{30} kg. La masa de Saturno es 5.69×10^{26} kg. ¿Cuántas veces mayor que la masa de Saturno es la masa del Sol?

Simplifica cada expresión.   ◀ Ver los Problemas 3 y 4.

33. $\left(\dfrac{3}{8}\right)^{2}$

34. $\left(\dfrac{1}{a}\right)^{3}$

35. $\left(\dfrac{3x}{y}\right)^{4}$

36. $\left(\dfrac{2x}{3y}\right)^{5}$

37. $\left(\dfrac{6}{5^{2}}\right)^{3}$

38. $\left(\dfrac{2^{2}}{2^{3}}\right)^{5}$

39. $\left(\dfrac{8}{n^{5}}\right)^{6}$

40. $\left(\dfrac{2p}{9}\right)^{3}$

41. $\left(\dfrac{2}{5}\right)^{-1}$

42. $\left(\dfrac{5}{4}\right)^{-4}$

43. $\left(-\dfrac{7x^{5}}{5y^{4}}\right)^{-2}$

44. $\left(-\dfrac{2x^{3}}{3y^{4}}\right)^{-3}$

45. $\left(\dfrac{3x^{3}}{15}\right)^{2}$

46. $\left(\dfrac{6n^{2}}{3n}\right)^{-3}$

47. $\left(\dfrac{b^{4}}{b^{7}}\right)^{-5}$

48. $\left(\dfrac{3}{5c^{2}}\right)^{0}$

 **Aplicación**   **Explica por qué cada expresión *no* está en su mínima expresión.**

49. $5^{3}m^{3}$

50. $x^{5}y^{-2}$

51. $(2c)^{4}$

52. $x^{0}y$

53. $\dfrac{d^{7}}{d}$

54. Pensar en un plan Durante un año, aproximadamente 163 millones de adultos mayores de 18 años de los Estados Unidos pasaron un total de aproximadamente 93 mil millones de horas conectados a Internet en su casa. En promedio, ¿cuántas horas por día pasó cada adulto conectado a Internet en su casa?
- ¿Cómo escribes cada número en notación científica?
- ¿Cómo conviertes las unidades a horas por día?

55. Televisión Durante un año, las personas de los Estados Unidos mayores de 18 años miraron un total de 342 mil millones de horas de televisión. La población de los Estados Unidos mayor de 18 años era de aproximadamente 209 millones de personas.
- **a.** En promedio, ¿cuántas horas de televisión miró cada persona mayor de 18 años durante ese año? Redondea a la hora más cercana.
- **b.** En promedio, ¿cuántas horas por semana miró cada persona mayor de 18 años durante ese año? Redondea a la hora más cercana.

¿Qué propiedad o propiedades de los exponentes usarías para simplificar cada expresión?

56. 2^{-3}

57. $\dfrac{2^{2}}{2^{5}}$

58. $\dfrac{1}{2^{-4}2^{7}}$

59. $\dfrac{(2^{4})^{3}}{2^{15}}$

Simplifica cada expresión.

60. $\dfrac{3n^2(5^0)}{2n^3}$

61. $\left(\dfrac{2m^4}{m^2}\right)^{-4}$

62. $\dfrac{3x^3}{(3x)^3}$

63. $\dfrac{(2a^6)(4a)}{8a^3}$

64. $\left(\dfrac{9t^2}{36t}\right)^3$

65. $\left(\dfrac{a^4a}{a^2}\right)^{-3}$

66. $\left(\dfrac{2x^2}{5x^3}\right)^{-2}$

67. $\dfrac{4x^{-2}y^4}{8x^3(y^{-2})^3}$

68. a. Respuesta de desarrollo Escribe tres números mayores que 1000 en notación científica.

   b. Divide cada número por 2.

   c. Razonamiento Cuando divides un número que está en notación científica por 2, ¿el exponente de la potencia de 10 se divide por 2? Explica tu respuesta.

69. Simplifica la expresión $\left(\dfrac{3}{x^2}\right)^{-3}$ de tres maneras diferentes. Justifica cada paso.

70. Geometría El área del rectángulo es $72a^3b^4$. ¿Cuál es la longitud del rectángulo?

   Ⓐ $\dfrac{a^3b^4}{12}$

   Ⓒ $\dfrac{12}{a^3b^4}$

   Ⓑ $12a^2b^3$

   Ⓓ $12a^3b^4$

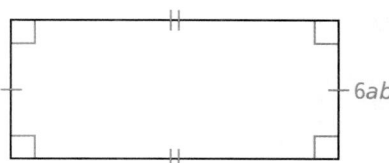
6ab

Simplifica cada expresión.

71. $\left(\dfrac{3xy^5}{x^4y}\right)^{-2}$

72. $\dfrac{m^4n^3p^{-3}}{m^{-2}n^7p^{-8}}$

73. $\dfrac{\left(\frac{1}{4}\right)^{-2}}{\left(\frac{1}{6}\right)^{-3}}$

74. $\dfrac{0.2^3 \cdot 0.2^4}{0.2^7}$

75. $\left(\dfrac{a^{-1}b^3c}{a^2b^4}\right)^6$

76. $\left(\dfrac{(-4)^2}{(-3)^{-3}}\right)^2$

77. $\left(\dfrac{(4x)^2y}{xy^4}\right)^{-2}$

78. $\dfrac{(6a^3)(8b^4)}{(2a^4)(36b^{-1})}$

79. Física La longitud de onda de una onda de radio se define como la velocidad dividida por la frecuencia. Una emisora de radio FM tiene una frecuencia de 9×10^7 ondas por segundo. La velocidad de las ondas es aproximadamente 3×10^8 metros por segundo. ¿Cuál es la longitud de onda de la emisora?

80. a. Analizar errores ¿Qué error cometió el estudiante al simplificar la expresión de la derecha?

   b. ¿Cuál es la forma simplificada correcta de la expresión?

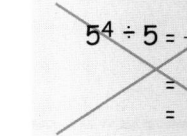
$$54 \div 5 = \dfrac{5^4}{5}$$
$$= 1^4$$
$$= 1$$

81. Escribir Supón que $\dfrac{a^x}{a^y} = a^3$ y $\dfrac{a^x}{a^{3y}} = a^{-5}$. Halla los valores de x y y. Explica cómo hallaste tu respuesta.

82. a. Finanzas En 2000, el gobierno de los Estados Unidos debía aproximadamente \$5.63 billones a sus acreedores. La población de los Estados Unidos era 282.4 millones de personas. ¿Cuánto debía el gobierno por persona en 2000? Redondea al dólar más cercano.

   b. En 2005, la deuda había crecido a \$7.91 billones, con una población de 296.9 millones. ¿Cuánto debía el gobierno por persona en 2005? Redondea al dólar más cercano.

   c. ¿Cuál fue el aumento porcentual en el promedio de la cantidad adeudada por persona de 2000 a 2005?

Escribe cada expresión con un solo exponente. Quizá necesites usar paréntesis.

83. $\dfrac{m^7}{n^7}$

84. $\dfrac{10^7 \cdot 10^0}{10^{-3}}$

85. $\dfrac{27x^3}{8y^3}$

86. $\dfrac{4m^2}{169m^4}$

87. a. Usa la propiedad de división de potencias que tienen la misma base para escribir $\frac{a^0}{a^n}$ como una potencia de a.

b. Usa la definición de exponente cero para simplificar $\frac{a^0}{a^n}$.

c. Razonamiento Explica cómo los resultados de las partes (a) y (b) justifican la definición de exponente negativo.

 **Desafío**

88. Razonamiento Usa la propiedad de la división para mostrar por qué la expresión 0^0 es indefinida.

Simplifica cada expresión.

89. $n^{x+2} \div n^x$

90. $n^{5x} \div n^x$

91. $\left(\dfrac{x^n}{x^{n-2}}\right)^3$

92. $\dfrac{\left(\dfrac{m^4}{m^5}\right)}{m^2}$

93. Astronomía La densidad de un objeto es la razón de su masa a su volumen. Neptuno tiene una masa de 1.02×10^{26} kg. El radio de Neptuno es 2.48×10^4 km. ¿Cuál es la densidad de Neptuno en gramos por metro cúbico? (*Pista:* $V = \frac{4}{3}\pi r^3$).

Preparación para el examen estandarizado

94. ¿Qué expresión es equivalente a $\dfrac{(2x)^5}{x^3}$?

Ⓐ $2x^2$ Ⓑ $32x^2$ Ⓒ $2x^8$ Ⓓ $32x^{-2}$

95. ¿Qué ecuación es una ecuación de la recta que contiene el punto $(8, -3)$ y es perpendicular a la recta $y = -4x + 5$?

Ⓕ $y = -\frac{1}{4}x - 1$ Ⓖ $y = \frac{1}{4}x + \frac{35}{4}$ Ⓗ $y = \frac{1}{4}x - 5$ Ⓘ $y = 4x - 35$

96. ¿Cuál es la solución del sistema de ecuaciones $y = -3x + 5$ y $y = -4x - 1$?

Ⓐ $(23, 6)$ Ⓑ $(6, 23)$ Ⓒ $(-6, 23)$ Ⓓ $(-6, -23)$

Respuesta breve

97. Tienes 8 bolsas de semillas de césped. Cada bolsa cubre 1200 pies² de terreno. La función $A(b) = 1200b$ representa el área $A(b)$, en pies cuadrados, que cubren b bolsas. ¿Qué dominio y rango son razonables para la función? Explica tu respuesta.

Repaso mixto

Simplifica cada expresión.   ◀ **Ver la Lección 7-4.**

98. $(2m^{-7})^3$ **99.** $2(3s^{-2})^{-3}$ **100.** $(4^3c^2)^{-1}$ **101.** $(-3)^2(r^5)^2$ **102.** $(7^0n^{-3})^2(n^7)^3$

Resuelve cada sistema con una gráfica.   ◀ **Ver la Lección 6-1.**

103. $y = 3x$
$y = -2x$

104. $y = 2x + 1$
$y = x - 3$

105. $y = 5$
$x = 3$

106. $y = 7$
$y = 8$

¡Prepárate! Antes de la Lección 7-6, haz los Ejercicios 107 a 110.

Representa cada función con una gráfica.   ◀ **Ver la Lección 4-4.**

107. $y = 4x$ **108.** $y = 5x$ **109.** $y = -3x$ **110.** $y = 1.5x$

Funciones exponenciales

Objetivo Evaluar funciones exponenciales y representarlas con una gráfica.

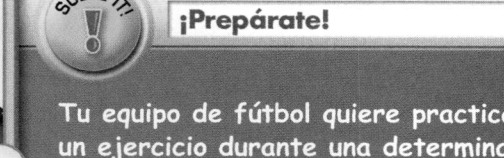

¡Prepárate!

Tu equipo de fútbol quiere practicar un ejercicio durante una determinada cantidad de tiempo por día. ¿Qué plan le dará a tu equipo más tiempo total de práctica durante 4 días? ¿Y durante 8 días? Explica tu razonamiento.

Plan 1
5 minutos hoy y luego 1 minuto más que el día anterior cada día

Plan 2
Un minuto hoy y luego el doble de tiempo que el día anterior cada día

¡Problema familiar! Estas funciones no pertenecen a la misma familia de funciones.

Actividades dinámicas
Funciones exponenciales

Vocabulario de la lección
• función exponencial

Los dos planes de la actividad de *Solve It!* tienen distintos patrones de crecimiento. Puedes representar cada tipo de crecimiento con un tipo distinto de función.

Comprensión esencial Algunas funciones representan una cantidad inicial que se multiplica repetidamente por el mismo número positivo. En las reglas de estas funciones, la variable independiente es un exponente.

Concepto clave Función exponencial

Definición
Una **función exponencial** es una función en la forma $y = a \cdot b^x$, donde $a \neq 0$, $b > 0$, $b \neq 1$ y x es un número real.

Ejemplos

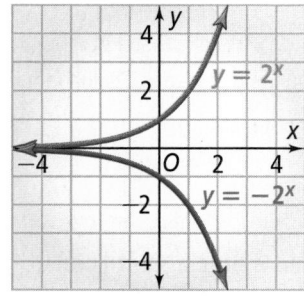

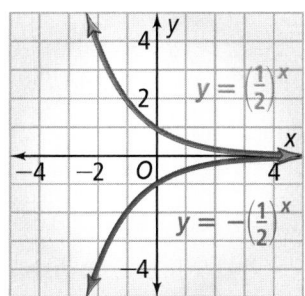

Si todos los valores de x de una tabla de valores tienen una diferencia constante y todos los valores de y tienen una razón constante, entonces la tabla representa una función exponencial.

 Piensa

¿Cómo puedes identificar una razón constante entre valores de y?
Cuando multiplicas cada valor de y por la misma constante y obtienes el siguiente valor de y, hay una razón constante entre los valores.

 **Problema 1** **Identificar una función exponencial**

¿Cuál representa una función exponencial: la tabla o la regla? Explica tu respuesta.

A

x	0	1	2	3
y	−1	−3	−9	−27

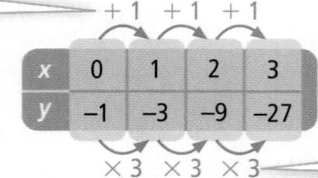

La diferencia entre cada valor de x es 1.

$+1$ $+1$ $+1$

x	0	1	2	3
y	−1	−3	−9	−27

$\times 3$ $\times 3$ $\times 3$

La razón entre cada valor de y es 3.

Sí, la tabla representa una función exponencial. Hay una diferencia constante entre los valores de x y una razón constante entre los valores de y.

B $y = 3x^2$

No, la función no está en la forma $y = a \cdot b^x$. La variable independiente x no es un exponente.

¿Comprendiste? **1.** ¿Cuál representa una función exponencial: la tabla o la regla? Explica tu respuesta.

a.

x	1	2	3	4
y	−1	1	3	5

b. $y = 3 \cdot 6^x$

Problema 2 **Evaluar una función exponencial**

RESPUESTA EN PLANTILLA

Crecimiento de la población Supón que se dejan 30 escarabajos de la harina en un depósito. La población de escarabajos se duplica cada semana. La función $f(x) = 30 \cdot 2^x$ da la población después de x semanas. ¿Cuántos escarabajos habrá después de 56 días?

 Piensa

¿Por qué la función $30 \cdot 2^x$ no es $2 \cdot 30^x$?
En una función exponencial, a es el valor inicial y b es la tasa de cambio.

$f(x) = 30 \cdot 2^x$

$ = 30 \cdot 2^8$ 56 días es igual a 8 semanas. Evalúa la función cuando $x = 8$.

$ = 30 \cdot 256$ Simplifica la potencia.

$ = 7680$ Simplifica.

Después de 56 días, habrá 7680 escarabajos.

¿Comprendiste? 2. Una población inicial de 20 conejos se triplica cada medio año. La función $f(x) = 20 \cdot 3^x$ da la población después de x períodos de medio año. ¿Cuántos conejos habrá después de 3 años?

Problema 3   Representar una función exponencial con una gráfica

Piensa

¿Cuál es el dominio y rango de la función?
Cualquier valor por el que se sustituye x da como resultado un valor de y positivo. El dominio son todos los números reales. El rango son todos los números reales positivos.

¿Cuál es la gráfica de $y = 3 \cdot 2^x$?

Haz una tabla de los valores de x y de y.

x	$y = 3 \cdot 2^x$	(x, y)
-2	$3 \cdot 2^{-2} = \frac{3}{2^2} = \frac{3}{4}$	$\left(-2, \frac{3}{4}\right)$
-1	$3 \cdot 2^{-1} = \frac{3}{2^1} = 1\frac{1}{2}$	$\left(-1, 1\frac{1}{2}\right)$
0	$3 \cdot 2^0 = 3 \cdot 1 = 3$	$(0, 3)$
1	$3 \cdot 2^1 = 3 \cdot 2 = 6$	$(1, 6)$
2	$3 \cdot 2^2 = 3 \cdot 4 = 12$	$(2, 12)$

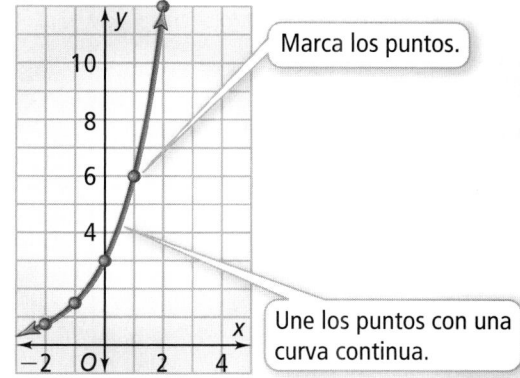

Marca los puntos.

Une los puntos con una curva continua.

 ¿Comprendiste? **3.** ¿Cuál es la gráfica de cada función?
    a. $y = 0.5 \cdot 3^x$ **b.** $y = -0.5 \cdot 3^x$

Problema 4   Representar con una gráfica un modelo exponencial

Piensa

¿Debes unir los puntos de la gráfica?
No. El número de veces que te acercas debe ser un entero no negativo.

Mapas Un *software* de mapas te permite acercarte a un área para verla en más detalle. La función $f(x) = 100 \cdot 0.25^x$ representa el porcentaje del área original que muestra el mapa después de acercarse x veces. Representa la función con una gráfica.

x	$f(x) = 100 \cdot 0.25^x$	$(x, f(x))$
0	$100 \cdot 0.25^0 = 100$	$(0, 100)$
1	$100 \cdot 0.25^1 = 25$	$(1, 25)$
2	$100 \cdot 0.25^2 = 6.25$	$(2, 6.25)$
3	$100 \cdot 0.25^3 \approx 1.56$	$(3, 1.56)$
4	$100 \cdot 0.25^4 \approx 0.39$	$(4, 0.39)$

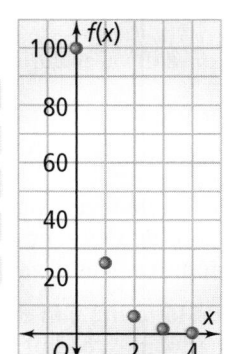

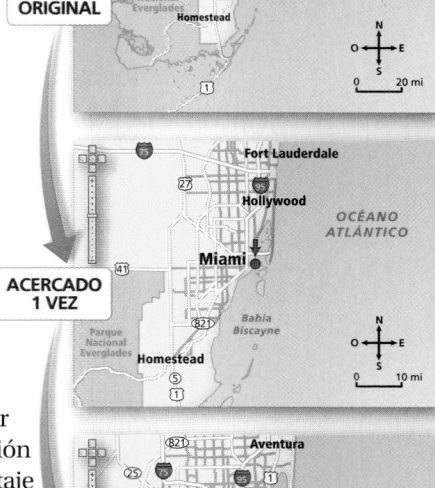

ÁREA ORIGINAL

ACERCADO 1 VEZ

ACERCADO 2 VECES

 ¿Comprendiste? **4. a.** También puedes alejarte para observar un área más grande del mapa. La función $f(x) = 100 \cdot 4^x$ representa el porcentaje del área original que muestra el mapa después de alejarse x veces. Representa la función con una gráfica.
    b. Razonamiento ¿Cuál es el cambio porcentual en el área cada vez que te alejas en la parte (a)?

Comprobar la comprensión de la lección

¿CÓMO hacerlo?

Evalúa cada función para el valor dado.

1. $f(x) = 6 \cdot 2^x$ cuando $x = 3$

2. $g(w) = 45 \cdot 3^w$ cuando $w = -2$

Representa cada función con una gráfica.

3. $y = 3^x$

4. $f(x) = 4\left(\frac{1}{2}\right)^x$

¿Lo ENTIENDES?

5. Vocabulario Describe las diferencias entre una función lineal y una función exponencial.

6. Razonamiento ¿La función $y = (-2)^x$ es una función exponencial? Justifica tu respuesta.

7. Analizar errores Un estudiante evaluó la función $f(x) = 3 \cdot 4^x$ cuando $x = -1$ como se muestra a la derecha. Describe y corrige el error del estudiante.

$$f(-1) = 3 \cdot 4^{-1}$$
$$= 12^{-1}$$
$$= \frac{1}{12}$$

Ejercicios de práctica y resolución de problemas

Ⓐ Práctica

Determina si cada tabla o regla representa una función exponencial. Explica por qué.

◀ Ver el Problema 1.

8.

x	1	2	3	4
y	2	8	32	128

9.

x	0	1	2	3
y	6	9	18	33

10. $y = 4 \cdot 5^x$

11. $y = 12 \cdot x^2$

12. $y = -5 \cdot 0.25^x$

13. $y = 7x + 3$

Evalúa cada función para el valor dado.

◀ Ver el Problema 2.

14. $f(x) = 6^x$ cuando $x = 2$

15. $g(t) = 2 \cdot 0.4^t$ cuando $t = -2$

16. $y = 20 \cdot 0.5^x$ cuando $x = 3$

17. $h(w) = -0.5 \cdot 4^w$ cuando $w = 18$

18. Finanzas El valor de una inversión de $5000 se duplica cada década. La función $f(x) = 5000 \cdot 2^x$, donde x es el número de décadas, representa el crecimiento del valor de la inversión. ¿Cuál es el valor de la inversión después de 30 años?

19. Administración de la fauna y la flora Una población de 75 zorros de una reserva de animales se cuadruplica cada 15 años. La función $y = 75 \cdot 4^x$, donde x es la cantidad de períodos de 15 años, representa el crecimiento de la población. ¿Cuántos zorros habrá después de 45 años?

Representa con una gráfica cada función exponencial.

◀ Ver el Problema 3.

20. $y = 4^x$

21. $y = -4^x$

22. $y = \left(\frac{1}{3}\right)^x$

23. $y = -\left(\frac{1}{3}\right)^x$

24. $y = 10 \cdot \left(\frac{3}{2}\right)^x$

25. $y = 0.1 \cdot 2^x$

26. $y = \frac{1}{4} \cdot 2^x$

27. $y = 1.25^x$

28. Entradas Este año, un museo nuevo tuvo 7500 visitantes. Los directores del museo esperan que la cantidad de visitantes crezca un 5% cada año. La función $y = 7500 \cdot 1.05^x$ representa la cantidad esperada de visitantes por año después de x años. Representa la función con una gráfica.

Ver el Problema 4.

29. Medio ambiente Un plan de desecho de residuos sólidos propone reducir un 2% cada año la cantidad de basura que arroja cada persona. Este año, cada persona arrojó un promedio de 1500 lb de basura. La función $y = 1500 \cdot 0.98^x$ representa el promedio de la cantidad de basura que cada persona arrojará después de x años. Representa la función con una gráfica.

B Aplicación Evalúa cada función en el dominio $\{-2, -1, 0, 1, 2, 3\}$. A medida que los valores del dominio aumentan, ¿los valores del rango *aumentan* o *disminuyen*?

30. $f(x) = 5^x$

31. $y = 2.5^x$

32. $h(x) = 0.1^x$

33. $f(x) = 5 \cdot 4^x$

34. $y = 0.5^x$

35. $y = 8^x$

36. $g(x) = 4 \cdot 10^x$

37. $y = 100 \cdot 0.3^x$

38. Pensar en un plan Las hidras son pequeños animales de agua dulce. En una pecera de laboratorio, la cantidad de hidras se puede duplicar cada dos días. Supón que en una pecera hay una población inicial de 60 hidras. ¿Cuándo habrá más de 5000 hidras?
- ¿Cómo puedes identificar un patrón con una tabla?
- ¿Qué función representa la situación?

39. a. Representa con una gráfica $y = 2^x$, $y = 4^x$ y $y = 0.25^x$ en los mismos ejes.
b. ¿Qué punto está en las tres gráficas?
c. ¿La gráfica de una función exponencial se interseca con el eje de las x? Explica tu respuesta.
d. Razonamiento ¿Cómo cambia la gráfica de $y = b^x$ a medida que la base b aumenta o disminuye?

Hidra

¿Qué función tiene el valor mayor para el valor dado de x?

40. $y = 4^x$ ó $y = x^4$ cuando $x = 2$

41. $f(x) = 10 \cdot 2^x$ ó $f(x) = 200 \cdot x^2$ cuando $x = 7$

42. $y = 3^x$ ó $y = x^3$ cuando $x = 5$

43. $f(x) = 2^x$ ó $f(x) = 100x^2$ cuando $x = 10$

44. Computadoras Una computadora que vale $1500 pierde el 20% de su valor cada año.
a. Escribe una regla de la función que represente el valor de la computadora.
b. Halla el valor de la computadora después de 3 años.
c. ¿Después de cuántos años el valor de la computadora será menor que $500?

45. a. Representa con una gráfica las funciones $y = x^2$ y $y = 2^x$ en los mismos ejes.
b. ¿Qué observas sobre las gráficas cuando los valores de x están entre 1 y 3?
c. Razonamiento ¿Cómo crees que se compararía la gráfica de $y = 8^x$ con las gráficas de $y = x^2$ y $y = 2^x$?

46. Escribir Halla el rango de la función $f(x) = 500 \cdot 1^x$ usando el dominio $\{1, 2, 3, 4, 5\}$. Explica por qué la definición de *función exponencial* establece que $b \neq 1$.

PowerAlgebra.com | **Lección 7-6** Funciones exponenciales | **451**

Resuelve cada ecuación.

47. $2^x = 64$

48. $3^x = \frac{1}{27}$

49. $3 \cdot 2^x = 24$

50. $5 \cdot 2^x - 152 = 8$

51. Supón que $(0, 4)$ y $(2, 36)$ están en la gráfica de una función exponencial.

    a. Usa $(0, 4)$ en la forma general de una función exponencial, $y = a \cdot b^x$, para hallar el valor de la constante a.

    b. Usa tu respuesta de la parte (a) y $(2, 36)$ para hallar el valor de la constante b.

    c. Escribe una regla para la función.

    d. Evalúa la función cuando $x = -2$ y $x = 4$.

Preparación para el examen estandarizado

SAT/ACT

52. Una población de 30 cisnes se duplica cada 10 años. ¿Qué gráfica representa el crecimiento de la población?

    (A) 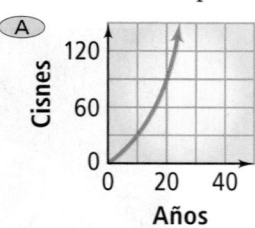   (B) 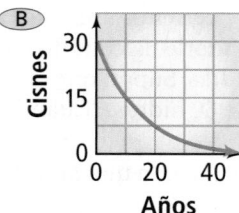   (C) 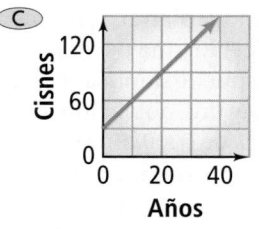   (D)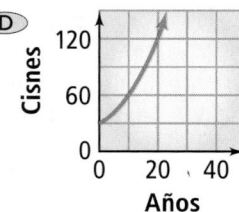

53. ¿Qué ecuación obtienes cuando hallas x en $y = 2x - 12$?

    (F) $x = y - 6$ (G) $x = y + 6$ (H) $x = 0.5y - 6$ (I) $x = 0.5y + 6$

Respuesta breve

54. ¿Cuáles son las soluciones de la desigualdad $11 \leq |x - 2| + 4$? Representa las soluciones en una recta numérica. Muestra tu trabajo.

Repaso mixto

Simplifica cada expresión.

◀ **Ver la Lección 7-5.**

55. $\left(\dfrac{a^2}{a^3}\right)^{-4}$

56. $\left(\dfrac{m^4}{n^2}\right)^{-7}$

57. $\left(\dfrac{x^2 z}{z^{-3}}\right)^{-5}$

58. $\left(\dfrac{pq^0}{p^4}\right)^5$

Escribe una ecuación para la recta que es paralela a la recta dada y que pasa por el punto dado.

◀ **Ver la Lección 5-6.**

59. $y = 5x + 1; (0, 0)$

60. $y = 3x - 2; (0, 1)$

61. $y = 0.4x + 5; (2, -3)$

¡Prepárate!   **Antes de la Lección 7-7, haz los Ejercicios 62 a 65.**

Indica si cada cambio porcentual es un aumento o una disminución. Luego, halla el cambio porcentual. Redondea al porcentaje más cercano, si es necesario.

◀ **Ver la Lección 2-10.**

62. precio normal: $25; precio rebajado: $22

63. altura la semana pasada: 15 cm; altura esta semana: 18 cm

64. precio este año: $999; precio el año pasado: $1450

65. peso al nacer: 220 lb; peso a 1 mes: 300 lb

Más práctica del concepto

Usar con la Lección 7-6.

A C T I V I D A D

Progresiones geométricas

Recuerda que una progresión es una lista de números que muchas veces forma un patrón. Cada número de una progresión es un término de la progresión.

En el Capítulo 4, estudiaste las progresiones aritméticas, donde hallaste cada término nuevo sumando el mismo número al término anterior. Otra clase de progresión es una *progresión geométrica*. En una progresión geométrica, la razón entre los términos consecutivos es constante. Esta razón se llama la *razón común*.

Término   3,   12,   48,   192

Razón común   × 4   × 4   × 4

Actividad 1

1. a. ¿Cuál es la razón común de la progresión 2, 4, 8, 16,...?
   b. ¿Cuáles son los tres términos siguientes de la progresión?

2. a. ¿Cuál es la razón común de la progresión 80, 20, 5, $\frac{5}{4}$,...?
   b. ¿Cuáles son los tres términos siguientes de la progresión?

3. a. ¿Cuál es la razón común de la progresión 2, –6, 18, –54,...?
   b. ¿Cuáles son los tres términos siguientes de la progresión?

Puedes usar la razón común de una progresión geométrica para escribir la regla de una función para la progresión.

Actividad 2

Observa la progresión 2, 6, 18, 54,...
Sea n = el número de término de la progresión.
Sea $A(n)$ = el valor del enésimo término de la progresión.

4. ¿Cuál es la razón común de la progresión?

5. Completa cada enunciado.
   a. $A(1) = 2 = 2 \cdot 3^{\blacksquare}$
   b. $A(2) = 6 = 2 \cdot 3 = 2 \cdot 3^{\blacksquare}$
   c. $A(3) = 18 = 2 \cdot 3 \cdot 3 = 2 \cdot 3^{\blacksquare}$
   d. $A(4) = 54 = 2 \cdot 3 \cdot 3 \cdot 3 = 2 \cdot 3^{\blacksquare}$

6. ¿Cuál es la relación entre el exponente de la base 3 y el valor de n?

7. Completa el enunciado: $A(n) = 2 \cdot 3^{\blacksquare}$.

En general, puedes escribir una regla de la función para una progresión geométrica usando el primer término, el número de término y la razón común.

Regla de progresión geométrica

$$A(n) = a \cdot r^{n-1}$$

enésimo término   primer término   razón común   número de término

Por ejemplo, la regla para la progresión 5, 15, 45, 135, . . . es $A(n) = 5 \cdot 3^{n-1}$.

Actividad 3

8. a. Dobla un papel por la mitad. ¿Cuántas capas hay?
  b. Sigue doblando el papel por la mitad. Copia y completa la tabla.
  c. Vuelve a escribir cada entrada de la columna "Número de capas" de la tabla en la forma $2^{\blacksquare}$.
  d. Escribe una regla para la progresión geométrica. *(Pista*: El primer término es 2, no 1).
  e. Usa la regla para averiguar cuál será el número de capas después de 12 dobleces.
  f. Si hubiera 256 capas, ¿cuántos dobleces habría?
  g. Razonamiento ¿Se puede doblar un papel por la mitad varias veces y obtener 144 capas? Explica tu respuesta.

Número de dobleces	Número de capas
1	2
2	■
3	■
4	■
5	■

Ejercicios

Halla la razón común de cada progresión. Luego, halla los tres términos siguientes de la progresión.

9. 1, 3, 9, 27, . . .   **10.** 256, 64, 16, 4, . . .   **11.** −3, −6, −12, −24, . . .

12. 70, 7, 0.7, 0.07, . . .   **13.** 8, −20, 50, −125, . . .   **14.** 0.45, 0.9, 1.8, 3.6, . . .

Determina si cada progresión es *aritmética* o *geométrica*.

15. 2, 4, 6, 8, . . .   **16.** 6, 1, −4, −9, . . .   **17.** 0.04, 0.12, 0.36, 1.08, . . .

18. 14, 21, 28, 35, . . .   **19.** 7, −21, 63, −189, . . .   **20.** 18, 9, 4.5, 2.25, . . .

Halla el primer, cuarto y octavo término de cada progresión.

21. $A(n) = 4 \cdot 2^{n-1}$ **22.** $A(n) = -2 \cdot 5^{n-1}$ **23.** $A(n) = 5(-0.8)^{n-1}$

24. $A(n) = 0.5 \cdot 3^{n-1}$ **25.** $A(n) = 1.1(0.5)^{n-1}$ **26.** $A(n) = 0.25(-4)^{n-1}$

27. Razonamiento ¿El cero puede ser un término de una progresión geométrica en la que los primeros tres términos no son cero? Explica tu respuesta.

28. Comparar y contrastar ¿En qué se parecen una función exponencial y la regla de una progresión geométrica? ¿En qué se diferencian? ¿Puedes usar una función exponencial para describir una progresión geométrica? Explica tu respuesta.

7-7 Incremento exponencial y decaimiento exponencial

Objetivo Representar el incremento exponencial y el decaimiento exponencial.

Muchas cosas se reducen. Algunas lo hacen más rápido que otras.

Actividades dinámicas
Incremento exponencial y decaimiento exponencial

¡Prepárate!

La media vida de una sustancia radiactiva es el tiempo que tardan en decaer la mitad de los átomos de una muestra de la sustancia. La media vida del uranio 238 es 4.46×10^9 años.

Supón que tienes una muestra de 1000 átomos de uranio 238. ¿Cuántos átomos de uranio 238 quedan después de 1.338×10^{10} años? Explica tu razonamiento.

Uranio 238

En la actividad de *Solve It!*, la cantidad de átomos de uranio 238 se reduce exponencialmente. En esta lección, usarás las funciones exponenciales para representar situaciones similares.

Comprensión esencial Una función exponencial puede representar el incremento o el decaimiento de una cantidad inicial.

Vocabulario de la lección
• incremento exponencial
• factor incremental
• interés compuesto
• decaimiento exponencial
• factor de decaimiento

toma nota

Concepto clave   Incremento exponencial

Definiciones

El **incremento exponencial** se puede representar con la función $y = a \cdot b^x$, donde $a > 0$ y $b > 1$. La base b es el **factor incremental**, que es igual a 1 más la tasa porcentual de cambio expresada como decimal.

Gráfica

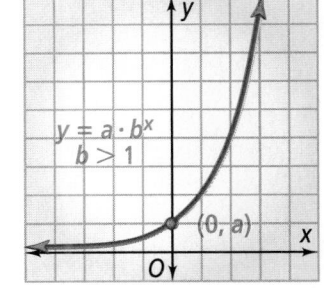

$y = a \cdot b^x$
$b > 1$

$(0, a)$

Álgebra

cantidad inicial (cuando $x = 0$)
$$y = a \cdot b^x \leftarrow \text{exponente}$$
La base, que es mayor que 1, es el factor incremental.

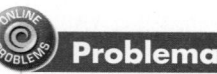

Problema 1 — Representar el incremento exponencial

Economía Desde 2005, la cantidad de dinero que se gasta en los restaurantes de los Estados Unidos aumenta aproximadamente 7% cada año. En 2005, se gastaron alrededor de $360 mil millones en los restaurantes. Si la tendencia continúa, ¿aproximadamente cuánto se gastará en los restaurantes en 2015?

Relacionar $y = a \cdot b^x$ Usa una función exponencial.

Definir Sea x = el número de años desde 2005.
Sea y = la cantidad anual gastada en los restaurantes (en miles de millones de dólares).
Sea a = la cantidad gastada inicial (en miles de millones de dólares), 360.
Sea b = el factor incremental, que es $1 + 0.07 = 1.07$.

Escribir $y = 360 \cdot 1.07^x$

Usa la ecuación para predecir el gasto anual en 2015.

$$y = 360 \cdot 1.07^x$$

$\quad = 360 \cdot 1.07^{10}$ El año 2015 es 10 años después de 2005; por tanto, sustituye x por 10.

$\quad \approx 708$ Redondea al millar de millón de dólares más cercano.

Si la tendencia continúa, se gastarán aproximadamente $708 mil millones de dólares en los restaurantes de los Estados Unidos en 2015.

 ¿Comprendiste? 1. Supón que la población de una ciudad era 25,000 personas en 2000. Si la población crece alrededor de 1.5% cada año, ¿cuál será la población aproximada en 2025?

Cuando un banco paga intereses por el capital y el interés que ya recibió una cuenta, el banco paga **interés compuesto**. El interés compuesto es un ejemplo de incremento exponencial.

Puedes usar la siguiente fórmula para hallar el saldo de una cuenta que recibe interés compuesto.

$$A = c\left(1 + \frac{r}{n}\right)^{nt}$$

A = el saldo
c = el capital (el depósito inicial)
r = la tasa de interés anual (expresada como decimal)
n = el número de veces que se recibe el interés compuesto por año
t = el tiempo en años

 **Problema 2** **Interés compuesto**

Finanzas Supón que cuando nació tu amigo, sus padres depositaron $2000 en una cuenta que paga 4.5% de interés compuesto trimestralmente. ¿Cuál será el saldo de la cuenta después de 18 años?

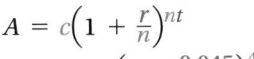

Lo que sabes
- Capital de $2000
- Interés de 4.5%
- El interés compuesto se paga trimestralmente, 4 veces por año.

Lo que necesitas
El saldo de la cuenta en 18 años

Planea
Usa la fórmula del interés compuesto.

Piensa

¿**La fórmula es una función de incremento exponencial?**
Sí. Puedes volver a escribir la fórmula como $A = c\left[\left(1 + \frac{r}{n}\right)^n\right]^t$.
Por tanto, es una función exponencial con una cantidad inicial c y un factor incremental $\left(1 + \frac{r}{n}\right)^n$.

$$A = c\left(1 + \frac{r}{n}\right)^{nt}$$ Usa la fórmula del interés compuesto.

$$= 2000\left(1 + \frac{0.045}{4}\right)^{4 \cdot 18}$$ Sustituye c, r, n y t por los valores.

$$= 2000(1.01125)^{72}$$ Simplifica.

$$\approx 4475.53$$ Usa una calculadora. Redondea al centavo más cercano.

Después de 18 años, el saldo será $4475.53.

 ¿Comprendiste? 2. Supón que la cuenta del Problema 2 paga interés compuesto mensualmente. ¿Cuál será el saldo de la cuenta después de 18 años?

La función $y = a \cdot b^x$ puede representar tanto el *decaimiento exponencial* como el incremento exponencial. En los dos casos, b representa la tasa de cambio. El valor de b indica si la ecuación representa un incremento exponencial o un decaimiento exponencial.

toma nota

Concepto clave   Decaimiento exponencial

Definiciones
El **decaimiento exponencial** se puede representar con la función $y = a \cdot b^x$, donde $a > 0$ y $0 < b < 1$. La base b es el **factor de decaimiento** que es igual a 1 menos la tasa porcentual de cambio expresada como decimal.

Gráfica

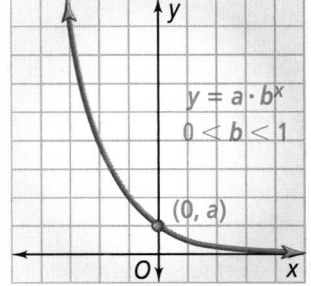

Álgebra

cantidad inicial (cuando $x = 0$)
↓
$y = a \cdot b^x$ ← exponente
↑
La base, que está entre 0 y 1, es el factor de decaimiento.

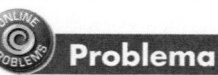

Problema 3   Representar el decaimiento exponencial

Física El kilopascal es una unidad de medida para la presión atmosférica. La presión atmosférica al nivel del mar es aproximadamente 101 kilopascales. Por cada 1000 m de aumento de la altitud, la presión disminuye aproximadamente 11.5%. ¿Cuál es la presión aproximada a una altitud de 3000 m?

Piensa

¿La presión será negativa en algún momento?

No. El rango de una función de decaimiento exponencial son todos números reales positivos. La gráfica de una función de decaimiento exponencial se acerca al eje de las *x*, pero no lo cruza.

Relacionar $y = a \cdot b^x$ Usa una función exponencial.

Definir   Sea x = la altitud (en miles de metros).
Sea y = la presión atmosférica (en kilopascales).
Sea a = la presión inicial (en kilopascales), 101.
Sea b = el factor de decaimiento, que es $1 - 0.115 = 0.885$.

Escribir $y = 101 \cdot 0.885^x$

Usa la ecuación para estimar la presión a una altitud de 3000 m.

$y = 101 \cdot 0.885^x$

$\quad = 101 \cdot 0.885^3$ Sustituye x por 3.

$\quad \approx 70$ Redondea al kilopascal más cercano.

La presión a una altitud de 3000 m es aproximadamente 70 kilopascales.

 ¿Comprendiste? 3. a. ¿Cuál es la presión atmosférica a una altitud de 5000 m?
b. Razonamiento ¿Por qué restas la disminución porcentual de 1 para hallar el factor de decaimiento?

 ## Comprobar la comprensión de la lección

¿CÓMO hacerlo?

1. ¿Cuál es el factor incremental de la ecuación $y = 34 \cdot 4^x$?

2. ¿Cuál es la cantidad inicial de la función $y = 15 \cdot 3^x$?

3. ¿Cuál es el factor de decaimiento de la función $y = 17 \cdot 0.2^x$?

4. La población de peces de un lago disminuye 6% anualmente. ¿Cuál es el factor de decaimiento?

5. Supón que los padres de tu amigo invierten $20,000 en una cuenta que paga 5% de interés compuesto anualmente. ¿Cuál será el saldo después de 10 años?

¿Lo ENTIENDES?

6. Vocabulario ¿Cómo puedes indicar si una función exponencial representa incremento o decaimiento?

7. Razonamiento ¿Cómo puedes simplificar la fórmula del interés compuesto cuando el interés compuesto se recibe anualmente? Explica tu respuesta.

8. Analizar errores Un estudiante deposita $500 en una cuenta que recibe 3.5% de interés compuesto trimestralmente. Describe y corrige el error del estudiante al calcular el saldo de la cuenta después de 2 años.

$$A = 500 \left(1 + \frac{3.5}{4}\right)^{4 \cdot 2}$$
$$= 500 (1.875)^8$$
$$\approx 76,380.09$$

Ejercicios de práctica y resolución de problemas

Ver el Problema 1.

A Práctica   **Identifica la cantidad inicial a y el factor incremental b de cada función exponencial.**

9. $g(x) = 14 \cdot 2^x$ **10.** $y = 150 \cdot 1.0894^x$

11. $y = 25{,}600 \cdot 1.01^x$ **12.** $f(t) = 1.4^t$

13. Inscripción en la universidad   La cantidad de estudiantes inscriptos en una universidad es 15,000 y aumenta 4% cada año.
   a. La cantidad inicial a es ■.
   b. La tasa porcentual de cambio es 4%; por tanto, el factor incremental b *es*
     $1 + ■ = ■$.
   c. Para hallar la cantidad de estudiantes inscriptos después de un año, calculas $15{,}000 \cdot ■$.
   d. Completa la ecuación $y = ■ \cdot ■^■$ para hallar la cantidad de estudiantes inscriptos después de x años.
   e. Usa tu ecuación para predecir la cantidad de estudiantes inscriptos después de 25 años.

14. Ecología   En una ciudad hay 10 acres de tierra protegida. Las autoridades planean aumentar la cantidad de tierra protegida aproximadamente 5% cada 10 años. Si las autoridades siguen adelante con su plan, ¿cuántos acres de tierra protegida habrá después de 50 años?

Halla el saldo de cada cuenta después del período dado.

Ver el Problema 2.

15. capital de $4000 que recibe 6% de interés compuesto anualmente, después de 5 años

16. capital de $12,000 que recibe 4.8% de interés compuesto anualmente, después de 7 años

17. capital de $500 que recibe 4% de interés compuesto trimestralmente, después de 6 años

18. depósito de $20,000 que recibe 3.5% de interés compuesto mensualmente, después de 10 años

19. depósito de $5000 que recibe 1.5% de interés compuesto trimestralmente, después de 3 años

20. depósito de $13,500 que recibe 3.3% de interés compuesto mensualmente, después de 1 año

21. depósito de $775 que recibe 4.25% de interés compuesto anualmente, después de 12 años

22. depósito de $3500 que recibe 6.75% de interés compuesto mensualmente, después de 6 meses

Identifica la cantidad inicial a y el factor de decaimiento b de cada función exponencial.

Ver el Problema 3.

23. $y = 5 \cdot 0.5^x$ **24.** $f(x) = 10 \cdot 0.1^x$ **25.** $g(x) = 100\left(\frac{2}{3}\right)^x$ **26.** $y = 0.1 \cdot 0.9^x$

27. Población   La población de una ciudad es 45,000 y disminuye 2% cada año. Si la tendencia continúa, ¿cuál será la población después de 15 años?

B Aplicación   **Indica si la ecuación representa un *incremento exponencial*, un *decaimiento exponencial* o *ninguno*.**

28. $y = 0.93 \cdot 2^x$ **29.** $y = 2 \cdot 0.68^x$ **30.** $y = 68 \cdot x^2$ **31.** $y = 68 \cdot 0.2^x$

32. Deportes En un torneo de eliminación directa, se elimina a la mitad de los equipos que quedan en cada ronda. Si el torneo comienza con 128 equipos, ¿cuántos equipos quedarán después de 5 rondas?

33. Valor de un carro Una familia compra un carro por $20,000. El valor del carro disminuye aproximadamente 20% cada año. Después de 6 años, la familia decide vender el carro. ¿Deben venderlo por $4000? Explica tu respuesta.

34. Pensar en un plan Inviertes $100 y esperas que tu dinero aumente 8% cada año. ¿Aproximadamente cuántos años tardará tu inversión en duplicarse?
  • ¿Qué función representa el aumento de tu inversión?
  • ¿Cómo puedes usar una tabla para hallar la cantidad aproximada de tiempo que tarda tu inversión en duplicarse?

35. Razonamiento Da un ejemplo de una función exponencial en la forma $y = a \cdot b^x$ que no sea ni una función de incremento exponencial ni una función de decaimiento exponencial. Explica tu razonamiento.

Indica si cada gráfica muestra una *función de incremento exponencial*, una *función de decaimiento exponencial* o *ninguna*.

36.

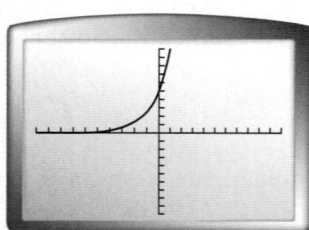

37.

38.

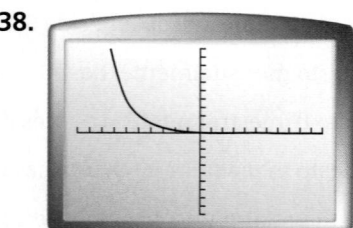

39.

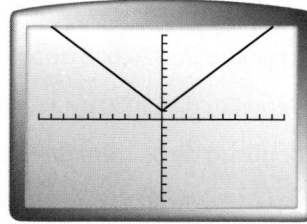

40. Escribir ¿Te conviene tener $500 en una cuenta que paga 6% de interés compuesto trimestralmente o $600 en una cuenta que paga 5% de interés compuesto anualmente? Explica tu razonamiento.

41. Medicina Los médicos pueden usar yodo radiactivo para tratar algunos tipos de cáncer. La media vida del yodo 131 es 8 días. Un paciente recibe un tratamiento de 12 milicurios de yodo 131. (Un milicurio es una unidad de radiactividad). ¿Qué cantidad de yodo 131 queda en el paciente después de 16 días?

42. Negocios Supón que comienzas a cortar césped por dinero y obtienes una ganancia de $400 el primer año. Cada año, tu ganancia aumenta 5%.
  a. Escribe una función que represente tu ganancia anual.
  b. Si sigues con tu negocio durante 10 años, ¿cuál será tu ganancia *total*?

43. Medicina El cesio 137 es un radioisótopo que se usa en radiología, donde los niveles se miden en milicurios (mci). Usa la gráfica de la derecha. ¿Cuál es una estimación razonable de la media vida del cesio 137?

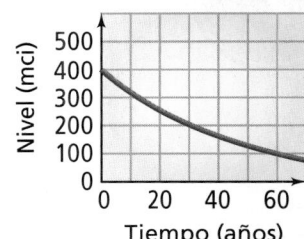

Decaimiento del cesio 137

44. Crédito Supón que usas una tarjeta de crédito para comprar un traje nuevo por $250. Si no pagas el saldo completo después de un mes, te cobran 1.8% de interés mensual sobre el saldo de tu cuenta. Supón que puedes hacer un pago de $30 cada mes.
   a. ¿Cuál es tu saldo después de tu primer pago mensual?
   b. ¿Cuánto interés te cobran sobre el saldo restante después de tu primer pago?
   c. ¿Cuál es tu saldo antes de hacer tu segundo pago?
   d. ¿Cuál es tu saldo después de tu segundo pago?
   e. ¿Cuántos meses tardarás en pagar la cuenta completa?
   f. ¿Cuánto interés pagarás en total?

45. Respuesta de desarrollo Escribe dos funciones de incremento exponencial $f(x)$ y $g(x)$ tal que $f(x) < g(x)$ cuando $x < 3$ y $f(x) > g(x)$ cuando $x > 3$.

Preparación para el examen estandarizado

RESPUESTA EN PLANTILLA

SAT/ACT

46. Se inaugura un gimnasio nuevo con 120 socios. Cada mes, la cantidad de socios del gimnasio aumenta en 40 socios. ¿Cuántos socios tendrá el gimnasio después de 3 meses de su inauguración?

47. ¿Cuál es la pendiente de la recta de la derecha?

48. ¿Cuál es la forma simplificada de 8^0?

49. ¿Cuál es la forma simplificada de 5^{-2}?

50. Una empresa fabrica láminas de metal con un grosor de 5.4×10^{-2} mm. ¿Cómo se escribe 5.4×10^{-2} en forma estándar?

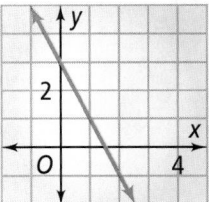

Repaso mixto

Representa cada función con una gráfica.   ◀ Ver la Lección 7-6.

51. $y = 2 \cdot 10^x$ **52.** $f(x) = 100 \cdot 0.9^x$ **53.** $g(x) = \frac{1}{10} \cdot 2^x$

Resuelve cada desigualdad.   ◀ Ver la Lección 3-4.

54. $7x + 2 < 16$ **55.** $\frac{3}{4}t - 4 \geq 5$ **56.** $-0.08 > 0.35k - 0.15$

¡Prepárate!   Antes de la Lección 8-1, haz los Ejercicios 57 a 61.

Simplifica cada expresión.   ◀ Ver la Lección 1-7.

57. $6t + 13t$ **58.** $7k - 15k$ **59.** $2b - 6 + 9b$ **60.** $4n^2 - 7n^2$ **61.** $8x^2 + x^2$

Integración de conocimientos

Chapter marker: **7**

> Para resolver estos problemas, integrarás muchos conceptos y destrezas que has estudiado sobre los exponentes y las funciones exponenciales.

GRANidea Equivalencia

Una manera de representar números es la notación científica. Esta forma usa potencias de diez para escribir números muy grandes o muy pequeños.

Tarea 1

Los rayos X utilizados en la medicina tienen una longitud de onda de aproximadamente 10^{-10} m, y pueden atravesar tu piel completamente.

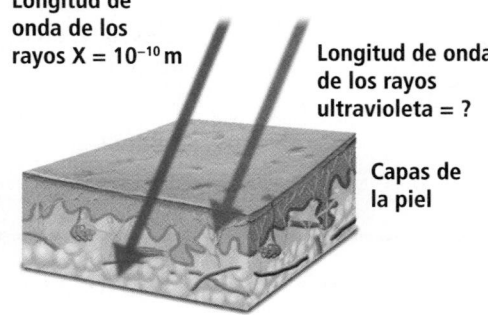

Longitud de onda de los rayos X = 10^{-10} m

Longitud de onda de los rayos ultravioleta = ?

Capas de la piel

  a. Los rayos ultravioleta hacen que nos bronceemos cuando estamos al sol porque penetran solamente la capa superior de la piel. Tienen una longitud de onda de aproximadamente 1000 veces la longitud de onda de un rayo X. Halla la longitud de onda de los rayos ultravioleta. Muestra tu trabajo.

  b. Las longitudes de onda de la luz visible están entre 3.8×10^{-7} m y 7.6×10^{-7} m. ¿Estas longitudes son más largas o más cortas que las de los rayos ultravioleta? Explica tu respuesta.

GRANidea Propiedades

Del mismo modo en que hay propiedades que describen cómo volver a escribir expresiones que incluyen la suma y la multiplicación, también hay propiedades que describen cómo volver a escribir y simplificar expresiones exponenciales.

Tarea 2

Escribe cada respuesta como una potencia de 2. Muestra tu trabajo y explica tus pasos.

  a. La capacidad de una computadora suele medirse en *bits* y *bytes*. Un *bit* es la unidad más pequeña de la memoria de la computadora y es un 1 ó un 0. Un *byte* es igual a 2^3 *bits*. Un *megabyte* (MB) equivale a 2^{20} *bytes*. ¿Cuántos *bits* hay en un *megabyte*?

  b. Un *gigabyte* (GB) equivale a 2^{30} *bytes*. ¿Cuántos *megabytes* hay en un *gigabyte*? ¿Cuántos *bits* hay en un *gigabyte*?

GRANidea Funciones

La familia de las funciones exponenciales tiene ecuaciones en la forma $y = a \cdot b^x$. Se pueden usar para representar el incremento o el decaimiento exponencial.

Tarea 3

El 1 de enero de 2010, Chessville tiene una población de 50,000 habitantes. Luego, Chessville entra en un período de crecimiento de la población. Su población aumenta 7% cada año. El mismo día, Checkersville tiene una población de 70,000 habitantes. Checkersville empieza a sufrir un descenso de la población. Su población disminuye 4% cada año. ¿En qué año la población de Chessville superará por primera vez a la de Checkersville? Muestra todo tu trabajo y explica tus pasos.

Conectar las GRANDES ideas y responder a las preguntas esenciales

1 Equivalencia
Una manera de representar números es en notación científica. En esta forma se usan potencias de diez para escribir números muy grandes o muy pequeños.

El exponente cero y los exponentes negativos (Lección 7-1)
$$10^0 = 1$$
$$10^{-3} = \frac{1}{10^3}$$

Notación científica (Lección 7-2)
$$175,000,000,000,000$$
$$= 1.75 \times 10^{14}$$
$$0.0000568 = 5.68 \times 10^{-5}$$

2 Propiedades
Del mismo modo en que hay propiedades que describen cómo volver a escribir expresiones que incluyen la suma y la multiplicación, también hay propiedades que describen cómo volver a escribir y simplificar expresiones exponenciales.

Propiedades de los exponentes (Lecciones 7-3, 7-4 y 7-5)
$$5^2 \cdot 5^4 = 5^{2+4} = 5^6$$
$$(3^7)^4 = 3^{7 \cdot 4} = 3^{28}$$
$$(6x)^4 = 6^4 x^4$$
$$\frac{7^8}{7^5} = 7^{8-5} = 7^3$$
$$\left(\frac{y}{2}\right)^5 = \frac{y^5}{2^5}$$

3 Función
La familia de las funciones exponenciales tiene ecuaciones en la forma $y = a \cdot b^x$. Se pueden usar para representar el incremento exponencial o el decaimiento exponencial.

Funciones exponenciales (Lección 7-6)
$$y = 2 \cdot \left(\frac{5}{4}\right)^x$$
$$y = 3 \cdot \left(\frac{1}{4}\right)^x$$

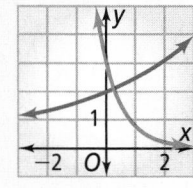

Incremento exponencial y decaimiento exponencial (Lección 7-7)
El incremento exponencial se representa con la función $y = a \cdot b^x$, donde $a > 0$ y $b > 1$. El decaimiento exponencial se representa con la función $y = a \cdot b^x$, donde $a > 0$ y $0 < b < 1$.

Vocabulario del capítulo

- decaimiento exponencial (p. 457)
- factor de decaimiento (p. 457)
- factor incremental (p. 455)
- función exponencial (p. 447)
- incremento exponencial (p. 455)
- interés compuesto (p. 456)
- notación científica (p. 420)

Escoge el término correcto para completar cada oración.

1. El/La __?__ es una manera breve de escribir números muy grandes y muy pequeños.

2. Para una función $y = a \cdot b^x$, donde $a > 0$ y $b > 1$, b es el/la __?__.

3. Para una función $y = a \cdot b^x$, donde $a > 0$ y $0 < b < 1$, b es el/la __?__.

4. La función $y = a \cdot b^x$ representa el/la __?__ cuando $a > 0$ y $b > 1$.

5. La función $y = a \cdot b^x$ representa el/la __?__ cuando $a > 0$ y $0 < b < 1$.

7-1 El exponente cero y los exponentes negativos

Repaso rápido

Puedes usar el cero y los enteros negativos como exponentes. Para cada número distinto de cero a, $a^0 = 1$. Para cada número distinto de cero a y cualquier entero n, $a^{-n} = \frac{1}{a^n}$. Cuando evalúas una expresión exponencial, puedes simplificar la expresión antes de sustituir las variables por los valores.

Ejemplo

¿Cuál es el valor de $a^2b^{-4}c^0$ cuando $a = 3$, $b = 2$ y $c = -5$?

$$a^2b^{-4}c^0 = \frac{a^2c^0}{b^4} \quad \text{Usa la definición de exponentes negativos.}$$

$$= \frac{a^2(1)}{b^4} \quad \text{Usa la definición de exponente cero.}$$

$$= \frac{3^2}{2^4} \quad \text{Sustituye.}$$

$$= \frac{9}{16} \quad \text{Simplifica.}$$

Ejercicios

Simplifica cada expresión.

6. 5^0

7. 7^{-2}

8. $\frac{4x^{-2}}{y^{-8}}$

9. $\frac{1}{p^2q^{-4}r^0}$

Evalúa cada expresión cuando $x = 2$, $y = -3$ y $z = -5$.

10. x^0y^2

11. $(-x)^{-4}y^2$

12. x^0z^0

13. $\frac{5x^0}{y^{-2}}$

14. $y^{-2}z^2$

15. $\frac{2x}{y^2z^{-1}}$

16. **Razonamiento** ¿Es verdadero que $(-3b)^4 = -12b^4$? Explica por qué.

7-2 Notación científica

Repaso rápido

Puedes usar la **notación científica** para escribir números muy grandes o muy pequeños. Un número está escrito en notación científica si tiene la forma $a \times 10^n$, donde $1 \le a < 10$ y n es un entero.

Ejemplo

¿Cómo se escribe cada número en notación científica?

a. $510,000,000,000$

$510,000,000,000 = 5.1 \times 10^{11}$ Mueve el punto decimal 11 lugares hacia la izquierda.

b. 0.0000087

$0.0000087 = 8.7 \times 10^{-6}$ Mueve el punto decimal 6 lugares hacia la derecha.

Ejercicios

¿El número está escrito en notación científica? Si no es así, explica por qué.

17. 950×10^5

18. 7.23×100^8

19. 1.6×10^{-6}

20. 0.84×10^{-5}

Escribe cada número en notación científica.

21. $2,793,000$

22. $189,000,000$

23. 0.000043

24. 0.0000000027

25. $3,860,000,000,000$

26. 0.00000478

7-3 y 7-4 Propiedades multiplicativas de los exponentes

Repaso rápido

Para multiplicar potencias que tienen la misma base, suma los exponentes.

$a^m \cdot a^n = a^{m+n}$, donde $a \neq 0$ y m y n son enteros

Para elevar una potencia a una potencia, multiplica los exponentes.

$(a^m)^n = a^{mn}$, donde $a \neq 0$ y m y n son enteros

Para elevar un producto a una potencia, eleva cada factor del producto a la potencia.

$(ab)^n = a^n b^n$, donde $a \neq 0$, $b \neq 0$ y n es un entero

Ejemplo

¿Cuál es la forma simplificada de cada expresión?

a. $3^{10} \cdot 3^4 = 3^{10+4} = 3^{14}$

b. $(x^5)^7 = x^{5 \cdot 7} = x^{35}$

c. $(pq)^8 = p^8 q^8$

Ejercicios

Completa cada ecuación.

27. $3^2 \cdot 3^{\blacksquare} = 3^{10}$ **28.** $a^6 \cdot a^{\blacksquare} = a^8$

29. $x^2 y^5 \cdot x^{\blacksquare} y^{\blacksquare} = x^5 y^{11}$ **30.** $(5^5)^{\blacksquare} = 5^{15}$

31. $(b^{-4})^{\blacksquare} = b^{20}$ **32.** $(4x^3 y^5)^{\blacksquare} = 16x^6 y^{10}$

Simplifica cada expresión.

33. $2d^2 \cdot d^3$ **34.** $(q^3 r)^4$

35. $(5c^{-4})(-4m^2 c^8)$ **36.** $(1.34^2)^5 (1.34)^{-8}$

37. $(12x^2 y^{-2})^5 (4xy^{-3})^{-7}$ **38.** $(-2r^{-4})^2 (-3r^2 z^8)^{-1}$

39. Estimación Cada pulgada cuadrada de tu cuerpo tiene aproximadamente 6.5×10^2 poros. Supón que el dorso de tu mano tiene un área de aproximadamente 0.12×10^2 pulgs.^{2}. ¿Aproximadamente cuántos poros hay en el dorso de tu mano? Escribe tu respuesta en notación científica.

7-5 Propiedades de división de los exponentes

Repaso rápido

Para dividir potencias que tienen la misma base, resta los exponentes.

$\dfrac{a^m}{a^n} = a^{m-n}$, donde $a \neq 0$ y m y n son enteros

Para elevar un cociente a una potencia, eleva el numerador y el denominador a la potencia.

$\left(\dfrac{a}{b}\right)^n = \dfrac{a^n}{b^n}$, donde $a \neq 0$, $b \neq 0$ y n es un entero

Ejemplo

¿Cuál es la forma simplificada de $\left(\dfrac{5x^4}{z^2}\right)^3$?

$$\left(\frac{5x^4}{z^2}\right)^3 = \frac{(5x^4)^3}{(z^2)^3} = \frac{5^3 x^{4 \cdot 3}}{z^{2 \cdot 3}} = \frac{125 x^{12}}{z^6}$$

Ejercicios

Simplifica cada expresión.

40. $\dfrac{w^2}{w^5}$ **41.** $\dfrac{21x^3}{3x^{-1}}$

42. $\left(\dfrac{n^5}{v^3}\right)^7$ **43.** $\left(\dfrac{3c^3}{e^5}\right)^{-4}$

Simplifica cada cociente. Escribe tu respuesta en notación científica.

44. $\dfrac{4.2 \times 10^8}{2.1 \times 10^{11}}$ **45.** $\dfrac{3.1 \times 10^4}{1.24 \times 10^2}$

46. $\dfrac{4.5 \times 10^3}{9 \times 10^7}$ **47.** $\dfrac{5.1 \times 10^5}{1.7 \times 10^2}$

48. Escribir Enumera los pasos que efectuarías para simplificar $\left(\dfrac{5a^8}{10a^6}\right)^{-3}$.

7-6 Funciones exponenciales

Repaso rápido

Una **función exponencial** incluye la multiplicación repetida de una cantidad inicial a por el mismo número positivo b. La forma general de una función exponencial es $y = a \cdot b^x$, donde $a \neq 0$, $b > 0$ y $b \neq 1$.

Ejemplo

¿Cuál es la gráfica de $y = \frac{1}{2} \cdot 5^x$?

Haz una tabla de valores. Representa los pares ordenados con una gráfica.

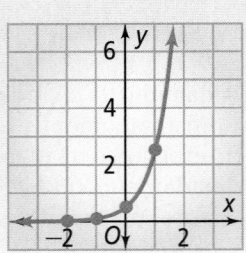

x	y
−2	$\frac{1}{50}$
−1	$\frac{1}{10}$
0	$\frac{1}{2}$
1	$\frac{5}{2}$
2	$\frac{25}{2}$

Ejercicios

Evalúa cada función para el dominio $\{1, 2, 3\}$.

49. $f(x) = 4^x$

50. $y = 0.01^x$

51. $y = 40\left(\frac{1}{2}\right)^x$

52. $f(x) = 3 \cdot 2^x$

Representa cada función con una gráfica.

53. $f(x) = 2.5^x$

54. $y = 0.5(0.5)^x$

55. $f(x) = \frac{1}{2} \cdot 3^x$

56. $y = 0.1^x$

57. Biología Una población de 50 bacterias de un cultivo de laboratorio se duplica cada 30 min. La función $p(x) = 50 \cdot 2^x$ representa la población, donde x es el número de períodos de 30 minutos.

   a. ¿Cuántas bacterias habrá después de 2 horas?

   b. ¿Cuántas bacterias habrá después de 1 día?

7-7 Incremento exponencial y decaimiento exponencial

Repaso rápido

Cuando $a > 0$ y $b > 1$, la función $y = a \cdot b^x$ representa un **incremento exponencial**. La base b se llama **factor incremental**. Cuando $a > 0$ y $0 < b < 1$, la función $y = a \cdot b^x$ representa un **decaimiento exponencial**. En este caso, la base b se llama **factor de decaimiento**.

Ejemplo

La población de una ciudad es 25,000 habitantes y disminuye 1% cada año. Predice la población después de 6 años.

$y = 25{,}000 \cdot 0.99^x$ Función de decaimiento exponencial

$ = 25{,}000 \cdot 0.99^6$ Sustituye x por 6.

$ \approx 23{,}537$ Simplifica.

Después de 6 años, la población será aproximadamente 23,537 habitantes.

Ejercicios

Indica si la función representa un *incremento exponencial* o un *decaimiento exponencial*. Identifica el factor incremental o de decaimiento.

58. $y = 5.2 \cdot 3^x$

59. $f(x) = 7 \cdot 0.32^x$

60. $y = 0.15\left(\frac{3}{2}\right)^x$

61. $g(x) = 1.3\left(\frac{1}{4}\right)^x$

62. Finanzas Supón que se depositan $2000 en una cuenta que paga 2.5% de interés compuesto trimestralmente. ¿Cuál será el saldo de la cuenta después de 12 años?

63. Música Una banda musical brinda un concierto gratuito en un parque local. Al comienzo del concierto, hay 200 personas en el público. El número de personas del público aumenta 15% cada media hora. ¿Cuántas personas hay en el público después de 3 horas? Redondea a la persona más cercana.

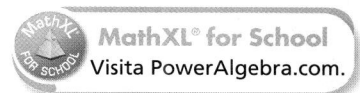

¿CÓMO hacerlo?

Simplifica cada expresión.

1. $\dfrac{r^3 t^{-7}}{t^5}$

2. $\left(\dfrac{a^3}{5m}\right)^{-4}$

3. $c^3 v^9 c^{-1} c^0$

4. $2y^{-9} h^2 (2y^0 h^{-4})^{-6}$

5. $(1.2)^5 (1.2)^{-2}$

6. $(-3q^{-1})^3 q^2$

Escribe cada número en notación científica.

7. 79,500,000,000

8. 0.0000000405

Escribe cada número en notación estándar.

9. 8.4×10^{-6}

10. 9.52×10^{11}

Simplifica cada expresión. Escribe cada respuesta en notación científica.

11. $(6 \times 10^4)(4.8 \times 10^2)$

12. $\dfrac{1.5 \times 10^7}{5 \times 10^{-2}}$

13. **Medicina** Normalmente, el cuerpo humano produce 2×10^6 glóbulos rojos por segundo.

   a. Usa la notación científica para expresar cuántos glóbulos rojos produce tu cuerpo en un día.

   b. Una pinta de sangre contiene aproximadamente 2.4×10^{12} glóbulos rojos. ¿Cuántos segundos tardará tu cuerpo en reponer los glóbulos rojos que se pierden al donar una pinta de sangre? ¿Y cuántos días tardará?

Evalúa cada función cuando $x = -1, 2$ y 3.

14. $y = 3 \cdot 5^x$

15. $f(x) = \dfrac{1}{2} \cdot 4^x$

16. $f(x) = 4(0.95)^x$

Representa cada función con una gráfica.

17. $y = \dfrac{1}{2} \cdot 2^x$

18. $y = 2 \cdot \left(\dfrac{1}{2}\right)^x$

19. **Banca** Un cliente deposita $2000 en una cuenta de ahorros que paga 5.2% de interés compuesto trimestralmente. ¿Cuánto dinero tendrá en su cuenta el cliente después de 2 años? ¿Y después de 5 años?

20. **Automóviles** Supón que un carro nuevo cuesta $30,000. Puedes usar la función $y = 30,000(0.85)^x$ para estimar el valor del carro después de x años.

   a. ¿Cuál es el factor de decaimiento? ¿Qué significa?

   b. Estima el valor del carro después de 1 año.

   c. Estima el valor del carro después de 4 años.

¿Lo ENTIENDES?

21. **Analizar errores** Halla y corrige el error del trabajo que se muestra a continuación.

$$3^4 \cdot 3^3 = 9^7$$

22. **Respuesta de desarrollo** Escribe dos expresiones equivalentes. Usa un exponente negativo en una de las expresiones.

23. **Escribir** Explica cuándo una función en la forma $y = a \cdot b^x$ representa un incremento exponencial y cuándo representa un decaimiento exponencial.

24. Simplifica la expresión $\left(\dfrac{a^6}{a^4}\right)^2$ de dos maneras diferentes. Justifica cada paso.

25. **Razonamiento** Explica cómo puedes usar la propiedad para dividir potencias que tienen la misma base para justificar la definición de un exponente cero.

CONSEJOS

En algunas preguntas del examen, se te pide que resuelvas problemas con exponentes. Lee la pregunta de muestra de la derecha. Luego, sigue los consejos para responderla.

CONSEJO 1

Observa si puedes eliminar opciones de respuesta. Debes elevar 4 al cuadrado; por tanto, puedes eliminar A y B.

Si la longitud del lado de un cuadrado se puede representar con la expresión $4x^2y^6$, ¿qué expresión podría representar el área del cuadrado?

- (A) $2xy^3$
- (B) $8x^4y^{12}$
- (C) $16x^4y^{12}$
- (D) $16x^4y^{36}$

CONSEJO 2

Usa las propiedades de los exponentes para resolver el problema.

Piénsalo bien

La longitud del lado del cuadrado es $4x^2y^6$; por tanto, el área es $(4x^2y^6)^2$. Cuando eleves una potencia a una potencia, multiplica los exponentes.

$$(4x^2y^6)^2 = 4^2x^{2\cdot2}y^{6\cdot2}$$
$$= 16x^4y^{12}$$

La respuesta correcta es C.

Desarrollo de vocabulario

Cuando resuelves los ejercicios del examen, debes comprender el significado de los términos matemáticos. Escoge el término correcto para completar cada oración.

A. Los valores de la variable (*dependiente*, *independiente*) son los valores de salida de la función.

B. El/La (*base*, *exponente*) de una potencia es el número que se multiplica repetidamente.

C. Un número en notación (*científica*, *estándar*) es una manera abreviada de escribir números con potencias de 10.

D. El/La (*pendiente*, *intercepto en y*) de una recta es la razón del cambio vertical al cambio horizontal.

E. Un sistema de dos ecuaciones tiene exactamente una solución si las rectas son (*paralelas*, *intersecantes*).

Opción múltiple

Lee cada pregunta. Luego, escribe en tu hoja la letra de la respuesta correcta.

1. ¿Qué expresión es equivalente a $(j^2k^3)(jk^2)$?
- (A) j^2k^2
- (B) j^3k^5
- (C) j^2k^6
- (D) j^3k^6

2. ¿Qué ecuación tiene $(2, -6)$ y $(-3, 4)$ como soluciones?
- (F) $y = \frac{1}{2}x - 7$
- (G) $y = 2x - 10$
- (H) $y = -\frac{1}{2}x - 5$
- (I) $y = -2x - 2$

3. ¿Qué ecuación representa mejor el enunciado *dos más que el doble de un número es el número triplicado*?
- (A) $2 + n = 3n$
- (B) $2n + 2 = 3n$
- (C) $2(2 + n) = 3n$
- (D) $2n + 2 = 3 + n$

4. La gráfica de la derecha muestra cómo cambió la estatura de Manuel durante el año pasado. ¿Qué conclusión puedes sacar a partir de la gráfica?

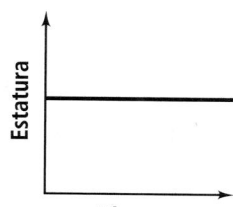

- **F** Tiene una estatura promedio.
- **G** Crecerá más el próximo año.
- **H** Su estatura no cambió durante el año.
- **I** Su estatura aumentó a un ritmo constante durante el año.

5. Todos los estudiantes de la clase de Haley obtuvieron entre 36 y 48 puntos en la última prueba. Cada pregunta valía 2 puntos. No había crédito parcial. ¿Cuántas preguntas pudo haber respondido correctamente Haley?

- **A** 12
- **B** 21
- **C** 44
- **D** 72

6. ¿Qué dato *no* se puede representar con una función lineal?

- **F** el área de un cuadrado, dada su longitud de lado
- **G** el precio de la fruta, dado el peso de la fruta
- **H** la cantidad de escalones de una escalera, dada la altura
- **I** el número de pulgadas, dado el número de yardas

7. Un año luz es la distancia que recorre la luz en un año. Un año luz es aproximadamente 5.9×10^{12} mi. Si la luz tarda 3 meses en ir desde una estrella hasta otra, ¿aproximadamente a qué distancia están las estrellas entre sí?

- **A** 2×10^3 mi
- **B** 1.5×10^4 mi
- **C** 1.5×10^{12} mi
- **D** 2×10^{12} mi

8. Usa la gráfica de la derecha. Supón que el intercepto en y aumenta 2 y la pendiente permanece igual. ¿Cuál será el intercepto en x?

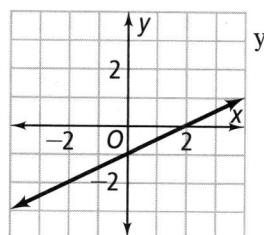

- **F** -3
- **G** -2
- **H** 1
- **I** 4

9. Durante el almuerzo, Mitchell se prepara su propia ensalada. El bufé de ensaladas cuesta $1.25 por libra. Supón que la ensalada de Mitchell pesa 1.8 lb. ¿Cuál es el costo de su ensalada?

- **A** $1.44
- **B** $2.25
- **C** $2.50
- **D** $22.50

10. El diagrama de la derecha muestra las dimensiones de un prisma rectangular. ¿Qué expresión representa el volumen del prisma rectangular?

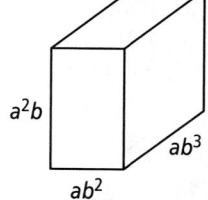

- **F** a^2b^5
- **G** a^2b^6
- **H** a^4b^5
- **I** a^4b^6

11. Supón que compras manzanas y plátanos. El precio de las manzanas es $.40 cada una y el precio de los plátanos es $.25 cada uno. ¿Qué ecuación representa el número de manzanas y plátanos que puedes comprar por $2?

- **A** $40x + 25y = 200$
- **B** $40x - 25y = 2$
- **C** $5x + 8y = 200$
- **D** $5x + 8y = 2$

12. Durante el almuerzo, Mitchell proyecta una sombra de 0.5 pies de largo, mientras que un mástil cercano proyecta una sombra de 2.5 pies de largo. Si Mitchell mide 5 pies 3 pulgs. de alto, ¿cuál es la altura del mástil?

- **F** 26 pies 3 pulgs.
- **G** 26 pies 4 pulgs.
- **H** 26 pies 5 pulgs.
- **I** 26 pies 6 pulgs.

13. Laura alquiló un carro que cuesta $20 por día más $.12 por cada milla recorrida. Devolvió el carro ese mismo día, le dio $50 al dependiente y recibió cambio. ¿Qué desigualdad representa la cantidad posible de millas m que pudo haber recorrido?

- **A** $50 > 0.12m + 20$
- **B** $50 < 0.12m + 20$
- **C** $50 > 0.12m - 20$
- **D** $50 < 0.12m - 20$

14. Un médico hizo un estudio de 6 meses sobre el ritmo cardíaco en reposo con relación al ejercicio en adultos saludables. El médico descubrió que por cada 20 min de ejercicio que se agregaba a una rutina diaria, el ritmo cardíaco en reposo disminuía 1 latido por minuto. Según el estudio del médico, ¿de qué depende el ritmo cardíaco en reposo?

- **F** del estudio de 6 meses
- **G** de los minutos de ejercicio
- **H** de una rutina diaria
- **I** de la dieta

15. ¿Qué función lineal tiene una gráfica que nunca se interseca con el eje de las x?

- **A** $y = x$
- **B** $y = -1$
- **C** $y = x + 1$
- **D** $y = -x - 1$

16. ¿Cuál es el intercepto en y de la gráfica de la derecha?

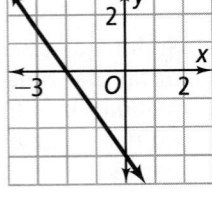

- **F** -3
- **G** -2
- **H** $-\dfrac{3}{2}$
- **I** 0

17. ¿Cuál es el valor de $|(-3) + 7(-2)|$?

- **A** -17
- **B** -8
- **C** 8
- **D** 17

RESPUESTA EN PLANTILLA

Anota tus respuestas en una plantilla.

18. ¿Cuál es el área del siguiente triángulo en unidades cuadradas?

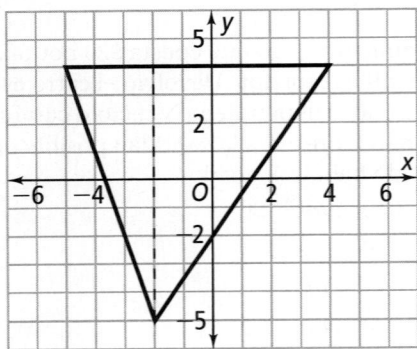

19. Charles compró 50 acciones por $23 la acción. Pagó una comisión de $15 a su agente por la compra. ¿Cuánto dinero en dólares gastó por la compra y la comisión juntas?

20. ¿Cuál es el valor de la expresión $9x - (4x - 1)$ cuando $x = 7$?

21. Un diseñador probó 50 chaquetas de un depósito de ropa y descubrió que el 4% de las chaquetas estaban rotuladas con la talla equivocada. ¿Cuántas chaquetas con la talla equivocada descubrió el diseñador?

22. Si $b = 2a - 16$ y $b = a + 2$, ¿cuánto es $a + b$?

23. Alejandro compró 6 cuadernos y 2 carpetas por $23.52. Cassie compró 3 cuadernos y 4 carpetas por $25.53. ¿Cuál era el costo en dólares de 1 cuaderno?

24. Ashley encuestó a 200 estudiantes de su escuela para saber si les gustaba ponerle mostaza o mayonesa al sándwich de pavo. En el siguiente diagrama se muestran los resultados que obtuvo.

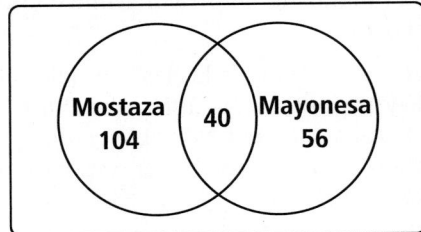

¿A qué fracción de los estudiantes encuestados les gusta la mostaza, pero no la mayonesa? Escribe tu respuesta en su forma más simple.

25. El área de un paralelogramo es $A = bh$. ¿Cuál es el área, en unidades cuadradas, de un paralelogramo con los vértices $(-3, 2)$, $(0, 7)$, $(7, 7)$ y $(4, 2)$?

Respuesta breve

26. La suma de seis enteros consecutivos es 165. ¿Cuáles son los seis enteros? Muestra tu trabajo.

27. El 1.° de abril de 2000 se hizo un censo nacional. Ese día, la población de los Estados Unidos era 281,421,906 habitantes. Esto representó un aumento de 13.2% respecto del censo de 1990. ¿Cuál era la población de los Estados Unidos en 1990?

Respuesta desarrollada

28. Un triángulo está formado por las siguientes rectas:

$$x - y = -1$$
$$y = 2$$
$$-0.4x - y = -5.2$$

a. ¿Cuáles son las coordenadas de los vértices del triángulo? Usa métodos algebraicos para justificar tus respuestas.

b. Usa tus respuestas de la parte (a) para dibujar el triángulo. ¿Cuál es el área del triángulo en unidades cuadradas?

¡Prepárate!

Manual de destrezas, página 786

◆ Hallar factores de números compuestos

Haz una lista de todos los factores de cada número.

1. 12   **2.** 18   **3.** 100   **4.** 81

5. 72   **6.** 300   **7.** 250   **8.** 207

Lección 1-7

◆ Simplificar expresiones

Simplifica cada expresión.

9. $3x^2 - 4x - 2x^2 - 5x$ **10.** $-2d + 7 + 5d + 8$

11. $3(2r + 4r^2 - 7r + 4r^2)$ **12.** $-2(m + 1) + 9(4m - 3)$

13. $6(a - 3a^2 - 2a - 3a^2)$ **14.** $s - 4 - (s^2 - 2) - 8s$

Lecciones 7-3 y 7-4

◆ Multiplicar expresiones con exponentes

Simplifica cada expresión.

15. $(5x)^2$ **16.** $(-3v^2)(-3v)$ **17.** $(4c^2)^3$ **18.** $(8m^2)(7m^5)$

19. $(9b^3)^2$ **20.** $(-6pq)^2$ **21.** $7(n^2)^2$ **22.** $(-5t^4)^3$

Lección 7-5

◆ Dividir expresiones con exponentes

Simplifica cada expresión.

23. $\dfrac{p^4q^9}{p^2q^6}$ **24.** $\dfrac{(5x)^2}{5x}$ **25.** $\dfrac{-3n}{(6n^4)(4n^2)}$ **26.** $\dfrac{(2y)(9y^4)}{6y^3}$

 ## Vistazo inicial al vocabulario

27. Tanto la palabra *triciclo* como la palabra *triángulo* comienzan con el prefijo *tri-*. Un *trinomio* es un tipo de expresión matemática. ¿Cuántos términos crees que tiene un trinomio?

28. Usa tu conocimiento sobre los significados de las palabras *binocular* y *bicicleta* para adivinar el significado de la palabra *binomio*.

29. ¿Cuál de los siguientes productos crees que es un *trinomio cuadrado perfecto* cuando se lo multiplica? Explica tu razonamiento.

    a. $(x + 4)(x + 7)$ **b.** $(x + 4)(x + 4)$

CAPÍTULO 8

Polinomios y descomponer en factores

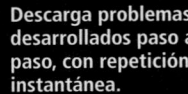
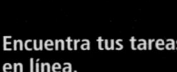
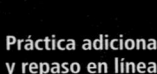
¡Estoy segura de que esta niña lleva tiempo practicando cómo patinar en una media rampa! La pista de patinaje en la que se encuentra tiene un área lo suficientemente grande para las medias rampas, cajas y rieles que usará para sus trucos.

En este capítulo, usarás polinomios para describir las áreas de figuras geométricas.

Vocabulario

Audio de vocabulario inglés/español en línea:

Español	Inglés
binomio, *p. 475*	binomial
diferencia de dos cuadrados, *p. 513*	difference of two squares
descomposición en factores por agrupación de términos, *p. 517*	factoring by grouping
forma estándar de un polinomio, *p. 475*	standard form of a polynomial
grado de un monomio, *p. 474*	degree of a monomial
grado de un polinomio, *p. 475*	degree of a polynomial
monomio, *p. 474*	monomial
polinomio, *p. 475*	polynomial
trinomio, *p. 475*	trinomial
trinomio cuadrado perfecto, *p. 511*	perfect-square trinomial

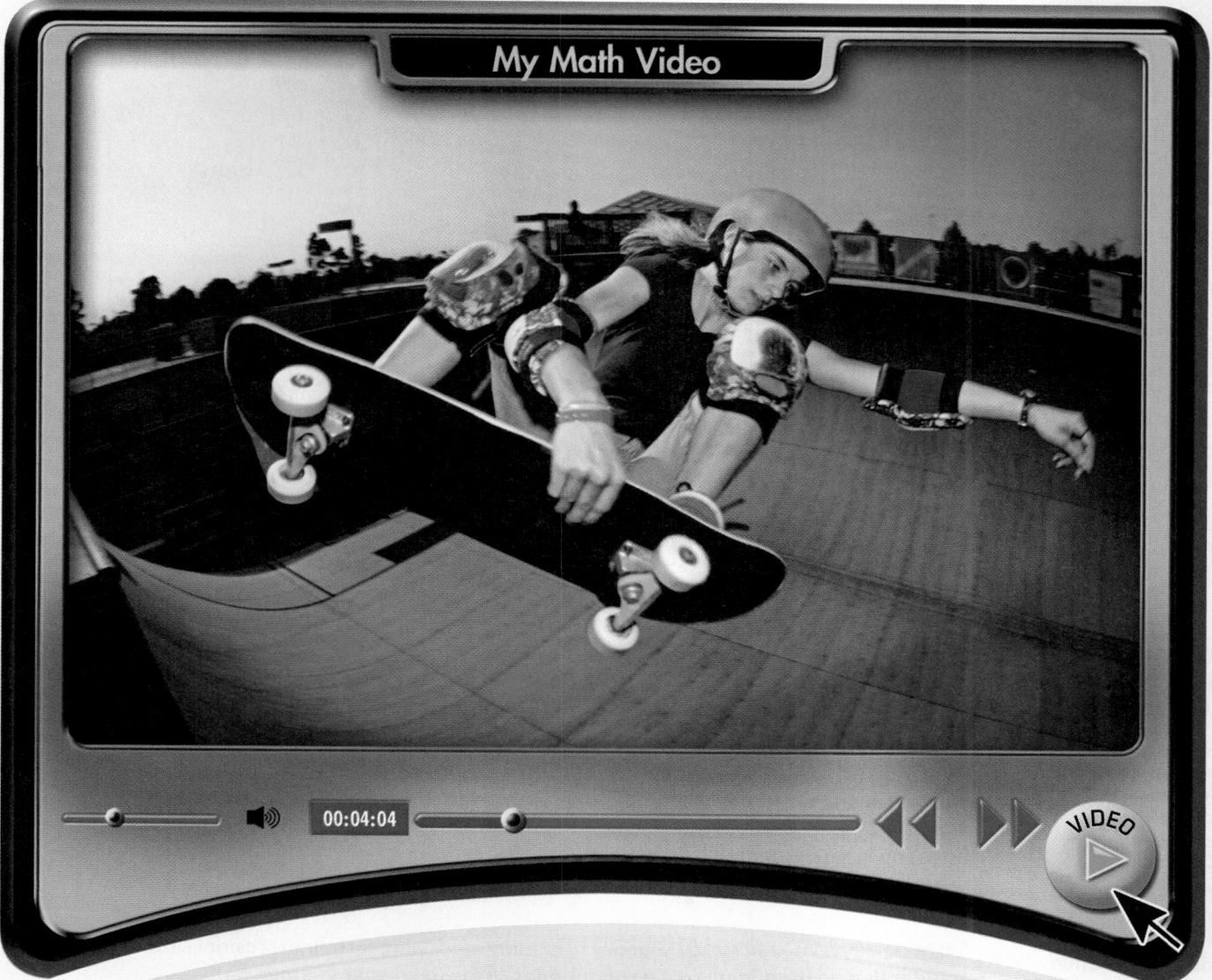

My Math Video

00:04:04

VIDEO

GRANDES ideas

1 Equivalencia

Pregunta esencial ¿Pueden ser equivalentes dos expresiones algebraicas que parecen ser diferentes?

2 Propiedades

Pregunta esencial ¿Cómo se relacionan las propiedades de los números reales con los polinomios?

Primer vistazo al capítulo

8-1 Sumar y restar polinomios

Objetivo Clasificar, sumar y restar polinomios.

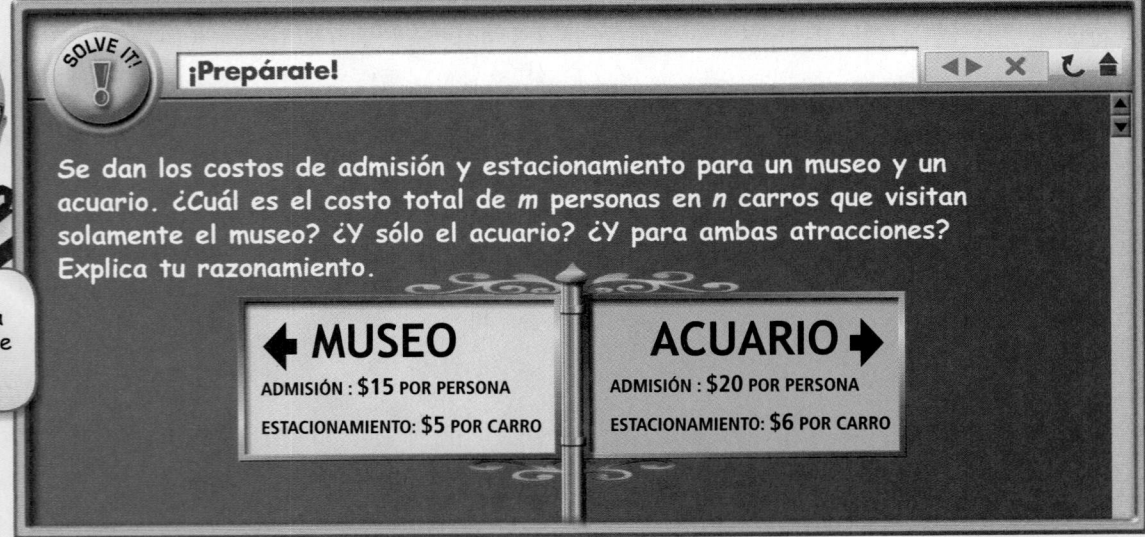

Este problema incluye más de una cantidad que puede variar.

¡Prepárate!

Se dan los costos de admisión y estacionamiento para un museo y un acuario. ¿Cuál es el costo total de *m* personas en *n* carros que visitan solamente el museo? ¿Y sólo el acuario? ¿Y para ambas atracciones? Explica tu razonamiento.

◀ MUSEO
ADMISIÓN : $15 POR PERSONA
ESTACIONAMIENTO: $5 POR CARRO

ACUARIO ▶
ADMISIÓN : $20 POR PERSONA
ESTACIONAMIENTO: $6 POR CARRO

Actividades dinámicas
Sumar polinomios

Vocabulario de la lección
- monomio
- grado de un monomio
- polinomio
- forma estándar de un polinomio
- grado de un polinomio
- binomio
- trinomio

En algunos casos, puedes representar una situación con una expresión formada por *monomios*. Un **monomio** es un número real, una variable o un producto de un número real y una o más variables que tienen números enteros no negativos como exponentes. Estos son algunos ejemplos de monomios.

$$18 \qquad z \qquad -4x^2 \qquad 2.5xy^3 \qquad \frac{a}{3}$$

Comprensión esencial Puedes usar monomios para formar expresiones más grandes llamadas *polinomios*. Los polinomios se pueden restar y sumar.

El **grado de un monomio** es la suma de los exponentes de sus variables. El grado de una constante distinta de cero es 0. El cero no tiene grado.

Piensa

¿Por qué el grado de una constante distinta de cero es 0?
Puedes escribir una constante *c* distinta de cero como cx^0. El exponente es 0; por tanto, el grado también es 0.

Problema 1 Hallar el grado de un monomio

¿Cuál es el grado de cada monomio?

A $5x$ Grado: 1 $5x = 5x^1$. El exponente es 1.

B $6x^3y^2$ Grado: 5   Los exponentes son 3 y 2. La suma es 5.

C 4   Grado: 0 $4 = 4x^0$. El grado de una constante distinta de cero es 0.

✓ **¿Comprendiste?** **1.** ¿Cuál es el grado de cada monomio?
   a. $8xy$ **b.** $-7y^4z$ **c.** 11

Puedes sumar o restar monomios sumando o restando los términos semejantes.

Piensa

¿La suma de dos monomios será siempre un monomio?
No. Los monomios tienen que ser términos semejantes.

Problema 2 **Sumar y restar monomios**

¿Cuál es la suma o diferencia?

Ⓐ $3x^2 + 5x^2 = 8x^2$ Combina los términos semejantes.

Ⓑ $4x^3y - x^3y = 3x^3y$ Combina los términos semejantes.

✓ **¿Comprendiste?** 2. ¿Cuál es la suma de $-6x^4 + 11x^4$? ¿Cuál es la diferencia de $2x^2y^4 - 7x^2y^4$?

Un **polinomio** es un monomio o una suma de monomios. El siguiente polinomio es la suma de los monomios $3x^4$, $5x^2$, $-7x$ y 1.

$$3x^4 + 5x^2 - 7x + 1$$
$$\uparrow \qquad \uparrow \qquad \uparrow \qquad \uparrow$$

Grado de cada monomio.
$$4 \qquad 2 \qquad 1 \qquad 0$$

El polinomio que se muestra arriba está en *forma estándar*. La **forma estándar de un polinomio** significa que los grados de los términos que son monomios disminuyen de izquierda a derecha. El **grado de un polinomio** en una variable es igual al grado del monomio que tiene el mayor exponente. El grado de $3x^4 + 5x^2 - 7x + 1$ es 4.

Puedes nombrar un polinomio basándote en su grado o en la cantidad de monomios que contiene.

Polinomio	Grado	Nombre según el grado	Cantidad de términos	Nombre según la cantidad de términos
6	0	Constante	1	Monomio
$5x + 9$	1	Lineal	2	**Binomio**
$4x^2 + 7x + 3$	2	Cuadrático	3	**Trinomio**
$2x^3$	3	Cúbico	1	Monomio
$8x^4 - 2x^3 + 3x$	4	De cuarto grado	3	Trinomio

 Problema 3 **Clasificar polinomios**

Piensa

¿Por qué necesitas combinar los términos semejantes de la parte (B)?
Para nombrar correctamente un polinomio basándote en su cantidad de términos, primero tienes que combinar todos los términos semejantes.

Escribe cada polinomio en forma estándar. ¿Cuál es el nombre del polinomio, basándote en su grado y cantidad de términos?

Ⓐ $3x + 4x^2$

$4x^2 + 3x$ Ordena los términos.

Éste es un binomio cuadrático.

Ⓑ $4x - 1 + 5x^3 + 7x$

$5x^3 + 4x + 7x - 1$ Ordena los términos.

$5x^3 + 11x - 1$ Combina los términos semejantes.

Éste es un trinomio cúbico.

✓ **¿Comprendiste?** 3. a. Escribe $2x - 3 + 8x^2$ en forma estándar. ¿Cuál es el nombre del polinomio, basándote en su grado y la cantidad de términos?
   b. **Razonamiento** ¿Cómo te ayuda a nombrar un polinomio escribirlo en forma estándar?

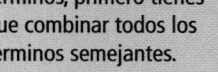

Puedes sumar polinomios sumando los términos semejantes.

 Problema 4 **Sumar polinomios**

Viajes Durante un período de 5 años, un investigador estudió la cantidad de estadías de una noche en los campings del Servicio de Parques Nacionales de los Estados Unidos y en zonas aisladas del sistema de parques nacionales. El investigador representó los resultados, en millares, con los siguientes polinomios.

Campings: $-7.1x^2 - 180x + 5800$

Zonas aisladas: $21x^2 - 140x + 1900$

En cada polinomio, $x = 0$ corresponde al primer año del período de 5 años. ¿Qué polinomio representa la cantidad total de estadías de una noche tanto en los campings como en zonas aisladas?

Lo que sabes
- Estadías de una noche en campings:
  $-7.1x^2 - 180x + 5800$
- Estadías de una noche en zonas aisladas: $21x^2 - 140x + 1900$

Lo que necesitas
Un polinomio para la cantidad total de estadías de una noche tanto en campings como en zonas aisladas

Planea
La frase "tanto en...como" implica una adición; por tanto, suma los dos polinomios para hallar un polinomio que represente el total.

Método 1 Suma verticalmente.
Alinea los términos semejantes. Luego, suma los coeficientes.

$$\begin{array}{r} -7.1x^2 - 180x + 5800 \\ + \ 21x^2 - 140x + 1900 \\ \hline 13.9x^2 - 320x + 7700 \end{array}$$

Método 2 Suma horizontalmente.
Agrupa los términos semejantes. Luego, suma los coeficientes.

$$(-7.1x^2 - 180x + 5800) + (21x^2 - 140x + 1900)$$
$$= (-7.1x^2 + 21x^2) + (-180x - 140x) + (5800 + 1900)$$
$$= 13.9x^2 - 320x + 7700$$

Un polinomio que representa la cantidad de estadías de una noche (en millares) tanto en campings como en zonas aisladas durante un período de 5 años es $13.9x^2 - 320x + 7700$.

 ¿Comprendiste? **4.** Un nutricionista estudió el consumo de zanahoria y apio y el consumo de brócoli en los Estados Unidos durante un período de 6 años. El nutricionista representó los resultados, en millones de libras, con los siguientes polinomios.

Zanahoria y apio: $-12x^3 + 106x^2 - 241x + 4477$
Brócoli: $14x^2 - 14x + 1545$

En cada polinomio, $x = 0$ corresponde al primer año del período de 6 años. ¿Qué polinomio representa la cantidad total de libras de zanahoria, apio y brócoli, en millones, que se consumió en los Estados Unidos durante el período de 6 años?

Recuerda que restar significa sumar el opuesto. Por tanto, cuando restes un polinomio, cambia cada uno de los términos por su opuesto. Luego, suma los coeficientes.

 Problema 5 **Restar polinomios**

¿Cuál es una forma más simple de $(x^3 - 3x^2 + 5x) - (7x^3 + 5x^2 - 12)$?

Planea

¿Cómo puede ayudarte el Problema 4 a resolver este problema?
Suma el opuesto para cambiar la resta a una suma. Luego, usa el método horizontal o el vertical del Problema 4 para sumar los polinomios.

Método 1 Resta verticalmente.

$$x^3 - 3x^2 + 5x$$
Alinea los términos semejantes.
$$- (7x^3 + 5x^2 \qquad - 12)$$

$$x^3 - 3x^2 + 5x$$
Luego, suma el opuesto de cada término del polinomio que se resta.
$$\underline{-7x^3 - 5x^2 \qquad + 12}$$
$$-6x^3 - 8x^2 + 5x + 12$$

Método 2 Resta horizontalmente.

$$(x^3 - 3x^2 + 5x) - (7x^3 + 5x^2 - 12)$$

$$= x^3 - 3x^2 + 5x - 7x^3 - 5x^2 + 12$$
Escribe el opuesto de cada término del polinomio que se resta.

$$= (x^3 - 7x^3) + (-3x^2 - 5x^2) + 5x + 12$$
Agrupa los términos semejantes.

$$= -6x^3 - 8x^2 + 5x + 12$$
Simplifica.

 ¿Comprendiste? **5.** ¿Cuál es una forma más simple de $(-4m^3 - m + 9) - (4m^2 + m - 12)$?

Comprobar la comprensión de la lección

¿CÓMO hacerlo?

Halla el grado de cada monomio.

1. $-7x^4$ **2.** $8y^2z^3$

Simplifica cada suma o diferencia.

3. $(5r^3 + 8) + (6r^3 + 3)$

4. $(x^2 - 2) - (3x + 5)$

¿Lo ENTIENDES?

Vocabulario Nombra cada polinomio basándote en el grado y la cantidad de términos.

5. $5x^2 + 2x + 1$ **6.** $3z - 2$

7. Comparar y contrastar ¿En qué se parecen los procesos de sumar monomios y sumar polinomios? ¿En qué se diferencian?

Ejercicios de práctica y resolución de problemas

 **Práctica** **Halla el grado de cada monomio.**   ◀ **Ver el Problema 1.**

8. $3x$ **9.** $8a^3$ **10.** 20 **11.** $2b^8c^2$

12. $-7y^3z$ **13.** -3 **14.** $12w^4$ **15.** 0

Simplifica.

Ver el Problema 2.

16. $12p^2 + 8p^2$ **17.** $2m^3n^3 + 9m^3n^3$ **18.** $8w^2x + w^2x$ **19.** $3t^4 + 11t^4$

20. $x^3 - 9x^3$ **21.** $30v^4w^3 - 12v^4w^3$ **22.** $7x^2 - 2x^2$ **23.** $5bc^4 - 13bc^4$

Escribe cada polinomio en forma estándar. Luego, nombra cada polinomio basándote en el grado y en la cantidad de términos.

Ver el Problema 3.

24. $5y - 2y^2$ **25.** $-2q + 7$ **26.** $x^2 + 4 - 3x$

27. $6x^2 - 13x^2 - 4x + 4$ **28.** $c + 8c^3 - 3c^7$ **29.** $3z^4 - 5z - 2z^2$

Simplifica.

Ver el Problema 4.

30. $\begin{aligned} 4w - 5 \\ + 9w + 2 \end{aligned}$ **31.** $\begin{aligned} 6x^2 + 7 \\ + 3x^2 + 1 \end{aligned}$ **32.** $\begin{aligned} 2k^2 - k + 3 \\ + 5k^2 + 3k - 7 \end{aligned}$

33. $(5x^2 + 3) + (15x^2 + 2)$ **34.** $(2g^4 - 3g + 9) + (-g^3 + 12g)$

35. Educación Se puede representar la cantidad de estudiantes de la escuela secundaria East High School y la cantidad de estudiantes de la escuela secundaria Central High School durante un período de 10 años con los siguientes polinomios.

Escuela secundaria East High School: $-11x^2 + 133x + 1200$
Escuela secundaria Central High School: $-7x^2 + 95x + 1100$

En cada polinomio, $x = 0$ corresponde al primer año del período de 10 años. ¿Qué polinomio representa la cantidad total de estudiantes en ambas escuelas secundarias?

Simplifica.

Ver el Problema 5.

36. $\begin{aligned} 5n - 2 \\ - (3n + 8) \end{aligned}$ **37.** $\begin{aligned} 6x^3 + 17 \\ - (4x^3 + 9) \end{aligned}$ **38.** $\begin{aligned} 2c^2 + 7c - 1 \\ - (c^2 - 10c + 4) \end{aligned}$

39. $(14h^4 + 3h^3) - (9h^4 + 2h^3)$ **40.** $(-6w^4 + w^2) - (-2w^3 + 4w^2 - w)$

 **Aplicación**

41. Pensar en un plan El perímetro de un parque triangular es $16x + 3$. ¿Cuál es la longitud que falta?
- ¿Cuál es la suma de las dos longitudes de lado dadas?
- ¿Qué operación deberías usar para hallar la longitud de lado que falta?

42. Geometría El perímetro de un trapecio es $39a - 7$. Tres lados tienen las siguientes longitudes: $9a$, $5a + 1$ y $17a - 6$. ¿Cuál es la longitud del cuarto lado?

43. Analizar errores Describe y corrige el error al hallar la diferencia de los polinomios.

$(4x^2 - x + 3) - (3x^2 - 5x - 6) = 4x^2 - x + 3 - 3x^2 - 5x - 6$
$= 4x^2 - 3x^2 - x - 5x + 3 - 6$
$= x^2 - 6x - 3$

Simplifica. Escribe cada respuesta en forma estándar.

44. $(5x^2 - 3x + 7x) + (9x^2 + 2x^2 + 7x)$

45. $(y^3 - 4y^2 - 2) - (6y^3 + 4 - 6y^2)$

46. $(-9r^3 + 2r - 1) - (-5r^2 + r + 8)$

47. $(3z^3 - 4z + 7z^2) + (8z^2 - 6z - 5)$

48. Razonamiento ¿Es posible escribir un trinomio con grado 0? Explica tu respuesta.

49. Escribir ¿La suma de dos trinomios es siempre un trinomio? Explica tu respuesta.

 **Desafío**

50. a. Escribe las ecuaciones para la recta p y la recta q. Usa la forma pendiente-intercepto.

   b. Usa tus ecuaciones de la parte (a) para escribir una función que represente la distancia vertical $D(x)$ entre los puntos de las rectas p y q con el mismo valor de x.

   c. ¿Para qué valor de x es $D(x)$ igual a cero?

   d. Razonamiento ¿Cómo se relaciona el valor de x de la parte (c) con la gráfica?

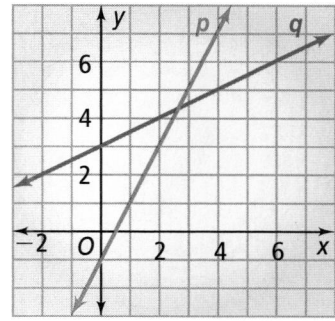

Simplifica cada expresión.

51. $(ab^2 + ba^3) + (4a^3b - ab^2 - 5ab)$

52. $(9pq^6 - 11p^4q) - (-5pq^6 + p^4q^4)$

Preparación para el examen estandarizado

SAT/ACT

53. ¿Cuál es una forma más simple de $(3x^2 + 6x - 1) + (4x^2 + 5x + 9)$?

  Ⓐ $-x^2 + x - 10$ Ⓑ $x^2 - x + 10$ Ⓒ $7x^2 + 11x + 8$ Ⓓ $7x^2 + 11x + 10$

54. El precio de una canasta de obsequio con alimentos puede representarse con una ecuación lineal. Puedes usar la gráfica de la derecha para hallar el precio y de la canasta basándote en la cantidad de libras de alimentos x. ¿Cuál es la ecuación de la recta?

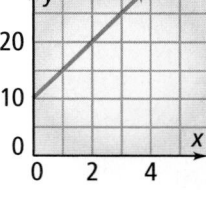

  Ⓕ $y = 5x + 10$ Ⓗ $y = 10x + 5$

  Ⓖ $y = x + 10$ Ⓘ $y = 10x + 10$

Respuesta breve

55. Simplifica $(8x^3 - 5x + 1) - (x^2 + 4)$. Muestra tu trabajo.

Repaso mixto

Identifica el factor de crecimiento de cada función exponencial.   ◀ Ver la Lección 7-7.

56. $y = 7 \cdot 3^x$ **57.** $y = 0.3 \cdot 2.1^x$ **58.** $y = 3 \cdot 4^x$ **59.** $y = 0.2 \cdot 5^x$

Halla la pendiente de la recta que pasa por cada par de puntos.   ◀ Ver la Lección 5-1.

60. $(0, 2), (5, 0)$ **61.** $(3, -7), (4, 1)$ **62.** $(-2, 8), (1, 0)$ **63.** $(9, -6), (0, 0)$

¡Prepárate!   Antes de la Lección 8-2, haz los Ejercicios 64 a 67.

Simplifica cada expresión.   ◀ Ver la Lección 7-3.

64. $a^{-3}a^8$ **65.** $6r^2 \cdot 3r$ **66.** $(4x^5)(7x^3)$ **67.** $(2t^4)(-5t^2)$

8-2 Multiplicar y descomponer en factores

Objetivos Multiplicar un monomio por un polinomio.
Extraer un monomio como factor común de un polinomio.

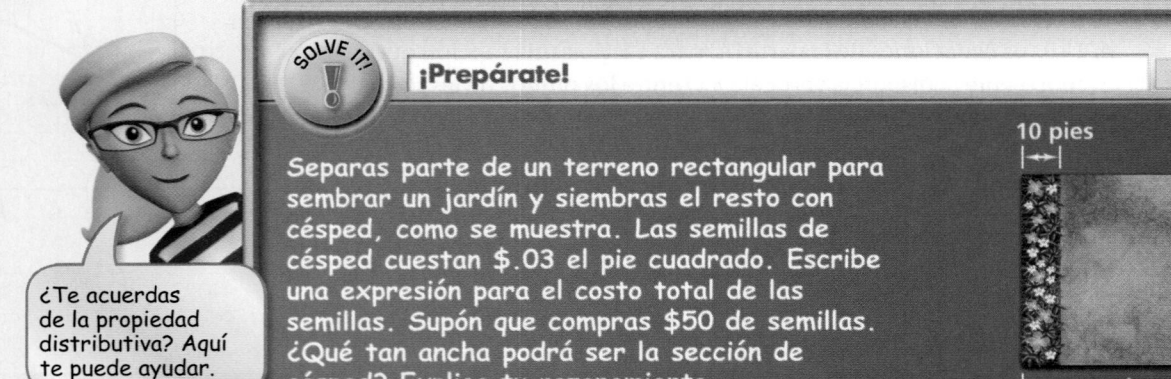

SOLVE IT!

¡Prepárate!

Separas parte de un terreno rectangular para sembrar un jardín y siembras el resto con césped, como se muestra. Las semillas de césped cuestan $.03 el pie cuadrado. Escribe una expresión para el costo total de las semillas. Supón que compras $50 de semillas. ¿Qué tan ancha podrá ser la sección de césped? Explica tu razonamiento.

10 pies
45 pies
← x pies →

¿Te acuerdas de la propiedad distributiva? Aquí te puede ayudar.

Comprensión esencial Puedes usar la propiedad distributiva para multiplicar un monomio por un polinomio.

Por ejemplo, analiza el producto $2x(3x + 1)$.

$$2x(3x + 1) = 2x(3x) + 2x(1)$$
$$= 6x^2 + 2x$$

Puedes demostrar por qué la multiplicación tiene sentido usando el modelo de área de la derecha.

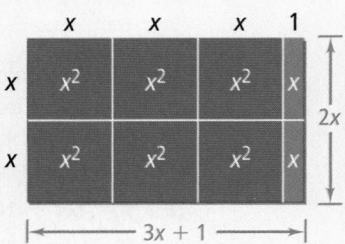

Planea

¿Qué debo tener en mente al multiplicar?
Recuerda distribuir $-x^3$ a *todos* los términos. Recuerda también que tienes que sumar los exponentes en vez de multiplicarlos.

Problema 1 **Multiplicar un monomio y un trinomio**

Opción múltiple ¿Cuál es una forma más simple de $-x^3(9x^4 - 2x^3 + 7)$?

Ⓐ $-9x^{12} + 2x^9 - 7x^3$

Ⓒ $-9x^7 - 2x^3 + 7$

Ⓑ $9x^7 - 2x^6 + 7x^3$

Ⓓ $-9x^7 + 2x^6 - 7x^3$

$-x^3(9x^4 - 2x^3 + 7) = -x^3(9x^4) - x^3(-2x^3) - x^3(7)$ Usa la propiedad distributiva.

$= -9x^{3+4} + 2x^{3+3} - 7x^3$ Multiplica los coeficientes y suma los exponentes.

$= -9x^7 + 2x^6 - 7x^3$ Simplifica.

La respuesta correcta es D.

✓ **¿Comprendiste?** **1.** ¿Cuál es una forma más simple de $5n(3n^3 - n^2 + 8)$?

480 Capítulo 8 Polinomios y descomponer en factores

Comprensión esencial Descomponer en factores un polinomio invierte el proceso de la multiplicación. Al extraer un monomio como factor común de un polinomio, el primer paso es hallar el máximo común divisor (M.C.D.) de los términos del polinomio.

 Problema 2 **Hallar el máximo común divisor**

¿Cuál es el M.C.D. de los términos de $5x^3 + 25x^2 + 45x$?

Haz una lista de los factores primos de cada término. Identifica los factores comunes a todos los términos.

$$5x^3 = 5 \cdot x \cdot x \cdot x$$
$$25x^2 = 5 \cdot 5 \cdot x \cdot x$$
$$45x = 3 \cdot 3 \cdot 5 \cdot x$$

> Recuerda agregar a la lista solamente los factores primos de las variables.

El M.C.D. es $5 \cdot x$, ó $5x$.

Piensa

¿Por qué usamos los factores 5 y x para formar el M.C.D. pero no 3?

Tanto 5 como *x* son factores de *cada* término del polinomio, pero 3 solamente es factor del último término.

✓ **¿Comprendiste? 2.** ¿Cuál es el M.C.D. de los términos de $3x^4 - 9x^2 - 12x$?

Una vez que hallaste el M.C.D. de los términos de un polinomio, puedes extraerlo como factor común fuera del polinomio.

 Problema 3 **Extraer un monomio como factor común**

¿Cuál es la forma descompuesta en factores de $4x^5 - 24x^3 + 8x$?

Piensa · **Escribe**

Para descomponer en factores el polinomio, primero descompón en factores cada término.

$$4x^5 = 2 \cdot 2 \cdot x \cdot x \cdot x \cdot x \cdot x$$
$$24x^3 = 2 \cdot 2 \cdot 2 \cdot 3 \cdot x \cdot x \cdot x$$
$$8x = 2 \cdot 2 \cdot 2 \cdot x$$

Halla el M.C.D. de los tres términos.

El M.C.D. es $2 \cdot 2 \cdot x$, ó $4x$.

Extrae como factor común el M.C.D. de cada término. Luego, extráelo como factor común fuera del polinomio.

$$4x^5 - 24x^3 + 8x = 4x(x^4) + 4x(-6x^2) + 4x(2)$$
$$= 4x(x^4 - 6x^2 + 2)$$

La forma descompuesta en factores del polinomio es $4x(x^4 - 6x^2 + 2)$.

✓ **¿Comprendiste? 3. a.** ¿Cuál es la forma descompuesta en factores de $9x^6 + 15x^4 + 12x^2$?
b. **Razonamiento** ¿Cuánto es $-6x^4 - 18x^3 - 12x^2$ escrito como el producto de un polinomio con coeficientes positivos y un monomio?

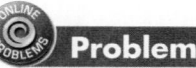 **Problema 4** **Modelo para descomponer polinomios en factores**

Planea

¿Cómo puedes hallar el área de la región coloreada?
La región coloreada es todo el cuadrado menos la porción circular. Por tanto, resta el área del círculo al área del cuadrado.

Helipuertos Una pista de aterrizaje para helicópteros, o helipuerto, suele estar marcada con un círculo dentro de un cuadrado para que sea visible desde el aire. ¿Cuál es el área de la región coloreada del helipuerto de la derecha? Escribe tu respuesta en forma descompuesta en factores.

Paso 1 Halla el área de la región coloreada.

$$A_1 = \ell^2 \quad \text{Área de un cuadrado}$$
$$= (2x)^2 \quad \text{Sustituye } \ell \text{ por } 2x.$$
$$= 4x^2 \quad \text{Simplifica.}$$
$$A^2 = \pi r^2 \quad \text{Área de un círculo}$$
$$= \pi x^2 \quad \text{Sustituye } r \text{ por } x.$$

El área de la región coloreada es $A_1 - A_2$, ó $4x^2 - \pi x^2$.

Paso 2 Descompón en factores la expresión.

Primero, halla el M.C.D.

$$4x^2 = 2 \cdot 2 \cdot x \cdot x$$
$$\pi x^2 = \pi \cdot x \cdot x$$

El M.C.D. es $x \cdot x$, ó x^2.

Paso 3 Extrae el M.C.D. como factor común.

$$4x^2 - \pi x^2 = x^2(4) + x^2(-\pi)$$
$$= x^2(4 - \pi)$$

La forma descompuesta en factores del área de la región coloreada es $x^2(4 - \pi)$.

 ¿Comprendiste? **4.** En el Problema 4, supón que la longitud de lado del cuadrado es $6x$ y el radio del círculo es $3x$. ¿Cuál es la forma descompuesta en factores del área de la región coloreada?

Comprobar la comprensión de la lección

¿CÓMO hacerlo?

1. ¿Cuál es una forma más simple de $6x(2x^3 + 7x)$?

2. ¿Cuál es el M.C.D. de los términos de $4a^4 + 6a^2$?

Descompón en factores cada polinomio.

3. $6m^2 - 15m$

4. $4x^3 + 8x^2 + 12x$

¿Lo ENTIENDES?

Une cada par de monomios con su M.C.D.

5. $14n^2, 35n^4$ **A.** 1

6. $21n^3, 18n^2$ **B.** $7n^2$

7. $7n^2, 9$ **C.** $3n^2$

8. Razonamiento Escribe un binomio con $9x^2$ como el M.C.D. de sus términos.

Ejercicios de práctica y resolución de problemas

A **Práctica**

Simplifica cada producto.

◀ **Ver el Problema 1.**

9. $7x(x + 4)$

10. $(b + 11)2b$

11. $3m^2(10 + m)$

12. $-w^2(w - 15)$

13. $4x(2x^3 - 7x^2 + x)$

14. $-8y^3(7y^2 - 4y - 1)$

Halla el M.C.D. de los términos de cada polinomio.

◀ **Ver el Problema 2.**

15. $12x + 20$

16. $8w^2 - 18w$

17. $45b + 27$

18. $a^3 + 6a^2 - 11a$

19. $4x^3 + 12x - 28$

20. $14z^4 - 42z^3 + 21z^2$

Descompón en factores cada polinomio.

◀ **Ver el Problema 3.**

21. $9x - 6$

22. $t^2 + 8t$

23. $14n^3 - 35n^2 + 28$

24. $5k^3 + 20k^2 - 15$

25. $14x^3 - 2x^2 + 8x$

26. $g^4 + 24g^3 + 12g^2 + 4g$

27. Arte Un espejo circular está rodeado por un marco cuadrado de metal. El radio del espejo es $5x$. La longitud de lado del marco de metal es $15x$. ¿Cuál es el área del marco de metal? Escribe tu respuesta en forma descompuesta en factores.

◀ **Ver el Problema 4.**

28. Diseño Una mesa circular está pintada de amarillo y tiene un cuadrado rojo en el centro. El radio de la mesa es $6x$. La longitud de lado del cuadrado rojo es $3x$. ¿Cuál es el área de la parte amarilla de la mesa? Escribe tu respuesta en forma descompuesta en factores.

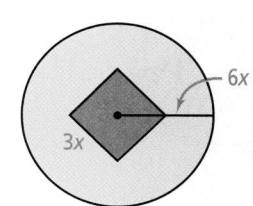

B **Aplicación**

Simplifica. Escribe el polinomio en forma estándar.

29. $-2x(5x^2 - 4x + 13)$

30. $-5y^2(-3y^3 + 8y)$

31. $10a(-6a^2 + 2a - 7)$

32. $p(p + 2) - 3p(p - 5)$

33. $t^2(t + 1) - t(2t^2 - 1)$

34. $3c(4c^2 - 5) - c(9c)$

35. Pensar en un plan Un portarretratos de madera rectangular tiene longitudes de lado $5x$ y $7x + 1$. La apertura rectangular para poner una fotografía tiene longitudes de lado $3x$ y $5x$. ¿Cuál es el área de la parte de madera del portarretratos? Escribe tu respuesta en forma descompuesta en factores.
- ¿Cómo puede ayudarte hacer un diagrama a resolver el problema?
- ¿Cómo puedes expresar el área de la parte de madera del portarretratos como una diferencia de áreas?

36. Analizar errores Describe y corrige el error que se cometió al multiplicar.

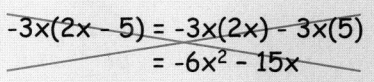

Descompón en factores cada polinomio.

37. $17xy^4 + 51x^2y^3$

38. $9m^4n^5 - 27m^2n^3$

39. $31a^6b^3 + 63a^5$

40. a. Descompón en factores $n^2 + n$.
b. Escribir Supón que n es un entero. ¿Es $n^2 + n$ un entero par *siempre, a veces* o *nunca*? Justifica tu respuesta.

41. Razonamiento El M.C.D. de dos números p y q es 7. ¿Cuál es el M.C.D. de p^2 y q^2? Justifica tu respuesta.

 **Desafío**

42. Fabricación El diagrama muestra un cubo de metal al que se le quitó un cilindro. La fórmula del volumen de un cilindro es $V = \pi r^2 h$, donde r es el radio y h es la altura.

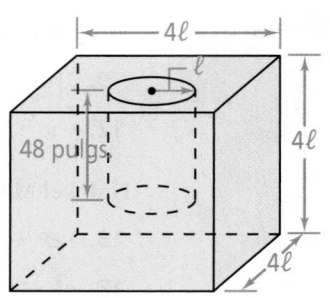

  a. Escribe una fórmula para el volumen del cubo en términos de ℓ.
  b. Escribe una fórmula para el volumen del cilindro en términos de ℓ.
  c. Escribe una fórmula en términos de ℓ para el volumen V del metal que queda una vez removido el cilindro.
  d. Descompón en factores la fórmula de la parte (c).
  e. Halla V en pulgadas cúbicas para $\ell = 15$ pulgs. Usa $\pi = 3.14$.

43. a. Geometría ¿Cuántos lados tiene el polígono? ¿Cuántas de sus diagonales se originan en un mismo vértice?
  b. Un polígono tiene n lados. ¿Cuántas diagonales se originarán en un mismo vértice?
  c. El número de diagonales de todos los vértices es $\frac{n}{2}(n-3)$. Escribe este polinomio en forma estándar.
  d. Un polígono tiene 8 lados. ¿Cuántas diagonales tiene?

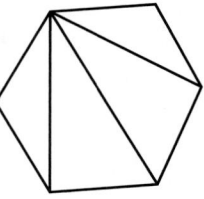

Preparación para el examen estandarizado

RESPUESTA EN PLANTILLA

SAT/ACT

44. Simplifica el producto de $4x(5x^2 + 3x + 7)$. ¿Cuál es el coeficiente del término x^2?

45. ¿Cuál es la pendiente de la recta que pasa por $\overline{CD}$?

46. ¿Cuál es la solución de la ecuación $7x - 11 = 3$?

47. Simplifica el producto $8x^3(2x^2)$. ¿Cuál es el exponente?

48. La expresión $9x^3 - 15x$ se puede descomponer en factores como $ax(3x^2 - 5)$. ¿Cuál es el valor de a?

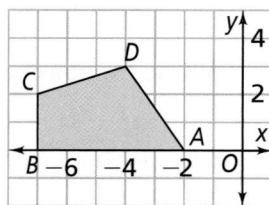

Repaso mixto

Simplifica cada suma o diferencia.   ◀ Ver la Lección 8-1.

49. $(5x^2 + 4x - 2) + (3x^2 + 7)$ **50.** $(4x^4 - 3x^2 - 1) + (3x^4 + 6x^2)$

51. $(3x^3 - 2x) - (8x^3 + 4x)$ **52.** $(7x^4 + 3x^3 - 5x + 1) - (x^3 + 8x^2 - 5x - 3)$

Halla y para resolver cada desigualdad. Luego, representa con una gráfica la desigualdad.   ◀ Ver la Lección 6-5.

53. $4x - 5y \geq 10$ **54.** $7x - 2y \leq 8$ **55.** $-3y - x > 9$

¡Prepárate! Antes de la Lección 8-3, haz los Ejercicios 56 a 58.

Usa la propiedad distributiva para simplificar cada expresión.   ◀ Ver la Lección 1-7.

56. $8(x - 5)$ **57.** $-3(w + 4)$ **58.** $0.25(6c + 16)$

Usar modelos para multiplicar

Puedes usar fichas de álgebra para representar la multiplicación de dos binomios.

Actividad

Halla el producto de $(x + 4)(2x + 3)$.

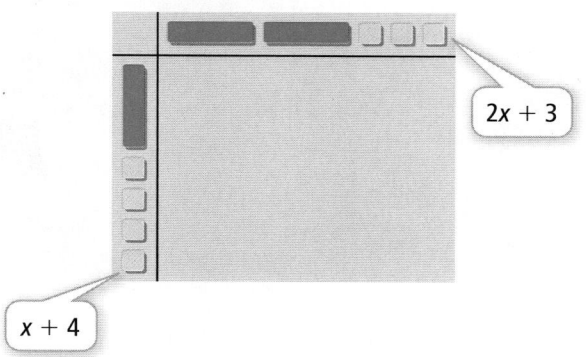

$2x + 3$

$x + 4$

El producto es $2x^2 + 11x + 12$.

$2x^2 + 3x + 8x + 12$

$2x^2 + 11x + 12$ Suma los coeficientes de los términos semejantes.

También puedes representar productos que incluyen una resta. Las fichas rojas indican variables negativas y números negativos.

Actividad

Halla el producto de $(x - 1)(2x + 1)$.

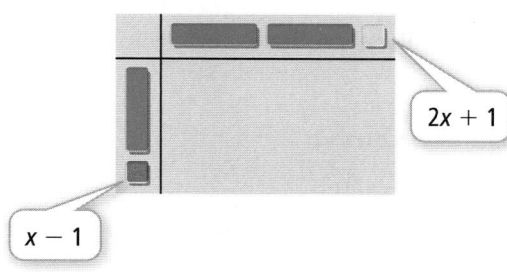

$2x + 1$

$x - 1$

El producto es $2x^2 - x - 1$.

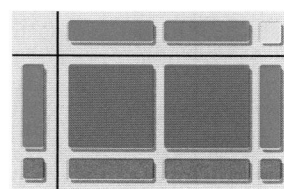

$2x^2 + x - 2x - 1$

$2x^2 - x - 1$ Suma los coeficientes de los términos semejantes.

Ejercicios

Usa fichas de álgebra para hallar cada producto.

1. $(x + 4)(x + 2)$ **2.** $(x + 2)(x - 3)$ **3.** $(x + 1)(3x - 2)$ **4.** $(3x + 2)(2x + 1)$

8-3 Multiplicar binomios

Objetivo Multiplicar dos binomios o un binomio por un trinomio.

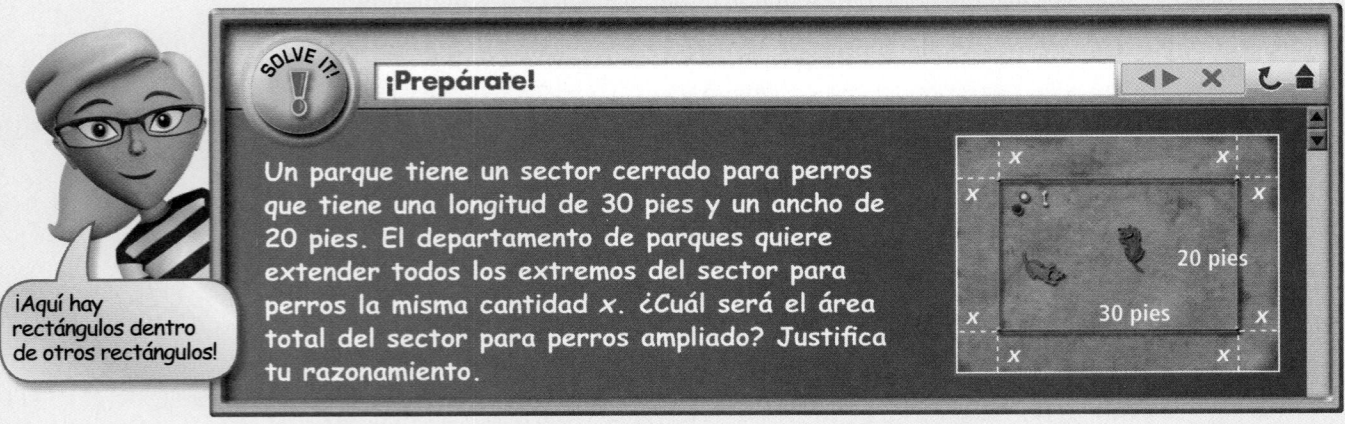

¡Prepárate!

Un parque tiene un sector cerrado para perros que tiene una longitud de 30 pies y un ancho de 20 pies. El departamento de parques quiere extender todos los extremos del sector para perros la misma cantidad x. ¿Cuál será el área total del sector para perros ampliado? Justifica tu razonamiento.

¡Aquí hay rectángulos dentro de otros rectángulos!

20 pies

30 pies

Actividades dinámicas

Multiplicar binomios

Comprensión esencial Hay varias maneras de hallar el producto de dos binomios; por ejemplo, puedes usar modelos, álgebra y tablas.

Una manera de hallar el producto de dos binomios es usar un modelo de área, como se muestra a continuación.

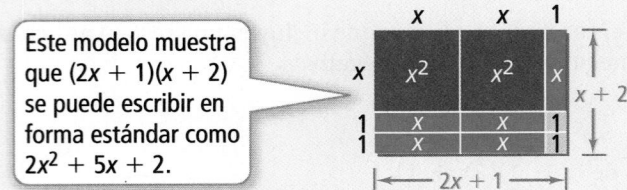

Este modelo muestra que $(2x + 1)(x + 2)$ se puede escribir en forma estándar como $2x^2 + 5x + 2$.

También puedes usar la propiedad distributiva para hallar el producto de dos binomios.

Problema 1 **Usar la propiedad distributiva**

Planea

¿Cómo puedes usar la propiedad distributiva con dos binomios?
Considera el segundo binomio como una sola variable y distribúyelo a cada término del primer binomio.

¿Cuál es una forma más simple de $(2x + 4)(3x - 7)$?

$$(2x + 4)(3x - 7) = 2x(3x - 7) + 4(3x - 7)$$ Distribuye el segundo factor, $3x - 7$.

$$= 6x^2 - 14x + 4(3x - 7)$$ Distribuye $2x$.

$$= 6x^2 - 14x + 12x - 28$$ Distribuye 4.

$$= 6x^2 - 2x - 28$$ Combina los términos semejantes.

¿Comprendiste? **1.** ¿Cuál es una forma más simple de $(x - 6)(4x + 3)$?

Observa que cuando usas la propiedad distributiva para multiplicar binomios, multiplicas cada término del primer binomio por cada término del segundo binomio. Una tabla puede ayudarte a organizar tu trabajo.

 Problema 2 **Usar una tabla**

¿Cuál es una forma más simple de $(x - 3)(4x - 5)$?

Lo que sabes
Factores de binomios

Lo que necesitas
El producto de los binomios escrito en forma estándar

Planea
Usa una tabla.

Haz una tabla de productos.

Piensa

¿Es ésta la única tabla que puedes hacer?
No. Puedes escribir los términos de $x - 3$ en una fila y los términos de $4x - 5$ en una columna.

	$4x$	-5
x	$4x^2$	$-5x$
-3	$-12x$	15

Cuando rotules las filas y las columnas, piensa en $x - 3$ como $x + (-3)$. Piensa en $4x - 5$ como $4x + (-5)$.

El producto es $4x^2 - 5x - 12x + 15$, ó $4x^2 - 17x + 15$.

 ¿Comprendiste? **2.** ¿Cuál es una forma más simple de $(3x + 1)(x + 4)$? Usa una tabla.

Hay un método abreviado que puedes usar para multiplicar dos binomios. Considera el producto de $2x + 2$ y $x + 3$. El rectángulo grande a continuación es un modelo de este producto. Puedes dividir el rectángulo grande en cuatro rectángulos más pequeños.

El área del rectángulo grande es la suma de las áreas de los cuatro rectángulos más pequeños.

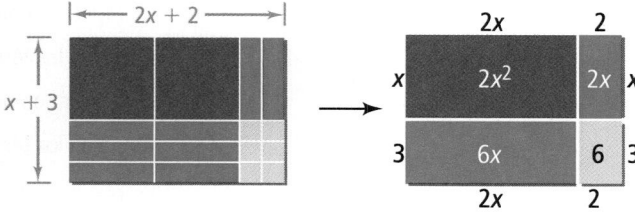

$$
\begin{aligned}
(2x + 2)(x + 3) &= (2x)(x) + (2x)(3) + (2)(x) + (2)(3) \\
&= \quad 2x^2 \quad + \quad 6x \quad + \quad 2x \quad + \quad 6 \\
&= \quad 2x^2 \quad + \quad 8x \quad + \quad 6
\end{aligned}
$$

El área de cada rectángulo es el producto de un término de $2x + 2$ y un término de $x + 3$.

Este modelo ilustra otra manera de hallar el producto de dos binomios. Hallas la suma de los productos de los Primeros términos, los términos Exteriores, los términos Interiores y los Últimos términos de los binomios. El acrónimo PEIU te puede ayudar a recordar este método.

 **Problema 3** Usar el método PEIU

¿Cuál es una forma más simple de $(5x - 3)(2x + 1)$?

Planea

¿Cómo puede ayudarte un diagrama a multiplicar dos binomios?
Dibuja flechas desde cada término del primer binomio hacia cada término del segundo binomio. Esto te ayudará a organizar los productos de los términos

$$\begin{array}{ccccccccc}
& & \text{Primeros} & & \text{Exteriores} & & \text{Interiores} & & \text{Últimos} \\
(5x - 3)(2x + 1) = & & (5x)(2x) & + & (5x)(1) & + & (-3)(2x) & + & (-3)(1) \\
= & & 10x^2 & + & 5x & - & 6x & - & 3 \\
= & & 10x^2 & - & x & - & 3 & &
\end{array}$$

El producto es $10x^2 - x - 3$.

 ¿Comprendiste? **3.** ¿Cuál es una forma más simple de cada producto? Usa el método PEIU.
a. $(3x - 4)(x + 2)$ **b.** $(n - 6)(4n - 7)$ **c.** $(2p^2 + 3)(2p - 5)$

 **Problema 4** Aplicar la multiplicación de binomios

Opción múltiple Un cilindro tiene las dimensiones que se muestran en el diagrama. ¿Qué polinomio en forma estándar describe mejor el área total del cilindro?

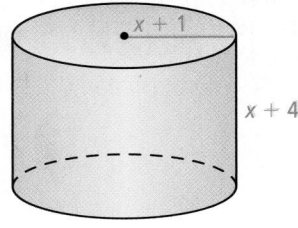

(A) $2\pi x^2 + 4\pi x + 2\pi$ (C) $4\pi x^2 + 14\pi x + 10\pi$

(B) $2\pi x^2 + 10\pi x + 8\pi$ (D) $2\pi x^2 + 2\pi x + 10\pi$

El área total (A.T.) de un cilindro está dada por la fórmula
A.T. $= 2\pi r^2 + 2\pi rh$, donde r es el radio del cilindro y h es la altura.

Piensa

¿Cómo puedes simplificar $(x + 1)^2$?
Escribe la expresión como $(x + 1)(x + 1)$ y multiplica los binomios. No tienes que "distribuir" el exponente a cada término:
$(x + 1)^2 \neq x^2 + 1^2$.

$$\begin{array}{ll}
\text{A.T.} = 2\pi r^2 + 2\pi rh & \text{Área total de un cilindro} \\
= 2\pi(x + 1)^2 + 2\pi(x + 1)(x + 4) & \text{Sustituye } r \text{ por } x + 1 \text{ y } h \text{ por } x + 4. \\
= 2\pi(x + 1)(x + 1) + 2\pi(x + 1)(x + 4) & \text{Escribe } (x + 1)^2 \text{ como } (x + 1)(x + 1). \\
= 2\pi(x^2 + x + x + 1) + 2\pi(x^2 + 4x + x + 4) & \text{Multiplica los binomios.} \\
= 2\pi(x^2 + 2x + 1) + 2\pi(x^2 + 5x + 4) & \text{Combina los términos semejantes.} \\
= 2\pi(x^2 + 2x + 1 + x^2 + 5x + 4) & \text{Extrae } 2\pi \text{ como factor común.} \\
= 2\pi(2x^2 + 7x + 5) & \text{Combina los términos semejantes.} \\
= 4\pi x^2 + 14\pi x + 10\pi & \text{Escribe en forma estándar.}
\end{array}$$

La respuesta correcta es C.

 ¿Comprendiste? **4.** ¿Cuál es el área total de un cilindro con radio $x + 2$ y altura $x + 4$? Escribe tu respuesta como un polinomio en forma estándar.

Puedes usar el método PEIU cuando multiplicas dos binomios, pero no es útil cuando multiplicas un trinomio y un binomio. En este caso, puedes usar un método vertical para distribuir cada término.

Problema 5 **Multiplicar un trinomio y un binomio**

¿Cuál es una forma más simple de $(3x^2 + x - 5)(2x - 7)$?

Para multiplicar, organiza los polinomios de manera vertical, como se muestra.

$$3x^2 + x - 5$$
$$\underline{2x - 7}$$
$$-21x^2 - 7x + 35 \quad \text{Multiplica por } -7.$$
$$\underline{6x^3 + 2x^2 - 10x} \quad \text{Multiplica por } 2x.$$
$$6x^3 - 19x^2 - 17x + 35 \quad \text{Suma los términos semejantes.}$$

El producto es $6x^3 - 19x^2 - 17x + 35$.

 ¿Comprendiste? **5. a.** ¿Cuál es una forma más simple de $(2x^2 - 3x + 1)(x - 3)$?

b. Razonamiento ¿Cómo puedes usar la propiedad distributiva para hallar el producto de un trinomio y un binomio?

 ## Comprobar la comprensión de la lección

¿CÓMO hacerlo?

Simplifica cada producto.

1. $(x + 3)(x + 6)$

2. $(2x - 5)(x + 3)$

3. $(x + 2)(x^2 + 3x - 4)$

4. Un rectángulo tiene una longitud $x + 5$ y un ancho $x - 3$. ¿Cuál es el área del rectángulo? Escribe tu respuesta como un polinomio en forma estándar.

¿Lo ENTIENDES?

5. Razonamiento Explica cómo usar el método PEIU para hallar el producto de dos binomios.

6. Comparar y contrastar Simplifica $(3x + 8)(x + 1)$ usando una tabla, la propiedad distributiva y el método PEIU. ¿Qué método es más eficaz? Explica tu respuesta.

7. Escribir ¿Cómo se relaciona el grado del producto de dos polinomios $p(x)$ y $q(x)$ con los grados de $p(x)$ y $q(x)$?

 ## Ejercicios de práctica y resolución de problemas

 **Práctica** Simplifica cada producto usando la propiedad distributiva.

◀ **Ver el Problema 1.**

8. $(x + 7)(x + 4)$

9. $(y - 3)(y + 8)$

10. $(m + 6)(m - 7)$

11. $(c - 10)(c - 5)$

12. $(2r - 3)(r + 1)$

13. $(2x + 7)(3x - 4)$

Simplifica cada producto usando una tabla.

◀ **Ver el Problema 2.**

14. $(x + 5)(x - 4)$

15. $(a - 1)(a - 11)$

16. $(w - 2)(w + 6)$

17. $(2h - 7)(h + 9)$

18. $(x - 8)(3x + 1)$

19. $(3p + 4)(2p + 5)$

Simplifica cada producto usando el método PEIU.

Ver el Problema 3.

20. $(a + 8)(a - 2)$ **21.** $(x + 4)(4x - 5)$ **22.** $(k - 6)(k + 8)$

23. $(b - 3)(b - 9)$ **24.** $(5m - 2)(m + 3)$ **25.** $(9z + 4)(5z - 3)$

26. $(3h + 2)(6h - 5)$ **27.** $(4w + 13)(w + 2)$ **28.** $(8c - 1)(6c - 7)$

29. Geometría ¿Cuál es el área total del cilindro? Escribe tu respuesta como un polinomio en forma estándar.

Ver el Problema 4.

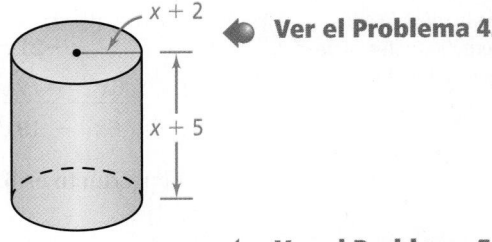

30. Diseño El radio de una caja de regalos cilíndrica es $(2x + 3)$ pulgs. La altura de la caja es dos veces el radio. ¿Cuál es el área total del cilindro? Escribe tu respuesta como un polinomio en forma estándar.

Simplifica cada producto.

Ver el Problema 5.

31. $(x + 5)(x^2 - 3x + 1)$ **32.** $(k^2 - 4k + 3)(k - 2)$

33. $(2a^2 + 4a + 5)(5a - 4)$ **34.** $(2g + 7)(3g^2 - 5g + 2)$

35. Deportes El campo de deportes rectangular de una escuela tiene actualmente una longitud de 125 yd y un ancho de 75 yd. La escuela planea expandir tanto el largo como el ancho del campo x yardas. ¿Qué polinomio en forma estándar representa el área del campo de deportes ampliado?

B Aplicación   **Simplifica cada producto. Escribe el polinomio en forma estándar.**

36. $(x^2 + 1)(x - 3)$ **37.** $(-n^2 - 1)(n + 3)$ **38.** $(b^2 - 1)(b^2 + 3)$

39. $(2m^2 + 1)(m + 5)$ **40.** $(c^2 - 4)(2c + 3)$ **41.** $(4z^2 + 1)(z + 3z^2)$

42. Analizar errores Describe y corrige el error que se cometió al hallar el producto.

$$(x - 2)(3x + 4) = x(3x) + x(4) - 2(4)$$
$$= 3x^2 + 4x - 8$$

43. Respuesta de desarrollo Escribe un binomio y un trinomio. Halla su producto.

44. Pensar en un plan Planeas un salón comedor rectangular. Su longitud es tres veces su ancho x. Quieres un sendero de piedras de 3 pies de ancho alrededor del salón. Tienes suficientes piedras para cubrir 396 pies^2 y quieres usarlas todas en el sendero. ¿Cuáles serán las dimensiones del salón?
- ¿Puedes hacer un diagrama que represente esta situación?
- ¿Cómo puedes escribir una expresión variable para el área del sendero?

45. a. Simplifica cada par de productos.

i. $(x + 1)(x + 1)$ **ii.** $(x + 1)(x + 2)$ **iii.** $(x + 1)(x + 3)$
$11 \cdot 11$ $11 \cdot 12$ $11 \cdot 13$

b. Razonamiento ¿Cuáles son las semejanzas entre tus dos respuestas a cada par de productos?

46. Geometría Las dimensiones de un prisma rectangular son n, $n + 7$ y $n + 8$. Usa la fórmula $V = \ell ah$ para escribir un polinomio en forma estándar para el volumen del prisma.

 **Desafío**

Para los Ejercicios 47 a 49, cada expresión representa la longitud de lado de un cubo. Escribe un polinomio en forma estándar para el área total de cada cubo.

47. $x + 2$ **48.** $3a + 1$ **49.** $2c^2 + 3$

50. Planificación financiera Supón que depositas $1500 para la universidad en una cuenta de ahorros que tiene una tasa de interés anual i (expresada como decimal). Al final de 3 años, el valor de tu cuenta será $1500(1 + i)^3$ dólares.

    a. Vuelve a escribir la expresión $1500(1 + i)^3$ hallando el producto $1500(1 + i)(1 + i)(1 + i)$. Escribe tu respuesta en forma estándar.

    b. ¿Cuánto dinero habrá en la cuenta después de 3 años si la tasa de interés anual es 3%?

Preparación para el examen estandarizado

SAT/ACT

51. ¿Qué expresión es equivalente a $(x + 4)(x - 9)$?

    Ⓐ $x^2 + 5x - 36$ Ⓑ $x^2 - 5x - 36$ Ⓒ $x^2 - 13x - 36$ Ⓓ $x^2 - 13x - 5$

52. Malia hace un dibujo de un paisaje para su jardín trasero. Está dibujando un sendero. Ella usa la gráfica de la ecuación $y = 3x + 2$ para representar un borde del sendero. Quiere que el otro borde sea paralelo al primero y pase por el punto $(3, 4)$. ¿La gráfica de cuál de las siguientes rectas representa el otro borde del sendero?

    Ⓕ $y = x + 2$ Ⓖ $y = 4x + 2$ Ⓗ $y = 3x - 9$ Ⓘ $y = 3x - 5$

53. ¿Cuál es la solución o las soluciones de la ecuación $|x + 3| = 7$?

    Ⓐ 4 y −10   Ⓑ 4 y −4   Ⓒ 4   Ⓓ 10

Respuesta desarrollada

54. Un trapecio está determinado por el siguiente sistema de desigualdades.

$$y \geq 3 \qquad y \leq 9 \qquad x \leq 8 \qquad y \leq 2x + 3$$

    a. Representa con una gráfica el trapecio en el plano de coordenadas.

    b. La fórmula del área A de un trapecio es $A = \frac{1}{2}(b_1 + b_2)h$, donde b_1 y b_2 son las bases del trapecio y h es la altura. ¿Cuál es el área del trapecio que representaste con una gráfica en la parte (a)? Muestra tu trabajo.

Repaso mixto

Descompón en factores cada polinomio.   ◀ **Ver la Lección 8-2.**

55. $6x - 4$ **56.** $b^2 + 8b$ **57.** $10t^3 - 25t^2 + 20t$

¡Prepárate!   **Antes de la Lección 8-4, haz los Ejercicios 58 a 61.**

Simplifica cada expresión.   ◀ **Ver la Lección 7-4.**

58. $(6x)^2$ **59.** $(2y)^2$ **60.** $(-3m)^2$ **61.** $(-5n)^2$

8-4 Multiplicar casos especiales

Objetivo Hallar el cuadrado de un binomio y hallar el producto de una suma y una diferencia.

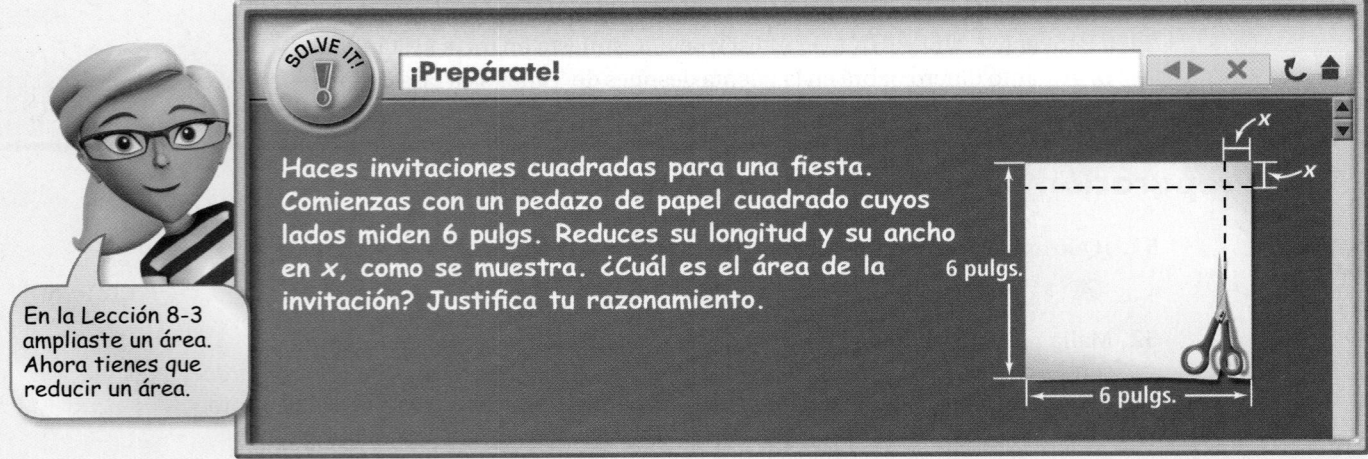

En la Lección 8-3 ampliaste un área. Ahora tienes que reducir un área.

¡Prepárate!

Haces invitaciones cuadradas para una fiesta. Comienzas con un pedazo de papel cuadrado cuyos lados miden 6 pulgs. Reduces su longitud y su ancho en x, como se muestra. ¿Cuál es el área de la invitación? Justifica tu razonamiento.

Comprensión esencial Hay reglas especiales que puedes usar para simplificar el cuadrado de un binomio o el producto de una suma y una diferencia.

Los cuadrados de los binomios tienen la forma $(a + b)^2$ ó $(a - b)^2$. Puedes simplificar el producto en forma algebraica o puedes usar un modelo de área para descubrir la regla para simplificar $(a + b)^2$, como se muestra a continuación.

Simplifica el producto.

$$(a + b)^2 = (a + b)(a + b)$$
$$= a^2 + ab + ba + b^2 \quad \text{Multiplica los binomios.}$$
$$= a^2 + 2ab + b^2 \quad \text{Simplifica.}$$

Modelo de área

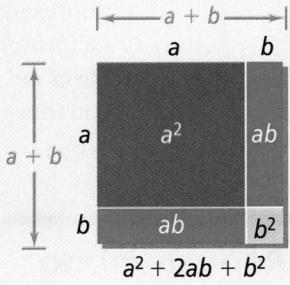

$a^2 + 2ab + b^2$

toma nota

Concepto clave   El cuadrado de un binomio

En palabras El cuadrado de un binomio es el cuadrado del primer término más dos veces el producto de los dos términos más el cuadrado del último término.

Álgebra
$(a + b)^2 = a^2 + 2ab + b^2$
$(a - b)^2 = a^2 - 2ab + b^2$

Ejemplos
$(x + 4)^2 = x^2 + 8x + 16$
$(x - 3)^2 = x^2 - 6x + 9$

Problema 1 Hallar el cuadrado de un binomio

Planea

¿Qué regla puedes usar para simplificar este producto?
Tal vez $(2m - 3)^2$ no se parezca a $(a - b)^2$, pero tiene la misma forma. Usa la regla para $(a - b)^2$. Sea $a = 2m$ y $b = 3$.

¿Cuál es una forma más simple de cada producto?

A $(x + 8)^2 = x^2 + 2x(8) + 8^2$ Halla el cuadrado del binomio.

$\quad\quad\quad\quad = x^2 + 16x + 64$ Simplifica.

B $(2m - 3)^2 = (2m)^2 - 2(2m)(3) + 3$ Halla el cuadrado del binomio.

$\quad\quad\quad\quad\quad = 4m^2 - 12m + 9$ Simplifica.

 ¿Comprendiste? **1.** ¿Cuál es una forma más simple de cada producto?

$\quad\quad\quad\quad$ **a.** $(n - 7)^2$ $\quad\quad\quad\quad\quad\quad$ **b.** $(2x + 9)^2$

Problema 2 Aplicar los cuadrados de binomios

Planea

¿Cómo puedes hallar el área del sendero?
El área del sendero es la diferencia entre el área total y el área del patio.

Diseño de exteriores Un patio cuadrado descubierto está rodeado por un sendero de ladrillos, como se muestra. ¿Cuál es el área del sendero?

Paso 1 Halla el área total del patio y el sendero.

$\quad\quad (x + 6)^2 = x^2 + 2(x)(6) + 6^2$ Halla el cuadrado del binomio.

$\quad\quad\quad\quad\quad = x^2 + 12x + 36$ Simplifica.

Paso 2 Halla el área del patio.

$\quad\quad$ El área del patio es $x \cdot x$, ó x^2.

Paso 3 Halla el área del sendero.

$\quad\quad$ Área del sendero $=$ Área total $-$ Área del patio

$\quad\quad\quad\quad\quad\quad = (x^2 + 12x + 36) - x^2$ Sustituye.

$\quad\quad\quad\quad\quad\quad = (x^2 - x^2) + 12x + 36$ Agrupa los términos semejantes.

$\quad\quad\quad\quad\quad\quad = 12x + 36$ Simplifica.

El área del sendero es $(12x + 36)$ pies^2.

 ¿Comprendiste? **2.** En el Problema 2, supón que el sendero de ladrillos mide 4 pies de ancho. ¿Cuál es su área?

Puedes calcular mentalmente el cuadrado de un binomio para hallar el cuadrado de un número.

Problema 3 Usar el cálculo mental

Piensa

¿El cuadrado de qué número cercano a 39 puedes hallar mentalmente?
El múltiplo de 10 más cercano a 39 es 40, y éste es un número cuyo cuadrado deberías poder hallar mentalmente.

¿Cuánto es 39^2? Calcula mentalmente.

$\quad 39^2 = (40 - 1)^2$ $\quad\quad\quad\quad\quad\quad$ Escribe 39^2 como el cuadrado de un binomio.

$\quad\quad = 40^2 - 2(40)(1) + 1^2$ Halla el cuadrado del binomio.

$\quad\quad = 1600 - 80 + 1$ Simplifica.

$\quad\quad = 1521$ Simplifica.

¿Comprendiste? **3. a.** ¿Cuánto es 85^2? Calcula mentalmente.

b. **Razonamiento** ¿Hay más de una manera de hallar 85^2 calculando mentalmente? Explica tu razonamiento.

El producto de la suma y la diferencia de los dos mismos términos también produce un patrón.

$$(a + b)(a - b) = a^2 - ab + ba - b^2$$
$$= a^2 - b^2$$

> Fíjate que la suma de $-ab$ y ba es 0, lo que deja $a^2 - b^2$.

Concepto clave **El producto de una suma y una diferencia**

En palabras El producto de la suma y la diferencia de los mismos dos términos es la diferencia de sus cuadrados.

Álgebra
$$(a + b)(a - b) = a^2 - b^2$$

Ejemplos
$$(x + 2)(x - 2) = x^2 - 2^2 = x^2 - 4$$

Problema 4 **Hallar el producto de una suma y una diferencia**

¿Cuál es una forma más simple de $(x^3 + 8)(x^3 - 8)$?

Planea

¿Cómo puedes escoger qué regla usar?
El primer factor en el producto es la suma de x^3 y 8. El segundo factor es la diferencia de x^3 y 8. Por tanto, usa la regla para el producto de una suma y una diferencia.

Piensa

Escribe el producto original.

Identifica qué términos se corresponden con a y b en la regla para el producto de una suma y una diferencia.

Sustituye a y b en la regla.

Simplifica.

Escribe

$$(x^3 + 8)(x^3 - 8)$$

$$a = x^3; \ b = 8$$

$$(x^3 + 8)(x^3 - 8) = (x^3)^2 - (8)^2$$

$$= x^6 - 64$$

 ¿Comprendiste? **4.** ¿Cuál es una forma más simple de cada producto?
a. $(x + 9)(x - 9)$ **b.** $(6 + m^2)(6 - m^2)$ **c.** $(3c - 4)(3c + 4)$

Puedes usar la regla para el producto de una suma y una diferencia para calcular productos mentalmente.

Problema 5 Usar el cálculo mental RESPUESTA EN PLANTILLA

Piensa

¿Cómo puedes escribir $64 \cdot 56$ como el producto de una suma y una diferencia?
Halla el número de la mitad entre los factores. El número 60 está a 4 unidades de cada factor. Escribe los factores en términos de 60 y 4.

¿Cuánto es $64 \cdot 56$?

$$64 \cdot 56 = (60 + 4)(60 - 4)$$ Escríbelo como un producto de una suma y una diferencia.

$$= 60^2 - 4^2$$ Usa $(a + b)(a - b) = a^2 - b^2$.

$$= 3600 - 16$$ Simplifica las potencias.

$$= 3584$$ Simplifica.

¿Comprendiste? 5. ¿Cuánto es $52 \cdot 48$? Calcula mentalmente.

Comprobar la comprensión de la lección

¿CÓMO hacerlo?

Simplifica cada producto.

1. $(c + 3)(c + 3)$

2. $(g - 4)^2$

3. $(2r - 3)(2r + 3)$

4. Un cuadrado tiene una longitud de lado de $(2x + 3)$ pulgs. ¿Cuál es el área del cuadrado?

¿Lo ENTIENDES?

¿Qué regla usarías para hallar cada producto? ¿Por qué?

5. $(3x - 1)^2$

6. $(4x - 9)(4x + 9)$

7. $(7x + 2)(7x + 2)$

8. Razonamiento ¿Cómo sabes si es conveniente usar la regla del producto de una suma y una diferencia para multiplicar mentalmente dos números?

Ejercicios de práctica y resolución de problemas

A Práctica   Simplifica cada expresión.   ◀ **Ver el Problema 1.**

9. $(w + 5)^2$ **10.** $(h + 2)^2$ **11.** $(3s + 9)^2$ **12.** $(2n + 7)^2$

13. $(a - 8)^2$ **14.** $(k - 11)^2$ **15.** $(5m - 2)^2$ **16.** $(4x - 6)^2$

Geometría Las siguientes figuras son cuadrados. Halla una expresión para el área de cada región coloreada. Escribe tus respuestas en forma estándar.   ◀ **Ver el Problema 2.**

17.

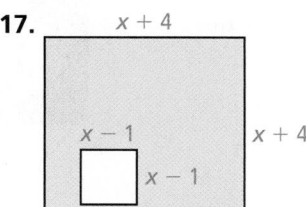

18.

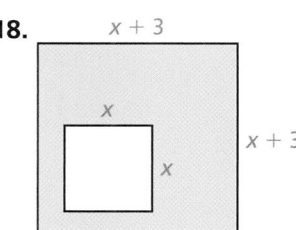

19. Diseño de interiores Una alfombra cuadrada verde tiene un cuadrado azul en el centro. La longitud de lado del cuadrado azul es x pulgadas. El ancho de la banda verde que rodea al cuadrado azul es 6 pulgs. ¿Cuál es el área de la banda verde?

Cálculo mental Simplifica cada producto.

◀ Ver el Problema 3.

20. 61^2 **21.** 79^2 **22.** 48^2 **23.** 403^2 **24.** 302^2

Simplifica cada producto.

◀ Ver el Problema 4.

25. $(v + 6)(v - 6)$ **26.** $(b + 1)(b - 1)$ **27.** $(z - 5)(z + 5)$

28. $(x - 3)(x + 3)$ **29.** $(10 + y)(10 - y)$ **30.** $(t - 13)(t + 13)$

Cálculo mental Simplifica cada producto.

◀ Ver el Problema 5.

31. $42 \cdot 38$ **32.** $79 \cdot 81$ **33.** $63 \cdot 57$ **34.** $399 \cdot 401$ **35.** $303 \cdot 297$

 **Aplicación**   Simplifica cada producto.

36. $(m + 3n)^2$ **37.** $(2a + b)^2$ **38.** $(4s - t)^2$ **39.** $(g - 7h)^2$

40. $(9k + 2q)^2$ **41.** $(8r - 5s)^2$ **42.** $(s + 6t^2)^2$ **43.** $(p^4 - 9q^2)^2$

44. $(4x + 7y)(4x - 7y)$ **45.** $(a - 6b)(a + 6b)$ **46.** $(2g + 9h)(2g - 9h)$

47. $(r^2 + 3s)(r^2 - 3s)$ **48.** $(2p^2 + 7q)(2p^2 - 7q)$ **49.** $(3w^3 - z^2)(3w^3 + z^2)$

50. Analizar errores Describe y corrige el error que se cometió al simplificar el producto.

$$(3a - 7)^2 = 9a^2 - 21a + 49$$

51. Pensar en un plan El logo de una empresa es un cuadrado blanco dentro de un cuadrado rojo. La longitud de lado del cuadrado blanco es $x + 2$. La longitud de lado del cuadrado rojo es tres veces la longitud de lado del cuadrado blanco. ¿Cuál es el área de la parte roja del logo? Escribe tu respuesta en forma estándar.
- ¿Cómo puede ayudarte hacer un diagrama a resolver el problema?
- ¿Cómo puedes expresar el área de la parte roja del logo como una diferencia de áreas?

52. Construcción Un piso cuadrado de madera tiene una longitud de lado de $x + 5$. Vas a extender el piso para que cada lado sea cuatro veces más largo que la longitud de lado del piso original. ¿Cuál es el área del piso nuevo? Escribe tu respuesta en forma estándar.

53. Razonamiento Usa el modelo de área de la derecha para escribir una segunda expresión que represente el área del cuadrado rotulado $(a - b)^2$. Luego, simplifica la expresión para derivar la regla del cuadrado de un binomio con la forma $a - b$.

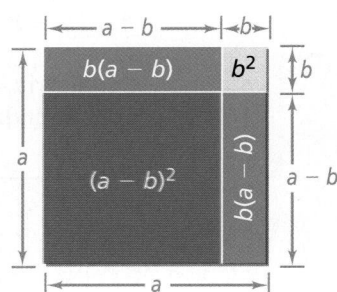

54. Respuesta de desarrollo Da un contraejemplo que demuestre que $(x + y)^2 = x^2 + y^2$ es falso.

55. Razonamiento ¿Es $\left(3\frac{1}{2}\right)^2 = 9\frac{1}{4}$? Explica tu respuesta.

 **Desafío**

56. Simplifica $(a + b + c)^2$.

57. Teoría de números Puedes usar la descomposición en factores para demostrar que la suma de dos múltiplos de 3 también es un múltiplo de 3.

Si m y n son enteros, entonces $3m$ y $3n$ son múltiplos de tres.
$3m + 3n = 3(m + n)$
Como $m + n$ es un entero, $3(m + n)$ es un múltiplo de tres.

a. Muestra que si un entero es uno más que un múltiplo de 3, entonces su cuadrado también es uno más que un múltiplo de 3.

b. Razonamiento Si un entero es dos más que un múltiplo de 3, ¿su cuadrado también es dos más que un múltiplo de 3? Explica tu respuesta.

58. La fórmula $V = \frac{4}{3}\pi r^3$ da el volumen de una esfera con un radio r. Halla el volumen de una esfera con radio $x + 3$. Escribe tu respuesta en forma estándar.

Preparación para el examen estandarizado

SAT/ACT

59. ¿Cuál es una forma más simple de $(2x + 5)(2x - 5)$?

Ⓐ $4x^2 - 20x - 25$ Ⓑ $4x^2 + 20x + 25$ Ⓒ $4x^2 - 25$ Ⓓ $2x^2 - 5$

60. Sara y Nick vendieron boletos para una obra. Sara vendió 20 boletos para estudiantes y 3 para adultos por más de $60. Nick vendió 15 boletos para estudiantes y 5 para adultos por menos de $75. Esta información se puede representar con $20x + 3y > 60$ y $15x + 5y < 75$, donde x es el precio de un boleto para estudiantes y y es el precio de un boleto para adultos. A la derecha se representaron con una gráfica las desigualdades. ¿Cuál podría ser el precio de un boleto para estudiantes?

Venta de boletos

Ⓕ $1   Ⓗ $5.50

Ⓖ $2.75   Ⓘ $6

Respuesta breve

61. Representa con una gráfica las soluciones del sistema.

$$5x + 4y \geq 20$$
$$5x + 4y \leq 20$$

Repaso mixto

Simplifica cada producto.

◀ Ver la Lección 8-3.

62. $(3x + 2)(2x - 5)$ **63.** $(4m - 1)(6m - 7)$ **64.** $(x + 9)(5x + 8)$

Halla cada cambio porcentual. Describe el cambio porcentual como un *aumento* **o una** *disminución*. **Si es necesario, redondea a la décima más cercana.**

◀ Ver la Lección 2-10.

65. $4 a $3   **66.** 4 pies a 5 pies   **67.** 12 lb a 15 lb   **68.** $40 a $35

¡Prepárate!   **Antes de la Lección 8-5, haz los Ejercicios 69 a 71.**

Descompón en factores cada polinomio.

◀ Ver la Lección 8-2.

69. $12x^4 + 30x^3 + 42x$ **70.** $72x^3 + 54x^2 + 27$ **71.** $35x^3 + 7x^2 + 63x$

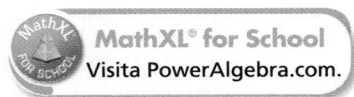

MathXL® for School
Visita PowerAlgebra.com.

¿CÓMO hacerlo?

Halla el grado de cada monomio.

1. $-5a^8$

2. $4x^2y^3$

Escribe cada polinomio en forma estándar. Luego, nombra cada uno basándote en sus grados y la cantidad de términos.

3. $4x + 3x^2$

4. $7p^2 - 3p + 2p^3$

Simplifica cada suma o diferencia.

5. $(x^2 + 6x + 11) + (3x^2 + 7x + 4)$

6. $(5w^3 + 3w^2 + 8w + 2) + (7w^2 + 3w + 1)$

7. $(4q^2 + 10q + 7) - (2q^2 + 7q + 5)$

8. $(9t^4 + 5t + 8) - (3t^2 - 6t - 4)$

Simplifica cada producto.

9. $6x^2(4x^2 + 3)$

10. $-8c^3(3c^2 + 2c - 9)$

Descompón cada polinomio en factores.

11. $16b^4 + 8b^2 + 20b$

12. $77x^3 + 22x^2 - 33x - 88$

Simplifica cada producto.

13. $(x + 2)(x + 9)$

14. $(4b - 1)(b - 8)$

15. $(h + 2)(3h^2 + h - 7)$

16. $(z - 1)(z^2 - 4z + 9)$

17. Diseño Diseñas un sello de goma rectangular. La longitud del sello es $2r + 3$. El ancho del sello es $r - 4$. ¿Qué polinomio en forma estándar representa el área del sello?

Simplifica cada producto.

18. $(r + 3)^2$

19. $(k - 3)(k + 3)$

20. $(3d + 10)^2$

21. $(g + 10)(g - 10)$

22. $(2m - 7)^2$

23. $(7h - 2)(7h + 2)$

24. Carpintería Una pajarera tiene una base cuadrada con una longitud de lado de $3x - 4$. ¿Qué polinomio en forma estándar representa el área de la base?

¿Lo ENTIENDES?

25. Escribir ¿Puede ser negativo el grado de un monomio alguna vez? Explica tu respuesta.

26. Geometría Las siguientes figuras son rectángulos. ¿Qué polinomio en forma estándar representa el área de la región coloreada?

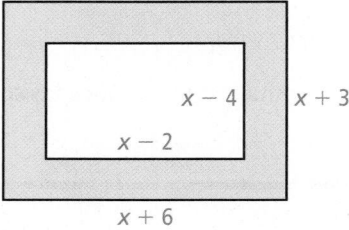

27. Respuesta de desarrollo Escribe un trinomio que tenga $9x^2$ como el M.C.D. de sus términos.

28. Respuesta de desarrollo Escribe un trinomio de grado 4 tal que el M.C.D. de sus términos sea 1.

29. Razonamiento Supón que n representa un número par. Escribe una expresión simplificada que represente el producto de los dos números pares que siguen.

30. Escribir Describe cómo simplificar $(8k^2 + k - 1) - (k^3 - 4k^2 - 7k + 15)$. Escribe tu respuesta como un polinomio en forma estándar.

Usar modelos para descomponer en factores

A veces puedes escribir un trinomio como el producto de dos factores de binomio. Puedes usar fichas de álgebra para hallar los factores ordenando las fichas para formar un rectángulo. Las longitudes de los lados del rectángulo son los factores del trinomio.

Actividad

Escribe $x^2 + 7x + 12$ como el producto de dos factores de binomio.

Modelo de polinomio

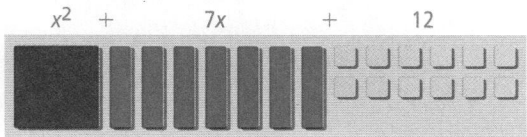

$$x^2 + \qquad 7x \qquad + \qquad 12$$

Usa las fichas para formar un rectángulo.

Primer intento:

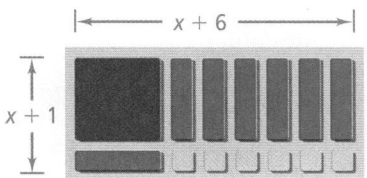

$x + 6$

$x + 1$

Sobran seis fichas.

Segundo intento:

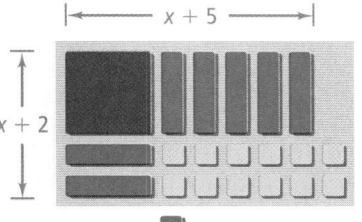

$x + 5$

$x + 2$

Falta una ficha.

Tercer intento:

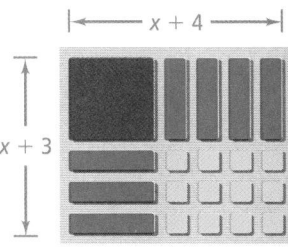

$x + 4$

$x + 3$

¡Es correcto! Hay exactamente el número de fichas que se necesitan.

$$x^2 + 7x + 12 = (x + 3)(x + 4)$$

Ejercicios

Usa fichas de álgebra para hallar los factores de binomio de cada trinomio.

1. $x^2 + 4x + 4$

2. $x^2 + 5x + 6$

3. $x^2 + 10x + 9$

4. $x^2 + 7x + 10$

5. $x^2 + 9x + 14$

6. $x^2 + 8x + 16$

7. Razonamiento Explica por qué no puedes usar fichas de álgebra para representar el trinomio $x^2 + 2x + 3$ como un rectángulo.

Descomponer $x^2 + bx + c$ en factores

Objetivo   Descomponer en factores trinomios en la forma $x^2 + bx + c$.

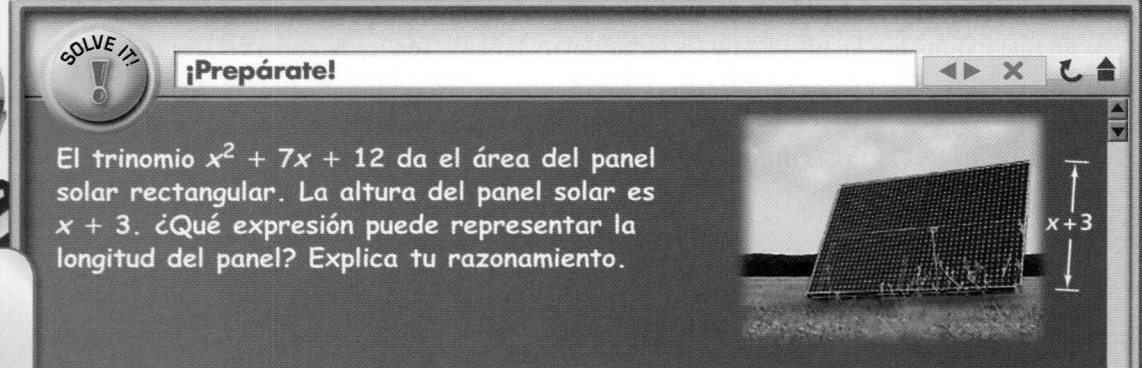

SOLVE IT!

¡Prepárate!

El trinomio $x^2 + 7x + 12$ da el área del panel solar rectangular. La altura del panel solar es $x + 3$. ¿Qué expresión puede representar la longitud del panel? Explica tu razonamiento.

$x+3$

Puedes usar lo que sabes sobre factores para resolver este problema.

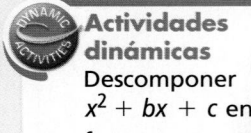

Actividades dinámicas
Descomponer
$x^2 + bx + c$ en
factores

Comprensión esencial Puedes escribir algunos trinomios en la forma $x^2 + bx + c$ como el producto de dos binomios.

Para comprender cómo hacerlo, observa el producto de los siguientes binomios.

$$(x + 3)(x + 7) = x^2 + (7 + 3)x + 3 \cdot 7 = x^2 + 10x + 21$$

El coeficiente del término x^2 del trinomio es 1. El coeficiente del término x del trinomio, 10, es la *suma* de los números 3 y 7 en los binomios. El término constante del trinomio, 21, es el *producto* de los mismos números: 3 y 7. Para descomponer en factores un trinomio en la forma $x^2 + bx + c$ como el producto de binomios, debes hallar dos números que tengan una suma de b y un producto de c.

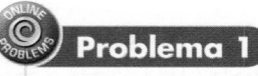

Problema 1   **Descomponer en factores $x^2 + bx + c$, cuando $b > 0$, $c > 0$**

¿Cuál es la forma descompuesta en factores de $x^2 + 8x + 15$?

Planea

¿Cómo puedes organizar la descomposición en factores de manera sencilla?
Usa una tabla para enumerar los pares de factores del término constante c y las sumas de esos pares de factores.

Enumera los pares de factores de 15. Identifica el par que tenga una suma de 8.

Factores de 15	Suma de factores
1 y 15	16
3 y 5	8 ✔

$x^2 + 8x + 15 = (x + 3)(x + 5)$

Comprueba $(x + 3)(x + 5) = x^2 + 5x + 3x + 15$

$= x^2 + 8x + 15$ ✔

¿Comprendiste? **1.** ¿Cuál es la forma descompuesta en factores de $r^2 + 11r + 24$?

Algunos trinomios que se pueden descomponer en factores tienen un coeficiente negativo de x y un término constante positivo. En este caso, debes analizar los factores negativos de c para hallar los factores del trinomio.

Problema 2   **Descomponer en factores $x^2 + bx + c$, cuando $b < 0$, $c > 0$**

Piensa

¿Por qué debes buscar los pares de factores _negativos_ de 24?
Necesitas los factores de 24 que tengan una suma de –11. Sólo dos números negativos tienen un producto positivo _y_ una suma negativa.

¿Cuál es la forma descompuesta en factores de $x^2 - 11x + 24$?

Enumera los pares de factores negativos de 24. Identifica el par que tenga una suma de -11.

Factores de 24	Suma de factores
-1 y -24	-25
-2 y -12	-14
-3 y -8	-11 ✔
-4 y -6	-10

$x^2 - 11x + 24 = (x - 3)(x - 8)$

Comprueba $(x - 3)(x - 8) = x^2 - 8x - 3x + 24$
$= x^2 - 11x + 24$ ✔

¿Comprendiste? **2. a.** ¿Cuál es la forma descompuesta en factores de $y^2 - 6y + 8$?
b. Razonamiento ¿Puedes descomponer en factores $x^2 - x + 2$? Explica tu respuesta.

Cuando descompones en factores trinomios que tienen un término constante negativo, debes analizar los pares de factores positivos y negativos de c.

Problema 3   **Descomponer en factores $x^2 + bx + c$, cuando $c < 0$**

Piensa

¿De qué otra manera se puede resolver este problema?
Halla dos factores positivos de 15 que _difieran_ en 2 números. Los factores son 3 y 5. Luego, agrega un signo negativo a uno de los factores para que la suma sea positiva. Obtienes –3 y 5.

¿Cuál es la forma descompuesta en factores de $x^2 + 2x - 15$?

Identifica los pares de factores de –15 que tengan una suma de 2.

Factores de –15	Suma de factores
1 y -15	-14
-1 y 15	14
3 y -5	-2
-3 y 5	2 ✔

$x^2 + 2x - 15 = (x - 3)(x + 5)$

¿Comprendiste? **3.** ¿Cuál es la forma descompuesta en factores de cada polinomio?
a. $n^2 + 9n - 36$ **b.** $c^2 - 4c - 21$

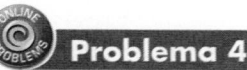 **Problema 4** **Usar la descomposición de trinomios en factores**

Geometría El trinomio $x^2 - 2x - 35$ da el área de un rectángulo. ¿Cuáles son las dimensiones posibles del rectángulo? Usa la descomposición en factores.

Lo que sabes

El área del rectángulo

Lo que necesitas

Las dimensiones posibles del rectángulo

Planea

Área = longitud × ancho; por tanto, descompón el trinomio en factores para hallar el área como el producto de binomios que representan la longitud y el ancho.

Para descomponer $x^2 - 2x - 35$ en factores, identifica el par de factores de -35 que tenga una suma de -2.

$x^2 - 2x - 35 = (x + 5)(x - 7)$

Por tanto, las dimensiones posibles del rectángulo son $x + 5$ y $x - 7$.

Factores de −35	Suma de factores
1 y −35	−34
−1 y 35	34
5 y −7	−2 ✔
−5 y 7	2

 ¿Comprendiste? **4.** El área de un rectángulo es $x^2 - x - 72$. ¿Cuáles son las dimensiones posibles del rectángulo? Usa la descomposición en factores.

También puedes descomponer en factores algunos trinomios que tienen más de una variable. Observa el producto $(p + 9q)(p + 7q)$.

$$(p + 9q)(p + 7q) = p^2 + 7pq + 9pq + 9q(7q)$$
$$= p^2 + 16pq + 63q^2$$

Esto sugiere que un trinomio con dos variables se puede descomponer en factores si el primer término incluye el cuadrado de una variable, el término del medio incluye ambas variables y el último término incluye el cuadrado de la otra variable.

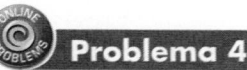 **Problema 5** **Descomponer en factores un trinomio con dos variables**

¿Cuál es la forma descompuesta en factores de $x^2 + 6xy - 55y^2$?

Planea

¿Se parece este problema a alguno que hayas visto antes? Sí. Este problema se parece a la descomposición en factores de un trinomio con una variable en la forma $x^2 + bx + c$, cuando $c < 0$.

Enumera los pares de factores de -55. Identifica el par que tenga una suma de 6.

Factores de −55	Suma de factores
1 y −55	−54
−1 y 55	54
5 y −11	−6
−5 y 11	6 ✔

$x^2 + 6xy - 55y^2 = (x - 5y)(x + 11y)$

 ¿Comprendiste? **5.** ¿Cuál es la forma descompuesta en factores de $m^2 + 6mn - 27n^2$?

Comprobar la comprensión de la lección

¿CÓMO hacerlo?

Descompón cada expresión en factores. Comprueba tu respuesta.

1. $x^2 + 7x + 12$

2. $r^2 - 13r + 42$

3. $p^2 + 3p - 40$

4. $a^2 + 12ab + 32b^2$

5. El trinomio $n^2 - 3n - 28$ da el área de un rectángulo. ¿Cuáles son las dimensiones posibles del rectángulo? Usa la descomposición en factores.

¿Lo ENTIENDES?

Indica si la suma de los factores del término constante debe ser *positiva* o *negativa* cuando descompones cada trinomio en factores.

6. $s^2 + s - 30$

7. $w^2 + 11w + 18$

8. $x^2 - x - 20$

9. **Razonamiento** ¿En qué circunstancia debes observar los pares de factores negativos del término constante cuando descompones en factores un trinomio en la forma $x^2 + bx + c$?

Ejercicios de práctica y resolución de problemas

 **Práctica**

Completa.

Ver los Problemas 1 y 2.

10. $k^2 + 5k + 6 = (k + 2)(k + \blacksquare)$

11. $x^2 - 7x + 10 = (x - 5)(x - \blacksquare)$

12. $t^2 - 10t + 24 = (t - 4)(t - \blacksquare)$

13. $v^2 + 12v + 20 = (v + 10)(v + \blacksquare)$

Descompón cada expresión en factores. Comprueba tu respuesta.

14. $y^2 + 6y + 5$

15. $t^2 + 10t + 16$

16. $x^2 + 15x + 56$

17. $n^2 - 15n + 56$

18. $r^2 - 11r + 24$

19. $q^2 - 8q + 12$

Completa.

Ver el Problema 3.

20. $q^2 + 3q - 54 = (q - 6)(q + \blacksquare)$

21. $z^2 - 2z - 48 = (z - 8)(z + \blacksquare)$

22. $n^2 - 5n - 50 = (n + 5)(n - \blacksquare)$

23. $y^2 + 8y - 9 = (y + 9)(y - \blacksquare)$

Descompón cada expresión en factores. Comprueba tu respuesta.

24. $r^2 + 6r - 27$

25. $w^2 - 7w - 8$

26. $z^2 + 2z - 8$

27. $x^2 + 5x - 6$

28. $v^2 + 5v - 36$

29. $n^2 - 3n - 10$

30. **Carpintería** El trinomio $e^2 - 7e - 18$ da el área de un escritorio rectangular. ¿Cuáles son las dimensiones posibles del escritorio? Usa la descomposición en factores.

Ver el Problema 4.

31. **Diseño** El trinomio $a^2 - 3a - 4$ da el área de una alfombra rectangular. ¿Cuáles son las dimensiones posibles de la alfombra? Usa la descomposición en factores.

Escoge la forma descompuesta en factores que corresponda a cada expresión. **Ver el Problema 5.**

32. $k^2 + 5kn - 84n^2$ **A.** $(k - 7n)(k - 12n)$ **B.** $(k - 7n)(k + 12n)$

33. $p^2 - 8pq - 33q^2$ **A.** $(p + 3q)(p - 11q)$ **B.** $(p - 3q)(p + 11q)$

34. $x^2 - 16xy + 48y^2$ **A.** $(x - 4y)(x + 12y)$ **B.** $(x - 4y)(x - 12y)$

Descompón cada expresión en factores.

35. $r^2 + 19rs + 90s^2$ **36.** $g^2 - 12gh + 35h^2$ **37.** $m^2 - 3mn - 28n^2$

38. $x^2 + 3xy - 18y^2$ **39.** $w^2 - 14wz + 40z^2$ **40.** $p^2 + 11pq + 24q^2$

 **41. Escribir** Supón que puedes descomponer en factores $x^2 + bx + c$ como $(x + p)(x + q)$.
    a. Explica lo que sabes sobre p y q cuando $c > 0$.
    b. Explica lo que sabes sobre p y q cuando $c < 0$.

42. Analizar errores Describe y corrige el error que se cometió al descomponer el trinomio en factores.

$$x^2 - 10x - 24 = (x - 6)(x - 4)$$

43. Pensar en un plan El trinomio $x^2 - 14x + 24$ da el área de un paralelogramo. La base del paralelogramo es $x - 2$. ¿Qué expresión corresponde a la altura del paralelogramo?
- ¿Cuál es la fórmula para hallar el área de un paralelogramo?
- ¿Cómo puedes determinar si el binomio que representa la altura tiene un término constante positivo o negativo?

44. Diversión Una pista de patinaje rectangular tiene un área de $x^2 + 15x + 54$. ¿Cuáles son las dimensiones posibles de la pista? Usa la descomposición en factores.

Escribe la forma estándar de cada uno de los polinomios que se representan abajo. Luego, descompón cada expresión en factores.

45.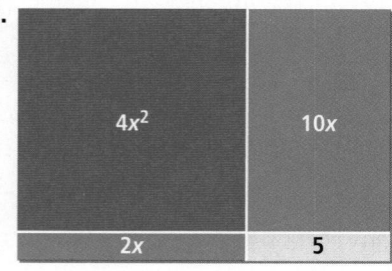

46.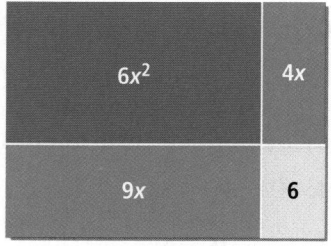

47. Razonamiento Sea $x^2 - 13x - 30 = (x + p)(x + q)$.
    a. ¿Qué sabes sobre los signos de p y q?
    b. Supón que $|p| > |q|$. ¿Qué número es un entero negativo: p ó q? Explica tu respuesta.

48. Razonamiento Sea $x^2 + 13x - 30 = (x + p)(x + q)$.
    a. ¿Qué sabes sobre los signos de p y q?
    b. Supón que $|p| > |q|$. ¿Qué número es un entero negativo: p ó q? Explica tu respuesta.

Descompón cada expresión en factores.

49. $x^2 + 27x + 50$

50. $g^2 - 18g + 45$

51. $k^2 - 18k - 63$

52. $d^2 + 30d - 64$

53. $s^2 - 10st - 75t^2$

54. $h^2 + 9hj - 90j^2$

 **Desafío**   **Descompón cada trinomio en factores.**

Ejemplo $n^6 + n^3 - 42 = (n^3)^2 + n^3 - 42$
$$= (n^3 - 6)(n^3 + 7)$$

55. $x^{12} + 12x^6 + 35$

56. $t^8 + 5t^4 - 24$

57. $r^6 - 21r^3 + 80$

58. $m^{10} + 18m^5 + 17$

59. $x^{12} - 19x^6 - 120$

60. $p^6 + 14p^3 - 72$

Preparación para el examen estandarizado

SAT/ACT

61. ¿Cuál es la forma descompuesta en factores de $x^2 + x - 42$?

Ⓐ $(x - 7)(x - 6)$ Ⓑ $(x - 7)(x + 6)$ Ⓒ $(x + 7)(x - 6)$ Ⓓ $(x + 7)(x + 6)$

62. ¿Cuál es la solución de la ecuación $6x + 7 = 25$?

Ⓕ 2   Ⓖ 3   Ⓗ $5\frac{1}{3}$ Ⓘ 8

63. La entrada a un museo cuesta $12 por persona si compras los boletos por Internet. Además, hay que pagar $5 por pedido. Gastas $65 en la compra de c boletos por Internet. ¿Qué ecuación representa mejor esta situación?

Ⓐ $12c + 5 = 65$ Ⓑ $5c + 12 = 65$ Ⓒ $12c - 5 = 65$ Ⓓ $65c + 12 = 5$

Respuesta breve

64. Tú y tu amigo van a la escuela en bicicleta a la velocidad que se muestra. ¿Quién va más rápido? Muestra tu trabajo.

Tú: 7 mi/h   Tu amigo: 11 pies/s

Repaso mixto

Simplifica cada producto.

◀ Ver la Lección 8-4.

65. $(c + 4)^2$

66. $(2v - 9)^2$

67. $(3w + 7)(3w - 7)$

Resuelve cada ecuación para hallar el valor de x.

◀ Ver la Lección 2-5.

68. $\frac{a}{b} = \frac{x}{d}$

69. $8(x - d) = x$

70. $m = \frac{(c + x)}{n}$

¡Prepárate!   **Antes de la Lección 8-6, haz los Ejercicios 71 a 73.**

Halla el M.C.D. de los términos de cada polinomio.

◀ Ver la Lección 8-2.

71. $14x^2 + 7x$

72. $24x^2 - 30x + 12$

73. $6x^3 + 45x^2 + 15$

8-6 Descomponer $ax^2 + bx + c$ en factores

Objetivo Descomponer en factores trinomios en la forma $ax^2 + bx + c$.

¡Prepárate!

Una matriz de tres paneles solares rectangulares tiene un área de $3x^2 + 21x + 36$. La altura de la matriz es $x + 3$. ¿Cuál es la longitud de la matriz? Explica tu razonamiento.

En la Lección 8-5, resolviste este problema con un solo panel; ahora hay más paneles.

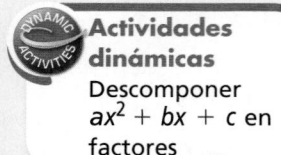

Actividades dinámicas

Descomponer $ax^2 + bx + c$ en factores

Comprensión esencial Puedes escribir algunos trinomios en la forma $ax^2 + bx + c$ como el producto de dos binomios.

Observa el trinomio $6x^2 + 23x + 7$. Para descomponerlo en factores, piensa en $23x$ como $2x + 21x$.

$$6x^2 + 23x + 7 = 6x^2 + 2x + 21x + 7 \qquad \text{Vuelve a escribir } 23x \text{ como } 2x + 21x.$$
$$= 2x(3x + 1) + 7(3x + 1) \qquad \text{Extrae el M.C.D. como factor de cada par de términos.}$$
$$= (2x + 7)(3x + 1) \qquad \text{Propiedad distributiva}$$

¿Cómo sabes que debes volver a escribir $23x$ como $2x + 21x$? Observa que al multiplicar 2 y 21 obtienes como resultado 42, que es el producto del coeficiente 6 de x^2 y el término constante 7. Este ejemplo sugiere que, para descomponer en factores un trinomio en la forma $ax^2 + bx + c$, debes buscar factores del producto ac que tengan una suma de b.

Problema 1 **Descomponer en factores cuando ac es positivo**

¿Cuál es la forma descompuesta en factores de $5x^2 + 11x + 2$?

Piensa

¿El proceso seguirá funcionando si escribes $5x^2 + 10x + x + 2$?
Sí. Puedes volver a escribir esta expresión alternativa como $5x(x + 2) + (x + 2)$, que es igual a $(5x + 1)(x + 2)$.

Paso 1 Halla los factores de ac que tengan una suma de b. Como $ac = 10$ y $b = 11$, halla los factores positivos de 10 que sumen 11.

Factores de 10	1, 10	2, 5
Suma de factores	11 ✔	7

Paso 2 Para descomponer el trinomio en factores, usa los factores que hallaste para volver a escribir bx.

$$5x^2 + 11x + 2 = 5x^2 + 1x + 10x + 2 \qquad \text{Vuelve a escribir } bx: 11x = 1x + 10x.$$
$$= x(5x + 1) + 2(5x + 1) \qquad \text{Extrae el M.C.D. como factor de cada par de términos.}$$
$$= (x + 2)(5x + 1) \qquad \text{Propiedad distributiva}$$

¿Comprendiste? **1. a.** ¿Cuál es la forma descompuesta en factores de $6x^2 + 13x + 5$?

b. Razonamiento En $ax^2 + bx + c$, supón que ac es positivo y b es negativo. ¿Qué sabes sobre los factores de ac? Explica tu respuesta.

 Problema 2 **Descomponer en factores cuando ac es negativo**

Planea

¿Puedes usar los pasos del Problema 1 para resolver este problema?
Sí. Tu objetivo sigue siendo hallar factores de ac que sumen b. Como $ac < 0$, los factores deben tener signos diferentes.

¿Cuál es la forma descompuesta en factores de $3x^2 + 4x - 15$?

Paso 1 Halla los factores de ac que tengan una suma de b. Como $ac = -45$ y $b = 4$, halla los factores de -45 que sumen 4.

Factores de -45	$1, -45$	$-1, 45$	$3, -15$	$-3, 15$	$5, -9$	$-5, 9$
Suma de factores	-44	44	-12	12	-4	4 ✔

Paso 2 Para descomponer el trinomio en factores, usa los factores que hallaste para volver a escribir bx.

$3x^2 + 4x - 15 = 3x^2 - 5x + 9x - 15$ Vuelve a escribir bx: $4x = -5x + 9x$.

$= x(3x - 5) + 3(3x - 5)$ Extrae el M.C.D. como factor de cada par de términos.

$= (3x - 5)(x + 3)$ Propiedad distributiva

 ¿Comprendiste? **2.** ¿Cuál es la forma descompuesta en factores de $10x^2 + 31x - 14$?

 Problema 3 **Usar la descomposición de trinomios en factores**

Planea

¿Cómo puedes hallar las dimensiones del rectángulo?
Descompón en factores el área del rectángulo como el producto de dos binomios, uno de los cuales corresponda al ancho. El otro debe ser la longitud, dado que área = longitud · ancho.

Geometría El área de un rectángulo es $2x^2 - 13x - 7$. ¿Cuáles son las dimensiones posibles del rectángulo? Usa la descomposición en factores.

Paso 1 Halla los factores de ac que tengan una suma de b. Como $ac = -14$ y $b = -13$, halla los factores de -14 que sumen -13.

Factores de -14	$1, -14$	$-1, 14$	$2, -7$	$-2, 7$
Suma de factores	-13 ✔	13	-5	5

Paso 2 Para descomponer el trinomio en factores, usa los factores que hallaste para volver a escribir bx.

$2x^2 - 13x - 7 = 2x^2 + x - 14x - 7$ Vuelve a escribir bx: $-13x = x - 14x$.

$= x(2x + 1) - 7(2x + 1)$ Extrae el M.C.D. como factor de cada par de términos.

$= (2x + 1)(x - 7)$ Propiedad distributiva

Las dimensiones posibles del rectángulo son $2x + 1$ y $x - 7$.

¿Comprendiste? **3.** El área de un rectángulo es $8x^2 + 22x + 15$. ¿Cuáles son las dimensiones posibles del rectángulo? Usa la descomposición en factores.

Para descomponer un polinomio en factores completamente, primero debes extraer el M.C.D. como factor de los términos del polinomio. Luego, descompón el polinomio resultante en factores hasta que quede escrito como el producto de polinomios que no pueden descomponerse más en factores.

 Problema 4 **Extraer un monomio como factor en primer lugar**

¿Cuál es la forma descompuesta en factores de $18x^2 - 33x + 12$?

Planea

¿Cómo puedes simplificar este problema?
Extrae el M.C.D. como factor de los términos del trinomio. El trinomio que queda es similar a los trinomios de los Problemas 1 a 3.

Piensa

Extrae el M.C.D. como factor.

Descompón $6x^2 - 11x + 4$ en factores. Como $ac = 24$ y $b = -11$, halla los factores negativos de 24 que tengan una suma de -11.

Vuelve a escribir el término bx. Luego, usa la propiedad distributiva para terminar de descomponer en factores.

Escribe

$18x^2 - 33x + 12 = 3(6x^2 - 11x + 4)$

Factores de 24	$-1, -24$	$-2, -12$	$-3, -8$	$-4, -6$
Suma de factores	-25	-14	-11 ✔	-10

$3(6x^2 - 3x - 8x + 4)$
$3[3x(2x - 1) - 4(2x - 1)]$
$3(3x - 4)(2x - 1)$

✓ **¿Comprendiste?** **4.** ¿Cuál es la forma descompuesta en factores de $8x^2 - 36x - 20$?

 ## Comprobar la comprensión de la lección

¿CÓMO hacerlo?

Descompón cada expresión en factores.

1. $3x^2 + 16x + 5$

2. $10q^2 + 9q + 2$

3. $4w^2 + 4w - 3$

4. El área de un rectángulo es $6x^2 - 11x - 72$. ¿Cuáles son las dimensiones posibles del rectángulo? Usa la descomposición en factores.

¿Lo ENTIENDES?

5. Razonamiento Explica por qué no se puede descomponer en factores el trinomio $2x^2 + 7x + 10$.

6. Razonamiento Para descomponer $8x^2 + bx + 3$ en factores, un estudiante volvió a escribir correctamente el trinomio como $8x^2 + px + qx + 3$. ¿Cuál es el valor de pq?

7. Comparar y contrastar ¿En qué se diferencia descomponer en factores el trinomio $ax^2 + bx + c$ cuando $a \neq 1$ de descomponerlo en factores cuando $a = 1$? ¿En qué se parece?

 ## Ejercicios de práctica y resolución de problemas

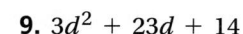 **Práctica**   Descompón cada expresión en factores.   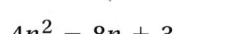 **Ver el Problema 1.**

8. $2x^2 + 13x + 6$ **9.** $3d^2 + 23d + 14$ **10.** $4n^2 - 8n + 3$

11. $4p^2 + 7p + 3$ **12.** $6r^2 - 23r + 20$ **13.** $8g^2 - 14g + 3$

Descompón cada expresión en factores.

Ver el Problema 2.

14. $5z^2 + 19z - 4$ **15.** $2k^2 - 13k - 24$ **16.** $6t^2 + 7t - 5$

17. $3x^2 + 23x - 36$ **18.** $4w^2 - 5w - 6$ **19.** $4d^2 - 4d - 35$

20. Diseño de interiores El área de un azulejo de cocina rectangular es $8x^2 + 30x + 7$. ¿Cuáles son las dimensiones posibles del azulejo? Usa la descomposición en factores.

Ver el Problema 3.

21. Manualidades El área de una manta tejida rectangular es $15x^2 - 14x - 8$. ¿Cuáles son las dimensiones posibles de la manta? Usa la descomposición en factores.

Descompón cada expresión en factores completamente.

Ver el Problema 4.

22. $12p^2 + 20p - 8$ **23.** $8v^2 + 34v - 30$ **24.** $6s^2 + 57s + 72$

25. $20w^2 - 45w + 10$ **26.** $12x^2 - 46x - 8$ **27.** $9r^2 + 3r - 30$

 **Aplicación**

Respuesta de desarrollo Halla dos valores diferentes que completen cada expresión para que el trinomio se pueda descomponer en factores como el producto de dos binomios. Descompón tus trinomios en factores.

28. $4s^2 + \blacksquare s + 10$ **29.** $15v^2 + \blacksquare v - 24$ **30.** $35m^2 + \blacksquare m - 16$

31. $9g^2 + \blacksquare g + 4$ **32.** $6n^2 + \blacksquare n + 28$ **33.** $8r^2 + \blacksquare r - 42$

34. Analizar errores Describe y corrige el error que se cometió al descomponer en factores la expresión de la derecha.

$$3x^2 - 16x - 12 = 3x^2 + 4x - 20x - 12$$
$$= x(3x + 4) - 4(5x + 3)$$
$$= (x - 4)(3x + 4)(5x + 3)$$

35. Pensar en un plan El área de un triángulo es $9x^2 - 9x - 10$. La base del triángulo es $3x - 5$. ¿Cuál es la altura del triángulo?
- ¿Cuál es la fórmula para hallar el área de un triángulo?
- ¿Cómo te ayuda a resolver el problema descomponer en factores el trinomio dado?

36. Carpintería El tablero de una mesa rectangular tiene un área de $18x^2 + 69x + 60$. El ancho de la mesa es $3x + 4$. ¿Cuál es la longitud de la mesa?

37. a. Escribe cada área como el producto de dos binomios.

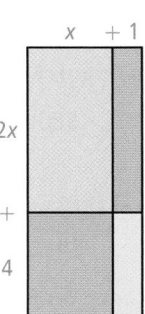

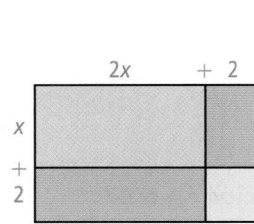

b. ¿Los productos son iguales?

c. Escribir Explica de qué manera los dos productos que hallaste en la parte (a) pueden ser iguales al mismo trinomio.

PowerAlgebra.com   **Lección 8-6**   Descomponer $ax^2 + bx + c$ en factores   509

Descompón cada expresión en factores.

38. $54x^2 + 87x + 28$

39. $66k^2 + 57k + 12$

40. $14z^2 - 53z + 14$

41. $28h^2 + 28h - 56$

42. $21y^2 + 72y - 48$

43. $55n^2 - 52n + 12$

44. $36p^2 + 114p - 20$

45. $63g^2 - 89g + 30$

46. $99v^2 - 92v + 9$

47. Razonamiento Si a y c en $ax^2 + bx + c$ son números primos y el trinomio se puede descomponer en factores, ¿cuántos valores positivos puede tener b? Explica tu razonamiento.

 **Desafío**

Descompón cada expresión en factores.

48. $56x^3 + 43x^2 + 5x$

49. $49p^2 + 63pq - 36q^2$

50. $108g^2h - 162gh + 54h$

51. A la derecha se muestra la gráfica de la función $y = x^2 + 5x + 6$.
   a. ¿Cuáles son los interceptos en x?
   b. Descompón $x^2 + 5x + 6$ en factores.
   c. Razonamiento Describe la relación que existe entre los factores de binomio que hallaste en la parte (b) y los interceptos en x.

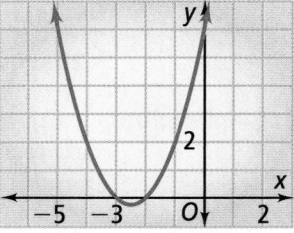

Preparación para el examen estandarizado

RESPUESTA EN PLANTILLA

SAT/ACT

52. ¿Cuál es el valor que falta en el enunciado $7x^2 - 61x - 18 = (7x + 2)(x - \blacksquare)$?

53. ¿Cuál es el intercepto en y de la gráfica de $-3x + y = 1$?

54. ¿Cuál es el valor absoluto de la solución negativa de la ecuación $|x + 4| = 9$?

55. Un libro tiene un lomo cuyo grosor es 4.3×10^{-2} m. ¿Cómo se escribe 4.3×10^{-2} en forma estándar?

56. Se espera que la cantidad de turistas que visitan cierto país sea 440% mayor en el año 2020 que en el año 2000. ¿Cómo se escribe 440% como decimal?

Repaso mixto

Descompón cada expresión en factores. Comprueba tu respuesta.   ◀ **Ver la Lección 8-5.**

57. $w^2 + 15w + 44$

58. $t^2 - 3t - 28$

59. $x^2 - 17x + 60$

Resuelve cada proporción.   ◀ **Ver la Lección 2-7.**

60. $\frac{5}{6} = \frac{x}{15}$

61. $\frac{2}{3} = \frac{d}{18}$

62. $\frac{5}{8} = \frac{a}{60}$

63. $\frac{6}{10} = \frac{z}{35}$

¡Prepárate!   **Antes de la Lección 8-7, haz los Ejercicios 64 a 67.**

Simplifica cada producto.   ◀ **Ver la Lección 8-4.**

64. $(a + 9)^2$

65. $(q - 15)^2$

66. $(h - 10)(h + 10)$

67. $(2x - 7)(2x + 7)$

8-7 Descomponer en factores casos especiales

Objetivo Descomponer en factores trinomios cuadrados perfectos y las diferencias de dos cuadrados.

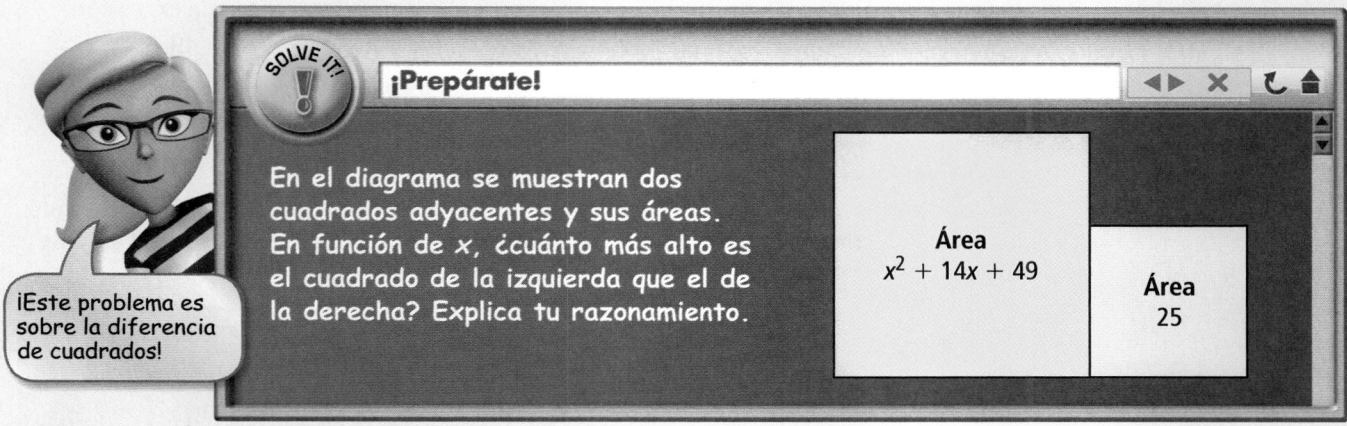

SOLVE IT!

¡Prepárate!

En el diagrama se muestran dos cuadrados adyacentes y sus áreas. En función de x, ¿cuánto más alto es el cuadrado de la izquierda que el de la derecha? Explica tu razonamiento.

Área
$x^2 + 14x + 49$

Área
25

¡Este problema es sobre la diferencia de cuadrados!

Actividades dinámicas

Descomponer en factores productos especiales

Vocabulario de la lección
- trinomio cuadrado perfecto
- diferencia de dos cuadrados

Comprensión esencial Puedes descomponer algunos trinomios en factores "invirtiendo" las reglas para multiplicar los casos especiales de binomios que aprendiste en la Lección 8-4.

Por ejemplo, recuerda las reglas para hallar cuadrados de binomios:

$$(a + b)^2 = (a + b)(a + b) = a^2 + 2ab + b^2$$
$$(a - b)^2 = (a - b)(a - b) = a^2 - 2ab + b^2$$

Cualquier trinomio en la forma $a^2 + 2ab + b^2$ ó $a^2 - 2ab + b^2$ es un **trinomio cuadrado perfecto** porque es el resultado de elevar un binomio al cuadrado. Al leer las ecuaciones anteriores de derecha a izquierda, se obtienen las reglas para descomponer trinomios cuadrados perfectos en factores.

toma nota

Concepto clave	**Descomponer trinomios cuadrados perfectos en factores**

Álgebra Para todos los números reales a y b:

$$a^2 + 2ab + b^2 = (a + b)(a + b) = (a + b)^2$$
$$a^2 - 2ab + b^2 = (a - b)(a - b) = (a - b)^2$$

Ejemplos $x^2 + 8x + 16 = (x + 4)(x + 4) = (x + 4)^2$
$4n^2 - 12n + 9 = (2n - 3)(2n - 3) = (2n - 3)^2$

Ésta es una forma de reconocer un trinomio cuadrado perfecto:
- El primer y el último término son cuadrados perfectos.
- El término del medio es dos veces el producto de un factor del primer término y un factor del último término.

Piensa

¿La respuesta tendrá la forma $(a + b)^2$ ó $(a - b)^2$?

El término del medio, $-12x$, tiene un coeficiente negativo; por tanto, la expresión descompuesta en factores tendrá la forma $(a - b)^2$.

Problema 1 Descomponer un trinomio cuadrado perfecto en factores

¿Cuál es la forma descompuesta en factores de $x^2 - 12x + 36$?

$$x^2 - 12x + 36 = x^2 - 12x + 6^2 \qquad \text{Escribe el último término como un cuadrado.}$$
$$= x^2 - 2(x)(6) + 6^2 \qquad \text{¿El término del medio es igual a } -2ab?\ -12x = -2(x)(6)\ \checkmark$$
$$= (x - 6)^2 \qquad \text{Escribe la expresión como el cuadrado de un binomio.}$$

¿Comprendiste? **1.** ¿Cuál es la forma descompuesta en factores de cada expresión?

    a. $x^2 + 6x + 9$ **b.** $x^2 - 14x + 49$

Problema 2 Descomponer en factores para hallar una longitud

Computadoras Las imágenes digitales se componen de miles de pequeños píxeles que se presentan como cuadrados, como se muestra a continuación. Supón que el área de un píxel es $4x^2 + 20x + 25$. ¿Cuál es la longitud de uno de los lados del píxel?

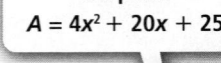

Un píxel
$A = 4x^2 + 20x + 25$

Planea

¿Cómo puedes hallar la longitud del lado?

Como el área del píxel es igual a su longitud de lado elevada al cuadrado, descompón en factores la expresión del área como el cuadrado de un binomio. El binomio es la longitud del lado.

$$4x^2 + 20x + 25 = (2x)^2 + 20x + 5^2 \qquad \text{Escribe el primero y el último término como cuadrados.}$$
$$= (2x)^2 + 2(2x)(5) + 5^2 \qquad \text{¿El término del medio es igual a } 2ab?$$
$$20x = 2(2x)(5)\ \checkmark$$
$$= (2x + 5)^2 \qquad \text{Escribe la expresión como el cuadrado de un binomio.}$$

La longitud de un lado del píxel es $2x + 5$.

¿Comprendiste? **2.** Construyes un patio cuadrado. El área del patio es $16m^2 - 72m + 81$. ¿Cuál es la longitud de uno de los lados del patio?

Recuerda que en la Lección 8-4 aprendiste que $(a + b)(a - b) = a^2 - b^2$. Por tanto, puedes descomponer en factores una **diferencia de dos cuadrados**, $a^2 - b^2$, como $(a + b)(a - b)$.

toma nota

Concepto clave	**Descomponer en factores una diferencia de dos cuadrados**

Álgebra Para todos los números reales a y b:

$$a^2 - b^2 = (a + b)(a - b)$$

Ejemplos $x^2 - 64 = (x + 8)(x - 8)$

$25x^2 - 36 = (5x + 6)(5x - 6)$

 Problema 3 **Descomponer en factores una diferencia de dos cuadrados**

¿Cuál es la forma descompuesta en factores de $z^2 - 9$?

Piensa   **Escribe**

Planea

¿Puedes usar la regla para hallar la diferencia de dos cuadrados?
Sí. El binomio es una diferencia y sus dos términos son cuadrados perfectos.

Vuelve a escribir el 9 como un cuadrado.

$$z^2 - 9 = z^2 - 3^2$$

Descompón en factores usando la regla para la diferencia de dos cuadrados.

$$= (z + 3)(z - 3)$$

Comprueba tu respuesta multiplicando la forma descompuesta en factores.

$$(z + 3)(z - 3) = z^2 - 3z + 3z - 9$$
$$= z^2 - 9 ✔$$

¿Comprendiste? **3.** ¿Cuál es la forma descompuesta en factores de cada expresión?

a. $v^2 - 100$ **b.** $s^2 - 16$

 Problema 4 **Descomponer en factores una diferencia de dos cuadrados**

Piensa

¿Cuándo es un cuadrado perfecto un término en la forma ax^2?
ax^2 es un cuadrado perfecto cuando a es un cuadrado perfecto. Por ejemplo, $16x^2$ es un cuadrado perfecto, pero $17x^2$ no lo es.

¿Cuál es la forma descompuesta en factores de $16x^2 - 81$?

$$16x^2 - 81 = (4x)^2 - 9^2$$ Escribe cada término como un cuadrado.

$$= (4x + 9)(4x - 9)$$ Usa la regla para hallar la diferencia de cuadrados.

¿Comprendiste? **4. a.** ¿Cuál es la forma descompuesta en factores de $25d^2 - 64$?

b. **Razonamiento** La expresión $25d^2 + 64$ contiene dos cuadrados perfectos. ¿Puedes usar el método del Problema 4 para descomponer la expresión en factores? Explica tu razonamiento.

Cuando extraes el M.C.D. como factor de un polinomio, a veces la expresión que queda es un trinomio cuadrado perfecto o la diferencia de dos cuadrados. Por tanto, puedes seguir descomponiendo esta expresión en factores con las reglas que aprendiste en esta lección.

 Problema 5 **Extraer el M.C.D. como factor común**

¿Cuál es la forma descompuesta en factores de $24g^2 - 6$?

$$24g^2 - 6 = 6(4g^2 - 1)$$ Extrae el M.C.D. como factor.
$$= 6[(2g)^2 - 1^2]$$ Escribe la diferencia como $a^2 - b^2$.
$$= 6(2g + 1)(2g - 1)$$ Usa la regla para hallar la diferencia de cuadrados.

 ¿Comprendiste? **5.** ¿Cuál es la forma descompuesta en factores de cada expresión?

    a. $12t^2 - 48$ **b.** $12x^2 + 12x + 3$

 ## Comprobar la comprensión de la lección

¿CÓMO hacerlo?

Descompón cada expresión en factores.

1. $y^2 - 16y + 64$

2. $9q^2 + 12q + 4$

3. $p^2 - 36$

4. El área de un cuadrado es $36w^2 + 60w + 25$. ¿Cuál es la longitud del lado del cuadrado?

¿Lo ENTIENDES?

Identifica la regla que usarías para descomponer cada expresión en factores.

5. $81r^2 - 90r + 25$

6. $k^2 + 12k + 36$

7. $9h^2 - 64$

8. Razonamiento Explica cómo determinar si un binomio es una diferencia de dos cuadrados.

 ## Ejercicios de práctica y resolución de problemas

 **Práctica**   Descompón cada expresión en factores.   ◀ **Ver los Problemas 1 y 2.**

    9. $h^2 + 8h + 16$ **10.** $v^2 - 10v + 25$ **11.** $d^2 - 20d + 100$

    12. $m^2 + 18m + 81$ **13.** $q^2 + 2q + 1$ **14.** $p^2 - 4p + 4$

    15. $64x^2 + 112x + 49$ **16.** $4r^2 + 36r + 81$ **17.** $9n^2 - 42n + 49$

    18. $36s^2 - 60s + 25$ **19.** $25z^2 + 40z + 16$ **20.** $49g^2 - 84g + 36$

La expresión dada representa el área. Halla la longitud del lado del cuadrado.

21.

$100r^2 - 220r + 121$

22.

$64r^2 - 144r + 81$

23.

$25r^2 + 30r + 9$

Descompón cada expresión en factores.

◀ Ver los Problemas 3 a 5.

24. $w^2 - 144$ **25.** $a^2 - 49$ **26.** $y^2 - 121$

27. $t^2 - 25$ **28.** $k^2 - 64$ **29.** $m^2 - 225$

30. $4p^2 - 49$ **31.** $81r^2 - 1$ **32.** $36v^2 - 25$

33. $64q^2 - 81$ **34.** $16x^2 - 121$ **35.** $9n^2 - 400$

36. $2h^2 - 2$ **37.** $27w^2 - 12$ **38.** $80g^2 - 45$

39. $27x^2 + 90x + 75$ **40.** $8p^2 + 56p + 98$ **41.** $8s^2 - 64s + 128$

B **Aplicación**

42. Analizar errores Describe y corrige el error que se cometió al descomponer la siguiente expresión en factores.

$$9x^2 - 49 = (9x + 7)(9x - 7)$$

43. Escribir Resume el procedimiento que hay que seguir para descomponer en factores una diferencia de dos cuadrados. Da al menos dos ejemplos.

44. Pensar en un plan A la derecha se muestran dos ventanas cuadradas y sus áreas. ¿Qué expresión representa la diferencia de las áreas de las ventanas? Muestra dos maneras diferentes de hallar la solución.
- ¿Cómo puedes resolver el problema sin descomponer en factores?
- ¿Cómo puedes usar las formas descompuestas en factores de las áreas de las ventanas para hallar su diferencia?

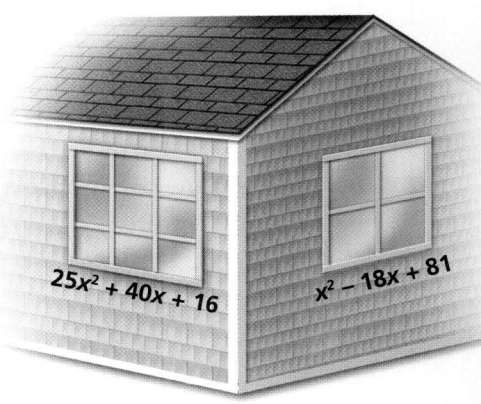

$25x^2 + 40x + 16$ $x^2 - 18x + 81$

45. Diseño de interiores Una alfombra cuadrada tiene un área de $49x^2 - 56x + 16$. Otra alfombra cuadrada tiene un área de $16x^2 + 24x + 9$. ¿Qué expresión representa la diferencia de las áreas de las alfombras? Muestra dos maneras diferentes de hallar la solución.

Cálculo mental Para resolver los Ejercicios 46 a 50, halla un par de factores para cada número usando la diferencia de dos cuadrados.

Ejemplo $117 = 121 - 4$ Escribe 117 como la diferencia de dos cuadrados.

$= 11^2 - 2^2$ Escribe cada término como un cuadrado.

$= (11 + 2)(11 - 2)$ Usa la regla para hallar la diferencia de cuadrados.

$= (13)(9)$ Simplifica.

46. 143   **47.** 99   **48.** 224   **49.** 84   **50.** 91

51. a. Respuesta de desarrollo Escribe una expresión que sea un trinomio cuadrado perfecto.
b. Explica cómo sabes que tu trinomio es un trinomio cuadrado perfecto.

52. a. Descompón $4x^2 - 100$ en factores quitando el factor de monomio común y luego usando la regla de diferencia de cuadrados para descomponer en factores la expresión que queda.

b. Descompón $4x^2 - 100$ en factores usando la regla de diferencia de cuadrados y quitando los factores de monomios comunes.

c. **Razonamiento** ¿Por qué puedes descomponer $4x^2 - 100$ en factores de dos maneras diferentes?

d. ¿Puedes descomponer $3x^2 - 75$ en factores de las dos maneras en que lo hiciste con $4x^2 - 100$ en las partes (a) y (b)? Explica tu respuesta.

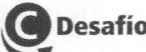 **Desafío**

Descompón cada expresión en factores.

53. $64r^6 - 144r^3 + 81$

54. $p^6 + 40p^3q + 400q^2$

55. $36m^4 + 84m^2 + 49$

56. $108n^6 - 147$

57. $x^{20} - 4x^{10}y^5 + 4y^{10}$

58. $256g^4 - 100h^6$

59. El binomio $16 - 81n^4$ se puede descomponer en factores dos veces usando la regla de diferencia de cuadrados.

a. Descompón $16 - 81n^4$ en factores completamente.

b. **Razonamiento** ¿Qué características comparten 16 y $81n^4$ que hacen que esto sea posible?

c. **Respuesta de desarrollo** Escribe otro binomio que se pueda descomponer en factores dos veces usando la regla de diferencia de cuadrados.

Preparación para el examen estandarizado

SAT/ACT

60. ¿Cuál es la forma descompuesta en factores de $4x^2 - 20x + 25$?

Ⓐ $(2x + 5)(2x - 5)$ Ⓑ $(2x - 5)(2x - 5)$ Ⓒ $(4x - 5)(4x - 5)$ Ⓓ $(4x + 5)(4x - 5)$

61. ¿Qué ecuación tiene una solución de -2?

Ⓕ $x + 3 = 2x + 1$ Ⓖ $x - 5 = 2x - 7$ Ⓗ $2x + 5 = 5x + 11$ Ⓘ $3x + 1 = x - 5$

62. ¿Qué ecuación ilustra la propiedad conmutativa de la multiplicación?

Ⓐ $ab = ba$ Ⓑ $a(bc) = (ab)c$ Ⓒ $ab = ab$ Ⓓ $a(b + c) = ab + ac$

Respuesta breve

63. Un club de cinéfilos auspicia un festival de cine en un cine local. El alquiler del cine cuesta \$190. La entrada cuesta \$2 por persona.

a. Escribe una ecuación que relacione el costo total c para el club de cinéfilos y la cantidad de personas p que asisten al festival.

b. Representa con una gráfica la ecuación que escribiste en la parte (a).

Repaso mixto

Descompón cada expresión en factores.   ◀ **Ver la Lección 8-6.**

64. $18x^2 + 9x - 14$

65. $8x^2 + 18x + 9$

66. $12x^2 - 41x + 35$

¡Prepárate!   Antes de la Lección 8-8, haz los Ejercicios 67 a 69.

Halla el M.C.D. de los términos de cada polinomio.   ◀ **Ver la Lección 8-2.**

67. $6t^2 + 12t - 4$

68. $9m^3 + 15m^2 - 21m$

69. $16h^4 - 12h^3 - 36h^2$

Objetivo Descomponer en factores polinomios de grado más alto por agrupación de términos.

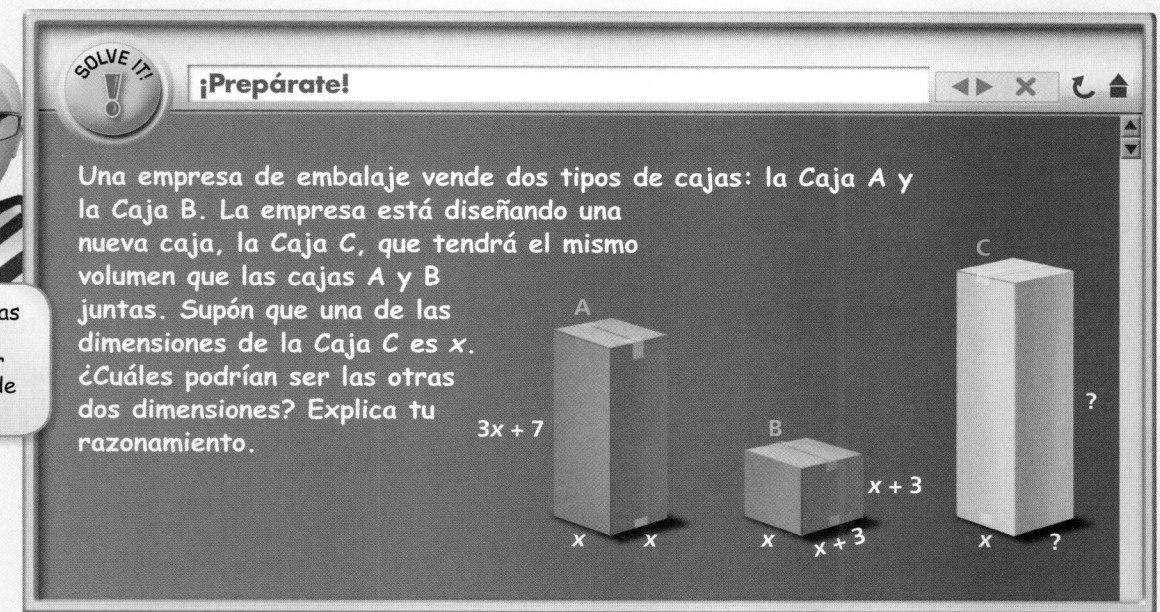

Conoces una de las dimensiones; así que descomponer en factores puede ser útil.

Vocabulario de la lección
• descomposición en factores por agrupación de términos

Comprensión esencial Algunos polinomios de grado mayor que 2 se pueden descomponer en factores.

En la Lección 8-6, descompusiste en factores trinomios en la forma $ax^2 + bx + c$ volviendo a escribir bx como la suma de dos monomios. Luego, agrupaste los términos en pares, extrajiste como factor el M.C.D. de cada par y buscaste un factor de binomio común. Este proceso se llama **descomposición en factores por agrupación de términos**. También puedes aplicar esta técnica a los polinomios de grado más alto.

Problema 1 **Descomponer un polinomio cúbico en factores**

Planea

¿Cómo debes agrupar los términos del polinomio?
Primero, agrupa los dos términos con los grados más altos. Si eso no funciona, intenta otra manera de agrupar. Tu objetivo es hallar un factor de binomio común.

¿Cuál es la forma descompuesta en factores de $3n^3 - 12n^2 + 2n - 8$?

$$3n^3 - 12n^2 + 2n - 8 = 3n^2(n - 4) + 2(n - 4)$$

Extrae el M.C.D. como factor de cada grupo de dos términos.

$$= (3n^2 + 2)(n - 4)$$

Extrae el factor común $n - 4$ fuera del polinomio

Comprueba $(3n^2 + 2)(n - 4) = 3n^3 - 12n^2 + 2n - 8$ ✔

¿Comprendiste? **1. a.** ¿Cuál es la forma descompuesta en factores de $8t^3 + 14t^2 + 20t + 35$?

b. **Razonamiento** ¿En qué se parece el método de descomposición en factores del Problema 1 al método que se usó en la Lección 8-6? ¿En qué se diferencia?

Antes de descomponer en factores por agrupación de términos, es posible que debas extraer el M.C.D. de todos los términos como factor.

 Problema 2 **Descomponer un polinomio en factores completamente**

Piensa

¿Los términos comparten algún factor numérico o variable?
Sí. Los términos tienen un factor numérico común de 4 y un factor variable común de q. El M.C.D. es $4q$.

¿Cuál es la forma descompuesta en factores de $4q^4 - 8q^3 + 12q^2 - 24q$?
Descompón en factores completamente.

$$4q^4 - 8q^3 + 12q^2 - 24q = 4q(q^3 - 2q^2 + 3q - 6)$$ Extrae el M.C.D. como factor.

$$= 4q[q^2(q - 2) + 3(q - 2)]$$ Descompón en factores por agrupación de términos.

$$= 4q(q^2 + 3)(q - 2)$$ Vuelve a descomponer en factores.

 **¿Comprendiste? 2.** ¿Cuál es la forma descompuesta en factores de $6h^4 + 9h^3 + 12h^2 + 18h$? Descompón en factores completamente.

A veces puedes descomponer en factores para hallar expresiones posibles para la longitud, el ancho y la altura de un prisma rectangular.

 Problema 3 **Hallar las dimensiones de un prisma rectangular**

Diversión El juguete que se muestra a continuación está formado por varios bloques que se pueden plegar para formar un prisma rectangular o desplegar para formar una "escalera". ¿Qué expresiones pueden representar las dimensiones del juguete cuando está plegado? Usa la descomposición en factores.

$$V = 6x^3 + 19x^2 + 15x$$

Planea

¿Cómo puedes hallar las dimensiones del prisma?
Descompón en factores la expresión cúbica del volumen del prisma como el producto de tres expresiones lineales. Cada expresión lineal es una de las dimensiones.

Paso 1 Extrae el M.C.D. como factor.
$$6x^3 + 19x^2 + 15x = x(6x^2 + 19x + 15)$$

Paso 2 Para descomponer el trinomio en factores, halla los factores de ac que tengan una suma de b. Como $ac = 90$ y $b = 19$, halla los factores de 90 que tengan una suma de 19.

Factores de 90	1, 90	2, 45	3, 30	5, 18	6, 15	9, 10
Suma de factores	91	47	33	23	21	19 ✔

Paso 3 Para descomponer el trinomio en factores, usa los factores que hallaste para volver a escribir bx.

$$x(6x^2 + 19x + 15) = x(6x^2 + 9x + 10x + 15)$$ Vuelve a escribir bx: $19x = 9x + 10x$.

$$= x[3x(2x + 3) + 5(2x + 3)]$$ Descompón en factores por agrupación de términos.

$$= x(3x + 5)(2x + 3)$$ Propiedad distributiva

Las dimensiones posibles son x, $3x + 5$ y $2x + 3$.

¿Comprendiste? **3. Geometría** Un prisma rectangular tiene un volumen de $60x^3 + 34x^2 + 4x$. ¿Qué expresiones pueden representar las dimensiones del prisma? Usa la descomposición en factores.

Éste es un resumen de lo que debes recordar cuando descompones polinomios en factores.

toma nota

Resumen   Descomponer polinomios en factores

1. Extrae el máximo común divisor (M.C.D.) como factor común.

2. Si el polinomio tiene dos o tres términos, busca una diferencia de dos cuadrados, un trinomio cuadrado perfecto o un par de factores de binomio.

3. Si el polinomio tiene cuatro o más términos, agrúpalos y descompón en factores para hallar factores de binomio común.

4. Para comprobar, asegúrate de que no haya factores comunes distintos de 1.

Comprobar la comprensión de la lección

¿CÓMO hacerlo?

Descompón cada expresión en factores.

1. $20r^3 + 8r^2 + 15r + 6$

2. $6d^3 + 3d^2 - 10d - 5$

3. $24x^3 + 60x^2 + 36x + 90$

4. Un prisma rectangular tiene un volumen de $36x^3 + 36x^2 + 8x$. ¿Qué expresiones pueden representar las dimensiones del prisma? Usa la descomposición en factores.

¿Lo ENTIENDES?

Vocabulario Indica si descompondrías el polinomio en factores por agrupación de términos. Explica tu respuesta.

5. $x^2 - 6x + 9$

6. $4w^2 + 23w + 15$

7. $24t^3 - 42t^2 - 28t + 49$

8. Razonamiento ¿Puedes descomponer en factores por agrupación de términos el polinomio $6q^3 + 2q^2 + 12q - 3$? Explica tu respuesta.

Ejercicios de práctica y resolución de problemas

A Práctica   Halla el M.C.D. de los dos primeros términos y el M.C.D. de los dos últimos términos de cada polinomio.   ◀ Ver el Problema 1.

9. $2z^3 + 6z^2 + 3z + 9$ **10.** $10g^3 - 25g^2 + 4g - 10$

11. $2r^3 + 12r^2 - 5r - 30$ **12.** $6p^3 + 3p^2 + 2p + 1$

Descompón cada expresión en factores.

13. $15q^3 + 40q^2 + 3q + 8$ **14.** $14y^3 + 8y^2 + 7y + 4$ **15.** $14z^3 - 35z^2 + 16z - 40$

16. $11w^3 - 9w^2 + 11w - 9$ **17.** $8m^3 + 12m^2 - 2m - 3$ **18.** $12k^3 - 27k^2 - 40k + 90$

19. $20v^3 + 24v^2 - 25v - 30$ **20.** $18h^3 + 45h^2 - 8h - 20$ **21.** $12y^3 + 4y^2 - 9y - 3$

Descompón en factores completamente.

◀ Ver el Problema 2.

22. $8p^3 - 32p^2 + 28p - 112$ **23.** $3w^4 - 2w^3 + 18w^2 - 12w$ **24.** $5g^4 - 5g^3 + 20g^2 - 20g$

25. $6q^4 + 3q^3 - 24q^2 - 12q$ **26.** $36v^3 - 126v^2 + 48v - 168$ **27.** $4d^3 - 6d^2 + 16d - 24$

Busca expresiones para hallar las dimensiones posibles de cada prisma rectangular.

◀ Ver el Problema 3.

28.

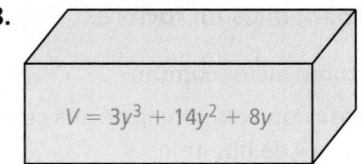

$V = 3y^3 + 14y^2 + 8y$

29.

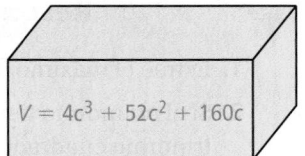

$V = 4c^3 + 52c^2 + 160c$

30. Carpintería Un baúl con forma de prisma rectangular tiene un volumen de $6x^3 + 38x^2 - 28x$. ¿Qué expresiones pueden representar las dimensiones del baúl?

 **Aplicación** **Descompón en factores completamente.**

31. $9t^3 - 90t^2 + 144t$ **32.** $60y^4 - 300y^3 - 42y^2 + 210y$

33. $8m^3 + 32m^2 + 40m + 160$ **34.** $10p^2 - 5pq - 180q^2$

35. Analizar errores Describe y corrige el error que se cometió al descomponer la expresión en factores completamente.

$$4x^4 + 12x^3 + 8x^2 + 24x = 4(x^4 + 3x^3 + 2x^2 + 6x)$$
$$= 4[x^3(x + 3) + 2x(x + 3)]$$
$$= 4(x^3 + 2x)(x + 3)$$

36. a. Descompón en factores $(20x^3 - 5x^2) + (44x - 11)$.

b. Descompón en factores $(20x^3 + 44x) + (-5x^2 - 11)$.

c. Razonamiento ¿Por qué puedes descomponer el mismo polinomio en factores usando diferentes pares de términos?

37. Escribir Describe cómo descomponer en factores la expresión $6x^5 + 4x^4 + 12x^3 + 8x^2 + 9x + 6$.

38. Pensar en un plan Las casas para murciélagos, como la que se muestra a la derecha, son grandes estructuras de madera que la gente instala en los edificios para atraer a los murciélagos. ¿Qué expresiones pueden representar las dimensiones de la casa para murciélagos?
- ¿En cuántos factores debes descomponer la expresión del volumen?
- ¿Cuál es el primer paso para descomponer esta expresión en factores?

39. Respuesta de desarrollo Escribe un polinomio de cuatro términos que puedas descomponer en factores por agrupación de términos. Descompón tu polinomio en factores.

40. Arte El pedestal de una escultura es un prisma rectangular que tiene un volumen de $63x^3 - 28x$. ¿Qué expresiones pueden representar las dimensiones del pedestal? Usa la descomposición en factores.

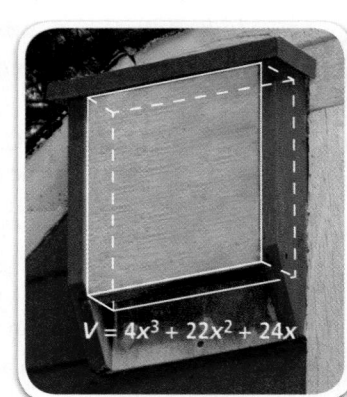

$V = 4x^3 + 22x^2 + 24x$

 Desafío

Descompón en factores por agrupación de términos.

41. $y^3 + 11y^2 - 4y - 44$ **42.** $p^2m + p^2n^5 + qm + qn^5$ **43.** $30g^5 + 24g^3h - 35g^2h^2 - 28h^3$

44. Geometría El polinomio $2\pi x^3 + 12\pi x^2 + 18\pi x$ representa el volumen de un cilindro. La fórmula para hallar el volumen V de un cilindro con radio r y altura h es $V = \pi r^2 h$.
     a. Descompón $2\pi x^3 + 12\pi x^2 + 18\pi x$ en factores.
     b. Basándote en tu respuesta de la parte (a), escribe una expresión para un radio posible del cilindro.

Puedes escribir el número 63 como $2^5 + 2^4 + 2^3 + 2^2 + 2^1 + 2^0$. Para resolver los Ejercicios 45 y 46, descompón cada expresión en factores por agrupación de términos. Luego, simplifica las potencias de 2 para escribir el 63 como el producto de dos números.

45. $\left(2^5 + 2^4 + 2^3\right) + \left(2^2 + 2^1 + 2^0\right)$ **46.** $\left(2^5 + 2^4\right) + \left(2^3 + 2^2\right) + \left(2^1 + 2^0\right)$

Preparación para el examen estandarizado

SAT/ACT

47. ¿Cómo se descompone $30z^3 - 12z^2 + 120z - 48$ en factores completamente?
     A $2(15z^3 - 6z^2 + 60z - 24)$ **C** $6(5z^3 - 2z^2 + 20z - 8)$
     B $(6z^2 + 24)(5z - 2)$ **D** $6(z^2 + 4)(5z - 2)$

48. ¿Cuál es la forma simplificada de $2x^3 \cdot x^8$?
     F $2x^{11}$ **G** $8x^{11}$ **H** $2x^{24}$ **I** $8x^{24}$

49. ¿Qué ecuación representa la recta con pendiente -3 que pasa por el punto $(2, 5)$?
     A $y = -3x + 17$ **B** $y = -3x + 11$ **C** $y = 4x - 3$ **D** $y = x - 3$

50. ¿Cuál es la solución de la desigualdad $7 < -2x + 5$?
     F $x > -1$ **G** $x < -1$ **H** $x > 1$ **I** $x < 1$

Respuesta breve

51. Descompón $10r^4 + 30r^3 + 5r^2 + 15r$ en factores completamente. Muestra tu trabajo.

Repaso mixto

Descompón cada expresión en factores.   ◀ **Ver la Lección 8-7.**

52. $m^2 + 12m + 36$ **53.** $64x^2 - 144x + 81$ **54.** $49p^2 - 4$

Usa un diagrama de correspondencia para determinar si cada relación es una función.   ◀ **Ver la Lección 4-6.**

55. $\{(4, 3), (3, 4), (4, 7), (7, 4)\}$ **56.** $\{(-1, 8), (1, 8), (3, 8), (5, 8)\}$ **57.** $\{(2, 7), (4, -7), (6, 7), (8, -7)\}$

¡Prepárate!   **Antes de la Lección 9-1, haz los Ejercicios 58 a 61.**

Usa la pendiente y el intercepto en y para representar cada ecuación con una gráfica.   ◀ **Ver la Lección 5-3.**

58. $y = \frac{1}{2}x + 3$ **59.** $y = -4x - 1$ **60.** $y = 2x - 3$ **61.** $y = -\frac{5}{3}x + 2$

Integración de
conocimientos

Para resolver estos problemas, integrarás muchos conceptos y destrezas que estudiaste sobre polinomios y descomposición en factores.

GRANidea Equivalencia

Puedes representar expresiones algebraicas de muchas maneras diferentes. Cuando trabajas con polinomios y los sumas, restas, multiplicas, divides o descompones en factores, reemplazas una expresión con otra equivalente.

GRANidea Propiedades

Las propiedades de los números reales son la base de las leyes del álgebra. Puedes aplicar las propiedades de los números reales, como la propiedad distributiva, a los polinomios.

Tarea 1

Resuelve. Muestra todo tu trabajo y explica tus pasos.

Un blanco de tiro con arco consiste en un círculo que tiene un radio x y está rodeado por cuatro aros con ancho y. ¿Cuál es el área del aro que está más hacia fuera en función de x y y?

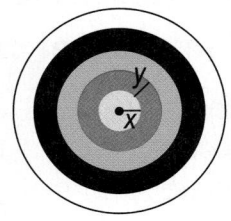

Tarea 2

Resuelve. Muestra todo tu trabajo y explica tus pasos.

Quieres pintar la parte exterior de un alhajero, incluida la cara inferior. Para hallar el área total (A.T.) del alhajero, puedes usar la fórmula A.T. $= 2a\ell + 2\ell h + 2ah$, donde ℓ es la longitud, a es el ancho y h es la altura. ¿Cuál es el área total del alhajero en función de x?

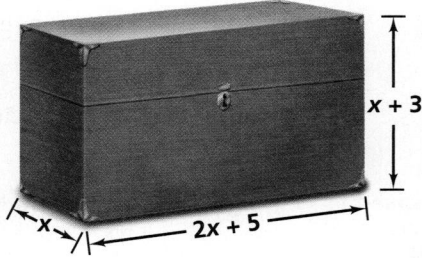

$x + 3$

x

$2x + 5$

Tarea 3

Resuelve. Muestra todo tu trabajo y explica tus pasos.

El volumen de un prisma cuadrangular es $144x^3 + 216x^2 + 81x$. ¿Qué expresión podría describir el perímetro de una de las caras cuadradas del prisma?

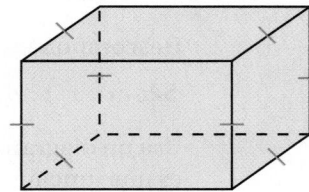

Conectar las GRANDES ideas y responder a las preguntas esenciales

1 Equivalencia

Puedes representar expresiones algebraicas de muchas maneras diferentes. Cuando trabajas con polinomios y los sumas, restas, multiplicas, divides o descompones en factores, reemplazas una expresión con otra equivalente.

2 Propiedades

Las propiedades de los números reales son la base de las leyes del álgebra. Puedes aplicar las propiedades de los números reales, como la propiedad distributiva, a los polinomios.

Sumar y restar polinomios (Lección 8-1)

$(3x^2 + 4x + 1) + (2x^2 + 5x + 8)$
$= (3x^2 + 2x^2) + (4x + 5x) + (1 + 8)$
$= 5x^2 + 9x + 9$

Multiplicar binomios (Lección 8-3)

$(m + 4)(2m - 5) = 2m^2 - 5m + 8m - 20$
$= 2m^2 + 3m - 20$

Multiplicar casos especiales (Lección 8-4)

$(2x + 3)(2x - 3) = 4x^2 - 9$

Descomponer trinomios en factores (Lecciones 8-5 Y 8-6)

$x^2 - 6x + 8 = (x - 2)(x - 4)$

Descomponer en factores casos especiales (Lección 8-7)

$49p^2 - 16 = (7p + 4)(7p - 4)$

Descomponer en factores por agrupación de términos (Lección 8-8)

$3x^2 - 10x - 8 = 3x^2 - 12x + 2x - 8$
$= (3x^2 - 12x) + (2x - 8)$
$= 3x(x - 4) + 2(x - 4)$
$= (3x + 2)(x - 4)$

Vocabulario del capítulo

- binomio (p. 475)
- grado de un monomio (p. 474)
- grado de un polinomio (p. 475)
- diferencia de dos cuadrados (p. 513)
- descomponer en factores por agrupación de términos (p. 517)
- monomio (p. 474)
- trinomio cuadrado perfecto (p. 511)
- polinomio (p. 475)
- forma estándar de un polinomio (p. 475)
- trinomio (p. 475)

Escoge el término correcto para completar cada oración.

1. Un polinomio que tiene dos términos es un(a) __?__ .

2. Un monomio o la suma de dos o más monomios es un(a) __?__ .

3. Un(a) __?__ es una expresión que puede ser un número, una variable o el producto de un número y una o más variables.

4. Un polinomio que es el producto de dos factores de binomio idénticos es un(a) __?__ .

5. La suma de los exponentes de las variables en un monomio es el/la __?__ .

8-1 Sumar y restar polinomios

Repaso rápido

Un **monomio** es un número, una variable o el producto de un número y una o más variables. Un **polinomio** es un monomio o la suma de dos o más monomios. El **grado de un polinomio** con una variable es lo mismo que el grado del monomio con el exponente mayor. Para sumar dos polinomios, suma los términos semejantes de los polinomios. Para restar un polinomio, suma el opuesto del polinomio.

Ejemplo

¿Cuál es la diferencia de $3x^3 - 7x^2 + 5$ y $2x^2 - 9x - 1$?

$$(3x^3 - 7x^2 + 5) - (2x^2 - 9x - 1)$$
$$= 3x^3 - 7x^2 + 5 - 2x^2 + 9x + 1$$
$$= 3x^3 + (-7x^2 - 2x^2) + 9x + (1 + 5)$$
$$= 3x^3 - 9x^2 + 9x + 6$$

Ejercicios

Escribe cada polinomio en forma estándar. Luego, nombra cada polinomio basándote en su grado y la cantidad de términos.

6. $4r + 3 - 9r^2 + 7r$ **7.** $3 + b^3 + b^2$

8. $3 + 8t^2$ **9.** $n^3 + 4n^5 + n - n^3$

10. $7x^2 + 8 + 6x - 7x^2$ **11.** p^3q^3

Simplifica. Escribe cada respuesta en forma estándar.

12. $(2v^3 - v + 8) + (-v^3 + v - 3)$

13. $(6s^4 + 7s^2 + 7) + (8s^4 - 11s^2 + 9s)$

14. $(4h^3 + 3h + 1) - (-5h^3 + 6h - 2)$

15. $(8z^3 - 3z^2 - 7) - (z^3 - z^2 + 9)$

8-2 Multiplicar y descomponer en factores

Repaso rápido

Se puede multiplicar un monomio y un polinomio usando la propiedad distributiva. Puedes descomponer un polinomio en factores hallando el máximo común divisor (M.C.D.) de los términos del polinomio.

Ejemplo

¿Cuál es la forma descompuesta en factores de $10y^4 - 12y^3 + 4y^2$?

Primero, halla el M.C.D. de los términos del polinomio.

$$10y^4 = 2 \cdot 5 \cdot y \cdot y \cdot y \cdot y$$
$$12y^3 = 2 \cdot 2 \cdot 3 \cdot y \cdot y \cdot y$$
$$4y^2 = 2 \cdot 2 \cdot y \cdot y$$

El M.C.D. es $2 \cdot y \cdot y$, ó $2y^2$.

Luego, extrae el M.C.D. como factor.
$$10y^4 - 12y^3 + 4y^2 = 2y^2(5y^2) + 2y^2(-6y) + 2y^2(2)$$
$$= 2y^2(5y^2 - 6y + 2)$$

Ejercicios

Simplifica cada producto. Escribe la respuesta en forma estándar.

16. $5k(3 - 4k)$ **17.** $4m(2m + 9m^2 - 6)$

18. $6g^2(g - 8)$ **19.** $3d(6d + d^2)$

20. $-2n^2(5n - 9 + 4n^2)$ **21.** $q(11 + 8q - 2q^2)$

Halla el M.C.D. de los términos de cada polinomio. Luego, descompón el polinomio en factores.

22. $12p^4 + 16p^3 + 8p$ **23.** $3b^4 - 9b^2 + 6b$

24. $45c^5 - 63c^3 + 27c$ **25.** $4g^2 + 8g$

26. $3t^4 - 6t^3 - 9t + 12$ **27.** $30h^5 - 6h^4 - 15h^3$

28. Razonamiento El M.C.D. de dos números p y q es 5. ¿Puedes hallar el M.C.D. de $6p$ y $6q$? Explica tu respuesta.

8-3 y 8-4 Multiplicar binomios

Repaso rápido

Puedes usar fichas de álgebra, tablas o la propiedad distributiva para multiplicar polinomios. Puedes usar el método PEIU (Primeros, Exteriores, Interiores, Últimos) para multiplicar dos binomios. También puedes usar las reglas para multiplicar los casos especiales de binomios.

Ejemplo

¿Cuál es la forma simplificada de $(4x + 3)(3x + 2)$?

Usa el método PEIU para multiplicar los binomios. Halla el producto de los primeros términos, de los términos exteriores, de los términos interiores y de los últimos términos. Luego, suma.

$$(4x + 3)(3x + 2) = (4x)(3x) + (4x)(2) + (3)(3x) + (3)(2)$$
$$= 12x^2 + 8x + 9x + 6$$
$$= 12x^2 + 17x + 6$$

Ejercicios

Simplifica cada producto. Escribe la expresión en forma estándar.

29. $(w + 1)(w + 12)$ **30.** $(2s - 3)(5s + 4)$

31. $(3r - 2)^2$ **32.** $(6g + 7)(g - 8)$

33. $(7q + 2)(3q + 8)$ **34.** $(4n^3 + 5)(3n + 5)$

35. $(t + 9)(t - 3)$ **36.** $(6c + 5)^2$

37. $(7h - 3)(7h + 3)$ **38.** $(y - 6)(3y + 7)$

39. $(4a - 7)(8a + 3)$ **40.** $(4b - 3)(4b + 3)$

41. Geometría Un rectángulo tiene las dimensiones $3x + 5$ y $x + 7$. Escribe una expresión para representar el área del rectángulo como un producto y como un polinomio en forma estándar.

8-5 y 8-6 Descomponer trinomios cuadráticos en factores

Repaso rápido

Puedes escribir algunos trinomios cuadráticos como el producto de dos factores de binomios. Cuando descompongas un polinomio en factores, asegúrate de extraer el M.C.D. como factor primero.

Ejemplo

¿Cuál es la forma descompuesta en factores de $x^2 + 7x + 12$?

Enumera los pares de factores de 12. Identifica el par que tenga una suma de 7.

Factores de 12	Suma de factores
1, 12	13
2, 6	8
3, 4	7 ✔

$$x^2 + 7x + 12 = (x + 3)(x + 4)$$

Ejercicios

Descompón cada expresión en factores.

42. $g^2 - 5g - 14$ **43.** $2n^2 + 3n - 2$

44. $6k^2 - 10k\ell + 4\ell^2$ **45.** $p^2 + 8p + 12$

46. $r^2 + 6r - 40$ **47.** $6m^2 + 25mn + 11n^2$

48. $t^2 - 13t - 30$ **49.** $2g^2 - 35g + 17$

50. $3x^2 + 3x - 6$ **51.** $d^2 - 18d + 45$

52. $w^2 - 15w - 54$ **53.** $21z^2 - 70z + 49$

54. $-2h^2 + 4h + 70$ **55.** $x^2 + 21x + 38$

56. $10v^2 + 11v - 8$ **57.** $5g^2 + 15g + 10$

58. Razonamiento ¿Puedes descomponer en factores la expresión $2x^2 + 15x + 9$? Explica por qué.

8-7 Descomponer en factores casos especiales

Repaso rápido

Cuando descompones un trinomio cuadrado perfecto en factores, los dos factores de binomio son iguales.

$$a^2 + 2ab + b^2 = (a + b)(a + b) = (a + b)^2$$
$$a^2 - 2ab + b^2 = (a - b)(a - b) = (a - b)^2$$

Cuando descompones en factores una diferencia de cuadrados de dos términos, los dos factores de binomio son la suma y la diferencia de los dos términos.

$$a^2 - b^2 = (a + b)(a - b)$$

Ejemplo

¿Cuál es la forma descompuesta en factores de $81t^2 - 90t + 25$?

Primero, vuelve a escribir el primer término y el último término como cuadrados. Luego, determina si el término del medio es igual a $-2ab$.

$$81t^2 - 90t + 25 = (9t)^2 - 90t + 5^2$$
$$= (9t)^2 - 2(9t)(5) + 5^2$$
$$= (9t - 5)^2$$

Ejercicios

Descompón cada expresión en factores.

59. $s^2 - 20s + 100$ **60.** $16q^2 + 56q + 49$

61. $r^2 - 64$ **62.** $9z^2 - 16$

63. $25m^2 + 80m + 64$ **64.** $49n^2 - 4$

65. $g^2 - 225$ **66.** $9p^2 - 42p + 49$

67. $36h^2 - 12h + 1$ **68.** $w^2 + 24w + 144$

69. $32v^2 - 8$ **70.** $25x^2 - 36$

71. Geometría Halla una expresión para representar la longitud del lado de un cuadrado que tiene un área de $9n^2 + 54n + 81$.

72. Razonamiento Supón que usas fichas de álgebra para descomponer un trinomio cuadrático en factores. ¿Qué sabes sobre los factores del trinomio cuando las fichas forman un cuadrado?

8-8 Descomponer en factores por agrupación de términos

Repaso rápido

Cuando un polinomio tiene cuatro o más términos, puedes agrupar los términos y hallar un factor de binomio común. Luego, puedes usar la propiedad distributiva para descomponer el polinomio en factores.

Ejemplo

¿Cuál es la forma descompuesta en factores de $2r^3 - 12r^2 + 5r - 30$?

Primero, extrae el M.C.D. de cada grupo de dos términos como factor. Luego, extrae un factor de binomio común.

$$2r^3 - 12r^2 + 5r - 30 = 2r^2(r - 6) + 5(r - 6)$$
$$= (2r^2 + 5)(r - 6)$$

Ejercicios

En cada polinomio, halla el M.C.D. de los primeros dos términos y el M.C.D. de los últimos dos términos.

73. $6y^3 - 3y^2 + 2y - 1$

74. $8m^3 + 40m^2 + 6m + 15$

Descompón en factores completamente.

75. $6d^4 + 4d^3 - 6d^2 - 4d$

76. $11b^3 - 6b^2 + 11b - 6$

77. $45z^3 + 20z^2 + 9z + 4$

78. $9a^3 - 12a^2 + 18a - 24$

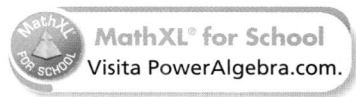
¿CÓMO hacerlo?

Escribe cada polinomio en forma estándar.

1. $2x - 3x^2 + 6 + 5x^3$

2. $7 + 9x + 2x^2 + 8x^5$

Simplifica. Escribe cada respuesta en forma estándar.

3. $(4x^2 + 9x + 1) + (2x^2 + 7x + 13)$

4. $(8x^2 + 5x + 7) - (5x^2 + 8x - 6)$

5. $(5x^4 + 7x + 2) - (3x^2 - 2x + 9)$

6. $(-7x^3 + 4x - 6) + (6x^3 + 10x^2 + 3)$

Simplifica cada producto. Escribe la respuesta en forma estándar.

7. $-p(8p^2 + 3p)$

8. $(r + 8)(r + 6)$

9. $(5w - 6)(2w + 7)$

10. $(4s + 5)(7s^2 - 4s + 3)$

11. $(q - 1)^2$

12. $(3g - 5)(3g + 5)$

13. Campamento Un camping rectangular tiene una longitud de $4x + 7$ y un ancho $3x - 2$. ¿Cuál es el área del camping?

Halla el M.C.D. de los términos de cada polinomio.

14. $16x^6 + 22x^2 + 30x^5$

15. $7v^3 - 10v^2 + 9v^4$

Descompón cada expresión en factores.

16. $x^2 + 17x + 72$

17. $4v^2 - 16v + 7$

18. $n^2 - 16n + 64$

19. $6t^2 - 54$

20. $y^2 - 121$

Descompón cada expresión en factores completamente.

21. $7h^4 - 4h^3 + 28h^2 - 16h$

22. $15t^3 + 2t^2 - 45t - 6$

23. $6n^4 + 15n^3 - 9n^2$

24. $9v^4 + 12v^3 - 18v^2 - 24v$

25. Arte El área de una pintura cuadrada es $81p^2 + 90p + 25$. ¿Cuál es la longitud de lado de la pintura?

¿Lo ENTIENDES?

26. Respuesta de desarrollo Escribe un trinomio de grado 5.

27. Escribir Explica cómo usar la propiedad distributiva para multiplicar dos binomios. Incluye un ejemplo.

28. Geometría ¿Qué expresión representa el área de la figura? Escribe tu respuesta como un polinomio en forma estándar.

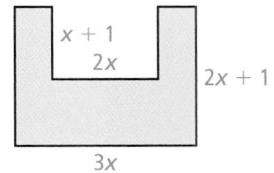

29. Respuesta de desarrollo ¿Qué tres valores diferentes completan la expresión $x^2 + \blacksquare x + 24$ de modo que puedas descomponerlo en factores como el producto de dos binomios? Muestra cada descomposición en factores.

Escribe el valor que falta en cada trinomio cuadrado perfecto.

30. $n^2 + \blacksquare n + 81$

31. $16y^2 - 56y + \blacksquare$

32. $\blacksquare p^2 + 30p + 25$

33. Razonamiento La expresión $(x - 2)^2 - 9$ tiene la forma $a^2 - b^2$.

   a. Identifica a y b.

   b. Descompón $(x - 2)^2 - 9$ en factores. Luego, simplifica.

Preparación para el examen acumulativo

CONSEJOS

En algunas preguntas del examen, se te pide que uses polinomios para representar el perímetro, el área y el volumen. Lee la pregunta de ejemplo que se muestra a la derecha. Luego, sigue los consejos para responderla.

CONSEJO 1

Asegúrate de observar bien la figura y comprenderla. Esta figura es un prisma rectangular. Las expresiones $x + 1$, $x + 2$ y $x + 3$ representan las longitudes de las aristas.

La siguiente figura es un prisma rectangular.

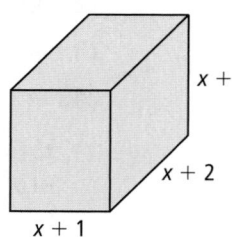

$x + 3$

$x + 2$

$x + 1$

¿Qué expresión representa el volumen del prisma?

- **A** $x^3 + 6$
- **B** $x^2 + 2x + 2$
- **C** $x^3 + x^2 + 10x + 6$
- **D** $x^3 + 6x^2 + 11x + 6$

CONSEJO 2

Asegúrate de responder a la pregunta que se hace. En este problema, debes hallar el volumen del prisma.

Piénsalo bien

La expresión $V = \ell ah$ da el volumen de un prisma rectangular. Sustituye las longitudes de las aristas en la fórmula. Luego, simplifica el producto.

$$V = \ell ah$$
$$= (x + 1)(x + 2)(x + 3)$$
$$= (x^2 + 3x + 2)(x + 3)$$
$$= x^3 + 6x^2 + 11x + 6$$

La respuesta correcta es D.

Desarrollo de vocabulario

Cuando resuelves los ejercicios del examen, debes comprender el significado de los términos matemáticos. Une cada término con su significado matemático.

A. polinomio

B. potencia

C. área

D. volumen

E. escala

I. una expresión en la forma a^n, donde a es la base y n es el exponente

II. la razón de la distancia en un dibujo a la distancia real

III. el número de unidades cúbicas que contiene una figura tridimensional

IV. un monomio o la suma de dos o más monomios

V. el número de unidades cuadradas que contiene una figura plana

Opción múltiple

Lee cada pregunta. Luego, escribe en tu hoja la letra de la respuesta correcta.

1. ¿Cómo se escribe $y = \frac{2}{7}x - 4$ en forma estándar?
- **A** $2x + 7y = -28$
- **C** $-2x - 7y = -28$
- **B** $2x - 7y = 28$
- **D** $-2x + 7y = 28$

2. Supón que $b = 2a - 16$ y $b = a + 2$. ¿Cuál es el valor de a?
- **F** 5
- **H** 14
- **G** 6
- **I** 18

3. ¿Qué expresión es equivalente a $10x - (5x - 1)$?
- **A** $2x - 1$
- **C** $5x - 1$
- **B** $2x + 1$
- **D** $5x + 1$

4. La calificación de un estudiante en un examen de historia varía directamente con la cantidad de preguntas que el estudiante responde correctamente. Un estudiante que responde 14 preguntas correctamente obtiene una calificación de 70. ¿Qué calificación obtendría un estudiante si respondiera 15 preguntas correctamente?

   (F) 72   (H) 85

   (G) 75   (I) 90

5. La figura de la derecha muestra las áreas de tres cuadrados. ¿Cuál es el área del triángulo?

   (A) $6\ m^2$

   (B) $8\ m^2$

   (C) $12\ m^2$

   (D) $72\ m^2$

16 m²   25 m²   9 m²

6. Compraste un candelabro por $11.78 y varias velas por $.62 cada una. Gastaste un total de $18.60. ¿Cuántas velas compraste?

   (F) 11   (H) 25

   (G) 19   (I) 30

7. Usas un mapa para hallar la distancia que hay entre tu casa y la casa de un amigo. En el mapa, la distancia es 2.5 pulgs. Supón que la escala del mapa es $\frac{1}{8}$ pulg. = 1.5 mi. ¿A qué distancia vives de la casa de tu amigo?

   (A) 0.08 mi   (C) 3.75 mi

   (B) 0.2 mi   (D) 30 mi

8. ¿Qué expresión representa el volumen del prisma?

   (F) $x^3 + 4$

   (G) $x^3 + 6x^2 + 9x + 4$

   (H) $x^3 + 9x^2 + 6x + 4$

   (I) $x^3 + 4x^2 + x + 4$

$x + 4$

$x + 1$ $x + 1$

9. ¿Qué ecuación representa una recta con una pendiente positiva y un intercepto en x positivo?

   (A) $5x - 2y = 14$

   (B) $-5x - 2y = 14$

   (C) $-5x + 2y = 14$

   (D) $5x + 2y = -14$

10. Puedes representar el ancho de un rectángulo dado con la expresión $x + 2$. La longitud del rectángulo es el doble del ancho. ¿Cuál es el área del rectángulo?

   (F) $2x + 4$ (H) $2x^2 + 8x + 8$

   (G) $2x^2 + 8$ (I) $4x^2 + 16x + 16$

11. ¿Qué ecuación representa una recta con una pendiente mayor que la pendiente de una recta cuya ecuación es $y = \frac{3}{4}x - 1$?

   (A) $y = -\frac{3}{4}x - 2$ (C) $y = \frac{2}{3}x - 1$

   (B) $y = \frac{4}{3}x - 2$ (D) $y = \frac{3}{4}x + 2$

12. ¿Cuál es el intercepto en x de la recta que pasa por los puntos $(0, -4)$ y $(1, 4)$?

   (F) -4 (H) $\frac{1}{2}$

   (G) $\frac{1}{4}$ (I) 2

13. Megan gana $20,000 por año más 5% de comisión por ventas. Laurie gana $32,000 por año más 1% de comisión por ventas. ¿Qué sistema de ecuaciones puedes usar para determinar las cantidades que Megan y Laurie deben vender, v, para recibir la misma paga, p?

   (A) $p = 5v + 20,000$
        $p = v + 32,000$

   (C) $p + 0.5v = 20,000$
        $p + 0.1v = 32,000$

   (B) $p + 5v = 20,000$
        $p + v = 32,000$

   (D) $p = 0.05v + 20,000$
        $p = 0.01v + 32,000$

14. Tu familia viaja en carro a la playa. La gráfica de la derecha relaciona la distancia a la que están de la playa con la cantidad de tiempo que viajan.

¿Qué representa el intercepto en y de la gráfica?

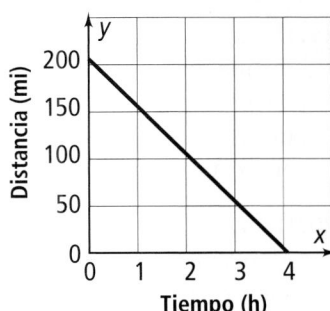

   (F) una parada en el camino hacia la playa

   (G) el promedio de velocidad en millas por hora

   (H) la distancia a la que estaban de la playa antes de que comenzaran el viaje en carro

   (I) la cantidad de tiempo que tardan en llegar a la playa

15. El área de un rectángulo es $6n^2 + n - 2$. ¿Qué expresión podría representar el perímetro del rectángulo?

(A) $2n - 1$ (C) $5n + 1$

(B) $3n + 2$ (D) $10n + 2$

16. Una empresa vende calculadoras por $35 cada una. Las empresas deben pedir un mínimo de 100 calculadoras y pagar $50 por gastos de envío. ¿Qué cantidad de dinero representa una suma razonable que puede gastar una empresa en la compra de calculadoras?

(F) $750   (H) $2990

(G) $1070   (I) $3585

17. ¿Qué expresión es equivalente a $\frac{3x^3y}{(3y)^{-2}}$?

(A) $9x^3y^3$ (C) $27x^3y^3$

(B) $\frac{x^3}{y}$ (D) $\frac{x^3y^3}{3}$

18. La fórmula para hallar el volumen V de una pirámide es $V = \frac{1}{3}Bh$, donde B es el área de la base de la pirámide y h es la altura de la pirámide. ¿Qué ecuación representa la altura de la pirámide en función de V y B?

(F) $h = \frac{3V}{B}$ (H) $h = 3VB$

(G) $h = \frac{V}{3B}$ (I) $h = \frac{B}{3V}$

RESPUESTA EN PLANTILLA

19. Un artista hace un modelo a escala de una mariquita para un museo de insectos. ¿Cuál es la longitud en milímetros de la mariquita real que el artista usa para hacer el modelo?

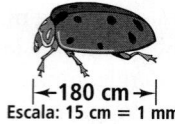

├─ **180 cm** ─┤
Escala: 15 cm = 1 mm

20. Un mástil proyecta una sombra de 9.1 m de longitud. Al mismo tiempo, una regla de 1 metro proyecta una sombra de 1.4 m de longitud. ¿Cuál es la altura del mástil en metros?

21. ¿Cuál es el séptimo término en la siguiente progresión?

$$81, 27, 9, 3, 1, \ldots$$

22. Supón que tienes $200. Cada suéter cuesta $45. ¿Cuál es la mayor cantidad de suéteres que puedes comprar?

23. ¿Cuántas soluciones de números enteros no negativos tiene la desigualdad $|x - 5| \le 8$?

24. La recta m pasa por los puntos $(-9, 4)$ y $(9, 6)$. ¿Cuál es el intercepto en y de la recta m?

25. Hiciste una gráfica para representar la altura que alcanza un árbol cada año desde que lo plantaste.

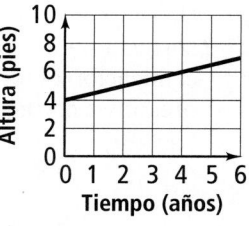

Supón que el árbol tenía 5 pies de altura cuando lo plantaste. Si la tasa de crecimiento fuera siempre la misma, ¿qué altura tendría el árbol después de 6 años?

26. Una lavandería cobra $2.25 para lavar una tanda de ropa y $1.75 para secar una tanda de ropa. Las máquinas aceptan sólo monedas de 25 centavos. ¿Cuántas monedas de 25 centavos necesitarías para lavar y secar una tanda de ropa?

27. Supón que $xy = 0$ y $y = 3\frac{1}{2}$. ¿Cuál es el valor de $x + 3y$?

Respuesta breve

28. La fórmula para hallar el área A de un trapecio es $A = \frac{1}{2}h(b_1 + b_2)$, donde h es la altura del trapecio y b_1 y b_2 son las longitudes de sus dos bases.

Supón que la altura de un trapecio es $x - 2$. Las longitudes de las bases son $x + 2$ y $3x - 2$. ¿Qué polinomio en forma estándar representa el área del trapecio? Muestra tu trabajo.

29. Un abono mensual para el subterráneo cuesta $60. El boleto individual cuesta $1.80. Planeas tomar el subterráneo para ir a la escuela y volver a tu casa durante 21 días este mes. ¿Cuánto dinero más gastarías si compraras boletos individuales en lugar de comprar el abono mensual? Muestra tu trabajo.

Respuesta desarrollada

30. Jeremy compró una casa por $200,000. Pagó un adelanto igual al 20% del precio de compra. Obtuvo un préstamo hipotecario para pagar el resto del precio.
   a. ¿Cuál es la suma del préstamo hipotecario de Jeremy?
   b. Además, Jeremy pagó gastos de cierre iguales al 3% del préstamo. ¿Cuánto pagó Jeremy en total entre el adelanto y los gastos de cierre?

¡Prepárate!

Lección 1-2

Evaluar expresiones
Evalúa cada expresión cuando $a = -1$, $b = 3$ y $c = -2$.

1. $2a - b^2 + c$

2. $\dfrac{c^2 - ab}{2a}$

3. $bc - 3a^2$

4. $\dfrac{b^2 - 4ac}{2a}$

5. $5a + 2b(c - 1)$

6. $c^2 + 2ab - 1$

Lección 4-4

Representar funciones con una gráfica
Representa cada función con una gráfica.

7. $y = x$

8. $y = -x^2$

9. $y = |x|$

10. $y = 2x - 5$

11. $y = 2|x|$

12. $y = -4x + 3$

Lección 4-6

Evaluar reglas de funciones
Evalúa la regla de cada función cuando $x = -6$.

13. $f(x) = -3x^2$

14. $h(x) = x^2 + 6x$

15. $g(x) = (x - 1)^2$

16. $f(x) = (1 + x)^2$

17. $g(x) = \frac{2}{3}x^2$

18. $h(x) = (2x)^2$

Lecciones 8-5 y 8-6

Descomponer en factores
Descompón en factores cada expresión.

19. $4x^2 + 4x + 1$

20. $5x^2 + 32x - 21$

21. $8x^2 - 10x + 3$

22. $x^2 - 18x + 81$

23. $12y^2 + 8y - 15$

24. $m^2 - 7m - 18$

 ## Vistazo inicial al vocabulario

25. Usa tus conocimientos sobre la definición de un polinomio cuadrático para hacer una conjetura sobre la definición de una *función cuadrática*.

26. La gráfica de una función cuadrática es una curva en forma de U que tiene un *eje de simetría*. ¿Qué crees que significa esto?

27. El siguiente enunciado es un ejemplo de la *propiedad del producto cero*.
$(x + 3)(x - 4) = 0$; por tanto, $x + 3 = 0$ ó $x - 4 = 0$.
¿Qué crees que significa esto?

Funciones y ecuaciones cuadráticas

En la foto se ve fácil, pero se
necesita bastante práctica para
jugar bien al básquetbol. La fuerza
con que lanzas la pelota puede ser
la diferencia entre encestar o no.
Es posible que el jugador no lo
piense, pero existe una ecuación que
relaciona la altura de una pelota o de
otro objeto a lo largo del tiempo y la
velocidad con que se lanza. En este
capítulo, usarás este modelo y otras
ecuaciones cuadráticas.

Vocabulario

Audio de vocabulario inglés/español en línea:

Español	Inglés
completar el cuadrado, *p. 561*	completing the square
discriminante, *p. 570*	discriminant
ecuación cuadrática, *p. 548*	quadratic equation
eje de simetría, *p. 534*	axis of symmetry
fórmula cuadrática, *p. 567*	quadratic formula
función cuadrática, *p. 534*	quadratic function
máximo, *p. 535*	maximum
mínimo, *p. 535*	minimum
parábola, *p. 534*	parabola
raíz de una ecuación, *p. 548*	root of an equation
vértice, *p. 535*	vertex

My Math Video

00:04:04

VIDEO

GRANDES ideas

1 **Función**
Pregunta esencial ¿Cuáles son las características de las funciones cuadráticas?

2 **Resolver ecuaciones y desigualdades**
Pregunta esencial ¿Cómo puedes resolver una ecuación cuadrática?

3 **Representar**
Pregunta esencial ¿Cómo puedes usar funciones para representar situaciones de la vida diaria?

Primer vistazo al capítulo

9-1 Las gráficas cuadráticas y sus funciones

Objetivo Representar con gráficas funciones cuadráticas en la forma $y = ax^2$ y $y = ax^2 + c$.

Existe un tipo de función que representa el movimiento de un objeto que cae.

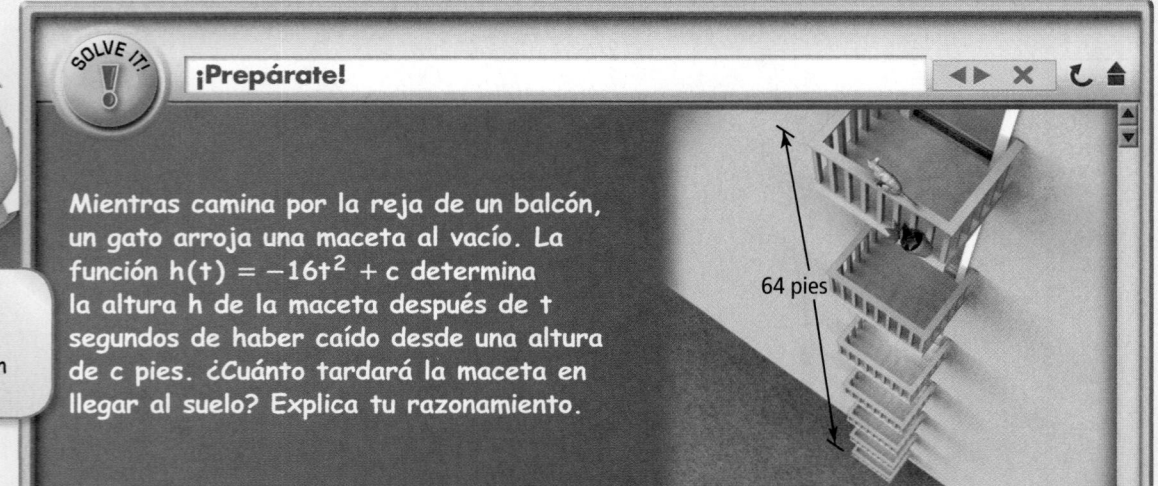

SOLVE IT!

¡Prepárate!

Mientras camina por la reja de un balcón, un gato arroja una maceta al vacío. La función $h(t) = -16t^2 + c$ determina la altura h de la maceta después de t segundos de haber caído desde una altura de c pies. ¿Cuánto tardará la maceta en llegar al suelo? Explica tu razonamiento.

64 pies

Vocabulario de la lección

- función cuadrática
- forma estándar de una función cuadrática
- función cuadrática madre
- parábola
- eje de simetría
- vértice
- mínimo
- máximo

Recuerda que en el Capítulo 8 aprendiste que un polinomio de grado 2, como $-16x^2 + 64$, se llama polinomio cuadrático. Puedes usar un polinomio cuadrático para definir una *función cuadrática* como la de la actividad de *Solve It!*

Comprensión esencial Una función cuadrática es un tipo de función no lineal que representa ciertas situaciones donde la tasa de cambio no es constante. La gráfica de una función cuadrática es una curva simétrica con un punto más alto o más bajo correspondiente a un valor máximo o mínimo.

toma nota

Concepto clave   Forma estándar de una función cuadrática

Una **función cuadrática** es una función que puede escribirse en la forma $y = ax^2 + bx + c$, donde $a \neq 0$. Esta forma se llama **forma estándar de una función cuadrática**.

Ejemplos $y = 3x^2$ $y = x^2 + 9$ $y = x^2 - x - 2$

La función cuadrática más simple $f(x) = x^2$ ó $y = x^2$ es la **función cuadrática madre**.

La gráfica de una función cuadrática es una curva en forma de U llamada **parábola**. A la derecha se muestra la parábola cuya ecuación es $y = x^2$.

Puedes doblar una parábola por la mitad, de manera que los dos lados coincidan exactamente. Esta propiedad se llama *simetría*. La línea que divide la parábola en dos mitades exactamente iguales se llama **eje de simetría**.

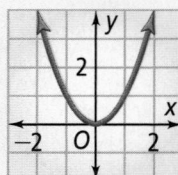

El punto más alto o más bajo de una parábola es el **vértice**, que se encuentra en el eje de simetría.

Si $a > 0$ en $y = ax^2 + bx + c$,
la parábola se abre hacia arriba.

↓

El vértice es el punto **mínimo**, o el
punto más bajo, de la parábola.

Si $a < 0$ en $y = ax^2 + bx + c$,
la parábola se abre hacia abajo.

↓

El vértice es el punto **máximo**, o el
punto más alto, de la parábola.

 Problema 1 Identificar un vértice

¿Cuáles son las coordenadas del vértice de cada gráfica? ¿Es un punto mínimo o un punto máximo?

Piensa

¿Una parábola puede tener un punto mínimo y un punto máximo?
No. Una parábola se abre hacia arriba y tiene un punto mínimo, o se abre hacia abajo y tiene un punto máximo.

A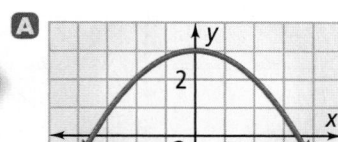

El vértice es $(0, 3)$. Es un punto máximo.

B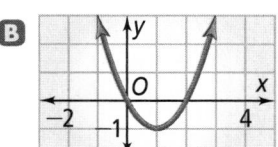

El vértice es $(1, -1)$. Es un punto mínimo.

 ¿Comprendiste? 1. ¿Cuál es el vértice de la gráfica de la derecha? ¿Es un punto mínimo o un punto máximo?

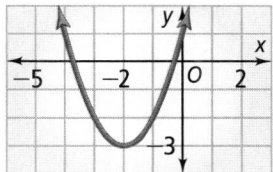

Para representar rápidamente una parábola con una gráfica, puedes usar el hecho de que la parábola es simétrica. Primero, halla las coordenadas del vértice y varios puntos a un lado del vértice. Luego, refleja los puntos a través del eje de simetría. Para gráficas de funciones en la forma $y = ax^2$, el vértice está en el origen. El eje de simetría es el eje de las y, ó $x = 0$.

 Problema 2 Representar $y = ax^2$ con una gráfica

Representa con una gráfica la función $y = \frac{1}{3}x^2$. Haz una tabla de valores. ¿Cuáles son el dominio y el rango?

Planea

¿Qué valores de x conviene escoger para hacer la tabla?
Escoge valores de x para los que x^2 sea divisible por 3, de modo que los valores de y sean números enteros.

x	$y = \frac{1}{3}x^2$	(x, y)
0	$\frac{1}{3}(0)^2 = 0$	$(0, 0)$
3	$\frac{1}{3}(3)^2 = 3$	$(3, 3)$
6	$\frac{1}{3}(6)^2 = 12$	$(6, 12)$

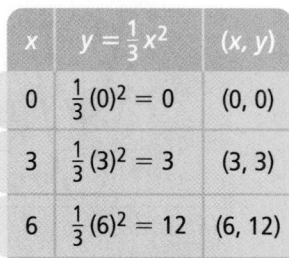

Refleja los puntos de la tabla sobre el eje de simetría, $x = 0$, para hallar más puntos en la gráfica.

El dominio son todos los números reales. El rango es $y \geq 0$.

 ¿Comprendiste? 2. Representa con una gráfica la función $y = -3x^2$. ¿Cuáles son el dominio y el rango?

En una función cuadrática, el coeficiente del término x^2 afecta el ancho de la parábola, así como también la dirección en la que se abre. Cuando $|m| < |n|$, la gráfica de $y = mx^2$ es más ancha que la gráfica de $y = nx^2$.

 Problema 3 **Comparar el ancho de las parábolas**

Piensa

¿El signo del término x^2 afecta el ancho de la parábola?
No. El signo del término x^2 afecta sólo la apertura de la parábola hacia arriba o hacia abajo.

Usa las siguientes gráficas. ¿Cuál es el orden, de la más ancha a la más angosta, de las gráficas de las funciones cuadráticas $f(x) = -4x^2$, $f(x) = \frac{1}{4}x^2$ y $f(x) = x^2$?

$f(x) = -4x^2$ $f(x) = \frac{1}{4}x^2$ $f(x) = x^2$

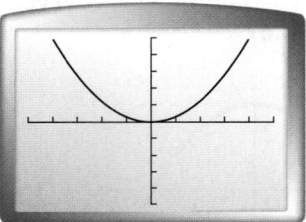
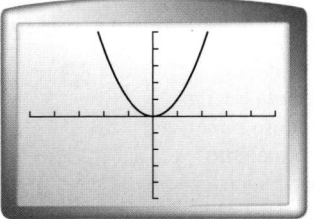

De las tres gráficas, $f(x) = \frac{1}{4}x^2$ es la más ancha y $f(x) = -4x^2$ es la más angosta. Por tanto, el orden de las gráficas de la más ancha a la más angosta es $f(x) = \frac{1}{4}x^2$, $f(x) = x^2$ y $f(x) = -4x^2$.

 ¿Comprendiste? 3. ¿Cuál es el orden, de la más ancha a la más angosta, de las gráficas de las funciones $f(x) = -x^2$, $f(x) = 3x^2$ y $f(x) = -\frac{1}{3}x^2$?

El eje de las y es el eje de simetría de las gráficas de las funciones en la forma $y = ax^2 + c$. El valor de c traslada la gráfica hacia arriba o hacia abajo.

 Problema 4 **Representar $y = ax^2 + c$ con una gráfica**

Opción múltiple **¿En qué se diferencia la gráfica de $y = 2x^2 + 3$ de la gráfica de $y = 2x^2$?**

  Ⓐ Está desplazada 3 unidades hacia arriba.

  Ⓑ Está desplazada 3 unidades hacia abajo.

  Ⓒ Está desplazada 3 unidades hacia la derecha.

  Ⓓ Está desplazada 3 unidades hacia la izquierda.

Planea

¿Qué valores de x deberías escoger?
Usa los mismos valores de x para representar con una gráfica ambas funciones, de modo que puedas ver la relación entre las coordenadas y correspondientes.

x	$y = 2x^2$	$y = 2x^2 + 3$
-2	8	11
-1	2	5
0	0	3
1	2	5
2	8	11

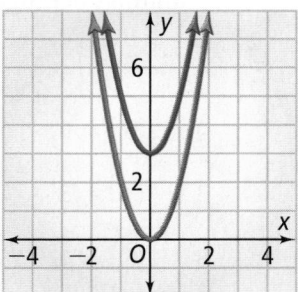

La gráfica $y = 2x^2 + 3$ tiene la misma forma que la gráfica de $y = 2x^2$, pero está desplazada tres unidades hacia arriba. La respuesta correcta es A.

 ¿Comprendiste? 4. Representa con una gráfica $y = x^2$ y $y = x^2 - 3$. ¿Cómo se relacionan las gráficas?

A medida que un objeto cae, su velocidad aumenta continuamente, de manera que su altura sobre el suelo disminuye a una tasa cada vez mayor. Sin tener en cuenta la resistencia del aire, puedes representar la altura del objeto con la función $h = -16t^2 + c$. La altura h está expresada en pies, el tiempo t está expresado en segundos y la altura inicial del objeto c, en pies.

 Problema 5 **Usar el modelo de objeto que cae**

Naturaleza Una bellota cae desde una rama que está a 20 pies del suelo. La función $h = -16t^2 + 20$ da la altura h de la bellota (en pies) después de t segundos. ¿Cuál es la gráfica de esta función cuadrática? ¿Cuánto tarda aproximadamente la bellota en llegar al suelo?

Lo que sabes
- La función que representa la altura de la bellota
- La altura inicial es 20 pies.

Lo que necesitas
La gráfica de la función y el momento en que la bellota llega al suelo

Planea
Usa una tabla de valores para representar la función con una gráfica. Usa la gráfica para estimar el momento en que la bellota llega al suelo.

Piensa

¿Puedes escoger valores negativos para t?
No. t representa el tiempo; por tanto, no puede ser negativo.

t	$h = -16t^2 + 20$
0	20
0.5	16
1	4
1.5	-16

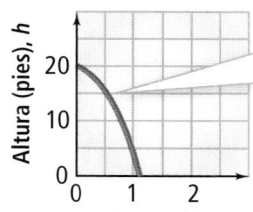

Representa la función con una gráfica usando los primeros tres pares ordenados de la tabla. No marques $(1.5, -16)$ porque la altura no puede ser negativa.

La bellota llega al suelo cuando su altura sobre el suelo es 0 pies. A partir de la gráfica, puedes ver que la bellota llega al suelo después de poco más de 1 s.

 ¿Comprendiste? **5. a.** En el Problema 5, supón que la bellota cae desde una rama que está a 70 pies del suelo. La función $h = -16t^2 + 70$ da la altura h de la bellota (en pies) después de t segundos. ¿Cuál es la gráfica de esta función? ¿Cuánto tarda aproximadamente la bellota en llegar al suelo?

b. **Razonamiento** ¿Cuáles son un dominio y un rango razonables para la función original del Problema 5? Explica tu razonamiento.

 ## Comprobar la comprensión de la lección

¿CÓMO hacerlo?

Representa la parábola con una gráfica. Identifica el vértice.

1. $y = -3x^2$

2. $y = 4x^2$

3. $y = \frac{1}{2}x^2 + 2$

4. $y = -2x^2 - 1$

¿Lo ENTIENDES?

5. Vocabulario ¿Cuándo el vértice de una parábola es el punto mínimo? ¿Cuándo es el punto máximo?

6. Comparar y contrastar ¿En qué se parecen las gráficas de $y = -\frac{1}{2}x^2$ y $y = -\frac{1}{2}x^2 + 1$? ¿En qué se diferencian?

Ejercicios de práctica y resolución de problemas

Ver el Problema 1.

A Práctica Identifica el vértice de cada gráfica. Indica si es un punto mínimo o un punto máximo.

7.

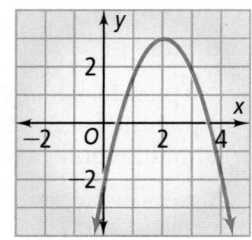

8.

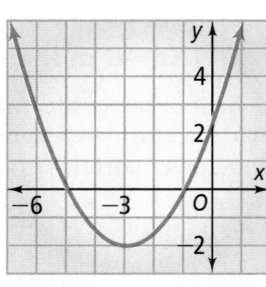

9.

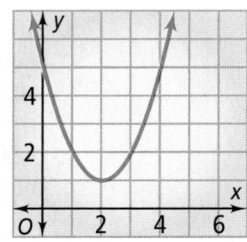

Representa cada función con una gráfica. Luego, identifica el rango y el dominio de la función.

Ver el Problema 2.

10. $y = -4x^2$

11. $f(x) = 1.5x^2$

12. $f(x) = 3x^2$

13. $f(x) = \frac{2}{3}x^2$

14. $y = -\frac{1}{2}x^2$

15. $y = -\frac{1}{3}x^2$

Ordena cada grupo de funciones cuadráticas de la gráfica más ancha a la gráfica más angosta.

Ver el Problema 3.

16. $y = 3x^2, y = 2x^2, y = 4x^2$

17. $f(x) = 5x^2, f(x) = -3x^2, f(x) = x^2$

18. $y = -\frac{1}{2}x^2, y = 5x^2, y = -\frac{1}{4}x^2$

19. $f(x) = -2x^2, f(x) = -\frac{2}{3}x^2, f(x) = -4x^2$

Representa cada función con una gráfica.

Ver el Problema 4.

20. $f(x) = x^2 + 4$

21. $y = x^2 - 7$

22. $y = \frac{1}{2}x^2 + 2$

23. $f(x) = -x^2 - 3$

24. $y = -2x^2 + 4$

25. $f(x) = 4x^2 - 5$

26. Objeto caído Sin querer, una persona que cruza un puente deja caer al río una naranja desde una altura de 40 pies. La función $h = -16t^2 + 40$ da la altura aproximada h de la naranja sobre el agua, en pies, después de t segundos. Representa la función con una gráfica. ¿Cuántos segundos tardará la naranja en llegar al agua?

Ver el Problema 5.

27. Naturaleza Un pájaro deja caer un palillo al suelo desde una altura de 80 pies. La función $h = -16t^2 + 80$ da la altura aproximada h del palillo sobre el suelo, en pies, después de t segundos. Representa la función con una gráfica. ¿En qué momento aproximadamente llega el palillo al suelo?

B Aplicación **28. Analizar errores** Describe y corrige el error que se cometió al representar con una gráfica la función $y = -2x^2 + 1$.

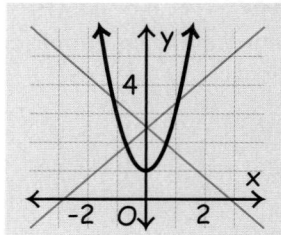

Identifica el dominio y el rango de cada función.

29. $f(x) = 3x^2 + 6$

30. $y = -2x^2 - 1$

31. $y = -\frac{3}{4}x^2 - 9$

32. $y = \frac{2}{3}x^2 + 12$

33. Escribir ¿Qué información acerca de la gráfica de $y = ax^2 + c$ te dan los números a y c?

Une cada función con su gráfica.

34. $f(x) = x^2 - 1$ **35.** $f(x) = x^2 + 4$ **36.** $f(x) = -x^2 + 2$

37. $f(x) = 3x^2 - 5$ **38.** $f(x) = -3x^2 + 8$ **39.** $f(x) = -0.2x^2 + 5$

A.
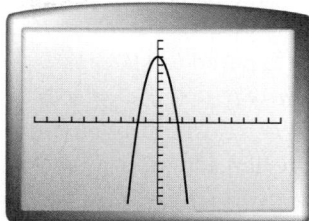

B.
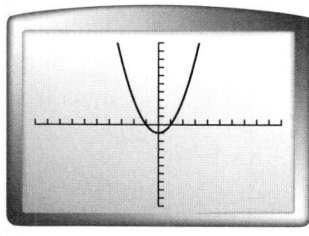

C.
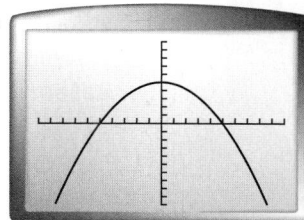

D.
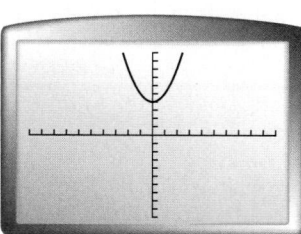

E.
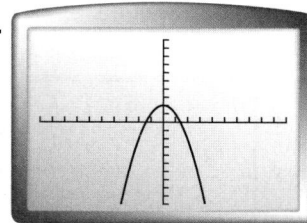

F.
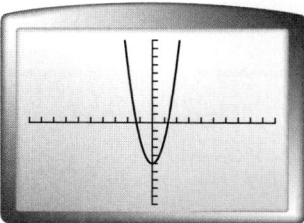

40. Pensar en un plan Supón que una persona viaja en un globo aerostático a 154 pies del suelo. La persona arroja una manzana. La altura h, en pies, de la manzana sobre el suelo está dada por la fórmula $h = -16t^2 + 154$, donde t es el tiempo en segundos. ¿En qué momento la manzana llega al suelo, redondeando a la décima de segundo más cercana?
- ¿Cómo puedes usar una tabla para aproximar la respuesta entre dos números enteros consecutivos de segundos?
- ¿Cómo puedes usar una segunda tabla para que tu aproximación sea más precisa?

 Calculadora gráfica **Usa una calculadora gráfica para representar cada función con una gráfica. Identifica el vértice y el eje de simetría.**

41. $y = \frac{1}{4}x^2 + 3$ **42.** $f(x) = -1.5x^2 + 5$ **43.** $y = -3x^2 - 6$

A la derecha se muestran tres gráficas. Identifica la gráfica o las gráficas que se correspondan con cada descripción.

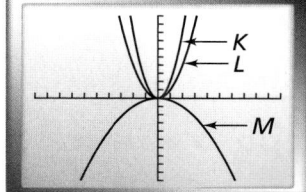

44. $a > 0$ **45.** $a < 0$

46. $|a|$ tiene el mayor valor.   **47.** $|a|$ tiene el menor valor.

48. Física En una clase de demostración de física, se lanza una pelota desde el techo de un edificio, a 72 pies sobre el suelo. La altura h, en pies, de la pelota sobre el suelo está dada por la función $h = -16t^2 + 72$, donde t es el tiempo en segundos.
a. Representa la función con una gráfica.
b. ¿Qué distancia recorrió la pelota desde el tiempo $t = 0$ hasta $t = 1$?
c. Razonamiento ¿La pelota recorre la misma distancia desde el tiempo $t = 1$ hasta $t = 2$ que desde $t = 0$ hasta $t = 1$? Explica tu respuesta.

49. Construcción Un plano para construir una pared rectangular de 15 pies por 9 pies tiene una ventana cuadrada en el centro. Si cada lado de la ventana mide x pies, la función $y = 135 - x^2$ da el área (en pies cuadrados) de la pared sin la ventana.

 a. Representa la función con una gráfica.

 b. ¿Cuál es un dominio razonable para la función? Explica tu respuesta.

 c. ¿Cuál es el rango de la función? Explica tu respuesta.

 d. Estima la longitud del lado de la ventana si el área de la pared es 117 pies^2.

50. Razonamiento Completa cada enunciado. Supón que $a \neq 0$.

 a. La gráfica de $y = ax^2 + c$ se interseca con eje de las x en dos lugares cuando __?__.

 b. La gráfica de $y = ax^2 + c$ no se interseca con el eje de las x cuando __?__.

51. Considera las gráficas de $y = ax^2$ y $y = (ax)^2$. Supón que $a \neq 0$.

 a. ¿Para qué valores de a estarán ambas gráficas en el/los mismo(s) cuadrante(s)?

 b. ¿Para qué valores de a la gráfica de $y = ax^2$ será más ancha que la gráfica de $y = (ax)^2$?

Preparación para el examen estandarizado

SAT/ACT

52. ¿Qué ecuación tiene una gráfica más angosta que la gráfica de $y = 4x^2 + 5$?

 Ⓐ $y = 4x^2 - 5$ Ⓒ $y = 0.75x^2 + 5$

 Ⓑ $y = -5x^2 + 4$ Ⓓ $y = -0.75x^2 - 4$

53. Como parte de un experimento de ciencias, Kristina está evaluando algunas fórmulas. Una de ellas contiene la expresión $24 - (-17)$. ¿Cuál es el valor de esta expresión?

 Ⓕ -41 Ⓖ -7 Ⓗ 7 Ⓘ 41

54. ¿Qué expresión es equivalente a $8(x + 9)$?

 Ⓐ $x + 72$ Ⓑ $8x + 72$ Ⓒ $8x + 17$ Ⓓ $8x + 9$

55. ¿Cuál es la solución de la ecuación $2(x + 3) + 7 = -11$?

 Ⓕ -12 Ⓖ -1 Ⓗ 1 Ⓘ 12

Respuesta breve

56. Una zona rectangular para paseo de perros tiene un área de $x^2 - 22x - 48$. ¿Cuáles son las posibles dimensiones de la zona para paseo de perros? Usa la descomposición en factores. Explica cómo hallaste las dimensiones.

Repaso mixto

Descompón en factores completamente. ◀ Ver la Lección 8-8.

57. $30r^3 + 51r^2 + 9r$ **58.** $15q^3 - 18q^2 - 10q + 12$ **59.** $7b^4 + 14b^3 + b + 2$

¡Prepárate! Antes de la Lección 9-2, haz los Ejercicios 60 a 65.

Evalúa la expresión $\frac{-b}{2a}$ para los siguientes valores a y b. ◀ Ver la Lección 1-6.

60. $a = -2, b = 3$ **61.** $a = -5, b = -4$ **62.** $a = 8, b = 6$

63. $a = 10, b = -7$ **64.** $a = -4, b = 1$ **65.** $a = -12, b = -48$

Funciones cuadráticas

Objetivo Representar con gráficas funciones cuadráticas en la forma $y = ax^2 + bx + c$.

¡Ten cuidado! La gráfica muestra la altura de la pelota, no el recorrido de la pelota.

¡Prepárate!

Lanzas una pelota al aire hacia arriba y la atrapas a la misma altura a la que la lanzaste. La parábola de la derecha muestra la altura h de la pelota, en pies, después de t segundos. ¿Qué distancia total recorre la pelota? ¿Durante cuánto tiempo la pelota va hacia arriba? Explica tu razonamiento.

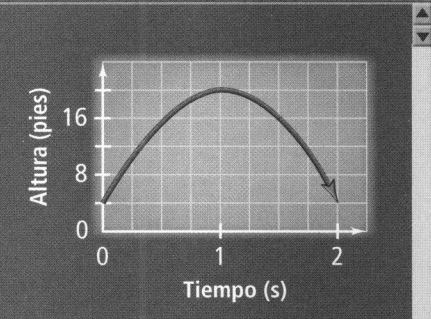

Actividades dinámicas
Ecuaciones cuadráticas en forma polinomial

La parábola de la actividad de *Solve It!* contiene la ecuación $h = -16t^2 + 32t + 4$. A diferencia de las funciones cuadráticas que estudiaste en las lecciones anteriores, esta función tiene un término lineal: $32t$.

Comprensión esencial En la función cuadrática $y = ax^2 + bx + c$, el valor de b afecta la posición del eje de simetría.

Considera las gráficas de las siguientes funciones.

$$y = 2x^2 + 2x \qquad y = 2x^2 + 4x \qquad y = 2x^2 + 6x$$

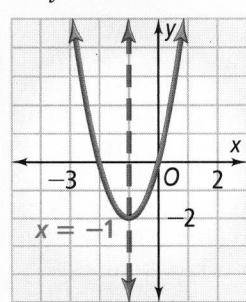

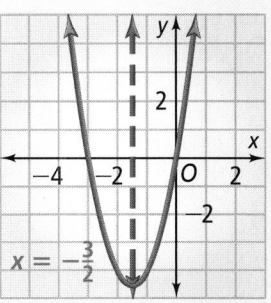

Observa que el eje de simetría cambia con cada cambio en el valor de b. La ecuación del eje de simetría está relacionada con la razón $\frac{b}{a}$.

ecuación:	$y = 2x^2 + 2x$	$y = 2x^2 + 4x$	$y = 2x^2 + 6x$
$\frac{b}{a}$:	$\frac{2}{2} = 1$	$\frac{4}{2} = 2$	$\frac{6}{2} = 3$
eje de simetría:	$x = -\frac{1}{2}$	$x = -1$ ó $-\frac{2}{2}$	$x = -\frac{3}{2}$

La ecuación del eje de simetría es $x = -\frac{1}{2}\left(\frac{b}{a}\right)$ ó $x = \frac{-b}{2a}$.

Concepto clave   Gráfica de una función cuadrática

La gráfica de $y = ax^2 + bx + c$, cuando $a \neq 0$, tiene su eje de simetría en la recta $x = \frac{-b}{2a}$. La coordenada x del vértice es $\frac{-b}{2a}$.

Cuando sustituyes por $x = 0$ en la ecuación $y = ax^2 + bx + c$, obtienes $y = c$. Por tanto, el intercepto en y de una función cuadrática es c. Puedes usar el eje de simetría y el intercepto en y como ayuda para representar una función cuadrática con una gráfica.

Problema 1   Representar $y = ax^2 + bx + c$ con una gráfica

¿Cuál es la gráfica de la función $y = x^2 - 6x + 4$?

Paso 1 Halla el eje de simetría y las coordenadas del vértice.

$$x = \frac{-b}{2a} = \frac{-(-6)}{2(1)} = 3 \qquad \text{Halla la ecuación del eje de simetría.}$$

El eje de simetría es $x = 3$. Por tanto, la coordenada x del vértice es 3.

$$y = x^2 - 6x + 4$$
$$= 3^2 - 6(3) + 4 \qquad \text{Sustituye } x \text{ por 3 para hallar la coordenada } y \text{ del vértice.}$$
$$= -5 \qquad \text{Simplifica.}$$

El vértice es $(3, -5)$.

> **Piensa**
>
> **¿Cómo se relacionan el vértice y el eje de simetría?**
> El vértice se encuentra sobre el eje de simetría. Puedes usar la ecuación del eje de simetría para hallar la coordenada x del vértice.

Paso 2 Halla otros dos puntos en la gráfica.

Halla el intercepto en y. Cuando $x = 0$, $y = 4$; por tanto, un punto es $(0, 4)$.

Para hallar otro punto, escoge un valor de x del mismo lado del vértice en que se encuentra el intercepto en y. Sea $x = 1$.

$$y = x^2 - 6x + 4$$
$$= 1^2 - 6(1) + 4 = -1 \qquad \text{Sustituye } x \text{ por 1 y simplifica.}$$

Cuando $x = 1$, $y = -1$; por tanto, otro punto es $(1, -1)$.

Paso 3 Representa en la gráfica el vértice y los puntos que hallaste en el Paso 2, $(0, 4)$ y $(1, -1)$. Refleja los puntos del Paso 2 a través del eje de simetría para obtener dos puntos más en la gráfica. Luego, une los puntos con una parábola.

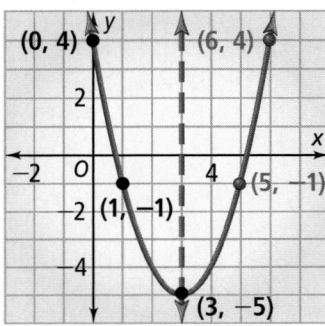

 ¿Comprendiste? **1. a.** ¿Cuál es la gráfica de la función $y = -x^2 + 4x - 2$?

b. Razonamiento En el Paso 2 del Problema 1, ¿por qué crees que fue útil usar el intercepto en y como un punto de la gráfica?

En la Lección 9-1, usaste $h = -16t^2 + c$ para hallar la altura h sobre el suelo de un objeto que cae desde una altura inicial c en el tiempo t. Si un objeto que se lanza al aire con una velocidad ascendente inicial v continúa ascendiendo sin fuerza propia, la fórmula $h = -16t^2 + vt + c$ da la altura aproximada del objeto sobre el suelo.

Problema 2   Usar el modelo de movimiento vertical

Espectáculos Durante el entretiempo de un partido de básquetbol, una resortera lanza camisetas hacia el público. Se lanza una camiseta a una velocidad ascendente inicial de 72 pies/s. Atrapan la camiseta a 35 pies sobre el suelo del estadio. ¿Cuánto tardará la camiseta en alcanzar su altura máxima? ¿Cuál es su altura máxima? ¿Cuál es el rango de la función que representa la altura de la camiseta a lo largo del tiempo?

5 pies

Planea

¿Cuáles son los valores de v y c?
La camiseta se lanza desde una altura de 5 pies; por tanto, $c = 5$. La camiseta tiene una velocidad ascendente inicial de 72 pies/s; por tanto, $v = 72$.

La función $h = -16t^2 + 72t + 5$ da la altura h de la camiseta, en pies, después de t segundos. Como el coeficiente de t^2 es negativo, la parábola se abre hacia abajo, y el vértice es el punto máximo.

Método 1 Usa una fórmula.

$$t = \frac{-b}{2a} = \frac{-72}{2(-16)} = 2.25$$ Halla la coordenada t del vértice.

$$h = -16(2.25)^2 + 72(2.25) + 5 = 86$$ Halla la coordenada h del vértice.

La camiseta alcanzará su altura máxima de 86 pies después de 2.25 s. El rango describe la altura de la camiseta durante su recorrido. La camiseta comienza a 5 pies, alcanza su punto máximo a 86 pies y luego la atrapan a 35 pies. La altura de la camiseta en cualquier momento está entre 5 pies y 86 pies inclusive; por tanto, el rango es $5 \leq h \leq 86$.

Método 2 Usa una calculadora gráfica.

En la pantalla **Y=**, ingresa la función $h = -16t^2 + 72t + 5$ como $y = -16x^2 + 72x + 5$, y representa la función con una gráfica.

Usa la función **CALC** y selecciona **MAXIMUM**. Establece límites izquierdo y derecho en el punto máximo y calcula las coordenadas del punto. Las coordenadas del punto máximo son (2.25, 86).

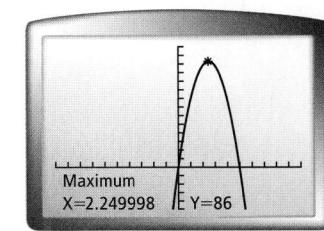

Maximum
X=2.249998   Y=86

La camiseta alcanzará su altura máxima de 86 pies después de 2.25 s. El rango de la función es $5 \leq h \leq 86$.

¿Comprendiste? **2.** En el Problema 2, supón que una camiseta se lanza con una velocidad ascendente inicial de 64 pies/s y se atrapa a 35 pies sobre el suelo del estadio. ¿Cuánto tardará la camiseta en alcanzar su altura máxima? ¿A qué distancia estará sobre el nivel del suelo del estadio? ¿Cuál es el rango de la función que representa la altura de la camiseta a lo largo del tiempo?

 ## Comprobar la comprensión de la lección

¿CÓMO hacerlo?

Representa cada función con una gráfica.

1. $y = x^2 - 4x + 1$

2. $y = -2x^2 - 8x - 3$

3. $y = 3x^2 + 6x + 2$

4. $f(x) = -x^2 + 2x - 5$

¿Lo ENTIENDES?

5. Razonamiento ¿De qué manera afectan los números a, b y c la gráfica de una función cuadrática $y = ax^2 + bx + c$?

6. Escribir Explica cómo puedes usar el intercepto en y, el vértice y el eje de simetría para representar una función cuadrática con una gráfica. Supón que el vértice no se encuentra en el eje de las y.

 ## Ejercicios de práctica y resolución de problemas

A Práctica Halla la ecuación del eje de simetría y las coordenadas del vértice de la gráfica de cada función.   ◀ Ver el Problema 1.

7. $y = 2x^2 + 3$

8. $y = -3x^2 + 12x + 1$

9. $f(x) = 2x^2 + 4x - 1$

10. $y = x^2 - 8x - 7$

11. $f(x) = 3x^2 - 9x + 2$

12. $y = -4x^2 + 11$

13. $f(x) = -5x^2 + 3x + 2$

14. $y = -4x^2 - 16x - 3$

15. $f(x) = 6x^2 + 6x - 5$

Une cada función con su gráfica.

16. $y = -x^2 - 6x$ **17.** $y = -x^2 + 6$ **18.** $y = x^2 - 6$ **19.** $y = x^2 + 6x$

A.
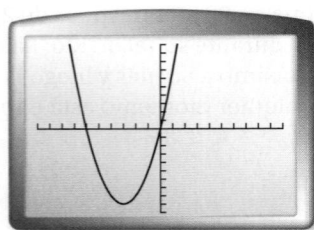

B.
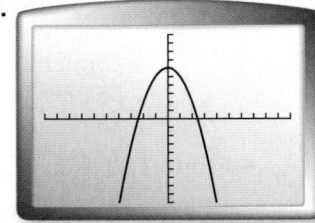

C.
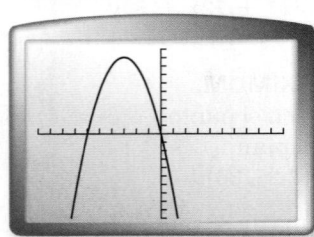

D.
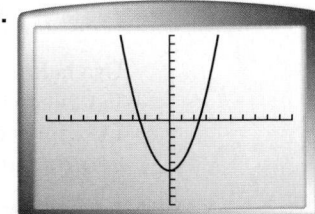

Representa cada función con una gráfica. Identifica el eje de simetría y el vértice.

20. $f(x) = x^2 + 4x - 5$

21. $y = 3x^2 - 20x$

22. $y = -2x^2 + 8x + 9$

23. $f(x) = -x^2 + 4x + 3$

24. $y = -2x^2 - 10x$

25. $y = 2x^2 - 6x + 1$

26. Deportes Una pelota de béisbol se lanza al aire con una velocidad ascendente de 30 pies/s. Su altura h, en pies, después de t segundos está dada por la función $h = -16t^2 + 30t + 6$. ¿Cuánto tardará la pelota en alcanzar su altura máxima? ¿Cuál es la altura máxima de la pelota? ¿Cuál es el rango de la función?

 **Ver el Problema 2.**

27. Feria escolar Supón que tienes 100 pies de cuerda para delimitar un sector rectangular que funcionará como zona de venta de pasteles en una feria escolar. La función $A = -x^2 + 50x$ da el área del sector en pies cuadrados, donde x es el ancho en pies. ¿Qué ancho te da el área máxima que puedes delimitar? ¿Cuál es el área máxima? ¿Cuál es el rango de la función?

B **Aplicación** **Representa cada función con una gráfica. Identifica el eje de simetría y el vértice.**

28. $y = \frac{1}{2}x^2 + 2x + 1$

29. $f(x) = -\frac{4}{3}x^2 - 8x + 8$

30. $y = \frac{1}{4}x^2 - 2x - 1$

31. $y = \frac{3}{2}x^2 - 3x + 2$

32. $y = \frac{1}{2}x^2 + 8x - 20$

33. $f(x) = -\frac{5}{2}x^2 - x + 3$

34. Pensar en un plan El géiser Riverside del Parque Nacional Yellowstone hace erupción aproximadamente cada 6.25 h. Cuando hace erupción, la velocidad ascendente inicial del agua es 69 pies/s. ¿Cuál es la altura máxima del géiser? Redondea tu respuesta al pie más cercano.
- ¿Cuál es la altura inicial del géiser?
- ¿Qué función da la altura h (en pies) del géiser t segundos después de que comienza la erupción?

35. Negocios Una compañía de teléfonos celulares vende cerca de 500 teléfonos por semana si cobra $75 por cada teléfono. Por cada $1 que disminuye el precio, vende cerca de 20 teléfonos más por semana. Los ingresos de la compañía son iguales al producto de la cantidad de teléfonos vendidos y el precio de cada teléfono. ¿Qué precio debe cobrar la compañía para maximizar sus ingresos?

Respuesta de desarrollo **Da un ejemplo de función cuadrática con la(s) característica(s) dada(s).**

36. El eje de simetría de su gráfica está a la derecha del eje de las y.

37. Su gráfica se abre hacia abajo y su vértice está en $(0, 0)$.

38. Su gráfica se encuentra completamente arriba del eje de las x.

39. Analizar errores Describe y corrige el error que se cometió al hallar el eje de simetría de la gráfica de $y = -x^2 - 6x + 2$.

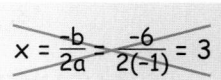

40. Razonamiento ¿Qué sabes del valor de b en la función $y = ax^2 + bx + c$ cuando la coordenada x del vértice es un número entero?

 **Desafío**

41. Deportes Supón que un jugador de tenis golpea una pelota para que cruce la red. En el momento de golpearla con la raqueta, la pelota está a 0.5 m del suelo. La ecuación $h = -4.9t^2 + 3.8t + 0.5$ da la altura h de la pelota, en metros, después de t segundos.

a. ¿En qué momento la pelota estará en el punto más alto de su recorrido? Redondea a la décima de segundo más cercana.

b. Razonamiento Si duplicas tu respuesta de la parte (a), ¿hallarás la cantidad de tiempo que la pelota permanece en el aire antes de tocar el suelo del estadio? Explica tu respuesta.

42. La parábola de la derecha tiene la forma $y = x^2 + bx + c$.

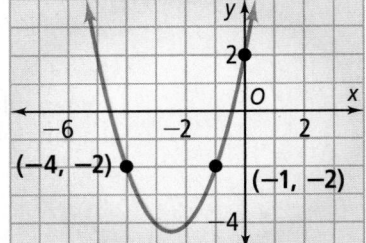

a. Usa la gráfica para hallar el intercepto en y.

b. Usa la gráfica para hallar la ecuación del eje de simetría.

c. Usa la fórmula $x = \frac{-b}{2a}$ para hallar b.

d. Escribe la ecuación de la parábola.

e. Prueba un punto con tu ecuación de la parte (d).

f. Razonamiento ¿Funcionaría este método si no se conociera el valor de a? Explica tu respuesta.

Preparación para el examen estandarizado

SAT/ACT

43. Una media rampa en U para andar en patineta tiene la forma aproximada de una parábola. Puede representarse con la función cuadrática $y = x^2 - 6x + 9$. ¿En qué punto estaría un patinador en la parte más baja de la rampa?

    Ⓐ $(-3, 36)$ Ⓑ $(36, -3)$ Ⓒ $(3, 0)$ Ⓓ $(0, 3)$

44. ¿Cuál es la forma simplificada del producto $4(-8)(5)(-1)$?

    Ⓕ -160 Ⓖ -80 Ⓗ 80 Ⓘ 160

45. ¿Cuál de las siguientes opciones es equivalente a $(-4)^3$?

    Ⓐ -64 Ⓑ -12 Ⓒ 12 Ⓓ 64

46. Para hacer su tarea, Toby tiene que escribir un ejemplo de la propiedad conmutativa de la multiplicación. ¿Cuál de las siguientes expresiones podría usar?

    Ⓕ $ab = ba$ Ⓖ $a = a$ Ⓗ $ab = ab$ Ⓘ $a(bc) = (ab)c$

Respuesta breve

47. Simplifica el producto $(3r - 1)(4r^2 + r + 2)$. Justifica cada paso.

Repaso mixto

Representa cada función con una gráfica.
                       🔹 **Ver la Lección 9-1.**

48. $y = -x^2 - 2$ **49.** $y = -\frac{1}{2}x^2 + 1$ **50.** $y = 2x^2 + 7$

¡Prepárate! **Antes de la Lección 9-3, haz los Ejercicios 51 a 54.**

Simplifica cada expresión.
                       🔹 **Ver las Lecciones 1-3 y 1-6.**

51. $\sqrt{25}$ **52.** $-\sqrt{64}$ **53.** $\pm\sqrt{144}$ **54.** $\sqrt{1.21}$

Reunir datos cuadráticos

En esta actividad, usarás una lazada de cuerda para hacer rectángulos, anotar sus dimensiones y explorar la gráfica de la longitud en contraposición al área.

Actividad

Toma un pedazo de cuerda, de no más de 40 cm de largo, y ata los extremos para formar una lazada. Con tus pulgares y el resto de tus dedos, toma la cuerda de manera que formes un rectángulo. Sostenlo sobre una hoja de papel cuadriculado para hacer ángulos rectos.

Paso 1 Copia la tabla de la derecha. Usa las unidades del papel cuadriculado para medir la longitud ℓ y el ancho a del rectángulo. Anota las medidas redondeando a la décima de centímetro más cercana.

Paso 2 Repite el Paso 1 cuatro veces más y completa las primeras dos columnas.

Paso 3 Anota el área de cada rectángulo en la tercera columna de la tabla.

Paso 4 Representa pares ordenados (longitud, área) con una gráfica. Une los puntos con una curva continua.

Longitud (ℓ)	Ancho (a)	Área (A)
■	■	■
■	■	■
■	■	■
■	■	■
■	■	■

Ejercicios

1. **Escribir** Basándote en tu gráfica del Paso 4, explica por qué los datos que reuniste en la actividad no se pueden representar con una función lineal ni exponencial.

2. **a.** Halla la longitud de tu lazada.
   b. Escribe una expresión para representar el ancho de cualquier rectángulo que se forme con tu lazada en función de la longitud ℓ del rectángulo.
   c. Escribe una función para representar el área A de cualquier rectángulo que se forme con tu lazada en función de la longitud ℓ del rectángulo.
   d. Representa la función con una gráfica.
   e. Halla el vértice de la gráfica. ¿Qué significa el vértice?

3. ¿Tu gráfica de la parte (d) del Ejercicio 2 coincide exactamente con la gráfica del Paso 4 de la actividad? Si no coincide, explica por qué.

4. Supón que repites la actividad con una lazada de cuerda que mide 140 cm de largo. Escribe una función para representar el área A de cualquier rectángulo que se forme con tu lazada en función de la longitud ℓ del rectángulo.

Objetivo Resolver ecuaciones cuadráticas con una gráfica y con raíces cuadradas.

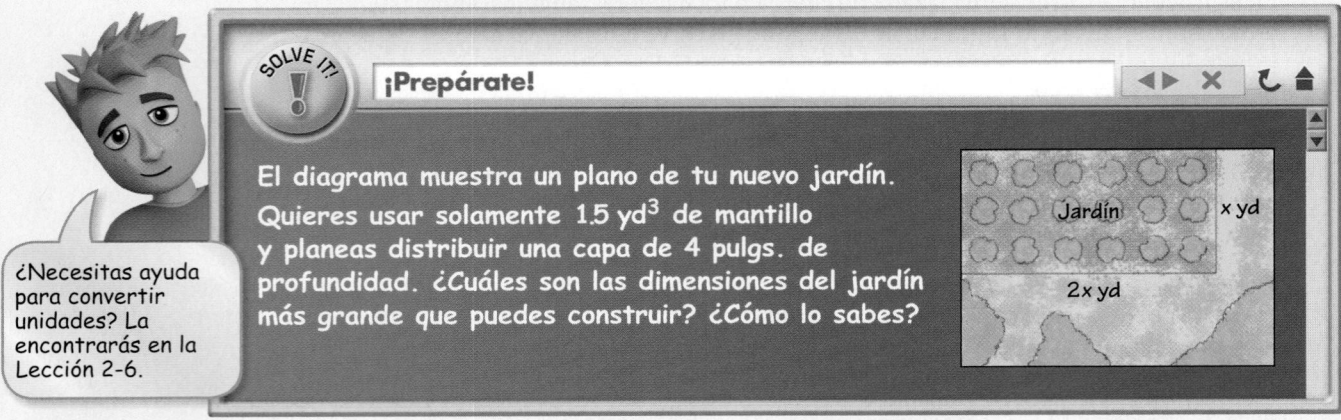

¡Prepárate!

El diagrama muestra un plano de tu nuevo jardín. Quieres usar solamente 1.5 yd³ de mantillo y planeas distribuir una capa de 4 pulgs. de profundidad. ¿Cuáles son las dimensiones del jardín más grande que puedes construir? ¿Cómo lo sabes?

¿Necesitas ayuda para convertir unidades? La encontrarás en la Lección 2-6.

Jardín   x yd

2x yd

La situación de la actividad de *Solve It!* se puede representar con una *ecuación cuadrática*.

Vocabulario de la lección

- ecuación cuadrática
- forma estándar de una ecuación cuadrática
- raíz de una ecuación
- cero de una función

toma nota

Concepto clave   Forma estándar de una ecuación cuadrática

Una **ecuación cuadrática** es una ecuación que puede escribirse en la forma $ax^2 + bx + c = 0$, donde $a \neq 0$. Esta forma se llama **forma estándar de una ecuación cuadrática**.

Comprensión esencial Las ecuaciones cuadráticas se pueden resolver con diversos métodos, entre ellos, representar con gráficas y hallar raíces cuadradas.

Una manera de resolver una ecuación cuadrática $ax^2 + bx + c = 0$ es representar con una gráfica la función cuadrática relacionada $y = ax^2 + bx + c$. Las soluciones de la ecuación son los interceptos en x de la función relacionada.

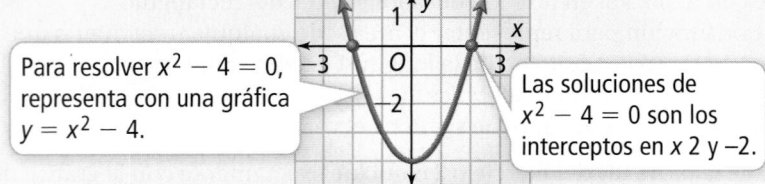

Para resolver $x^2 - 4 = 0$, representa con una gráfica $y = x^2 - 4$.

Las soluciones de $x^2 - 4 = 0$ son los interceptos en x 2 y -2.

Una ecuación cuadrática puede tener dos, una o ninguna solución de números reales. En futuros cursos aprenderás acerca de las soluciones de ecuaciones cuadráticas que no son números reales. En este curso, la palabra *soluciones* se refiere a soluciones de números reales.

A las soluciones de una ecuación cuadrática y los interceptos en x de la gráfica de la función relacionada se los llama comúnmente **raíz de una ecuación** o **cero de una función**.

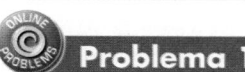 **Problema 1** **Resolver mediante la representación con gráficas**

¿Cuáles son las soluciones de cada ecuación? Usa una gráfica de la función relacionada.

A $x^2 - 1 = 0$ **B** $x^2 = 0$ **C** $x^2 + 1 = 0$

Piensa

¿Qué característica de la gráfica muestra las soluciones de la ecuación?
Los interceptos en x muestran las soluciones de la ecuación.

Representa con una gráfica $y = x^2 - 1$.

Representa con una gráfica $y = x^2$.

Representa con una gráfica $y = x^2 + 1$.

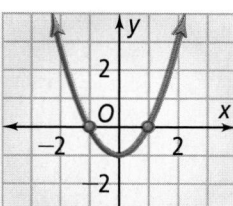

Hay dos soluciones: ± 1.

Hay una solución: 0.

No hay solución de número real.

 ¿Comprendiste? **1.** ¿Cuáles son las soluciones de cada ecuación? Usa una gráfica de la función relacionada.

a. $x^2 - 16 = 0$ **b.** $3x^2 + 6 = 0$ **c.** $x^2 - 25 = -25$

Puedes resolver ecuaciones en la forma $x^2 = k$ hallando las raíces cuadradas de cada lado. Por ejemplo, las soluciones de $x^2 = 81$ son $\pm\sqrt{81}$ ó ± 9.

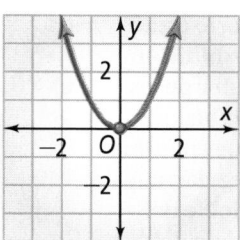 **Problema 2** **Resolver usando raíces cuadradas**

¿Cuáles son las soluciones de $3x^2 - 75 = 0$?

Piensa **Escribe**

Escribe la ecuación original.

$3x^2 - 75 = 0$

Planea

¿Cómo sabes que puedes resolver la ecuación usando raíces cuadradas?
La ecuación tiene un término x^2 y un término constante, pero no un término x. Por tanto, puedes escribir la ecuación en la forma $x^2 = k$ y luego hallar las raíces cuadradas de cada lado.

Aísla x^2 a un lado de la ecuación.

$3x^2 = 75$

$x^2 = 25$

Halla las raíces cuadradas de cada lado y simplifica.

$x = \pm\sqrt{25}$

$x = \pm 5$

 ¿Comprendiste? **2.** ¿Cuáles son las soluciones de cada ecuación?

a. $m^2 - 36 = 0$ **b.** $3x^2 + 15 = 0$ **c.** $4d^2 + 16 = 16$

Puedes resolver algunas ecuaciones cuadráticas que representan problemas de la vida diaria hallando raíces cuadradas. En muchos casos, la raíz cuadrada negativa puede no ser una solución razonable.

 Problema 3 **Escoger una solución razonable**

RESPUESTA EN PLANTILLA

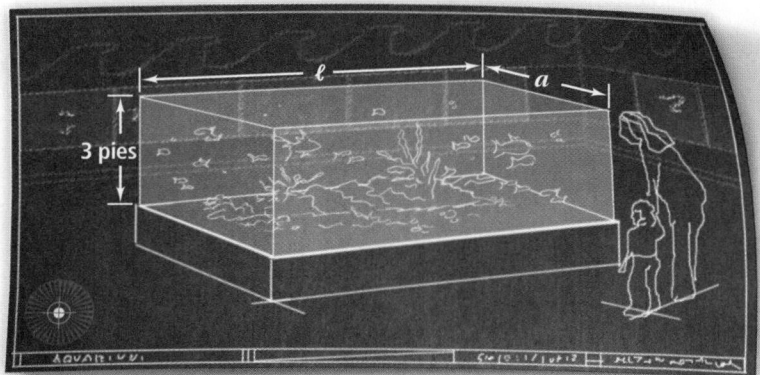

Acuario Un acuario está diseñando una exhibición nueva para exponer peces tropicales. La exhibición incluirá un tanque en forma de prisma rectangular, cuya longitud ℓ es el doble del ancho a. El volumen del tanque es 420 pies^3. ¿Cuál es el ancho del tanque redondeando a la décima de pie más cercana?

Planea

¿Cómo puedes escribir la longitud del tanque?
La longitud ℓ es el doble del ancho a; por tanto, escribe la longitud como $2a$.

$V = \ell a h$ Usa la fórmula del volumen de un prisma rectangular.

$420 = (2a)a(3)$ Sustituye V por 420, ℓ por $2a$ y h por 3.

$420 = 6a^2$ Simplifica.

$70 = a^2$ Divide cada lado por 6.

$\pm\sqrt{70} = a$ Halla las raíces cuadradas de cada lado.

$\pm 8.366600265 \approx a$ Usa una calculadora.

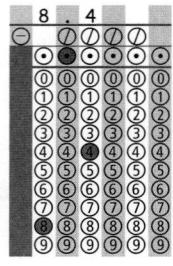

Un tanque no puede tener un ancho negativo; por tanto, sólo la raíz cuadrada positiva tiene sentido. El tanque tendrá un ancho de aproximadamente 8.4 pies.

 ¿Comprendiste? **3. a.** Supón que el tanque del Problema 3 tendrá una altura de 4 pies y un volumen de 500 pies^3. ¿Cuál es el ancho del tanque redondeando a la décima de pie más cercana?

b. Razonamiento ¿Cuáles son las desventajas de usar una gráfica para aproximar la solución del Problema 3? Explica tu respuesta.

Comprobar la comprensión de la lección

¿CÓMO hacerlo?

Resuelve cada ecuación representando la función relacionada con una gráfica o hallando raíces cuadradas.

1. $x^2 - 25 = 0$

2. $2x^2 - 8 = 0$

3. $t^2 = 144$

4. $y^2 - 225 = 0$

¿Lo ENTIENDES?

5. Vocabulario ¿Qué son los ceros de una función? Da un ejemplo de una función cuadrática y sus ceros.

6. Comparar y contrastar ¿Cuándo es más fácil resolver una ecuación cuadrática en la forma $ax^2 + c = 0$ usando raíces cuadradas en lugar de gráficas?

7. Razonamiento Considera la ecuación $ax^2 + c = 0$, cuando $a \neq 0$. ¿Qué se comprueba sobre a y c si la ecuación tiene dos soluciones? ¿Y si tiene una solución? ¿Y si no tiene solución?

Ejercicios de práctica y resolución de problemas

A Práctica

Resuelve cada ecuación representando con una gráfica la función relacionada. Si la ecuación no tiene solución de números reales, escribe *sin solución*.

◀ **Ver el Problema 1.**

8. $x^2 - 9 = 0$ **9.** $x^2 + 7 = 0$ **10.** $3x^2 = 0$

11. $3x^2 - 12 = 0$ **12.** $x^2 + 4 = 0$ **13.** $\frac{1}{3}x^2 - 3 = 0$

14. $\frac{1}{2}x^2 + 1 = 0$ **15.** $x^2 + 5 = 5$ **16.** $\frac{1}{4}x^2 - 1 = 0$

17. $x^2 + 25 = 0$ **18.** $x^2 - 10 = -10$ **19.** $2x^2 - 18 = 0$

Resuelve cada ecuación hallando raíces cuadradas. Si la ecuación no tiene solución de números reales, escribe *sin solución*.

◀ **Ver el Problema 2.**

20. $n^2 = 81$ **21.** $a^2 = 324$ **22.** $k^2 - 196 = 0$

23. $r^2 + 49 = 49$ **24.** $w^2 - 36 = -64$ **25.** $4g^2 = 25$

26. $64b^2 = 16$ **27.** $5q^2 - 20 = 0$ **28.** $144 - p^2 = 0$

29. $2r^2 - 32 = 0$ **30.** $3a^2 + 12 = 0$ **31.** $5z^2 - 45 = 0$

Representa cada problema con una ecuación cuadrática. Luego, resuelve. Si es necesario, redondea a la décima más cercana.

◀ **Ver el Problema 3.**

32. Halla la longitud del lado de un cuadrado cuya área es 169 m^2.

33. Halla la longitud del lado de un cuadrado cuya área es 75 pies^2.

34. Halla el radio de un círculo cuya área es 90 cm^2.

35. Pintura Tienes suficiente pintura para cubrir un área de 50 pies^2. ¿Cuál es la longitud del lado del cuadrado más grande que podrías pintar? Redondea tu respuesta a la décima de pie más cercana.

36. Jardinería Tienes suficientes matas para cubrir un área de 100 pies^2. ¿Cuál es el radio de la zona circular más grande en la que puedes plantar estas matas? Redondea tu respuesta a la décima de pie más cercana.

B Aplicación

Cálculo mental Indica cuántas soluciones tiene cada ecuación.

37. $h^2 = -49$ **38.** $c^2 - 18 = 9$ **39.** $s^2 - 35 = -35$

40. Pensar en un plan Una piscina circular sobre nivel tiene una altura de 52 pulgs. y un volumen de 1100 pies^3. ¿Cuál es el radio de la piscina a la décima de pie más cercana? Usa la ecuación $V = \pi r^2 h$, donde V es el volumen, r es el radio y h es la altura.
- ¿Cómo puede ayudarte hacer un diagrama a resolver este problema?
- ¿Necesitas convertir alguna de las medidas dadas a otras unidades?

41. Razonamiento ¿Para qué valores de n la ecuación $x^2 = n$ tendrá dos soluciones? ¿Exactamente una solución? ¿Ninguna solución?

42. Colchas de retazos A la derecha se muestra el diseño de una colcha de retazos cuadrada que estás haciendo. Halla la longitud x del lado del cuadrado interior que hará que el área de este cuadrado sea el 50% del área total de la colcha. Redondea a la décima de pie más cercana.

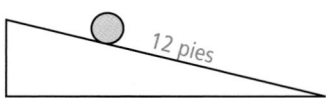

Resuelve cada ecuación hallando raíces cuadradas. Si la ecuación no tiene solución de números reales, escribe *sin solución*. Si una solución es un número irracional, redondea a la décima más cercana.

6 pies

43. $1.2z^2 - 7 = -34$ **44.** $49p^2 - 16 = -7$ **45.** $3m^2 - \frac{1}{12} = 0$

46. $\frac{1}{2}t^2 - 4 = 0$ **47.** $7y^2 + 0.12 = 1.24$ **48.** $-\frac{1}{4}x^2 + 3 = 0$

49. Halla el valor de c tal que la ecuación $x^2 - c = 0$ tenga las soluciones 12 y -12.

50. Física La ecuación $d = \frac{1}{2}at^2$ da la distancia d que recorre un objeto que inicialmente está en reposo, dados la aceleración a y el tiempo t. Supón que una pelota desciende rodando por una rampa como la de la derecha, con una aceleración de $a = 2$ pies/s^2. Halla el tiempo que tardará la pelota en rodar desde la parte superior hasta la base de la rampa. Redondea a la décima de segundo más cercana.

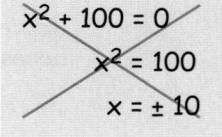

12 pies

51. Analizar errores Describe y corrige el error que se cometió al resolver la ecuación.

52. Respuesta de desarrollo Escribe y resuelve una ecuación en la forma $ax^2 + c = 0$, cuando $a \neq 0$, que satisfaga la condición dada.
  a. La ecuación no tiene solución.
  b. La ecuación tiene exactamente una solución.
  c. La ecuación tiene dos soluciones.

$x^2 + 100 = 0$
$x^2 = 100$
$x = \pm 10$

Geometría Halla el valor de h para cada triángulo. Si es necesario, redondea a la décima más cercana.

53.

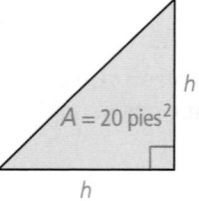

h

$A = 20$ pies^2

h

54.

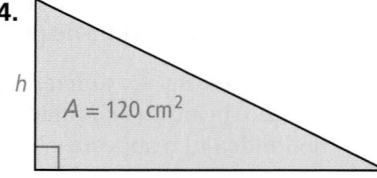

h

$A = 120$ cm^2

$2h$

55. Para resolver una ecuación cuadrática, puedes usar una hoja de cálculo como la de la derecha.
  a. ¿Qué fórmula de la hoja de cálculo usarías para hallar el valor de la celda B2?
  b. Usa una hoja de cálculo para hallar las soluciones de la ecuación cuadrática $6x^2 - 24 = 0$. Explica cómo usaste la hoja de cálculo para hallar las soluciones.
  c. Razonamiento Supón que una ecuación cuadrática tiene soluciones que no son enteros. ¿Cómo puedes usar una hoja de cálculo para aproximar las soluciones?

	A	B	
1	x	$6x\wedge2 - 24 = 0$	
2	-3	▦	
3	-2	▦	
4	-1	▦	
5	0	▦	
6	1	▦	
7	2	▦	
8	3	▦	

Desafío

56. a. Resuelve la ecuación $(x - 7)^2 = 0$.

   b. Halla el vértice de la gráfica de la función relacionada $y = (x - 7)^2$.

   c. Respuesta de desarrollo Escoge un valor para h y repite las partes (a) y (b) usando $(x - h)^2 = 0$ y $y = (x - h)^2$.

   d. ¿Dónde esperas hallar el vértice de la gráfica de $y = (x + 4)^2$? Explica tu respuesta.

57. Geometría El trapecio tiene un área de 1960 cm². Halla el valor de y usando la fórmula $A = \frac{1}{2}h(b_1 + b_2)$, donde A representa el área del trapecio, h representa su altura y b_1 y b_2 representan las bases.

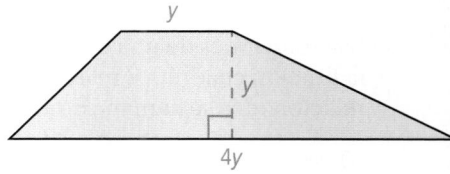

Preparación para el examen estandarizado

SAT/ACT

58. Un paquete tiene forma de prisma rectangular. La longitud y el ancho son iguales. El volumen del paquete es 32 pies³. La altura es 2 pies. ¿Cuál es su longitud?

   Ⓐ −4 pies   Ⓑ 4 pies   Ⓒ 8 pies   Ⓓ 16 pies

59. ¿Cuál es el intercepto en y de la recta cuya ecuación es $y = 3x - 4$?

   Ⓕ −4   Ⓖ −3   Ⓗ 3   Ⓘ 4

60. ¿Cuál es el dominio de la relación $\{(3, -1), (4, 2), (-2, 5), (1, 0)\}$?

   Ⓐ $\{-1, 0, 2, 5\}$ Ⓑ $\{0, 2, 5\}$ Ⓒ $\{-2, 1, 3, 4\}$ Ⓓ $\{1, 3, 4\}$

61. ¿Cuál es la solución de la desigualdad $-3x + 2 \le 14$?

   Ⓕ $x \le -4$ Ⓖ $x \ge -4$ Ⓗ $x \le 4$ Ⓘ $x \ge 4$

Respuesta desarrollada

62. El área total de un cubo es 96 pies².

   a. ¿Cuál es la longitud de cada arista? Muestra tu trabajo.

   b. Supón que duplicas la longitud de cada arista. ¿Qué sucede con el área total del cubo? Muestra tu trabajo.

Repaso mixto

Representa cada función con una gráfica. Rotula el eje de simetría y el vértice. ◀ **Ver la Lección 9-2.**

63. $y = x^2 + 4x + 3$ **64.** $y = x^2 + 5x + 4$ **65.** $y = 2x^2 - 8x - 5$

66. $y = -x^2 + 6x - 1$ **67.** $y = 6x^2 - 12x + 1$ **68.** $y = -3x^2 + 18x$

¡Prepárate! **Antes de la Lección 9-4, haz los Ejercicios 69 a 74.**

Descompón en factores cada expresión. ◀ **Ver la Lección 8-6.**

69. $2c^2 + 29c + 14$ **70.** $3w^2 + 32w + 20$ **71.** $4g^2 - 21g - 18$

72. $2r^2 - 13r - 24$ **73.** $3w^2 + 16w - 12$ **74.** $5p^2 - 34p + 24$

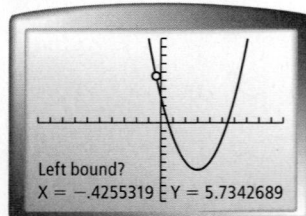

Más práctica del concepto

Usar con la Lección 9-3.

TECNOLOGÍA

Hallar raíces

Las soluciones de una ecuación cuadrática son los interceptos en x de la gráfica de la función cuadrática relacionada. Recuerda que las soluciones y los interceptos en x relacionados se llaman comúnmente raíces de la ecuación o ceros de la función.

Actividad

Usa una calculadora gráfica para resolver $x^2 - 6x + 3 = 0$.

Paso 1   En la pantalla **Y=** ingresa $y = x^2 - 6x + 3$. Usa la función **CALC** de la calculadora. Selecciona **ZERO**. La calculadora representará la función con una gráfica.

Paso 2	Paso 3	Paso 4
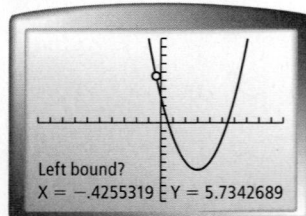	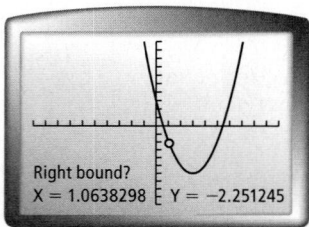	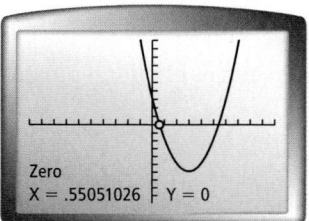

Mueve el cursor hacia la izquierda del primer intercepto en x. Presiona **enter** para establecer el límite izquierdo.

Mueve el cursor ligeramente hacia la derecha del intercepto. Presiona **enter** para establecer el límite derecho.

Presiona **enter** para mostrar la primera raíz, que es aproximadamente 0.55.

Repite los Pasos 2 a 4 para el segundo intercepto en x. La segunda raíz es aproximadamente 5.45. Por tanto, las soluciones son aproximadamente 0.55 y 5.45.

Supón que no puedes ver ambos interceptos en x en tu gráfica. Puedes hallar los valores de y que están cerca de cero usando la función **TABLE**. Usa la función **TBLSET** para controlar el comportamiento de la tabla. Fija $\triangle$**TBL** en 0.5. Fija **INDPNT:** y **DEPEND:** en **AUTO**. La pantalla de la derecha muestra parte de la tabla para $y = 2x^2 - 48x + 285$.

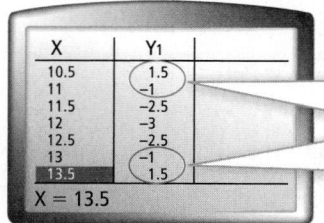

La gráfica cruza el eje de las x cuando los valores de y cambian de signo. Por tanto, el rango de valores de x debería incluir 10.5 y 13.5.

Ejercicios

Usa una calculadora gráfica para resolver cada ecuación. Redondea tus soluciones a la centésima más cercana.

1. $x^2 - 6x - 16 = 0$ **2.** $2x^2 + x - 6 = 0$ **3.** $\frac{1}{3}x^2 + 8x - 3 = 0$

4. $x^2 - 18x + 5 = 0$ **5.** $0.25x^2 - 8x - 45 = 0$ **6.** $0.5x^2 + 3x - 36 = 0$

9-4 Descomponer en factores para resolver ecuaciones cuadráticas

Objetivo Resolver ecuaciones cuadráticas descomponiendo en factores.

¡Prepárate!

Estás terminando un decorado con vidrios de colores que empezó tu amigo. Tienes materiales suficientes para agregarle 6 pies². Planeas agregar la misma cantidad de materiales a lo largo y a lo ancho. ¿Cuáles serán las dimensiones del decorado cuando lo termines? ¿Cómo lo sabes?

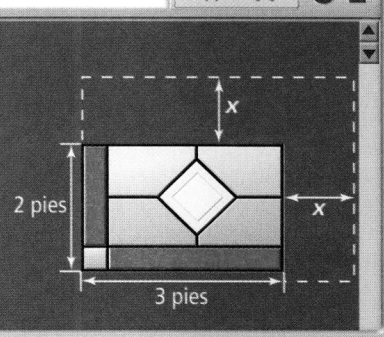

> Este problema se parece al de la Lección 8-3, pero aquí debes hallar valores numéricos.

Vocabulario de la lección
- propiedad del producto cero

En la lección anterior, resolviste ecuaciones cuadráticas $ax^2 + bx + c = 0$ hallando raíces cuadradas. Este método funciona si $b = 0$.

Comprensión esencial Puedes resolver algunas ecuaciones cuadráticas, incluidas las ecuaciones donde $b \neq 0$, usando la *propiedad del producto cero*.

La propiedad multiplicativa del cero establece que, para cualquier número real a, $a \cdot 0 = 0$. Esto es equivalente al siguiente enunciado: Para dos números reales a y b cualesquiera, si $a = 0$ ó $b = 0$, entonces $ab = 0$. La propiedad del producto cero invierte este enunciado.

toma nota

Propiedad Propiedad del producto cero

Para dos números reales a y b cualesquiera, si $ab = 0$, entonces $a = 0$ ó $b = 0$.

Ejemplo Si $(x + 3)(x + 2) = 0$, entonces $x + 3 = 0$ ó $x + 2 = 0$.

Problema 1 Usar la propiedad del producto cero

¿Cuáles son las soluciones de la ecuación $(4t + 1)(t - 2) = 0$?

$$(4t + 1)(t - 2) = 0$$

$4t + 1 = 0$ ó $t - 2 = 0$		Usa la propiedad del producto cero.
$4t = -1$ ó $t = 2$		Halla t.
$t = -\frac{1}{4}$ ó $t = 2$		

Piensa

¿De qué otra manera puedes escribir las soluciones?
Puedes escribir las soluciones como un conjunto en notación por extensión: $\{-\frac{1}{4}, 2\}$.

 **¿Comprendiste?** **1.** ¿Cuáles son las soluciones de cada ecuación?

 a. $(x + 1)(x - 5) = 0$ **b.** $(2x + 3)(x - 4) = 0$

 c. $(2y + 1)(y + 14) = 0$ **d.** $(7n - 2)(5n - 4) = 0$

También puedes usar la propiedad del producto cero para resolver ecuaciones en la forma $ax^2 + bx + c = 0$ si la expresión cuadrática $ax^2 + bx + c$ puede descomponerse en factores.

 Problema 2 **Resolver descomponiendo en factores**

Opción múltiple ¿Cuáles son las soluciones de la ecuación $x^2 + 8x + 15 = 0$?

Ⓐ $-5, -3$ Ⓒ $-3, 5$

Ⓑ $-5, 3$ Ⓓ $3, 5$

Planea

¿Cómo puedes descomponer en factores $x^2 + 8x + 15$?
Halla dos enteros cuyo producto sea 15 y su suma sea 8.

$x^2 + 8x + 15 = 0$

$(x + 3)(x + 5) = 0$ Descompón $x^2 + 8x + 15$ en factores.

$x + 3 = 0$ ó $x + 5 = 0$ Usa la propiedad del producto cero.

$x = -3$ ó $x = -5$ Halla x.

Las soluciones son -3 y -5. La respuesta correcta es A.

 ¿Comprendiste? **2.** ¿Cuáles son las soluciones de cada ecuación?

 a. $m^2 - 5m - 14 = 0$ **b.** $p^2 + p - 20 = 0$ **c.** $2a^2 - 15a + 18 = 0$

Antes de resolver una ecuación cuadrática, es posible que tengas que sumar o restar términos de cada lado para escribir la ecuación en forma estándar. Luego, puedes descomponer en factores la expresión cuadrática.

 Problema 3 **Escribir primero en forma estándar**

¿Cuáles son las soluciones de $4x^2 - 21x = 18$?

Piensa

¿Por qué necesitas restar 18 de cada lado antes de descomponer en factores?
Para usar la propiedad del producto cero, un lado de la ecuación debe ser cero.

$4x^2 - 21x = 18$

$4x^2 - 21x - 18 = 0$ Resta 18 de cada lado.

$(4x + 3)(x - 6) = 0$ Descompón $4x^2 - 21x - 18$ en factores.

$4x + 3 = 0$ ó $x - 6 = 0$ Usa la propiedad del producto cero.

$4x = -3$ ó $x = 6$ Halla x.

$x = -\frac{3}{4}$ ó $x = 6$

Las soluciones son $-\frac{3}{4}$ y 6.

 ¿Comprendiste? **3. a.** ¿Cuáles son las soluciones de $x^2 + 14x = -49$?

 b. **Razonamiento** ¿Por qué las ecuaciones cuadráticas en la forma $x^2 + 2ax + a^2 = 0$ ó $x^2 - 2ax + a^2 = 0$ tienen una sola solución de números reales?

 **Problema 4** **Descomponer en factores para resolver un problema de la vida diaria**

Fotografía Estás haciendo un marco para la foto rectangular que se muestra. Quieres que el marco tenga el mismo ancho en todos sus lados y que el área total del marco y la foto sea 315 pulgs.^{2}. ¿Cuáles deben ser las dimensiones exteriores del marco?

Lo que sabes
El tamaño de la foto es 11 pulgs. por 17 pulgs. El área total es 315 pulgs.^{2}.

Lo que necesitas
Las dimensiones exteriores del marco

Planea
Escribe las dimensiones exteriores del marco en función de su ancho x. Usa estas dimensiones para escribir una ecuación del área del marco y la foto.

Piensa

¿Por qué puedes ignorar el factor 4?
Por la propiedad del producto cero, uno de los factores, 4, $x + 16$, ó $x - 2$, debe ser igual a 0. Como $4 \neq 0$, $x + 16$ es igual a 0 ó $x - 2$ es igual a 0.

$(2x + 11)(2x + 17) = 315$	Ancho × Longitud = Área
$4x^2 + 56x + 187 = 315$	Halla el producto $(2x + 11)(2x + 17)$.
$4x^2 + 56x - 128 = 0$	Resta 315 de cada lado.
$4(x^2 + 14x - 32) = 0$	Extrae 4 como factor común.
$4(x + 16)(x - 2) = 0$	Descompón $x^2 + 14x - 32$ en factores.
$x + 16 = 0$ ó $x - 2 = 0$	Usa la propiedad del producto cero.
$x = -16$ ó $x = 2$	Halla x.

La única solución razonable es 2. Por tanto, las dimensiones exteriores del marco son $2(2) + 11$ pulgs. por $2(2) + 17$ pulgs., ó 15 pulgs. por 21 pulgs.

 ¿Comprendiste? **4.** En el Problema 4, supón que el área total del marco y la foto es 391 pulgs.^{2}. ¿Cuáles serían las dimensiones exteriores del marco?

 Comprobar la comprensión de la lección

¿CÓMO hacerlo?

Resuelve cada ecuación.

1. $(v - 4)(v - 7) = 0$

2. $t^2 + 3t - 54 = 0$

3. $3y^2 - 17y + 24 = 0$

4. Carpintería Estás haciendo una mesa rectangular. El área de la mesa debe ser 10 pies^2. Quieres que la longitud de la mesa sea 1 pie menor que el doble de su ancho. ¿Cuáles deben ser las dimensiones de la mesa?

¿Lo ENTIENDES?

5. Vocabulario Da un ejemplo de cómo puede usarse la propiedad del producto cero para resolver una ecuación cuadrática.

6. Comparar y contrastar ¿En qué se parece descomponer en factores la expresión $x^2 - 6x + 8$ a resolver la ecuación $x^2 - 6x + 8 = 0$? ¿En qué se diferencia?

7. Razonamiento ¿Puedes ampliar la propiedad del producto cero a productos distintos de cero de números? Por ejemplo, si $ab = 8$, ¿siempre es verdadero que $a = 8$ ó $b = 8$? Explica tu respuesta.

Ejercicios de práctica y resolución de problemas

Usa la propiedad del producto cero para resolver cada ecuación.

 Ver el Problema 1.

8. $(x - 9)(x - 8) = 0$ **9.** $(4k + 5)(k + 7) = 0$ **10.** $n(n + 2) = 0$

11. $-3n(2n - 5) = 0$ **12.** $(7x + 2)(5x - 4) = 0$ **13.** $(4a - 7)(3a + 8) = 0$

Resuelve descomponiendo en factores.

Ver los Problemas 2 y 3.

14. $x^2 + 11x + 10 = 0$ **15.** $g^2 + 4g - 32 = 0$ **16.** $s^2 - 14s + 45 = 0$

17. $2z^2 - 21z - 36 = 0$ **18.** $3q^2 + q - 14 = 0$ **19.** $4m^2 - 27m - 40 = 0$

20. $x^2 + 13x = -42$ **21.** $p^2 - 4p = 21$ **22.** $c^2 = 5c$

23. $2w^2 - 11w = -12$ **24.** $3h^2 + 17h = -10$ **25.** $9b^2 = 16$

26. Geometría Una caja en forma de prisma rectangular tiene un volumen de 280 pulgs.^{3}. Sus dimensiones son 4 pulgs. por $(n + 2)$ pulgs. por $(n + 5)$ pulgs. Halla el valor de n.

Ver el Problema 4.

27. Tejido Estás tejiendo una frazada. Quieres que el área de la frazada sea 24 pies^2. Quieres que la longitud de la frazada sea 2 pies mayor que su ancho. ¿Cuáles deben ser las dimensiones de la frazada?

28. Construcción Estás construyendo una terraza rectangular. El área de la terraza debe ser 250 pies^2. Quieres que la longitud sea 5 pies mayor que el doble de su ancho. ¿Cuáles deben ser las dimensiones de la terraza?

Usa la propiedad del producto cero para resolver cada ecuación. Escribe tus soluciones como un conjunto en notación por extensión.

29. $x^2 + 6x + 8 = 0$ **30.** $a^2 + 8a + 12 = 0$ **31.** $k^2 + 7k + 10 = 0$

Escribe cada ecuación en forma estándar. Luego, resuelve.

32. $7n^2 + 16n + 15 = 2n^2 + 3$ **33.** $4q^2 + 3q = 3q^2 - 4q + 18$

34. Pensar en un plan Tienes un estanque rectangular para peces koi que mide 6 pies por 8 pies. Tienes suficiente hormigón para cubrir 72 pies^2 de pasarela, como muestra el diagrama. ¿Cuál debe ser el ancho de la pasarela?
- ¿Cómo puedes escribir las dimensiones exteriores de la pasarela?
- ¿ Cómo puedes representar el área total de la pasarela y el estanque de dos maneras?

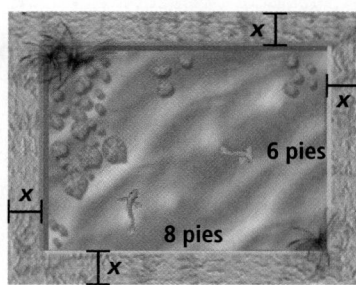

35. Respuesta de desarrollo Escribe una ecuación cuadrática en forma estándar $ax^2 + bx + c = 0$, tal que a, b y c sean enteros, pero que las soluciones sean números racionales no enteros.

36. Analizar errores Describe y corrige el error que se cometió al resolver la ecuación.

$$2x^2 + 3x = 20$$
$$x(2x + 3) = 20$$
$$x = 0 \text{ ó } 2x + 3 = 0$$
$$x = 0 \text{ ó } x = -\frac{3}{2}$$

37. Razonamiento ¿Cuántas soluciones tiene una ecuación en la forma $x^2 - k^2 = 0$? Explica tu respuesta.

38. Deportes Lanzas al aire una pelota de sóftbol con una velocidad ascendente inicial de 38 pies/s y desde una altura inicial de 5 pies.

    a. Usa el modelo de movimiento vertical para escribir una ecuación que dé la altura h de la pelota, en pies, en el tiempo t, en segundos.

    b. Cuando está en el suelo, la altura de la pelota es 0 pies. Resuelve la ecuación que escribiste en la parte (a) cuando $h = 0$ para hallar el momento en que la pelota llega al suelo.

Resuelve cada ecuación cúbica extrayendo primero el M.C.D. como factor común.

39. $x^3 - 10x^2 + 24x = 0$ **40.** $x^3 - 5x^2 + 4x = 0$ **41.** $3x^3 - 9x^2 = 0$

 **Desafío**

42. Halla una ecuación cuyas soluciones sean los números dados. Por ejemplo, 4 y -3 son soluciones de $x^2 - x - 12 = 0$.

    a. $-5, 8$ **b.** $3, -2$ **c.** $\frac{1}{2}, -10$ **d.** $\frac{2}{3}, -\frac{5}{7}$

Resuelve. Descompón en factores por agrupación de términos.

43. $x^3 + 5x^2 - x - 5 = 0$ **44.** $x^3 + x^2 - 4x - 4 = 0$ **45.** $x^3 + 2x^2 - 9x - 18 = 0$

Preparación para el examen estandarizado

RESPUESTA EN PLANTILLA

SAT/ACT

46. ¿Cuál es la solución negativa de la ecuación $2x^2 - 13x - 7 = 0$? Redondea a la milésima más cercana.

47. El fin de semana pasado, Phil, Toby y Sam jugaron cuatro partidos de bolos. Sus puntajes se muestran en el diagrama de Venn de la derecha. ¿Cuál es el puntaje más alto que sólo Toby y Sam tienen en común?

48. ¿Cuál es el intercepto en y de la recta cuya ecuación es $3y - 4x = 9$?

49. ¿Cuántos elementos hay en la unión de dos conjuntos $M = \{1, 2, -3, 4\}$ y $N = \{1, -2, 3, 5\}$?

50. La longitud de una tarjeta rectangular es 1 pulg. mayor que el doble de su ancho. Su área es 15 pulgs.^{2}. ¿Cuál es el ancho de la tarjeta, en pulgadas?

Puntajes de los partidos de bolos

Phil   Toby
123   115   108
113
129   111
116
Sam

Repaso mixto

Resuelve cada ecuación hallando raíces cuadradas. Si la ecuación no tiene solución de números reales, escribe *sin solución*.   ◀ **Ver la Lección 9-3.**

51. $t^2 = 144$ **52.** $w^2 - 8 = -17$ **53.** $b^2 + 100 = 100$

54. $5h^2 - 80 = 0$ **55.** $49 - m^2 = 0$ **56.** $3q^2 = 27$

¡Prepárate!   Antes de la Lección 9-5, haz los Ejercicios 57 a 59.

Descompón cada expresión en factores.   ◀ **Ver la Lección 8-7.**

57. $y^2 - 10y + 25$ **58.** $g^2 - 14g + 49$ **59.** $m^2 + 18m + 81$

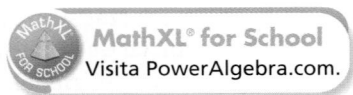
¿CÓMO hacerlo?

Ordena cada grupo de funciones cuadráticas de la gráfica más ancha a la más angosta.

1. $y = 2x^2, y = 0.5x^2, y = -x^2$

2. $f(x) = 4x^2, f(x) = \frac{2}{3}x^2, f(x) = 3x^2$

3. $f(x) = 0.6x^2, f(x) = 0.3x^2, f(x) = 0.2x^2$

4. $y = -2x^2, y = x^2, y = -0.25x^2$

Representa cada función con una gráfica. Rotula el eje de simetría y el vértice.

5. $y = \frac{1}{2}x^2$

6. $y = -2x^2 - 1$

7. $y = 3x^2 - 6x$

8. $y = x^2 + 2x + 4$

9. $y = -0.5x^2 + 2x + 1$

Resuelve cada ecuación representando la función relacionada con una gráfica. Si la ecuación no tiene solución de números reales, escribe *sin solución*.

10. $x^2 - 16 = 0$

11. $x^2 + 9 = 0$

12. $0.25x^2 = 0$

Resuelve cada ecuación hallando raíces cuadradas. Si la ecuación no tiene solución de números reales, escribe *sin solución*.

13. $m^2 = 81$

14. $t^2 - 7 = -18$

15. $5r^2 - 180 = 0$

16. $36n^2 = 9$

17. Costura Tienes 324 pies² de tela para hacer un paracaídas circular de juguete para niños. ¿Cuál es el radio del paracaídas más grande que podrías hacer? Redondea a la décima de pie más cercana.

Resuelve descomponiendo en factores.

18. $b^2 + 3b - 4 = 0$

19. $n^2 + n - 12 = 0$

20. $2x^2 - 5x - 3 = 0$

21. $t^2 - 3t = 28$

22. $3n^2 = 6n$

23. Construcción Estás construyendo una maceta rectangular para el jardín de tu escuela. Quieres que el fondo tenga un área de 90 pies². Quieres que la longitud de la maceta sea 3 pies mayor que el doble de su ancho. ¿Cuáles deben ser las dimensiones del fondo de la maceta?

¿Lo ENTIENDES?

24. Escribir Describe los pasos que seguirías para representar con una gráfica la función $y = 2x^2 + 5$.

25. Razonamiento En la función cuadrática $y = ax^2 + bx + c$, ¿el valor de c afecta la posición horizontal del vértice de la gráfica? Explica tu respuesta.

26. Escribir Describe en qué se diferencian las gráficas de $y = 3x^2$ y de $y = x^2$.

Respuesta de desarrollo Da un ejemplo de una función cuadrática que se corresponda con cada descripción.

27. El eje de simetría está a la izquierda del eje de las y.

28. Su gráfica está completamente debajo del eje de las x.

29. Su gráfica se abre hacia arriba y tiene el vértice en $(0, 0)$.

30. a. Resuelve $x^2 - 4 = 0$ y $2x^2 - 8 = 0$ representando con una gráfica las funciones relacionadas.

    b. Razonamiento ¿Por qué tiene sentido que las gráficas tengan los mismos interceptos en x?

9-5 Completar el cuadrado

Objetivo Resolver ecuaciones cuadráticas completando el cuadrado.

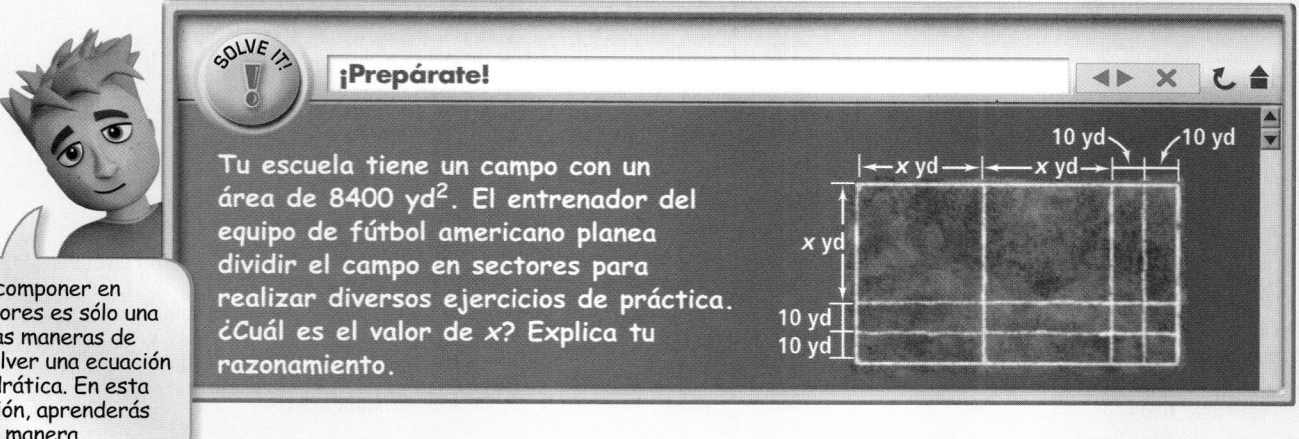

¡Prepárate!

Tu escuela tiene un campo con un área de 8400 yd². El entrenador del equipo de fútbol americano planea dividir el campo en sectores para realizar diversos ejercicios de práctica. ¿Cuál es el valor de x? Explica tu razonamiento.

Descomponer en factores es sólo una de las maneras de resolver una ecuación cuadrática. En esta lección, aprenderás otra manera.

Vocabulario de la lección
- completar el cuadrado

En las lecciones anteriores, resolviste ecuaciones cuadráticas hallando raíces cuadradas y descomponiendo en factores. Estos métodos funcionan en algunos casos, pero no en todos.

Comprensión esencial Puedes resolver cualquier ecuación cuadrática escribiéndola primero en la forma $m^2 = n$.

Puedes representar este proceso con fichas de álgebra. Las fichas de álgebra de la derecha representan la expresión $x^2 + 8x$.

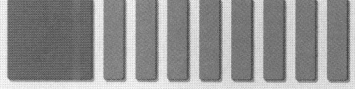

Aquí se muestra la misma expresión ordenada de otra manera para formar parte de un cuadrado. Observa que las fichas x se dividieron exactamente en dos grupos de cuatro.

Puedes completar el cuadrado sumando 4^2, ó 16, fichas de 1. El cuadrado completo es $x^2 + 8x + 16$, ó $(x + 4)^2$.

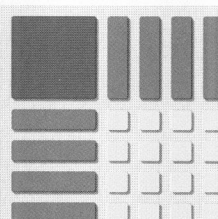

En general, puedes convertir la expresión $x^2 + bx$ en un trinomio cuadrado perfecto sumando $\left(\frac{b}{2}\right)^2$ a $x^2 + bx$. Este proceso se llama **completar el cuadrado**. El proceso es igual sea b positivo o negativo.

Problema 1 Hallar el valor de *c* para completar el cuadrado

¿Cuál es el valor de *c* tal que $x^2 - 16x + c$ es un trinomio cuadrado perfecto?

El valor de *b* es -16. El término que hay que sumar a $x^2 - 16x$ es $\left(\frac{-16}{2}\right)^2$, ó 64. Por tanto, $c = 64$.

Piensa

¿Puede *c* ser negativo?
No. *c* es el cuadrado de un número real, que nunca es negativo.

✓ **¿Comprendiste?** 1. ¿Cuál es el valor de *c* tal que $x^2 + 20x + c$ es un trinomio cuadrado perfecto?

 Problema 2 Resolver $x^2 + bx = c$

¿Cuáles son las soluciones de la ecuación $x^2 + 6x = 216$?

$$x^2 + 6x = 216$$

$$x^2 + 6x + 9 = 216 + 9 \qquad \text{Suma } \left(\tfrac{6}{2}\right)^2, \text{ ó 9, a cada lado.}$$

$$(x + 3)^2 = 216 + 9 \qquad \text{Escribe } x^2 + 6x + 9 \text{ como un cuadrado.}$$

$$(x + 3)^2 = 225 \qquad \text{Simplifica el lado derecho.}$$

$$x + 3 = \pm\sqrt{225} \qquad \text{Halla raíces cuadradas de cada lado.}$$

$$x + 3 = \pm 15 \qquad \text{Simplifica.}$$

$$x + 3 = 15 \quad \text{ó} \quad x + 3 = -15 \qquad \text{Escribe la expresión como dos ecuaciones.}$$

$$x = 12 \quad \text{ó} \quad x = -18 \qquad \text{Resta 3 de cada lado.}$$

Piensa

¿Por qué escribes $x + 3 = \pm 15$ como dos ecuaciones?
Recuerda que el símbolo $\pm$ significa "o más o menos". Esto significa que $x + 3$ es igual a 15 ó a −15.

✓ **¿Comprendiste?** 2. ¿Cuáles son las soluciones de la ecuación $t^2 - 6t = 247$?

Para resolver una ecuación en la forma $x^2 + bx + c = 0$, primero resta el término constante *c* de cada lado de la ecuación.

Problema 3 Resolver $x^2 + bx + c = 0$

¿Cuáles son las soluciones de la ecuación $x^2 - 14x + 16 = 0$?

$$x^2 - 14x + 16 = 0$$

$$x^2 - 14x = -16 \qquad \text{Resta 16 de cada lado.}$$

$$x^2 - 14x + 49 = -16 + 49 \qquad \text{Suma } \left(\tfrac{-14}{2}\right)^2, \text{ ó 49, a cada lado.}$$

$$(x - 7)^2 = 33 \qquad \text{Escribe } x^2 - 14x + 49 \text{ como un cuadrado.}$$

$$x - 7 = \pm\sqrt{33} \qquad \text{Halla raíces cuadradas de cada lado.}$$

$$x - 7 \approx \pm 5.74 \qquad \text{Usa una calculadora para aproximar } \sqrt{33}.$$

$$x - 7 \approx 5.74 \quad \text{ó} \quad x - 7 \approx -5.74 \qquad \text{Escribe la expresión como dos ecuaciones.}$$

$$x \approx 5.74 + 7 \quad \text{ó} \quad x \approx -5.74 + 7 \qquad \text{Suma 7 a cada lado.}$$

$$x \approx 12.74 \quad \text{ó} \quad x \approx 1.26 \qquad \text{Simplifica.}$$

Piensa

¿Has visto un problema como éste antes?
Sí. Este problema es como el Problema 2, salvo que el lado derecho de la ecuación es 0. Después de restar 16 de cada lado, los dos problemas tienen la misma forma.

3. a. ¿Cuáles son las soluciones de la ecuación $x^2 + 9x + 15 = 0$?

   b. Razonamiento ¿Podrías usar la descomposición en factores para resolver la parte (a)? Explica tu respuesta.

El método de completar el cuadrado funciona cuando $a = 1$ en $ax^2 + bx + c = 0$. Para resolver una ecuación cuando $a \neq 1$, divide cada lado por a antes de completar el cuadrado.

 Problema 4   **Completar el cuadrado cuando $a \neq 1$**

Jardinería Planeas hacer un jardín de flores con tres parcelas cuadradas de tierra rodeadas por un borde de 1 pie. El área total del jardín y el borde es 100 pies². ¿Cuál es la longitud x del lado de cada parcela cuadrada?

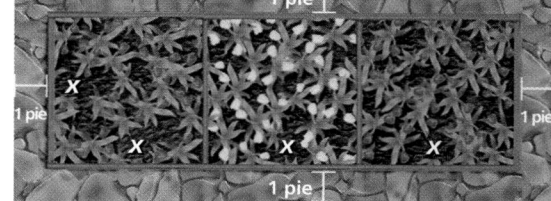

🌷 Tulipanes rojos 🌷 Tulipanes amarillos

Lo que sabes
- El área del jardín y el borde
- Las expresiones correspondientes a las dimensiones del jardín y el borde

Lo que necesitas
La longitud x del lado de cada parcela cuadrada

Planea
Escribe y resuelve una ecuación que relacione las dimensiones y el área del jardín y el borde.

Paso 1 Escribe una ecuación que puedas usar para resolver el problema.

$$(3x + 2)(x + 2) = 100 \qquad \text{Longitud} \times \text{Ancho} = \text{Área}$$

$$3x^2 + 8x + 4 = 100 \qquad \text{Halla el producto } (3x + 2)(x + 2).$$

$$3x^2 + 8x = 96 \qquad \text{Resta 4 de cada lado.}$$

$$x^2 + \frac{8}{3}x = 32 \qquad \text{Divide cada lado por 3.}$$

Paso 2 Completa el cuadrado.

$$x^2 + \frac{8}{3}x + \frac{16}{9} = 32 + \frac{16}{9} \qquad \text{Suma } \left(\frac{4}{3}\right)^2, \text{ ó } \frac{16}{9}, \text{ a cada lado.}$$

$$\left(x + \frac{4}{3}\right)^2 = \frac{304}{9} \qquad \text{Escribe el lado izquierdo como un cuadrado y el lado derecho como una fracción.}$$

Paso 3 Resuelve la ecuación.

$$x + \frac{4}{3} = \pm\sqrt{\frac{304}{9}} \qquad \text{Halla raíces cuadradas de cada lado.}$$

$$x + \frac{4}{3} \approx \pm 5.81 \qquad \text{Usa una calculadora para aproximar } \sqrt{\frac{304}{9}}.$$

$$x + \frac{4}{3} \approx 5.81 \qquad \text{ó} \qquad x + \frac{4}{3} \approx -5.81 \qquad \text{Escribe la expresión como dos ecuaciones.}$$

$$x \approx 4.48 \qquad \text{ó} \qquad x \approx -7.14 \qquad \text{Halla } x.$$

La respuesta negativa no tiene sentido en este problema. Por tanto, la longitud del lado de cada parcela cuadrada es aproximadamente 4.48 pies.

Piensa

¿Por qué debes hallar $\frac{1}{2}\left(\frac{8}{3}\right)$?

Para hacer que $x^2 + \frac{8}{3}x = 32$ sea un trinomio cuadrado perfecto en el lado izquierdo, debes hallar $\frac{1}{2}\left(\frac{8}{3}\right)$. Luego, debes elevar el resultado al cuadrado y sumar a cada lado de la ecuación.

¿Comprendiste? **4.** Supón que el área total del jardín y el borde del Problema 4 es 150 pies^2. ¿Cuál es la longitud x del lado de cada parcela cuadrada? Redondea tu respuesta a la centésima más cercana.

Comprobar la comprensión de la lección

¿CÓMO hacerlo?

Resuelve cada ecuación completando el cuadrado.

1. $x^2 + 8x = 180$

2. $t^2 - 4t - 165 = 0$

3. $m^2 + 7m - 294 = 0$

4. $2z^2 + 3z = 135$

¿Lo ENTIENDES?

5. Vocabulario Indica si usarías raíces cuadradas, descompondrías en factores o completarías el cuadrado para resolver cada ecuación. Explica por qué elegiste ese método.

   a. $k^2 - 3k = 304$ **b.** $t^2 - 6t + 16 = 0$

6. Comparar y contrastar ¿En qué se parece resolver una ecuación cuadrática usando raíces cuadradas a completar el cuadrado? ¿En qué se diferencia?

Ejercicios de práctica y resolución de problemas

 **Práctica**   Halla el valor de c tal que cada expresión sea un trinomio cuadrado perfecto.    **Ver el Problema 1.**

7. $x^2 + 18x + c$ **8.** $z^2 + 22z + c$ **9.** $p^2 - 30p + c$

10. $k^2 - 5k + c$ **11.** $g^2 + 17g + c$ **12.** $q^2 - 4q + c$

Resuelve cada ecuación completando el cuadrado. Si es necesario, redondea a la centésima más cercana.    **Ver los Problemas 2 y 3.**

13. $g^2 + 7g = 144$ **14.** $r^2 - 4r = 30$ **15.** $m^2 + 16m = -59$

16. $q^2 + 4q = 16$ **17.** $x^2 + 18x = 307$ **18.** $z^2 - 2z = 323$

19. $a^2 - 2a - 35 = 0$ **20.** $m^2 + 12m + 19 = 0$ **21.** $w^2 - 14w + 13 = 0$

22. $p^2 + 5p - 7 = 0$ **23.** $t^2 + t - 28 = 0$ **24.** $g^2 + 11g - 468 = 0$

Resuelve cada ecuación completando el cuadrado. Si es necesario, redondea a la centésima más cercana.   **Ver el Problema 4.**

25. $4a^2 - 8a = 24$ **26.** $2y^2 - 8y - 10 = 0$ **27.** $5n^2 - 3n - 15 = 10$

28. $4w^2 + 12w - 44 = 0$ **29.** $3r^2 + 18r = 21$ **30.** $2v^2 - 10v - 20 = 8$

31. Arte La pintura que se muestra a la derecha tiene un área de 420 pulgs.^{2}. ¿Cuál es el valor de x?

x pulgs.

$(2x + 5)$ pulgs.

32. Pensar en un plan En un parque, se está instalando una fuente rectangular rodeada por una pasarela de hormigón de ancho uniforme. La fuente medirá 42 pies por 26 pies. Hay hormigón suficiente para cubrir 460 pies^2 de pasarela. ¿Cuál es el ancho máximo x de la pasarela?

- ¿Cómo puede ayudarte hacer un diagrama a resolver este problema?
- ¿Cómo escribes una expresión en función de x para el área de la pasarela?

33. Jardinería ornamental En una escuela, se quiere cercar un área rectangular para hacer un área de juego colocando cercas en tres lados, como se muestra a la derecha. La escuela presupuestó dinero suficiente para 75 pies de cerca y se quiere hacer un área de juego con un área de 600 pies^2.

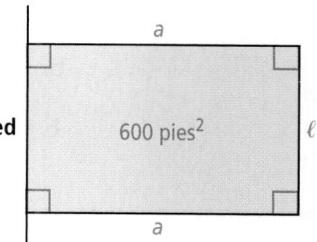

a. Sea a el ancho del área de juego. Escribe una expresión en función de a para la longitud del área de juego.

b. Escribe y resuelve una ecuación para hallar el ancho a. Redondea a la décima de pie más cercana.

c. ¿Cuál debe ser la longitud del área de juego?

Resuelve cada ecuación. Si es necesario, redondea a la centésima más cercana. Si no hay soluciones de números reales, escribe *sin solución*.

34. $q^2 + 3q + 1 = 0$ **35.** $s^2 + 5s = -11$ **36.** $w^2 + 7w - 40 = 0$

37. $z^2 - 8z = -13$ **38.** $4p^2 - 40p + 56 = 0$ **39.** $m^2 + 4m + 13 = -8$

40. $2p^2 - 15p + 8 = 43$ **41.** $3r^2 - 27r = 3$ **42.** $s^2 + 9s + 20 = 0$

43. Analizar errores Una compañera de la clase quería completar el cuadrado para resolver $4x^2 + 10x = 8$. En el primer paso, escribió $4x^2 + 10x + 25 = 8 + 25$. ¿Cuál fue su error?

44. Razonamiento Explica por qué completar el cuadrado es una mejor estrategia para resolver $x^2 - 7x - 9 = 0$ que representar con una gráfica o descomponer en factores.

45. Respuesta de desarrollo Escribe una ecuación cuadrática y resuélvela completando el cuadrado. Muestra tu trabajo.

Usa cada gráfica para estimar los valores de x para los que $f(x) = 5$. Luego, escribe y resuelve una ecuación para hallar los valores de x tal que $f(x) = 5$. Redondea a la centésima más cercana.

46. $f(x) = x^2 - 2x - 1$ **47.** $f(x) = -\frac{1}{2}x^2 + 2x + 6$

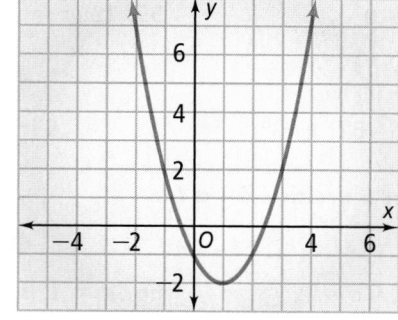   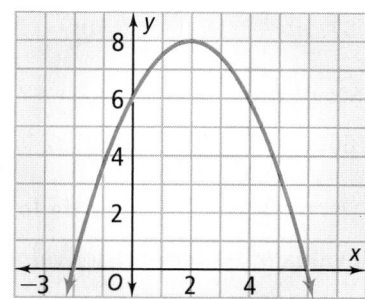

 **Desafío**

48. Geometría Supón que el prisma de la derecha tiene la misma área total que un cubo con aristas de 8 pulgs. de longitud.

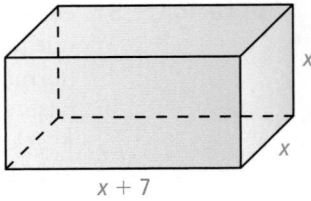

a. Escribe una expresión para el área total del prisma que se muestra.

b. Escribe una ecuación que relacione el área total del prisma con el área total del cubo de 8 pulgs.

c. Resuelve la ecuación que escribiste en la parte (b). ¿Cuáles son las dimensiones del prisma?

49. a. Resuelve la ecuación $x^2 - 6x + 4 = 0$, pero deja las soluciones en la forma $p \pm \sqrt{q}$.

b. Usa la fórmula $x = \frac{-b}{2a}$ para hallar las coordenadas del vértice de la gráfica de $y = x^2 - 6x + 4$.

c. Razonamiento Explica la relación que existe entre tus respuestas de las partes (a) y (b).

Preparación para el examen estandarizado

RESPUESTA EN PLANTILLA

SAT/ACT

50. El cartel rectangular tiene un área de 40 pies². ¿Cuál es el valor de x redondeado a la décima de pie más cercana?

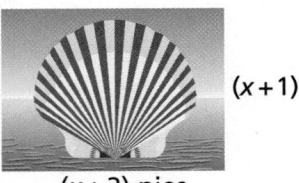

$(x+1)$ pies

$(x+2)$ pies

51. El ancho de un cuaderno es 2.15×10^{-2} m. Expresado como decimal, ¿cuántos metros de ancho mide el cuaderno?

52. ¿Cuál es la solución de la ecuación $19 + x = 35$?

53. ¿Cuántos elementos hay en la intersección de los dos conjuntos $M = \{2, 3, 4, 5\}$ y $N = \{1, 3, 5, 9\}$?

54. Una cinta con bordes rectos tiene un área de 24 pulgs.². Su ancho es x y su longitud es $2x + 13$. ¿Cuál es el ancho de la cinta en pulgadas?

55. ¿Cuál es el intercepto en x de la gráfica de $2x + 3y = 9$?

56. La suma de dos números es 20. La diferencia entre tres veces el número más grande y el doble del número más pequeño es 40. ¿Cuál es el número más grande?

Repaso mixto

Resuelve descomponiendo en factores.

Ver la Lección 9-4.

57. $n^2 + 11n + 30 = 0$ **58.** $9v^2 - 64 = 0$ **59.** $12w^2 = 28w + 5$

Simplifica.

Ver la Lección 7-4.

60. $(m^3)^4$ **61.** $-b^7(b^8)^{-1}$ **62.** $t(t^2)^6$ **63.** $y^8(y^{-7})^{-3}$

¡Prepárate! Antes de la Lección 9-6, haz los Ejercicios 64 a 66.

Evalúa $b^2 - 4ac$ para los valores dados de a, b y c.

Ver la Lección 1-2.

64. $a = 2, b = 5, c = -7$ **65.** $a = 2, b = 4, c = 2$ **66.** $a = 1, b = 3, c = 6$

9-6 La fórmula cuadrática y el discriminante

Objetivos   Resolver ecuaciones cuadráticas usando la fórmula cuadrática.
Hallar la cantidad de soluciones que tiene una ecuación cuadrática.

¡Prepárate!

¿Alguna vez te preguntaste cómo sabes si una ecuación no tiene solución?

La tía de tu amigo tiene un sendero hecho de ladrillos en su patio trasero. Planea disminuir la longitud en la misma cantidad en que aumentará el ancho para hacer un patio rectangular. Quiere que el patio tenga un área de 310 pies². ¿Puede construir un patio que se ajuste a su plan? Explica tu razonamiento.

5 pies

30 pies

Vocabulario de la lección
• fórmula cuadrática
• discriminante

Recuerda que las ecuaciones cuadráticas pueden tener dos, una o ninguna solución de números reales. Una ecuación cuadrática nunca puede tener más de dos soluciones.

Comprensión esencial Puedes hallar la(s) solución(es) de *cualquier* ecuación cuadrática usando la **fórmula cuadrática**.

Concepto clave   Fórmula cuadrática

Álgebra

Si $ax^2 + bx + c = 0$ y $a \neq 0$, entonces

$$x = \frac{-b \pm \sqrt{b^2 - 4ac}}{2a}.$$

Ejemplo

Supón que $2x^2 + 3x - 5 = 0$. Entonces, $a = 2$, $b = 3$ y $c = -5$. Por tanto,

$$x = \frac{-(3) \pm \sqrt{(3)^2 - 4(2)(-5)}}{2(2)}.$$

Por qué funciona Si completas el cuadrado para la ecuación general $ax^2 + bx + c = 0$, puedes derivar la fórmula cuadrática.

Paso 1 Escribe $ax^2 + bx + c = 0$ de manera que el coeficiente de x^2 sea 1.

$$ax^2 + bx + c = 0$$

$$x^2 + \frac{b}{a}x + \frac{c}{a} = 0 \qquad \text{Divide cada lado por } a.$$

Paso 2 Completa el cuadrado.

$$x^2 + \frac{b}{a}x = -\frac{c}{a} \qquad \text{Resta } \tfrac{c}{a} \text{ de cada lado.}$$

$$x^2 + \frac{b}{a}x + \left(\frac{b}{2a}\right)^2 = -\frac{c}{a} + \left(\frac{b}{2a}\right)^2 \qquad \text{Suma } \left(\tfrac{b}{2a}\right)^2 \text{ a cada lado.}$$

$$\left(x + \frac{b}{2a}\right)^2 = -\frac{c}{a} + \frac{b^2}{4a^2} \qquad \text{Escribe el lado izquierdo como un cuadrado.}$$

$$\left(x + \frac{b}{2a}\right)^2 = -\frac{4ac}{4a^2} + \frac{b^2}{4a^2} \qquad \text{Multiplica } -\tfrac{c}{a} \text{ por } \tfrac{4a}{4a} \text{ para obtener los mismos denominadores.}$$

$$\left(x + \frac{b}{2a}\right)^2 = \frac{b^2 - 4ac}{4a^2} \qquad \text{Simplifica el lado derecho.}$$

Paso 3 Resuelve la ecuación para hallar x.

$$\sqrt{\left(x + \frac{b}{2a}\right)^2} = \pm\sqrt{\frac{b^2 - 4ac}{4a^2}} \qquad \text{Saca las raíces cuadradas de cada lado.}$$

> En este paso se usa la propiedad $\sqrt{\frac{m}{n}} = \frac{\sqrt{m}}{\sqrt{n}}$, que estudiarás en la Lección 10-2.

$$x + \frac{b}{2a} = \pm\frac{\sqrt{b^2 - 4ac}}{2a} \qquad \text{Simplifica el lado derecho.}$$

$$x = -\frac{b}{2a} \pm \frac{\sqrt{b^2 - 4ac}}{2a} \qquad \text{Resta } \tfrac{b}{2a} \text{ de cada lado.}$$

$$x = \frac{-b \pm \sqrt{b^2 - 4ac}}{2a} \qquad \text{Simplifica.}$$

Asegúrate de escribir una ecuación cuadrática en forma estándar antes de usar la fórmula cuadrática.

Problema 1 Usar la fórmula cuadrática

Piensa

¿Por qué debes escribir la ecuación en forma estándar?
Sólo puedes usar la fórmula cuadrática con las ecuaciones en la forma $ax^2 + bx + c = 0$.

¿Cuáles son las soluciones de $x^2 - 8 = 2x$? Usa la fórmula cuadrática.

$$x^2 - 2x - 8 = 0 \qquad \text{Escribe la ecuación en forma estándar.}$$

$$x = \frac{-b \pm \sqrt{b^2 - 4ac}}{2a} \qquad \text{Usa la fórmula cuadrática.}$$

$$x = \frac{-(-2) \pm \sqrt{(-2)^2 - 4(1)(-8)}}{2(1)} \qquad \text{Sustituye } a \text{ por 1, } b \text{ por } -2 \text{ y } c \text{ por } -8.$$

$$x = \frac{2 \pm \sqrt{36}}{2} \qquad \text{Simplifica.}$$

$$x = \frac{2 + 6}{2} \quad \text{ó} \quad x = \frac{2 - 6}{2} \qquad \text{Escribe la expresión como dos ecuaciones.}$$

$$x = 4 \quad \text{ó} \quad x = -2 \qquad \text{Simplifica.}$$

 ¿Comprendiste? **1.** ¿Cuáles son las soluciones de $x^2 - 4x = 21$? Usa la fórmula cuadrática.

Cuando el radicando de la fórmula cuadrática no es un cuadrado perfecto, puedes usar una calculadora para aproximar las soluciones de una ecuación.

 Problema 2 Hallar soluciones aproximadas

Deportes En el lanzamiento de bala, un atleta lanza hacia adelante una pelota de metal pesada. El arco de la pelota se puede representar con la ecuación $y = -0.04x^2 + 0.84x + 2$, donde x es la distancia horizontal, en metros, con respecto al atleta y y es la altura, en metros, de la pelota. ¿A qué distancia del atleta aterrizará la pelota?

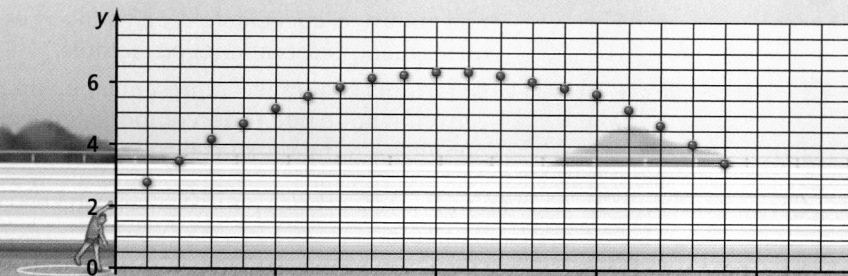

Piensa

¿Por qué sustituyes y por 0?
Cuando la pelota toca el suelo, su altura es 0.

$0 = -0.04x^2 + 0.84x + 2$ Sustituye y por 0 en la ecuación dada.

$x = \dfrac{-b \pm \sqrt{b^2 - 4ac}}{2a}$ Usa la fórmula cuadrática.

$x = \dfrac{-0.84 \pm \sqrt{0.84^2 - 4(-0.04)(2)}}{2(-0.04)}$ Sustituye a por -0.04, b por 0.84 y c por 2.

$x = \dfrac{-0.84 \pm \sqrt{1.0256}}{-0.08}$ Simplifica.

$x = \dfrac{-0.84 + \sqrt{1.0256}}{-0.08}$ ó $x = \dfrac{-0.84 - \sqrt{1.0256}}{-0.08}$ Escribe la expresión como dos ecuaciones.

$x \approx -2.16$ ó $x \approx 23.16$ Simplifica.

Sólo las respuestas positivas tienen sentido en esta situación. La pelota aterrizará a aproximadamente 23.16 m del atleta.

 ¿Comprendiste? **2.** Un bateador golpea una pelota de béisbol. La ecuación $y = -0.005x^2 + 0.7x + 3.5$ representa el recorrido de la pelota, donde x es la distancia horizontal, en pies, que recorre la pelota y y es la altura, en pies, de la pelota. ¿A qué distancia del bateador aterrizará la pelota? Redondea tu respuesta a la décima de pie más cercana.

Existen muchos métodos para resolver una ecuación cuadrática.

Método	Cuándo usarlo
Representar con una gráfica	Úsalo si tienes una calculadora gráfica a mano.
Raíces cuadradas	Úsalo si la ecuación no tiene término x.
Descomponer en factores	Úsalo si puedes descomponer la ecuación en factores con facilidad.
Completar el cuadrado	Úsalo si el coeficiente de x^2 es 1, pero no puedes descomponer la ecuación en factores con facilidad.
Fórmula cuadrática	Úsalo si la ecuación no se puede descomponer en factores o no es fácil hacerlo.

Problema 3 — Escoger un método adecuado

Piensa

¿Puedes usar la fórmula cuadrática para resolver la parte (A)?
Sí. Puedes usar la fórmula cuadrática con $a = 3$, $b = 0$ y $c = -9$. Sin embargo, es más rápido usar raíces cuadradas.

¿Qué método(s) escogerías para resolver cada ecuación? Explica tu razonamiento.

A $3x^2 - 9 = 0$ — Raíces cuadradas; no hay término x.

B $x^2 - x - 30 = 0$ — Descomponer en factores; la ecuación se puede descomponer en factores fácilmente.

C $6x^2 + 13x - 17 = 0$ — La fórmula cuadrática, representar con una gráfica; la ecuación no se puede descomponer en factores.

D $x^2 - 5x + 3 = 0$ — La fórmula cuadrática, completar el cuadrado o representar con una gráfica; el coeficiente del término x^2 es 1, pero la ecuación no se puede descomponer en factores.

E $-16x^2 - 50x + 21 = 0$ — La fórmula cuadrática, representar con una gráfica; la ecuación no se puede descomponer en factores fácilmente porque los números son grandes.

 ¿Comprendiste? **3.** ¿Qué método(s) escogerías para resolver cada ecuación? Justifica tu razonamiento.

    a. $x^2 - 8x + 12 = 0$ **b.** $169x^2 = 36$ **c.** $5x^2 + 13x - 1 = 0$

Las ecuaciones cuadráticas pueden tener dos, una o ninguna solución de números reales. Antes de resolver una ecuación cuadrática, puedes determinar cuántas soluciones de números reales tiene usando el discriminante. El **discriminante** es la expresión que está debajo del símbolo de la raíz cuadrada en la fórmula cuadrática.

$$x = \frac{-b \pm \sqrt{b^2 - 4ac}}{2a} \quad \longleftarrow \text{el discriminante}$$

El discriminante de una ecuación cuadrática puede ser positivo, cero o negativo.

toma nota

Concepto clave — Usar el discriminante

Discriminante	$b^2 - 4ac > 0$	$b^2 - 4ac = 0$	$b^2 - 4ac < 0$
Ejemplo	$x^2 - 6x + 7 = 0$ El discriminante es $(-6)^2 - 4(1)(7) = 8$, que es positivo.	$x^2 - 6x + 9 = 0$ El discriminante es $(-6)^2 - 4(1)(9) = 0$.	$x^2 - 6x + 11 = 0$ El discriminante es $(-6)^2 - 4(1)(11) = -8$, que es negativo.
Cantidad de soluciones	Hay dos soluciones de números reales.	Hay una solución de número real.	No hay soluciones de números reales.

Problema 4 **Usar el discriminante**

¿Cuántas soluciones de números reales tiene $2x^2 - 3x = -5$?

Piensa

Escribe la ecuación en forma estándar.

Evalúa el discriminante sustituyendo a por 2, b por -3 y c por 5.

Saca una conclusión.

Escribe

$2x^2 - 3x + 5 = 0$

$b^2 - 4ac = (-3)^2 - 4(2)(5)$
$= -31$

Como el discriminante es negativo, la ecuación no tiene soluciones de números reales.

Planea

¿Puedes resolver este problema de otra manera?
Sí. Podrías resolver la ecuación verdaderamente para hallar cualquier solución. Sin embargo, sólo necesitas saber la cantidad de soluciones; por tanto, usa el discriminante.

 ¿Comprendiste? **4. a.** ¿Cuántas soluciones de números reales tiene $6x^2 - 5x = 7$?

b. Razonamiento Si a es positivo y c es negativo, ¿cuántas soluciones de números reales tiene la ecuación $ax^2 + bx + c = 0$? Explica tu respuesta.

 ## Comprobar la comprensión de la lección

¿CÓMO hacerlo?

Usa la fórmula cuadrática para resolver cada ecuación. Si es necesario, redondea tus respuestas a la centésima más cercana.

1. $-3x^2 - 11x + 4 = 0$

2. $7x^2 - 2x = 8$

3. ¿Cuántas soluciones de números reales tiene la ecuación $-2x^2 + 8x - 5 = 0$?

¿Lo ENTIENDES?

4. Vocabulario Explica cómo se relaciona el discriminante de la ecuación $ax^2 + bx + c = 0$ con la cantidad de interceptos en x de la gráfica de $y = ax^2 + bx + c$.

5. Razonamiento ¿Qué método usarías para resolver la ecuación $x^2 + 9x + c = 0$, si $c = 14$? ¿Y si $c = 7$? Explica tu respuesta.

6. Escribir Explica cómo se usa el método de completar el cuadrado para derivar la fórmula cuadrática.

 ## Ejercicios de práctica y resolución de problemas

 **Práctica** Usa la fórmula cuadrática para resolver cada ecuación. ◀ **Ver el Problema 1.**

7. $2x^2 + 5x + 3 = 0$ **8.** $5x^2 + 16x - 84 = 0$ **9.** $4x^2 + 7x - 15 = 0$

10. $3x^2 - 41x = -110$ **11.** $18x^2 - 45x - 50 = 0$ **12.** $3x^2 + 44x = -96$

13. $3x^2 + 19x = 154$ **14.** $2x^2 - x - 120 = 0$ **15.** $5x^2 - 47x = 156$

Usa la fórmula cuadrática para resolver cada ecuación. Redondea tu respuesta a la centésima más cercana.

Ver el Problema 2.

16. $x^2 + 8x + 11 = 0$

17. $5x^2 + 12x - 2 = 0$

18. $2x^2 - 16x = -25$

19. $8x^2 - 7x - 5 = 0$

20. $6x^2 + 9x = 32$

21. $3x^2 + 5x = 4$

22. Fútbol americano Un jugador de fútbol americano patea una pelota detenida. El recorrido de la pelota se puede representar con la ecuación $y = -0.004x^2 + x + 2.5$, donde x es la distancia horizontal, en pies, que recorre la pelota y y es la altura, en pies, de la pelota. ¿A qué distancia del jugador de fútbol aterrizará la pelota? Redondea a la décima de pie más cercana.

¿Qué método(s) escogerías para resolver cada ecuación? Justifica tu razonamiento.

Ver el Problema 3.

23. $x^2 + 4x - 15 = 0$

24. $9x^2 - 49 = 0$

25. $4x^2 - 41x = 73$

26. $3x^2 - 7x + 3 = 0$

27. $x^2 + 4x - 60 = 0$

28. $-4x^2 + 8x + 1 = 0$

Halla la cantidad de soluciones de números reales que tiene cada ecuación.

Ver el Problema 4.

29. $x^2 - 2x + 3 = 0$

30. $x^2 + 7x - 5 = 0$

31. $x^2 + 3x + 11 = 0$

32. $x^2 - 15 = 0$

33. $x^2 + 2x = 0$

34. $9x^2 + 12x + 4 = 0$

 **Aplicación**

Usa cualquier método para resolver cada ecuación. Si es necesario, redondea tu respuesta a la centésima más cercana.

35. $3w^2 = 48$

36. $3x^2 + 2x - 4 = 0$

37. $6g^2 - 18 = 0$

38. $3p^2 + 4p = 10$

39. $k^2 - 4k = -4$

40. $13r^2 - 117 = 0$

41. Pensar en un plan Manejas una empresa de paseo de perros. Tienes 50 clientes por semana si cobras $14 por paseo. Por cada $1 que disminuyes de tu tarifa por paseo, obtienes 5 clientes más por semana. ¿Puede ser que ganes $750 en una semana? Explica tu respuesta.
- ¿Qué ecuación cuadrática en forma estándar puedes usar para representar esta situación?
- ¿Cómo puede ayudarte el discriminante de la ecuación a resolver el problema?

42. Deportes Tu escuela quiere publicar un anuncio en el periódico para felicitar al equipo de básquetbol por su exitosa temporada, como se muestra abajo. El área de la fotografía ocupará la mitad del área de todo el anuncio. ¿Cuál es el valor de x?

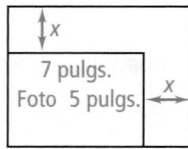

43. Escribir ¿Cómo usas el discriminante para escribir una ecuación cuadrática que tenga dos soluciones?

44. Analizar errores Describe y corrige el error que se muestra a la derecha, que cometió un estudiante al hallar el discriminante de $2x^2 + 5x - 6 = 0$.

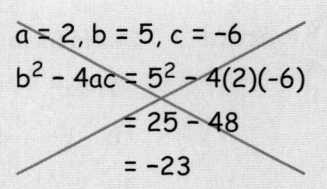

45. Halla el discriminante y la solución de cada ecuación de las partes (a) a (c). Si es necesario, redondea a la centésima más cercana.

    a. $x^2 - 6x + 5 = 0$ **b.** $x^2 + x - 20 = 0$ **c.** $2x^2 - 7x - 3 = 0$

    d. Razonamiento Cuando el discriminante es un cuadrado perfecto, ¿las soluciones son racionales o irracionales? Explica tu respuesta.

 **Desafío**

46. Razonamiento Las soluciones de cualquier ecuación cuadrática $ax^2 + bx + c = 0$ son $\dfrac{-b + \sqrt{b^2 - 4ac}}{2a}$ y $\dfrac{-b - \sqrt{b^2 - 4ac}}{2a}$.

    a. Halla una fórmula para la suma de las soluciones.

    b. Una solución de $2x^2 + 3x - 104 = 0$ es -8. Usa la fórmula que hallaste en la parte (a) para hallar la segunda solución.

Razonamiento Para cada condición dada, indica si $ax^2 + bx + c = 0$ tendrá dos soluciones *siempre*, *a veces* o *nunca*.

47. $b^2 < 4ac$ **48.** $b^2 = 0$ **49.** $ac < 0$

Preparación para el examen estandarizado

SAT/ACT

50. ¿Cuáles son las soluciones aproximadas de la ecuación $x^2 - 7x + 3 = 0$?

    Ⓐ $-6.54, 0.46$ Ⓑ $-6.54, -0.46$ Ⓒ $-0.46, 6.54$ Ⓓ $0.46, 6.54$

51. ¿Cuál de las siguientes relaciones es una función?

    Ⓕ $\{(1, 2), (3, 5), (1, 4), (2, 3)\}$ Ⓗ $\{(8, 2), (6, 3), (6, 11), (-8, 2)\}$

    Ⓖ $\{(-5, 6), (0, 9), (-1, 2), (0, 6)\}$ Ⓘ $\{(-1, 3), (7, 3), (-7, 2), (4, 5)\}$

52. ¿Qué ecuación obtienes cuando resuelves $3a - b = 2c$ para hallar b?

    Ⓐ $b = -3a + 2c$ Ⓑ $b = 3a - 2c$ Ⓒ $b = 3a + 2c$ Ⓓ $b = -3a - 2c$

53. ¿Cuáles son las soluciones aproximadas de la ecuación $\frac{1}{3}x^2 - \frac{5}{4}x + 1 = 0$? Usa una calculadora gráfica.

    Ⓕ $1.07, 2.77$ Ⓖ $1.16, 2.59$ Ⓗ $0.87, 10.38$ Ⓘ $0.19, 16.01$

Respuesta breve

54. Supón que la recta que pasa por los puntos $(n, 6)$ y $(1, 2)$ es paralela a la gráfica de $2x + y = 3$. Halla el valor de n. Muestra tu trabajo.

Repaso mixto

Resuelve cada ecuación completando el cuadrado.   ◀ **Ver la Lección 9-5.**

55. $s^2 - 10s + 13 = 0$ **56.** $m^2 + 3m = -2$ **57.** $3w^2 + 18w - 1 = 0$

¡Prepárate! Antes de la Lección 9-7, haz los Ejercicios 58 a 61.

Representa cada función con una gráfica.   ◀ **Ver la Lección 7-6.**

58. $y = 2^x$ **59.** $y = 3^x$ **60.** $y = \left(\frac{1}{3}\right)^x$ **61.** $y = \left(\frac{1}{2}\right)^x$

9-7 Modelos lineales, cuadráticos y exponenciales

Objetivo   Escoger un modelo lineal, cuadrático o exponencial para representar datos.

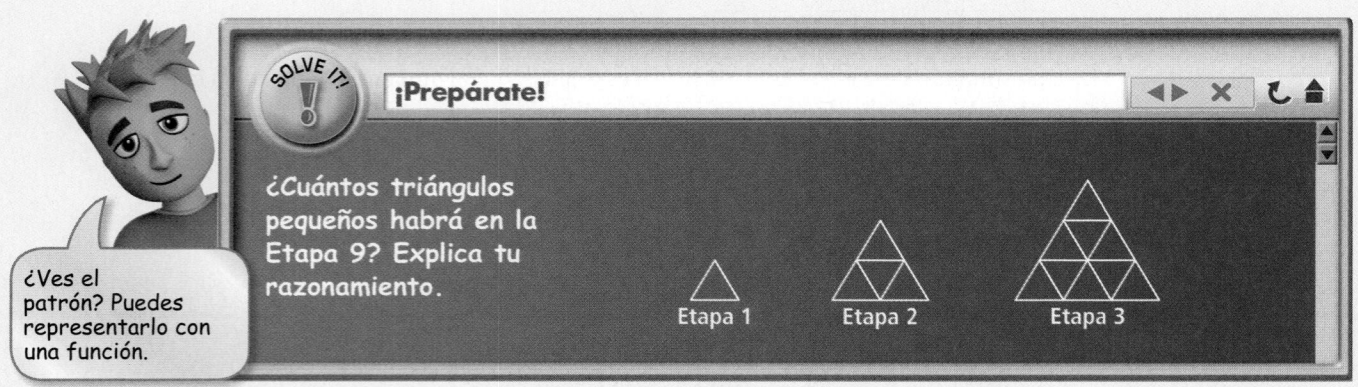

SOLVE IT!

¡Prepárate!

¿Cuántos triángulos pequeños habrá en la Etapa 9? Explica tu razonamiento.

Etapa 1   Etapa 2   Etapa 3

¿Ves el patrón? Puedes representarlo con una función.

Comprensión esencial Puedes usar las funciones lineales, cuadráticas o exponenciales que has aprendido para representar algunos conjuntos de datos.

toma nota

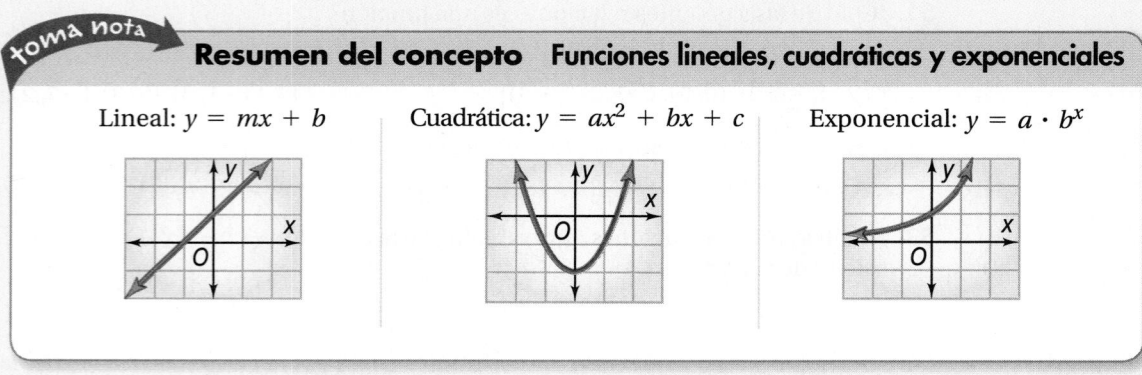

Resumen del concepto   Funciones lineales, cuadráticas y exponenciales

Lineal: $y = mx + b$

Cuadrática: $y = ax^2 + bx + c$

Exponencial: $y = a \cdot b^x$

Problema 1   **Escoger un modelo con una gráfica**

Representa cada conjunto de puntos con una gráfica. ¿Qué modelo es más apropiado para cada conjunto?

A $(1, 3), (0, 0), (-3, 3),$ $(-1, -1), (-2, 0)$

B $(0, 2), (-1, 4),$ $(1, 1), (2, 0.5)$

C $(-1, -2), (0, -1),$ $(1, 0), (3, 2)$

Piensa

¿Puedes eliminar posibilidades?
Sí. Por ejemplo, sabes que un modelo lineal no es apropiado en las partes (A) y (B) porque la pendiente entre dos puntos cualesquiera no es constante.

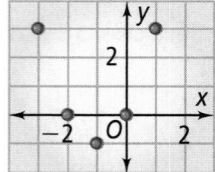

Modelo cuadrático

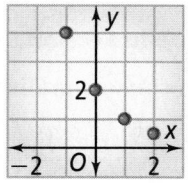

Modelo exponencial

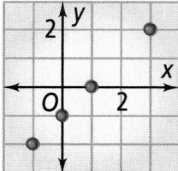

Modelo lineal

¿Comprendiste? **1.** Representa cada conjunto de puntos con una gráfica. ¿Qué modelo es más apropiado para cada conjunto?

a. $(0, 0), (1, 1), (-1, -0.5), (2, 3)$ **b.** $(-2, 11), (-1, 5), (0, 3), (1, 5)$

Cuando los valores de x en un conjunto de pares de datos tienen una diferencia común, puedes analizar los datos numéricamente para hallar cuál es el mejor modelo. Puedes usar una función lineal para representar pares de datos con valores de y que tienen una diferencia común. Puedes usar una función exponencial para representar pares de datos con valores de y que tienen una razón común.

x	y
−2	−1
−1	2
0	5
1	8
2	11

(+1 entre valores de x; +3 entre valores de y)

x	y
−2	0.25
−1	0.5
0	1
1	2
2	4

(+1 entre valores de x; ×2 entre valores de y)

Los valores de y tienen una diferencia común de 3. Los datos se pueden representar con un modelo lineal.

Los valores de y tienen una razón común de 2. Los datos se pueden representar con un modelo exponencial.

Para las funciones cuadráticas, las segundas diferencias son constantes.

En la tabla de la derecha, todas las segundas diferencias entre los valores de y son iguales a 4; por tanto, los datos se pueden representar con un modelo cuadrático.

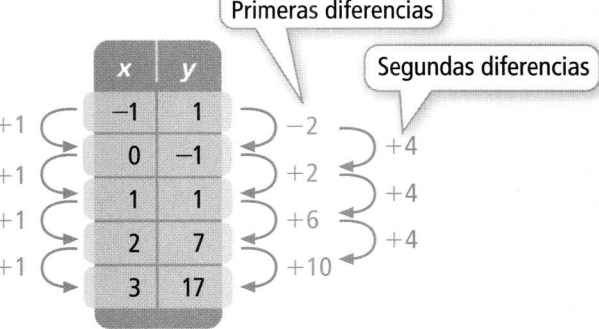

Primeras diferencias

Segundas diferencias

x	y
−1	1
0	−1
1	1
2	7
3	17

(+1 entre valores de x; primeras diferencias −2, +2, +6, +10; segundas diferencias +4, +4, +4)

 Problema 2   **Escoger un modelo usando diferencias o razones**

¿Qué tipo de función representa mejor los datos? Usa diferencias o razones.

A B

x	y
−3	9
−2	5
−1	1
0	−3
1	−7

(+1 entre valores de x; −4 entre valores de y)

x	y
0	0
1	−0.25
2	−1
3	−2.25
4	−4

(+1 entre valores de x; primeras diferencias −0.25, −0.75, −1.25, −1.75; segundas diferencias −0.5, −0.5, −0.5)

Planea

¿Cómo puedes comenzar?
Comienza comprobando las primeras diferencias entre los valores de y. Luego, comprueba las segundas diferencias y las razones, si es necesario.

Las primeras diferencias son constantes; por tanto, los datos se representan con una función lineal.

Las segundas diferencias son constantes; por tanto, los datos se representan con una función cuadrática.

¿Comprendiste? **2.** ¿Qué tipo de función representa mejor los pares ordenados $(-1, 0.5)$, $(0, 1)$, $(1, 2)$, $(2, 4)$ y $(3, 8)$? Usa diferencias o razones.

 Problema 3 **Representar datos**

¿Qué tipo de función representa mejor los datos de la tabla de la derecha? Escribe una ecuación para representar los datos.

x	y
0	0
1	0.5
2	2
3	4.5
4	8

Planea

¿Cómo puede ayudarte una gráfica a comenzar?
Una gráfica puede sugerir el tipo de función que representa los datos. Puedes usar diferencias o razones para confirmar el tipo de función.

Paso 1
Representa los datos con una gráfica.

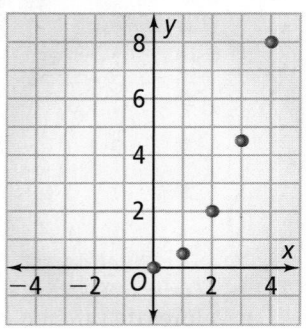

Paso 2
Los datos parecen ser cuadráticos. Prueba si hay una segunda diferencia común.

	x	y	
+1	0	0	+0.5
+1	1	0.5	+1.5 +1
+1	2	2	+2.5 +1
+1	3	4.5	+3.5 +1
	4	8	

Hay una segunda diferencia común: 1.

Paso 3
La gráfica parece ser una parábola cuyo vértice está en $(0, 0)$; por tanto, usa $y = ax^2$.

$y = ax^2$
$2 = a(2)^2$ Usa un punto que no sea $(0, 0)$ para hallar el valor de a.
$2 = 4a$ Simplifica.
$0.5 = a$ Divide cada lado por 4.
$y = 0.5x^2$ Escribe una función cuadrática.

Paso 4
Prueba dos puntos del conjunto de datos que no sean $(2, 2)$ y $(0, 0)$.

Prueba $(3, 4.5)$:
$y = 0.5x^2$
$y = 0.5(3)^2$
$y = 4.5$ ✔

Prueba $(4, 8)$:
$y = 0.5x^2$
$y = 0.5(4)^2$
$y = 8$ ✔

Los puntos $(3, 4.5)$ y $(4, 8)$ satisfacen $y = 0.5x^2$. La ecuación $y = 0.5x^2$ representa los datos.

 ¿Comprendiste? **3. a.** ¿Qué tipo de función representa mejor los datos de la tabla de la derecha? Escribe una ecuación para representar los datos.

x	−1	0	1	2	3
y	30	6	1.2	0.24	0.048

b. **Razonamiento** En el Paso 4 del Problema 3, ¿por qué no debes probar los puntos $(2, 2)$ y $(0, 0)$?

Los datos de la vida diaria rara vez encajan con exactitud en patrones lineales, exponenciales o cuadráticos. Sin embargo, puedes determinar qué tipo de función representa el mejor modelo posible para los datos.

Problema 4   Representar datos de la vida diaria

Transporte Los datos que se muestran a la derecha dan el valor de un carro usado a lo largo del tiempo. ¿Qué tipo de función representa mejor los datos? Escribe una ecuación para representar los datos.

Valor de un carro usado

Años	Valor ($)
0	12,575
1	11,065
2	9750
3	8520
4	7540
5	6710

Lo que sabes

El valor de un carro usado a lo largo del tiempo

Lo que necesitas

El modelo más apropiado para los datos

Planea

Representa los datos con una gráfica y luego usa diferencias o razones para hallar un modelo que represente la situación.

Paso 1
Representa los datos con una gráfica.

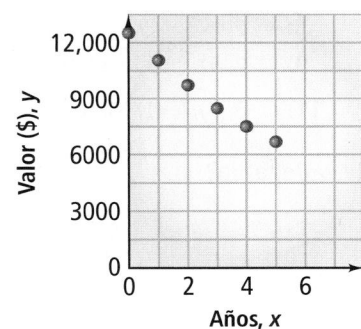

La gráfica tiene forma de curva y no parece ser cuadrática. Puede ser exponencial.

Paso 2
Prueba si hay una razón común.

Años	Valor ($)	
0	12,575	$\frac{11,065}{12,575} \approx 0.88$
1	11,065	$\frac{9750}{11,065} \approx 0.88$
2	9750	$\frac{8520}{9750} \approx 0.87$
3	8520	$\frac{7540}{8520} \approx 0.88$
4	7540	$\frac{6710}{7540} \approx 0.89$
5	6710	

(+1 entre cada año)

El valor del carro es aproximadamente 0.88 veces el valor que tenía el año anterior.

Paso 3
Escribe un modelo exponencial.

Relacionar $y = a \cdot b^x$

Definir   Sea a = el valor inicial, 12,575.
Sea b = el factor de decaimiento, 0.88.

Escribir $y = 12{,}575 \cdot 0.88^x$

Paso 4
Prueba dos puntos que no sean (0, 12,575).

Prueba (2, 9750):   Prueba (4, 7540):

$y = 12{,}575 \cdot 0.88^2$ $y = 12{,}575 \cdot 0.88^4$

$y \approx 9738$ $y \approx 7541$

El punto (2, 9738) está cerca del punto (2, 9750). El punto (4, 7541) está cerca del punto (4, 7540). La ecuación $y = 12{,}575 \cdot 0.88^x$ representa los datos.

✓ **¿Comprendiste?**   **4.** La tabla muestra los ingresos anuales de una pequeña compañía teatral. ¿Qué tipo de función representa mejor los datos? Escribe una ecuación para representar los datos.

Ingresos anuales de la compañía teatral					
Año	0	1	2	3	4
Ingresos ($)	18,254	18,730	19,215	19,695	20,175

Comprobar la comprensión de la lección

¿CÓMO hacerlo?

¿Qué tipo de función representa mejor cada conjunto de datos?

1. $(0, 11), (1, 5), (2, 3), (3, 5), (4, 11)$

2. $(-4, -10), (-2, -7), (0, -4), (2, -1), (4, 2)$

3. $(-1, 8), (0, 4), (2, 1), (3, 0.5)$

¿Lo ENTIENDES?

4. Razonamiento ¿Los valores de y en un conjunto de pares de datos pueden tener una razón común y una diferencia común? Explica tu respuesta.

5. Escribir Explica cómo decidir si una función lineal, exponencial o cuadrática es el modelo más apropiado para representar un conjunto de datos.

Ejercicios de práctica y resolución de problemas

 **Práctica**

Representa cada conjunto de puntos con una gráfica. ¿Qué modelo es más apropiado para cada conjunto?

◀ **Ver el Problema 1.**

6. $(-2, -3), (-1, 0), (0, 1), (1, 0), (2, -3)$

7. $(-2, -8), (0, -4), (3, 2), (5, 6)$

8. $(-3, 6), (-1, 0), (0, -1), (1, -1.5)$

9. $(-2, 5), (-1, -1), (0, -3), (1, -1), (2, 5)$

10. $(-1, -5\frac{2}{3}), (0, -5), (2, 3), (3, 27)$

11. $(-3, 8), (-1, 6), (0, 5), (2, 3), (3, 2)$

¿Qué tipo de función representa mejor los datos de cada tabla? Usa diferencias o razones.

◀ **Ver el Problema 2.**

12.

x	y
0	0
1	1.5
2	6
3	13.5
4	24

13.

x	y
0	-5
1	-3
2	-1
3	1
4	3

14.

x	y
0	1
1	1.2
2	1.44
3	1.728
4	2.0736

¿Qué tipo de función representa mejor los datos de cada tabla? Escribe una ecuación para representar los datos.

◀ **Ver el Problema 3.**

15.

x	y
0	0
1	2.8
2	11.2
3	25.2
4	44.8

16.

x	y
0	5
1	2
2	0.8
3	0.32
4	0.128

17.

x	y
0	2
1	1.5
2	1
3	0.5
4	0

18. Deportes La cantidad de personas que asisten a los primeros cinco partidos de fútbol americano de la escuela se muestra en la tabla de abajo. ¿Qué tipo de función representa mejor los datos? Escribe una ecuación para representar los datos.

Ver el Problema 4.

Partido	1	2	3	4	5
Cantidad de público	248	307	366	425	484

19. Banca En la tabla de la derecha, se muestra el promedio mensual del saldo de una cuenta de ahorros. ¿Qué tipo de función representa mejor los datos? Escribe una ecuación para representar los datos.

Mes	Saldo ($)
0	540
1	556.20
2	572.89
3	590.07
4	607.77

Ⓑ Aplicación

20. Analizar errores Tom afirma que, como los pares de datos $(1, 4)$, $(2, 6)$, $(3, 9)$ y $(4, 13.5)$ tienen valores de y con una razón común, se representan mejor con una función cuadrática. ¿Cuál es su error?

21. a. Haz una tabla con cinco pares ordenados para cada función usando valores de x consecutivos. Halla la segunda diferencia común.
   i. $f(x) = x^2 - 3$ **ii.** $f(x) = 3x^2$ **iii.** $f(x) = 4x^2 - 5x$
  b. ¿Cuál es la relación entre la segunda diferencia común y el coeficiente del término x^2?
  c. Razonamiento Explica cómo podrías usar esta relación para representar datos.

22. Pensar en un plan En la tabla de la derecha, se muestra la cantidad de visitantes de un sitio Web a lo largo de varios días. ¿Qué ecuación representa los datos?
- ¿La gráfica de los datos sugiere usar un tipo de función?
- ¿Tu ecuación se ajustará exactamente a los datos? ¿Cómo lo sabes?

Día	Visitantes
1	52
2	197
3	447
4	805
5	1270

23. Respuesta de desarrollo Escribe un conjunto de pares de datos que podrías representar con una función cuadrática.

24. Zoología Una organización de protección del medio ambiente recopila datos sobre la cantidad de ranas que habitan en un pantano local, como se muestra en la tabla de la derecha. ¿Qué tipo de función representa mejor los datos? Escribe una ecuación para representar los datos.

Año	Cantidad de ranas
0	120
1	101
2	86
3	72
4	60

25. La siguiente tabla muestra la población que se calcula que habrá en una pequeña ciudad dentro de unos años. Sea $t = 0$ el año 2020.
  a. Representa los datos con una gráfica. ¿La gráfica sugiere un modelo lineal, exponencial o cuadrático?
  b. Halla la tasa de cambio en la población con respecto al tiempo que transcurre de un par de datos al siguiente. ¿De qué manera los resultados apoyan tu respuesta de la parte (a)?
  c. Escribe una función que represente los datos que se muestran en la tabla.
  d. Usa la función de la parte (c) para predecir la población que tendrá la ciudad en el año 2050.

Año, t	0	5	10	15
Población, p	5100	5700	6300	6900

26. Razonamiento Escribe una función cuadrática $y = ax^2 + bx + c$ cuya gráfica pase por los puntos $(0, 7)$, $(2, 13)$ y $(4, 35)$.

27. Razonamiento El diagrama de la derecha muestra las diferencias de la función cúbica $f(x) = x^3 - 2x + 5$ para los valores de x 0, 1, 2, 3, 4 y 5.

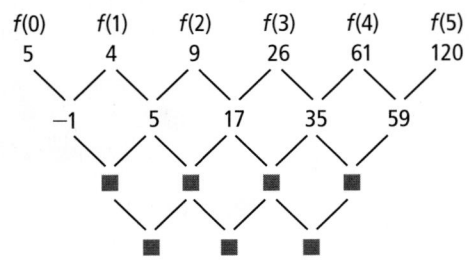

  a. Escribe las segundas y terceras diferencias en los lugares apropiados del diagrama.
  b. ¿Cuál predices que será la tercera diferencia si se agrega $f(6)$ al diagrama?
  c. ¿Crees que las terceras diferencias serán constantes para otras funciones cúbicas? Explica tu respuesta.

Preparación para el examen estandarizado

SAT/ACT

28. La gráfica de la derecha muestra la cantidad y de visitantes a un museo a lo largo de x días. ¿Qué función representa la cantidad de visitantes?

  Ⓐ $y = -100x + 900$
  Ⓒ $y = -100x + 800$
  Ⓑ $y = 900(0.875)^x$
  Ⓓ $y = -50x^2 - 400x + 1300$

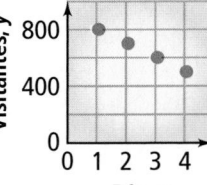

29. ¿Qué expresión es equivalente a $(4x^3 + 2x^2 + 1) + (3x^2 + 8x + 2)$?

  Ⓕ $7x^2 + 10x + 3$ Ⓖ $7x^3 + 10x^2 + 3x$ Ⓗ $4x^3 + 5x^2 + 3$ Ⓘ $4x^3 + 5x^2 + 8x + 3$

30. ¿Qué recta pasa por el punto $(1, 3)$ y es paralela a la recta cuya gráfica se muestra a la derecha?

  Ⓐ $y = 2x + 1$
  Ⓒ $y = 2x - 5$
  Ⓑ $y = 2x + 3$
  Ⓓ $y = -5x + 8$

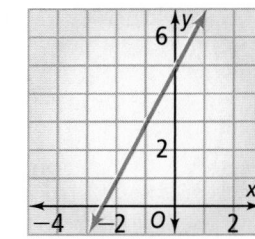

Respuesta breve

31. ¿Cuáles son los factores de $10x^2 - x - 2$? Muestra tu trabajo.

Repaso mixto

Usa la fórmula cuadrática para resolver cada ecuación. Si es necesario, redondea a la centésima más cercana.

Ver la Lección 9-6.

32. $4x^2 + 4x - 3 = 0$ **33.** $x^2 + 2x - 7 = 0$ **34.** $3x^2 - 8x = -1$

¡Prepárate! Antes de la Lección 9-8, haz los Ejercicios 35 a 37.

Resuelve usando la eliminación.

Ver la Lección 6-3.

35. $x + y = 10$
$\quad\ \ x - y = 2$

36. $5x - 6y = -32$
$\quad\ \ 3x + 6y = 48$

37. $-2x + 15y = -32$
$\quad\ \ \ 7x - 5y = 17$

Puedes usar una calculadora gráfica para calcular regresiones cuadráticas y regresiones exponenciales.

Actividad

Usa una calculadora gráfica para hallar un modelo que represente los datos dados.

x	0	1	2	3	4	5
y	4	1	2	5	8	19

Paso 1

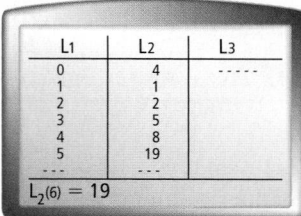

Ingresa los datos en dos listas. Ingresa los valores de x en **L1** y los valores de y en **L2**.

Paso 2

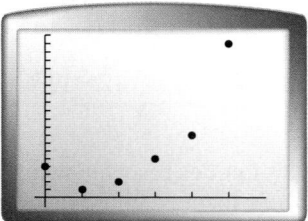

Haz un diagrama de dispersión con los datos. Presiona (zoom) 9 para hacer la gráfica. La gráfica parece ser cuadrática.

Paso 3

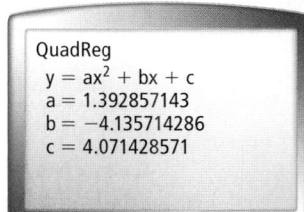

Calcula la regresión. Presiona (stat). Selecciona **CALC** y **QUADREG** para hallar el modelo.

La ecuación $y = 1.39x^2 - 4.14x + 4.07$ representa los datos. Comprueba la ecuación representándola con una gráfica y marcando los pares ordenados de la tabla en el mismo plano de coordenadas.

Para calcular una regresión exponencial, presiona (stat). Selecciona **CALC** y **EXPREG** para hallar el modelo.

Ejercicios

Usa una calculadora gráfica para hallar un modelo que represente cada conjunto de datos.

1.

x	y
−1	4.3
0	5.1
1	4.3
2	2.2
3	1.3

2.

x	y
−1	12.75
0	2.83
1	0.64
2	0.12
3	0.04

3.

x	y
−1	0.1
0	1.2
1	11.8
2	115.3
3	1129.4

Sistemas de ecuaciones lineales y cuadráticas

Objetivo   Resolver sistemas de ecuaciones lineales y cuadráticas.

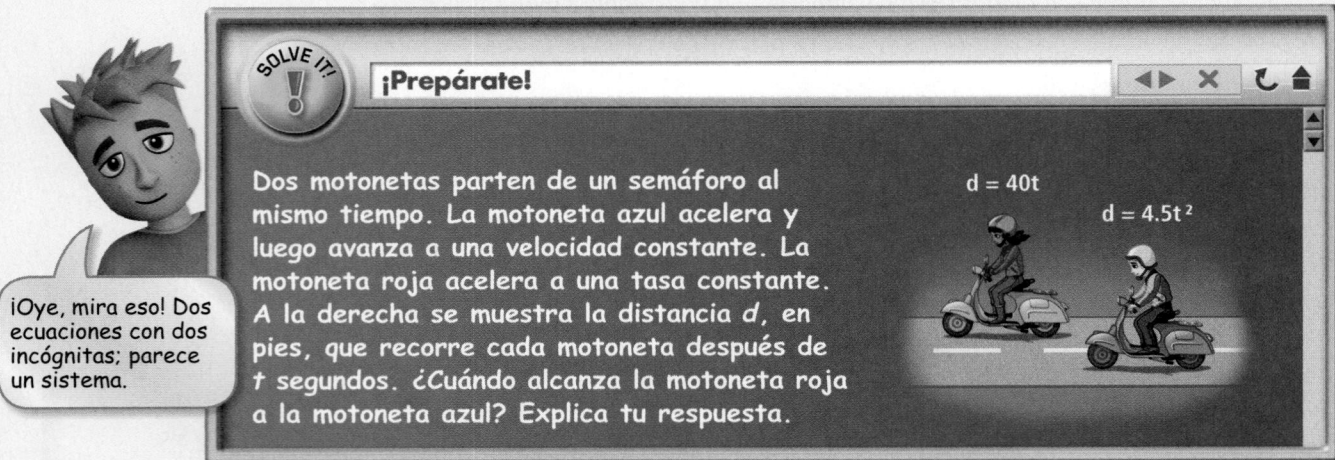

SOLVE IT!

¡Prepárate!

Dos motonetas parten de un semáforo al mismo tiempo. La motoneta azul acelera y luego avanza a una velocidad constante. La motoneta roja acelera a una tasa constante. A la derecha se muestra la distancia *d*, en pies, que recorre cada motoneta después de *t* segundos. ¿Cuándo alcanza la motoneta roja a la motoneta azul? Explica tu respuesta.

$d = 40t$

$d = 4.5t^2$

¡Oye, mira eso! Dos ecuaciones con dos incógnitas; parece un sistema.

Comprensión esencial   Puedes resolver sistemas de ecuaciones lineales y cuadráticas con una gráfica o de forma algebraica. Este tipo de sistema puede tener dos soluciones, una solución o ninguna solución.

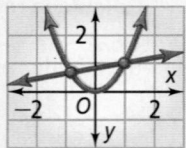

Dos soluciones

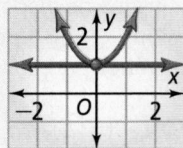

Una solución

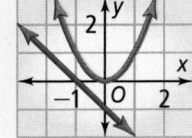

Ninguna solución

Planea

¿Cómo resuelves este sistema con una gráfica?
Los puntos en los que se intersecan las dos gráficas son las soluciones del sistema.

Problema 1   **Resolver con una gráfica**

¿Cuáles son las soluciones del sistema? Resuelve con una gráfica.

$y = x^2 - x - 2$
$y = -x + 2$

Paso 1   Representa ambas ecuaciones con una gráfica en el mismo plano de coordenadas.

Paso 2   Identifica el/los punto(s) de intersección, si los hay. Los puntos de intersección son $(-2, 4)$ y $(2, 0)$.

Las soluciones del sistema son $(-2, 4)$ y $(2, 0)$.

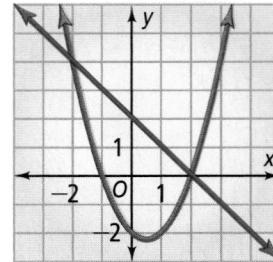

¿Comprendiste? **1.** ¿Cuáles son las soluciones de cada sistema? Resuelve con una gráfica.

a. $y = 2x^2 + 1$ **b.** $y = x^2 + x + 3$
$y = -2x + 5$ $y = -x$

En la Lección 6-3, resolviste sistemas lineales usando la eliminación. Se puede aplicar la misma técnica a los sistemas de ecuaciones lineales y cuadráticas.

 Problema 2 **Usar la eliminación**

Diversión Desde la inauguración, la cantidad de personas que van a la Piscina A ha aumentado a un ritmo constante, mientras que la cantidad de personas que van a la Piscina B primero aumentó y luego disminuyó. Abajo se muestran las ecuaciones que representan la concurrencia diaria y a cada piscina, donde x es la cantidad de días desde la inauguración. ¿En qué día(s) la cantidad de personas fue igual en ambas piscinas? ¿Cuál fue la cantidad de personas?

Piscina A: $y = 20x + 124$
Piscina B: $y = -x^2 + 39x + 64$

Lo que sabes
Las ecuaciones que indican la cantidad de personas en cada piscina

Lo que necesitas
El/los día(s) en que la cantidad de personas fue igual en ambas piscinas

Planea
Usa la eliminación para resolver el sistema que forman las ecuaciones.

Paso 1 Elimina y.

$$y = -x^2 + 39x + 64$$
$$-(y = \quad\quad 20x + 124) \quad \text{Resta las dos ecuaciones.}$$
$$\overline{0 = -x^2 + 19x - 60} \quad \text{Propiedad de resta de la igualdad}$$

Paso 2 Descompón en factores y resuelve para hallar el valor de x.

$$0 = -x^2 + 19x - 60$$
$$0 = -(x^2 - 19x + 60) \quad\quad\quad \text{Extrae } -1 \text{ como factor común.}$$
$$0 = -(x - 4)(x - 15) \quad\quad\quad \text{Descompón en factores.}$$
$$x - 4 = 0 \quad\quad ó \quad\quad x - 15 = 0 \quad\quad \text{Propiedad del producto cero}$$
$$x = 4 \quad\quad ó \quad\quad\quad\quad x = 15 \quad\quad \text{Halla } x.$$

Paso 3 Halla los valores de y correspondientes. Usa cualquiera de las ecuaciones.

$$y = 20x + 124 \quad\quad\quad\quad\quad\quad y = 20x + 124$$
$$y = 20(4) + 124 \quad\quad\quad\quad\quad y = 20(15) + 124$$
$$y = 204 \quad\quad\quad\quad\quad\quad\quad\quad y = 424$$

Las piscinas tuvieron la misma cantidad de personas en los Días 4 y 15. En el Día 4, había 204 personas en cada piscina. En el Día 15, había 424 personas en cada piscina.

 ¿Comprendiste? **2.** En el Problema 2, supón que la concurrencia diaria y a la Piscina A se puede representar con la ecuación $y = 32x + 74$. ¿En qué día(s) la cantidad de personas fue igual en ambas piscinas? ¿Cuál fue la cantidad de personas?

La sustitución es otro método que has usado para resolver sistemas lineales. Este método también funciona con sistemas de ecuaciones lineales y cuadráticas.

 Problema 3 Usar la sustitución

¿Cuáles son las soluciones del sistema?

$$y = x^2 - 6x + 10$$
$$y = 4 - x$$

Planea

¿Qué variable debes sustituir?
Sustituye y, porque ya se halló y en ambas ecuaciones.

Paso 1 Escribe una sola ecuación que contenga sólo una variable.

$$y = x^2 - 6x + 10$$

$$4 - x = x^2 - 6x + 10 \qquad \text{Sustituye } y \text{ por } 4 - x.$$

$$4 - x - (4 - x) = x^2 - 6x + 10 - (4 - x) \qquad \text{Resta } 4 - x \text{ de cada lado.}$$

$$0 = x^2 - 5x + 6 \qquad \text{Escribe en forma estándar.}$$

Paso 2 Descompón en factores y resuelve para hallar el valor de x.

$$0 = (x - 2)(x - 3) \qquad \text{Descompón en factores.}$$

$$x - 2 = 0 \quad \text{ó} \quad x - 3 = 0 \qquad \text{Propiedad del producto cero}$$

$$x = 2 \quad \text{ó} \qquad x = 3 \qquad \text{Halla } x.$$

Paso 3 Halla los valores de y correspondientes. Usa cualquiera de las ecuaciones originales.

$$y = 4 - x = 4 - 2 = 2 \qquad y = 4 - x = 4 - 3 = 1$$

La soluciones del sistema son $(2, 2)$ y $(3, 1)$.

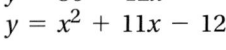 **¿Comprendiste?** **3.** ¿Cuáles son las soluciones del sistema?

$$y - 30 = 12x$$
$$y = x^2 + 11x - 12$$

Problema 4 Resolver con una calculadora gráfica

¿Cuáles son las soluciones del sistema?
Usa una calculadora gráfica.

$$y = -x + 5$$
$$y = -x^2 + 4x + 1$$

Paso 1 Ingresa las ecuaciones en la pantalla **Y=**. Presiona **graph** para mostrar el sistema.

Paso 2

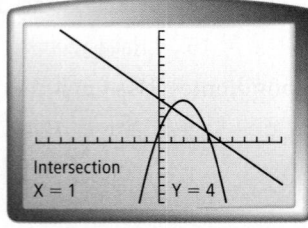

Paso 3

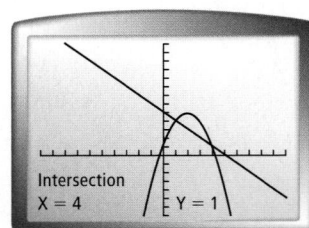

Piensa

¿Cómo compruebas tus soluciones?
En las ecuaciones originales, sustituye las variables por las soluciones que obtuviste y simplifica.

Usa la función **CALC.** Selecciona **INTERSECT.** Mueve el cursor hasta que quede cerca de un punto de intersección. Presiona **enter** tres veces para hallar el punto de intersección.

Repite el Paso 2 para hallar el segundo punto de intersección.

Las soluciones son $(1, 4)$ y $(4, 1)$.

¿Comprendiste? **4. a.** ¿Cuáles son las soluciones del sistema? $y = x^2 - 2$
Usa una calculadora gráfica. $\qquad y = -x$

b. Razonamiento ¿De qué otra manera puedes resolver el sistema de la parte (a)? Explica tu respuesta.

Comprobar la comprensión de la lección

¿CÓMO hacerlo?

1. Usa una gráfica para resolver el sistema $y = x^2 + x - 2$ y $y = x + 2$.

2. Usa la eliminación para resolver el sistema $y = x^2 - 13x + 52$ y $y = -14x + 94$.

3. Usa la sustitución para resolver el sistema $y = x^2 - 6x + 9$ y $y + x = 5$.

4. Usa una calculadora gráfica para resolver el sistema $y = -x^2 + 4x + 1$ y $y = 2x + 2$.

¿Lo ENTIENDES?

5. Usa dos métodos diferentes para resolver el sistema $y = x$ y $y = 2x^2 + 10x + 9$. ¿Qué método prefieres? Explica tu respuesta.

6. Respuesta de desarrollo Escribe un sistema de ecuaciones lineales y cuadráticas con la cantidad de soluciones dadas.

a. dos **b.** exactamente una **c.** ninguna

7. Comparar y contrastar ¿En qué se parece resolver sistemas de ecuaciones lineales a resolver sistemas de ecuaciones lineales y cuadráticas? ¿En qué se diferencia?

Ejercicios de práctica y resolución de problemas

 **Práctica** **Resuelve cada sistema con una gráfica.** ◀ **Ver el Problema 1.**

8. $y = x^2 + 1$
$\quad y = x + 1$

9. $y = x^2 + 4$
$\quad y = 4x$

10. $y = x^2 - 5x - 4$
$\quad y = -2x$

11. $y = x^2 + 2x + 1$
$\quad y = x + 1$

12. $y = x^2 + 2x + 5$
$\quad y = -2x + 1$

13. $y = 3x + 4$
$\quad y = -x^2 + 4$

Resuelve cada sistema usando la eliminación. ◀ **Ver el Problema 2.**

14. $y = -x + 3$
$\quad y = x^2 + 1$

15. $y = x^2$
$\quad y = x + 2$

16. $y = -x - 7$
$\quad y = x^2 - 4x - 5$

17. Ventas Las ecuaciones de la derecha representan la cantidad y de dos reproductores portátiles de música vendidos x días después de haberse colocado a la venta. ¿En qué día(s) la empresa vendió la misma cantidad de cada reproductor? ¿Cuántos reproductores de cada tipo se vendieron?

Reproductor de música A: $y = 48x + 20$
Reproductor de música B: $y = -x^2 + 200x + 20$

Resuelve cada sistema usando la sustitución. ◀ **Ver el Problema 3.**

18. $y = x^2 - 2x - 6$
$\quad y = 4x + 10$

19. $y = 3x - 20$
$\quad y = -x^2 + 34$

20. $y = x^2 + 7x + 100$
$\quad y + 10x = 30$

21. $-x^2 - x + 19 = y$
$\quad x = y + 80$

22. $3x - y = -2$
$\quad 2x^2 = y$

23. $y = 3x^2 + 21x - 5$
$\quad -10x + y = -1$

Calculadora gráfica Resuelve cada sistema usando una calculadora gráfica. ◀ Ver el Problema 4.

24. $y = x^2 - 2x - 2$
$y = -2x + 2$

25. $y = -x^2 + 2$
$y = 4 - 0.5x$

26. $y = x - 5$
$y = x^2 - 6x + 5$

27. $y = -0.5x^2 - 2x + 1$
$y + 3 = -x$

28. $y = 2x^2 - 24x + 76$
$y + 7 = 11$

29. $-x^2 - 8x - 15 = y$
$-x + y = 3$

B **Aplicación**

30. Razonamiento La gráfica de la derecha muestra una función cuadrática y la función lineal $y = d$.

a. Si se cambiara la función lineal por $y = d + 3$, ¿cuántas soluciones tendría el sistema?

b. Si se cambiara la función lineal por $y = d - 5$, ¿cuántas soluciones tendría el sistema?

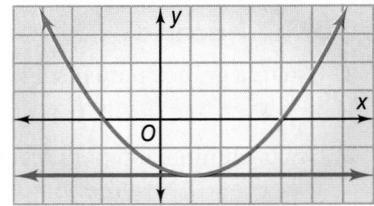

31. Pensar en un plan El logotipo de una empresa consiste en una parábola y una recta. La parábola del logotipo se puede representar con la función $y = 3x^2 - 4x + 2$. La recta se interseca con la parábola cuando $x = 0$ y cuando $x = 2$. ¿Cuál es una ecuación de la recta?
- ¿Cómo hallas las coordenadas de los puntos de intersección?
- ¿Puedes escribir una ecuación de la recta dados los puntos de intersección?

32. Negocios La cantidad diaria de clientes, y, en una cafetería se puede representar con la función $y = 0.25x^2 - 5x + 80$, donde x es la cantidad de días desde el comienzo del mes. La cantidad diaria de clientes en otra cafetería se puede representar con una función lineal. Ambas cafeterías tienen la misma cantidad de clientes en los días 10 y 20. ¿Qué función representa la cantidad de clientes que hay en la segunda cafetería?

33. Analizar errores Un compañero de la clase dice que el sistema $y = x^2 + 2x + 4$ y $y = x + 1$ tiene una solución. Explica el error de tu compañero.

34. Escribir Explica por qué un sistema de ecuaciones lineales y cuadráticas no puede tener infinitas soluciones.

C **Desafío**

35. Geometría Las figuras de abajo muestran rectángulos que tienen su centro en el eje de las y y su base en el eje de las x, y cuyos vértices superiores se definen con la función $y = -0.3x^2 + 4$. Halla el área de cada rectángulo.

a.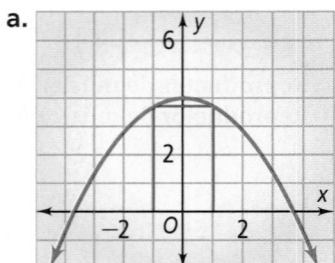

b.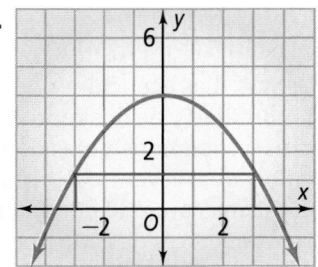

c. Halla las coordenadas de los vértices del cuadrado construido de la misma manera. Redondea a la centésima más cercana.

d. Halla el área del cuadrado. Redondea a la centésima más cercana.

36. ¿Cuáles son las soluciones del sistema $y = x^2 + x + 6$ y $y = 2x^2 - x + 3$? Explica cómo resolviste el sistema.

37. Un diseñador hace un bosquejo del tablero de una mesa en papel cuadriculado. La mesa está delimitada por una parábola y una recta. La parábola se puede representar con la función $y = 2x^2 - 3x + 2$. La recta se interseca con la parábola cuando $x = -1$ y cuando $x = 3$. ¿Cuál es una ecuación de la recta?

Ⓐ $y = -x + 8$ Ⓒ $y = 2x + 5$

Ⓑ $y = x + 8$ Ⓓ $y = -2x + 5$

38. ¿Qué ecuación es un ejemplo de la propiedad distributiva?

Ⓕ $4(x + 2) = 4x + 8$ Ⓗ $4(x + 2) = 4(2 + x)$

Ⓖ $4(x + 2) = (x + 2)4$ Ⓘ $4(x + 2) = 4(x + 2)$

39. ¿Qué velocidad es equivalente a 30 m/s?

Ⓐ 3 km/h   Ⓑ 108 km/h   Ⓒ 3000 km/h   Ⓓ 108,000 km/h

40. ¿Cuál de las siguientes opciones es equivalente a 0.05%?

Ⓕ 0.00005   Ⓖ 0.0005   Ⓗ 0.005   Ⓘ 0.05

41. Una caja con 4 pelotas pesa 5 lb. La misma caja con 10 pelotas pesa 11 lb. Escribe una ecuación en forma pendiente-intercepto para el peso y de una caja que contiene x pelotas. Luego, vuelve a escribir la ecuación en forma estándar usando coeficientes enteros.

Repaso mixto

¿Qué tipo de función representa mejor los datos de cada tabla? Escribe una ecuación para representar los datos.

◀ Ver la Lección 9-7.

42.

x	y
−1	0.2
0	0
1	0.2
2	0.8
3	1.8
4	3.2

43.

x	y
−1	1.6
0	4
1	10
2	25
3	62.5
4	156.25

44.

x	y
−1	11.2
0	7
1	2.8
2	−1.4
3	−5.6
4	−9.8

¡Prepárate! Antes de la Lección 10-1, haz los Ejercicios 45 a 50.

Simplifica cada expresión.

◀ Ver la Lección 1-3.

45. $\sqrt{196}$ **46.** $\sqrt{\dfrac{25}{49}}$ **47.** $\sqrt{1.44}$

48. $\sqrt{81}$ **49.** $\sqrt{0.36}$ **50.** $\sqrt{400}$

Integración de conocimientos

Para resolver estos problemas, integrarás muchos conceptos y destrezas que has estudiado sobre funciones y ecuaciones cuadráticas.

GRAN idea   Funciones

La familia de las funciones cuadráticas tiene ecuaciones en la forma $y = ax^2 + bx + c$, donde $a \neq 0$. La gráfica de una función cuadrática es una parábola.

Tarea 1

Resuelve. Muestra tu trabajo y explica los pasos que seguiste.

Supón que tienes una función cuadrática $y = ax^2 + bx + c$, donde $a < -1$, $b = 2a$ y $c = -b$. ¿Qué sabes acerca de la gráfica de esta función? Justifica cada detalle.

GRAN idea   Resolver ecuaciones y desigualdades

Puedes resolver ecuaciones cuadráticas con distintos métodos, como representar con una gráfica, hallar raíces cuadradas, descomponer en factores, completar el cuadrado y usar la fórmula cuadrática. A veces las características de la ecuación hacen que un método sea más eficaz que los otros.

Tarea 2

Resuelve. Muestra tu trabajo y explica los pasos que seguiste.

Un fabricante hace tuberías de acero de 50 cm de longitud. Se necesitan 400 cm³ de acero para hacer una tubería. Cada tubería tiene un radio interno de 2 cm. ¿Cuál es el grosor x de la tubería?

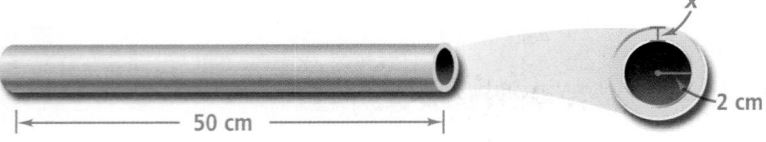

GRAN idea   Representar

Para representar un conjunto de datos, escoge una función que se corresponda lo más posible con el patrón de los datos o la gráfica.

Tarea 3

Resuelve. Muestra tu trabajo y explica los pasos que seguiste.

Supón que dibujas cuerdas para dividir un círculo en la mayor cantidad posible de regiones. La cantidad máxima de regiones R que puedes formar es una función cuadrática de la cantidad de cuerdas x que dibujas. A la derecha se muestran los valores de R para $x = 0$, $x = 1$ y $x = 2$. ¿Qué función representa esta situación? ¿Cuántas regiones puedes formar con 10 cuerdas?

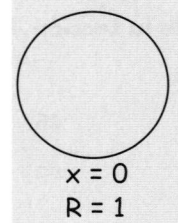

x = 0
R = 1

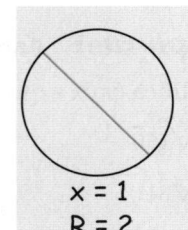

x = 1
R = 2

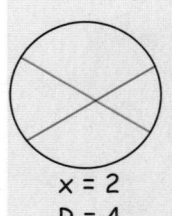

x = 2
R = 4

9 Repaso del capítulo

Conectar las GRANDES ideas y responder a las preguntas esenciales

1 Función
La familia de las funciones cuadráticas tiene ecuaciones en la forma $y = ax^2 + bx + c$, donde $a \neq 0$. La gráfica de una función cuadrática es una parábola.

Representar funciones cuadráticas con una gráfica (Lecciones 9-1 y 9-2)

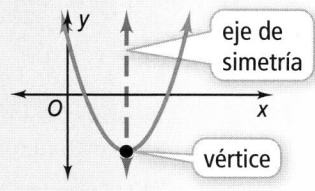

eje de simetría

vértice

2 Resolver ecuaciones y desigualdades
Puedes resolver ecuaciones cuadráticas con distintos métodos.

Resolver ecuaciones cuadráticas (Lecciones 9-3, 9-4, 9-5 y 9-6)
$$ax^2 + bx + c = 0$$
$$x = \frac{-b \pm \sqrt{b^2 - 4ac}}{2a}$$

Sistemas de ecuaciones lineales y cuadráticas (Lección 9-8)

Dos soluciones   Una solución   Ninguna solución

3 Representar
Para representar un conjunto de datos, escoge una función que se corresponda lo más posible con el patrón de los datos o la gráfica.

Escoger un modelo (Lección 9-7)

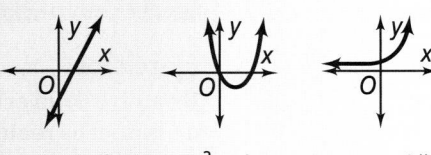

$$y = mx + b \quad y = ax^2 + bx + c \quad y = a \cdot b^x$$

Vocabulario del capítulo

- cero de una función (p. 548)
- completar el cuadrado (p. 561)
- discriminante (p. 570)
- ecuación cuadrática (p. 548)
- eje de simetría (p. 534)
- fórmula cuadrática (p. 567)
- función cuadrática (p. 534)
- máximo (p. 535)
- mínimo (p. 535)
- parábola (p. 534)
- raíz de una ecuación (p. 548)
- vértice (p. 535)

Escoge el término correcto para completar cada oración.

1. La gráfica en forma de U de una función cuadrática es un(a) _?_.

2. La recta que divide una parábola por la mitad es el/la _?_.

3. El/La _?_ se usa para determinar la cantidad de soluciones de números reales que tiene una ecuación cuadrática.

4. El/La _?_ de una parábola es el punto en el que la parábola se interseca con el eje de simetría.

9-1 y 9-2 Representar funciones cuadráticas con una gráfica

Repaso rápido

Una función en la forma $y = ax^2 + bx + c$, donde $a \neq 0$, es una **función cuadrática**. Su gráfica es una **parábola**. El **eje de simetría** de una parábola la divide en dos mitades exactamente iguales. El **vértice** de una parábola es el punto en el que la parábola se interseca con el eje de simetría.

Ejemplo

¿Cuál es el vértice de la gráfica de $y = x^2 + 6x - 2$?

La coordenada x del vértice se obtiene con $x = \frac{-b}{2a}$.

$x = \frac{-b}{2a} = \frac{-6}{2(1)} = -3$

Halla la coordenada y del vértice.

$y = (-3)^2 + 6(-3) - 2$ Sustituye x por −3.

$y = -11$ Simplifica.

El vértice es $(-3, -11)$.

Ejercicios

Representa cada función con una gráfica. Rotula el eje de simetría y el vértice.

5. $y = \frac{2}{3}x^2$ **6.** $y = -x^2 + 1$

7. $y = x^2 - 4$ **8.** $y = 5x^2 + 8$

9. $y = -\frac{1}{2}x^2 + 4x + 1$ **10.** $y = -2x^2 - 3x + 10$

11. $y = \frac{1}{2}x^2 + 2x - 3$ **12.** $y = 3x^2 + x - 5$

Respuesta de desarrollo Da un ejemplo de una función cuadrática que se corresponda con cada descripción.

13. Su gráfica se abre hacia abajo.

14. El vértice de su gráfica está en el origen.

15. Su gráfica se abre hacia arriba.

16. Su gráfica es más ancha que la gráfica de $y = x^2$.

9-3 y 9-4 Resolver ecuaciones cuadráticas

Repaso rápido

La **forma estándar de una ecuación cuadrática** es $ax^2 + bx + c = 0$, donde $a \neq 0$. Las ecuaciones cuadráticas pueden tener dos, una o ninguna solución de números reales. Puedes resolver una ecuación cuadrática representando con una gráfica la función relacionada y hallando los interceptos en x. Algunas ecuaciones cuadráticas también se pueden resolver usando raíces cuadradas. Si el lado izquierdo de $ax^2 + bx + c = 0$ se puede descomponer en factores, puedes usar la **propiedad del producto cero** para resolver la ecuación.

Ejemplo

¿Cuáles son las soluciones de $2x^2 - 72 = 0$?

$2x^2 - 72 = 0$

$2x^2 = 72$ Suma 72 a cada lado.

$x^2 = 36$ Divide cada lado por 2.

$x = \pm\sqrt{36}$ Halla las raíces cuadradas de cada lado.

$x = \pm 6$ Simplifica.

Ejercicios

Resuelve cada ecuación. Si la ecuación no tiene solución de números reales, escribe *sin solución*.

17. $6(x^2 - 2) = 12$ **18.** $-5m^2 = -125$

19. $9(w^2 + 1) = 9$ **20.** $3r^2 + 27 = 0$

21. $4 = 9k^2$ **22.** $4n^2 = 64$

Resuelve descomponiendo en factores.

23. $x^2 + 7x + 12 = 0$ **24.** $5x^2 - 10x = 0$

25. $2x^2 - 9x = x^2 - 20$ **26.** $2x^2 + 5x = 3$

27. $3x^2 - 5x = -3x^2 + 6$ **28.** $x^2 - 5x + 4 = 0$

29. Geometría El área de un círculo A se obtiene con la fórmula $A = \pi r^2$, donde r es el radio del círculo. Halla el radio de un círculo que tiene un área de 16 pulgs.^{2}. Redondea a la décima de pulgada más cercana.

9-5 Completar el cuadrado

Repaso rápido

Puedes resolver cualquier ecuación cuadrática escribiéndola en la forma $x^2 + bx = c$, **completando el cuadrado** y hallando las raíces cuadradas de cada lado de la ecuación.

Ejemplo

¿Cuáles son las soluciones de $x^2 + 8x = 513$?

$x^2 + 8x + 16 = 513 + 16$	Suma $\left(\frac{8}{2}\right)^2$, ó 16, a cada lado.
$(x + 4)^2 = 529$	Escribe $x^2 + 8x + 16$ como un cuadrado.
$x + 4 = \pm\sqrt{529}$	Halla las raíces cuadradas.
$x + 4 = \pm 23$	Simplifica.
$x + 4 = 23$ ó $x + 4 = -23$	Escribe la expresión como dos ecuaciones.
$x = 19$ ó $x = -27$	Halla el valor de x.

Ejercicios

Resuelve cada ecuación completando el cuadrado. Si es necesario, redondea a la centésima más cercana.

30. $x^2 + 6x - 5 = 0$ **31.** $x^2 = 3x - 1$

32. $2x^2 + 7x = -6$ **33.** $x^2 + 10x = -8$

34. $4x^2 - 8x = 24$ **35.** $x^2 - 14x + 16 = 0$

36. Construcción Planeas construir un patio rectangular con una longitud que sea 7 pies menos que tres veces su ancho. El área del patio es 120 pies^2. ¿Cuáles son las dimensiones del patio?

37. Diseño Estás diseñando una tarjeta de cumpleaños rectangular para un amigo. Quieres que la longitud de la tarjeta sea 1 pulg. más que el doble del ancho de la tarjeta. El área de la tarjeta es 88 pulgs.^{2}. ¿Cuáles son las dimensiones de la tarjeta?

9-6 La fórmula cuadrática y el discriminante

Repaso rápido

Puedes resolver la ecuación cuadrática $ax^2 + bx + c = 0$, donde $a \neq 0$, usando la **fórmula cuadrática** $x = \frac{-b \pm \sqrt{b^2 - 4ac}}{2a}$. El **discriminante** es $b^2 - 4ac$. El discriminante te indica cuántas soluciones de números reales tiene la ecuación.

Ejemplo

¿Cuántas soluciones de números reales tiene la ecuación $x^2 + 3 = 2x$?

$x^2 - 2x + 3 = 0$	Escribe en forma estándar.
$b^2 - 4ac = (-2)^2 - 4(1)(3)$	Evalúa el discriminante.
$= -8$	Simplifica.

Como el discriminante es negativo, la ecuación no tiene soluciones de números reales.

Ejercicios

Halla la cantidad de soluciones de números reales que tiene cada ecuación.

38. $x^2 + 7x - 10 = 3$ **39.** $3x^2 - 2 = 5x$

Resuelve cada ecuación usando la fórmula cuadrática. Redondea a la centésima más cercana.

40. $4x^2 + 3x - 8 = 0$ **41.** $2x^2 - 3x = 20$

42. $-x^2 + 8x + 4 = 5$ **43.** $64x^2 + 12x - 1 = 0$

Resuelve cada ecuación con cualquier método. Explica por qué escogiste el método que usaste.

44. $5x^2 - 10 = x^2 + 90$ **45.** $x^2 - 6x + 9 = 0$

46. Movimiento vertical Se lanza una pelota al aire. La altura h, en pies, de la pelota se puede representar con la ecuación $h = -16t^2 + 20t + 6$, donde t es el tiempo, en segundos, que la pelota está en el aire. ¿Cuándo tocará el suelo la pelota?

9-7 Modelos lineales, cuadráticos y exponenciales

Repaso rápido

Representar datos con una gráfica o analizar datos numéricamente puede ayudarte a hallar el mejor modelo. Los datos lineales tienen una primera diferencia común. Los datos exponenciales tienen una razón común. Los datos cuadráticos tienen una segunda diferencia común.

Ejemplo

Representa los puntos $(1, 4)$, $(4, 2)$, $(2, 3)$, $(5, 3.5)$ y $(6, 5)$ con una gráfica. ¿Qué modelo es más apropiado?

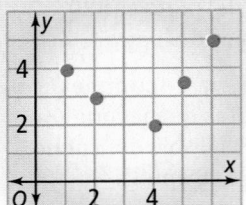

Un modelo cuadrático es más apropiado.

Ejercicios

Representa cada conjunto de puntos con una gráfica. ¿Qué modelo es más apropiado para cada conjunto de datos?

47. $(-3, 0)$, $(1, 4)$, $(-1, 6)$, $(2, 0)$

48. $(0, 6)$, $(5, 2)$, $(1, 4)$, $(8, 1.5)$, $(2, 3)$

Escribe una ecuación para representar los datos.

49.

x	y
−1	−5
0	−2
1	1
2	4
3	7

50.

x	y
−1	2.5
0	5
1	10
2	20
3	40

9-8 Sistemas de ecuaciones lineales y cuadráticas

Repaso rápido

Los sistemas de ecuaciones lineales y cuadráticas pueden tener dos soluciones, una solución o ninguna solución. Estos sistemas se pueden resolver con una gráfica o de forma algebraica.

Ejemplo

¿Cuáles son las soluciones del sistema?

$$y = x^2 - 7x - 40$$
$$y = -3x + 37$$

$y = x^2 - 7x - 40$	Usa la eliminación.
$\underline{-(y = -3x + 37)}$	Resta las ecuaciones.
$0 = x^2 - 4x - 77$	
$0 = (x - 11)(x + 7)$	Descompón en factores.
$x - 11 = 0$ ó $x + 7 = 0$	Propiedad del producto cero
$x = 11$ ó $x = -7$	Halla el valor de x.

Halla los valores de y correspondientes.

$$y = -3(11) + 37 = 4 \qquad y = -3(-7) + 37 = 58$$

Las soluciones son $(11, 4)$ y $(-7, 58)$.

Ejercicios

Resuelve cada sistema con una gráfica.

51. $y = x^2 - 4x + 3$
$y = -3x + 5$

52. $y = x^2 - 2x - 1$
$y = -x - 1$

53. $y = -2x^2 + x + 2$
$y = x$

54. $y = x^2 + x - 6$
$y = 2x$

Resuelve cada sistema de forma algebraica.

55. $y = x^2 + 2x - 45$
$y = 6x + 51$

56. $y = x^2 - 12x + 33$
$y = 4x - 30$

57. $y = x^2 + 19x + 39$
$y - 11 = 8x$

58. $y = x^2 + 5x - 40$
$y + 1 = -5x$

59. $y = x^2 + 3x + 15$
$y + 45 = 19x$

60. $y = x^2 + 11x + 51$
$y = -10x - 57$

61. Escribir Explica cómo puedes usar una gráfica para determinar la cantidad de soluciones que tiene un sistema de ecuaciones lineales y cuadráticas.

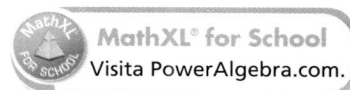
¿CÓMO hacerlo?

Representa cada función con una gráfica.

1. $y = 3x^2 - 7$

2. $y = -x^2 - 2$

3. $y = -2x^2 + 10x - 1$

4. $y = x^2 - 3x + 2$

Resuelve cada ecuación.

5. $x^2 + 11x - 26 = 0$

6. $x^2 - 25 = 0$

7. $x^2 - 19x + 80 = -8$

8. $x^2 - 5x = -4x$

9. $4x^2 - 100 = 0$

10. $5x^2 - 8x = 8 - 5x$

11. **Diseño** Quieres crear un cartel rectangular para animar al equipo de la escuela. Tienes 100 pies² de papel y quieres que la longitud sea 15 pies mayor que el ancho. ¿Cuáles deben ser las dimensiones del cartel?

Halla la cantidad de soluciones de números reales que tiene cada ecuación.

12. $x^2 + 4x = -4$

13. $x^2 + 8 = 0$

14. $3x^2 - 9x = -5$

Resuelve cada ecuación. Si es necesario, redondea a la centésima más cercana.

15. $-3x^2 + 7x = -10$

16. $x^2 + 4x = 1$

17. $12x^2 + 16x - 28 = 0$

18. $x^2 + 6x + 9 = 25$

19. **Movimiento vertical** Lanzas una pelota hacia arriba. Su altura h, en pies, después de t segundos se puede representar con la función $h = -16t^2 + 30t + 6$. ¿Después de cuántos segundos llegará al suelo?

20. Identifica la gráfica de la derecha como *lineal*, *cuadrática* o *exponencial*. Escribe una ecuación que represente los puntos marcados.

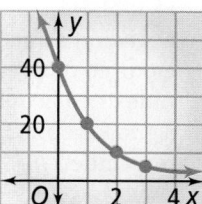

Resuelve cada sistema.

21. $y = x^2 + 3x - 23$
    $y = 25 - 5x$

22. $y = x^2 + 2x - 2$
    $y = x + 10$

¿Lo ENTIENDES?

23. **Escribir** Explica qué puedes determinar sobre la forma de una parábola sólo a partir de su ecuación.

24. **Respuesta de desarrollo** Escribe la ecuación de una parábola que tenga dos interceptos en x y un valor máximo. Incluye una gráfica de tu parábola.

25. Halla un valor de k distinto de cero tal que $kx^2 - 10x + 25 = 0$ tenga una solución de número real.

26. **Razonamiento** La gráfica de una función cuadrática $y = ax^2 + bx + c$ se muestra a la derecha. ¿Qué sabes sobre los valores de a, b y c con sólo mirar la gráfica?

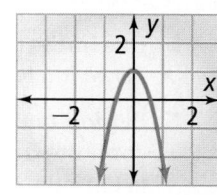

27. **Geometría** Supón que un rectángulo tiene un área de 60 pies² y dimensiones, en pies, de x y $x + 1$.
    a. Estima cada dimensión del rectángulo redondeando al pie más cercano.
    b. Escribe una ecuación cuadrática y usa la fórmula cuadrática para hallar cada dimensión a la centésima de pie más cercana.

CONSEJOS

En algunas preguntas de los exámenes estandarizados, se te pide que describas cómo afectan los cambios en una ecuación a su gráfica. Lee el ejemplo de pregunta que se muestra a la derecha. Luego, sigue los consejos para responderla.

CONSEJO 1

Tal vez quieras dibujar las gráficas de ambas ecuaciones y comparar las gráficas.

¿Cómo cambiaría la gráfica de $y = x^2 - 1$ si la ecuación se convirtiera en $y = x^2 + 2$?

- (A) La gráfica se desplazaría 3 unidades hacia abajo.
- (B) La gráfica se desplazaría 3 unidades hacia arriba.
- (C) La gráfica se desplazaría 2 unidades hacia abajo.
- (D) La gráfica se desplazaría 2 unidades hacia arriba.

CONSEJO 2

Piensa en qué operación usarías para convertir $y = x^2 - 2$ en $y = x^2 + 2$.

Piénsalo bien

Para convertir $y = x^2 - 1$ en $y = x^2 + 2$, debes sumar 3 a la expresión $x^2 - 1$:

$$y = x^2 - 1 + 3 = x^2 + 2$$

Sumar 3 al término constante de una función cuadrática hace que la gráfica se desplace 3 unidades hacia arriba.

La respuesta correcta es B.

Desarrollo de vocabulario

Cuando resuelves los ejercicios del examen, debes comprender el significado de los términos matemáticos. Escoge el término correcto para completar cada oración.

A. El (*vértice, eje de simetría*) es el punto más alto o más bajo de una parábola.

B. Dos líneas diferenciadas son (*paralelas, perpendiculares*) si tienen la misma pendiente.

C. El (*dominio, rango*) de una función es el conjunto de todos los valores posibles para la entrada, o variable independiente, de la función.

D. Una (*proporción, tasa*) es una ecuación que establece que dos razones son iguales.

E. Una función (*cuadrática, exponencial*) es una función en la forma $y = ax^2 + bx + c$.

Opción múltiple

Lee cada pregunta. Luego, escribe la letra de la respuesta correcta en tu hoja.

1. La distancia máxima desde el Sol hasta Marte es aproximadamente 155 millones de millas. ¿Cómo se escribe la distancia de ida y vuelta en notación científica?

- (A) 3.1×10^{-8} mi
- (B) 3.1×10^7 mi
- (C) 3.1×10^8 mi
- (D) 3.1×10^9 mi

2. Un centro de copiado cobra \$.09 por copia por las primeras 100 copias y \$.07 por copia por las siguientes 100 copias. También hay que pagar un impuesto sobre la venta de 5% del total de la orden. ¿Cuánto costará una orden de 150 copias?

- (F) \$13.13
- (G) \$14.18
- (H) \$14.70
- (I) \$18.19

3. Manuela puede escribir aproximadamente 150 palabras en 4 minutos. A esta tasa, ¿aproximadamente cuánto tardará en escribir 2000 palabras?

- (A) 10 minutos
- (B) 50 minutos
- (C) 75 minutos
- (D) 750 minutos

4. ¿Qué desigualdad representa la gráfica de la derecha?

- F $2x - 3y < -4$
- G $2x - 3y > -4$
- H $3x - 2y < 4$
- I $3x - 2y > 4$

5. ¿Cuál es una ecuación de la recta que se muestra a la derecha?

- A $2x - y = 6$
- B $x - 2y = 12$
- C $2x + y = 3$
- D $x + 2y = 6$

6. ¿Qué expresión es equivalente a $(m^4 n^{-1})(mp^2)(np^{-6})$?

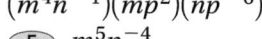

- F $m^5 p^{-4}$
- H $m^3 np^4$
- G $m^5 np^{-4}$
- I $m^4 np^{-12}$

7. ¿Cómo cambiaría la gráfica de la función $y = x^2 - 5$ si la función se convirtiera en $y = x^2 + 2$?

- A La gráfica se desplazaría 2 unidades hacia abajo.
- B La gráfica se desplazaría 3 unidades hacia arriba.
- C La gráfica se desplazaría 7 unidades hacia arriba.
- D La gráfica se desplazaría 10 unidades hacia abajo.

8. Sea A el conjunto que contiene a 0 y a todos los números positivos. Sea el universo U el conjunto de todos los números reales. ¿Cuál de las opciones es A'?

- F {todos los números reales}
- H {todos los números positivos}
- G {0}
- I {todos los números negativos }

9. ¿Cuáles son las soluciones de $2x^2 - 11x + 5 = 0$?

- A $2, 5$
- C $0.5, 5$
- B $-5, -0.5$
- D $-5, -2$

10. ¿Cuál es el rango de la función $y = |x|$?

- F $y \geq 0$
- H todos los números reales
- G $y \leq 0$
- I $y = 0$

11. El área de un rectángulo es $3n^2 + 10n + 3$. Si la expresión $n + 3$ representa el ancho, ¿qué expresión representa la longitud?

- A $3n + 1$
- C $3n^2 + 10$
- B $3n + 10$
- D $3n^2 + 9$

12. La abuela de Keisha le dio una muñeca por la que pagó $6 hace 60 años. El valor actual de la muñeca es $96. Su valor se duplica cada 15 años. ¿Cuánto valdrá la muñeca dentro de 60 años?

- F $570
- H $1536
- G $768
- I $3072

13. El carro de Rick tiene capacidad para 16 gals. de gasolina. Cuando llegó a una gasolinera, tenía menos de la mitad del tanque de gasolina. La gasolina cuesta $3.85 por galón. ¿Cuál es una cantidad de dinero razonable que Rick pudo haber pagado para llenar el tanque?

- A $19.25
- C $33.89
- B $27.38
- D $69.30

14. ¿Qué expresión es equivalente a $\left(\frac{x^4 y^{-2}}{z^3}\right)^{-3}$?

- F $\dfrac{y^6 z^3}{x^{12}}$
- H $\dfrac{y^6 z^9}{x^{12}}$
- G $\dfrac{y^6}{x^{12} z^9}$
- I $\dfrac{y^6}{x^{12} z^3}$

15. La tabla muestra la cantidad de voluntarios v que se necesitan según la cantidad de niños n que asistirán a una excursión. ¿Qué ecuación representa mejor la relación entre la cantidad de voluntarios y la cantidad de niños?

n	v
20	6
25	7
30	8
35	9

- A $v = 0.25n + 10$
- C $v = 0.2n + 2$
- B $v = 5n - 10$
- D $v = 4n + 2$

16. ¿Qué gráfica muestra una recta que es paralela a la recta cuya ecuación es $4x - 8y = 10$?

- F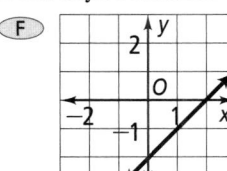
- H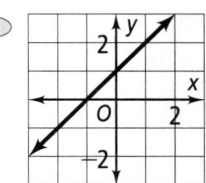
- G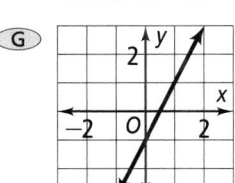
- I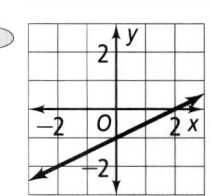

17. La diferencia entre las estaturas de Ann y Jay es igual a la mitad de la estatura de Jay. ¿Qué ecuación representa la estatura de Ann, a, en función de la estatura de Jay, j?

(A) $a = \frac{1}{2}j - j$

(B) $a = j - \frac{1}{2}j$

(C) $a = \frac{1}{2}j + j$

(D) $a = 2j - j$

18. A la derecha se muestran las gráficas de $y = -7x + 12$ y $y = -\frac{2}{3}x - \frac{2}{3}$. ¿Qué región describe las soluciones del sistema de desigualdades $y \leq -7x + 12$ y $y \leq -\frac{2}{3}x - \frac{2}{3}$?

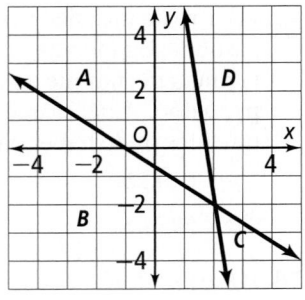

(F) Región A

(G) Región B

(H) Región C

(I) Región D

RESPUESTA EN PLANTILLA

Anota tus respuestas en una plantilla.

19. Alan quiere poner baldosas cuadradas de 4 pulgs. de lado en un piso rectangular de 6 pies por 8 pies. ¿Cuántas baldosas necesita Alan para cubrir el piso?

20. Una biblioteca hace una feria de libros usados. Todos los libros de tapa dura tienen el mismo precio y todos los libros de tapa blanda tienen el mismo precio. Compras 4 libros de tapa dura y 2 libros de tapa blanda por $24. Tu amigo compra 3 libros de tapa dura y 3 libros de tapa blanda por $21. ¿Cuál es el precio en dólares de un libro de tapa dura?

21. Los triángulos de abajo son semejantes.

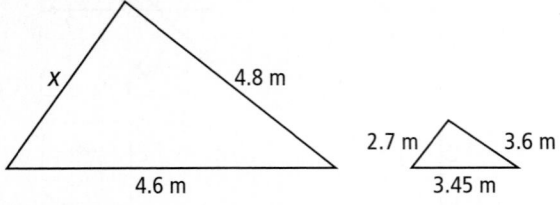

¿Cuál es la longitud, en metros, del lado que tiene el rótulo x?

22. Una empresa que elabora sopa vende caldo de pollo en un recipiente que tiene forma de prisma rectangular. El recipiente mide 3.5 pulgs. de longitud, 2.5 pulgs. de ancho y 6.5 pulgs. de altura. Una pulgada cúbica de caldo pesa aproximadamente 0.56 oz. Redondeando al número entero más cercano, ¿cuántas onzas contiene el recipiente?

23. Anne encuestó a 50 personas en un cine para descubrir si les gustan las películas de acción o de drama. Los resultados se muestran en el siguiente diagrama de Venn.

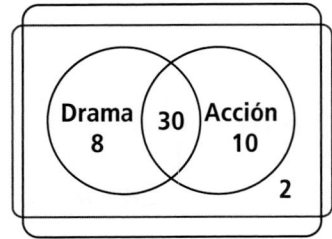

¿A qué fracción de las personas encuestadas le gustan las películas de acción y también las de drama? Escribe tu respuesta en su forma más simple.

24. ¿Cuántas soluciones de números reales tiene la ecuación cuadrática $2x^2 + 7x + 9 = 0$?

25. Un cilindro recto circular tiene un diámetro de 6 pulgs. Viertes agua en el cilindro hasta que el nivel de agua llega a 3 pulgs. ¿Cuál es el volumen, en pulgadas cúbicas, del agua? Usa 3.14 para π. Redondea tu respuesta a la pulgada cúbica más cercana.

Respuesta breve

26. Terry dice que una ecuación cuadrática tiene dos soluciones reales. ¿Este enunciado es verdadero *siempre*, *a veces* o *nunca*? Da dos ejemplos para apoyar tu respuesta.

27. Una ecuación de la recta p es $y = 4x - 3$. La recta n es perpendicular a la recta p y contiene el punto $(8, -1)$. ¿Cuál es una ecuación de la recta n? Muestra tu trabajo.

Respuesta desarrollada

28. Abajo se muestra un sistema de ecuaciones.

$$y = 2x + 5$$
$$y = -x + 11$$

a. Representa las ecuaciones con una gráfica en el mismo plano de coordenadas.

b. ¿Cuál es el punto de intersección de las dos gráficas?

¡Prepárate!

Lección 2-7 ◀ Resolver proporciones

Resuelve cada proporción.

1. $\frac{2}{3} = \frac{x}{15}$ **2.** $\frac{3}{a} = \frac{1}{6}$ **3.** $\frac{4}{3} = \frac{6}{m}$

Lección 1-3 ◀ Estimar raíces cuadradas

Estima la raíz cuadrada. Redondea al entero más cercano.

4. $\sqrt{61}$ **5.** $\sqrt{94}$ **6.** $\sqrt{15}$ **7.** $\sqrt{148}$ **8.** $\sqrt{197}$

Lección 8-3 ◀ Multiplicar binomios

Simplifica cada producto.

9. $(2h + 3)(4 - h)$ **10.** $(3b^2 + 7)(3b^2 - 7)$ **11.** $(5x + 2)(-3x - 1)$

Lección 9-1 ◀ Gráficas cuadráticas

Representa con una gráfica cada función.

12. $y = 3x^2$ **13.** $y = x^2 + 4$ **14.** $y = 2x^2 + 3$

Lección 9-6 ◀ La fórmula cuadrática y el discriminante

En cada ecuación, halla el número de soluciones con números reales.

15. $x^2 + 6x + 1 = 0$ **16.** $x^2 - 5x - 6 = 0$ **17.** $x^2 - 2x + 9 = 0$

18. $4x^2 - 4x = -1$ **19.** $6x^2 + 5x - 2 = -3$ **20.** $(2x - 5)^2 = 121$

 ## Vistazo inicial al vocabulario

21. Las cosas son *semejantes* si algunas partes de ellas son iguales. ¿Por qué $2\sqrt{3}$ y $6\sqrt{3}$ serían *radicales semejantes*?

22. La *conclusión* es el final de un libro. ¿Cuál es la *conclusión* del enunciado "Si tuviera mucho dinero, sería rico"?

CAPÍTULO 10
Expresiones y ecuaciones radicales

PowerAlgebra.com *

Aquí encontrarás
todo lo digital.

Descarga videos que
conectan las
matemáticas con
tu mundo.

Definiciones de
matemáticas en
inglés y español

Las actividades de
Solve It! en línea
te prepararán para
cada lección.

Actividades interactivas!
Cambia números,
gráficas y cifras para
explorar los conceptos
de matemáticas.

Descarga problemas
desarrollados paso a
paso, con repetición
instantánea.

Encuentra tus tareas
en línea.

Práctica adicional
y repaso en línea

Esta clase de camaleones puede
doblar la cola y usarla para tomar
objetos. Otros seres vivos, como
los helechos y las conchas marinas,
también tienen colas en forma de
espiral. Muchas de estas espirales
están relacionadas con una forma
denominada rectángulo áureo. En
este capítulo, aprenderás acerca del
rectángulo áureo y las expresiones
radicales relacionadas con él.

Vocabulario

Audio de vocabulario inglés/español en línea:

Español	Inglés
condicional, *p. 601*	conditional
expresión radical, *p. 606*	radical expression
función de raíz cuadrada, *p. 626*	square root function
hipotenusa, *p. 600*	hypotenuse
radicales semejantes, *p. 613*	like radicals
razones trigonométricas, *p. 633*	trigonometric ratios
solución extraña, *p. 622*	extraneous solution
teorema de Pitágoras, *p. 600*	Pythagorean Theorem
valores conjugados, *p. 615*	conjugates

GRANDES ideas

1 Equivalencia

Pregunta esencial ¿Cómo se representan las expresiones radicales?

2 Funciones

Pregunta esencial ¿Cuáles son las características de las funciones de la raíz cuadrada?

3 Resolver ecuaciones y desigualdades

Pregunta esencial ¿Cómo se resuelve una ecuación radical?

Primer vistazo al capítulo

10-1 El teorema de Pitágoras

Objetivos Resolver problemas usando el teorema de Pitágoras.
Identificar triángulos rectángulos.

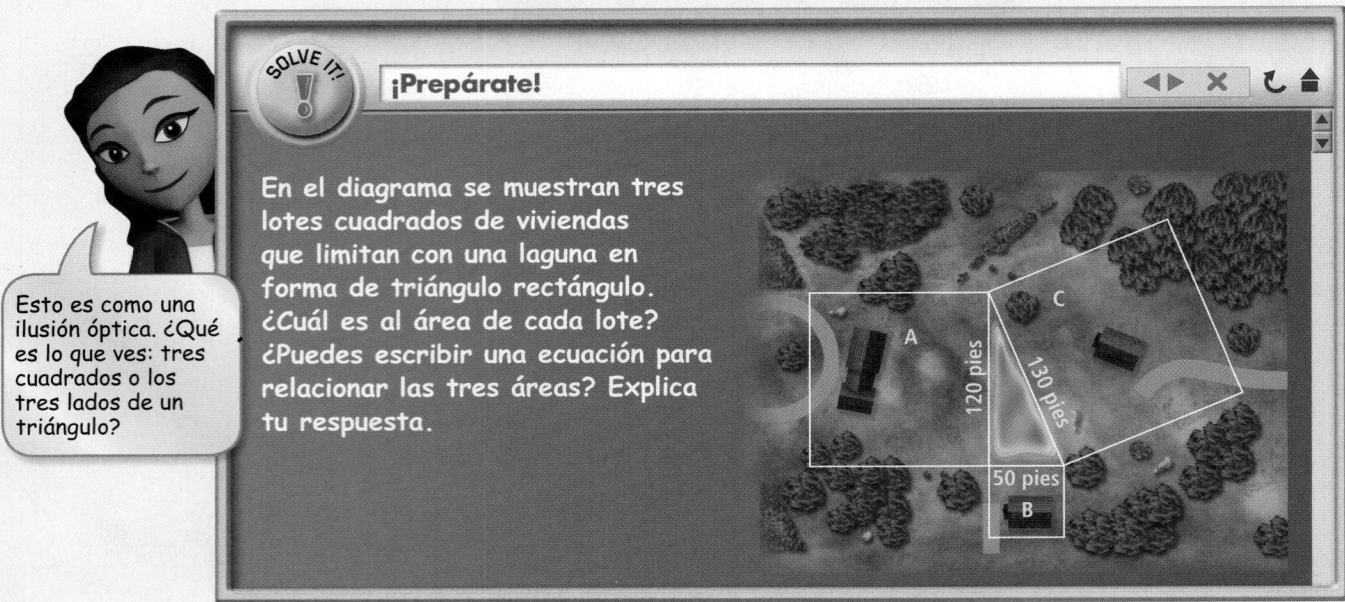

SOLVE IT!

¡Prepárate!

En el diagrama se muestran tres lotes cuadrados de viviendas que limitan con una laguna en forma de triángulo rectángulo. ¿Cuál es al área de cada lote? ¿Puedes escribir una ecuación para relacionar las tres áreas? Explica tu respuesta.

Esto es como una ilusión óptica. ¿Qué es lo que ves: tres cuadrados o los tres lados de un triángulo?

A
C
120 pies
130 pies
50 pies
B

 Vocabulario de la lección
- hipotenusa
- cateto
- teorema de Pitágoras
- condicional
- hipótesis
- conclusión
- expresión recíproca

Los lados de un triángulo rectángulo como el de la actividad de *Solve It!* tienen nombres especiales. El lado opuesto al ángulo recto se denomina **hipotenusa**, y es el lado más largo. Cada uno de los lados que forman el ángulo recto se denomina **cateto**. El **teorema de Pitágoras**, que debe su nombre al matemático griego Pitágoras, relaciona las longitudes de los catetos con la longitud de la hipotenusa.

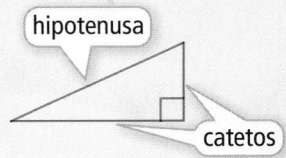

hipotenusa

catetos

Comprensión esencial Las longitudes de los lados de un triángulo rectángulo tienen una relación especial. Si conoces la longitud de dos lados, puedes hallar la longitud del tercero.

toma nota

Teorema   El teorema de Pitágoras

En palabras
En todo triángulo rectángulo, el cuadrado de la longitud de la hipotenusa es igual a la suma de los cuadrados de la longitud de los catetos.

Álgebra
$a^2 + b^2 = c^2$

Diagrama

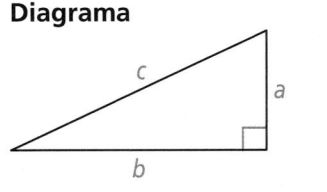

c
a
b

Puedes usar el teorema de Pitágoras para hallar la longitud de la hipotenusa de un triángulo rectángulo, dadas las longitudes de sus catetos. Usar el teorema de Pitágoras para hallar la longitud de un lado significa que se debe hallar una raíz cuadrada principal, dado que las longitudes de los lados siempre son positivas.

 Problema 1 **Hallar la longitud de una hipotenusa**

Planea

¿Qué sabes? ¿Qué necesitas?
Conoces las longitudes *a* y *b* de los dos catetos. Necesitas hallar la longitud *c* de la hipotenusa. Sustituye *a* y *b* en $a^2 + b^2 = c^2$ y luego halla *c*.

Las baldosas de la derecha son cuadrados cuyos lados miden 6 pulgs. ¿Cuál es la longitud de la hipotenusa del triángulo rectángulo que se muestra en el dibujo?

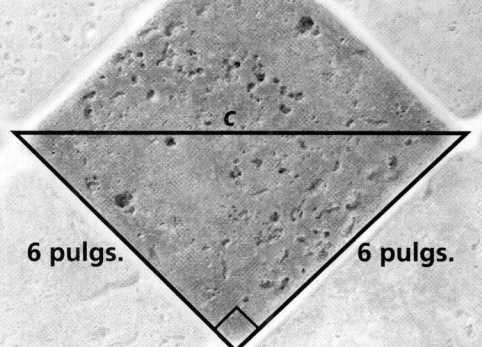

6 pulgs.   6 pulgs.

$a^2 + b^2 = c^2$	Teorema de Pitágoras
$6^2 + 6^2 = c^2$	Sustituye *a* y *b* por 6.
$72 = c^2$	Simplifica.
$\sqrt{72} = c$	Halla la raíz cuadrada principal.
$8.5 \approx c$	Usa una calculadora.

La longitud de la hipotenusa es aproximadamente 8.5 pulgs.

 ¿Comprendiste? **1.** ¿Cuál es la longitud de la hipotenusa de un triángulo rectángulo cuyos catetos miden 9 cm y 12 cm?

También puedes usar el teorema de Pitágoras para hallar la longitud de un cateto de un triángulo rectángulo.

 Problema 2 **Hallar la longitud de un cateto**

Piensa

¿En qué se diferencia este problema del Problema 1?
En el Problema 1, la longitud de la hipotenusa era la incógnita. En este problema, la longitud de un cateto es la incógnita.

¿Cuál es la longitud del lado *b* del triángulo de la derecha?

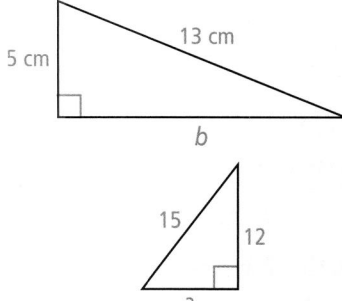

$a^2 + b^2 = c^2$	Teorema de Pitágoras
$5^2 + b^2 = 13^2$	Sustituye *a* por 5 y *c* por 13.
$25 + b^2 = 169$	Simplifica.
$b^2 = 144$	Resta 25 de cada lado.
$b = 12$	Halla la raíz cuadrada principal de cada lado.

La longitud del lado *b* es 12 cm.

 ¿Comprendiste? **2.** ¿Cuál es la longitud del lado *a* del triángulo de la derecha?

Un enunciado *si-entonces*, como "Si un animal es un caballo, entonces tiene cuatro patas", se denomina **condicional**. Los enunciados condicionales tienen dos partes. La parte que sigue a *si* es la **hipótesis**. La parte que sigue a *entonces* es la **conclusión**.

La **expresión recíproca** de un condicional invierte la hipótesis y la conclusión. A veces, la expresión recíproca de un condicional verdadero es falsa.

Puedes escribir el teorema de Pitágoras como un condicional: "Si un triángulo es un triángulo rectángulo, con catetos que miden a y b y una hipotenusa que mide c, entonces $a^2 + b^2 = c^2$". La expresión recíproca del teorema de Pitágoras siempre es verdadera.

> **Propiedad** **La expresión recíproca del teorema de Pitágoras**
>
> Si los lados de un triángulo miden a, b y c, y $a^2 + b^2 = c^2$, entonces el triángulo es un triángulo rectángulo y su hipotenusa mide c.

Puedes usar el teorema de Pitágoras y su expresión recíproca para determinar si un triángulo es un triángulo rectángulo. Si las longitudes de los lados satisfacen la ecuación $a^2 + b^2 = c^2$, entonces se trata de un triángulo rectángulo. Si no, no es un triángulo rectángulo.

Problema 3 **Identificar triángulos rectángulos**

Opción múltiple ¿Qué conjunto de longitudes podría corresponder a las longitudes de los lados de un triángulo rectángulo?

- (A) 6 pulgs., 24 pulgs., 25 pulgs.
- (B) 4 m, 8 m, 10 m
- (C) 10 pulgs., 24 pulgs., 26 pulgs.
- (D) 8 pies, 15 pies, 16 pies

Planea

¿Por qué debes comprobar cada opción de respuesta?
Si hallas dos opciones de respuesta que parecen correctas, entonces sabes que has cometido un error.

Determina si las longitudes satisfacen $a^2 + b^2 = c^2$. La longitud mayor es c.

$$6^2 + 24^2 \stackrel{?}{=} 25^2 \qquad 4^2 + 8^2 \stackrel{?}{=} 10^2 \qquad 10^2 + 24^2 \stackrel{?}{=} 26^2 \qquad 8^2 + 15^2 \stackrel{?}{=} 16^2$$

$$36 + 576 \stackrel{?}{=} 625 \qquad 16 + 64 \stackrel{?}{=} 100 \qquad 100 + 576 \stackrel{?}{=} 676 \qquad 64 + 225 \stackrel{?}{=} 256$$

$$612 \neq 625 \qquad\qquad 80 \neq 100 \qquad\qquad 676 = 676 \ ✔ \qquad\qquad 289 \neq 256$$

Según la expresión recíproca del teorema de Pitágoras, las longitudes 10 pulgs., 24 pulgs. y 26 pulgs. podrían ser las longitudes de los lados de un triángulo rectángulo. La respuesta correcta es C.

 ¿Comprendiste? **3. a.** ¿Las longitudes 20 mm, 47 mm y 52 mm podrían ser las longitudes de los lados de un triángulo rectángulo? Explica tu respuesta.

b. **Razonamiento** Si a, b y c satisfacen la ecuación $a^2 + b^2 = c^2$, ¿es posible que $2a$, $2b$ y $2c$ también sean longitudes de los lados de un triángulo rectángulo? ¿Cómo lo sabes?

Comprobar la comprensión de la lección

¿CÓMO hacerlo?

Halla la longitud del lado que falta.

1.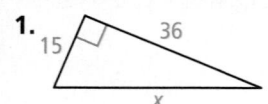

2.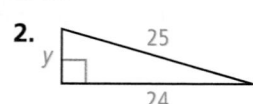

3. ¿Es posible que las longitudes 12 cm, 35 cm y 37 cm sean las longitudes de los lados de un triángulo rectángulo? Explica tu respuesta.

¿Lo ENTIENDES?

4. Vocabulario ¿Cuál es la expresión recíproca del condicional: "Si estudias matemáticas, entonces eres un estudiante"?

5. Analizar errores Un estudiante halló la longitud x del triángulo de la derecha al resolver la ecuación $12^2 + 13^2 = x^2$. Describe y corrige el error.

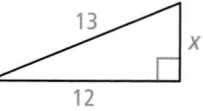

Ejercicios de práctica y resolución de problemas

A Práctica

Usa el triángulo de la derecha. Halla la longitud del lado que falta. Si es necesario, redondea a la décima más cercana.

◀ **Ver los Problemas 1 y 2.**

6. $a = 3, b = 4$

7. $a = 6, c = 10$

8. $b = 1, c = \frac{5}{4}$

9. $a = 5, c = 13$

10. $a = 0.3, b = 0.4$

11. $a = 8, b = 15$

12. $a = 1, c = \frac{5}{3}$

13. $b = 6, c = 7.5$

14. $b = 3.5, c = 3.7$

15. $a = 1.1, b = 6$

16. $a = 8, c = 17$

17. $a = 9, b = 40$

18. $b = 2.4, c = 7.4$

19. $a = 4, b = 7.5$

20. $a = 0.9, c = 4.1$

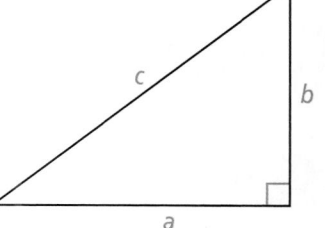

21. Condición física Un atleta corre media milla hacia el norte y luego dobla hacia el oeste. Si termina a 1.3 mi del punto de partida, ¿cuánto corrió el atleta hacia el oeste?

22. Construcción Un obrero corta la diagonal de una tabla rectangular de 15 pies de longitud y 8 pies de ancho. ¿Cuál es la longitud del corte?

Determina si las longitudes dadas pueden ser las longitudes de los lados de un triángulo rectángulo.

◀ **Ver el Problema 3.**

23. 15 pies, 36 pies, 39 pies

24. 12 m, 60 m, 61 m

25. 13 pulgs., 35 pulgs., 38 pulgs.

26. 16 cm, 63 cm, 65 cm

27. 14 pulgs., 48 pulgs., 50 pulgs.

28. 16 yd, 30 yd, 34 yd

B Aplicación

29. Natación Una nadadora hace una pregunta a un socorrista que está sentado en una silla alta, como se muestra en el diagrama. La nadadora necesita estar cerca del socorrista para oír la respuesta. ¿Qué distancia hay entre la cabeza de la nadadora y la del socorrista?

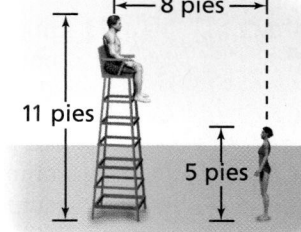

Todo conjunto de tres enteros positivos que satisfaga la ecuación $a^2 + b^2 = c^2$ es una *tripleta de Pitágoras*. Determina si cada conjunto de números es una tripleta de Pitágoras.

30. 11, 60, 61

31. 13, 84, 85

32. 40, 41, 58

33. 50, 120, 130

34. 32, 126, 130

35. 28, 45, 53

36. Pensar en un plan Un cartel con forma de triángulo rectángulo tiene una hipotenusa de 26 pies y un cateto de 10 pies. ¿Cuál es el área del cartel?
- ¿Qué información necesitas para hallar el área del triángulo?
- ¿Cómo puedes hallar la longitud del otro cateto?

37. Historia Originalmente, cada cara de la Gran Pirámide de Giza era un triángulo de las dimensiones que se muestran en el diagrama. ¿Qué distancia había entre una de las esquinas de la base y la punta superior de la pirámide? Redondea al pie más cercano.

38. Dos lados de un triángulo rectángulo miden 10 pulgs. y 8 pulgs.
- **a. Escribir** Explica por qué esta información no es suficiente para saber con seguridad la longitud del tercer lado.
- **b.** Indica dos valores posibles para la longitud del tercer lado.

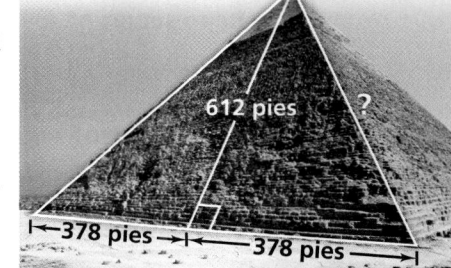

39. Física Si dos fuerzas se atraen en un ángulo recto, la fuerza resultante puede representarse con la diagonal de un rectángulo, como se muestra en la figura de la derecha. Esta diagonal es la hipotenusa de un triángulo rectángulo. La combinación de una fuerza de 50 lb y una fuerza de 120 lb genera una fuerza resultante de 130 lb. ¿Estas dos fuerzas se atraen en un ángulo recto? Explica tu respuesta.

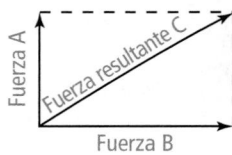

40. Una caja rectangular mide 4 cm de ancho, 4 cm de altura y 10 cm de longitud. ¿Cuál es el diámetro de la abertura circular más pequeña por la que entraría la caja? Redondea a la décima de centímetro más cercana.

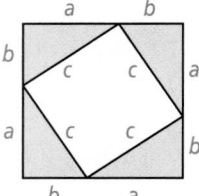

C Desafío

41. Razonamiento Usa el diagrama de la derecha.
  a. Halla el área del cuadrado más grande. Escribe tu respuesta como un trinomio.
  b. Halla el área del cuadrado más pequeño.
  c. Halla el área de cada triángulo en términos de a y b.
  d. El área del cuadrado más grande es igual a la suma del área del cuadrado más pequeño y las áreas de los cuatro triángulos. Escribe esta ecuación y simplifica. ¿Qué observas?

42. Geometría La longitud de los lados de un triángulo rectángulo son tres enteros consecutivos. Escribe y resuelve una ecuación para hallar los tres enteros.

Preparación para el examen estandarizado

R E S P U E S T A   E N   P L A N T I L L A

SAT/ACT

43. Un parque tiene dos senderos en forma de triángulos rectángulos. Los catetos del primer sendero miden 75 yd y 100 yd de longitud. Los catetos del segundo sendero miden 50 yd y 240 yd de longitud. ¿Cuál es la longitud total, en yardas, del sendero más corto?

44. José planta un jardín rectangular en una de las esquinas de su campo, como se muestra en la figura. El área del jardín es el 60% del área del campo. ¿Cuál es la longitud, en pies, del lado más largo del campo de José?

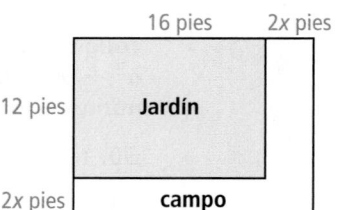

45. ¿Cuál es la pendiente de la gráfica de la ecuación $y = \frac{1}{2}x + 7$?

46. ¿Cuál es la solución positiva de la ecuación $-3.2|t| = -17.28$?

47. En una elección, un candidato obtuvo el 72.5% de los votos. ¿Qué decimal representa la porción de los votantes que NO votaron a este candidato?

Repaso mixto

Representa con una gráfica cada función.

◀ Ver la Lección 9-1.

48. $y = x^2 - 1$ **49.** $y = 2x^2 - 8$ **50.** $y = -x^2 + 13$

¡Prepárate! Antes de la Lección 10-2, haz los Ejercicios 51 a 54.

Simplifica cada producto.

◀ Ver la Lección 8-2.

51. $9a(5a - 3)$ **52.** $4x(3x^2 - 6x)$ **53.** $4d(4d^2 + 7d^3)$ **54.** $(6m + 3m^3)(-2m)$

Fórmulas de distancia y del punto medio

En el diagrama de la derecha se muestra que puedes usar el teorema de Pitágoras para hallar la distancia d entre dos puntos, (x_1, y_1) y (x_2, y_2).

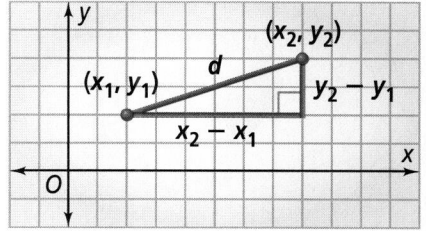

$$d^2 = (x_2 - x_1)^2 + (y_2 - y_1)^2$$
$$d = \sqrt{(x_2 - x_1)^2 + (y_2 - y_1)^2}$$

La segunda ecuación de arriba es la *fórmula de distancia*.

Ejemplo 1

¿Cuál es la distancia entre los puntos (1, 1) y (7, 9)?

Sea $(x_1, y_1) = (1, 1)$ y $(x_2, y_2) = (7, 9)$.

$d = \sqrt{(x_2 - x_1)^2 + (y_2 - y_1)^2}$ Usa la fórmula de distancia.

   $= \sqrt{(7 - 1)^2 + (9 - 1)^2}$ Sustituye (x_1, y_1) y (x_2, y_2).

   $= \sqrt{(6)^2 + (8)^2} = 10$ Simplifica.

El *punto medio* de un segmento de recta es el punto M del segmento, que está a la misma distancia respecto de cada extremo, (x_1, y_1) y (x_2, y_2). Las coordenadas de M están dadas por la *fórmula del punto medio*.

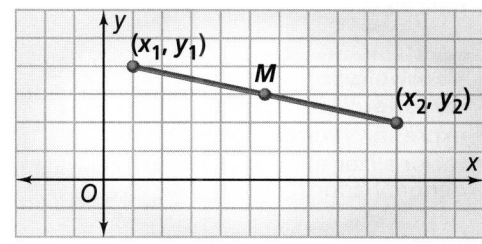

$$M\left(\frac{x_1 + x_2}{2}, \frac{y_1 + y_2}{2}\right)$$

Ejemplo 2

¿Cuál es el punto medio del segmento de recta cuyos extremos son (3, 6) y (−5, 1)?

Sea $(x_1, y_1) = (3, 6)$ y $(x_2, y_2) = (-5, 1)$.

$\left(\dfrac{x_1 + x_2}{2}, \dfrac{y_1 + y_2}{2}\right) = \left(\dfrac{3 + (-5)}{2}, \dfrac{6 + 1}{2}\right)$ Sustituye (x_1, y_1) y (x_2, y_2).

                $= \left(-1, 3\frac{1}{2}\right)$ Simplifica.

Ejercicios

Halla la distancia entre los dos puntos. Luego, halla el punto medio del segmento de recta que une los dos puntos.

1. $(-1, 3), (11, -2)$ **2.** $(2, 1), (6, 4)$ **3.** $(-4, 1), (11, 9)$

4. $(-4, -3), (2, 5)$ **5.** $\left(\frac{1}{2}, 5\right), (3, -1)$ **6.** $(-6, 3), \left(6, -\frac{1}{2}\right)$

10-2 Simplificar radicales

Objetivo Simplificar radicales relacionados con productos y cocientes.

Es probable que tengas que resolver un problema como éste <u>antes</u> de mover el espejo.

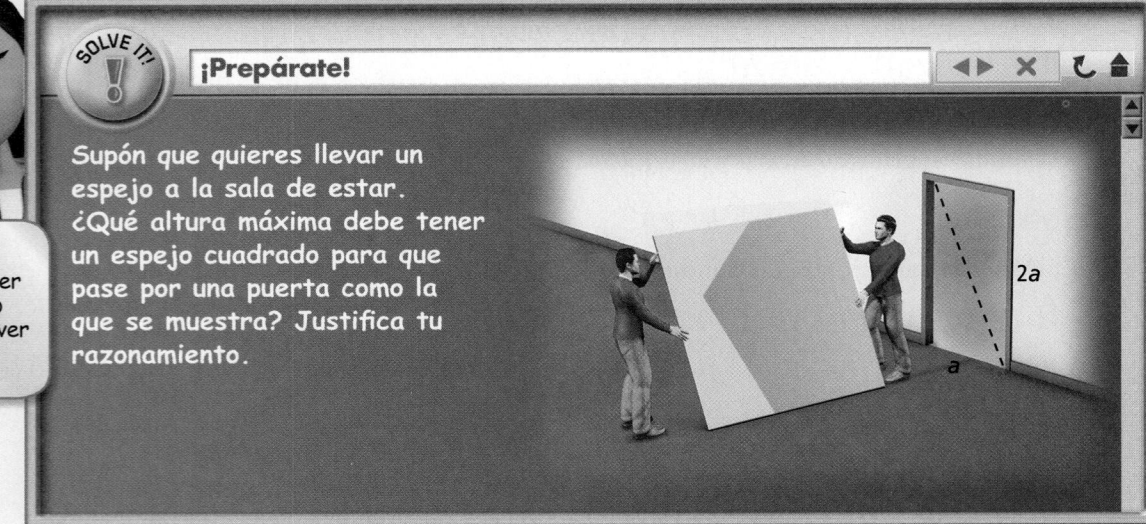

¡Prepárate!

Supón que quieres llevar un espejo a la sala de estar. ¿Qué altura máxima debe tener un espejo cuadrado para que pase por una puerta como la que se muestra? Justifica tu razonamiento.

Actividades dinámicas
Simplificar radicales

Vocabulario de la lección
• expresión radical
• racionalizar el denominador

En la actividad de *Solve It!*, la altura máxima del espejo es una *expresión radical*. Una **expresión radical**, como $2\sqrt{3}$ ó $\sqrt{x+3}$, es una expresión que contiene un radical. Una expresión radical está simplificada si se cumple alguno de los siguientes enunciados.

• el radicando no tiene factores que son cuadrados perfectos distintos de 1;
• el radicando no contiene fracciones;
• no hay radicales en el denominador de una fracción.

Simplificada

$3\sqrt{5}$ $9\sqrt{x}$ $\dfrac{\sqrt{2}}{4}$

No simplificada

$3\sqrt{12}$ $\sqrt{\dfrac{x}{2}}$ $\dfrac{5}{\sqrt{7}}$

Comprensión esencial Puedes simplificar las expresiones radicales usando la propiedad multiplicativa y la propiedad de división de las raíces cuadradas.

Propiedad **Propiedad multiplicativa de las raíces cuadradas**	
Álgebra	**Ejemplo**
Cuando $a \geq 0$ y $b \geq 0$, $\sqrt{ab} = \sqrt{a} \cdot \sqrt{b}$.	$\sqrt{48} = \sqrt{16} \cdot \sqrt{3} = 4\sqrt{3}$

Puedes usar la propiedad multiplicativa de las raíces cuadradas para simplificar radicales despejando los factores del radicando que son cuadrados perfectos.

Problema 1 **Despejar factores que son cuadrados perfectos**

¿Cuál es la forma simplificada de $\sqrt{160}$?

$$\sqrt{160} = \sqrt{16 \cdot 10} \qquad \text{16 es el mayor factor de 160 que es un cuadrado perfecto.}$$

$$= \sqrt{16} \cdot \sqrt{10} \qquad \text{Usa la propiedad multiplicativa de las raíces cuadradas.}$$

$$= 4\sqrt{10} \qquad \text{Simplifica } \sqrt{16}.$$

¿Comprendiste? **1.** ¿Cuál es la forma simplificada de $\sqrt{72}$?

A veces puedes simplificar expresiones radicales que contienen variables. Una variable con un exponente par es un cuadrado perfecto. Una variable con un exponente impar es el producto de un cuadrado perfecto y la variable. Por ejemplo, $n^3 = n^2 \cdot n$; por tanto, $\sqrt{n^3} = \sqrt{n^2 \cdot n}$. En esta lección, supón que todas las variables de los radicandos representan números no negativos.

 Problema 2 **Despejar factores variables**

Opción múltiple ¿Cuál es la forma simplificada de $\sqrt{54n^7}$?

Ⓐ $n^3\sqrt{54n}$ Ⓑ $9n^6\sqrt{6n}$ Ⓒ $3n^3\sqrt{6n}$ Ⓓ $3n\sqrt{27n}$

$$\sqrt{54n^7} = \sqrt{9n^6 \cdot 6n} \qquad 9n^6, \text{ ó } (3n^3)^2, \text{ es un factor de } 54n^7 \text{ que es un cuadrado perfecto.}$$

$$= \sqrt{9n^6} \cdot \sqrt{6n} \qquad \text{Usa la propiedad multiplicativa de las raíces cuadradas.}$$

$$= 3n^3\sqrt{6n} \qquad \text{Simplifica } \sqrt{9n^6}.$$

La respuesta correcta es C.

¿Comprendiste? **2.** ¿Cuál es la forma simplificada de $-m\sqrt{80m^9}$?

Puedes usar la propiedad multiplicativa de las raíces cuadradas para escribir $\sqrt{a} \cdot \sqrt{b} = \sqrt{ab}$.

 Problema 3 **Multiplicar dos expresiones radicales**

¿Cuál es la forma simplificada de $2\sqrt{7t} \cdot 3\sqrt{14t^2}$?

$$2\sqrt{7t} \cdot 3\sqrt{14t^2} = 6\sqrt{7t \cdot 14t^2} \qquad \text{Multiplica los números enteros no negativos y usa la propiedad multiplicativa de las raíces cuadradas.}$$

$$= 6\sqrt{98t^3} \qquad \text{Simplifica debajo del símbolo de la raíz cuadrada.}$$

$$= 6\sqrt{49t^2 \cdot 2t} \qquad 49t^2, \text{ ó } (7t)^2, \text{es un factor de } 98t^3 \text{ que es un cuadrado perfecto.}$$

$$= 6\sqrt{49t^2} \cdot \sqrt{2t} \qquad \text{Usa la propiedad multiplicativa de las raíces cuadradas.}$$

$$= 6 \cdot 7t\sqrt{2t} \qquad \text{Simplifica } \sqrt{49t^2}.$$

$$= 42t\sqrt{2t} \qquad \text{Simplifica.}$$

¿Comprendiste? **3.** ¿Cuál es la forma simplificada de cada expresión de los puntos (a) a (c)?

  a. $3\sqrt{6} \cdot \sqrt{18}$ **b.** $\sqrt{2a} \cdot \sqrt{9a^3}$ **c.** $7\sqrt{5x} \cdot 3\sqrt{20x^5}$

  d. Razonamiento En el Problema 3, ¿puedes simplificar los productos dados simplificando primero $\sqrt{14t^2}$? Explica tu respuesta.

 Problema 4 **Escribir una expresión radical**

Arte Una puerta rectangular de un museo es tres veces más alta que ancha. ¿Qué expresión simplificada representa la longitud máxima de un cuadro que pasa por la puerta?

a

3a

Lo que sabes

La puerta tiene un ancho de *a* unidades y una altura de *3a* unidades.

Lo que necesitas

La longitud diagonal, *d*, de la puerta de entrada

Piensa

¿En qué se parece este problema a otros problemas que hiciste antes?
El ancho y la altura de la puerta son dos catetos de un triángulo rectángulo. Resolver este problema es como hallar la hipotenusa de un triángulo rectángulo usando el teorema de Pitágoras.

Planea

Usa el teorema de Pitágoras.

$d^2 = a^2 + (3a)^2$ Teorema de Pitágoras

$d^2 = a^2 + 9a^2$ Simplifica $(3a)^2$.

$d^2 = 10a^2$ Combina los términos semejantes.

$d = \sqrt{10a^2}$ Halla la raíz cuadrada principal de cada lado.

$d = \sqrt{a^2} \cdot \sqrt{10}$ Propiedad multiplicativa de las raíces cuadradas.

$d = a\sqrt{10}$ Simplifica $\sqrt{a^2}$.

Una expresión de la longitud máxima de la pintura es $a\sqrt{10}$, o aproximadamente $3.16a$.

 ¿Comprendiste? **4.** La altura de una puerta es cuatro veces su ancho, *a*. ¿Cuál es la longitud máxima de un cuadro que pasa por la puerta?

Puedes simplificar algunas expresiones radicales usando la siguiente propiedad.

Propiedad Propiedad de división de las raíces cuadradas	
Álgebra	**Ejemplo**
Cuando $a \geq 0$ y $b > 0$, $\sqrt{\dfrac{a}{b}} = \dfrac{\sqrt{a}}{\sqrt{b}}$.	$\sqrt{\dfrac{36}{49}} = \dfrac{\sqrt{36}}{\sqrt{49}} = \dfrac{6}{7}$

Cuando el denominador de un radicando es un cuadrado perfecto, es más sencillo aplicar primero la propiedad de división de las raíces cuadradas y luego simplificar el numerador y el denominador del resultado. Cuando el denominador de un radicando no es un cuadrado perfecto, es posible que sea más sencillo simplificar primero la fracción.

Problema 5 Simplificar fracciones dentro de los radicales

¿Cuál es la forma simplificada de cada expresión radical?

Piensa

¿Qué método debes usar?
Si el denominador es un cuadrado perfecto, aplica primero la propiedad de división de las raíces cuadradas. Si no, simplifica primero la fracción.

Ⓐ $\sqrt{\dfrac{64}{49}}$

$\sqrt{\dfrac{64}{49}} = \dfrac{\sqrt{64}}{\sqrt{49}}$ Usa la propiedad de división de las raíces cuadradas.

$\phantom{\sqrt{\dfrac{64}{49}}} = \dfrac{8}{7}$ Simplifica $\sqrt{64}$ y $\sqrt{49}$.

Ⓑ $\sqrt{\dfrac{8x^3}{50x}}$

$\sqrt{\dfrac{8x^3}{50x}} = \sqrt{\dfrac{4x^2}{25}}$ Divide el numerador y el denominador por $2x$.

$\phantom{\sqrt{\dfrac{8x^3}{50x}}} = \dfrac{\sqrt{4x^2}}{\sqrt{25}}$ Usa la propiedad de división de las raíces cuadradas.

$\phantom{\sqrt{\dfrac{8x^3}{50x}}} = \dfrac{\sqrt{4} \cdot \sqrt{x^2}}{\sqrt{25}}$ Usa la propiedad multiplicativa de las raíces cuadradas.

$\phantom{\sqrt{\dfrac{8x^3}{50x}}} = \dfrac{2x}{5}$ Simplifica $\sqrt{4}$, $\sqrt{x^2}$ y $\sqrt{25}$.

 ¿Comprendiste? **5.** ¿Cuál es la forma simplificada de cada expresión radical?

    a. $\sqrt{\dfrac{144}{9}}$ **b.** $\sqrt{\dfrac{36a}{4a^3}}$ **c.** $\sqrt{\dfrac{25y^3}{z^2}}$

Cuando el radicando de un denominador no es un cuadrado perfecto, es posible que debas **racionalizar el denominador** para despejar el radical. Para hacerlo, multiplica el numerador y el denominador por la misma expresión radical. Escoge una expresión en la cual el radicando del denominador sea un cuadrado perfecto. Puede ser útil comenzar por simplificar el radical original del denominador.

 Problema 6 Racionalizar denominadores

¿Cuál es la forma simplificada de cada expresión?

Ⓐ $\dfrac{\sqrt{3}}{\sqrt{7}}$ Ⓑ $\dfrac{\sqrt{7}}{\sqrt{8n}}$

Piensa

¿Cambia el valor de una expresión si se multiplica por $\dfrac{\sqrt{7}}{\sqrt{7}}$?

No. La fracción $\dfrac{\sqrt{7}}{\sqrt{7}}$ es igual a 1. Si una expresión se multiplica por 1, su valor no cambia.

$\dfrac{\sqrt{3}}{\sqrt{7}} = \dfrac{\sqrt{3}}{\sqrt{7}} \cdot \dfrac{\sqrt{7}}{\sqrt{7}}$ ⟨ Multiplica por $\dfrac{\sqrt{7}}{\sqrt{7}}$. ⟩

$\phantom{\dfrac{\sqrt{3}}{\sqrt{7}}} = \dfrac{\sqrt{21}}{\sqrt{49}}$

$\phantom{\dfrac{\sqrt{3}}{\sqrt{7}}} = \dfrac{\sqrt{21}}{7}$

$\dfrac{\sqrt{7}}{\sqrt{8n}} = \dfrac{\sqrt{7}}{2\sqrt{2n}}$

$\phantom{\dfrac{\sqrt{7}}{\sqrt{8n}}} = \dfrac{\sqrt{7}}{2\sqrt{2n}} \cdot \dfrac{\sqrt{2n}}{\sqrt{2n}}$ ⟨ Multiplica por $\dfrac{\sqrt{2n}}{\sqrt{2n}}$. ⟩

$\phantom{\dfrac{\sqrt{7}}{\sqrt{8n}}} = \dfrac{\sqrt{14n}}{2\sqrt{4n^2}}$

$\phantom{\dfrac{\sqrt{7}}{\sqrt{8n}}} = \dfrac{\sqrt{14n}}{4n}$

 ¿Comprendiste? **6.** ¿Cuál es la forma simplificada de cada expresión radical?

    a. $\dfrac{\sqrt{2}}{\sqrt{3}}$ **b.** $\dfrac{\sqrt{5}}{\sqrt{18m}}$ **c.** $\sqrt{\dfrac{7s}{3}}$

Comprobar la comprensión de la lección

¿CÓMO hacerlo?

Simplifica cada expresión radical.

1. $\sqrt{98}$

2. $\sqrt{16b^5}$

3. $3\sqrt{5m} \cdot 4\sqrt{\frac{1}{5}m^3}$

4. $\sqrt{\frac{15x}{x^3}}$

5. $\frac{\sqrt{5}}{\sqrt{3}}$

6. $\frac{\sqrt{6}}{\sqrt{2n}}$

¿Lo ENTIENDES?

7. Vocabulario ¿La expresión radical está simplificada? Explica tu respuesta.

a. $\frac{\sqrt{31}}{3}$ **b.** $7\sqrt{\frac{6}{11}}$ **c.** $-5\sqrt{175}$

8. Comparar y contrastar Simplifica $\frac{3}{\sqrt{12}}$ de dos formas diferentes. ¿Qué forma prefieres? Explica tu respuesta.

9. Escribir Explica cómo sabes si una expresión radical está simplificada.

Ejercicios de práctica y resolución de problemas

 **Práctica**

Simplifica cada expresión radical.

Ver los Problemas 1 y 2.

10. $\sqrt{225}$

11. $\sqrt{99}$

12. $\sqrt{128}$

13. $-\sqrt{60}$

14. $-4\sqrt{117}$

15. $5\sqrt{700}$

16. $\sqrt{192s^2}$

17. $\sqrt{50t^5}$

18. $3\sqrt{18a^2}$

19. $-21\sqrt{27x^9}$

20. $3\sqrt{150b^8}$

21. $-2\sqrt{243y^3}$

Simplifica cada producto.

Ver el Problema 3.

22. $\sqrt{8} \cdot \sqrt{32}$

23. $\frac{1}{3}\sqrt{6} \cdot \sqrt{24}$

24. $4\sqrt{10} \cdot 2\sqrt{90}$

25. $5\sqrt{6} \cdot \frac{1}{6}\sqrt{216}$

26. $-5\sqrt{21} \cdot (-3\sqrt{42})$

27. $\sqrt{18n} \cdot \sqrt{98n^3}$

28. $3\sqrt{5c} \cdot 7\sqrt{15c^2}$

29. $\sqrt{2y} \cdot \sqrt{128y^5}$

30. $-6\sqrt{15s^3} \cdot 2\sqrt{75}$

31. $-9\sqrt{28a^2} \cdot \frac{1}{3}\sqrt{63a}$

32. $10\sqrt{12x^3} \cdot 2\sqrt{6x^3}$

33. $-\frac{1}{3}\sqrt{18c^5} \cdot \left(-6\sqrt{8c^9}\right)$

34. Construcción Los estudiantes construyen marcos de madera rectangulares para la escenografía de una obra escolar. La altura de un marco es 6 veces mayor que su ancho, a. Cada marco tiene un tirante que une dos de sus esquinas opuestas. ¿Qué expresión simplificada representa la longitud de un tirante?

Ver el Problema 4.

35. Parques Un parque tiene forma de rectángulo. Su longitud es 5 veces mayor que su ancho, a. ¿Qué expresión simplificada representa la distancia entre dos esquinas opuestas del parque?

Simplifica cada expresión radical.

Ver los Problemas 5 y 6.

36. $\sqrt{\frac{16}{25}}$

37. $7\sqrt{\frac{6}{32}}$

38. $-4\sqrt{\frac{100}{729}}$

39. $\sqrt{\frac{3x^3}{64x^2}}$

40. $-5\sqrt{\frac{162t^3}{2t}}$

41. $11\sqrt{\frac{49a^5}{4a^3}}$

42. $\frac{1}{\sqrt{11}}$

43. $\frac{\sqrt{5}}{\sqrt{8x}}$

44. $\frac{3\sqrt{6}}{\sqrt{15}}$

45. $\frac{22}{\sqrt{11}}$

46. $\frac{2\sqrt{24}}{\sqrt{48t^4}}$

47. $\frac{8\sqrt{7s}}{\sqrt{28s^3}}$

48. Buscar un patrón Desde un mirador que está a h pies de altura, la distancia aproximada en millas, d, con respecto al horizonte está representada por la ecuación $d = \sqrt{\dfrac{3h}{2}}$.

   a. ¿Cuál es la distancia con respecto al horizonte desde una altura de 150 pies? ¿Desde 225 pies? ¿Y desde 300 pies? Redondea a la milla más cercana.

   b. ¿De qué forma aumenta la distancia con respecto al horizonte a medida que aumenta la altura?

49. Pensar en un plan Una foto cuadrada en la portada de un periódico ocupa un área de 24 pulgs.^{2}. ¿Cuál es la longitud de cada lado de la foto? Escribe tu respuesta en forma de radical simplificado.

- ¿Cómo hallas la longitud de los lados de un cuadrado si conoces el área?
- ¿Qué propiedad puedes usar para escribir tu respuesta en forma simplificada?

Explica por qué cada expresión radical está o no está simplificada.

50. $\dfrac{13x}{\sqrt{4}}$ **51.** $\dfrac{3}{\sqrt{3}}$ **52.** $-4\sqrt{5}$ **53.** $5\sqrt{30}$

54. Analizar errores Un estudiante simplificó la expresión radical de la derecha. ¿Qué error cometió? ¿Cuál es la respuesta correcta?

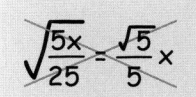

55. Razonamiento Para simplificar expresiones radicales con exponentes negativos, primero puedes volver a escribir las expresiones usando exponentes positivos. ¿Cuál es la forma simplificada de las siguientes expresiones radicales?

   a. $\dfrac{\sqrt{3}}{\sqrt{f^{-3}}}$ **b.** $\dfrac{\sqrt{x^{-3}}}{\sqrt{x}}$ **c.** $\dfrac{\sqrt{5a^{-2}}}{\sqrt{10a^{-1}}}$ **d.** $\dfrac{\sqrt{(2m)^{-3}}}{m^{-1}}$

56. Deportes Las bases de un rombo de sóftbol están ubicadas en las esquinas de un cuadrado de 3600 pies^2. ¿Qué distancia recorre un lanzamiento desde la segunda base hasta el *home*?

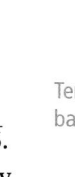
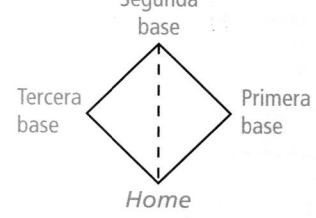

57. Supón que a y b son enteros positivos.

   a. Comprueba que cuando $a = 18$ y $b = 10$, entonces $\sqrt{a} \cdot \sqrt{b} = 6\sqrt{5}$.

   b. Respuesta de desarrollo Halla otros dos pares de enteros positivos a y b, tales que $\sqrt{a} \cdot \sqrt{b} = 6\sqrt{5}$.

Simplifica cada expresión radical.

58. $\sqrt{12} \cdot \sqrt{75}$ **59.** $\sqrt{26 \cdot 2}$ **60.** $\dfrac{\sqrt{72}}{\sqrt{64}}$ **61.** $\dfrac{-2}{\sqrt{a^3}}$

62. $\dfrac{\sqrt{180}}{\sqrt{3}}$ **63.** $\dfrac{\sqrt{x^2}}{\sqrt{y^3}}$ **64.** $\dfrac{-3\sqrt{2}}{\sqrt{6}}$ **65.** $\sqrt{8} \cdot \sqrt{10}$

66. $\sqrt{20a^2b^3}$ **67.** $\sqrt{a^3b^5c^3}$ **68.** $\sqrt{\dfrac{3m}{16m^2}}$ **69.** $\dfrac{16a}{\sqrt{6a^3}}$

Resuelve cada ecuación. Escribe tu respuesta en forma de radical simplificado.

70. $x^2 + 6x - 9 = 0$ **71.** $n^2 - 2n + 1 = 5$ **72.** $3y^2 - 4y - 2 = 0$

73. Respuesta de desarrollo ¿Qué tres números puedes mencionar cuyas raíces cuadradas pueden escribirse en la forma $a\sqrt{3}$ para algunos valores enteros de a?

Simplifica cada expresión radical.

74. $\sqrt{24} \cdot \sqrt{2x} \cdot \sqrt{3x}$ **75.** $2b(\sqrt{5b})^2$ **76.** $\sqrt{45a^7} \cdot \sqrt{20a}$

77. Geometría La ecuación $r = \sqrt{\frac{A}{\pi}}$ es igual al radio, r, de un círculo con un área A. ¿Cuál es el radio de un círculo con el área dada? Escribe tu respuesta en forma de radical simplificado y de decimal redondeado a la centésima más cercana.

    a. 50 pies^2 **b.** 32 pulgs.^{2} **c.** 10 m^2

78. Para una ecuación lineal en forma estándar $Ax + By = C$, donde $A \neq 0$ y $B \neq 0$, la distancia, d, entre los interceptos en x y en y está representada por

$d = \sqrt{\left(\frac{C}{A}\right)^2 + \left(\frac{C}{B}\right)^2}$. ¿Cuál es la distancia entre los interceptos en x y en y de la gráfica de $4x - 3y = 2$?

Preparación para el examen estandarizado

79. ¿Cuál es la forma simplificada de $\sqrt{12y^5}$?

    (A) $2\sqrt{3y^5}$ (B) $4y^4\sqrt{3y}$ (C) $2y^2\sqrt{3y}$ (D) $3y^3$

80. ¿Cuál es el valor de b en la proporción $\frac{3}{b} = \frac{7}{8-b}$?

    (F) 6   (G) $\frac{21}{8}$ (H) $\frac{12}{5}$ (I) $\frac{5}{12}$

81. El área del triángulo de la derecha es 24 pies^2. ¿Cuál es su altura?

    (A) 1.8 pulgs.   (C) 7 pulgs.

    (B) 3 pulgs.   (D) 16 pulgs.

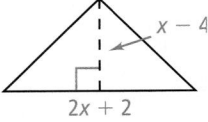

82. Un arquitecto traza una recta sobre una gráfica de coordenadas para mostrar la ubicación de una cañería. La recta tiene un intercepto en x de -2 y un intercepto en y de 3. ¿Qué ecuación representa la recta que traza el arquitecto?

Repaso mixto

Determina si las longitudes dadas pueden ser las longitudes de los lados de un triángulo rectángulo.   ◀ Ver la Lección 10-1.

83. 7, 24, 25   **84.** $1, \frac{4}{3}, \frac{5}{3}$ **85.** 5, 13, 14

Descompón en factores cada expresión.   ◀ Ver la Lección 8-7.

86. $64y^2 - 9$ **87.** $a^2 - 81$ **88.** $25 - 16b^2$

¡Prepárate!   Antes de la Lección 10-3, haz los Ejercicios 89 a 91.

Simplifica cada producto.   ◀ Ver la Lección 8-3

89. $(3a - 4)(2a + 1)$ **90.** $(2m - 3n)(4n - 2m)$ **91.** $(5 + 2x)(2x + 3)$

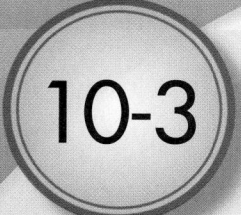

10-3 Operaciones con expresiones radicales

Objetivos Simplificar sumas y diferencias de expresiones radicales.
Simplificar productos y cocientes de expresiones radicales.

Esta respuesta podría ser confusa. En esta lección, aprenderás una forma más sencilla de escribirla.

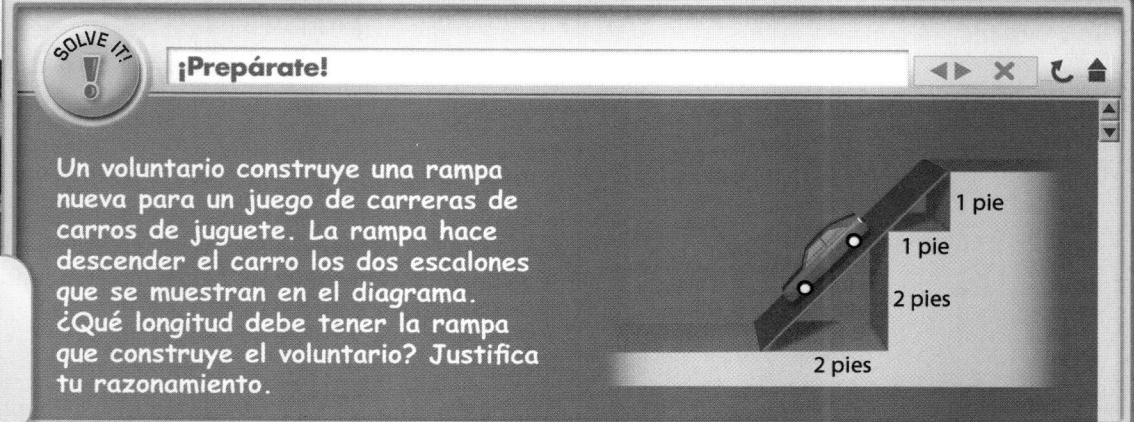

¡Prepárate!

Un voluntario construye una rampa nueva para un juego de carreras de carros de juguete. La rampa hace descender el carro los dos escalones que se muestran en el diagrama. ¿Qué longitud debe tener la rampa que construye el voluntario? Justifica tu razonamiento.

1 pie
1 pie
2 pies
2 pies

Actividades dinámicas
Operaciones con expresiones radicales

Vocabulario de la lección
• radicales semejantes
• radicales no semejantes
• valores conjugados

Piensa

¿Viste antes un problema como éste?
Sí. Combinar radicales semejantes es como combinar términos semejantes. Por ejemplo, simplificar la expresión de la parte (A) es como simplificar $6x + 9x$.

Comprensión esencial Puedes usar las propiedades de los números reales para resolver operaciones con expresiones radicales.

Por ejemplo, puedes usar la propiedad distributiva para simplificar sumas o diferencias de expresiones radicales, combinando los *radicales semejantes*. Los **radicales semejantes**, como $3\sqrt{5}$ y $7\sqrt{5}$, tienen el mismo radicando. Los **radicales no semejantes**, como $4\sqrt{3}$ y $-2\sqrt{2}$, tienen radicandos diferentes.

Problema 1 **Combinar radicales semejantes**

¿Cuál es la forma simplificada de cada expresión?

Ⓐ $6\sqrt{11} + 9\sqrt{11}$

$6\sqrt{11} + 9\sqrt{11} = (6 + 9)\sqrt{11}$ Usa la propiedad distributiva para combinar los radicales semejantes.

$= 15\sqrt{11}$ Simplifica.

Ⓑ $\sqrt{3} - 5\sqrt{3}$

$\sqrt{3} - 5\sqrt{3} = 1\sqrt{3} - 5\sqrt{3}$ Escribe $\sqrt{3}$ como $1\sqrt{3}$.

$= (1 - 5)\sqrt{3}$ Usa la propiedad distributiva para combinar los radicales semejantes.

$= -4\sqrt{3}$ Simplifica.

¿Comprendiste? **1.** ¿Cuál es la forma simplificada de cada expresión?
    a. $7\sqrt{2} - 8\sqrt{2}$ **b.** $5\sqrt{5} + 2\sqrt{5}$

Es posible que tengas que simplificar primero las expresiones radicales para determinar si pueden sumarse o restarse combinando los radicales semejantes.

 **Problema 2** Simplificar para combinar los radicales semejantes

Piensa

¿Cómo sabes si pueden combinarse las expresiones radicales?
Simplifica todos los radicales. Si bien $\sqrt{3}$ y $\sqrt{12}$ son radicales no semejantes, pueden combinarse después de simplificar $\sqrt{12}$.

¿Cuál es la forma simplificada de $5\sqrt{3} - \sqrt{12}$?

$$5\sqrt{3} - \sqrt{12} = 5\sqrt{3} - \sqrt{4 \cdot 3}$$ 4 es un factor de 12 que es un cuadrado perfecto.

$$= 5\sqrt{3} - \sqrt{4} \cdot \sqrt{3}$$ Propiedad multiplicativa de las raíces cuadradas

$$= 5\sqrt{3} - 2\sqrt{3}$$ Simplifica $\sqrt{4}$.

$$= (5-2)\sqrt{3}$$ Usa la propiedad distributiva para combinar los radicales semejantes.

$$= 3\sqrt{3}$$ Simplifica.

¿Comprendiste? 2. ¿Cuál es la forma simplificada de cada expresión de las partes (a) y (b)?

     a. $4\sqrt{7} + 2\sqrt{28}$ **b.** $5\sqrt{32} - 4\sqrt{18}$

     c. Razonamiento ¿Puedes combinar dos radicales no semejantes cuando los radicandos no tienen factores comunes distintos de 1? Explica tu respuesta.

Cuando simplificas un producto como $\sqrt{10}(\sqrt{6} + 3)$, puedes usar la propiedad distributiva para multiplicar $\sqrt{10}$ por $\sqrt{6}$ y $\sqrt{10}$ por 3. Si ambos factores del producto tienen dos términos, como en $(\sqrt{6} - 2\sqrt{3})(\sqrt{6} + \sqrt{3})$, puedes usar el método PEIU para multiplicar, al igual que en la multiplicación de binomios.

 Problema 3 Multiplicar expresiones radicales

Piensa

¿Viste antes un problema como éste?
Sí. La resolución de las partes (A) y (B) es como simplificar productos como $3(x + 2)$ y $(2x + 1)(x - 5)$.

¿Cuál es la forma simplificada de cada expresión?

A $\sqrt{10}(\sqrt{6} + 3)$

$$\sqrt{10}(\sqrt{6} + 3) = (\sqrt{10} \cdot \sqrt{6}) + (\sqrt{10} \cdot 3)$$ Propiedad distributiva

$$= \sqrt{60} + 3\sqrt{10}$$ Propiedad multiplicativa de las raíces cuadradas

$$= \sqrt{4} \cdot \sqrt{15} + 3\sqrt{10}$$ 4 es un factor de 60 que es un cuadrado perfecto.

$$= 2\sqrt{15} + 3\sqrt{10}$$ Simplifica $\sqrt{4}$.

B $(\sqrt{6} - 2\sqrt{3})(\sqrt{6} + \sqrt{3})$

$$(\sqrt{6} - 2\sqrt{3})(\sqrt{6} + \sqrt{3}) = \sqrt{36} + \sqrt{18} - 2\sqrt{18} - 2\sqrt{9}$$ Usa PEIU.

$$= 6 - \sqrt{18} - 2(3)$$ Combina los radicales semejantes y simplifica.

$$= 6 - \sqrt{9} \cdot \sqrt{2} - 6$$ 9 es un factor de 18 que es un cuadrado perfecto.

$$= -3\sqrt{2}$$ Simplifica.

¿Comprendiste? 3. ¿Cuál es la forma simplificada de cada expresión?

     a. $\sqrt{2}(\sqrt{6} + 5)$ **b.** $(\sqrt{11} - 2)^2$ **c.** $(\sqrt{6} - 2\sqrt{3})(4\sqrt{3} + 3\sqrt{6})$

Los **valores conjugados** son la suma y la diferencia de los mismos dos términos. Por ejemplo, $\sqrt{7} + \sqrt{3}$ y $\sqrt{7} - \sqrt{3}$ son valores conjugados. El producto de los valores conjugados es una diferencia de cuadrados.

$$(\sqrt{7} + \sqrt{3})(\sqrt{7} - \sqrt{3}) = (\sqrt{7})^2 - (\sqrt{3})^2$$
$$= 7 - 3 = 4$$

El producto de los valores conjugados no tiene radicales.

Puedes usar valores conjugados para simplificar un cociente cuyo denominador es una suma o una diferencia de radicales.

Problema 4 Racionalizar un denominador usando valores conjugados

¿Cómo racionalizas el denominador?
Multiplica por el valor conjugado del denominador. Si el denominador tiene la forma $a - b$, el valor conjugado es $a + b$.

¿Cuál es la forma simplificada de $\dfrac{10}{\sqrt{7} - \sqrt{2}}$?

$$\frac{10}{\sqrt{7} - \sqrt{2}} = \frac{10}{\sqrt{7} - \sqrt{2}} \cdot \frac{\sqrt{7} + \sqrt{2}}{\sqrt{7} + \sqrt{2}}$$ Multiplica el numerador y el denominador por el valor conjugado del denominador.

$$= \frac{10(\sqrt{7} + \sqrt{2})}{7 - 2}$$ Multiplica en el denominador.

$$= \frac{10(\sqrt{7} + \sqrt{2})}{5}$$ Simplifica el denominador.

$$= 2(\sqrt{7} + \sqrt{2})$$ Divide 10 y 5 por el factor común 5.

$$= 2\sqrt{7} + 2\sqrt{2}$$ Simplifica la expresión.

¿Comprendiste? **4.** ¿Cuál es la forma simplificada de $\dfrac{-3}{\sqrt{10} + \sqrt{5}}$?

Los *rectángulos áureos* aparecen con frecuencia en la naturaleza y en el arte. La razón de la longitud al ancho de un rectángulo áureo es $(1 + \sqrt{5}) : 2$.

Problema 5 Resolver una proporción con radicales

¿Cómo comienzas este problema?
Dado que se trata de un rectángulo áureo, la longitud dividida por el ancho tiene que ser igual a $\dfrac{1 + \sqrt{5}}{2}$.

Biología Los brotes de helecho "cabeza de violín" crecen de manera natural en forma de espirales que caben en rectángulos áureos. ¿Cuál es el ancho, a, del brote de helecho que se muestra a la derecha?

$$\frac{1 + \sqrt{5}}{2} = \frac{4}{a}$$ Escribe una proporción.

$$a(1 + \sqrt{5}) = 8$$ Propiedad de los productos cruzados

$$a = \frac{8}{1 + \sqrt{5}}$$ Divide cada lado por $1 + \sqrt{5}$.

$$a = \frac{8}{1 + \sqrt{5}} \cdot \frac{1 - \sqrt{5}}{1 - \sqrt{5}}$$ Multiplica el numerador y el denominador por el valor conjugado del denominador.

$$a = \frac{8 - 8\sqrt{5}}{1 - 5}$$ Multiplica.

$$a = \frac{8 - 8\sqrt{5}}{-4}$$ Simplifica el denominador.

$$a = -2 + 2\sqrt{5} \approx 2.5$$ Simplifica. Usa una calculadora.

El ancho del brote de helecho es aproximadamente 2.5 cm.

a

4 cm

¿Comprendiste?

5. Un rectángulo áureo mide 12 pulgs. de longitud. ¿Cuál es el ancho del rectángulo? Escribe tu respuesta en forma de radical simplificado. Redondea a la décima de pulgada más cercana.

Comprobar la comprensión de la lección

¿CÓMO·hacerlo?

Simplifica cada expresión radical.

1. $4\sqrt{3} + \sqrt{3}$

2. $3\sqrt{6} - \sqrt{24}$

3. $\sqrt{7}(\sqrt{3} - 2)$

4. $(\sqrt{5} - 6)^2$

5. $\dfrac{7\sqrt{5}}{3 + \sqrt{2}}$

6. $\dfrac{6}{\sqrt{7} + 2}$

¿Lo ENTIENDES?

7. Vocabulario ¿Cuál es el valor conjugado de cada expresión?

   a. $\sqrt{13} - 2$ **b.** $\sqrt{6} + \sqrt{3}$ **c.** $\sqrt{5} - \sqrt{10}$

8. Analizar errores A continuación se muestra la forma en que un estudiante simplificó una expresión. Describe y corrige el error.

$$\frac{1}{\sqrt{3}-1} = \frac{1}{\sqrt{3}-1} \cdot \frac{\sqrt{3}+1}{\sqrt{3}+1} = \frac{\sqrt{3}+1}{9-1} = \frac{\sqrt{3}+1}{8}$$

Ejercicios de práctica y resolución de problemas

 **Práctica**

Simplifica cada suma o diferencia.

Ver los Problemas 1 y 2.

9. $\sqrt{5} + 6\sqrt{5}$

10. $12\sqrt{5} - 3\sqrt{5}$

11. $7\sqrt{3} + \sqrt{3}$

12. $4\sqrt{2} - 7\sqrt{2}$

13. $3\sqrt{7} - \sqrt{63}$

14. $4\sqrt{128} + 5\sqrt{18}$

15. $3\sqrt{45} - 8\sqrt{20}$

16. $\sqrt{28} - 5\sqrt{7}$

17. $-6\sqrt{10} + 5\sqrt{90}$

18. $3\sqrt{3} - 2\sqrt{12}$

19. $-\frac{1}{2}\sqrt{5} + 2\sqrt{125}$

20. $5\sqrt{8} + 2\sqrt{72}$

Simplifica cada producto.

Ver el Problema 3.

21. $\sqrt{6}(\sqrt{2} + \sqrt{3})$

22. $\sqrt{5}(\sqrt{15} - 3)$

23. $3\sqrt{7}(1 - \sqrt{7})$

24. $-\sqrt{12}(4 - 2\sqrt{3})$

25. $5\sqrt{11}(\sqrt{3} - 3\sqrt{2})$

26. $(3\sqrt{11} + \sqrt{7})^2$

27. $(2 + \sqrt{10})(2 - \sqrt{10})$

28. $(\sqrt{6} + \sqrt{3})(\sqrt{2} - 2)$

29. $(5\sqrt{2} - 2\sqrt{3})^2$

Simplifica cada cociente.

Ver el Problema 4.

30. $\dfrac{5}{\sqrt{2} - 1}$

31. $\dfrac{3}{\sqrt{7} - \sqrt{3}}$

32. $\dfrac{-2}{\sqrt{6} + \sqrt{11}}$

33. $\dfrac{\sqrt{5}}{2 - \sqrt{5}}$

34. $\dfrac{-1}{2 - 2\sqrt{3}}$

35. $\dfrac{7}{\sqrt{5} + \sqrt{13}}$

36. Biología Una concha marina cabe en un rectángulo áureo de 8 pulgs. de longitud. ¿Cuál es el ancho de la concha marina? Escribe tu respuesta en forma de radical simplificado y redondea a la décima de pulgada más cercana.

Ver el Problema 5.

37. Arquitectura Una habitación tiene la forma aproximada de un rectángulo áureo y mide 23 pies de longitud. ¿Cuál es el ancho de la habitación? Escribe tu respuesta en forma de radical simplificado y redondea a la décima de pie más cercana.

Halla la solución exacta de cada ecuación. Halla la solución aproximada a la décima más cercana.

38. $\dfrac{5\sqrt{2}}{\sqrt{2}-1} = \dfrac{x}{\sqrt{2}}$

39. $\dfrac{3}{1+\sqrt{5}} = \dfrac{1-\sqrt{5}}{x}$

40. $\dfrac{\sqrt{2}-1}{\sqrt{2}+1} = \dfrac{x}{2}$

41. $\dfrac{x}{2+\sqrt{7}} = \dfrac{3-\sqrt{7}}{4}$

42. $\dfrac{4\sqrt{15}}{1+\sqrt{3}} = \dfrac{1+\sqrt{3}}{x}$

43. $\dfrac{2+\sqrt{2}}{2-\sqrt{2}} = \dfrac{x}{3+\sqrt{10}}$

44. Historia A continuación se muestra el plano de planta del Partenón de Atenas, en Grecia. La sala señalada tiene la forma aproximada de rectángulo áureo. ¿Cuál es el ancho de la sala? Escribe tu respuesta en forma de radical simplificado. Redondea a la décima de metro más cercana.

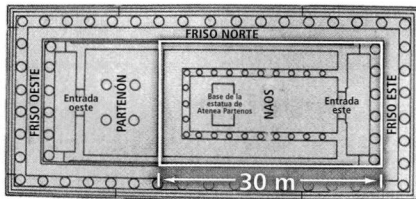

45. Escribir ¿Son semejantes los radicales $\sqrt{3}$ y $\sqrt{12}$? ¿Puede simplificarse la suma de ambos? Explica tu respuesta.

46. Analizar errores A la derecha se muestra la forma en que un estudiante sumó dos expresiones radicales. Describe y corrige el error del estudiante.

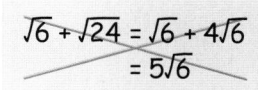

Simplifica cada expresión.

47. $\sqrt{40} + \sqrt{90}$

48. $3\sqrt{2}(2+\sqrt{6})$

49. $\sqrt{12} + 4\sqrt{75} - \sqrt{36}$

50. $(\sqrt{3}+\sqrt{5})^2$

51. $\dfrac{\sqrt{13}+\sqrt{10}}{\sqrt{13}-\sqrt{5}}$

52. $(\sqrt{7}+\sqrt{8})(\sqrt{7}+\sqrt{8})$

53. $2\sqrt{2}(-2\sqrt{32}+\sqrt{8})$

54. $4\sqrt{50} - 7\sqrt{18}$

55. $\dfrac{2\sqrt{12}+3\sqrt{6}}{\sqrt{9}-\sqrt{6}}$

56. Química La razón de las tasas de difusión de dos gases está representada por la fórmula $\dfrac{r_1}{r_2} = \dfrac{\sqrt{m_2}}{\sqrt{m_1}}$, donde m_1 y m_2 son las masas de las moléculas de los gases. Halla $\dfrac{r_1}{r_2}$ cuando $m_1 = 12$ unidades y $m_2 = 30$ unidades. Escribe tu respuesta en forma de radical simplificado.

57. Razonamiento En el diagrama de la derecha se muestran las dimensiones de una cometa. La longitud del travesaño vertical azul es s. ¿Cuál es la longitud del travesaño horizontal rojo respecto de s?

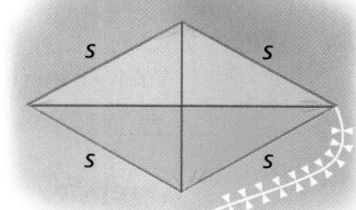

58. Pensar en un plan La fórmula $i = \sqrt{\dfrac{S}{C}} - 1$ da la tasa de interés i, expresada en forma decimal, que permitirá que el capital C alcance la suma S en dos años, a una tasa de interés anual compuesta. ¿Qué tasa de interés necesitas si inviertes \$10,000 y quieres obtener un interés de \$2000 en 2 años?
- ¿Qué suma de dinero quieres tener en la cuenta después de 2 años?
- ¿Qué expresión radical da la tasa de interés que necesitas?

59. a. Supón que n es un número par. Simplifica $\sqrt{x^n}$.
b. Supón que n es un número impar mayor que 1. Simplifica $\sqrt{x^n}$.

60. Razonamiento Simplifica $\dfrac{a\sqrt{b}}{b\sqrt{a}}$.

 **Desafío**

61. **Geometría** Los lados de un cuadrado tienen una longitud n. ¿Cuánto debe sumarse a la longitud de un lado para transformar el cuadrado en un rectángulo áureo?

62. **Razonamiento** ¿Qué tres fracciones puedes multiplicar por $\frac{1}{\sqrt{2}+3}$ para racionalizar el denominador? ¿Los productos resultantes serán iguales? Explica tu respuesta.

63. **Geometría** Halla la longitud de cada hipotenusa. Escribe tu respuesta en forma de radical simplificado.

a.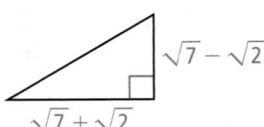

b.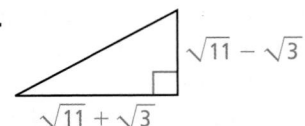

c.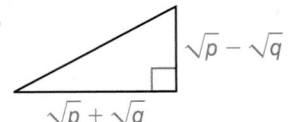

Preparación para el examen estandarizado

SAT/ACT

64. ¿Cuál es la forma simplificada de $2\sqrt{18} - \sqrt{32} + 4\sqrt{8}$?

(A) $8\sqrt{3}$ (B) $10\sqrt{2}$ (C) $18\sqrt{2}$ (D) $10\sqrt{18}$

65. Un topógrafo calcula las áreas de lotes que están a la venta. A la derecha se muestran las dimensiones de un lote. ¿Cuál es el área de este lote?

(F) $8.82 \times 10^6\,m^2$ (H) $4.41 \times 10^5\,m^2$

(G) $8.82 \times 10^5\,m^2$ (I) $4.41 \times 10^6\,m^2$

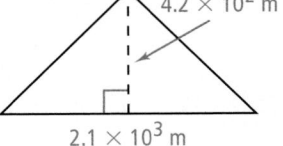

66. ¿Cuáles son las soluciones aproximadas de la ecuación $\frac{5}{2}x^2 + \frac{3}{4}x - 5 = 0$? Usa una calculadora gráfica.

(A) $-5, 0$ (B) $-1.57, 1.27$ (C) $-1.36, 0.71$ (D) $-0.96, 0.84$

Respuesta breve

67. ¿Cuál es el dominio y el rango de la función $y = |x|$? Muestra cómo hallaste la respuesta.

Repaso mixto

Simplifica cada expresión radical.

⬤ **Ver la Lección 10-2.**

68. $\sqrt{108}$ 69. $3\sqrt{150}$ 70. $\frac{4}{\sqrt{18c^2}}$ 71. $\sqrt{5} \cdot \sqrt{45}$

Vuelve a escribir cada expresión usando cada base una sola vez.

⬤ **Ver la Lección 7-3.**

72. $8^5 \cdot 8^{11}$ 73. $2^{24} \cdot 2^{-13}$ 74. $5^{11} \cdot 5^{16}$ 75. $3^7 \cdot 3^{-4}$

¡Prepárate! Antes de la Lección 10-4, haz los Ejercicios 76 a 81.

Resuelve descomponiendo en factores.

⬤ **Ver la Lección 9-4.**

76. $x^2 + 2x + 1 = 0$ 77. $x^2 + x - 12 = 0$ 78. $x^2 + 2x - 15 = 0$

79. $3x^2 + 7x - 6 = 0$ 80. $2x^2 + 3x - 2 = 0$ 81. $x^2 + 14x + 49 = 0$

¿CÓMO hacerlo?

Usa el triángulo de la derecha. Halla la longitud del lado que falta. Si es necesario, redondea a la décima más cercana.

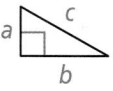

1. $a = 20, b = 25$ **2.** $a = 0.8, b = 1.5$

3. $a = 5, b = 12$ **4.** $a = 2.2, b = 12$

5. $a = 14, c = 50$ **6.** $a = 9, c = 41$

7. $b = 40, c = 41$ **8.** $b = 36, c = 39$

Determina si las longitudes dadas pueden ser las longitudes de los lados de un triángulo rectángulo.

9. 8, 15, 17   **10.** 5, 24, 25   **11.** 60, 80, 100

Simplifica cada expresión radical.

12. $\sqrt{80}$ **13.** $\sqrt{10} \cdot \sqrt{18}$

14. $\sqrt{6x} \cdot \sqrt{2x}$ **15.** $-2\sqrt{3b^2} \cdot \sqrt{12b}$

16. $\sqrt{\dfrac{64}{81}}$ **17.** $-\dfrac{\sqrt{5c}}{\sqrt{45c^3}}$

18. $\dfrac{-3\sqrt{14x^3}}{-\sqrt{21x}}$ **19.** $\dfrac{\sqrt{13f^3}}{\sqrt{5f^2}}$

20. Deportes Un campo de fútbol rectangular mide $6w$ yardas de ancho y $10w$ yardas de longitud. ¿Qué expresión representa la distancia entre dos esquinas opuestas?

Halla el área de cada figura.

21.

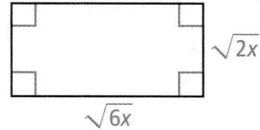

$\sqrt{2x}$

$\sqrt{6x}$

22.

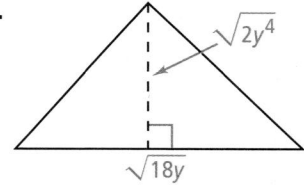

$\sqrt{2y^4}$

$\sqrt{18y}$

Simplifica cada expresión radical.

23. $5\sqrt{5} + 3\sqrt{5}$

24. $2\sqrt{28} - 3\sqrt{7}$

25. $\sqrt{3}(\sqrt{6} - 4)$

26. $(2\sqrt{21} + 4\sqrt{3})(5\sqrt{21} - \sqrt{3})$

27. $\dfrac{1}{\sqrt{3} - 2}$

28. $\dfrac{3 + \sqrt{2}}{4\sqrt{2} + 2}$

Halla la solución exacta de cada ecuación. Halla la solución aproximada a la décima más cercana.

29. $\dfrac{5}{\sqrt{8} - 2} = \dfrac{\sqrt{8} + 2}{x}$

30. $\dfrac{x}{\sqrt{10}} = \dfrac{3\sqrt{2}}{\sqrt{2} + 1}$

31. Transporte Un autobús parte de la estación y recorre 3.75 mi hacia el este. Luego, gira y recorre 5 mi hacia el sur. ¿A qué distancia se encuentra el autobús de la estación?

¿Lo ENTIENDES?

32. ¿Qué clase de ángulo se forma con los dos catetos de un triángulo rectángulo?

33. Escribir ¿Cómo se usa un valor conjugado para simplificar una fracción con una expresión radical en el denominador?

34. Razonamiento La ecuación $\sqrt{a} + \sqrt{b} = \sqrt{a + b}$, ¿es verdadera *siempre*, *a veces* o *nunca*? Justifica tu respuesta.

35. Analizar errores Describe y corrige el error que se muestra a continuación al simplificar la expresión radical.

$$\sqrt{45} = \sqrt{9 \cdot 5}$$
$$= 9\sqrt{5}$$

36. Respuesta de desarrollo Indica las longitudes de los lados de un triángulo que no sea un triángulo rectángulo. Explica por qué estas longitudes no pueden corresponder a las de un triángulo rectángulo.

10-4 Resolver ecuaciones radicales

Objetivos Resolver ecuaciones que contienen radicales.
Identificar soluciones extrañas.

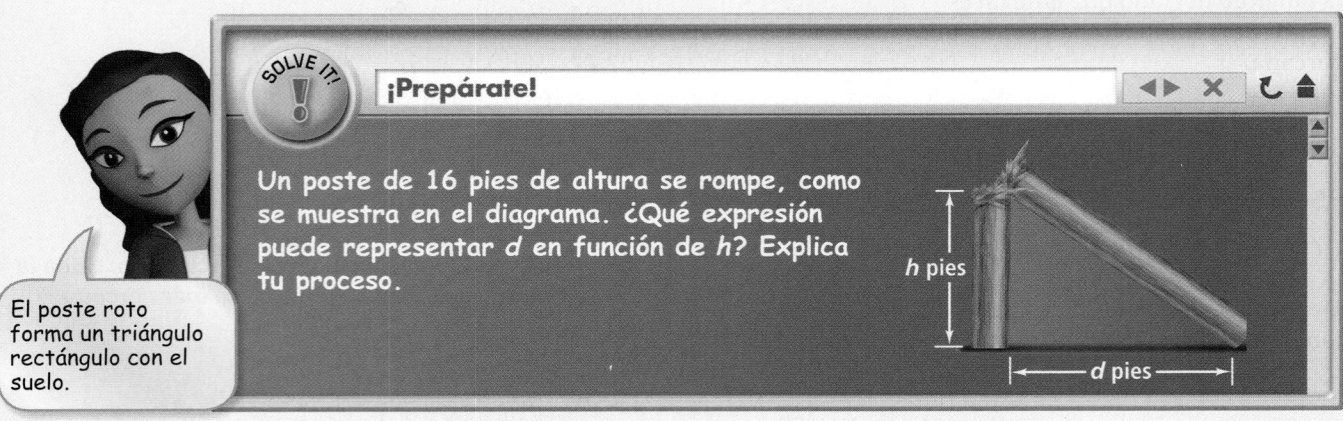

¡Prepárate!

Un poste de 16 pies de altura se rompe, como se muestra en el diagrama. ¿Qué expresión puede representar d en función de h? Explica tu proceso.

h pies

d pies

El poste roto forma un triángulo rectángulo con el suelo.

Vocabulario de la lección
- ecuación radical
- solución extraña

En la actividad de *Solve It!*, la expresión para d contiene una variable en un radicando. Una **ecuación radical** es una ecuación que tiene una variable en un radicando. Algunos ejemplos son $\sqrt{x} - 5 = 3$ y $\sqrt{x - 2} = 1$. Para resolver una ecuación radical, aísla el radical a un lado de la ecuación. Luego, eleva ambos lados al cuadrado. La expresión que está debajo del radical debe ser no negativa.

Comprensión esencial Para resolver algunas ecuaciones radicales, puedes elevar al cuadrado cada lado de la ecuación y comprobar las soluciones.

Planea

¿Cómo puedes empezar a resolver una ecuación radical?
Usa las propiedades de la igualdad para aislar el radical a un lado de la ecuación.

Problema 1 Resolver ecuaciones aislando el radical

¿Cuál es la solución de $\sqrt{x} + 7 = 16$?

$\sqrt{x} + 7 = 16$

$\sqrt{x} = 9$ Aísla el radical a un lado de la ecuación.

$(\sqrt{x})^2 = 9^2$ Eleva cada lado al cuadrado.

$x = 81$ Simplifica.

Comprueba $\sqrt{x} + 7 = 16$

$\sqrt{81} + 7 \stackrel{?}{=} 16$ Sustituye *x* por 81.

$9 + 7 = 16$ ✔

¿Comprendiste? **1.** ¿Cuál es la solución de $\sqrt{x} - 5 = -2$?

Problema 2 **Usar una ecuación radical**

Relojes El tiempo, *t*, en segundos que tarda el péndulo de un reloj en completar un vaivén se puede aproximar con la ecuación $t = 2\sqrt{\frac{\ell}{3.3}}$, donde ℓ es la longitud del péndulo en pies. Si el péndulo de un reloj completa un vaivén en 3 s, ¿cuál es su longitud? Redondea a la décima de pie más cercana.

Lo que sabes
- Una función que relaciona t y ℓ
- El valor de t

Lo que necesitas
El valor de ℓ, que es la longitud del péndulo

Planea
Sustituye t en la función y halla el valor de ℓ.

Piensa

¿Resolviste problemas como éste antes?
Sí. Sustituiste una variable por un valor en una función y luego hallaste la otra variable.

$$t = 2\sqrt{\frac{\ell}{3.3}}$$

$$3 = 2\sqrt{\frac{\ell}{3.3}} \qquad \text{Sustituye } t \text{ por 3.}$$

$$1.5 = \sqrt{\frac{\ell}{3.3}} \qquad \text{Divide cada lado por 2 para aislar el radical.}$$

$$(1.5)^2 = \left(\sqrt{\frac{\ell}{3.3}}\right)^2 \qquad \text{Eleva cada lado al cuadrado.}$$

$$2.25 = \frac{\ell}{3.3} \qquad \text{Simplifica.}$$

$$7.425 = \ell \qquad \text{Multiplica cada lado por 3.3.}$$

Comprueba

$$3 \overset{?}{=} 2\sqrt{\frac{7.425}{3.3}} \qquad \text{Sustituye } \ell \text{ por 7.425.}$$

$$3 \overset{?}{=} 2\sqrt{2.25}$$

$$3 = 3 \ \checkmark$$

El péndulo tiene una longitud aproximada de 7.4 pies.

 ¿Comprendiste? 2. ¿Cuánto mide un péndulo si tarda 1 s en completar cada vaivén?

 Problema 3 **Resolver ecuaciones con expresiones radicales a ambos lados**

¿Cuál es la solución de $\sqrt{5t - 11} = \sqrt{t + 5}$?

Piensa

¿Cómo puedes resolver la ecuación de manera más sencilla?
Puedes *resolver un problema más sencillo* elevando cada lado de la ecuación al cuadrado. Ya sabes resolver ecuaciones como $5t - 11 = t + 5$.

$$\sqrt{5t - 11} = \sqrt{t + 5}$$

$$(\sqrt{5t - 11})^2 = (\sqrt{t + 5})^2 \qquad \text{Eleva cada lado al cuadrado.}$$

$$5t - 11 = t + 5 \qquad \text{Simplifica.}$$

$$4t - 11 = 5 \qquad \text{Resta } t \text{ de cada lado.}$$

$$4t = 16 \qquad \text{Suma 11 a cada lado.}$$

$$t = 4 \qquad \text{Divide cada lado por 4.}$$

Comprueba $\quad \sqrt{5(4) - 11} \overset{?}{=} \sqrt{4 + 5} \qquad \text{Sustituye } t \text{ por 4.}$

$$\sqrt{9} = \sqrt{9} \ \checkmark$$

 ¿Comprendiste? 3. ¿Cuál es la solución de $\sqrt{7x - 4} = \sqrt{5x + 10}$?

Cuando resuelves una ecuación elevando cada lado al cuadrado, creas una nueva ecuación. Es posible que la nueva ecuación tenga soluciones que no satisfagan la ecuación original.

Ecuación original   **Eleva cada lado al cuadrado.**   **Ecuación nueva**   **Soluciones aparentes**
$$x = 3 \qquad\qquad x^2 = 3^2 \qquad\qquad x^2 = 9 \qquad\qquad 3, -3$$

En el ejemplo de arriba, -3 no satisface la ecuación original. Es una solución *extraña*. Una **solución extraña** es una solución aparente que no satisface la ecuación original. Para comprobar si una solución es extraña, sustituye cada solución aparente en la ecuación original.

 Problema 4 **Identificar soluciones extrañas**

¿Cuál es la solución de $n = \sqrt{n + 12}$?

$$n = \sqrt{n + 12}$$
$$n^2 = (\sqrt{n + 12})^2 \qquad \text{Eleva cada lado al cuadrado.}$$
$$n^2 = n + 12 \qquad \text{Simplifica.}$$
$$n^2 - n - 12 = 0 \qquad \text{Resta } n + 12 \text{ de cada lado.}$$
$$(n - 4)(n + 3) = 0 \qquad \text{Descompón en factores la ecuación cuadrática.}$$
$$n - 4 = 0 \quad \text{ó} \quad n + 3 = 0 \qquad \text{Usa la propiedad del producto cero.}$$
$$n = 4 \quad \text{ó} \quad n = -3 \qquad \text{Halla el valor de } n.$$

Comprueba $\quad 4 \stackrel{?}{=} \sqrt{4 + 12} \qquad$ Sustituye n por 4 y -3. $\quad -3 \stackrel{?}{=} \sqrt{-3 + 12}$
$$4 = 4 \ \checkmark \qquad\qquad\qquad\qquad\qquad -3 \neq 3$$

La solución de la ecuación original es 4. El valor -3 es una solución extraña.

¿Comprendiste? **4.** ¿Cuál es la solución de $-y = \sqrt{y + 6}$?

Piensa

¿Este problema puede resolverse con una solución extraña?
No. Una solución extraña resuelve solamente la nueva ecuación que se forma después de elevar ambos lados al cuadrado. No es una solución de este problema.

A veces obtienes solamente soluciones extrañas después de elevar al cuadrado cada lado de la ecuación. En ese caso, la ecuación original no tiene solución.

Problema 5 **Identificar ecuaciones sin solución**

¿Cuál es la solución de $\sqrt{3y} + 8 = 2$?

$$\sqrt{3y} + 8 = 2$$
$$\sqrt{3y} = -6 \quad \text{Resta 8 de cada lado.}$$
$$3y = 36 \quad \text{Eleva cada lado al cuadrado.}$$
$$y = 12 \quad \text{Divide cada lado por 3.}$$

Comprueba $\quad \sqrt{3(12)} + 8 \stackrel{?}{=} 2 \qquad$ Sustituye y por 12.
$$14 \neq 2 \qquad y = 12 \text{ no satisface la ecuación original.}$$

La solución aparente 12 es extraña. La ecuación original no tiene solución.

Piensa

¿Viste otras ecuaciones sin solución?
Sí. Aprendiste que algunas ecuaciones, como $x + 1 = x$ no tienen solución.

¿Comprendiste? **5. a.** ¿Cuál es la solución de $6 - \sqrt{2x} = 10$?

b. Razonamiento ¿Cómo puedes determinar que la ecuación $\sqrt{x} = -5$ no tiene solución sin completar los pasos para resolverla?

Comprobar la comprensión de la lección

¿CÓMO hacerlo?

Resuelve cada ecuación radical. Comprueba tu solución. Si no hay solución, escribe *sin solución*.

1. $\sqrt{3x} + 10 = 16$

2. $\sqrt{r + 5} = 2\sqrt{r - 1}$

3. $\sqrt{2x - 1} = x$

4. $\sqrt{x - 3} = \sqrt{x + 5}$

¿Lo ENTIENDES?

5. Vocabulario ¿Qué opción puede ser una solución extraña de $s = \sqrt{s + 2}$?

(A) 2   (C) -1

(B) 0   (D) -2

6. Razonamiento ¿Cuál es la expresión recíproca del siguiente enunciado condicional: "Si $x = y$, entonces $x^2 = y^2$"? ¿La expresión recíproca de este enunciado siempre es verdadera? Explica tu respuesta.

Ejercicios de práctica y resolución de problemas

Ⓐ Práctica

Resuelve cada ecuación radical. Comprueba tu solución.

◀ **Ver el Problema 1.**

7. $\sqrt{x} + 3 = 5$

8. $\sqrt{t} + 2 = 9$

9. $\sqrt{z} - 1 = 5$

10. $\sqrt{n} - 3 = 6$

11. $\sqrt{2b} + 4 = 8$

12. $3 - \sqrt{t} = -2$

13. $\sqrt{3a + 1} = 7$

14. $\sqrt{10b + 6} = 6$

15. $1 = \sqrt{-2v - 3}$

16. $\sqrt{x - 3} = 4$

17. Diversión Haces un columpio con una llanta para un área de juegos. El tiempo, t, en segundos que tarda la llanta en completar un vaivén se representa con la expresión $t = 2\sqrt{\frac{\ell}{3.3}}$, donde ℓ es la longitud del columpio en pies. Quieres que cada vaivén se complete en 2.5 s. ¿Cuántos pies debe medir el columpio?

◀ **Ver el Problema 2.**

18. Geometría La longitud, l, de una de las aristas de un cubo se representa con la expresión $l = \sqrt{\frac{A}{6}}$, donde A es el área total del cubo. Supón que un cubo tiene una arista de 9 cm de longitud. ¿Cuál es su área total? Redondea a la centésima más cercana.

Resuelve cada ecuación radical. Comprueba tu solución.

◀ **Ver el Problema 3.**

19. $\sqrt{3x + 1} = \sqrt{5x - 8}$

20. $\sqrt{2y} = \sqrt{9 - y}$

21. $\sqrt{7v - 4} = \sqrt{5v + 10}$

22. $\sqrt{s + 10} = \sqrt{6 - s}$

23. $\sqrt{n + 5} = \sqrt{5n - 11}$

24. $\sqrt{3m + 1} = \sqrt{7m - 9}$

Indica cuáles son las soluciones extrañas de cada ecuación, si es que las hay.

◀ Ver los Problemas 4 y 5.

25. $-z = \sqrt{-z + 6}$; $z = -3, z = 2$

26. $\sqrt{12 - n} = n$; $n = -4, n = 3$

27. $y = \sqrt{2y}$; $y = 0, y = 2$

28. $2a = \sqrt{4a + 3}$; $a = \frac{3}{2}, a = -\frac{1}{2}$

29. $x = \sqrt{28 - 3x}$; $x = 4, x = -7$

30. $-t = \sqrt{-6t - 5}$; $t = -5, t = -1$

Resuelve cada ecuación radical. Comprueba tu solución. Si no hay solución, escribe *sin solución*.

31. $x = \sqrt{2x + 3}$

32. $n = \sqrt{4n + 5}$

33. $\sqrt{3b} = -3$

34. $2y = \sqrt{5y + 6}$

35. $-2\sqrt{2r + 5} = 6$

36. $\sqrt{d + 12} = d$

 **Aplicación**

37. Analizar errores Un estudiante resolvió la ecuación $r = \sqrt{-6r - 5}$ y halló las soluciones -1 y -5. Describe y corrige el error del estudiante.

38. Pensar en un plan La fórmula $r = \sqrt{\frac{A}{4\pi}}$ relaciona el área total de la Tierra, A, en kilómetros cuadrados con el radio de la Tierra, r, en kilómetros. La Tierra tiene un radio de alrededor de 6378 km. ¿Cuál es su área total? Redondea al kilómetro cuadrado más cercano.
- ¿Qué ecuación con una variable puedes resolver para hallar el área total de la Tierra?
- ¿Cómo puedes comprobar que tu solución es razonable?

39. Geometría En el triángulo rectángulo $\triangle ABC$, la altura $\overline{CD}$ forma un ángulo recto con la hipotenusa. Puedes usar $CD = \sqrt{(AD)(DB)}$ para hallar las longitudes que faltan.
a. Halla AD si $CD = 10$ y $DB = 4$.
b. Halla DB si $AD = 20$ y $CD = 15$.

40. Paquetes La fórmula $r = \sqrt{\frac{V}{\pi h}}$ da el radio, r, de una lata cilíndrica con un volumen V y una altura h. ¿Cuál es la altura de una lata con un radio de 2 pulgs. y un volumen de 75 pulgs.³?

41. Escribir Explica cómo resolverías la ecuación $\sqrt{2y} - \sqrt{y + 2} = 0$.

42. Respuesta de desarrollo Escribe dos ecuaciones radicales cuya solución sea 3.

Resuelve cada ecuación radical. Comprueba tu solución. Si no hay solución, escribe *sin solución*.

43. $\sqrt{5x + 10} = 5$

44. $-6 - \sqrt{3y} = -3$

45. $\sqrt{7p + 5} = \sqrt{p - 3}$

46. $a = \sqrt{7a - 6}$

47. $\sqrt{y + 12} = 3\sqrt{y}$

48. $3 - \sqrt{4a + 1} = 12$

49. Física La fórmula $t = \sqrt{\frac{n}{16}}$ da el tiempo, t, en segundos que un objeto que al principio está en reposo tarda en caer n pies. ¿Qué distancia recorre un objeto durante los primeros 10 s que cae?

50. Paquetes En el diagrama de la derecha se muestra un trozo de cartón que sirve para armar una caja si sus secciones se doblan y pegan con cinta adhesiva. Los bordes laterales de la caja miden x pulgadas por x pulgadas y el cuerpo de la caja mide 10 pulgs. de longitud.

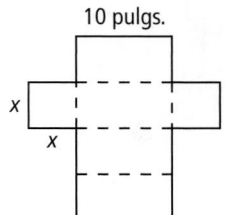

10 pulgs.

a. Escribe una ecuación para hallar el volumen, V, de la caja.

b. Resuelve la ecuación de la parte (a) para hallar el valor de x.

c. Halla los valores enteros de x por los cuales la caja tendría un volumen de entre 40 pulgs.^{3} y 490 pulgs.^{3} inclusive.

 **Desafío**

51. Razonamiento Explica la diferencia entre elevar al cuadrado $\sqrt{x-1}$ y $\sqrt{x}-1$.

52. a. Razonamiento ¿Cuál es la solución de $\sqrt{7y+18} = y$? ¿Cuál es la solución extraña?

b. Multiplica un lado de $\sqrt{7y+18} = y$ por -1. ¿Cuál es la solución de la nueva ecuación? ¿Cuál es la solución extraña de la nueva ecuación?

c. ¿Cómo crees que afectará a las soluciones y a las soluciones extrañas de $\sqrt{y+2} = y$ el hecho de multiplicar un lado por -1? Explica tu respuesta.

Preparación para el examen estandarizado

SAT/ACT

53. ¿Cuáles son las soluciones de $\sqrt{c^2-17} = 8$?

(A) 6, 9   (B) 8, -8 (C) 8, 0   (D) 9, -9

54. Sam coloca una valla alrededor de un jardín triangular. ¿Cuál es el perímetro del jardín? Redondea tu respuesta a la décima de metro más cercana.

(F) 14.1 m   (H) 24.1 m

(G) 20.0 m   (I) 50.0 m

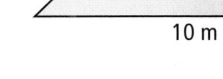

$5\sqrt{2}$ m $5\sqrt{2}$ m   10 m

55. ¿Cuál es la forma pendiente-intercepto de la ecuación $2x+5y = 40$?

(A) $y = -2x+8$ (B) $y = -\frac{2}{5}x+8$ (C) $y = \frac{2}{5}x+8$ (D) $y = 2x+8$

Respuesta breve

56. Escribe de tres formas diferentes la ecuación de la recta que pasa por el punto $(1, -1)$ y que tiene una pendiente de $\frac{1}{2}$. ¿Cuándo sería útil usar cada una de las formas?

Repaso mixto

Simplifica cada expresión.   ◀ **Ver la Lección 10-3.**

57. $\sqrt{8}+3\sqrt{2}$ **58.** $(2\sqrt{5}-6)(9+3\sqrt{5})$ **59.** $\dfrac{2}{\sqrt{3}+\sqrt{8}}$

Usa la fórmula cuadrática para resolver cada ecuación.   ◀ **Ver la Lección 9-6.**

60. $3a^2+4a+3 = 0$ **61.** $2f^2-8 = 0$ **62.** $6m^2+13m+6 = 0$

¡Prepárate! Antes de la Lección 10-5, haz los Ejercicios 63 a 65.

Representa con una gráfica cada función trasladando $y = |x|$.   ◀ **Ver la Lección 5-8.**

63. $y = |x+2|$ **64.** $y = |x|-3$ **65.** $y = |x-4|$

10-5 Representar con una gráfica las funciones de la raíz cuadrada

Objetivos Representar con una gráfica las funciones de la raíz cuadrada.
Trasladar las gráficas de las funciones de la raíz cuadrada.

¡Prepárate!

Esta gráfica no es una recta ni una parábola completa. Debe formar parte de otra familia.

Un paisajista planea construir un patio cuadrado con una pared en uno de los lados. El tamaño del patio determinará el costo del proyecto. Representa con una gráfica la longitud de la pared en función del área del patio. ¿Qué ecuación puede corresponder a esta gráfica? Explica tu razonamiento.

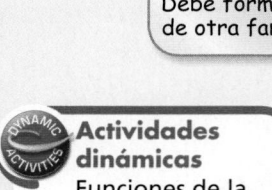

Actividades dinámicas
Funciones de la raíz cuadrada

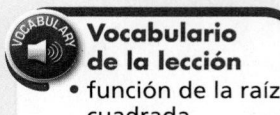

Vocabulario de la lección
• función de la raíz cuadrada

La actividad de *Solve It!* se relaciona con una *función de la raíz cuadrada.* Las funciones de la raíz cuadrada son ejemplos de funciones radicales.

toma nota

Concepto clave   Funciones de la raíz cuadrada

Una **función de raíz cuadrada** es una función que contiene una raíz cuadrada con la variable independiente en el radicando. La función de la raíz cuadrada madre es $y = \sqrt{x}$.

En la siguiente tabla y en la siguiente gráfica se muestra la función de la raíz cuadrada madre.

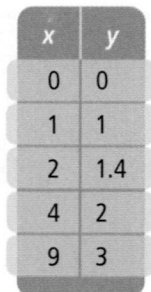

x	y
0	0
1	1
2	1.4
4	2
9	3

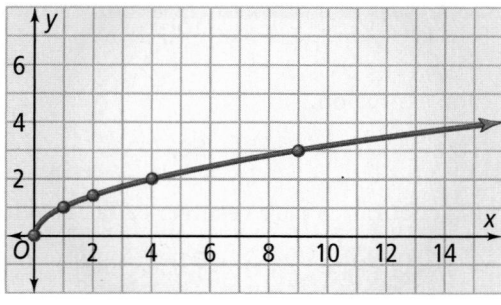

Comprensión esencial Para representar con una gráfica la función de la raíz cuadrada, puedes marcar los puntos o usar una traslación de la función de la raíz cuadrada madre.

Para los números reales, el valor del radicando no puede ser negativo. Por tanto, el dominio de una función de la raíz cuadrada se limita a valores de x para los que el radicando es mayor que o igual a 0.

 **Problema 1** **Hallar el dominio de una función de la raíz cuadrada**

¿Cuál es el dominio de la función $y = 2\sqrt{3x - 9}$?

Piensa	Escribe
El radicando no puede ser negativo.	$3x - 9 \geq 0$
Halla el valor de x.	$3x \geq 9$
	$x \geq 3$
	El dominio de la función es el conjunto de números reales mayores que o iguales a 3.

 ¿Comprendiste? **1.** ¿Cuál es el dominio de $y = \sqrt{-2x + 5}$?

 Problema 2 **Representar con una gráfica una función de la raíz cuadrada**

Ingeniería Representa con una gráfica la función $I = \frac{1}{5}\sqrt{P}$, que da la corriente I en amperes de un determinado circuito con P vatios de potencia. ¿Cuándo superará la corriente los 2 amperes?

Planea

¿Cómo puedes resolver este problema?
Haz una tabla de pares ordenados que satisfagan la ecuación. Luego, marca los pares ordenados en una gráfica.

Paso 1 Haz una tabla.

Corriente en el circuito

Potencia (vatios)	Corriente (amperes)
0	0
10	0.6
50	1.4
100	2

Paso 2 Marca los puntos en una gráfica.

Corriente en el circuito

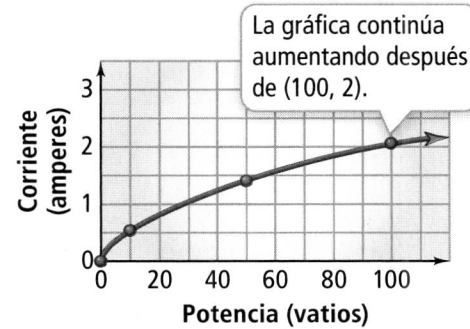

La gráfica continúa aumentando después de (100, 2).

La corriente superará los 2 amperes cuando la potencia sea mayor que 100 vatios.

 ¿Comprendiste? **2. a.** ¿En qué momento la corriente del Problema 2 superará los 1.5 amperes?
b. Razonamiento ¿Cuántas veces debes aumentar la potencia para duplicar la corriente?

Para cualquier número positivo k, representar con una gráfica $y = \sqrt{x} + k$ hace que la gráfica de $y = \sqrt{x}$ se traslade k unidades hacia arriba. Representar con una gráfica $y = \sqrt{x} - k$ hace que la gráfica de $y = \sqrt{x}$ se traslade k unidades hacia abajo.

Problema 3 **Representa con una gráfica una traslación vertical**

¿Cuál es la gráfica de $y = \sqrt{x} + 2$?

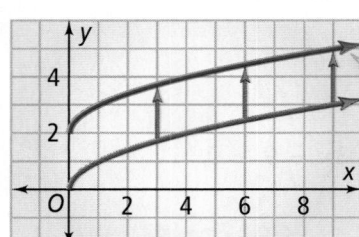

En la gráfica de $y = \sqrt{x} + 2$, la gráfica de $y = \sqrt{x}$ se desplaza 2 unidades hacia arriba.

Piensa

¿Este problema se parece a alguno que hayas visto antes?
Sí. Representaste con una gráfica funciones en la forma $y = |x| + k$ trasladando la gráfica de $y = |x|$.

✓ **¿Comprendiste? 3.** ¿Cuál es la gráfica de $y = \sqrt{x} - 3$?

Para cualquier número positivo h, representar con una gráfica $y = \sqrt{x + h}$ hace que la gráfica de $y = \sqrt{x}$ se traslade h unidades hacia la izquierda. Representar con una gráfica $y = \sqrt{x - h}$ hace que la gráfica de $y = \sqrt{x}$ se traslade h unidades hacia la derecha.

Problema 4 **Representar con una gráfica una traslación horizontal**

¿Cuál es la gráfica de $y = \sqrt{x + 3}$?

Piensa

¿Hay alguna otra manera de resolver este problema?
Sí. Puedes hacer una tabla de pares ordenados que satisfagan la ecuación y luego marcarlos en una gráfica.

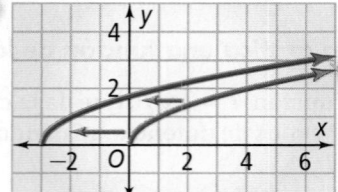

En la gráfica de $y = \sqrt{x + 3}$, la gráfica de $y = \sqrt{x}$ se desplaza 3 unidades hacia la izquierda.

✓ **¿Comprendiste? 4.** ¿Cuál es la gráfica de $y = \sqrt{x - 3}$?

 Comprobar la comprensión de la lección

¿CÓMO hacerlo?

1. ¿Cuál es el dominio de la función
$y = \sqrt{x} + 3$?

Representa con una gráfica cada función.

2. $y = 2\sqrt{x}$

3. $y = \sqrt{x} - 6$

¿Lo ENTIENDES?

4. Vocabulario ¿Es $y = x\sqrt{5}$ una función de la raíz cuadrada? Explica tu respuesta.

5. Escribir Explica cómo se relacionan las gráficas de $y = \sqrt{x - 1}$ y de $y = \sqrt{x}$.

6. Razonamiento ¿Es posible que el dominio de una función de la raíz cuadrada incluya números negativos? Explica tu respuesta.

Ejercicios de práctica y resolución de problemas

A Práctica

Halla el dominio de cada función.

◀ Ver el Problema 1.

7. $y = \frac{1}{2}\sqrt{x}$

8. $y = \sqrt{x} + 2$

9. $y = \sqrt{x - 7}$

10. $y = 3\sqrt{\frac{x}{3}}$

11. $y = 2.7\sqrt{x + 2} + 11$

12. $y = \sqrt{4x - 13}$

13. $y = \frac{4}{7}\sqrt{18 - x}$

14. $y = \sqrt{3x + 9} - 6$

15. $y = \sqrt{3(x - 4)}$

Haz una tabla de valores y representa con una gráfica cada función.

◀ Ver el Problema 2.

16. $y = \sqrt{2x}$

17. $f(x) = 4\sqrt{x}$

18. $y = \sqrt{4x - 8}$

19. $y = \sqrt{3x}$

20. $f(x) = 3\sqrt{x}$

21. $y = -3\sqrt{x}$

22. $f(x) = \frac{1}{3}\sqrt{x}$

23. $y = \sqrt{\frac{x}{2}}$

24. $y = 2\sqrt{x - 3}$

25. Física La función $v = \sqrt{19.6h}$ representa la velocidad, v, en metros por segundo de un objeto que cayó h metros, sin tener en cuenta los efectos de la resistencia del aire. Haz una tabla y representa la función con una gráfica. ¿Para qué valores de h la velocidad del objeto superará los 10 m/s?

Empareja cada función con su gráfica.

◀ Ver los Problemas 3 y 4.

26. $y = \sqrt{x + 4}$　　**27.** $y = \sqrt{x - 2}$　　**28.** $y = \sqrt{x} + 4$　　**29.** $y = \sqrt{x} - 2$

A.

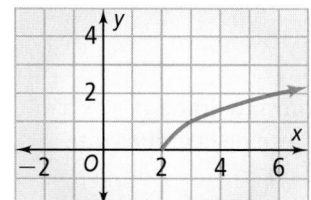

B.

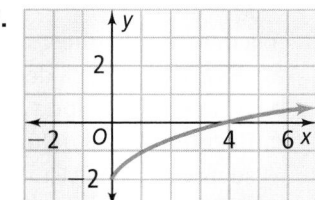

C.

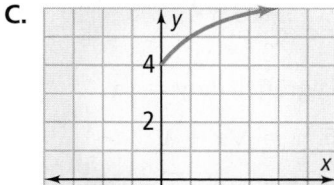

D.

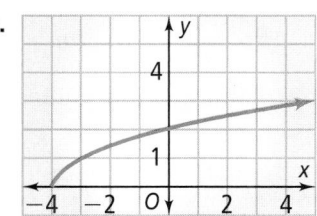

Representa con una gráfica cada función trasladando la gráfica de $y = \sqrt{x}$.

30. $y = \sqrt{x} + 5$

31. $y = \sqrt{x} - 5$

32. $y = \sqrt{x} - 1$

33. $y = \sqrt{x + 2}$

34. $f(x) = \sqrt{x - 5}$

35. $f(x) = \sqrt{x - 4}$

36. $y = \sqrt{x} + 1$

37. $y = \sqrt{x + 1}$

38. $y = \sqrt{x - 1}$

B Aplicación

39. ¿Cuál es el dominio y el rango de la función $y = \sqrt{2x - 8}$?

40. ¿Cuál es el dominio y el rango de la función $y = \sqrt{8 - 2x}$?

41. **Bomberos** Cuando los bomberos tratan de apagar un incendio, la tasa a la que pueden echar agua sobre el fuego depende de la presión de la boca de la manguera. Puedes hallar la tasa del flujo de agua, f, en galones por minuto usando la función $f = 120\sqrt{p}$, donde p es la presión de la boca de la manguera en libras por pulgada cuadrada.
   a. Representa la función con una gráfica.
   b. ¿Qué presión da una tasa de flujo de 800 gals./min?

42. **Analizar errores** Un estudiante representó con una gráfica la función $y = \sqrt{x - 2}$, que se muestra a la derecha. ¿Qué error cometió el estudiante? Haz la gráfica correcta.

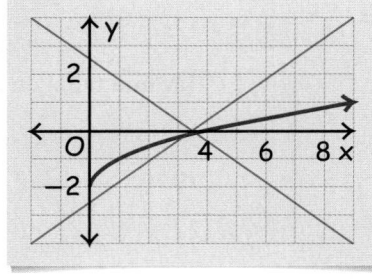

43. **Pensar en un plan** La velocidad, v, en metros por segundo de un cohete de 2,000,000 kg se representa con la función $v = \sqrt{E}$, donde E es la energía cinética del cohete medida en megajulios (MJ). ¿Cuál es la velocidad del cohete cuando su energía cinética es 8,000,000 MJ?
   • ¿Cómo puedes usar una gráfica para resolver el problema?
   • ¿Cómo puedes comprobar tu respuesta?

Haz una tabla de valores y representa con una gráfica cada función.

44. $y = \sqrt{x - 2.5}$ 45. $f(x) = 4\sqrt{x}$ 46. $y = \sqrt{x + 6}$

47. $y = \sqrt{0.5x}$ 48. $y = \sqrt{x - 2} + 3$ 49. $f(x) = \sqrt{x + 2} - 4$

50. $y = \sqrt{2x} + 3$ 51. $y = \sqrt{2x + 6} + 1$ 52. $y = \sqrt{3x - 3} - 2$

53. A la derecha se muestra la gráfica de $x = y^2$.
   a. ¿Es ésta la gráfica de una función?
   b. ¿Cómo se relaciona $x = y^2$ con la función de la raíz cuadrada $y = \sqrt{x}$?
   c. **Razonamiento** ¿Qué función corresponde a la parte de la gráfica que se muestra en el Cuadrante IV? Explica tu respuesta.

54. **Razonamiento** Sin representar con una gráfica, determina qué función tiene la gráfica con la pendiente más pronunciada: $y = \sqrt{3x}$ ó $y = 3\sqrt{x}$. Explica tu respuesta.

Representa con una gráfica cada función trasladando la gráfica de $y = \sqrt{x}$.

55. $y = \sqrt{x + 4} - 1$ 56. $y = \sqrt{x + 1} + 5$

57. $y = \sqrt{x - 3} - 2$ 58. $y = \sqrt{x - 6} + 3$

59. $y = \sqrt{x + 2.5} - 1$ 60. $y = \sqrt{x - 4.5} + 1.5$

 **Desafío**

61. a. Representa $y = \sqrt{x^2} + 5$.
   b. Escribe una función de la gráfica que dibujaste que no requiera un radical.

62. Representa con una gráfica las funciones de las partes (a) a (d).
   a. $y = \sqrt{4x}$
   b. $y = \sqrt{5x}$
   c. $y = \sqrt{6x}$
   d. $y = \sqrt{-6x}$
   e. **Razonamiento** Describe cómo cambia la gráfica de $y = \sqrt{nx}$ a medida que varía el valor de n.

63. Recopilación de datos Marca al menos 6 lugares de una rampa que mida por lo menos 6 pies de longitud. Para cada marca, mide la distancia, *d*, desde la marca hasta la base de la rampa. Mide el tiempo, *t*, que tarda una pelota en rodar desde cada marca hasta la base de la rampa.

   a. Representa con una gráfica los datos (*d, t*). Une los puntos con una curva leve.

   b. Describe tu gráfica. ¿A qué función se parece?

   c. ¿La gráfica es lineal? Explica.

Preparación para el examen estandarizado

RESPUESTA EN PLANTILLA

SAT/ACT

64. ¿Cuál es la solución positiva de la ecuación $5.2x^2 + 3.4x - 7.3 = 0$? Usa una calculadora gráfica. Redondea tu respuesta a la milésima más cercana.

65. ¿Cuál es el valor de la expresión $\sqrt{12} \cdot \dfrac{5}{\sqrt{2}}$? Redondea tu respuesta a la décima más cercana.

66. Un científico representa con una gráfica los resultados de una reacción química como una función lineal que pasa por los puntos (4, 1) y (–3, 0). ¿Cuál es la pendiente de la recta?

67. En el diagrama de la derecha se muestra la distancia entre un edificio nuevo y el edificio más cercano a él. La escala del diagrama es 1 pulg. : 100 pies. ¿Cuál es la distancia real en pies entre los edificios?

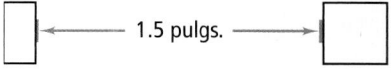
1.5 pulgs.

68. ¿Cuál es el valor de la expresión $\left| -4^7 \right| \div \left(\dfrac{3^3}{4^{-2}} + \dfrac{4^3}{\sqrt{16}} \right)$? Redondea tu respuesta a la décima más cercana.

Repaso mixto

Resuelve cada ecuación radical. Comprueba tu respuesta.   ◀ **Ver la Lección 10-4.**

69. $\sqrt{2s + 8} = s$ **70.** $\sqrt{f} = \sqrt{3f + 6}$ **71.** $\sqrt{2r - 3} = r$

72. $\sqrt{-3y} = 2$ **73.** $2x = \sqrt{x - 3}$ **74.** $2t = \sqrt{2t + 56}$

Simplifica cada expresión.   ◀ **Ver la Lección 8-1.**

75. $3m + 5 + 2m + 7$ **76.** $(8h^3 + 3h) + (4h^3 + 5h)$

77. $(9b + 2) - (12b + 8)$ **78.** $(4a^2 + 3a + 1) - (3a^2 - 6a)$

79. $(24p + 13) + (9p^2 - 12)$ **80.** $(7c^5 + 5c^3 - 1) - (c^5 - 3c^3)$

¡Prepárate!   **Antes de la Lección 10-6, haz los Ejercicios 81 a 83.**

Las figuras de cada par son semejantes. Halla el valor de *x*.   ◀ **Ver la Lección 2-8.**

81.
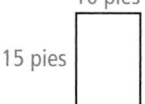
10 pies
15 pies
6 pies
x

82.
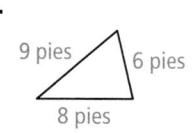
9 pies
6 pies
8 pies
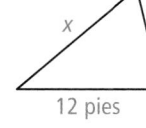
x
12 pies

83.
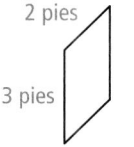
2 pies
3 pies
x
2 pies

Razones del triángulo rectángulo

En esta actividad, explorarás las razones de las longitudes de los lados de triángulos rectángulos semejantes.

Actividad 1

1. Mide los lados de los siguientes triángulos rectángulos a la décima de centímetro más cercana.

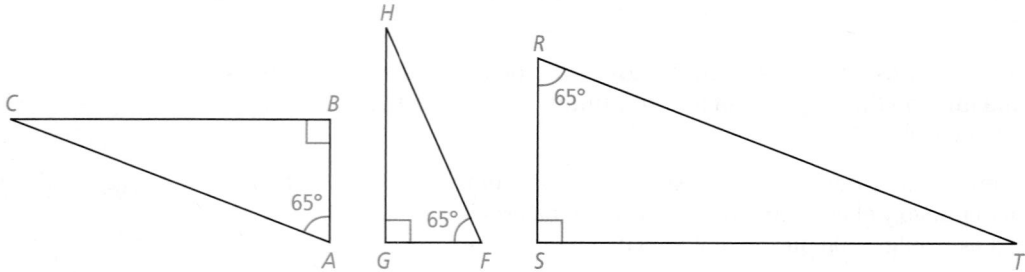

2. Copia y completa la tabla usando las longitudes de los lados que hallaste en el Ejercicio 1.

	Razón de las longitudes de los lados		
Triángulo	longitud del cateto más largo / longitud del cateto más corto	longitud del cateto más largo / longitud de la hipotenusa	longitud del cateto más corto / longitud de la hipotenusa
△ABC	■	■	■
△FGH	■	■	■
△RST	■	■	■

3. Razonamiento ¿En qué se diferencian las razones correspondientes de los tres triángulos? ¿Todos los triángulos rectángulos con un ángulo de 65° tendrán las mismas razones? Explica tu razonamiento.

Actividad 2

4. Un triángulo rectángulo tiene un ángulo de 65° y la longitud de su lado más corto es 5 cm. Predice las longitudes de los otros dos lados.

5. Traza el triángulo que se describe en el Ejercicio 4. Mide sus lados.

6. ¿En qué se diferencian tus mediciones y tus predicciones? ¿Hubo imprecisiones en tus predicciones, en la construcción del triángulo o en tus mediciones? Explica tu respuesta.

10-6 · Razones trigonométricas

Objetivo   Hallar y usar razones trigonométricas.

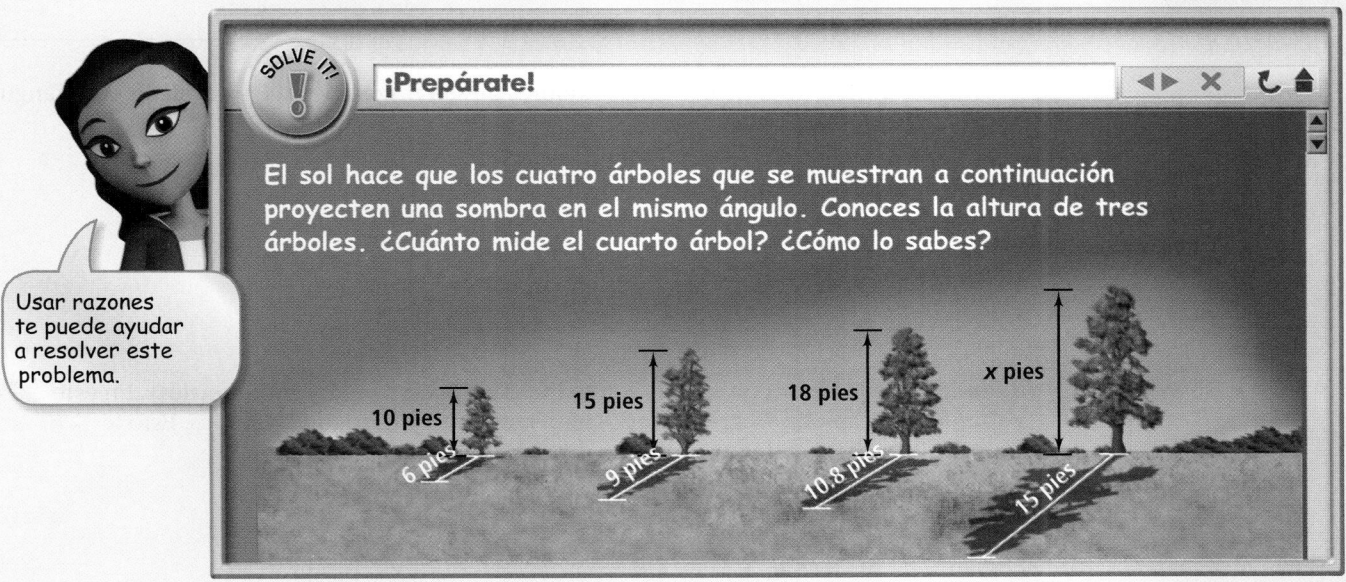

¡Prepárate!

El sol hace que los cuatro árboles que se muestran a continuación proyecten una sombra en el mismo ángulo. Conoces la altura de tres árboles. ¿Cuánto mide el cuarto árbol? ¿Cómo lo sabes?

Usar razones te puede ayudar a resolver este problema.

10 pies   15 pies   18 pies   *x* pies

6 pies   9 pies   10.8 pies   15 pies

Vocabulario de la lección

- razones trigonométricas
- seno
- coseno
- tangente
- ángulo de elevación
- ángulo de depresión

La actividad de *Solve It!* se relaciona con razones y triángulos rectángulos. Las razones de las longitudes de los lados de un triángulo rectángulo se llaman **razones trigonométricas**. A continuación, encontrarás las definiciones de tres razones trigonométricas.

toma nota

Concepto clave   Razones trigonométricas

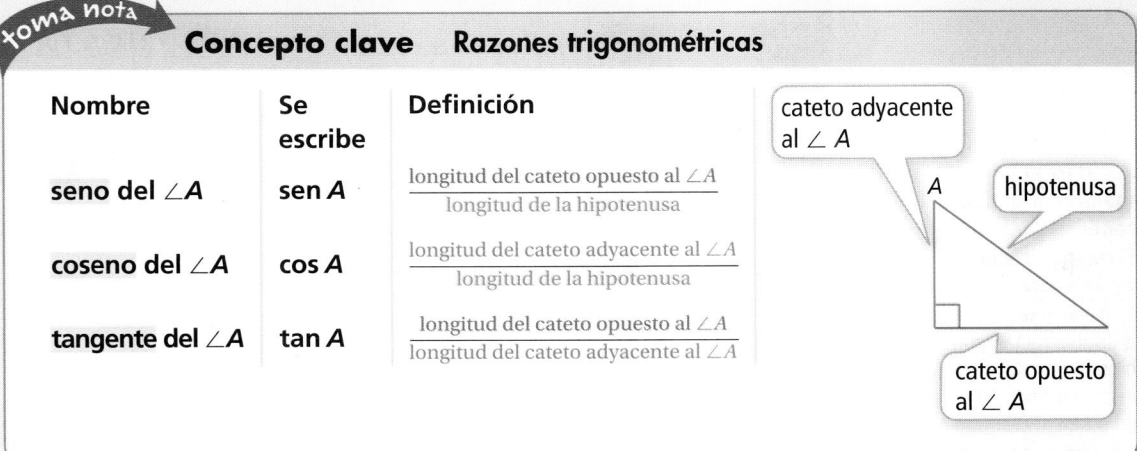

Nombre	Se escribe	Definición
seno del ∠*A*	sen *A*	$\dfrac{\text{longitud del cateto opuesto al } \angle A}{\text{longitud de la hipotenusa}}$
coseno del ∠*A*	cos *A*	$\dfrac{\text{longitud del cateto adyacente al } \angle A}{\text{longitud de la hipotenusa}}$
tangente del ∠*A*	tan *A*	$\dfrac{\text{longitud del cateto opuesto al } \angle A}{\text{longitud del cateto adyacente al } \angle A}$

cateto adyacente al ∠ *A*

A   hipotenusa

cateto opuesto al ∠ *A*

Comprensión esencial   Puedes usar las razones del seno, el coseno y la tangente para hallar las medidas de los lados y de los ángulos de los triángulos rectángulos.

Problema 1 **Hallar razones trigonométricas**

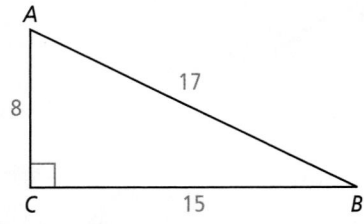

Planea

¿Cómo calculas las razones trigonométricas?
Para calcular una razón trigonométrica, sustituye en la razón las longitudes de los lados apropiados.

¿Cuáles son los valores de sen A, cos A y tan A en el triángulo de la derecha?

$$\text{sen } A = \frac{\text{cateto opuesto}}{\text{hipotenusa}} = \frac{15}{17}$$

$$\cos A = \frac{\text{cateto adyacente}}{\text{hipotenusa}} = \frac{8}{17}$$

$$\tan A = \frac{\text{cateto opuesto}}{\text{cateto adyacente}} = \frac{15}{8}$$

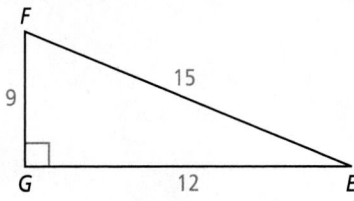

¿Comprendiste? **1.** ¿Cuáles son los valores de sen E, cos E y tan E en el siguiente triángulo?

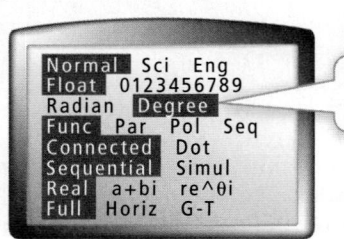

También puedes usar una calculadora para hallar las razones trigonométricas. En este capítulo, usa el modo Degree (Grado) para hallar razones trigonométricas. Esto te permite ingresar ángulos en grados.

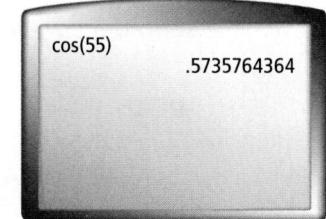

Ajusta tu calculadora al modo Degree.

 Problema 2 **Hallar una razón trigonométrica**

RESPUESTA EN PLANTILLA

Piensa

¿Cuál es el valor máximo que puede tener el coseno?
El coseno es la razón $\frac{\text{cateto adyacente}}{\text{hipotenusa}}$ de un triángulo rectángulo. La hipotenusa siempre es el lado más largo. El coseno de un ángulo agudo siempre es menor que 1.

¿Cuál es el valor de cos 55° a la diezmilésima más cercana?

Para hallar cos 55°, presiona (cos) 55 ( ) (enter).

El coseno de 55° es aproximadamente 0.5736.

cos(55)
.5735764364

¿Comprendiste? **2.** ¿Cuál es el valor de cada expresión en las partes (a) a (d)?
   a. sen 80°   **b.** tan 45°   **c.** cos 15°   **d.** sen 9°
   e. Razonamiento Describe la relación entre sen 45° y cos 45°. Explica por qué es verdadera.

Cuando conoces la longitud de un lado y la medida de un ángulo agudo, puedes usar la trigonometría para hallar las longitudes que faltan de un triángulo rectángulo.

 Problema 3 **Hallar la longitud del lado que falta**

¿Cuál es el valor de _x_ en el triángulo de la derecha? Redondea a la décima más cercana.

Lo que sabes
• La medida de un ángulo agudo
• La longitud de la hipotenusa

Lo que necesitas
La longitud del cateto opuesto

Planea
Usa la razón del seno.

Escribe y resuelve una ecuación.

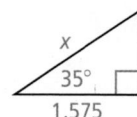

$\text{sen } 48° = \dfrac{\text{cateto opuesto}}{\text{hipotenusa}}$ Usa la definición de seno.

$\text{sen } 48° = \dfrac{x}{14}$ Sustituye _x_ y 14 según el diagrama.

$x = 14(\text{sen } 48°)$ Halla el valor de _x_.

$x \approx 10.40402756$ Usa una calculadora.

$x \approx 10.4$ Redondea a la décima más cercana.

El valor de _x_ es aproximadamente 10.4.

 ¿Comprendiste? **3.** ¿Cuál es el valor de _x_ en el triángulo de la derecha? Redondea a la décima más cercana.

Si conoces las longitudes de dos lados de un triángulo rectángulo, puedes hallar una razón trigonométrica para cada ángulo agudo del triángulo. Si conoces la razón trigonométrica de un ángulo, puedes usar el inverso de la razón trigonométrica para hallar la medida del ángulo. Usa las funciones $\sin^{-1}$, $\cos^{-1}$ ó $\tan^{-1}$ de tu calculadora.

 Problema 4 **Hallar las medidas de los ángulos**

¿Cuál es la medida de cada ángulo del triángulo de la derecha?

Paso 1 Dado que conoces la longitud del lado adyacente al $\angle A$ y la longitud de la hipotenusa, usa la razón del coseno.

Paso 2 Escribe y resuelve una ecuación.

$\cos A = \dfrac{12}{24}$ Usa la definición de coseno.

$\cos A = 0.5$ Divide.

medida del $\angle A = \cos^{-1}(0.5)$ Usa el inverso del coseno.

medida del $\angle A = 60°$ Usa una calculadora.

El $\angle A$ mide 60°. El ángulo recto _B_ mide 90°. El $\angle C$ mide $180° - 90° - 60° = 30°$.

Piensa

¿Cómo hallas la medida del tercer ángulo del triángulo?
La suma de las medidas de los ángulos de un triángulo es 180°. Para hallar la medida del tercer ángulo, puedes restar de 180° las medidas de los dos ángulos conocidos.

 **¿Comprendiste?** **4.** En un triángulo rectángulo, el lado opuesto al $\angle A$ mide 8 mm y la hipotenusa mide 12 mm. ¿Cuánto mide el $\angle A$?

Puedes usar razones trigonométricas para medir algunas distancias indirectamente. Para medir esas distancias, a veces conviene usar un *ángulo de elevación* o un *ángulo de depresión*.

Un **ángulo de elevación** es un ángulo que se mide desde la horizontal hacia arriba, hasta la línea de vista.

Un **ángulo de depresión** es un ángulo que se mide desde la horizontal hacia abajo, hasta la línea de vista.

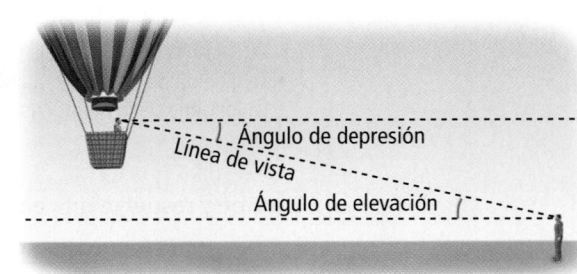

Cuando resuelves problemas de la vida diaria usando razones trigonométricas, a menudo necesitas redondear tus respuestas. Tal vez el problema te indique cómo redondear. De lo contrario, redondea tus respuestas según la precisión de las medidas usadas en el problema. Por ejemplo, si el problema contiene medidas redondeadas a la decena de pie más cercana, redondea tu respuesta a la decena de pie más cercana.

Problema 5 **Usar un ángulo de elevación o de depresión**

Juegos mecánicos Supón que esperas tu turno en una fila para subir a un juego mecánico. Ves a tu amigo en la parte superior del juego. ¿A qué distancia estás de la base del juego mecánico?

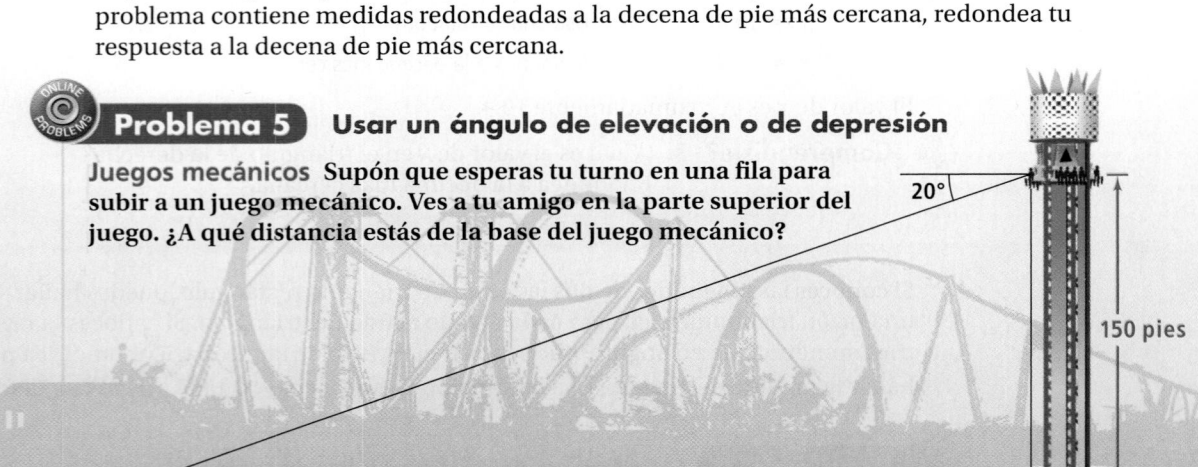

Piensa

¿Qué razón deberías usar?
Conoces la longitud del cateto opuesto y quieres hallar la longitud del cateto adyacente. Usa la razón de la tangente.

$$\tan 20° = \frac{\text{cateto opuesto}}{\text{cateto adyacente}}$$ Usa la razón de la tangente.

$$\tan 20° = \frac{150}{x}$$ Sustituye 150 y x según el diagrama.

$$x\,(\tan 20°) = 150$$ Multiplica cada lado por x.

$$x = \frac{150}{\tan 20°}$$ Divide cada lado por tan 20°.

$$x \approx 412.1216129$$ Usa una calculadora.

$$x \approx 410$$ Redondea a la decena de pie más cercana.

Estás a aproximadamente 410 pies de la base del juego mecánico.

 ¿Comprendiste? **5.** Después de avanzar en la fila, el ángulo de elevación hacia la parte superior del juego es 50°. ¿A qué distancia estás ahora de la base del juego mecánico?

Comprobar la comprensión de la lección

¿CÓMO hacerlo?

Halla cada razón trigonométrica para el ángulo A del triángulo de la derecha.

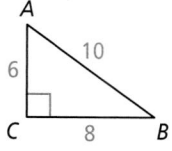

1. sen A **2.** cos A **3.** tan A

Resuelve usando razones trigonométricas.

4. Un triángulo rectángulo tiene un ángulo de 40°. La hipotenusa mide 10 cm. ¿Cuánto mide el lado opuesto al ángulo de 40°?

5. Los catetos de un triángulo rectángulo miden 7 pulgs. y 24 pulgs. ¿Cuánto mide el ángulo opuesto al cateto de 24 pulgs.?

¿Lo ENTIENDES?

6. Vocabulario Describe la diferencia entre hallar el seno y hallar el coseno de un ángulo.

7. Analizar errores En un triángulo rectángulo, la hipotenusa mide 5 pulgs. y el lado opuesto al $\angle A$ mide 4.5 pulgs. Un estudiante halló la medida del $\angle A$ como se muestra en la pantalla de calculadora de la derecha. Describe y corrige el error del estudiante.

Ejercicios de práctica y resolución de problemas

 **Práctica**

Halla el valor de cada expresión para $\triangle FGH$ y $\triangle LMN$.

◀ **Ver el Problema 1.**

8. sen F **9.** cos F **10.** tan G

11. cos L **12.** tan M **13.** sen M

14. tan F **15.** sen G **16.** tan L

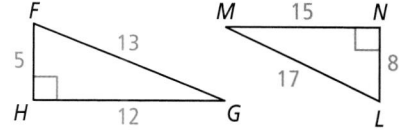

Halla el valor de cada expresión. Redondea a la diezmilésima más cercana.

◀ **Ver el Problema 2.**

17. sen 10°   **18.** tan 25°

19. cos 85°   **20.** tan 12°

21. sen 70°   **22.** cos 22°

23. sen 71°   **24.** tan 30°

Halla el valor de x redondeado a la décima más cercana.

◀ **Ver el Problema 3.**

25.

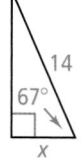

26.

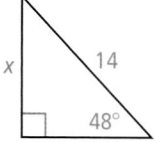

27.

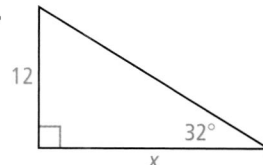

28.

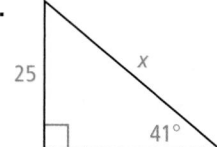

29.

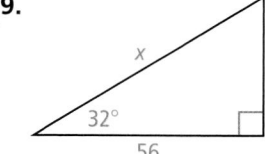

30.

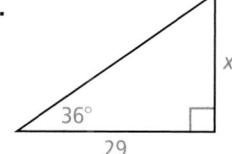

Halla el valor de *x* redondeado al grado más cercano.

◀ Ver el Problema 4.

31.
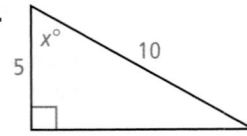

32.
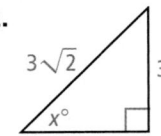

33.
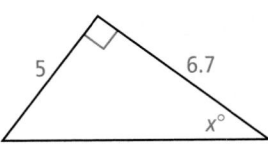

34. Geología Desde un punto de observación que está a 20 pies de la base de un géiser, el ángulo de elevación hacia la parte superior del géiser es 50°. ¿Cuánto mide el géiser?

◀ Ver el Problema 5.

35. Arquitectura En un edificio nuevo, se planea construir la rampa para sillas de ruedas que se muestra a la derecha. La rampa se elevará 2.5 pies en total y formará un ángulo de 3° respecto del suelo. ¿A qué distancia de la base del edificio debe empezar la rampa?

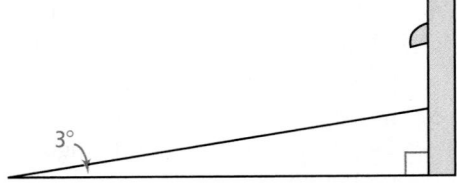

B Aplicación

36. a. Halla los valores de cada par de expresiones.
    i. sen 80°, cos 10°　　　　　**ii.** cos 25°, sen 65°
b. ¿Qué observas sobre los valores que hallaste y los ángulos de cada par?
c. Razonamiento Explica por qué tus resultados tienen sentido.

37. Escribir Describe cómo puedes hallar la longitud de la hipotenusa de un triángulo rectángulo si conoces la medida de uno de los ángulos agudos y la longitud del cateto adyacente a ese ángulo.

38. Pensar en un plan Un bote navega entre dos torres, como se muestra en el diagrama. ¿Cuánto debe moverse el bote para estar en el medio del canal?
- ¿A qué distancia de cada torre está el centro del bote?
- ¿Qué distancia hay entre la base de una de las torres y el medio del canal?

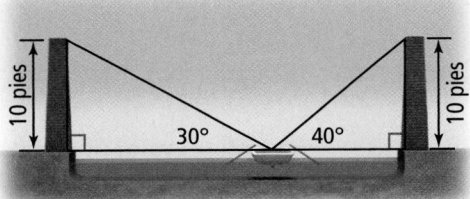

En cada una de las figuras, halla el valor de cada variable redondeado a la décima más cercana.

39.
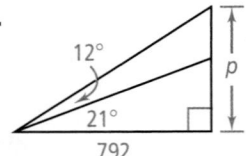

40.
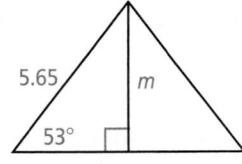

41.
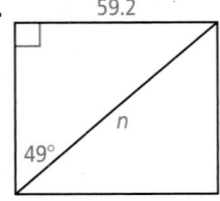

42.
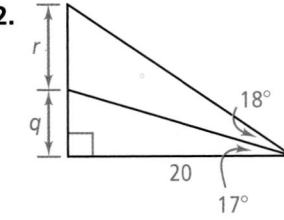

43. a. Aviación Un piloto vuela un avión a una altitud de 30,000 pies. El ángulo de depresión desde el avión hasta el comienzo de la pista de aterrizaje es 1°. ¿A qué distancia se halla el avión del comienzo de la pista de aterrizaje, en sentido horizontal a lo largo del suelo?
b. ¿A cuántas millas equivale tu respuesta de la parte (a)?

44. Pasatiempos Supón que remontas una cometa. El cordel de la cometa mide 60 m y el ángulo de elevación del cordel desde tu mano es 65°. Tu mano está a 1 m del suelo. ¿A qué distancia del suelo está la cometa?

 **Desafío**

45. En un punto determinado de un gran parque llano, el ángulo de elevación hasta el punto más alto de un edificio de oficinas es 30°. Si te acercas 400 pies al edificio, el ángulo de elevación es 45°. ¿Cuál es la altura del edificio redondeada a la decena de pie más cercana?

46. Una recta pasa por el origen de un plano de coordenadas y forma un ángulo de 14° respecto del eje positivo de las x. ¿Cuál es la pendiente de la recta? Redondea a la centésima más cercana.

47. Razonamiento Usa las definiciones de seno, coseno y tangente para simplificar cada expresión.

   a. $\cos A \cdot \tan A$ **b.** $\operatorname{sen} A \div \tan A$ **c.** $\operatorname{sen} A \div \cos A$

Preparación para el examen estandarizado

SAT/ACT

48. ¿Cuál es el valor de b en la proporción $\dfrac{3}{7} = \dfrac{2b}{4b+2}$?

  A 3   **C** 12

  B 6   **D** 28

49. Las ganancias de una empresa importante se pueden representar como una recta que pasa por $(-3, 6)$ y $(4, -1)$. ¿Qué ecuación representa la recta?

  F $y = 3 - x$ **H** $y = -3x + 1$

  G $y = 3x + 1$ **I** $y = x + 3$

50. ¿Qué expresión es equivalente a $3\sqrt{12} + 2\sqrt{3}$?

  A $5\sqrt{3}$ **C** $5\sqrt{15}$

  B $8\sqrt{3}$ **D** $8\sqrt{12}$

Respuesta breve

51. Representa con una recta numérica las soluciones de la desigualdad $-2x \geq 1$.

Repaso mixto

Representa con una gráfica cada función.   ◉ **Ver la Lección 10-5.**

52. $y = \sqrt{x} + 8$ **53.** $y = \sqrt{x - 6}$ **54.** $y = 4\sqrt{x}$

Determina si las longitudes dadas pueden ser las longitudes de los lados de un triángulo rectángulo.   ◉ **Ver la Lección 10-1.**

55. 15, 36, 39   **56.** $\dfrac{7}{9}, \dfrac{24}{9}, \dfrac{25}{9}$ **57.** 12, 35, 36

¡Prepárate!   **Antes de la Lección 11-1, haz los Ejercicios 58 a 61.**

Descompón en factores cada expresión.   ◉ **Ver la Lección 8-5.**

58. $x^2 + x - 12$ **59.** $x^2 + 6x + 8$ **60.** $x^2 - 2x - 15$ **61.** $x^2 + 9x + 18$

Integración de
conocimientos

GRAN idea Equivalencia

Las expresiones radicales se pueden representar de muchas maneras. Para simplificar una raíz cuadrada, extrae los cuadrados perfectos como factores comunes del radicando.

Tarea 1

Usa el triángulo rectángulo isósceles de la derecha para responder a las siguientes preguntas.

    a. ¿Qué expresión se puede usar para representar c en función de x? Escribe tu respuesta en forma de radical simplificado.

    b. ¿Cómo puedes usar el resultado de la parte (a) para hallar la longitud de la hipotenusa de un triángulo rectángulo isósceles si conoces la longitud de cada cateto?

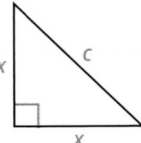

GRAN idea Funciones

Las funciones de la raíz cuadrada contienen una variable en el radicando. La función de la raíz cuadrada madre es $y = \sqrt{x}$.

Tarea 2

Resuelve. Muestra tu trabajo.

    a. Representa con una gráfica la función $y = \sqrt{|x|}$.

    b. ¿En qué se diferencia la gráfica de la función de la parte (a) de la gráfica de la función de la raíz cuadrada madre $y = \sqrt{x}$?

    c. ¿Cuál es el dominio y el rango de la función de la parte (a)?

GRAN idea Resolver ecuaciones y desigualdades

Para aislar la variable de una ecuación radical, primero aísla el radical y luego eleva ambos lados al cuadrado.

Tarea 3

Resuelve. Muestra tu trabajo y explica los pasos que seguiste.

La distancia, d, en pies entre un proyector y una pantalla se representa con la expresión $d = 1.2\sqrt{A}$, donde A es el área de la imagen proyectada en pies cuadrados. Supón que el proyector está a 8 pies de distancia de la pantalla y lo alejas para que esté a 12 pies de distancia de la pantalla. ¿Cuánto aumenta aproximadamente el área de la imagen?

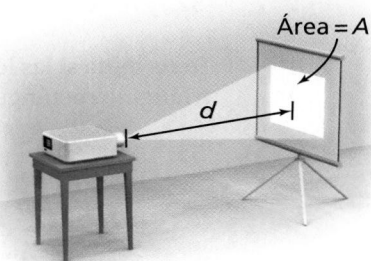

Área = A

10 Repaso del capítulo

Conectar las GRANDES ideas y responder a las preguntas esenciales

1 Equivalencia

Las expresiones radicales se pueden representar de muchas maneras. Para simplificar una raíz cuadrada, extrae los cuadrados perfectos como factores comunes del radicando.

Simplificar radicales (Lección 10-2)

$$\sqrt{12} = \sqrt{4} \cdot \sqrt{3} = 2\sqrt{3}$$

Operaciones con expresiones radicales (Lección 10-3)

$$\sqrt{5} \cdot \sqrt{10} = \sqrt{50} = 5\sqrt{2}$$

2 Funciones

Las funciones de la raíz cuadrada contienen una variable en el radicando. La función de la raíz cuadrada madre es $y = \sqrt{x}$.

Representar con una gráfica las funciones de la raíz cuadrada (Lección 10-5)

Gráfica de la función de la raíz cuadrada madre

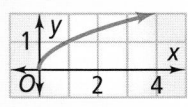

3 Resolver ecuaciones y desigualdades

Para aislar la variable de una ecuación radical, primero aísla el radical y luego eleva ambos lados al cuadrado.

Resolver ecuaciones radicales (Lección 10-4)

$$2x = \sqrt{4x + 3}$$

Vocabulario del capítulo

- ángulo de depresión (p. 636)
- ángulo de elevación (p. 636)
- cateto (p. 600)
- conclusión (p. 601)
- condicional (p. 601)
- coseno (p. 633)
- ecuación radical (p. 620)

- expresión radical (p. 606)
- expresión recíproca (p. 602)
- función de raíz cuadrada (p. 626)
- hipotenusa (p. 600)
- hipótesis (p. 601)
- racionalizar el denominador (p. 609)
- radicales no semejantes (p. 613)

- radicales semejantes (p. 613)
- razones trigonométricas (p. 633)
- seno (p. 633)
- solución extraña (p. 622)
- tangente (p. 633)
- teorema de Pitágoras (p. 600)
- valores conjugados (p. 615)

Escoge el término correcto para completar cada oración.

1. El seno, el coseno y la tangente son __?__ .

2. Un(a) __?__ es una solución aparente que no hace que la ecuación original sea verdadera.

3. Las expresiones radicales $2\sqrt{3}$ y $3\sqrt{2}$ contienen __?__ .

4. Puedes __?__ de una expresión radical si la vuelves a escribir sin radicales en el denominador.

5. Las expresiones radicales $5 + \sqrt{5}$ y $5 - \sqrt{5}$ son __?__ .

PowerAlgebra.com | **Capítulo 10** Repaso del capítulo | **641**

10-1 El teorema de Pitágoras

Repaso rápido
Dadas las longitudes de dos lados de un triángulo rectángulo, puedes usar el **teorema de Pitágoras** para hallar la longitud del tercer lado. Dadas las longitudes de los tres lados de un triángulo, puedes determinar si es un triángulo rectángulo.

Ejemplo
¿Cuál es la longitud del lado x del triángulo de la derecha?

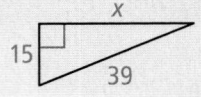

$a^2 + b^2 = c^2$ Teorema de Pitágoras

$15^2 + x^2 = 39^2$ Sustituye a por 15, b por x y c por 39.

$225 + x^2 = 1521$ Simplifica.

$x^2 = 1296$ Resta 225 de cada lado.

$x = 36$ Halla la raíz cuadrada principal de cada lado.

Ejercicios
Usa el triángulo de la derecha. Halla la longitud del lado que falta. Si es necesario, redondea a la décima más cercana.

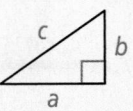

6. $a = 2.5, b = 6$ **7.** $a = 3.5, b = 12$

8. $a = 1.1, b = 6$ **9.** $a = 13, c = 85$

10. $a = 6, c = 18.5$ **11.** $b = 2.4, c = 2.5$

12. $b = 8.8, c = 11$ **13.** $a = 1, c = 2.6$

Determina si las longitudes dadas pueden ser las longitudes de los lados de un triángulo rectángulo.

14. 4, 7.5, 8.5   **15.** 22, 120, 122   **16.** 8, 40, 41

17. 1.6, 3, 3.4   **18.** 6, 24, 25   **19.** 18, 52.5, 55.5

20. 1.2, 6, 6.1   **21.** 0.7, 2.3, 2.5   **22.** 1.3, 8.4, 8.5

10-2 Simplificar radicales

Repaso rápido
Una **expresión radical** está simplificada si los siguientes enunciados son verdaderos.
- El radicando no tiene factores que son cuadrados perfectos distintos de 1.
- El radicando no contiene fracciones.
- No hay radicales en el denominador de una fracción.

Ejemplo
¿Cuál es la forma simplificada de $\dfrac{\sqrt{3x}}{\sqrt{2}}$?

$\dfrac{\sqrt{3x}}{\sqrt{2}} = \dfrac{\sqrt{3x}}{\sqrt{2}} \cdot \dfrac{\sqrt{2}}{\sqrt{2}}$ Multiplica por $\dfrac{\sqrt{2}}{\sqrt{2}}$.

$= \dfrac{\sqrt{6x}}{\sqrt{4}}$ Multiplica los numeradores y los denominadores.

$= \dfrac{\sqrt{6x}}{2}$ Simplifica.

Ejercicios
Simplifica cada expresión radical.

23. $3\sqrt{14} \cdot (-2\sqrt{21})$ **24.** $\sqrt{8} \cdot \frac{1}{4}\sqrt{6}$

25. $\sqrt{\dfrac{25a^3}{4a}}$ **26.** $\dfrac{\sqrt{8s}}{\sqrt{18s^3}}$

27. $-2\sqrt{7x^2} \cdot \frac{1}{3}\sqrt{28x^3}$ **28.** $6\sqrt{5t^3} \cdot \sqrt{15t^5}$

29. Respuesta de desarrollo Escribe tres expresiones radicales cuya forma simplificada sea $4\sqrt{2s}$. ¿Qué tienen en común las tres expresiones? Explica tu respuesta.

30. Geometría El ancho de un rectángulo es s. Su longitud es $3s$. ¿Cuánto mide una diagonal del rectángulo? Escribe tu respuesta en forma de radical simplificado.

10-3 Operaciones con expresiones radicales

Repaso rápido

Puedes usar las propiedades de los números reales para combinar expresiones radicales. Para simplificar expresiones radicales, como $\dfrac{2}{\sqrt{5}+3}$, multiplica el numerador y el denominador por el **valor conjugado** del denominador, $\sqrt{5}-3$.

Ejemplo

¿Cuál es la forma simplificada de $\dfrac{2\sqrt{5}}{\sqrt{5}+2}$?

$$\frac{2\sqrt{5}}{\sqrt{5}+2} = \frac{2\sqrt{5}}{\sqrt{5}+2} \cdot \frac{\sqrt{5}-2}{\sqrt{5}-2} \qquad \text{Multiplica por } \frac{\sqrt{5}-2}{\sqrt{5}-2}.$$

$$= \frac{2\sqrt{5}(\sqrt{5}-2)}{(\sqrt{5}+2)(\sqrt{5}-2)} \qquad \text{Multiplica las fracciones.}$$

$$= \frac{10-4\sqrt{5}}{1} \qquad \begin{array}{l}\text{Simplifica el numerador y el} \\ \text{denominador.}\end{array}$$

$$= 10 - 4\sqrt{5} \qquad \text{Simplifica la fracción.}$$

Ejercicios

Simplifica cada expresión radical.

31. $5\sqrt{6} - 3\sqrt{6}$

32. $\sqrt{2}(\sqrt{8} + \sqrt{6})$

33. $(3\sqrt{2} - 2\sqrt{5})(4\sqrt{2} + 2\sqrt{5})$

34. $\dfrac{3}{\sqrt{2}-3}$

35. $\dfrac{\sqrt{3}-3}{\sqrt{3}+3}$

36. Geometría Un rectángulo áureo mide 3 pulgs. de longitud. La razón de la longitud al ancho es $(1 + \sqrt{5})$: 2. ¿Cuál es el ancho del rectángulo? Escribe tu respuesta en forma de radical simplificado.

10-4 Resolver ecuaciones radicales

Repaso rápido

Para resolver algunas **ecuaciones radicales,** puedes aislar los radicales, elevar ambos lados de la ecuación al cuadrado y luego comprobar las soluciones.

Es posible que algunas soluciones sean extrañas. Es posible que algunas ecuaciones no tengan solución.

Ejemplo

¿Cuál es la solución de $\sqrt{x+16} = \sqrt{9x}$?

$$\sqrt{x+16} = \sqrt{9x}$$

$$(\sqrt{x+16})^2 = (\sqrt{9x})^2 \qquad \text{Eleva cada lado al cuadrado.}$$

$$x + 16 = 9x \qquad \text{Simplifica.}$$

$$16 = 8x \qquad \text{Resta } x \text{ de cada lado.}$$

$$2 = x \qquad \text{Divide cada lado por 8.}$$

Comprueba $\quad \sqrt{2+16} \overset{?}{=} \sqrt{9(2)} \qquad \text{Sustituye } x \text{ por 2.}$

$$\sqrt{18} = \sqrt{18} \checkmark$$

La solución es 2.

Ejercicios

Resuelve cada ecuación radical. Comprueba tu solución. Si no hay solución, escribe *sin solución*.

37. $\sqrt{x} - 5 = 8$

38. $4 + \sqrt{y} = 7$

39. $\sqrt{w-2} = 4$

40. $\sqrt{f+4} = 5$

41. $\sqrt{2+d} = d$

42. $2\sqrt{r} = \sqrt{3r+1}$

43. $n\sqrt{2} = \sqrt{9-3n}$

44. $2x = \sqrt{2-2x}$

45. Geometría El radio, r, de un cilindro se representa con la ecuación $r = \sqrt{\dfrac{V}{\pi h}}$, donde V es el volumen y h es la altura. Si el radio de un cilindro es 3 cm y la altura es 2 cm, ¿cuál es su volumen? Redondea a la décima de centímetro cúbico más cercana.

10-5 Representar con una gráfica las funciones de la raíz cuadrada

Repaso rápido

Para representar con una gráfica una **función de la raíz cuadrada,** puedes marcar los puntos o trasladar la función de la raíz cuadrada madre $y = \sqrt{x}$.

Las gráficas de $y = \sqrt{x} + k$ y de $y = \sqrt{x} - k$ son traslaciones verticales de $y = \sqrt{x}$. Las gráficas de $y = \sqrt{x - h}$ y $y = \sqrt{x + h}$ son traslaciones horizontales de $y = \sqrt{x}$.

Ejemplo

¿Cuál es la gráfica de la función de la raíz cuadrada $y = \sqrt{x - 2}$?

La gráfica de $y = \sqrt{x - 2}$ es la gráfica de $y = \sqrt{x}$ desplazada 2 unidades a la derecha.

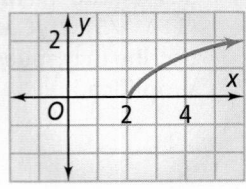

Ejercicios

Halla el dominio de cada función.

46. $y = \sqrt{x} - 5$

47. $y = \sqrt{x + 4}$

Representa con una gráfica cada función.

48. $y = \sqrt{x} + 6$

49. $y = \sqrt{x - 8}$

50. $y = \sqrt{x - 2.5}$

51. $y = \frac{1}{4}\sqrt{x}$

52. $y = 3\sqrt{x}$

10-6 Razones trigonométricas

Repaso rápido

Puedes usar las razones del **seno,** el **coseno** y la **tangente** para hallar las medidas de los lados o de los ángulos de un triángulo rectángulo.

$$\operatorname{sen} A = \frac{\text{cateto opuesto}}{\text{hipotenusa}}$$

$$\cos A = \frac{\text{cateto adyacente}}{\text{hipotenusa}}$$

$$\tan A = \frac{\text{cateto opuesto}}{\text{cateto adyacente}}$$

Ejemplo

¿Cuáles son las razones trigonométricas del ángulo A?

$$\operatorname{sen} A = \frac{3}{\sqrt{13}} = \frac{3\sqrt{13}}{13}$$

$$\cos A = \frac{2}{\sqrt{13}} = \frac{2\sqrt{13}}{13}$$

$$\tan A = \frac{3}{2}$$

Ejercicios

Halla las razones trigonométricas del $\angle A$.

53.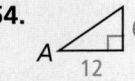

54. **55.**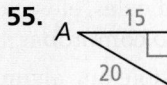

Supón que un triángulo rectángulo *ABC* tiene el ángulo recto *C*. Halla las medidas de los otros lados redondeadas a la décima más cercana.

56. longitud de $\overline{AB}$ = 12, medida del $\angle A = 34°$

57. longitud de $\overline{AC}$ = 8, medida del $\angle B = 52°$

58. longitud de $\overline{BC}$ = 18, medida del $\angle A = 42°$

59. longitud de $\overline{AB}$ = 25, medida del $\angle A = 12°$

¿CÓMO hacerlo?

Usa el siguiente triángulo. Halla la longitud del lado que falta. Si es necesario, redondea a la décima más cercana.

1. $a = 28, b = 35$

2. $a = 12, b = 35$

3. $b = 4.0, c = 4.1$

4. $a = 10, c = 26$

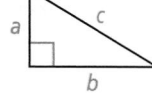

Indica si los segmentos de las longitudes dadas pueden ser los lados de un triángulo rectángulo.

5. 7, 24, 25

6. 0.9, 1.2, 1.5

7. 8, 16, 17

Simplifica cada expresión radical.

8. $\sqrt{3} + \sqrt{12}$

9. $\sqrt{300}$

10. $4\sqrt{10} - \sqrt{10}$

11. $\dfrac{-\sqrt{18}}{\sqrt{12}}$

12. $\dfrac{1}{\sqrt{3} + 4}$

13. $\dfrac{\sqrt{6}}{4 - \sqrt{6}}$

14. $\dfrac{\sqrt{2}}{\sqrt{2} + 3}$

15. $-3\sqrt{5x^3} \cdot \sqrt{10x^3}$

Resuelve las siguientes ecuaciones radicales. Comprueba tus soluciones.

16. $\sqrt{2x} + 4 = 7$

17. $\sqrt{k} - 8 = 28$

18. $\dfrac{\sqrt{3m + 2}}{3} = 1$

19. $\sqrt{2x + 4} = \sqrt{3x}$

20. $\sqrt{2 - x} = x$

21. $\sqrt{-5a + 6} = -a$

Representa con una gráfica cada función.

22. $y = \sqrt{x + 2}$

23. $y = \sqrt{x - 3}$

24. $y = \sqrt{x} + 5$

Halla la medida del lado que falta en cada triángulo.

25.

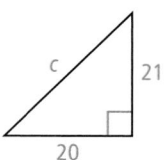

26.

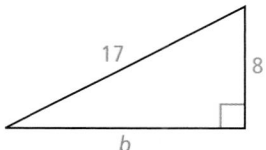

27. Un triángulo rectángulo tiene un ángulo de 50°. La longitud de la hipotenusa es 10 cm. ¿Cuál es la longitud del lado opuesto al ángulo de 50° redondeada a la décima más cercana?

¿Lo ENTIENDES?

28. **Razonamiento** Dibuja el triángulo rectángulo *ABC*, donde ∠*B* sea el ángulo recto. ¿Cuál es la relación entre sen *A* y cos *C*? Explica tu respuesta.

29. **Respuesta de desarrollo** Da un ejemplo de una ecuación radical cuyas soluciones sean extrañas. ¿Cuál es la solución de la ecuación? ¿Cómo lo sabes?

30. **Razonamiento** Observa el siguiente enunciado condicional: "Si un triángulo rectángulo tiene un cateto que mide 3 pulgs. de longitud y otro cateto que mide 4 pulgs. de longitud, entonces la hipotenusa mide 5 pulgs. de longitud". ¿Es siempre verdadero este enunciado? ¿Su expresión recíproca es siempre verdadera? Explica tu respuesta.

31. **Escribir** Explica cómo simplificarías la expresión radical $\dfrac{2}{\sqrt{5} + 2}$.

32. **Geometría** Halla la longitud de una diagonal de un cuadrado cuyos lados miden 3 pulgs. ¿La longitud de la diagonal es un número racional? Explica tu respuesta.

CONSEJOS

En algunas preguntas del examen, se te pide que resuelvas operaciones sobre radicales. Lee la pregunta de ejemplo de la derecha. Luego, sigue los consejos para responderla.

¿Qué expresión es equivalente a $\sqrt{180} - \sqrt{80}$?

- (A) 10
- (B) $2\sqrt{5}$
- (C) $10\sqrt{5}$
- (D) $5\sqrt{10}$

CONSEJO 1

Simplifica cada expresión radical para ver si puedes obtener radicales semejantes.

CONSEJO 2

Para cualquier número $a \geq 0$, $\sqrt{a^2} = a$. Por tanto, busca factores que son cuadrados perfectos cuando intentes simplificar un radical.

Piénsalo bien

Simplifica la expresión.

$$\sqrt{180} - \sqrt{80}$$
$$= \sqrt{36 \cdot 5} - \sqrt{16 \cdot 5}$$
$$= \sqrt{36} \cdot \sqrt{5} - \sqrt{16} \cdot \sqrt{5}$$
$$= 6\sqrt{5} - 4\sqrt{5}$$
$$= 2\sqrt{5}$$

La respuesta correcta es B.

Desarrollo de vocabulario

Cuando resuelves los ejercicios del examen, debes comprender el significado de los términos matemáticos. Une cada término con su significado matemático.

A. raíz cuadrada

B. progresión aritmética

C. función

D. ecuación literal

I. Un patrón numérico que se forma sumando siempre el mismo número a cada término anterior.

II. Una relación en la que cada valor de entrada corresponde exactamente a un valor de salida.

III. Una ecuación que incluye dos o más variables.

IV. Un número a, tal que $a^2 = b$.

Opción múltiple

Lee cada pregunta. Luego, escribe la letra de la respuesta correcta en tu hoja.

1. Si la gráfica de la función $y = x^2 - 6$ se desplazara 3 unidades hacia abajo, ¿qué ecuación podría representar la gráfica desplazada?

- (A) $y = 3x^2 - 6$
- (B) $y = x^2 - 3$
- (C) $y = x^2 - 9$
- (D) $y = 3x^2 - 3$

2. ¿Qué par ordenado es una solución de $3x - y < 20$?

- (F) $(7, 1)$
- (G) $(5, -6)$
- (H) $(8, 0)$
- (I) $(-1, -4)$

3. Brianna tiene un vaso cilíndrico de 15 cm de altura. El diámetro de la base es 5 cm. ¿Aproximadamente cuánta agua puede contener el vaso?

- (A) 75 cm^3
- (B) 118 cm^3
- (C) 295 cm^3
- (D) 1178 cm^3

4. Marco construye una acera con ladrillos de 15 pies². Usó 18 ladrillos para los primeros 3 pies². ¿Cuál de las siguientes opciones es una cantidad razonable de ladrillos que Marco debería comprar para terminar de construir la acera?

- Ⓕ 50
- Ⓗ 200
- Ⓖ 100
- Ⓘ 300

5. Jeremías hizo la gráfica de la derecha para mostrar la cantidad de dinero que ahorró después de algunos meses de trabajo. ¿Cuál de las siguientes opciones representa la cantidad de dinero que tenía Jeremías cuando empezó a trabajar?

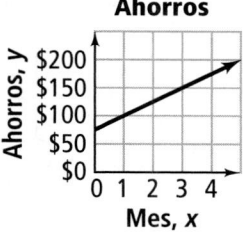

Ahorros

- Ⓐ intercepto en x
- Ⓑ intercepto en y
- Ⓒ pendiente
- Ⓓ dominio

6. ¿Qué expresión es equivalente a $\sqrt{18} + \sqrt{72}$?

- Ⓕ $30\sqrt{3}$
- Ⓗ $3\sqrt{10}$
- Ⓖ $18\sqrt{2}$
- Ⓘ $9\sqrt{2}$

7. Kieko hizo un inventario de las camisetas que tiene en su tienda y mostró sus datos en el siguiente diagrama.

Camisetas

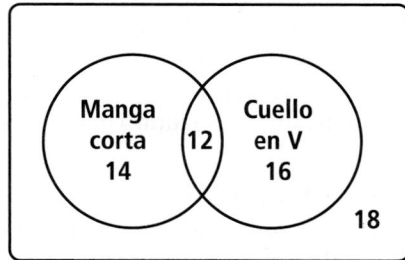

¿Cuántas camisas de manga corta tiene?

- Ⓐ 12
- Ⓒ 26
- Ⓑ 14
- Ⓓ 42

8. ¿Cuál es la forma simplificada de $\sqrt{75x^3}$?

- Ⓕ $5x\sqrt{3x}$
- Ⓗ $5\sqrt{3x}$
- Ⓖ $25x\sqrt{x}$
- Ⓘ $25\sqrt{3x}$

9. Eduardo hace la gráfica de una función. Siempre que el valor de x aumenta 3 unidades, el valor de y disminuye 4 unidades. La función incluye el punto $(1, 3)$. ¿Cuál podría ser la gráfica de Eduardo?

Ⓐ 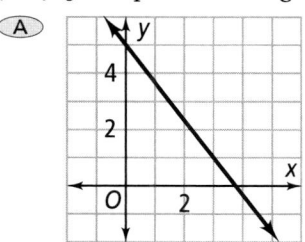 Ⓒ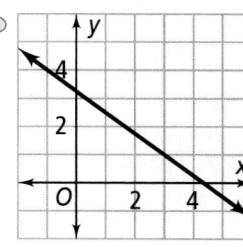

Ⓑ 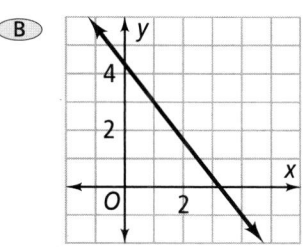 Ⓓ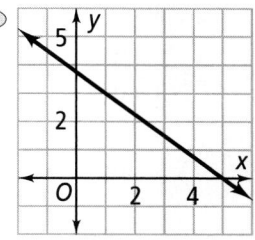

10. Los datos que se muestran en la tabla de la derecha representan los puntos de una recta. ¿Cuál es el intercepto en y de la recta?

- Ⓕ -5
- Ⓖ -3
- Ⓗ 0
- Ⓘ 2.5

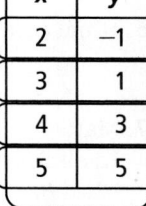

x	y
2	−1
3	1
4	3
5	5

11. ¿Cuál es la descomposición en factores de $3x^2 + 2xy - 8y^2$?

- Ⓐ $(x + y)(3x - 8y)$
- Ⓒ $(x + 2y)(3x - 4y)$
- Ⓑ $(x + 4y)(3x - 2y)$
- Ⓓ $(3x + 2y)(x - 4y)$

12. La fórmula para hallar el área, A, de un círculo es $A = \pi r^2$, donde r es el radio del círculo. ¿Qué ecuación se puede usar para hallar el radio?

- Ⓕ $r = \dfrac{\sqrt{A\pi}}{\pi}$
- Ⓗ $r = \dfrac{A^2}{\pi}$
- Ⓖ $r = \dfrac{A}{\pi}$
- Ⓘ $r = \sqrt{A\pi}$

13. ¿Qué función tiene valores de y que aumentan siempre que aumentan los valores de x correspondientes?

- Ⓐ $y = |x| + 2$
- Ⓒ $y = x + 2$
- Ⓑ $y = x^2 + 2$
- Ⓓ $y = -x - 1$

14. ¿Cuál es la solución de este sistema de ecuaciones?

$$x + 2y = 23$$
$$4x - y = -7$$

- (F) $(1, 11)$
- (H) $(-1, -11)$
- (G) $(-11, 1)$
- (I) $(11, 1)$

15. Si la gráfica de $y = 5x - 4$ se traslada 3 unidades hacia arriba, ¿cuál de las siguientes opciones es verdadera?

- (A) La recta resultante tendrá una pendiente mayor que la pendiente de la gráfica de $y = 5x - 4$.
- (B) La recta resultante tendrá el mismo intercepto en x que la gráfica de $y = 5x - 4$.
- (C) La recta resultante será paralela a la gráfica de $y = 5x - 4$.
- (D) La recta resultante tendrá una pendiente de -1.

RESPUESTA EN PLANTILLA

Anota tus respuestas en una plantilla.

16. ¿Cuál es la solución de la siguiente proporción?

$$\frac{-a}{4} = \frac{-3(a - 2)}{6}$$

17. María hizo un modelo de una pirámide cuadrangular. La altura, h, de la pirámide es 6 pulgs. El área de la base, B, es 36 pulgs.^{2}. ¿Cuál es el volumen, V, de la pirámide en pulgadas cúbicas? Usa la fórmula $V = \frac{1}{3}Bh$.

18. En la siguiente lista se muestran las estaturas en pulgadas de los estudiantes de la clase de Corey.

60, 64, 58, 57, 60, 65, 51, 53, 57, 56

¿Cuántos estudiantes miden más de 5 pies de estatura?

19. ¿Cuál es el quinto término de la siguiente progresión?

3.25, 4, 4.75, 5.5, . . .

20. El Sr. Wong fue a la tienda de comestibles en su carro. En la gráfica de la derecha se muestra la distancia desde su casa durante el viaje. ¿Cuántas veces se detuvo el señor Wong antes de llegar a la tienda?

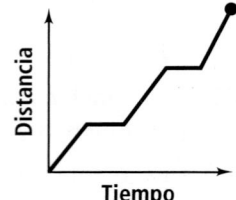

21. Un prisma rectangular tiene un volumen de 720 pulgs.^{3}. El prisma tiene una altura de 10 pulgs. y un ancho de 4 pulgs. ¿Cuál es su longitud en pulgadas?

22. La lista de lecturas recomendadas para los estudiantes de primer año contiene 90 libros clasificados como se muestra en la siguiente tabla.

Lista de lecturas para los estudiantes de primer año

Autor	Misterio	Biografía	Clásicos
Masculino	14	14	16
Femenino	10	16	20

¿Qué fracción de los libros son clásicos?

23. Tu plan de telefonía celular cuesta $39.99 por mes más $.10 por cada mensaje de texto que recibes o envías. Este mes recibes 7 mensajes de texto y envías 10. ¿Cuántos dólares debes pagar este mes por la cuenta del teléfono?

Respuesta breve

24. Rosita afirma que las soluciones de la ecuación $x = \sqrt{x + 12}$ son -3 y 4. ¿Tiene razón? Explica tu respuesta resolviendo la ecuación y comprobando las soluciones posibles.

25. La fórmula $h = -16t^2 + c$ se puede usar para hallar la altura, h, en pies de un objeto que cae, después de t segundos de dejarlo caer desde una altura de c pies. Supón que un objeto cae desde una altura de 40 pies. ¿Cuánto tardará en llegar al suelo? Redondea tu respuesta a la décima de segundo más cercana.

Respuesta desarrollada

26. ¿Cuál es el área en unidades cuadradas del siguiente cuadrilátero $MPQR$? Muestra tu trabajo.

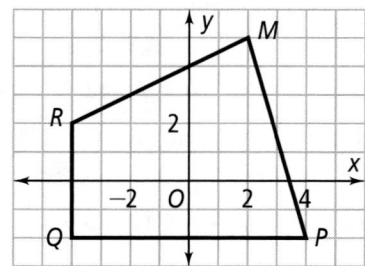

¡Prepárate!

Lección 1-5 ◆ Sumar y restar fracciones

Resuelve las siguientes sumas o restas.

1. $\dfrac{6}{5} + \dfrac{5}{6}$ **2.** $\dfrac{5}{2} + \dfrac{3}{4}$ **3.** $\dfrac{7}{24} - \dfrac{9}{10}$ **4.** $\dfrac{3}{5} - \dfrac{2}{7}$

Lección 7-5 ◆ Simplificar expresiones

Simplifica cada expresión.

5. $\dfrac{m^2 p^{-3} q^4}{m^2 p^2 q^{-2}}$ **6.** $\dfrac{(3a^2)^3 (2b^{-1})^2}{(7a^3)^2 (3b^2)^{-1}}$ **7.** $\dfrac{\left(\frac{2}{3}\right)^4}{\left(\frac{3}{2}\right)^2}$ **8.** $\dfrac{8x^{-3} y^2 z^4}{5x^3 yz^{-2}}$

Lección 9-4 ◆ Descomponer en factores para resolver ecuaciones cuadráticas

Resuelve cada ecuación descomponiendo en factores.

9. $x^2 - 2x - 63 = 0$ **10.** $12y^2 - y = 35$ **11.** $z^2 + 26z + 169 = 0$

12. $w^2 - 3w = 0$ **13.** $11p + 20 = 3p^2$ **14.** $6r^2 + 20 = -34r$

15. $3m^2 + 33m + 30 = 0$ **16.** $5d^2 - 20d = 105$ **17.** $6g^2 - 7g = 5$

Lección 10-4 ◆ Resolver ecuaciones radicales

Resuelve cada ecuación. Si no hay solución, escribe *sin solución*.

18. $\sqrt{x+1} = \sqrt{x-2}$ **19.** $2b = \sqrt{b+3}$ **20.** $\sqrt{x} + 2 = x$

Vistazo inicial al vocabulario

21. Si para entrar a un espectáculo se necesita tener un boleto, cualquier persona que no tenga boleto será *excluida*. ¿Qué crees que significa que algunos valores de entrada de una función se permiten pero otros valores de entrada son *excluidos*?

22. Cuando las personas son *racionales*, las cosas que piensan y dicen tienen sentido. Cuando un número es *racional*, se puede escribir como la razón de dos enteros. ¿Crees que el término *expresión racional* se refiere a una expresión que tiene sentido o a una expresión que incluye una razón?

23. *Invertir* una copa o un vaso significa cambiar su orientación a la dirección opuesta. Si los valores positivos *x* y *y* tienen una relación de *variación inversa*, ¿crees que aumentan y disminuyen juntos? ¿O se mueven en direcciones opuestas, de modo que uno disminuye mientras el otro aumenta?

Expresiones y funciones racionales

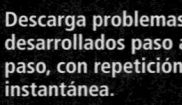

¡Estos robots trabajan juntos para cruzar una rama! Apuesto a que un solo robot tardaría mucho tiempo en cruzar la rama. ¿Observaste alguna vez que las tareas se hacen más rápido cuando trabajas con otra persona? En este capítulo, aprenderás a usar ecuaciones para representar el trabajo que las personas pueden completar cuando trabajan juntas.

 **Vocabulario**

Audio de vocabulario inglés/español en línea:

Español	Inglés
asíntota, *p. 694*	asymptote
constante de variación en variaciones inversas, *p. 686*	constant of variation for an inverse variation
ecuación racional, *p. 679*	rational equation
expresión racional, *p. 652*	rational expression
función racional, *p. 693*	rational function
valor excluido, *p. 652*	excluded value
variación inversa, *p. 686*	inverse variation

My Math Video

00:04:04

VIDEO

GRANDES ideas

1 **Equivalencia**

Pregunta esencial ¿Cómo se representan las expresiones racionales?

2 **Funciones**

Pregunta esencial ¿Cuáles son las características de las funciones racionales?

3 **Resolver ecuaciones y desigualdades**

Pregunta esencial ¿Cómo puedes resolver una ecuación racional?

Primer vistazo al capítulo

11-1 Simplificar expresiones racionales

Objetivo Simplificar expresiones racionales.

SOLVE IT!

¡Prepárate! ◄► ✕ ↻ ⬚

¿Qué caja usa menos cartón por pulgada cúbica de espacio dentro suyo? Justifica tu respuesta. (Pista: ¿Cómo te ayudaría a responder esta pregunta comparar el área total de una caja con su volumen?).

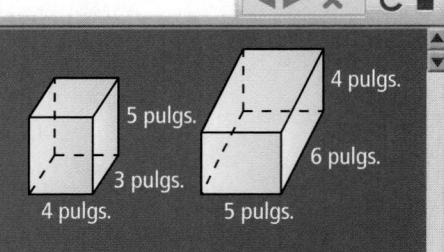

5 pulgs.
3 pulgs.
4 pulgs.

4 pulgs.
6 pulgs.
5 pulgs.

Obtén más volumen para tu área total. Así harás tu paquete de manera más eficiente.

Vocabulario de la lección
• expresión racional
• valor excluido

Una expresión en la forma $\frac{\text{polinomio}}{\text{polinomio}}$ es una **expresión racional**.

Comprensión esencial La forma simplificada de una expresión racional es como la forma simplificada de una fracción numérica. El numerador y el denominador no tienen otro factor común además de 1. Para simplificar una expresión racional, divide y elimina los factores comunes del numerador y el denominador.

Al igual que una fracción numérica, una expresión racional es indefinida cuando el denominador es 0. Un valor de una variable para el que una expresión racional es indefinida es un **valor excluido**.

ONLINE PROBLEMS

Problema 1 Simplificar una expresión racional

¿Cuál es la forma simplificada de $\frac{x-1}{5x-5}$? Indica cualquier valor excluido.

$\frac{x-1}{5x-5} = \frac{x-1}{5(x-1)}$ Descompón el denominador en factores. El numerador no se puede descomponer en factores.

$= \frac{x-1^{1}}{5_{1}(x-1)}$ Divide y elimina el factor común $x-1$.

$= \frac{1}{5}$ Simplifica.

El denominador de la expresión original es 0 cuando $x = 1$. La forma simplificada es $\frac{1}{5}$, donde $x \neq 1$.

Piensa

¿Deberías usar la forma simplificada para hallar los valores excluidos?
No. Debes comprobar la expresión original para ver qué valores de *x* hacen que el denominador sea 0.

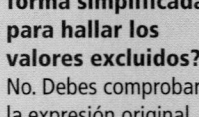

¿Comprendiste? **1.** ¿Cuál es la forma simplificada de la expresión? Indica cualquier valor excluido.

a. $\frac{21a^2}{7a^3}$ b. $\frac{18d^2}{4d+8}$ c. $\frac{2n-3}{6n-9}$ d. $\frac{26c^3+91c}{2c^2+7}$

Problema 2 Simplificar una expresión racional que contiene un trinomio

¿Cuál es la forma simplificada de $\frac{3x - 6}{x^2 + x - 6}$? Indica cualquier valor excluido.

Piensa

Escribe

Para ver si hay factores comunes, descompón en factores el numerador y el denominador.

$$\frac{3x - 6}{x^2 + x - 6} = \frac{3(x - 2)}{(x + 3)(x - 2)}$$

Piensa

¿Podrías hallar también los valores restringidos *antes* de simplificar?
Sí. Usa la expresión original para hallar las restricciones de x, así no necesitas simplificar primero.

Divide y elimina el factor común $x - 2$. Simplifica.

$$= \frac{3(x - 2)^1}{(x + 3)_1(x - 2)}$$

$$= \frac{3}{(x + 3)}$$

Indica la forma simplificada con cualquier restricción en la variable.

El denominador de la expresión original es 0 cuando $x = -3$ ó $x = 2$. Por tanto, la forma simplificada es $\frac{3}{x + 3}$, donde $x \neq -3$ y $x \neq 2$.

✔ **¿Comprendiste?** **2.** ¿Cuál es la forma simplificada de la expresión? Indica cualquier valor excluido.

a. $\frac{2x - 8}{x^2 - 2x - 8}$ **b.** $\frac{a^2 - 3a + 2}{3a - 3}$ **c.** $\frac{6z + 12}{2z^2 + 7z + 6}$ **d.** $\frac{c^2 - c - 6}{c^2 + 5c + 6}$

El numerador y el denominador de $\frac{x - 3}{3 - x}$ son opuestos. Para simplificar la expresión, puedes extraer -1 como factor común de $3 - x$ para obtener $-1(-3 + x)$, que puedes volver a escribir como $-1(x - 3)$. Luego, simplifica $\frac{x - 3}{-1(x - 3)}$.

Problema 3 Reconocer factores opuestos

¿Cuál es la forma simplificada de $\frac{4 - x^2}{7x - 14}$? Indica cualquier valor excluido.

Planea

¿Cuándo debes extraer −1 como factor común de una expresión?
Debes extraer −1 como factor común de $a - x$ cuando esto dé como resultado un factor común.

$$\frac{4 - x^2}{7x - 14} = \frac{(2 - x)(2 + x)}{7(x - 2)}$$ Descompón en factores el numerador y el denominador.

$$= \frac{-1(x - 2)(2 + x)}{7(x - 2)}$$ Extrae −1 como factor común de $2 - x$.

$$= \frac{-1(x - 2)^1(2 + x)}{7_1(x - 2)}$$ Divide y elimina el factor común $x - 2$.

$$= -\frac{x + 2}{7}$$ Simplifica.

El denominador de la expresión original es 0 cuando $x = 2$. La forma simplificada es $-\frac{x + 2}{7}$, donde $x \neq 2$.

¿Comprendiste? **3.** ¿Cuál es la forma simplificada de la expresión? Indica cualquier valor excluido.

     a. $\dfrac{2x - 5}{5 - 2x}$ **b.** $\dfrac{y^2 - 16}{4 - y}$ **c.** $\dfrac{3 - 9d}{6d^2 + d - 1}$ **d.** $\dfrac{3 - 3z}{2z^2 - 2}$

Puedes usar expresiones racionales para representar algunas situaciones de la vida diaria.

 Problema 4   **Usar una expresión racional**

Ir de compras Debes escoger entre dos papeleras que tienen la forma de las figuras de la derecha. Ambas tienen el mismo volumen. ¿Cuál es la altura *h* de la papelera rectangular? Da tu respuesta en función de *a*.

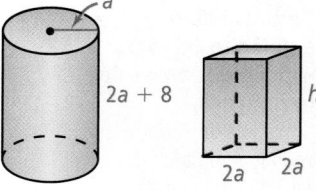

Paso 1   Halla el volumen del cilindro.

$$V = \pi r^2 h \qquad \text{Fórmula para el volumen de un cilindro}$$
$$= \pi a^2(2a + 8) \quad \text{Sustituye } r \text{ por } a \text{ y } h \text{ por } 2a + 8.$$

Paso 2   Halla la altura de un prisma rectangular con volumen $\pi a^2(2a + 8)$ y área de la base $B = (2a)^2 = 4a^2$.

$$V = Bh \qquad\qquad \text{Fórmula para el volumen de un prisma}$$

$$h = \frac{V}{B} \qquad\qquad \text{Halla } h.$$

$$= \frac{\pi a^2(2a + 8)}{4a^2} \qquad \begin{array}{l}\text{Sustituye el volumen del prisma rectangular por el volumen}\\ \text{del cilindro y } B \text{ por } 4a^2.\end{array}$$

$$= \frac{\pi a^2(2)(a + 4)}{4a^2} \qquad \text{Descompón en factores.}$$

$$= \frac{\pi a^{2\,1}(2)^1(a + 4)}{{}_2 4_1 a^2} \qquad \text{Divide y elimina los factores comunes 2 y } a^2.$$

$$= \frac{\pi(a + 4)}{2} \qquad \text{Simplifica.}$$

La altura del prisma rectangular es $\dfrac{\pi(a + 4)}{2}$.

 ¿Comprendiste? **4. a.** La longitud del lado de un cuadrado es $6x + 2$. Un rectángulo con un ancho de $3x + 1$ tiene la misma área que el cuadrado. ¿Cuál es la longitud del rectángulo?

           b. Razonamiento Supón que las dimensiones de las papeleras del Problema 4 se miden en pies. ¿Es posible que la altura de la papelera rectangular sea 1 pie? ¿Cuáles son las alturas posibles? Explica tu respuesta.

Planea

¿Hay otra manera de resolver el problema?
Sí. Puedes igualar los volúmenes y luego hallar *h*.

Comprobar la comprensión de la lección

¿CÓMO hacerlo?

Simplifica cada expresión. Indica cualquier valor excluido.

1. $\dfrac{3x + 9}{x + 3}$

2. $\dfrac{5 - x}{x^2 - 2x - 15}$

3. Los dos rectángulos de abajo tienen la misma área. ¿Cuál es una expresión simplificada para la longitud ℓ del rectángulo de la derecha?

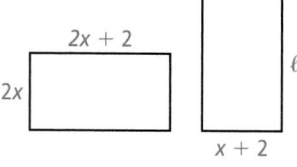

¿Lo ENTIENDES?

4. **Vocabulario** ¿Es cada una de estas expresiones una expresión racional? Explica tu razonamiento.

   a. $\dfrac{\sqrt{x} + 2}{x^2 + 4}$

   b. $\dfrac{y}{y - 1}$

5. **Escribir** Cuando simplificas una expresión racional, ¿por qué puede ser necesario excluir valores? Explica tu respuesta.

6. **Razonamiento** Supón que ni el numerador ni el denominador de una expresión racional se pueden descomponer en factores. ¿La expresión está necesariamente en forma simplificada? Explica tu respuesta.

7. ¿Los factores dados son opuestos? Explica tu respuesta.

   a. $3 - x; x - 3$

   b. $2 - y; -y + 2$

Ejercicios de práctica y resolución de problemas

 **Práctica**   Simplifica cada expresión. Indica cualquier valor excluido.   ◀ **Ver los Problemas 1, 2 y 3.**

8. $\dfrac{6a + 9}{12}$

9. $\dfrac{4x^3}{28x^4}$

10. $\dfrac{2m - 5}{6m - 15}$

11. $\dfrac{2p - 24}{4p - 48}$

12. $\dfrac{3x^2 - 9x}{x - 3}$

13. $\dfrac{3x + 6}{3x^2}$

14. $\dfrac{2x^2 + 2x}{3x^2 + 3x}$

15. $\dfrac{2b - 8}{b^2 - 16}$

16. $\dfrac{m + 6}{m^2 - m - 42}$

17. $\dfrac{w^2 + 7w}{w^2 - 49}$

18. $\dfrac{a^2 + 2a + 1}{5a + 5}$

19. $\dfrac{m^2 + 7m + 12}{m^2 + 6m + 8}$

20. $\dfrac{c^2 - 6c + 8}{c^2 + c - 6}$

21. $\dfrac{b^2 + 8b + 15}{b + 5}$

22. $\dfrac{m + 4}{m^2 + 2m - 8}$

23. $\dfrac{5 - 4n}{4n - 5}$

24. $\dfrac{12 - 4t}{t^2 - 2t - 3}$

25. $\dfrac{4m - 8}{4 - 2m}$

26. $\dfrac{m - 2}{4 - 2m}$

27. $\dfrac{v - 5}{25 - v^2}$

28. $\dfrac{4 - w}{w^2 - 8w + 16}$

29. **Geometría** La longitud de un prisma rectangular es 5 más que el doble del ancho a. El volumen del prisma es $2a^3 + 7a^2 + 5a$. ¿Cuál es una expresión simplificada para la altura del prisma?   ◀ **Ver el Problema 4.**

30. **Geometría** El Rectángulo A tiene una longitud de $2x + 6$ y un ancho de $3x$. El Rectángulo B tiene una longitud de $x + 2$ y un área de 12 unidades cuadradas más que el área del rectángulo A. ¿Cuál es una expresión simplificada para el ancho del Rectángulo B?

Aplicación   Simplifica cada expresión. Indica cualquier valor excluido.

31. $\dfrac{2r^2 + 9r - 5}{r^2 + 10r + 25}$

32. $\dfrac{7z^2 + 23z + 6}{z^2 + 2z - 3}$

33. $\dfrac{5t^2 + 6t - 8}{3t^2 + 5t - 2}$

34. $\dfrac{32a^3}{16a^2 - 8a}$

35. $\dfrac{3z^2 + 12z}{z^4}$

36. $\dfrac{2s^2 + s}{s^3}$

37. $\dfrac{4a^2 - 8a - 5}{15 - a - 2a^2}$

38. $\dfrac{16 + 16m + 3m^2}{m^2 - 3m - 28}$

39. $\dfrac{10c + c^2 - 3c^3}{5c^2 - 6c - 8}$

40. Pensar en un plan En la figura de la derecha, ¿cuál es la razón del área del triángulo coloreado al área del rectángulo? Escribe tu respuesta en forma simplificada.

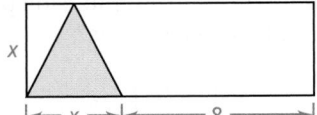

- ¿Cuál es una expresión para la longitud del rectángulo?
- ¿Cómo hallas el área de un triángulo?

41. Escribir ¿$\dfrac{x^2 - 9}{x + 3}$ es igual que $x - 3$? Explica tu respuesta.

42. a. Construcción Para que los costos de calefacción de un edificio se mantengan bajos, los arquitectos quieren que la razón del área total al volumen sea lo más pequeña posible. ¿Cuál es una expresión para la razón del área total al volumen de cada figura?

i. prisma cuadrangular

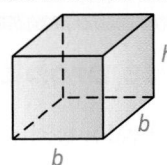

ii. cilindro

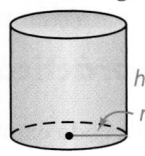

b. En cada figura, ¿cuál es la razón del área total al volumen cuando $b = 12$ pies, $h = 18$ pies y $r = 6$ pies?

43. Analizar errores Un estudiante simplificó una expresión racional como se muestra a la derecha. Describe y corrige el error.

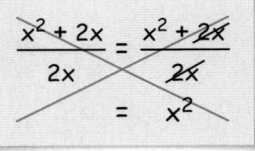

44. Banca Una cuenta bancaria con capital C gana un interés compuesto anual a una tasa t (expresada en forma decimal). ¿Cuál es la razón del saldo después de 3 años al saldo después de 1 año? Escribe t en forma decimal.

45. Respuesta de desarrollo Escribe una expresión racional que tenga 4 y -3 como valores excluidos.

Escribe una razón en forma simplificada del área de la figura coloreada al área de la figura que la rodea.

46.

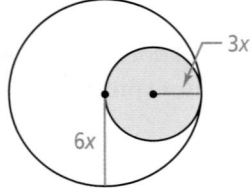

47.

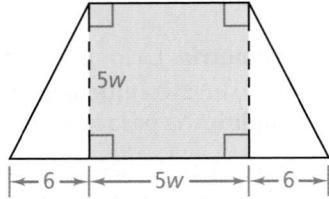

Desafío   Simplifica cada expresión. Indica cualquier valor excluido.

48. $\dfrac{m^2 - n^2}{m^2 + 11mn + 10n^2}$

49. $\dfrac{a^2 - 5ab + 6b^2}{a^2 + 2ab - 8b^2}$

50. $\dfrac{36v^2 - 49w^2}{18v^2 + 9vw - 14w^2}$

Razonamiento Determina si cada enunciado es verdadero *siempre*, *a veces* o *nunca* para los números reales a y b. Explica tu respuesta.

51. $\dfrac{2b}{b} = 2$

52. $\dfrac{ab^3}{b^4} = ab$

53. $\dfrac{a^2 + 6a + 5}{2a + 2} = \dfrac{a + 5}{2}$

Preparación para el examen estandarizado

SAT/ACT

54. ¿Qué expresión se simplifica a -1?

  (A) $\dfrac{x + 1}{x - 1}, x \neq 1$

  (B) $\dfrac{r + 3}{3 - r}, r \neq 3$

  (C) $\dfrac{n - 2}{2 - n}, n \neq 2$

  (D) $\dfrac{4 - p}{4 + p}, p \neq -4$

55. ¿Qué desigualdad representa la gráfica de la derecha?

  (F) $y > \frac{1}{3}x + 1$

  (H) $y \geq \frac{1}{3}x + 1$

  (G) $y < \frac{1}{3}x + 1$

  (I) $y \leq \frac{1}{3}x + 1$

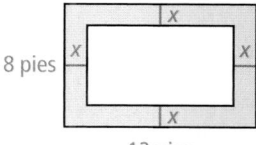

56. ¿Qué opción es $\dfrac{\sqrt{6}}{\sqrt{96}}$ en forma simplificada?

  (A) 16

  (C) $\frac{1}{4}$

  (B) 4

  (D) $\frac{1}{16}$

Respuesta breve

57. Pintas una pared para una exhibición. Quieres que tenga un borde azul de un ancho uniforme alrededor de un rectángulo blanco, como se muestra. Las áreas del borde azul y del rectángulo blanco deben ser iguales. ¿Cuál debe ser el ancho aproximado x del borde azul? Muestra tu trabajo.

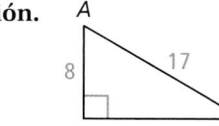

8 pies

12 pies

Repaso mixto

Usa el $\triangle ABC$ de la derecha. Halla el valor de cada expresión.

58. $\cos B$

59. $\operatorname{sen} A$

60. $\tan B$

Ver la Lección 10-6.

Simplifica cada expresión radical.

Ver la Lección 10-2.

61. $\sqrt{20} \cdot \sqrt{10}$

62. $\sqrt{a^4 b^7 c^8}$

63. $\sqrt{9x} \cdot \sqrt{11x}$

64. $\sqrt{\dfrac{2m}{25m^5}}$

65. $\dfrac{\sqrt{80}}{\sqrt{10}}$

66. $\sqrt{\dfrac{28y^5}{7y^2}}$

¡Prepárate! Antes de la Lección 11-2, haz los Ejercicios 67 a 72.

Descompón en factores cada expresión.

Ver la Lección 8-6.

67. $2c^2 + 15c + 7$

68. $15t^2 - 26t + 11$

69. $9q^2 + 12q + 4$

70. $4c^2 - 12c + 5$

71. $24t^2 - 14t - 3$

72. $3q^2 - q - 14$

11-2 Multiplicar y dividir expresiones racionales

Objetivos Multiplicar y dividir expresiones racionales.
Simplificar fracciones complejas.

¡Prepárate!

En la figura de la derecha, el diámetro de la esfera es igual a la longitud de la arista x del cubo. ¿Qué porcentaje del volumen del cubo ocupa la esfera? Justifica tu razonamiento.

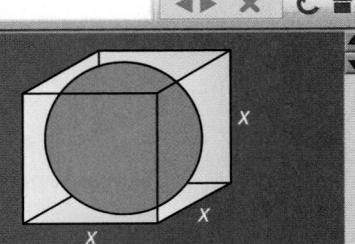

A veces necesitas dividir cosas que ya se dividieron.

Muchos problemas requieren hallar productos y cocientes de expresiones racionales.

Vocabulario de la lección
• fracción compleja

Comprensión esencial Puedes multiplicar y dividir expresiones racionales usando las mismas propiedades que usas para multiplicar y dividir fracciones numéricas.

Si a, b, c y d representan polinomios (donde $b \neq 0$ y $d \neq 0$), entonces $\frac{a}{b} \cdot \frac{c}{d} = \frac{ac}{bd}$.

Problema 1 Multiplicar expresiones racionales

¿Cuál es el producto? Indica cualquier valor excluido.

A $\frac{6}{a^2} \cdot \frac{-2}{a^3}$

$\frac{6}{a^2} \cdot \frac{-2}{a^3} = \frac{6(-2)}{a^2(a^3)}$ Multiplica los numeradores y multiplica los denominadores.

$= \frac{-12}{a^5}$ Simplifica.

El producto es $\frac{-12}{a^5}$, donde $a \neq 0$.

Piensa

¿Los productos de las expresiones racionales son definidos para todos los números reales?
No. Los productos pueden tener valores excluidos. En la parte (A), el valor excluido es 0. En la parte (B), los valores excluidos son 0 y –3.

B $\frac{x - 7}{x} \cdot \frac{x - 5}{x + 3}$

$\frac{x - 7}{x} \cdot \frac{x - 5}{x + 3} = \frac{(x - 7)(x - 5)}{x(x + 3)}$ Multiplica los numeradores y multiplica los denominadores. Deja el producto en la forma descompuesta en factores.

El producto es $\frac{(x - 7)(x - 5)}{x(x + 3)}$, donde $x \neq 0$ y $x \neq -3$.

 ¿Comprendiste? **1.** ¿Cuál es el producto? Indica cualquier valor excluido.

a. $\frac{5}{y} \cdot \frac{3}{y^3}$

b. $\frac{x}{x - 2} \cdot \frac{x + 1}{x - 3}$

Como indica el Problema 1, los productos de las expresiones racionales pueden tener valores excluidos. En el resto de este capítulo, no es necesario que indiques los valores excluidos a menos que se te lo pida.

A veces, el producto $\frac{ac}{bd}$ de dos expresiones racionales puede no estar en forma simplificada. Tal vez necesites dividir y eliminar factores comunes.

Problema 2   Usar la descomposición en factores

ONLINE PROBLEMS

¿Cuál es el producto de $\frac{x+5}{7x-21} \cdot \frac{14x}{x^2+3x-10}$?

$$\frac{x+5}{7x-21} \cdot \frac{14x}{x^2+3x-10} = \frac{x+5}{7(x-3)} \cdot \frac{14x}{(x+5)(x-2)}$$ Descompón en factores los denominadores.

$$= \frac{\overset{1}{\cancel{x+5}}}{_1 7(x-3)} \cdot \frac{\overset{2}{\cancel{14}}x}{_1(\cancel{x+5})(x-2)}$$ Divide y elimina los factores comunes 7 y $x+5$.

$$= \frac{1}{x-3} \cdot \frac{2x}{x-2}$$ Simplifica.

$$= \frac{2x}{(x-3)(x-2)}$$ Multiplica los numeradores y multiplica los denominadores. Deja el producto en la forma descompuesta en factores.

¿Cuál es un primer paso razonable?
Cuando multiplicas expresiones racionales, un primer paso razonable es descomponer en factores. Halla los M.C.D. y extráelos como factores comunes. Luego, busca expresiones cuadráticas que puedas descomponer en factores.

¿Comprendiste? **2. a.** ¿Cuál es el producto de $\frac{3x^2}{x+2} \cdot \frac{x^2+3x+2}{x}$?

b. Razonamiento En el Problema 2, supón que multiplicas los numeradores y los denominadores *antes* de descomponer en factores. ¿Obtendrás el mismo producto? Explica tu respuesta.

También puedes multiplicar una expresión racional por un polinomio. Deja el producto en la forma descompuesta en factores.

Problema 3   Multiplicar una expresión racional por un polinomio

ONLINE PROBLEMS

¿Cuál es el producto de $\frac{2m+5}{3m-6} \cdot (m^2+m-6)$?

$$\frac{2m+5}{3m-6} \cdot (m^2+m-6) = \frac{2m+5}{3(m-2)} \cdot \frac{(m-2)(m+3)}{1}$$ Descompón en factores.

$$= \frac{(2m+5)}{3_1(\cancel{m-2})} \cdot \frac{(\cancel{m-2})^1(m+3)}{1}$$ Divide y elimina el factor común $m-2$.

$$= \frac{(2m+5)(m+3)}{3}$$ Multiplica. Deja el producto en la forma descompuesta en factores.

¿Cómo empiezas?
Escribe el polinomio como una expresión racional con denominador 1. Luego, multiplica las dos expresiones racionales.

¿Comprendiste? **3.** ¿Cuál es el producto?

a. $\frac{2x-14}{4x-6} \cdot (6x^2-13x+6)$ **b.** $\frac{x^2+2x+1}{x^2-1} \cdot (x^2+2x-3)$

Recuerda que $\frac{a}{b} \div \frac{c}{d} = \frac{a}{b} \cdot \frac{d}{c}$, donde $b \neq 0$, $c \neq 0$ y $d \neq 0$. Cuando divides expresiones racionales, primero vuelve a escribir el cociente como un producto usando el recíproco antes de dividir y eliminar factores comunes.

Problema 4 — Dividir expresiones racionales

¿Cuál es el cociente de $\dfrac{x^2 - 25}{4x + 28} \div \dfrac{x - 5}{x^2 + 9x + 14}$?

Piensa

Escribe

Para dividir por una expresión racional, multiplica por su recíproco.

$$\frac{x^2 - 25}{4x + 28} \div \frac{x - 5}{x^2 + 9x + 14}$$

$$= \frac{x^2 - 25}{4x + 28} \cdot \frac{x^2 + 9x + 14}{x - 5}$$

Antes de multiplicar, descompón en factores.

$$= \frac{(x + 5)(x - 5)}{4(x + 7)} \cdot \frac{(x + 7)(x + 2)}{x - 5}$$

Divide y elimina los factores comunes $x - 5$ y $x + 7$.

$$= \frac{(x + 5)(x - 5)^1}{4_1(x + 7)} \cdot \frac{(x + 7)^1(x + 2)}{{}_1 x - 5}$$

Multiplica los numeradores y multiplica los denominadores. Deja el cociente en la forma descompuesta en factores.

$$= \frac{(x + 5)(x + 2)}{4}$$

 ¿Comprendiste? **4.** ¿Cuál es el cociente?

a. $\dfrac{x}{x + y} \div \dfrac{xy}{x + y}$

b. $\dfrac{4k + 8}{6k - 10} \div \dfrac{k^2 + 6k + 8}{9k - 15}$

El recíproco de un polinomio como $x^2 + 3x + 2$ es $\dfrac{1}{x^2 + 3x + 2}$.

Problema 5 — Dividir una expresión racional por un polinomio

Opción múltiple ¿Cuál es el cociente de $\dfrac{3x^2 - 12x}{5x} \div (x^2 - 3x - 4)$?

Ⓐ $\dfrac{3x}{(x - 4)(x + 1)}$ Ⓑ $\dfrac{3x}{5x^2 + 5}$ Ⓒ $\dfrac{3(x - 4)^2(x + 1)}{5x}$ Ⓓ $\dfrac{3}{5(x + 1)}$

Planea

¿Por qué se escribe el polinomio como una expresión racional?
Para dividir una expresión racional por un polinomio, debes multiplicar por el recíproco del polinomio. Escribir el polinomio sobre 1 puede ayudarte a hallar su recíproco.

$$\frac{3x^2 - 12x}{5x} \div \frac{x^2 - 3x - 4}{1} = \frac{3x^2 - 12x}{5x} \cdot \frac{1}{x^2 - 3x - 4}$$
Multiplica por el recíproco.

$$= \frac{3x(x - 4)}{5x} \cdot \frac{1}{(x - 4)(x + 1)}$$
Descompón en factores.

$$= \frac{3x^1(x - 4)^1}{5_1 x} \cdot \frac{1}{{}_1(x - 4)(x + 1)}$$
Divide y elimina los factores comunes x y $x - 4$.

$$= \frac{3}{5(x + 1)}$$
Simplifica.

La respuesta correcta es D.

 ¿Comprendiste? **5.** ¿Cuál es el cociente de $\dfrac{z^2 - 2z + 1}{z^2 + 2} \div (z - 1)$?

Una **fracción compleja** es una fracción en la que el numerador, el denominador o ambos son una o más fracciones. Puedes simplificar una fracción compleja dividiendo su numerador por su denominador.

Cualquier fracción compleja en la forma $\dfrac{\frac{a}{b}}{\frac{c}{d}}$ (donde $b \neq 0$, $c \neq 0$ y $d \neq 0$) se puede expresar como $\dfrac{a}{b} \div \dfrac{c}{d}$.

 Problema 6 **Simplificar una fracción compleja**

¿**Cuál es la forma simplificada de** $\dfrac{\frac{1}{x-2}}{\frac{x+3}{x^2-4}}$**?**

Piensa

¿**Has resuelto un problema similar antes?**
Sí. En el Problema 4, hallaste el cociente de dos expresiones racionales. Simplifica esta fracción compleja de la misma manera, pero primero escríbela como un cociente.

$$\dfrac{\frac{1}{x-2}}{\frac{x+3}{x^2-4}} = \dfrac{1}{x-2} \div \dfrac{x+3}{x^2-4}$$ Escribe como un cociente.

$$= \dfrac{1}{x-2} \cdot \dfrac{x^2-4}{x+3}$$ Multiplica por el recíproco.

$$= \dfrac{1}{x-2} \cdot \dfrac{(x+2)(x-2)}{x+3}$$ Descompón en factores.

$$= \dfrac{1}{{}_{1}x-2} \cdot \dfrac{(x+2)(x-2)^1}{x+3}$$ Divide y elimina el factor común $x-2$.

$$= \dfrac{x+2}{x+3}$$ Simplifica.

 ¿**Comprendiste?** **6.** ¿Cuál es la forma simplificada de $\dfrac{\frac{1}{q+4}}{\frac{2q^2}{2q+8}}$?

Comprobar la comprensión de la lección

¿CÓMO hacerlo?

Multiplica.

1. $\dfrac{2}{5t} \cdot \dfrac{3}{t^5}$

2. $\dfrac{2x+5}{4x-12} \cdot (x^2 - 8x + 15)$

Divide.

3. $\dfrac{k^2+k}{5k} \div \dfrac{1}{15k^2}$

4. $\dfrac{8x^2-12x}{x+7} \div (4x^2-9)$

Simplifica cada fracción compleja.

5. $\dfrac{\frac{a^2+2a-8}{3a}}{\frac{a+4}{a-2}}$

6. $\dfrac{x^2+6x}{\frac{x+6}{x}}$

¿Lo ENTIENDES?

7. Razonamiento ¿Las fracciones complejas $\dfrac{\frac{a}{b}}{c}$ y $\dfrac{a}{\frac{b}{c}}$ son equivalentes? Explica tu respuesta.

8. Comparar y contrastar ¿En qué se parecen la multiplicación de expresiones racionales y la multiplicación de fracciones numéricas? ¿En qué se diferencian?

9. Razonamiento Observa $\dfrac{a}{b} \div \dfrac{c}{d} = \dfrac{a}{b} \cdot \dfrac{d}{c}$. ¿Por qué debe comprobarse que $b \neq 0$, $c \neq 0$ y $d \neq 0$?

10. a. Escribir Explica cómo multiplicar una expresión racional por un polinomio.
b. Explica cómo dividir una expresión racional por un polinomio.

Ejercicios de práctica y resolución de problemas

 **Práctica**   **Multiplica.**

Ver los Problemas 1, 2 y 3.

11. $\frac{7}{3} \cdot \frac{5x}{12}$

12. $\frac{3}{t} \cdot \frac{4}{t}$

13. $\frac{5}{3a^2} \cdot \frac{8}{a^3}$

14. $\frac{m-2}{m+2} \cdot \frac{m}{m-1}$

15. $\frac{2x}{x+1} \cdot \frac{x-1}{3}$

16. $\frac{6x^2}{5} \cdot \frac{2}{x+1}$

17. $\frac{4c}{2c+2} \cdot \frac{c^2+3c+2}{c-1}$

18. $\frac{b^2+4b+4}{2b^2-8} \cdot \frac{3b-6}{4b}$

19. $\frac{r^2+5r+6}{2r} \cdot \frac{r-2}{r+3}$

20. $\frac{m-2}{3m+9} \cdot \frac{2m+6}{2m-4}$

21. $\frac{t^2-t-12}{t+1} \cdot \frac{t+1}{t+3}$

22. $\frac{4x+1}{5x+10} \cdot \frac{30x+60}{2x-2}$

23. $\frac{4t+4}{t-3} \cdot (t^2-t-6)$

24. $\frac{2m+1}{3m-6} \cdot (9m^2-36)$

25. $(x^2-1) \cdot \frac{x-2}{3x+3}$

26. $\frac{2y+9}{4y+12} \cdot (y^2+y-6)$

27. $\frac{h-1}{6h+3} \cdot (2h^2+9h+4)$

28. $(w^2-8w+15) \cdot \frac{w+3}{4w-20}$

Halla el recíproco de cada expresión.

Ver los Problemas 4 y 5.

29. $\frac{2}{x+1}$

30. $\frac{-6d^2}{2d-5}$

31. c^2-1

Divide.

32. $\frac{x-1}{x+4} \div \frac{x+3}{x+4}$

33. $\frac{3t+12}{5t} \div \frac{t+4}{10t}$

34. $\frac{x-3}{6} \div \frac{3-x}{2}$

35. $\frac{y-4}{10} \div \frac{4-y}{5}$

36. $\frac{x^2+6x+8}{x^2+x-2} \div \frac{x+4}{2x+4}$

37. $\frac{2n^2-5n-3}{4n^2-12n-7} \div \frac{4n+5}{2n-7}$

38. $\frac{3x+9}{x} \div (x+3)$

39. $\frac{11k+121}{7k-15} \div (k+11)$

40. $\frac{x^2+10x-11}{x^2+12x+11} \div (x-1)$

Simplifica cada fracción compleja.

Ver el Problema 6.

41. $\dfrac{\frac{4b-1}{b^2+2b+1}}{\frac{12b-3}{b^2-1}}$

42. $\dfrac{\frac{3x^2+2x+1}{8x}}{12x^2+8x+4}$

43. $\dfrac{\frac{6s+12}{s+2}}{3}$

44. $\dfrac{\frac{t^2-t-6}{t-3}}{t+2}$

45. $\dfrac{\frac{x^2-25}{x^2+6x+5}}{2x-10}$

46. $\dfrac{\frac{3}{3d^2+5d-2}}{\frac{3}{2d+4}}$

47. $\dfrac{\frac{g+2}{3g-1}}{\frac{g^2+2g}{6g+2}}$

48. $\dfrac{\frac{5f^2}{10f}}{f^2+1}$

49. $\dfrac{\frac{z-10}{z+10}}{3z^2-30z}$

50. $\dfrac{\frac{c+4}{c^2+5c+6}}{\frac{3c^2+12c}{2c^2+5c-3}}$

 **Aplicación** Multiplica o divide.

51. $\dfrac{t^2 + 5t + 6}{t - 3} \cdot \dfrac{t^2 - 2t - 3}{t^2 + 3t + 2}$

52. $\dfrac{c^2 + 3c + 2}{c^2 - 4c + 3} \div \dfrac{c + 2}{c - 3}$

53. $\dfrac{7t^2 - 28t}{2t^2 - 5t - 12} \cdot \dfrac{6t^2 - t - 15}{49t^3}$

54. $\dfrac{5x^2 + 10x - 15}{5 - 6x + x^2} \div \dfrac{2x^2 + 7x + 3}{4x^2 - 8x - 5}$

55. $\dfrac{x^2 + x - 6}{x^2 - x - 6} \div \dfrac{x^2 + 5x + 6}{x^2 + 4x + 4}$

56. $\left(\dfrac{x^2 - 25}{x^2 - 4x}\right)\left(\dfrac{x^2 + x - 20}{x^2 + 10x + 25}\right)$

Pagos del préstamo La fórmula de abajo da el pago mensual m de un préstamo como una función de la cantidad que se pidió prestada C, la tasa de interés anual t (expresada en forma decimal) y el número de meses n que dura el pago del préstamo. Usa esta fórmula y una calculadora para resolver los Ejercicios 57 a 60.

$$m = \dfrac{C\left(\frac{t}{12}\right)\left(1 + \frac{t}{12}\right)^n}{\left(1 + \frac{t}{12}\right)^n - 1}$$

57. ¿Cuál es el pago mensual de un préstamo de $1500 con un interés anual del 8% que se paga durante 18 meses?

58. ¿Cuál es el pago mensual de un préstamo de $3000 con un interés anual del 6% que se paga durante 24 meses?

59. Pensar en un plan Supón que una familia quiere comprar la casa que se publica en el aviso de la derecha. Tienen $60,000 para la cuota inicial. Su préstamo hipotecario tendrá una tasa de interés anual del 6% y se debe pagar durante un período de 30 años. ¿Cuánto le costará a la familia pagar este préstamo durante 30 años?
- ¿Qué información puedes obtener de la fórmula anterior?
- ¿Cómo puedes usar la información que da la fórmula para resolver el problema?

60. Préstamos para automóviles Quieres comprar un carro que cuesta $18,000. La concesionaria ofrece dos planes de financiación diferentes para pagar en 48 meses. El primer plan ofrece 0% de interés durante 4 años. El segundo plan ofrece un descuento de $2000, pero debes financiar el resto del precio de compra a una tasa de interés del 7.9% durante 4 años. ¿Con qué plan de financiación será menor tu costo total? ¿Cuánto menor será?

61. Analizar errores En el trabajo que se muestra a la derecha, ¿qué error cometió el estudiante al dividir las expresiones racionales?

62. Respuesta de desarrollo Escribe dos expresiones racionales. Halla su producto.

63. Razonamiento ¿Para qué valores de x la expresión $\dfrac{2x^2 - 5x - 12}{6x} \div \dfrac{-3x - 12}{x^2 - 16}$ es indefinida? Explica tu razonamiento.

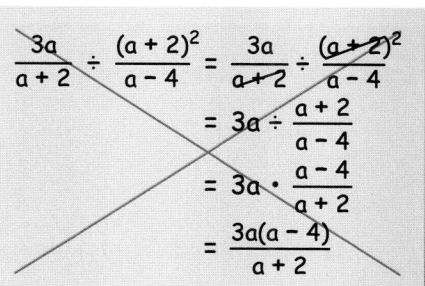

Geometría Halla el volumen de cada prisma rectangular.

64.

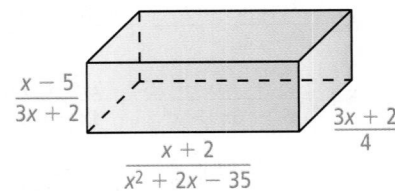

$\dfrac{x-5}{3x+2}$ $\dfrac{3x+2}{4}$ $\dfrac{x+2}{x^2+2x-35}$

65.

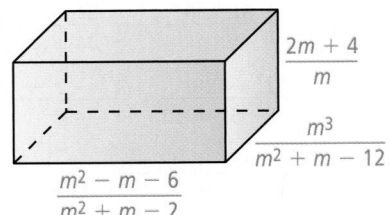

$\dfrac{2m+4}{m}$ $\dfrac{m^3}{m^2+m-12}$ $\dfrac{m^2-m-6}{m^2+m-2}$

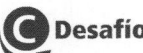 **Desafío**   Multiplica o divide.

66. $\dfrac{3m^3-3m}{4m^2+4m-8} \cdot (6m^2+12m)$

67. $\dfrac{t^2-r^2}{t^2+tr-2r^2} \cdot \dfrac{t^2+3tr+2r^2}{t^2+2tr+r^2}$

68. $\dfrac{5x^2}{y^2-25} \div \dfrac{5xy-25x}{y^2-10y+25}$

69. $\dfrac{2a^2-ab-6b^2}{2b^2+9ab-5a^2} \div \dfrac{2a^2-7ab+6b^2}{a^2-4b^2}$

Preparación para el examen estandarizado

SAT/ACT

70. ¿Cuál es la forma simplificada de $(2x-5) \cdot \dfrac{2x}{2x^2-9x+10}$?

   (A) 1   (B) $\dfrac{2x}{x-2}$ (C) $\dfrac{x-5}{-4x+5}$ (D) $\dfrac{2x-5}{-8x-10}$

71. El volumen del prisma rectangular es $4x^3+6x^2$.
¿Cuál es el ancho a del prisma?

   (F) $4x^3+6x^2-2x$ (H) $2x+4$

   (G) $2x+3$ (I) $2x+6$

72. ¿Cuál es el vértice de la parábola cuya ecuación es $y=2x^2+3x-1$?

   (A) $(-0.75,-2.125)$ (C) $(-2.125,-0.75)$

   (B) $(0.75,2.125)$ (D) $(-0.75,2.125)$

Respuesta breve

73. Se patea una pelota de fútbol con una velocidad ascendente inicial de 35 pies/s desde una altura inicial de 2.5 pies. Si nadie toca la pelota, ¿cuánto tiempo estará en el aire? Usa la fórmula $h=-16t^2+vt+c$, donde h es la altura de la pelota en el tiempo t, v es la velocidad ascendente inicial y c es la altura inicial. Muestra tu trabajo.

Repaso mixto

Simplifica cada expresión. Indica cualquier valor excluido.

◀ Ver la Lección 11-1.

74. $\dfrac{7m-14}{3m-6}$ **75.** $\dfrac{5a^2}{10a^4-15a^2}$ **76.** $\dfrac{4c^2-36c+81}{4c^2-2c-72}$

¡Prepárate!   Antes de la Lección 11-3, haz los Ejercicios 77 a 79.

Halla cada producto.

 Ver la Lección 8-3.

77. $(2x+4)(x+3)$ **78.** $(-3n-4)(n-5)$ **79.** $(3a^2+1)(2a-7)$

Más práctica del concepto

Usar con la Lección 11-3.

ACTIVIDAD

Dividir polinomios usando fichas de álgebra

Puedes usar fichas de álgebra para representar la división de polinomios.

Actividad

¿Cuánto es $(x^2 + 4x + 3) \div (x + 3)$? Usa fichas de álgebra.

Paso 1 Usa fichas de álgebra para representar el dividendo, $x^2 + 4x + 3$.

Paso 2 Usa la ficha de x^2 y las fichas de 1 para formar una figura con longitud de $x + 3$, el divisor.

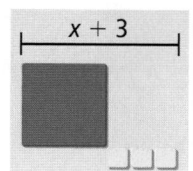

Paso 3 Usa las fichas restantes para rellenar el rectángulo.

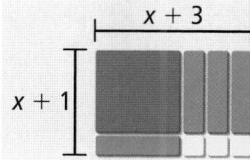

Como $(x + 1)(x + 3) = x^2 + 4x + 3$, puedes escribir $(x^2 + 4x + 3) \div (x + 3) = x + 1$.

Comprueba Comprueba tu resultado multiplicando $x + 1$ y $x + 3$. El producto debería ser el dividendo, $x^2 + 4x + 3$.

$$(x + 1)(x + 3) = (x)(x) + (x)(3) + (1)(x) + (1)(3)$$
$$= x^2 + 3x + x + 3$$
$$= x^2 + 4x + 3 \ ✔$$

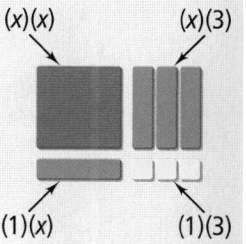

Ejercicios

Usa fichas de álgebra para hallar cada cociente. Comprueba tu resultado.

1. $(x^2 + 6x + 8) \div (x + 4)$

2. $(x^2 + 5x + 6) \div (x + 2)$

3. $(x^2 + 8x + 12) \div (x + 6)$

4. $(x^2 + 8x + 7) \div (x + 1)$

5. Razonamiento En los Ejercicios 1 a 4, el divisor es un factor del dividendo. ¿Cómo lo sabes? ¿Puedes usar fichas de álgebra para representar la división de polinomios cuando el divisor *no* es un factor del dividendo? Explica tu respuesta.

11-3 Dividir polinomios

Objetivo Dividir polinomios.

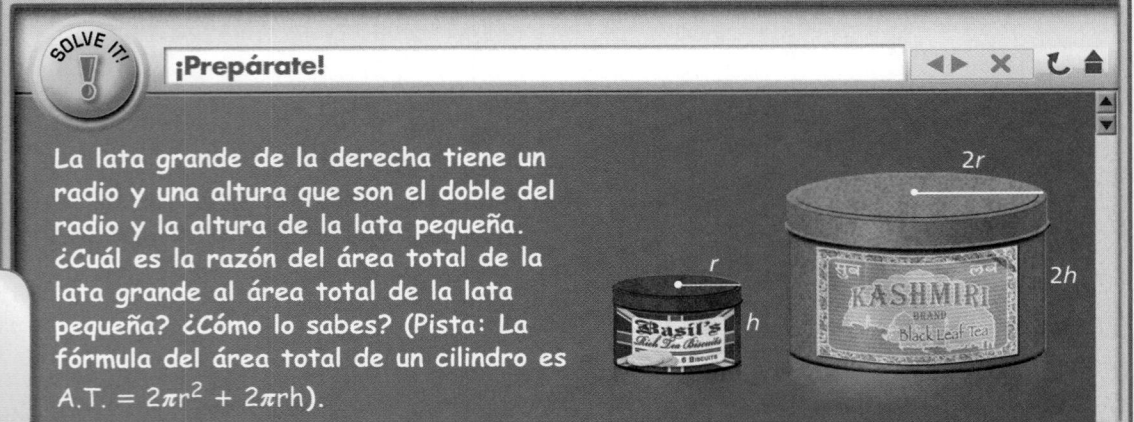

SOLVE IT!

¡Prepárate!

La lata grande de la derecha tiene un radio y una altura que son el doble del radio y la altura de la lata pequeña. ¿Cuál es la razón del área total de la lata grande al área total de la lata pequeña? ¿Cómo lo sabes? (Pista: La fórmula del área total de un cilindro es A.T. $= 2\pi r^2 + 2\pi rh$).

¡Hay muchas variables en este problema! Debe haber una manera más fácil de escribir la razón.

En la actividad de *Solve It!*, para hallar la razón del área total de las latas, hay que dividir un polinomio por otro.

Comprensión esencial Puedes dividir polinomios usando técnicas similares a las que usas para dividir números reales, incluida la división larga.

Planea

¿Cómo puedes convertir este problema en uno que sepas cómo resolver? Convierte la división en una multiplicación para que puedas usar la propiedad distributiva.

Problema 1 Dividir por un monomio

¿Cuánto es $(9x^3 - 6x^2 + 15x) \div 3x^2$?

$(9x^3 - 6x^2 + 15x) \div 3x^2 = (9x^3 - 6x^2 + 15x) \cdot \dfrac{1}{3x^2}$ Multiplica por $\dfrac{1}{3x^2}$, el recíproco de $3x^2$.

$= \dfrac{9x^3}{3x^2} - \dfrac{6x^2}{3x^2} + \dfrac{15x}{3x^2}$ Usa la propiedad distributiva.

$= 3x^1 - 2x^0 + 5x^{-1}$ Cuando divides potencias con la misma base, resta los exponentes.

$= 3x - 2 + \dfrac{5}{x}$ Simplifica.

La respuesta es $3x - 2 + \dfrac{5}{x}$.

 ¿Comprendiste? **1.** Divide.

    a. $(4a^3 + 10a^2 + 3a) \div 2a^2$

    b. $(5b^4 - 15b^2 + 1) \div 5b^3$

    c. $(12c^4 + 18c^2 + 9c) \div 6c$

El proceso de dividir un polinomio por un binomio es similar a la división larga de números reales. Escribe la respuesta en la forma cociente $+ \frac{\text{residuo}}{\text{divisor}}$.

 Problema 2 Dividir por un binomio

¿Cuánto es $(3d^2 - 4d + 13) \div (d + 3)$?

Paso 1 Comienza el proceso de división larga.

> Alinea los términos según sus grados. Coloca $3d$ arriba de $-4d$ del dividendo.

Planea

¿Cómo empiezas?
Divide el primer término del dividendo por el primer término del divisor. En este problema, divides $3d^2$ por d.

$$d + 3 \overline{)3d^2 - 4d + 13} \quad \begin{array}{l} 3d \end{array}$$

$\underline{3d^2 + 9d}$ Divide: $3d^2 \div d = 3d$.

$-13d + 13$ Multiplica: $3d(d + 3) = 3d^2 + 9d$. Luego, resta.

Baja 13.

Paso 2 Repite el proceso: divide, multiplica, resta y baja.

$$d + 3 \overline{)3d^2 - 4d + 13} \quad \begin{array}{l} 3d - 13 \end{array}$$

> Alinea los términos según sus grados. Coloca -13 arriba de 13 del dividendo.

$\underline{3d^2 + 9d}$

$-13d + 13$ Divide: $-13d \div d = -13$.

$\underline{-13d - 39}$ Multiplica: $-13(d + 3) = -13d - 39$. Luego, resta.

52   El residuo es 52.

La respuesta es $3d - 13 + \frac{52}{d + 3}$.

 ¿Comprendiste? **2.** ¿Cuánto es $(2m^2 - m - 3) \div (m + 1)$?

Cuando al dividendo le falta un término, agrega el término que falta con un coeficiente cero.

 Problema 3 Dividir polinomios con un coeficiente cero

Geometría El ancho a de un rectángulo es $3z - 1$. El área A del rectángulo es $18z^3 - 8z + 2$. ¿Cuál es una expresión para la longitud del rectángulo?

Lo que sabes
Área: $18z^3 - 8z + 2$
Ancho: $3z - 1$

Lo que necesitas
La longitud del rectángulo

Planea
Usa la fórmula del área de un rectángulo, $A = \ell a$. Divide A por a para hallar ℓ.

Piensa

¿Por qué debes agregar un término con coeficiente 0?
Si al dividendo le falta un término cuando se lo escribe en forma estándar, debes agregar el término con coeficiente 0 para que sirva como marcador de posición.

$$3z - 1 \overline{)18z^3 + 0z^2 - 8z + 2} \quad \begin{array}{l} 6z^2 + 2z - 2 \end{array}$$

$\underline{18z^3 - 6z^2}$

$6z^2 - 8z$

$\underline{6z^2 - 2z}$

$-6z + 2$

$\underline{-6z + 2}$

0

> El dividendo no tiene término z^2. Por tanto, vuelve a escribir el dividendo para incluir un término z^2 con coeficiente 0.

Una expresión para la longitud del rectángulo es $6z^2 + 2z - 2$.

¿Comprendiste? **3.** Divide.

$$\textbf{a.}\ (q^4 + q^2 + q - 3) \div (q - 1) \qquad \textbf{b.}\ (h^3 - 4h + 12) \div (h + 3)$$

Para dividir polinomios usando la división larga, debes escribir el divisor y el dividendo en forma estándar antes de dividir.

 Problema 4 **Reordenar términos y dividir polinomios**

Piensa

¿Cómo puedes eliminar opciones?
Si el producto del divisor y la opción A es igual al dividendo, entonces la opción A es correcta. Aquí, el producto no es igual al dividendo; por tanto, elimina la opción A.

Opción múltiple ¿Cuánto es $(-10x - 1 + 4x^2) \div (-3 + 2x)$?

(A) $2x - 2$

(C) $2x - 2 + \dfrac{7}{2x - 3}$

(B) $2x - 2 - \dfrac{7}{2x - 3}$

(D) $2x - 2 + \dfrac{7}{2x + 2}$

$$
\begin{array}{r}
2x - 2 \\
2x - 3\overline{)4x^2 - 10x - 1} \\
\underline{4x^2 - 6x} \\
-4x - 1 \\
\underline{-4x + 6} \\
-7
\end{array}
$$

Debes volver a escribir $-10x - 1 + 4x^2$ y $-3 + 2x$ en forma estándar antes de dividir.

La respuesta es $2x - 2 - \dfrac{7}{2x - 3}$. La respuesta correcta es B.

 ¿Comprendiste? **4.** En las partes (a) y (b), divide.

$$\textbf{a.}\ (-7 - 10y + 6y^2) \div (4 + 3y) \quad \textbf{b.}\ (21a + 2 + 18a^2) \div (5 + 6a)$$

c. Razonamiento ¿Cómo puedes comprobar la respuesta del Problema 4? Muestra tu trabajo.

toma nota

Resumen del concepto **Dividir un polinomio por un polinomio**

Paso 1 Ordena los términos del dividendo y del divisor en forma estándar. Si falta un término en el dividendo, agrega el término con un coeficiente 0.

Paso 2 Divide el primer término del dividendo por el primer término del divisor. Éste es el primer término del cociente.

Paso 3 Multiplica el primer término del cociente por el divisor entero y coloca el producto debajo del dividendo.

Paso 4 Resta este producto del dividendo.

Paso 5 Baja el término que sigue.

Repite los Pasos 2 a 5 las veces que sea necesario hasta que el grado del residuo sea menor que el grado del divisor.

Comprobar la comprensión de la lección

¿CÓMO hacerlo?

Divide.

1. $(20m^3 + 10m^2 - 5m - 3) \div 5m^2$

2. $(20c^2 + 23c - 7) \div (c - 1)$

3. $(25n^3 - 11n + 4) \div (5n + 4)$

4. $(-16a - 15 + 15a^2) \div (3 + 5a)$

¿Lo ENTIENDES?

5. Vocabulario ¿En qué se parece dividir polinomios a dividir números reales? ¿En qué se diferencia?

6. Escribir ¿Cuáles son los pasos que repites cuando efectúas una división larga de polinomios?

7. Razonamiento ¿Cómo volverías a escribir $1 - x^4$ antes de dividirlo por $x - 1$?

Ejercicios de práctica y resolución de problemas

A Práctica   **Divide.**   ◀ **Ver los Problemas 1, 2 y 3.**

8. $(x^6 - x^5 + x^4) \div x^2$

9. $(12x^8 - 8x^3) \div 4x^4$

10. $(9c^4 + 6c^3 - c^2) \div 3c^2$

11. $(n^5 - 18n^4 + 3n^3) \div n^3$

12. $(8q^2 - 32q) \div 2q^2$

13. $(7t^5 + 14t^4 - 28t^3 + 35t^2) \div 7t^2$

14. $(6x^4 - 5x^3 + 6x^2) \div 2x^2$

15. $(21t^5 + 3t^4 - 11t^3) \div 7t^3$

16. $(n^2 - 5n + 4) \div (n - 4)$

17. $(y^2 - y + 2) \div (y + 2)$

18. $(3x^2 - 10x + 3) \div (x - 3)$

19. $(-4q^2 - 22q + 12) \div (2q + 1)$

20. $(5t^2 - 500) \div (t + 10)$

21. $(2w^3 + 3w - 15) \div (w - 1)$

22. $(3b^3 - 10b^2 + 4) \div (3b - 1)$

23. $(c^3 - c^2 - 1) \div (c - 1)$

Escribe una expresión para la dimensión que falta en cada figura.

24.

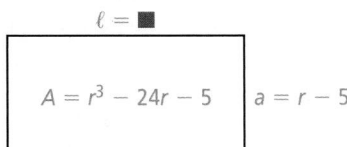

$\ell = \blacksquare$

$A = r^3 - 24r - 5$ $a = r - 5$

25.

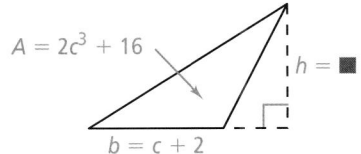

$A = 2c^3 + 16$

$h = \blacksquare$

$b = c + 2$

Divide.   ◀ **Ver el Problema 4.**

26. $(49 + 16b + 2b^2) \div (2b + 4)$

27. $(4a^2 - 6 + 3a) \div (7 + 4a)$

28. $(39w + 14 + 3w^2) \div (9 + 3w)$

29. $(4t + 2t^2 - 9) \div (-6 + 2t)$

30. $(-13x + 6x^3 - 6 - x^2) \div (3x - 5)$

31. $(6 - q + 8q^3 - 4q^2) \div (2q - 2)$

32. $(6x^4 + 4x^3 - x^2) \div (6 + 2x)$

33. $(12c^3 + 11c^2 - 15c + 8) \div (-4 + 3c)$

34. $(7b + 16b^3) \div (-1 + 8b)$

35. $(4y + 9y^3 - 7) \div (-5 + 3y)$

36. Respuesta de desarrollo Escribe un binomio y un trinomio con la misma variable. Divide el trinomio por el binomio.

37. Pensar en un plan El área A de un trapecio es $x^3 + 2x^2 - 2x - 3$. Las longitudes de sus dos bases b_1 y b_2 son x y $x^2 - 3$, respectivamente. ¿Qué expresión representa la altura h del trapecio? Escribe tu respuesta en la forma cociente $+ \frac{residuo}{divisor}$.
- ¿Qué fórmula puedes usar para hallar el área del trapecio?
- ¿Cómo puedes usar la fórmula para escribir una expresión para h?

Divide.

38. $(56a^2 + 4a - 12) \div (2a + 1)$

39. $(5t^4 - 10t^2 + 6) \div (t + 5)$

40. $(3k^3 - 0.9k^2 - 1.2k) \div 3k$

41. $(-7s + 6s^2 + 5) \div (2s + 3)$

42. $(64c^3 - 125) \div (5 - 4c)$

43. $(21 - 5r^4 - 10r^2 + 2r^6) \div (r^2 - 3)$

44. $(2t^4 - 2t^3 + 3t - 1) \div (2t^3 + 1)$

45. $(z^4 + z^2 - 2) \div (z + 3)$

46. $(-2z^3 - z + z^2 + 1) \div (z + 1)$

47. $(6m^3 + 3m + 70) \div (m + 4)$

48. Escribir Supón que divides un polinomio por un binomio. ¿Cómo sabes si el binomio es un factor del polinomio?

49. Geometría El volumen del prisma rectangular que se muestra a la derecha es $m^3 + 8m^2 + 19m + 12$. ¿Cuál es el área de la base coloreada del prisma?

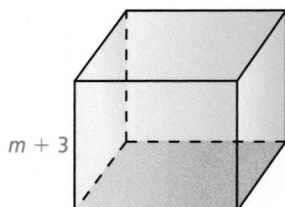

$m + 3$

50. Buscar un patrón Halla un patrón dividiendo los polinomios.
- **a.** ¿Cuánto es $(d^2 - d + 1) \div (d + 1)$?
- **b.** ¿Cuánto es $(d^3 - d^2 + d - 1) \div (d + 1)$?
- **c.** ¿Cuánto es $(d^4 - d^3 + d^2 - d + 1) \div (d + 1)$?
- **d.** ¿Cuál crees que sería el resultado de dividir
$d^5 - d^4 + d^3 - d^2 + d - 1$ por $d + 1$?
- **e.** Comprueba tu predicción dividiendo los polinomios.

51. Negocios Una manera de medir la eficacia de una empresa es dividir los ingresos de la empresa por sus gastos. Los ingresos anuales, en millones de dólares, de cierta aerolínea se pueden representar con $200s^3 - s^2 + 400s + 1500$, donde s es la cantidad de pasajeros en centenas de millar. Los gastos, en millones de dólares, de la aerolínea se pueden representar con $200s + 300$. ¿Cuánto es el ingreso de la aerolínea dividido por sus gastos? Escribe tu respuesta en la forma cociente $+ \frac{residuo}{divisor}$.

52. Razonamiento Si $x + 3$ es un factor de $x^2 - x - k$, ¿cuál es el valor de k?

53. Física Observa la fórmula para la distancia recorrida, $d = vt$.
- **a.** Resuelve la fórmula para hallar t.
- **b.** Usa tu respuesta de la parte (a). ¿Qué expresión representa el tiempo que lleva recorrer una distancia de $t^3 - 6t^2 + 5t + 12$ millas a una velocidad de $t + 1$ millas por hora?

54. Paquetes Se colocan tres pelotas de tenis con un radio r en una lata cilíndrica. La lata tiene un radio r y una altura de $6r + 1$. ¿Qué fracción de la lata está vacía? Escribe tu respuesta en la forma cociente $+ \frac{residuo}{divisor}$.

C Desafío

55. Simplifica $\dfrac{x^{16} - 1}{x - 1}$ usando la división larga y descomponiendo en factores. ¿Qué método prefieres? Explica tu respuesta.

Divide.

56. $(4a^3b^4 - 6a^2b^5 + 10a^2b^4) \div 2ab^2$

57. $(15x^2 + 7xy - 2y^2) \div (5x - y)$

58. $(90r^6 + 28r^5 + 45r^3 + 2r^4 + 5r^2) \div (9r + 1)$

59. $(2b^6 + 2b^5 - 4b^4 + b^3 + 8b^2 - 3) \div (b^3 + 2b^2 - 1)$

Preparación para el examen estandarizado

SAT/ACT

60. ¿Cuál de las siguientes opciones es verdadera para $(2x^2 + 4x + 2) \div 2x$?

   I. El residuo es negativo.

   II. El dividendo está en forma estándar.

   III. El cociente es mayor que el divisor para valores positivos de x.

  A sólo I   **B** sólo II   **C** I y II   **D** II y III

61. ¿Qué ecuación representa la recta que pasa por $(5, -8)$ y es paralela a la recta de la derecha?

  F $y = 2x + 2$ **H** $y = -2x$

  G $y + 2x = 2$ **I** $y - 2x = 2$

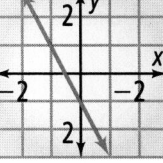

62. ¿Cuáles son los factores de la expresión $x^3 - 4x$?

  A $x^3, -4x$ **B** $x, x^2 - 4$ **C** $x - 2, x + 2$ **D** $x, x - 2, x + 2$

Respuesta breve

63. Un teatro tiene 18 filas de asientos. Cada fila tiene 28 asientos. Las entradas cuestan $4 para los adultos y $2.50 para los niños. Las entradas de la función del viernes por la noche se agotaron y el ingreso por la venta de entradas fue $1935. Bárbara dice que había 445 adultos en la función. ¿Su afirmación es razonable? Explica tu respuesta.

Repaso mixto

Multiplica o divide.   ◀ Ver la Lección 11-2.

64. $\dfrac{n^2 + 7n - 8}{n - 1} \cdot \dfrac{n^2 - 4}{n^2 + 6n - 16}$ **65.** $\dfrac{6t^2 - 30t}{2t^2 - 53t - 55} \cdot \dfrac{6t^2 + 35t + 11}{18t^2}$

66. $\dfrac{3c^2 - 4c - 32}{2c^2 + 17c + 35} \div \dfrac{c - 4}{c + 5}$ **67.** $\dfrac{x^2 + 9x + 20}{x^2 + 5x - 24} \div \dfrac{x^2 + 15x + 56}{x^2 + x - 12}$

¡Prepárate!   **Antes de la Lección 11-4, haz los Ejercicios 68 a 71.**

Simplifica cada expresión.   ◀ Ver la Lección 1-5.

68. $\dfrac{4}{9} + \dfrac{2}{9}$ **69.** $\dfrac{1}{4} - \dfrac{1}{3}$ **70.** $\dfrac{7x}{8} + \dfrac{x}{8}$ **71.** $\dfrac{7}{12y} - \dfrac{1}{12y}$

11-4 Sumar y restar expresiones racionales

Objetivo Sumar y restar expresiones racionales.

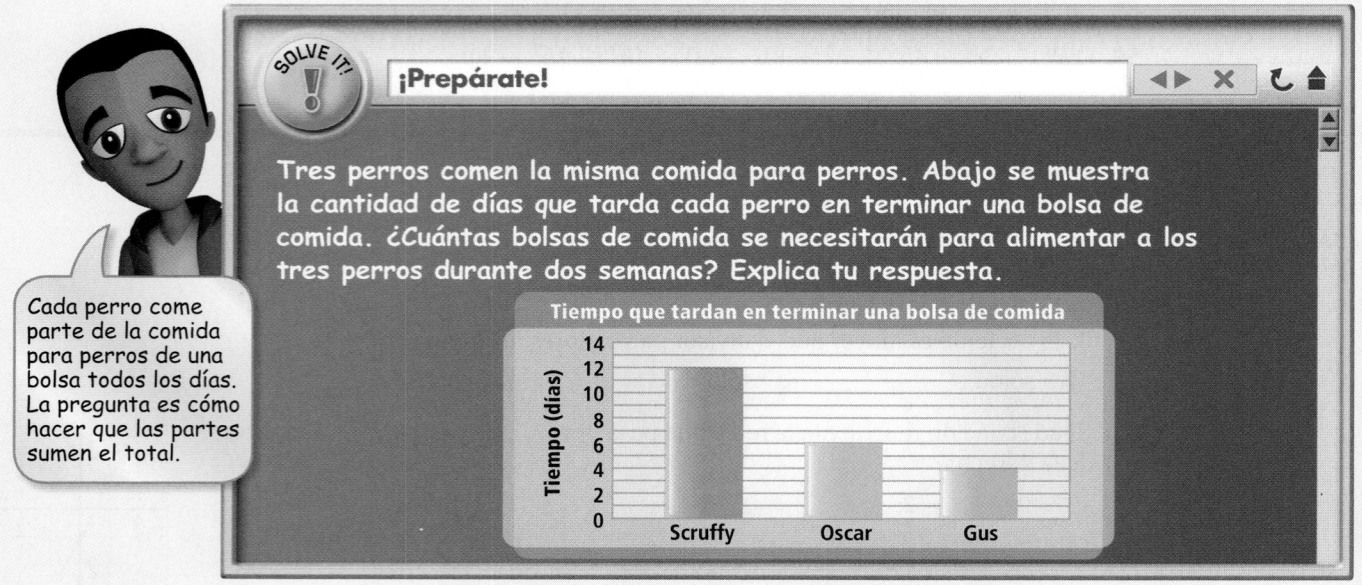

¡Prepárate!

Tres perros comen la misma comida para perros. Abajo se muestra la cantidad de días que tarda cada perro en terminar una bolsa de comida. ¿Cuántas bolsas de comida se necesitarán para alimentar a los tres perros durante dos semanas? Explica tu respuesta.

Cada perro come parte de la comida para perros de una bolsa todos los días. La pregunta es cómo hacer que las partes sumen el total.

Tiempo que tardan en terminar una bolsa de comida

(Gráfico de barras: Tiempo (días) en el eje vertical de 0 a 14; Scruffy ≈ 12, Oscar ≈ 6, Gus ≈ 4)

Comprensión esencial Para sumar y restar expresiones racionales, puedes usar las mismas reglas que usas para sumar y restar fracciones numéricas.

Puedes sumar los numeradores de expresiones racionales que tienen el mismo denominador. Si a, b y c representan polinomios (con $c \neq 0$), entonces $\frac{a}{c} + \frac{b}{c} = \frac{a+b}{c}$.

Problema 1 Sumar expresiones con el mismo denominador

¿Cuál es la suma?

Piensa

Cuando te sientas cómodo sumando expresiones racionales con el mismo denominador, puedes sumar los numeradores y simplificar en un solo paso.

A $\dfrac{4}{3y} + \dfrac{7}{3y}$

$$\dfrac{4}{3y} + \dfrac{7}{3y} = \dfrac{4+7}{3y}$$ Suma los numeradores.

$$= \dfrac{11}{3y}$$ Simplifica el numerador.

B $\dfrac{3x}{x-2} + \dfrac{x}{x-2}$

$$\dfrac{3x}{x-2} + \dfrac{x}{x-2} = \dfrac{3x+x}{x-2}$$ Suma los numeradores.

$$= \dfrac{4x}{x-2}$$ Simplifica el numerador.

 ¿Comprendiste? 1. ¿Cuál es la suma de $\dfrac{2a}{3a-4} + \dfrac{3a}{3a-4}$?

De modo similar, puedes restar expresiones racionales con el mismo denominador.

 Problema 2 **Restar expresiones con el mismo denominador**

ONLINE PROBLEMS

¿Cuál es la diferencia de $\dfrac{7x + 5}{3x^2 - x - 2} - \dfrac{4x + 3}{3x^2 - x - 2}$?

Piensa

¿Por qué se pone 4x + 3 entre paréntesis?
Quieres restar todo el numerador 4x + 3 y se necesitan paréntesis para indicarlo. Sin los paréntesis, restarías sólo 4x.

$$\dfrac{7x + 5}{3x^2 - x - 2} - \dfrac{4x + 3}{3x^2 - x - 2} = \dfrac{7x + 5 - (4x + 3)}{3x^2 - x - 2}$$ Resta los numeradores.

$$= \dfrac{7x + 5 - 4x - 3}{3x^2 - x - 2}$$ Propiedad distributiva

$$= \dfrac{3x + 2}{3x^2 - x - 2}$$ Simplifica el numerador.

$$= \dfrac{\overset{1}{\cancel{3x + 2}}}{\underset{1}{\cancel{(3x + 2)}}(x - 1)}$$ Descompón en factores el denominador. Divide y elimina el factor común $3x + 2$.

$$= \dfrac{1}{x - 1}$$ Simplifica.

 ¿Comprendiste? **2.** ¿Cuál es la diferencia?

    a. $\dfrac{2}{z + 3} - \dfrac{7}{z + 3}$ **b.** $\dfrac{9n - 3}{10n - 4} - \dfrac{3n + 5}{10n - 4}$ **c.** $\dfrac{7q - 3}{q^2 - 4} - \dfrac{6q - 5}{q^2 - 4}$

Para sumar o restar expresiones racionales con distinto denominador, puedes escribir las expresiones con el mínimo común denominador (m.c.d.).

ONLINE PROBLEMS

Problema 3 **Sumar expresiones con distinto denominador**

¿Cuál es la suma de $\dfrac{5}{6x} + \dfrac{3}{2x^2}$?

Paso 1   Halla el m.c.d. de $\dfrac{5}{6x}$ y $\dfrac{3}{2x^2}$. Primero, escribe los denominadores $6x$ y $2x^2$ como productos de factores primos. Para formar el m.c.d, escribe cada factor la mayor cantidad de veces que aparece en un denominador.

    $6x = 2 \cdot 3 \cdot x$ Descompón en factores cada denominador.

    $2x^2 = 2 \cdot \quad x \cdot x$

    m.c.d. $= 2 \cdot 3 \cdot x \cdot x = 6x^2$ El m.c.d. es el m.c.m. de $6x$ y $2x^2$.

Piensa

¿Por qué el m.c.d. es $6x^2$ en vez de 6x?
Uno de los denominadores tiene dos factores de x. Por tanto, el m.c.d. también debe tener dos factores de x.

Paso 2   Vuelve a escribir cada expresión racional usando el m.c.d. y luego suma.

$$\dfrac{5}{6x} + \dfrac{3}{2x^2} = \dfrac{5 \cdot x}{6x \cdot x} + \dfrac{3 \cdot 3}{2x^2 \cdot 3}$$ Vuelve a escribir cada fracción usando el m.c.d.

$$= \dfrac{5x}{6x^2} + \dfrac{9}{6x^2}$$ Simplifica los numeradores y los denominadores.

$$= \dfrac{5x + 9}{6x^2}$$ Suma los numeradores.

 ¿Comprendiste? **3.** ¿Cuál es la suma de $\dfrac{3}{7y^4} + \dfrac{2}{3y^2}$?

Problema 4 **Restar expresiones con distinto denominador**

¿Cuál es la diferencia de $\dfrac{3}{d-1} - \dfrac{2}{d+2}$?

Paso 1 Halla el m.c.d. de $\dfrac{3}{d-1}$ y $\dfrac{2}{d+2}$.

Como no hay factores comunes, el m.c.d. es $(d-1)(d+2)$.

Paso 2 Vuelve a escribir cada expresión racional usando el m.c.d. y luego resta.

Piensa

¿Debes multiplicas el denominador o dejarlo en la forma descompuesta en factores?
Tal vez más adelante puedas dividir y eliminar factores comunes.
Por tanto, deja el denominador en la forma descompuesta en factores.

$$\frac{3}{d-1} - \frac{2}{d+2} = \frac{3(d+2)}{(d-1)(d+2)} - \frac{2(d-1)}{(d-1)(d+2)}$$ Vuelve a escribir cada fracción usando el m.c.d.

$$= \frac{3d+6}{(d-1)(d+2)} - \frac{2d-2}{(d-1)(d+2)}$$ Simplifica cada numerador.

$$= \frac{3d+6-(2d-2)}{(d-1)(d+2)}$$ Resta los numeradores.

$$= \frac{d+8}{(d-1)(d+2)}$$ Simplifica el numerador.

 ¿Comprendiste? **4.** ¿Cuál es la diferencia de $\dfrac{c}{3c-1} - \dfrac{4}{c-2}$?

 Problema 5 **Usar expresiones racionales**

Rendimiento de gasolina Cierto camión obtiene un rendimiento de gasolina un 25% mayor cuando no tiene carga que cuando está totalmente cargado. Sea m la cantidad de millas por galón de gasolina que recorre el camión cuando está totalmente cargado. El camión entrega una carga completa y regresa vacío. ¿Cuál es una expresión para la cantidad de galones de gasolina que usa el camión?

Rendimiento de gasolina = m Rendimiento de gasolina = $1.25m$

Piensa

¿Cómo puede ayudarte el análisis de unidades?
Puedes usar el análisis de unidades para comprobar que la cantidad de galones de gasolina que usa el camión es igual a la distancia recorrida dividida por las millas por galón.
$\dfrac{\text{mi}}{\text{mi/gal}} = \text{mi} \cdot \dfrac{\text{gal}}{\text{mi}} = \text{gal}$

Paso 1 Escribe expresiones para la cantidad de gasolina que usa el camión en el viaje de ida y en el viaje de vuelta.

viaje de ida de 80 mi

viaje de vuelta de 80 mi

Viaje de ida: gasolina usada $= \dfrac{\text{distancia recorrida}}{\text{millas por galón}} = \dfrac{80}{m}$

Viaje de vuelta: gasolina usada $= \dfrac{\text{distancia recorrida}}{\text{millas por galón}} = \dfrac{80}{1.25m}$

Paso 2 Suma las expresiones para hallar la cantidad total de gasolina que usa el camión.

gasolina total usada $= \dfrac{80}{m} + \dfrac{80}{1.25m}$

$$= \frac{80(1.25)}{1.25m} + \frac{80}{1.25m}$$ Vuelve a escribir usando el m.c.d., $1.25\ m$.

$$= \frac{100}{1.25m} + \frac{80}{1.25m}$$ Simplifica el primer numerador.

$$= \frac{180}{1.25m}$$ Suma los numeradores.

$$= \frac{144}{m}$$ Simplifica.

5. a. Un ciclista recorre 5 mi en su bicicleta y después regresa. Durante el viaje de vuelta, su velocidad disminuye un 20% porque llueve. Sea v su velocidad en millas por hora en el viaje de ida. ¿Qué expresión representa el tiempo total en horas que tardó en completar el recorrido de ida y vuelta?

b. Razonamiento En el Problema 5, supón que m representa la cantidad de millas por galón de gasolina que el camión recorre cuando no lleva carga. ¿Qué expresión representa la cantidad de millas por galón de gasolina que el camión recorre cuando está totalmente cargado? Explica tu respuesta.

Comprobar la comprensión de la lección

¿CÓMO hacerlo?

Suma o resta.

1. $\dfrac{4}{x-7} + \dfrac{7}{x-7}$

2. $\dfrac{9}{2y+4} - \dfrac{5}{2y+4}$

3. $\dfrac{4}{6b^2} + \dfrac{5}{8b^3}$

4. Una corredora entrena subiendo y bajando una cuesta en carrera. Corre 2 mi al subir y 2 mi al bajar. Al bajar corre un 50% más rápido que al subir. Sea v la velocidad de la corredora, en millas por hora, al subir la cuesta. ¿Qué expresión representa el tiempo que la corredora tarda en subir y bajar la cuesta?

¿Lo ENTIENDES?

5. Escribir Supón que tu amiga estuvo ausente en la clase de hoy. ¿Cómo le explicarías cómo sumar y restar expresiones racionales?

6. Comparar y contrastar ¿En qué se parece hallar el m.c.d. de dos expresiones racionales a hallar el m.c.d. de dos fracciones numéricas? ¿En qué se diferencia?

7. Razonamiento Tu amiga dice que siempre puede hallar un común denominador de dos expresiones racionales hallando el producto de los denominadores.
a. ¿Tiene razón tu amiga? Explica tu respuesta.
b. ¿El método de tu amiga siempre te dará el m.c.d.? Explica tu respuesta.

Ejercicios de práctica y resolución de problemas

 **Práctica**

Suma o resta.   ◀ **Ver los Problemas 1 y 2.**

8. $\dfrac{5}{2m} + \dfrac{4}{2m}$

9. $\dfrac{5}{c-5} + \dfrac{9}{c-5}$

10. $\dfrac{3}{b-3} - \dfrac{b}{b-3}$

11. $\dfrac{5c}{2c+7} + \dfrac{c-28}{2c+7}$

12. $\dfrac{1}{2-b} - \dfrac{4}{2-b}$

13. $\dfrac{n}{n^2+4n+4} + \dfrac{2}{n^2+4n+4}$

14. $\dfrac{2y+1}{y-1} - \dfrac{y+2}{y-1}$

15. $\dfrac{3n+2}{n+4} - \dfrac{n-6}{n+4}$

16. $\dfrac{2t}{2t^2-t-3} - \dfrac{3}{2t^2-t-3}$

Halla el m.c.d. de cada par de expresiones.   ◀ **Ver los Problemas 3 y 4.**

17. $\dfrac{1}{2}$; $\dfrac{4}{x^2}$

18. $\dfrac{b}{6}$; $\dfrac{2b}{9}$

19. $\dfrac{1}{z}$; $\dfrac{3}{7z}$

20. $\dfrac{8}{5b}$; $\dfrac{12}{7b^3c}$

21. $\dfrac{3}{5}$; $\dfrac{x}{x+2}$

22. $\dfrac{2}{ab}$; $\dfrac{a-b}{b^2c}$

23. $\dfrac{3m}{m+n}$; $\dfrac{3n}{m-n}$

24. $\dfrac{1}{k}$; $\dfrac{3}{k^2-2}$

Suma o resta.

25. $\frac{7}{3a} + \frac{2}{5}$　　　　**26.** $\frac{4}{x} - \frac{2}{3}$　　　　**27.** $\frac{27}{n^3} - \frac{9}{7n^2}$　　　　**28.** $\frac{6}{5x^8} + \frac{4}{3x^6}$

29. $\frac{a}{a+3} - \frac{4}{a+5}$　　　**30.** $\frac{9}{m+2} + \frac{8}{m-7}$　　　**31.** $\frac{a}{a+3} + \frac{a+5}{4}$　　　**32.** $\frac{5}{t^2} - \frac{4}{t+1}$

33. Ejercicio Jane camina una milla desde su casa hasta la casa de sus abuelos. Luego, regresa a su casa caminando con su abuelo. Su velocidad en el camino de regreso es el 70% de su velocidad cuando camina sola. Sea v su velocidad cuando camina sola.

a. Escribe una expresión para la cantidad de tiempo que camina Jane.
b. Simplifica tu expresión.
c. Supón que la velocidad de Jane cuando camina sola es 3 mi/h. ¿Aproximadamente cuánto tiempo camina Jane?

 **Ver el Problema 5.**

Aplicación

34. Analizar errores Un estudiante sumó dos expresiones racionales como se muestra. ¿Qué error cometió el estudiante?

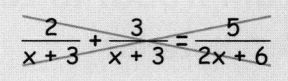

35. Escribir Cuando usas el m.c.d. para sumar o restar expresiones racionales, ¿la respuesta siempre estará en su mínima expresión si usas el m.c.d.? Explica tu respuesta.

36. Respuesta de desarrollo Escribe dos expresiones racionales con distinto denominador. Halla el m.c.d. y suma las dos expresiones.

Suma o resta.

37. $\frac{y^2 + 2y - 1}{3y + 1} - \frac{2y^2 - 3}{3y + 1}$　　　　**38.** $\frac{h^2 + 1}{2t^2 - 7} + \frac{h}{2t^2 - 7}$

39. $\frac{r - 5}{9 + p^3} - \frac{2k + 1}{9 + p^3}$　　　　**40.** $\frac{2 - x}{xy^2z} - \frac{5 + z}{xy^2z}$

41. $9 + \frac{x - 3}{x + 2}$　　　　**42.** $\frac{t}{2t - 3} - 11$

43. Pensar en un plan La velocidad para el tránsito de aviones de Los Ángeles a Nueva York puede ser alrededor de 100 mi/h mayor que la velocidad de Nueva York a Los Ángeles. Esta diferencia se debe a un fuerte viento del oeste que sopla a grandes altitudes. Si v es la velocidad de un avión que vuela de Nueva York a Los Ángeles, escribe y simplifica una expresión para el tiempo que el avión está en el aire durante un viaje de ida y vuelta. Las dos ciudades están a aproximadamente 2500 mi de distancia.

- ¿Puedes escribir una expresión para el tiempo que el avión está en el aire desde Nueva York hasta Los Ángeles?
- En función de v, ¿cuál es la velocidad del avión desde Los Ángeles hasta Nueva York? ¿Puedes usar esta velocidad para escribir una expresión para el tiempo que el avión está en el aire desde Los Ángeles hasta Nueva York?

44. Remo Un equipo de remo practica remar 2 mi río arriba y 2 mi río abajo. El equipo puede remar río abajo un 25% más rápido que río arriba.

a. Sea a la velocidad del equipo cuando rema río arriba. Escribe y simplifica una expresión que incluya a para la cantidad total de tiempo que rema el equipo.
b. Sea b la velocidad del equipo cuando rema río abajo. Escribe y simplifica una expresión que incluya b para la cantidad total de tiempo que rema el equipo.
c. Razonamiento ¿Las expresiones que escribiste en las partes (a) y (b) representan el mismo tiempo? Explica tu respuesta.

Efectúa la operación indicada para $f(x) = 8x$, $g(x) = \frac{1}{x}$ y $h(x) = \frac{4}{x-5}$.

Ejemplo $f(x) \div g(x) = 8x \div \frac{1}{x} = 8x \cdot \frac{x}{1} = 8x^2$

45. $f(x) + g(x)$ **46.** $f(x) \cdot g(x)$ **47.** $g(x) - h(x)$ **48.** $h(x) \div f(x)$

 **Desafío**

Simplifica cada fracción compleja.

49. $\dfrac{3 + \frac{x}{2}}{2 + \frac{x}{3}}$ **50.** $\dfrac{x + y}{1 + \frac{x}{y}}$ **51.** $\dfrac{-4}{\frac{3}{x} + y}$

52. $\dfrac{\frac{1}{x} - \frac{4}{x}}{\frac{3}{y} + \frac{5}{y}}$ **53.** $\dfrac{\frac{3}{x} + \frac{4}{y}}{\frac{2}{x} - \frac{3}{y}}$ **54.** $\dfrac{\frac{7}{c+1} + 4}{3 - \frac{2}{c+1}}$

Preparación para el examen estandarizado

SAT/ACT

55. ¿Cuál es la diferencia de $\frac{3x}{3x-2} - \frac{2}{3x-2}$ cuando $x \neq \frac{2}{3}$?

56. El área de la figura que se muestra a la derecha es 200 cm². ¿Cuál es el valor de x redondeando a la centésima de centímetro más cercana?

57. El director de una orquesta puede ordenar a los músicos en filas iguales de 4, 5 u 8. ¿Cuál es la menor cantidad de músicos que hay en la orquesta?

[figura: trapecio con lados x cm, x cm y 4 cm]

58. Los miembros de un club de ciclismo recorrieron un trayecto de 20 mi de ida y vuelta. A la vuelta, tuvieron viento de cola y alcanzaron un promedio de velocidad 3 mi/h mayor que en la primera mitad del viaje. Supón que los ciclistas tuvieron un promedio de velocidad de 12 mi/h durante la primera mitad del viaje. ¿Cuántas horas duró el viaje de ida y vuelta?

Repaso mixto

Divide.   ◀ **Ver la Lección 11-3.**

59. $(2x^4 + 8x^3 - 4x^2) \div 4x^2$ **60.** $(10b + 5b^2) \div (b + 2)$ **61.** $(y^4 - y^2) \div (y^2 - 2y - 3)$

Resuelve cada ecuación radical. Comprueba tus respuestas. Si no hay solución, escribe *sin solución*.   ◀ **Ver la Lección 10-4.**

62. $x = \sqrt{5x + 6}$ **63.** $n = \sqrt{24 - 5n}$ **64.** $\sqrt{16y} = -8$

¡Prepárate! Antes de la Lección 11-5, haz los Ejercicios 65 a 67.

Resuelve cada proporción.   ◀ **Ver la Lección 2-7.**

65. $\frac{1}{x} = \frac{3}{5}$ **66.** $\frac{3}{t} = \frac{5}{2}$ **67.** $\frac{m}{3} = \frac{17}{51}$

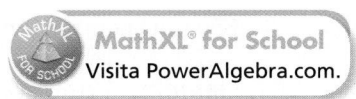

¿CÓMO hacerlo?

Simplifica cada expresión. Indica cualquier valor excluido.

1. $\dfrac{6x^2 - 24}{x + 2}$

2. $\dfrac{3c + 9}{3c - 9}$

3. $\dfrac{k - 2}{k^2 + 2k - 8}$

4. $\dfrac{2x^2 + 13x + 15}{2x + 10}$

5. $\dfrac{9 - x^2}{x^2 + x - 12}$

6. **Geometría** La altura de un prisma rectangular es 3 más que el doble de su ancho a. El volumen del prisma es $2a^3 + 7a^2 + 6a$. Escribe una expresión simplificada para la longitud del prisma.

Multiplica o divide.

7. $\dfrac{4}{y^3} \cdot \dfrac{-3}{5y}$

8. $\dfrac{z - 3}{3z} \cdot \dfrac{z + 8}{z + 2}$

9. $\dfrac{x^2 - 4}{x + 3} \cdot \dfrac{x^2 + 7x + 12}{x - 2}$

10. $\dfrac{z + 5}{z} \div \dfrac{3z + 15}{4z}$

11. $\dfrac{2a - 1}{a - 3} \div (a^2 - a - 6)$

12. $\dfrac{4d^2 - 3d}{7d} \div (4d^2 + d - 3)$

13. $(6x^3 - 4x^2 + 2x) \div 4x^2$

14. ¿Cuál es la forma simplificada de $\dfrac{\frac{1}{x + 5}}{\frac{3x}{x^2 - 25}}$?

15. La longitud de un rectángulo es $4x + 1$ y el área es $12x^3 + 23x^2 + 13x + 2$. ¿Cuál es una expresión para el ancho?

Suma o resta.

16. $\dfrac{3}{8x} + \dfrac{5}{8x}$

17. $\dfrac{5y}{y + 3} - \dfrac{7y}{y + 3}$

18. $\dfrac{3}{5x^2} + \dfrac{5}{2x}$

19. $\dfrac{4}{t - 3} - \dfrac{1}{t - 2}$

20. $\dfrac{2x}{x - 5} + \dfrac{9}{x + 4}$

¿Lo ENTIENDES?

21. **Razonamiento** La expresión $\dfrac{p}{x^2 + x - 12}$ se simplifica a $\dfrac{x + 5}{x - 3}$. Escribe la expresión que representa p.

22. **Analizar errores** Tu amigo dice que el primer paso para simplificar $\dfrac{x - 3}{x + 4} \cdot \dfrac{x}{3 - x}$ es dividir y eliminar los factores comunes $x - 3$ y $3 - x$.
    a. Explica el error de tu amigo.
    b. ¿Cuál puede ser un primer paso correcto?

23. **Escribir** El primer paso de un estudiante al hallar el producto de $\dfrac{7}{x} \cdot x^3$ fue volver a escribir la expresión como $\dfrac{7}{x} \cdot \dfrac{x^3}{1}$. ¿Por qué crees que el estudiante hizo esto?

24. **Comparar y contrastar** Cuando divides un polinomio por un monomio, puedes multiplicar por el recíproco o usar la división larga. ¿En qué se parecen estos dos métodos? ¿En qué se diferencian? ¿Qué método prefieres? Explica tu respuesta.

25. **Razonamiento** Divides un polinomio con una variable de grado 5 por un monomio con la misma variable de grado 2. ¿Esperarías que el cociente tuviera un grado mayor o menor que 5? Explica tu respuesta.

11-5 Resolver ecuaciones racionales

Objetivo Resolver ecuaciones y proporciones racionales.

SOLVE IT!

¡Prepárate!   ◀▶ ✕ ↻ ▲

Geb puede correr la distancia entre su casa y la de Katy en 20 min. Katy puede ir en bicicleta a la casa de Geb en 10 min. Geb corre hacia la casa de Katy mientras Katy va en bicicleta hacia la casa de Geb. ¿Cuánto tiempo pasará hasta que se encuentren en el camino? Justifica tu razonamiento.

¡Apuesto a que cada uno de ellos recorre una fracción de la distancia!

Una **ecuación racional** es una ecuación que contiene una o más expresiones racionales.

Vocabulario de la lección
• ecuación racional

Comprensión esencial Puedes resolver una ecuación racional multiplicando primero cada lado de la ecuación por el m.c.d. Cuando cada lado de una ecuación racional es una sola expresión racional, puedes resolver la ecuación usando la propiedad de los productos cruzados.

Problema 1   Resolver ecuaciones con expresiones racionales

Planea

¿Has visto una ecuación como ésta alguna vez?
Sí. En la Lección 2-3, resolviste ecuaciones que contenían fracciones. Como lo hiciste allí, puedes quitar las fracciones de la ecuación multiplicando por un común denominador.

¿Cuál es la solución de $\frac{5}{12} - \frac{1}{2x} = \frac{1}{3x}$? Comprueba la solución.

$\frac{5}{12} - \frac{1}{2x} = \frac{1}{3x}$ Los denominadores son 12, 2x y 3x. El m.c.d. es 12x.

$12x\left(\frac{5}{12} - \frac{1}{2x}\right) = 12x\left(\frac{1}{3x}\right)$ Multiplica cada lado por 12x.

$12^{1}x\left(\frac{5}{1\,12}\right) - 12x^{6}\left(\frac{1}{1\,2x}\right) = 12x^{4}\left(\frac{1}{1\,3x}\right)$ Propiedad distributiva

$5x - 6 = 4$ Simplifica.

$5x = 10$ Suma 6 a cada lado.

$x = 2$ Divide cada lado por 5.

Comprueba $\frac{5}{12} - \frac{1}{2(2)} \stackrel{?}{=} \frac{1}{3(2)}$ Comprueba si $x = 2$ hace que la ecuación $\frac{5}{12} - \frac{1}{2x} = \frac{1}{3x}$ sea verdadera.

$\frac{1}{6} = \frac{1}{6}$ ✔

¿Comprendiste? **1.** ¿Cuál es la solución de cada ecuación? Comprueba tu solución.

    a. $\frac{1}{3} + \frac{3}{x} = \frac{2}{x}$ **b.** $\frac{4}{7x} + \frac{1}{3} = \frac{7}{3x}$

Para resolver algunas ecuaciones racionales, necesitas descomponer en factores una expresión cuadrática.

 Problema 2   **Resolver descomponiendo en factores**

Opción múltiple   ¿Cuáles son las soluciones de $1 - \frac{1}{x} = \frac{12}{x^2}$?

   (A) $-11, 12$ (B) $-4, 3$ (C) $-3, 4$ (D) $12, 13$

$$1 - \frac{1}{x} = \frac{12}{x^2}$$ Los denominadores son x y x^2. El m.c.d es x^2.

$$x^2\left(1 - \frac{1}{x}\right) = x^2\left(\frac{12}{x^2}\right)$$ Multiplica cada lado por x^2.

$$x^2(1) - \overset{x}{\cancel{x^2}}\left(\frac{1}{\cancel{x}_1}\right) = \overset{1}{\cancel{x^2}}\left(\frac{12}{\cancel{x^2}_1}\right)$$ Propiedad distributiva

$$x^2 - x = 12$$ Simplifica.

$$x^2 - x - 12 = 0$$ Reúne los términos en un lado.

$$(x - 4)(x + 3) = 0$$ Descompón en factores la expresión cuadrática.

$$x - 4 = 0 \text{ ó } x + 3 = 0$$ Propiedad del producto cero

$$x = 4 \text{ ó } \quad x = -3$$ Halla el valor de x.

Piensa

¿Hay una manera diferente de resolver esta ecuación?
Sí. Como es una ecuación cuadrática, también puedes resolverla usando la fórmula cuadrática, completando el cuadrado o con una gráfica.

Comprueba   Determina si 4 y -3 hacen que $1 - \frac{1}{x} = \frac{12}{x^2}$ sea un enunciado verdadero.

Cuando $x = 4$:   Cuando $x = -3$:

$$1 - \frac{1}{x} = \frac{12}{x^2} \qquad\qquad 1 - \frac{1}{x} = \frac{12}{x^2}$$

$$1 - \frac{1}{4} \overset{?}{=} \frac{12}{(4)^2} \qquad\qquad 1 - \frac{1}{(-3)} \overset{?}{=} \frac{12}{(-3)^2}$$

$$1 - \frac{1}{4} \overset{?}{=} \frac{12}{16} \qquad\qquad\quad 1 + \frac{1}{3} \overset{?}{=} \frac{12}{9}$$

$$\frac{3}{4} = \frac{3}{4} \ \checkmark \qquad\qquad\qquad\quad \frac{4}{3} = \frac{4}{3} \ \checkmark$$

Las soluciones son 4 y -3. La respuesta correcta es C.

 ¿Comprendiste? **2.** ¿Cuáles son las soluciones de cada ecuación en las partes (a) y (b)? Comprueba tus soluciones.

    a. $\frac{5}{y} = \frac{6}{y^2} - 6$ **b.** $d + 6 = \frac{d + 11}{d + 3}$

    c. Razonamiento ¿Cómo sabes que la ecuación racional $\frac{2}{x^2} = -1$ no tiene soluciones con sólo mirar la ecuación?

Para resolver un problema de trabajo, halla la fracción del trabajo que cada persona hace en una unidad de tiempo (por ejemplo, en 1 h ó 1 min). La suma de las fracciones para todos los que trabajan es la fracción del trabajo completado en una unidad de tiempo.

 Problema 3   **Resolver un problema de trabajo**

Pintura   **Amy puede pintar un departamento de dos niveles en 7 h. Jeremy puede pintar un departamento del mismo tamaño en 9 h. Si trabajan juntos, ¿cuánto tardarán en pintar un tercer departamento del mismo tamaño?**

Lo que sabes

- El tiempo que tarda Amy en pintar es 7 h.
- El tiempo que tarda Jeremy en pintar es 9 h.

Lo que necesitas

El tiempo combinado que tardan en pintar Amy y Jeremy

Planea

Halla qué fracción de un departamento de dos niveles puede pintar cada persona en 1 h. Luego, escribe y resuelve una ecuación racional.

Relacionar | fracción del departamento que Amy puede pintar en 1 h | + | fracción del departamento que Jeremy puede pintar en 1 h | = | fracción del departamento que pintan en 1 h |

Piensa

¿Dónde has visto un problema como éste antes?
En el Problema 1 de esta lección, resolviste una ecuación similar que contenía expresiones racionales.

Definir   Sea t = el tiempo, en horas, que tardan en pintar si Amy y Jeremy trabajan juntos.

Escribir $\dfrac{1}{7}$ + $\dfrac{1}{9}$ = $\dfrac{1}{t}$

$63t\left(\dfrac{1}{7} + \dfrac{1}{9}\right) = 63t\left(\dfrac{1}{t}\right)$ Multiplica cada lado por el m.c.d., 63t.

$9t + 7t = 63$ Propiedad distributiva

$16t = 63$ Simplifica.

$t = \dfrac{63}{16}$, ó $3\dfrac{15}{16}$ Divide cada lado por 16.

Amy y Jeremy tardarán aproximadamente 4 h en pintar el departamento juntos.

✓ **¿Comprendiste?**   **3.** Una manguera puede llenar una piscina en 12 h. Otra manguera puede llenar la misma piscina en 8 h. ¿Cuánto tardarán las dos mangueras juntas en llenar la piscina?

Algunas ecuaciones racionales son proporciones. Puedes resolverlas usando la propiedad de los productos cruzados.

 Problema 4   **Resolver una proporción racional**

¿Puedes usar el m.c.d. para resolver esta ecuación?

Piensa

¿Puedes usar el m.c.d. para resolver esta ecuación?
Sí, pero cuando cada lado de una ecuación racional es una sola expresión racional, a menudo es más fácil usar productos cruzados. De lo contrario, tienes que multiplicar cada lado de la ecuación por el m.c.d., $(x + 2)(x + 1)$.

¿Cuál es la solución de $\frac{4}{x + 2} = \frac{3}{x + 1}$?

$$\frac{4}{x + 2} = \frac{3}{x + 1}$$

$4(x + 1) = 3(x + 2)$ Propiedad de los productos cruzados

$4x + 4 = 3x + 6$ Propiedad distributiva

$x = 2$ Halla el valor de x.

Comprueba $\frac{4}{2 + 2} \overset{?}{=} \frac{3}{2 + 1}$

$1 = 1$ ✔

¿Comprendiste?   **4.** Halla la(s) solución(es) de cada ecuación. Comprueba tus soluciones.

a. $\frac{3}{b + 2} = \frac{5}{b - 2}$ **b.** $\frac{c}{3} = \frac{7}{c - 4}$

El proceso de resolver una ecuación racional puede dar una solución que es extraña porque hace que un denominador de la ecuación original sea igual a 0. Una solución extraña es una solución de una ecuación derivada de la ecuación original, pero que no es una solución de la ecuación original en sí misma. Por tanto, debes comprobar tus soluciones.

 Problema 5   **Comprobar para hallar una solución extraña**

Piensa

¿Qué soluciones extrañas son posibles?
Dado que $\frac{6}{x + 5}$ y $\frac{x + 3}{x + 5}$ son indefinidos cuando $x = -5$, una posible solución extraña es -5.

¿Cuál es la solución de $\frac{6}{x + 5} = \frac{x + 3}{x + 5}$?

$$\frac{6}{x + 5} = \frac{x + 3}{x + 5}$$

$6(x + 5) = (x + 3)(x + 5)$ Propiedad de los productos cruzados

$6x + 30 = x^2 + 8x + 15$ Simplifica cada lado de la ecuación.

$0 = x^2 + 2x - 15$ Reúne los términos en un lado.

$0 = (x - 3)(x + 5)$ Descompón en factores.

$x - 3 = 0$ ó $x + 5 = 0$ Propiedad del producto cero

$x = 3$ ó $x = -5$ Halla el valor de x.

Comprueba $\frac{6}{3 + 5} \overset{?}{=} \frac{3 + 3}{3 + 5}$ $\frac{6}{-5 + 5} \overset{?}{=} \frac{-5 + 3}{-5 + 5}$

$\frac{6}{8} = \frac{6}{8}$ ✔ $\frac{6}{0} = \frac{-2}{0}$ ✘   ¡Indefinido!

La ecuación tiene una solución, 3.

¿Comprendiste?   **5.** ¿Cuál es la solución de $\frac{x - 4}{x^2 - 4} = \frac{-2}{x - 2}$? Comprueba tu solución.

Comprobar la comprensión de la lección

¿CÓMO hacerlo?

Resuelve cada ecuación. Comprueba tus soluciones.

1. $\frac{1}{2x} + \frac{3}{10} = \frac{1}{5x}$

2. $\frac{5}{x^2} = \frac{6}{x} - 1$

3. $\frac{-2}{x+2} = \frac{x+4}{x^2-4}$

4. Sarah recoge una fanega de manzanas en 45 min. Andy recoge una fanega de manzanas en 75 min. ¿Cuánto tardarán en recoger una fanega juntos?

¿Lo ENTIENDES?

5. Vocabulario ¿En qué se parece una solución extraña de una ecuación racional a un valor excluido de una expresión racional? ¿En qué se diferencia?

6. Respuesta de desarrollo Escribe una ecuación racional que tenga una solución y una solución extraña.

7. Analizar errores En el trabajo que se muestra a la derecha, ¿qué error cometió el estudiante al resolver la ecuación racional?

$$1 + \frac{1}{m} = \frac{1}{5}$$
$$\frac{2}{m} = \frac{1}{5}$$
$$m = 10$$

Ejercicios de práctica y resolución de problemas

A **Práctica**

Resuelve cada ecuación. Comprueba tus soluciones.

◄ **Ver los Problemas 1 y 2.**

8. $\frac{1}{2} + \frac{2}{x} = \frac{1}{x}$

9. $5 + \frac{2}{p} = \frac{17}{p}$

10. $\frac{3}{a} - \frac{5}{a} = 2$

11. $y - \frac{6}{y} = 5$

12. $\frac{5}{2s} + \frac{3}{4} = \frac{9}{4s}$

13. $7 + \frac{3}{x} = \frac{7}{x} + 9$

14. $\frac{2}{c-2} = 2 - \frac{4}{c}$

15. $\frac{5}{3p} + \frac{2}{3} = \frac{5+p}{2p}$

16. $\frac{8}{x+3} = \frac{1}{x} + 1$

17. $\frac{1}{t-2} = \frac{t}{8}$

18. $\frac{v+2}{v} + \frac{4}{3v} = 11$

19. $\frac{4}{3(c+4)} + 1 = \frac{2c}{c+4}$

20. $\frac{3+a}{2a} = \frac{1}{3} + \frac{5}{6a}$

21. $\frac{a}{a+3} = \frac{2a}{a-3} - 1$

22. $\frac{z}{z+2} - \frac{1}{z} = 1$

23. Jardinería Marian puede sacar las malezas de un jardín en 3 h. Robin puede sacar las malezas del mismo jardín en 4 h. Si trabajan juntas, ¿cuánto tardarán en sacar las malezas?

◄ **Ver el Problema 3.**

24. Transporte David puede descargar un camión de entregas en 20 min. Allie puede descargar el mismo camión de entregas en 35 min. Si trabajan juntos, ¿cuánto tardarán en descargar el camión?

Resuelve cada ecuación. Comprueba tus soluciones. Si no hay solución, escribe *sin solución*.

◄ **Ver los Problemas 4 y 5.**

25. $\frac{5}{x+1} = \frac{x+2}{x+1}$

26. $\frac{4}{c+4} = \frac{c}{c+25}$

27. $\frac{3}{m-1} = \frac{2m}{m+4}$

28. $\frac{2x+4}{x-3} = \frac{3x}{x-3}$

29. $\frac{30}{x+3} = \frac{30}{x-3}$

30. $\frac{x+2}{x+4} = \frac{x-2}{x-1}$

B **Aplicación**

31. Escribir ¿Cómo podrías usar productos cruzados para resolver $\frac{1}{x-2} = \frac{2x-6}{x+6} + 1$?

32. Respuesta de desarrollo Escribe una ecuación racional en la que una solución sea 5.

Resuelve cada ecuación. Comprueba tus soluciones.

33. $\dfrac{2r}{r-4} - 2 = \dfrac{4}{r+5}$

34. $\dfrac{r+1}{r-1} = \dfrac{r}{3} + \dfrac{2}{r-1}$

35. $\dfrac{3}{s-1} + 1 = \dfrac{12}{s^2-1}$

36. $\dfrac{d}{d+2} - \dfrac{2}{2-d} = \dfrac{d+6}{d^2-4}$

37. $\dfrac{s}{3s+2} + \dfrac{s+3}{2s-4} = \dfrac{-2s}{3s^2-4s-4}$

38. $\dfrac{u+1}{u+2} = \dfrac{-1}{u-3} + \dfrac{u-1}{u^2-u-6}$

39. Pensar en un plan Dos tubos llenan un tanque de almacenamiento con agua en 9 h. El tubo más pequeño tarda tres veces más en llenar el tanque que el tubo más grande. ¿Cuánto tardaría el tubo más grande en llenar el tanque solo?
- ¿Qué variable debes definir para esta situación?
- En función de tu variable, ¿qué fracción del tanque llena en 1 h el tubo más grande solo? ¿Y el tubo más pequeño solo?

40. Correr Tardas 94 min en completar una carrera de 10 mi. El promedio de tu velocidad durante la primera mitad de la carrera es 2 mi/h mayor que el promedio de tu velocidad durante la segunda mitad. ¿Cuál es el promedio de tu velocidad durante la primera mitad de la carrera?

41. a. Calculadora gráfica Escribe dos funciones usando las expresiones de los dos lados de la ecuación $\dfrac{6}{x^2} + 1 = \dfrac{(x+7)^2}{6}$. Representa las funciones con una gráfica.
b. ¿Cuáles son las coordenadas de los puntos de intersección?
c. Razonamiento ¿Las coordenadas x de los puntos de intersección son soluciones de la ecuación? Explica tu respuesta.

Electricidad Dos lámparas pueden conectarse a una pila en un circuito en serie o en paralelo. Puedes calcular la resistencia total R_T en un circuito si conoces la resistencia de cada lámpara. La resistencia se mide en ohmios (Ω). Para un circuito conectado en serie, $R_T = R_1 + R_2$. Para un circuito conectado en paralelo, $\dfrac{1}{R_T} = \dfrac{1}{R_1} + \dfrac{1}{R_2}$.

42. Las lámparas están conectadas en serie. $R_T = 20\ \Omega$. Halla R_2.

$R_1 = 5\ \Omega$ R_2

Pila

43. Las lámparas están conectadas en paralelo. $R_T = 12\ \Omega$. Halla R_2.

$R_1 = 30\ \Omega$

R_2

Pila

44. Viajes Un avión vuela a 450 mi/h. Puede viajar 980 mi con viento de cola en la misma cantidad de tiempo que viaja 820 mi contra el viento. Resuelve la ecuación $\dfrac{980}{450+v} = \dfrac{820}{450-v}$ para hallar la velocidad v del viento.

Desafío

45. Química Un químico tiene una solución que es un 80% ácida y una segunda solución que es un 30% ácida. ¿Cuántos litros de cada solución necesitará el químico para hacer 50 L de una solución que sea un 62% ácida?

Resuelve cada ecuación. Comprueba tus respuestas.

46. $\dfrac{x-6}{x+3} + \dfrac{2x}{x-3} = \dfrac{4x+3}{x+3}$

47. $\dfrac{n}{n-2} + \dfrac{n}{n+2} = \dfrac{n}{n^2-4}$

48. $\dfrac{2}{r} + \dfrac{1}{r^2} + \dfrac{r^2+r}{r^3} = \dfrac{1}{r}$

49. $\dfrac{3}{t} - \dfrac{t^2-2t}{t^3} = \dfrac{4}{t^2}$

50. Pintura Para pintar una habitación, Mike tarda 75 min, Joan tarda 60 min y Kyle tarda 80 min cuando cada persona trabaja sola. Si trabajan los tres juntos, ¿cuánto tardarán en pintar la habitación?

51. Lavar ventanas Sumi puede lavar las ventanas de un edificio de oficinas en $\frac{3}{4}$ del tiempo que tarda su aprendiz. Un día trabajaron juntas en un edificio durante 2 h 16 min, y luego Sumi continuó sola. Tardó 4 h 32 min más en completar el trabajo. ¿Cuánto tardaría su aprendiz en lavar todas las ventanas sola?

Preparación para el examen estandarizado

SAT/ACT

52. ¿Qué desigualdad contiene ambas soluciones de $x = \frac{1}{2} + \frac{3}{x}$?

Ⓐ $-1 < x < 3$ Ⓑ $-2 < x \le 2$ Ⓒ $-2 \le x < 0$ Ⓓ $-3 \le x \le -1$

53. ¿Qué expresión es equivalente a $\dfrac{\frac{4}{x+3}}{\frac{2x-6}{x^2-9}}$?

Ⓕ 2 Ⓖ -2 Ⓗ $\dfrac{8}{x^2+6x+9}$ Ⓘ $\dfrac{2x+6}{x-3}$

54. ¿Cuál es el mínimo común denominador de $\frac{1}{x}$, $\frac{x}{3}$ y $\frac{3}{2x}$?

Ⓐ $2x$ Ⓑ $3x$ Ⓒ $6x$ Ⓓ $6x^2$

Respuesta breve

55. Un oso pardo puede correr hasta una velocidad de 30 mi/h. A esa velocidad, ¿cuántos pies recorrería un oso pardo en 1 s? Explica tu respuesta.

Repaso mixto

Suma o resta.

◀ Ver la Lección 11-4.

56. $\dfrac{5}{x^2y^2z} - \dfrac{8}{x^2y^2z}$

57. $\dfrac{3h^2}{2t^2-8} + \dfrac{h}{t-2}$

58. $\dfrac{k-11}{k^2+6k-40} - \dfrac{5}{k-4}$

Representa cada función con una gráfica, ya sea trasladando la gráfica de $y = \sqrt{x}$ o haciendo una tabla de valores.

◀ Ver la Lección 10-5.

59. $f(x) = -2\sqrt{x}$ **60.** $y = \sqrt{x+7}$ **61.** $f(x) = \sqrt{x-2} - 8$ **62.** $y = \sqrt{0.25x}$

¡Prepárate! **Antes de la Lección 11-6, haz los Ejercicios 63 a 66.**

Determina si cada ecuación representa una variación directa. Si es así, halla la constante de variación.

◀ Ver la Lección 5-2.

63. $y - 3x = 0$ **64.** $y + 7 = x$ **65.** $x + 4y + 1 = 1$ **66.** $8x = 3y$

11-6 Variación inversa

Objetivos Escribir y representar con una gráfica ecuaciones para variaciones inversas.
Comparar variaciones directas e inversas.

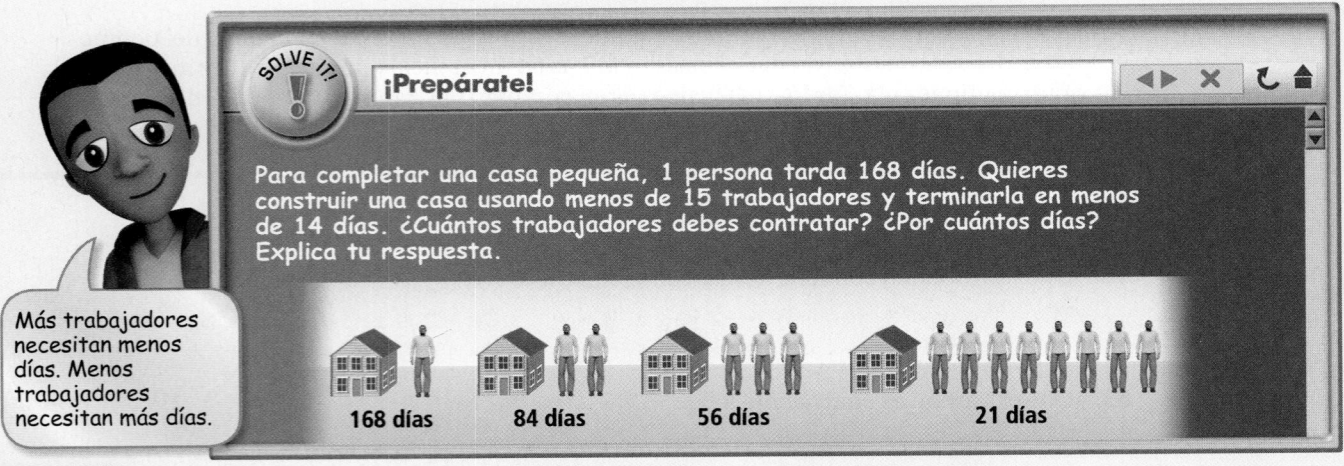

¡Prepárate!

Para completar una casa pequeña, 1 persona tarda 168 días. Quieres construir una casa usando menos de 15 trabajadores y terminarla en menos de 14 días. ¿Cuántos trabajadores debes contratar? ¿Por cuántos días? Explica tu respuesta.

168 días   84 días   56 días   21 días

Más trabajadores necesitan menos días. Menos trabajadores necesitan más días.

Actividades dinámicas
Variación directa e inversa

Vocabulario de la lección
• variación inversa
• constante de variación en variaciones inversas

En la actividad de *Solve It!*, la cantidad de días de construcción disminuye cuando la cantidad de trabajadores aumenta. El producto del tamaño de la cuadrilla y los días de la construcción es constante.

Comprensión esencial Si el producto de dos variables es una constante distinta de cero, entonces las variables forman una variación inversa.

toma nota

Concepto clave   Variación inversa

Una ecuación en la forma $xy = k$ ó $y = \frac{k}{x}$, donde $k \neq 0$, es una **variación inversa**.

La **constante de variación en variaciones inversas** es k, el producto $x \cdot y$ para un par ordenado (x, y) que satisface la variación inversa.

Problema 1   Escribir una ecuación dado un punto

Supón que y varía inversamente con x, y $y = 8$ cuando $x = 3$. ¿Cuál es una ecuación para la variación inversa?

$xy = k$ Usa la forma general de una variación inversa.

$3(8) = k$ Sustituye x por 3 y y por 8.

$24 = k$ Simplifica.

$xy = 24$ Escribe una ecuación. Sustituye k por 24 en $xy = k$.

Una ecuación para la variación inversa es $xy = 24$, ó $y = \frac{24}{x}$.

Piensa

Asegúrate de no detenerte en $24 = k$. Para escribir la ecuación de la variación inversa, tienes que sustituir k por 24 en $xy = k$.

¿Comprendiste? **1.** Supón que y varía inversamente con x, y $y = 9$ cuando $x = 6$. ¿Cuál es una ecuación para la variación inversa?

 Problema 2 **Usar la variación inversa** RESPUESTA EN PLANTILLA

Física El peso que se necesita para equilibrar una palanca varía inversamente con la distancia desde el punto de apoyo de la palanca hasta el peso. ¿A qué distancia del punto de apoyo debe sentarse la persona para equilibrar la palanca?

160 lb

 **1000 lb**

x **7 pies**

Relacionar El elefante de 1000 lb está a 7 pies del punto de apoyo. La persona de 160 lb está a x pies del punto de apoyo. El peso y la distancia varían inversamente.

Definir Sea $peso_1 = 1000$ lb. Sea $distancia_1 = 7$ pies. Sea $peso_2 = 160$ lb. Sea $distancia_2 = x$ pies.

Escribir

$$peso_1 \cdot distancia_1 = peso_2 \cdot distancia_2$$

$1000 \cdot 7 = 160 \cdot x$ Sustituye.

$7000 = 160x$ Simplifica.

$43.75 = x$ Divide cada lado por 160.

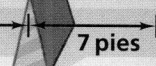

La persona debe sentarse a 43.75 pies del punto de apoyo para equilibrar la palanca.

Piensa

¿Tu respuesta es razonable?
El objeto más pesado debe estar más cerca del punto de apoyo para equilibrar la palanca. Como el elefante pesa más que una persona, la persona debe sentarse a más de 7 pies del punto de apoyo.

 ¿Comprendiste? **2.** Se coloca un peso de 120 lb en una palanca, a 5 pies del punto de apoyo. ¿A qué distancia del punto de apoyo debe colocarse un peso de 80 lb para equilibrar la palanca?

A la derecha se muestran varias gráficas de variaciones inversas $xy = k$. Observa que cada gráfica tiene dos partes desconectadas. Cuando $k > 0$, la gráfica está en el primer cuadrante y en el tercer cuadrante. Cuando $k < 0$, la gráfica está en el segundo cuadrante y en el cuarto cuadrante. Dado que k es una constante distinta de cero, $xy \neq 0$. Por tanto, ni x ni y pueden ser iguales a 0.

A medida que se aleja del origen, la gráfica de una ecuación de variación inversa se acerca al eje de las x y al eje de las y sin intersecarse realmente con los ejes.

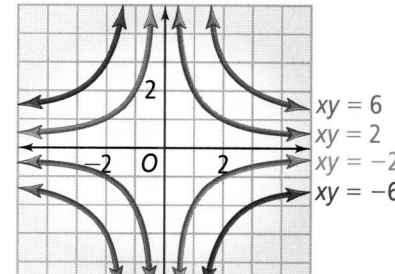

$xy = 6$
$xy = 2$
$xy = -2$
$xy = -6$

Puedes representar con una gráfica una variación inversa $xy = k$ ó $y = \frac{k}{x}$ haciendo una tabla de valores y marcando puntos.

Problema 3   **Representar una variación inversa con una gráfica**

¿Cuál es la gráfica de $y = \frac{8}{x}$?

Paso 1   Haz una tabla de valores.

x	−8	−4	−2	−1	0	1	2	4	8
y	−1	−2	−4	−8	indefinido	8	4	2	1

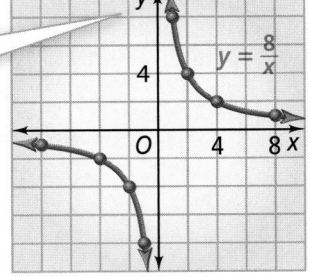

Cuando $x = 0$, no hay valor de y.

$y = \frac{8}{x}$

Planea

¿Cómo sabes qué valores de *x* escoger?
Escoge valores positivos y negativos. Escoge valores de *x* por los que 8 se divida fácilmente para obtener pares ordenados que sean fáciles de representar con una gráfica.

Paso 2   Marca los puntos de la tabla. Une los puntos del Cuadrante I con una curva continua. Haz lo mismo para los puntos del Cuadrante III.

 ¿Comprendiste? **3. a.** ¿Cuál es la gráfica de $y = \frac{-8}{x}$?

          b. Razonamiento Cuando $k > 0$, ¿en qué se parecen las gráficas de $y = \frac{k}{x}$ y $y = \frac{-k}{x}$? ¿En qué se diferencian?

Recuerda que una variación directa es una ecuación en la forma $y = kx$. El siguiente resumen te ayudará a reconocer y usar las variaciones directas e inversas.

toma nota

Resumen del concepto   **Variaciones directas e inversas**

Variación directa

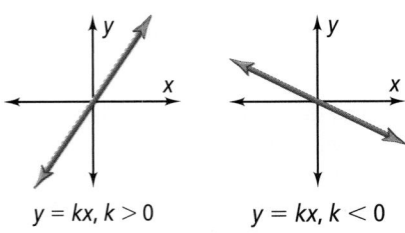

$y = kx, k > 0$ $y = kx, k < 0$

La y varía directamente con la x.
La y es directamente proporcional a la x.
La razón $\frac{y}{x}$ es constante.

Variación inversa

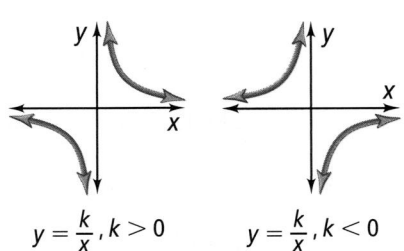

$y = \frac{k}{x}, k > 0$ $y = \frac{k}{x}, k < 0$

La y varía inversamente con la x.
La y es inversamente proporcional a la x.
El producto xy es constante.

Problema 4 Determinar si es una variación directa o inversa

¿Los datos de cada tabla representan una *variación directa* o una *variación inversa*? Para cada tabla, escribe una ecuación para representar los datos.

A

x	y
3	−15
4	−20
5	−25

Los valores de y parecen variar directamente con los valores de x. Comprueba cada razón $\frac{y}{x}$.

$$\frac{-15}{3} = -5 \qquad\qquad \frac{-20}{4} = -5 \qquad\qquad \frac{-25}{5} = -5$$

Piensa

¿Cómo puedes comprobar si tus respuestas son razonables?
Sustituye x en la ecuación por cada valor de x de la tabla y halla el valor correspondiente de y. Los valores de y que da la ecuación deben coincidir con los valores de y de la tabla.

La razón $\frac{y}{x}$ es igual para todos los pares de datos. Por tanto, es una variación directa y $k = -5$.
Una ecuación es $y = -5x$.

B

x	y
2	9
4	4.5
6	3

Los valores de y parecen variar inversamente con los valores de x. Comprueba cada producto xy.

$$2(9) = 18 \qquad\qquad 4(4.5) = 18 \qquad\qquad 6(3) = 18$$

El producto xy es igual para todos los pares de datos. Por tanto, es una variación inversa y $k = 18$.

Una ecuación es $xy = 18$, ó $y = \frac{18}{x}$.

✓ **¿Comprendiste?** **4.** ¿Los datos de cada tabla representan una *variación directa* o una *variación inversa*? Para cada tabla, escribe una ecuación para representar los datos.

a.

x	y
4	−12
6	−18
8	−24

b.

x	y
4	−12
6	−8
8	−6

Problema 5 Identificar si es una variación directa o inversa

¿Cada situación representa una *variación directa* o una *variación inversa*? Explica tu razonamiento.

Piensa

Para responder estos problemas, puede resultarte útil primero hacer una tabla de valores. En la parte (A), por ejemplo, sea x la cantidad de amigos y sea y el costo por persona.

A **Paseos en botes** El costo de $120 para alquilar un bote se divide entre varios amigos.

El costo por persona multiplicado por la cantidad de amigos es igual al costo total del alquiler del bote. Dado que el costo total es un producto constante de $120, el costo por persona varía inversamente con la cantidad de amigos. Esta situación es una variación inversa.

B **Espectáculos** Descargas varias películas por $14,99 cada una.

El costo por descarga multiplicado por la cantidad de películas descargadas es igual al costo total de las descargas. Dado que la razón $\frac{\text{costo total}}{\text{cantidad de películas descargadas}}$ se mantiene constante en $14,99, el costo total varía directamente con la cantidad de películas descargadas. Esta situación es una variación directa.

¿Comprendiste? 5. ¿Cada situación representa una *variación directa* o una *variación inversa*? Explica tu razonamiento.
   a. Compras suéteres en una tienda de ropa por $35 cada uno.
   b. Caminas 5 mi cada día. Tu velocidad y el tiempo que pasas caminando varían cada día.

 ## Comprobar la comprensión de la lección

¿CÓMO hacerlo?

1. Supón que y varía inversamente con x, y $y = -3$ cuando $x = 17$. ¿Cuál es una ecuación para la variación inversa?

2. Se coloca un peso de 80 lb sobre una palanca, a 9 pies del punto de apoyo. ¿Qué cantidad de peso debes colocar a 6 pies del punto de apoyo para equilibrar la palanca?

3. ¿Cuál es la gráfica de $y = \frac{10}{x}$?

4. ¿Los datos de la tabla representan una *variación directa* o una *variación inversa*? Escribe una ecuación que represente los datos.

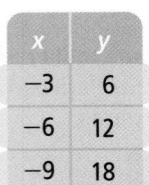

x	y
−3	6
−6	12
−9	18

¿Lo ENTIENDES?

5. Vocabulario ¿La ecuación $\frac{xy}{3} = 5$ es una variación inversa? Si es así, ¿cuál es la constante de variación?

6. ¿La gráfica de una variación inversa pasa por el origen *siempre*, *a veces* o *nunca*? Explica tu respuesta.

7. Razonamiento Supón que colocas dos pesos diferentes sobre una palanca. ¿Qué peso debe estar más cerca del punto de apoyo para que se equilibre la palanca? Explica tu respuesta.

8. Razonamiento Supón que el precio de cada lápiz en una tienda de suministros para oficina disminuye a medida que aumenta la cantidad de lápices que compras. ¿El precio por lápiz necesariamente varía inversamente con la cantidad de lápices comprados? Explica tu respuesta.

 ## Ejercicios de práctica y resolución de problemas

 **Práctica**   Supón que y varía inversamente con x. Escribe una ecuación para la variación inversa.    **Ver el Problema 1.**

9. $y = 6$ cuando $x = 3$ **10.** $y = 1$ cuando $x = -2$ **11.** $y = 7$ cuando $x = 8$

12. $y = 3$ cuando $x = 0.5$ **13.** $y = -10$ cuando $x = -2.4$ **14.** $y = 3.5$ cuando $x = 2.2$

15. Viajes Una familia que viaja en carro tarda $2\frac{1}{2}$ h en ir desde su casa hasta un lago a una velocidad de 48 mi/h. El tiempo del viaje varía inversamente con la velocidad del carro. ¿Cuánto les llevará el viaje de vuelta si viajan a 40 mi/h?   **Ver el Problema 2.**

16. Ciclismo Una excursionista tarda 2 h en ir en bicicleta alrededor de un embalse a 10 mi/h al comienzo del verano. Al final del verano, puede ir en bicicleta alrededor del embalse en $1\frac{1}{2}$ h. El tiempo que tarda en rodear el embalse varía inversamente con la velocidad a la que pedalea. ¿Cuál es su velocidad al final del verano?

Representa con una gráfica cada variación inversa.   **Ver el Problema 3.**

17. $y = \frac{9}{x}$ **18.** $xy = 12$ **19.** $y = \frac{-15}{x}$ **20.** $\frac{14}{x} = y$

21. $20 = xy$ **22.** $y = \frac{7.5}{x}$ **23.** $xy = -24$ **24.** $y = \frac{-1}{x}$

¿Los datos de cada tabla representan una *variación directa* o una *variación inversa*? Escribe una ecuación para representar los datos de cada tabla.

Ver el Problema 4.

25.

x	y
2	1
5	2.5
8	4

26.

x	y
4	15
6	10
10	6

27.

x	y
−3	−24
9	8
12	6

Indica si cada situación representa una *variación directa* o una *variación inversa*. Explica tu razonamiento.

Ver el Problema 5.

28. Compras un poco de pollo por $1.79/lb.

29. Una pizza de 8 porciones se comparte en cantidades iguales entre un grupo de amigos.

30. Hallas la longitud y el ancho de varios rectángulos. Cada uno tiene un área de 24 cm².

B Aplicación Supón que *y* varía inversamente con *x*. Halla la constante de variación *k* para cada variación inversa. Luego, escribe una ecuación para la variación inversa.

31. $y = -8$ cuando $x = -32$

32. $x = \frac{1}{2}$ cuando $y = 5$

33. $y = 25$ cuando $x = 0.04$

Cada par de puntos está en la gráfica de una variación inversa. Halla el valor que falta.

34. $(3, 5)$ y $(1, y)$

35. $(2.5, 4)$ y $(x, 2)$

36. $\left(x, \frac{1}{2}\right)$ y $\left(\frac{1}{3}, \frac{1}{4}\right)$

Medición ¿Cada fórmula representa una *variación directa* o una *variación inversa*? Explica tu razonamiento.

37. el perímetro *P* de un triángulo equilátero con lados de longitud *l*: $P = 3l$

38. el tiempo *t* que lleva recorrer 150 mi a una velocidad de *v* mi/h: $t = \frac{150}{v}$

39. la circunferencia *C* de un círculo con radio *r*: $C = 2\pi r$

40. Pensar en un plan Supón que 4 personas pueden pintar una casa si trabajan 3 días cada uno. ¿Cuánto tardará una cuadrilla de 5 personas en pintar la casa?
- ¿Puedes determinar si esta situación representa una variación directa o una variación inversa?
- ¿Cómo puedes escribir una ecuación que te ayude a resolver el problema?

41. Escribir Explica cómo la variable *y* cambia en cada situación.
- **a.** La *y* varía directamente con la *x*. El valor de la *x* se duplica.
- **b.** La *y* varía inversamente con la *x*. El valor de la *x* se duplica.

42. Medir terrenos Los dos terrenos rectangulares para construcción que se muestran a la derecha tienen la misma área. Escribe una ecuación para hallar la longitud del segundo terreno.

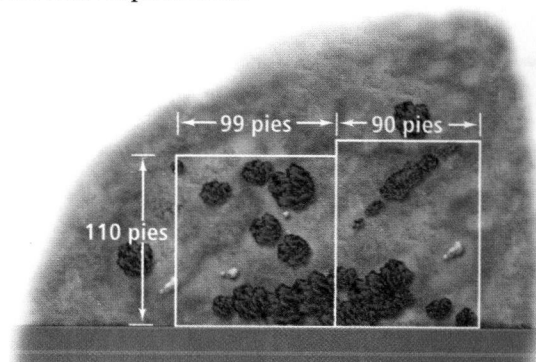

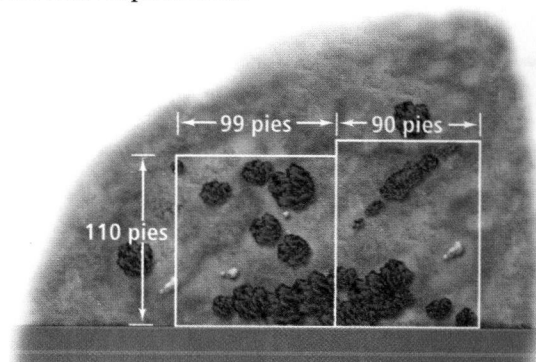

99 pies — 90 pies
110 pies

**Indica si cada tabla representa una *variación directa* o una *variación inversa*.
Escribe una ecuación para representar los datos. Luego, completa la tabla.**

43.

x	y
10	4
20	■
8	3.2

44.

x	y
0.4	28
1.2	84
■	63

45.

x	y
1.6	30
4.8	10
■	96

46. Física La ley de Boyle establece que el volumen V varía inversamente con la presión P para cualquier gas a una temperatura constante en un espacio cerrado. Supón que un gas a una temperatura constante ocupa 15.3 L a una presión de 40 mm de mercurio. ¿Qué ecuación representa esta situación?

47. Analizar errores Cuando Pedro representa con una gráfica cierta función, ve que el valor de y disminuye 2 cuando el valor de x aumenta 1. Pedro dice que la gráfica representa una variación inversa. ¿Tiene razón? Explica tu respuesta.

 **Desafío**

48. Física La intensidad de un sonido s varía inversamente con el cuadrado de la distancia d desde el sonido. Esto se puede representar con la ecuación $sd^2 = k$, donde k es una constante. Si disminuyes tu distancia desde la fuente del sonido por la mitad, ¿en qué factor aumentará la intensidad del sonido? Explica tu razonamiento.

49. Escribe una ecuación para representar cada situación.

a. La y varía inversamente con la cuarta potencia de la x.

b. La y varía inversamente con la cuarta potencia de la x y directamente con la z.

Preparación para el examen estandarizado

RESPUESTA EN PLANTILLA

 SAT/ACT

50. ¿Cuál es el valor de $\dfrac{1}{(64)^{-\frac{1}{3}}}$?

51. El diagrama muestra dos cuadrados. El área de la región sin colorear es $4x^2 + 16x + 16$. El área de la región coloreada es $5x^2 + 14x + 9$. ¿Cuánto es $|a + b|$?

52. ¿Cuál es el valor de $\dfrac{7^3 \cdot 2^5}{7 \cdot 2^3}$?

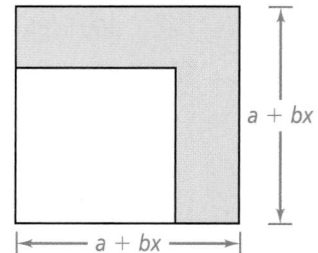

Repaso mixto

Resuelve cada ecuación. Si no hay solución, escribe *sin solución*.   ◀ **Ver la Lección 11-5.**

53. $\dfrac{2}{d + 5} = \dfrac{3}{d - 5}$

54. $\dfrac{-1}{y} + \dfrac{1}{y} = 1$

55. $\dfrac{3}{m - 4} + 2 = \dfrac{5m}{m - 4}$

¡Prepárate!   **Antes de la Lección 11-7, haz los Ejercicios 56 a 59.**

Representa con una gráfica cada función.   ◀ **Ver las Lecciones 4-4, 7-6 y 9-1.**

56. $f(x) = x - 8$

57. $g(x) = x^2 + 3$

58. $y = 3^x$

59. $f(x) = 2x + 1$

11-7 Representar con una gráfica funciones racionales

Objetivo Representar con una gráfica funciones racionales.

> Nunca puedes hacer un viaje en un tiempo cero. ¿Puedes acercarte?

SOLVE IT!

¡Prepárate!

En cualquier viaje, el tiempo que viajas en un carro varía inversamente con el promedio de la velocidad del carro. La función $t = \frac{60}{v}$ representa el tiempo que lleva viajar 60 mi a diferentes velocidades. ¿Alguna vez la gráfica se intersecará con el eje horizontal? ¿Y con el eje vertical? Explica tu razonamiento.

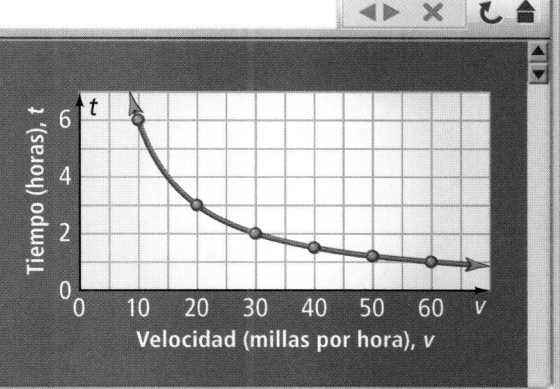

Las variaciones inversas son ejemplos de *funciones racionales*. Una **función racional** puede escribirse en la forma $f(x) = \frac{\text{polinomio}}{\text{polinomio}}$, donde el denominador no puede ser 0.

Comprensión esencial Para representar con una gráfica una función racional $f(x)$, necesitas comprender el comportamiento de la gráfica cerca de los valores de x donde la función es indefinida.

Cualquier valor de la variable que hace que el denominador de una función racional sea igual a 0 es un valor excluido.

Vocabulario de la lección
- función racional
- asíntota

Problema 1 Identificar valores excluidos

¿Cuál es el valor excluido para cada función?

A $f(x) = \dfrac{5}{x - 2}$ **B** $y = \dfrac{-3}{x + 8}$

$x - 2 = 0$ ← Iguala el denominador a 0. → $x + 8 = 0$

$x = 2$ ← Halla el valor de x. → $x = -8$

El valor excluido es $x = 2$.   El valor excluido es $x = -8$.

¿Comprendiste? **1.** ¿Cuál es el valor excluido para $y = \frac{3}{x + 7}$?

Piensa

¿Por qué algunos valores de x son excluidos?
La división por 0 es indefinida. Por tanto, cualquier valor de x que hace que el denominador sea igual a 0 es excluido.

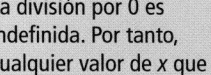

Las gráficas de muchas funciones racionales están relacionadas unas con otras. Compara las siguientes gráficas de $y = \frac{1}{x}$ y $y = \frac{1}{x-3}$.

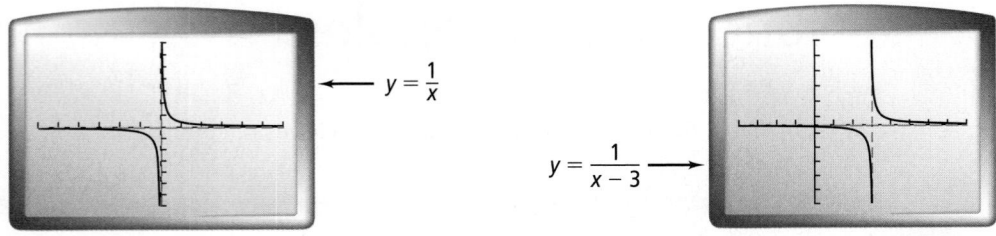

$y = \frac{1}{x}$

$y = \frac{1}{x-3}$

Las gráficas son idénticas en forma, pero la segunda gráfica se trasladó 3 unidades hacia la derecha.

Observa que la gráfica de $y = \frac{1}{x}$ se acerca a ambos ejes, pero no cruza ninguno. Los ejes en esta gráfica funcionan como *asíntotas*. Una recta es una **asíntota** de una gráfica si la gráfica se acerca a la recta a medida que aumenta el valor absoluto de x ó y. En la gráfica $y = \frac{1}{x-3}$ de arriba, el eje de las x y la recta $x = 3$ son asíntotas.

Cuando el numerador y el denominador de una función racional no tienen otros factores comunes además de 1, hay una asíntota vertical en cada valor excluido.

 Problema 2 Usar una asíntota vertical

¿Cuál es la asíntota vertical de la gráfica de $y = \frac{5}{x+2}$? Representa la función con una gráfica.

Piensa

El numerador y el denominador no tienen factores comunes. Para hallar la asíntota vertical, halla el valor excluido.

Para representar la función con una gráfica, primero haz una tabla de valores. Usa valores de x cerca de −2, donde ocurre la asíntota.

Usa los puntos de la tabla para hacer la gráfica. Dibuja una recta discontinua para la asíntota vertical.

Escribe

$x + 2 = 0$
$x = -2$

La asíntota vertical es la recta $x = -2$.

x	−7	−4	−3	−1	0	3
y	−1	−2.5	−5	5	2.5	1

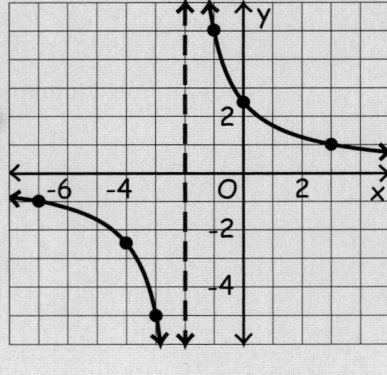

 ¿Comprendiste? 2. ¿Cuál es la asíntota vertical de la gráfica de $h(x) = \frac{-3}{x-6}$? Representa la función con una gráfica.

Compara las siguientes gráficas y asíntotas de $y = \frac{1}{x}$ y $y = \frac{1}{x} + 3$.

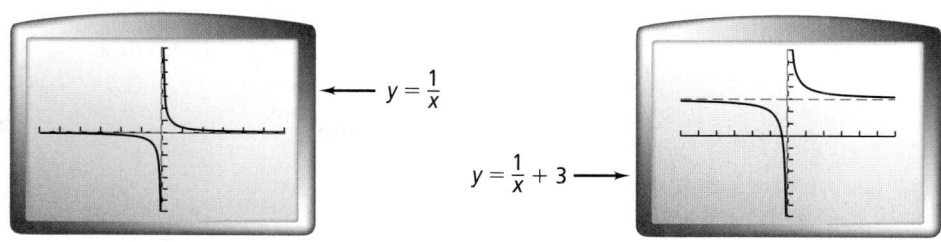

asíntota vertical en $x = 0$
asíntota horizontal en $y = 0$

asíntota vertical en $x = 0$
asíntota horizontal en $y = 3$

Las gráficas son idénticas en forma, pero en la segunda gráfica, observa que tanto la gráfica como la asíntota horizontal de $y = \frac{1}{x}$ se trasladaron 3 unidades hacia arriba.

Para una función racional en la forma $y = \frac{a}{x - b} + c$, hay una asíntota horizontal en $y = c$.

toma nota

Resumen del concepto   Identificar asíntotas

En palabras

La gráfica de una función racional en la forma $y = \frac{a}{x - b} + c$ tiene una asíntota vertical en $x = b$ y una asíntota horizontal en $y = c$.

Ejemplo

$y = \dfrac{1}{x + 4} + 1$

$y = \dfrac{1}{x - (-4)} + 1$

asíntota vertical: $x = -4$
asíntota horizontal: $y = 1$

Problema 3   Usar asíntotas verticales y horizontales

¿Cuáles son las asíntotas de la gráfica de $f(x) = \frac{3}{x - 1} - 2$? Representa la función con una gráfica.

Paso 1 A partir de la forma de la función, puedes ver que hay una asíntota vertical en $x = 1$ y una asíntota horizontal en $y = -2$.

Paso 2 Haz una tabla de valores usando valores de x cerca de 1.

Paso 3 Dibuja las asíntotas. Haz la gráfica de la función.

Piensa

¿Cómo escoges los valores de x para la tabla?

La asíntota vertical es $x = 1$. Por tanto, debes escoger valores de x en ambos lados de 1. De esa manera, tu dibujo mostrará ambas partes de la gráfica.

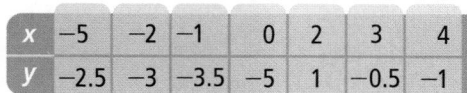

x	−5	−2	−1	0	2	3	4
y	−2.5	−3	−3.5	−5	1	−0.5	−1

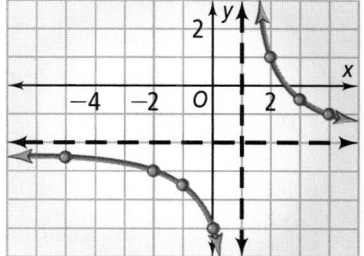

¿Comprendiste? **3. a.** ¿Cuáles son las asíntotas de la gráfica de $y = \frac{-1}{x+3} - 4$? Representa la función con una gráfica.

b. **Razonamiento** ¿Es posible que dos funciones racionales distintas tengan la misma asíntota vertical y la misma asíntota horizontal? Explica tu razonamiento.

 Problema 4 **Usar una función racional**

Bailar Tu club de baile patrocina un concurso en una sala de recepciones de la zona. Reservar una sala privada cuesta $350 y el costo se dividirá en cantidades iguales entre las personas que participan en el concurso. Cada persona también paga un precio de entrada de $30.

Ⓐ ¿Qué ecuación da el costo total por persona y de participar en el concurso como una función de la cantidad de personas x que participan en el concurso?

Relacionar | costo total por persona | = | costo del alquiler de la sala privada / cantidad de personas que participan en el concurso | + | precio de entrada por persona |

Escribir | y | = | $\frac{350}{x}$ | + | 30 |

La ecuación $y = \frac{350}{x} + 30$ representa la situación.

Ⓑ ¿Cuál es la gráfica de la función de la parte (A)? Usa la gráfica para describir el cambio en el costo por persona a medida que aumenta la cantidad de personas que participan en el concurso.

Usa una calculadora gráfica para representar con una gráfica $y = \frac{350}{x} + 30$.

Dado que tanto y como x deben ser números no negativos, usa solamente la parte de la gráfica en el primer cuadrante.

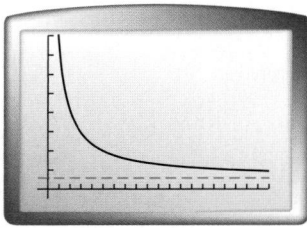

Puedes ver en la gráfica que a medida que aumenta la cantidad de personas que participan en el concurso, el costo por persona disminuye. Como la gráfica tiene una asíntota horizontal en $y = 30$, el costo por persona finalmente se acercará a $30.

Ⓒ ¿Cuántas personas aproximadamente deben participar en el concurso para que el costo total por persona sea alrededor de $50?

Usa la tecla **trace** o la función **TABLE**. Cuando $y \approx 50$, $x \approx 18$. Por tanto, si 18 personas participan en el concurso, el costo por persona será alrededor de $50.

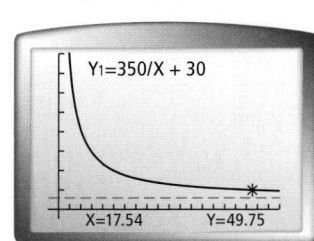

Piensa

¿Cómo puedes comprobar si tu respuesta es razonable?
Sustituye x por 18 en la ecuación que hallaste en la parte (A) y simplifica. Si y es aproximadamente $50, tu respuesta es razonable.

 **¿Comprendiste?** **4.** En el Problema 4, supón que el costo para alquilar una sala privada aumenta a $400. ¿Cuántas personas aproximadamente deben participar entonces en el concurso para que el costo total por persona sea alrededor de $50?

Puedes pensar en las funciones cuyas gráficas tienen características similares como familias de funciones. Has estudiado seis familias de funciones en este libro. Sus propiedades y sus gráficas se muestran en el siguiente resumen.

toma nota

Resumen del concepto   Familias de funciones

Función lineal

$y = mx + b$

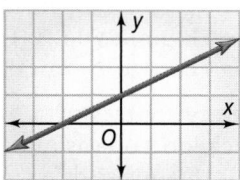

función madre: $f(x) = x$
pendiente: m
intercepto en $y = b$
El mayor exponente es 1.

Función cuadrática

$y = ax^2 + bx + c$

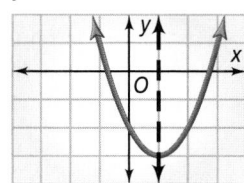

función madre: $f(x) = x^2$
parábola con eje de simetría en
$x = \frac{-b}{2a}$
El mayor exponente es 2.

Función de valor absoluto

$y = |x - a| + b$

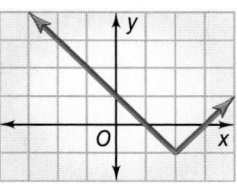

Función madre: $f(x) = |x|$
Desplaza $y = |x|$ a unidades horizontalmente.
Desplaza $y = |x|$ b unidades verticalmente.
vértice en (a, b)
El mayor exponente es 1.

Función exponencial

$y = ab^x$

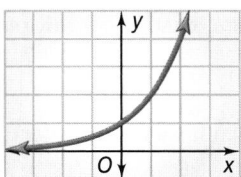

incremento cuando $b > 1$
decaimiento cuando $0 < b < 1$
La variable es el exponente.

Función de raíz cuadrada

$y = \sqrt{x - b} + c$

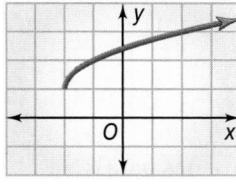

Desplaza $y = \sqrt{x}$ b unidades horizontalmente.
Desplaza $y = \sqrt{x}$ c unidades verticalmente.
La variable está bajo el radical.

Función racional

$y = \frac{a}{x - b} + c$

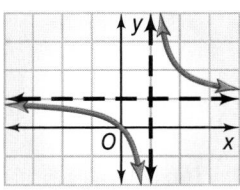

asíntota vertical en $x = b$
asíntota horizontal en $y = c$
La variable está en el denominador.

Comprobar la comprensión de la lección

¿CÓMO hacerlo?

1. ¿Cuál es el valor excluido para $y = \frac{4}{x+1}$?

2. ¿Cuáles son las asíntotas de $f(x) = \frac{8}{x-2} + 3$? Representa la función con una gráfica.

3. La función $t = \frac{240}{v} + 0.5$ representa el tiempo total t, en horas, que tardarás en viajar 240 mi a v mi/h, suponiendo que haces un descanso de media hora en el camino. Representa esta función con una gráfica. ¿Cuál debe ser el promedio de tu velocidad para que el tiempo de tu viaje sea aproximadamente 4 h?

¿Lo ENTIENDES?

4. Vocabulario Halla el valor excluido y las asíntotas vertical y horizontal de la función $y = \frac{7}{x-5} + 1$.

5. Razonamiento Escribe un ejemplo de una función racional con una asíntota vertical en $x = -2$ y una asíntota horizontal en $y = 4$.

6. Analizar errores Tu amigo dice que la asíntota vertical de la gráfica de $f(x) = \frac{1}{x+5} + 2$ es $x = 5$. Describe y corrige el error de tu amigo.

7. Comparar y contrastar ¿En qué se parecen un valor excluido y una asíntota vertical de una función racional? ¿En qué se diferencian?

Ejercicios de práctica y resolución de problemas

A Práctica

Identifica el valor excluido de cada función racional.

Ver el Problema 1.

8. $f(x) = \frac{3}{x}$

9. $y = \frac{1}{x-2}$

10. $y = \frac{x}{x+2}$

11. $h(x) = \frac{-3}{2x-6}$

Identifica las asíntotas vertical y horizontal de cada gráfica.

Ver los Problemas 2 y 3.

12.
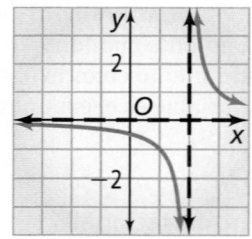

13.
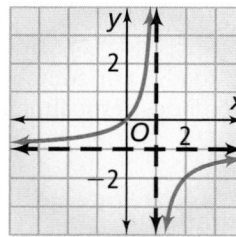

14.
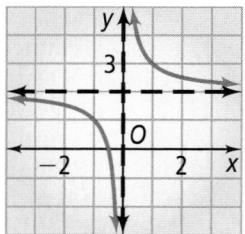

Identifica las asíntotas de la gráfica de cada función. Luego, representa la función con una gráfica.

15. $y = \frac{3}{x}$

16. $y = \frac{-10}{x}$

17. $f(x) = \frac{1}{x-5}$

18. $g(x) = \frac{4}{x+4}$

19. $y = \frac{1}{x} - 5$

20. $y = \frac{-3}{x} + 6$

21. $h(x) = \frac{2}{x+1} + 4$

22. $f(x) = \frac{-1}{x-3} - 5$

23. Nutrición Para el almuerzo, compraste dos pizzas vegetarianas para dividirlas en partes iguales entre tú y tus amigos. Cada pizza contiene 960 calorías. Además, cada persona come un plátano, que contiene 100 calorías.

Ver el Problema 4.

    a. Escribe y representa con una gráfica una ecuación que dé la cantidad de calorías C que consume cada persona como una función de la cantidad total de personas p.

    b. ¿Cuántas personas aproximadamente deben compartir las pizzas para que cada persona consuma alrededor de 500 calorías?

24. Organizar un evento Tienes un presupuesto de $1200 para pagar a los músicos que tocarán en un evento de beneficencia. Dos músicos han aceptado tocar sin cargo.
  a. Escribe y representa con una gráfica una ecuación que dé el costo c de contratar a un músico pago como una función de la cantidad de músicos m que tocan en el evento.
  b. Supón que usas todo tu presupuesto y consigues que 18 músicos toquen en el evento. ¿Cuál es el costo de contratar a cada músico pago?

 **Aplicación** Describe de qué manera la gráfica de cada función es una traslación de la gráfica de $f(x) = \frac{7}{x}$.

25. $g(x) = \dfrac{7}{x + 1}$ **26.** $y = \dfrac{7}{x} - 15$ **27.** $h(x) = \dfrac{7}{x} + 1$

28. $y = \dfrac{7}{x + 3} - 2$ **29.** $g(x) = \dfrac{7}{x - 3}$ **30.** $f(x) = \dfrac{7}{x + 12}$

31. Pensar en un plan En la fórmula $I = \frac{445}{x^2}$, I es la intensidad de la luz, en lúmenes, a una distancia de x pies desde un foco de 445 vatios. ¿A qué distancia aproximadamente la intensidad es 25 lúmenes?
  • ¿Cómo puedes usar la gráfica de la función para determinar la respuesta?
  • ¿Cómo puedes comprobar si tu respuesta es razonable?

32. Respuesta de desarrollo Escribe ecuaciones de dos funciones racionales cuyas gráficas sean idénticas excepto en que una se haya desplazado verticalmente 3 unidades con respecto a la otra.

33. a. Representa con una gráfica $y = \frac{1}{x}$ y $y = \frac{1}{x^2}$.
  b. ¿Cuáles son las asíntotas vertical y horizontal de la gráfica de cada función?
  c. ¿Cuál es el rango de $y = \frac{1}{x}$? ¿Y de $y = \frac{1}{x^2}$?

Describe la gráfica de cada función.

34. $y = 4x + 1$ **35.** $h(x) = |x - 4|$ **36.** $y = 0.4^x$

37. $f(x) = \dfrac{x}{4}$ **38.** $y = \dfrac{4}{x} + 1$ **39.** $h(x) = \sqrt{x - 4} + 1$

40. $g(x) = x^2 - 4$ **41.** $f(x) = \dfrac{4}{x + 4} - 1$ **42.** $g(x) = \dfrac{3}{x} - 12$

43. Escribir Describe las semejanzas y diferencias de las gráficas de $y = \frac{3}{x + 2}$ y de $y = \frac{-3}{x + 2}$.

44. Física A medida que las señales de radio se alejan de un transmisor, se vuelven más débiles. La función $f = \frac{1600}{d^2}$ da la fuerza f de una señal a una distancia de d millas desde un transmisor.
  a. Calculadora gráfica Representa la función con una gráfica. ¿Para qué distancias es $f \leq 1$?
  b. Halla la fuerza de la señal a 10 mi, a 1 mi y a 0.1 mi.
  c. Razonamiento Supón que pasas con un carro por el transmisor de una estación de radio, mientras la radio de tu carro está sintonizada en una segunda estación. La señal del transmisor puede interferir y oírse en tu radio. Usa tus resultados de la parte (b) para explicar por qué sucede esto.

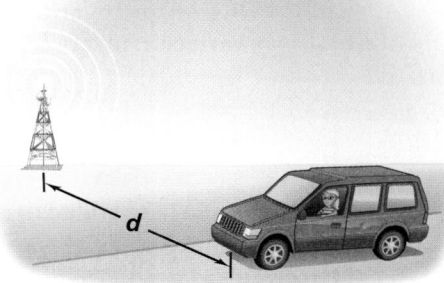

Representa con una gráfica cada función. Incluye una recta discontinua para cada asíntota.

45. $g(x) = \dfrac{x}{x - 1}$

46. $y = \dfrac{1}{(x - 1)^2}$

47. $y = \dfrac{2}{(x - 2)(x + 2)}$

48. $y = \dfrac{1}{x^2 - 2x}$

49. Representa con una gráfica $f(x) = \dfrac{(x + 2)(x + 1)}{x + 2}$ y $g(x) = x + 1$. ¿Las gráficas son iguales? Explica tu respuesta.

Preparación para el examen estandarizado

50. Un proveedor de servicio de banquetes gasta $75 en queso en fetas. Como bonificación, recibe 1 lb de queso en fetas gratis con su pedido. ¿Qué ecuación da el costo y del proveedor por libra de queso como una función de la cantidad total de libras x de queso que recibe el proveedor?

(A) $y = \dfrac{75}{x + 1}$ (B) $y = \dfrac{75}{x - 1}$ (C) $y = \dfrac{75}{x} + 1$ (D) $y = \dfrac{75}{x} - 1$

51. ¿Cuál es una ecuación de la recta que tiene el mismo intercepto en y pero la mitad de la pendiente de la recta $y = 4 - 10x$?

(F) $y = -5x + 4$ (G) $y = 2 - 10x$ (H) $y = 2 - 5x$ (I) $y = -5x - 2$

52. ¿Cuántos interceptos en x tiene la gráfica de $y = x^2 + 7x + 11$?

(A) 0 (B) 1 (C) 2 (D) 3

53. ¿Qué expresión es equivalente a $\dfrac{4x^2 + 24 + 36}{2x^2 + 4x - 6}$, donde $x \neq 1$ y $x \neq -3$?

(F) $\dfrac{2x + 6}{x - 1}$ (G) $2x^2 + 6x + 6$ (H) $\dfrac{x + 3}{x - 1}$ (I) $2x + 4$

Respuesta desarrollada

54. El club de teatro planea asistir a una producción profesional. Irán entre 10 y 35 estudiantes. Cada entrada cuesta $25 más un recargo de $2. Hay un pago adicional de una vez de $3 por la compra total de entradas. Escribe una función lineal que represente esta situación. ¿Qué dominio y rango son razonables para la función?

Repaso mixto

Supón que y varía inversamente con x. Escribe una ecuación para la variación inversa.

◀ Ver la Lección 11-6.

55. $y = 4$ cuando $x = 5$

56. $y = -1$ cuando $x = 8$

57. $y = \frac{1}{2}$ cuando $x = 24$

58. $y = 7$ cuando $x = -6$

Halla la cantidad de soluciones de números reales que tiene cada ecuación.

◀ Ver la Lección 9-6.

59. $x^2 + x + 1 = 0$

60. $-3x^2 + 4x = -5$

61. $2x^2 + 5 = 0$

62. $9x^2 + 144 = 7x$

¡Prepárate! Antes de la Lección 12-1, haz los Ejercicios 63 a 66.

Halla cada suma o diferencia.

◀ Ver la Lección 1-5.

63. $-7.2 + 8.9$ **64.** $8.7 - (-4.4)$ **65.** $16.2 + 4.95$ **66.** $-10.25 - (-5.35)$

Representar con una gráfica funciones racionales

Las funciones como $y = \frac{1}{x}$, $y = \frac{1}{x+2}$ y $y = \frac{1}{x} - 4$ son ejemplos de funciones racionales. Cuando usas una calculadora gráfica para representar una función racional con una gráfica, pueden aparecer uniones falsas en la pantalla. Cuando suceda esto, tienes que hacer ajustes para ver la verdadera forma de la gráfica.

Representa con una gráfica la función $y = \frac{1}{x+2} - 4$. Puedes ingresarla como $y = 1 \div (x + 2) - 4$. La gráfica de tu pantalla puede parecerse a la de la derecha. El punto más alto y el punto más bajo de la gráfica que aparece en la pantalla no deberían unirse. Si usas la tecla (trace) de la calculadora, podrás ver que ningún punto de la gráfica está en esta línea de unión. Por tanto, es una unión falsa.

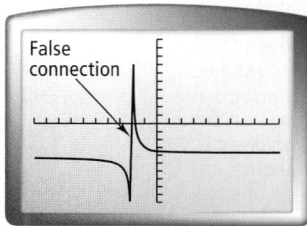

Aquí se muestra cómo puedes representar con una gráfica una función racional y evitar uniones falsas.

Paso 1 Presiona la tecla (mode). Luego, desplázate hacia abajo y hacia la derecha para resaltar la palabra **DOT**. Luego, presiona (enter).

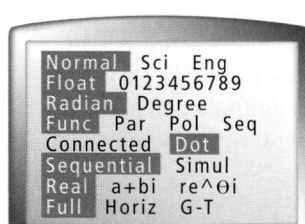

Paso 2 Representa con una gráfica la función $y = \frac{1}{x+2} - 4$ de nuevo. Ahora la unión falsa no está más.

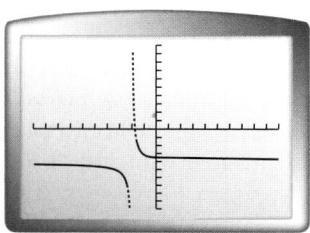

Paso 3 Usa la tecla (trace) o la función **TABLE** para hallar algunos puntos de la gráfica. Dibuja la gráfica.

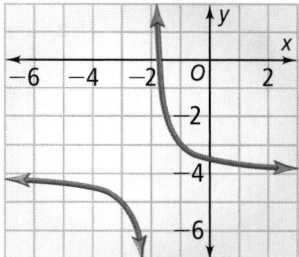

Ejercicios

Usa una calculadora gráfica para representar con una gráfica cada función. Luego, dibuja la gráfica.

1. $y = \frac{3}{x}$

2. $y = -\frac{4}{x}$

3. $y = \frac{1}{x+2}$

4. $y = \frac{1}{x-4}$

5. $y = \frac{1}{x} + 2$

6. $y = \frac{1}{x} - 3$

7. $y = \frac{1}{x-1} + 2$

8. $y = \frac{3}{x-2} - 4$

9. **a.** Representa con una gráfica $y = \frac{1}{x}$, $y = \frac{1}{x-4}$ y $y = \frac{1}{x+3}$.
   b. **Hacer una conjetura** ¿Cómo se traslada la gráfica al sumar o restar un número positivo en el denominador de $y = \frac{1}{x}$?

10. **a.** Representa con una gráfica $y = \frac{1}{x}$, $y = \frac{1}{x} - 4$ y $y = \frac{1}{x} + 3$.
   b. **Hacer una conjetura** ¿Cómo se traslada la gráfica al sumar o restar un número positivo en el lado derecho de $y = \frac{1}{x}$?

Integración de conocimientos

> Para resolver estos problemas, integrarás muchos conceptos y destrezas que estudiaste sobre las expresiones y funciones racionales.

GRAN idea Equivalencia

Las expresiones racionales se pueden representar de muchas maneras. Cuando una expresión racional está simplificada, el numerador y el denominador no tienen factores comunes excepto 1.

Tarea 1

Un cilindro con un radio r y una altura $2r + 4$ contiene un cubo con aristas de longitud $r\sqrt{2}$, como se muestra. ¿Qué fracción del volumen del cilindro ocupa el cubo? Escribe tu respuesta en forma simplificada.

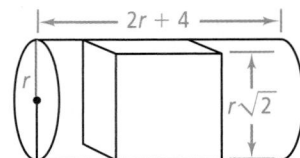

GRAN idea Funciones

Las funciones racionales tienen ecuaciones en la forma $f(x) = \frac{\text{polinomio}}{\text{polinomio}}$. La gráfica de una función racional puede tener asíntotas vertical y horizontal.

Tarea 2

En una carrera de bicicletas, una ciclista cubre un tramo de 5 mi de camino llano a una velocidad de v mi/h. Luego, duplica su velocidad cuando desciende por una colina de 1 mi de largo. Finalmente, reduce su velocidad de descenso por la colina en 12 mi/h mientras recorre las últimas 3 mi de la carrera. ¿Qué función da el tiempo t que tarda la ciclista en terminar la carrera en función de v?

GRAN idea Resolver ecuaciones y desigualdades

Para aislar la variable de una ecuación racional, multiplica cada lado por el m.c.d. y luego resuelve la ecuación resultante. Comprueba si hay soluciones extrañas.

Tarea 3

Un restaurante tiene 45 mesas. En cada mesa se pueden sentar 4 personas. El encargado tiene 4 empleados para que preparen las mesas. La tabla muestra qué tan rápido trabaja cada empleado. Usa esta información para responder a las siguientes preguntas.

Empleado	Tiempo para doblar 4 servilletas (min)	Tiempo para preparar 4 lugares (min)
Stacie	3	5
Jeff	4	3
Tiffany	5	2
Nick	3.5	4

a. Para tener las mesas listas en la menor cantidad de tiempo posible, ¿a qué dos empleados debe pedir el encargado que doblen las servilletas? ¿A qué dos empleados debe pedir el encargado que preparen las mesas?

b. Si todos empiezan a trabajar al mismo tiempo, ¿qué tan rápido los empleados pueden tener las mesas listas para la cena? El primer par de empleados en terminar su trabajo debe ayudar al otro par a terminar las mesas. Explica tu respuesta.

11 Repaso del capítulo

Conectar las GRANDES ideas y responder a las preguntas esenciales

1 Equivalencia
Las expresiones racionales se pueden representar de muchas maneras. Cuando una expresión racional está simplificada, el numerador y el denominador no tienen factores comunes excepto 1.

Simplificar expresiones racionales (Lección 11-1)
$$\frac{7y + 21}{y + 3} = \frac{7(y + 3)^1}{{}_1 y + 3}$$
$$= 7$$

Multiplicar, dividir, sumar y restar expresiones racionales (Lecciones 11-2, 11-3 y 11-4)
$$\frac{7}{3x} - \frac{5}{3x} = \frac{7 - 5}{3x}$$
$$= \frac{2}{3x}$$

2 Funciones
Las funciones racionales tienen ecuaciones en la forma $f(x) = \frac{polinomio}{polinomio}$. La gráfica de una función racional puede tener asíntotas vertical y horizontal.

Representar con una gráfica funciones racionales (Lección 11-7)

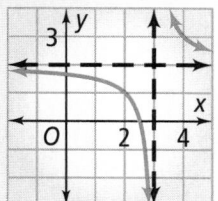

Variación inversa (Lección 11-6)

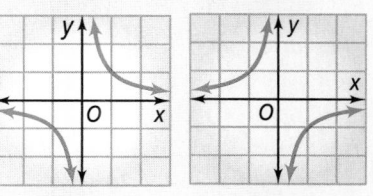

3 Resolver ecuaciones y desigualdades
Para aislar la variable de una ecuación racional, multiplica por el m.c.d. y luego resuelve la ecuación resultante. Comprueba si hay soluciones extrañas.

Resolver ecuaciones racionales (Lección 11-5)
$$\frac{1}{2} + \frac{3}{t} = \frac{5}{8}$$
$$8t\left(\frac{1}{2} + \frac{3}{t}\right) = 8t\left(\frac{5}{8}\right)$$
$$4t + 24 = 5t$$
$$24 = t$$

Vocabulario del capítulo

- asíntota (p. 694)
- constante de variación en variaciones inversas (p. 686)
- ecuación racional (p. 679)
- expresión racional (p. 652)
- función racional (p. 693)
- valor excluido (p. 652)
- variación inversa (p. 686)

Escoge el término correcto para completar cada oración.

1. Un valor de x para el que una función racional $f(x)$ es indefinida es un(a) __?__ .

2. Una recta a la que la gráfica de una función se acerca a medida que aumenta el valor absoluto de x o y es un(a) __?__ .

3. Un(a) __?__ es una razón de dos expresiones polinomiales.

11-1 Simplificar expresiones racionales

Repaso rápido

Una **expresión racional** es una expresión que puede escribirse en la forma $\frac{\text{polinomio}}{\text{polinomio}}$. Una expresión racional está en forma simplificada cuando el numerador y el denominador no tienen factores comunes además de 1.

Ejemplo

¿Cuál es la forma simplificada de $\frac{x^2 - 9}{x^2 - 2x - 15}$?

$$\frac{x^2 - 9}{x^2 - 2x - 15} = \frac{(x + 3)(x - 3)}{(x + 3)(x - 5)}$$ Descompón en factores el numerador y el denominador.

$$= \frac{\overset{1}{\cancel{(x + 3)}}(x - 3)}{\underset{1}{\cancel{(x + 3)}}(x - 5)}$$ Divide y elimina el factor común.

$$= \frac{x - 3}{x - 5}$$ Simplifica.

Ejercicios

Simplifica cada expresión. Indica cualquier valor excluido.

4. $\dfrac{2x^2 + 6x}{10x^3}$

5. $\dfrac{m - 3}{3m - 9}$

6. $\dfrac{x^2 + 6x + 9}{5x + 15}$

7. $\dfrac{2a^2 - 4a + 2}{3a^2 - 3}$

8. $\dfrac{2s^2 - 5s - 12}{2s^2 - 9s + 4}$

9. $\dfrac{4 - c}{2c - 8}$

10. Geometría ¿Qué fracción del rectángulo está coloreada? Escribe tu respuesta como una expresión racional en forma simplificada.

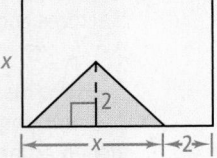

11-2 y 11-3 Multiplicar y dividir expresiones racionales y dividir polinomios

Repaso rápido

Puedes multiplicar y dividir expresiones racionales usando las mismas propiedades que usas para multiplicar y dividir fracciones numéricas.

$\dfrac{a}{b} \cdot \dfrac{c}{d} = \dfrac{ac}{bd}$, donde $b \neq 0$ y $d \neq 0$.

$\dfrac{a}{b} \div \dfrac{c}{d} = \dfrac{a}{b} \cdot \dfrac{d}{c} = \dfrac{ad}{bc}$, donde $b \neq 0$, $c \neq 0$ y $d \neq 0$.

Para dividir un polinomio por un monomio, divide cada término del polinomio por el monomio. Para dividir un polinomio por otro polinomio, usa la división larga. Cuando dividas polinomios, escribe la respuesta como cociente $+ \dfrac{\text{residuo}}{\text{divisor}}$.

Ejemplo

¿Cuál es el cociente de $\dfrac{y}{y + 3} \div \dfrac{y - 3}{y - 2}$?

$$\frac{y}{y + 3} \div \frac{y - 3}{y - 2} = \frac{y}{y + 3} \cdot \frac{y - 2}{y - 3}$$

$$= \frac{y(y - 2)}{(y + 3)(y - 3)}$$

Ejercicios

Multiplica o divide.

11. $\dfrac{4x + 12}{x^2 - 2x} \cdot \dfrac{x}{6x + 18}$

12. $\dfrac{a^2 + 5a + 4}{a^3} \div \dfrac{a^2 + 3a + 2}{a^2 - 2a}$

13. $\dfrac{x^2 + 13x + 40}{x - 7} \div \dfrac{x + 8}{x^2 - 49}$

14. $(12x^2 + 9x - 7) \div 3x$

15. $(3d^2 + 2d - 29) \div (d + 3)$

16. Geometría El ancho y el área de un rectángulo se muestran en la figura de la derecha. ¿Cuál es la longitud del rectángulo?

$(2b - 1)$ pulgs.

$A = (4b^3 + 5b - 3)$ pulgs.^{2}

11-4 Sumar y restar expresiones racionales

Repaso rápido

Puedes sumar y restar expresiones racionales. Para sumar o restar expresiones con el mismo denominador, suma o resta los numeradores y escribe el resultado sobre el común denominador. Para sumar o restar expresiones con distinto denominador, escribe las expresiones con el m.c.d. y luego suma o resta los numeradores.

Ejemplo

¿Cuánto es $\dfrac{1}{a+7} + \dfrac{a}{a-5}$?

$$\frac{1}{a+7} + \frac{a}{a-5} = \frac{1(a-5)}{(a+7)(a-5)} + \frac{a(a+7)}{(a+7)(a-5)}$$

$$= \frac{a-5}{(a+7)(a-5)} + \frac{a^2+7a}{(a+7)(a-5)}$$

$$= \frac{a-5+a^2+7a}{(a+7)(a-5)}$$

$$= \frac{a^2+8a-5}{(a+7)(a-5)}$$

Ejercicios

Suma o resta.

17. $\dfrac{8x}{x+1} - \dfrac{3}{x+1}$

18. $\dfrac{6}{7x} + \dfrac{1}{4}$

19. $\dfrac{5}{2+x} + \dfrac{x}{x-4}$

20. $\dfrac{9}{3x-1} - \dfrac{5x}{2x+3}$

21. Viaje por avión La distancia entre Atlanta, Georgia, y Albuquerque, Nuevo México, es aproximadamente 1270 mi. La velocidad para el tráfico aéreo desde Albuquerque hasta Atlanta puede ser aproximadamente el 18% mayor que la velocidad desde Atlanta hasta Albuquerque. Sea r la velocidad desde Atlanta hasta Albuquerque en millas por hora. ¿Cuál es una expresión simplificada para el tiempo de vuelo del viaje de ida y vuelta?

11-5 Resolver ecuaciones racionales

Repaso rápido

Puedes resolver una **ecuación racional** multiplicando cada lado por el m.c.d. Comprueba las soluciones posibles para asegurarte de que cada una satisface la ecuación original.

Ejemplo

¿Cuál es la solución de $\dfrac{3}{8} + \dfrac{4}{x} = \dfrac{7}{x}$?

$$\frac{3}{8} + \frac{4}{x} = \frac{7}{x}$$

$$8x\left(\frac{3}{8} + \frac{4}{x}\right) = 8x\left(\frac{7}{x}\right)$$

$$8^{1}x\left(\frac{3}{{}_1 8}\right) + 8x^{1}\left(\frac{4}{x_1}\right) = 8x^{1}\left(\frac{7}{{}_1 x}\right)$$

$$3x + 32 = 56$$

$$3x = 24$$

$$x = 8$$

Comprueba. $\dfrac{3}{8} + \dfrac{4}{8} \stackrel{?}{=} \dfrac{7}{8}$

$$\frac{7}{8} = \frac{7}{8} \quad ✔$$

Ejercicios

Resuelve cada ecuación. Comprueba tus soluciones.

22. $\dfrac{1}{2} + \dfrac{3}{t} = \dfrac{5}{8}$

23. $\dfrac{3}{m-4} + \dfrac{1}{3(m-4)} = \dfrac{6}{m}$

24. $\dfrac{2c}{c-4} - 2 = \dfrac{4}{c+5}$

25. $\dfrac{5}{2x-3} = \dfrac{7}{3x}$

26. Negocios Una fotocopiadora nueva hace 72 copias en 2 min. Cuando una fotocopiadora más vieja funciona, las dos fotocopiadoras juntas hacen 72 copias en 1.5 min. ¿Cuánto tiempo tardaría la fotocopiadora más vieja en hacer 72 copias trabajando sola?

11-6 Variación inversa

Repaso rápido

Cuando el producto de dos variables es constante, las variables forman una **variación inversa**. Puedes escribir una variación inversa en la forma $xy = k$ ó $y = \frac{k}{x}$, donde k es la constante de variación.

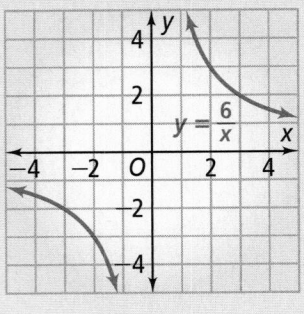

Ejemplo

Supón que y varía inversamente con x, y $y = 8$ cuando $x = 6$. ¿Cuál es una ecuación para la variación inversa?

$xy = k$ Forma general de una variación inversa

$6(8) = k$ Sustituye x por 6 y y por 8.

$48 = k$ Simplifica.

$xy = 48$ Escribe una ecuación.

Ejercicios

Supón que y varía inversamente con x. Escribe una ecuación para la variación inversa.

27. $y = 7$ cuando $x = 3$ **28.** $y = 4$ cuando $x = 2.5$

29. $y = -9$ cuando $x = 2$ **30.** $y = 5$ cuando $x = -5$

Representa con una gráfica cada variación inversa.

31. $xy = 15$ **32.** $y = \frac{-18}{x}$

33. Correr Supón que una corredora tarda 45 min en correr una ruta a 8 mi/h al principio de la temporada de entrenamiento. Al final de la temporada de entrenamiento, puede correr la misma ruta en 38 min. ¿Cuál es su velocidad al final de la temporada de entrenamiento?

11-7 Representar con una gráfica funciones racionales

Repaso rápido

Una **función racional** puede escribirse en la forma $f(x) = \frac{\text{polinomio}}{\text{polinomio}}$. La gráfica de una función racional en la forma $y = \frac{a}{x - b} + c$ tiene una asíntota vertical en $x = b$ y una asíntota horizontal en $y = c$. Una recta es una **asíntota** de una gráfica si la gráfica se acerca a la recta a medida que aumenta el valor absoluto de x o y.

Ejemplo

¿Cuál es la gráfica de $f(x) = \frac{1}{x - 1} + 2$?

Por la forma de la función, puedes ver que hay una asíntota vertical en $x = 1$ y una asíntota horizontal en $y = 2$. Dibuja las asíntotas. Haz una tabla de valores. Luego, haz la gráfica de la función.

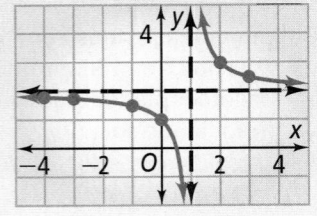

x	−4	−3	−1	0	2	3
y	1.8	1.75	1.5	1	3	2.5

Ejercicios

Identifica el valor excluido para cada función.

34. $f(x) = \frac{5}{x}$ **35.** $y = \frac{3}{x + 4}$

Identifica las asíntotas de la gráfica de cada función. Luego, representa la función con una gráfica.

36. $y = \frac{1}{x + 2}$ **37.** $f(x) = \frac{-2}{x + 3}$

38. $y = \frac{5}{x - 4} + 1$ **39.** $f(x) = \frac{3}{x - 5} - 1$

40. Física Para un foco de 225 vatios, la intensidad I de luz en lúmenes a una distancia de x pies es $I = \frac{225}{x^2}$.
   a. ¿Cuál es la intensidad de luz a 5 pies de distancia del foco?
   b. Supón que tu distancia al foco se duplica. ¿Cómo cambia la intensidad de la luz? Explica tu respuesta.

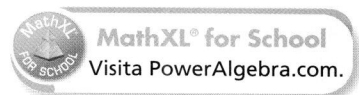

MathXL® for School
Visita PowerAlgebra.com.

¿CÓMO hacerlo?

Escribe una ecuación de la variación inversa que incluye el punto dado.

1. $(2, 2)$

2. $(-8, -4)$

Identifica el valor excluido para cada función racional.

3. $f(x) = \dfrac{19 + x}{x - 5}$

4. $y = \dfrac{2x}{8x - 12}$

Identifica las asíntotas de cada función. Luego, representa la función con una gráfica.

5. $y = \dfrac{6}{x}$

6. $y = \dfrac{1}{x} + 3$

7. $f(x) = \dfrac{4}{x - 2}$

Simplifica cada expresión. Identifica cualquier valor excluido.

8. $\dfrac{6p - 30}{3p - 15}$

9. $\dfrac{n^2 + 4n - 5}{n + 5}$

Multiplica o divide.

10. $\dfrac{3}{x - 2} \cdot \dfrac{x^2 - 4}{12}$

11. $\dfrac{5x}{x^2 + 2x} \div \dfrac{30x^2}{x + 2}$

Divide.

12. $(12x^4 + 9x^3 - 10x^2) \div 3x^3$

13. $(4x^4 - 6x^3 - 2x^2 - 2x) \div (2x - 1)$

Halla el m.c.d. de cada par de expresiones.

14. $\dfrac{5}{h}, \dfrac{6}{3h}$

15. $\dfrac{4}{a^2b^3}, \dfrac{3}{9ab^4}$

Suma o resta.

16. $\dfrac{4b - 2}{3b} + \dfrac{b}{b + 2}$

17. $\dfrac{9}{n} - \dfrac{8}{n + 1}$

Resuelve cada ecuación. Comprueba tus soluciones.

18. $\dfrac{v}{3} + \dfrac{v}{v + 5} = \dfrac{-4}{v + 5}$

19. $\dfrac{16}{x + 10} = \dfrac{8}{2x - 1}$

20. Limpieza Mark limpia la oficina de su papá en 30 min. Su hermana menor Lynn limpia la oficina en 40 min. ¿Cuánto tiempo tardarán los dos juntos en limpiar la oficina?

¿Lo ENTIENDES?

21. Respuesta de desarrollo Escribe una expresión racional para la que 6 y 3 sean valores excluidos.

22. Geometría La altura de un prisma cuadrangular es $3n + 1$. El volumen del prisma es $3n^3 + 13n^2 + 16n + 4$. ¿Cuál es el área de la base cuadrada del prisma?

23 Razonamiento Rosa dividió un polinomio $p(x)$ por $x - 4$ y obtuvo este resultado: $2x + 13 + \dfrac{59}{x - 4}$. ¿Qué polinomio es $p(x)$?

24. Analizar errores Tu amigo dice que la solución de la ecuación racional $\dfrac{m}{m - 3} + \dfrac{1}{4} = \dfrac{3}{m - 3}$ es 3. Explica el error que pudo haber cometido tu amigo.

25. Razonamiento Observa la ecuación $\dfrac{3}{x - a} = \dfrac{x}{x - a}$. ¿Para qué valor(es) de a la ecuación tiene exactamente una solución? ¿Y ninguna solución? Explica tu respuesta.

CONSEJOS

En algunas preguntas del examen, se pide que simplifiques una expresión. Lee la pregunta de la derecha. Luego, sigue los consejos para responderla.

¿Qué expresión es equivalente a $\dfrac{20x^3y^5 - 30x^6y^4}{5x^3y^3}$?

A $4x^6y^8 - 6x^9y^7$

B $4y^2 - 6x^3y$

C $-2x^6y^6$

D $15y^2 - 25x^3y$

CONSEJO 2

Cuando divides potencias que tienen la misma base, restas los exponentes.

Piénsalo bien

Escribe la expresión como una diferencia de dos fracciones. Luego, simplifica cada fracción usando las leyes de los exponentes.

$$\dfrac{20x^3y^5 - 30x^6y^4}{5x^3y^3}$$

$$= \dfrac{20x^3y^5}{5x^3y^5} - \dfrac{30x^6y^4}{5x^3y^3}$$

$$= 4x^{3-3}y^{5-3} - 6x^{6-3}y^{4-3}$$

$$= 4x^0y^2 - 6x^2y^1$$

$$= 4y^2 - 6x^3y$$

CONSEJO 1

Usa el dato de que una fracción $\dfrac{a+b}{c}$ se puede escribir en la forma $\dfrac{a}{c} + \dfrac{b}{c}$.

Desarrollo de vocabulario

Cuando resuelves los ejercicios del examen, debes comprender el significado de los términos matemáticos. Escoge el término correcto para completar cada oración.

A. La cantidad $b^2 - 4ac$ es el (*vértice, discriminante*) de la ecuación $ax^2 + bx + c = 0$.

B. Dos rectas son (*paralelas, perpendiculares*) si sus pendientes son recíprocos negativos una de la otra.

C. Una ecuación (*lineal, cuadrática*) es una ecuación que puede escribirse en la forma $Ax + By = C$, donde A, B y C son números reales, y A y B no son 0.

D. Una expresión (*racional, exponencial*) es una razón de dos polinomios.

E. Cuando (*resuelves, evalúas*) una ecuación, hallas el valor o los valores que hacen que la ecuación sea verdadera.

Opción múltiple

Lee cada pregunta. Luego, escribe la letra de la respuesta correcta en tu hoja.

1. ¿Qué función describe la tabla de valores?

x	−2	−1	0	1
f(x)	−3	−1	1	3

A $f(x) = x - 1$

C $f(x) = x + 1$

B $f(x) = 2x$

D $f(x) = 2x + 1$

2. Un rectángulo tiene un área de $8x^2 + 16x + 6$. ¿Cuál de las siguientes opciones podría ser la longitud y el ancho del rectángulo?

F $4x + 1, 2x + 6$

H $4x + 6, 2x + 1$

G $4x + 3, 2x + 2$

I $8x + 1, x + 6$

3. ¿Qué expresión es equivalente a $\frac{x+2}{x+4} - \frac{x+1}{x-3}$?

(A) $\frac{-2(3x-5)}{(x+4)(x-3)}$

(B) $\frac{-2(3x+5)}{(x+4)(x-3)}$

(C) $\frac{-2(3x+5)}{(x-4)(x+3)}$

(D) $\frac{2(3x-5)}{(x+4)(x-3)}$

4. ¿Qué opción es equivalente a $\frac{18x^2y + 24x^3y^4 - 12x^7y^2}{6x^2y}$?

(F) $12 + 18xy^3 - 6x^5y$

(G) $4xy^3 - 2x^5y$

(H) $3 + 4xy^3 - 2x^5y$

(I) $3x^2y + 4x^3y^4 - 2x^7y^2$

5. ¿Qué expresión es equivalente a $\frac{x-4}{\frac{x+3}{x-1}}$?

(A) $\frac{x^2 + 5x - 4}{x+3}$

(B) $\frac{x+4}{x^2 + 2x - 3}$

(C) $\frac{x^2 + 7x + 12}{x-1}$

(D) $\frac{x^2 - 5x + 4}{x+3}$

6. ¿Cuáles de los siguientes puntos están en la gráfica de $y = -2x + 3$?

(F) $(0, -2)$ y $(1, 1)$

(G) $(0, 3)$ y $(1, -1)$

(H) $(1, 1)$ y $(0, 3)$

(I) $(-1, 1)$ y $(0, -2)$

7. ¿Qué propiedad de los números reales se ejemplifica abajo?

$$2x^2 + 3x^2 = (2 + 3)x^2 = 5x^2$$

(A) propiedad asociativa de la suma

(B) propiedad conmutativa de la suma

(C) propiedad distributiva

(D) propiedad de identidad de la suma

8. ¿Cuál(es) es/son la(s) solución(es) de la ecuación $\frac{2x+1}{5x} = \frac{4x-5}{3x}$?

(F) 0

(G) 2

(H) 0 y 2

(I) sin solución

9. En los Estados Unidos, nacen alrededor de 8 bebés por minuto. Usando esta estimación, ¿alrededor de cuántos bebés nacen cada año?

(A) 70,000

(B) 200,000

(C) 4,000,000

(D) 300,000,000

10. ¿Qué expresión es equivalente a $(3m^2n^4)^3$?

(F) $27m^6n^{12}$

(G) $27m^5n^7$

(H) $9m^6n^{12}$

(I) $9m^5n^7$

11. ¿Cuál de los siguientes enunciados sobre la función $y = 2x^2 - 3$ es correcto?

(A) El valor de y nunca es menor que -3.

(B) El valor de y nunca es mayor que 2.

(C) El valor de x siempre es mayor que el valor de y.

(D) El valor de y siempre es mayor que el valor de x.

12. Cada día, Michael sale a correr por un parque rectangular. La diagonal del parque tiene $\sqrt{80,000}$ m de largo. ¿Cuál de las siguientes opciones es equivalente a $\sqrt{80,000}$?

(F) $100\sqrt{2}$

(G) $200\sqrt{2}$

(H) $800\sqrt{2}$

(I) $8000\sqrt{10}$

13. ¿Cuál es el intercepto en x de la gráfica de $-5x + y = -20$?

(A) -20

(B) -4

(C) 4

(D) 20

14. Davis compró 2 barras de dulce y 3 bolsas de papitas fritas por $5.45. Reese compró 5 bolsas de papitas fritas por $6.25. ¿Cuánto costó cada barra de dulce?

(F) $.85

(G) $.95

(H) $1.25

(I) $1.70

15. ¿Cuál es la forma simplificada de $\sqrt{5}\,(2 + \sqrt{10})$?

- Ⓐ $2\sqrt{10}$
- Ⓑ $2\sqrt{5} + \sqrt{50}$
- Ⓒ $2\sqrt{5} + 5\sqrt{2}$
- Ⓓ $2\sqrt{5} + \sqrt{10}$

16. ¿Cuál es la forma descompuesta en factores de $6w^4 + 15w^2$?

- Ⓕ $w^2(6w^2 + 15)$
- Ⓖ $3w^2(2w^2 + 5)$
- Ⓗ $3w(2w^3 + 5w)$
- Ⓘ $3w^2(2w^2 + 5w)$

17. ¿Cuál de las siguientes opciones es equivalente a $(3\sqrt{2})^2$?

- Ⓐ 6
- Ⓒ 18
- Ⓑ $9\sqrt{2}$
- Ⓓ 36

18. ¿Cuál es la forma simplificada de $\dfrac{x^2 - 81}{2x^2 + 23x + 45}$?

- Ⓕ $\dfrac{x + 9}{2x + 5}$
- Ⓖ $\dfrac{x - 9}{x + 9}$
- Ⓗ $\dfrac{x - 9}{2x - 5}$
- Ⓘ $\dfrac{x - 9}{2x + 5}$

RESPUESTA EN PLANTILLA

Anota tus respuestas en una plantilla.

19. En un restaurante, cenaron 37 personas. Cada persona pidió uno de dos primeros platos. Un primer plato costó $15 y el otro primer plato costó $18. El costo total de todos los primeros platos fue $606. ¿Cuántos primeros platos de $15 se pidieron?

20. Una estudiante de química tiene que preparar 20 litros de una solución que es un 60% ácida. Planea hacer la solución mezclando una solución que es un 70% ácida con otra solución que es un 45% ácida. ¿Cuántos litros de la solución que es un 45% ácida necesitará?

21. ¿Cuál es la solución negativa de $2x^2 + x = 3$?

22. Karen corta el césped en 15 min. Su amiga Kim corta el césped en 10 min. Si trabajan juntas, ¿cuántos minutos tardarán en cortar el césped?

23. Sandra tarda 6 h en manejar 300 mi. Si aumenta la velocidad en 5 mi/h, ¿cuántas horas tardará en manejar 440 mi?

24. Suzanne lanzó un cubo numérico 200 veces y anotó sus resultados en la tabla de abajo. ¿Qué porcentaje de las veces obtuvo un número par? Escribe el porcentaje en forma decimal.

Números	1	2	3	4	5	6
Lanzamientos	56	30	20	36	44	14

25. El techo de una casa tiene una sección triangular con al menos dos ángulos de la misma medida. Un ángulo del triángulo mide 120°. ¿Cuál es la medida, en grados, de uno de los otros dos ángulos?

26. La recta p pasa por los puntos $(5, -4)$ y $(2, 7)$. ¿Cuál es la pendiente de una recta que es perpendicular a la recta p?

27. Un cilindro tiene una altura de 20 cm y un diámetro de 6 cm. ¿Cuál es el volumen, en centímetros cúbicos, del cilindro? Usa 3.14 para π.

Respuesta breve

28. Phillip trabaja en un tienda de comestibles después de la escuela y los fines de semana. Gana $8.50 por hora. ¿Cuál es la regla de la función para el total de sus ganancias $f(h)$ por trabajar h horas?

29. ¿Cuál es la forma simplificada de $\dfrac{x^2 + 3x - 18}{6x + 36}$? Muestra tu trabajo.

Respuesta desarrollada

30. La fórmula $C = \dfrac{5}{9}(F - 32)$ puede usarse para hallar la temperatura Celsius C si sabes la temperatura Fahrenheit F.

   a. Transforma la ecuación para hallar la temperatura Fahrenheit F en función de la temperatura Celsius C.

   b. Usa la fórmula de la parte (a) para hallar la temperatura Fahrenheit equivalente a 35 °C.

¡Prepárate!

Manual de
destrezas,
p. 791

◆ Sumar y restar fracciones

Suma o resta. Escribe cada respuesta en su mínima expresión.

1. $\frac{2}{3} + \frac{1}{2}$ **2.** $\frac{7}{12} - \frac{5}{8}$ **3.** $\frac{16}{25} + \frac{3}{10}$ **4.** $\frac{5}{9} - \frac{5}{36}$

Lección 1-6

◆ Multiplicar y dividir números reales

Simplifica cada fracción.

5. $\frac{6 + 4 + 7 + 9}{4}$ **6.** $\frac{1.7 + 4.2 + 3.1}{3}$ **7.** $\frac{11 + 16 + 9 + 12 + 7}{5}$

Lección 1-7

◆ Propiedad distributiva

Simplifica cada expresión.

8. $6(x - 7)$ **9.** $\frac{1}{2}(4x + 6)$ **10.** $-2(5 - x)$ **11.** $0.5(5 + 4x)$

Lección 3-8

◆ Uniones e intersecciones de conjuntos

Sea $X = \{x \mid x$ es un número entero impar menor que 16$\}$, $Y = \{2, 6, 9, 10, 16\}$ y $Z = \{z \mid z$ es un número entero par menor que 19$\}$. Halla cada unión o intersección.

12. $X \cup Y$ **13.** $X \cap Y$ **14.** $Y \cap Z$ **15.** $X \cup Y \cup Z$

Lección 5-7

◆ Diagramas de dispersión

Haz un diagrama de dispersión con los datos de cada tabla. Describe el tipo de correlación que muestra el diagrama de dispersión.

16.

Ventas de bolso de mensajero				
Precio ($)	30	45	60	75
Cantidad de bolsos vendidos	150	123	85	50

17.

Distancias y tiempo de manejo				
Distancia (mi)	5	38	15	8
Tiempo (min)	15	56	28	22

Vistazo inicial al vocabulario

18. Un equipo de hockey puede obtener tres *resultados* durante un partido: ganar, perder o empatar. ¿Cuáles son los *resultados* posibles al lanzar una moneda?

19. En una carretera, la *mediana* es el trozo de tierra que divide las dos manos opuestas del tránsito. ¿Cómo crees que una *mediana* podría dividir un conjunto de datos?

20. El color morado es una *combinación* de los colores rojo y azul. ¿El orden en que los colores se combinan cambia el resultado de la *combinación*?

CAPÍTULO 12

Análisis de datos y probabilidad

PowerAlgebra.com *

Aquí encontrarás
todo lo digital.

Descarga videos que
conectan las
matemáticas con
tu mundo.

Definiciones de
matemáticas en
inglés y español

Las actividades de
Solve It! en línea
te prepararán para
cada lección.

Actividades interactivas!
Cambia números,
gráficas y cifras para
explorar los conceptos
de matemáticas.

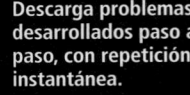

Descarga problemas
desarrollados paso a
paso, con repetición
instantánea.

Encuentra tus tareas
en línea.

Práctica adicional
y repaso en línea

¡Uno de estos patos es diferente a
los otros! Si cierro los ojos y agarro
uno, ¿crees que agarraré uno rosado
o uno amarillo? En este capítulo,
aprenderás a usar la probabilidad
para decidir si un evento es probable
o no.

Vocabulario

Audio de vocabulario inglés/español en línea:

Español	Inglés
combinación, *p. 753*	combination
cuartil, *p. 734*	quartile
espacio muestral, *p. 757*	sample space
evento, *p. 757*	event
matriz, *p. 714*	matrix
medida de tendencia central, *p. 726*	measure of central tendency
permutación, *p. 751*	permutation
probabilidad, *p. 757*	probability
resultado, *p. 757*	outcome
valor extremo, *p. 726*	outlier

El contenido de PowerAlgebra.com sólo existe en inglés.

My Math Video

00:04:04

VIDEO ▶

GRANDES ideas

1 **Recopilación y análisis de datos**

Pregunta esencial ¿Cómo puedes usar la recopilación y el análisis de datos para tomar decisiones o hacer predicciones?

2 **Representación de datos**

Pregunta esencial ¿Cómo puedes hacer e interpretar diferentes representaciones de datos?

3 **Probabilidad**

Pregunta esencial ¿Cómo se relaciona la probabilidad con los eventos de la vida diaria?

Primer vistazo al capítulo

12-1 Organizar datos usando matrices

Objetivos Organizar datos en una matriz.
Sumar y restar matrices y multiplicar una matriz por un escalar.

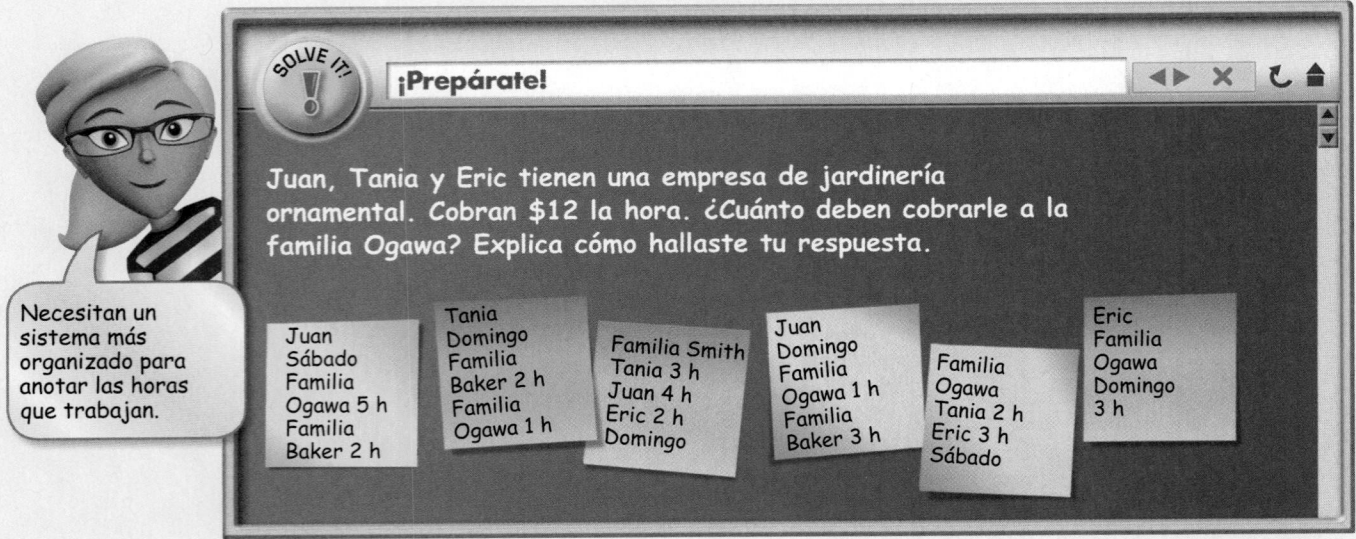

¡Prepárate!

Juan, Tania y Eric tienen una empresa de jardinería ornamental. Cobran $12 la hora. ¿Cuánto deben cobrarle a la familia Ogawa? Explica cómo hallaste tu respuesta.

Necesitan un sistema más organizado para anotar las horas que trabajan.

Juan
Sábado
Familia
Ogawa 5 h
Familia
Baker 2 h

Tania
Domingo
Familia
Baker 2 h
Familia
Ogawa 1 h

Familia Smith
Tania 3 h
Juan 4 h
Eric 2 h
Domingo

Juan
Domingo
Familia
Ogawa 1 h
Familia
Baker 3 h

Familia
Ogawa
Tania 2 h
Eric 3 h
Sábado

Eric
Familia
Ogawa
Domingo
3 h

Vocabulario de la lección
- matriz
- elemento
- escalar
- multiplicación escalar

Una **matriz** es una ordenación rectangular de números en filas y columnas. El plural de *matriz* es *matrices*. En la siguiente matriz se muestran las horas que trabajaron Juan, Tania y Eric el domingo.

$$\begin{array}{cc} \text{Familia Ogawa} & \text{Familia Baker} \end{array}$$

$$\begin{array}{c} \text{Juan} \\ \text{Tania} \\ \text{Eric} \end{array} \begin{bmatrix} 5 & 2 \\ 2 & 0 \\ 3 & 0 \end{bmatrix} \leftarrow \text{Fila}$$

$$\uparrow$$
$$\text{Columna}$$

El tamaño de una matriz se identifica por el número de filas y de columnas. La matriz anterior tiene 3 filas y 2 columnas; por tanto, es una matriz de 3×2.

Cada número de una matriz es un **elemento**. Las matrices son iguales si tienen el mismo tamaño y los elementos en las posiciones correspondientes son iguales.

$$\begin{bmatrix} -1 & 2 \\ 4 & 0 \end{bmatrix} = \begin{bmatrix} -1 & \frac{4}{2} \\ (5-1) & 0 \end{bmatrix}$$

Comprensión esencial Las matrices se pueden usar para organizar datos. Así es más fácil hacer cálculos con los datos.

Tal vez debas sumar o restar matrices para resolver algunos problemas. Sólo puedes sumar o restar las matrices del mismo tamaño. Para sumar o restar matrices, suma o resta los elementos correspondientes.

 Problema 1 Sumar y restar matrices

¿Cuál es la suma o la diferencia?

Piensa

¿Puedes sumar las matrices?
Sí, puedes sumar las matrices porque tienen el mismo tamaño. Cada matriz tiene 2 filas y 2 columnas.

A $\begin{bmatrix} -5 & 2.7 \\ 7 & -3 \end{bmatrix} + \begin{bmatrix} -3 & -3.9 \\ -4 & 2 \end{bmatrix} = \begin{bmatrix} -5 + (-3) & 2.7 + (-3.9) \\ 7 + (-4) & -3 + 2 \end{bmatrix}$ Suma los elementos correspondientes.

$= \begin{bmatrix} -8 & -1.2 \\ 3 & -1 \end{bmatrix}$ Simplifica.

B $\begin{bmatrix} 2 & 11 \\ -4 & 3.2 \\ 1.5 & -5 \end{bmatrix} - \begin{bmatrix} -1 & 8 \\ -6.5 & 4 \\ 0 & -3 \end{bmatrix} = \begin{bmatrix} 2 - (-1) & 11 - 8 \\ -4 - (-6.5) & 3.2 - 4 \\ 1.5 - 0 & -5 - (-3) \end{bmatrix}$ Resta los elementos correspondientes.

$= \begin{bmatrix} 3 & 3 \\ 2.5 & -0.8 \\ 1.5 & -2 \end{bmatrix}$ Simplifica.

 ¿Comprendiste? 1. ¿Cuál es la suma o la diferencia de las partes (a) y (b)?

a. $\begin{bmatrix} 5 \\ 3.2 \\ -4.9 \end{bmatrix} + \begin{bmatrix} -9 \\ -1.7 \\ -11.1 \end{bmatrix}$ **b.** $\begin{bmatrix} -4 & 0 \\ 3 & 7 \end{bmatrix} - \begin{bmatrix} -5 & -1 \\ 0.5 & -3 \end{bmatrix}$

c. Razonamiento Explica por qué no puedes sumar o restar matrices que no tienen el mismo tamaño.

También es probable que necesites multiplicar una matriz por un número real para resolver algunos problemas. El factor que es un número real se llama **escalar**. La multiplicación de una matriz por un escalar se llama **multiplicación escalar**. Para usar la multiplicación escalar, multiplica cada elemento de la matriz por el escalar.

 Problema 2 Multiplicar una matriz por un escalar

¿Cuál es el producto de $3\begin{bmatrix} 4 & -1.5 \\ 1 & -6 \end{bmatrix}$**?**

Piensa

¿Qué factor es el escalar?
El escalar es el factor que es un número real, es decir, 3.

$3\begin{bmatrix} 4 & -1.5 \\ 1 & -6 \end{bmatrix} = \begin{bmatrix} 3(4) & 3(-1.5) \\ 3(1) & 3(-6) \end{bmatrix}$ Multiplica cada elemento por el escalar, 3.

$= \begin{bmatrix} 12 & -4.5 \\ 3 & -18 \end{bmatrix}$ Simplifica.

 **¿Comprendiste?** **2.** ¿Cuál es cada producto?

    a. $-2\begin{bmatrix} -3 & 7.1 & 5 \end{bmatrix}$ **b.** $1.5\begin{bmatrix} -11 & 3 \\ 0 & -1.5 \end{bmatrix}$

Puedes usar matrices para organizar datos de la vida diaria.

 Problema 3   **Usar matrices**

Clima Usa la siguiente tabla sobre el estado del tiempo. ¿Qué ciudad tiene la mayor cantidad de días despejados en promedio en un año completo?

Cantidad en promedio de días despejados y nublados

septiembre – febrero	marzo – agosto
Phoenix: 102 despejados, 41 nublados	Phoenix: 110 despejados, 27 nublados
Miami: 43 despejados, 58 nublados	Miami: 31 despejados, 59 nublados
Portland: 55 despejados, 82 nublados	Portland: 45 despejados, 83 nublados

Portland, ME

Phoenix, AZ

Miami, FL

Planea

¿De qué tamaño deben ser las matrices que uses?
Los datos corresponden a tres ciudades y dos tipos de estados del tiempo. Por tanto, puedes usar matrices de 3 × 2 o matrices de 2 × 3.

Paso 1   Usa matrices para organizar la información.

septiembre – febrero

      despejados nublados

$$\begin{array}{c} \text{Phoenix} \\ \text{Miami} \\ \text{Portland} \end{array} \begin{bmatrix} 102 & 41 \\ 43 & 58 \\ 55 & 82 \end{bmatrix}$$

marzo – agosto

      despejados nublados

$$\begin{array}{c} \text{Phoenix} \\ \text{Miami} \\ \text{Portland} \end{array} \begin{bmatrix} 110 & 27 \\ 31 & 59 \\ 45 & 83 \end{bmatrix}$$

Paso 2   Suma las matrices para hallar el promedio de días despejados y nublados en un año completo para cada ciudad. Las matrices son del mismo tamaño; por tanto, las puedes sumar.

$$\begin{bmatrix} 102 & 41 \\ 43 & 58 \\ 55 & 82 \end{bmatrix} + \begin{bmatrix} 110 & 27 \\ 31 & 59 \\ 45 & 83 \end{bmatrix} = \begin{bmatrix} 212 & 68 \\ 74 & 117 \\ 100 & 165 \end{bmatrix}$$ Suma los elementos correspondientes.

Paso 3   Halla el mayor promedio de días despejados en un año completo. La primera columna de la matriz representa el promedio de días despejados en un año completo para cada ciudad. El mayor número en esa columna es 212, que corresponde a Phoenix. Por tanto, Phoenix tiene el mayor promedio de días despejados en un año completo.

$$\begin{bmatrix} 212 & 68 \\ 74 & 117 \\ 100 & 165 \end{bmatrix}$$

 ¿Comprendiste? **3.** ¿Qué ciudad del Problema 3 tiene el mayor promedio de días nublados en un año completo?

Comprobar la comprensión de la lección

¿CÓMO hacerlo?

Halla cada suma o resta.

1. $\begin{bmatrix} 0 & 7 \\ -4 & 5 \end{bmatrix} + \begin{bmatrix} -3 & 2 \\ 4 & -1 \end{bmatrix}$ 2. $\begin{bmatrix} 5 & 4 \\ -1 & 0 \end{bmatrix} - \begin{bmatrix} 3 & 1 \\ -3 & 3 \end{bmatrix}$

Halla cada producto.

3. $2\begin{bmatrix} 4 & 0 & 5 \\ -2 & 1 & 2 \end{bmatrix}$ 4. $-6\begin{bmatrix} 5 & 0 \\ 2 & -3 \end{bmatrix}$

¿Lo ENTIENDES?

5. **Vocabulario** ¿Cuántos elementos hay en una matriz de 3×3?

6. **Analizar errores** Un estudiante sumó dos matrices como se muestra a la derecha. Describe y corrige el error.

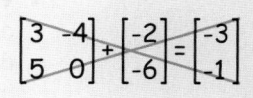

7. **Respuesta de desarrollo** Escribe dos matrices diferentes de 3×3. Luego, súmalas.

Ejercicios de práctica y resolución de problemas

 **Práctica**

Halla cada suma o resta. ◀ **Ver el Problema 1.**

8. $\begin{bmatrix} 1 & -1 \\ 0 & 1 \end{bmatrix} + \begin{bmatrix} 0 & 1 \\ 1 & -1 \end{bmatrix}$

9. $\begin{bmatrix} -3 & 6 \\ 2 & 0 \end{bmatrix} - \begin{bmatrix} -2 & 5 \\ 2 & 0 \end{bmatrix}$

10. $\begin{bmatrix} 5 & 2 \\ -1 & 8 \end{bmatrix} - \begin{bmatrix} 7 & -4 \\ 0 & 2 \end{bmatrix}$

11. $\begin{bmatrix} 4 & -1 \\ 2 & 0 \\ 3 & 5 \end{bmatrix} + \begin{bmatrix} -2 & 0 \\ 3 & -1 \\ -3 & 5 \end{bmatrix}$

12. $\begin{bmatrix} 0 & 0.4 \\ -2 & 5.3 \\ 1.2 & 3.7 \end{bmatrix} + \begin{bmatrix} 1.8 & -5 \\ 7.1 & 0 \\ 0.3 & 2.3 \end{bmatrix}$

13. $\begin{bmatrix} 4.7 & -0.3 \\ 2.9 & 0.7 \\ -3.5 & 1.3 \end{bmatrix} - \begin{bmatrix} 2.3 & 7.3 \\ -5.1 & 0.4 \\ 4.2 & 0 \end{bmatrix}$

Halla cada producto. ◀ **Ver el Problema 2.**

14. $4\begin{bmatrix} 6 & -3 \\ 0 & 5 \end{bmatrix}$

15. $-2\begin{bmatrix} 3 & -1 \\ 7 & -2 \end{bmatrix}$

16. $0\begin{bmatrix} 5.3 & -7.2 \\ -1.8 & 0.6 \end{bmatrix}$

17. $-5\begin{bmatrix} 3.8 & 2.1 & 7 \\ 9.4 & -6 & 0 \end{bmatrix}$

18. $2.7\begin{bmatrix} 3 & 4.7 \\ 0 & -3 \\ 5.7 & 2.7 \end{bmatrix}$

19. $-3.1\begin{bmatrix} 4 & 7.5 \\ 9 & -5 \\ 1 & 4.6 \end{bmatrix}$

20. $8.3\begin{bmatrix} -1 & 8.2 \\ 0.3 & -4.1 \\ 6.2 & 9.5 \end{bmatrix}$

21. $-0.2\begin{bmatrix} 8.3 & -3 & 0 \\ 4.5 & 5.6 & 1 \\ -1 & 2.9 & 7 \end{bmatrix}$

22. **Deportes** En las siguientes tablas se muestra el número de participantes de una ciudad en diferentes deportes en 2005 y 2010. ¿Qué deporte tuvo el mayor incremento en el número de estudiantes que participaron entre 2005 y 2010? Halla la respuesta usando matrices. ◀ **Ver el Problema 3.**

Participación en deportes, 2005

Deporte	Estudiantes	Adultos
Béisbol	739	215
Básquetbol	1023	437
Fútbol americano	690	58
Fútbol	1546	42

Participación en deportes, 2010

Deporte	Estudiantes	Adultos
Béisbol	892	351
Básquetbol	1114	483
Fútbol americano	653	64
Fútbol	1712	37

23. Fabricación Una empresa de muebles tiene dos fábricas. Durante el primer turno, en la Fábrica A se produjeron 250 sillas y 145 mesas, y en la Fábrica B, 300 sillas y 75 mesas. Durante el segundo turno, en la Fábrica A se produjeron 275 sillas y 90 mesas, y en la Fábrica B, 240 sillas y 120 mesas. ¿En qué fábrica se produjeron más sillas durante los dos turnos? Halla la respuesta usando matrices.

24. Ventas En los siguientes registros de ventas semanales se muestran las cantidades de zapatos de diferentes colores y modelos que se vendieron en dos semanas. ¿Cuál es el color y modelo de zapato que se vendió más entre el 2 y el 15 de febrero? Halla la respuesta usando matrices.

Ventas de zapatos, 2 al 8 de feb.

Color	Modelo 73	Modelo 84
Negro	153	79
Blanco	241	116
Azul	58	32
Café	95	47

Ventas de zapatos, 9 al 15 de feb.

Color	Modelo 73	Modelo 84
Negro	172	82
Blanco	278	130
Azul	65	29
Café	103	54

B Aplicación

Simplifica cada expresión. (*Pista:* Multiplica antes de sumar o restar).

25. $2\begin{bmatrix} 6 & 0 & -2 \\ -5 & 3 & 1 \end{bmatrix} - \begin{bmatrix} 3 & -1 & -6 \\ 0 & 4 & 2 \end{bmatrix}$

26. $\begin{bmatrix} 0 & 3.4 & 5 \\ 4.1 & -2 & 1 \end{bmatrix} + 0.5\begin{bmatrix} -8 & 6.4 & 0 \\ 0.2 & -2.8 & 4.2 \end{bmatrix}$

27. $-3\begin{bmatrix} 4.2 & -7.3 & 0.7 \\ 2.7 & -9.3 & 11.8 \\ 3.6 & 8.2 & -4.8 \end{bmatrix} - 2\begin{bmatrix} 7.8 & -4.1 & 9.4 \\ -8 & 0 & 0.8 \\ -1.4 & 5.9 & 3.3 \end{bmatrix}$

28. $\begin{bmatrix} -3.7 & 2.5 & -7.5 \\ 2.2 & -6.2 & 0.3 \\ 1.5 & -3.1 & 4.9 \end{bmatrix} + (-5)\begin{bmatrix} 8.7 & 1.5 & 4.5 \\ -4 & 0.1 & -7.3 \\ 5.8 & 4.1 & 7.3 \end{bmatrix}$

29. Pensar en un plan Usa la tabla de la derecha, en la que se muestra la información nutricional de 1 porción de cada tipo de alimento. ¿Seis porciones de qué alimento(s) tienen menos de 1000 calorías?
- ¿Qué matriz representa la información nutricional de 1 porción?
- ¿Cómo puedes hallar la información nutricional de 6 porciones?

ALIMENTO	Porción	Calorías	Proteínas (g)	Grasas (g)
Pollo	1	148	29	3.5
Ensalada de frutas	1	221	1	0
Fideos con salsa	1	273	11	13

Fuente: Departamento de Agricultura de los Estados Unidos

30. Política En la siguiente tabla se muestran los resultados de una elección para alcalde en una ciudad. Si ningún candidato recibe más del 50% de los votos, se organizará una segunda vuelta entre los dos candidatos más populares de esa ciudad. ¿Debería organizarse una segunda vuelta? De ser así, ¿qué candidatos deberían estar en la segunda vuelta? Explica tu razonamiento.

Votos por distrito

Candidato	Distrito 1	Distrito 2	Distrito 3	Distrito 4
Greene	373	285	479	415
Jackson	941	871	114	97
Voigt	146	183	728	682

Desafío   Halla los valores de x y y que hacen que cada ecuación sea verdadera.

31. $\begin{bmatrix} 0 & x \\ 2x & -4 \end{bmatrix} + \begin{bmatrix} 3 & 4y \\ y & 8 \end{bmatrix} = \begin{bmatrix} 3 & 18 \\ 1 & 4 \end{bmatrix}$

32. $\begin{bmatrix} x & -1 \\ 4 & 3x \end{bmatrix} + \begin{bmatrix} -3y & 5 \\ -6 & 2y \end{bmatrix} = \begin{bmatrix} 7 & 4 \\ -2 & 10 \end{bmatrix}$

Preparación para el examen estandarizado

SAT/ACT

33. ¿Qué matriz es igual a $-3 \begin{bmatrix} 5.5 & -1 \\ -3 & 2 \end{bmatrix}$?

Ⓐ $\begin{bmatrix} 8.5 & 2 \\ 0 & 5 \end{bmatrix}$ Ⓑ $\begin{bmatrix} 2.5 & -4 \\ -6 & -1 \end{bmatrix}$ Ⓒ $\begin{bmatrix} 16.5 & -3 \\ -9 & 6 \end{bmatrix}$ Ⓓ $\begin{bmatrix} -16.5 & 3 \\ 9 & -6 \end{bmatrix}$

34. ¿Qué ecuación representa una recta paralela a la gráfica de $y = 3x + 6$?

Ⓕ $x - \frac{1}{3}y = 0$ Ⓗ $y = \frac{1}{3}x + 2$

Ⓖ $y = -3x + 2$ Ⓘ $y = 2x + 6$

35. ¿Cuál es la forma simplificada de $2\sqrt{108}$?

Ⓐ $12\sqrt{3}$ Ⓑ $6\sqrt{12}$ Ⓒ $3\sqrt{26}$ Ⓓ $2\sqrt{6}$

Respuesta breve

36. Carlos hace la tarea a un ritmo de 25 problemas por hora. Cecilia hace la tarea a un ritmo de 30 problemas por hora. Carlos empezó a hacer la tarea 12 min antes que Cecilia. ¿Cuántas horas después de que Carlos haya comenzado a hacer la tarea habrán hecho la misma cantidad de problemas? Muestra tu trabajo.

Repaso mixto

Identifica el valor excluido de cada función racional.   ◀ **Ver la Lección 11-7.**

37. $y = \dfrac{3}{x - 5}$ **38.** $y = \dfrac{-1}{x}$ **39.** $f(x) = \dfrac{5x}{x - 4}$

¡Prepárate!   **Antes de la Lección 12-2, haz los Ejercicios 40 y 41.**

Haz un diagrama de dispersión con los datos de cada tabla. Indica si existe una correlación. En ese caso, indica si la correlación refleja una relación causal. Explica tu razonamiento.   ◀ **Ver la Lección 5-7.**

40. Tallas de zapatos y calificaciones en el examen

Nombre	Talla de zapatos	Calificación en el examen
Baker	9	87
Johns	11	94
Rivera	8	96
Samuels	7	75

41. Comisiones de ventas

Empleado	Productos vendidos	Comisión ganada ($)
Andrews	38	310
García	24	250
Jordan	47	448
Walker	53	495

12-2 Frecuencia e histogramas

Objetivo Hacer e interpretar tablas de frecuencia e histogramas.

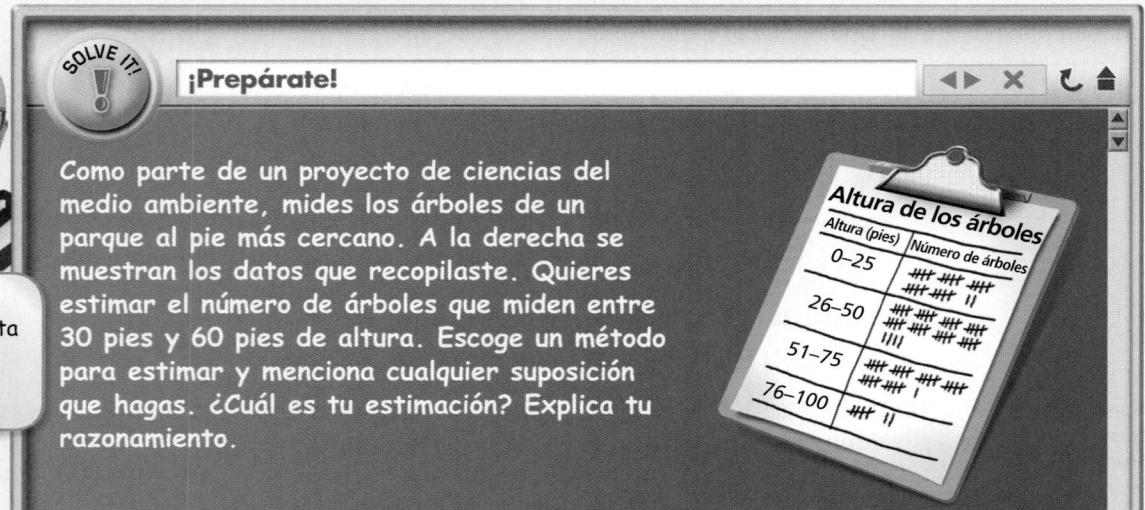

Si no tienes la información exacta que necesitas, a veces tienes que estimar.

Vocabulario de la lección
- frecuencia
- tabla de frecuencia
- histograma
- tabla de frecuencia cumulativa

Comprensión esencial Hay muchas maneras de organizar y exhibir los datos de manera visual. A veces es útil organizar los datos numéricos en intervalos.

La **frecuencia** de un intervalo es el número de valores que hay en ese intervalo. Una **tabla de frecuencia** agrupa un conjunto de valores en intervalos y muestra la frecuencia de cada intervalo. Los intervalos de las tablas de frecuencia no se superponen, no tienen brechas y suelen ser del mismo tamaño.

Problema 1 Hacer una tabla de frecuencia

Béisbol A continuación, se muestra una lista con los números de jonrones que anotaron los bateadores en un campeonato local de jonrones. ¿Qué tabla de frecuencia podría representar los datos?

7 17 14 2 7 9 5 12 3 10 4 12 7 15

El valor mínimo es 2 y el máximo es 17. Los intervalos de 4 parecen razonables. En la primera columna de la tabla, enumera los intervalos. Cuenta el número de valores de cada intervalo y anótalo en la segunda columna.

Resultados de jonrones

Jonrones	Frecuencia
2–5	4
6–9	4
10–13	3
14–17	3

Planea

¿Cómo escoges los intervalos?
Los valores de los datos van del 2 al 17; por tanto, hay 16 valores posibles en total. Puedes dividir los 16 valores en 4 intervalos de 4.

 ¿Comprendiste? 1. ¿Cómo sería una tabla de frecuencia con intervalos de 5 para los datos del Problema 1?

Un **histograma** es una gráfica en la que se pueden exhibir los datos de una tabla de frecuencia. Un histograma tiene una barra para cada intervalo. La altura de cada barra muestra la frecuencia de los datos del intervalo que representa. No hay espacios vacíos entre las barras, que suelen tener el mismo ancho.

 Problema 2 **Hacer un histograma**

Televisión **Los siguientes datos representan la cantidad de horas por semana que un grupo de estudiantes dedica a mirar televisión. ¿Qué histograma podría representar los datos?**
  7 10 1 5 14 22 6 8 0 11 13 3 4 14 5

Lo que sabes	Lo que necesitas	Planea
Un conjunto de valores	Un histograma de los valores	Haz una tabla de frecuencia. Esto te ayudará a construir el histograma.

Usa los intervalos de la tabla de frecuencia para hacer el histograma. Dibuja una barra para cada intervalo. La altura de cada barra debe ser igual a la frecuencia de su intervalo. Las barras deben tocarse, pero no superponerse. Rotula cada eje.

Mirar televisión

Horas	Frecuencia
0–5	6
6–11	5
12–17	3
18–23	1

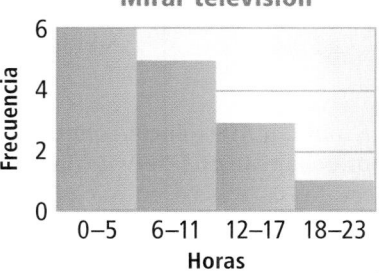

Mirar televisión

 ¿Comprendiste? **2.** A continuación se muestran los tiempos de llegada de una carrera en segundos. ¿Qué histograma podría representar los datos?
  95 105 83 80 93 98 102 99 82 89 90 82 89

Puedes describir los histogramas según su forma. A continuación se muestran tres tipos de histogramas.

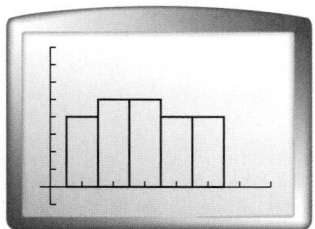

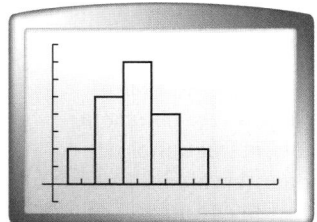

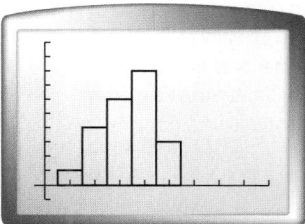

Si las barras tienen prácticamente la misma altura, el histograma es *uniforme*.

Si el histograma se puede dividir en dos partes con una recta vertical de modo que parezcan imágenes reflejadas, entonces el histograma es *simétrico*.

Si el histograma tiene un pico que no está en el centro, el histograma es *asimétrico*.

Piensa

¿Dónde viste simetría antes?

Las parábolas que representaste en el Capítulo 9 son simétricas con respecto a sus ejes de simetría.

Problema 3 **Interpretar histogramas**

¿Cada histograma es *uniforme*, *simétrico* o *asimétrico*?

A

B

Este histograma es simétrico porque las mitades parecen imágenes reflejadas.

Este histograma es asimétrico porque el pico no está en el centro.

 ¿Comprendiste? **3. a.** El siguiente conjunto de datos muestra la cantidad de dólares que Jaime gastó en el almuerzo durante las últimas dos semanas. Haz un histograma con los datos. ¿El histograma es *uniforme*, *simétrico* o *asimétrico*?

17 1 4 11 14 14 5 16 6 5 9 10 13 9

b. Razonamiento ¿Cuánto dinero debería llevar Jaime para el almuerzo la próxima semana? Explica tu razonamiento.

Una **tabla de frecuencia cumulativa** muestra el número de valores que están dentro o por debajo de un intervalo dado. Por ejemplo, si la frecuencia cumulativa para el intervalo 70-79 es 20, entonces hay 20 valores menores que o iguales a 79.

Problema 4 **Hacer una tabla de frecuencia cumulativa**

Mensajes de texto **A continuación se muestra la cantidad de mensajes de texto que enviaron diferentes estudiantes en un día. ¿Qué tabla de frecuencia cumulativa podría representar los datos?**

17 3 1 30 11 7 1 5 2 39 22 13 2 0 21 1 49 41 27 2 0

Piensa

¿Qué te indica una tabla de frecuencia cumulativa?

Una tabla de frecuencia cumulativa te indica el número de valores que son menores que o iguales al límite superior de cada intervalo.

Paso 1 Divide los datos en intervalos. El mínimo es 0 y el máximo es 49. Puedes dividir los datos en 5 intervalos.

Paso 2 Escribe los intervalos en la primera columna. Anota la frecuencia de cada intervalo en la segunda columna.

Mensajes de texto diarios

Cantidad de mensajes de texto	Frecuencia	Frecuencia cumulativa
0–9	11	11
10–19	3	14
20–29	3	17
30–39	2	19
40–49	2	21

$11 + 3 = 14$
$14 + 3 = 17$
$17 + 2 = 19$
$19 + 2 = 21$

Paso 3 Para la tercera columna, suma la frecuencia de cada intervalo a las frecuencias de todos los intervalos anteriores.

 ¿Comprendiste? **4.** ¿Qué tabla de frecuencia cumulativa podría representar los siguientes datos?

12 13 15 1 5 7 10 9 2 2 7 11 2 1 0 15

Comprobar la comprensión de la lección

¿CÓMO hacerlo?

Los siguientes datos muestran la vida útil, en horas, de diferentes marcas de pilas.

12 9 10 14 10 11 10 18 21 10 14 22

1. Haz una tabla de frecuencia con los datos.

2. Haz un histograma con los datos.

3. Haz una tabla de frecuencia cumulativa con los datos.

¿Lo ENTIENDES?

4. Vocabulario ¿De qué manera una tabla de frecuencia podría ser útil para que el dueño de una tienda determine las horas en las que recibe más clientes?

5. Comparar y contrastar ¿Cuál es la diferencia entre un histograma simétrico y un histograma asimétrico?

6. Escribir ¿Cómo puedes usar una tabla de frecuencia de un conjunto de datos para construir una tabla de frecuencia cumulativa?

Ejercicios de práctica y resolución de problemas

 **Práctica**

Usa los datos para hacer una tabla de frecuencia.

 Ver el Problema 1.

7. envergaduras (cm): 150 126 139 144 125 149 133 140 142 149 150 127 130

8. tiempos en un maratón (min): 135 211 220 180 175 161 246 201 192 167 235 208

9. velocidades máximas (mi/h): 108 90 96 150 120 115 135 126 165 155 130 125 100

Usa los datos para hacer un histograma.

 Ver el Problema 2.

10. costos de productos: $11 $30 $22 $8 $15 $28 $17 $17 $1 $19 $29 $21 $12 $25

11. edades de parientes: 18 5 27 34 56 54 9 14 35 22 78 94 47 52 2 16 17 10

12. tiempos de espera en un restaurante (min): 20 35 15 25 5 10 40 30 10 50 20 60 10 8

13. puntos por partido: 10 2 13 18 22 20 8 9 12 33 10 13 21 18 5 16 17 13

Indica si cada histograma es *uniforme, simétrico* o *asimétrico*.

 Ver el Problema 3.

14.
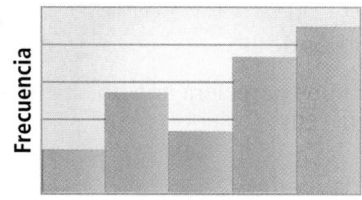

15.
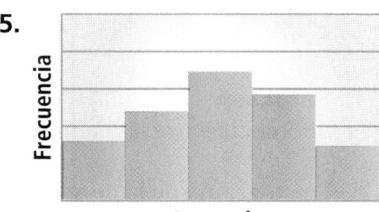

16.

17.
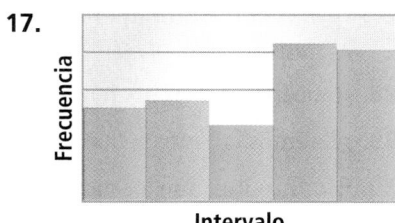

Usa los datos para hacer una tabla de frecuencia cumulativa.

◀ Ver el Problema 4.

18. longitudes de caminos (mi): 4 1 5 2 1 3 7 12 6 3 11 9 2 1 3 4 1 2 5 3 1 1

19. alturas de edificios (pies): 105 245 300 234 225 156 180 308 250 114 150 285

20. magnitudes de terremotos: 2.1 5.4 6.7 3.2 4.5 2.7 2.6 3.1 4.4 8.1 4.1 2.9 2.1

Ⓑ Aplicación

21. Música A la derecha se muestra el nuevo CD de la banda de música Mediatriz.

    a. Haz una tabla de frecuencia cumulativa que represente las duraciones de las canciones en segundos.

    b. ¿Aproximadamente qué porcentaje de las canciones duran menos de 4 min? ¿Cómo lo sabes?

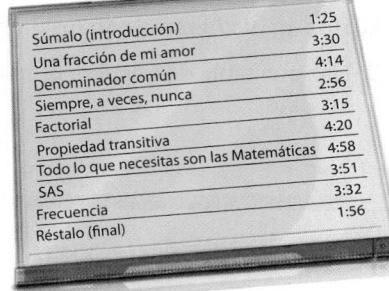

Súmalo (introducción)	1:25
Una fracción de mi amor	3:30
Denominador común	4:14
Siempre, a veces, nunca	2:56
Factorial	3:15
Propiedad transitiva	4:20
Todo lo que necesitas son las Matemáticas	4:58
SAS	3:51
Frecuencia	3:32
Réstalo (final)	1:56

22. Pensar en un plan Un agente de viajes hizo una encuesta para hallar cuántas veces por año las personas van a la playa. En el siguiente histograma se muestran los resultados de la encuesta. ¿Alrededor de cuántas personas respondieron la encuesta?

Viajes anuales a la playa

(histograma: Número de respuestas vs Número de viajes: 0–24, 25–49, 50–74, 75–99)

  • ¿Qué representa la altura de cada barra?

  • ¿Cómo puedes usar la altura de las barras para hallar el número de personas que respondieron la encuesta?

Usa las siguientes calificaciones de un examen.

   81 70 73 89 68 79 91 59 77 73 80 75 88 65 82 94 77 67 82

23. ¿Cómo sería un histograma de los datos con intervalos de 5?

24. ¿Cómo sería un histograma de los datos con intervalos de 10?

25. ¿Cómo sería un histograma de los datos con intervalos de 20?

26. Razonamiento ¿Qué tipo de intervalo usarías para que pareciera que no hay mucha diferencia entre las calificaciones del examen: 5, 10 ó 20?

En el histograma de la derecha se muestran las cantidades de dinero que 50 clientes gastaron en un supermercado.

27. ¿Cuál es el límite superior de la cantidad de dinero que gastaron los clientes?

28. ¿Qué intervalo representa el mayor número de clientes?

29. ¿Cuántos clientes gastaron menos de $20?

30. Escribir Resume los gastos de los 50 clientes representados en el histograma.

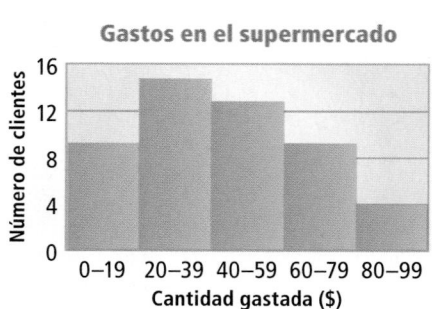

Gastos en el supermercado

(histograma: Número de clientes vs Cantidad gastada ($): 0–19, 20–39, 40–59, 60–79, 80–99)

31. Analizar errores Un estudiante hizo la tabla de frecuencia de la derecha con los siguientes datos. Describe y corrige el error.

40 21 28 53 24 48 50 55 42 29 22 52 43 26 44

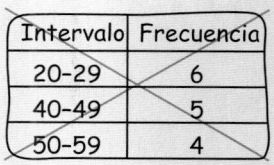

Intervalo	Frecuencia
20-29	6
40-49	5
50-59	4

 **Desafío**

32. Haz un histograma para un conjunto de 200 valores. El histograma debe tener 40% de los valores en el intervalo 20-29. Los valores restantes deben dividirse exactamente entre los intervalos 0-9, 10-19, 30-39 y 40-49.

33. Copia y completa la tabla de frecuencia cumulativa de la derecha.

Intervalo	Frecuencia	Frecuencia cumulativa
0–9	■	6
10–19	■	17
20–29	■	26
30–39	■	35

Preparación para el examen estandarizado

SAT/ACT

34. ¿Qué forma tiene el histograma de la derecha?

    Ⓐ simétrica   Ⓒ asimétrica

    Ⓑ proporcional   Ⓓ uniforme

35. ¿Cuál es la solución de $(-4x - 6) + (6x + 1) = -13$?

    Ⓕ -4 Ⓗ 6

    Ⓖ 5 Ⓘ 9

36. ¿Cuál es la forma descompuesta en factores de $x^2 - 6x - 16$?

    Ⓐ $(x + 2)(x + 8)$ Ⓑ $(x - 2)(x + 8)$ Ⓒ $(x + 2)(x - 8)$ Ⓓ $(x - 2)(x - 8)$

Respuesta breve

37. ¿Entre qué dos valores enteros de x se intersecan las gráficas de $y = 20(0.5)^x$ y $y = 0.5 \cdot 4^x$? Muestra tu trabajo.

Repaso mixto

Halla cada suma o resta.

    ◀ Ver la Lección 12-1.

38. $\begin{bmatrix} 4 & 6 \\ 5 & 7 \end{bmatrix} + \begin{bmatrix} 8 & 10 \\ 9 & 11 \end{bmatrix}$

39. $\begin{bmatrix} 0.2 & 0.6 \\ 0.8 & 0.5 \end{bmatrix} - \begin{bmatrix} 2.3 & 5.9 \\ 7.5 & 1.0 \end{bmatrix}$

¡Prepárate! **Antes de la Lección 12-3, haz los Ejercicios 40 y 41.**

Ordena los números de cada ejercicio de menor a mayor.

    ◀ Ver la Lección 1-3.

40. $13, \frac{5}{4}, -4, -16, 0, 2, 16, \frac{1}{2}$

41. $0.9, -0.2, 1.2, 5, -1, 0, 0.1, 2$

12-3 Medidas de tendencia central y de dispersión

Objetivo Hallar la media, la mediana, la moda y el rango.

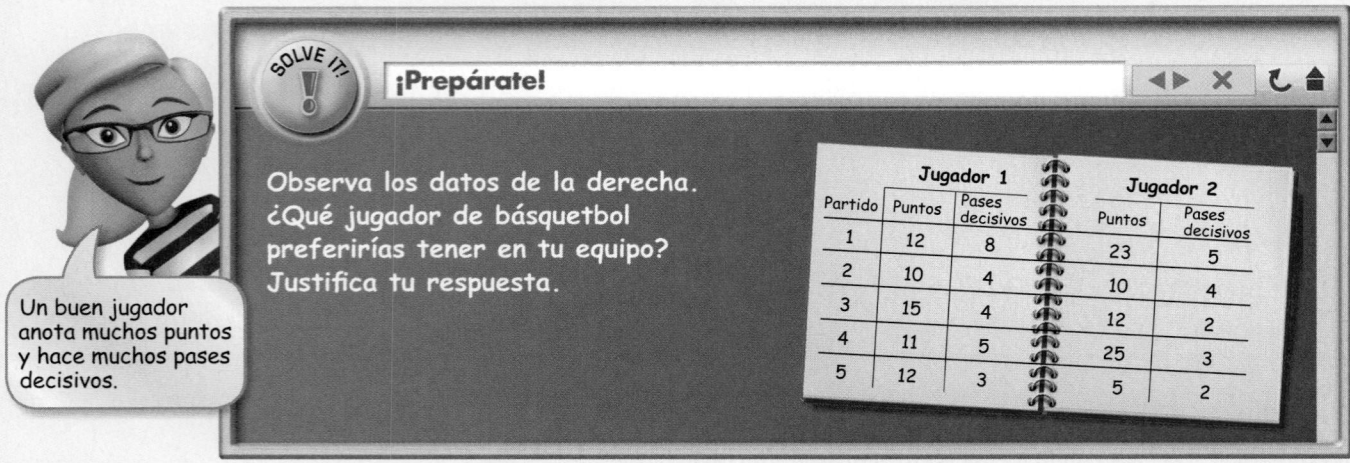

¡Prepárate! ◄► ✕ ↻ ⌂

Observa los datos de la derecha. ¿Qué jugador de básquetbol preferirías tener en tu equipo? Justifica tu respuesta.

Un buen jugador anota muchos puntos y hace muchos pases decisivos.

Partido	Jugador 1		Jugador 2	
	Puntos	Pases decisivos	Puntos	Pases decisivos
1	12	8	23	5
2	10	4	10	4
3	15	4	12	2
4	11	5	25	3
5	12	3	5	2

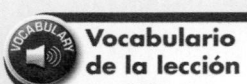

Vocabulario de la lección
- medida de tendencia central
- valor extremo
- media
- mediana
- moda
- medida de dispersión
- rango de un conjunto de datos

Comprensión esencial Puedes usar diferentes medidas para interpretar y comparar conjuntos de datos.

Una manera de resumir un conjunto de datos es usar una *medida de tendencia central*. La media, la mediana y la moda son **medidas de tendencia central**.

La medida de tendencia central que describe mejor un conjunto de datos puede depender de si el conjunto de datos tiene un *valor extremo*. Un **valor extremo** es un valor mucho mayor o mucho menor que los otros valores del conjunto. A continuación, repasarás los conceptos de media, mediana y moda y aprenderás a usar cada una como una medida de tendencia central.

toma nota

Concepto clave   Media, mediana y moda

Medida	Cuándo usarla
La **media** equivale a $\frac{\text{suma de los valores}}{\text{número total de valores}}$. La media suele recibir el nombre de *promedio*.	Usa la media para describir el valor del medio de un conjunto de datos que *no tiene* un valor extremo.
La **mediana** es el valor del medio en un conjunto de datos cuando los valores están organizados en orden numérico. Cuando un conjunto contiene un número par de valores, la mediana es la media de los dos valores del medio.	Usa la mediana para describir el valor del medio de un conjunto de datos que *tiene* un valor extremo.
La **moda** es el dato que sucede con mayor frecuencia. Es posible que un conjunto de datos no tenga moda o que tenga una moda o más de una moda.	Usa la moda cuando los datos no son numéricos o cuando debes escoger el objeto más popular.

Problema 1 Hallar medidas de tendencia central

Bolos ¿Cuál es la media, la mediana y la moda de los siguientes puntajes de bolos?
¿Qué medida de tendencia central describe mejor los puntajes?

Jugador 1: 104
Jugador 2: 117
Jugador 3: 104
Jugador 4: 136

Jugador 5: 189
Jugador 6: 109
Jugador 7: 113
Jugador 8: 104

Piensa

¿Hay un valor extremo en el conjunto de datos?
Sí; el puntaje 189 es mucho mayor que los otros puntajes.

Media: $\dfrac{104 + 117 + 104 + 136 + 189 + 109 + 113 + 104}{8} = 122$

La media es la suma de los puntajes dividida por el número de puntajes.

Mediana: 104 104 104 109 113 117 136 189

Enumera los datos en orden.

$\dfrac{109 + 113}{2} = 111$

La mediana de un número par de valores es la media de los dos valores del medio.

Moda: 104

La moda es el dato que sucede con mayor frecuencia.

Dado que hay un valor extremo, 189, la mediana es la mejor medida para describir los puntajes.
La media, 122, es mayor que la mayoría de los puntajes. La moda, 104, es el puntaje más bajo.
Ni la media ni la moda describen bien los datos. La mediana describe mejor los datos.

 ¿Comprendiste? **1.** Considera los puntajes del Problema 1 que no incluyen el valor extremo, 189. ¿Cuál es la media, la mediana y la moda de los puntajes? ¿Qué medida de tendencia central describe mejor los datos?

Puedes usar una ecuación cuando necesites hallar un valor para alcanzar un promedio dado.

Problema 2 Hallar un valor

Calificaciones Tus calificaciones en tres exámenes son 80, 93 y 91. ¿Qué calificación necesitas obtener en el próximo examen para tener un promedio de 90 en los cuatro exámenes?

Planea

¿Qué información es desconocida?
La calificación del cuarto examen es desconocida. Usa una variable para representar esta calificación.

$\dfrac{80 + 93 + 91 + x}{4} = 90$ Usa la fórmula para hallar la media. Sea $x =$ la calificación en el cuarto examen.

$\dfrac{264 + x}{4} = 90$ Simplifica el numerador.

$264 + x = 360$ Multiplica cada lado por 4.

$x = 96$ Resta 264 de cada lado.

Para obtener un promedio de 90, tu calificación en el próximo examen debe ser 96.

 **¿Comprendiste?** **2. a.** Las calificaciones del Problema 2 eran 80, 93 y 91. ¿Qué calificación necesitarías obtener en tu próximo examen para tener un promedio de 88 en los cuatro exámenes?

b. Razonamiento Si 100 es la calificación más alta que puedes obtener en el cuarto examen, ¿es posible aumentar tu promedio a 92? Explica tu respuesta.

Una **medida de dispersión** describe cuán *dispersos*, o separados, están los valores en un conjunto de datos. Una medida de dispersión es el *rango*. El **rango de un conjunto de datos** es la diferencia entre el valor mayor y el valor menor.

 Problema 3 **Hallar el rango**

Finanzas A continuación, se muestran los precios de cierre en dólares de dos acciones durante los primeros cinco días de febrero. ¿Cuáles son el rango y la media de cada conjunto de datos? Usa los resultados para comparar los conjuntos de datos.

Piensa

¿Cuál es la diferencia entre el propósito del rango y el de la media?
El rango te permite hallar cuán separados están los valores. La media te permite hallar un valor típico.

Acciones A: 25 30 30 47 28

rango: $47 - 25 = 22$

media: $\dfrac{25 + 30 + 30 + 47 + 28}{5}$

$= \dfrac{160}{5} = 32$

Acciones B: 34 28 31 36 31

rango: $36 - 28 = 8$

media: $\dfrac{34 + 28 + 31 + 36 + 31}{5}$

$= \dfrac{160}{5} = 32$

Los dos conjuntos de precios de las acciones tienen una media de 32. El rango de los precios de las Acciones A es 22 y el rango de los precios de las Acciones B es 8. Ambas acciones tuvieron, en promedio, el mismo precio durante el período de 5 días, pero los precios de las Acciones A estaban más separados.

 ¿Comprendiste? **3.** Durante los mismos días, los precios de cierre en dólares de las Acciones C fueron 7, 4, 3, 6 y 1. Los precios de cierre en dólares de las Acciones D fueron 24, 15, 2, 10 y 5. ¿Cuál es el rango y la media de cada conjunto de datos? Usa tus resultados para comparar las Acciones C con las Acciones D.

Sumar la misma cantidad a cada valor en un conjunto de datos tiene consecuencias especiales para la media, la mediana, la moda y el rango.

Analiza el conjunto de datos 5, 16, 3, 5, 11.

  media: 8   mediana: 5   moda: 5   rango: 13

Si sumas 5 a cada valor, obtienes el conjunto de datos 10, 21, 8, 10, 16.

  media: 13   mediana: 10 moda: 10   rango: 13

Observa que la media, la mediana y la moda aumentaron en 5, pero el rango no cambió. Para cualquier conjunto de datos, si sumas la misma cantidad k a cada elemento, la media, la mediana y la moda del nuevo conjunto de datos también aumenta en k, pero el rango no cambia.

 **Problema 4** Sumar una constante a los valores

Atletismo En la tabla se muestran los tiempos que varios atletas dedicaron a entrenarse en una cinta de correr cada día durante la primera semana de entrenamiento. Durante la segunda semana, los atletas suman 5 min a sus tiempos de entrenamiento. ¿Cuál es la media, la mediana, la moda y el rango de los tiempos de la segunda semana?

Tiempo en la cinta de correr	
Atleta	Tiempo (min)
Roberto	50
Carlota	20
Juan	41
Manuel	20
Rosita	30
Sonia	20
Xavier	50

Paso 1 Halla la media, la mediana, la moda y el rango de la primera semana.

$$\text{media: } \frac{20 + 20 + 20 + 30 + 41 + 50 + 50}{7} = 33$$

mediana: 30   moda: 20   rango: $50 - 20 = 30$

Paso 2 Halla la media, la mediana, la moda y el rango de la segunda semana.

media: $33 + 5 = 38$
mediana: $30 + 5 = 35$ Suma 5 a cada medida
moda: $20 + 5 = 25$ de tendencia central.
rango: 30   El rango no cambia.

Piensa

¿Cómo puedes comprobar tus resultados?
Suma 5 a cada tiempo de la primera semana para hallar los tiempos de la segunda semana. Luego, calcula la media, la mediana, la moda y el rango del nuevo conjunto de datos directamente.

 ¿Comprendiste? **4.** En la tercera semana de entrenamiento, los atletas suman 10 min a sus tiempos de entrenamiento de la segunda semana. ¿Cuál es la media, la mediana, la moda y el rango de los tiempos de entrenamiento de los atletas durante la tercera semana?

Supón que multiplicas cada valor de un conjunto de datos por la misma cantidad, k. Puedes hallar la media, la mediana, la moda y el rango del nuevo conjunto de datos multiplicando la media, la mediana, la moda y el rango del conjunto de datos original por k.

 **Problema 5** Multiplicar valores por una constante

Ir de compras En una tienda se venden siete modelos de televisores. Los precios normales son $144, $479, $379, $1299, $171, $479 y $269. Esta semana, la tienda ofrece un descuento del 30% en los precios de todos los televisores. ¿Cuál es la media, la mediana, la moda y el rango de los precios con descuento?

Paso 1 Halla la media, la mediana, la moda y el rango de los precios normales.

$$\text{media: } \frac{144 + 171 + 269 + 379 + 479 + 479 + 1299}{7} = 460$$

mediana: 379   moda: 479   rango: $1299 - 144 = 1155$

Paso 2 Multiplica la media, la mediana, la moda y el rango del Paso 1 por 0.7 para hallar la media, la mediana, la moda y el rango de los precios con descuento.

media: $460(0.7) = 322$ moda: $479(0.7) = 335.30$
mediana: $379(0.7) = 265.30$ rango: $1155(0.7) = 808.50$

Piensa

¿Cómo calculas un precio con descuento?
Para calcular un precio con un descuento del 30%, multiplica la cantidad original por $(1 - 0.3)$, ó 0.7.

 ¿Comprendiste? **5.** A la semana siguiente, la tienda ofrece un descuento del 25% sobre los precios normales. ¿Cuál es la media, la mediana, la moda y el rango de los precios con descuento?

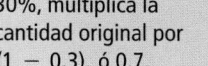

Comprobar la comprensión de la lección

¿CÓMO hacerlo?

Halla la media, la mediana y la moda de cada conjunto de datos. Explica qué medida describe mejor los datos.

1. 1 29 33 31 30 33

2. 8.2 9.3 8.5 8.8 9.0

3. Si multiplicas cada valor del siguiente conjunto de datos por 3, ¿cuál es la media, la mediana, la moda y el rango del conjunto de datos resultante?

8 2 5 7 0 6 5

¿Lo ENTIENDES?

4. Vocabulario ¿De qué manera la media, la mediana y la moda describen la tendencia central de un conjunto de datos? ¿Por qué se necesitan tres medidas diferentes?

5. Analizar errores Un estudiante dijo que el rango del conjunto de datos 2, 10, 8 y 3 era 10. Otro estudiante dijo que el rango era 8. ¿Qué estudiante tiene razón? Explica tu respuesta.

6. Razonamiento ¿Cómo afecta un valor extremo al rango de un conjunto de datos?

Ejercicios de práctica y resolución de problemas

 **Práctica**

Halla la media, la mediana y la moda de cada conjunto de datos. Indica qué medida de tendencia central describe mejor los datos.

◀ Ver el Problema 1.

7. pesos de libros (oz): 12 10 9 15 16 10

8. puntajes de golf: 98 96 98 134 99

9. tiempos de navegación en Internet (min/día): 75 38 43 120 65 48 52

10. edades de los estudiantes del equipo de matemáticas: 14 14 15 15 16 15 15 16

Halla el valor de x tal que el conjunto de datos tenga la media dada.

◀ Ver el Problema 2.

11. 3.8, 4.2, 5.3, x; media 4.8

12. 99, 86, 76, 95, x; media 91

13. 100, 121, 105, 113, 108, x; media 112

14. 31.7, 42.8, 26.4, x; media 35

15. Ventas En el diagrama de puntos de la derecha se muestra el número de ventas semanales que hizo una vendedora en las primeras nueve semanas de un período de ventas de diez semanas. El objetivo de la vendedora es alcanzar un promedio de 14 ventas por semana. ¿Cuántas ventas necesita hacer la vendedora en la décima semana para alcanzar el promedio de ventas que tiene como objetivo?

Número de ventas semanales

```
                X   X
            X   X   X
    X   X   X   X
    12  13  14  15
```

Halla el rango y la media de cada conjunto de datos. Usa tus resultados para comparar los dos conjuntos de datos.

◀ Ver el Problema 3.

16. Conjunto A: 0 12 7 19 21
Conjunto B: 13 16 15 17 12

17. Conjunto C: 4.5 7.1 8.3 6.9
Conjunto D: 2.1 29.5 1.2 3.3

18. Conjunto E: 113 183 479 120 117
Conjunto F: 145 129 153 135 142

19. Deportes Durante las últimas 6 temporadas, los promedios de bateo de un jugador de béisbol fueron .265, .327, .294, .316, .281 y .318. Los promedios de bateo de otro jugador fueron .304, .285, .312, .291, .303 y .314. ¿Cuáles son el rango y la media de los promedios de bateo de cada jugador? Usa tus resultados para comparar las destrezas de bateo de los jugadores.

Halla la media, la mediana, la moda y el rango de cada conjunto de datos después de efectuar la operación dada en cada valor.

Ver los Problemas 4 y 5.

20. 9, 7, 12, 13, 9, 3; sumar 5

21. 10.6, 9.5, 0, 9.4, 10.3, 10.6; sumar 15

22. 13.2, 12.4, 15.1, 14.7, 14.2; multiplicar por 3

23. 14, 7, 34, 29, 14, 6; multiplicar por 6

24. 23, 53, 37, 64, 53, 70, 20; dividir por 0.1

25. 13, 17, 15, 18, 21, 13, 20; sumar 3.7

26. 169, 54, 92, 107, 92; dividir por 5

27. 5.8, 2.3, 6.4, 6.1, 6.4; restar 2.1

28. Ir de compras Los costos de 6 cinturones diferentes que se venden en una tienda en línea son $6.95, $15.99, $5.25, $7.45, $5.25 y $8.85. Se suma un cargo de envío de $.50 a cada precio. ¿Cuáles son la media, la mediana, la moda y el rango de los precios de los cinturones, incluido el cargo de envío?

29. Taller En un taller hay alargadores con una longitud de 6 pies, 8 pies, 25 pies, 8 pies, 12 pies, 50 pies y 25 pies. ¿Cuál es la media, la mediana, la moda y el rango de las longitudes de los alargadores *en pulgadas*?

 **Aplicación**

30. Razonamiento La media de un conjunto de datos es 7.8, la moda es 6.6 y la mediana es 6.8. ¿Cuál es el menor número de valores que puede haber en el conjunto? Explica tu respuesta.

31. Fabricación Dos plantas de fabricación hacen láminas de acero para instrumentos médicos. El diagrama de tallo y hojas doble de la derecha muestra los datos que se recopilaron sobre las dos plantas.
   a. ¿Cuál es la media, la mediana, la moda y el rango de cada conjunto de datos?
   b. ¿Qué medida de tendencia central describe mejor cada conjunto de datos? Explica tu respuesta.
   c. ¿Qué planta de fabricación tiene mejor control de calidad? Explica tu respuesta.

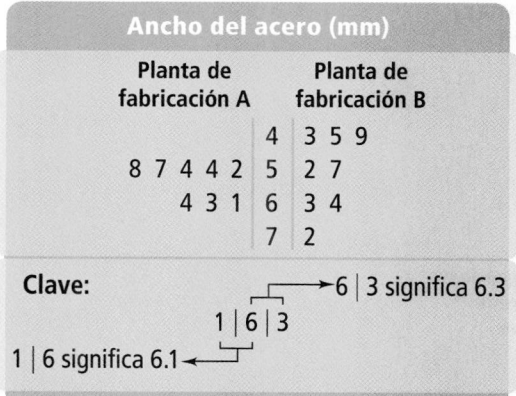

Ancho del acero (mm)

Planta de fabricación A		Planta de fabricación B
	4	3 5 9
8 7 4 4 2	5	2 7
4 3 1	6	3 4
	7	2

Clave: 6 | 3 significa 6.3
1 | 6 | 3
1 | 6 significa 6.1

32. Pensar en un plan A continuación, se dan los diámetros de 5 círculos. ¿Cuál es la media, la mediana, la moda y el rango de las circunferencias de los círculos?
   6.5 pulgs. 3.2 pulgs. 7.4 pulgs. 6.5 pulgs. 5.8 pulgs.
   • ¿Cuál es la media, la mediana, la moda y el rango de los diámetros?
   • ¿Cómo cambian la media, la mediana, la moda y el rango cuando cambian los valores de diámetros a circunferencias?

33. Razonamiento ¿Cómo afecta a la media, la mediana, la moda y el rango restar la misma cantidad de cada valor de un conjunto de datos? Explica tu respuesta.

34. Razonamiento ¿Cómo afecta a la media, la mediana, la moda y el rango dividir cada valor de un conjunto de datos por la misma cantidad distinta de cero? Explica tu respuesta.

35. Calificaciones Los 22 estudiantes que se presentaron a un examen de la clase de la maestra Huang recientemente obtuvieron una calificación de 88 en promedio. Cuando los estudiantes que estuvieron ausentes hicieron el examen, tres de ellos obtuvieron 4 puntos más que el promedio y dos obtuvieron 1 punto más que el promedio. ¿Cuál es el nuevo promedio de la clase si se incluyen las calificaciones nuevas?

36. **Administración de la fauna y la flora** Un veterinario midió y puso identificaciones a doce cocodrilos adultos machos. A la derecha se muestran los datos que recopiló. El veterinario estima que los cocodrilos crecerán 0.1 m por año. ¿Cuál será la media, la mediana, la moda y el rango de las longitudes de los cocodrilos después de 4 años?

Longitudes de los cocodrilos (m)			
2.4	2.5	2.5	2.3
2.8	2.4	2.3	2.4
2.1	2.2	2.5	2.7

37. **Razonamiento** Un amigo dice que debes presentarte para un puesto de ventas en una empresa porque el año pasado los vendedores ganaron un promedio de $47,500. El año pasado, 6 vendedores ganaron $33,000, 3 ganaron $46,000, 2 ganaron $42,000 y 1 ganó $150,000. ¿Te presentarías para ocupar ese puesto basándote en lo que dice tu amigo? Explica tu respuesta.

C Desafío

38. **Viajes** Durante las primeras 6 h de un viaje en carro, tu promedio de velocidad es 44 mi/h. Durante las últimas 4 h de tu viaje, tu promedio de velocidad es 50 mi/h. ¿Cuál es tu promedio de velocidad durante todo el viaje? (*Pista:* Primero halla el número total de millas que recorriste en tu viaje).

39. Halla la media, la mediana, la moda y el rango de las siguientes expresiones algebraicas: $9x, 4x, 11x, 7x, 5x, 4x$. Supón que $x > 0$.

Preparación para el examen estandarizado

SAT/ACT

40. ¿Cuál es la media del conjunto de datos 9, 16, 13, 20 y 17?

    Ⓐ 13   Ⓑ 15   Ⓒ 16   Ⓓ 17

41. ¿Cuál es la pendiente de una recta perpendicular a la gráfica de $y = -\frac{1}{2}x + 3$?

    Ⓕ -2 Ⓖ $-\frac{1}{2}$ Ⓗ $\frac{1}{2}$ Ⓘ 2

42. ¿Cuáles son las soluciones de la ecuación $x^2 + 4x = 5$?

    Ⓐ -5 y 0 Ⓑ -5 y -1 Ⓒ -5 y 1 Ⓓ 1 y 5

Respuesta breve

43. Dos puntos están a 2.5 pulgs. de distancia en un mapa con una escala de 1 pulg. : 100 m. ¿A qué distancia están las ubicaciones reales que representan los puntos del mapa? Muestra tu trabajo.

Repaso mixto

Haz un histograma de cada conjunto de datos. ◀ Ver la Lección 12-2.

44. estaturas de jugadores de básquetbol profesionales:
85 pulgs. 82 pulgs. 83 pulgs. 84 pulgs. 80 pulgs. 82 pulgs. 86 pulgs. 85 pulgs. 83 pulgs. 84 pulgs. 81 pulgs. 82 pulgs.

45. cantidades de carros: 53 84 22 38 41 27 25 12 17 27 33 41 60 73 62 59 43

Representa con una gráfica cada conjunto de puntos. ¿Qué modelo es más apropiado para cada conjunto: un *modelo lineal*, un *modelo cuadrático* o un *modelo exponencial*? ◀ Ver la Lección 9-7.

46. $(0, 1), (1, 3), (2, 9), (3, 27), (4, 81)$ 47. $(6, 5), (7, 2), (8, -1), (9, -4), (10, -7)$

¡Prepárate! Antes de la Lección 12-4, haz los Ejercicios 48 a 50.

Halla el rango y la mediana de cada conjunto de datos. ◀ Ver la Lección 12-3.

48. 0 2 7 10 −1 −4 −11   49. 64 16 23 57 14 22   50. 2.1 3.3 −5.4 0.8 3.5

Desviación estándar

Aprendiste acerca de una medida de dispersión llamada rango. Otra medida de dispersión es la *desviación estándar*. La **desviación estándar** es una medida que indica cómo varían, o se desvían, los valores de un conjunto de datos respecto de la media.

Los estadísticos usan varios símbolos especiales en la fórmula de la desviación estándar.

La letra griega sigma minúscula (σ) representa la desviación estándar.

x es un valor del conjunto de datos.
$\bar{x}$ es la media del conjunto de datos.

$$\sigma = \sqrt{\frac{\sum (x - \bar{x})^2}{n}}$$

La letra sigma mayúscula ($\sum$) representa la suma de una serie de números.

n es el número de valores del conjunto de datos.

Ejemplo

Halla la media y la desviación estándar del conjunto de datos 12.6, 15.1, 11.2, 17.9 y 18.2. Usa una tabla como ayuda para organizar tu trabajo.

x	$\bar{x}$	$x - \bar{x}$	$(x - \bar{x})^2$
12.6	15	−2.4	5.76
15.1	15	0.1	0.01
11.2	15	−3.8	14.44
17.9	15	2.9	8.41
18.2	15	3.2	10.24

Paso 1 Halla la media: $\bar{x} = \frac{12.6 + 15.1 + 11.2 + 17.9 + 18.2}{5} = 15$.

Paso 2 Halla la diferencia entre cada valor y la media: $x - \bar{x}$.

Paso 3 Eleva al cuadrado cada diferencia: $(x - \bar{x})^2$.

Paso 4 Halla el promedio (la media) de estos cuadrados: $\frac{\sum (x - \bar{x})^2}{n}$.

$\frac{5.76 + 0.01 + 14.44 + 8.41 + 10.24}{5} = 7.772$

Paso 5 Saca la raíz cuadrada para hallar la desviación estándar:

$$\sqrt{\frac{\sum (x - \bar{x})^2}{n}} = \sqrt{7.772} \approx 2.79.$$

La media es 15 y la desviación estándar es 2.79 aproximadamente.

Una desviación estándar pequeña (en comparación con los valores) significa que los datos están agrupados muy cerca de la media. A medida que los datos se distribuyen más ampliamente, la desviación estándar aumenta.

Ejercicios

Halla la media y la desviación estándar de cada conjunto de datos. Redondea a la centésima más cercana.

1. 4 8 5 12 3 9 5 2

2. 102 98 103 86 101 110

3. 8.2 11.6 8.7 10.6 9.4 10.1 9.3

12-4 Gráficas de caja y bigotes

Objetivos   Hacer e interpretar gráficas de caja y bigotes.
Hallar cuartiles y percentiles.

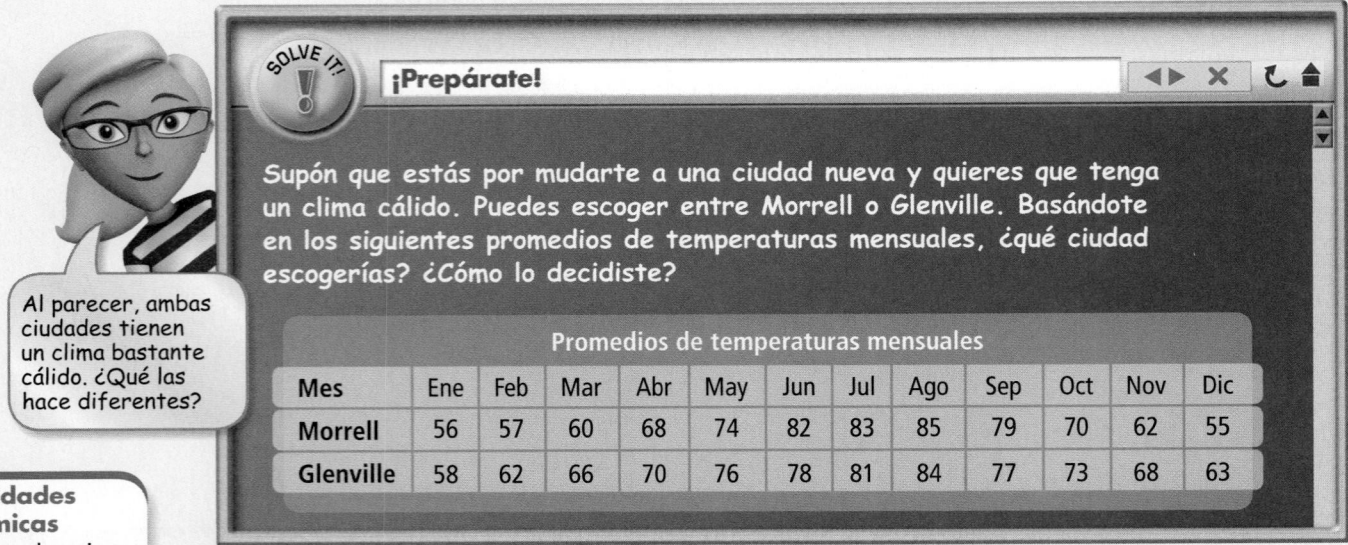

¡Prepárate!

Supón que estás por mudarte a una ciudad nueva y quieres que tenga un clima cálido. Puedes escoger entre Morrell o Glenville. Basándote en los siguientes promedios de temperaturas mensuales, ¿qué ciudad escogerías? ¿Cómo lo decidiste?

Al parecer, ambas ciudades tienen un clima bastante cálido. ¿Qué las hace diferentes?

Promedios de temperaturas mensuales												
Mes	Ene	Feb	Mar	Abr	May	Jun	Jul	Ago	Sep	Oct	Nov	Dic
Morrell	56	57	60	68	74	82	83	85	79	70	62	55
Glenville	58	62	66	70	76	78	81	84	77	73	68	63

Actividades dinámicas
Gráficas de caja y bigotes

Vocabulario de la lección
• cuartil
• rango entre cuartiles
• gráfica de caja y bigotes
• percentil
• valor percentil

En la actividad de *Solve It!*, probablemente observaste diferentes partes de cada conjunto de datos para comparar los dos conjuntos de datos.

Comprensión esencial   Separar los datos en subconjuntos es una manera útil de resumir y comparar conjuntos de datos.

Los **cuartiles** son valores que dividen un conjunto de datos en cuatro partes iguales. La mediana (o segundo cuartil, C_2) separa los datos en una mitad superior y otra inferior. El primer cuartil (C_1) es la mediana de la mitad inferior de los datos. El tercer cuartil (C_3) es la mediana de la mitad superior de los datos. El **rango entre cuartiles** es la diferencia entre el primer y el tercer cuartil.

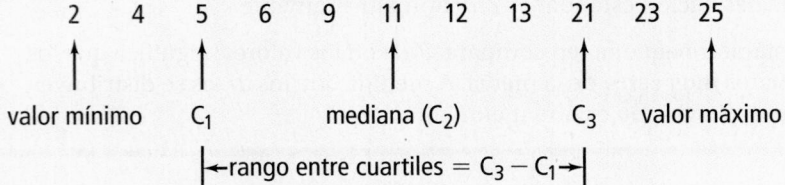

Cuando debas hallar el primer y el tercer cuartil de un conjunto de datos que tiene un número impar de valores, no incluyas la mediana en ninguna de las dos mitades.

Problema 1 **Resumir un conjunto de datos**

¿Cuál es el valor mínimo, el primer cuartil, la mediana, el tercer cuartil y el valor máximo del siguiente conjunto de datos?

125 80 140 135 126 140 350 75

Paso 1 Ordena los datos de menor a mayor.

75 80 125 126 135 140 140 350

Paso 2 Halla el valor mínimo, el valor máximo y la mediana.

75 80 125 126 135 140 140 350

$$\text{mediana } (C_2) = \frac{126 + 135}{2} = 130.5$$

El valor mínimo es 75. El valor máximo es 350. La mediana es 130.5.

Paso 3 Halla el primer cuartil y el tercer cuartil.

75 80 125 126 135 140 140 350

$$\text{primer cuartil } (C_1) = \frac{80 + 125}{2} = 102.5$$

$$\text{tercer cuartil } (C_3) = \frac{140 + 140}{2} = 140$$

El primer cuartil es 102.5. El tercer cuartil es 140.

Piensa

¿Cómo hallas el primer cuartil de un número par de valores?
El primer cuartil es la mediana de la mitad inferior de los datos; por tanto, debes hallar la media de los dos valores del medio de la parte inferior.

¿Comprendiste? **1.** ¿Cuál es el valor mínimo, el primer cuartil, la mediana, el tercer cuartil y el valor máximo de cada conjunto de datos?

a. 95 85 75 85 65 60 100 105 75 85 75

b. 11 19 7 5 21 53

Una **gráfica de caja y bigotes** es una gráfica que resume un conjunto de datos a lo largo de una recta numérica. Consiste de tres partes: una caja y dos bigotes.

Gráfica de caja y bigotes

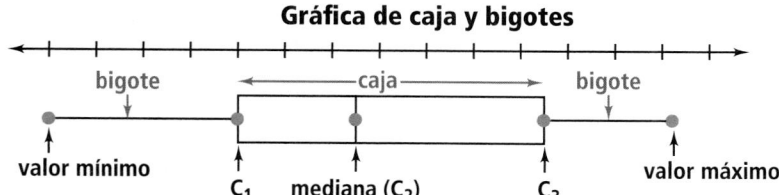

- El bigote izquierdo se extiende desde el valor mínimo hasta el primer cuartil. Representa alrededor del 25% de los datos.
- La caja se extiende desde el primer cuartil hasta el tercer cuartil y tiene una línea vertical que atraviesa la mediana. La longitud de la caja representa el rango entre cuartiles. Contiene alrededor del 50% de los datos.
- El bigote derecho se extiende desde el tercer cuartil hasta el valor máximo. Representa alrededor del 25% de los datos.

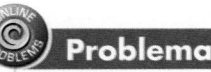 **Problema 2** Hacer una gráfica de caja y bigotes

Agricultura En la tabla de la derecha se muestra la cantidad de cosechas en los Estados Unidos durante un período determinado. ¿Qué gráfica de caja y bigotes representa los datos?

Cosechas

Año	Acres (millones)	Año	Acres (millones)
0	314	6	307
1	321	7	316
2	315	8	312
3	316	9	314
4	314	10	303
5	311		

FUENTE: DEPARTAMENTO DE AGRICULTURA DE LOS ESTADOS UNIDOS

Lo que sabes
Un conjunto de datos

Lo que necesitas
Una gráfica de caja y bigotes

Planea
Halla el valor mínimo, el valor máximo y los cuartiles de los datos. Usa estos números para hacer la gráfica de caja y bigotes.

Paso 1 Ordena los datos para hallar el valor mínimo, el valor máximo y los cuartiles.

303   307   311   312   314   314   314   315   316   316   321

valor mínimo C_1 mediana (C_2) C_3 valor máximo

Paso 2 Haz la gráfica de caja y bigotes.

Marca el valor mínimo, los cuartiles y el valor máximo debajo de una recta numérica.

Cosechas (millones de acres)

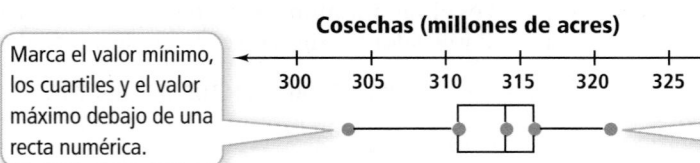

Dibuja una caja desde C_1 hasta C_3. Traza una recta vertical que atraviese la mediana. Traza segmentos de recta desde la caja hasta el valor mínimo y el valor máximo.

 ¿Comprendiste? **2.** ¿Qué gráfica de caja y bigotes representa las siguientes ventas mensuales de dispositivos de audio, en millones de dólares?
15   4   9   16   10   16   8   14   25   34

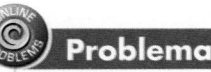 **Problema 3** Interpretar gráficas de caja y bigotes

Clima Usa las siguientes gráficas de caja y bigotes. ¿Qué te indican los rangos entre cuartiles sobre el promedio mensual de precipitaciones en cada ciudad?

Promedio mensual de precipitaciones (pulgs.)

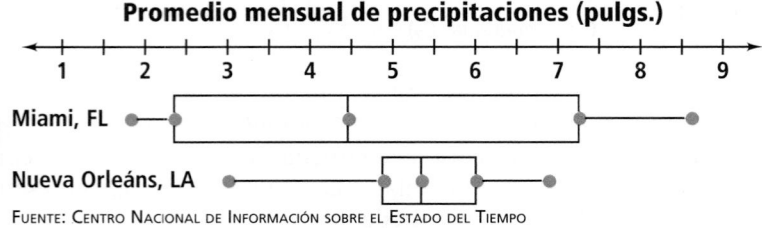

FUENTE: CENTRO NACIONAL DE INFORMACIÓN SOBRE EL ESTADO DEL TIEMPO

Piensa

¿Para qué sirve el rango entre cuartiles?
Representa el medio del conjunto de datos; por tanto, el valor mínimo, el valor máximo o los valores extremos no lo afectan.

La caja de Miami es más larga; por tanto, Miami tiene el mayor rango entre cuartiles. El hecho de que el rango sea mayor significa que el 50% del medio de las precipitaciones mensuales de Miami presenta más variaciones que las de Nueva Orleáns.

Capítulo 12 Análisis de datos y probabilidad

¿Comprendiste? **3.** ¿Qué te indican las medianas sobre el promedio de precipitaciones mensuales en Miami y Nueva Orleáns?

Los **percentiles** dividen los conjuntos de datos en 100 partes iguales. El **valor percentil** de un valor es el porcentaje de los valores que son menores que o iguales a ese valor.

 Problema 4 **Hallar un valor percentil**

Opción múltiple De 25 calificaciones en un examen, ocho son menores que o iguales a 75. ¿Cuál es el valor percentil de una calificación de 75?

(A) 8   (B) 17   (C) 32   (D) 75

Piensa

¿De qué otra manera podrías hallar el valor percentil?
Podrías resolver la proporción $\frac{8}{25} = \frac{p}{100}$ para hallar p.

$\frac{8}{25}$ Escribe la razón del número de calificaciones menores que o iguales a 75 en comparación con el total de calificaciones.

$\frac{8}{25} = 0.32$ Vuelve a escribir la fracción como un porcentaje.

$= 32\%$

El valor percentil de 75 es 32. La respuesta correcta es C.

 ¿Comprendiste? **4. a.** De las 25 calificaciones del Problema 4, hay 15 que son menores que o iguales a 85. ¿Cuál es el valor percentil de 85?

b. Razonamiento ¿Es posible tener un valor percentil de 0? Explica tu respuesta.

 ## Comprobar la comprensión de la lección

¿CÓMO hacerlo?

Identifica el valor mínimo, el primer cuartil, la mediana, el tercer cuartil y el valor máximo de cada conjunto de datos. Luego, haz una gráfica de caja y bigotes de cada conjunto de datos.

1. tamaños de archivos (megabytes):
54 100 84 124 188 48 256

2. asistencia diaria: 29 24 28 32 30 31 26 33

3. En las siguientes gráficas de caja y bigotes, ¿qué clase tiene el mayor rango entre cuartiles de la longitud de los brazos?

Longitud de los brazos (pulgs.)

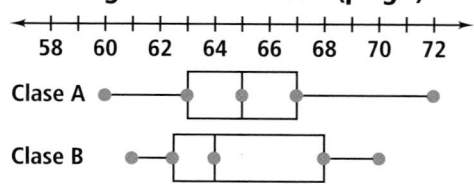

¿Lo ENTIENDES?

4. Vocabulario ¿Qué parte de una gráfica de caja y bigotes representa el rango entre cuartiles?

5. Los estudiantes que hacen un examen de recuperación reciben las siguientes calificaciones: 77, 89, 88, 67, 91, 95, 83, 79, 81 y 65. ¿Qué calificación tiene un valor percentil de 70?

6. Razonamiento ¿Aproximadamente qué porcentaje de los datos de un conjunto de datos está entre el valor mínimo y el tercer cuartil? Explica tu respuesta.

7. Analizar errores Un examen se califica usando una escala de 0 a 100. Tu amigo dice que si obtienes una calificación de 78, tu valor percentil debe ser 78. ¿Tiene razón? Explica tu respuesta.

Ejercicios de práctica y resolución de problemas

 **Práctica**

Halla el valor mínimo, el primer cuartil, la mediana, el tercer cuartil y el valor máximo de cada conjunto de datos.

◀ **Ver el Problema 1.**

8. 12 10 11 7 9 10 5

9. 4.5 3.2 6.3 5.2 5 4.8 6 3.9 12

10. 55 53 67 52 50 49 51 52 52

11. 101 100 100 105 101 102 104

Haz una gráfica de caja y bigotes para representar cada conjunto de datos.

◀ **Ver el Problema 2.**

12. duraciones de canciones (s): 227 221 347 173 344 438 171 129 165 333

13. calificaciones de películas: 1 5 1 2.5 3 2 3.5 2 3 1.5 4 2 4 1 3 4.5

14. número de visitantes semanales a un museo: 531 469 573 206 374 421 505 489 702

15. precios de cámaras: $280 $220 $224 $70 $410 $90 $30 $120

16. Uso de combustible Usa las siguientes gráficas de caja y bigotes. ¿Qué te indican sobre el rendimiento del combustible para cada tipo de vehículo? Explica tu respuesta.

◀ **Ver el Problema 3.**

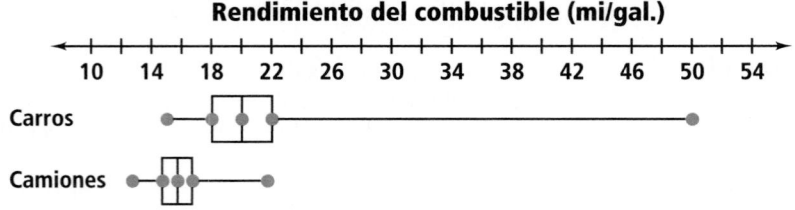

17. De 10 calificaciones, seis son menores que o iguales a 80. ¿Cuál es el valor percentil de una calificación de 80?

◀ **Ver el Problema 4.**

18. De los 35 puntajes que asignó un jurado en una competencia de gimnasia, 28 son menores que o iguales a 7.5. ¿Cuál es el valor percentil de un puntaje de 7.5?

B Aplicación

19. Pensar en un plan Eres uno de los finalistas de una feria de ciencias. Los puntajes de los otros finalistas son 87, 89, 81, 85, 87, 83, 86, 94, 90, 97, 80, 89, 85 y 88. Escribe una desigualdad que represente tus puntajes posibles si tu valor percentil es 80.
  • ¿Qué porcentaje de los puntajes deben ser menores que o iguales a tu puntaje?
  • ¿Cuál es el número total de puntajes de los finalistas?

20. Escribir Explica la diferencia entre *rango* y *rango entre cuartiles*.

21. Básquetbol Las estaturas de los jugadores de un equipo de básquetbol son 74 pulgs., 79 pulgs., 71.5 pulgs., 81 pulgs., 73 pulgs., 76 pulgs., 78 pulgs., 71 pulgs., 72 pulgs. y 73.5 pulgs. Cuando se reemplaza al jugador de 76 pulgs. de estatura por otro jugador, el valor percentil del jugador de 73.5 pulgs. de estatura se convierte en 60. Escribe una desigualdad que represente las estaturas posibles del jugador de reemplazo.

22. Respuesta de desarrollo Haz un conjunto de datos de 10 números que tengan una mediana de 22, un rango entre cuartiles de 10 y un valor mínimo menor que 4.

23. Razonamiento ¿El tercer cuartil de un conjunto de datos debe ser menor que el valor máximo? Explica tu respuesta.

24. Paquetes Una empresa de cereales escoge entre dos aparatos para empaquetar su cereal en bolsas. En las gráficas de caja y bigotes de la derecha se muestra el peso de las bolsas empaquetadas por cada aparato.

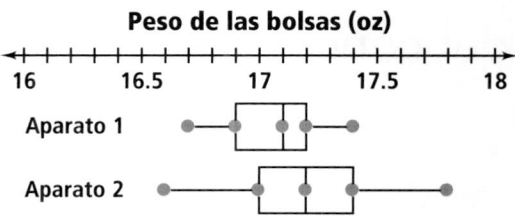

Peso de las bolsas (oz)

Aparato 1

Aparato 2

  a. ¿Qué aparato produce paquetes con un peso más equilibrado? Explica tu respuesta.

  b. ¿Qué aparato debe escoger el fabricante si quiere reducir al mínimo el número de paquetes con un peso menor que 17 oz? ¿Y si quiere reducir al mínimo el número de paquetes con un peso mayor que 17.2 oz? Explica tu respuesta.

 **Desafío**

25. Razonamiento ¿Puedes hallar la media, la mediana y la moda de un conjunto de datos a partir de una gráfica de caja y bigotes? Explica tu respuesta.

26. De 100 personas que hacen un examen, nueve obtienen calificaciones mayores que 93. ¿Cuál es el valor percentil de una calificación de 93?

Preparación para el examen estandarizado

R E S P U E S T A   E N   P L A N T I L L A

SAT/ACT

27. Durante una semana, los empleados de una empresa pequeña trabajan 17, 21, 42, 29, 12, 17, 18, 19, 27 y 36 h. ¿Cuál es el tercer cuartil de este conjunto de datos?

28. ¿Cuál es el rango del conjunto de datos 100, 32, 101, 96, 89, 120 y 40?

29. Jorge tarda 36 min en quitar la nieve de la entrada de su casa. Su hermano tarda 48 min. ¿Cuánto tardan en quitar la nieve de la entrada de su casa si hacen el trabajo juntos? Redondea tu respuesta al minuto más cercano.

30. ¿Cuál es el valor de $\sqrt{15} \cdot \frac{7}{\sqrt{3}}$ redondeado a la centésima más cercana?

Repaso mixto

Halla la media, la mediana y la moda de cada conjunto de datos.

◀ Ver la Lección 12-3.

31. pesos de calabazas premiadas (lb): 948 627 731 697 988 643 719 627

32. clientes diarios: 47 41 22 17 55 34 71 46 39 41 38 60 52

¡Prepárate!   **Antes de la Lección 12-5, haz el Ejercicio 33.**

33. Bolos Haz un diagrama de dispersión de los siguientes datos. Traza una línea de tendencia y escribe su ecuación. Predice el número de establecimientos de bolos en 2015.

◀ Ver la Lección 5-7.

Bolos					
Año	2002	2003	2004	2005	2006
Establecimientos de bolos	5973	5811	5761	5818	5566

FUENTE: CONGRESO DE BOLOS DE LOS ESTADOS UNIDOS

Más práctica del concepto

Usar con la Lección 12-5.

ACTIVIDAD

Diseñar tu propia encuesta

Aprendiste cómo organizar, exhibir y resumir datos. En esta actividad, explorarás métodos para recopilar datos.

Supón que una experta en estadística intenta predecir cómo votará la población de una ciudad en las próximas elecciones. Podría preguntarles a todos los habitantes de la ciudad, pero este método demanda mucho tiempo y trabajo. En cambio, podría enviar una encuesta para recopilar información sólo a algunos habitantes de la ciudad y basarse en los resultados para predecir cómo podrían votar los demás habitantes.

Cuando diseñas una encuesta, necesitas asegurarte de que las personas que encuestas representan el grupo que quieres estudiar.

Actividad 1

Supón que quieres averiguar cuántas horas por semana los estudiantes de tu escuela dedican a hacer ejercicio. Haces la siguiente pregunta a todas las personas que te cruzas en el gimnasio de tu escuela: "¿Cuántas horas por semana haces ejercicio?".

1. ¿Los resultados de tu encuesta serán representativos de toda la escuela? Explica tu respuesta.

2. ¿Existe un lugar mejor en el que puedas hacer tu encuesta?

3. Supón que la pregunta de tu encuesta fuera: "¿Haces ejercicio todos los días, como una personas saludable, o eres una persona perezosa que pasa el día mirando televisión y sólo hace ejercicio de vez en cuando?". ¿Crees que los resultados de tu encuesta cambiarían? Explica tu razonamiento.

Actividad 2

En esta actividad, diseñarás y harás una encuesta.

4. Selecciona un tema para tu encuesta. Podrías preguntar sobre eventos deportivos, bocaditos o instrumentos musicales preferidos, o cualquier otro tema que escojas.

5. **Escribir** ¿Qué pregunta harás? ¿Tu pregunta influirá en la opinión de las personas encuestadas?

6. ¿Qué grupo de personas quieres estudiar? ¿Encuestarás a todo el grupo o sólo a una parte del grupo?

7. **Recopilación de datos** Haz tu encuesta.

8. **Escribir** Resume los resultados que obtuviste con una representación gráfica y una descripción breve.

9. **Razonamiento** ¿Las personas que encuestaste representan el grupo que quieres estudiar? Explica tu respuesta.

12-5 Muestras y encuestas

Objetivo Clasificar datos y analizar muestras y encuestas.

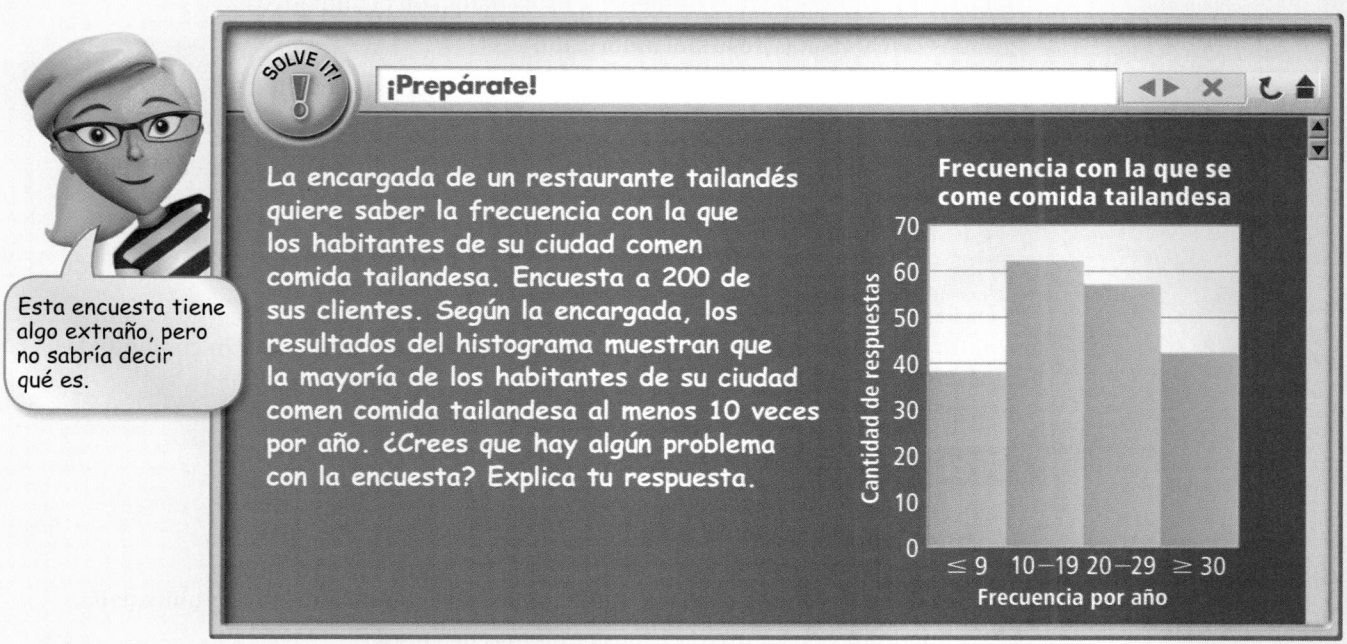

¡Prepárate!

La encargada de un restaurante tailandés quiere saber la frecuencia con la que los habitantes de su ciudad comen comida tailandesa. Encuesta a 200 de sus clientes. Según la encargada, los resultados del histograma muestran que la mayoría de los habitantes de su ciudad comen comida tailandesa al menos 10 veces por año. ¿Crees que hay algún problema con la encuesta? Explica tu respuesta.

Esta encuesta tiene algo extraño, pero no sabría decir qué es.

Frecuencia con la que se come comida tailandesa

En la actividad de *Solve It!*, la encargada del restaurante reunió datos de los clientes del restaurante. En esta lección, aprenderás maneras de recopilar datos.

Comprensión esencial Cuando reúnes datos para resolver un problema, debes asegurarte de que tus métodos sean imparciales y que representas los resultados de manera precisa.

Puedes reunir datos usando medidas o categorías. Los datos **cuantitativos** miden cantidades y se pueden describir numéricamente, como las calificaciones y las edades. Los datos **cualitativos** indican cualidades y pueden ser palabras o números, como los deportes o los códigos postales.

Vocabulario de la lección

- cuantitativo
- cualitativo
- univariado
- bivariado
- población
- muestra
- sesgo

Tipos de datos	Descripción	Ejemplos
Cuantitativos	Tienen unidades y se pueden medir y comparar numéricamente.	**Edad:** 13 años **Peso:** 214 g **Tiempo:** 23 min
Cualitativos	Describen una categoría y no se pueden medir o comparar numéricamente.	**Color del cabellor:** café **Actitud:** optimista **Código postal:** 02125

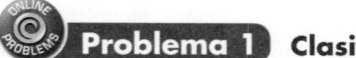 **Problema 1** Clasificar datos

Piensa

¿Los datos son medidas numéricas?
Los títulos de películas y los talles de camisetas no son medidas numéricas, pero una cantidad determinada de estudiantes sí lo es.

¿Cada conjunto de datos es *cualitativo* o *cuantitativo*?

A películas favoritas

Los datos no son cantidades numéricas. Estos datos son cualitativos.

B cantidad de estudiantes de diferentes escuelas que estudian español

Los datos son cantidades numéricas. Estos datos son cuantitativos.

C talles de camisetas de fútbol americano

Los datos son numéricos, pero no son medidas. Son datos cualitativos.

 ¿Comprendiste? **1.** ¿Cada conjunto de datos es *cualitativo* o *cuantitativo*? Explica tu respuesta.

 a. costos de CD **b.** colores de ojos

La clase de datos con los que trabajas determinan el tipo de gráfica que usarás para exhibirlos. Un conjunto de datos con una sola variable es **univariado**. Un conjunto de datos con dos variables es **bivariado**.

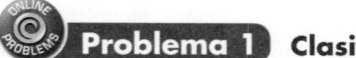 **Problema 2** Identificar tipos de datos

Piensa

¿El conjunto de datos incluye una o dos variables?
Si contiene una variable, el conjunto de datos es univariado. Si contiene dos variables, el conjunto de datos es bivariado.

¿Cada conjunto de datos es *univariado* o *bivariado*?

A los pesos atómicos de los elementos de la tabla periódica

Hay una sola variable, que es el peso atómico. El conjunto de datos es univariado.

B las longitudes de las aristas y los volúmenes de cubos

Hay dos variables, la longitud de las aristas y el volumen. El conjunto de datos es bivariado.

 ¿Comprendiste? **2.** ¿Cada conjunto de datos es *univariado* o *bivariado*? Explica tu respuesta.

 a. alturas y pesos de mamíferos
 b. el costo del servicio de Internet de diferentes proveedores

---

Los estadísticos reúnen información sobre grupos específicos de objetos o personas. El grupo entero del que quieres obtener información se llama **población**. Cuando una población es demasiado grande para encuestarla, los estadísticos encuestan a una parte para hallar las características de todo el grupo. La parte que se encuesta se llama **muestra**.

En la próxima página se muestran tres métodos de muestreo. Cuando diseñas una encuesta, debes escoger una muestra que represente a la población.

Nombre	Método de muestreo	Ejemplo
Aleatorio	Se encuesta a una población escogida de manera aleatoria.	Se encuesta a personas cuyos nombres se sacan de manera aleatoria de un sombrero.
Sistemático	Se selecciona un número n de manera aleatoria. Luego, se encuesta a una de cada n personas.	Se selecciona el número 5 de manera aleatoria. Se encuesta a una de cada 5 personas.
Estratificado	Se separa una población en grupos más pequeños, cada uno con una característica determinada. Luego, se encuesta de manera aleatoria a las personas dentro de cada grupo.	Se separa la población de una escuela secundaria en cuatro grupos por nivel de grado. Se encuesta a una muestra aleatoria de estudiantes de cada grado.

 Problema 3 Escoger una muestra

Alquiler de DVD Quieres averiguar cuántos DVD alquilan los estudiantes de tu escuela en un mes. Encuestas a uno de cada diez adolescentes que ves en un centro comercial. ¿Qué método de muestreo usas? ¿Es una buena muestra?

Piensa

¿Qué población quieres representar con esta muestra?
Quieres reunir información sobre los estudiantes de tu escuela.

Dado que encuestas a uno de cada diez adolescentes, este método es sistemático. Ésta no es una buena muestra porque probablemente incluirá a adolescentes que no van a tu escuela.

 ¿Comprendiste? **3.** Corriges tu plan y encuestas a todos los estudiantes que salen de un acto escolar y visten el uniforme de la escuela. ¿Este plan dará una buena muestra? Explica tu respuesta.

Las preguntas de una encuesta tienen **sesgo**, o son sesgadas, cuando contienen suposiciones que pueden ser verdaderas o falsas. Las preguntas sesgadas pueden influir en la opinión de los encuestados y hacer que una respuesta parezca mejor que otra. Para evitar que las preguntas de una encuesta sean sesgadas, deben redactarse cuidadosamente.

 Problema 4 Determinar si la pregunta de una encuesta es sesgada

Películas Un periodista quiere averiguar qué tipo de películas prefieren ver los habitantes de su ciudad. Hace la siguiente pregunta: "¿Prefiere las películas de acción emocionantes o los documentales aburridos?". ¿Es sesgada la pregunta? Explica tu respuesta.

Lo que sabes	**Lo que necesitas**	**Planea**
La pregunta de la encuesta	Determinar si la pregunta es sesgada	Comprueba si la pregunta tiene adjetivos o frases que hacen que una categoría parezca más atractiva que otra.

La pregunta es sesgada porque las palabras *emocionante* y *aburrido* hacen que las películas de acción parezcan más interesantes que los documentales.

 ¿Comprendiste? **4.** Razonamiento ¿Cómo se puede volver a escribir la pregunta del Problema 4 para que no sea sesgada?

Las muestras también pueden ser sesgadas. Por ejemplo, todas las muestras de respuesta voluntaria son sesgadas porque no puedes estar seguro de que las personas que escogen responder representan a la población. El lugar donde se hace una encuesta también puede hacer que una muestra sea sesgada.

 **Problema 5** **Determinar si una muestra es sesgada**

Deportes **Quieres determinar qué porcentaje de adolescentes de entre 14 y 18 años miran programas de lucha libre por televisión. En un combate de lucha libre de la escuela, le preguntas a uno de cada tres adolescentes si mira programas de lucha libre por televisión. ¿De qué manera este método puede hacer que los resultados de tu encuesta sean sesgados?**

La muestra escogida no representa a la población. Es más probable que las personas que asisten a un combate de lucha libre en la escuela miren programas de lucha libre por televisión.

Piensa

Pregúntate si la muestra y la población tienen características similares. Si no las tienen, la muestra es sesgada.

 ¿Comprendiste? **5.** Quieres saber cuántos de tus compañeros de clase tienen teléfonos celulares. Para determinarlo, envías un mensaje de correo electrónico a todos tus compañeros con la siguiente pregunta: "¿Tienes un teléfono celular?". ¿Qué influencia puede tener este método de recopilación de datos en los resultados de tu encuesta?

 ## Comprobar la comprensión de la lección

¿CÓMO hacerlo?

Determina si cada método de muestreo es *aleatorio*, *sistemático* o *estratificado*.

1. Encuestas a uno de cada diez estudiantes que entran a la cafetería.

2. Sacas el número de identificación de los estudiantes de un sombrero y encuestas a esos estudiantes.

3. Encuestas a dos estudiantes de cada clase escogidos de manera aleatoria.

¿Lo ENTIENDES?

4. Vocabulario Un conjunto de datos de las calificaciones de un examen de tu clase, ¿es *cualitativo* o *cuantitativo*?

5. Escribir Explica por qué la siguiente pregunta de una encuesta es sesgada: "¿Prefieres comer frutas deliciosas o vegetales insípidos en tu merienda?".

6. Comparar y contrastar ¿Cuál es la diferencia entre los datos univariados y los datos bivariados? Da un ejemplo de cada tipo de datos.

 ## Ejercicios de práctica y resolución de problemas

A Práctica Determina si cada conjunto de datos es *cualitativo* o *cuantitativo*.
◀ Ver el Problema 1.

7. estrellas de la música favoritas

8. DVD más vendidos

9. números de gigabytes en tarjetas de memoria

10. precios de televisores

Determina si cada conjunto de datos es *univariado* o *bivariado*.
◀ Ver el Problema 2.

11. cantidades de CD que poseen tus compañeros de clase

12. edades y estaturas de tus amigos

13. códigos postales de tus parientes

14. circunferencias y radios de círculos

Determina si el método de muestreo es *aleatorio, sistemático* **o** *estratificado.* Ver el Problema 3.
Indica si el método dará una buena muestra.

15. Un encuestador escoge de manera aleatoria a 100 personas de cada ciudad en el distrito correspondiente a un candidato para saber si apoyan a ese candidato.

16. Una fábrica prueba la calidad de una de cada treinta camisetas que fabrica.

17. Una imprenta selecciona de manera aleatoria 10 de 450 libros que imprimió para saber si todos los libros se imprimieron correctamente.

Determina si cada pregunta es sesgada. Explica tu respuesta. Ver el Problema 4.

18. El calentamiento global es un problema grave. ¿Estás a favor de que el gobierno financie las investigaciones sobre el calentamiento global?

19. ¿A dónde preferirías ir de vacaciones?

20. ¿Prefieres hacer compras en línea o sentir la emoción de ir de compras a las tiendas con amigos?

21. Quieres averiguar cuánto tiempo dedican los habitantes de tu ciudad a hacer trabajo voluntario. Llamas por teléfono a 100 hogares de tu comunidad durante el día. De las personas encuestadas, el 85% son mayores de 60 años. ¿De qué manera este método puede hacer que los resultados de tu encuesta sean sesgados? Ver el Problema 5.

22. Quieres averiguar cuántas personas de tu vecindario tienen mascotas. Le preguntas a una de cada cuatro personas que están en el parque para perros local. ¿De qué manera este método puede hacer que los resultados de tu encuesta sean sesgados?

B **Aplicación**   **23. Razonamiento** Repasas los resultados de las preguntas de una encuesta que hiciste a dos muestras aleatorias de estudiantes de tu escuela. Los resultados se muestran en la siguiente tabla. ¿Por qué los resultados son diferentes?

Color favorito

Color	Rojo	Azul	Verde	Amarillo	Rosado	Morado	Negro
Grupo A	8	6	4	2	5	4	1
Grupo B	7	7	3	0	6	5	2

24. Pensar en un plan Quieres averiguar qué tipos de música les gustaría escuchar a los estudiantes en el próximo baile de la escuela. ¿Cómo harías una encuesta para averiguar las preferencias musicales de todos los estudiantes de tu escuela?
- ¿Qué método de muestreo puedes escoger para obtener una muestra no sesgada?
- ¿Cómo puedes redactar las preguntas de tu encuesta para que no sean sesgadas?

25. Viajes Un agente de viajes quiere determinar si viajar a Francia es una propuesta de vacaciones atractiva para los adultos jóvenes. ¿De qué manera los factores que se describen a continuación podrían hacer que los resultados de la encuesta sean sesgados?
a. El agente encuesta a personas en un aeropuerto internacional.
b. El agente pregunta: "¿Preferirías ir de vacaciones a Francia o Italia?".
c. El 86% de las personas encuestadas asistieron a clases de francés en la escuela secundaria.

26. Analizar errores Mario hace una encuesta sobre la edad establecida por la ley para votar en los Estados Unidos. Su pregunta es: "¿No es demasiado alta la edad establecida por la ley para votar?". Cuando sus amigos le sugirieron que su pregunta era sesgada, la modificó de la siguiente manera: "¿No crees que debería reducirse la edad establecida por la ley para votar?". Describe y corrige el error que cometió Mario cuando volvió a escribir la pregunta para su encuesta.

En cada situación, identifica la población y la muestra. Indica si cada muestra es *aleatoria, sistemática* o *estratificada*.

27. Durante un mes, el dueño de una tienda de artículos deportivos le pregunta a uno de cada quince clientes qué deporte prefiere mirar por televisión.

28. Se escoge de manera aleatoria a un estudiante de cada club para representar a la escuela en la feria escolar.

29. Durante el partido de fútbol americano de una escuela, cada espectador coloca el talón de su boleto en un tazón. Cuando termina el partido, el entrenador escoge a diez espectadores para que marchen en el desfile de la victoria.

30. Un restaurante le pide a uno de cada tres clientes que complete un formulario de evaluación del servicio.

Clasifica los datos como *cualitativos* o *cuantitativos* y como *univariados* o *bivariados*.

31. el promedio de visitantes por día en cada uno de seis parques de diversiones diferentes

32. temperaturas mínimas mensuales en Rochester, Nueva York

33. nombres de presidentes estadounidenses y los estados en los que nacieron

34. el color favorito y el género de una persona

35. Deportes Un estudiante publica una encuesta en un sitio Web pidiendo a los lectores que escojan su deporte favorito de una lista de cinco deportes. Los resultados se muestran a la derecha.
  a. ¿El diseño de esta encuesta puede hacer que sea sesgada? ¿Por qué?
  b. ¿Crees que los resultados de esta encuesta son válidos? Explica tu respuesta.

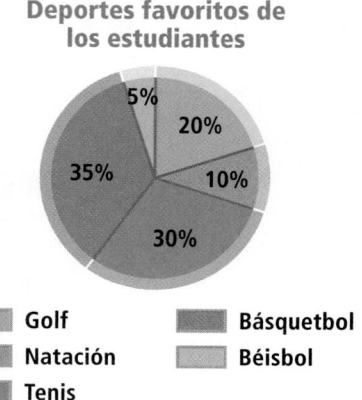

Deportes favoritos de los estudiantes

Golf — Básquetbol
Natación — Béisbol
Tenis

36. Escribir Escribes un artículo para el periódico de la escuela sobre el apoyo a la propuesta del alcalde para implementar sendas para bicicletas. En cada una de las siguientes situaciones, determina si el método de recopilación de datos dará como resultado una muestra no sesgada de los habitantes de la ciudad. Explica tu respuesta.
  a. Encuestas a una de cada diez personas que salen de una tienda de reparación de bicicletas.
  b. Llamas por teléfono a hogares de tu vecindario todas las mañanas de lunes a viernes durante una semana.
  c. Envías un mensaje de correo electrónico a 100 compañeros de clase escogidos de manera aleatoria.
  d. Encuestas a una de cada cinco personas en una tienda de sándwiches muy concurrida de la ciudad.

37. Investigación de mercado Una empresa de perfumes envía una muestra de una nueva fragancia a 500 hogares. Cada persona encuestada que envíe una tarjeta de respuesta en la que indique cuánto le gustó la fragancia tendrá la posibilidad de ganar un frasco de perfume. ¿Cómo afectará esto a los resultados?

38. Elecciones Una emisora de radio pide a sus oyentes que llamen y digan quién es su candidato favorito para las próximas elecciones. El sesenta y ocho por ciento de las personas que llaman prefiere a un candidato determinado; por tanto, en la radio anuncian que ese candidato ganará las elecciones. ¿Es válida la conclusión? Explica tu respuesta.

**Desafío**

39. Recopilación de datos Quieres averiguar qué tipos de mascotas tienen las familias de los estudiantes que asisten a tu escuela.
  a. Escribe una pregunta no sesgada para tu encuesta. ¿Reunirás datos cuantitativos o cualitativos?
  b. Escoge una población y un método de muestreo y descríbelos.
  c. Reúne los datos con la población y el método descritos y exhibe los resultados en una gráfica.

40. Escribir Una empresa de pasta dental informa que cuatro de cada cinco dentistas recomiendan su pasta dental. ¿Qué información necesitas saber sobre la encuesta para determinar si los resultados no son sesgados?

Preparación para el examen estandarizado

SAT/ACT

41. ¿Cuál es la solución de la ecuación $\frac{x}{2} - 11 = 19$?

  (A) 8　　　　　(B) 16　　　　　(C) 30　　　　　(D) 60

42. ¿Cómo se escribe 0.0000212 en notación científica?

  (F) 2.12×10^{5}　　(G) 2.12×10^{-5}　　(H) 21.2×10^{-6}　　(I) 2.12×10^{-6}

43. ¿El 40% de qué número es 50?

  (A) 155　　　　　(B) 125　　　　　(C) 20　　　　　(D) 2

Respuesta breve

44. Una periodista intenta predecir quién ganará un puesto en la alcaldía de la ciudad. Su plan es preguntar a 20 colegas quién creen que ganará. ¿Este plan dará una buena muestra? Explica tu respuesta.

Repaso mixto

45. De 30 calificaciones de un examen, 12 son menores que o iguales a 85. ¿Cuál es el valor percentil de una calificación de 85?　　Ver la Lección 12-4.

46. Hay 15 bandas de música en una competencia. El jurado da un puntaje de 7.5 o menos a 9 bandas. ¿Cuál es el valor percentil de un puntaje de 7.5?

Resuelve cada desigualdad.　　Ver la Lección 3-4.

47. $4 - 3a < 3a - 2$　　　　**48.** $3(x - 2) \leq 6x + 3$　　　　**49.** $2.7 + 2b > 3.4 - 1.5b$

¡Prepárate! **Antes de la Lección 12-6, haz los Ejercicios 50 a 52.**

Escribe cada fracción en su mínima expresión.　　Ver la p. 789.

50. $\frac{5 \cdot 4 \cdot 3 \cdot 2 \cdot 1}{3 \cdot 2 \cdot 1}$　　　　**51.** $\frac{7 \cdot 6 \cdot 5 \cdot 4 \cdot 3 \cdot 2 \cdot 1}{5 \cdot 4 \cdot 3 \cdot 2 \cdot 1}$　　　　**52.** $\frac{6 \cdot 5 \cdot 4 \cdot 3 \cdot 2 \cdot 1}{5 \cdot 4 \cdot 3 \cdot 2 \cdot 1}$

Gráficas y estadísticas engañosas

Hay muchas maneras de representar datos con gráficas de manera precisa. También hay maneras de representar datos con gráficas que son engañosas.

Actividad 1

Una empresa usa las siguientes dos gráficas para exhibir sus ganancias mensuales.

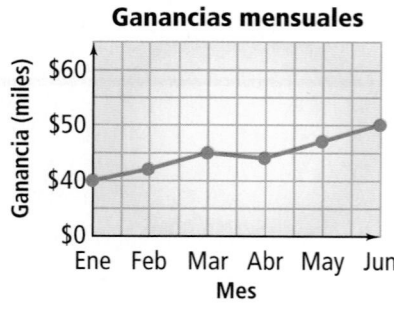

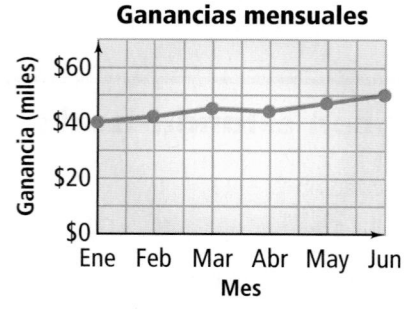

1. ¿Cuál es la diferencia entre las escalas de los ejes de las dos gráficas?

2. Un inversionista observa la gráfica de la izquierda y llega a la conclusión de que las ganancias de la empresa se duplicaron de enero a junio. ¿Tiene razón? Explica tu respuesta.

3. Otro inversionista observa la gráfica de la derecha y llega a la conclusión de que las ganancias de la empresa aumentaron aproximadamente 25% de enero a junio. ¿Tiene razón? Explica tu respuesta.

4. **Razonamiento** ¿Qué gráfica exhibe los datos de manera más precisa? Explica tu respuesta.

Actividad 2

Un periódico local hace una encuesta sobre los lugares que las personas de tu ciudad escogen para ir de vacaciones. El periódico usa la gráfica de la derecha para exhibir los resultados.

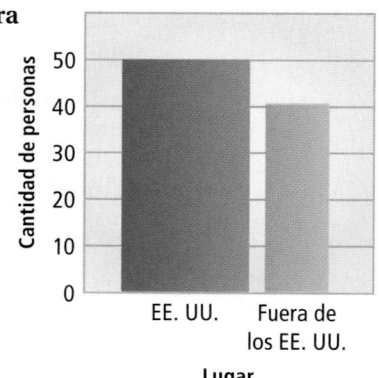

5. Un columnista escribe que muchas más personas van de vacaciones a lugares dentro de los Estados Unidos que fuera de los Estados Unidos. ¿Crees que la gráfica apoya la afirmación del columnista? Explica tu respuesta.

6. Basándote en la gráfica, ¿cuántas personas van de vacaciones a lugares dentro de los Estados Unidos? ¿Cuántas personas van de vacaciones a lugares fuera de los Estados Unidos?

7. ¿Cómo se relacionan las áreas de las barras de la gráfica?

8. ¿Por qué es engañosa la gráfica?

9. **Razonamiento** ¿Cómo podrías volver a hacer la gráfica para que no sea engañosa? Explica tu respuesta.

¿CÓMO hacerlo?

Halla cada suma o resta.

1. $\begin{bmatrix} -2 & 3 \\ 0 & 4 \\ -1 & 1 \end{bmatrix} + \begin{bmatrix} 4 & -1 \\ 3 & 0 \\ -3 & 2 \end{bmatrix}$

2. $\begin{bmatrix} 0 & -2 \\ 3 & 1 \\ -4 & 3 \end{bmatrix} - \begin{bmatrix} -1 & 0 \\ 2 & 5 \\ -4 & 3 \end{bmatrix}$

Halla cada producto.

3. $-2\begin{bmatrix} 3 & 0 \\ -2 & 1 \end{bmatrix}$

4. $3\begin{bmatrix} -1 & 3 \\ 0 & 2 \end{bmatrix}$

Indica si cada histograma es *uniforme*, *simétrico* o *asimétrico*.

5.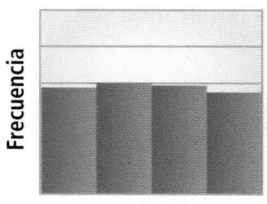

6.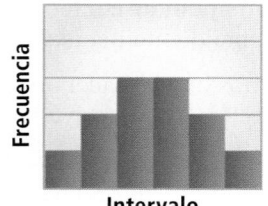

7. **Gimnasia** A continuación se enumeran los puntajes de las pruebas de un gimnasta. Haz una tabla de frecuencia y un histograma para representar los datos.
8.8 9.1 3.5 6.9 7.3 9.6 9.0 5.7 7.2 4.3 8.9 9.5

8. **Básquetbol** A continuación se enumeran los puntos que anotó un jugador de básquetbol en cada partido. Haz una tabla de frecuencia cumulativa para representar los datos.
16 8 19 12 9 10 11 9 12 23 5 20 13 6 17

9. **Música** A continuación se enumeran las horas semanales que la banda musical de una escuela dedicó a ensayar. ¿Cuál es la media, la mediana, la moda y el rango de los tiempos de ensayo de la banda? ¿Qué medida de tendencia central describe mejor sus tiempos de ensayo?
7 5 9 7 4 6 10 8 5 7 8 7 3 12 15 13 8

Identifica el valor mínimo, el primer cuartil, la mediana, el tercer cuartil y el valor máximo de cada conjunto de datos. Luego, haz una gráfica de caja y bigotes de cada conjunto de datos.

10. visitas diarias: 34 29 32 25 97 93 112 108 90

11. distancia de ida y vuelta al trabajo (mi):
8 33 28 7 42 9 30 38 22 6 37

12. **Películas** Ocho de diez películas recibieron una calificación menor que o igual a 7. ¿Cuál es el valor percentil de una calificación de 7?

Determina si cada conjunto de datos es *cualitativo* o *cuantitativo*.

13. libros favoritos

14. precios de DVD

15. **Negocios** Un negocio de *software* envía mensajes de correo electrónico a una de cada mil direcciones de una lista para averiguar qué *software* usan las personas. ¿El plan de la encuesta es *aleatorio*, *sistemático* o *estratificado*? ¿Este método dará una buena muestra? Explica tu respuesta.

¿Lo ENTIENDES?

16. **Razonamiento** Cuando comparas dos conjuntos de datos, ¿el conjunto con el mayor rango entre cuartiles tendrá siempre el rango mayor? Explica tu respuesta y da un ejemplo.

17. **Escribir** ¿Cuándo es más útil usar cada medida de tendencia central?

18. **Analizar errores** Un estudiante escribió la ecuación de matriz de la derecha. Describe y corrige el error.

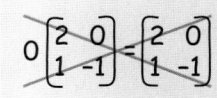

19. **Respuesta de desarrollo** Describe un problema que podrías resolver haciendo una encuesta. Escribe una pregunta de encuesta no sesgada y explica cómo escoger una buena muestra para tu encuesta.

20. **Razonamiento** ¿Qué medida de tendencia central sería más apropiada para medir datos cualitativos? Explica tu respuesta.

12-6 Permutaciones y combinaciones

Objetivo Hallar permutaciones y combinaciones.

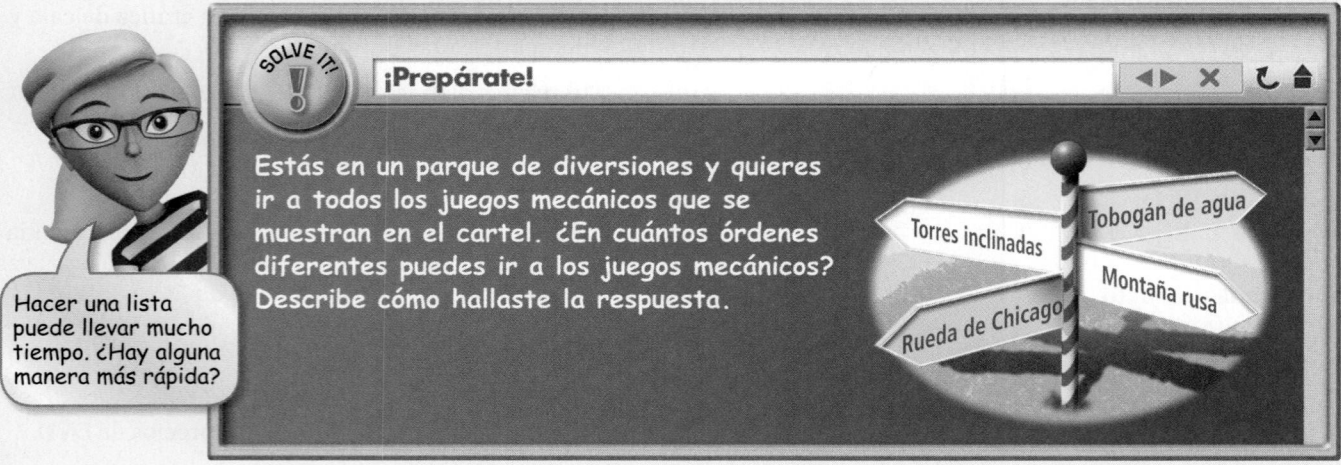

Vocabulario de la lección
- principio de conteo en la multiplicación
- permutación
- *n* factorial
- combinación

Comprensión esencial Puedes usar métodos de conteo para hallar la cantidad de maneras posibles de escoger objetos independientemente del orden.

Una manera de encontrar las ordenaciones posibles es hacer una lista organizada. Otra manera es hacer un diagrama de árbol. Ambos métodos te ayudan a ver si has pensado en todas las posibilidades.

En el siguiente diagrama de árbol se muestran todas las ordenaciones posibles para mirar tres películas (una comedia, una película dramática y una película de acción).

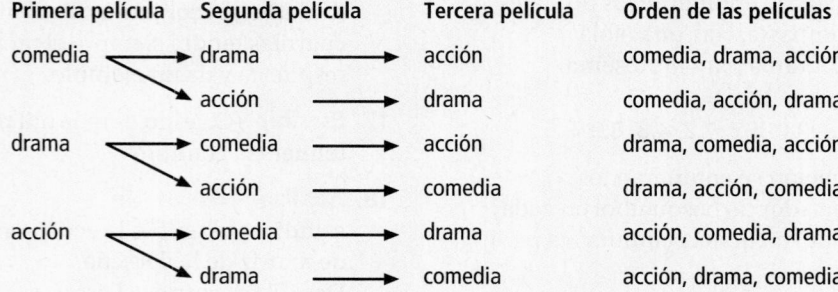

Primera película	Segunda película	Tercera película	Orden de las películas
comedia	drama	acción	comedia, drama, acción
	acción	drama	comedia, acción, drama
drama	comedia	acción	drama, comedia, acción
	acción	comedia	drama, acción, comedia
acción	comedia	drama	acción, comedia, drama
	drama	comedia	acción, drama, comedia

Hay seis ordenaciones posibles para mirar las tres películas.

Cuando un evento no afecta el resultado de otro evento, los eventos son *independientes*. Cuando los eventos son independientes, puedes hallar la cantidad de resultados utilizando el principio de conteo en la multiplicación.

toma nota

Concepto clave   Principio de conteo en la multiplicación

Si hay m maneras de hacer una primera selección y n maneras de hacer una segunda selección, entonces hay $m \cdot n$ maneras de hacer las dos selecciones.

Ejemplo

Si hay 5 camisetas y 8 pares de pantalones cortos, el número de conjuntos posibles es $5 \cdot 8 = 40$.

Problema 1   Usar el principio de conteo en la multiplicación

Ir de compras Usa el siguiente diagrama. ¿Cuántas maneras hay de llegar del primer piso al tercer piso usando sólo las escaleras mecánicas?

Piensa

¿De qué otra manera puedes resolver este problema?
Puedes hacer un diagrama como el diagrama de árbol de la página anterior para mostrar todos los caminos posibles de las escaleras mecánicas.

$$2 \cdot 3 = 6$$

Caminos de las escaleras mecánicas del primer piso al segundo piso

Caminos de las escaleras mecánicas del segundo piso al tercer piso

Caminos de las escaleras mecánicas del primer piso al tercer piso

Hay 6 maneras diferentes de llegar del primer piso al tercer piso usando sólo las escaleras mecánicas.

 ¿Comprendiste? 1. a. Una pizzería ofrece 8 sabores de vegetales y 6 sabores de carne. ¿Cuántas pizzas diferentes puedes pedir con un sabor de carne y un sabor de vegetales?
   b. Razonamiento ¿El diagrama de árbol es una manera práctica para hallar la respuesta de la parte (a)? Explica tu respuesta.

Una **permutación** es una ordenación de objetos en un orden específico. Éstas son las permutaciones posibles de las letras A, B y C sin repetir ninguna letra.

ABC   ACB   BAC   BCA   CAB   CBA

Problema 2 — Hallar permutaciones

Planea

¿Cómo puedes usar el principio de conteo en la multiplicación para hallar la cantidad de permutaciones?
Multiplica la cantidad de maneras que hay para hacer cada selección.

Béisbol Si hay 9 jugadores, ¿cuántas maneras hay de ordenar a los bateadores?

Hay 9 posibilidades para el primer bateador, 8 para el segundo, y así sucesivamente.

$9 \cdot 8 \cdot 7 \cdot 6 \cdot 5 \cdot 4 \cdot 3 \cdot 2 \cdot 1 = 362{,}880$ Usa una calculadora.

Hay 362,880 maneras posibles de ordenar a los bateadores.

 ¿Comprendiste? **2.** En una piscina hay 8 andariveles. ¿De cuántas maneras se les puede asignar a 8 nadadores los andariveles para una carrera?

Una manera abreviada de escribir el producto en el Problema 2 es 9!, que se lee "nueve factorial". Para cualquier entero positivo n, la expresión **n factorial** se escribe $n!$ y es el producto de los enteros desde n hasta 1. El valor de 0! se define como 1.

Puedes usar factoriales para escribir una fórmula para hallar el número de permutaciones de n objetos ordenados de a r por vez.

toma nota

Concepto Clave — Notación de permutación

La expresión $_nP_r$ representa el número de permutaciones de n objetos ordenados de a r por vez.

$$_nP_r = \frac{n!}{(n-r)!}$$

Ejemplo $_8P_2 = \frac{8!}{(8-2)!} = \frac{8!}{6!} = \frac{8 \cdot 7 \cdot 6 \cdot 5 \cdot 4 \cdot 3 \cdot 2 \cdot 1}{6 \cdot 5 \cdot 4 \cdot 3 \cdot 2 \cdot 1} = 56$

Problema 3 — Usar la notación de permutación

Piensa

¿Cómo puedes pensar en este problema de otra manera?
Puedes usar el principio de conteo en la multiplicación. La primera canción se escogió 7 veces, la segunda canción se escogió 6 veces, la tercera canción se escogió 5 veces, la cuarta canción se escogió 4 veces y la quinta canción se escogió 3 veces.

Música Una banda tiene 7 canciones nuevas y quiere incluir 5 de esas canciones en un CD de muestra. ¿Cuántas ordenaciones de 5 canciones es posible realizar?

Para hallar el número de ordenaciones posibles, halla el valor de $_7P_5$.

Método 1 Usa la fórmula para realizar permutaciones.

$_7P_5 = \frac{7!}{(7-5)!} = \frac{7!}{2!} = \frac{7 \cdot 6 \cdot 5 \cdot 4 \cdot 3 \cdot 2 \cdot 1}{2 \cdot 1}$ Escribe la fórmula usando factoriales.

$= 2520$ Simplifica.

Método 2 Usar una calculadora gráfica.
Presiona **7** **math** ◄ **2** **5** **enter**.
$_7P_5 = 2520$

Hay 2520 ordenaciones posibles de 5 canciones.

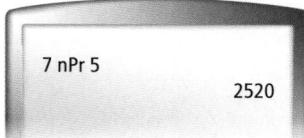

7 nPr 5
2520

¿Comprendiste? **3.** Hay 6 estudiantes en una clase con 8 escritorios. ¿Cuántas ordenaciones posibles para sentarse hay?

Una **combinación** es una selección de objetos independientemente del orden. Por ejemplo, si escoges dos guarniciones de una lista de cinco, el orden en que escojas las guarniciones no es importante.

Concepto clave Notación de combinación

La expresión $_nC_r$ representa el número de combinaciones de n objetos seleccionados de a r por vez.

$$_nC_r = \frac{n!}{r!(n-r)!}$$

Ejemplo $_8C_2 = \frac{8!}{2!(8-2)!} = \frac{8!}{2!6!} = \frac{8 \cdot 7 \cdot 6 \cdot 5 \cdot 4 \cdot 3 \cdot 2 \cdot 1}{(2 \cdot 1)(6 \cdot 5 \cdot 4 \cdot 3 \cdot 2 \cdot 1)} = 28$

Problema 4 Usar la notación de combinación

Opción múltiple Veinte personas se presentan para actuar como miembros de un jurado. ¿Cuántos jurados diferentes de 12 personas se pueden escoger?

(A) 20   (B) 240   (C) 125,970   (D) 479,001,600

Planea

¿Usas una permutación o una combinación?
El orden de las personas del jurado no es importante; por tanto, usa una combinación.

Necesitas el número de combinaciones de 20 miembros del jurado que se escogen de a 12 por vez. Halla $_{20}C_{12}$.

$_{20}C_{12} = \frac{20!}{12!(20-12)!} = \frac{20!}{12!8!}$ Escribe la fórmula usando factoriales.

$= 125,970$ Simplifica usando una calculadora.

Hay 125,970 jurados diferentes de 12 personas. La respuesta correcta es C.

 ¿Comprendiste? **4.** ¿De cuántas maneras diferentes puedes escoger 3 tipos de flores para armar un ramo de una selección de 15 tipos de flores?

Comprobar la comprensión de la lección

¿CÓMO hacerlo?

Halla el valor de cada expresión.

1. 7!

2. 13!

3. $_6P_3$

4. $_{10}P_4$

5. $_5C_3$

6. $_7C_3$

7. ¿Cuántos conjuntos diferentes puedes armar con 6 camisas y 4 pares de pantalones?

¿Lo ENTIENDES?

8. Vocabulario ¿Usarías permutaciones o combinaciones para hallar el número de ordenaciones posibles de 10 estudiantes en una fila? ¿Por qué?

9. Comparar y contrastar ¿En qué se parecen las permutaciones y las combinaciones? ¿En qué se diferencian?

10. Razonamiento Explica por qué $_nC_n$ es igual a 1.

Ejercicios de práctica y resolución de problemas

A Práctica

11. Teléfonos Un número telefónico de siete dígitos puede empezar con cualquier dígito excepto 0 ó 1. No hay restricciones para los dígitos después del primer dígito.

Ver el Problema 1.

    a. ¿Cuántas opciones posibles hay para el primer dígito? ¿Y para cada dígito después del primer dígito?

    b. ¿Cuántos números telefónicos diferentes de siete dígitos es posible armar?

12. Usa el diagrama y el principio de conteo en la multiplicación para hallar lo siguiente:

    a. el número de caminos de A a C

    b. el número de caminos de A a D

A B→C D

13. Deportes En una competencia de patinaje sobre hielo, el orden en el que los competidores patinan se determina con un dibujo. Supón que hay 10 patinadores en la final. ¿Cuántas ordenaciones posibles hay para los patinadores en el programa final?

Ver el Problema 2.

14. Fotografía Supón que debes acomodarte con 4 primos para que les tomen una foto. ¿Cuántas ordenaciones diferentes son posibles?

Halla el valor de cada expresión.

Ver el Problema 3.

15. $_8P_4$ **16.** $_9P_3$ **17.** $_7P_6$ **18.** $_8P_5$ **19.** $_7P_2$

20. $_5P_5$ **21.** $_6P_1$ **22.** $_{11}P_0$ **23.** $_{10}P_2$ **24.** $_{12}P_9$

25. Lectura Tienes 10 libros en un estante. ¿En cuántos órdenes puedes leer 4 de los libros en las vacaciones de verano?

26. Consejo estudiantil Un consejo estudiantil tiene 24 miembros. El consejo escogerá una comisión de 3 personas para planificar un evento de lavado de carros. Cada persona de la comisión tendrá una tarea: una persona buscará el lugar, otra persona se ocupará de la publicidad y la tercera persona buscará voluntarios. ¿De cuántas maneras diferentes se puede escoger 3 estudiantes y asignarles una tarea?

Halla el valor de cada expresión.

Ver el Problema 4.

27. $_6C_6$ **28.** $_5C_4$ **29.** $_9C_1$ **30.** $_7C_2$ **31.** $_8C_5$

32. $_3C_0$ **33.** $_8C_6$ **34.** $_7C_5$ **35.** $_{10}C_9$ **36.** $_{15}C_4$

37. Derecho Para algunas causas civiles, al menos 9 de los 12 miembros del jurado deben ponerse de acuerdo sobre el veredicto. ¿Cuántas combinaciones de 9 miembros del jurado son posibles en un jurado de 12 personas?

38. Certificados de regalo Para tu cumpleaños recibiste un certificado de regalo de una tienda de música para canjear por 3 CD. Te gustaría tener 8 CD. ¿Cuántos grupos diferentes de 3 CD puedes escoger de los 8 CD que quieres?

39. Colchas de retazos Hay 30 tipos de tela disponibles en una tienda de colchas de retazos. ¿Cuántos grupos diferentes de 5 tipos de tela puedes escoger para hacer una colcha de retazos?

Determina qué valor es mayor.

40. $_8P_6$ ó $_6P_2$

41. $_9P_7$ ó $_9P_2$

42. $_{10}P_3$ ó $_8P_4$

43. $_9C_6$ ó $_9P_6$

44. $_{11}C_5$ ó $_{11}C_8$

45. $_7C_4$ ó $_8C_5$

46. Pensar en un plan Dibuja cuatro puntos como los que se muestran en la Figura 1. Dibuja segmentos de recta para unir cada punto con todos los puntos restantes. ¿Cuántos segmentos de recta dibujaste? ¿Cuántos segmentos necesitarías para unir cada punto con todos los puntos restantes de la Figura 2?
- ¿Cuántos puntos hay en la Figura 2?
- ¿Debes usar combinaciones o permutaciones para hallar el número de segmentos que unen los pares de puntos?

Figura 1   Figura 2

47. a. Lena quiere crear una contraseña con las 4 letras de su nombre. ¿Cuántas permutaciones se pueden hacer usando cada letra una sola vez?

b. Escribir ¿Es una buena idea crear una contraseña en base a tu nombre? Explica tu razonamiento.

48. Placas de matrícula En un estado, una placa de matrícula regular tiene un número de dos dígitos que está designado por el condado, seguido de una letra y de cuatro números de un dígito.

a. ¿Cuántas placas de matrícula diferentes se pueden formar en cada condado?

b. Supón que hay 92 condados en el estado. ¿Cuántas placas de matrícula es posible formar en todo el estado?

Halla el número de ordenaciones de letras seleccionadas de a tres letras por vez que pueden formarse a partir de cada conjunto de tarjetas.

49.

A B C D E

50.

P Q R

51.

E F G H I J K

52.

M N O P

Razonamiento Explica si cada situación es un problema de permutación o un problema de combinación.

53. Un armario contiene 8 libros. Escoges 3 libros de manera aleatoria. ¿Cuántos conjuntos diferentes de libros puedes escoger?

54. Pides prestados 4 libros de la biblioteca de la escuela para leer durante las vacaciones de primavera. ¿En cuántos órdenes diferentes puedes leer los 4 libros?

55. Medios de comunicación Las siglas de las emisoras de radio y televisión en los Estados Unidos generalmente comienzan con la letra W al este del río Mississippi y con la letra K al oeste del Mississippi. La repetición de letras está permitida.

a. ¿Cuántas siglas diferentes es posible armar si cada emisora usa una W o una K seguida de 3 letras?

b. ¿Cuántas siglas diferentes es posible armar si cada emisora usa una W o una K seguida de 4 letras?

Halla el valor de cada expresión.

56. $\dfrac{_5P_3}{_5P_2}$

57. $\dfrac{_4P_3}{_4P_2}$

58. $\dfrac{_7P_3}{_7P_2}$

59. $_2C_2 + {_2C_1} + {_2C_0}$

60. $_3C_3 + {_3C_2} + {_3C_1} + {_3C_0}$

61. $_{90}C_{90}$

 **Desafío** **Determina si cada enunciado es verdadero *siempre*, *a veces* o *nunca*. Supón que $n \neq 0$.**

62. $_nC_1 = n$

63. $_3C_x > x$

64. $_nC_{(n-1)} = n$

65. En un examen hay 10 preguntas. Tienes que responder 7 preguntas en total, incluyendo exactamente 4 de las 6 primeras preguntas.
   a. ¿De cuántas maneras puedes escoger 4 de las 6 primeras preguntas?
   b. ¿Cuántas preguntas quedan luego de haber respondido 4 de las 6 primeras preguntas? ¿Cuántas preguntas te quedan aún por responder?
   c. ¿De cuántas maneras puedes escoger las preguntas para terminar el examen?
   d. ¿Cuántas maneras diferentes hay de completar el examen (cumpliendo con todos los requisitos)?

Preparación para el examen estandarizado

SAT/ACT

66. En la cafetería de la escuela se sirven almuerzos que consisten en 1 plato principal, 1 verdura, 1 ensalada y un postre. El menú tiene opciones de 2 platos principales, 3 verduras, 3 ensaladas y 4 postres. ¿Cuántos almuerzos diferentes es posible armar?

67. ¿Cómo se escribe 7.3×10^{-2} en forma estándar?

68. ¿Cuántos elementos hay en la unión de estos dos conjuntos: $M = \{4, 5, -6, 7, 8\}$ y $N = \{-4, 5, 6, 7, -8\}$?

69. Depositas $500 en una cuenta y ganas 5.25% de interés anual. No haces más depósitos en la cuenta y el interés se calcula anualmente. ¿Cuál es el saldo en dólares después de 10 años? Redondea al dólar más cercano.

Repaso mixto

Determina si cada conjunto de datos es *cualitativo* o *cuantitativo*.   **Ver la Lección 12-5.**

70. códigos postales   **71.** tiempos de carreras   **72.** estaturas de personas   **73.** emociones

Usa la fórmula cuadrática para resolver cada ecuación. Si es necesario, redondea las respuestas a la centésima más cercana.   **Ver la Lección 9-6.**

74. $2x^2 + 12x - 11 = 0$ **75.** $x^2 - 7x + 2 = 0$ **76.** $x^2 + 4x - 8 = 0$ **77.** $3x^2 + 8x + 5 = 0$

¡Prepárate!   **Antes de la Lección 12-7, haz los Ejercicios 78 a 81.**

Vuelve a escribir cada decimal o fracción como un porcentaje.   **Ver la p. 793.**

78. 0.32   **79.** 0.09   **80.** $\dfrac{45}{200}$ **81.** $\dfrac{9}{50}$

12-7 Probabilidad teórica y probabilidad experimental

Objetivo   Hallar probabilidades teóricas y probabilidades experimentales.

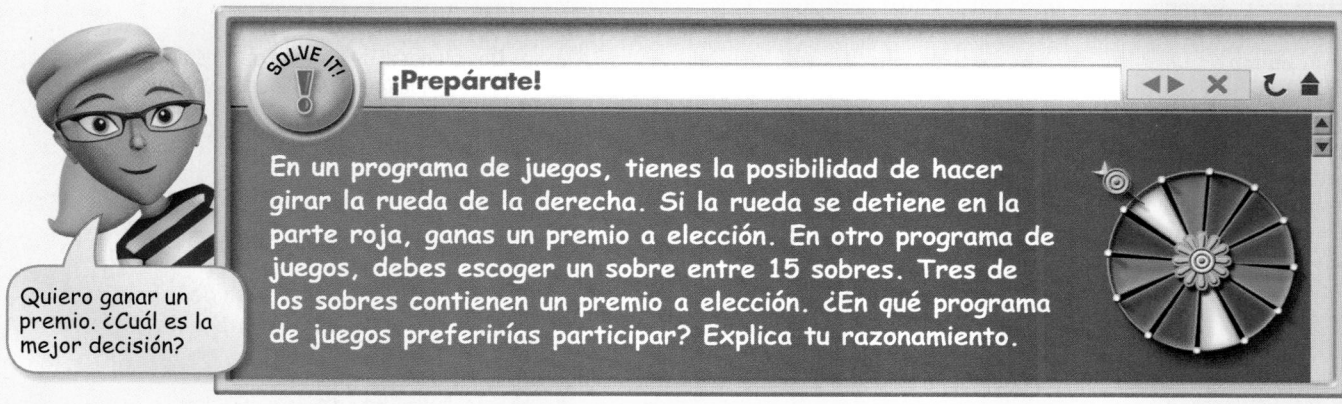

SOLVE IT!

¡Prepárate!

En un programa de juegos, tienes la posibilidad de hacer girar la rueda de la derecha. Si la rueda se detiene en la parte roja, ganas un premio a elección. En otro programa de juegos, debes escoger un sobre entre 15 sobres. Tres de los sobres contienen un premio a elección. ¿En qué programa de juegos preferirías participar? Explica tu razonamiento.

Quiero ganar un premio. ¿Cuál es la mejor decisión?

Actividades dinámicas
Probabilidad geométrica

Vocabulario de la lección
- resultado
- espacio muestral
- evento
- probabilidad
- probabilidad teórica
- complemento de un evento
- probabilidades
- probabilidad experimental

En la actividad de *Solve It!*, el hecho de que la rueda se detenga en la parte roja y escoger el sobre correcto son los resultados que se desea obtener. Un **resultado** es el desenlace de una sola prueba, como hacer girar una rueda. El **espacio muestral** son todos los resultados posibles. Un **evento** es cualquier resultado o grupo de resultados. Los resultados que corresponden a un evento dado son resultados favorables.

A continuación se muestra cómo se aplican estos términos al obtener un número par tras lanzar un cubo numérico.

evento	espacio muestral	resultados favorables
↓	↓	↓
obtener un número par	1, 2, 3, 4, 5, 6	2, 4, 6

Comprensión esencial   La **probabilidad** de un evento, o P(evento), indica cuán probable es que el evento ocurra. Puedes hallar probabilidades aplicando el razonamiento matemático o usando los datos recopilados en un experimento.

En el ejemplo anterior del cubo numérico, los resultados del espacio muestral son igualmente probables. Cuando todos los resultados posibles son igualmente probables, puedes hallar la *probabilidad teórica* de un evento usando la siguiente fórmula.

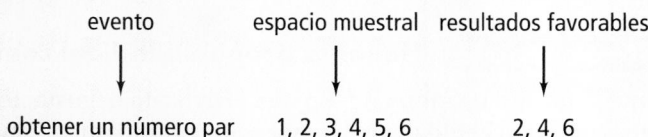

probabilidad teórica $P(\text{evento}) = \dfrac{\text{número de resultados favorables}}{\text{número de resultados posibles}}$

$P(\text{obtener un número par al lanzar un cubo numérico}) = \dfrac{3}{6} = \dfrac{1}{2}$

Puedes escribir la probabilidad de un evento como una fracción, un decimal o un porcentaje. La probabilidad de un evento varía de 0 a 1.

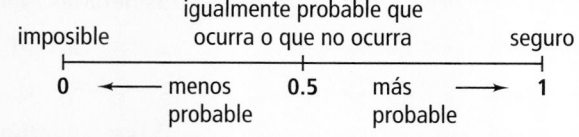

	igualmente probable que		
imposible	ocurra o que no ocurra		seguro
0 ← menos probable	0.5	más probable →	1

Problema 1 Hallar la probabilidad teórica

Astronomía Los 8 planetas de nuestro sistema solar, ordenados de menor a mayor distancia desde el Sol, son Mercurio, Venus, la Tierra, Marte, Júpiter, Saturno, Urano y Neptuno. Debes escoger de manera aleatoria el nombre de uno de los planetas y escribir un informe sobre ese planeta. ¿Cuál es la probabilidad teórica de que escojas un planeta cuya distancia desde el Sol sea menor que la de la Tierra?

Piensa

¿Un "resultado favorable" siempre significa que sucede algo bueno?
No. Por ejemplo, si deseas determinar la probabilidad de perder en un juego, los resultados "favorables" son los resultados en los que pierdes.

$$P(\text{evento}) = \frac{\text{número de resultados favorables}}{\text{número de resultados posibles}}$$

$$= \frac{2}{8} \qquad \qquad \text{Dos planetas de un total de 8 están más cerca del Sol que la Tierra: Mercurio y Venus.}$$

$$= \frac{1}{4} \qquad \qquad \text{Simplifica.}$$

La probabilidad de escoger un planeta cuya distancia desde el Sol sea menor que la de la Tierra es $\frac{1}{4}$.

¿Comprendiste? **1.** En el Problema 1, ¿cuál es la probabilidad teórica de escoger un planeta cuya distancia desde el Sol sea mayor que la de la Tierra?

El **complemento de un evento** consiste en todos los resultados del espacio muestral que no se incluyen en el evento. Los resultados posibles al lanzar un cubo numérico son 1, 2, 3, 4, 5 y 6. Los resultados posibles para obtener un número par son 2, 4 y 6. Los resultados del complemento para obtener un número par son 1, 3 y 5.

La suma de las probabilidades de un evento y su complemento es 1.

$$P(\text{evento}) + P(\text{no evento}) = 1 \qquad \text{ó} \qquad P(\text{no evento}) = 1 - P(\text{evento})$$

 Problema 2 Hallar la probabilidad del complemento de un evento

Investigación de mercado En una prueba de degustación, se entrega de manera aleatoria una bebida para probar a 50 participantes. Hay 20 muestras de la Bebida A, 10 muestras de la Bebida B, 10 muestras de la Bebida C y 10 muestras de la Bebida D. ¿Cuál es la probabilidad de que un participante no reciba la Bebida A?

Piensa

¿De qué otra manera puedes hallar P(no Bebida A)?
Puedes dividir el número de las otras muestras de bebidas por el número total de muestras.
$P(\text{no Bebida A})$
$= \frac{10 + 10 + 10}{50}$
$= \frac{30}{50} = \frac{3}{5}$

$$P(\text{Bebida A}) = \frac{\text{número de muestras de la Bebida A}}{\text{número total de muestras}} = \frac{20}{50} = \frac{2}{5} \qquad \text{Halla } P(\text{Bebida A}).$$

$$P(\text{no Bebida A}) = 1 - P(\text{Bebida A}) \qquad \qquad \text{Usa la fórmula del complemento.}$$

$$= 1 - \frac{2}{5} = \frac{3}{5} \qquad \qquad \text{Sustituye y simplifica.}$$

La probabilidad de que un participante no reciba la Bebida A es $\frac{3}{5}$.

¿Comprendiste? **2. Razonamiento** Supón que se repite una prueba de degustación con el mismo número de muestras de la Bebida A, pero con más muestras de las otras bebidas. ¿Qué sucede con $P(\text{no Bebida A})$?

Las **probabilidades** describen la probabilidad de que ocurra un evento como una razón que compara el número de resultados favorables y desfavorables.

$$\text{probabilidades a favor de que ocurra un evento} = \frac{\text{número de resultados favorables}}{\text{número de resultados desfavorables}}$$

$$\text{probabilidades en contra de que ocurra un evento} = \frac{\text{número de resultados desfavorables}}{\text{número de resultados favorables}}$$

Problema 3 Hallar las probabilidades

Piensa

¿En qué se diferencia hallar probabilidades de hallar la probabilidad?
Para hallar probabilidades, comparas los resultados favorables y desfavorables. Para hallar la probabilidad, comparas los resultados favorables y todos los resultados posibles.

¿Cuáles son las probabilidades a favor de que la flecha giratoria se detenga en un número mayor que o igual a 6?

Resultados favorables: 6, 7, 8   Total: 3
Resultados desfavorables: 1, 2, 3, 4, 5   Total: 5

Las probabilidades a favor de que ocurra el evento son $\frac{3}{5}$, ó 3 : 5.

¿Comprendiste? **3.** ¿Cuáles son las probabilidades en contra de que la flecha giratoria se detenga en un número menor que 3?

La *probabilidad experimental* se basa en los datos recopilados de las pruebas repetidas.

probabilidad experimental $P(\text{evento}) = \dfrac{\text{número de veces que ocurre el evento}}{\text{número de veces que se realiza el experimento}}$

Problema 4 Hallar la probabilidad experimental

Piensa

¿En qué se parece la fórmula de la probabilidad experimental a la fórmula de la probabilidad teórica?
En cada fórmula, divides el número de objetos correspondientes a un evento por el número total de objetos.

Control de calidad Después de recibir quejas, un fabricante de patinetas inspecciona 1000 patinetas de manera aleatoria. El fabricante no halla defectos en 992 patinetas. ¿Cuál es la probabilidad de que una patineta seleccionada de manera aleatoria no tenga defectos? Escribe la probabilidad como un porcentaje.

$P(\text{sin defectos}) = \dfrac{\text{número de patinetas sin defectos}}{\text{número de patinetas revisadas}}$

$= \dfrac{992}{1000}$ Sustituye.

$= 0.992$ Escribe el número como decimal.

$= 99.2\%$ Conviértelo a porcentaje.

La probabilidad de que una patineta seleccionada de manera aleatoria no tenga defectos es del 99.2%.

¿Comprendiste? **4.** Supón que el fabricante del Problema 4 inspecciona 2500 patinetas. Hay 2450 patinetas sin defectos. ¿Cuál es la probabilidad de que una patineta seleccionada de manera aleatoria no tenga defectos? Escribe la probabilidad como un porcentaje.

Puedes usar la probabilidad experimental para hacer una predicción. Las predicciones no son exactas; por tanto, redondea tus resultados.

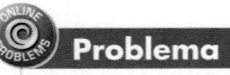 **Problema 5** Usar la probabilidad experimental

Mascotas Escoges de manera aleatoria 500 personas de tu ciudad para preguntarles si tienen un perro. De las 500 personas, 197 responden que sí tienen un perro. Si en tu ciudad hay 24,800 habitantes, ¿alrededor de cuántas personas es probable que tengan un perro?

Lo que sabes
- 197 de las 500 personas encuestadas tienen un perro
- Hay 24,800 habitantes en tu ciudad

Lo que necesitas
Número probable de personas que tienen un perro

Planea
Halla la probabilidad experimental de que una persona tenga un perro. Luego multiplícala por el número total de personas.

$$P(\text{tener un perro}) = \frac{\text{número de personas encuestadas que tienen perro}}{\text{número de personas encuestadas}} = \frac{197}{500} = 0.394$$

personas con perros $= P(\text{tener un perro}) \cdot$ número total de personas

$= 0.394 \cdot 24{,}800$ Sustituye.

$= 9771.2$ Simplifica.

Es probable que aproximadamente 9770 personas de tu ciudad tengan un perro.

 ¿Comprendiste? **5.** Un fabricante inspecciona 700 focos y descubre que 692 de ellos funcionan. Hay alrededor de 35,400 focos en el depósito del fabricante. ¿Cuántos de los focos que hay en el depósito es probable que funcionen?

Comprobar la comprensión de la lección

¿CÓMO hacerlo?

Halla la probabilidad teórica de cada evento al lanzar un cubo numérico.

1. $P(4)$

2. $P(\text{menor que 3})$

3. $P(\text{no 3})$

4. $P(\text{no mayor que 4})$

5. ¿Cuáles son las probabilidades a favor de obtener un 4 al lanzar un cubo numérico?

6. Lanzas un dardo a un blanco de juego de dardos 500 veces. Das en el blanco 80 veces. ¿Cuál es la probabilidad experimental de dar en el blanco?

¿Lo ENTIENDES?

7. Vocabulario ¿Cuál es la diferencia entre la probabilidad teórica y la probabilidad experimental?

8. Analizar errores Eric calculó la probabilidad de obtener un número menor que 3 al escoger de manera aleatoria un número entero del 1 al 10. Describe y corrige su error.

$$\frac{\text{resultados favorables}}{\text{resultados totales}} = \frac{3}{10}$$

9. Respuesta de desarrollo Describe una situación de la vida diaria en la que sea casi seguro que ocurra un evento y en la que sea muy improbable que ocurra un evento.

Ejercicios de práctica y resolución de problemas

◀ Ver los Problemas 1 y 2.

Ⓐ Práctica

La rueda con flecha giratoria de la derecha está dividida en seis partes iguales. Halla la probabilidad teórica de que la flecha se detenga en la(s) parte(s) indicada(s) de la rueda.

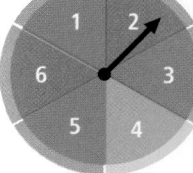

10. P(azul)

11. P(blanco)

12. P(5)

13. P(no menor que 3)

14. P(8)

15. P(par)

16. P(no 2)

17. P(menor que 5)

18. P(no verde)

19. P(no rojo)

20. P(par o impar)

21. P(mayor que 4)

Usa la rueda con flecha giratoria anterior. Halla las probabilidades.

◀ Ver el Problema 3.

22. probabilidades a favor de que se detenga en un número par

23. probabilidades en contra de que se detenga en el 2

24. probabilidades en contra de que se detenga en un factor de 6

25. probabilidades en contra de que se detenga en el color verde

26. probabilidades a favor de que se detenga en el color azul

27. probabilidades a favor de que se detenga en un múltiplo de 5

A la derecha se muestran los resultados de una encuesta realizada a 100 estudiantes escogidos de manera aleatoria en una escuela secundaria de 2000 estudiantes. Halla la probabilidad experimental de que un estudiante escogido de manera aleatoria tenga los planes que se muestran después de graduarse.

◀ Ver el Problema 4.

Planes después de la graduación

Respuesta	Número de respuestas
Ir a una institución terciaria	24
Ir a la universidad	43
Tomarse un año libre antes de ir a la universidad	12
Ir a una escuela técnica	15
No planea ir a la universidad	6

28. P(institución terciaria)

29. P(universidad)

30. P(escuela técnica)

31. P(no escuela técnica)

32. P(escuela técnica o institución terciaria)

33. Un parque tiene alrededor de 500 árboles. Descubres que 27 de 67 árboles escogidos de manera aleatoria son robles. ¿Alrededor de cuántos árboles en todo el parque es probable que sean robles?

◀ Ver el Problema 5.

Ⓑ Aplicación

34. **Analizar errores** Una rueda con flecha giratoria tiene 3 partes rojas y 5 partes azules del mismo tamaño. Un amigo dice que las probabilidades a favor de que la flecha se detenga en la parte azul son 3 : 5. Describe y corrige el error.

35. **Pensar en un plan** Los Estados Unidos tienen un área territorial de aproximadamente 3,536,278 mi². Illinois tiene un área territorial de aproximadamente 57,918 mi². ¿Cuál es la probabilidad de que un lugar de los Estados Unidos seleccionado de manera aleatoria no esté en Illinois? Redondea tu respuesta a la décima de porcentaje más cercana.
   - ¿Cómo puedes resolver este problema usando el complemento de un evento?
   - ¿Cómo escribes una fracción como un porcentaje?

36. **Transporte** De los 80 trabajadores encuestados en una compañía, 17 caminan hasta el trabajo.
   a. ¿Cuál es la probabilidad experimental de que un trabajador de esa compañía escogido de manera aleatoria camine hasta el trabajo?
   b. Predice aproximadamente cuántos trabajadores caminan hasta el trabajo del total de 3600 trabajadores de la compañía.

37. **Respuesta de desarrollo** Supón que tu maestra escoge de manera aleatoria a un estudiante de tu clase de Álgebra. ¿Cuál es la probabilidad de que la maestra no escoja a un varón?

38. **Razonamiento** Las probabilidades a favor del Evento A son iguales a las probabilidades en contra del Evento A. ¿Cuál es la probabilidad del Evento A? Explica tu respuesta.

Fútbol americano En el diagrama de tallo y hojas de la derecha se muestra la diferencia entre los puntos anotados por el equipo ganador y el equipo perdedor en el Súper Tazón durante un período de 20 años.

Diferencia entre los puntajes de los ganadores y perdedores del Súper Tazón

0	1 3 3 3 3 4 7 7
1	0 1 2 3 4 5 7
2	3 7 7
3	5
4	5

Clave: 1 | 0 significa 10 puntos

39. Halla la probabilidad de que el equipo ganador haya ganado por menos de 10 puntos.

40. Halla las probabilidades de que el equipo ganador haya ganado por 10 a 15 puntos.

41. Halla la probabilidad de que el equipo ganador haya ganado por más de 20 puntos.

 **Desafío**

42. Razonamiento Las probabilidades a favor de escoger una canica roja de una bolsa que contiene canicas rojas y azules es 7 : 3. ¿Cuál es la probabilidad de escoger una canica azul? Explica tu respuesta.

Geometría Usa la figura de la derecha. Supón que el cuadrado blanco está centrado en el cuadrado grande. Si escoges de manera aleatoria un punto dentro de la figura, ¿cuál es la probabilidad de que se encuentre en la región descrita?

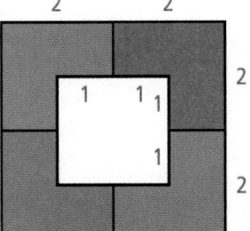

43. $P(\text{rojo})$

44. $P(\text{azul})$

45. $P(\text{no azul})$

46. $P(\text{verde o blanco})$

Preparación para el examen estandarizado

SAT/ACT

47. ¿Cuál es la mediana de los siguientes tamaños de clases: 29, 31, 28, 25, 27, 33, 33, 26?

(A) 28   (B) 28.5   (C) 29   (D) 33

48. Si $y = 10$ cuando $x = 5$ y y varía inversamente con x, ¿qué ecuación relaciona x y y?

(F) $xy = 5$ (G) $y = \frac{50}{x}$ (H) $xy = 2$ (I) $y = \frac{2}{x}$

Respuesta breve

49. En un equipo de básquetbol hay 11 jugadores. ¿Cuántos grupos diferentes de 5 jugadores puede escoger el entrenador para jugar durante un partido? Muestra tu trabajo.

Repaso mixto

Halla el número de permutaciones o combinaciones.

Ver la Lección 12-6.

50. $_7P_4$ **51.** $_3P_3$ **52.** $_6P_2$ **53.** $_9C_1$ **54.** $_5C_4$

¡Prepárate! Antes de la Lección 12-8, haz los Ejercicios 55 a 59.

Halla cada unión o intersección. Sea $J = \{4, 5, 6, 7\}$, $K = \{1, 4, 7, 10\}$ y $L = \{x \mid x$ es un número entero par menor que 12$\}$.

Ver la Lección 3-8.

55. $J \cup K$ **56.** $J \cap L$ **57.** $J \cup L$ **58.** $L \cap K$ **59.** $K \cup L$

Hacer simulaciones

Una *simulación* es un modelo de una situación de la vida diaria. Una manera de hacer una simulación es usar números aleatorios generados con una calculadora gráfica o un programa de computación.

En una calculadora gráfica, el comando **RANDINT** genera enteros aleatorios. Para crear una lista de enteros aleatorios, presiona (math) ◁ (5). La calculadora mostrará **RANDINT(**. Después del paréntesis, escribe (0) (,) (9)(9) y presiona (enter) repetidamente para crear números aleatorios de 1 y 2 dígitos del 0 al 99.

Actividad 1

Alrededor del 40% de la población de los Estados Unidos tiene el grupo sanguíneo A. Estima la probabilidad de que las próximas dos personas que donen sangre en una campaña de donación de sangre tengan el grupo sanguíneo A.

53	18	33	75
93	34	36	45
25	71	47	46
66	13	63	36
21	59	27	07
83	25	72	24
73	52	59	81
14	09	40	64
81	72	02	38
21	09	92	10

Paso 1 Para simular la situación, determina que un número de 2 dígitos represente a 2 personas. Usa una calculadora para generar 40 números aleatorios de 2 dígitos, como en el ejemplo de la derecha.

Paso 2 Dado que alrededor del 40% de la población de los Estados Unidos tiene el grupo sanguíneo A, el 40% de los dígitos del 0 al 9 pueden usarse para representar esa cantidad de personas. Sean 0, 1, 2 y 3 los números que representan a las personas con el grupo sanguíneo A y sean 4, 5, 6, 7, 8 y 9 los números que representan a las personas que no tienen el grupo sanguíneo A. Por tanto, el número de 2 dígitos 53 representa a una persona que no tiene el grupo sanguíneo A (el dígito 5) y a una persona con el grupo sanguíneo A (el dígito 3).

Paso 3 En el ejemplo de la derecha, los seis números en rojo representan a dos personas consecutivas que tienen el grupo sanguíneo A. Los otros números de 2 dígitos tienen al menos un dígito que representa a una persona que no tiene el grupo sanguíneo A

$$P(\text{dos personas consecutivas con el grupo sanguíneo } A) = \frac{\text{número de veces que ocurre el evento}}{\text{número de veces que se realiza el experimento}}$$
$$= \frac{6}{40} = 0.15$$

> Puedes convertir números de 1 dígito, como 9, en números de 2 dígitos agregando un cero a la izquierda.

También puedes simular situaciones usando otros métodos, como lanzar cubos numéricos, hacer girar flechas giratorias o lanzar monedas.

Actividad 2

Una compañía de cereales tiene una promoción en la que 1 de cada 6 cajas contiene una entrada para el cine.

Paso 1 Lanza dos cubos numéricos para representar dos cajas de cereales. Sea 1 el número que representa una caja con premio y sean 2, 3, 4, 5 y 6 los números que representan una caja sin premio.

Paso 2 Anota el resultado. Repite el procedimiento 30 veces. Usa tus resultados para estimar la probabilidad de que ambas cajas contengan una entrada para el cine.

12-8 Probabilidad de eventos compuestos

Objetivos Hallar las probabilidades de eventos mutuamente excluyentes y eventos traslapados.
Hallar las probabilidades de eventos independientes y dependientes.

Mmm, en este problema hay dos eventos que ocurren al mismo tiempo.

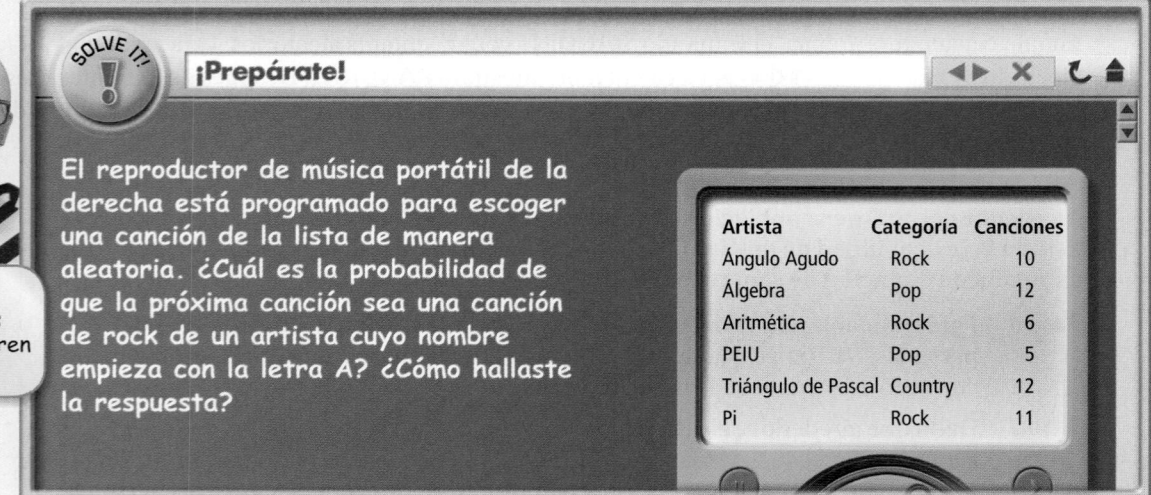

SOLVE IT!

¡Prepárate!

El reproductor de música portátil de la derecha está programado para escoger una canción de la lista de manera aleatoria. ¿Cuál es la probabilidad de que la próxima canción sea una canción de rock de un artista cuyo nombre empieza con la letra A? ¿Cómo hallaste la respuesta?

Artista	Categoría	Canciones
Ángulo Agudo	Rock	10
Álgebra	Pop	12
Aritmética	Rock	6
PEIU	Pop	5
Triángulo de Pascal	Country	12
Pi	Rock	11

Actividades dinámicas

Eventos independientes y dependientes

Vocabulario de la lección
• evento compuesto
• eventos mutuamente excluyentes
• eventos traslapados
• eventos independientes
• eventos dependientes

En la actividad de *Solve It!*, hallaste la probabilidad de que la próxima canción sea una canción de rock de un artista cuyo nombre comienza con la letra A. Éste es un ejemplo de un **evento compuesto**, que consiste en dos o más eventos unidos por la palabra *y* o por la palabra *o*.

Comprensión esencial Puedes escribir la probabilidad de un evento compuesto como una expresión que incluya probabilidades de eventos más simples. Esto puede hacer que la probabilidad compuesta sea más fácil de hallar.

Cuando dos eventos no tienen resultados en común, se trata de **eventos mutuamente excluyentes**. Si A y B son eventos mutuamente excluyentes, entonces $P(A\ y\ B) = 0$. Cuando los eventos tienen al menos un resultado en común, son **eventos traslapados**.

Debes determinar si dos eventos A y B son mutuamente excluyentes antes de hallar $P(A\ ó\ B)$.

toma nota

Concepto clave Probabilidad de *A ó B*

Probabilidad de eventos mutuamente excluyentes
Si A y B son eventos mutuamente excluyentes, $P(A\ ó\ B) = P(A) + P(B)$.

Probabilidad de eventos traslapados
Si A y B son eventos traslapados, $P(A\ ó\ B) = P(A) + P(B) - P(A\ y\ B)$.

Problema 1 **Eventos mutuamente excluyentes y eventos traslapados**

Supón que haces girar una rueda con flecha giratoria que tiene 20 partes del mismo tamaño numeradas del 1 al 20.

A ¿Cuál es la probabilidad de obtener un 2 o un 5 al hacer girar la flecha giratoria?

Como la flecha giratoria no puede detenerse en 2 y en 5 a la vez, los eventos son mutuamente excluyentes.

$$P(2 \text{ ó } 5) = P(2) + P(5)$$
$$= \frac{1}{20} + \frac{1}{20} \quad \text{Sustituye.}$$
$$= \frac{2}{20} = \frac{1}{10} \quad \text{Simplifica.}$$

La probabilidad de obtener un 2 o un 5 al hacer girar la flecha giratoria es $\frac{1}{10}$.

B ¿Cuál es la probabilidad de obtener un número que es múltiplo de 2 ó 5 al hacer girar la flecha giratoria?

Dado que un número puede ser múltiplo de 2 y múltiplo de 5, como 10, los eventos son traslapados.

$$P(\text{múltiplo de 2 o múltiplo de 5})$$
$$= P(\text{múltiplo de 2}) + P(\text{múltiplo de 5}) - P(\text{múltiplo de 2 y múltiplo de 5})$$
$$= \frac{10}{20} + \frac{4}{20} - \frac{2}{20} \quad \text{Sustituye.}$$
$$= \frac{12}{20} = \frac{3}{5} \quad \text{Simplifica.}$$

La probabilidad de obtener un número que es múltiplo de 2 o múltiplo de 5 es $\frac{3}{5}$.

Piensa

¿Cuántos múltiplos hay?
Hay 10 múltiplos de 2: 2, 4, 6, 8, 10, 12, 14, 16, 18 y 20. Hay 4 múltiplos de 5: 5, 10, 15 y 20. Hay 2 múltiplos de 2 y 5: 10 y 20.

 ¿Comprendiste? **1.** Supón que lanzas un cubo numérico estándar.

　　a. ¿Cuál es la probabilidad de que obtengas un número par o un número menor que 4?

　　b. ¿Cuál es la probabilidad de que obtengas un 2 o un número impar?

Un juego de damas estándar tiene el mismo número de damas rojas y negras. En el diagrama de la derecha se muestran los resultados posibles cuando se escoge una dama de manera aleatoria, se la deja donde estaba y se vuelve a escoger una dama. La probabilidad de obtener una dama roja cada vez es $\frac{1}{2}$. La primera opción, o evento, no afecta al segundo evento. Los eventos son *independientes*.

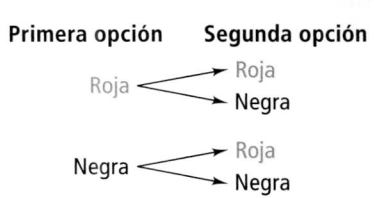

Dos eventos son **eventos independientes** si la ocurrencia de un evento no afecta la probabilidad de que el otro evento ocurra.

Concepto clave **Probabilidad de dos eventos independientes**

Si A y B son eventos independientes, $P(A \text{ y } B) = P(A) \cdot P(B)$.

Problema 2 Hallar la probabilidad de eventos independientes

Supón que lanzas un cubo numérico rojo y un cubo numérico azul. ¿Cuál es la probabilidad de que obtengas un 3 al lanzar el cubo rojo y un número par al lanzar el cubo azul?

$$P(3 \text{ rojo}) = \frac{1}{6}$$ Sólo uno de los seis números es un 3.

$$P(\text{par azul}) = \frac{3}{6} = \frac{1}{2}$$ Tres de los seis números son pares.

$$P(3 \text{ rojo y par azul}) = P(3 \text{ rojo}) \cdot P(\text{par azul})$$

$$= \frac{1}{6} \cdot \frac{1}{2} = \frac{1}{12}$$ Sustituye y luego simplifica.

La probabilidad es $\frac{1}{12}$.

Piensa

¿Son independientes los eventos?
Sí. El resultado de lanzar un cubo numérico no afecta el resultado de lanzar otro cubo numérico.

✔ **¿Comprendiste?** **2.** Lanzas un cubo numérico rojo y un cubo numérico azul. ¿Cuál es la probabilidad de que obtengas un 5 al lanzar el cubo rojo y un 1 o un 2 al lanzar el cubo azul?

  Problema 3 Escoger con reposición

Juegos Escoges una ficha de manera aleatoria del juego de fichas que se muestra. Repones la primera ficha y luego vuelves a escoger una ficha. ¿Cuál es la probabilidad de escoger una ficha con puntos y luego una ficha con un dragón?

Dado que repones la primera ficha, los eventos son independientes.

$$P(\text{puntos}) = \frac{4}{15}$$ 4 de las 15 fichas tienen puntos.

$$P(\text{dragón}) = \frac{3}{15} = \frac{1}{5}$$ 3 de las 15 fichas tienen un dragón.

$$P(\text{puntos y dragón}) = P(\text{puntos}) \cdot P(\text{dragón})$$

$$= \frac{4}{15} \cdot \frac{1}{5}$$ Sustituye.

$$= \frac{4}{75}$$ Simplifica.

La probabilidad de que escojas una ficha con puntos y luego una ficha con un dragón es $\frac{4}{75}$.

Planea

¿Por qué los eventos son independientes cuando escoges con reposición?
Cuando repones la ficha, las condiciones para la segunda selección son exactamente las mismas que para la primera selección.

✔ **¿Comprendiste?** **3.** En el Problema 3, ¿cuál es la probabilidad de que escojas de manera aleatoria una ficha con un pájaro y, después de reponer la primera ficha, una ficha con una flor?

Dos eventos son **eventos dependientes** si la ocurrencia de un evento afecta la probabilidad de que el otro evento ocurra. Por ejemplo, supón que en el Problema 3 *no* repusieras la primera ficha antes de escoger otra. Esto cambia el conjunto de resultados posibles para tu segunda selección.

 **Concepto clave**   **Probabilidad de dos eventos dependientes**

Si A y B son eventos dependientes, $P(A \text{ luego } B) = P(A) \cdot P(B \text{ después de } A)$.

 Problema 4   **Escoger sin reposición**

RESPUESTA EN PLANTILLA

Juegos Supón que escoges una ficha de manera aleatoria de las fichas que se muestran en el Problema 3. Sin reponer la primera ficha, escoges otra ficha. ¿Cuál es la probabilidad de que escojas una ficha con puntos y luego una ficha con un dragón?

Dado que no repones la primera ficha, los eventos son dependientes.

Piensa

¿En qué se diferencian *P*(dragón después de puntos) y *P*(dragón)?

Después de escoger la primera ficha sin reponerla, hay una ficha menos para escoger en la segunda selección.

$$P(\text{puntos}) = \frac{4}{15}$$ 4 de las 15 fichas tienen puntos.

$$P(\text{dragón después de puntos}) = \frac{3}{14}$$ 3 de las 14 fichas restantes tienen un dragón.

$$P(\text{puntos luego dragón}) = P(\text{puntos}) \cdot P(\text{dragón después de puntos})$$

$$= \frac{4}{15} \cdot \frac{3}{14} = \frac{2}{35}$$ Sustituye y luego simplifica.

La probabilidad de que escojas una ficha con puntos y luego una ficha con un dragón es $\frac{2}{35}$.

 ¿Comprendiste? **4.** En el Problema 4, ¿cuál es la probabilidad de que escojas de manera aleatoria una ficha con una flor y luego, sin reponer la primera ficha, una ficha con un pájaro?

Problema 5   **Hallar la probabilidad de un evento compuesto**

Concurso de ensayos Un estudiante de primer año, 2 estudiantes de segundo año, 4 estudiantes de tercer año y 5 estudiantes del último año reciben las calificaciones más altas en un concurso de ensayos de la escuela. Para determinar qué 2 estudiantes leerán sus ensayos en la feria de la ciudad, se sacan de un sombrero 2 nombres de manera aleatoria. ¿Cuál es la probabilidad de que escojan a un estudiante de tercer año y luego a un estudiante del último año?

Lo que sabes	Lo que necesitas	Planea
Año que cursan los 12 estudiantes	P(tercer año luego último año)	Determina si los eventos son dependientes o independientes y usa la fórmula que corresponda.

El primer resultado afecta la probabilidad del otro; por tanto, los eventos son dependientes.

$$P(\text{tercer año}) = \frac{4}{12} = \frac{1}{3}$$ 4 de los 12 estudiantes son de tercer año.

$$P(\text{último año después de tercer año}) = \frac{5}{11}$$ 5 de los 11 estudiantes restantes son del último año.

$$P(\text{tercer año luego último año}) = P(\text{tercer año}) \cdot P(\text{último año después de tercer año})$$

$$= \frac{1}{3} \cdot \frac{5}{11} = \frac{5}{33}$$ Sustituye y luego simplifica.

La probabilidad de que escojan a un estudiante de tercer año y luego a un estudiante del último año es $\frac{5}{33}$.

¿Comprendiste? 5. **a.** En el Problema 5, ¿cuál es la probabilidad de que escojan a un estudiante del último año y luego a un estudiante de tercer año?

b. Razonamiento ¿P(tercer año luego último año) se diferencia de P(último año luego tercer año)? Explica tu respuesta.

Comprobar la comprensión de la lección

¿CÓMO hacerlo?

Usa las siguientes tarjetas.

1. Escoges una tarjeta de manera aleatoria. ¿Cuál es cada probabilidad?

   a. P(B o número)   **b.** P(rojo o 5)

   c. P(rojo o amarillo)   **d.** P(amarillo o letra)

2. ¿Cuál es la probabilidad de escoger una tarjeta amarilla y luego una D si *no* se repone la primera tarjeta antes de sacar la segunda tarjeta?

3. ¿Cuál es la probabilidad de escoger una tarjeta amarilla y luego una D si se repone la primera tarjeta antes de sacar la segunda tarjeta?

¿Lo ENTIENDES?

4. **Vocabulario** ¿Cuál es un ejemplo de un evento compuesto que consiste en dos eventos traslapados cuando haces girar una flecha giratoria de una rueda que tiene los enteros del 1 al 8?

5. **Razonamiento** ¿Un evento y su complemento son mutuamente excluyentes o traslapados? Usa un ejemplo para explicar tu respuesta.

6. **Respuesta de desarrollo** ¿Cuál es un ejemplo de la vida diaria de dos eventos independientes?

7. **Analizar errores** Describe y corrige el siguiente error al calcular P(amarillo o letra) del Ejercicio 1, parte (d).

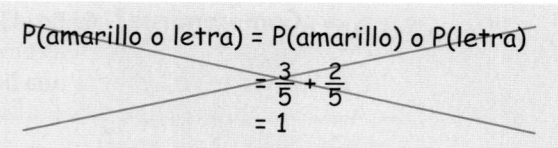

$$P(\text{amarillo o letra}) = P(\text{amarillo}) \text{ o } P(\text{letra})$$
$$= \frac{3}{5} + \frac{2}{5}$$
$$= 1$$

Ejercicios de práctica y resolución de problemas

 **Práctica**   Haces girar la flecha giratoria de la rueda de la derecha, que está dividida en partes iguales. Halla cada probabilidad.

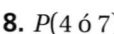 **Ver el Problema 1.**

8. P(4 ó 7)   9. P(par o rojo)   10. P(impar o 10)

11. P(3 o rojo)   12. P(rojo o menor que 3)   13. P(impar o múltiplo de 3)

14. P(7 o azul)   15. P(rojo o mayor que 8)   16. P(mayor que 6 o azul)

Lanzas un cubo numérico azul y un cubo numérico verde. Halla cada probabilidad.

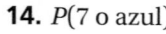 **Ver el Problema 2.**

17. P(azul par y verde par)   18. P(azul menor que 6 y verde menor que 6)

19. P(verde menor que 7 y azul 4)   20. P(azul 1 ó 2 y verde 1)

Escoges de manera aleatoria una ficha de una bolsa que contiene 2 letras A, 3 letras B y 4 letras C. Repones la primera ficha y luego vuelves a escoger una ficha. Halla cada probabilidad.

Ver el Problema 3.

21. P(A y A)   22. P(A y B)   23. P(B y B)   24. P(C y C)   25. P(B y C)

Escoges de manera aleatoria una moneda del conjunto que se muestra a la
derecha y luego escoges otra moneda sin reponer la primera. Halla cada
probabilidad.

 **Ver el Problema 4.**

26. $P(10¢$ luego $5¢)$ **27.** $P(25¢$ luego $1¢)$

28. $P(1¢$ luego $10¢)$ **29.** $P(1¢$ luego $25¢)$

30. $P(1¢$ luego $5¢)$ **31.** $P(10¢$ luego $1¢)$

32. $P(10¢$ luego $10¢)$ **33.** $P(25¢$ luego $25¢)$

34. Cafetería Cada día, tú, Teresa y 3 amigos sacan
de un sombrero uno de sus 5 nombres de manera
aleatoria para decidir quién tira a la basura los restos
del almuerzo de todos. ¿Cuál es la probabilidad de que escojan tu nombre el lunes
y de que escojan a Teresa el martes?

35. Muestras gratis Se reparten de manera aleatoria muestras de una   **Ver el Problema 5.**
bebida nueva de un refrigerador que contiene 5 bebidas cítricas, 3 bebidas
de manzana y 3 bebidas de frambuesa. ¿Cuál es la probabilidad de que se
reparta una bebida de manzana y luego una bebida cítrica?

B Aplicación   **¿Los dos eventos son *dependientes* o *independientes*? Explica tu respuesta.**

36. Lanza una moneda de 1¢. Luego, lanza una moneda de 5¢.

37. Escoge un nombre de un sombrero. Sin reponerlo, escoge un nombre diferente.

38. Escoge una pelota de una bolsa de pelotas amarillas y rosadas. Vuelve a colocar la pelota en la
bolsa y escoge otra.

39. Escribir Explica con tus propias palabras la diferencia entre los eventos dependientes e
independientes. Da un ejemplo de cada uno.

40. Razonamiento Una bolsa contiene 20 pastillas amarillas y otras 80 pastillas verdes o
rosadas. Escoges una pastilla amarilla de manera aleatoria, la comes y escoges otra.

   a. Halla el número de pastillas rosadas si P(amarillo luego rosado) $= P$(verde luego amarillo).

   b. ¿Cuál es el número mínimo de pastillas rosadas si P(marillo luego rosado) $> P$(verde luego amarillo)?

41. Pensar en un plan Se escoge de manera aleatoria un acre de tierra de cada
uno de los tres estados que se muestran en la tabla de la derecha. ¿Cuál es la
probabilidad de que los tres acres sean tierras de cultivo?

   • ¿La elección de un acre de un estado afecta la elección de un acre de los
otros estados?

   • ¿Cómo debes volver a escribir los porcentajes para usar una fórmula que
aparece en esta lección?

Porcentaje de tierras de cultivo	
Alabama	27%
La Florida	27%
Indiana	65%

42. Encuesta telefónica Un encuestador realiza una encuesta por teléfono. La
probabilidad de que la persona a la que llama no responda la encuesta es 85%.
¿Cuál es la probabilidad de que el encuestador haga 4 llamadas y ninguna persona
responda la encuesta?

43. Respuesta de desarrollo Halla el número de estudiantes zurdos y el número de estudiantes
diestros de tu clase. Supón que tu maestra escoge de manera aleatoria a un estudiante para
que pase lista y luego a otro estudiante para que resuelva un problema en el pizarrón.

   a. ¿Cuál es la probabilidad de que ambos estudiantes seas zurdos?

   b. ¿Cuál es la probabilidad de que ambos estudiantes sean diestros?

   c. ¿Cuál es la probabilidad de que el primer estudiante sea diestro y el otro estudiante sea zurdo?

44. Supón que lanzas un cubo numérico rojo y un cubo numérico amarillo.

    a. ¿Cuál es P(1 rojo y 1 amarillo)?

    b. ¿Cuál es P(2 rojo y 2 amarillo)?

    c. ¿Cuál es la probabilidad de obtener un par de números que coincidan al lanzar los cubos numéricos? (*Pista:* Suma las probabilidades de cada una de las seis coincidencias).

45. Un número de dos dígitos se forma al escoger de manera aleatoria los dígitos 1, 2, 3 y 5 sin reponer ningún dígito.

    a. ¿Cuántos números diferentes de dos dígitos se pueden formar?

    b. ¿Cuál es la probabilidad de que un número de dos dígitos contenga un 2 o un 5?

    c. ¿Cuál es la probabilidad de que un número de dos dígitos sea primo?

Preparación para el examen estandarizado

46. Realizas una prueba de verdadero-falso que tiene tres preguntas. Adivinas en todas las preguntas. ¿Cuál es la probabilidad de que obtengas una calificación perfecta?

    (A) 1   (B) $\frac{1}{2}$ (C) $\frac{1}{4}$ (D) $\frac{1}{8}$

47. Tienes una bolsa que contiene 3 canicas verdes, 4 canicas rojas y 2 canicas amarillas. Escoges una canica de manera aleatoria. ¿Cuáles son las probabilidades en contra de escoger una canica verde o una canica amarilla?

    (F) $5:4$ (G) $9:4$ (H) $4:9$ (I) $4:5$

Respuesta desarrollada

48. En tu escuela se realiza una encuesta para conocer la opinión de los estudiantes acerca de los productos que se ofrecen en la cafetería.

    a. Los métodos de muestreo posibles son: preguntar al club de nutrición, preguntar al equipo de lucha de los varones y preguntar a 5 estudiantes de cada salón de clases. Explica si cada muestra podría llevar a resultados sesgados.

    b. Escribe una pregunta que tenga como propósito alentar a los encuestados a preferir la pizza. Luego escribe otra pregunta sobre las opciones del menú que no sea sesgada.

Repaso mixto

Escoges de manera aleatoria un entero del 10 al 30 inclusive. Halla cada probabilidad.

◀ Ver la Lección 12-7.

49. P(el número es par)

50. P(el número es múltiplo de 6)

51. P(el número es primo)

52. P(el número es menor que 18)

Simplifica cada fracción compleja.

◀ Ver la Lección 11-2.

53. $\dfrac{-12q-10}{\dfrac{6q+5}{11}}$

54. $\dfrac{\dfrac{3a+2}{a^2-10a+25}}{\dfrac{15a+10}{a^2-25}}$

55. $\dfrac{\dfrac{7y^2+6y-1}{y+3}}{\dfrac{49y^2-1}{7y+21}}$

Una **probabilidad condicional** contiene una condición que puede limitar el espacio muestral de un evento. Puedes escribir una probabilidad condicional usando la notación $P(B \mid A)$, que se lee "la probabilidad del evento B, dado el evento A".

Actividad 1

En la tabla se muestran las ventas en un concesionario de carros. Usa la tabla para responder las siguientes preguntas.

Venta de carros

	$15,000 o menos	Más de $15,000
Nacionales	15	8
Extranjeros	11	12

1. ¿Cuántos carros nacionales se vendieron?

2. ¿Cuántos carros extranjeros se vendieron?

3. ¿Cuántos carros se vendieron por $15,000 o menos?

4. ¿Cuántos carros se vendieron por más de $15,000?

Para hallar una probabilidad condicional como P(nacional | $15,000 o menos), que es la probabilidad de que un carro sea nacional y que cueste $15,000 o menos, primero determina el espacio muestral. Hay 26 carros que cuestan $15,000 o menos.

De esos 26 carros, 15 son nacionales. Por tanto, P(nacional | $15,000 o menos) $= \frac{15}{26}$

5. **a.** ¿Cuál es P(extranjero | $15,000 o menos) y P($15,000 o menos | extranjero)?
   b. Razonamiento ¿Las probabilidades son las mismas? Explica.

6. **Recopilación de datos** Realiza una encuesta a por lo menos diez personas. Averigua si son diestros o zurdos. También averigua si cada persona tiene familiares zurdos.

	Familiares zurdos	Sin familiares zurdos
Zurdos	▪	▪
Diestros	▪	▪

   a. Copia la tabla de la derecha y anota los datos que recopilaste.
   b. Halla P(zurdos | familiares zurdos).
   c. Halla P(sin familiares zurdos | zurdos)
   d. Interpreta tus resultados.

7. **Razonamiento** Considera las probabilidades teóricas para un par de cubos numéricos. ¿Es P(par en el cubo 1 | impar en el cubo 2) = P(impar en el cubo 2 | par en el cubo 1)? Explica tu respuesta.

8. Considera la tabla de la derecha. Halla cada probabilidad.
   a. P(mujer | título de Técnico)
   b. P(hombre | licenciatura)
   c. P(título de posgrado | mujer)
   d. P(hombre | título de posgrado)

Proyección de la cantidad de personas que recibirán un título en 2015 (miles)

Título	Hombres	Mujeres
de Técnico	288	467
Licenciatura	720	980
de posgrado	377	506

FUENTE: DEPARTAMENTO DE EDUCACIÓN DE LOS ESTADOS UNIDOS

Puedes usar diagramas de árbol para resolver problemas relacionados con la probabilidad condicional y eventos que no son igualmente probables.

Actividad 2

El dueño de un perro lanza un disco volador para que su perro lo atrape. Los siguientes enunciados son verdaderos.
- **El perro atrapa el disco el 40% de las veces si el dueño lo lanza a 20 pies o menos.**
- **El perro atrapa el disco el 75% de las veces si el dueño lo lanza a más de 20 pies.**
- **El 80% de las veces, el dueño del perro lanza el disco a más de 20 pies.**

Puedes organizar estas probabilidades en un diagrama de árbol.

L representa un lanzamiento que es menor que o igual a 20 pies.
M representa un lanzamiento que es mayor que 20 pies.
C representa que el perro atrapa el disco.
N representa que el perro no atrapa el disco.

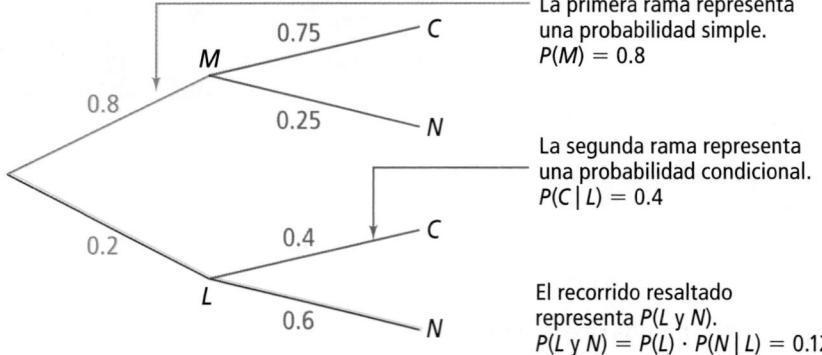

La primera rama representa una probabilidad simple.
$P(M) = 0.8$

La segunda rama representa una probabilidad condicional.
$P(C \mid L) = 0.4$

El recorrido resaltado representa $P(L$ y $N)$.
$P(L$ y $N) = P(L) \cdot P(N \mid L) = 0.12$

Usa el diagrama de árbol para responder las siguientes preguntas.

9. ¿Cuál es $P(C \mid M)$?

10. ¿Cuál es $P(N \mid L)$?

11. ¿Cuál es $P(M$ y $C)$?

12. a. Supón que el perro devuelve el disco el 90% de las veces después de atraparlo y el 15% de las veces cuando no lo atrapa. Copia el diagrama de árbol de arriba y amplíalo para que incluya esta información.
   b. Usa el diagrama de árbol para hallar la probabilidad de que el dueño haya lanzado el disco a más de 20 pies, que el perro lo haya atrapado y que lo haya devuelto al dueño.

13. Recopilación de datos Realiza una encuesta a por lo menos 20 personas. Anota su género y si su primer nombre termina en vocal (incluida la letra *y*).
   a. Haz un diagrama de árbol en el que el género sea la primera rama y la última letra del primer nombre sea la segunda rama.
   b. Halla P(femenino | termina en vocal) y P(termina en vocal | masculino).
   c. Interpreta tus resultados.
   d. Razonamiento ¿Crees que tiene más sentido que el género sea la primera rama o la segunda rama? Explica tu respuesta.

Integración de conocimientos

Para resolver estos problemas integrarás muchos conceptos y destrezas que has estudiado sobre el análisis de datos y la probabilidad.

GRAN idea Recopilación y análisis de datos

Cuando recopilas datos, debes usar una técnica de muestreo no sesgada. Puedes usar medidas estándares para describir conjuntos de datos y hacer estimaciones, tomar decisiones o hacer predicciones.

GRAN idea Representación de datos

Puedes usar matrices, tablas de frecuencia, histogramas, gráficas de caja y bigotes, diagramas de árbol y otras representaciones para describir distintos tipos de conjuntos de datos.

Tarea 1

Escribes un artículo sobre sistemas de juegos para el periódico de tu escuela. Realizas una encuesta a 250 personas de entre 13 y 18 años y les preguntas si tienen un sistema de juegos para el hogar, un sistema de juegos portátil o si no tienen ningún sistema de juegos. Los resultados de tu encuesta se muestran en la matriz de la derecha.

	Edad					
	13	14	15	16	17	18
Sistema para el hogar	12	22	26	32	24	26
Sistema portátil	5	5	4	9	7	6
Ningún sistema	18	12	8	6	12	16

    a. Haz un histograma que represente el número de estudiantes que tienen un sistema de juegos, ya sea en el hogar o portátil. ¿El histograma es *uniforme*, *simétrico* o *asimétrico*?

    b. ¿De qué otra manera podrías haber dibujado el histograma de la parte (a)? Explica tu respuesta.

    c. Muestra algunos o todos los datos usando otra representación. Explica tu elección.

    d. Si una persona quiere conocer la mayor cantidad posible de datos específicos, ¿qué método usarías para exhibir los datos a esa persona?

    e. ¿Cuál es la probabilidad experimental de que la próxima persona que encuestes *no* tenga un sistema de juegos?

GRAN idea Probabilidad

Puedes hallar la probabilidad teórica y la probabilidad experimental para tomar decisiones o hacer predicciones sobre eventos futuros.

Tarea 2

En el sitio Web de la derecha se muestran los resultados de una encuesta en línea en la que se pregunta: "¿Preferirías ir de vacaciones a la playa, a la ciudad o quedarte en casa?".

    a. ¿Es sesgada la pregunta de la encuesta? Explica.

    b. Basándose en la encuesta, ¿cuáles son las probabilidades de que una persona quiera quedarse en su casa en las vacaciones?

    c. Basándose en la encuesta, ¿cuál es la probabilidad de que una persona viaje en las vacaciones?

> **¿Preferirías ir de vacaciones a la playa, a la ciudad o quedarte en casa?**
>
> ☐ Playa ▶ 212
> ☐ Ciudad ▶ 120
> ☐ Casa ▶ 113
>
> Número total de votos **445**
>
> CERRAR ✕

12 Repaso del capítulo

Conectar las GRANDES ideas y responder a las preguntas esenciales

1. Recopilación y análisis de datos

Cuando recopilas datos, debes usar una técnica de muestreo no sesgada. Puedes usar medidas estándares para describir conjuntos de datos y hacer estimaciones, tomar decisiones o hacer predicciones.

Análisis de datos (Lecciones 12-3 y 12-4)

11 12 14 16 11 10 13 7

Media: 11.75   Mediana: 11.5

Moda: 11   Rango: 9

Muestras y encuestas (Lección 12-5)

Tipos de datos: cualitativos, cuantitativos, univariados, bivariados

Tipos de muestras: aleatorias, sistemáticas, estratificadas

2. Representación de datos

Puedes usar matrices, tablas de frecuencia, histogramas, gráficas de caja y bigotes, diagramas de árbol y otras representaciones para describir diferentes tipos de conjuntos de datos.

Representación de datos (Lecciones 12-1, 12-2, 12-4 y 12-6)

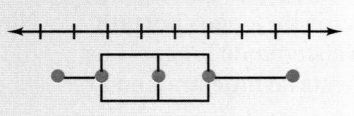

3. Probabilidad

Puedes hallar la probabilidad teórica y la probabilidad experimental para tomar decisiones o hacer predicciones sobre eventos futuros.

Probabilidad teórica y probabilidad experimental (Lección 12-7)

Teórica: $\dfrac{\text{número de resultados favorables}}{\text{número de resultados posibles}}$

Experimental: $\dfrac{\text{número de veces que ocurre un evento}}{\text{número de veces que se realiza un experimento}}$

Probabilidad de eventos compuestos (Lección 12-8)

Independientes:

$P(A \text{ y } B) = P(A) \cdot P(B)$

Dependientes:

$P(A \text{ luego } B) = P(A) \cdot P(B \text{ después de } A)$

Vocabulario del capítulo

- bivariado (p. 742)
- combinación (p. 753)
- complemento de un evento (p. 758)
- cualitativo (p. 741)
- cuantitativo (p. 741)
- cuartil (p. 734)
- elemento (p. 714)
- evento compuesto (p. 764)

- eventos dependientes (p. 766)
- eventos independientes (p. 765)
- eventos traslapados (p. 764)
- frecuencia (p. 720)
- gráfica de caja y bigotes (p. 735)
- histograma (p. 721)

- matriz (p. 714)
- medida de tendencia central (p. 726)
- muestra (p. 742)
- multiplicación escalar (p. 715)
- percentil (p. 737)
- permutación (p. 751)
- población (p. 742)
- probabilidad (p. 757)

- rango de un conjunto de datos (p. 728)
- rango entre cuartiles (p. 734)
- resultado (p. 757)
- sesgo (p. 743)
- univariado (p. 742)
- valor extremo (p. 726)

Escoge el término correcto para completar cada oración.

1. Cada dato numérico en una matriz se llama   ? .

2. La cantidad de valores en un intervalo es el/la   ?   del intervalo.

3. Un(a)   ?   es un valor mucho mayor o mucho menor que los otros valores de un conjunto de datos.

4. La mediana de la mitad más baja de un conjunto de datos ordenado es el/la primer(a)   ? .

12-1 Organizar datos usando matrices

Repaso rápido

Puedes usar **matrices** para organizar datos. Para sumar o restar matrices del mismo tamaño, suma o resta los **elementos** correspondientes. Para multiplicar una matriz por un **escalar**, multiplica cada elemento por el escalar.

Ejemplo

¿Cuál es la diferencia?

$$\begin{bmatrix} 3 & 2 \\ -1 & 5 \\ 2 & -2 \end{bmatrix} - \begin{bmatrix} 2 & 4 \\ 4 & -3 \\ 1 & 0 \end{bmatrix} = \begin{bmatrix} 3-2 & 2-4 \\ -1-4 & 5-(-3) \\ 2-1 & -2-0 \end{bmatrix}$$

$$= \begin{bmatrix} 1 & -2 \\ -5 & 8 \\ 1 & -2 \end{bmatrix}$$

Ejercicios

Halla cada suma, diferencia o producto.

5. $\begin{bmatrix} -5 & 1 \\ 0 & 8 \end{bmatrix} - \begin{bmatrix} 7 & -6 \\ -4 & 2 \end{bmatrix}$

6. $\begin{bmatrix} 0.4 & 1.5 \\ 3.2 & -3 \\ 1.5 & -2.1 \end{bmatrix} + \begin{bmatrix} 4 & 3 \\ 6.3 & -7.2 \\ 1.9 & -0.5 \end{bmatrix}$

7. $-4.2 \begin{bmatrix} 3 & 1.1 \\ 3 & -2 \\ -1 & 2.9 \end{bmatrix}$

12-2 Frecuencia e histogramas

Repaso rápido

La **frecuencia** de un intervalo es la cantidad de valores que hay en ese intervalo. Un **histograma** es una gráfica que agrupa datos en intervalos y muestra la frecuencia de los valores en cada intervalo.

Ejemplo

A continuación se muestran los precios de los modelos de televisores que se venden en una tienda de productos electrónicos. ¿Cuál es un histograma de los datos?

$1399 $1349 $999 $2149 $149 $279 $449 $379 $1379
$799 $3199 $1099 $499 $899 $949 $1799 $1699 $3499

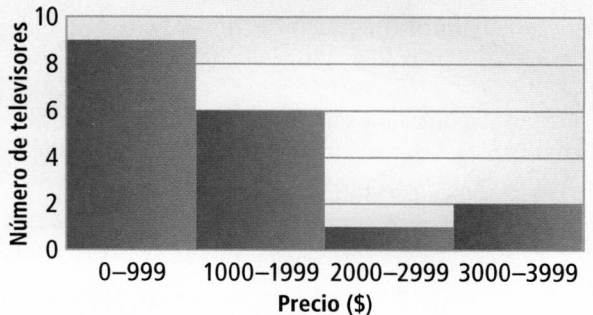

Ejercicios

Usa los datos para hacer un histograma.

8. clientes: 141 128 132 141 152 169 121 133 131 156 142 136 135 144 135 153

9. tiempos de ejercicio (min): 41 29 46 39 37 44 33 51 42 30

Indica si cada histograma es *uniforme*, *simétrico* o *asimétrico*.

10.

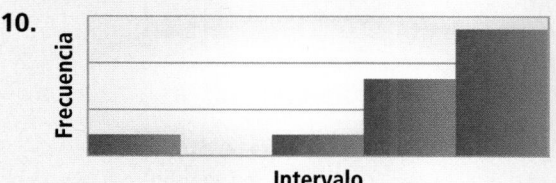

11.

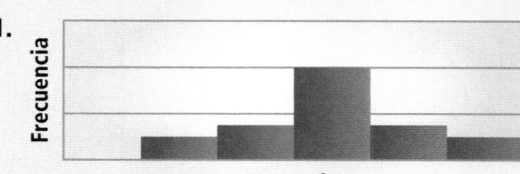

12-3 Medidas de tendencia central y de dispersión

Repaso rápido

La **media** de un conjunto de datos es igual a $\frac{\text{suma de los valores}}{\text{número total de valores}}$. La **mediana** es el valor del medio en el conjunto de datos cuando los valores están organizados en orden numérico. La **moda** es el dato que sucede con más frecuencia. El **rango de un conjunto de datos** es la diferencia entre el valor mayor y el valor menor.

Ejemplo

Las calificaciones de 9 películas que se muestran en un cine cerca de tu casa son 5.6, 7.9, 7.0, 5.9, 7.8, 6.2, 6.4, 5.2 y 5.6. ¿Cuál es la media, la mediana, la moda y el rango de los datos?

media:

$\frac{5.6 + 7.9 + 7.0 + 5.9 + 7.8 + 6.2 + 6.4 + 5.2 + 5.6}{9} = 6.4$

5.2 5.6 5.6 5.9 6.2 6.4 7.0 7.8 7.9   Ordena los datos

mediana: 6.2   6.2 es el valor del medio.

moda: 5.6   5.6 sucede con más frecuencia.

rango: 7.9 − 5.2 = 2.7   Halla la diferencia entre el valor mayor y el valor menor.

Ejercicios

Halla la media, la mediana, la moda y el rango de cada conjunto de datos.

12. puntos anotados por un equipo de fútbol americano:
23 31 26 27 25 28 23 23 25 29 29 29 25 22 30

13. clips por paquete: 12 12 13 12 12 12 12 12 12 13 12 11 12 12 12 12 12

14. Gatos Un veterinario examina a 9 gatos. El peso de los gatos es: 13.4 lb, 13.1 lb, 10.4 lb, 6.8 lb, 11.4 lb, 10.8 lb, 13.4 lb, 11.3 lb y 9.3 lb. Halla la media, la mediana y la moda de los datos. ¿Qué medida de tendencia central describe mejor los datos?

15. Básquetbol Un jugador de básquetbol anota 22, 19, 25 y 17 puntos en cuatro partidos. ¿Cuántos puntos necesita anotar el jugador de básquetbol en el quinto partido para tener un promedio de 22 puntos anotados por partido?

12-4 Gráficas de caja y bigotes

Repaso rápido

Una **gráfica de caja y bigotes** organiza los valores en cuatro grupos usando el valor mínimo, el primer cuartil, la mediana, el tercer cuartil y el valor máximo.

Ejemplo

¿Qué gráfica de caja y bigotes representa las siguientes calificaciones de un examen?

62 57 78 69 85 43 94 82 61 90 83 51 67 88 55

Ordena los datos de menor a mayor.

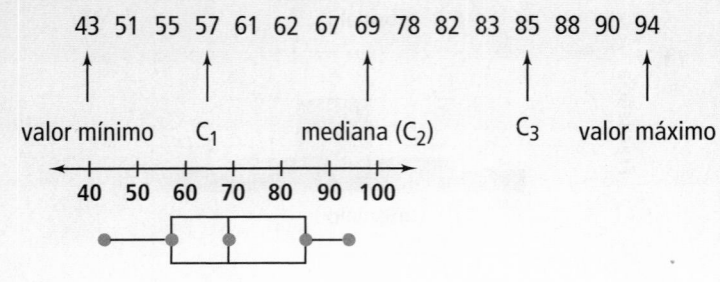

43 51 55 57 61 62 67 69 78 82 83 85 88 90 94

valor mínimo C_1 mediana (C_2) C_3 valor máximo

Ejercicios

Haz una gráfica de caja y bigotes para cada conjunto de datos.

16. duración de películas (min):
125 117 174 131 142 108 188 162 155 167 129 133 147 175 150

17. peso de perros (lb):
23 15 88 34 33 49 52 67 42 71 28

18. longitud de libros (páginas):
178 223 198 376 284 156 245 202 315 266

19. ¿Qué gráfica de caja y bigotes representa al conjunto de datos con el mayor rango entre cuartiles? Explica tu respuesta.

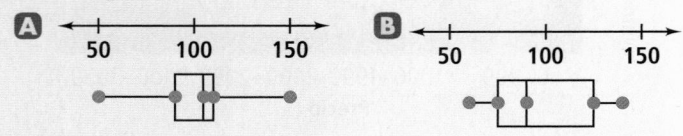

12-5 Muestras y encuestas

Repaso rápido

Puedes obtener información acerca de una **población** de personas al encuestar una parte más pequeña de ella llamada **muestra**. La muestra debe ser representativa de la población. Una muestra no representativa o una pregunta mal formulada pueden hacer que la encuesta sea **sesgada**.

Ejemplo

En una encuesta se hace la siguiente pregunta: "¿Cree que Plainville debería embellecerse con la construcción de una hermosa biblioteca nueva?". ¿La pregunta es sesgada?

La pregunta es sesgada. Las palabras *embellecerse* y *hermosa* dejan en claro que la respuesta que se espera es afirmativa.

Ejercicios

Determina si el método de muestreo es *aleatorio*, *sistemático* o *estratificado*. Indica si el método proveerá una buena muestra. Luego escribe una pregunta no sesgada para hacer una encuesta para cada situación.

20. **Películas** En la puerta de un cine, un entrevistador le pregunta a una de cada tres personas en una fila si verá más o menos películas el año que viene.

21. **Consejo estudiantil** Se escoge de manera aleatoria a diez estudiantes de cada clase (de primer año, de segundo año, de tercer año y del último año) y se les pregunta a quién apoyarían para que sea el presidente del consejo estudiantil.

12-6 Permutaciones y combinaciones

Repaso rápido

Si hay m maneras de hacer una primera selección y n maneras de hacer una segunda selección, entonces hay $m \cdot n$ maneras de hacer las dos selecciones.

Una **permutación** es una ordenación de objetos en un orden específico. El número de permutaciones de n objetos ordenados de a r por vez, $_nP_r$, es igual a $\frac{n!}{(n-r)!}$.

Una **combinación** es una selección de objetos independientemente del orden. El número de combinaciones de n objetos escogidos de a r por vez, $_nC_r$, es igual a $\frac{n!}{r!(n-r)!}$.

Ejemplo

¿De cuántas maneras puedes escoger a 3 personas de un grupo de 7 voluntarios para trabajar en una comisión?

El orden no es importante; por tanto, éste es un problema de combinación.

$$_7C_3 = \frac{7!}{3!(7-3)!} = \frac{7!}{3!4!}$$ Escribe usando factoriales.

$$= \frac{7 \cdot 6 \cdot 5 \cdot 4 \cdot 3 \cdot 2 \cdot 1}{(3 \cdot 2 \cdot 1)(4 \cdot 3 \cdot 2 \cdot 1)}$$ Escribe los factoriales como productos.

$$= 35$$ Simplifica.

Hay 35 maneras de escoger a 3 personas de un grupo de 7 voluntarios.

Ejercicios

Halla el número de permutaciones.

22. $_9P_5$ 23. $_3P_2$ 24. $_8P_3$

25. $_5P_2$ 26. $_6P_4$ 27. $_7P_2$

Halla el número de combinaciones.

28. $_8C_2$ 29. $_9C_4$ 30. $_5C_3$

31. $_6C_3$ 32. $_7C_3$ 33. $_5C_4$

34. **Guarniciones** Puedes escoger 2 de las siguientes guarniciones con tu cena: puré de papas, ensalada, papas fritas, puré de manzana o arroz. ¿Cuántas combinaciones diferentes de guarniciones puedes escoger?

35. **Concurso de talentos** En un concurso de talentos, participan 8 grupos. ¿En cuántos órdenes diferentes pueden actuar los grupos?

36. **Ropa** Tienes 6 camisas, 7 pares de pantalones y 3 pares de zapatos. ¿Cuántos conjuntos diferentes puedes usar?

12-7 Probabilidad teórica y probabilidad experimental

Repaso rápido

Un **evento** es un **resultado** o un grupo de resultados. La **probabilidad** de un evento, que indica cuán probable es que ocurra, se escribe P(evento). Cuando todos los resultados posibles son igualmente probables, la **probabilidad teórica** de un evento está dada por

$$P(\text{evento}) = \frac{\text{número de resultados favorables}}{\text{número de resultados posibles}}.$$

Ejemplo

¿Cuál es la probabilidad teórica de que una fecha escogida de manera aleatoria sea un día que empieza con la letra M?

Hay 2 resultados favorables, martes y miércoles.

Hay 7 resultados posibles, los 7 días de la semana.

$$P(\text{día que empieza con M}) = \frac{\text{número de resultados favorables}}{\text{número de resultados posibles}}$$
$$= \frac{2}{7}$$

La probabilidad de escoger un día que comienza con la letra M es $\frac{2}{7}$.

Ejercicios

La rueda con flecha giratoria de la derecha está dividida en seis partes iguales. Halla la probabilidad teórica de que la flecha se detenga en las partes indicadas de la rueda.

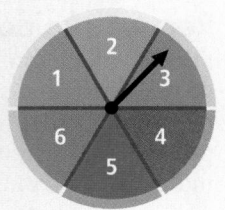

37. P(par) **38.** P(impar)

39. P(5) **40.** P(no 3)

41. P(7) **42.** P(mayor que 4)

43. Manzanas Un agricultor descubre que tiene que deshacerse de 15 manzanas en mal estado de las 225 que ha recogido. ¿Cuál es la probabilidad experimental de que la próxima manzana que recoja esté en buen estado?

12-8 Probabilidad de eventos compuestos

Repaso rápido

Puedes usar una fórmula para hallar la probabilidad de un **evento compuesto** que incluye los eventos A y B.

Eventos mutuamente excluyentes:
$P(A \text{ ó } B) = P(A) + P(B)$

Eventos traslapados: $P(A \text{ ó } B) = P(A) + P(B) - P(A \text{ y } B)$

Eventos independientes: $P(A \text{ y } B) = P(A) \cdot P(B)$

Eventos dependientes:
$P(A \text{ luego } B) = P(A) \cdot P(B \text{ después de } A)$

Ejemplo

Lanzas un cubo numérico y una moneda. ¿Cuál es la probabilidad de que obtengas un 5 al lanzar el cubo numérico y de que salga cara al lanzar la moneda?

Obtener un 5 al lanzar el cubo numérico y el hecho de que salga cara son eventos independientes.

$$P(5 \text{ y cara}) = P(5) \cdot P(\text{cara}) = \frac{1}{6} \cdot \frac{1}{2} = \frac{1}{12}$$

La probabilidad de obtener un 5 al lanzar el cubo numérico y de que salga cara es $\frac{1}{12}$.

Ejercicios

Escoges de manera aleatoria dos canicas de una bolsa que contiene 3 canicas amarillas y 4 canicas rojas. Escoges otra canica sin reponer la primera. Halla cada probabilidad.

44. P(rojo luego rojo) **45.** P(amarillo luego rojo)

Lanzas un cubo numéricos dos veces. Halla cada probabilidad.

46. P(6 luego 3) **47.** P(impar luego par)

¿Los dos eventos son *dependientes* o *independientes*? Explica tu respuesta.

48. Escoges uno de los 7 nombres que hay en un sombrero y luego escoges otro nombre sin reponer el primero.

49. Haces girar la flecha de una rueda con 5 secciones iguales y escoges una canica de una bolsa que contiene 2 canicas verdes y 4 canicas azules.

12 Examen del capítulo

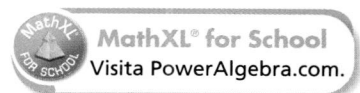

MathXL® for School
Visita PowerAlgebra.com.

¿CÓMO hacerlo?

Simplifica.

1. $\begin{bmatrix} 0 & -3 \\ 2 & 0 \\ 1 & -1 \end{bmatrix} - \begin{bmatrix} 2 & 0 \\ -1 & 1 \\ -2 & 3 \end{bmatrix}$

2. $-3\begin{bmatrix} 1 & 2 & -1 \\ 0 & -2 & 3 \\ -3 & 1 & 0 \end{bmatrix}$

Indica si cada histograma es *uniforme, simétrico* o *asimétrico*.

3.

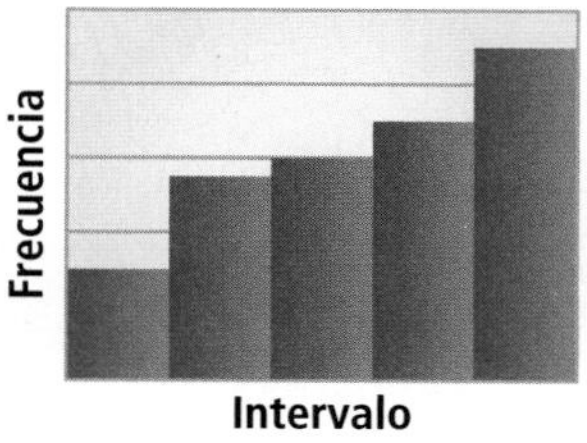
Frecuencia
Intervalo

4.

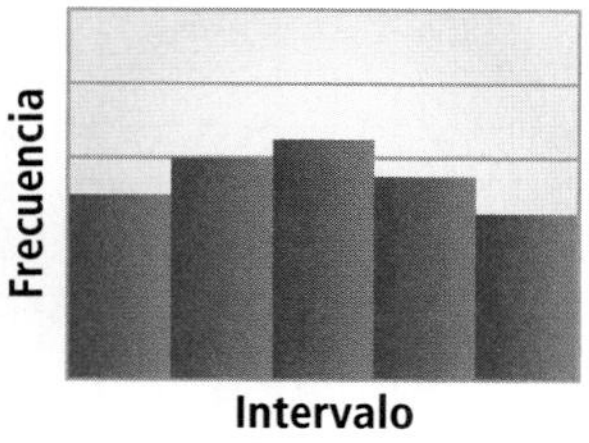
Frecuencia
Intervalo

5. Deportes A continuación, se muestran los tiempos (en segundos) de un equipo de atletismo en la carrera de 400 m. Haz una tabla de frecuencia y un histograma para representar los tiempos.

58 54 63 56 60 58 72 61 60 59 57 52 66 68

6. Jardinería ornamental A continuación, se muestran las horas que trabajó un jardinero durante las últimas 14 semanas. ¿Cuál es la media, la mediana, la moda y el rango de las horas que trabajó el jardinero? ¿Qué medida de tendencia central describe mejor los datos?

39 52 41 44 47 36 51 44 50 40 53 46 44 35

7. Buceo El peso de 8 buceadores, sin tanques, es 85, 103, 94, 97, 88, 91, 104 y 95 kg. Un tanque pesa 15 kg. ¿Cuál es la media, la mediana, la moda y el rango del peso de los buceadores con tanques?

Identifica el valor mínimo, el primer cuartil, la mediana, el tercer cuartil y el valor máximo de cada conjunto de datos. Luego haz una gráfica de caja y bigotes para cada conjunto de datos.

8. calificaciones de un examen:
87 52 91 66 79 56 73 90 78 51 83

9. velocidades (mi/h):
41 19 31 13 48 22 61 30 34 37

10. De un total de 10 perros, 4 perros no pesan más de 12.5 kg. ¿Cuál es el valor percentil de 12.5 kg?

11. Cafetería Una maestra escoge de manera aleatoria a un estudiante de cada mesa de la cafetería y le pide su opinión sobre la comida de la escuela. ¿Este método de encuesta dará una buena muestra? Explica tu respuesta.

12. Seguridad Supón que una contraseña contiene 4 letras minúsculas. ¿Cuántas permutaciones son posibles si no se repite ninguna letra?

13. ¿Cuál es el valor de ${}_6C_3$?

La rueda con flecha giratoria de la derecha está dividida en cuatro partes iguales. Halla la probabilidad teórica de que la flecha se detenga en la(s) parte(s) indicada(s) de la rueda.

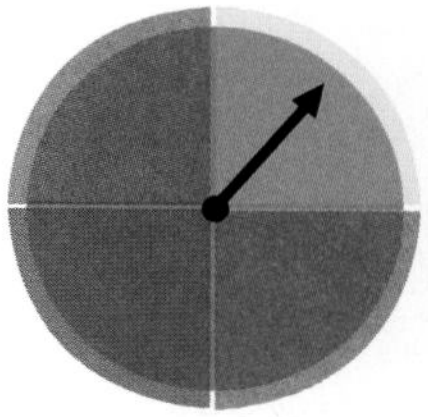

14. P(anaranjado)

15. P(azul)

16. P(no verde)

17. Supón que escoges de manera aleatoria una ficha de una bolsa que contiene 5 letras X, 4 letras Y y 3 letras Z. Repones la primera ficha en la bolsa y vuelves a escoger una ficha. ¿Cuál es la probabilidad de escoger 2 letras Y?

18. Supón que escoges de manera aleatoria una canica de una bolsa que contiene 3 canicas azules, 5 canicas amarillas y 7 canicas rojas. Escoges otra canica sin reponer la primera. ¿Cuál es la probabilidad de escoger 2 canicas azules?

¿Lo ENTIENDES?

19. Razonamiento ¿Es posible que un estudiante use la fórmula $P(A \text{ ó } B) = P(A) + P(B) - P(A \text{ y } B)$ para resolver un problema sobre eventos mutuamente excluyentes y obtenga la respuesta correcta? Explica tu respuesta.

20. Escribir ¿Cómo calculas el rango entre cuartiles? ¿Por qué es útil esta medida?

21. Respuesta de desarrollo Da ejemplos de datos univariados y bivariados. ¿En qué se diferencian estos tipos de datos?

22. Razonamiento ¿Es posible que r sea mayor que n en ${}_nC_r$? Explica tu respuesta.

Evaluación de final del curso
Para prepararse para el Examen de fin de año de *Álgebra I* ADP

Debes resolver los siguientes ejercicios *sin* calculadora. Para las preguntas de opción múltiple, escribe la letra de la respuesta correcta en tu hoja. Para todas las demás preguntas, muestra tu trabajo y explica claramente tu respuesta.

1. ¿Qué ecuación representa una recta con mayor pendiente y menor intercepto en y que la recta representada?

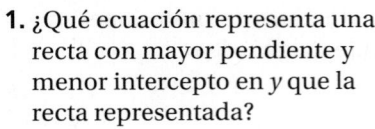

- Ⓐ $y = x - 1$
- Ⓑ $y = -x - 1$
- Ⓒ $y = -2x - 2$
- Ⓓ $y = 3x - 3$

2. ¿Qué expresión es equivalente a $3(x^2 + 1) - 5x(x^2 + x + 1)$?

- Ⓐ $-5x^3 + 8x^2 + 5x + 3$
- Ⓑ $-5x^3 - 2x^2 - 5x + 3$
- Ⓒ $-10x^3 + x^2 - 7x + 6$
- Ⓓ $5x^3 - 2x^2 - 5x + 3$

3. Lanzas un par de cubos numéricos. ¿Cuál es la probabilidad de que obtengas números impares en ambos cubos?

- Ⓐ $\frac{1}{12}$
- Ⓑ $\frac{1}{6}$
- Ⓒ $\frac{1}{4}$
- Ⓓ $\frac{2}{3}$

4. ¿Cuál es el mayor valor en el rango de $f(x) = x^2 - 3$ para el dominio $\{-3, 0, 1, 2\}$?

- Ⓐ -3
- Ⓒ 2
- Ⓑ 0
- Ⓓ 6

5. ¿Qué ecuación representa mejor la gráfica de la derecha?

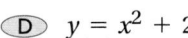

- Ⓐ $y = x^2$
- Ⓑ $y = -x^2$
- Ⓒ $y = x^2 - 2$
- Ⓓ $y = x^2 + 2$

6. ¿Qué tabla representa la siguiente gráfica?

Ⓐ
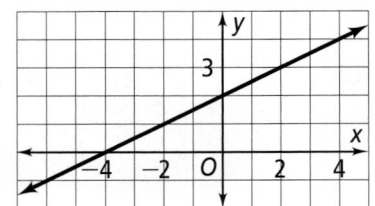

x	-2	0	1	4
y	1	2	3	4

Ⓑ

x	-6	-3	0	6
y	-1	0.5	2	5

Ⓒ

x	-1	0	3	4
y	-6	-4	2	4

Ⓓ

x	0	0.5	1	2
y	-4	-3	-2	0

7. ¿Cuál de las siguientes gráficas representa el conjunto de soluciones de $-3 < x + 3 \leq 7$?

Ⓐ
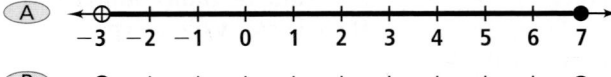

Ⓑ
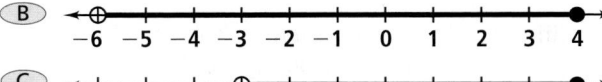

Ⓒ
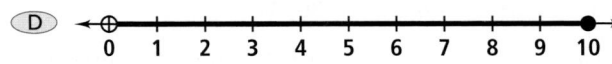

Ⓓ

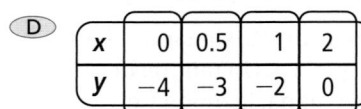

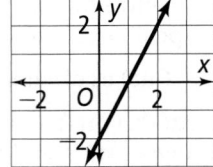

8. Analiza la siguiente gráfica. ¿Qué enunciado es siempre una conclusión correcta con respecto a las coordenadas de los puntos de la gráfica?

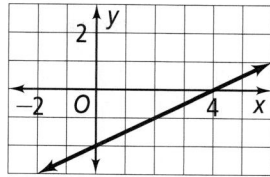

- Ⓐ Los valores de x son siempre 2 menos que los valores de y.
- Ⓑ Los valores de y son siempre 4 más que los valores de x.
- Ⓒ Para los valores positivos de x, los valores de x son siempre mayores que los valores de y.
- Ⓓ Para los valores positivos de x, los valores de y son siempre mayores que los valores de x.

9. ¿Qué expresión es equivalente a $\frac{4x^2 - 9}{6x^2 + 9x}$?

- Ⓐ $\frac{2x - 3}{x + 3}$
- Ⓑ $\frac{2}{3 + x}$
- Ⓒ $\frac{2x + 3}{3x}$
- Ⓓ $\frac{2x - 3}{3x}$

10. ¿Qué par ordenado es una solución del sistema dado?
$$2x + 5y = -11$$
$$10x + 3y = 11$$

- Ⓐ $(3, -2)$
- Ⓒ $(-2, 3)$
- Ⓑ $(-3, 2)$
- Ⓓ $(2, -3)$

11. ¿Cuál es la forma pendiente-intercepto de la ecuación $-3x + 4y = 8$?

- Ⓐ $y = 3x + 2$
- Ⓑ $y = 3x + 8$
- Ⓒ $y = \frac{3}{4}x + 2$
- Ⓓ $y = -\frac{3}{4}x + 2$

12. ¿Cuál es la coordenada y del vértice de la función $y = 2x^2 + 5x - 8$?

13. Luisa maneja un carro a un promedio de velocidad de 55 mi/h.
- **a.** ¿Cuál es el promedio de velocidad de Luisa en pies por segundo?
- **b.** ¿Cuántos pies recorrerá Luisa en 40 min?

14. ¿Qué desigualdad lineal describe la siguiente gráfica?

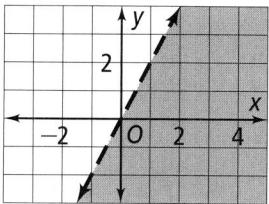

- Ⓐ $y \leq 2x$
- Ⓒ $y > 2x$
- Ⓑ $y < 2x$
- Ⓓ $y \geq 2x$

15. ¿Qué ecuación obtienes cuando hallas y en $2x^2y - 4y = -24$?

- Ⓐ $y = -\frac{12}{x^2 - 2}$
- Ⓑ $y = \frac{12}{x^2 + 2}$
- Ⓒ $y = \frac{12}{x^2 - 2}$
- Ⓓ $y = -x^2 - 22$

16. ¿Cuál es el punto mínimo de la parábola representada con la siguiente gráfica?

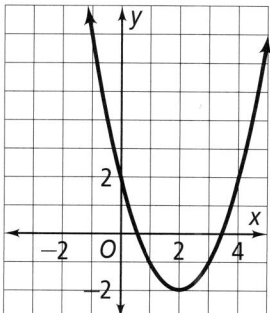

- Ⓐ $(-2, 2)$
- Ⓑ $(2, -2)$
- Ⓒ $(0, 2)$
- Ⓓ No hay mínimo.

17. ¿Cuál es la gráfica del sistema de ecuaciones dado?

$$2x + y = -3$$
$$-x + y = -1$$

A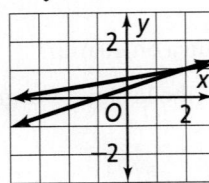

C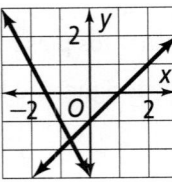

B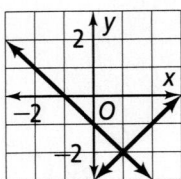

D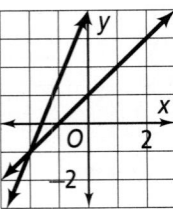

18. ¿Cuál es la forma simplificada de $\sqrt{27n^3}$?

A $3n\sqrt{3n^2}$

B $3n\sqrt{3n}$

C $3n^2\sqrt{3n}$

D $3n^2\sqrt{3}$

19. ¿Cuál es el vértice de la parábola representada con la siguiente gráfica?

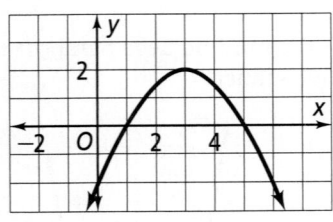

A $(0, -1)$ C $(3, 2)$

B $(1, 0)$ D $(5, 0)$

20. Una recta pasa por el punto $(-3, -2)$ y tiene una pendiente de 2. ¿Cuál es una ecuación de la recta?

A $y = 2x - 0.5$

B $y = 2x + 0.5$

C $y = 2x + 1$

D $y = 2x + 4$

21. ¿Qué ecuación describe una recta que es paralela a la siguiente recta y pasa por el punto $(-2, 1)$?

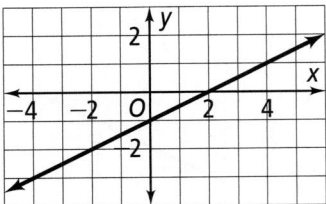

A $y = 2x + 2$

B $y = \frac{1}{2}x + 2$

C $y = \frac{1}{2}x + 1$

D $y = 2x + 3$

22. ¿Cuál es una ecuación del eje de simetría para la gráfica de la función $f(x) = 2x^2 + 4x - 5$?

A $x = -1$

B $x = 1$

C $x = -2$

D $x = 2$

23. Las siguientes gráficas de caja y bigotes muestran la cantidad de puntos que anotan por partido dos equipos universitarios de fútbol americano en el transcurso de una temporada. ¿Qué indican las medianas sobre los puntos de cada equipo por cada partido?

Puntos por partido

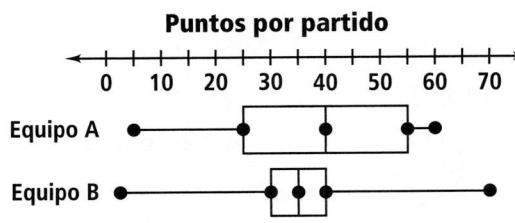

24. ¿Cuál es la solución de la ecuación

$$\frac{4x + 3}{3} - \frac{2x - 1}{2} = 3?$$

A 0

B 4.5

C 7

D 8

Puedes usar una calculadora para las siguientes preguntas. Para las preguntas de opción múltiple, escribe la letra correcta en tu hoja. Para todas las demás preguntas, muestra tu trabajo y explica claramente tu respuesta.

25. El ancho de un rectángulo es 10 pulgs. menor que su longitud. Si el perímetro del rectángulo es 36 pulgs., ¿cuál es su ancho en pulgadas?

26. Erin encuestó a 256 personas para averiguar qué tipo de pan prefieren. Sus resultados se muestran en la siguiente tabla. Basándote en sus datos, ¿qué enunciado es verdadero?

Preferencia de pan

Tipo de pan	Porcentaje
De trigo	32
Integral	26
Blanco	20
De centeno	22

- (A) Exactamente 26 personas prefieren el pan integral.
- (B) Más de la mitad de las personas prefieren el pan blanco o el de centeno.
- (C) Alrededor de 80 personas prefieren el pan de trigo.
- (D) Aproximadamente $\frac{1}{20}$ de las personas prefieren el pan blanco.

27. ¿Es sesgada la pregunta "¿Prefieres un delicioso bistec o un pan de carne común?"? Explica tu respuesta.

28. ¿Cuáles son las soluciones de la ecuación $3x^2 + 11x - 4 = 0$?
- (A) $\frac{1}{3}$, 4
- (B) $\frac{1}{3}$, -4
- (C) $-\frac{1}{3}$, 4
- (D) 3, -4

29. ¿Cuál de las siguientes opciones NO es un número racional?
- (A) 4
- (B) $\sqrt{25}$
- (C) $6.\overline{3}$
- (D) $\sqrt{35}$

30. ¿Cómo cambia la media de los siguientes datos si cada valor se incrementa en 8?
105 110 104 107 102 106 133 81
- (A) La media se incrementa en 1.
- (B) La media se incrementa en 8.
- (C) La media disminuye en 8.
- (D) La media no cambia.

31. ¿Cuánto es $(2x^2 - 4x + 8) - (3x^2 + 10x + 2)$?
- (A) $-x^2 - 14x - 6$
- (B) $-x^2 + 6x + 6$
- (C) $-x^2 - 14x + 6$
- (D) $5x^2 + 6x + 10$

32. ¿Cuál es la forma simplificada de $\sqrt{32} + \sqrt{50}$?
- (A) $\sqrt{82}$
- (B) $9\sqrt{2}$
- (C) $8\sqrt{4} + 10\sqrt{5}$
- (D) $2\sqrt{8} + 5\sqrt{2}$

33. Un avión vuela a 500 mi/h en aire quieto. Con la corriente de chorro a favor, el avión viaja 1200 mi desde la Ciudad A hasta la Ciudad B. Luego, el avión regresa a la Ciudad A, volando en contra de la corriente de chorro. El tiempo del viaje de ida y vuelta es de 5 h. ¿Cuál es la velocidad de la corriente de chorro en millas por hora?
- (A) 25 mi/h
- (B) 100 mi/h
- (C) 150 mi/h
- (D) 223 mi/h

34. La semana que viene se abrirá una nueva tienda de juguetes y el dueño debe decidir cuánto cobrará uno de los juguetes. La ecuación $V = -32p^2 + 960p$ predice las ventas totales, V, como una función del precio, p, del juguete, donde V y p están en dólares. ¿Qué precio va a producir las ventas totales más altas?
- (A) $12
- (B) $15
- (C) $30
- (D) $32

35. ¿Cuál de las siguientes opciones es el conjunto de soluciones para la ecuación $|p - 2| = 7$?

Ⓐ $\{-5, 9\}$

Ⓑ $\{-9, 9\}$

Ⓒ $\{-5\}$

Ⓓ $\{9\}$

36. Natalia gastó $153 de sus ahorros en el centro comercial. Compró ropa, algunas novelas de pasta blanda y un DVD de $18. Gastó 4 veces más en ropa de lo que gastó en libros de pasta blanda.

  a. Escribe una ecuación que se pueda usar para determinar cuánto dinero gastó Natalia en las novelas de pasta blanda.

  b. Usa la ecuación para determinar cuánto gastó Natalia en los libros de pasta blanda.

37. El fin de semana pasado, Karina encuestó a 150 personas escogidas de manera aleatoria en un partido de fútbol americano para averiguar si les gustan los *hot dogs*, las hamburguesas o los nachos. Anotó sus resultados en el siguiente diagrama de Venn. De las 850 personas presentes en el partido, ¿a cuántas personas podría esperarse que les gusten tanto los *hot dogs* como las hamburguesas?

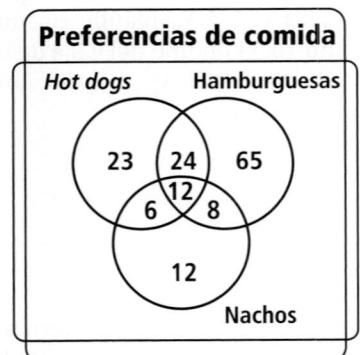

Ⓐ 204

Ⓑ 281

Ⓒ 306

Ⓓ 782

38. ¿Cuál es la forma simplificada de $\dfrac{5x^2y^3}{3x^3y^4}$?

Ⓐ $\dfrac{5x^5y^7}{3}$

Ⓑ $\dfrac{5}{3xy}$

Ⓒ $\dfrac{5x^2y^3}{3x^3y^4}$

Ⓓ $\dfrac{5y^7}{3x^5}$

39. La recta p pasa por los punto $(5, -4)$ y $(2, 7)$. ¿Cuál es la pendiente de una recta que es perpendicular a la recta p?

Ⓐ $-\dfrac{11}{3}$

Ⓑ $-\dfrac{3}{11}$

Ⓒ $\dfrac{3}{11}$

Ⓓ $\dfrac{11}{3}$

40. ¿Cuál de las siguientes opciones es una ecuación de una línea de tendencia razonable para el siguiente diagrama de dispersión?

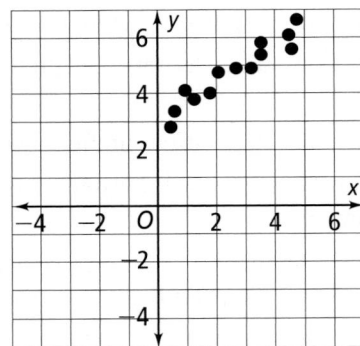

Ⓐ $y = \dfrac{1}{3}x + 8$

Ⓑ $y = \dfrac{2}{3}x + 3$

Ⓒ $y = \dfrac{1}{2}x - 3$

Ⓓ $y = 3x + 3$

41. Todos los lados de un cuadrado se incrementan en 2 pulgs. El área del nuevo cuadrado es 49 pulgs.^{2}. ¿Cuál es la longitud de un lado del cuadrado original?

- (A) 2 pulgs.
- (B) 4.5 pulgs.
- (C) 5 pulgs.
- (D) 9 pulgs.

42. ¿Cuál de los siguientes conjuntos de puntos NO representa una función?

- (A) $\{(-2, 0), (-1, 1), (0, 4), (1, -2), (2, -6)\}$
- (B) $\{(-5, 0), (-4, 0), (-3, 0), (-2, 0), (-1, 0)\}$
- (C) $\{(0, 1), (1, 10), (1, 100), (10, 100), (100, 1000)\}$
- (D) $\{(2, 4), (3, 9), (4, 16), (5, 25), (6, 36)\}$

43. ¿Cómo se escribe $\dfrac{8x^2y^{-3}z^2}{10x^{-1}y^2z}$ usando sólo exponentes positivos?

- (A) $\dfrac{4xyz}{5}$
- (B) $\dfrac{4x^3}{5yz}$
- (C) $\dfrac{4x^3z}{5y^5}$
- (D) $\dfrac{4xz}{5y}$

44. Un prisma rectangular tiene un volumen de $6x^4 - 13x^3 - 5x^2$. ¿Qué expresiones pueden representar las dimensiones del prisma? Utiliza la descomposición en factores.

45. Lucía tiene 8 camisas, 4 suéteres y 5 chaquetas. ¿Cuántos conjuntos distintos puede formar usando una prenda de cada categoría?

- (A) 17
- (B) 40
- (C) 160
- (D) 185

46. La clase de arte de Ricardo hace un mosaico de azulejo usando triángulos rectángulos semejantes.

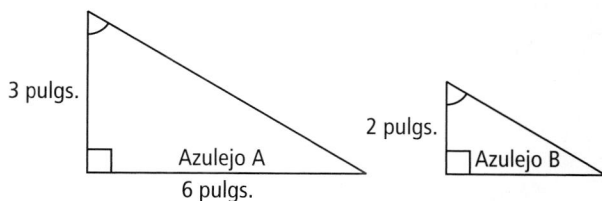

3 pulgs.   Azulejo A   2 pulgs.   Azulejo B

6 pulgs.

El Azulejo A y el Azulejo B son semejantes. ¿Cuál es el área del Azulejo B?

- (A) 4 pulgs.^{2}
- (B) 5 pulgs.^{2}
- (C) 6 pulgs.^{2}
- (D) 12 pulgs.^{2}

47. ¿Qué tipo de histograma se muestra a continuación?

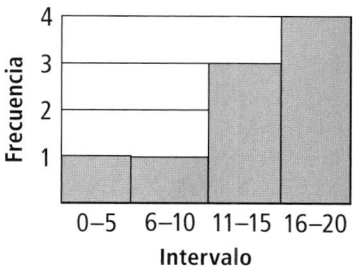

- (A) asimétrico
- (B) uniforme
- (C) simétrico
- (D) ninguna de las opciones anteriores

Manual de destrezas

Números primos y números compuestos

Un número primo es un número entero mayor que 1 que tiene exactamente dos factores, el 1 y el número mismo.

Número primo	2	5	17	29
Factores	1, 2	1, 5	1, 17	1, 29

Un número compuesto es un número que tiene más de dos factores. El número 1 no es primo ni compuesto.

Número compuesto	6	15	48
Factores	1, 2, 3, 6	1, 3, 5, 15	1, 2, 3, 4, 6, 8, 12, 16, 24, 48

Ejemplo 1

¿El número 51 es primo o compuesto?

$51 = 3 \cdot 17$ Intenta hallar otros factores además de 1 y 51.

51 es un número compuesto.

Puedes usar un árbol de factores para hallar los factores primos de un número. Cuando todos los factores son números primos, esto se llama descomposición de un número en factores primos.

Ejemplo 2

Usa un árbol de factores para escribir la descomposición en factores primos de 28.

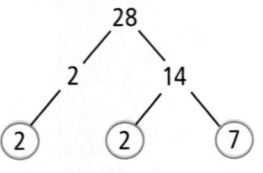
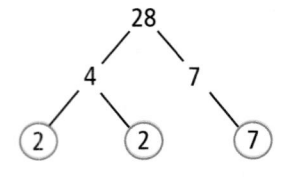

El orden en que se enumeran los factores puede ser diferente, pero la descomposición en factores primos es la misma.

La descomposición en factores primos de 28 es $2 \cdot 2 \cdot 7$.

Ejercicios

¿Son primos o compuestos estos números?

1. 9	**2.** 16	**3.** 34	**4.** 61	**5.** 7	**6.** 13
7. 12	**8.** 40	**9.** 57	**10.** 64	**11.** 120	**12.** 700

Enumera todos los factores de cada número.

13. 46	**14.** 32	**15.** 11	**16.** 65	**17.** 27	**18.** 29

Usa un árbol de factores para escribir la descomposición en factores primos de cada número.

19. 18	**20.** 20	**21.** 27	**22.** 54	**23.** 64	**24.** 96

Factores y múltiplos

Un factor común es un número que es un factor de dos o más números. El máximo común divisor (M.C.D.) es el número mayor que es factor común de dos o más números.

Ejemplo 1

Halla el M.C.D. de 24 y 64.

Método 1 Enumera todos los factores de cada número.

Factores de 24	1, 2, 3, 4, 6, 8, 12, 24	Halla los factores comunes: 1, 2, 4, 8.
Factores de 64	1, 2, 4, 8, 16, 32, 64	El máximo común divisor es 8.

El M.C.D. de 24 y 64 es 8.

Método 2 Usa la descomposición en factores primos de cada número.

$24 = 2 \cdot 2 \cdot 2 \cdot 3$ Halla la descomposición en factores primos de cada número.

$64 = 2 \cdot 2 \cdot 2 \cdot 2 \cdot 2 \cdot 2$

M.C.D. $= 2 \cdot 2 \cdot 2 = 8$ El producto de los factores primos comunes es el M.C.D.

Un múltiplo común es un número que es múltiplo de dos o más números. El mínimo común múltiplo (m.c.m.) es el número menor que es múltiplo común de dos o más números.

Ejemplo 2

Halla el m.c.m. de 12 y 18.

Método 1 Enumera los múltiplos de cada número.

Múltiplos de 12	12, 24, 36, . . .	Enumera los múltiplos de cada número hasta que
Múltiplos de 18	18, 36, . . .	halles el primer múltiplo común.

El m.c.m. de 12 y 18 es 36.

Método 2 Usa la descomposición en factores primos de cada número.

$12 = 2 \cdot 2 \cdot 3$

$18 = 2 \cdot 3 \cdot 3$

m.c.m. $= 2 \cdot 2 \cdot 3 \cdot 3 = 36$ Usa cada factor primo la mayor cantidad de veces que aparece en uno u otro número.

Ejercicios

Halla el M.C.D. de cada conjunto de números.

1. 12 y 22   **2.** 7 y 21   **3.** 24 y 48   **4.** 42, 63 y 105

Halla el m.c.m. de cada conjunto de números.

5. 16 y 20   **6.** 14 y 21   **7.** 11 y 33   **8.** 6, 7 y 12

Usar la estimación

Para estar seguro de que la respuesta a un problema es razonable, puedes hacer una estimación antes de hacer los cálculos. Si la respuesta está cerca de tu estimación, probablemente la respuesta es correcta.

Ejemplo 1

Estima para hallar si los cálculos son correctos.

a.

Cálculo		Estimación
$126.91	$\approx$	$130
$14.05	$\approx$	$10
+$25.14	$\approx$	+$30
$266.10		$170

b.

Cálculo		Estimación
372.85	$\approx$	370
−227.31	$\approx$	−230
145.54		140

La respuesta no está cerca de la estimación. No es razonable. El cálculo es incorrecto.

La respuesta está cerca de la estimación. Es razonable. El cálculo es correcto.

En algunas situaciones, como estimar una cuenta de la tienda de comestibles, es posible que no necesites una respuesta exacta. Una *estimación por la izquierda* te dará una buena estimación que generalmente está más cerca de la respuesta exacta que una estimación que obtengas con sólo redondear. Suma los dígitos de la izquierda, redondea para estimar la suma de los dígitos restantes y luego combina las sumas.

Ejemplo 2

Los tomates cuestan $3.54, las calabazas cuestan $2.75 y los limones cuestan $1.20. Estima el costo total de los productos.

Suma los dígitos	3.54	$\rightarrow$	0.50	Redondea para estimar. Luego, suma.
de la izquierda	2.75	$\rightarrow$	0.80	
	+1.20	$\rightarrow$	+0.20	
	6		1.50	

Como $6 + 1.50 = 7.50$, el costo total es aproximadamente $7.50.

Ejercicios

Redondea para estimar.

1. la suma de $15.70, $49.62 y $278.01

2. $563 - 125$

3. la suma de $163.90, $107.21 y $33.56

4. $824 - 467$

Usa la estimación por la izquierda para hallar cada suma o diferencia.

5. $1.65 + $5.42 + $9.89

6. $1.369 + 7.421 + 2.700$

7. $9.563 - 2.480$

8. $1.17 + 3.92 + 2.26$

9. $8.611 - 1.584$

10. $2.52 + $3.04 + $5.25

11. En un parque de diversiones, el precio de los boletos es $ 11.25 para adultos y $6.50 para niños menores de 12 años. Estima el costo para tres niños y un adulto.

Simplificar fracciones

Una fracción puede nombrar una parte de un grupo o una región. La siguiente región está dividida en 10 partes iguales y 6 de las partes iguales están coloreadas.

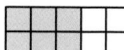 $\dfrac{6}{10}$ ← Numerador
← Denominador   Se lee "seis décimos".

Dos fracciones que representan el mismo valor se llaman fracciones equivalentes. Puedes hallar una fracción que sea equivalente a una fracción dada al multiplicar el numerador y el denominador de la fracción dada por el mismo número distinto de cero.

Ejemplo 1

Escribe cinco fracciones que sean equivalentes a $\frac{3}{5}$.

$$\frac{3}{5} = \frac{3 \cdot 2}{5 \cdot 2} = \frac{6}{10} \qquad \frac{3}{5} = \frac{3 \cdot 3}{5 \cdot 3} = \frac{9}{15} \qquad \frac{3}{5} = \frac{3 \cdot 4}{5 \cdot 4} = \frac{12}{20} \qquad \frac{3}{5} = \frac{3 \cdot 5}{5 \cdot 5} = \frac{15}{25} \qquad \frac{3}{5} = \frac{3 \cdot 6}{5 \cdot 6} = \frac{18}{30}$$

La fracción $\frac{3}{5}$ está en su mínima expresión porque el numerador y el denominador son primos entre sí, lo que significa que su único factor común es 1. Para escribir una fracción en su mínima expresión, divide el numerador y el denominador por su máximo común divisor (M.C.D.).

Ejemplo 2

Escribe $\frac{6}{24}$ en su mínima expresión.

Paso 1 Halla el M.C.D. de 6 y 24.

$6 = 2 \cdot 3$ Multiplica los factores primos comunes, 2 y 3.

$24 = 2 \cdot 2 \cdot 2 \cdot 3$ M.C.D. $= 2 \cdot 3 = 6$.

Paso 2 Divide el numerador y el denominador de $\frac{6}{24}$ por el M.C.D., 6.

$$\frac{6}{24} = \frac{6 \div 6}{24 \div 6} = \frac{1}{4} \qquad \text{Simplifica.}$$

Ejercicios

Escribe cinco fracciones que sean equivalentes a cada fracción.

1. $\frac{4}{7}$ **2.** $\frac{9}{16}$ **3.** $\frac{3}{8}$ **4.** $\frac{8}{17}$ **5.** $\frac{5}{6}$ **6.** $\frac{7}{10}$

Completa cada enunciado.

7. $\frac{3}{7} = \frac{\blacksquare}{21}$ **8.** $\frac{5}{8} = \frac{20}{\blacksquare}$ **9.** $\frac{11}{12} = \frac{44}{\blacksquare}$ **10.** $\frac{12}{16} = \frac{\blacksquare}{4}$ **11.** $\frac{50}{100} = \frac{1}{\blacksquare}$

¿Están las fracciones en su mínima expresión? Si no es así, escríbelas en su mínima expresión.

12. $\frac{4}{12}$ **13.** $\frac{3}{16}$ **14.** $\frac{5}{30}$ **15.** $\frac{9}{72}$ **16.** $\frac{11}{22}$ **17.** $\frac{24}{25}$

Escribe cada fracción en su mínima expresión.

18. $\frac{8}{16}$ **19.** $\frac{7}{14}$ **20.** $\frac{6}{9}$ **21.** $\frac{20}{30}$ **22.** $\frac{8}{20}$ **23.** $\frac{12}{40}$

Fracciones y decimales

Puedes escribir una fracción en forma decimal.

Ejemplo 1

Escribe $\frac{3}{5}$ en forma decimal.

$$\begin{array}{r} 0.6 \\ 5\overline{)3.0} \end{array}$$ Divide el numerador por el denominador.

Por tanto, $\frac{3}{5} = 0.6$.

Puedes escribir un decimal como una fracción.

Ejemplo 2

Escribe 0.38 como una fracción.

$0.38 = 38$ centésimas $= \frac{38}{100} = \frac{19}{50}$

Algunas fracciones se pueden escribir como decimales que se repiten sin fin.

Ejemplo 3

Escribe $\frac{3}{11}$ en forma decimal.

Divide el numerador por el denominador, como se muestra a la derecha. Los residuos 8 y 3 se repiten sin fin. Por eso, 2 y 7 se repetirán sin fin en el cociente.

$\frac{3}{11} = 0.2727\ldots = 0.\overline{27}$

$$\begin{array}{r} 0.2727\ldots \\ 11\overline{)3.0000\ldots} \\ \underline{2.2} \\ 80 \\ \underline{77} \\ 30 \\ \underline{22} \\ 80 \\ \underline{77} \\ 3 \end{array}$$

Puedes escribir un decimal que se repite, o decimal periódico, como una fracción.

Ejemplo 4

Escribe 0.363636... como una fracción.

Sea $x = 0.363636\ldots$

$100x = 36.36363636\ldots$ Cuando 2 dígitos se repiten, multiplica por 100.

$99x = 36$ Resta $x = 0.363636$.

$x = \frac{36}{99}$, ó $\frac{4}{11}$ Divide cada lado por 99.

Ejercicios

Escribe cada fracción o número mixto en forma decimal.

1. $\frac{3}{10}$
2. $\frac{13}{12}$
3. $\frac{4}{20}$
4. $\frac{25}{75}$
5. $\frac{5}{7}$
6. $4\frac{3}{25}$

Escribe cada decimal como una fracción en su mínima expresión.

7. 0.07
8. 0.25
9. 0.875
10. 0.4545
11. 6.333
12. 7.2626

Manual de destrezas

Sumar y restar fracciones

Puedes sumar y restar fracciones cuando tienen el mismo denominador. Las fracciones que tienen el mismo denominador se llaman fracciones semejantes.

Ejemplo 1

a. Suma $\frac{4}{5} + \frac{3}{5}$.

$$\frac{4}{5} + \frac{3}{5} = \frac{4+3}{5} = \frac{7}{5} = 1\frac{2}{5} \leftarrow$$ Suma o resta los numeradores y mantén el mismo denominador.

b. Resta $\frac{5}{9} - \frac{2}{9}$.

$$\rightarrow \frac{5}{9} - \frac{2}{9} = \frac{5-2}{9} = \frac{3}{9} = \frac{1}{3}$$

Las fracciones con distinto denominador se llaman fracciones no semejantes. Para sumar o restar fracciones no semejantes, halla el mínimo común denominador (m.c.d.) y escribe fracciones equivalentes con el mismo denominador. Luego, suma o resta las fracciones semejantes.

Ejemplo 2

Suma $\frac{3}{4} + \frac{5}{6}$.

$$\frac{3}{4} + \frac{5}{6} = \frac{9}{12} + \frac{10}{12}$$ Halla el m.c.d. El m.c.d. es el mínimo común múltiplo (m.c.m.) de los denominadores. El m.c.d. de 4 y 6 es 12. Escribe fracciones equivalentes.

$$= \frac{9+10}{12} = \frac{19}{12}, \text{ ó } 1\frac{7}{12}$$ Suma las fracciones semejantes y simplifica.

Para sumar o restar números mixtos, suma o resta las fracciones. Luego, suma o resta los números enteros. A veces, al restar números mixtos debes reagrupar de modo que puedas restar las fracciones.

Ejemplo 3

Resta $5\frac{1}{4} - 3\frac{2}{3}$.

$$5\frac{1}{4} - 3\frac{2}{3} = 5\frac{3}{12} - 3\frac{8}{12}$$ Escribe fracciones equivalentes con el mismo denominador.

$$= 4\frac{15}{12} - 3\frac{8}{12}$$ Escribe $5\frac{3}{12}$ como $4\frac{15}{12}$ de modo que puedas restar las fracciones.

$$= 1\frac{7}{12}$$ Resta las fracciones. Luego, resta los números enteros.

Ejercicios

Suma o resta. Escribe cada respuesta en su mínima expresión.

1. $\frac{2}{7} + \frac{3}{7}$ **2.** $\frac{3}{8} + \frac{7}{8}$ **3.** $\frac{6}{5} + \frac{9}{5}$ **4.** $\frac{4}{9} + \frac{8}{9}$ **5.** $6\frac{2}{3} + 3\frac{4}{5}$

6. $1\frac{4}{7} + 2\frac{3}{14}$ **7.** $4\frac{5}{6} + 1\frac{7}{18}$ **8.** $2\frac{4}{5} + 3\frac{6}{7}$ **9.** $4\frac{2}{3} + 1\frac{6}{11}$ **10.** $3\frac{7}{9} + 5\frac{4}{11}$

11. $8 + 1\frac{2}{3}$ **12.** $8\frac{1}{5} + 3\frac{3}{4}$ **13.** $11\frac{3}{8} + 2\frac{1}{16}$ **14.** $\frac{7}{8} - \frac{3}{8}$ **15.** $\frac{9}{10} - \frac{3}{10}$

16. $\frac{17}{5} - \frac{2}{5}$ **17.** $\frac{11}{7} - \frac{2}{7}$ **18.** $\frac{5}{11} - \frac{4}{11}$ **19.** $8\frac{5}{8} - 6\frac{1}{4}$ **20.** $3\frac{2}{3} - 1\frac{8}{9}$

21. $8\frac{5}{6} - 5\frac{1}{2}$ **22.** $12\frac{3}{4} - 4\frac{5}{6}$ **23.** $17\frac{2}{7} - 8\frac{2}{9}$ **24.** $7\frac{3}{4} - 3\frac{3}{8}$ **25.** $4\frac{1}{12} - 1\frac{11}{12}$

Multiplicar y dividir fracciones

Para multiplicar dos o más fracciones, multiplica los numeradores, multiplica los denominadores y, si es necesario, simplifica el producto.

Ejemplo 1

Multiplica $\frac{3}{7} \cdot \frac{5}{6}$.

Método 1 Multiplica los numeradores y los denominadores. Luego, simplifica.

$$\frac{3}{7} \cdot \frac{5}{6} = \frac{3 \cdot 5}{7 \cdot 6} = \frac{15}{42} = \frac{15 \div 3}{42 \div 3} = \frac{5}{14}$$

Método 2 Simplifica antes de multiplicar.

$$\frac{^{1}3}{7} \cdot \frac{5}{6_{2}} = \frac{1 \cdot 5}{7 \cdot 2} = \frac{5}{14}$$

Para multiplicar números mixtos, convierte los números mixtos en fracciones impropias y multiplica las fracciones. Escribe el producto como un número mixto.

Ejemplo 2

Multiplica $2\frac{4}{5} \cdot 1\frac{2}{3}$.

$$2\frac{4}{5} \cdot 1\frac{2}{3} = \frac{14}{5} \cdot \frac{\overset{1}{5}}{3} = \frac{14}{3} = 4\frac{2}{3}$$

Para dividir fracciones, convierte la división en una multiplicación. Recuerda que $8 \div \frac{1}{4}$ es lo mismo que $8 \cdot 4$. Para dividir números mixtos, convierte los números mixtos en fracciones impropias y divide las fracciones.

Ejemplo 3

a. Divide $\frac{4}{5} \div \frac{3}{7}$.

$$\frac{4}{5} \div \frac{3}{7} = \frac{4}{5} \cdot \frac{7}{3}$$ Multiplica por el recíproco del divisor.

$$= \frac{28}{15}$$ Simplifica.

$$= 1\frac{13}{15}$$ Escríbelo como un número mixto.

b. Divide $4\frac{2}{3} \div 7\frac{3}{5}$.

$$4\frac{2}{3} \div 7\frac{3}{5} = \frac{14}{3} \div \frac{38}{5}$$ Convierte a fracciones impropias.

$$= \frac{14^{7}}{3} \cdot \frac{5}{38_{19}}$$ Simplifica.

$$= \frac{35}{57}$$ Multiplica.

Ejercicios

Multiplica o divide. Escribe tus respuestas en su mínima expresión.

1. $\frac{2}{5} \cdot \frac{3}{4}$ 　　　　**2.** $\frac{3}{7} \cdot \frac{4}{3}$ 　　　　**3.** $1\frac{1}{2} \cdot 5\frac{3}{4}$ 　　　　**4.** $3\frac{4}{5} \cdot 10$ 　　　　**5.** $5\frac{1}{4} \cdot \frac{2}{3}$

6. $4\frac{1}{2} \cdot 7\frac{1}{2}$ 　　　　**7.** $3\frac{2}{3} \cdot 6\frac{9}{10}$ 　　　　**8.** $6\frac{1}{2} \cdot 7\frac{2}{3}$ 　　　　**9.** $2\frac{2}{5} \cdot 1\frac{1}{6}$ 　　　　**10.** $4\frac{1}{9} \cdot 3\frac{3}{8}$

11. $\frac{3}{5} \div \frac{1}{2}$ 　　　　**12.** $\frac{4}{5} \div \frac{9}{10}$ 　　　　**13.** $2\frac{1}{2} \div 3\frac{1}{2}$ 　　　　**14.** $1\frac{4}{5} \div 2\frac{1}{2}$ 　　　　**15.** $3\frac{1}{6} \div 1\frac{3}{4}$

16. $5 \div \frac{3}{8}$ 　　　　**17.** $\frac{4}{9} \div \frac{3}{5}$ 　　　　**18.** $\frac{5}{8} \div \frac{3}{4}$ 　　　　**19.** $2\frac{1}{5} \div 2\frac{1}{2}$ 　　　　**20.** $6\frac{1}{2} \div \frac{1}{4}$

Fracciones, decimales y porcentajes

Porcentaje significa por cada cien, o por ciento. 50% significa 50 por ciento. $50\% = \frac{50}{100} = 0.50$.
Puedes escribir una fracción como porcentaje escribiendo primero la fracción en forma decimal.
Luego, mueve el punto decimal dos lugares hacia la derecha y escribe el símbolo de porcentaje.

Ejemplo 1

Escribe cada número como porcentaje.

a. $\frac{3}{5}$

$\frac{3}{5} = 0.6$

$0.6 = 60\%$

b. $\frac{7}{20}$

$\frac{7}{20} = 0.35$

$0.35 = 35\%$

c. $\frac{2}{3}$

$\frac{2}{3} = 0.66\overline{6}$

$0.66\overline{6} = 66.\overline{6}\% \approx 66.7\%$

Puedes escribir un porcentaje en forma decimal moviendo el punto decimal dos lugares
hacia la izquierda y quitando el símbolo de porcentaje. Puedes escribir un porcentaje como
una fracción con 100 como denominador. Luego, simplifica la fracción, si es posible.

Ejemplo 2

Escribe cada porcentaje en forma decimal y como una fracción o número mixto.

a. **25%**

$25\% = 0.25$

$25\% = \frac{25}{100} = \frac{1}{4}$

b. $\frac{1}{2}\%$

$\frac{1}{2}\% = 0.5\% = 0.005$

$\frac{1}{2}\% = \frac{\frac{1}{2}}{100} = \frac{1}{2} \div 100$

$= \frac{1}{2} \cdot \frac{1}{100} = \frac{1}{200}$

c. **360%**

$360\% = 3.6$

$360\% = \frac{360}{100} = \frac{18}{5} = 3\frac{3}{5}$

Ejercicios

Escribe cada número como porcentaje. Si es necesario, redondea a la décima más cercana.

1. 0.56   **2.** 0.09   **3.** 6.02   **4.** 5.245   **5.** 8.2   **6.** 0.14

7. $\frac{1}{7}$ **8.** $\frac{9}{20}$ **9.** $\frac{1}{9}$ **10.** $\frac{5}{6}$ **11.** $\frac{3}{4}$ **12.** $\frac{7}{8}$

Escribe cada porcentaje en forma decimal.

13. 7%   **14.** 8.5%   **15.** 0.9%   **16.** 250%   **17.** 83%   **18.** 110%

19. 15%   **20.** 72%   **21.** 0.03%   **22.** 36.2%   **23.** 365%   **24.** 101%

Escribe cada porcentaje como una fracción o número mixto en su mínima expresión.

25. 19%   **26.** $\frac{3}{4}\%$ **27.** 450%   **28.** $\frac{4}{5}\%$ **29.** 64%   **30.** $\frac{2}{3}\%$

31. 24%   **32.** 845%   **33.** $\frac{3}{8}\%$ **34.** 480%   **35.** 60%   **36.** 350%

Exponentes

Puedes expresar $2 \cdot 2 \cdot 2 \cdot 2 \cdot 2$ como 2^5. El número pequeño volado, 5, indica la cantidad de veces que se usa 2 como factor. El número 2 es la base. El número 5 es el exponente.

$$2^5 \leftarrow \textbf{exponente}$$
$$\uparrow$$
$$\textbf{base}$$

Forma descompuesta en factores: $2 \cdot 2 \cdot 2 \cdot 2 \cdot 2$ Forma exponencial: 2^5 Forma estándar: 32

Un número con un exponente de 1 es el número mismo: $8^1 = 8$.

Cualquier número, excepto 0, con un exponente de 0 es 1: $5^0 = 1$.

Ejemplo 1

Escribe cada expresión usando exponentes.

a. $8 \cdot 8 \cdot 8 \cdot 8 \cdot 8$ **b.** $2 \cdot 9 \cdot 9 \cdot 9 \cdot 9 \cdot 9 \cdot 9$ **c.** $6 \cdot 6 \cdot 10 \cdot 10 \cdot 10 \cdot 6 \cdot 6$

Cuenta la cantidad de veces que se usa cada número como factor.

$$= 8^5 \qquad\qquad = 2 \cdot 9^6 \qquad\qquad = 6^4 \cdot 10^3$$

Ejemplo 2

Escribe cada expresión en forma estándar.

a. 2^3 **b.** $8^2 \cdot 3^4$ **c.** $10^3 \cdot 15^2$

Escribe cada expresión en forma descompuesta en factores y multiplica.

$$2 \cdot 2 \cdot 2 = 8 \qquad 8 \cdot 8 \cdot 3 \cdot 3 \cdot 3 \cdot 3 = 5184 \qquad 10 \cdot 10 \cdot 10 \cdot 15 \cdot 15 = 225{,}000$$

Para las potencias de 10, el exponente indica cuántos ceros tiene el número en su forma estándar.

$$10^1 = 10 \qquad 10^3 = 10 \cdot 10 \cdot 10 = 1000 \qquad 10^5 = 10 \cdot 10 \cdot 10 \cdot 10 \cdot 10 = 100{,}000$$

Puedes usar potencias de 10 para escribir números en forma desarrollada.

Ejemplo 3

Escribe 739 en forma desarrollada usando potencias de 10.

$$739 = 700 + 30 + 9 = (7 \cdot 100) + (3 \cdot 10) + (9 \cdot 1) = (7 \cdot 10^2) + (3 \cdot 10^1) + (9 \cdot 10^0)$$

Ejercicios

Escribe cada expresión usando exponentes.

1. $6 \cdot 6 \cdot 6 \cdot 6$ **2.** $7 \cdot 7 \cdot 7 \cdot 7 \cdot 7$ **3.** $5 \cdot 2 \cdot 2 \cdot 2 \cdot 2$

4. $3 \cdot 3 \cdot 3 \cdot 3 \cdot 3 \cdot 14 \cdot 14$ **5.** $4 \cdot 4 \cdot 3 \cdot 3 \cdot 2$ **6.** $3 \cdot 5 \cdot 5 \cdot 7 \cdot 7 \cdot 7$

Escribe cada número en forma estándar.

7. 4^3 **8.** 9^4 **9.** 12^2 **10.** $6^2 \cdot 7^1$ **11.** $11^2 \cdot 3^3$

Escribe cada número en forma desarrollada usando potencias de 10.

12. 658   **13.** 1254   **14.** 7125   **15.** 83,401   **16.** 294,863

Perímetro, área y volumen

El perímetro de una figura es la distancia alrededor de la figura. El área de una figura es la cantidad de unidades cuadradas que contiene la figura. El volumen de una figura tridimensional es la cantidad de unidades cúbicas que contiene la figura.

Ejemplo 1

Halla el perímetro de cada figura.

a.

3 pulgs. 5 pulgs. 4 pulgs.

Suma las medidas de los lados.
$3 + 4 + 5 = 12$
El perímetro es 12 pulgs.

b.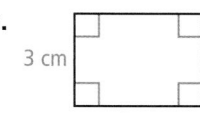

3 cm
4 cm

Usa la fórmula $P = 2\ell + 2a$.
$P = 2(3) + 2(4)$
$= 6 + 8 = 14$
El perímetro es 14 cm.

Ejemplo 2

Halla el área de cada figura.

a.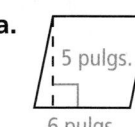

5 pulgs.
6 pulgs.

Usa la fórmula $A = bh$.
$A = 6 \cdot 5 = 30$
El área es 30 pulgs.^{2}.

b.

6 pulgs.
7 pulgs.

Usa la fórmula $A = \frac{1}{2}(bh)$.
$A = \frac{1}{2}(7 \cdot 6) = 21$
El área es 21 pulgs.^{2}.

Ejemplo 3

Halla el volumen de cada figura.

a.

6 pulgs.
3 pulgs.
5 pulgs.

Usa la fórmula $V = Bh$.
$B =$ área de la base
$= 3 \cdot 5 = 15$
$V = 15 \cdot 6 = 90$ pulgs.^{3}
El volumen es 90 pulgs.^{3}.

b.

5 pulgs.
2 pulgs.

Usa la fórmula $V = \pi r^2 h$.
$V = 3.14 \cdot 2^2 \cdot 5$
$= 3.14 \cdot 4 \cdot 5 = 62.8$ pulgs.^{3}
El volumen es 62.8 pulgs.^{3}.

Ejercicios

Para resolver los Ejercicios 1 y 2, halla el perímetro de cada figura. Para resolver los Ejercicios 3 y 4, halla el área de cada figura. Para resolver los Ejercicios 5 a 7, halla el volumen de cada figura.

1.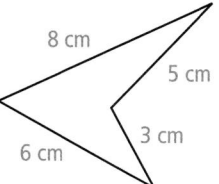

8 cm
5 cm
3 cm
6 cm

2.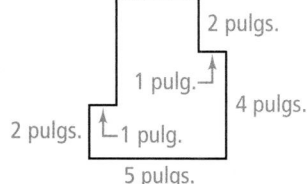

2 pulgs.
1 pulg.
4 pulgs.
2 pulgs.
1 pulg.
5 pulgs.

3.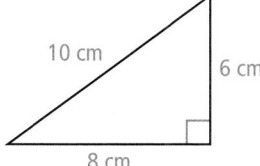

10 cm
6 cm
8 cm

4.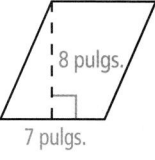

8 pulgs.
7 pulgs.

5.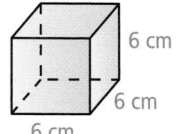

6 cm
6 cm
6 cm

6.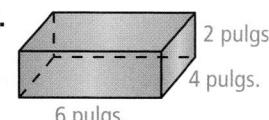

2 pulgs.
4 pulgs.
6 pulgs.

7.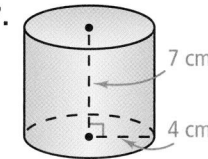

7 cm
4 cm

Diagramas de puntos

Un diagrama de puntos se crea al hacer una marca correspondiente a cada valor arriba de una recta numérica. Los diagramas de puntos tienen dos ventajas principales:

- Puedes ver la frecuencia de los valores.
- Puedes ver cómo se comparan los valores.

Ejemplo

La tabla de la derecha muestra las estaturas, en pulgadas, de un grupo de 25 adultos. Muestra los datos en un diagrama de puntos. Describe los datos que se muestran en el diagrama de puntos.

Estaturas de los adultos (pulgs.)				
59	60	63	63	64
64	64	65	65	65
67	67	67	67	68
68	68	69	70	70
71	72	73	73	77

Los datos están representados en una recta numérica.

El título describe los datos.

Una ✗ representa un elemento del conjunto de datos.

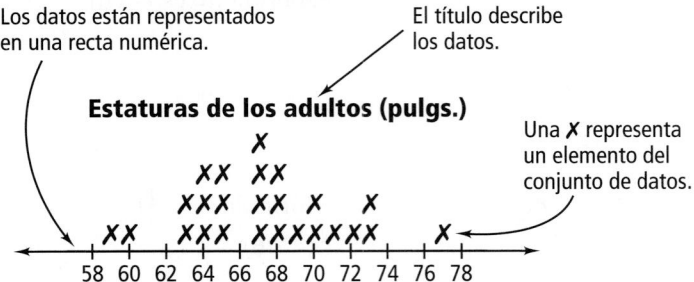

El diagrama de puntos muestra que la mayoría de las estaturas se concentran aproximadamente en 67 pulgs., el valor máximo es 77 pulgs. y el valor mínimo es 59 pulgs.

Ejercicios

Muestra cada conjunto de datos en un diagrama de puntos.

1. 3, 6, 4, 3, 6, 0, 4, 5, 0, 4, 6, 1, 5, 1, 0, 5, 5, 6, 5, 3

2. 19, 18, 18, 18, 19, 20, 19, 18, 18, 17, 18, 20, 19, 17

Haz un diagrama de puntos para cada tabla de frecuencia.

3.

Número	1	2	3	4	5	6
Frecuencia	4	1	0	5	7	2

4.

Número	12	13	15	16	18	19
Frecuencia	2	5	1	3	6	3

5. **Olimpíadas** Abajo se muestran los números de medallas de oro que ganaron diferentes países durante las Olimpíadas de invierno de 2002.
   1, 1, 1, 2, 2, 2, 3, 3, 3, 3, 4, 4, 4, 5, 7, 10, 12, 13
   Muestra los datos en un diagrama de puntos. Describe los datos que se muestran en el diagrama de puntos.

Gráficas de barras

Las gráficas de barras se usan para mostrar y comparar datos. El eje horizontal muestra las categorías y el eje vertical muestra las cantidades. Una gráfica de barras múltiple incluye una clave.

Ejemplo

Haz una gráfica de barras con los datos de la siguiente tabla.

Promedio de ingresos en el hogar

Ciudad	2 integrantes	3 integrantes	4 integrantes
Mason	$62,690	$68,070	$77,014
Barstow	$68,208	$82,160	$99,584
York	$51,203	$58,902	$67,911
Rexford	$52,878	$54,943	$63,945
Onham	$54,715	$61,437	$69,260

Las categorías (en la primera columna) se colocan en la escala horizontal. Las cantidades (en la segunda, tercera y cuarta columnas) se usan para crear el intervalo de la escala vertical y para dibujar cada barra.

Representa con una gráfica los datos para cada ciudad. Usa los valores de la fila superior para crear la clave.

El promedio más alto de ingresos en el hogar es $99,584. Un rango razonable para la escala vertical es de $0 a $108,000.

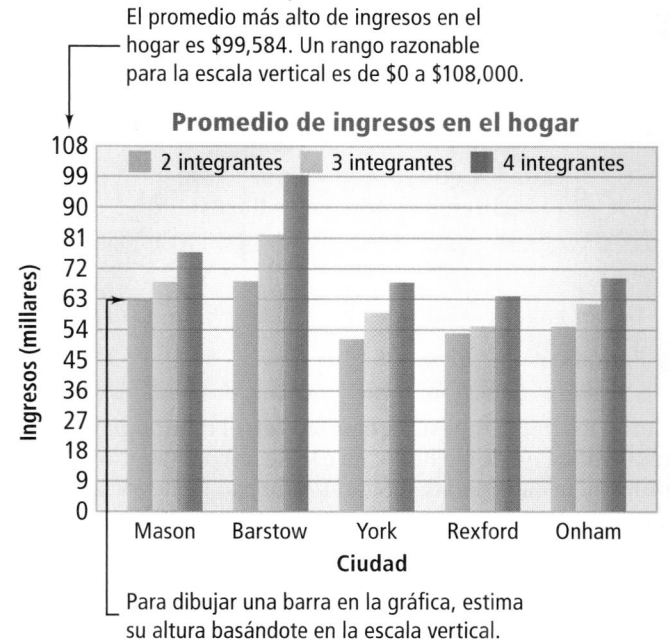

Para dibujar una barra en la gráfica, estima su altura basándote en la escala vertical.

Ejercicios

1. Haz una gráfica de barras para los datos de la siguiente tabla.

Temperaturas máximas (°F)

Ciudad	Marzo	Junio	Agosto
Mason	61	86	83
Barstow	84	104	101
York	89	101	102
Rexford	88	92	93
Onham	81	104	100

2. a. Razonamiento Si se agregara otra columna de datos a la tabla del ejemplo, ¿cómo cambiaría la gráfica de barras?

b. Si se agregara una fila de datos más a la tabla del ejemplo, ¿cómo cambiaría la gráfica de barras?

Gráficas lineales

Las gráficas lineales se usan para mostrar el cambio en un conjunto de datos durante un período de tiempo. Una gráfica lineal múltiple muestra el cambio en más de una categoría de datos durante un periodo de tiempo. Puedes usar una gráfica lineal para buscar tendencias y hacer predicciones.

Ejemplo

Los datos de la siguiente tabla muestran la cantidad de hogares, en millares, que tienen televisión por cable y la cantidad de hogares que reciben periódicos en determinada ciudad. Representa con una gráfica los datos.

Hogares que tienen TV por cable y reciben periódicos (millares)

Año	1980	1990	1995	2000	2005
TV por cable	15.2	51.9	60.5	68.6	73.9
Periódicos	62.2	62.3	58.2	55.8	53.3

Como los datos muestran cambios en el tiempo para dos conjuntos de datos, usa una gráfica de doble línea. La escala horizontal muestra los años. El eje vertical muestra la cantidad de hogares para cada categoría.

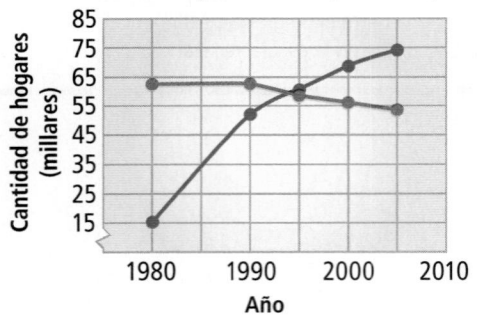

Observa que hay una *interrupción* en el eje vertical. Como no hay datos menores que 15 para representar con la gráfica, puedes usar una línea en zigzag para indicar una interrupción de 0 a 15.

Ejercicios

Representa con una gráfica los datos de cada tabla.

1.
Ventas (porcentaje)

Año	2004	2005	2006	2007
Rap/Hip Hop	12.1	13.3	11.4	10.8
Pop	10.0	8.1	7.1	10.7

FUENTE: Asociación de la Industria Discográfica de los Estados Unidos

2. Porcentaje de escuelas con acceso a Internet

Año	1997	1999	2001	2003
Primarias	75	94	99	100
Secundarias	89	98	100	100

FUENTE: Centro Nacional para las Estadísticas Educativas

Gráficas circulares

Una gráfica circular es una manera eficiente de presentar cierto tipo de datos. El círculo completo representa todos los datos. Cada sección del círculo representa una parte del entero y se puede rotular con los datos reales o los datos expresados como una fracción, decimal o porcentaje. Los ángulos del centro son ángulos centrales y cada uno es proporcional al porcentaje o fracción del total.

Ejemplo

Se pidió a estudiantes de una escuela secundaria que escogieran su instrumento musical favorito. En la tabla de la derecha se muestra la cantidad de estudiantes que escogieron cada instrumento. Haz una gráfica circular con los datos.

Instrumentos musicales favoritos

Instrumento	Cantidad de estudiantes
Bajo	35
Batería	103
Piano	150
Guitarra	182

Paso 1 Suma para hallar la cantidad total.

$$35 + 103 + 150 + 182 = 470$$

Paso 2 Establece una proporción para hallar la medida para cada ángulo central. Usa una calculadora para resolver cada proporción.

$$\frac{35}{470} = \frac{a}{360°} \qquad \frac{103}{470} = \frac{b}{360°} \qquad \frac{150}{470} = \frac{c}{360°} \qquad \frac{182}{470} = \frac{d}{360°}$$

$$a \approx 27° \qquad\qquad b \approx 79° \qquad\qquad c \approx 115° \qquad\qquad d \approx 139°$$

Paso 3 Usa un compás para trazar un círculo. Traza los ángulos centrales aproximados con un transportador.

Paso 4 Rotula cada sector.

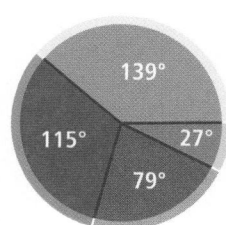

Instrumentos musicales favoritos

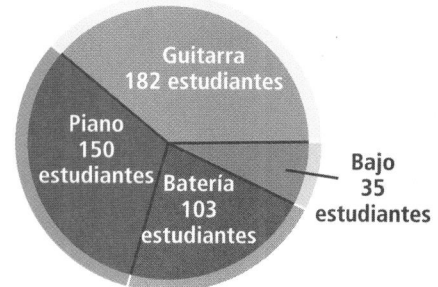

Ejercicios

1. a. Usa los datos de la tabla para hacer una gráfica circular.

b. ¿Aproximadamente qué porcentaje de los estudiantes viajan en autobús?

c. ¿Aproximadamente cuántas veces más estudiantes van a pie que en carro?

Métodos de transporte

Método de transporte	A pie	Bicicleta	Autobús	Carro
Cantidad de estudiantes	252	135	432	81

2. Recopilación de datos Haz una encuesta en tu clase para averiguar cómo viajan a la escuela tus compañeros. Haz una gráfica circular con los datos.

Diagramas de tallo y hojas

Un diagrama de tallo y hojas es una presentación de los datos que usa los dígitos de los valores. Para hacer un diagrama de tallo y hojas, separa cada número en un tallo y una hoja. A la derecha se muestra un tallo y una hoja para el número 2.39.

Puedes usar un diagrama de tallo y hojas para organizar los datos. Los datos que aparecen abajo describen el precio del mismo cuaderno en diferentes tiendas.

Precios del cuaderno: $2.39 $2.47 $2.43 $2.21 $2.33 $2.28 $2.26

2.2	1 6 8
2.3	3 9
2.4	3 7

Clave: 2.4 | 3 significa 2.43

Usa los primeros dos dígitos para los "tallos".

Usa los últimos dígitos que correspondan para las "hojas". Organiza los números en orden.

Puedes usar un diagrama de tallo y hojas doble para mostrar dos conjuntos de datos relacionados. Los tallos están entre dos líneas verticales y las hojas se ubican a cada lado. Las hojas se colocan en orden creciente desde del tallo. En el diagrama de tallo y hojas doble que se muestra abajo, 3 | 4 | 1 representa un tiempo de viaje al trabajo de 43 min en la Ciudad A y un tiempo de viaje al trabajo de 41 min en la Ciudad B.

Tiempo de viaje diario al trabajo (min)

Ciudad A		Ciudad B
6 6 4 3	4	1 1 4 5 7
9 8 6 4 4 4	5	0 2 2 2 4
5 2 1 0	6	4 5 8 9
8 7 6 6 4 2	7	3 6 7 9 9 9

Clave: 7 | 3 significa 73

2 | 7 | 3

2 | 7 significa 72

Ejercicios

Haz un diagrama de tallo y hojas para cada conjunto de datos.

1. 18 35 28 15 36 10 25 22 15

2. 18.6 18.4 17.6 15.7 15.3 17.5

3. 785 776 788 761 768 768 785

4. 0.8 0.2 1.4 3.5 4.3 4.5 2.6 2.2

5. Haz un diagrama de tallo y hojas doble de las calificaciones de los exámenes de las dos clases siguientes.
Clase A: 98 78 85 72 94 81 68 83
Clase B: 87 91 79 75 90 81 82 100

Manual de destrezas

Referencias

Tabla 1 **Medidas**

	Sistema usual de los Estados Unidos	**Sistema métrico**
Longitud	12 pulgadas (pulgs.) = 1 pie 36 pulgs. = 1 yarda (yd) 3 pies = 1 yarda 5280 pies = 1 milla (mi) 1760 yd = 1 milla	10 milímetros (mm) = 1 centímetro (cm) 100 cm = 1 metro (m) 1000 mm = 1 metro 1000 m = 1 kilómetro (km)
Área	144 pulgadas cuadradas (pulgs.^{2}) = 1 pie cuadrado (pie^2) 9 pies^2 = 1 yarda cuadrada (yd^2) 43,560 pies^2 = 1 acre (A) 4840 yd^2 = 1 acre	100 milímetros cuadrados (mm^2) = 1 centímetro cuadrado (cm^2) 10,000 cm^2 = 1 metro cuadrado (m^2) 10,000 m^2 = 1 hectárea (ha)
Volumen	1728 pulgadas cúbicas (pulgs.^{3}) = 1 pie cúbico (pie^3) 27 pies^3 = 1 yarda cúbica (yd^3)	1000 milímetros cúbicos (mm^3) = 1 centímetro cúbico (cm^3) 1,000,000 cm^3 = 1 metro cúbico (m^3)
Capacidad	8 onzas líquidas (oz líq.) = 1 taza (t) 2 t = 1 pinta (pt) 2 pt = 1 cuarto de galón (cto.) 4 ctos. = 1 galón (gal.)	1000 mililitros (mL) = 1 litro (L) 1000 L = 1 kilolitro (kL)
Peso o masa	16 onzas (oz) = 1 libra (lb) 2000 libras = 1 tonelada (t)	1000 miligramos (mg) = 1 gramo (g) 1000 g = 1 kilogramo (kg) 1000 kg = 1 tonelada métrica
Temperatura	32 °F = punto de congelación del agua 98.6 °F = temperatura normal del cuerpo humano 212 °F = punto de ebullición del agua	0 °C = punto de congelación del agua 37 °C = temperatura normal del cuerpo humano 100 °C = punto de ebullición del agua

Unidades usuales y unidades métricas	
Longitud	1 pulg. = 2.54 cm 1 mi ≈ 1.61 km 1 pie ≈ 0.305 m
Capacidad	1 cto. ≈ 0.946 L
Peso y masa	1 oz ≈ 28.4 g 1 lb ≈ 0.454 kg

Tiempo

60 segundos (s) = 1 minuto (min)	4 semanas (aprox.) = 1 mes (m)	12 meses = 1 año
60 minutos = 1 hora (h)	365 días = 1 año (a)	10 años = 1 década
24 horas = 1 día (d)	52 semanas (aprox.) = 1 año	100 años = 1 siglo
7 días = 1 semana (s)		

Tabla 2 **Leer signos y símbolos matemáticos**

Signos y símbolos	En palabras
·	signo de multiplicación, por ($\times$)
=	es igual a
$\stackrel{?}{=}$	¿Son iguales los enunciados?
$\approx$	es aproximadamente igual a
$\neq$	no es igual a
$<$	es menor que
$>$	es mayor que
$\leq$	es menor que o igual a
$\geq$	es mayor que o igual a
$\cong$	es congruente con
$\pm$	más o menos
( )	paréntesis para agrupar
[ ]	corchetes para agrupar
{ }	llaves
%	por ciento
$|a|$	valor absoluto de a
...	y así sucesivamente
$-a$	el opuesto de a
π	pi, un número irracional, aproximadamente igual a 3.14
°	grado(s)
a^n	la enésima potencia de a
$\sqrt{x}$	la raíz cuadrada no negativa de x
$\frac{1}{a}, a \neq 0$	el recíproco de a
a^{-n}	$\frac{1}{a^n}, a \neq 0$
$\overleftrightarrow{AB}$	recta que pasa por los puntos A y B
$\overline{AB}$	segmento que tiene como extremos a los puntos A y B
AB	longitud del segmento $\overline{AB}$; distancia entre los puntos A y B

Símbolos	En palabras
$\angle A$	ángulo A
$m\angle A$	medida del ángulo A
$\triangle ABC$	triángulo ABC
(x, y)	par ordenado
$x_1, x_2, \ldots$	valores específicos de la variable x
$y_1, y_2, \ldots$	valores específicos de la variable y
$\overline{x}$	media de los valores de x
σ	desviación estándar
$f(x)$	f de x; el valor de la función en x
m	pendiente de una recta
b	el intercepto en y de una recta
$a:b$	razón de a a b
$\begin{bmatrix} 1 & 3 \\ 2 & 4 \end{bmatrix}$	matriz
sen A	seno del $\angle A$
cos A	coseno del $\angle A$
tan A	tangente del $\angle A$
$n!$	n factorial
$_nP_r$	permutaciones de n objetos ordenados de a r por vez
$_nC_r$	combinaciones de n objetos escogidos de a r por vez
P(evento)	probabilidad de un evento
$\wedge$	elevado a una potencia (en una fórmula de hoja de cálculo)
$*$	multiplicar (en una fórmula de hoja de cálculo)
$/$	dividir (en una fórmula de hoja de cálculo)

Propiedades y fórmulas

Capítulo 1 Fundamentos del Álgebra

El orden de las operaciones
1. Efectúa la operación o las operaciones que están dentro de los símbolos de agrupación.
2. Simplifica las potencias.
3. Multiplica y divide de izquierda a derecha.
4. Suma y resta de izquierda a derecha.

Propiedad conmutativa de la suma
Para todos los números reales a y b, $a + b = b + a$.

Propiedad conmutativa de la multiplicación
Para todos los números reales a y b, $a \cdot b = b \cdot a$.

Propiedad asociativa de la suma
Para todos los números reales a, b y c,
$(a + b) + c = a + (b + c)$.

Propiedad asociativa de la multiplicación
Para todos los números reales a, b y c,
$(a \cdot b) \cdot c = a \cdot (b \cdot c)$.

Propiedad de identidad de la suma
Para todo número real a, $a + 0 = a$.

Propiedad de identidad de la multiplicación
Para todo número real a, $1 \cdot a = a$.

Propiedad multiplicativa del -1
Para todo número real a, $-1 \cdot a = -a$.

Propiedad del cero en la multiplicación
Para todo número real a, $a \cdot 0 = 0$.

Propiedad inversa de la suma
Para todo número real a, hay un inverso de suma $-a$ tal que $a + (-a) = 0$.

Propiedad inversa de la multiplicación
Para todo número a distinto de cero, hay un inverso multiplicativo tal que $a \cdot \frac{1}{a} = 1$.

Propiedad distributiva
Para todos los números reales a, b y c:
$a(b + c) = ab + ac$
$(b + c)a = ba + ca$
$a(b - c) = ab - ac$
$(b - c)a = ba - ca$

Capítulo 2 Resolver ecuaciones

Propiedad de suma de la igualdad
Para todos los números reales a, b y c, si $a = b$, entonces $a + c = b + c$.

Propiedad de resta de la igualdad
Para todos los números reales a, b y c, si $a = b$, entonces $a - c = b - c$.

Propiedad multiplicativa de la igualdad
Para todos los números reales a, b y c, si $a = b$, entonces $a \cdot c = b \cdot c$.

Propiedad de división de la igualdad
Para todos los números reales a, b y c, donde $c \neq 0$, si $a = b$, entonces $\frac{a}{c} = \frac{b}{c}$.

Productos cruzados de una proporción
Si $\frac{a}{b} = \frac{c}{d}$, entonces $ad = bc$.

Proporción de porcentaje
$\frac{a}{b} = \frac{p}{100}$, donde $b \neq 0$.

Ecuación de porcentaje
$a = p\% \cdot b$, donde $b \neq 0$.

Fórmula del interés simple
$I = crt$

Cambio porcentual
$p\% = \frac{\text{cantidad de aumento o disminución}}{\text{cantidad original}}$
cantidad de aumento = cantidad nueva − cantidad original
cantidad de disminución = cantidad original − cantidad nueva

Error relativo
error relativo $= \dfrac{|\text{valor medido o estimado} - \text{valor real}|}{\text{valor real}}$

Capítulo 3 Resolver desigualdades

Las siguientes propiedades de la desigualdad son también válidas para $\geq$ y $\leq$.

Propiedad de suma de la desigualdad
Para todos los números reales a, b y c,
si $a > b$, entonces $a + c > b + c$;
si $a < b$, entonces $a + c < b + c$.

Propiedad de resta de la desigualdad

Para todos los números reales a, b y c,
si $a > b$, entonces $a - c > b - c$;
si $a < b$, entonces $a - c < b - c$.

Propiedad multiplicativa de la desigualdad

Para todos los números reales a, b y c, donde $c > 0$,
si $a > b$, entonces $ac > bc$;
si $a < b$, entonces $ac < bc$.
Para todos los números reales a, b y c, donde $c < 0$,
si $a > b$, entonces $ac < bc$;
si $a < b$, entonces $ac > bc$.

Propiedad de división de la desigualdad

Para todos los números reales a, b y c, donde $c > 0$,
si $a > b$, entonces $\frac{a}{c} > \frac{b}{c}$;
si $a < b$, entonces $\frac{a}{c} < \frac{b}{c}$.
Para todos los números reales a, b y c, donde $c < 0$,
si $a > b$, entonces $\frac{a}{c} < \frac{b}{c}$;
si $a < b$, entonces $\frac{a}{c} > \frac{b}{c}$.

Propiedad reflexiva de la igualdad

Para todo número real a, $a = a$.

Propiedad de simetría de la igualdad

Para todos los números reales a y b,
si $a = b$, entonces $b = a$.

Propiedad transitiva de la igualdad

Para todos los números reales a, b y c,
si $a = b$ y $b = c$, entonces $a = c$.

Propiedad transitiva de la desigualdad

Para todos los números reales a, b y c,
si $a < b$ y $b < c$, entonces $a < c$.

Capítulo 4 Introducción a las funciones

Progresión aritmética

La forma de la regla de una progresión aritmética es
$A(n) = A(1) + (n - 1)d$, donde $A(n)$ es el enésimo término,
$A(1)$ es el primer término, n es el número de término y d es
la diferencia común.

Capítulo 5 Funciones lineales

Pendiente

$$\text{pendiente} = \frac{\text{cambio vertical}}{\text{cambio horizontal}} = \frac{\text{distancia vertical}}{\text{distancia horizontal}}$$

Variación directa

Una variación directa es una relación que se puede representar
mediante una función en la forma $y = kx$, donde $k \neq 0$.

Forma pendiente-intercepto de una ecuación lineal

La forma pendiente-intercepto de una ecuación lineal es
$y = mx + b$, donde m es la pendiente y b es el intercepto en y.

Forma punto-pendiente de una ecuación lineal

La forma punto-pendiente de la ecuación de una recta no
vertical que pasa por el punto (x_1, y_1) con pendiente
m es $y - y_1 = m(x - x_1)$.

Forma estándar de una ecuación lineal

La forma estándar de una ecuación lineal es $Ax + By = C$,
donde A, B y C son números reales y A y B no son ambos cero.

Pendientes de rectas paralelas

Las rectas no verticales son paralelas si tienen la misma
pendiente y distintos interceptos en y. Dos rectas verticales
son siempre paralelas.

Pendientes de rectas perpendiculares

Dos rectas son perpendiculares si el producto de sus
pendientes es -1. Una recta vertical y una horizontal son
perpendiculares.

Capítulo 6 Sistemas de ecuaciones y desigualdades

Soluciones de sistemas de ecuaciones lineales

Un sistema de ecuaciones lineales puede tener una solución,
no tener solución o tener infinitas soluciones:
- Si las rectas tienen distintas pendientes, las rectas se
  intersecan; por tanto, hay una solución.
- Si las rectas tienen la misma pendiente y distintos
  interceptos en y, las rectas son paralelas; por tanto,
  no hay solución.
- Si las rectas tienen la misma pendiente y el mismo
  intercepto en y, las rectas son iguales; por tanto, hay
  infinitas soluciones.

Capítulo 7 Exponentes y funciones exponenciales

El cero como un exponente
Para todo número a distinto de cero, $a^0 = 1$.

Exponente negativo
Para todo número a distinto de cero y un entero n, $a^{-n} = \frac{1}{a^n}$.

Notación científica
Un número en notación científica se ecribe como el producto de dos factores en la forma $a \times 10^n$, donde n es un entero y $1 \le a < 10$.

Multiplicar potencias que tienen la misma base
Para todo número a distinto de cero y los enteros m y n, $a^m \cdot a^n = a^{m+n}$.

Dividir potencias que tienen la misma base
Para todo número a distinto de cero y los enteros m y n, $\frac{a^m}{a^n} = a^{m-n}$.

Elevar una potencia a una potencia
Para todo número a distinto de cero y los enteros m y n, $(a^m)^n = a^{mn}$.

Elevar un producto a una potencia
Para todos los números a y b distintos de cero y un entero n, $(ab)^n = a^n b^n$.

Elevar un cociente a una potencia
Para todos los números a y b distintos de cero y un entero n, $\left(\frac{a}{b}\right)^n = \frac{a^n}{b^n}$.

Progresión geométrica
La forma para la regla de una progresión geométrica es $A(n) = a \cdot r^{n-1}$, donde $A(n)$ es el enésimo término, a es el primer término, n es el número de término y r es la razón común.

Incremento exponencial y decaimiento exponencial
Una función exponencial tiene la forma $y = a \cdot b^x$, donde a es una constante distinta de cero, b es mayor que 0 y no igual a 1, y x es un número real.

- La función $y = a \cdot b^x$, donde b es el factor incremental, representa un incremento exponencial cuando $a > 0$ y $b > 1$.
- La función $y = a \cdot b^x$, donde b es el factor de decaimiento, representa un decaimiento exponencial cuando $a > 0$ y $0 < b < 1$.

Capítulo 8 Polinomios y descomponer en factores

Descomponer en factores casos especiales
Para todos los números a y b distintos de cero:
$$a^2 - b^2 = (a + b)(a - b)$$
$$a^2 + 2ab + b^2 = (a + b)(a + b) = (a + b)^2$$
$$a^2 - 2ab + b^2 = (a - b)(a - b) = (a - b)^2$$

Capítulo 9 Funciones y ecuaciones cuadráticas

Gráfica de una función cuadrática
La gráfica de $y = ax^2 + bx + c$, donde $a \ne 0$, tiene su eje de simetría en la recta $x = \frac{-b}{2a}$. La coordenada x del vértice es $\frac{-b}{2a}$.

Propiedad del producto cero
Para todos los números reales a y b, si $ab = 0$, entonces $a = 0$ ó $b = 0$.

Fórmula cuadrática
Si $ax^2 + bx + c = 0$, donde $a \ne 0$, entonces
$$x = \frac{-b \pm \sqrt{b^2 - 4ac}}{2a}.$$

Propiedad del discriminante
Para la ecuación cuadrática $ax^2 + bx + c = 0$, donde $a \ne 0$, el valor del discriminante $b^2 - 4ac$ indica la cantidad de soluciones.

- Si $b^2 - 4ac > 0$, hay dos soluciones reales.
- Si $b^2 - 4ac = 0$, hay una solución real.
- Si $b^2 - 4ac < 0$, no hay soluciones reales.

Capítulo 10 Expresiones y ecuaciones radicales

El teorema de Pitágoras
En un triángulo rectángulo, la suma de los cuadrados de las longitudes de los catetos es igual al cuadrado de la longitud de la hipotenusa: $a^2 + b^2 = c^2$.

La expresión recíproca del teorema de Pitágoras
Si un triángulo tiene lados de longitudes a, b y c, y $a^2 + b^2 = c^2$, entonces el triángulo es un triángulo rectángulo con una hipotenusa de longitud c.

Propiedad multiplicativa de las raíces cuadradas
Para todo número $a \ge 0$ y $b \ge 0$, $\sqrt{ab} = \sqrt{a} \cdot \sqrt{b}$.

Propiedad de división de las raíces cuadradas

Para todo número $a \geq 0$ y $b > 0$, $\sqrt{\frac{a}{b}} = \frac{\sqrt{a}}{\sqrt{b}}$.

Razones trigonométricas

seno del $\angle A = \dfrac{\text{longitud del cateto opuesto al } \angle A}{\text{longitud de la hipotenusa}}$

coseno del $\angle A = \dfrac{\text{longitud del cateto adyacente al } \angle A}{\text{longitud de la hipotenusa}}$

tangente del $\angle A = \dfrac{\text{longitud del cateto opuesto al } \angle A}{\text{longitud del cateto adyacente al } \angle A}$

Fórmula de distancia

La distancia d entre dos puntos cualesquiera (x_1, y_1) y (x_2, y_2) es $d = \sqrt{(x_2 - x_1)^2 + (y_2 - y_1)^2}$.

Fórmula del punto medio

El punto medio M de un segmento de recta con extremos $A(x_1, y_1)$ y $B(x_2, y_2)$ es $\left(\dfrac{x_1 + x_2}{2}, \dfrac{y_1 + y_2}{2}\right)$.

Capítulo 11 Expresiones y funciones racionales

Variación inversa

Una variación inversa es una relación que se puede representar con una función en la forma $y = \frac{k}{x}$, donde $k \neq 0$.

Capítulo 12 Análisis de datos y probabilidad

Media

La media de un conjunto de datos

$= \dfrac{\text{suma de los valores}}{\text{número total de datos}}.$

Desviación estándar

La desviación estándar es una medida de cómo varían, o se desvían, los valores de un conjunto de datos respecto de la media.

$\sigma = \sqrt{\dfrac{\Sigma(x - \bar{x})^2}{n}}$

Principio de conteo en la multiplicación

Si hay m maneras de hacer una primera selección y n maneras de hacer una segunda selección, hay $m \cdot n$ maneras de hacer las dos selecciones.

Notación de permutación

La expresión $_nP_r$ representa el número de permutaciones de n objetos ordenados de a r por vez.

$_nP_r = \dfrac{n!}{(n - r)!}$

Notación de combinación

La expresión $_nC_r$ representa el número de combinaciones de n objetos escogidos de a r por vez.

$_nC_r = \dfrac{n!}{r!(n - r)!}$

Probabilidad teórica

$P(\text{evento}) = \dfrac{\text{número de resultados favorables}}{\text{número de resultados posibles}}$

Probabilidad de un evento y su complemento

$P(\text{evento}) + P(\text{no evento}) = 1$, ó
$P(\text{no evento}) = 1 - P(\text{evento})$

Probabilidades

Probabilidades a favor de un evento

$= \dfrac{\text{número de resultados favorables}}{\text{número de resultados desfavorables}}$

Probabilidades en contra de un evento

$= \dfrac{\text{número de resultados desfavorables}}{\text{número de resultados favorables}}$

Probabilidad experimental

$P(\text{evento}) = \dfrac{\text{número de veces que ocurre el evento}}{\text{número de veces que se realiza el experimento}}$

Probabilidad de eventos mutuamente excluyentes

Si A y B son eventos mutuamente excluyentes, entonces $P(A \text{ ó } B) = P(A) + P(B)$.

Probabilidad de eventos traslapados

Si A y B son eventos traslapados, entonces $P(A \text{ ó } B) = P(A) + P(B) - P(A \text{ y } B)$.

Probabilidad de dos eventos independientes

Si A y B son eventos independientes, entonces $P(A \text{ y } B) = P(A) \cdot P(B)$.

Probabilidad de dos eventos dependientes

Si A y B son eventos dependientes, entonces $P(A \text{ luego } B) = P(A) \cdot P(B \text{ después de } A)$.

Fórmulas de **geometría**

Usarás varias fórmulas geométricas mientras trabajas con tu libro de Álgebra. Aquí están algunas fórmulas de perímetro, área y volumen.

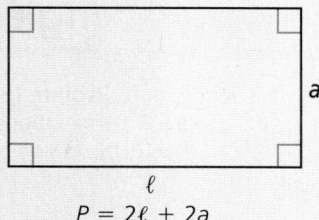

$P = 2\ell + 2a$

$A = \ell a$

Rectángulo

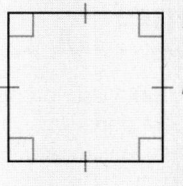

$P = 4l$

$A = l^2$

Cuadrado

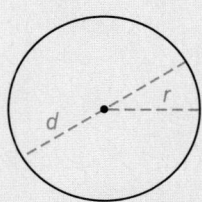

$C = 2\pi r$ ó $C = \pi d$

$A = \pi r^2$

Círculo

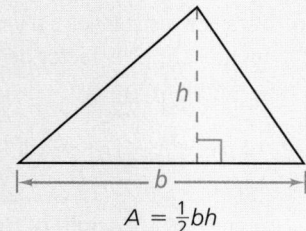

$A = \frac{1}{2}bh$

Triángulo

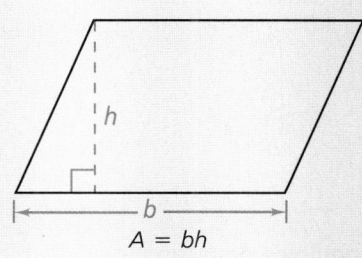

$A = bh$

Paralelogramo

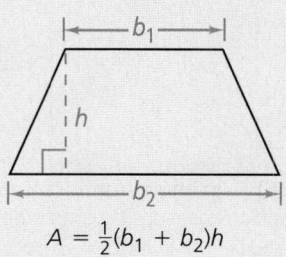

$A = \frac{1}{2}(b_1 + b_2)h$

Trapecio

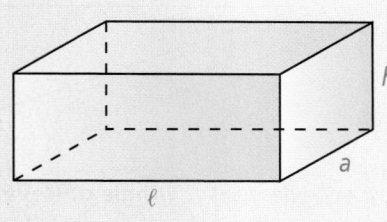

$V = Bh$

$V = \ell a h$

Prisma rectangular

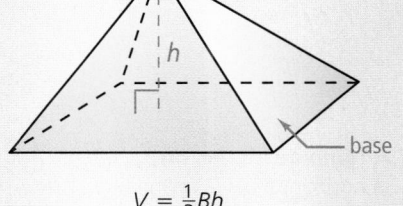

$V = \frac{1}{3}Bh$

Pirámide

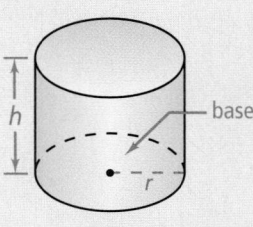

$V = Bh$

$V = \pi r^2 h$

Cilindro recto

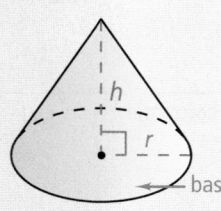

$V = \frac{1}{3}Bh$

$V = \frac{1}{3}\pi r^2 h$

Cono recto

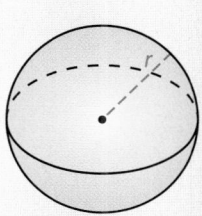

$V = \frac{1}{3}\pi r^3$

Esfera

Glosario *ilustrado*

Español

A

Aislar (p. 82)   Usar propiedades de igualdad y operaciones inversas para poner una variable con un coeficiente de 1 sola a un lado de la ecuación.

$$\text{Ejemplo} \quad x + 3 = 7$$
$$x + 3 - 3 = 7 - 3$$
$$x = 4$$

Análisis de unidades (p. 119)   Incluir unidades para cada cantidad de un cálculo como ayuda para determinar la unidad que se debe usar para la respuesta.

Ejemplo   Para convertir 10 pies a yardas, multiplica por el factor de conversión $\frac{1 \text{ yd}}{3 \text{ pies}}$.

$$10 \text{ pies} \left(\frac{1 \text{ yd}}{3 \text{ pies}} \right) = 3\frac{1}{3} \text{ yd}$$

Ángulo de depresión (p. 636)   Un ángulo que desciende desde la horizontal hacia la línea de vista. Ángulo con que se miden indirectamente las alturas.

Ejemplo

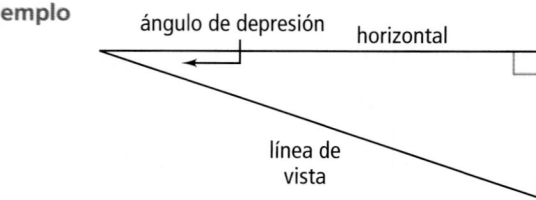

Ángulo de elevación (p. 636)   Ángulo que asciende desde la horizontal hacia la línea de vista. Ángulo con que se miden las alturas indirectamente.

Ejemplo

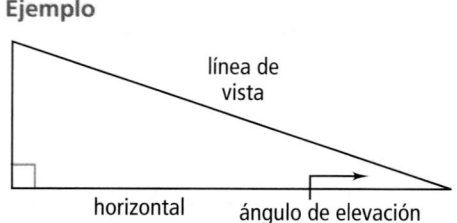

Inglés

Isolate (p. 82)   Using properties of equality and inverse operations to get a variable with a coefficient of 1 alone on one side of the equation.

Unit analysis (p. 119)   Including units for each quantity in a calculation to determine the unit of the answer.

Angle of depression (p. 636)   An angle from the horizontal down to a line of sight. It is used to measure heights indirectly.

Angle of elevation (p. 636)   An angle from the horizontal up to a line of sight. It is used to measure heights indirectly.

Español

Inglés

Asíntota (p. 688) Línea recta a la que la gráfica de una función se acerca indefinidamente, mientras el valor absoluto de *x* ó *y* aumenta.

Asymptote (p. 688) A line that the graph of a function gets closer to as *x* or *y* gets larger in absolute value.

Ejemplo

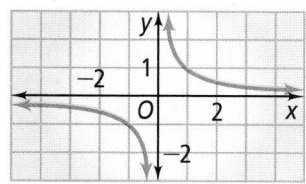

El eje de las *y* es la asíntota vertical cuando $y = \frac{1}{x}$. El eje de las *x* es la asíntota horizontal cuando $y = \frac{1}{x}$.

Aumento porcentual (p. 144) Cambio porcentual que se encuentra cuando la cantidad original aumenta.

Percent increase (p. 144) The percent change found when the original amount increases.

Ejemplo Ver el ejemplo de *cambio porcentual*.

B

Base (p. 10) El número que se multiplica repetidas veces.

Base (p. 10) A number that is multiplied repeatedly.

Ejemplo $4^5 = 4 \cdot 4 \cdot 4 \cdot 4 \cdot 4$. La base 4 se usa como factor 5 veces.

Binomio (p. 475) Polinomio compuesto de dos términos.

Binomial (p. 475) A polynomial of two terms.

Ejemplo $3x + 7$ es un binomio.

Bivariado (p. 742) Un conjunto de datos que usa dos variables es bivariado.

Bivariate (p. 742) A set of data that uses two variables is bivariate.

C

Cambio porcentual (p. 144) La razón de la cantidad de cambio a la cantidad original, expresada como un porcentaje.

Percent change (p. 144) The ratio of the amount of change to the original amount expressed as a percent.

Ejemplo El precio de un suéter era $20. El precio aumenta $2. El cambio porcentual es $\frac{2}{20} = 10\%$.

Cantidad (p. 4) Cualquier cosa que se puede medir o contar.

Quantity (p. 4) Anything that can be measured or counted.

Ejemplo Una docena es otra manera de describir una cantidad de 12 huevos.

Cateto (p. 600) Cada uno de los dos lados que forman el ángulo recto en un triángulo rectángulo.

Leg (p. 600) Each of the sides that form the right angle of a right triangle.

Ejemplo

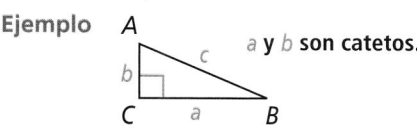

a y *b* son catetos.

Español | Inglés

Causalidad (p. 337) Cuando un cambio en una cantidad causa un cambio en una segunda cantidad. Una correlación entre las cantidades no implica siempre la causalidad.

Causation (p. 337) When a change in one quantity causes a change in a second quantity. A correlation between quantities does not always imply causation.

Cero de una función (p. 548) Intercepto en x de la gráfica de una función.

Zero of a function (p. 548) An x-intercept of the graph of a function.

Ejemplo Los ceros de $y = x^2 - 4$ son ± 2.

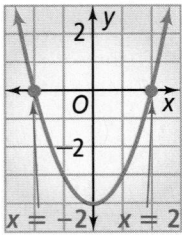

Coeficiente (p. 48) Factor numérico de un término que contiene una variable.

Coefficient (p. 48) The numerical factor when a term has a variable.

Ejemplo En la expresión $2x + 3y + 16$, 2 y 3 son coeficientes.

Coeficiente de correlación (p. 336) Número de -1 a 1 que indica con cuánta exactitud la ecuación de la recta de mayor aproximación representa los datos.

Correlation coefficient (p. 336) A number from -1 to 1 that tells you how closely the equation of the line of best fit models the data.

Ejemplo

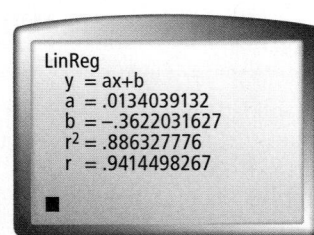

El coeficiente de correlación es aproximadamente 0.94.

Combinación (p. 753) Cualquier selección no ordenada de r objetos tomados de un conjunto de n objetos es una combinación. El número de combinaciones de n objetos, cuando se toman r objetos cada vez, es $_nC_r = \frac{n!}{r!(n - r)!}$ para $0 \le r \le n$.

Combination (p. 753) Any unordered selection of r objects from a set of n objects is a combination. The number of combinations of n objects taken r at a time is $_nC_r = \frac{n!}{r!(n - r)!}$ for $0 \le r \le n$.

Ejemplo El número de combinaciones de siete elementos, cuando se toman 4 elementos cada vez, es
$$_7C_4 = \frac{7!}{4!(7 - 4)!} = 35.$$

Hay 35 maneras de escoger cuatro elementos de siete elementos sin importar el orden.

Español

Inglés

Complemento de un conjunto (p. 196)
Conjunto de todos los elementos en
el conjunto universal que no se incluyen en
el conjunto dado.

Complement of a set (p. 196) The set of all elements in
the universal set that are not in a given set.

Ejemplo Si $U = \{\ldots, -3, -2, -1, 0, 1, 2, 3, \ldots\}$
y $A = \{0, 1, 2, 3, \ldots\}$, entonces el complemento
de A es $A' = \{\ldots, -3, -2, -1\}$.

Complemento de un evento (p. 758) Todos los
resultados posibles que no se dan en el evento.
P(complemento de un evento) $= 1 - P$(evento)

Complement of an event (p. 758) All possible outcomes
that are not in the event.
P(complement of event) $= 1 - P$(event)

Ejemplo El complemento de obtener un 1 ó un 2 al lanzar
un cubo numérico es obtener un 3, 4, 5 ó 6.

Completar el cuadrado (p. 561) Método para solucionar
ecuaciones cuadráticas. Cuando se completa el cuadrado, se
transforma la ecuación cuadrática a la fórmula $x^2 = c$.

Completing the square (p. 561) A method of solving
quadratic equations. Completing the square turns every
quadratic equation into the form $x^2 = c$.

Ejemplo $x^2 + 6x - 7 = 9$ se vuelve a
escribir como $(x + 3)^2 = 25$ al
completar el cuadrado.

Conclusión (p. 602) La conclusión es lo que sigue a la
palabra *entonces* en un enunciado condicional.

Conclusion (p. 602) The conclusion is the part of an
if-then statement (conditional) that follows *then*.

Ejemplo En el enunciado condicional "Si un animal
tiene cuatro patas, entonces es un
caballo", la conclusión es "es un caballo".

Condicional (p. 602) Un enunciado condicional es del
tipo *si . . ., entonces . . .*

Conditional (p. 602) A conditional is an *if-then* statement.

Ejemplo Si un animal tiene cuatro patas,
entonces es un caballo.

Conjunto (p. 17) Un grupo bien definido de elementos.

Set (p. 17) A well-defined collection of elements.

Ejemplo El conjunto de los enteros:
$Z = \{\ldots, -3, -2, -1, 0, 1, 2, 3, \ldots\}$

Conjunto universal (p. 196) Conjunto de todos los
posibles elementos específicos del cual se forma un
subconjunto.

Universal set (p. 196) The set of all possible elements
from which subsets are formed.

Conjunto vacío (p. 195) Conjunto que no contiene
elementos.

Empty set (p. 195) A set that does not contain any
elements.

Ejemplo La intersección del conjunto de los
enteros positivos y el conjunto de
los enteros negativos es un
conjunto vacío.

Español

Inglés

Conjunto vacío o nulo (p. 195)   Conjunto que no tiene elementos.

Ejemplo   {} ó ∅

Null set (p. 195)   A set that has no elements.

Conjuntos disjuntos (p. 215)   Conjuntos que no tienen elementos en común.

Ejemplo   El conjunto de los enteros positivos y el conjunto de los enteros negativos son conjuntos disjuntos.

Disjoint sets (p. 215)   Sets that do not have any elements in common.

Constante (p. 48)   Término que tiene un valor fijo.

Ejemplo   En la expresión $4x + 13y + 17$, 17 es un término constante.

Constant (p. 48)   A term that has no variable factor.

Constante de variación en variaciones directas (p. 299)   La constante k cuyo valor no es cero en la función $y = kx$.

Ejemplo   Para la variación directa $y = 24x$, 24 es la constante de variación.

Constant of variation for direct variation (p. 299)   The nonzero constant k in the function $y = kx$.

Constante de variación en variaciones inversas (p. 680)   La constante k cuyo valor no es cero en la función $y = \frac{k}{x}$.

Ejemplo   Para la variación inversa $y = \frac{8}{x}$, 8 es la constante de variación.

Constant of variation for inverse variation (p. 680)   The nonzero constant k in the function $y = \frac{k}{x}$.

Contraejemplo (p. 25)   Ejemplo que demuestra que un enunciado es falso.

Ejemplo de enunciado   Todas las manzanas son rojas.
Contraejemplo   Las manzanas Granny Smith son verdes.

Counterexample (p. 25)   An example showing that a statement is false.

Coordenada x (p. 60)   El primer número de un par ordenado, que indica la distancia a la izquierda o a la derecha del eje de las y de un punto en el plano de coordenadas.

Ejemplo   En el par ordenado $(4, -1)$, 4 es la coordenada x.

x-coordinate (p. 60)   The first number in an ordered pair, specifying the distance left or right of the y-axis of a point in the coordinate plane.

Coordenada y (p. 60)   El segundo número de un par ordenado, que indica la distancia arriba o abajo del eje de las x de un punto en el plano de coordenadas.

Ejemplo   En el par ordenado $(4, -1)$, -1 es la coordenada y.

y-coordinate (p. 60)   The second number in an ordered pair, specifying the distance above or below the x-axis of a point in the coordinate plane.

Español

Inglés

Coordenadas (p. 60) Números ordenados por pares que determinan la posición de un punto sobre un plano.

Coordinates (p. 60) The numbers that make an ordered pair and identify the location of a point.

Ejemplo

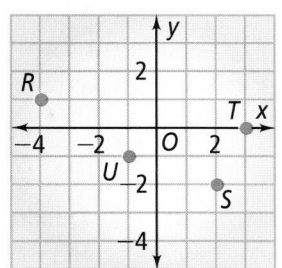

Las coordenadas de R son (−4, 1).

Correlación negativa (p. 333) Relación entre dos conjuntos de datos en la que uno de los conjuntos disminuye a medida que el otro aumenta.

Negative correlation (p. 333) The relationship between two sets of data, in which one set of data decreases as the other set of data increases.

Ejemplo

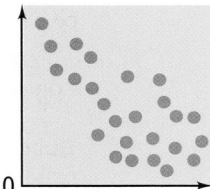

Correlación positiva (p. 333) Relación entre dos conjuntos de datos en la que ambos conjuntos incrementan a la vez.

Positive correlation (p. 333) The relationship between two sets of data in which both sets of data increase together.

Ejemplo

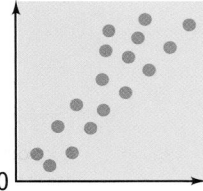

Coseno (p. 633) En un triángulo rectángulo, como el △ABC con el ∠C recto, el coseno del

$∠A = \dfrac{\text{longitud del lado adyacente al } ∠A}{\text{longitud de la hipotenusa}}$, ó $\cos A = \dfrac{b}{c}$.

Cosine (p. 633) In a right triangle, such as △ABC with right ∠C,

cosine of $∠A = \dfrac{\text{length of side adjacent to } ∠A}{\text{length of hypotenuse}}$, or $\cos A = \dfrac{b}{c}$.

Ejemplo

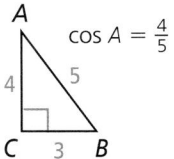

$\cos A = \dfrac{4}{5}$

Cuadrado perfecto (p. 17) Número cuya raíz cuadrada es un número entero.

Perfect squares (p. 17) Numbers whose square roots are integers.

Ejemplo Los números 1, 4, 9, 16, 25, 36, . . . son cuadrados perfectos porque son los cuadrados de números enteros.

Español

Inglés

Cuadrantes (p. 60) El plano de coordenadas está dividido por sus ejes en cuatro regiones llamadas cuadrantes.

Quadrants (p. 60) The four parts into which the coordinate plane is divided by its axes.

Ejemplo

Cualitativo (p. 741) Los datos que indican cualidades son cualitativos.

Qualitative (p. 741) Data that name qualities are qualitative.

Ejemplo Los datos rojo, azul, rojo, verde, azul y azul son datos cualitativos.

Cuantitativo (p. 741) Los datos que miden cantidades y pueden ser descritos numéricamente son cuantitativos.

Quantitative (p. 741) Data that measure quantity and can be described numerically are quantitative.

Ejemplo Los datos 5 pies, 4 pies, 7 pies, 4 pies, 8 pies y 10 pies son cuantitativos.

Cuartil (p. 734) Un cuartil es el valor que separa un conjunto de datos finitos en cuatro partes iguales. El segundo cuartil (Q_2) es la mediana del conjunto de datos. El primer cuartil y el tercer cuartil (Q_1 y Q_3) son medianas de la mitad inferior y de la mitad superior de los datos, respectivamente.

Quartile (p. 734) A quartile is a value that separates a finite data set into four equal parts. The second quartile (Q_2) is the median of the data set. The first and third quartiles (Q_1 and Q_3) are the medians of the lower half and upper half of the data, respectively.

Ejemplo Para el conjunto de datos 2, 3, 4, 5, 5, 6, 7, 7, el primer cuartil es 3.5, el segundo cuartil (o mediana) es 5 y el tercer cuartil es 6.5.

 D

Decaimiento exponencial (p. 457) Para $a > 0$ y $0 < b < 1$, la función $y = ab^x$ representa el decaimiento exponencial.

Exponential decay (p. 457) A situation modeled with a function of the form $y = ab^x$, where $a > 0$ and $0 < b < 1$.

Ejemplo $y = 5(0.1)^x$

Descomposición en factores por agrupación de términos (p. 517) Método de descomposición en factores que aplica la propiedad distributiva para extraer un factor común de dos pares de términos en un binomio.

Factor by grouping (p. 517) A method of factoring that uses the Distributive Property to remove a common binomial factor of two pairs of terms.

Ejemplo La expresión $7x(x - 1) + 4(x - 1)$ se puede descomponer en factores como $(7x + 4)(x - 1)$.

Desigualdad (p. 19) Expresión matemática que compara el valor de dos expresiones con el símbolo de desigualdad.

Inequality (p. 19) A mathematical sentence that compares the values of two expressions using an inequality symbol.

Ejemplo $3 < 7$

814

Español

Inglés

Desigualdad lineal (p. 390)   Una desigualdad lineal es una desigualdad de dos variables cuya gráfica es una región del plano de coordenadas delimitado por una recta. Cada punto de la región es una solución de la desigualdad.

Linear inequality (p. 390)   An inequality in two variables whose graph is a region of the coordinate plane that is bounded by a line. Each point in the region is a solution of the inequality.

Ejemplo

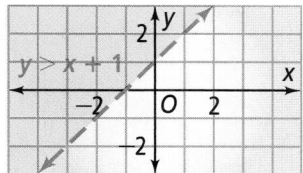

Desigualdades compuestas (p. 200)   Dos desigualdades que están enlazadas por medio de una *y* o una *o*.

Compound inequalities (p. 200)   Two inequalities that are joined by *and* or *or*.

Ejemplos $5 < x$ y $x < 10$
$14 < x$ ó $x \leq -3$

Desigualdades equivalentes (p. 171)   Las desigualdades equivalentes tienen el mismo conjunto de soluciones.

Equivalent inequalities (p. 171)   Inequalities that have the same set of solutions.

Ejemplo $x + 4 < 7$ y $x < 3$ son desigualdades equivalentes.

Desviación estándar (p. 733)   Medida de cómo los datos varían, o se desvían, de la media.

Standard deviation (p. 733)   A measure of how data varies, or deviates, from the mean.

Ejemplo   Usa la siguiente fórmula para hallar la desviación estándar.

$$\sigma = \sqrt{\frac{\sum (x - \bar{x})^2}{n}}$$

Diagrama de dispersión (p. 333)   Gráfica que muestra la relación entre dos conjuntos. Los datos de ambos conjuntos se presentan como pares ordenados.

Scatter plot (p. 333)   A graph that relates two different sets of data by displaying them as ordered pairs.

Ejemplo

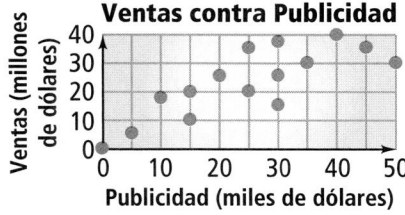

El diagrama de dispersión muestra la cantidad gastada en publicidad (en miles de dólares) contra las ventas de productos (en millones de dólares).

Español

Diagrama de tallo y hojas (p. 722)   Un arreglo de los datos que usa los dígitos de los valores.

Ejemplo

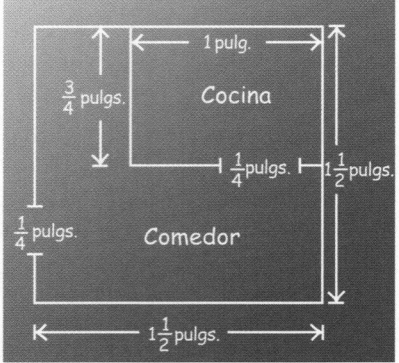

Número de puntos				
0	1	7		
1	0	0	2	
2	3	3	7	7	8
3	2	1	5	9	9

Clave: 2 | 3 significa 23

Dibujo a escala (p. 132)   Dibujo que muestra de mayor o menor tamaño un objeto o lugar dado.

Ejemplo

Diferencia común (p. 275)   La diferencia común es la diferencia entre los términos consecutivos de una progresión aritmética.

Ejemplo   La diferencia común es 3 en la progresión aritmética 4, 7, 10, 13, . . .

Diferencia de dos cuadrados (p. 513)   La diferencia de dos cuadrados es una expresión en la forma $a^2 - b^2$. Se puede descomponer en factores como $(a + b)(a - b)$.

Ejemplos $25a^2 - 4 = (5a + 2)(5a - 2)$
$m^6 - 1 = (m^3 + 1)(m^3 - 1)$

Discriminante (p. 570)   El discriminante de una ecuación cuadrática $ax^2 + bx + c = 0$ es $b^2 - 4ac$. El valor del discriminante determina el número de soluciones de la ecuación.

Ejemplo   El discriminante de
$2x^2 + 9x - 2 = 0$ es 97.

Inglés

Stem-and-leaf plot (p. 722)   A display of data made by using the digits of the values.

Scale drawing (p. 132)   An enlarged or reduced drawing similar to an actual object or place.

Common difference (p. 275)   The difference between consecutive terms of an arithmetic sequence.

Difference of two squares (p. 513)   A difference of two squares is an expression of the form $a^2 - b^2$. It can be factored as $(a + b)(a - b)$.

Discriminant (p. 570)   The discriminant of a quadratic equation of the form $ax^2 + bx + c = 0$ is $b^2 - 4ac$. The value of the discriminant determines the number of solutions of the equation.

Español   Inglés

Disminución porcentual (p. 144)   Cambio porcentual que se encuentra cuando la cantidad original disminuye.

Ejemplo   El precio de un suéter era $22. El precio disminuye $2. La disminución porcentual es $\frac{2}{22} \approx 9\%$.

Percent decrease (p. 144)   The percent change found when the original amount decreases.

Dominio (de una relación o función) (p. 268)   Posibles valores de entrada de una relación o función.

Ejemplo   En la función $f(x) = x + 22$, el dominio son todos los números reales.

Domain (of a relation or function) (p. 268)   The possible values for the input of a relation or function.

Ecuación (p. 53)   Enunciado matemático que tiene el signo de igual.

Ejemplo $x + 5 = 3x - 7$

Equation (p. 53)   A mathematical sentence that uses an equal sign.

Ecuación cuadrática (p. 548)   Ecuación que puede expresarse en la forma estándar $ax^2 + bx + c = 0$, en la que $a \neq 0$.

Ejemplo $4x^2 + 9x - 5 = 0$

Quadratic equation (p. 548)   A quadratic equation is one that can be written in the standard form $ax^2 + bx + c = 0$, where $a \neq 0$.

Ecuación lineal (p. 306)   Ecuación cuya gráfica es una línea recta.

Ejemplo

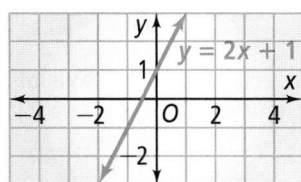

Linear equation (p. 306)   An equation whose graph forms a straight line.

Ecuación literal (p. 109)   Ecuación que incluye dos o más variables.

Ejemplo $4x + 2y = 18$ es una ecuación literal.

Literal equation (p. 109)   An equation involving two or more variables.

Ecuación racional (p. 673)   Ecuación que contiene expresiones racionales.

Ejemplo $\frac{1}{x} = \frac{3}{2x - 1}$ es una ecuación racional.

Rational equation (p. 673)   An equation containing rational expressions.

Ecuación radical (p. 620)   Ecuación que tiene una variable en un radicando.

Ejemplo $\sqrt{x} - 2 = 12$
$\sqrt{x} = 14$
$(\sqrt{x})^2 = 14^2$
$x = 196$

Radical equation (p. 620)   An equation that has a variable in a radicand.

Español

Inglés

Ecuaciones equivalentes (p. 81)   Ecuaciones que tienen la misma solución.

Equivalent equations (p. 81)   Equations that have the same solution.

Ejemplo $\frac{9}{3} = 3$ y $\frac{9}{3} + a = 3 + a$ son ecuaciones equivalentes.

Eje de las x (p. 60)   El eje horizontal del plano de coordenadas.

x-axis (p. 60)   The horizontal axis of the coordinate plane.

Ejemplo

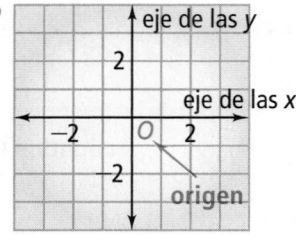

Eje de las y (p. 60)   El eje vertical del plano de coordenadas.

y-axis (p. 60)   The vertical axis of the coordinate plane.

Ejemplo

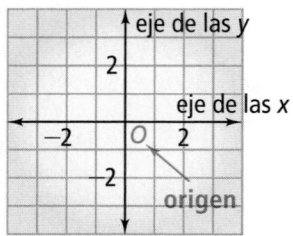

Eje de simetría (p. 534)   El eje de simetría es la recta que divide una parábola en dos mitades exactamente iguales.

Axis of symmetry (p. 534)   The line that divides a parabola into two matching halves.

Ejemplo

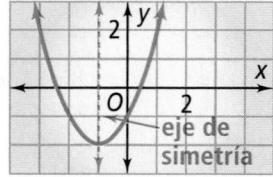

Elemento (de una matriz) (p. 714)   Componente de una matriz.

Element (of a matrix) (p. 714)   An item in a matrix.

Ejemplo $\begin{bmatrix} 5 & -2 \\ 7 & 3 \end{bmatrix}$

5, 7, -2 y 3 son los cuatro elementos de la matriz.

Elementos (p. 17)   Partes integrantes de un conjunto.

Elements (of a set) (p. 17)   Members of a set.

Ejemplo   Los gatos y los perros son elementos del conjunto de los mamíferos.

Español

Inglés

Enteros (p. 18) Números que constan exclusivamente de una o más unidades, y sus opuestos.

Integers (p. 18) Whole numbers and their opposites.

Ejemplo ... −3, −2, −1, 0, 1, 2, 3, ...

Entrada (p. 240) Valor de una variable independiente.

Input (p. 240) A value of the independent variable.

Ejemplo La entrada es cualquier valor de x por el que sustituyes en una función.

Enunciado abierto (p. 53) Una ecuación es un enunciado abierto si contiene una o más variables y puede ser verdadera o falsa dependiendo del valor de sus variables.

Open sentence (p. 53) An equation that contains one or more variables and may be true or false depending on the value of its variables.

Ejemplo $5 + x = 12$ es un enunciado abierto.

Error porcentual (p. 146) Razón del valor absoluto de la diferencia de un valor medido (o estimado) y un valor real en comparación con el valor real, expresada como un porcentaje.

Percent error (p. 146) The ratio of the absolute value of the difference of the measured (or estimated) value and an actual value compared to the actual value, expressed as a percent.

Ejemplo El diámetro de un CD mide 12.1 cm. El máximo error posible es 0.05 cm. El error porcentual es $\frac{0.05}{12.1} \approx 0.4\%$.

Error relativo (p. 146) Razón del valor absoluto de la diferencia de un valor medido (o estimado) y un valor real en comparación con el valor real.

Relative error (p. 146) The ratio of the absolute value of the difference of a measured (or estimated) value and an actual value compared to the actual value.

Ejemplo Estimaste que una planta mediría 5 pulgs. de alto 3 meses después de haberla plantado. La planta en realidad midió 5.5 pulgs. de alto 3 meses después de de haberla plantado. El error relativo es $\frac{|5 - 5.5|}{5.5} = \frac{|-0.5|}{5.5} = \frac{0.5}{5.5} = \frac{1}{11}$, o aproximadamente 9%.

Escala (p. 132) Razón de cualquier longitud de un dibujo a escala a la longitud real correspondiente. Las longitudes pueden tener diferentes unidades.

Scale (p. 132) The ratio of any length in a scale drawing to the corresponding actual length. The lengths may be in different units.

Ejemplo Para un dibujo en el que una longitud de 2 pulgs. representa una longitud real de 18 pies, la escala es 1 pulg. : 9 pies.

Español

Inglés

Escalar (p. 715) Un número real se llama *escalar* en ciertos casos especiales, como en la multiplicación de una matriz. Ver *Multiplicación escalar*.

Scalar (p. 715) A real number is called a *scalar* for certain special uses, such as multiplying a matrix. See *Scalar multiplication*.

$$\textbf{Ejemplo} \quad 2.5\begin{bmatrix} 1 & 0 \\ -2 & 3 \end{bmatrix} = \begin{bmatrix} 2.5(1) & 2.5(0) \\ 2.5(-2) & 2.5(3) \end{bmatrix}$$

$$= \begin{bmatrix} 2.5 & 0 \\ -5 & 7.5 \end{bmatrix}$$

Espacio muestral (p. 757) Todos los resultados posibles de una situación.

Sample space (p. 757) All possible outcomes in a situation.

Ejemplo Cuando lanzas un cubo numérico, el espacio muestral es {1, 2, 3, 4, 5, 6}.

Evaluar (p. 12) Método de sustituir cada variable por un número dado para luego simplificar la expresión.

Evaluate (p. 12) To substitute a given number for each variable, and then simplify.

Ejemplo Para evaluar $3x + 4$ cuando $x = 2$, sustituye x por 2 y simplifica.
$3(2) + 4 = 6 + 4 = 10$

Evento (p. 757) En la probabilidad, cualquier grupo de resultados.

Event (p. 757) Any group of outcomes in a situation involving probability.

Ejemplo Cuando se lanza un cubo numérico, hay seis resultados posibles. Obtener un número par es un evento con tres resultados posibles: 2, 4 y 6.

Evento compuesto (p. 764) Evento que consiste en dos o más eventos unidos por medio de la palabra *y* o la palabra *o*.

Compound event (p. 764) An event that consists of two or more events linked by the word *and* or the word *or*.

Ejemplos Obtener un 5 y luego obtener un 4 al lanzar un cubo numérico es un evento compuesto.

Eventos dependientes (p. 766) Dos eventos son dependientes si el resultado de un evento afecta la probabilidad del otro.

Dependent events (p. 766) When the outcome of one event affects the probability of a second event, the events are dependent events.

Ejemplo Tienes una bolsa con canicas de diferentes colores. Si sacas una canica de la bolsa y sacas otra canica sin volver a colocar la primera, los eventos son dependientes.

Eventos independientes (p. 765) Cuando el resultado de un evento no altera la probabilidad de otro, los dos eventos son independientes.

Independent events (p. 765) When the outcome of one event does not affect the probability of a second event, the two events are independent.

Ejemplo Los resultados que se obtienen al lanzar dos veces un cubo numérico son independientes. Obtener un 5 al lanzar el cubo por primera vez no cambia la probabilidad de obtener un 5 al lanzarlo por segunda vez.

Español

Inglés

Eventos mutuamente excluyentes (p. 764) Cuando dos eventos no pueden ocurrir al mismo tiempo, son mutuamente excluyentes. Si A y B son eventos mutuamente excluyentes, entonces $P(A \text{ ó } B) = P(A) + P(B)$.

Mutually exclusive events (p. 764) When two events cannot happen at the same time, the events are mutually exclusive. If A and B are mutually exclusive events, then $P(A \text{ or } B) = P(A) + P(B)$.

Ejemplo Obtener un número par N y obtener un múltiplo de cinco M al lanzar un cubo numérico son eventos mutuamente excluyentes.

$$P(N \text{ ó } M) = P(N) + P(M)$$
$$= \frac{3}{6} + \frac{1}{6}$$
$$= \frac{4}{6}$$
$$= \frac{2}{3}$$

Eventos traslapados (p. 764) Eventos que tienen por lo menos un resultado en común. Si A y B son eventos traslapados, entonces $P(A \text{ ó } B) = P(A) + P(B) - P(A \text{ y } B)$.

Overlapping events (p. 764) Events that have at least one common outcome. If A and B are overlapping events, then $P(A \text{ or } B) = P(A) + P(B) - P(A \text{ and } B)$.

Ejemplo Obtener un múltiplo de 3 y obtener un número impar al lanzar un cubo numérico son eventos traslapados.

$$P(\text{múltiplo de 3 o impar}) = P(\text{múltiplo de 3}) + P(\text{impar}) - P(\text{múltiplo de 3 e impar})$$
$$= \frac{1}{3} + \frac{1}{2} - \frac{1}{6}$$
$$= \frac{2}{3}$$

Exponente (p. 10) Denota el número de veces que debe multiplicarse.

Exponent (p. 10) A number that shows repeated multiplication.

Ejemplo $3^4 = 3 \cdot 3 \cdot 3 \cdot 3$
El exponente 4 indica que 3 se usa como factor cuatro veces.

Expresión algebraica (p. 4) Frase matemática que contiene una o más variables.

Algebraic expression (p. 4) A mathematical phrase that includes one or more variables.

Ejemplo $7 + x$ es una expresión algebraica.

Expresión numérica (p. 4) Frase matemática que contiene números y símbolos de operaciones, pero no variables.

Numerical expression (p. 4) A mathematical phrase involving numbers and operation symbols, but no variables.

Ejemplo $2 + 4$

Expresión racional (p. 646) Una razón de dos polinomios. El valor de la variable no puede hacer el denominador igual a 0.

Rational expression (p. 646) A ratio of two polynomials. The value of the variable cannot make the denominator equal to 0.

Ejemplo $\frac{3}{x^3 + x}$, donde $x \neq 0$

Español   # Inglés

Expresión radical (p. 606)   Expresiones que contienen radicales.

      Ejemplo $\sqrt{3}$, $\sqrt{5x}$ y $\sqrt{x-10}$ son ejemplos de expresiones radicales.

Radical expression (p. 606)   Expression that contains a radical.

Expresión recíproca (p. 602)   Enunciado que se obtiene al intercambiar la hipótesis y la conclusión de un enunciado condicional.

      Ejemplo   La expresión recíproca de "Si nací en Houston, entonces soy texano" es "Si soy texano, entonces nací en Houston".

Converse (p. 602)   The statement obtained by reversing the hypothesis and conclusion of a conditional.

Expresiones equivalentes (p. 23)   Expresiones algebraicas que tienen el mismo valor para todos los valores de la(s) variable(s).

      Ejemplo $3a + 2a$ y $5a$ son expresiones equivalentes.

Equivalent expressions (p. 23)   Algebraic expressions that have the same value for all values of the variable(s).

Extrapolación (p. 334)   Proceso que se usa para predecir un valor por fuera del ámbito de los valores dados.

Extrapolation (p. 334)   The process of predicting a value outside the range of known values.

F

Factor de conversión (p. 119)   Razón de dos medidas equivalentes en unidades diferentes.

      Ejemplo   La razón $\frac{1 \text{ pie}}{12 \text{ pulgs.}}$ es un factor de conversión.

Conversion factor (p. 119)   A ratio of two equivalent measures in different units.

Factor de decaimiento (p. 457)   1 menos la tasa porcentual de cambio, expresada en forma decimal, en una situación de decaimiento exponencial.

      Ejemplo   El factor de decaimiento de la función $y = 5(0.3)^x$ es 0.3.

Decay factor (p. 457)   1 minus the percent rate of change, expressed as a decimal, for an exponential decay situation.

Factor incremental (p. 455)   1 más la tasa porcentual de cambio en una situación de incremento exponencial.

      Ejemplo   El factor incremental de $y = 7(1.3)^x$ es 1.3.

Growth factor (p. 455)   1 plus the percent rate of change for an exponential growth situation.

Figuras semejantes (p. 130)   Dos figuras semejantes son dos figuras que tienen la misma forma pero no son necesariamente del mismo tamaño.

      Ejemplo

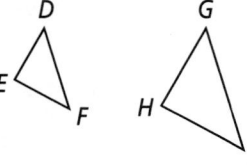

El $\triangle DEF$ y el $\triangle GHI$ son semejantes.

Similar figures (p. 130)   Similar figures are two figures that have the same shape, but not necessarily the same size.

Español

Inglés

Forma estándar de un polinomio (p. 475)   Cuando el grado de los términos de un polinomio disminuye de izquierda a derecha, está en forma estándar, o en orden descendente.

Standard form of a polynomial (p. 475)   The form of a polynomial that places the terms in descending order by degree.

Ejemplo $15x^3 + x^2 + 3x + 9$

Forma estándar de una ecuación cuadrática (p. 548)   Cuando una ecuación cuadrática se expresa en la forma $ax^2 + bx + c = 0$.

Standard form of a quadratic equation (p. 548)   The standard form of a quadratic equation is $ax^2 + bx + c = 0$.

Ejemplo $-x^2 + 2x - 9 = 0$

Forma estándar de una ecuación lineal (p. 320)   La forma estándar de una ecuación lineal es $Ax + By = C$, donde A, B y C son números reales, y donde A y B no son iguales a cero.

Standard form of a linear equation (p. 320)   The standard form of a linear equation is $Ax + By = C$, where A, B, and C are real numbers and A and B are not both zero.

Ejemplo $6x - y = 12$

Forma estándar de una función cuadrática (p. 534)   La forma estándar de una función cuadrática es $f(x) = ax^2 + bx + c$, donde $a \neq 0$.

Standard form of a quadratic function (p. 534)   The standard form of a quadratic function is $f(x) = ax^2 + bx + c$, where $a \neq 0$

Ejemplo $f(x) = 2x^2 - 5x + 2$

Forma pendiente-intercepto (p. 306)   La forma pendiente-intercepto es la ecuación lineal $y = mx + b$, en la que m es la pendiente de la recta y b es el punto de intersección de esa recta con el eje de las y.

Slope-intercept form (p. 306)   The slope-intercept form of a linear equation is $y = mx + b$, where m is the slope of the line and b is the y-intercept.

Ejemplo $y = 8x - 2$

Forma punto-pendiente (p. 313)   La ecuación lineal de una recta no vertical que pasa por el punto (x_1, y_1) con pendiente m está dada por $y - y_1 = m(x - x_1)$.

Point-slope form (p. 313)   A linear equation of a nonvertical line written as $y - y_1 = m(x - x_1)$. The line passes through the point (x_1, y_1) with slope m.

Ejemplo   Una ecuación con una pendiente de $-\frac{1}{2}$ que pasa por $(2, -1)$ se escribiría $y + 1 = -\frac{1}{2}(x - 2)$ en forma punto-pendiente.

Fórmula (p. 110)   Ecuación que establece una relación entre cantidades.

Formula (p. 110)   An equation that states a relationship among quantities.

Ejemplo   La fórmula para el volumen V de un cilindro es $V = \pi r^2 h$, donde r es el radio del cilindro y h es su altura.

Glosario ilustrado

Español

Inglés

Fórmula cuadrática (p. 567) Si $ax^2 + bx + c = 0$ y $a \neq 0$, entonces $x = \frac{-b \pm \sqrt{b^2 - 4ac}}{2a}$.

Quadratic formula (p. 567) If $ax^2 + bx + c = 0$ and $a \neq 0$, then $x = \frac{-b \pm \sqrt{b^2 - 4ac}}{2a}$.

Ejemplo $2x^2 + 10x + 12 = 0$

$$x = \frac{-b \pm \sqrt{b^2 - 4ac}}{2a}$$

$$x = \frac{-10 \pm \sqrt{10^2 - 4(2)(12)}}{2(2)}$$

$$x = \frac{-10 \pm \sqrt{4}}{4}$$

$$x = \frac{-10 + 2}{4} \text{ ó } \frac{-10 - 2}{4}$$

$$x = -2 \text{ ó } -3$$

Fórmula de distancia (p. 605) La distancia d entre dos puntos cualesquiera (x_1, y_1) y (x_2, y_2) es $d = \sqrt{(x_2 - x_1)^2 + (y_2 - y_1)^2}$.

Distance Formula (p. 605) The distance d between any two points (x_1, y_1) and (x_2, y_2) is $d = \sqrt{(x_2 - x_1)^2 + (y_2 - y_1)^2}$.

Ejemplo La distancia entre $(-2, 4)$ y $(4, 5)$ es

$$d = \sqrt{(4 - (-2))^2 + (5 - 4)^2}$$

$$= \sqrt{(6)^2 + (1)^2}$$

$$= \sqrt{37}$$

Fórmula del punto medio (p. 605) El punto medio M de un segmento con puntos extremos $A(x_1, y_1)$ y $B(x_2, y_2)$ es $\left(\frac{x_1 + x_2}{2}, \frac{y_1 + y_2}{2}\right)$.

Midpoint Formula (p. 605) The midpoint M of a line segment with endpoints $A(x_1, y_1)$ and $B(x_2, y_2)$ is $\left(\frac{x_1 + x_2}{2}, \frac{y_1 + y_2}{2}\right)$.

Ejemplo El punto medio de un segmento con puntos extremos $A(3, 5)$ y $B(7, 1)$ es $(5, 3)$.

Fracción compleja (p. 516) Una fracción compleja es una fracción que contiene otra fracción en el numerador o en el denominador, o en ambos.

Complex fraction (p. 516) A fraction that has a fraction in its numerator or denominator or in both its numerator and denominator.

Ejemplo $\dfrac{\frac{2}{7}}{\frac{3}{2}}$

Frecuencia (p. 720) Número de datos de un intervalo.

Frequency (p. 720) The number of data items in an interval.

Ejemplo En el conjunto de datos 4, 7, 12, 4, 5, 8, 11, 2, la frecuencia del intervalo 5–9 es 3.

Español

Inglés

Función (p. 241) La relación que asigna exactamente un valor del rango a cada valor del dominio.

    Ejemplo El salario obtenido es una función del número de horas trabajadas. Si ganas $4.50/h, entonces tu salario puede expresarse con la función $f(h) = 4.5h$.

Función cuadrática (p. 534) La función $y = ax^2 + bx + c$, en la que $a \neq 0$. La gráfica de una función cuadrática es una parábola, o curva en forma de U que se abre hacia arriba o hacia abajo.

    Ejemplo $y = 5x^2 - 2x + 1$ es una función cuadrática.

Función cuadrática madre (p. 534) La función cuadrática más simple $f(x) = x^2$ ó $y = x^2$.

    Ejemplo $y = x^2$ es la función madre de la familia de las ecuaciones cuadráticas en la forma $y = ax^2 + bx + c$.

Función de raíz cuadrada (p. 629) Una función que contiene la variable independiente en el radicando.

    Ejemplo $y = \sqrt{2x}$ es una función de raíz cuadrada.

Función de valor absoluto (p. 342) Función cuya gráfica forma una V que se abre hacia arriba o hacia abajo. La función madre de la familia de funciones de valor absoluto es $y = |x|$.

    Ejemplo

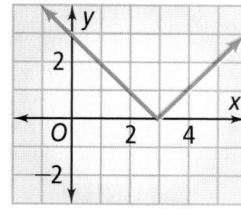

Function (p. 241) A relation that assigns exactly one value in the range to each value of the domain.

Quadratic function (p. 534) A function of the form $y = ax^2 + bx + c$, where $a \neq 0$. The graph of a quadratic function is a parabola, a U-shaped curve that opens up or down.

Quadratic parent function (p. 534) The simplest quadratic function $f(x) = x^2$ or $y = x^2$.

Square root function (p. 629) A function that contains the independent variable in the radicand.

Absolute value function (p. 342) A function with a V-shaped graph that opens up or down. The parent function for the family of absolute value functions is $y = |x|$.

Glosario ilustrado

Español | Inglés

Función exponencial (p. 447)   Función que multiplica repetidas veces una cantidad inicial por el mismo número positivo. Todas las funciones exponenciales se pueden representar mediante $y = ab^x$, donde a es una constante con valor distinto de cero, $b > 0$ y $b \neq 1$.

Exponential function (p. 447)   A function that repeatedly multiplies an initial amount by the same positive number. You can model all exponential functions using $y = ab^x$, where a is a nonzero constant, $b > 0$, and $b \neq 1$.

Ejemplo

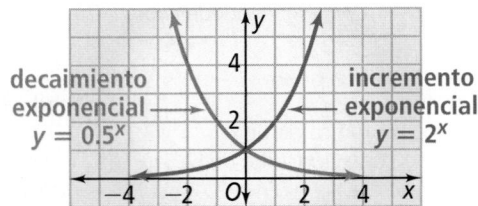

Función lineal (p. 241)   Una función cuya gráfica es una recta es una función lineal. La función lineal se representa con una ecuación lineal.

Linear function (p. 241)   A function whose graph is a line is a linear function. You can represent a linear function with a linear equation.

Ejemplo

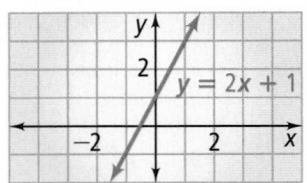

Función lineal madre (p. 306)   La forma más simple de una función lineal.

Linear parent function (p. 306)   The simplest form of a linear function.

Ejemplo $y = x$

Función madre (p. 306)   Una familia de funciones es un grupo de funciones con características en común. La función madre es la función más simple que reúne esas características.

Parent function (p. 306)   A family of functions is a group of functions with common characteristics. A parent function is the simplest function with these characteristics.

Ejemplo $y = x$ es la función madre de la familia de ecuaciones lineales en la forma $y = mx + b$.

Función no lineal (p. 246)   Función cuya gráfica no es una recta o parte de una recta.

Nonlinear function (p. 246)   A function whose graph is not a line or part of a line.

Ejemplo

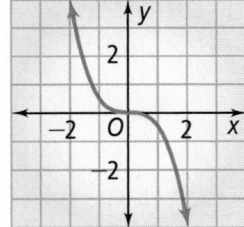

Español

Inglés

Función racional (p. 687) Función que puede expresarse en la forma $f(x) = \frac{polinomio}{polinomio}$. El valor de la variable no puede hacer el denominador igual a 0.

Rational function (p. 687) A function that can be written in the form $f(x) = \frac{polynomial}{polynomial}$. The value of the variable cannot make the denominator equal to 0.

Ejemplo $y = \dfrac{x}{x^2 + 2}$

 G

Grado de un monomio (p. 474) La suma de los exponentes de las variables de un monomio.

Degree of a monomial (p. 474) The sum of the exponents of the variables of a monomial.

Ejemplo $-4x^3y^2$ es un monomio de grado 5.

Grado de un polinomio (p. 475) El grado de un polinomio es el grado mayor de cualquier término del polinomio.

Degree of a polynomial (p. 475) The highest degree of any term of the polynomial.

Ejemplo El polinomio $P(x) = x^6 + 2x^3 - 3$ tiene grado 6.

Gráfica continua (p. 255) Una gráfica continua es una gráfica ininterrumpida.

Continuous graph (p. 255) A graph that is unbroken.

Ejemplo

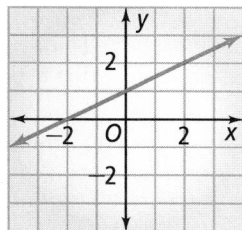

Gráfica de caja y bigotes (p. 735) Gráfica que resume los datos a lo largo de una recta numérica. El bigote izquierdo se extiende desde el valor mínimo hasta el primer cuartil. La caja se extiende desde el primer cuartil hasta el tercer cuartil y tiene una línea vertical que atraviesa la mediana. El bigote derecho se extiende desde el tercer cuartil hasta el valor máximo.

Box-and-whisker plot (p. 735) A graph that summarizes data along a number line. The left whisker extends from the minimum to the first quartile. The box extends from the first quartile to the third quartile and has a vertical line through the median. The right whisker extends from the third quartile to the maximum.

Ejemplo

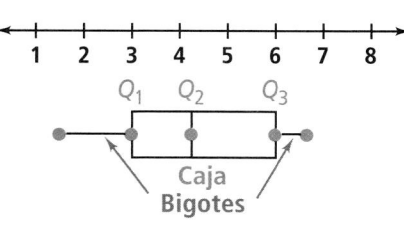

Español

Inglés

Gráfica discreta (p. 255)   Una gráfica discreta está compuesta de puntos aislados.

Discrete graph (p. 255)   A graph composed of isolated points.

Ejemplo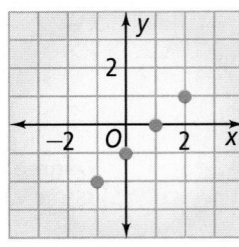

H

Hipotenusa (p. 600)   En un triángulo rectángulo, el lado opuesto al ángulo recto. Es el lado más largo del triángulo.

Hypotenuse (p. 600)   The side opposite the right angle in a right triangle. It is the longest side in the triangle.

Ejemplo 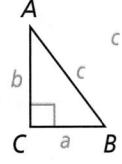 c **es la hipotenusa.**

Hipótesis (p. 594)   En un enunciado *si. . . entonces. . .* (condicional), la hipótesis es la parte del enunciado que sigue el *si*.

Hypothesis (p. 594)   In an *if-then* statement (conditional), the hypothesis is the part that follows *if*.

Ejemplo   En el enunciado condicional "Si un animal tiene cuatro patas, entonces es un caballo", la hipótesis es "un animal tiene cuatro patas".

Histograma (p. 721)   Tipo de gráfica de barras que muestra los datos de una tabla de frecuencia. Cada barra representa un intervalo. La altura de cada barra muestra la frecuencia del intervalo al que representa.

Histogram (p. 721)   A special type of bar graph that can display data from a frequency table. Each bar represents an interval. The height of each bar shows the frequency of the interval it represents.

Ejemplo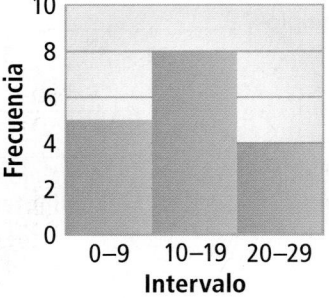

Glosario *ilustrado*

Español

Identidad (p. 104) Una ecuación que es verdadera para todos los valores.

Ejemplo $5 - 14x = 5\left(1 - \frac{14}{5}x\right)$ es una identidad porque es verdadera para cualquier valor de x.

Incremento exponencial (p. 455) Para $a > 0$ y $b > 1$, la función $y = ab^x$ representa el incremento exponencial.

Ejemplo $y = 100(2)^x$

Intercepto en x (p. 320) Coordenada x por donde la gráfica cruza el eje de las x.

Ejemplo El intercepto en x de $3x + 4x = 12$ es 4.

Intercepto en y (p. 306) Coordenada y por donde la gráfica cruza el eje de las y.

Ejemplo El intercepto en y de $y = 5y + 2$ es 2.

Interés compuesto (p. 456) Interés calculado tanto sobre el capital como sobre los intereses ya pagados.

Ejemplo Por un depósito inicial de \$1000 a una tasa de 6% de interés compuesto trimestralmente, la función $y = 1000\left(\frac{0.06}{4}\right)^x$ da el saldo y de la cuenta después de x años.

Interés simple (p. 139) Intéres basado en el capital solamente.

Ejemplo El interés sobre \$1000 al 6% por 5 años es \$1000(0.06)5 = \$300.

Interpolación (p. 334) Proceso que se usa para estimar el valor entre dos cantidades dadas.

Intersección (p. 215) El conjunto de elementos que son comunes a dos o más conjuntos.

Ejemplo Si $C = \{1, 2, 3, 4\}$ y $D = \{2, 4, 6, 8\}$, entonces la intersección de C y D, ó $C \cap D$, es $\{2, 4\}$.

Inverso de suma (p. 32) El opuesto o inverso de suma de cualquier número a es $-a$. La suma de los opuestos es 0.

Ejemplo -5 y 5 son inversos de suma porque $-5 + 5 = 0$.

Inglés

Identity (p. 104) An equation that is true for every value.

Exponential growth (p. 455) A situation modeled with a function of the form $y = ab^x$, where $a > 0$ and $b > 1$.

x-intercept (p. 320) The x-coordinate of a point where a graph crosses the x-axis.

y-intercept (p. 306) The y-coordinate of a point where a graph crosses the y-axis.

Compound interest (p. 456) Interest paid on both the principal and the interest that has already been paid.

Simple interest (p. 139) Interest paid only on the principal.

Interpolation (p. 334) The process of estimating a value between two known quantities.

Intersection (p. 215) The set of elements that are common to two or more sets.

Additive inverse (p. 32) The opposite or additive inverse of any number a is $-a$. The sum of opposites is 0.

Español / Inglés

Español

Inverso multiplicativo (p. 40) Dado un número racional $\frac{a}{b}$ distinto de cero, el inverso multiplicativo, o recíproco, es $\frac{b}{a}$. El producto de un número distinto de cero y su inverso multiplicativo es 1.

Inglés

Multiplicative inverse (p. 40) Given a nonzero rational number $\frac{a}{b}$, the multiplicative inverse, or reciprocal, is $\frac{b}{a}$. The product of a nonzero number and its multiplicative inverse is 1.

Ejemplo $\frac{4}{3}$ es el inverso multiplicativo de $\frac{3}{4}$ porque $\frac{3}{4} \times \frac{4}{3} = 1$.

 L

Línea de tendencia (p. 334) Línea de un diagrama de dispersión que se traza cerca de los puntos para mostrar una correlación.

Trend line (p. 334) A line on a scatter plot drawn near the points. It shows a correlation.

Ejemplo

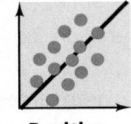 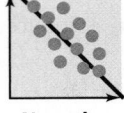

Positiva   Negativa

 M

Matriz (p. 714) Una matriz es un conjunto de números encerrados en corchetes y dispuestos en forma de rectángulo. Una matriz que contenga m filas y n columnas es una matriz $m \times n$.

Matrix (p. 714) A matrix is a rectangular array of numbers written within brackets. A matrix with m horizontal rows and n vertical columns is an $m \times n$ matrix.

Ejemplo $\begin{bmatrix} 2 & 5 & 6.3 \\ -8 & 0 & -1 \end{bmatrix}$ es una matriz 2×3.

Máximo (p. 535) La coordenada y del vértice en una parábola que se abre hacia abajo.

Maximum (p. 535) The y-coordinate of the vertex of a parabola that opens downward.

Ejemplo

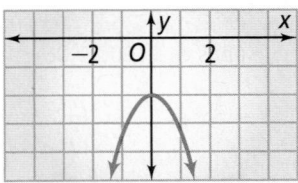

Dado que la parábola se abre hacia abajo, la coordenada y del vértice es el valor máximo de la función.

Media (p. 726) Para hallar la media de un conjunto de datos, halla la suma de los valores de los datos y divide la suma por la cantidad de datos. La media es
$$\frac{\text{la suma de los datos}}{\text{el número total de valores de datos}}.$$

Mean (p. 726) To find the mean of a set of data values, find the sum of the data values and divide the sum by the number of data values. The mean is $\frac{\text{sum of the data values}}{\text{total number of data values}}$.

Ejemplo En el conjunto de datos 12, 11, 12, 10, 13, 12 y 7, la media es
$$\frac{12 + 11 + 12 + 10 + 13 + 12 + 7}{7} = 11.$$

Español

Inglés

Mediana (p. 726) El valor del medio en un conjunto ordenado de números.

    Ejemplo En el conjunto de datos 7, 10, 11, 12, 12, 12 y 13, la mediana es 12.

Median (p. 726) The middle value in an ordered set of numbers.

Medida de dispersión (p. 728) Medida que describe cómo se dispersan, o esparcen, los valores de un conjunto de datos. El rango es una medida de dispersión.

    Ejemplo Para encontrar un ejemplo, ver *rango*.

Measure of dispersion (p. 728) A measure that describes how dispersed, or spread out, the values in a data set are. Range is a measure of dispersion.

Medida de tendencia central (p. 726) La media, la mediana y la moda. Se usan para organizar y resumir un conjunto de datos.

    Ejemplo Para encontrar ejemplos, ver *media, mediana* y *moda*.

Measure of central tendency (p. 726) Mean, median, and mode. They are used to organize and summarize a set of data.

Método de eliminación (p. 374) Método para resolver un sistema de ecuaciones lineales. Se suman o se restan las ecuaciones para eliminar una variable.

    Ejemplo
$$3x + y = 19$$
$$\underline{2x - y = 1}$$
$$5x + 0 = 20 \quad \text{Suma las ecuaciones para obtener } x = 4.$$

$$2(4) - y = 1 \;\rightarrow\; \text{Sustituye } x \text{ por 4 en la segunda ecuación.}$$
$$8 - y = 1$$
$$y = 7 \;\rightarrow\; \text{Halla el valor de } y.$$

Elimination method (p. 374) A method for solving a system of linear equations. You add or subtract the equations to eliminate a variable.

Método de sustitución (p. 368) Método para resolver un sistema de ecuaciones en el que se reemplaza una variable por una expresión equivalente que contenga la otra variable.

    Ejemplo Si $y = 2x + 5$ y $x + 3y = 7$, entonces $x + 3(2x + 5) = 7$.

Substitution method (p. 368) A method for solving a system of equations by replacing one variable with an equivalent expression containing the other variable.

Mínimo (p. 535) La coordenada *y* del vértice en una parábola que se abre hacia arriba.

    Ejemplo

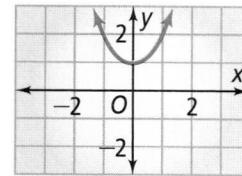

Dado que la parábola se abre hacia arriba, la coordenada *y* del vértice es el valor mínimo de la función.

Minimum (p. 535) The *y*-coordinate of the vertex of a parabola that opens upward.

Español

Inglés

Moda (p. 726) La moda es el valor o valores que ocurren con mayor frequencia en un conjunto de datos. El conjunto de datos puede no tener moda, o tener una o más modas.

Mode (p. 726) The mode is the most frequently occurring value (or values) in a set of data. A data set may have no mode, one mode, or more than one mode.

Ejemplo En el conjunto de datos 7, 7, 9, 10, 11 y 13, la moda es 7.

Modelo a escala (p. 132) Modelo tridimensional que es similar a un objeto tridimensional.

Scale model (p. 132) A three-dimensional model that is similar to a three-dimensional object.

Ejemplo Un barco que está dentro de una botella es un modelo a escala de un barco real.

Monomio (p. 474) Número real, variable o el producto de un número real y una o más variables con números enteros como exponentes.

Monomial (p. 474) A real number, a variable, or a product of a real number and one or more variables with whole-number exponents.

Ejemplo 9, n y $-5xy^2$ son ejemplos de monomios.

Muestra (p. 742) Porción que se estudia de una población.

Sample (p. 742) The part of a population that is surveyed.

Ejemplo Sea la población el conjunto de varones de entre 19 y 34 años de edad. Una selección aleatoria de 900 varones entre esas edades sería una muestra de la población.

Multiplicación escalar (p. 715) La multiplicación escalar es la que multiplica una matriz A por un número escalar c. Para hallar la matriz resultante cA, multiplica cada elemento de A por c.

Scalar multiplication (p. 715) Scalar multiplication is an operation that multiplies a matrix A by a scalar c. To find the resulting matrix cA, multiply each element of A by c.

Ejemplo $$2.5\begin{bmatrix} 1 & 0 \\ -2 & 3 \end{bmatrix} = \begin{bmatrix} 2.5(1) & 2.5(0) \\ 2.5(-2) & 2.5(3) \end{bmatrix}$$
$$= \begin{bmatrix} 2.5 & 0 \\ -5 & 7.5 \end{bmatrix}$$

N

n factorial (p. 752) Producto de todos los enteros desde n hasta 1, de cualquier entero positivo n. El factorial de n se escribe $n!$. El valor de $0!$ se define como 1.

n factorial (p. 752) The product of the integers from n down to 1, for any positive integer n. You write n factorial as $n!$. The value of $0!$ is defined to be 1.

Ejemplo $4! = 4 \times 3 \times 2 \times 1 = 24$

Notación científica (p. 420) Un número expresado en forma de $a \times 10^n$, donde n es un número entero y $1 < a < 10$.

Scientific notation (p. 420) A number expressed in the form $a \times 10^n$, where n is an integer and $1 < a < 10$.

Ejemplo 3.4×10^6

Español

Inglés

Notación de intervalo (p. 203)   Notación que describe un intervalo en una recta numérica. Los extremos del intervalo se incluyen y se usa un paréntesis o corchete para indicar si cada extremo está incluido en el intervalo.

Interval notation (p. 203)   A notation for describing an interval on a number line. The interval's endpoint(s) are given, and a parenthesis or bracket is used to indicate whether each endpoint is included in the interval.

Ejemplo   Para $-2 \leq x < 8$, la notación de intervalo es $[-2, 8)$.

Notación de una función (p. 269)   Para expresar una regla en notación de función se usa el símbolo $f(x)$ en lugar de y.

Function notation (p. 269)   To write a rule in function notation, you use the symbol $f(x)$ in place of y.

Ejemplo $f(x) = 3x - 8$ está en notación de función.

Notación por comprensión (p. 194)   Notación que se usa para describir los elementos de un conjunto.

Set-builder notation (p. 194)   A notation used to describe the elements of a set.

Ejemplo   El conjunto de todos los números reales positivos en notación por comprensión es $\{x \mid x \in \mathbb{R} \text{ y } x > 0\}$. Esto se lee como "el conjunto de todos los valores de x tal que x es un número real y x es mayor que 0".

Notación por extensión (p. 194)   Una notación en la que se enumeran todos los elementos en un conjunto usando llaves y comas.

Roster form (p. 194)   A notation for listing all of the elements in a set using set braces and commas.

Ejemplo   El conjunto de los números primos menores que 10, expresados en notación por extensión, es $\{2, 3, 5, 7\}$.

Número irracional (p. 18)   Número que no puede expresarse como razón de dos números enteros. Los números irracionales en forma decimal no son finitos y no son periódicos.

Irrational number (p. 18)   A number that cannot be written as a ratio of two integers. Irrational numbers in decimal form are nonterminating and nonrepeating.

Ejemplo $\sqrt{11}$ y π son números irracionales.

Número racional (p. 18)   Número real que puede expresarse como la razón de dos números enteros. Los números racionales en forma decimal son finitos o periódicos.

Rational number (p. 18)   A real number that can be written as a ratio of two integers. Rational numbers in decimal form are terminating or repeating.

Ejemplo $\frac{2}{3}$, 1.548 y 2.292929 . . . son todos números racionales.

Número real (p. 18)   Un número que es o racional o irracional.

Real number (p. 18)   A number that is either rational or irrational.

Ejemplo   5, -3, $\sqrt{11}$, 0.666 . . . , $5\frac{4}{11}$, 0 y π son todos números reales.

Español

Inglés

Números enteros no negativos (p. 18) Todos los números enteros que no son negativos.

        Ejemplo 0, 1, 2, 3, . . .

Whole numbers (p. 18) The nonnegative integers.

Números naturales (p. 18) Los números que se emplean para contar.

        Ejemplo 1, 2, 3, . . .

Natural numbers (p. 18) The counting numbers.

Operaciones inversas (p. 82) Las operaciones que se cancelan una a la otra.

        Ejemplo La suma y la resta son operaciones inversas. La multiplicación y la división son operaciones inversas.

Inverse operations (p. 82) Operations that undo one another.

Opuestos (p. 32) Dos números son opuestos si están a la misma distancia del cero en la recta numérica, pero en sentido opuesto.

        Ejemplo -3 y 3 son opuestos.

Opposite (p. 32) A number that is the same distance from zero on the number line as a given number, but lies in the opposite direction.

Orden de las operaciones (p. 11)
1. Se hacen las operaciones que están dentro de símbolos de agrupación.
2. Se simplifican todos los términos que tengan exponentes.
3. Se hacen las multiplicaciones y divisiones en orden de izquierda a derecha.
4. Se hacen las sumas y restas en orden de izquierda a derecha.

Order of operations (p. 11)
1. Perform any operation(s) inside grouping symbols.
2. Simplify powers.
3. Multiply and divide in order from left to right.
4. Add and subtract in order from left to right.

        Ejemplo
$$6 - (4^2 - [2 \cdot 5]) \div 3$$
$$= 6 - (16 - 10) \div 3$$
$$= 6 - 6 \div 3$$
$$= 6 - 2$$
$$= 4$$

Origen (p. 60) Punto de intersección de los ejes del plano de coordenadas.

Origin (p. 60) The point at which the axes of the coordinate plane intersect.

        Ejemplo

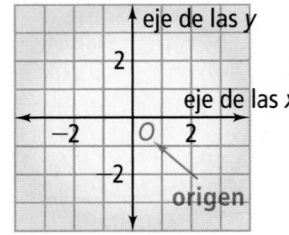

Español

P

Inglés

Par ordenado (p. 60) Un par ordenado de números que denota la ubicación de un punto.

> **Ejemplo** El par ordenado $(4, -1)$ denota el punto 4 unidades hacia la derecha sobre el eje de las x y 1 unidad hacia abajo sobre el eje de las y.

Ordered pair (p. 60) Two numbers that identify the location of a point.

Parábola (p. 534) La gráfica de una función cuadrática.

> **Ejemplo**
>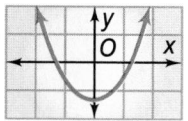

Parabola (p. 534) The graph of a quadratic function.

Pendiente (p. 293) La razón del cambio vertical al cambio horizontal.

$$\text{pendiente} = \frac{\text{cambio vertical}}{\text{cambio horizontal}} = \frac{y_2 - y_1}{x_2 - x_1}, \text{ donde } x_2 - x_1 \neq 0$$

> **Ejemplo**
>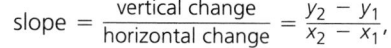

Slope (p. 293) The ratio of the vertical change to the horizontal change.

$$\text{slope} = \frac{\text{vertical change}}{\text{horizontal change}} = \frac{y_2 - y_1}{x_2 - x_1}, \text{ where } x_2 - x_1 \neq 0$$

La pendiente de la recta es $\frac{2}{4} = \frac{1}{2}$.

Percentil (p. 737) Valor que separa el conjunto de datos en 100 partes iguales.

Percentile (p. 737) A value that separates a data set into 100 equal parts.

Permutación (p. 751) Disposición de algunos o de todos los objetos de un conjunto en un orden determinado. El número de permutaciones se puede expresar con la notación $_nP_r$, donde n es igual al número total de objetos y r es igual al número de selecciones que han de hacerse.

Permutation (p. 751) An arrangement of some or all of a set of objects in a specific order. You can use the notation $_nP_r$ to express the number of permutations, where n equals the number of objects available and r equals the number of selections to make.

> **Ejemplo** ¿De cuántas maneras puedes ordenar 5 objetos tomando 3 cada vez?
>
> $$_5P_3 = \frac{5!}{(5-3)!} = \frac{5!}{2!} = \frac{5 \cdot 4 \cdot 3 \cdot 2 \cdot 1}{2 \cdot 1} = 60$$
>
> Hay 60 maneras de ordenar 5 objetos tomando 3 cada vez.

Plano de coordenadas (p. 60) Se forma cuando dos rectas numéricas se cortan formando ángulos rectos.

> **Ejemplo**
>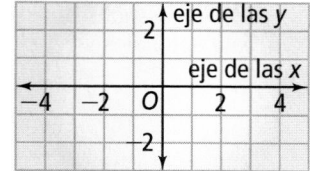

Coordinate plane (p. 60) A plane formed by two number lines that intersect at right angles.

Glosario ilustrado

PowerAlgebra.com   Glosario   **835**

Español

Población (p. 742) El grupo entero del cual juntas información.

Polinomio (p. 475) Un monomio o la suma o diferencia de dos o más monomios. Un cociente con una variable en el denominador no es un polinomio.

Potencia (p. 10) La base y el exponente de una expresión de la forma a^n.

Principio de conteo en la multiplicación (p. 751) Si hay m maneras de hacer la primera selección y n maneras de hacer la segunda selección, quiere decir que hay $m \cdot n$ maneras de hacer las dos selecciones.

Probabilidad (p. 757) La posibilidad de que un evento ocurra, escrita formalmente $P(\text{evento})$.

Probabilidad condicional (p. 771) Probabilidad que contiene una condición que puede limitar el espacio muestral de un evento. La notación $P(B|A)$ se lee "la probabilidad del evento B, dado el evento A".

Probabilidad experimental (p. 759) La razón entre el número de veces que un evento sucede en la realidad y el número de veces que se hace el experimento.

$$P(\text{evento}) = \frac{\text{número de veces que sucede un evento}}{\text{número de veces que se hace el experimento}}$$

Inglés

Population (p. 742) The entire group that you are collecting information about.

Polynomial (p. 475) A monomial or the sum or difference of two or more monomials. A quotient with a variable in the denominator is not a polynomial.

Ejemplo $2x^2$, $3x + 7$, 28 y $-7x^3 - 2x^2 + 9$ son polinomios.

Power (p. 10) The base and the exponent of an expression of the form a^n.

Ejemplo 5^4

Multiplication Counting Principle (p. 751) If there are m ways to make the first selection and n ways to make the second selection, then there are $m \cdot n$ ways to make the two selections.

Ejemplo Para 5 camisetas y 8 pares de pantalones cortos, el número de combinaciones posibles es $5 \cdot 8 = 40$.

Probability (p. 757) How likely it is that an event will occur (written formally as $P(\text{event})$).

Ejemplo Tienes 4 canicas rojas y 3 canicas blancas. La probabilidad de que escojas una canica roja y luego, sin volver a colocarla, escojas aleatoriamente otra canica roja es $P(\text{roja}) = \frac{4}{7} \cdot \frac{3}{6} = \frac{2}{7}$.

Conditional probability (p. 771) A probability that contains a condition that may limit the sample space for an event. The notation $P(B|A)$ is read "the probability of event B, given event A."

Experimental probability (p. 759) The ratio of the number of times an event actually happens to the number of times the experiment is done.

$$P(\text{event}) = \frac{\text{number of times an event happens}}{\text{number of times the experiment is done}}$$

Ejemplo El promedio de bateo de un jugador de béisbol muestra cuán probable es que el jugador haga un *hit*, basándose en los turnos al bate anteriores.

Español

Probabilidad teórica (p. 757) Si cada resultado tiene la misma probabilidad de darse, la probabilidad teórica de un evento se calcula como la razón del número de resultados favorables al número de resultados posibles.

$$P(\text{evento}) = \frac{\text{número de resultados favorables}}{\text{número de resultados posibles}}$$

Ejemplo Al lanzar una moneda, los eventos de obtener cara o cruz son igualmente probables. La probabilidad teórica de obtener cara es $P(\text{cara}) = \frac{1}{2}$.

Probabilidades (p. 759) Razón que compara el número de resultados favorables y no favorables. Las probabilidades a favor son el número de resultados favorables : número de resultados no favorables. Las probabilidades en contra son el número de resultados no favorables : número de resultados favorables.

Ejemplo Tienes 3 canicas rojas y 5 canicas azules. Las probabilidades a favor de escoger una canica roja son 3 : 5.

Producto cruzado (de dos conjuntos) (p. 220) El producto cruzado de dos conjuntos A y B, definido por $A \times B$, es el conjunto de todos los pares ordenados cuyo primer elemento está en A y cuyo segundo elemento está en B.

Productos cruzados (de una proporción) (p. 125) En una proporción $\frac{a}{b} = \frac{c}{d}$, los productos ad y bc. Estos productos son iguales.

Ejemplo Los productos cruzados para $\frac{3}{4} = \frac{6}{8}$ son $3 \cdot 8$ y $4 \cdot 6$.

Progresión (p. 274) Lista ordenada de números que muchas veces forma un patrón.

Ejemplo $-4, 5, 14, 23$ es una progresión.

Progresión aritmética (p. 275) En una progresión aritmética la diferencia entre términos consecutivos es un número constante. El número constante se llama la diferencia común.

Ejemplo $4, 7, 10, 13, \ldots$ es una progresión aritmética.

Progresión geométrica (p. 453) Tipo de progresión numérica formada al multiplicar un término de la progresión por un número constante, para hallar el siguiente término.

Ejemplo $9, 3, 1, \frac{1}{3}, \ldots$ es un ejemplo de una progresión geométrica.

Inglés

Theoretical probability (p. 757) The ratio of the number of favorable outcomes to the number of possible outcomes if all outcomes have the same chance of happening.

$$P(\text{event}) = \frac{\text{number of favorable outcomes}}{\text{number of possible outcomes}}$$

Odds (p. 759) A ratio that compares the number of favorable and unfavorable outcomes. Odds in favor are number of favorable outcomes : number of unfavorable outcomes. Odds against are number of unfavorable outcomes : number of favorable outcomes.

Cross product (of sets) (p. 220) The cross product of two sets A and B, denoted by $A \times B$, is the set of all ordered pairs with the first element in A and with the second element in B.

Cross products (of a proportion) (p. 125) In a proportion $\frac{a}{b} = \frac{c}{d}$, the products ad and bc. These products are equal.

Sequence (p. 274) An ordered list of numbers that often forms a pattern.

Arithmetic sequence (p. 275) A number sequence formed by adding a fixed number to each previous term to find the next term. The fixed number is called the common difference.

Geometric sequence (p. 453) A number sequence formed by multiplying a term in a sequence by a fixed number to find the next term.

Glosario ilustrado

Español	Inglés

Propiedad del producto cero (p. 555)   Para todos los números reales a y b, si $ab = 0$, entonces $a = 0$ ó $b = 0$.

Zero-Product Property (p. 555)   For all real numbers a and b, if $ab = 0$, then $a = 0$ or $b = 0$.

Ejemplo $x(x + 3) = 0$
$x = 0$ ó $x + 3 = 0$
$x = 0$ ó $\quad x = -3$

Propiedad distributiva (p. 46)   Para cada número real a, b y c:

$a(b + c) = ab + ac \quad (b + c)a = ba + ca$

$a(b - c) = ab - ac \quad (b - c)a = ba - ca$

Distributive Property (p. 46)   For every real number a, b, and c:

$a(b + c) = ab + ac \quad (b + c)a = ba + ca$

$a(b - c) = ab - ac \quad (b - c)a = ba - ca$

Ejemplos $3(19 + 4) = 3(19) + 3(4)$
$(19 + 4)3 = 19(3) + 4(3)$
$7(11 - 2) = 7(11) - 7(2)$
$(11 - 2)7 = 11(7) - 2(7)$

Propiedades de la igualdad (p. 81)   Para todos los números reales a, b y c:
  Suma: Si $a = b$, entonces $a + c = b + c$.
  Resta: Si $a = b$, entonces $a - c = b - c$.
  Multiplicación: Si $a = b$, entonces $a \cdot c = b \cdot c$.
  División: Si $a = b$ y $c \neq 0$, entonces $\frac{a}{c} = \frac{b}{c}$.

Properties of equality (p. 81)   For all real numbers a, b, and c:
  Addition: If $a = b$, then $a + c = b + c$.
  Subtraction: If $a = b$, then $a - c = b - c$.
  Multiplication: If $a = b$, then $a \cdot c = b \cdot c$.
  Division: If $a = b$, and $c \neq 0$, then $\frac{a}{c} = \frac{b}{c}$.

Ejemplo   Dado que $\frac{2}{4} = \frac{1}{2}$, $\frac{2}{4} + 5 = \frac{1}{2} + 5$.

Dado que $\frac{9}{3} = 3$, $\frac{9}{3} - 6 = 3 - 6$.

Proporción (p. 124)   Es una ecuación que establece que dos razones son iguales.

Proportion (p. 124)   An equation that states that two ratios are equal.

Ejemplo $\frac{7.5}{9} = \frac{5}{6}$

Prueba de recta vertical (p. 269)   La prueba de recta vertical es un método que se usa para determinar si una relación es una función o no. Si una recta vertical pasa por el medio de una gráfica más de una vez, la gráfica no es una gráfica de una función.

Vertical-line test (p. 269)   The vertical-line test is a method used to determine if a relation is a function or not. If a vertical line passes through a graph more than once, the graph is not the graph of a function.

Ejemplo

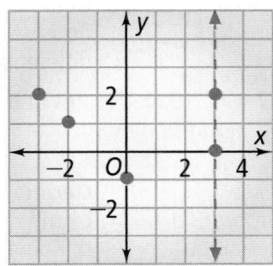

Una recta pasa por (3, 0) y (3, 2); por tanto, la relación no es una función.

Español

Inglés

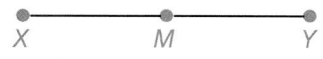

Glosario *ilustrado*

Punto medio (p. 605) El punto *M* que divide un segmento $\overline{AB}$ en dos segmentos iguales, $\overline{AM}$ y $\overline{MB}$.

Midpoint (p. 605) The point *M* that divides a segment $\overline{AB}$ into two equal segments, $\overline{AM}$ and $\overline{MB}$.

Ejemplo *M* es el punto medio de $\overline{XY}$.

$$X \quad\bullet\quad M \quad\bullet\quad Y$$

Racionalizar el denominador (p. 609) Para racionalizar el denominador de una expresión, ésta se escribe de modo que no haya radicales en ningún denominador y no haya denominadores en ningún radical.

Rationalize the denominator (p. 609) To rationalize the denominator of an expression, rewrite it so there are no radicals in any denominator and no denominators in any radical.

Ejemplo $\dfrac{2}{\sqrt{5}} = \dfrac{2}{\sqrt{5}} \cdot \dfrac{\sqrt{5}}{\sqrt{5}} = \dfrac{2\sqrt{5}}{\sqrt{25}} = \dfrac{2\sqrt{5}}{5}$

Radical (p. 16) Expresión compuesta por un símbolo radical y un radicando.

Radical (p. 16) An expression made up of a radical symbol and a radicand.

Ejemplo $\sqrt{a}$

Radicales no semejantes (p. 613) Expresiones radicales que no tienen radicandos semejantes.

Unlike radicals (p. 613) Radical expressions that do not have the same radicands.

Ejemplo $\sqrt{2}$ y $\sqrt{3}$ son radicales no semejantes.

Radicales semejantes (p. 613) Expresiones radicales con los mismos radicandos.

Like radicals (p. 613) Radical expressions with the same radicands.

Ejemplo $3\sqrt{7}$ y $25\sqrt{7}$ son radicales semejantes.

Radicando (p. 16) La expresión que aparece debajo del signo radical es el radicando.

Radicand (p. 16) The expression under the radical sign is the radicand.

Ejemplo El radicando de la expresión radical $\sqrt{x + 2}$ es $x + 2$.

Raíz cuadrada (p. 16) Si $a^2 = b$, entonces *a* es la raíz cuadrada de *b*. $\sqrt{b}$ es la raíz cuadrada principal. $-\sqrt{b}$ es la raíz cuadrada negativa.

Square root (p. 16) A number *a* such that $a^2 = b$. $\sqrt{b}$ is the principal square root. $-\sqrt{b}$ is the negative square root.

Ejemplo -3 y 3 son raíces cuadradas de 9.

Raíz cuadrada negativa (p. 39) $-\sqrt{b}$ es la raíz cuadrada negativa de *b*.

Negative square root (p. 39) A number of the form $-\sqrt{b}$, which is the negative square root of *b*.

Ejemplo -7 es la raíz cuadrada negativa de 49.

Raíz cuadrada principal (p. 16) La expresión $\sqrt{b}$ se llama raíz cuadrada principal (o positiva) de *b*.

Principal square root (p. 16) A number of the form $\sqrt{b}$. The expression $\sqrt{b}$ is called the principal (or positive) square root of *b*.

Ejemplo 5 es la raíz cuadrada principal de 25.

Raíz de la ecuación (p. 548) Solución de una ecuación.

Root of the equation (p. 548) A solution of an equation.

Rango (de una relación o función) (p. 268) El conjunto de todos los valores posibles de la salida, o variable dependiente, de una relación o función.

Range (of a relation or function) (p. 268) The possible values of the output, or dependent variable, of a relation or function.

Ejemplo En la función $y = |x|$, el rango es el conjunto de todos los números no negativos.

Rango de un conjunto de datos (p. 728) Diferencia entre el valor mayor y el menor en un conjunto de datos.

Range of a set of data (p. 728) The difference between the greatest and the least data values for a set of data.

Ejemplo Para el conjunto 2, 5, 8, 12, el rango es $12 - 2 = 10$.

Rango entre cuartiles (p. 734) El rango entre cuartiles de un conjunto de datos es la diferencia entre el tercer y el primer cuartiles.

Interquartile range (p. 734) The interquartile range of a set of data is the difference between the third and first quartiles.

Ejemplo El primer y el tercer cuartiles del conjunto de datos 2, 3, 4, 5, 5, 6, 7 y 7 son 3.5 y 6.5. El rango entre cuartiles es $6.5 - 3.5 = 3$.

Razón (p. 118) Una razón es la comparación de dos cantidades por medio de una división.

Ratio (p. 118) A ratio is the comparison of two quantities by division.

Ejemplo $\frac{5}{7}$ y 7 : 3 son razones.

Razón común (p. 453) Número constante que se usa para hallar los términos en una progresión geométrica.

Common ratio (p. 453) The fixed number used to find terms in a geometric sequence.

Ejemplo La razón común es $\frac{1}{3}$ en la progresión geométrica 9, 3, 1, $\frac{1}{3}$ . . .

Razonamiento deductivo (p. 25) El razonamiento deductivo es un proceso de razonamiento lógico que parte de hechos dados hasta llegar a una conclusión.

Deductive reasoning (p. 25) A process of reasoning logically from given facts to a conclusion.

Ejemplo Basándose en el hecho de que la suma de dos números pares cualesquiera es un número par, se puede deducir que el producto de cualquier número entero y cualquier número par es un número par.

Razonamiento inductivo (p. 63) Sacar conclusiones a partir de patrones observados.

Inductive reasoning (p. 63) Making conclusions based on observed patterns.

Español

Inglés

Razones trigonométricas (p. 633)   Las razones de los lados de un triángulo rectángulo. Ver *coseno*, *seno* y *tangente*.

Trigonometric ratios (p. 633)   The ratios of the sides of a right triangle. See *cosine*, *sine*, and *tangent*.

Recíproco (p. 41)   El recíproco, o inverso multiplicativo, de un número racional $\frac{a}{b}$ cuyo valor no es cero es $\frac{b}{a}$. El producto de un número que no es cero y su valor recíproco es 1.

Reciprocal (p. 41)   Given a nonzero rational number $\frac{a}{b}$, the reciprocal, or multiplicative inverse, is $\frac{b}{a}$. The product of a nonzero number and its reciprocal is 1.

Ejemplo $\frac{2}{5}$ y $\frac{5}{2}$ son recíprocos porque
$$\frac{2}{5} \times \frac{5}{2} = 1.$$

Recíproco inverso (p. 328)   Número en la forma $-\frac{b}{a}$, donde $\frac{a}{b}$ es un número racional diferente de cero. El producto de un número y su recíproco inverso es -1.

Opposite reciprocals (p. 328)   A number of the form $-\frac{b}{a}$, where $\frac{a}{b}$ is a nonzero rational number. The product of a number and its opposite reciprocal is -1.

Ejemplo $\frac{2}{5}$ y $-\frac{5}{2}$ son recíprocos inversos porque $\left(\frac{2}{5}\right)\left(-\frac{5}{2}\right) = -1$.

Recta de regresión (p. 336)   La línea de tendencia en un diagrama de dispersión que más se acerca a los puntos que representan la relación entre dos conjuntos de datos.

Line of best fit (p. 336)   The most accurate trend line on a scatter plot showing the relationship between two sets of data.

Ejemplo

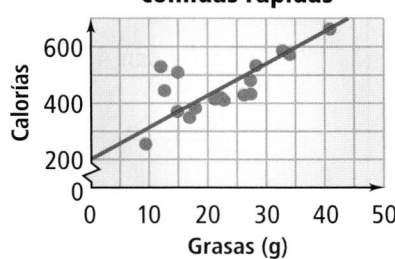

Calorías y grasas de comidas rápidas

Rectas paralelas (p. 327)   Dos rectas situadas en el mismo plano que nunca se cortan. Las rectas paralelas tienen la misma pendiente.

Parallel lines (p. 327)   Two lines in the same plane that never intersect. Parallel lines have the same slope.

Ejemplo

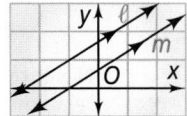

Rectas perpendiculares (p. 328)   Rectas que forman ángulos rectos en su intersección. Dos rectas son perpendiculares si el producto de sus pendientes es -1.

Perpendicular lines (p. 328)   Lines that intersect to form right angles. Two lines are perpendicular if the product of their slopes is -1.

Ejemplo

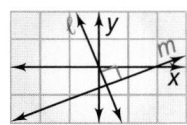

Español	Inglés

Regla de una función (p. 262) Ecuación que describe una función.

Ejemplo $y = 4x + 1$ es una regla de una función.

Function rule (p. 262) An equation that describes a function.

Relación (p. 268) Cualquier conjunto de pares ordenados.

Ejemplo $\{(0, 0), (2, 3), (2, -7)\}$ es una relación.

Relation (p. 268) Any set of ordered pairs.

Resultado (p. 757) Lo que se obtiene al hacer una sola prueba en un experimento de probabilidad.

Ejemplo Los resultados que se obtienen al lanzar un cubo numérico son 1, 2, 3, 4, 5 y 6.

Outcome (p. 757) The result of a single trial in a probability experiment.

===== **S** =====

Salida (p. 240) Valor de una variable dependiente.

Ejemplo La salida de la función $f(x) = x^2$ cuando $x = 3$ es 9.

Output (p. 240) A value of the dependent variable.

Seno (p. 633) En un triángulo rectángulo, como el $\triangle ABC$ con el $\angle C$ recto,

el seno del $\angle A = \dfrac{\text{longitud del lado opuesto al } \angle A}{\text{longitud de la hipotenusa}}$, ó sen $A = \dfrac{a}{c}$.

Sine (p. 633) In a right triangle, such as $\triangle ABC$ with right $\angle C$,

sine of $\angle A = \dfrac{\text{length of side opposite } \angle A}{\text{length of hypotenuse}}$ or $\sin A = \dfrac{a}{c}$.

Ejemplo

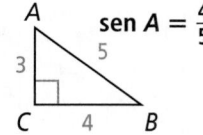

sen $A = \dfrac{4}{5}$

Sesgo (p. 743) Error de muestreo que hace que una opción parezca mejor que otra. Preguntas en una encuesta o muestras pueden ser sesgadas.

Bias (p. 743) A sampling error that causes one option to seem better than another. Survey questions or samples can be biased.

Simplificar (p. 10) Reemplazar una expresión por su versión o forma más simple.

Ejemplo $\dfrac{3 + 5}{8}$

Simplify (p. 10) To replace an expression with its simplest name or form.

Sin correlación (p. 333) No hay relación entre dos conjuntos de datos.

No correlation (p. 333) There does not appear to be a relationship between two sets of data.

Ejemplo

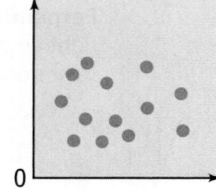

Español

Inglés

Sistema compatible (p. 361) Un sistema de ecuaciones que tiene por lo menos una solución es compatible.

Consistent system (p. 361) A system of equations that has at least one solution is consistent.

Ejemplo

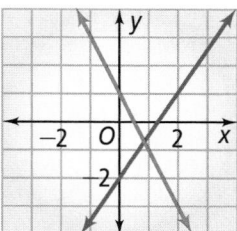

Sistema de desigualdades lineales (p. 396) Dos o más desigualdades lineales que usen las mismas variables.

System of linear inequalities (p. 396) Two or more linear inequalities using the same variables.

Ejemplo $y \le x + 11$
$y < 5x$

Sistema de ecuaciones lineales (p. 360) Dos o más ecuaciones lineales que usen las mismas variables.

System of linear equations (p. 360) Two or more linear equations using the same variables.

Ejemplo $y = 5x + 7$
$y = \frac{1}{2}x - 3$

Sistema dependiente (p. 361) Sistema de ecuaciones que no tiene una solución única.

Dependent system (p. 361) A system of equations that does not have a unique solution.

Ejemplo El sistema $\begin{cases} y = 2x + 3 \\ -4x + 2y = 6 \end{cases}$ representa dos ecuaciones para la misma recta; por tanto, tiene muchas soluciones. Es un sistema dependiente.

Sistema incompatible (p. 361) Un sistema incompatible es un sistema de ecuaciones para el cual no hay solución.

Inconsistent system (p. 361) A system of equations that has no solution.

Ejemplo $\begin{cases} y = 2x + 3 \\ -2x + y = 1 \end{cases}$ es un sistema de rectas paralelas; por tanto, no tiene solución. Es un sistema incompatible.

Sistema independiente (p. 361) Un sistema de ecuaciones lineales que tenga una sola solución es un sistema independiente.

Independent system (p. 361) A system of linear equations that has a unique solution.

Ejemplo $\begin{cases} x + 2y = -7 \\ 2x - 3y = 0 \end{cases}$ tiene una sola solución, $(-3, -2)$. Es un sistema independiente.

Español

Inglés

Solución de un sistema de desigualdades lineales (p. 396)
Todo par ordenado que hace verdaderas todas las desigualdades del sistema.

Solution of a system of linear inequalities (p. 396)
Any ordered pair that makes all of the inequalities in the system true.

Ejemplo

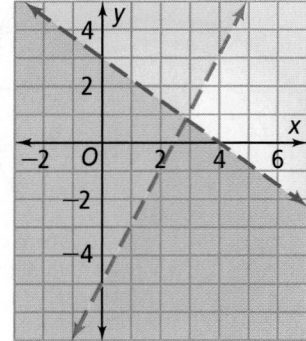

El área coloreada de verde muestra la solución del sistema $\begin{array}{l} y > 2x - 5 \\ 3x + 4y < 12 \end{array}$.

Solución de un sistema de ecuaciones lineales (p. 360)
Todo par ordenado de un sistema que hace verdaderas todas las ecuaciones de ese sistema.

Solution of a system of linear equations (p. 360)
Any ordered pair in a system that makes all the equations of that system true.

Ejemplo (2, 1) es una solución del sistema
$$y = 2x - 3$$
$$y = x - 1$$
porque el par ordenado hace verdaderas ambas ecuaciones.

Solución de una desigualdad (una variable) (p. 165)
Cualquier valor o valores de una variable de la desigualdad que hagan verdadera la desigualdad.

Solution of an inequality (one variable) (p.165)
Any value or values of a variable in the inequality that makes an inequality true.

Ejemplo La solución de la desigualdad $x < 9$ es todos los números menores que 9.

Solución de una desigualdad (dos variables) (p. 390)
Cualquier par ordenado que haga verdadera la desigualdad.

Solution of an inequality (two variables) (p. 390)
Any ordered pair that makes the inequality true.

Ejemplo Cada par ordenado ubicado en el área amarilla y sobre la recta continua roja es una solución de $3x - 5y \leq 10$.

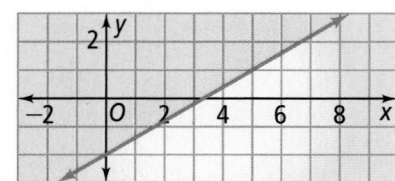

Español

Inglés

Solución de una ecuación (una variable) (p. 54) Cualquier valor o valores que hagan verdadera una ecuación.

Solution of an equation (one variable) (p. 54) Any value or values that make an equation true.

Ejemplo 3 es la solución de la ecuación $4x - 1 = 11$.

Solución de una ecuación (dos variables) (p. 61) La solución de una ecuación con dos variables que tiene las variables x y y es cualquier par ordenado que hace que la ecuación sea verdadera.

Solution of an equation (two variables) (p. 61) A solution of a two-variable equation with the variables x and y is any ordered pair (x, y) that makes the equation true.

Ejemplo $(4, 1)$ es una solución de la ecuación $x = 4y$.

Solución extraña (p. 622) Una solución extraña es una solución de una ecuación derivada que no es una solución de la ecuación original.

Extraneous solution (p. 622) A solution of an equation derived from an original equation that is not a solution of the original equation.

Ejemplo $\dfrac{b}{b + 4} = 3 - \dfrac{4}{b + 4}$

$b = 3(b + 4) - 4$ Multiplica por $(b + 4)$.
$b = 3b + 12 - 4$
$-2b = 8$
$b = -4$

Reemplaza b con -4 en la ecuación original. El denominador es 0; por tanto, -4 es una solución extraña.

Subconjunto (p. 17) Un subconjunto de un conjunto consiste en elementos del conjunto dado.

Subset (p.17) A subset of a set consists of elements from the given set.

Ejemplo Si $B = \{1, 2, 3, 4, 5, 6, 7\}$ y $A = \{1, 2, 5\}$, entonces A es un subconjunto de B.

T

Tabla de frecuencia (p. 720) Tabla que agrupa un conjunto de datos en intervalos y muestra la frecuencia de cada intervalo.

Frequency table (p. 720) A table that groups a set of data values into intervals and shows the frequency for each interval.

Ejemplo

Intervalo	Frecuencia
0–9	5
10–19	8
20–29	4

Español

Inglés

Tabla de frecuencia cumulativa (p. 722)   Tabla que muestra el número de valores de datos que están dentro o por debajo de los intervalos dados.

Cumulative frequency table (p. 722)   A table that shows the number of data values that lie in or below the given intervals.

Ejemplo

Intervalo	Frecuencia	Frecuencia cumulativa
0–9	5	5
10–19	8	13
20–29	4	17

Tangente (p. 633)   En un triángulo rectángulo, como el $\triangle ABC$, con el $\angle C$ recto,

la tangente del $\angle A = \dfrac{\text{longitud del lado opuesto al } \angle A}{\text{longitud del lado adyacente al } \angle A}$,

ó la $\tan A = \dfrac{a}{b}$.

Tangent (p. 633)   In a right triangle, such as $\triangle ABC$ with right $\angle C$,

tangent of $\angle A = \dfrac{\text{length of side opposite } \angle A}{\text{length of side adjacent to } \angle A}$, or $\tan A = \dfrac{a}{b}$.

Ejemplo

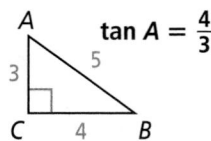

$\tan A = \dfrac{4}{3}$

Tasa (p. 118)   La relación que existe entre a y b cuando a y b son cantidades medidas con distintas unidades.

Rate (p. 118)   A ratio of a to b where a and b represent quantities measured in different units.

Ejemplo   Recorrer 125 millas en 2 horas da la tasa $\dfrac{125 \text{ millas}}{2 \text{ horas}}$ ó 62.5 mi/h.

Tasa de cambio (p. 292)   La relación entre dos cantidades que cambian. La tasa de cambio se llama también pendiente.

tasa de cambio $= \dfrac{\text{cambio en la variable dependiente}}{\text{cambio en la variable independiente}}$

Rate of change (p. 292)   The relationship between two quantities that are changing. The rate of change is also called slope.

rate of change $= \dfrac{\text{change in the dependent variable}}{\text{change in the independent variable}}$

Ejemplo   Alquilar un video 1 día cuesta $1.99.
Alquilar un video 2 días cuesta $2.99.

tasa de cambio $= \dfrac{2.99 - 1.99}{2 - 1}$

$= \dfrac{1.00}{1}$

$= 1$

Tasa por unidad (p. 119)   Tasa cuyo denominador es 1.

Unit rate (p. 119)   A rate with a denominator of 1.

Ejemplo   La tasa por unidad para 120 millas recorridas en 2 horas es 60 mi/h.

Español

Inglés

Teorema de Pitágoras (p. 600) En un triángulo rectángulo, la suma de los cuadrados de los catetos es igual al cuadrado de la hipotenusa: $a^2 + b^2 = c^2$.

Pythagorean Theorem (p. 600) In any right triangle, the sum of the squares of the lengths of the legs is equal to the square of the length of the hypotenuse: $a^2 + b^2 = c^2$.

Ejemplo

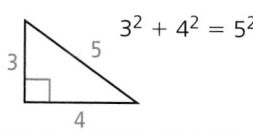

$$3^2 + 4^2 = 5^2$$

Término (p. 48) Un número, una variable o el producto o cociente de un número y una o más variables.

Term (p. 48) A number, variable, or the product or quotient of a number and one or more variables.

Ejemplo La expresión $5x + \frac{y}{2} - 8$ tiene tres términos: $5x$, $\frac{y}{2}$ y -8.

Término de una progresión (p. 274) Un término de una progresión es cualquier número en la progresión.

Term of a sequence (p. 274) A term of a sequence is any number in a sequence.

Ejemplo -4 es el primer término de la progresión -4, 5, 14, 23.

Términos semejantes (p. 48) Términos con los mismos factores variables en una expresión variable.

Like terms (p. 48) Terms with exactly the same variable factors in a variable expression.

Ejemplo $4y$ y $16y$ son términos semejantes.

Traslación (p. 342) Proceso de mover una gráfica horizontalmente, verticalmente o en ambos sentidos.

Translation (p. 342) A transformation that shifts a graph horizontally, vertically, or both.

Ejemplo

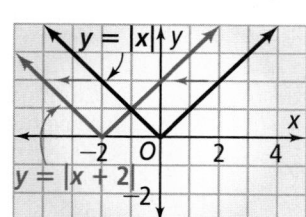

$y = |x + 2|$ es una traslación de $y = |x|$.

Trinomio (p. 475) Polinomio compuesto de tres términos.

Trinomial (p. 475) A polynomial of three terms.

Ejemplo $3x^2 + 2x - 5$

Trinomio cuadrado perfecto (p. 511) Todo trinomio de la forma $a^2 + 2ab + b^2$ ó $a^2 - 2ab + b^2$.

Perfect square trinomial (p. 511) Any trinomial of the form $a^2 + 2ab + b^2$ or $a^2 - 2ab + b^2$.

Ejemplo $(x + 3)^2 = x^2 + 6x + 9$

U

Unión (p. 214)   El conjunto que contiene todos los elementos de dos o más conjuntos.

> **Ejemplo**   Si $A = \{1, 3, 6, 9\}$ y $B = \{1, 5, 10\}$, entonces la unión de A y B, ó $A \cup B$, es $\{1, 3, 5, 6, 9, 10\}$.

Union (p. 214)   The set that contains all of the elements of two or more sets.

Univariado (p. 742)   Un conjunto de datos que tiene sólo una variable es univariado.

Univariate (p. 742)   A set of data that uses only one variable is univariate.

V

Valor absoluto (p. 31)   La distancia a la que un número está del cero en una recta numérica.

> **Ejemplo** -7 es 7 unidades desde 0; por tanto, $|-7| = 7$.

Absolute value (p. 31)   The distance that a number is from zero on a number line.

Valor excluido (p. 646)   Valor de x para el cual una expresión racional es indefinida.

Excluded value (p. 646)   A value of x for which a rational expression $f(x)$ is undefined.

Valor extremo (p. 726)   Un valor extremo es el valor de un dato que es mucho más alto o mucho más bajo que los otros valores del conjunto de datos.

> **Ejemplo**   Para el conjunto de datos 2, 5, 3, 7, 12, el valor 12 es un valor extremo.

Outlier (p. 726)   An outlier is a data value that is much higher or lower than the other data values in the set.

Valor percentil (p. 737)   Porcentaje de valores de datos que son menores que o iguales a un valor dado.

Percentile rank (p. 737)   The percentage of data values that are less than or equal to a given value.

Valores conjugados (p. 614)   La suma y resta de los mismos dos términos.

> **Ejemplo** $(\sqrt{3} + 2)$ y $(\sqrt{3} - 2)$ son valores conjugados.

Conjugates (p. 614)   The sum and the difference of the same two terms.

Variable (p. 4)   Símbolo, generalmente una letra, que representa uno o más valores de una cantidad.

> **Ejemplo** x es la variable en la ecuación $9 - x = 3$.

Variable (p. 4)   A symbol, usually a letter, that represents one or more numbers.

Variable dependiente (p. 240)   Variable de la que dependen los valores de salida de una función.

> **Ejemplo**   En la ecuación $y = 3x$, y es la variable dependiente.

Dependent variable (p. 240)   A variable that provides the output values of a function.

Variable independiente (p. 240)   Variable de la que dependen los valores de entrada de una función.

> **Ejemplo**   En la ecuación $y = 3x$, x es la variable independiente.

Independent variable (p. 240)   A variable that provides the input values of a function.

Español

Inglés

Variación directa (p. 299)   Una función lineal definida por una ecuación en la forma $y = kx$, donde $k \neq 0$, representa una variación directa.

Direct variation (p. 299)   A linear function defined by an equation of the form $y = kx$, where $k \neq 0$.

Ejemplo $y = 18x$ es una variación directa.

Variación inversa (p. 680)   La ecuación $y = \frac{k}{x}$, ó $xy = k$, donde $k \neq 0$, es una variación inversa con una constante de variación k.

Inverse variation (p. 680)   An equation of the form $xy = k$ or $y = \frac{k}{x}$, where $k \neq 0$, is an inverse variation with constant of variation k.

Ejemplo   La longitud x y el ancho y de un rectángulo con un área fija varían inversamente. Si el área es 40, $xy = 40$.

Vértice (p. 535)   El punto más alto o más bajo de una parábola. El punto de intersección del eje de simetría y la parábola.

Vertex (p. 535)   The highest or lowest point on a parabola. The axis of symmetry intersects the parabola at the vertex.

Ejemplo

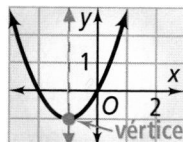

Respuestas *seleccionadas*

Respuestas seleccionadas

Capítulo 1

¡Prepárate!   p. 1

1. 6 **2.** 5 **3.** 1 **4.** 20 **5.** 15 **6.** 44 **7.** 72 **8.** 150 **9.** 400
10. 8 **11.** $294 **12.** $\frac{4}{5}$ **13.** $\frac{5}{7}$ **14.** $\frac{1}{7}$ **15.** $\frac{12}{13}$ **16.** 0.7
17. 0.6 **18.** 0.65 **19.** 0.93 **20.** $0.4\overline{6}$ **21.** $\frac{11}{14}$ **22.** $10\frac{7}{15}$
23. $\frac{1}{10}$ **24.** $3\frac{11}{12}$ **25.** Las respuestas variarán. Ejemplo:
20 + 15 **26.** Las respuestas variarán. Ejemplo: Una
expresión simplificada es una expresión más breve o más
sencilla para trabajar que la expresión original. **27.** Las
respuestas variarán. Ejemplo: Evaluar una expresión
significa hallar su valor numérico a partir de los valores
dados de las variables.

Lección 1-1   pp. 4–9

¿Comprendiste? **1.** $n + 18$ **2a.** $6n$ **b.** $\frac{18}{n}$ **c.** No, 6
menos un número y significa $6 - y$ y 6 menos que un
número y significa $y - 6$. **3a.** $4x - 8$ **b.** $2(x + 8)$ **c.**
$\frac{5}{12 + x}$ **4a.** la suma de un número x y 8.1 **b.** la suma de
diez por un número x y 9 **c.** el cociente de un número n y
3 **d.** 5 por un número x menos 1 **5.** restar 2 del número de
los lados de un polígono; $n - 2$
Comprobar la comprensión de la lección
1a. numérica **b.** algebraica **c.** numérica **2a.** $9t$ **b.** $x - \frac{1}{2}$
c. $m + 7.1$ **d.** $\frac{207}{n}$ **3.** seis por un número c **4.** uno menos
que un número x **5.** el cociente de un número t y 2 **6.** 4
menos que el producto de 3 y un número t **7.** Las
expresiones numéricas son frases matemáticas que incluyen
solamente números y operaciones. Las expresiones
algebraicas son frases matemáticas que incluyen una o más
variables. Una expresión algebraica incluye al menos una
variable. Una expresión numérica no incluye ninguna
variable. **8.** $49 + 0.75n$
Ejercicios **9.** $p + 4$ **11.** $n - 12$ **13.** $\frac{n}{8}$ **15.** $x - 23$
17. $\frac{1}{3}n$ **19.** $2w + 2$ **21.** $(17 - k) + 9$ **23.** $37t - 9.85$
25. $15 + \frac{60}{w}$ **27.** 5 más que un número q **29.** el
cociente de y y 5 **31.** 14.1 menos que un número w **33.**
uno más que el producto de 9 y un número n **35.** el
cociente de z y 8 menos 9 **37.** la diferencia de 15 y el
cociente de 1.5 y d **39.** 5 más que el producto de 9 y un
número n; $9n + 5$ **41.** $8 - 9r$ **43.** $\frac{3}{7}y - 4$ **45.** Debería
ser "el cociente de 5 y n". **47.** $4.50b$ **49.** A **59.** $\frac{3}{4}$ **60.**
$\frac{5}{14}$ **61.** $\frac{7}{10}$ **62.** $\frac{1}{6}$ **63.** 3 **64.** 3 **65.** 1 **66.** 4

Lección 1-2   pp. 10–15

¿Comprendiste? **1a.** 81 **b.** $\frac{8}{27}$ **c.** 0.125 **2a.** 27 **b.** 7
c. 17 **d.** Una barra de fracción actúa como símbolo de
agrupación, ya que simplificas el numerador y el denominador
antes de hacer la división. **3a.** 3 **b.** 11 **c.** 20; $(xy)^2 \neq xy^2$

4. $c + \frac{1}{10}c$; $47.30, $86.90, $104.50, $113.30
Comprobar la comprensión de la lección **1.** 25
2. 8 **3.** $\frac{9}{16}$ **4.** 23 **5.** 1728 **6.** 0 **7.** exponente 3; base 4
8. El estudiante restó antes de multiplicar; $23 - 8 \cdot 2 +$
$3^2 = 23 - 8 \cdot 2 + 9 = 23 - 16 + 9 = 7 + 9 = 16$
Ejercicios **9.** 243 **11.** 16 **13.** $\frac{8}{27}$ **15.** 0.004096 **17.** 2
19. 4.5 **21.** 53 **23.** 16 **25.** 1728 **27.** 1024 **29.** 1024
31. 496 **33.** 3458 **35.** mv; 15,000, 20,000, 25,000
37. 256 **39.** 5 **41.** 12 **43.** $\frac{3}{8}p$; 6 oz; 9 oz; 30 oz; 37.5 oz
45. 27 **47.** 6 **49.** 68 **51.** 3 **53.** Sí, puedes simplificar
primero la expresión del primer par de paréntesis o puedes
simplificar primero la expresión del segundo par de
paréntesis. **55.** 20; $14 - 5 \cdot 3 + 3^2$ **65.** $p + 4$
66. $5 - 3y$ **67.** $\frac{m}{10}$ **68.** $3(7 - d)$ **69.** primo
70. compuesto **71.** primo **72.** compuesto **73.** 0.6
74. 0.875 **75.** $0.\overline{6}$ **76.** $0.\overline{571428}$ **77.** $\frac{7}{10}$ **78.** $\frac{7}{100}$
79. $4\frac{1}{4}$ ó $\frac{17}{4}$ **80.** $\frac{17}{40}$

Lección 1-3   pp. 16–22

¿Comprendiste? **1a.** 8 **b.** 5 **c.** $\frac{1}{6}$ **d.** $\frac{9}{11}$
2. aproximadamente 6 **3a.** números racionales, números
naturales, números enteros no negativos, enteros
b. números racionales **c.** números racionales **d.** números
irracionales **4a.** $\sqrt{129} < 11.52$ **b.** Sí; $4\frac{1}{3} > \sqrt{17}$
también compara los dos números.
5. $-\frac{7}{2}$, -2.1, $\sqrt{5}$, $\sqrt{9}$, 3.5
Comprobar la comprensión de la lección
1. números irracionales **2.** números racionales, enteros
3. -5, $\sqrt{16}$, 4.1, $\frac{47}{10}$ **4.** aproximadamente 4 pulgs.
5. números racionales y números irracionales **6.** Las
respuestas variarán. Ejemplo: 0.5 **7.** Racional; su valor es
10, que puede escribirse como la razón de dos enteros, $\frac{10}{1}$.
8. Irracional; $\sqrt{0.29}$ es un número no periódico y no finito.
Ejercicios **9.** 6 **11.** 4 **13.** $\frac{6}{7}$ **15.** $\frac{1}{3}$ **17.** 1.4
19. aproximadamente 4 **21.** aproximadamente 16
23. aproximadamente 18 **25.** aproximadamente 13 pulgs.
27. números racionales **29.** números racionales, enteros
31. números irracionales **33.** números racionales
35. números irracionales **37.** $5\frac{2}{3} > \sqrt{29}$
39. $\frac{4}{3} < \sqrt{2}$ **41.** $-\frac{7}{11} < -0.63$ **43.** $-\frac{22}{25} < -0.\overline{8}$
45. -2, $-\frac{7}{4}$, $\frac{1}{2}$, $\sqrt{5}$, 2.4 **47.** $-\frac{59}{9}$, -6, 4.3, $\sqrt{20}$
49. $-\frac{9}{4}$, $-\frac{13}{6}$, -2.1, $-\frac{26}{13}$ **51.** aproximadamente 12 pies
53. Verdadera; las respuestas variarán; cualquier entero
puede expresarse como número racional. **55.** Falsa; las
respuestas variarán; 2 es un número positivo y un
entero. **57.** $\frac{417}{1}$ **59.** $\frac{201}{100}$ **61.** $\frac{306}{100}$ **63.** aproximadamente
12 pies **65.** $\frac{864}{275}$; su valor 3.14181... está más cerca del

850

valor de π que $\sqrt{10}$, cuyo valor es 3.16227... **67.** No; todas las rectas numéricas de números reales se extienden tanto en la dirección positiva como en la negativa. **75.** 16 **76.** 78 **77.** 512 **78.** $14 + x$ **79.** $4(y + 1)$ **80.** $\frac{3880}{z}$ **81.** $\frac{19}{3}t$ **82.** 18 **83.** 72 **84.** 442 **85.** 9

Lección 1-4   pp. 23–28

¿Comprendiste? 1a. prop. de identidad de la mult. **b.** prop. conm. de la suma **2.** 720 pelotas de tenis **3a.** $9.45x$ **b.** $9 + 4h$ **c.** $\frac{2}{3}n$ **4a.** Verdadero; prop. conm. de la mult. y prop. de identidad de la suma **b.** Falso; las respuestas variarán. Ejemplo: $4(2 + 1) \neq 4(2) + 1$ **c.** No; es verdadero cuando a y b son 0 ó 2.
Comprobar la comprensión de la lección 1. prop. conm. de la suma **2.** prop. asoc. de la mult. **3.** $4.45 **4.** $24d$ **5a.** no **b.** sí **6.** prop. conm. de la mult.; prop. asoc. de la mult.; multiplicar; multiplicar
Ejercicios 7. prop. conm. de la suma **9.** prop. de identidad de la suma **11.** prop. conm. de la mult. **13.** 36 **15.** 9.7 **17.** 80 **19.** $110 **21.** $18x$ **23.** $110p$ **25.** $11 + 3x$ **27.** $1.2 + 7d$ **29.** $1.5n$ **31.** $11y$ **33.** Falso; las respuestas variarán. Ejemplo: $8 \div 4 \neq 4 \div 8$ **35.** verdadero; prop. multiplicativa del -1 **37a.** 497 mi **b.** 497 mi **c.** La propiedad conmutativa de la suma se aplica en esta situación. **39.** no **41.** sí **43.** sí **45.** no **47.** Hannah sólo puede gastar en el mismo regalo para todos sus amigos. **49.** 390 **51.** 0 **53.** no; $(a - b) - c \neq a - (b - c)$ **55.** no; $(a \div b) \div c \neq a \div (b \div c)$ **62.** $-6, 1.6, \sqrt{6}, 6^3$ **63.** $-17, 1.4, \frac{8}{5}, 10^2$ **64.** $-4.5, 1.75, \sqrt{4}, 14^1$ **65.** 14 **66.** 1 **67.** 1.1 **68.** $\frac{1}{18}$

Lección 1-5   pp. 30–36

¿Comprendiste? 1. -4 **2a.** -24 **b.** -2 **c.** -2 **d.** -8 **3a.** 13.5 **b.** cualquier valor donde $a = b$ **4.** -2473 pies, o 2473 pies debajo del nivel del mar
Comprobar la comprensión de la lección 1. -3 **2.** -3 **3.** -3 **4.** -7 **5.** 2 **6.** -7 **7.** 0 **8.** Restar es lo mismo que sumar el opuesto. **9.** El opuesto de un número es el número que se le suma para que sea igual a 0. Si un número es positivo, su opuesto es negativo. Pero si un número es negativo, su opuesto es positivo.
Ejercicios
11. 5
13. -5
15. 3
17. -12
19. -11 **21.** 5 **23.** -11 **25.** 4.4 **27.** -3 **29.** $\frac{13}{36}$

31. -20 **33.** 48 **35.** -2 **37.** -20.3 **39.** 1.6 **41.** $\frac{15}{16}$ **43.** $48.54 **45.** -7.1 **47.** La suma de -4 y 5 es $+1$, no -1; $-4 - (-5) = -4 + 5 = 1$ **49.** $-\frac{1}{12}$ **51.** 1 **53.** positivo **55.** negativo **57.** Halla el valor absoluto de cada número. El signo del número de mayor valor absoluto será el signo del total de la suma. **59.** Falso; si ambos números son negativos, la diferencia es mayor que la suma. Si los valores absolutos son iguales, la suma es 0. **61.** 29.62 pulgs. **63.** -2 **75.** sí **76.** no **77.** sí **78.** números racionales **79.** números racionales **80.** números racionales, números enteros no negativos, números naturales y enteros **81.** números racionales **82.** números irracionales **83.** 18.75 **84.** 17 **85.** 318

Lección 1-6   pp. 38–44

¿Comprendiste? 1a. -90 **b.** 2.4 **c.** $-\frac{21}{50}$ **d.** 16 **2a.** 8 **b.** ± 4 **c.** -11 **d.** $\pm\frac{1}{6}$ **3.** $-$72 **4a.** $-\frac{3}{10}$ **b.** Sí; un positivo dividido por un negativo es negativo y el opuesto de un positivo dividido por un positivo también es negativo.
Comprobar la comprensión de la lección
1. 36 **2.** $-\frac{5}{32}$ **3.** -16 **4.** $\frac{9}{8}$ **5.** -5
6.   **7a.** 2; un número positivo tiene una raíz cuadrada positiva y una negativa. **b.** 1; $\sqrt{0} = 0$; por tanto, hay una raíz cuadrada.
Ejercicios 9. 96 **11.** 20.5 **13.** -25 **15.** $\frac{1}{12}$ **17.** 1 **19.** 1.44 **21.** 13 **23.** -30 **25.** $-\frac{5}{9}$ **27.** $-\frac{11}{4}$ **29.** ± 0.5 **31.** -6 **33.** -3 **35.** -0.9 **37.** -250 **39.** $115 **41.** 3 **43.** -1 **45.** $-\frac{25}{18}$ **47.** $\frac{1}{2}$ **49.** $-94\frac{1}{2}$ fanegas **55.** -180 **57.** $38\frac{2}{5}$ **59.** -13 °F **61.** Primero cambia $-2\frac{1}{2}$ a la fracción impropia $-\frac{5}{2}$. Luego multiplica $-1\frac{2}{3}$ por el recíproco de $-\frac{5}{2}$, que es $-\frac{2}{5}$. **63.** $\frac{800}{63}$, ó $12\frac{44}{63}$ **65a.** Si $0 \div x = y$, entonces $xy = 0$. Como $x \neq 0$, entonces $y = 0$ por la propiedad del cero en la multiplicación. **b.** Supón que hay un valor de y tal que $x \div 0 = y$. Entonces $x = 0 \cdot y$; por tanto, $x = 0$. Pero ésta es una contradicción, dado que $x \neq 0$. Por tanto, no hay un valor de y tal que $x \div 0 = y$. **73.** 30 **74.** -10 **75.** -10 **76.** prop. de identidad de la suma **77.** prop. conm. de la mult. **78.** prop. asoc. de la mult.

Lección 1-7   pp. 46–52

¿Comprendiste? 1a. $5x + 35$ **b.** $36 - 2t$ **c.** $1.2 + 3.3c$ **d.** $-2y^2 + y$ **2a.** $\frac{4}{3}x - \frac{16}{3}$ **b.** $\frac{11}{6} + \frac{1}{2}x$ **c.** $\frac{5}{4} + \frac{1}{2}x$ **d.** $\frac{1}{2} - \frac{1}{4}x$ **3a.** $-a - 5$ **b.** $x - 31$ **c.** $-4x + 12$ **d.** $-6m + 9n$ **4.** $29 **5a.** $2y$ **b.** $-12mn^4$ **c.** $8y^3z - 6yz^3$ **d.** No; ya está simplificado puesto que no hay términos semejantes para combinar.
Comprobar la comprensión de la lección 1a. $7j + 14$ **b.** $-8x + 24$ **c.** $-4 + c$ **d.** $-11 - 2b$ **2.** $-8x^2 + 3xy + (-9x) + (-3)$ **3.** $2ab + (-5ab^2) + (-9a^2b)$ **4.** sí **5.** no **6a.** sí **b.** no; prop. conmutativa de

la mult. **c.** sí **d.** no; prop. asociativa de la suma
7. 500 − 1; las respuestas variarán. Ejemplo: Estos
números se multiplican fácilmente por 5, lo que posibilita
usar la prop. distributiva para resolver el problema
calculando mentalmente. **8a.** Sí, no hay términos
semejantes. **b.** Esta expresión puede simplificarse usando
la prop. distributiva. **c.** No; $12xy$ y $3yx$ son términos
semejantes.
Ejercicios 9. $6a + 60$ **11.** $25 + 5w$ **13.** $90 − 10t$
15. $112b + 96$ **17.** $4.5 − 12c$ **19.** $f − 2$ **21.** $12z + 15$
23. $\frac{3}{11} − \frac{7d}{17}$ **25.** $\frac{2}{5}x + \frac{7}{5}$ **27.** $\frac{8}{3} − 3x$ **29.** $5 − \frac{8}{5}t$
31. $11 − n$ **33.** $−20 − d$ **35.** $−9 + 7c$ **37.** $−18a +$
$17b$ **39.** $m − n − 1$ **41.** 40.8 **43.** 897 **45.** 23.4
47. 24.6 **49.** $\$49.50$ **51.** $\$4725$ **53.** $20x$ **55.** $−2t$
57. $17w^2$ **59.** $5y^2$ **61.** $−3x + y + 11$
63. $3h^2 − 11h − 3$ **65.** el producto de 3 y la diferencia
de t y 1; $3t − 3$ **67.** un tercio de la diferencia de 6 por x
y 1; $2x − \frac{1}{3}$ **69.** Se debe hallar la suma, no el producto,
de los términos; $4(x + 5) = 4x + 4 \cdot 5 = 4x + 20$.
71. $33x + 22$ **73.** $35n − 63$ **75.** 0 **77.** $−5m^3n + 5mn$
79. $23x^2y − 8x^2y^2 − 4x^3y^2 − 9xy^2$
81. $\frac{1}{3}(9 + 12n) = \frac{9}{3} + \frac{12n}{3} = 3 + 4n$ **95.** $−25$ **96.** $\frac{9}{16}$
97. 1.44 **98.** 10 menos que un número x **99.** 18 menos que
el producto de 5 y x **100.** 12 más que el cociente de 7 y y

Lección 1-8   pp. 53–58

¿Comprendiste? 1a. abierta **b.** verdadera **c.** falsa
2. sí **3.** $49 = 14h$ **4.** 9 **5a.** $−10$ **b.** Las respuestas
variarán. Ejemplo: $−5$ **6.** La solución está entre $−8$ y $−9$.
Comprobar la comprensión de la lección
1. no **2.** 15 **3.** $p = 1.5n$ **5.** Las respuestas variarán.
Ejemplo: $\frac{x}{3} = 15$ **6.** 9
Ejercicios 7. falsa **9.** verdadera **11.** falsa **13.** abierta
15. abierta **17.** no **19.** sí **21.** no **23.** sí
25. $4x + (−3) = 8$ **27.** $115d = 690$ **29.** 13 **31.** 6
33. 12 **35.** 6 **37.** 2 **39.** 4 **41.** 6 **43.** 4 **45.** 8
47. entre $−5$ y $−4$ **49.** 2004 **51.** Una expresión describe
la relación entre números y variables. Una ecuación
muestra que las dos expresiones son iguales. Una
expresión puede simplificarse pero no tiene solución.
53. $−6$ **55.** entre 3 y 4 **57.** entre $−3$ y $−2$ **59.** 0
63. 120 lb **71.** $28 + 14y$ **72.** $−18b − 66$
73. $−16.8 − 4.2t$ **74.** $−5 + 25x$ **75.** 10 **76.** $−1$
77. $−12$ **78.** 7 **79.** $−9$ **80.** $−7$ **81.** 2 **82.** $−7\frac{1}{2}$
83. 2 **84.** $−1$ **85.** 3 **86.** 0

Repaso   p. 60

1. Las respuestas variarán. Ejemplo: Para sumar −3 para la
coordenada de las x, podrías sacar un 4 en el cubo
negativo y un 1 en el positivo. Para sumar 4 para la
coordenada de las y, podrías sacar un 1 en el cubo
negativo y un 5 en el positivo. **3.** Las respuestas variarán.
El número del cubo negativo debe ser mayor que el
número del cubo positivo.

Lección 1-9   pp. 61–66

¿Comprendiste? 1a. sí **b.** sí **c.** no **d.** sí
2a.

Vueltas de Megan y Will					
Vueltas de Megan	1	2	3	4	5
Vueltas de Will	7	8	9	10	11

$y = x + 6$

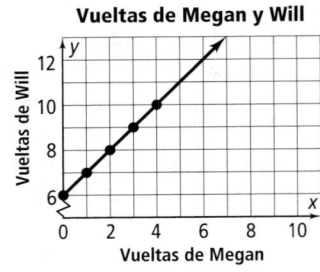

Vueltas de Megan y Will

b. La gráfica empezaría en $(0, 5)$ en lugar de $(0, 2)$ y y
siempre sería 5 más que x.

3a.   54 fichas

Fichas anaranjadas	4	8	12	16
Total de fichas	9	18	27	36

b.   48 fichas amarillas

Fichas azules	1	2	3	4
Fichas amarillas	2	4	6	8

Comprobar la comprensión de la lección
1. no **2.** sí
3.

Costo de las bebidas				
Bebidas compradas	1	2	3	4
Costo ($)	2.50	5	7.50	10

$y = 2.50x$

Costo de las bebidas

4. 110 calorías **5.** Con el razonamiento inductivo, se
puede llegar a conclusiones observando patrones. Con el
razonamiento deductivo, se llega a conclusiones mediante
el razonamiento lógico, a partir de hechos dados. **6.** Las
respuestas variarán. Ejemplo: Ambas ecuaciones contienen
valores desconocidos. Una ecuación con una variable
representa una situación con una cantidad desconocida.
Una ecuación con dos variables representa una situación

donde dos cantidades variables están relacionadas. **7.** Todos; *y* es 2 más que *x*.

Ejercicios 9. no **11.** no **13.** sí **15.** sí

17.

Las edades de Bel y de Tony				
La edad de Bel	4	5	6	7
La edad de Tony	1	2	3	4

$y = x - 3$

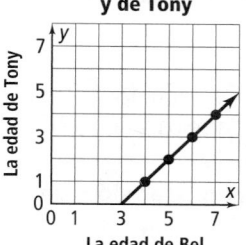

Las edades de Bel y de Tony

19.

Lados y triángulos				
Número de lados	3	6	9	12
Número de triángulos	1	2	3	4

$y = \frac{1}{3}x$

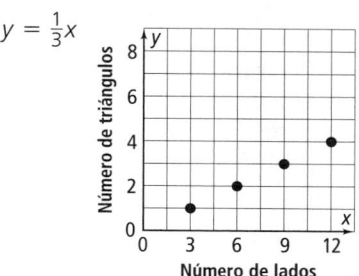

21. 56 pulgs. **23.** $y = x - 12$; 52 pulgs.

25.

Número de casas	1	2	3	4	5
Número de ventanas	4	8	12	16	20

36 ventanas

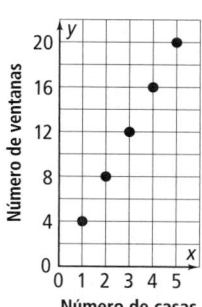

27. no **29.** no **31.** no **33.** no **35.** 13.5 h **37.** 11 h **46.** no **47.** sí **48.** sí **53.** 9 **54.** −3 **55.** −14 **56.** −27 **57.** 40 **58.** −30 **59.** −1 **60.** −81

Repaso del capítulo   pp. 68–72

1. irracionales **2.** opuesto **3.** términos semejantes

4. valor absoluto **5.** razonamiento inductivo **6.** 737*w* **7.** $q - 8$ **8.** $x + 84$ **9.** $51t + 9$ **10.** $\frac{63}{h} - 14$ **11.** $b - \frac{k}{5}$ **12.** la suma de 12 y un número *a* **13.** 31 menos que un número *r* **14.** el producto de 19 y un número *t* **15.** el cociente de *b* y 3 **16.** 3 menos que el producto de 7 y *c* **17.** la suma de 2 y el cociente de *x* y 8 **18.** 6 menos que el cociente de *y* y 11 **19.** 13 más que el producto de 21 y *d* **20.** 81 **21.** 125 **22.** $\frac{1}{36}$ **23.** 9.8 **24.** 100 **25.** 48 **26.** $8\frac{1}{3}$ **27.** 40 **28.** 79 **29.** 123 **30a.** 216 **b.** El área total se reduce a un cuarto de su valor anterior. **31.** 615 mi **32.** irracional **33.** racional **34.** irracional **35.** racional **36.** 10 **37.** 7 **38.** 5 **39.** números racionales, enteros **40.** números racionales **41.** números irracionales **42.** números racionales, números enteros no negativos, números naturales, enteros **43.** números racionales **44.** números racionales **45.** $-1\frac{4}{5}$, $-1\frac{2}{3}$, 1.6 **46.** -0.8, $\frac{7}{5}$, $\sqrt{3}$ **47.** $9w - 31$ **48.** −96 **49.** 0 **50.** $41 - 4t$ **51.** 1 **52.** sí **53.** no **54.** no **55.** no **56.** 5 **57.** −5 **58.** −9 **59.** 1.8 **60.** −144 **61.** 40 **62.** −3 **63.** −19 **64.** 3 **65.** −8 **66.** 60 **67.** 16 **68.** 12 **69.** −11 **70.** 19 **71.** −100 **72.** −56 **73.** 225 **74.** $-\frac{3}{10}$ **75.** $10x - 15$ **76.** $-14 + 2a$ **77.** $-\frac{1}{2}j + 4$ **78.** v^2 **79.** $6y - 6$ **80.** $\frac{3}{2}y - \frac{1}{4}$ **81.** $6 - 6y$ **82.** $y - 3$ **83.** $-\frac{1}{3}y + 6t$ **84.** $-2ab^2$ **85.** $2850 **86.** Sí, las partes variables de los términos son iguales. **87.** sí **88.** no **89.** no **90.** sí **91.** 10 **92.** entre 12 y 13 **93.** entre 2 y 3 **94.** entre 3 y 4 **95.** sí **96.** no **97.** no **98.** no **99.** *y* es 5 más que el producto de 10 y *x*; $y = 10x + 5$. 55, 65, 75

Capítulo 2

¡Prepárate!   p. 77

1. Las respuestas variarán. Ejemplo: Por cada césped que se corta, se ganan $7.50; $y = 7.50x$. **2.** Las respuestas variarán. Ejemplo: Se leen 30 páginas por hora; $y = 30x$. **3.** 3 **4.** −10 **5.** 8 **6.** −8 **7.** 7.14 **8.** 16.4 **9.** $-\frac{9}{20}$ **10.** $-\frac{7}{15}$ **11.** 17 **12.** −3 **13.** 576 **14.** −2.75 **15.** $16k^2$ **16.** $13xy$ **17.** $2t + 2$ **18.** $12x - 4$ **19.** Las respuestas variarán. Ejemplo: Las camisas pueden parecer iguales pero pueden tener diferentes medidas o colores; los triángulos tendrán la misma forma pero diferentes tamaños. **20.** Las respuestas variarán. Ejemplo: El modelo de barco tiene la misma forma pero es de menor tamaño que el barco real.

Lección 2-1   pp. 81–87

¿Comprendiste? 1a. −8 **b.** La prop. de resta de la igualdad establece que al restar el mismo número de cada lado de una ecuación se obtiene otra ecuación que es equivalente. **2a.** −6 **b.** 2 **3a.** $\frac{2}{3}$ **b.** −4.375 **4a.** 57 **b.** −72 **5a.** 16 **b.** Sí, al multiplicar cada lado de la segunda ecuación por el recíproco de $\frac{2}{3}$ se obtiene la primera ecuación. **6.** 6 meses

Comprobar la comprensión de la lección
1. −4 **2.** 13 **3.** $4\frac{4}{5}$ **4.** $\frac{1}{3}l = 117$; 351 páginas **5.** prop. de resta de la ig. **6.** prop. de div. de la ig. **7.** prop. de suma de la ig. **8.** prop. de mult. de la ig. **9.** Compruebe el trabajo de los estudiantes.
Ejercicios 11. 19 **13.** −9 **15.** 26 **17.** 7.5 **19.** 132 **21.** 13.5 **23.** 2 **25.** −4 **27.** −4 **29.** 0.16 **31.** 5 **33.** $-\frac{1}{2}$ **35.** 175 **37.** −117 **39.** 81 **41.** −34 **43.** 12 **45.** −25 **47.** 81 **49.** 24 **51.** p = población de la ciudad al comienzo del período de tres años; $p - 7525 = 581$, 600; 589,125 **53.** $4500 **55.** $-\frac{1}{21}$ **57.** $7\frac{1}{3}$ **59.** $31\frac{1}{4}$ **61.** $\frac{1}{3}$ **63.** 0.8 **65.** $2\frac{1}{2}$ **67.** −25 **69.** $-\frac{1}{2}$ **71.** Cada lado de la ecuación debe multiplicarse por 9, no por $\frac{1}{9}$; $(9)(-36) = (9)\left(\frac{x}{9}\right)$; por tanto, $x = -324$. **73.** 21 puntos directos **75.** 2450 letras **82.** 10,000 **83.** 52x **84.** 6 − x **85.** $m + 4$ **86.** 2 **87.** $\frac{25}{36}$ **88.** 1

Lección 2-2   pp. 88–93

¿Comprendiste? 1. 16 **2.** 56 avisos **3a.** 26
b. $6 = \frac{x}{4} - \frac{2}{4}$; 26; las respuestas variarán. Ejemplo: La ecuación de la parte (a) es más fácil porque usa menos fracciones.
4.
$$\frac{x}{3} - 5 + 5 = 4 + 5 \quad \text{Prop. de suma de la ig.}$$
$$\frac{x}{3} = 9 \quad \text{Usa la suma para simplificar.}$$
$$\frac{x}{3} \cdot 3 = 9 \cdot 3 \quad \text{Prop. de mult. de la ig.}$$
$$x = 27 \quad \text{Usa la multiplicación para simplificar.}$$

Comprobar la comprensión de la lección
1. −5 **2.** 63 **3.** −7 **4.** −13 **5.** $.62 **6.** prop. de resta de la ig. y prop. de mult. de la ig.; resta **7.** prop. de suma de la ig. y prop. de div. de la ig.; suma **8.** prop. de suma de la ig. y prop. de mult. de la ig.; suma **9.** prop. de resta de la ig. y prop. de div. de la ig.; resta **10.** Las respuestas variarán. Ejemplo: No, primero debes multiplicar ambos lados por 5 o escribir el lado izquierdo como la diferencia de dos fracciones y luego sumar $\frac{3}{5}$ a ambos lados.
Ejercicios 11. −12 **13.** −1 **15.** −2 **17.** −27 **19.** 126 **21.** −3 **23.** 16 cajas **25.** $1150 **27.** 29 **29.** −2 **31.** −8 **33.** 8 **35.** 6 **37.** −15 **39.** 2.7 **41.** 5 **43.** −3.8 **45.** 0.449 **47.**
$$15 - 9 = 9 - 3p - 9 \quad \text{Prop. de resta de la ig.}$$
$$6 = -3p \quad \text{Usa la resta para simplificar.}$$
$$\frac{6}{-3} = \frac{-3p}{-3} \quad \text{Prop. de div. de la ig.}$$
$$-2 = p \quad \text{Usa la división para simplificar.}$$
49.
$$9 + \frac{c}{-5} - 9 = -5 - 9 \quad \text{Prop. de resta de la ig.}$$
$$\frac{c}{-5} = -14 \quad \text{Usa la resta para simplificar.}$$
$$\frac{c}{-5} \cdot -5 = -14 \cdot -5 \quad \text{Prop. de mult. de la ig.}$$
$$c = 70 \quad \text{Usa la multiplicación para simplificar.}$$

51. Se debe sumar 4 a cada lado; $2x - 4 + 4 = 8 + 4$; por tanto, $2x = 12$ y $x = 6$. **53a.** 4 **b.** sí **c.** Las respuestas variarán. Ejemplo: El método usado en la parte (a) es más fácil porque no involucra fracciones. **55.** 10.5 **57.** 4 **59.** a aproximadamente 2 km **69.** 5 **70.** 3.8 **71.** 144 **72.** 6.5 **73.** falso; ejemplo: $|-5| - |2| \neq -5 - 2$ **74.** falso; ejemplo: $-4 + 1 = -3$, $|-4| = 4$ y $|-3| = 3$ **75.** $35 - 7t$ **76.** $4x - 10$ **77.** $-6 + 3b$ **78.** $10 - 25n$

Lección 2-3   pp. 94–100

¿Comprendiste? 1a. 6 **b.** 3 **2.** $14 **3a.** 6 **b.** Sí; primero se dividen ambos lados de la ecuación por 3. **4a.** $2\frac{14}{23}$ **b.** $2\frac{1}{6}$ **5.** 12.55

Comprobar la comprensión de la lección
1. $4\frac{11}{15}$ **2.** −7 **3.** 2 **4.** 2 **5.** 16 pies
6. Las respuestas variarán. Ejemplo: Resta 1.3 de cada lado y luego divide cada lado por 0.5. **7.** Las respuestas variarán. Ejemplo: Aplica la prop. distr., luego suma 28 a cada lado y divide cada lado por 21. **8.** Las respuestas variarán. Ejemplo: Multiplica cada lado por el común denominador 18 para eliminar las fracciones. Suma 72 a cada lado y luego divide por −4. **9.** Las respuestas variarán. Ejemplo: El método de Amelia; no requiere trabajar con fracciones hasta el final.
Ejercicios 11. $2\frac{6}{7}$ **13.** 6 **15.** $5\frac{4}{7}$ **17.** −10 **19.** $3x + 6x + 20 = 92$; $8 por h **21.** 6 **23.** 3.75 ó $3\frac{3}{4}$ **25.** $7\frac{3}{7}$ **27.** $\frac{1}{6}$ **29.** 9.75 ó $9\frac{3}{4}$ **31.** $\frac{7}{25}$ **33.** $2\frac{1}{3}$ **35.** $56\frac{5}{8}$ **37.** $\frac{1}{5}$ **39.** 3.5 **41.** 5 **43.** 4.27 **45.** $43\frac{3}{7}$ **47.** $3\frac{5}{16}$ **49.** 1.5 ó $1\frac{1}{2}$ **51.** 2 **53.** $6\frac{2}{3}$ **55.** $15 **57.** Las respuestas variarán. Ejemplo: Combina los términos semejantes del lado izquierdo de la ecuación. **59.** 3 partidos **61.** 25 **63.** 20 **65.** 4 semanas **72.** −5 **73.** 7 **74.** 4 **75.** prop. inv. de la suma **76.** prop. asoc. de la mult. **77.** prop. mult. del cero **78.** 3y **79.** −3y **80.** 0

Lección 2-4   pp. 102–108

¿Comprendiste? 1a. −4 **b.** La respuesta es la misma: −4. **2.** aproximadamente 27 meses **3a.** −5 **b.** 4 **4a.** infinitas soluciones **b.** sin solución
Comprobar la comprensión de la lección 1. 7 **2.** −3 **3.** infinitas soluciones **4.** sin solución **5.** 100 tarjetas comerciales **6.** C **7.** A **8.** B **9.** Si los valores numéricos son iguales de ambos lados, es una identidad. Si son distintos, no hay solución.
Ejercicios 11. −9 **13.** 6 **15.** −4 **17.** $-1\frac{3}{4}$ **19.** 22 pies **21.** 25 **23.** −37 **25.** 18 **27.** sin solución **29.** sin solución **31.** identidad **33.** $\frac{2}{63}$ **35.** −19 **37.** sin solución **39.** −9 **41a.** $\frac{d}{60}$ **b.** $\frac{d}{40}$ **c.** $\frac{d}{60} + 1 = \frac{d}{40}$; 120 mi; 48 mi/h **43.** Debe usarse la resta para aislar la variable, no la división por la variable. $2x = 6x$; por tanto, $0 = 4x$ y $x = 0$. **45.** 2 meses **47.** aproximadamente 857 botellas

49a. siempre **b.** a veces **c.** a veces **60.** 5 **61.** −6 **62.** 1
63. 0.9 m **64.** 22 **65.** 9 **66.** 11.2

Lección 2-5   pp. 109–114

¿Comprendiste? 1a. $\frac{4 + 5n}{2}$; −3; 2, 7
b. $y = 10$; $y = 4$ **2.** $x = \frac{-t - r}{p}$ **3.** 6 pulgs.
4. aproximadamente 55 días

Comprobar la comprensión de la lección 1.
$y = \frac{2x + 12}{5}$ **2.** $b = \frac{a + 10}{2}$ **3.** $x = \frac{p}{m + 2n}$
4. $F = \frac{9}{5}C + 32$ **5.** 40 yd **6.** ecuación literal **7.** ecuación
literal **8.** ambas **9.** ambas **10.** Las respuestas variarán.
Ejemplo: Ambos casos se parecen en que se aísla una
variable usando operaciones inversas. Se diferencian en que,
para aislar la variable en una ecuación con una variable, se
usan operaciones inversas solamente en los números. En
una ecuación literal, se usan operaciones inversas tanto en
las variables como en los números.

Ejercicios 11. $y = -2x + 5$; 7; 5; −1 **13.** $y = \frac{3x - 9}{5}$;
$-\frac{12}{5}$; $-\frac{9}{5}$; $-\frac{6}{5}$ **15.** $y = -\frac{5x - 4}{4}$; $-\frac{1}{4}$ $-\frac{3}{2}$; $-\frac{11}{4}$
17. $y = \frac{x + 4}{4}$; $\frac{1}{2}$; 2; $\frac{5}{2}$ **19.** $x = \frac{p}{m + n}$ **21.** $x = \frac{t}{r + s}$
23. $x = \frac{S - C}{C}$ **25.** $x = \frac{A - C}{Bt}$ **27.** $x = 2y - 4$
29. 4.5 pulgs. **31.** 7 cm **33.** 0.4 h **35.** $h = \frac{n}{7\ell}$; 8 pies
37. $x = \frac{ay}{b} + a$ **39.** $h = \frac{3V}{\pi r^2}$ **41.** $a = 2b - x$
43. −108.4 °F **45.** Se sumó 3 al lado izquierdo de la
ecuación en lugar de restar 3; $2m - 3 = -6n$,
$\frac{2m - 3}{-6} = n$. **47.** 5 cm³ **54.** 5 **55.** 3 **56.** −4 **57.** 3
58. identidad **59.** sin solución **60.** 147 **61.** −40
62. 567 **63.** 100 **64.** 3 **65.** $\frac{8}{5}$ **66.** $\frac{7}{45}$

Lección 2-6   pp. 118–123

¿Comprendiste? 1. No, la Tienda C sigue teniendo la
mejor oferta **2.** 12.5 m **3a.** alrededor de 442 m
b. aproximadamente 205 euros **4a.** aproximadamente 22
mi/h **b.** Sí; $\frac{60\text{ s}}{1\text{ min}} \cdot \frac{60\text{ min}}{1\text{ h}}$ es igual a $\frac{3600\text{ s}}{1\text{ h}}$.

Comprobar la comprensión de la lección
1. 8 roscas por $4.15 **2.** 116 oz **3.** 12 m **4.** $80\frac{2}{3}$ pies/s
5. No es una tasa por unidad. **6.** tasa por unidad **7.** No;
un factor de conversión es una razón de dos medidas
equivalentes en diferentes unidades y siempre es igual a 1.
8. Mayor; para la conversión se debe multiplicar por 16.
Ejercicios 9. Olga **11.** 189 pies **13.** 40 oz **15.** 240 s
17. aproximadamente 8.2 m **19.** 7900 centavos
21. aproximadamente 35 pulgs. **23.** 1.875 gals./h
25. 87 **27.** 150 **29.** 18 **31.** 0.5 mi **33.** 5 oz **35.** Receta
B **37.** Millas; kilómetros; los kilómetros se eliminan y
quedan las millas. **39.** 1580.82 RIN; 19.98 LB **41.** Las
respuestas variarán. Ejemplo: Es apropiado estimar el
tamaño a la pulgada más cercana porque la carpintera

deja una cantidad estimada, no una cantidad exacta, a
ambos lados de la televisión. **48.** 5 cm **49.** 15 pulgs.
50. 5 **51.** 6 **52.** 0.5 **53.** 3 **54.** 27 **55.** $\frac{1}{112}$ **56.** 20m
57. $\frac{2y}{7}$

Lección 2-7   pp. 124–129

¿Comprendiste? 1. 5.6 **2a.** 1.8 **3.** −5 **4.** 145.5 mg
Comprobar la comprensión de la lección 1. 4.8
2. 27 **3.** 3 **4.** 5 **5.** 6.75 h **6.** m y q **7.** n y p **8.** mq y np
9. Sí; ejemplo: Un método crea una ecuación usando el
hecho de que los productos cruzados son iguales, y el otro
método crea una ecuación equivalente usando la prop. de
mult. de la ig. para quitar los denominadores.
Ejercicios 11. −19.5 **13.** 4.2 **15.** 112.5 **17.** $16\frac{2}{3}$
19. 10 **21.** 14 **23.** $26\frac{2}{3}$ **25.** −15 **27.** 4.75 **29.** 11
31. $-6\frac{2}{3}$ **33.** −5 **35.** 8 docenas **37.** aproximadamente
17 personas **39.** $\frac{\$.07}{1\text{ kWh}} = \frac{\$143.32}{x\text{ kWh}}$; 2047.4 kWh **41.** al
mismo tiempo que tú **43.** 1.8 **45.** 2.7 **47.** 4.2 **49.** $-\frac{2}{3}$
51. No se distribuyó totalmente el 3 al multiplicar 3 y
$x + 3$; $16 = 3x + 9$, $7 = 3x$, $x = \frac{7}{3}$. **63.** 1.5 **64.** 7
65. 90 **66.** 190 **67.** sin solución **68.** $\frac{1}{5}$ **69.** identidad
70. $2\frac{4}{5}$ ó 2.8 **71.** $2\frac{2}{15}$ ó 2.1$\overline{3}$ **72.** $6\frac{2}{3}$ ó 6.$\overline{6}$ **73.** $\frac{3}{5}$ ó 0.6

Lección 2-8   pp. 130–136

¿Comprendiste? 1. 24 **2.** 30 pies
3a. aproximadamente 66 mi **b.** Escribe y resuelve la
proporción $\frac{2}{250} = \frac{1}{x}$; 1 pulg. representa 125 mi. **4.** 300 pies
Comprobar la comprensión de la lección
1a. 32.5 cm **b.** 1 : 2.5 **2.** 225 km **3.** El orden de las letras
de cada triángulo indica qué partes son correspondientes.
4a. sí **b.** no **c.** sí **5.** Las respuestas variarán. Ejemplo: No,
es mayor que 100 veces dado que 100 mi es más que 100
veces mayor que 1 pulg.
Ejercicios 7. $\angle F \cong \angle K$, $\angle G \cong \angle L$, $\angle H \cong \angle M$,
$\angle I \cong \angle N$, $\frac{FG}{KL} = \frac{GH}{LM} = \frac{HI}{MN} = \frac{FI}{KN}$ **9.** 40 **11.** 100
13. 37.5 km **15.** 225 km **17.** 67.5 pies
19. $6\frac{1}{2}$ pies $\times$ $2\frac{1}{2}$ pies **21.** no **23a.** El estudiante usó CJ
en lugar de AJ. **b.** $\frac{BC}{AJ} = \frac{GH}{FN}$ **25.** 39,304 veces **27.** Sí;
todos los cuadrados tendrán lados en proporción (de la
misma longitud), y las medidas de los $\angle$ correspondientes
son iguales (90°). **35.** 34 **36.** 4.5 **37.** −8 **38.** $-\frac{3}{5}$
39. 1.5 **40.** 8 **41.** 0.4 **42.** 0.25 **43.** 2.9

Lección 2-9   pp. 137–143

¿Comprendiste? 1. 60% **2.** 75%; las respuestas son
iguales. **3.** $3600 **4.** $41\frac{2}{3}$ **5.** 4 años
Comprobar la comprensión de la lección
1. 30% **2.** 120% **3.** 28 **4.** 48 **5.** $180 **6.** 100 **7.** $75

8. Las respuestas variarán. Ejemplo: ¿Qué porcentaje de 10 es 12?

Ejercicios 9. 20% **11.** 62.5% **13.** $41\frac{2}{3}$% **15.** 36
17. 13 **19.** 16 **21.** $52 **23.** 400 **25.** 22.5 **27.** $22\frac{2}{3}$
29. $108 **31.** parte; 5.04 **33.** parte; 142.5 **35.** porcentaje;
$1333\frac{1}{3}$ **37.** 66,000 mi^2 **39.** 16 **41.** 75 **43.** B **45.** 121%;
cuesta más producir una moneda de 1¢ que el valor de la
moneda. **47.** Los valores de a y b están invertidos;
$\frac{3}{1.5} = \frac{p}{100}$, $1.5p = 300$, $p = 200\%$. **49.** $181 **51.** $29\frac{1}{6}$%
57. 14.4 cm **58.** 18 latas **59.** $c = 1.75 + 2.4\left(m - \frac{1}{8}\right)$;
$2\frac{5}{8}$ mi **60.** 1250% **61.** 0.6 **62.** 175%

Lección 2-10   pp. 144–150

¿Comprendiste? 1. aproximadamente 32%
2. aproximadamente 17% **3.** aproximadamente 16%
4. 65.5 pulgs. y 66.5 pulgs. **5.** Sería más pequeño dado
que la medida de cada dimensión está más cerca del valor
real de cada dimensión.
Comprobar la comprensión de la lección
1. aproximadamente 2% **2.** aproximadamente 61%
3. 7.25 pies y 7.75 pies **4a.** disminución porcentual
b. disminución porcentual **c.** aumento porcentual
5. 0.05 m **6.** Un aumento porcentual implica un aumento
de la cantidad original y una disminución porcentual
implica una disminución de la cantidad original.
Ejercicios 7. aumento; 50% **9.** disminución; 7%
11. disminución; 4% **13.** aumento; 54% **15.** aumento; 27%
17. aproximadamente 55% **19.** aproximadamente 13%
21. 1.05 kg; 1.15 kg **23.** aproximadamente 28% **25.** 175%
de aumento **27.** 42% de disminución **29.** 39% de aumento
31. 48.75 m^2; 63.75 m^2 **33.** 505.25 pies^2; 551.25 pies^2
37. La cantidad original es 12, no 18; $\frac{18 - 12}{12} = \frac{6}{12} =$
$0.5 = 50\%$. **39.** 12.63 **45.** $66\frac{2}{3}$% **46.** 64.75 **47.** 21
48–51.

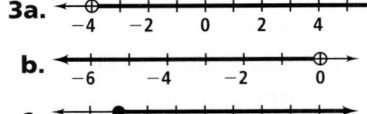

$-3, -2.8, \frac{1}{2}, 2$

Repaso del capítulo   pp. 153–156

1. operaciones inversas **2.** identidad **3.** tasa **4.** escala
5. productos cruzados **6.** −7 **7.** 7 **8.** 14 **9.** 65 **10.** 3.5
11. −4 **12.** −5 **13.** −8 **14.** $6.50 **15.** prop. de suma
de la ig.; simplifica; prop. de div. de la ig.; simplifica.
16. 11 **17.** 8 **18.** −7.5 **19.** $3\frac{18}{85}$ **20.** 28 **21.** 14.7
22. $4h + 8h + 50 = 164$; $9.50
23. $37b + 8.50b + 14.99 = 242.49$; 5 boletos
24. −90 **25.** 7.2 **26.** identidad **27.** sin solución
28. $8h = 16 + 6h$; 8 pies **29.** $\frac{d}{65} = \frac{d}{130} + 3$; 390 mi
30. $x = \frac{-c}{a + b}$ **31.** $x = -t - r$ **32.** $x = \frac{m - p}{5}$

33. $x = \frac{pqs}{p + q}$ **34.** 40 cm **35.** 15 mm **36.** 16 pulgs.
37. 78 pulgs. **38.** 71 oz **39.** 2.25 min **40.** 3960 yd
41. 240 panes **42.** aproximadamente 6 lb **43.** $\frac{5}{11}$ s ó
aproximadamente 0.45 s **44.** 21 **45.** −4 **46.** 1.6 **47.** 21
48. 39 **49.** −1 **50.** 12 pulgs. **51.** 42 pulgs. **52.** 300%
53. 108 **54.** 170 **55.** 60 semillas **56.** 30% **57.** 72
estudiantes **58.** aumento; 11% **59.** disminución; 20%
60. disminución; 11% **61.** aumento; 32%
62. aproximadamente 47% **63.** aproximadamente 39%
64. Sí; 50% de 38° es 19° y 38° + 19° = 57°.

Capítulo 3

¡Prepárate!   p. 161

1. > **2.** = **3.** > **4.** < **5.** 7 **6.** −4 **7.** 1 **8.** 2 **9.** 3
10. −12 **11.** 32.4 **12.** 23 **13.** 29.5 **14.** −28 **15.** −12
16. 48 **17.** 5 **18.** −24 **19.** −10 **20.** 1.85 **21.** −24
22. −2 **23.** 3 **24.** 60 **25.** −4 **26.** 3 **27.** $\frac{1}{2}$ **28.** 2.5
29. 4.1 **30.** 24 **31.** Las respuestas variarán. Ejemplo: Se
unen dos desigualdades. **32.** Las respuestas variarán.
Ejemplo: La parte que dos grupos de objetos tienen en
común.

Lección 3-1   pp. 164–170

¿Comprendiste? 1a. $p \geq 1.5$ **b.** $t + 7 < -3$ **2a.** 1 y
3 **b.** La solución de la ecuación es −2. La solución de la
desigualdad son todos los números reales mayores que −2.
3a.

-4 −2 0 2 4

b.

-6 −4 −2 0

c.

2 3 4 5 6 7 8 9 10

4a. $x < -3$ **b.** $x \geq 0$ **5.** No, la velocidad sólo puede ser
números reales no negativos.

Comprobar la comprensión de la lección
1. $y \geq 12$ **2a.** no **b.** no **c.** sí **d.** sí
3.

-6 −4 −2 0 2

4. $x \leq -3$
5. Sustituye la variable por el número y simplifica. Si el
número hace que la desigualdad sea verdadera, entonces es
una solución de la desigualdad. **6.** Las respuestas variarán.
Ejemplo: $x \geq 0$, números enteros, el puntaje de un equipo
de béisbol durante una entrada, la cantidad de centímetros
cúbicos de líquido en un vaso de laboratorio de química;
$x > 0$, números para contar, la longitud de un cartel, la
distancia en cuadras entre tu casa y un parque
Ejercicios 9. $b < 4$ **11.** $\frac{k}{9} > \frac{1}{3}$ **13a.** sí **b.** no **c.** sí
15a. sí **b.** no **c.** no **17.** D **19.** A
21.

0 2 4 6 8

23.

-7 −5 −3 −1 0

25.

-4 −3 −2 −1 0 1 2 3 4

27.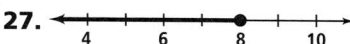
4 6 8 10

29. $x > -4$ **31.** $x \geq 2$ **33.** $x \geq 5$ **35.** Sea $p =$ la cantidad de personas sentadas; $p \leq 172$. **37.** Sea $w =$ la cantidad de vatios del foco; $w \leq 75$. **39.** Sea $d =$ la cantidad de dinero ganado; $d > 20{,}000$. **43.** $x \leq 186{,}000$ **45.** b es mayor que 0. **47.** z es mayor que o igual a 25.6. **49.** 21 es mayor que o igual a m. **51.** 2 menos que g es menor que 7. **53.** r más que 6 es mayor que -2. **55.** 1.2 es mayor que k. **57.** Las respuestas variarán. Ejemplo: *No más de* significa "es menor que o igual a", dado que la cantidad no puede ser mayor que el número dado. *No menos de* significa "es mayor que o igual a", dado que la cantidad no puede ser menor que el número dado. **59.** $998 > 978$; por tanto, Opción A > Opción B. **69.** aumento; 20% **70.** disminución; 10% **71.** disminución; 67% **72.** 44 **73.** $-\frac{5}{24}$ **74.** -3 **75.** $-1\frac{3}{7}$ **76.** 11 **77.** -2 **78.** -11 **79.** $-\frac{1}{9}$

Lección 3-2   pp. 171–177

¿Comprendiste? 1. $n < 2$
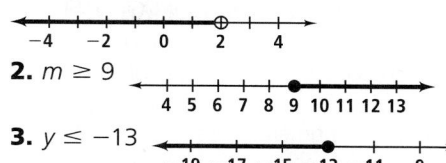
-4 -2 0 2 4

2. $m \geq 9$
4 5 6 7 8 9 10 11 12 13

3. $y \leq -13$
-19 -17 -15 -13 -11 -9

4a. $p \geq 8$ **b.** Sí. El símbolo $\geq$ puede usarse para representar las 3 frases.

Comprobar la comprensión de la lección
1. $p < 5$
-2 0 2 4 6

2. $d \leq 10$
4 6 8 10 12

3. $y < -12$
-16 -15 -14 -13 -12 -11

4. $c > 3$
1 2 3 4 5 6

5. $p \leq 524$ **6.** Suma o resta el mismo número de cada lado de la desigualdad. **7a.** Resta 4 de cada lado. **b.** Suma 1 a cada lado. **c.** Resta 3 de cada lado. **d.** Suma 2 a cada lado. **8.** Se parecen en que en cada lado de las desigualdades se está sumando o restando 4. Se diferencian en que una desigualdad suma 4 y la otra resta 4.

Ejercicios 9. 6 **11.** 3.3
13. $y > 13$
11 13 15 17 19 21

15. $c < -4$
-8 -6 -4 -2 0 2

17. $t \geq -3$
-3 -2 -1 0 1

19. $p > 12$
10 12 14 16 18

21. $f > \frac{1}{3}$
0 1 2 3

23. $r < 0$
-4 -2 0 2 4 6

25. $s < 4.7$
4.7
2 3 4 5 6

27. $c < 1\frac{3}{7}$
$1\frac{3}{7}$
-1 0 1 2 3

29. 3 **31.** 4.2

33. $x \leq 5$
1 3 5 7

35. $c > -7$
-9 -7 -5 -3

37. $a \geq -1$
-1 0 1 2

39. $n > -2\frac{2}{3}$
$-2\frac{2}{3}$
-4 -3 -2 -1

41. $d \geq -1$
-2 -1 0 1 2

43. $3 + 4 + m \geq 10$; $m \geq 3$ **45.** Suma 4 a cada lado. **47.** Suma $\frac{1}{2}$ a cada lado. **49.** sí

51.
51	
17	x

53.
$\vdash$-3-$\vdash$------13------------$\dashv$	
m

55. $d \leq 2$ **57.** $-4\frac{4}{5} > p$ **59.** $-1.2 > z$ **61.** $p > 12$ **63.** $h \geq -\frac{7}{8}$ **65.** $5\frac{7}{16} \geq m$ **67a.** sí **b.** No; en la primera desigualdad, r es mayor que o igual a la cantidad. En la segunda desigualdad, r es menor que o igual a la cantidad. **c.** En la parte (a), son ecuaciones con una sola solución. En la parte (b), como la relación de desigualdad es diferente, no hay relación entre las dos desigualdades. **69.** Las respuestas variarán. Ejemplo: 94, 95 ó 96. **71.** La gráfica debería estar coloreada a la derecha, no a la izquierda.

-3 -2 -1 0 1

73a. No; la solución debe ser $a \geq 8.6 - 3.2$, ó $a \geq 5.4$. **b.** Las respuestas variarán. Ejemplo: Otros números por los que no sustituye a también podrían ser soluciones de la desigualdad. **75.** al menos $88.74 **85.** Sea $c =$ la distancia en millas que migra el colibrí; $c > 1850$. **86.** Sea $p =$ la longitud en pies del pulpo; $p \leq 18$. **87.** 72 **88.** -1 **89.** 0.56 **90.** 20 **91.** $-\frac{15}{22}$ **92.** -24

Lección 3-3   pp. 178–183

¿Comprendiste? 1. $c > 2$
-4 -2 0 2 4 6

2. $n > 3$
0 1 2 3 4 5

3a. 1, 2, 3 ó 4 cajas **b.** $\frac{75}{4.50} = 16\frac{2}{3}$, pero no puedes pasear $\frac{2}{3}$ de perro. Si redondeas hacia abajo a 16, sólo ganarías \$72. Por tanto, redondea a 17.

4. $x < 2$

Comprobar la comprensión de la lección 1. D
2. B **3.** A **4.** C **5a.** La multiplicación por -2; es la operación inversa de la división por -2. **b.** La suma de 4; es la operación inversa de la resta de 4. **c.** La división por -6; es la operación inversa de la multiplicación por -6.
6. No se invirtió el símbolo de desigualdad al multiplicar por un negativo.
$-5\left(-\frac{n}{5}\right) < -5(2)$, $n < -10$

Ejercicios

9. $p < 32$

11. $v \leq -3$

13. $x \geq -3$

15. $m \leq 0$

17. $m < 2$

19. $m \geq 2$

21. $c > 6$

23. $z > -3$

25. $b \leq -\frac{1}{6}$

27. $h > -13$

29. $q \leq 9$

31. no más de 66 mensajes de texto **33–35.** Las respuestas variarán. Se dan ejemplos. **33.** -5, -4, -3, -2
35. -6, -5, -4, -3 **37.** Multiplica cada lado por -4 e invierte el símbolo de desigualdad. **39.** Divide cada lado por 5. **41.** -2 **43.** 4 **45.** A veces; ejemplo: Es verdadero cuando $x = 4$ y $y = 0.5$, pero es falso cuando $x = 4$ y $y = -2$. **47.** A veces; ejemplo: Es verdadero cuando $x = 4$ y $y = 2$, pero es falso cuando $x = 0$ y $y = 2$.
49. al menos 0.08 mi por min

51. $3(-1) \geq 3\left(\frac{t}{3}\right)$ Prop. mult. de la desig.
      $-3 \geq t$ Simplifica.

53. $2(0.5) \leq 2\left(\frac{1}{2}c\right)$ Prop. mult. de la desig.
       $1 \leq c$ Simplifica.

55. $5\left(\frac{n}{5}\right) \leq 5(-2)$ Prop. mult. de la desig.
      $n \leq -10$ Simplifica.

57. $-\frac{7}{5}(1) > -\frac{7}{5}\left(-\frac{5}{7}s\right)$ Prop. mult. de la desig.
      $-\frac{7}{5} > s$ Simplifica.

59. Si compras los sándwiches y las bebidas más caras, el

costo es $3(7) + 3(2) = 27$, con lo que quedan \$3. Si compras el refrigerio más caro, la cantidad mínima de refrigerios que puedes comprar es 1. Si compras los sándwiches y las bebidas más baratas, el costo es $3(4) + 3(1) = 15$, con lo que quedan \$15. Si compras el refrigerio más barato, la cantidad máxima de refrigerios que puedes comprar es 15. **61.** $x < 20$, $x < 30$, $x < 40$, . . . ; cualquier desigualdad que siga a la que tiene a a como solución. Esto es porque cada desigualdad que sigue tiene las mismas soluciones que las desigualdades anteriores, con más valores como soluciones. **68.** $x \leq -11$
69. $y \geq 13.6$ **70.** $q < 5$ **71.** $-\frac{1}{4} > c$ **72.** $-1 < b$
73. $y \leq 75$ **74.** 2 **75.** -2 **76.** 1

Lección 3-4   pp. 186–192

¿Comprendiste? 1a. $a \geq -4$ **b.** $n < 3$ **c.** $x < 25$
2. cualquier ancho mayor que 0 pies y menor que o igual a 6 pies **3.** $m \leq -3$ **4a.** $b > 3$ **b.** Las repuestas variarán. Ejemplo: Sumar 1 a cada lado. Con esto, los términos constantes quedarían juntos a un lado de la desigualdad. **5a.** sin solución **b.** todos los números reales
Comprobar la comprensión de la lección 1. $a > 2$
2. $t \leq 5$ **3.** $z < 13$ **4.** sin solución **5.** mayor que 0 cm y menor que o igual a 8 cm **6.** Los términos variables se cancelan entre sí, lo que da como resultado una desigualdad falsa. **7.** Sí, cada lado puede primero dividirse por 2. **8.** No, no hay solución, dado que -6 no es mayor que sí mismo. Si el símbolo de desigualdad fuera $\geq$, tu amigo tendría razón.
Ejercicios 9. $f \leq 3$ **11.** $y > -2$ **13.** $r \geq 3.5$
15. $5v \geq 250$; $v \geq 50$ mph **17.** $k \geq 1$ **19.** $j < -1$
21. $z < 9$ **23.** $x < 3$ **25.** $f \leq 6$ **27.** $m \geq -5$
29. todos los números reales **31.** todos los números reales
33. todos los números reales **35.** $x \geq -4$ **37.** $t \geq \frac{9}{5}$
39. $n \geq -2$ **41.** $a \geq 0.5$ **43.** $k \leq \frac{13}{6}$ **45.** 5.5 h
47. D **49a.** $v \geq 4$ **b.** $4 \leq v$ **c.** Son equivalentes.
51. al menos \$3750 **53.** Se restó $3y$ de cada lado en lugar de sumarse a cada lado; $7y \leq 2$, $y \leq \frac{2}{7}$. **62.**
$m \leq -4$ **63.** $y \geq -8$ **64.** $y > -20$ **65.** $t \geq -3$
66. números enteros no negativos **67.** números naturales
68. enteros

Lección 3-5   pp. 194–199

¿Comprendiste? 1. $N = \{2, 4, 6, 8, 10, 12\}$;
$N = \{x \mid x$ es un número natural par, $x \leq 12\}$
2. $\{n \mid n < -3\}$ **3a.** $\{\,\}$ ó $\varnothing$, $\{a\}$, $\{b\}$, $\{a, b\}$, $\{\,\}$, ó $\varnothing$, $\{a\}$, $\{b\}$, $\{c\}$, $\{a, b\}$, $\{a, c\}$, $\{b, c\}$, $\{a, b, c\}$ **b.** Sí; cada elemento del conjunto A es parte del conjunto B, dado que $-3 < 0$.
4. $A' = \{$febrero, abril, junio, septiembre, noviembre$\}$
Comprobar la comprensión de la lección
1. $G = \{1, 3, 5, 7, 9, 11, 13, 15, 17\}$; $G = \{x \mid x$ es un número natural impar, $x < 18\}$ **2.** $\{d \mid d \leq 3\}$ **3.** $\{\,\}$ ó $\varnothing$, $\{4\}$, $\{8\}$, $\{12\}$, $\{4, 8\}$, $\{4, 12\}$, $\{8, 12\}$, $\{4, 8, 12\}$ **4.** $I' = \{$primavera, verano, otoño$\}$ **5.** A; su complemento es el conjunto de todos los elementos del conjunto universal

que no están en A'. **6a.** Sí; el conjunto vacío es un subconjunto de todos los conjuntos. **b.** No; el número 5 del primer conjunto no es un elemento del segundo conjunto. **c.** Sí; el elemento del primer conjunto también es un elemento del segundo conjunto. **7.** a veces **8.** El estudiante olvidó que 0 también es un número entero no negativo.

Ejercicios 9. $\{0, 1, 2, 3\}$; $\{m \mid m$ es un entero, $-1 < m < 4\}$ **11.** $\{1, 2, 3, 4, 5, 6, 7, 8, 9, 10\}$; $\{p \mid p$ es un número natural, $p < 11\}$ **13.** $\{y \mid y \geq 4\}$ **15.** $\{m \mid m > -5\}$ **17.** $\{p \mid p \geq 1\}$ **19.** $\{\}$ ó $\varnothing$, $\{a\}$, $\{e\}$, $\{i\}$, $\{o\}$, $\{a, e\}$, $\{a, i\}$, $\{a, o\}$, $\{e, i\}$, $\{e, o\}$, $\{i, o\}$, $\{a, e, i\}$, $\{a, e, o\}$, $\{a, i, o\}$, $\{e, i, o\}$, $\{a, e, i, o\}$ **21.** $\{\}$ ó $\varnothing$, $\{$perro$\}$, $\{$gato$\}$, $\{$pez$\}$, $\{$perro, gato$\}$, $\{$perro, pez$\}$, $\{$gato, pez$\}$, $\{$perro, gato, pez$\}$ **23.** $\{\}$ ó $\varnothing$, $\{1\}$ **25.** $\{1, 4, 5\}$ **27.** $\{\ldots, -4, -2, 0, 2, 4, \ldots\}$ **29.** $A' = \{$martes, miércoles, jueves, sábado$\}$ **31.** Falso; algunos elementos de U no son elementos de B **33.** Verdadero; el conjunto vacío es un subconjunto de todos los conjuntos. **35.** $M = \{m \mid m$ es un entero impar, $1 \leq m \leq 19\}$ **37.** $G = \{g \mid g$ es un entero$\}$ **39.** $\{$Mercurio, Venus, Tierra$\}$ **41.** $\{\}$ ó $\varnothing$ **43.** $\{x \mid x \leq 0\}$ **45.** $\{\}$ ó $\varnothing$ **47.** $T' = \{x \mid x$ es un entero, $x \leq 0\}$ **49.** 1 **58.** $b > 8$ **59.** $t \leq 5$ **60.** $z < 13$ **61.** 6 **62.** -3 **63.** 3

64.

65.

66.

Lección 3-6   pp. 200–206

¿Comprendiste?

1a. $-4 \leq x < 6$

b. $x \leq 2\frac{1}{2}$ ó $x > 6$

c. x está *entre* -5 y 7 no incluye -5 ni 7. *Inclusive* significa que -5 y 7 están incluidos.

2. $\frac{2}{3} < y < 6$

3. Las respuestas variarán. Ejemplo: No, para obtener una B, el promedio de las 4 pruebas debe ser al menos 84. Si x es la calificación de la 4.ª prueba, $\frac{78 + 78 + 79 + x}{4} \geq 84$, $235 + x \geq 336$ y $x \geq 101$, lo cual es imposible.

4. $y > 3$ ó $y \leq -2$

5a. $-2 < x \leq 7$

b. $(7, \infty)$

Comprobar la comprensión de la lección

1. $0 \leq x < 8$

2. $1 \leq r < 4$

3. $85 \leq x \leq 100$ **4.** $x \leq 6$; $(-\infty, 6]$ **5.** A, C y D

6. Las respuestas variarán. Ejemplo: El corchete indica que un número específico es parte de la solución. El símbolo ∞ significa que los números continúan y no terminan. Por tanto, debe seguir un paréntesis.

7. $x \leq 7$ ó $x > 7$; $(-\infty, \infty)$ **8.** La gráfica de una desigualdad compuesta con la palabra *y* contiene la superposición de las gráficas que forman la desigualdad. La gráfica de una desigualdad compuesta con la palabra *o* contiene las dos gráficas que forman la desigualdad.

Ejercicios 9. $-5 < x < 7$

11. $-7 < k < 5$

13. $2 < p \leq 5$

15. $3\frac{3}{4} < x < 8\frac{1}{2}$

17. $b < -1$ ó $b > 2$

19. $d \geq 2$ ó $d < 2$

21. $y \leq -2$ ó $y \geq 5$

23. $x \leq 2$

25. $x \leq -1$ ó $x > 3$

27. $(-2, \infty)$

29. $(-\infty, -2)$ ó $[1, \infty)$

31. $(1, 6]$ **33.** $(-\infty, -5)$ ó $[5, \infty)$ **35.** $-3 < x < 4$ **37.** $3 \leq x < 6$ **39.** $2\frac{2}{3} \leq v \leq 6$ **41.** $-4\frac{1}{12} \leq w < 12\frac{1}{4}$ **43.** $4 < x < 14$ **45.** cualquier longitud mayor que 6 pies y menor que 36 pies **47.** cualquier longitud mayor que 11 m y menor que 23 m **49.** cualquier número real excepto 4 **56.** $\{\}$ ó $\varnothing$, $\{1\}$, $\{3\}$, $\{5\}$, $\{7\}$, $\{1, 3\}$, $\{1, 5\}$, $\{1, 7\}$, $\{3, 5\}$, $\{3, 7\}$, $\{5, 7\}$, $\{1, 3, 5\}$, $\{1, 3, 7\}$, $\{1, 5, 7\}$, $\{3, 5, 7\}$, $\{1, 3, 5, 7\}$ **57.** $B' = \{1, 2, 3, 5, 7, 15\}$ **58.** no **59.** $\frac{1}{3} < b$ **60.** $n \leq 3$ **61.** $7 \geq r$ **62.** $=$ **63.** $>$ **64.** $>$

Lección 3-7   pp. 207–213

¿Comprendiste? 1. $n = 3$ y $n = -3$

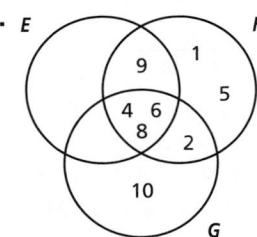

2. $x = 3$ ó $x = -\frac{7}{3}$ **3.** sin solución **4.** $x \geq 0.5$ ó $x \leq -4.5$

$$-8 \quad -6 \quad -4 \quad -2 \quad 0 \quad 2$$

5a. $|p - 32| \leq 0.05$; $31.95 \leq p \leq 32.05$ **b.** No; 213 es parte de la expresión de valor absoluto. No puedes sumar 213 hasta después de haber escrito la desigualdad de valor absoluto como una desigualdad compuesta.

Comprobar la comprensión de la lección

1. $x = 5$ ó $x = -5$

$$-5 \quad 0 \quad 5$$

2. $n = 7$ ó $n = -7$

$$-7 \quad 0 \quad 7$$

3. $t = 3$ ó $t = -3$

$$-3 \quad 0 \quad 3$$

4. $-2 < h < 8$

$$-2 \quad 0 \quad 2 \quad 4 \quad 6 \quad 8$$

5. $x \leq -3$ ó $x \geq -1$

$$-4 \quad -3 \quad -2 \quad -1 \quad 0 \quad 1$$

6. 2; hay dos valores en una recta numérica que están a la misma distancia de 0. **7.** El valor absoluto no puede ser igual a un número negativo porque la distancia con respecto a 0 en una recta numérica debe ser no negativa. **8.** Las respuestas variarán. Ejemplo: En la ecuación, se iguala a 2 y −2. En la primera desigualdad, se establece que es ≤ 2 y ≥ −2. En la segunda desigualdad, se establece que es ≥ 2 ó ≤ −2.

Ejercicios 9. $b = -\frac{1}{2}$ ó $b = \frac{1}{2}$

$$-1 \quad -\frac{1}{2} \quad 0 \quad \frac{1}{2} \quad 1$$

11. $n = 4$ ó $n = -4$

$$-4 \quad -2 \quad 0 \quad 2 \quad 4$$

13. $x = 8$ ó $x = -8$

$$-8 \quad -4 \quad 0 \quad 4 \quad 8$$

15. $m = 3$ ó $m = -3$

$$-4 \quad -2 \quad 0 \quad 2 \quad 4$$

17. $r = 13$ ó $r = 3$ **19.** $g = -1$ ó $g = -5$ **21.** sin solución **23.** $v = 6$ ó $v = 0$ **25.** $f = 1.5$ ó $f = -2$ **27.** $y = 3$ ó $y = 0$ **29.** sin solución **31.** sin solución

33. $-5 < x < 5$

$$-10 \quad -5 \quad 0 \quad 5 \quad 10$$

35. $y \leq -11$ ó $y \geq -5$

$$-13 \quad -11 \quad -9 \quad -7 \quad -5 \quad -3$$

37. $4 \leq p \leq 10$

$$2 \quad 4 \quad 6 \quad 8 \quad 10 \quad 12$$

39. $t < -3$ ó $t > \frac{7}{3}$

$$-3 \qquad \frac{7}{3}$$
$$-4 \quad -2 \quad 0 \quad 2 \quad 4 \quad 6$$

41. $t \leq -2.4$ ó $t \geq 4$

$$-2.4$$
$$-4 \quad -2 \quad 0 \quad 2 \quad 4 \quad 6$$

43. $-4 \leq v \leq 5$

$$-4 \quad -2 \quad 0 \quad 2 \quad 4 \quad 6$$

45. $-11 \leq f \leq 2$

$$-11 \qquad 2$$
$$-12 \quad -8 \quad -4 \quad 0 \quad 4 \quad 8$$

47. cualquier longitud entre 89.95 cm y 90.05 cm inclusive **49.** $d = 9$ ó $d = -9$ **51.** sin solución **53.** $y = 3.4$ ó $y = -0.6$ **55.** $c = 8.2$ ó $c = -0.2$ **57.** $-6\frac{1}{4} < n < 6\frac{1}{4}$ **59.** $-8 < m < 4$ **61.** 49 °F $\leq T \leq$ 64 °F **63.** $t = 4\frac{4}{9}$ s y $17\frac{7}{9}$ s **65.** $-1 \leq y + 7 \leq 1$, $-8 \leq y \leq -6$ **67.** Las respuestas variarán. Ejemplo: Estar a más de 1 unidad de −5 en una recta numérica significa que $x + 5 > 1$ ó $x + 5 < -1$. **69a.** entre 193.74 g y 209.26 g, inclusive **b.** Sí; las respuestas variarán. Ejemplo: Algunas monedas de 5¢ podrían pesar más y otras podrían pesar menos, y su promedio podría ser la cantidad oficial. **71.** $|x| < 4$ **73.** $|x - 6| > 2$ **75.** entre 89.992 mm y 90.008 mm, inclusive **88.** $-282 \leq e \leq 20{,}320$ **89.** $36.9 \leq T \leq 37.5$ **90.** $2x + 10$ **91.** $-3y + 21$ **92.** $4\ell + 5$ **93.** $-m + 12$ **94.** $A = \{x \mid x$ es un número entero no negativo, $x < 10\}$ **95.** $B = \{x \mid x$ es un entero impar, $1 \leq x \leq 7\}$ **96.** $C = \{-14, -12, -10, -8, -6\}$ **97.** $D = \{8, 9, 10, 12, 14, 15, 16\}$

Lección 3-8   pp. 214–220

¿Comprendiste? 1a. $P = \{0, 1, 2, 3, 4\}$; $Q = \{2, 4\}$; $P \cup Q = \{0, 1, 2, 3, 4\}$ **b.** Las respuestas variarán. Ejemplo: Si $B \subseteq A$, entonces $A \cup B$ contendrá los mismos elementos que A. **2a.** $A \cap B = \{2, 8\}$ **b.** $A \cap C = \varnothing$ **c.** $C \cap B = \{5, 7\}$ **3.** A y E **4.** 10 **5a.** $\{x \mid x \geq 3\} \cap \{x \mid x < 6\}$ **b.** $\{x \mid x < -2\} \cup \{x \mid x > 5\}$

Comprobar la comprensión de la lección 1. $X \cup Y = \{1, 2, 3, 4, 5, 6, 7, 8, 9, 10\}$ **2.** $X \cap Y = \{2, 4, 6, 8, 10\}$ **3.** $X \cap Z = \varnothing$ **4.** $Y \cup Z = \{1, 2, 3, 4, 5, 6, 7, 8, 9, 10\}$ **5.** 31 personas **6.** $A \cup B$ contiene más elementos porque contiene todos los elementos de ambos conjuntos. **7.** La unión de conjuntos es el conjunto que contiene todos los elementos de cada conjunto. La intersección de conjuntos es el conjunto de los elementos que son comunes a cada conjunto. **8.** verdadero **9.** falso

Ejercicios 11. $A \cup C = \{1, 2, 3, 4, 5, 7, 10\}$ **13.** $B \cup C = \{0, 2, 4, 5, 6, 7, 8, 10\}$ **15.** $C \cup D = \{1, 2, 3, 5, 7, 9, 10\}$ **17.** $A \cap C = \varnothing$ **19.** $B \cap C = \{2\}$ **21.** $C \cap D = \{5, 7\}$

23.

25. 10 niñas **27.** $\{x \mid x > -3\} \cap \{x \mid x < \frac{19}{3}\}$ **29.** $\{w \mid w \leq -\frac{3}{4}\} \cup \{w \mid w \geq 1\}$ **31.** $\{x \mid x < -7\} \cup \{x \mid x > 21\}$ **33.** $W \cup Y \cup Z = \{0, 2, 3, 4, 5, 6, 7, 8\}$ **35.** $W \cap X \cap Z = \{6\}$ **37.** 62 pacientes **39.** $A \cap B = A$ **41.** $\{(\pi, 2), (\pi, 4), (2\pi, 2), (2\pi, 4), (3\pi, 2), (3\pi, 4),$

$(4\pi, 2), (4\pi, 4)\}$ **43.** {(reducir, plástico), (reutilizar, plástico), (reciclar, plástico)} **49.** $x = 4$ ó $x = -4$ **50.** $n = 2$ ó $n = -2$ **51.** $f = 2$ ó $f = 8$ **52.** $y = \frac{4}{3}$ ó $y = -\frac{8}{3}$ **53.** $-5 \le d \le 5$ **54.** $x \le -4$ ó $x \ge 10$ **55.** $w < -15$ ó $w > 9$ **56.** $x = \frac{4}{3}$ ó $x = -\frac{4}{3}$ **57.** sí **58.** no **59.** sí

60–63.

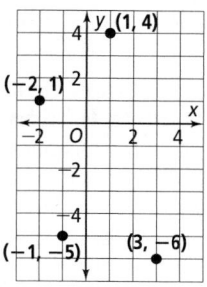

Repaso del capítulo   pp. 222–226

1. notación por extensión **2.** unión **3.** conjunto vacío **4.** solución de una desigualdad **5.** desigualdades equivalentes

6.

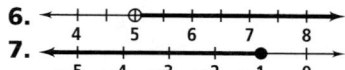

7.

8.

9.

10. $x > 5$ **11.** $x \le -2$ **12.** $x > -5.5$ **13.** $w > 6$

14. $v < 10$

15. $-12 < t$

16. $n \ge \frac{5}{4}$

17. $8.6 \le h$

18. $q > -2.5$

19. $4.25 + x \le 15.00$; $x \le 10.75$

20. $x < 3$

21. $t < -3$

22. $y \le 6$

23. $h > -24$

24. $g > 4$

25. $n \le 15$

26. $d \ge 16\frac{13}{27}$

27. $m > -1\frac{67}{171}$

28. $7.25h \ge 200$; al menos 28 horas completas
29. $k \ge -0.5$ **30.** $c < -2$ **31.** $t < -6$ **32.** $y \le -56$
33. $x < 2\frac{2}{3}$ **34.** $x \le -13$ **35.** $a \le 5.8$ **36.** $w > 0.35$
37. $200 + 0.04v \ge 450$; $v \ge 6250$ **38.** { } ó $\varnothing$, {s}, {s, t}
39. { } ó $\varnothing$, {5}, {10}, {15}, {5, 10}, {5, 15}, {10, 15}, {5, 10, 15}
40. $A = \{0, 2, 4, 6, 8, 10, 12, 14, 16\}$; $A = \{x \mid x$ es un número entero no negativo par menor que 18\}
41. $B' = \{1, 3, 5, 7\}$ **42.** $-2\frac{1}{2} \le d < 4$
43. $-1.5 \le b < 0$ **44.** $t \le -2$ ó $t \ge 7$ **45.** $m < -2$ ó $m > 3$ **46.** $2 \le a \le 5$ **47.** $6.5 > p \ge -4.5$
48. $65 \le t \le 88$ **49.** $y = 3$ ó $y = -3$ **50.** $n = 2$ ó $n = -6$ **51.** $r = 1$ ó $r = -5$ **52.** sin solución
53. $-3 \le x \le 3$ **54.** sin solución **55.** $x < 3$ ó $x > 4$
56. $k < -7$ ó $k > -3$ **57.** cualquier longitud entre 19.6 mm y 20.4 mm, inclusive **58.** $A \cup B = A$

59.   **60.** $N \cap P = \{x \mid x$ es un múltiplo de 6\} **61.** 5 gatos

Capítulo 4

¡Prepárate!   p. 231

1. -7 **2.** -18 **3.** 2 **4.** -1

5.

Edades de Bob y de su perro (años)										
Edad del perro	0	1	2	3	4	5	6	7	8	9
Edad de Bob	9	10	11	12	13	14	15	16	17	18

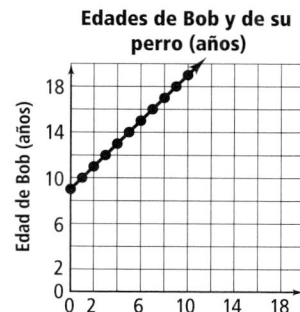

Edades de Bob y de su perro (años)

$B = 9 + p$, donde B es la edad de Bob y p es la edad de su perro.

6.

Cantidad de vueltas por minuto de Susana										
Cantidad de minutos	0	1	2	3	4	5	6	7	8	9
Cantidad de vueltas	0	1.5	3	4.5	6	7.5	9	10.5	12	13.5

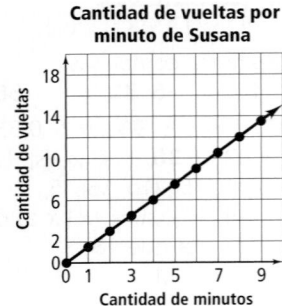

Cantidad de vueltas por minuto de Susana

$v = 1.5m$, donde m es la cantidad de minutos y v es la cantidad de vueltas.

7.

Costo total por cartones de huevos										
Cantidad de cartones	0	1	2	3	4	5	6	7	8	9
Costo total (dólares)	0	3	6	9	12	15	18	21	24	27

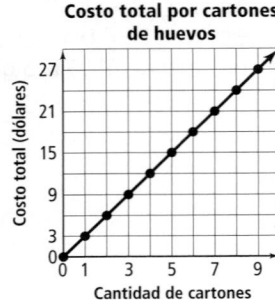

Costo total por cartones de huevos

$C = 3n$, donde C es el costo y n es la cantidad de cartones.

8–11.

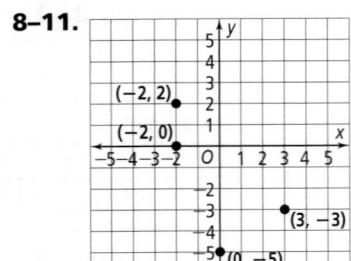

12. -3 **13.** 66 **14.** 6 **15.** 4 **16.** 0, -4 **17.** 3, 7
18. sin solución **19.** $\frac{11}{2}$, $\frac{3}{2}$ **20.** Su valor se basa en el primer valor. **21.** 4 **22.** No hay interrupciones en la gráfica.

Lección 4-1   pp. 234–239

¿Comprendiste? 1a. Tiempo, longitud; la longitud de la tabla permanece constante por un tiempo hasta que se corta otro pedazo. **b.** Tiempo, costo; el costo permanece constante por una determinada cantidad de minutos. **2.** C

3a. Las respuestas variarán. Ejemplo:

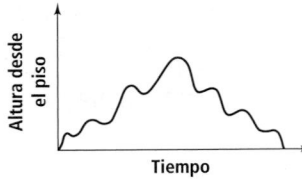

b. El final de la gráfica descendería abruptamente.
Comprobar la comprensión de la lección 1. Peso del carro, combustible que usa; cuanto más pesado es el carro, más combustible usa. **2.** La temperatura aumenta levemente en las primeras 2 h y luego disminuye en las siguientes 4 h. **3.** aumentar lentamente: B; constante: C; disminuir rápidamente: D **4.** Las respuestas variarán. Ejemplo: La profundidad del agua en el lecho de un arroyo a lo largo del tiempo
Ejercicios 5. Cantidad de libras, costo total; a medida que aumenta la cantidad de libras, sube el costo total, al principio rápidamente y luego en forma más lenta.
7. Área pintada, cantidad de pintura en la lata; cuanto más pintas, menor es la cantidad de pintura que queda en la lata. Estás usando la pintura a una tasa constante. **9.** A
11. Las respuestas variarán. Ejemplo:

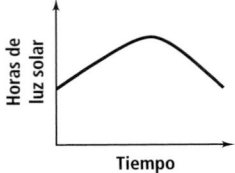

13. Las respuestas variarán. Ejemplo:

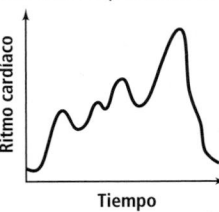

15. La gráfica que se muestra representa la relación entre la cantidad de camisetas y el costo por camiseta, no el costo total.

17. No, no son iguales. Tu velocidad en la telesilla es constante. Tu velocidad de descenso no lo es.

a.

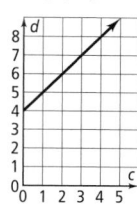

b.

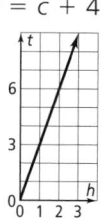

24. $\{-3, -1, 1, 3, 4, 5, 7, 9\}$ **25.** $\{1\}$
26. $\{-1, 1, 3, 4, 5, 7, 9, 12\}$ **27.** $\{1, 4\}$

28.

Edad de Connie	Edad de Donald
0	4
1	5
2	6
3	7

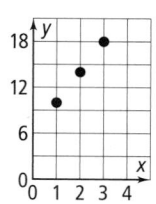

$d = c + 4$

29.

Tiempo (horas)	Cantidad de tarjetas
0	0
1	3
2	6
3	9

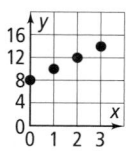

$t = 3h$

Lección 4-2
pp. 240–245

¿Comprendiste? 1.

Cantidad de triángulos	1	2	3	4
Perímetro	10	14	18	22

Multiplica la cantidad de triángulos por 4 y suma 6; $y = 4x + 6$.

2a. Sí, el valor de y es 8 más que el doble del valor de x; $y = 2x + 8$.

b. No, el valor de entrada 1 tiene más de un valor de salida.

Comprobar la comprensión de la lección

1a.

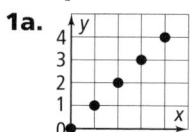

y aumenta 1 cada vez que x aumenta 1.

b.

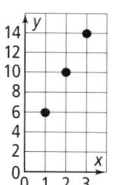

Cada vez que x aumenta 1, y disminuye 2.

c.

x es 3 para cualquier valor de y.

2.

Cantidad de cuadrados	1	2	3	4	10	30	n
Perímetro	4	6	8	10	22	62	$2n + 2$

3. independiente: cantidad de veces que te cepillas los dientes; dependiente: cantidad de pasta de dientes. **4.** a y b son funciones porque por cada valor de entrada hay un solo valor de salida, pero c no es una función porque hay más de un valor de salida para el valor de entrada 3.
5. No; la gráfica no es una recta.

Ejercicios

7.

Cantidad de hexágonos	1	2	3
Perímetro	6	10	14

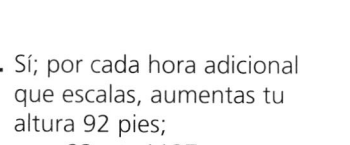

Multiplica la cantidad de hexágonos por 4 y suma 2; $y = 4x + 2$.

9. Empieza con -3 y suma 5 por cada vez que x aumenta 1; $y = 5x - 3$.

11. Sí; por cada hora adicional que escalas, aumentas tu altura 92 pies; $y = 92x + 1127$.

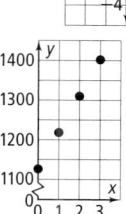

13. Sí; por cada 17 mi recorridas, la cantidad de gasolina en el tanque disminuye 1 galón; $y = -\frac{1}{17}x + 11.2$.

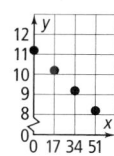

15. $y = \frac{8}{5}x$, donde x es la cantidad de galones de agua y y es la cantidad de cucharaditas de fertilizante. Para calcular la cantidad de polvo necesaria para preparar un determinado volumen, usa la ecuación $x = \frac{5}{8}y$.

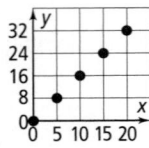

x	y
0	0
5	8
10	16
15	24
20	32

Sí, porque hay un solo valor de y por cada valor de x.

17. El engranaje A dará 1/2 giro por 1 giro completo del engranaje B; $y = \frac{1}{2}x$.

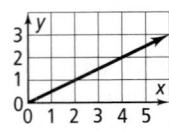

25.

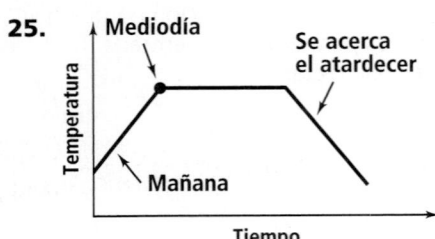

26.

Cantidad de *hot dogs*	Cantidad de sobres
0	0
1	2
2	4
3	6

$y = 2x$

27.

Tu lugar	El lugar de tu amigo
0	3
1	4
2	5
3	6

$y = x + 3$

Lección 4-3   pp. 246–251

¿Comprendiste?

1a. 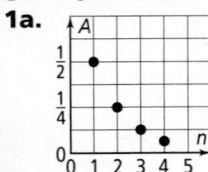   no lineal

b. No; siempre puedes multiplicar un número por $\frac{1}{2}$. El denominador de la fracción aumentará cada vez más; por tanto, el valor de la fracción se acercará a 0 pero nunca lo alcanzará. **2.** La cantidad de ramas es 3 elevado a la potencia x; $y = 3^x$; 81, 243.

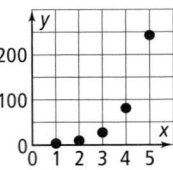

3. $y = x^2$

Comprobar la comprensión de la lección

1. 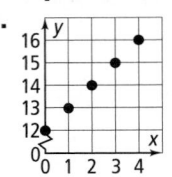   lineal

2. $y = 3x - 2$ **3.** C **4a.** función lineal **b.** función no lineal **5.** Sólo los primeros dos pares se ajustan a esta regla. La regla que se ajusta a todos los pares es $y = x^2 + 1$.

Ejercicios

7. 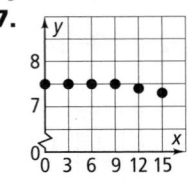   **9.**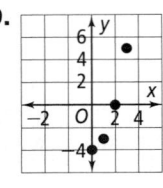

no lineal   no lineal

11. 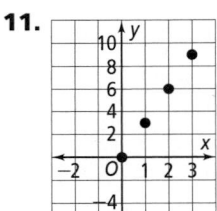   lineal

13. $y = 4x^2$ **15.** $y = 2x^3$ **17.** Independiente: r, dependiente: V; el volumen depende de la longitud del radio. **19.** Sea $y =$ la cantidad de bolsas y $y = 6\pi r^2$; 3 bolsas; 4 bolsas; 5 bolsas.

26. El valor de y es 3 más que el doble de x; $y = 2x + 3$.

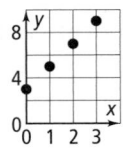

27. −24, −3, 14.5 **28.** −11, 1, 11 **29.** −18, 0, −12.5

Lección 4-4

pp. 253-259

¿Comprendiste?

1.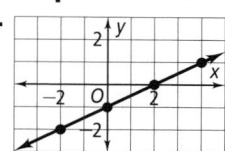

2a.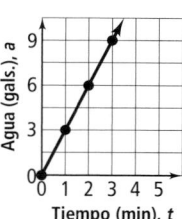

b. 700 lb; cuando $g = 0$, la piscina está vacía, y $P = 700$.

3a.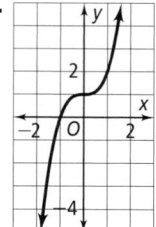

Continua, porque puedes tener cualquier cantidad de agua.

b.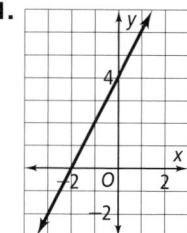

Discreta, porque sólo puedes tener un número entero no negativo de boletos.

4.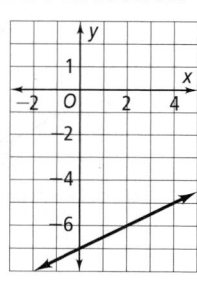

Comprobar la comprensión de la lección

1.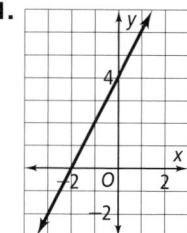

2.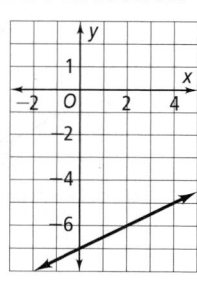

3.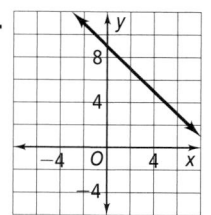

4.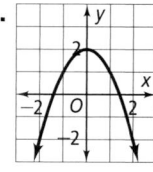

5a.

n	h
1	19.5
2	21
3	22.5
4	24
5	25.5
6	27
7	28.5
8	30

b.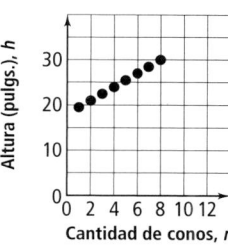

6. discreta **7.** continua **8.** La gráfica no debe ser discreta; une los puntos con una recta para que la gráfica sea continua.

Ejercicios

9.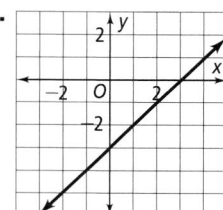

11.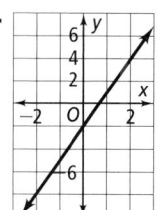

13.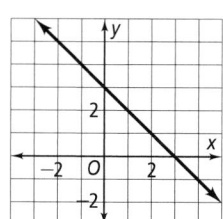

15.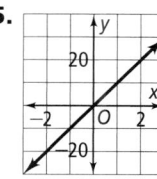

17.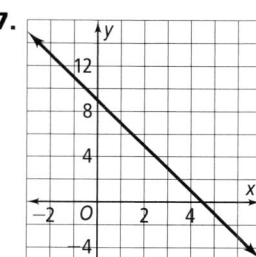

19.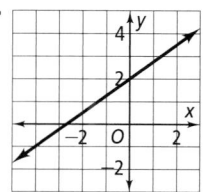

21.

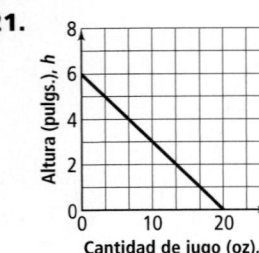

Después de beber 20 oz de jugo, la altura es 0; por tanto, el intervalo $0 \le j \le 20$ tiene sentido. La altura va de $0 \le h \le 6$; continua, porque puedes tener jugo en cualquier cantidad.

23.

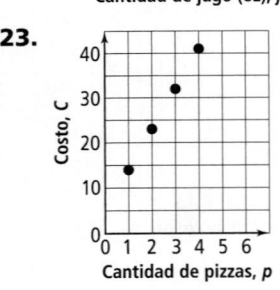

La cantidad de pizzas puede ser cualquier número entero no negativo, excepto cero; por tanto, $0 < p$. 1 pizza cuesta \$14, por tanto $14 \le C$.

25.

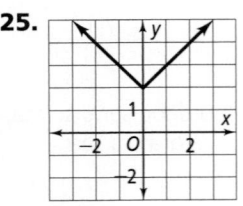

27.

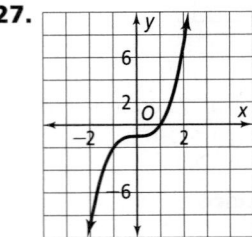

29.

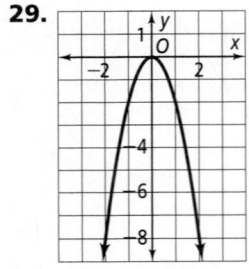

31.

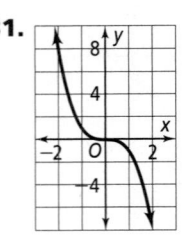

33. No; la gráfica sí es continua respecto de los valores apropiados de d y t.

35.

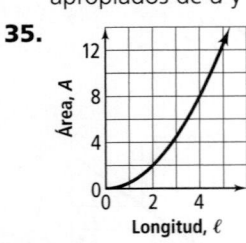

Continua; las longitudes y áreas pueden ser cualquier número.

37a.

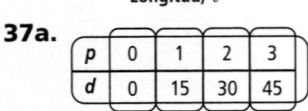

p	0	1	2	3
d	0	15	30	45

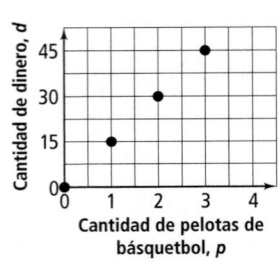

Discreta; sólo puedes tener números enteros no negativos de pelotas de básquetbol. **b.** 8 **39.** entre 2 y 3 s
46. no lineal **47.** lineal **48.** −2, 12 **49.** −7, 1 **50.** 1, 13
51. −31, 9 **52.** sin solución **53.** −4, 4 **54.** −2, 4
55. sin solución **56.** −3, 1 **57.** Sea x = la cantidad de conos comprados por \$4. Entonces $14 = 4x − 2$; 4.
58. Sea x = el costo de cada yarda de mantillo. Entonces $200 = 35 + 5x$; \$33.

Lección 4-5   pp. 262–267

¿Comprendiste? 1. $D = 50{,}000 + 420m$
2a. $C = 12 + 15n$; \$162 **b.** No; acortar la estadía sólo reduce a la mitad el costo diario, no el costo del baño.
3a. $A = b^2 + 2b$; 288 pulgs.^{2}
b.

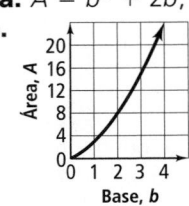

La gráfica no es una recta.

Comprobar la comprensión de la lección

1. $C = 3.57l$ **2.** $p = \frac{h}{12}$ **3.** $y = x + 2$ **4.** $V = (d + 1)^3$
5. dependiente: a; independiente: b **6.** No puedes sumar hoyos y minutos. La regla correcta es $t = 15n$.
7. Continua; la longitud del lado y el área pueden ser cualquier número real positivo.

Ejercicios 9. $C = 8 + \frac{1}{2}n$ **11.** $\frac{h}{3} + 2.5 = w$
13. $p = 6.95 + 0.95s$ **15.** $a = 8 - \frac{1}{6}t$
17. $p = -10 - 50t$; −160 pies **19.** $A = \frac{3}{2}h + \frac{5}{2}h^2$;
99 cm^2 **21.** $A = 3a^2 - 2a$; 8 pies^2 **23.** Las respuestas variarán. Ejemplo: La regla cubre todos los valores, mientras que la tabla sólo representa algunos de los valores.
25. $p = -3.5 - 108m$; −435.5 m
27a.

Costo de la comida	\$15	\$21	\$24	\$30
Dinero que queda	\$37.75	\$30.85	\$27.40	\$20.50

b. $d = 55 - 1.15c$
c.

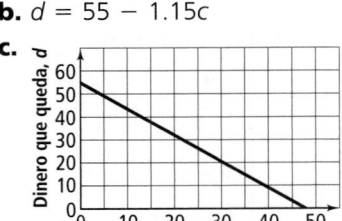

29a. $d = 1.8a$ **b.** No; la sala no es lo suficientemente ancha. **c.** $6\frac{2}{3}$ pies

37.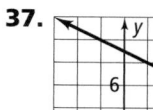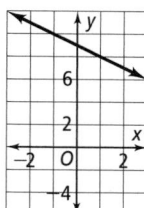

38.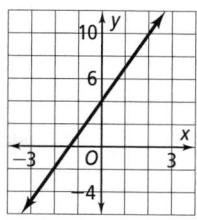

39.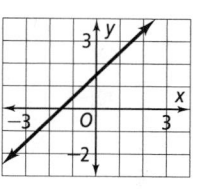

40.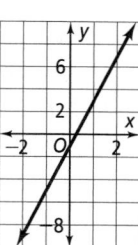

41.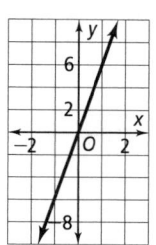

42.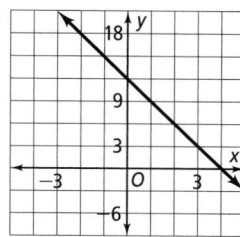

43. 132 oz **44.** 4.5 m **45.** 51 pies **46.** 1.5 min
47. 9 días **48.** 9500 m **49.** −36 **50.** 21 **51.** 111.6
52. −9 **53.** 14 **54.** 1 **55.** $\frac{5}{3}$ **56.** $\frac{21}{16}$

Lección 4-6   pp. 268–273

¿Comprendiste? 1a. dominio: {4.2, 5, 7}; rango:
{0, 1.5, 2.2, 4.8}

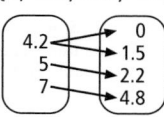   No es una función.

b. dominio: {−2, −1, 4, 7}; rango: {1, 2, −4, −7}

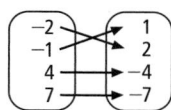   función

2a. función **b.** No es una función. **3.** 1500 palabras
4. {−8, 0, 8, 16} **5a.** dominio: 0 ≤ c ≤ 7, rango:
0 ≤ A(c) ≤ 700 **b.** La cantidad mínima de pintura que
puedes usar es 0 cuartos. La cantidad máxima de pintura
que puedes usar es 3 cuartos.

Comprobar la comprensión de la lección
1. dominio: {−2, −1, 0, 1}, rango: {3, 4, 5, 6}

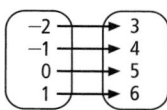   función

2. sí **3.** 9 **4.** {−2, −1, 0, 1, 2} **5.** f(x) = 2x + 7
6. Las respuestas variarán. Ejemplo: Pueden usarse ambos
métodos para determinar si hay más de un valor de salida
para cualquier valor de entrada dado. Un diagrama de
correspondencia no representa una función si algún valor
del dominio corresponde a más de un valor del rango.
Una gráfica no representa una función si no pasa la
prueba de recta vertical. **7.** No; existe una recta vertical
que se interseca con la gráfica en más de un punto; por
tanto, la gráfica no representa una función.
Ejercicios 9. dominio {1, 5, 6, 7}, rango {−8, −7, 4, 5};
sí **11.** dominio {0, 1, 4}, rango {−2, −1, 0, 1, 2};
no **13.** No es una función. **15.** función **17.** $11
19. {−39, −7, 1, 5, 21} **21.** {−7, −2, −1, 3}
23. 0 ≤ t ≤ 16, 0 ≤ V(t) ≤ 1568

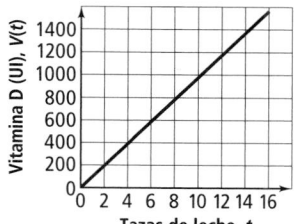

25. función; dominio: {−4, −1, 0, 3}, rango: {−4}
27. 5; si f(a) = 26, entonces, 6a − 4 = 26 y a = 5.
29a. c es la variable independiente y g es la variable
dependiente. **b.** Sí; para cada valor de c, hay un solo
valor de g. **c.** g = 5c − 34 **d.** 0 ≤ c ≤ 40, 0 ≤ g ≤ 166
31. función **33.** No es una función. **35.** Una recta
horizontal es una función porque cada valor de x tiene un
solo valor de y; una recta vertical no es una función porque
el valor de x está asociado a más de un valor de y.
45. l = 5h + 7 **46.** c = 4.5m + 10
47a. el tiempo y la distancia

b.

Viaje a la montaña

48. 9, 12, 15, 18 **49.** 8, 15, 22, 29
50. 0.4, −2.6, −5.6, −8.6

Lección 4-7   pp. 274–279

¿Comprendiste? 1a. Suma 6 al término anterior; 29, 35.
b. Multiplica el término anterior por $\frac{1}{2}$; 25, 12.5.
c. Multiplica el término anterior por −2; 32, −64.
d. Suma 4 al término anterior; 1, 5. **2a.** No es una
progresión aritmética. **b.** progresión aritmética; 2
c. progresión aritmética; −6 **d.** No es una progresión

aritmética. **3a.** $A(n) = 100 - (n - 1)1.75$; $73.75 **b.** 57
Comprobar la comprensión de la lección 1. Suma
8 al término anterior; 35, 43. **2.** Multiplica el término
anterior por -2; 48, -96. **3.** No es una progresión
aritmética. **4.** progresión aritmética; 9 **5.** $A(n) = 9 -$
$2(n - 1)$; -3 **6.** -6; el patrón es "suma -6 al término
anterior". **7.** Evalúa $A(n) = 4 + (n - 1)8$
cuando $n = 10$; $A(10) = 4 + (10 - 1)8 = 76$.
8. Sí; $A(n) = A(1) + (n - 1)d = A(1) + nd - d$ por la
propiedad distributiva.
Ejercicios 9. Suma 7 al término anterior; 34; 41.
11. Suma 4 al término anterior; 18, 22. **13.** Suma -2 al
término anterior; 5, 3. **15.** Suma 1.1 al término anterior;
5.5, 6.6. **17.** Multiplica el término anterior por 2; 72, 144.
19. No es una progresión aritmética. **21.** No es una
progresión aritmética. **23.** sí; 1.3 **25.** No es una
progresión aritmética. **27.** sí; -0.5 **29.** No es una
progresión aritmética. **31.** $A(n) = 50 - 3.25(n - 1)$;
$11 **33.** 2, 12, 47 **35.** 17, 33, 89 **37.** -2, 8, 43
39. -3.2, -5.4, -13.1 **41.** Sí; la diferencia común es
-4; $A(n) = -3 + (n - 1)(-4)$. **43.** No; no hay diferencia
común. **45.** Sí; la diferencia común es -0.8; $A(n) = 0.2 +$
$(n - 1)(-0.8)$. **47.** Las respuestas variarán. Ejemplo:
$A(n) = 15 + 2(n - 1)$ **49.** 350, 325, 300, 275, 250,
225; debes $225 después de 6 semanas.
51a. 1, 6, 15, 20, 15, 6, 1 **b.** 1, 2, 4, 8, 16; 64
53a. 11, 14 **b.**

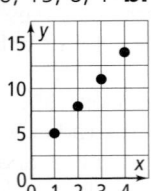

c. Todos los puntos están
en una recta.

61. {12, 4.8, 0, -4, -40} **62.** {13, 5.8, 1, -3, -39}
63. {27, 4.32, 0, 3, 300} **64.** {-2.5, 8.84, 11, 9.5, -139}
65. {-19, -2.8, 8, 17, 98}
66. {-7.25, -5.9, -5, -4.25, 2.5}
67. 480 gals./h **68.** 132 pies/s **69.** $6

Repaso del capítulo   pp. 281–284

1. variable independiente **2.** lineal **3.** discreta **4.** rango
5. Las respuestas variarán. Ejemplo:

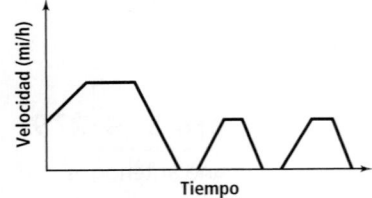

6. Las respuestas variarán. Ejemplo:

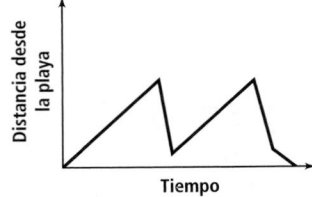

7. Sillas pintadas, pintura en la
lata; cada vez que p aumenta 1,
L disminuye 30; $L = 128 - 30p$.

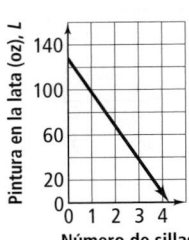

8. Bocaditos comprados, costo
total; por cada bocadito
adicional, el costo total
aumenta 3;
$C = 18 + 3b$.

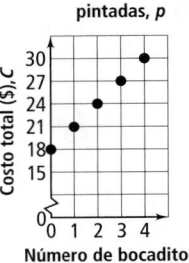

9. Independiente n, dependiente A;
la altitud es 311 más que 15
veces el número de tramos de
escalera subidos;
$A = 15n + 311$.

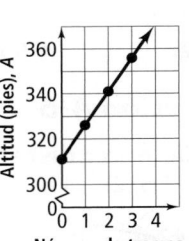

10.

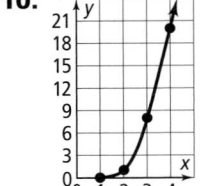

no lineal

11.

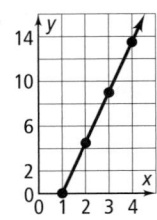

lineal

12.

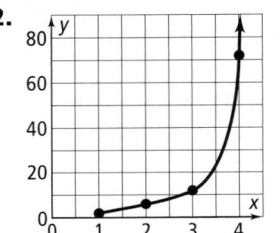

no lineal

868

13. lineal

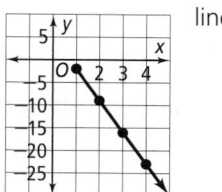

14.

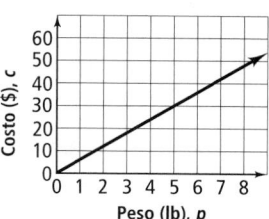

Es continua porque p puede ser cualquier valor no negativo.

15.

Es discreta porque el número de veces debe ser un número entero no negativo.

16.

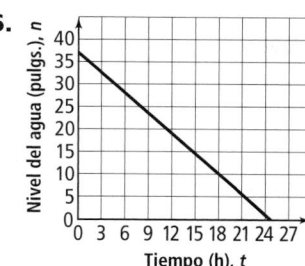

Es continua porque t puede ser cualquier valor no negativo.

17.

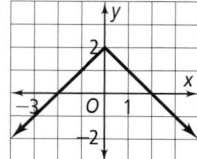

18. $V = 243 - 0.2p$ **19.** $C = 200 + 45h$ **20.** No es una función. **21.** función **22.** -4; 6 **23.** 53; 33
24. $\{7.2, 1.12, -4.2, -34.6\}$ **25.** Multiplica el término anterior por 5; 625, 3125. **26.** Suma -3 al término anterior; $-14, -17$. **27.** Suma 2.5 al término anterior; 14, 16.5.
28. Multiplica el término anterior por -2; 32, -64.
29. aritmética; 1.2 **30.** aritmética; 10 **31.** No es una progresión aritmética. **32.** No es una progresión aritmética.

Capítulo 5

¡Prepárate! p. 289

1. sí **2.** no **3.** sí **4.** $y = \frac{1}{2}x + 2$ **5.** $y = 3x - 2$
6. $y = -x - 2$ **7.** barco **8.** planta de frijoles
9.

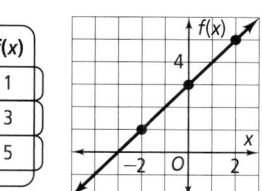

x	$f(x)$
-2	1
0	3
2	5

10.

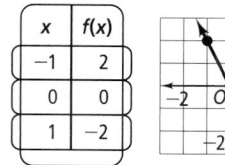

x	$f(x)$
-1	2
0	0
1	-2

11.

x	$f(x)$
0	-4
2	-2
4	0

12. $A(n) = 2 + (n - 1)3$ **13.** $A(n) = 13 + (n - 1)(-3)$
14. $A(n) = -3 + (n - 1)2.5$ **15.** la inclinación de la recta
16. Dos rectas son paralelas si están en el mismo plano y no se intersecan. **17.** Un intercepto en y es la coordenada y del punto donde la recta cruza el eje de las y.

Lección 5-1 pp. 292–298

¿Comprendiste? 1. Sí; la tasa de cambio es constante. **2a.** $\frac{2}{5}$ **b.** $-\frac{1}{3}$ **c.** sí **3.** $-\frac{4}{3}$ **4a.** indefinida **b.** 0
Comprobar la comprensión de la lección 1. Sí; la tasa de cambio entre dos puntos cualesquiera es la misma.
2. $-\frac{1}{5}$ **3.** $-\frac{5}{3}$ **4.** Pendiente; la pendiente es la razón del cambio vertical al cambio horizontal. **5.** 0; la pendiente de una recta horizontal es 0. **6.** Las respuestas variarán. Ejemplo: Ambos métodos dan el mismo resultado. Necesitas la gráfica para contar las unidades de cambio. Necesitas las coordenadas de los puntos para usar la fórmula de la pendiente. **7.** El estudiante calculó la razón del cambio horizontal al cambio vertical, pero la pendiente es la razón del cambio vertical al cambio horizontal; $\frac{1}{2}$.
Ejercicios 9. Sí; 1; hay un pan por cada *hot dog*.
11. -2 **13.** 4 **15.** $\frac{3}{4}$ **17.** 1 **19.** -1 **21.** $\frac{7}{10}$ **23.** 0
25. 0 **27.** positiva; 9 **29.** positiva; 12 **31.** independiente: cantidad de personas; dependiente: costo; \$12/persona
33. 0 **35.** 0 **37.** -0.048352 **39.** caballo; ratón **41.** \$2050 por mes **43.** 6 **45.** 4 **47.** 3

49a. 5 **b.**

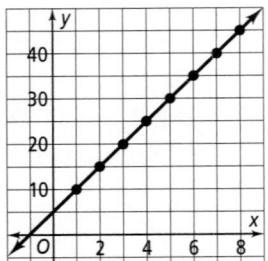

c. La pendiente es igual a la diferencia común.
62. 5, 9, 21 **63.** 1, 13, 49 **64.** 15, 21, 39 **65.** {2, 4}
66. {3} **67.** {8} **68.** {2, 3, 4, 5, 6, 7, 8, 10} **69.** {1, 2, 3, 4, 5, 7, 8} **70.** 7.5 **71.** 20 **72.** 5 **73.** −10 **74.** 81

Lección 5-2   pp. 299–304

¿Comprendiste? 1. sí; $-\frac{4}{5}$ **2.** $y = -5x$; 75

3a. $y = 0.166x$

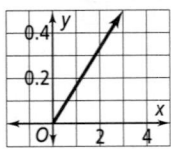

b. 0.38; la pendiente es el coeficiente del término x.
4. sí; $y = -0.75x$

Comprobar la comprensión de la lección

1. sí; 3 **2.** $y = 10x$ **3.** 30 pastelitos **4.** sí; $y = -\frac{1}{2}x$
5. siempre **6.** nunca **7.** a veces **8.** Sí; si $q = kp$,
entonces $p = \frac{1}{k}q$, que es una variación directa con
una constante de variación $\frac{1}{k}$.
Ejercicios 9. no **11.** sí; −2 **13.** sí; $\frac{7}{3}$ **15.** $y = -5x$;
−60 **17.** $y = \frac{5}{2}x$; 30 **19.** $y = 2.6x$; 31.2

21. 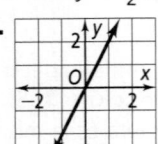 **23.**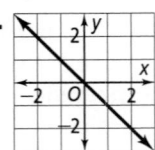

25. $d = 10.56t$

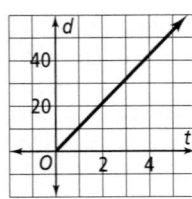

27. sí; $y = -1.5x$ **29.** no

31. $y = -20x$ **33.** $y = 6x$

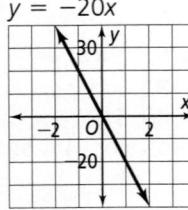 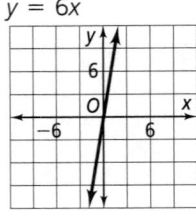

35a. 48 voltios **b.** 0.75 ohmios **37.** No; a medida que la velocidad aumenta, el tiempo disminuye. **39.** No; a medida que la cantidad de artículos que compras aumenta, la cantidad de dinero que te queda disminuye. **41.** y no varía directamente con x porque $y \neq 0$ cuando $x = 0$.
43a. $\frac{2}{5}$ **b.** $y = \frac{2}{5}x$; 52 lb **52.** 1 **53.** 0 **54.** 6 **55.** $-\frac{5}{3}$
56. 15 **57.** −11 **58.** 6 **59.** −7

Lección 5-3   pp. 306–312

¿Comprendiste? 1a. $-\frac{1}{2}, \frac{2}{3}$ **b.** La gráfica se mueve 3 unidades hacia abajo; la ecuación de la recta cambia a $y = -\frac{1}{2}x + \frac{2}{3} - 3 = -\frac{1}{2}x - \frac{7}{3}$. **2.** $y = \frac{3}{2}x - 1$
3a. $y = -x + 2$ **b.** No; la pendiente es constante; por tanto, es igual entre dos puntos cualesquiera de la recta.
4. $y = \frac{1}{2}x - \frac{7}{2}$

5a. 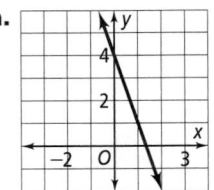 **b.**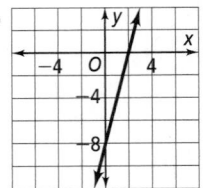

6. $y = 35x + 65$

Costo de una reparación

Comprobar la comprensión de la lección

1. $y = 6x - 4$ **2.** $y = -x + 1$
3.

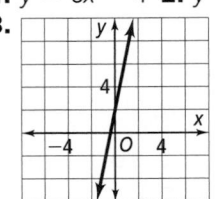

4. Sí; es una recta horizontal con un intercepto en y de 5.
5. A veces; las respuestas variarán. Ejemplo: $y = 3x$ representa una variación directa, pero $y = 3x + 1$ no representa una variación directa. **6.** Las respuestas variarán. Ejemplo: Puedes marcar los puntos o puedes usar la forma pendiente-intercepto para marcar el intercepto en y y luego usar la pendiente para hallar el segundo punto.
Ejercicios 7. 3, 1 **9.** 2, −5 **11.** 5, −3 **13.** 0, 4
15. $\frac{1}{4}, -\frac{1}{3}$ **17.** $y = 3x + 2$ **19.** $y = 0.7x - 2$
21. $y = -2x + \frac{8}{5}$ **23.** $y = 2x - 3$ **25.** $y = -2x + 4$
27. $y = \frac{5}{2}x - \frac{1}{2}$ **29.** $y = -x + 2$ **31.** $y = \frac{1}{2}x$
33. $y = -\frac{5}{7}x + \frac{5}{7}$ **35.** $y = 1.15x + 9.2$

37.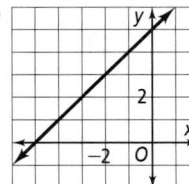

39.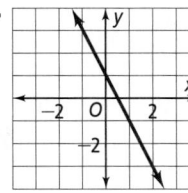

41.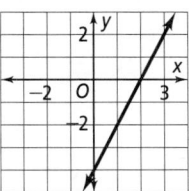

43.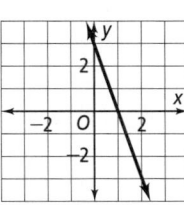

45.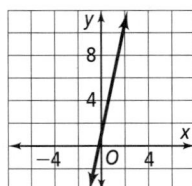

47.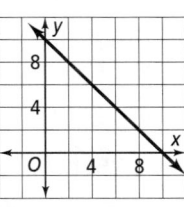

49. $y = 7.5x - 5$

51. $-3, 2$

53. $9, \frac{1}{2}$

55. $9, -15$

57. $2 - a, a$

59. 2030

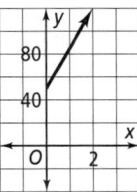

Precio de la tela

61a. $y = 35x + 50$
c. La cantidad de tiempo que lleva la reparación y el costo deben ser positivos.

b.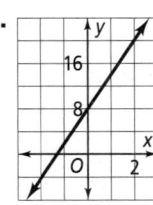

63.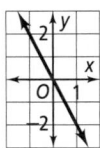
65.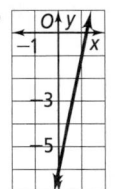
67.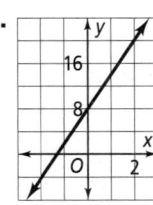

71a. $y = 10x + 175$
b. 675 piezas

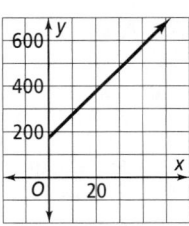

81. $y = 5x$; 50 **82.** $y = 2x$; 20 **83.** $y = 3x$; 30

84. $t = -9$ **85.** $q = 27$ **86.** $x = 7$ **87.** $-3x + 15$
88. $5x + 10$ **89.** $-\frac{4}{9}x + \frac{8}{3}$ **90.** $1.5x + 18$

Lección 5-4 pp. 313–318

¿Comprendiste? 1. $y + 4 = \frac{2}{3}(x - 8)$

2.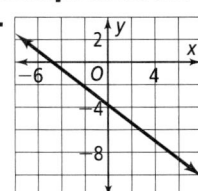

3a. $y + 3 = \frac{7}{3}(x + 2)$ **b.** Ambas son iguales a
$y = \frac{7}{3}x + \frac{5}{3}$; puedes usar cualquier punto de una recta para escribir una ecuación de la recta en la forma punto-pendiente. **4a.** Las respuestas variarán. Ejemplo:
$y - 3320 = 1250(x - 2)$; el ritmo al que se agrega agua al tanque, en galones por hora **b.** $y = 1250x + 820$; la cantidad inicial de galones de agua que hay en el tanque

Comprobar la comprensión de la lección

1. $\frac{4}{9}$; $(-7, 12)$ **2.** $y + 8 = -2(x - 3)$

3.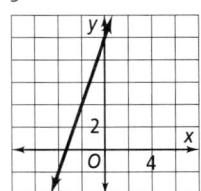

4. Las respuestas variarán. Ejemplo: $y + 2 = 2(x + 1)$
5. la pendiente m de la recta y un punto (x_1, y_1) en la recta
6. sí; $1 - 4 = 3(-2 + 1)$ **7.** Sí; las respuestas variarán.
Ejemplo: $y - a = m(x - b)$, $y = mx - mb + a$,
$y = mx + (a - mb)$

Ejercicios 9. $y - 2 = -\frac{5}{3}(x - 4)$
11. $y = -1(x - 4)$

13.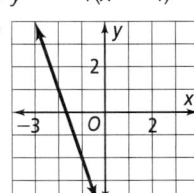
15.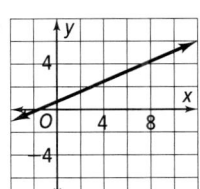

17. Las respuestas variarán. Ejemplo: $y - 1 = -\frac{3}{4}(x - 1)$
19–21. Las formas punto-pendiente variarán. Se dan ejemplos.
19. $y - 4 = \frac{3}{2}(x - 1)$; $y = \frac{3}{2}x + \frac{5}{2}$ **21.** $y - 6 = -\frac{1}{3}(x + 6)$; $y = -\frac{1}{3}x + 4$ **23.** $y = 8.5x$; la pendiente 8.5 representa el salario por hora en dólares; el intercepto en y 0 representa la cantidad ganada por trabajar 0 h.

25.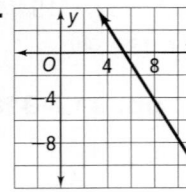

27. El estudiante marcó el punto (2, 0) en lugar de (0, 2).

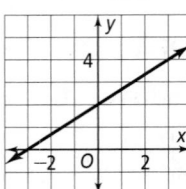

29a. Las respuestas variarán. Ejemplo: $y - 5 = x + 2$
b. Infinitas rectas; puedes usar cualquier valor para la pendiente. **31.** $e = -0.0018a + 212$; 207.5 °F **39.** 6, 0

40. $-1, -13$ **41.** $y = \frac{z}{7x}$ **42.** $y = \frac{7e + 3}{a}$

43. $y = \frac{6x - c}{6}$

Lección 5-5   pp. 320–326

¿Comprendiste? 1a. 12; −10 **b.** 4; $\frac{3}{2}$

2.

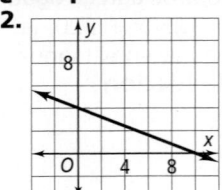

3a.

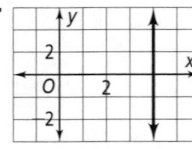

b.

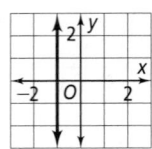

c.

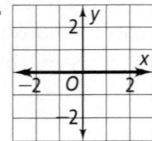

d.

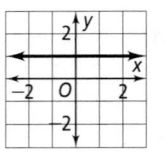

4. $x + 3y = 0$ **5a.** $x + 15y = 60$ **b.** dominio: enteros no negativos menores que o iguales a 60; rango: {0, 1, 2, 3, 4}

Comprobar la comprensión de la lección

1. 3, $-\frac{9}{4}$

2.

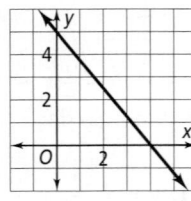

3. recta horizontal
4. $x - 2y = -6$
5. $10x + 25y = 285$; las respuestas variarán. Ejemplo:
1 paquete de tarjetas de \$10 y 11 paquetes de tarjetas de \$25,
6 paquetes de tarjetas de \$10 y 9 paquetes de tarjetas de \$25,
11 paquetes de tarjetas de \$10 y 7 paquetes de tarjetas de \$25

6a. forma punto-pendiente **b.** forma pendiente-intercepto
c. forma punto-pendiente **d.** forma estándar

7. Las respuestas variarán. Ejemplo: Forma pendiente-intercepto; es fácil hallar el intercepto en y y calcular la pendiente en la gráfica.

Ejercicios 9. 2, −1 **11.** $-\frac{20}{3}$, 4 **13.** 1.5, −2.5

15.

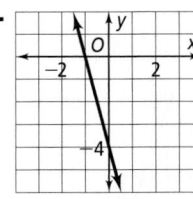

17.

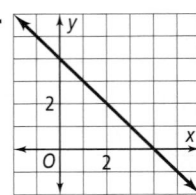

19.

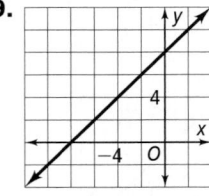

21.

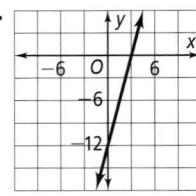

23. horizontal **25.** horizontal

27.

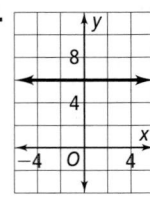

29.

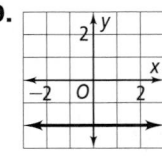

31. $2x - y = -5$ **33.** $2x + y = 10$ **35.** $2x + 3y = -3$
37. $5j + 2e = 250$

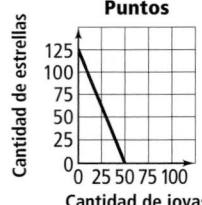

Las respuestas variarán. Ejemplo: 50 joyas y 0 estrellas, 48 joyas y 5 estrellas, 42 joyas y 20 estrellas

39. Si tienes la pendiente y el intercepto en y, usa la forma pendiente-intercepto. Si tienes dos puntos o la pendiente y un punto, usa la forma punto-pendiente. Si tienes la forma estándar, es fácil representar con una gráfica.

41.

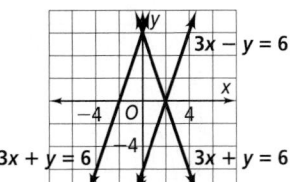

Dos rectas tienen la misma pendiente pero diferentes interceptos en y. Dos rectas tienen el mismo intercepto en y pero pendientes diferentes. **43.** El estudiante no restó 1 a cada lado de la ecuación. La ecuación correcta es $4x - y = -1$.

45.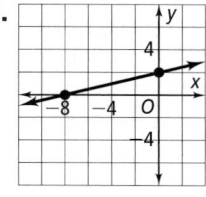

47.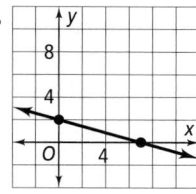

49.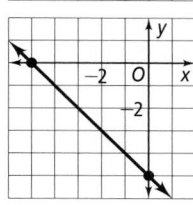

51. 4, 3; $3x + 4y = 12$
53. $-3, -3; x + y = -3$
55. $10, -\frac{10}{3}$ **57.** 6, 6
59. $4, -\frac{8}{5}$ **71–73.** Las formas punto-pendiente variarán. Se dan ejemplos.

71. $y + 1 = -\frac{5}{8}(x - 5)$; $y = -\frac{5}{8}x + \frac{17}{8}$
72. $y + 2 = \frac{4}{3}x$; $y = \frac{4}{3}x - 2$
73. $y + 1 = x + 2$; $y = x + 1$
74. $-2 < t \leq 3$
75. $1.7 \leq y < 12.5$
76. $x \leq -1$ ó $x > 3$
77. 2 **78.** 3 **79.** 0

Lección 5-6   pp. 327–332

¿Comprendiste? 1. $y = 2x + 5$ **2a.** Ninguna de las dos; las pendientes no son iguales ni recíprocos inversos. **b.** Paralelas; las pendientes son iguales.
3. $y = -\frac{1}{2}x + \frac{17}{2}$ **4.** $y = -\frac{2}{3}x + 10$

Comprobar la comprensión de la lección

1. $y = 6x$ y $y = 6x - 2$; $y = -\frac{1}{6}x$ y $y = 6x$; $y = -\frac{1}{6}x$ y $y = 6x - 2$ **2.** $y = -4x + 11$ **3.** $y = -x - 1$ **4a.** sí **b.** no **c.** no **6.** En ambos casos se comparan las pendientes de las rectas. Si las pendientes son iguales, las rectas son paralelas. Si las pendientes son recíprocos inversos, las rectas son perpendiculares.

Ejercicios 7. $y = 3x$ **9.** $y = 4x - 7$ **11.** $y = \frac{2}{3}x$
13. Perpendiculares; las pendientes son recíprocos inversos. **15.** Paralelas; las pendientes son iguales.
17. Perpendiculares; una recta es vertical y la otra recta es horizontal. **19.** $y = \frac{1}{3}x$ **21.** $y = -\frac{1}{5}x - \frac{9}{5}$
23. $y = -\frac{1}{2}x + \frac{5}{2}$ **25.** $y = -\frac{1}{2}x + 4$ **27.** a y f; b y d, c y e **29.** A veces; si las pendientes son iguales y los interceptos en y no son los mismos, entonces las rectas son paralelas. **31.** Las respuestas variarán. Ejemplos: $y = 1$; $x = 1$ **33.** $x = 3$ **35.** $y = -100x + 600$, $y = -100x + 1000$; paralelas; las pendientes son iguales.

41.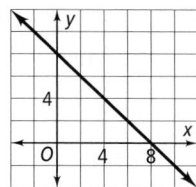

42.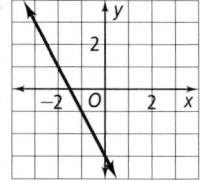

43.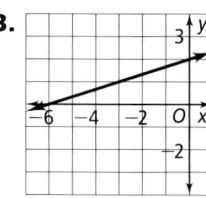

44. $y = 3x - 2$
45. $y = -\frac{2}{5}x + \frac{29}{5}$
46. $y = 0.25x + 1.875$
47. $y = -\frac{40}{7}x + \frac{660}{7}$

Lección 5-7   pp. 333–340

¿Comprendiste? 1a.

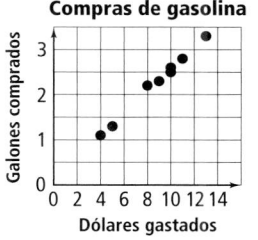

Compras de gasolina

correlación positiva

b. Sin correlación; el número de letras del nombre de la ciudad y su población no están relacionados. **2a.** Las respuestas variarán. Ejemplo: $y = 2.23x + 8.8$; aproximadamente 24.4 pulgs. **b.** No; un oso panda adulto no crece al mismo ritmo que un oso panda joven.

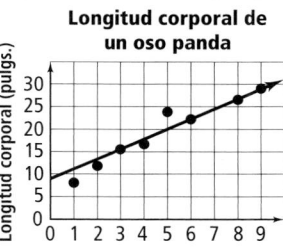

Longitud corporal de un oso panda

3a. aproximadamente $9964 **b.** La pendiente indica que el costo aumenta a una tasa de aproximadamente $409.43 por año. **4a.** Es posible que haya una correlación positiva, pero no es una relación causal porque un mayor costo de las vacaciones no hará que una familia tenga una casa más grande. **b.** Hay una correlación positiva y una relación causal. Cuanto más tiempo dediques al ejercicio físico, más calorías quemarás.

Comprobar la comprensión de la lección

1.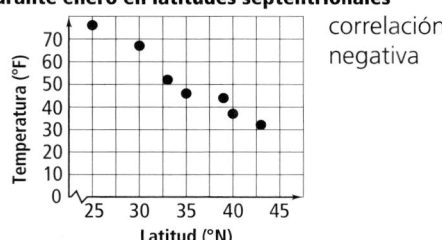

Temperaturas diarias máximas medias durante enero en latitudes septentrionales

correlación negativa

2–3. Las respuestas variarán. Se dan ejemplos.
2. $y = -2x + 120$ **3.** aproximadamente 20 °F **4.** Debes usar la interpolación para estimar un valor que está entre dos valores conocidos. Debes usar la extrapolación para predecir

un valor que está fuera del rango de los valores conocidos.
5. Tanto la línea de tendencia como la recta de regresión muestran una correlación entre dos conjuntos de datos. La recta de regresión es la línea de tendencia más precisa.
6. Si a medida que x disminuye y también disminuye, entonces hay una correlación positiva porque una línea de tendencia tendrá una pendiente positiva.
Ejercicios 7.

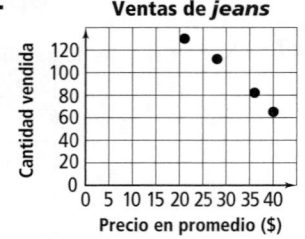

Ventas de jeans

correlación negativa

9. Las respuestas variarán. Ejemplo:

$y = 5x - 9690$; aproximadamente 335 millones

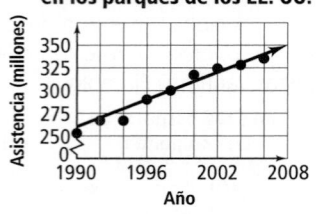

Asistencia de público y ganancias en los parques de los EE. UU.

11. $y = 21.4x - 41557$; 0.942; 1542.6 millones de boletos **13.** No es probable que haya correlación. **15.** Es probable que haya correlación y una posible relación causal, porque cuanto más aumenta el precio de las hamburguesas, es probable que menos personas las compren.
19. aproximadamente 7 cm **21a.** $y = 10.5x + 88.2$
b. 10.5; las ventas aumentan en unos 10.5 millones de unidades cada año. **c.** 88.2; el número estimado de unidades vendidas en el año 1990 **27.** $y = 5x - 13$
28. $y = -x + 5$ **29.** $y = -\frac{2}{3}x + \frac{10}{3}$ **30.** 5 **31.** 0
32. 18 **33.** 12

Lección 5-8   pp. 342–346

¿Comprendiste? 1a. La gráfica de la derecha es la gráfica de $y = |x|$ trasladada 4 unidades hacia arriba.
b. El dominio de ambas gráficas son todos los números reales. El rango de $y = |x|$ es $y \geq 0$. El rango de $y = |x| - 2$ es $y \geq -2$.

2.

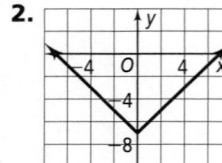

3a. $y = |x| + 8$
b. $y = |x| - 5$

4.

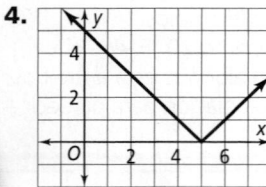

5a. $y = |x - 8|$
b. $y = |x + 6|$

Comprobar la comprensión de la lección

1. $y = |x| - 8$ es $y = |x|$ trasladada 8 unidades hacia abajo; las gráficas tienen la misma forma. **2.** $y = |x| + 9$

3.

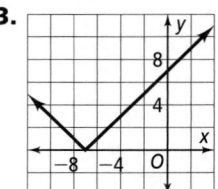

4. Las gráficas tienen la misma forma; $y = |x| - 4$ es $y = |x|$ trasladada 4 unidades hacia abajo y $y = |x - 4|$ es $y = |x|$ trasladada 4 unidades hacia la derecha.

5. El estudiante debe trasladar la gráfica 10 unidades hacia la derecha.
Ejercicios 7. Es una traslación de $y = |x|$ 4 unidades hacia la izquierda.

9.

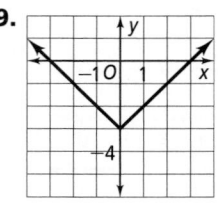

11.

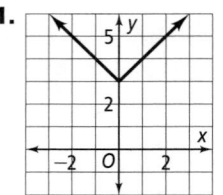

13.

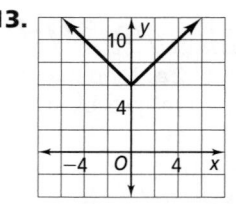

15. $y = |x| + 9$
17. $y = |x| + 0.25$
19. $y = |x| + 5.9$

21.

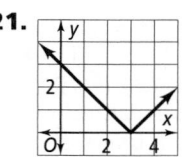

23.

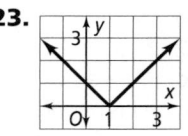

25.

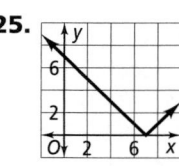

27. $y = |x + 9|$
29. $y = |x - 0.5|$
31. $y = |x + \frac{5}{2}|$

33.

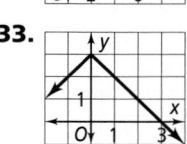

35.

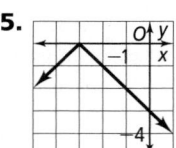

37. $y = -|x| + 2$ **39.** $y = -|x| - 15$ **41.** $y = |x| + k$ es una traslación de $y = |x|$ k unidades hacia arriba.
$y = mx + b$ es una traslación de $y = mx$ b unidades hacia arriba. **43.** $(-1, 3)$

45.

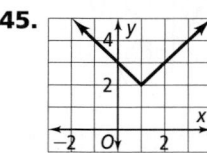

Es una traslación de $y = |x|$ 2 unidades hacia arriba y 1 unidad hacia la derecha.

47a. 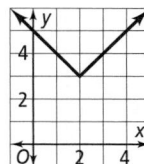 **b.** (2, 3) **c.** La coordenada x es la traslación horizontal y la coordenada y es la traslación vertical; (h, k). **54–55.** Las respuestas variarán. Se dan ejemplos.

54. $y = 0.25x + 5.05$ **55.** $y = 12.5x$

56. 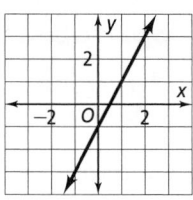 **57.**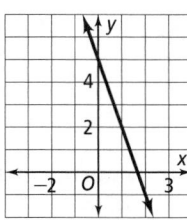

58. 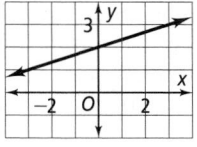 **59.**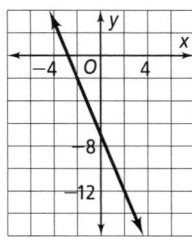

Repaso del capítulo   pp. 349–352

1. interpolación **2.** tasa de cambio **3.** forma punto-pendiente **4.** recíprocos inversos **5.** recta de regresión

6. -1 **7.** 0 **8.** 3 **9.** indefinida **10.** 3 **11.** $-\frac{1}{2}$

12. $y = -2x; -14$ **13.** $y = \frac{5}{2}x; \frac{35}{2}$ **14.** $y = \frac{1}{3}x; \frac{7}{3}$

15. $y = -x; -7$ **16.** no **17.** sí; $y = -2.5x$ **18.** $y = 4$

19. $y = x - 5$ **20.** $y = \frac{2}{3}x + 1$ **21.** $y = -x - 1$

22. 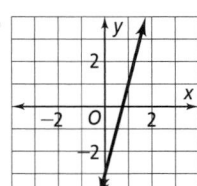 **23.**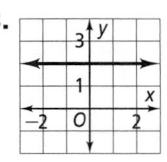

24. 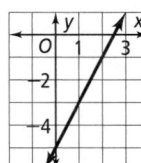 **25.**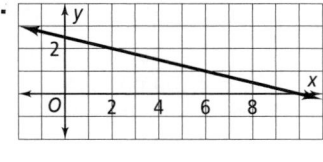

26. $y = 5x - 11$ **27.** $y = 9x - 5$ **28.** Paralelas; las pendientes son iguales. **29.** Ninguna de las dos; las pendientes no son iguales ni recíprocos inversos.

30. $y = \frac{1}{3}x + 4$ **31.** $y = -\frac{1}{8}x + \frac{21}{2}$ **32.** correlación negativa **33.** sin correlación **34.** correlación positiva

35a.
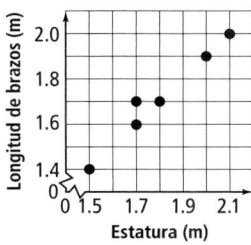
Estaturas y longitud de brazos

b–d. Las respuestas variarán. Se dan ejemplos.
b. $y = 0.96x - 0.01$ **c.** aproximadamente 1.5 m
d. aproximadamente 2.1 m

36. 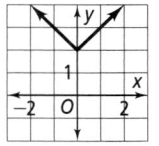 **37.**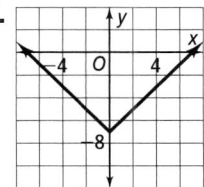

38. 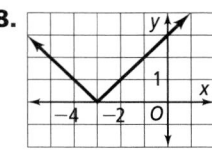 **39.**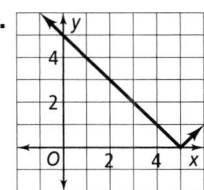

40. $y = |x| - 5.5$ **41.** $y = |x + 11|$ **42.** $y = |x| + 13$
43. $y = |x - 6.5|$ **44.** $y = |x| + 2$

Capítulo 6

¡Prepárate!   p. 357

1. identidad **2.** 1 **3.** sin solución **4.** 3 **5.** 1.5
6. sin solución **7.** $x < 3$ **8.** $r \leq 35$ **9.** $t > -13$
10. $f \geq -2$ **11.** $s > \frac{5}{23}$ **12.** $x \geq -18$ **13a.** $2x - 1$
b. $A = \frac{1}{2}x(2x - 1)$ **c.** 248 cm^2

14.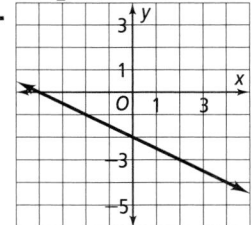

15. 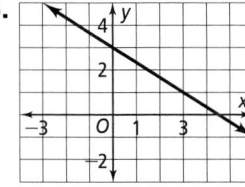 **16.**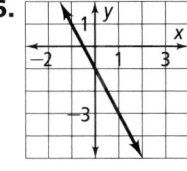

17. incompatible **18.** elimina

Lección 6-1 pp. 360–365

¿Comprendiste? 1. $(-2, 0)$ **2.** 5 meses **3a.** No tiene solución. **b.** infinitas soluciones **c.** En los sistemas con una solución, las rectas tienen pendientes diferentes. En los sistemas que no tienen solución, las rectas tienen la misma pendiente pero diferentes interceptos en y. En los sistemas con infinitas soluciones, las rectas tienen la misma pendiente y el mismo intercepto en y.

Comprobar la comprensión de la lección 1. $(6, 13)$
2. $(16, 14)$ **3.** $(-1, 0)$ **4.** $(-1, -3)$ **5a.** $c = 10e + 8$;
$c = 12e$ **b.** $(4, 48)$; el costo es el mismo si compras 4 entradas en línea por un total de \$48 o si las compras en la puerta. **6.** A, III; B, II; C, I **7.** No; la solución del sistema debe estar en ambas rectas. **8.** No; dos rectas no se intersecan en ningún punto, se intersecan en un punto o se intersecan en infinitos puntos. **9.** En las dos gráficas de las ecuaciones está el punto $(-2, 3)$.

Ejercicios 11. $(4, 9)$ **13.** $(2, -2)$ **15.** $(-3, -11)$
17. $(-1, 3)$ **19.** 27 estudiantes; 3 estudiantes
21. 10 clases

23. No tiene solución.   **25.** No tiene solución.

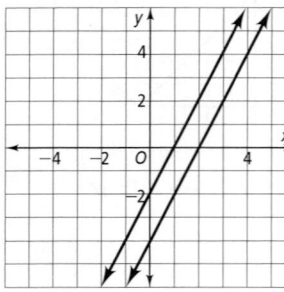   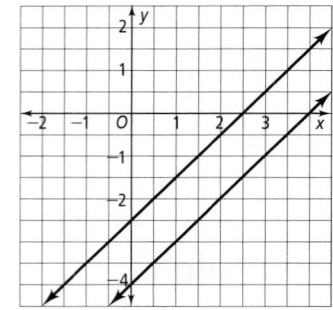

27. infinitas soluciones   **29.** infinitas soluciones

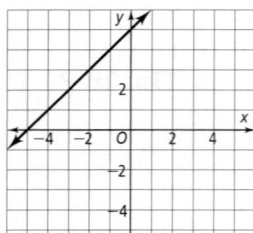   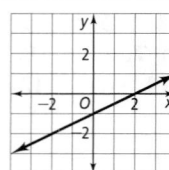

31. 13 h **33.** Debes sustituir los valores de x y y en ambas ecuaciones para asegurarte de que todos los enunciados sean verdaderos. **35.** No tiene solución; las rectas tienen la misma pendiente y diferentes interceptos en y; por tanto, son paralelas. **37.** Infinitas soluciones; las rectas son iguales.
39. $s = 2.5e + 40$
$s = 5e$; 16 semanas

46.   **47.**

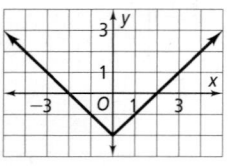   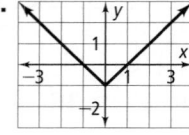

48.   **49.**

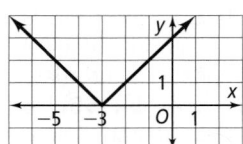   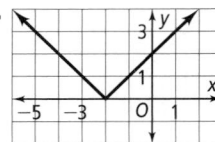

50. 1 **51.** $-\frac{1}{2}$ **52.** $-\frac{2}{3}$ **53.** $\frac{3}{5}$ **54.** $y = -2x + 19$
55. $y = -\frac{3}{2}x + 15$ **56.** $y = \frac{8}{15}x$ **57.** $y = \frac{1}{3}x - \frac{14}{3}$

Lección 6-2 pp. 368–373

¿Comprendiste? 1. $(-8, -9)$ **2a.** $\left(7\frac{1}{3}, -4\frac{7}{9}\right)$ **b.** x;
$x + 3y = -7$ **3.** 5 videojuegos nuevos **4.** infinitas soluciones

Comprobar la comprensión de la lección
1. $\left(25\frac{5}{11}, 6\frac{4}{11}\right)$ **2.** $(3, 5)$ **3.** No tiene solución. **4.** No tiene solución. **5.** 7 números de canto, 5 números de comedia **6.** Las respuestas variarán. Ejemplo: Representar con una gráfica un sistema puede ser inexacto y la intersección puede resultar muy difícil de marcar, especialmente cuando las soluciones no son enteros. El método de sustitución es mejor, ya que siempre puede dar una respuesta exacta.
7. $-2x + y = -1$ porque se puede hallar el valor de y fácilmente. **8.** $6x - y = 1$ porque se puede hallar el valor de y fácilmente. **9.** Falso; tiene infinitas soluciones.
10. Falso; puedes usarlo, pero los cálculos pueden ser más difíciles.

Ejercicios 11. $(2, 6)$ **13.** $\left(-\frac{5}{7}, 2\frac{2}{7}\right)$ **15.** $(3, 0)$
17. $(-11, -19)$ **19.** $(-12, -5)$ **21.** $\left(0, -\frac{1}{2}\right)$
23. 2 niños, 9 adultos **25.** 18°, 72° **27.** infinitas soluciones
29. infinitas soluciones **31.** una solución **33.** Resolver
$1.2x + y = 2$ para hallar el valor de y porque luego puedes resolver el sistema usando la sustitución. **35.** El estudiante halló el valor de x pero luego lo sustituyó en la misma ecuación en lugar de hacerlo en la otra ecuación.
$$x + 8y = 21; \text{ por tanto, } x = 21 - 8y$$
$$7(21 - 8y) + 5y = 14$$
$$147 - 56y + 5y = 14$$
$$-51y = -133$$
$$y = \frac{-133}{-51} = 2\frac{31}{51}$$
Por tanto, $x = 21 - 8\left(2\frac{31}{51}\right) = 21 - \frac{1064}{51} = \frac{7}{51}$
La solución es $\left(\frac{7}{51}, 2\frac{31}{51}\right)$.
37. 20 niñas más **39.** 2.75 s **41.** Las respuestas variarán. Ejemplo: Resolver la primera ecuación, $y + x = x$, para hallar el valor de y; por tanto, $y = x - x = 0$. Pero la segunda ecuación no está definida para $y = 0$; por tanto, no tiene solución. **49.** una solución: $(-3, -6)$ **50.** una solución: $(3, 4)$ **51.** No tiene solución.
52. $-\frac{1}{3}$ **53.** 4 **54.** -3 **55.** -3 **56.** 2 **57.** $\frac{3}{2}$

Lección 6-3 pp. 374–380

¿Comprendiste? 1a. $(2, 7)$ **b.** $(-1, -2)$ **2.** carro: 20 min; camión: 30 min **3a.** $(-1.5, 1.75)$ **b.** Las respuestas variarán. Ejemplo: Puedes usar la sustitución al hallar el valor de x en la segunda ecuación.

4. $(-4, -1)$ **5.** No tiene solución.
Comprobar la comprensión de la lección
1. $(2, 3)$ **2.** $(1, 4)$ **3.** $\left(\frac{7}{25}, -\frac{2}{25}\right)$
4. La eliminación; el objetivo del método de eliminación es sumar (o restar) dos ecuaciones para eliminar una variable.
5. La propiedad de suma de la igualdad establece que si se suma el mismo número a ambos lados de la ecuación, se obtiene una ecuación equivalente. Esto es lo que haces cuando usas el método de eliminación. **6.** Las respuestas variarán. Ejemplo: Decide qué variable eliminarás y luego multiplica, si es necesario, una o ambas ecuaciones para que los coeficientes de la variable sean iguales (u opuestos). Luego, resta (o suma) las dos ecuaciones. Obtendrás una ecuación con una única variable que puedes resolver. Luego sustituye el valor hallado en la ecuación para hallar el valor de la otra variable.
Ejercicios 7. $(4, 5)$ **9.** $(1, 5)$ **11.** $(3, 15)$
13a. $12x + 2y = 90$ **b.** número solista: 5 min;
     $6x + 2y = 60$ número grupal: 15 min
15. $(3, 1)$ **17.** $(5, 3)$ **19.** $(2, -1)$ **21.** No tiene solución.
23. una solución **25.** infinitas soluciones **27.** \$12; \$7
29. El estudiante olvidó multiplicar por 4 la constante de la segunda ecuación.
     $15x + 12y = 6$
     $12x + 12y = -12$
por tanto, $3x = 18$
           $x = 6$
31. Las respuestas variarán. Ejemplo:
$3x - 2y = 7$
$5x + 2y = 33$
Como los coeficientes de los términos de y ya son opuestos, sólo sumas las dos ecuaciones para obtener $8x = 40$, ó $x = 5$. Sustituyes $x = 5$ en cualquiera de las ecuaciones para obtener $y = 4$. La solución es $(5, 4)$.
33. $(2, 0)$; las respuestas variarán. Ejemplo: La sustitución; en la primera ecuación es fácil hallar el valor de y. **35.** $(6, 5)$; las respuestas variarán. Ejemplo: La sustitución; en la primera ecuación ya está aislada y. **37.** $(6, -4)$; las respuestas variarán. Ejemplo: El método de eliminación; puedes multiplicar cada ecuación por el m.c.d. de los denominadores para eliminar las fracciones. Luego, puedes usar la eliminación. **39.** navegación en paracaídas: \$51; cabalgata: \$30 **50.** $(7, 3.5)$ **51.** $(34, 27)$ **52.** $(5, -3)$
53. $a > 1$ **54.** $x \geq 7$ **55.** $b > 0.2$ **56.** 2.75 h

Lección 6-4   pp. 383–388

¿Comprendiste? 1. 720 copias **2.** 11.25 L de solución anticongelante que tenga 20% de alcohol; 3.75 L de solución anticongelante que tenga 12% de alcohol **3a.** 3.5 mi/h; 1.5 mi/h **b.** La corriente te empujará hacia atrás.
Comprobar la comprensión de la lección 1. 300 copias **2.** 1 kg de aleación que contenga 30% de oro, 3 kg de aleación que contenga 10% de oro **3.** 2.25 mi/h; 0.75 mi/h **4.** Antes de alcanzar un punto de equilibrio, los gastos superan la renta. Después de alcanzar un punto de equilibrio,

la renta supera los gastos. **5.** Las respuestas variarán. Ejemplo: El método de eliminación; no es fácil hallar el valor de la variable en ninguna de las dos ecuaciones. **6.** Necesitarás más cantidad de la marca que contiene 15% de jugo de arándanos, porque 25% está más cerca de 15% que de 40%.
Ejercicios 7. 40 bicicletas **9.** \$950 al 5% y \$550 al 4%
11. 4 pies/s; 2 pies/s **13a.** Sea $x = $ el número de monedas de 1¢ y sea $y = $ el número de monedas de 25¢.
$x + y = 15$
$0.01x + 0.25y = 4.35$
La solución es 17.5 monedas de 25 ¢y -2.5 monedas de 1¢.
b. No; no puedes tener un número negativo de monedas.
15. $(-3, -2)$; el método de sustitución porque en la segunda ecuación ya está aislada y. **17.** $A = -3$ y $B = -2$.
19–21. Las respuestas variarán. Se dan ejemplos. **19.** El método la sustitución; en ambas ecuaciones está aislada y; por tanto, puedes igualarlas. **21.** El método de sustitución; en la segunda ecuación ya está aislada y.
23. $66\frac{2}{3}$ mL de vinagre que contiene 5% de ácido acético; $133\frac{1}{3}$ mL de vinagre que contiene 6.5% de ácido acético
25. También se puede resolver mediante el método de eliminación porque las variables están alineadas y los coeficientes de los términos de y son iguales. Por tanto, sólo se debe restar la segunda ecuación. **32.** $(-7, 6)$ **33.** $(-2, -2)$
34. $(4, 2.5)$ **35.** $a > 5$ **36.** $d \leq -2.5$ **37.** $q \leq -4$

Lección 6-5   pp. 390–395

¿Comprendiste? 1a. sí **b.** No; puede estar en la recta $y = x + 10$.
2.

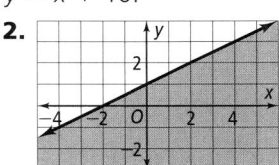

3a. 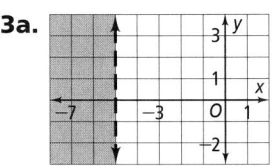   **b.**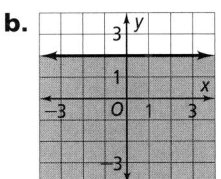

4. Las respuestas variarán. Ejemplo: 0 lb de maníes y 3 lb de nueces de cajú; 6 lb de maníes y 0 lb de nueces de cajú; 1 lb de maníes y 1 lb de nueces de cajú

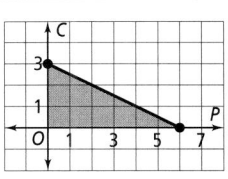

5. $y > \frac{1}{3}x - 2$
Comprobar la comprensión de la lección 1. no
2. 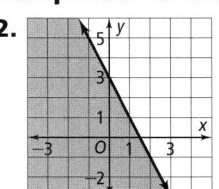   **3.**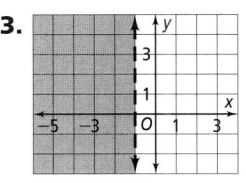

4. $y < \frac{1}{2}x - 1$ **5.** Las respuestas variarán. Ejemplo: Las soluciones de la ecuación lineal y de la desigualdad lineal son coordenadas de los puntos que hacen que la ecuación o la desigualdad sean verdaderas. La gráfica de una ecuación lineal es una recta, pero la gráfica de una desigualdad lineal es una región del plano de coordenadas.
6. Como ya está aislada y en la desigualdad, el símbolo < significa que debes colorear por debajo del borde del semiplano. Todos estos puntos coloreados harán que la desigualdad sea verdadera. **7.** $y \geq 5x + 1$

Ejercicios 9. solución **11.** solución **13.** solución

15. 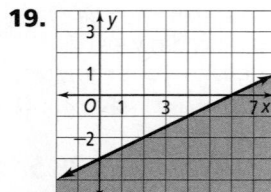 **17.**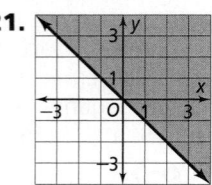

19. 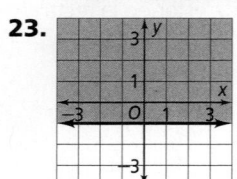 **21.**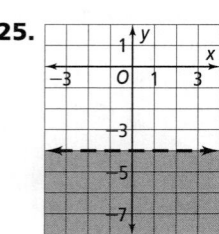

23. 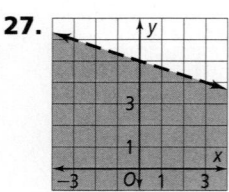 **25.**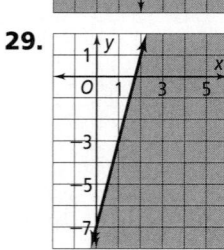

27. 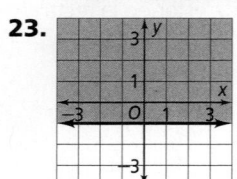 **29.**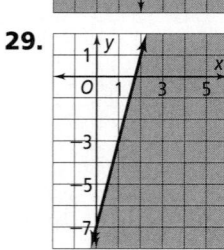

31. $9x + 12y \geq 120$

Las respuestas variarán. Ejemplo: 4 lb de bacalao y 12 lb de salmón; 10 lb de bacalao y 10 lb de salmón; 12 lb de bacalao y 4 lb de salmón

33. $y > \frac{3}{2}x - 3$ **35.** $250x + 475y \leq 6400$, donde x representa el número de refrigeradores y y representa el número de pianos.

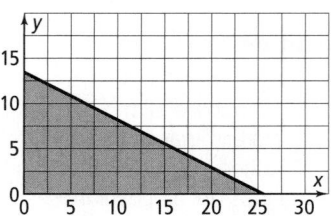

Sí; el punto (12, 8) no está en la región coloreada.

37. El estudiante representó con una gráfica $y \leq 2x + 3$ en lugar de $y \geq 2x + 3$. Debió colorear el otro lado del borde del semiplano.

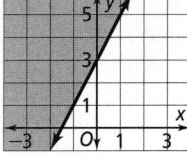

45. 96 días
46. $2 < x \leq 7$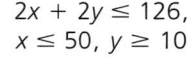
47. una solución: $(-6, -9)$ **48.** una solución: $(2, 0)$
49. No tiene solución.

Lección 6-6   pp. 396–401

¿Comprendiste?

1.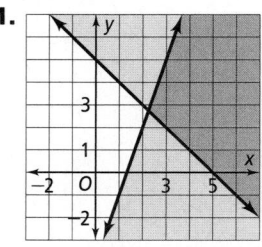

2a. $y < -\frac{1}{2}x + 1$
$y \leq \frac{1}{2}x + 1$
b. No; el borde del semiplano rojo es discontinuo; por tanto, los puntos que están sobre ese borde del semiplano no están incluidos en la solución.

3.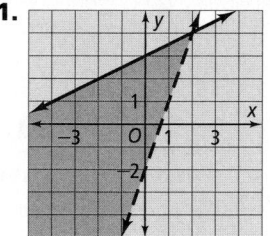

$2x + 2y \leq 126,$
$x \leq 50, y \geq 10$

Comprobar la comprensión de la lección

1. 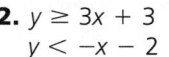 **2.** $y \geq 3x + 3$
$y < -x - 2$

3. 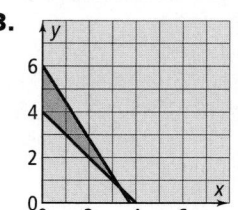 **4.** Puedes sustituir el par ordenado en cada desigualdad para asegurarte de que las desigualdades sean verdaderas.

5. No necesariamente; siempre que los semiplanos se superpongan, el sistema tendrá una solución. **6.** Debes hallar la intersección de cada uno de los dos sistemas, pero las intersecciones de las rectas serán un punto o una recta y las intersecciones de las desigualdades serán una recta o una sección del plano.

Ejercicios 7. sí **9.** no

11.
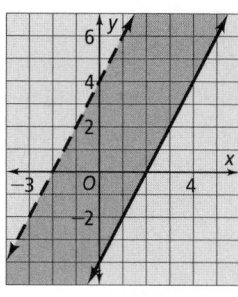

13.
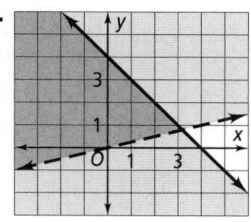

15.
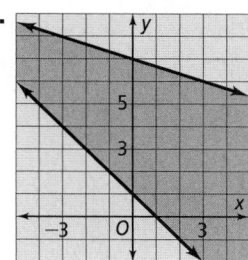

17.
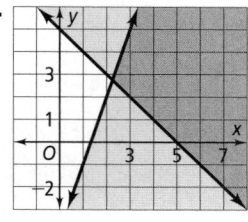

19.
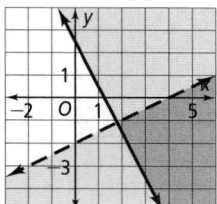

21.
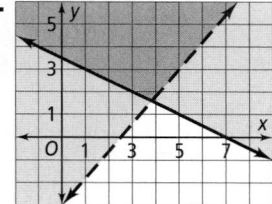

23. $y \le x + 2$, $y < -\frac{1}{3}x$ **25.** $y \ge 2$, $y > x + 1$

27. Sea x = horas de manejo del conductor que maneja más despacio, sea y = horas de manejo del conductor que maneja más rápido.

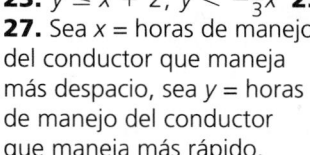

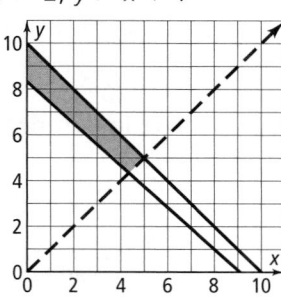

29a.
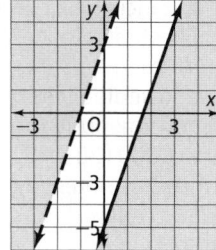

b. No; tienen la misma pendiente y distintos interceptos en y; por tanto, nunca se intersecan. **c.** no **d.** No; no hay ningún punto que satisfaga ambas desigualdades.

31. Puedes comprar 5 camisetas y 1 camisa o 2 camisetas y 3 camisas. **33.** C

43.
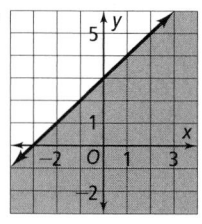

44.
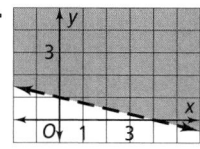

45.
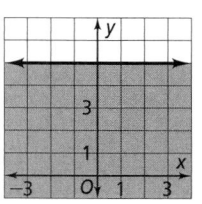

46. 12 **47.** 90 **48.** 113

Repaso del capítulo   pp. 404–406

1. incompatible **2.** eliminación **3.** sistema de ecuaciones lineales **4.** $(-8, -11)$ **5.** $(-2, 6)$ **6.** $(-3, -3)$ **7.** No tiene solución. **8.** $\left(-\frac{14}{3}, -\frac{35}{3}\right)$ **9.** infinitas soluciones **10.** 4 años **11.** Las rectas serán paralelas. **12.** $(4, 7)$ **13.** $(3, -10)$ **14.** No tiene solución. **15.** $(-1, -2)$ **16.** infinitas soluciones **17.** $\left(-\frac{11}{17}, -\frac{188}{17}\right)$ **18.** $55 **19.** No tiene solución. **20.** $(-1, 13)$ **21.** $(-11, -7)$ **22.** $(5, 12)$ **23.** $(4.5, 3)$ **24.** infinitas soluciones **25.** centro de mesa pequeño: 25 min, centro de mesa grande: 40 min

26.
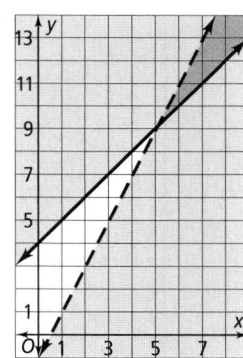

27.
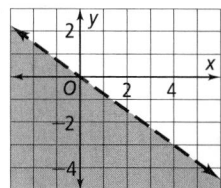

28.
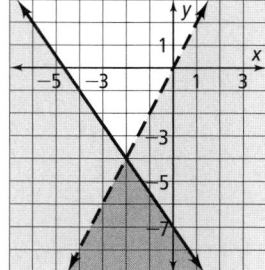

29.
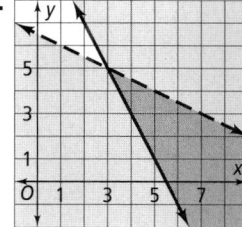

30.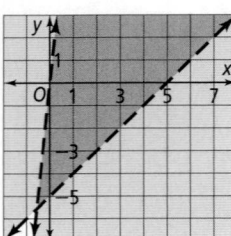

31.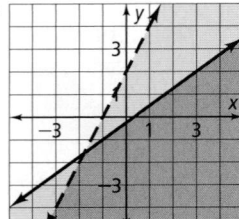

32.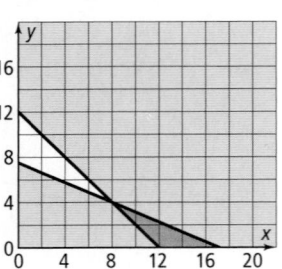

Capítulo 7

¡Prepárate! p. 411

1. 0.7 **2.** 6.4 **3.** 0.008 **4.** 3.5 **5.** $0.\overline{27}$ **6.** 49 **7.** 5.09
8. 0.75 **9.** 4 **10.** 16 **11.** 4 **12.** 2000 **13.** -147
14. 100 **15.** 49 **16.** 117 **17.** -31 **18.** 33% de
aumento **19.** 25% de disminución **20.** 17% de
aumento **21.** 5% de aumento **22.** $\{-8, 0, -24.5\}$
23. $\{18, 10, -32.875\}$ **24.** $\{-11, -1, 16.5\}$ **25.** sí; cuán
rápido crece la planta **26.** La cantidad aumentaría
rápidamente. **27.** disminuye

Lección 7-1 pp. 414–419

¿Comprendiste? 1a. $\frac{1}{64}$ **b.** 1 **c.** $\frac{1}{9}$ **d.** $\frac{1}{6}$ **e.** $\frac{1}{16}$ **2a.**
$\frac{1}{x^9}$ **b.** n^3 **c.** $\frac{4b}{c^3}$ **d.** $2a^3$ **e.** $\frac{1}{m^2 n^5}$ **3a.** $\frac{1}{16}$ **b.** $-\frac{1}{50}$
c. $\frac{1}{15,625}$ **d.** $-\frac{5}{2}$ **e.** Es más fácil simplificar primero.
Obtienes $1 \times 1 = 1$. **4.** 600 representa la cantidad de
insectos que había 2 semanas antes de medir la población;
5400 representa la población en el momento en que se
midió; 16,200 representa la cantidad de insectos que
habrá 1 semana después de medir la población.

Comprobar la comprensión de la lección
1. $\frac{1}{32}$ **2.** 1, $m \neq 0$ **3.** $\frac{5s^2}{t}$ **4.** $4x^3$
5. -2 **6.** $\frac{1}{8}$ **7.** división **8.** b^0 es igual a 1, no a 0;
$\frac{x^n}{a^{-n}b^0} = \frac{a^n x^n}{1} = a^n x^n$
Ejercicios 9. $\frac{1}{9}$ **11.** $\frac{1}{25}$ **13.** $\frac{1}{16}$ **15.** -1 **17.** 1 **19.** $0.\overline{4}$
ó $\frac{4}{9}$ **21.** $4a$, $b \neq 0$ **23.** $\frac{5}{x^4}$ **25.** $\frac{1}{9n}$ **27.** $\frac{3}{x^2 y}$ **29.** $\frac{1}{c^5 d^7}$
31. $4s^3$ **33.** $\frac{6}{ac^3}$, $d \neq 0$ **35.** $\frac{t^7}{u^{11}}$ **37.** $-\frac{1}{27}$ **39.** -225
41. $\frac{4}{5}$ **43.** $\frac{25}{81}$ **45.** 100; 100 personas habían visitado el
sitio 4 meses antes de medir el número de personas que
visitan el sitio.

47. negativo **49.** negativo **51.** 10^{-1}
53. 10^{-3} **55a.** $5^{-2}, 5^{-1}, 5^0, 5^1, 5^2$ **b.** 5^4 **c.** a^n
57. $4gh^{-3}$ **59.** $\frac{8c^5 d^{-4} e^2}{11}$
61.

n	3	$\frac{1}{6}$	7	$\frac{5}{8}$	2
n^{-1}	$\frac{1}{3}$	6	$\frac{1}{7}$	$\frac{8}{5}$	0.5

63. Las respuestas variarán. Ejemplo: Sea $a = \frac{2}{3}$, entonces
$a^{-1} = \frac{3}{2}$, $a^2 = \frac{4}{9}$ y $a^{-2} = \frac{9}{4}$. **65.** No; las respuestas
variarán. Ejemplo: $3x^{-2} = \frac{3}{x^2}$, que no es el recíproco de $3x^2$.

78. 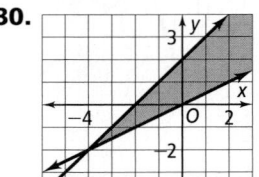 **79.**

80. **81.** $y = -x + 4$
82. $y = 5x - 2$
83. $y = \frac{2}{5}x - 3$
84. $y = -\frac{3}{11}x - 17$
85. $y = \frac{5}{9}x + \frac{1}{3}$
86. $y = 1.25x - 3.79$
87. 60,000
88. 0.07 **89.** 820,000 **90.** 0.003 **91.** 340,000

Lección 7-2 pp. 420–425

¿Comprendiste? 1a. No; 53 no es menor que 10. **b.** sí
c. No; 0.35 no es mayor que o igual a 1 y 100 no está en la
forma 10^n. **2a.** 6.78×10^5 **b.** 3.2×10^{-5}
c. 5.14×10^7 **d.** 7×10^{-7} **3a.** 52,300,000
b. 0.000046 **c.** 0.000209 **d.** 3,800,000,000,000 **e.** a
4. electrón, protón, neutrón **5.** 24.8×10^{-4},
258×10^{-5}, 0.025×10^4, 28×10^3
Comprobar la comprensión de la lección
1. 7×10^{-4} **2.** 3.2×10^7 **3.** 3,500,000 **4.** 0.000127
5. $10^{-3}, 10^{-1}, 10^0, 10^1, 10^5$
6. $5 \times 10^{-3}, 7 \times 10^{-1}, 3 \times 10^0, 2 \times 10^4$
7. $3.5 \times 10^6, 3.6 \times 10^6, 2.1 \times 10^7, 2.5 \times 10^7$
8. Las respuestas variarán. Ejemplo: Cuando los números
son muy grandes o muy pequeños. Un ejemplo de una
distancia muy grande puede ser la distancia desde la
Tierra a la estrella más cercana. **9.** El estudiante interpretó
que el exponente negativo de -5 representa el número
de lugares decimales; en realidad, representa el número
de lugares decimales que se debe mover el punto decimal
hacia la izquierda; $1.88 \times 10^{-5} = 0.0000188$. **10.** No; la
diferencia entre dos números con distintas potencias de
10 es más significativa que la diferencia entre dos
números con la misma potencia de 10.

Ejercicios 11. No; 44 no es menor que 10. **13.** No; 0.9 no es mayor que 1. **15.** sí **17.** No; 457 no es menor que 10. **19.** 9.04×10^9 **21.** 9.3×10^6 **23.** 3.25×10^{-3} **25.** 9.2×10^{-4} **27.** 500 **29.** 2040 **31.** 0.897 **33.** 274,000 **35.** 6×10^{-10}, 8×10^{-8}, 9×10^{-7}, 7×10^{-6} **37.** 0.52×10^{-3}, 4.8×10^{-3}, 50.1×10^{-3}, 56×10^{-3} **39.** ^{232}U, ^{234}U, ^{236}U, ^{235}U **41.** 2.4×10^{15} **43.** 3.18×10^{-3} **45.** 3.4×10^5 **47.** 436 mil millones es 436,000,000,000; por tanto, en notación científica es 4.36×10^{11} porque debe ser el producto de un número mayor que o igual a 1 y menor que 10, y una potencia de 10. **49.** Aumenta en 2 porque 100 es 10^2. Ejemplo: $100(3.46 \times 10^5) = 346 \times 10^5 = 3.46 \times 10^7$ **56.** $\frac{c}{d^6}$ **57.** b^3 **58.** $\frac{9}{w^3}$ **59.** $4mn^5$ **60.** $\frac{k^5}{9}$

61.
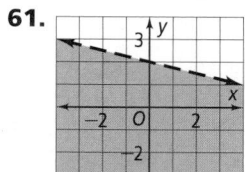

62.
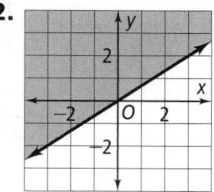

63.
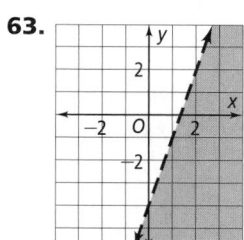

64.
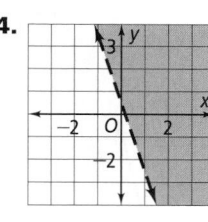

65. t^7 **66.** $(6-m)^3$ **67.** $(r+2)^4$ **68.** $5^3 s^3$ **69.** $2^5 x^3$ **70.** $8^2 (x-1)^3$

Lección 7-3   pp. 426–431

¿Comprendiste? 1a. 8^9 **b.** $(0.5)^{-11}$ **c.** 9^5 **2a.** $15x^{14}$ **b.** $-56cd^2$ **c.** $\frac{12j^3}{k^2}$ **d.** Dado que tienen la misma base, conservas la base y sumas los exponentes; $x^a \cdot x^b \cdot x^c = x^{(a+b+c)}$ **3.** 2.8×10^{14} **4.** 6.7×10^{30} moléculas de agua

Comprobar la comprensión de la lección 1. 8^{12} **2.** $6n$ **3.** 2.4×10^{10} **4.** 39,900 km **5.** No; x y y no son la misma base y no comparten un factor común. **6.** A veces; si el producto ab es mayor que 10, entonces el número no estará en notación científica. **7.** No; $4 \times 3 = 12$; por tanto, el resultado correcto es $12a^7$.
Ejercicios 9. $(-6)^{19}$ **11.** 2^9 **13.** $(-8)^0$ **15.** $5c^{10}$ **17.** $56x^6$ **19.** $-4.8n^3$ **21.** -7 **23.** $\frac{y^3}{x}$ **25.** $-12a^6 c^8$ **27.** $a^8 b$ **29.** 6×10^5 **31.** 4×10^3 **33.** 5.6×10^{-7} **35.** 8.84×10^7 mi **37.** 9 **39.** -3 **41.** -5 **43.** -4 **45.** $2; -3$ **47.** $6x^3 + 2x^2$ **49.** $4y^5 + 8y^2$ **51.** 2.7×10^{-8} **53.** 2.1×10^{-5}

55. 8×10^{-8} **57.** 4.0334×10^1g **59.** $\frac{1}{a}$ **61.** $6a^4 + 2a^3$ **63.** $-12x^6 + 40x^4$ **77.** 2.358×10^6 **78.** 4.65×10^{-3} **79.** 7×10^{-5} **80.** 5.1×10^9 **81.** 18, 34, 46 **82.** $-1, 7, 13$ **83.** $-6.8, -22.8, -34.8$ **84.** $\frac{1}{16}$ **85.** $5x$ **86.** $\frac{4n^2}{m}$ **87.** $\frac{-3x^3 z^6}{y^2}$

Lección 7-4   pp. 433–438

¿Comprendiste? 1a. p^{20} **b.** p^{20} **c.** $\frac{1}{p^{20}}$ **d.** sí; $(a^m)^n = a^{mn} = (a^n)^{(m)}$ **2a.** $\frac{1}{x^{22}}$ **b.** w^{19} **c.** r^{13} **3a.** $343m^{27}$ **b.** $\frac{1}{16z^4}$ **c.** $\frac{1}{9g^8}$ **4a.** $81y^{20}$ **b.** $81c^{26}$ **c.** $\frac{5400b^3}{a^3}$ **5.** aproximadamente 1.125×10^{10} julios de energía

Comprobar la comprensión de la lección
1. n^{18} **2.** $\frac{1}{b^{21}}$ **3.** $81a^4$ **4.** $81x^{20}$

5. 1.6×10^{11} **6.** 3.2×10^{-14} **7.** Las respuestas variarán. Ejemplo: Cuando elevas una potencia a una potencia, multiplicas los exponentes. Cuando multiplicas potencias que tienen la misma base, sumas los exponentes.
8. El segundo estudiante; cuando sumas términos semejantes, sumas los coeficientes y mantienes la misma parte variable. **9.** Las respuestas variarán. Ejemplo: x^{12}, $(x^3)^4$, $(x^6)^2$, $(x^2)^6$

Ejercicios 11. n^{32} **13.** q^{100} **15.** $\frac{1}{x^{15}}$ **17.** z^5 **19.** c^{15} **21.** $\frac{x^{10}}{m^3}$ **23.** $\frac{1}{49a^2}$ **25.** $\frac{1}{12g^4}$ **27.** $\frac{1}{8y^{12}}$ **29.** $r^{10}s^5$ **31.** $\frac{y^{16}}{z^{15}}$ **33.** $\frac{p^{15}}{q^9}$ **35.** $\frac{d^8}{c^{18}}$ **37.** $32j^{35}k^{11}$ **39.** 1.024×10^{13} **41.** 8×10^{-9} **43.** 2.56×10^{22} **45.** 1.3312053×10^{25} **47.** 4 **49.** $\frac{6}{7}$ **51.** -3 **53.** -2 **55.** -3 **57.** $243x^3$ **59.** b^{17} **61.** $-8a^9 b^6$ **63.** 0 **65.** 9 **67.** 10^9 **69.** sí; $(7xyz)^2$ **81.** $\frac{b^4}{c^6}$ **82.** $a^8 b^3$ **83.** $54m^5 n^4$ **84.** $-4t^5$ **85.** $-\frac{3}{4}$ **86.** 6 **87.** $-\frac{3}{2}$ **88.** -9 **89.** $\frac{1}{4}$ **90.** 31 **91.** $\frac{2}{5}$ **92.** $\frac{y}{3}$ **93.** $\frac{c}{4}$

Lección 7-5   pp. 440–446

¿Comprendiste? 1a. y **b.** $\frac{1}{d^6}$ **c.** $\frac{k^5}{j^3}$ **d.** $\frac{b^5}{a^8}$ **e.** $y^4 z^7$ **2.** aproximadamente 169 personas por milla cuadrada **3a.** $\frac{16}{x^6}$ **b.** Las respuestas variarán. Ejemplo: Puedes simplificar lo que está entre paréntesis primero para obtener $(a^2)^3 = a^6$ o puedes elevar el cociente a una potencia primero, $\left(\frac{a^{21}}{a^{15}}\right) = a^6$. **4.** $\frac{25b^2}{a^2}$

Comprobar la comprensión de la lección 1. $\frac{1}{y^7}$ **2.** $\frac{x^{12}}{27}$ **3.** $\frac{n^3}{m^3}$ **4.** $\frac{625y^{16}}{81x^8}$ **5.** 27 cubos **6.** En la propiedad de elevar un cociente a una potencia, se elevan todos los factores del numerador y denominador a un exponente, y en la propiedad de elevar un producto a una potencia, se elevan todos los factores a un exponente. **7a.** Las respuestas variarán. Ejemplo: a^3 se puede volver a escribir como $\frac{1}{a^{-3}}$; por tanto, $\frac{a^3}{a^7} = \frac{1}{a^7} \cdot \frac{1}{a^{-3}}$.

Ejercicios 9. 1 **11.** 0 **13.** $\frac{1}{9}$ **15.** n^3 **17.** y^2 **19.** $\frac{2m^4}{n^4}$
21. $\frac{t^{11}}{27m^2}$ **23.** $\frac{3b^7}{a^6c^8}$ **25.** 4×10^{-5} **27.** 4.2×10^3
29. 7×10^{-3} **31.** aproximadamente 4.4×10^{-2}
venados por acre **33.** $\frac{9}{64}$ **35.** $\frac{81x^4}{y^4}$ **37.** $\frac{216}{15,625}$
39. $\frac{262,144}{n^{30}}$ **41.** $\frac{5}{2}$ **43.** $\frac{25y^8}{49x^{10}}$ **45.** $\frac{x^6}{25}$ **47.** b^{15} **49.** 5^3
debe ser 125. **51.** Se debe elevar cada factor a la cuarta
potencia y simplificar. **53.** La base d debe aparecer una
sola vez. **55a.** aproximadamente 1636 h
b. aproximadamente 31 h **57.** dividir potencias que
tienen la misma base, definición de exponente
negativo **59.** elevar una potencia a una potencia, dividir
potencias que tienen la misma base, definición de
exponente negativo **61.** $\frac{1}{16m^8}$ **63.** a^4 **65.** $\frac{1}{a^9}$ **67.** $\frac{y^{10}}{2x^5}$
69. Las respuestas variarán. Se dan ejemplos.

I. $\left(\frac{3}{x^2}\right)^{-3} = \left(\frac{x^2}{3}\right)^3$ Vuelve a escribir la expresión
                     usando el recíproco.

     $= \frac{(x^2)^3}{3^3}$ Eleva el numerador y el
                 denominador a la tercera
                 potencia.

     $= \frac{x^6}{27}$ Simplifica.

II. $\left(\frac{3}{x^2}\right)^{-3} = \frac{3^{-3}}{(x^2)^{-3}}$ Regla de elevar un cociente a
                     una potencia

     $= \frac{3^{-3}}{x^{-6}}$ Regla de elevar una potencia a
                 una potencia

     $= \frac{x^6}{3^3}$ Definición de exponente negativo

     $= \frac{x^6}{27}$ Simplifica.

III. $\left(\frac{3}{x^2}\right)^{-3} = \left(\frac{x^2}{3}\right)^3$ Vuelve a escribir la expresión
                     usando el recíproco.

     $= \frac{x^2}{3} \cdot \frac{x^2}{3} \cdot \frac{x^2}{3}$ Definición de exponente

     $= \frac{x^6}{27}$ Simplifica.

71. $\frac{x^6}{9y^8}$ **73.** $\frac{2}{27}$ **75.** $\frac{c^6}{a^{18}b^6}$ **77.** $\frac{y^6}{256x^2}$
79. aproximadamente $3\frac{1}{3}$ m
81. $x = 7$ y $y = 4$; usas las dos expresiones dadas para
hallar el sistema de ecuaciones, $x - y = 3$ y $x - 3y = -5$.
Resuelves el sistema para hallar los valores de x y y.
83. $\left(\frac{m}{n}\right)^7$ **85.** $\left(\frac{3x}{2y}\right)^3$ **87a.** a^{-n} **b.** $\frac{1}{a^n}$
c. Dado que $\frac{a^0}{a^n}$ es igual a a^{-n} y $\frac{1}{a^n}$, a^{-n} debe ser igual a
$\frac{1}{a^n}$, que es la definición de exponente negativo.
98. $\frac{8}{m^{21}}$ **99.** $\frac{2s^6}{27}$ **100.** $\frac{1}{64c^2}$ **101.** $9r^{10}$ **102.** n^{15}
103. (0, 0)

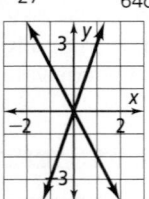

104. $(-4, -7)$

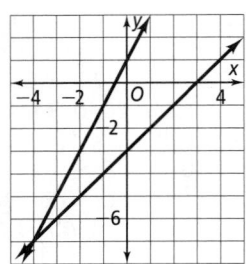

105. (3, 5)

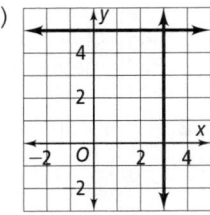

106. sin solución

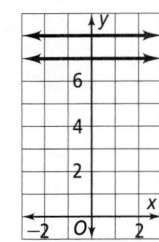

107.

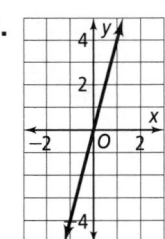

108.

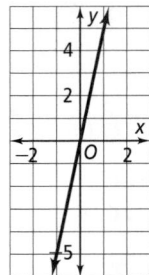

109.

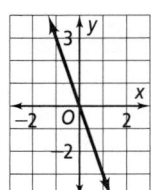

110.

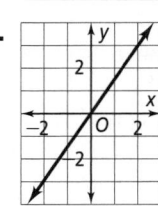

Lección 7-6   pp. 447–452

¿Comprendiste? 1a. No; los valores de y no se
multiplican por una cantidad constante. **b.** Sí; tiene la
forma $y = a \cdot b^x$. **2.** 14,580 conejos

3a.

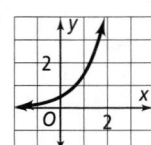

b.

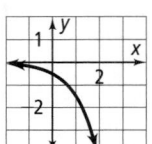

4a.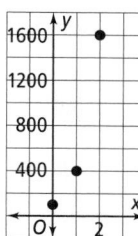

b. 300%

Comprobar la comprensión de la lección
1. 48 **2.** 5

3.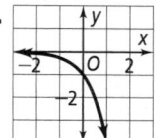

4.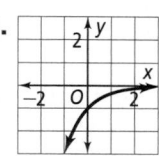

5. Las respuestas variarán. Las funciones lineales tienen una tasa de cambio constante, mientras que una función exponencial tiene una razón constante finita. **6.** No; el valor de la base no puede ser negativo. **7.** El estudiante no usó el orden de las operaciones correctamente. Debes evaluar el exponente antes de multiplicar:
$f(-1) = 3 \cdot 4^{-1} = 3 \cdot \frac{1}{4} = \frac{3}{4}$.

Ejercicios 9. No es exponencial; los valores de y no tienen una razón constante. **11.** No es exponencial; el valor de x no se usa como exponente. **13.** No es exponencial; no está en la forma $y = a \cdot b^x$. **15.** 12.5 **17.** -3.44×10^{10}
19. 4800 zorros

21.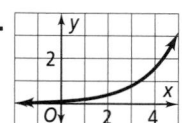

23.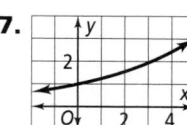

25.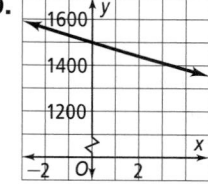

27.

29.

31. {0.16, 0.4, 1, 2.5, 6.25, 15.625}; aumentan
33. {0.3125, 1.25, 5, 20, 80, 320}; aumentan
35. {0.015625, 0.125, 1, 8, 64, 512}; aumentan
37. {1111.$\overline{11}$, 333.$\overline{33}$, 100, 30, 9, 2.7}; disminuyen

39a.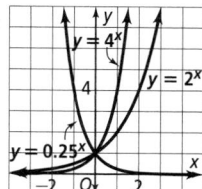

b. (0, 1) **c.** No; los valores de y son siempre positivos.
d. Cuando $0 < b < 1$, la gráfica disminuye hacia la derecha, pero cuando $b > 1$, la gráfica asciende hacia la derecha. Cuanto más grande es el valor de b, más rápido asciende la gráfica.
41. $f(x) = 200x^2$ **43.** $f(x) = 100x^2$

45a.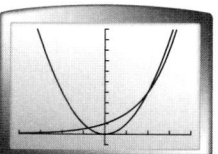

b. Las respuestas variarán. Ejemplo: Los valores están cerca aunque la función exponencial es mayor de 1 a 2, las dos funciones son iguales en $x = 2$, y luego, la función cuadrática es mayor de 2 a 3. **c.** Las respuestas variarán. Ejemplo: Los valores de la función aumentan más rápidamente. **55.** a^4 **56.** $\frac{n^{14}}{m^{28}}$ **57.** $\frac{1}{x^{10}z^{20}}$ **58.** $\frac{1}{p^{15}}$
59. $y = 5x$ **60.** $y = 3x + 1$ **61.** $y = 0.4x - 3.8$
62. disminución del 12% **63.** aumento del 20%
64. disminución del 31% **65.** aumento del 36%

Lección 7-7   pp. 455–461

¿Comprendiste? 1. aproximadamente 36,274 personas
2. $4489.01 **3a.** aproximadamente 55 kilopascales
b. El equivalente decimal de 100% es 1.
Comprobar la comprensión de la lección 1. 4
2. 15 **3.** 0.2 **4.** 0.94 **5.** $32,577.89 **6.** Si $b > 1$, entonces es un incremento exponencial. Si $0 < b < 1$, entonces es un decaimiento exponencial. **7.** El valor de $n = 1$; por tanto, la fórmula será $A = c(1 + r)^t$.
8. El estudiante no convirtió 3.5% a decimal;
$A = 500\left(1 + \frac{0.035}{4}\right)^{(4 \cdot 2)} = 500(1.00875)^8 \approx 536.09$.

Ejercicios 9. 14, 2 **11.** 25,600, 1.01 **13a.** 15,000
b. 0.04, 1.04 **c.** 1.04 **d.** 15,000, 1.04, x
e. aproximadamente 39,988 **15.** $5352.90 **17.** $634.87
19. $5229.70 **21.** $1277.07 **23.** 5, 0.5 **25.** 100, $\frac{2}{3}$
27. aproximadamente 33,236 **29.** decaimiento exponencial **31.** decaimiento exponencial **33.** No; el valor del carro es aproximadamente $5243. **35.** Las respuestas variarán. Ejemplo: $y = -4 \cdot 1.05^x$; ésta es una función exponencial, pero no representa un crecimiento ni un decaimiento exponencial porque $a < 0$. **37.** ninguna
39. ninguna **41.** 3 milicurios **43.** 30 años

51.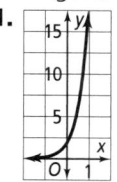

52.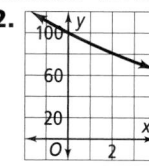

53.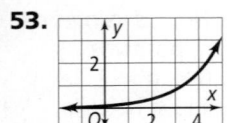

54. $x < 2$ **55.** $t \geq 12$
56. $k < 0.2$ **57.** $19t$
58. $-8k$ **59.** $11b - 6$
60. $-3n^2$ **61.** $9x^2$

Repaso del capítulo   pp. 463–466

1. notación científica **2.** factor incremental **3.** factor de decaimiento **4.** incremento exponencial **5.** decaimiento exponencial **6.** 1 **7.** $\frac{1}{49}$ **8.** $\frac{4y^8}{x^2}$ **9.** $\frac{q^4}{p^2}$ **10.** 9 **11.** $\frac{9}{16}$
12. 1 **13.** 45 **14.** $\frac{25}{9}$ **15.** $-\frac{20}{9}$ **16.** No; -3 debe elevarse a la cuarta potencia en lugar de multiplicarse por 4.
17. No; 950 no está entre 1 y 10. **18.** No; 100 no está escrito como una potencia de 10. **19.** sí **20.** No; 0.84 no está entre 1 y 10. **21.** 2.793×10^6 **22.** 1.89×10^8
23. 4.3×10^{-5} **24.** 2.7×10^{-9} **25.** 3.86×10^{12}
26. 4.78×10^{-6} **27.** 8 **28.** 2 **29.** 3; 6 **30.** 3 **31.** -5
32. 2 **33.** $2d^5$ **34.** $q^{12}r^4$ **35.** $-20c^4m^2$ **36.** 1.7956
37. $\frac{243x^3y^{11}}{16}$ **38.** $-\frac{4}{3r^{10}z^8}$ **39.** 7.8×10^3 poros **40.** $\frac{1}{w^3}$
41. $7x^4$ **42.** $\frac{n^{35}}{v^{21}}$ **43.** $\frac{e^{20}}{81c^{12}}$ **44.** 2×10^{-3} **45.** 2.5×10^2
46. 5×10^{-5} **47.** 3×10^3
48. Las respuestas variarán. Ejemplo:
1) Simplifica la expresión que está entre paréntesis.
2) Escribe el recíproco de la expresión racional elevado a la tercera potencia.
3) Usa la regla de un cociente elevado a una potencia aplicando el exponente al numerador y al denominador.
4) Simplifica el numerador.
5) Simplifica el denominador usando la regla de la potencia.
49. 4, 16, 64 **50.** 0.01, 0.0001, 0.000001 **51.** 20, 10, 5
52. 6, 12, 24

53. 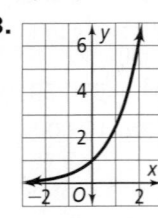 **54.**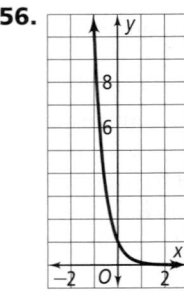

55. 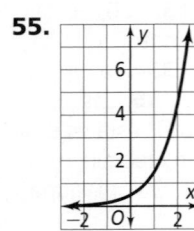 **56.**

57a. 800 bacterias **b.** aproximadamente 1.4×10^{16} bacterias **58.** incremento exponencial; 3 **59.** decaimiento exponencial; 0.32 **60.** incremento exponencial; $\frac{3}{2}$

61. decaimiento exponencial; $\frac{1}{4}$ **62.** \$2697.20 **63.** 463 personas

Capítulo 8

¡Prepárate!   p. 471

1. 1, 2, 3, 4, 6, 12 **2.** 1, 2, 3, 6, 9, 18 **3.** 1, 2, 4, 5, 10, 20, 25, 50, 100 **4.** 1, 3, 9, 27, 81 **5.** 1, 2, 3, 4, 6, 8, 9, 12, 18, 24, 36, 72 **6.** 1, 2, 3, 4, 5, 6, 10, 12, 15, 20, 25, 30, 50, 60, 75, 100, 150, 300 **7.** 1, 2, 5, 10, 25, 50, 125, 250
8. 1, 3, 9, 23, 69, 207 **9.** $x^2 - 9x$ **10.** $3d + 15$
11. $24r^2 - 15r$ **12.** $34m - 29$ **13.** $-36a^2 - 6a$
14. $-s^2 - 7s - 2$ **15.** $25x^2$ **16.** $9v^3$ **17.** $64c^6$
18. $56m^7$ **19.** $81b^6$ **20.** $36p^2q^2$ **21.** $7n^4$ **22.** $-125t^{12}$
23. p^2q^3 **24.** $5x$ **25.** $-\frac{1}{8n^5}$ **26.** $3y^2$ **27.** 3
28. Un binomio es una expresión con dos términos.
29. b; $(x + 4)(x + 4) = (x + 4)^2$, que es un cuadrado, y $(x + 4)(x + 4) = x^2 + 8x + 16$, que es un trinomio.

Lección 8-1   pp. 474–479

¿Comprendiste? 1a. 2 **b.** 5 **c.** 2 **2.** $5x^4, -5x^2y^4$
3a. $8x^2 + 2x - 3$, trinomio cuadrático **b.** Las respuestas variarán. Ejemplo: Escribir un polinomio en forma estándar te permite ver qué término monomio tiene el mayor grado y cuántos términos tiene el polinomio.
4. $-12x^3 + 120x^2 - 255x + 6022$
5. $-4m^3 - 4m^2 - 2m + 21$
Comprobar la comprensión de la lección 1. 4
2. 5 **3.** $11r^3 + 11$ **4.** $x^2 - 3x - 7$ **5.** trinomio cuadrático **6.** binomio lineal **7.** El coeficiente de la suma de los monomios semejantes es la suma de los coeficientes. Para sumar polinomios, debes agrupar los términos semejantes y sumar sus coeficientes. Un monomio tiene un solo término y un polinomio puede tener más de un término.
Ejercicios 9. 3 **11.** 10 **13.** 0 **15.** No tiene grado.
17. $11m^3n^3$ **19.** $14t^4$ **21.** $18v^4w^3$
23. $-8bc^4$ **25.** $-2q + 7$; binomio lineal
27. $-7x^2 - 4x + 4$; trinomio cuadrático
29. $3z^4 - 2z^2 - 5z$; trinomio de cuarto grado
31. $9x^2 + 8$ **33.** $20x^2 + 5$ **35.** $-18x^2 + 228x + 2300$
37. $2x^3 + 8$ **39.** $5h^4 + h^3$ **41.** $9x - 1$
43. El estudiante olvidó distribuir el signo negativo a todos los términos del segundo grupo de paréntesis.
$(4x^2 - x + 3) - (3x^2 - 5x - 6) =$
$4x^2 - x + 3 - 3x^2 - (-5x) - (-6) =$
$4x^2 - 3x^2 - x + 5x + 3 + 6 =$
$x^2 + 4x + 9$ **45.** $-5y^3 + 2y^2 - 6$
47. $3z^3 + 15z^2 - 10z - 5$ **49.** No. Las respuestas variarán. Ejemplo: $(x^2 - x + 3) + (x - x^2 + 1) = 4$, que es un monomio. **56.** 3 **57.** 2.1 **58.** 4
59. 5 **60.** $-\frac{2}{5}$ **61.** 8 **62.** $-\frac{8}{3}$ **63.** $-\frac{2}{3}$
64. a^5 **65.** $18r^3$ **66.** $28x^8$ **67.** $-10t^6$

Lección 8-2 — pp. 480–484

¿Comprendiste? 1. $15n^4 - 5n^3 + 40n$ **2.** $3x$
3a. $3x^2(3x^4 + 5x^2 + 4)$ **b.** $-6x^2(x^2 + 3x + 2)$
4. $9x^2(4 - \pi)$

Comprobar la comprensión de la lección
1. $12x^4 + 42x^2$ **2.** $2a^2$ **3.** $3m(2m - 5)$
4. $4x(x^2 + 2x + 3)$ **5.** B **6.** C **7.** A **8.** Las respuestas
variarán. Ejemplo: $18x^3 + 27x^2$
Ejercicios 9. $7x^2 + 28x$ **11.** $30m^2 + 3m^3$ **13.** $8x^4 -$
$28x^3 + 4x^2$ **15.** 4 **17.** 9 **19.** 4 **21.** $3(3x - 2)$
23. $7(2n^3 - 5n^2 + 4)$ **25.** $2x(7x^2 - x + 4)$
27. $25x^2(9 - \pi)$ **29.** $-10x^3 + 8x^2 - 26x$
31. $-60a^3 + 20a^2 - 70a$ **33.** $-t^3 + t^2 + t$
35. $20x^2 + 5x$; $5x(4x + 1)$ **37.** $17xy^3(y + 3x)$
39. $a^5(31ab^3 + 63)$ **41.** 49; $p = 7a$ y $q = 7b$, donde a y
b no tienen factores comunes excepto 1; por tanto,
$p^2 = 49a^2$ y $q^2 = 49b^2$. Dado que a^2 y b^2 no tienen
factores comunes excepto 1, el M.C.D. de p^2 y q^2 es
49. **49.** $8x^2 + 4x + 5$ **50.** $7x^4 + 3x^2 - 1$
51. $-5x^3 - 6x$ **52.** $7x^4 + 2x^3 - 8x^2 + 4$
53. $y \le \frac{4}{5}x - 2$ **54.** $y \ge \frac{7}{2}x - 4$

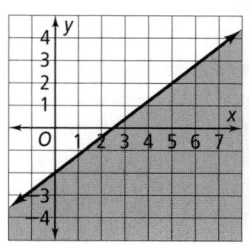 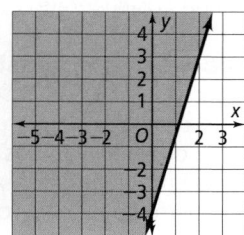

55. $y < -\frac{1}{3}x - 3$

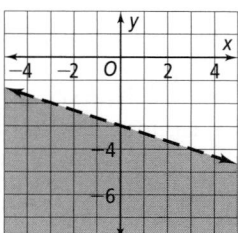

56. $8x - 40$ **57.** $-3w - 12$ **58.** $1.5c + 4$

Lección 8-3 — pp. 486–491

¿Comprendiste? 1. $4x^2 - 21x - 18$
2. $3x^2 + 13x + 4$ **3a.** $3x^2 + 2x - 8$
b. $4n^2 - 31n + 42$ **c.** $4p^3 - 10p^2 + 6p - 15$
4. $4\pi x^2 + 20\pi x + 24\pi$ **5a.** $2x^3 - 9x^2 + 10x - 3$
b. Las respuestas variarán. Ejemplo: Distribuye el
trinomio a cada término del binomio. Luego, continúa
distribuyendo y combinando los términos semejantes
como sea necesario.

Comprobar la comprensión de la lección
1. $x^2 + 9x + 18$ **2.** $2x^2 + x - 15$

3. $x^3 + 5x^2 + 2x - 8$ **4.** $x^2 + 2x - 15$ **5.** Hallas la
suma de los productos de los PRIMEROS términos, los
términos EXTERIORES, los términos INTERIORES y los
ÚLTIMOS términos. **6.** $3x^2 + 11x + 8$ **7.** El grado del
producto es la suma de los grados de los dos polinomios.
Ejercicios 9. $y^2 + 5y - 24$ **11.** $c^2 - 15c + 50$
13. $6x^2 + 13x - 28$ **15.** $a^2 - 12a + 11$
17. $2h^2 + 11h - 63$ **19.** $6p^2 + 23p + 20$
21. $4x^2 + 11x - 20$ **23.** $b^2 - 12b + 27$
25. $45z^2 - 7z - 12$ **27.** $4w^2 + 21w + 26$
29. $4\pi x^2 + 22\pi x + 28\pi$ **31.** $x^3 + 2x^2 - 14x + 5$
33. $10a^3 + 12a^2 + 9a - 20$ **35.** $x^2 + 200x + 9375$
37. $-n^3 - 3n^2 - n - 3$ **39.** $2m^3 + 10m^2 + m + 5$
41. $12z^4 + 4z^3 + 3z^2 + z$ **45a. i.** $x^2 + 2x + 1$, 121
ii. $x^2 + 3x + 2$, 132 **iii.** $x^2 + 4x + 3$, 143
b. Los dígitos del producto de los dos enteros son los
coeficientes de los términos del producto de los dos
binomios. **55.** $2(3x - 2)$ **56.** $b(b + 8)$
57. $5t(2t^2 - 5t + 4)$ **58.** $36x^2$ **59.** $4y^2$ **60.** $9m^2$
61. $25n^2$

Lección 8-4 — pp. 492–497

¿Comprendiste? 1a. $n^2 - 14n + 49$
b. $4x^2 + 36x + 81$ **2.** $(16x + 64)$ pies^2 **3a.** 7225 **b.** Las
respuestas variarán. Ejemplo: Puedes escribir 85 como
$(80 + 5)$ o como $(100 - 15)$.
4a. $x^2 - 81$ **b.** $36 - m^4$ **c.** $9c^2 - 16$ **5.** 2496

Comprobar la comprensión de la lección
1. $c^2 + 6c + 9$ **2.** $g^2 - 8g + 16$
3. $4r^2 - 9$ **4.** $4x^2 + 12x + 9$ pulgs.^{2} **5.** el cuadrado de
un binomio **6.** el producto de una suma y una diferencia
7. el cuadrado de un binomio **8.** Las respuestas variarán.
Ejemplo: Puedes usar la regla del producto de una suma y
una diferencia para multiplicar dos números cuando un
número se puede escribir como $a + b$ y el otro número se
puede escribir como $a - b$.
Ejercicios 9. $w^2 + 10w + 25$ **11.** $9s^2 + 54s + 81$
13. $a^2 - 16a + 64$ **15.** $25m^2 - 20m + 4$
17. $(10x + 15)$ unidades^2 **19.** $36 - x^2$ pulgs.^{2} **21.** 6241
23. 162,409 **25.** $v^2 - 36$ **27.** $z^2 - 25$ **29.** $100 - y^2$
31. 1596 **33.** 3591 **35.** 89,991 **37.** $4a^2 + 4ab + b^2$
39. $g^2 - 14gh + 49h^2$ **41.** $64r^2 - 80rs + 25s^2$
43. $p^8 - 18p^4q^2 + 81q^4$ **45.** $a^2 - 36b^2$ **47.** $r^4 - 9s^2$
49. $9w^6 - z^4$ **51.** $8x^2 + 32x + 32$
53. Las respuestas variarán. Ejemplo:
$a^2 = b(a - b) + b^2 + (a - b)^2 + b(a - b)$
Área del cuadrado grande = suma de las áreas de
los 4 rectángulos interiores
$\quad = 2b(a - b) + b^2 + (a - b)^2$ Combina los términos
$\qquad\qquad$ semejantes.
$\quad = 2ab - 2b^2 + b^2 + (a - b)^2$ Propiedad distributiva
$\quad = 2ab - b^2 + (a - b)^2$ Combina los términos
$\qquad\qquad$ semejantes.

Por tanto, $(a - b)^2 = a^2 - 2ab + b^2$ por las propiedades de suma y resta de la igualdad.

55. No; $\left(3\frac{1}{2}\right)^2 = \left(3 + \frac{1}{2}\right)^2 = \left(3 + \frac{1}{2}\right)\left(3 + \frac{1}{2}\right) = 3^2 + 2(3)\left(\frac{1}{2}\right) + \left(\frac{1}{2}\right)^2 = 9 + 3 + \frac{1}{4} = 12\frac{1}{4} \neq 9\frac{1}{4}$

62. $6x^2 - 11x - 10$ **63.** $24m^2 - 34m + 7$
64. $5x^2 + 53x + 72$ **65.** disminución del 25%
66. aumento del 25% **67.** aumento del 25%
68. disminución del 12.5%
69. $6x(2x^3 + 5x^2 + 7)$ **70.** $9(8x^3 + 6x^2 + 3)$
71. $7x(5x^2 + x + 9)$

Lección 8-5 pp. 500–505

¿Comprendiste? 1. $(r + 8)(r + 3)$ **2a.** $(y - 4)(y - 2)$
b. No. No hay factores de 2 que sumen -1.
3a. $(n + 12)(n - 3)$ **b.** $(c - 7)(c + 3)$ **4.** $x + 8$ y $x - 9$ **5.** $(m + 9n)(m - 3n)$

Comprobar la comprensión de la lección
1. $(x + 4)(x + 3)$ **2.** $(r - 7)(r - 6)$
3. $(p + 8)(p - 5)$ **4.** $(a + 4b)(a + 8b)$ **5.** $n - 7$ y $n + 4$ **6.** positiva **7.** positiva **8.** negativa **9.** cuando el término constante es positivo y el coeficiente del segundo término es negativo

Ejercicios 11. 2 **13.** 2 **15.** $(t + 2)(t + 8)$
17. $(n - 7)(n - 8)$ **19.** $(q - 6)(q - 2)$ **21.** 6 **23.** 1
25. $(w + 1)(w - 8)$ **27.** $(x + 6)(x - 1)$
29. $(n + 2)(n - 5)$ **31.** $a - 4$ y $a + 1$ **33.** A
35. $(r + 9s)(r + 10s)$ **37.** $(m - 7n)(m + 4n)$
39. $(w - 10z)(w - 4z)$ **41a.** p y q deben tener el mismo signo. **b.** p y q deben tener signos opuestos.
43. $x - 12$ **45.** $4x^2 + 12x + 5$; $(2x + 5)(2x + 1)$
47a. Son opuestos. **b.** Dado que el coeficiente del término del medio es negativo, el número con el mayor valor absoluto debe ser negativo. Por tanto, p debe ser un entero negativo. **49.** $(x + 25)(x + 2)$ **51.** $(k - 21)(k + 3)$ **53.** $(s + 5t)(s - 15t)$ **65.** $c^2 + 8c + 16$
66. $4v^2 - 36v + 81$ **67.** $9w^2 - 49$ **68.** $\frac{ad}{b}$ **69.** $\frac{8d}{7}$
70. $mn - c$ **71.** $7x$ **72.** 6 **73.** 3

Lección 8-6 pp. 506–510

¿Comprendiste? 1a. $(3x + 5)(2x + 1)$ **b.** Ambos factores son negativos. **2.** $(2x + 7)(5x - 2)$ **3.** $2x + 3$ y $4x + 5$ **4.** $4(2x + 1)(x - 5)$

Comprobar la comprensión de la lección
1. $(3x + 1)(x + 5)$ **2.** $(5q + 2)(2q + 1)$
3. $(2w - 1)(2w + 3)$ **4.** $3x + 8$ y $2x - 9$ **5.** No hay factores de 20 que sumen 7. **6.** 24 **7.** Las respuestas variarán. Ejemplo: Si $a = 1$, buscas factores de c cuya suma sea b. Si $a \neq 1$, buscas factores de ac cuya suma sea b.
Ejercicios 9. $(3d + 2)(d + 7)$ **11.** $(4p + 3)(p + 1)$
13. $(2g - 3)(4g - 1)$ **15.** $(2k + 3)(k - 8)$
17. $(3x - 4)(x + 9)$ **19.** $(2d + 5)(2d - 7)$ **21.** $5x + 2$ y $3x - 4$ **23.** $2(4v - 3)(v + 5)$ **25.** $5(w - 2)(4w - 1)$

27. $3(3r - 5)(r + 2)$ **29–33.** Las respuestas variarán. Se dan ejemplos. **29.** -31, $(5v + 3)(3v - 8)$; 31, $(5v - 3)(3v + 8)$ **31.** 20, $(3g + 2)(3g + 2)$; 15, $(3g + 1)(3g + 4)$ **33.** 41, $(8r - 7)(r + 6)$; -5, $(8r - 21)(r + 2)$ **35.** $6x + 4$ **37a.** $(2x + 2)(x + 2)$; $(x + 1)(2x + 4)$ **b.** sí **c.** Las respuestas variarán. Ejemplo: Ninguna de las dos descomposiciones en factores está completa. Cada una tiene un factor común, 2.
39. $3(11k + 4)(2k + 1)$ **41.** $28(h - 1)(h + 2)$
43. $(11n - 6)(5n - 2)$ **45.** $(9g - 5)(7g - 6)$ **47.** 2; las explicaciones variarán. Ejemplo: $ax^2 + bx + c$ se descompone en factores como $(ax + 1)(x + c)$ ó $(ax + c)(x + 1)$; por tanto, $b = ac + 1$ ó $b = a + c$.
57. $(w + 4)(w + 11)$ **58.** $(t - 7)(t + 4)$
59. $(x - 5)(x - 12)$ **60.** 12.5 **61.** 12 **62.** 37.5 **63.** 21
64. $a^2 + 18a + 81$ **65.** $q^2 - 30q + 225$
66. $h^2 - 100$ **67.** $4x^2 - 49$

Lección 8-7 pp. 511–516

¿Comprendiste? 1a. $(x + 3)^2$ **b.** $(x - 7)^2$ **2.** $4m - 9$
3a. $(v - 10)(v + 10)$ **b.** $(s - 4)(s + 4)$
4a. $(5d + 8)(5d - 8)$ **b.** No; $25d^2 + 64$ no es una diferencia de dos cuadrados. **5a.** $12(t + 2)(t - 2)$
b. $3(2x + 1)^2$
Comprobar la comprensión de la lección
1. $(y - 8)^2$ **2.** $(3q + 2)^2$ **3.** $(p + 6)(p - 6)$ **4.** $6w + 5$
5. trinomio cuadrado perfecto **6.** trinomio cuadrado perfecto **7.** diferencia de dos cuadrados **8.** En una diferencia de dos cuadrados, ambos términos son cuadrados perfectos separados por un símbolo de resta.
Ejercicios 9. $(h + 4)^2$ **11.** $(d - 10)^2$ **13.** $(q + 1)^2$
15. $(8x + 7)^2$ **17.** $(3n - 7)^2$ **19.** $(5z + 4)^2$
21. $10r - 11$ **23.** $5r + 3$ **25.** $(a + 7)(a - 7)$
27. $(t + 5)(t - 5)$ **29.** $(m + 15)(m - 15)$
31. $(9r + 1)(9r - 1)$ **33.** $(8q + 9)(8q - 9)$
35. $(3n + 20)(3n - 20)$ **37.** $3(3w + 2)(3w - 2)$
39. $3(3x + 5)^2$ **41.** $8(s - 4)^2$ **43.** Las respuestas variarán. Ejemplo: Vuelve a escribir el valor absoluto de ambos términos como cuadrados. La descomposición en factores es el producto de dos binomios. El primero es la suma de las raíces cuadradas de los cuadrados. El segundo es la diferencia de las raíces cuadradas de los cuadrados. Ejemplo 1: $x^2 - 4 = (x + 2)(x - 2)$; Ejemplo 2: $4y^2 - 25 = (2y + 5)(2y - 5)$
45. [1] Resta combinando los términos semejantes. $(49x^2 - 56x + 16) - (16x^2 + 24x + 9) = (49x^2 - 16x^2) + (-56x - 24x) + (16 - 9) = 33x^2 - 80x + 7$ [2] Descompón en factores cada expresión, luego usa la regla para descomponer en factores la diferencia de dos cuadrados. $(49x^2 - 56x + 16) - (16x^2 + 24x + 9) = (7x - 4)^2 - (4x + 3)^2 = [(7x - 4) - (4x + 3)] - [(7x - 4) + (4x + 3)] = (3x - 7)(11x - 1) = 33x^2 - 80x + 7$

47. 11, 9 **49.** 14, 6 **51a.** Las respuestas variarán.
Ejemplo: $x^2 + 6x + 9$ **b.** Porque el primer término x^2 es
un cuadrado, el último término 3^2 es un cuadrado y el
término del medio es $2(x)(3)$.
64. $(6x + 7)(3x - 2)$ **65.** $(2x + 3)(4x + 3)$
66. $(4x - 7)(3x - 5)$ **67.** 2 **68.** $3m$ **69.** $4h^2$

Lección 8-8   pp. 517–521

¿Comprendiste? 1a. $(2t^2 + 5)(4t + 7)$ **b.** Las
respuestas variarán. Ejemplo: En la Lección 8-6, volviste a
escribir el término del medio como la suma de dos términos
y luego descompusiste en factores por agrupación. En este
problema, ya hay dos términos del medio.
2. $3h(h^2 + 2)(2h + 3)$ **3.** Las respuestas variarán.
Ejemplo: $2x$, $5x + 2$ y $6x + 1$

Comprobar la comprensión de la lección
1. $(4r^2 + 3)(5r + 2)$ **2.** $(3d^2 - 5)(2d + 1)$
3. $6(2x^2 + 3)(2x + 5)$ **4.** Las respuestas variarán. Ejemplo:
$4x$, $3x + 1$ y $3x + 2$ **5.** No; el polinomio es un cuadrado
perfecto. **6.** Sí; cuando escribes $23w$ como $20w + 3w$
resultan dos grupos de términos que tienen el mismo factor,
$w + 5$. **7.** Sí; dos grupos de términos tienen el mismo factor,
$4t - 7$. **8.** No; cuando extraes el M.C.D. como factor
común de cada par de términos, no hay un factor común.

Ejercicios 9. $2z^2$, 3 **11.** $2r^2$, -5
13. $(5q^2 + 1)(3q + 8)$ **15.** $(7z^2 + 8)(2z - 5)$
17. $(2m + 1)(2m - 1)(2m + 3)$
19. $(4v^2 - 5)(5v + 6)$ **21.** $(4y^2 - 3)(3y + 1)$
23. $w(w^2 + 6)(3w - 2)$ **25.** $3q(q + 2)(q - 2)(2q + 1)$
27. $2(d^2 + 4)(2d - 3)$ **29.** Las respuestas variarán.
Ejemplo: $4c$, $c + 8$ y $c + 5$ **31.** $9t(t - 8)(t - 2)$
33. $8(m^2 + 5)(m + 4)$ **35.** La descomposición en
factores es correcta, pero no está completa. El M.C.D. de
todos los términos es $4x$, no 4.
$4x^4 + 12x^3 + 8x^2 + 24x = 4x(x^3 + 3x^2 + 2x + 6) =$
$4x[x^2(x + 3) + 2(x + 3)] = 4x(x^2 + 2)(x + 3)$
37. Las respuestas variarán. Ejemplo: Separa la expresión
en tres binomios. Halla el M.C.D. de cada binomio, luego,
vuelve a descomponer en factores.
39. Las respuestas variarán. Ejemplo:
$30x^3 + 36x^2 + 40x + 48 = 2(3x^2 + 4)(5x + 6)$
52. $(m + 6)^2$ **53.** $(8x - 9)^2$ **54.** $(7p + 2)(7p - 2)$
55. No es una función. **56.** función **57.** función

58. 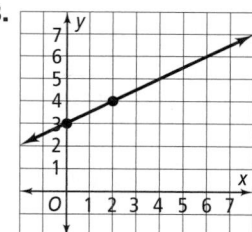   **59.**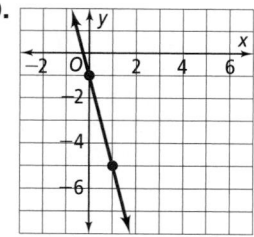

60. 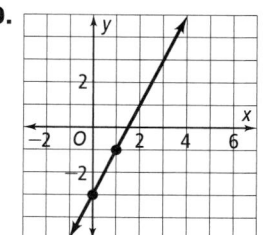   **61.**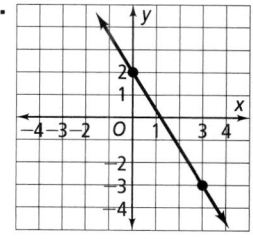

Repaso del capítulo   pp. 523–526

1. binomio **2.** polinomio **3.** monomio **4.** trinomio
cuadrado perfecto **5.** grado del monomio
6. $-9r^2 + 11r + 3$; trinomio cuadrático **7.** $b^3 + b^2 + 3$;
trinomio cúbico **8.** $8t^2 + 3$; binomio cuadrático
9. $4n^5 + n$; binomio de quinto grado **10.** $6x + 8$; binomio
lineal **11.** p^3q^3; monomio de sexto grado **12.** $v^3 + 5$
13. $14s^4 - 4s^2 + 9s + 7$ **14.** $9h^3 - 3h + 3$
15. $7z^3 - 2z^2 - 16$ **16.** $-20k^2 + 15k$
17. $36m^3 + 8m^2 - 24m$ **18.** $6g^3 - 48g^2$
19. $3d^3 + 18d^2$ **20.** $-8n^4 - 10n^3 + 18n^2$
21. $-2q^3 + 8q^2 + 11q$ **22.** $4p(3p^3 + 4p^2 + 2)$
23. $3b(b^3 - 3b + 2)$ **24.** $9c(5c^4 - 7c^2 + 3)$
25. $4g(g + 2)$ **26.** $3(t^4 - 2t^3 - 3t + 4)$
27. $3h^3(10h^2 - 2h - 5)$ **28.** 30; si el M.C.D. de p y q es
5, entonces el M.C.D. de $6p$ y $6q$ es $6(5) = 30$.
29. $w^2 + 13w + 12$ **30.** $10s^2 - 7s - 12$
31. $9r^2 - 12r + 4$ **32.** $6g^2 - 41g - 56$
33. $21q^2 + 62q + 16$ **34.** $12n^4 + 20n^3 + 15n + 25$
35. $t^2 + 6t - 27$ **36.** $36c^2 + 60c + 25$
37. $49h^2 - 9$ **38.** $3y^2 - 11y - 42$
39. $32a^2 - 44a - 21$ **40.** $16b^2 - 9$
41. $(3x + 5)(x + 7)$; $3x^2 + 26x + 35$
42. $(g - 7)(g + 2)$ **43.** $(2n - 1)(n + 2)$
44. $2(3k - 2\ell)(k - \ell)$ **45.** $(p + 6)(p + 2)$
46. $(r + 10)(r - 4)$ **47.** $(2m + n)(3m + 11n)$
48. $(t + 2)(t - 15)$ **49.** $(2g - 1)(g - 17)$
50. $3(x + 2)(x - 1)$ **51.** $(d - 3)(d - 15)$
52. $(w + 3)(w - 18)$ **53.** $7(3z - 7)(z - 1)$
54. $-2(h - 7)(h + 5)$ **55.** $(x + 2)(x + 19)$
56. $(5v + 8)(2v - 1)$ **57.** $5(g + 2)(g + 1)$
58. Las respuestas variarán. Ejemplo: Si la expresión se puede
descomponer en factores, entonces debe haber factores de
18 cuya suma es $b = 15$. Los factores de 18 son 1 y 18, 2 y
9, 3 y 6. Ninguno de estos factores tiene una suma igual a
15; por tanto, la expresión no se puede descomponer en
factores. **59.** $(s - 10)^2$ **60.** $(4q + 7)^2$ **61.** $(r + 8)(r - 8)$
62. $(3z + 4)(3z - 4)$ **63.** $(5m + 8)^2$
64. $(7n + 2)(7n - 2)$ **65.** $(g + 15)(g - 15)$
66. $(3p - 7)^2$ **67.** $(6h - 1)^2$ **68.** $(w + 12)^2$
69. $8(2v + 1)(2v - 1)$

70. $(5x - 6)(5x + 6)$ **71.** $3n + 9$ **72.** Es un trinomio cuadrado perfecto. **73.** $3y^2$; 1 **74.** $8m^2$; 3
75. $2d(d + 1)(d - 1)(3d + 2)$ **76.** $(b^2 + 1)(11b - 6)$
77. $(5z^2 + 1)(9z + 4)$ **78.** $3(a^2 + 2)(3a - 4)$

Capítulo 9

¡Prepárate! p. 531

1. -13 **2.** -3.5 **3.** -9 **4.** -0.5 **5.** -23 **6.** -3
7.

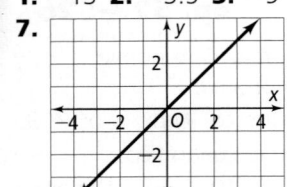

8.

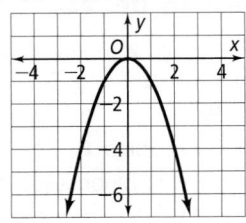

9.

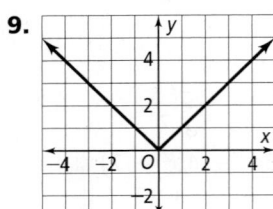

10.

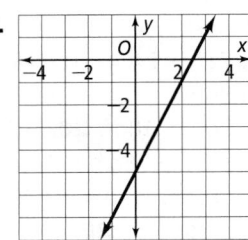

11.

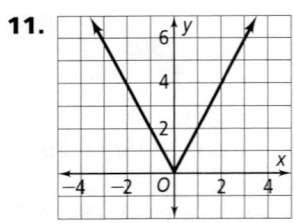

12.

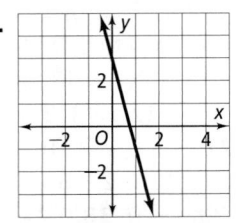

13. -108 **14.** 0 **15.** 49 **16.** 25 **17.** 24 **18.** 144
19. $(2x + 1)^2$ **20.** $(5x - 3)(x + 7)$ **21.** $(4x - 3)(2x - 1)$
22. $(x - 9)^2$ **23.** $(6y - 5)(2y + 3)$ **24.** $(m - 9)(m + 2)$
25. Una función cuadrática tiene la forma
$f(x) = ax^2 + bx + c$, donde $a \neq 0$. **26.** Las respuestas variarán. Ejemplo: Puedes doblar la gráfica por el eje de simetría y las dos mitades de la gráfica coincidirán. **27.** Las respuestas variarán. Ejemplo: El producto de dos factores sólo puede ser cero si al menos uno de los factores es cero.

Lección 9-1 pp. 534–540

¿**Comprendiste?** **1.** $(-2, -3)$; mínimo
2.

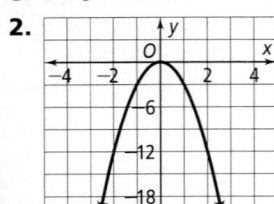

dominio: todos los números reales, rango: $y \leq 0$

3. $f(x) = -\frac{1}{3}x^2$, $f(x) = -x^2$, $f(x) = 3x^2$
4.

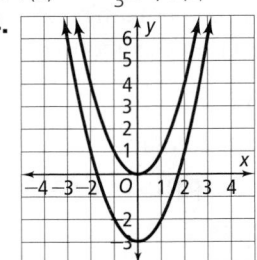

Las respuestas variarán. Ejemplo: Tienen la misma forma, pero la segunda parábola está desplazada 3 unidades hacia abajo.

5a.

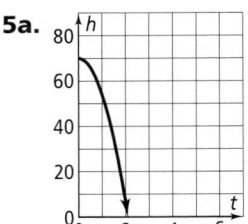

aproximadamente 2 s

b. dominio: $0 \leq t \leq 1.2$; rango: $0 \leq h \leq 20$
Comprobar la comprensión de la lección
1.

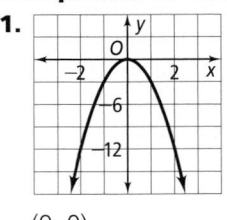

$(0, 0)$

2.

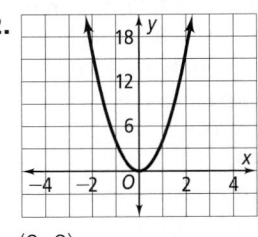

$(0, 0)$

3.

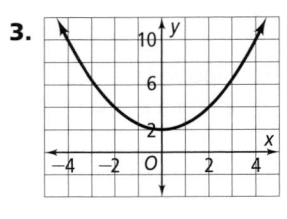

$(0, 2)$

4.

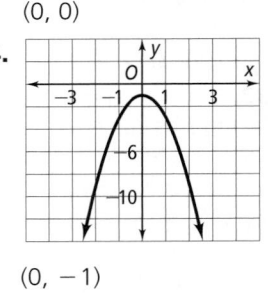

$(0, -1)$

5. Si $a > 0$, el vértice es el punto mínimo. Si $a < 0$, el vértice es el punto máximo. **6.** Las respuestas variarán. Ejemplo: Tienen la misma forma, pero la segunda gráfica está desplazada 1 unidad hacia arriba.
Ejercicios 7. $(2, 3)$; máximo **9.** $(2, 1)$; mínimo
11.

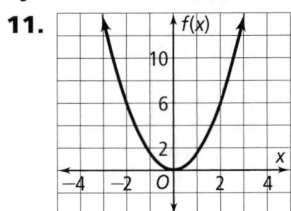

dominio: todos los números reales; rango: $f(x) \geq 0$

13. 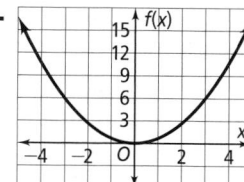 dominio: todos los números reales; rango: $f(x) \geq 0$

15. 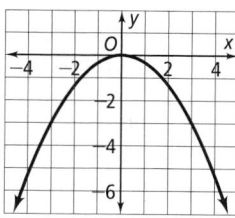 dominio: todos los números reales; rango: $y \leq 0$

17. $f(x) = x^2$, $f(x) = -3x^2$, $f(x) = 5x^2$

19. $f(x) = -\frac{2}{3}x^2$, $f(x) = -2x^2$, $f(x) = -4x^2$

21. 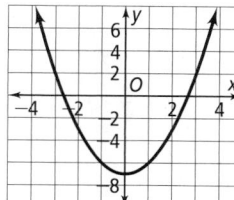 **23.**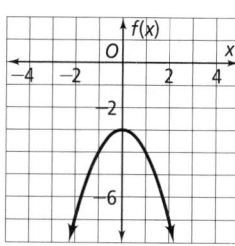

25. 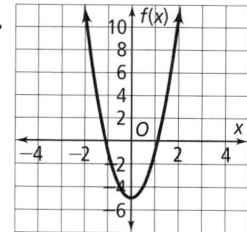 **27.**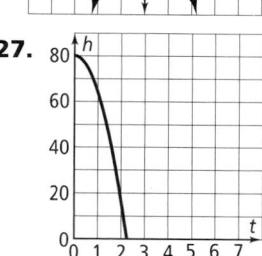

aproximadamente 2.2 s

29. dominio: todos los números reales; rango: $f(x) \geq 6$

31. dominio: todos los números reales; rango: $y \leq -9$

33. Las respuestas variarán. Ejemplo: Si $a > 0$, la parábola se abre hacia arriba. Si $a < 0$, la parábola se abre hacia abajo. El vértice de la parábola es $(0, c)$. **35.** D **37.** F **39.** C

41. 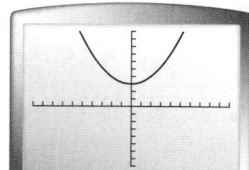 **43.**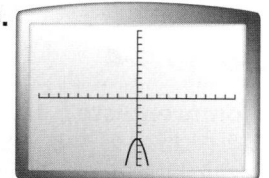

vértice: $(0, 3)$ vértice: $(0, -6)$
eje de simetría: $x = 0$ eje de simetría: $x = 0$

45. M **47.** M **57.** $3r(5r + 1)(2r + 3)$

58. $(3q^2 - 2)(5q - 6)$ **59.** $(7b^3 + 1)(b + 2)$

60. 0.75 **61.** -0.4 **62.** $-\frac{3}{8}$ **63.** $\frac{7}{20}$ **64.** $\frac{1}{8}$ **65.** -2

¿Comprendiste?

1a. 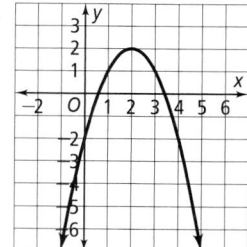 **b.** Las respuestas variarán. Ejemplo: Es fácil evaluar una función cuadrática en la forma $y = ax^2 + bx + c$ cuando $x = 0$.

2. 2 s; 69 pies; $5 \leq h \leq 69$

Comprobar la comprensión de la lección

1. 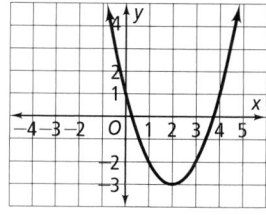 **2.**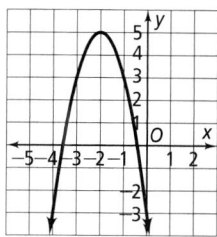

3. 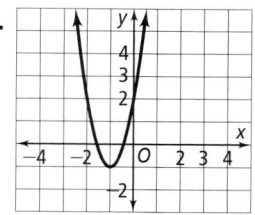 **4.**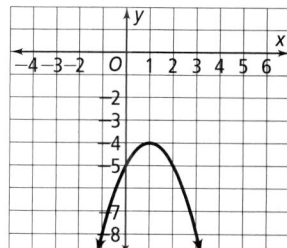

5. Si $a > 0$, la gráfica se abre hacia arriba y el vértice es un punto mínimo. Si $a < 0$, la gráfica se abre hacia abajo y el vértice es un punto máximo. Cuanto mayor es el valor $|a|$, más angosta es la parábola. El eje de simetría es la recta $x = -\frac{b}{2a}$. La coordenada x del vértice es $-\frac{b}{2a}$. El intercepto en y de la parábola es c. **6.** Representas con una gráfica primero el vértice y luego el intercepto en y. Reflejas el intercepto en y sobre el eje de simetría para obtener un tercer punto. Luego, trazas la parábola a través de estos tres puntos.

Ejercicios 7. $x = 0$; $(0, 3)$ **9.** $x = -1$; $(-1, -3)$ **11.** $x = 1.5$; $(1.5, -4.75)$ **13.** $x = 0.3$; $(0.3, 2.45)$ **15.** $x = -0.5$; $(-0.5, -6.5)$ **17.** B **19.** A

21.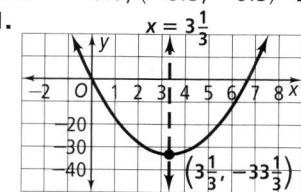

23.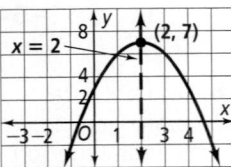

25.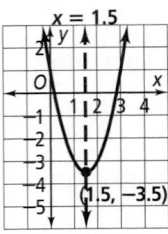

27. 25 pies; 625 pies^2; $0 < A \le 625$

29.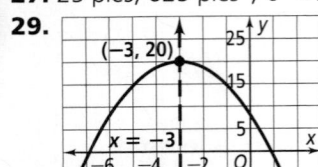

31.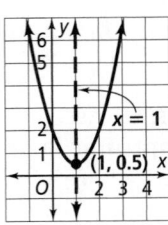

33.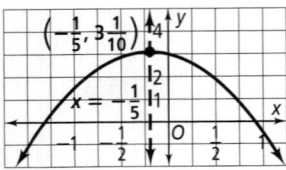

35. \$50

37. Las respuestas variarán. Ejemplo: $y = -x^2$

39. El valor de b es -6; por tanto,
$-\frac{b}{2a} = -\left(\frac{-6}{2(-1)}\right) = -\left(\frac{-6}{-2}\right) = -3.$

48.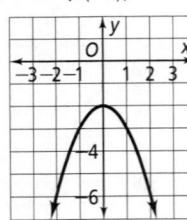

49.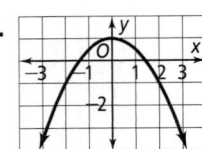

50.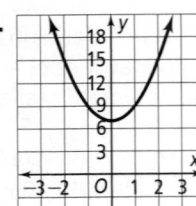

51. 5   **52.** -8
53. ± 12 **54.** 1.1

Lección 9-3 pp. 548–553

¿Comprendiste? 1a. ± 4 **b.** sin solución **c.** 0 **2a.** ± 6
b. sin solución **c.** 0 **3a.** 7.9 pies **b.** Las soluciones de la ecuación del Problema 3 son números irracionales, lo que hace que sea difícil la aproximación en una gráfica.
Comprobar la comprensión de la lección 1. ± 5
2. ± 2 **3.** ± 12 **4.** ± 15 **5.** Los ceros de una función son los interceptos en x de la función. Ejemplo: $y = x^2 - 25$ tiene ceros en ± 5. **6.** Las respuestas variarán. Ejemplo: Cuando una ecuación tiene soluciones que no son números enteros, casi siempre es más fácil usar raíces cuadradas para hallar las soluciones. **7.** a y c tienen signos opuestos; $c = 0$; a y c tienen el mismo signo.

Ejercicios 9. sin solución **11.** ± 2 **13.** ± 3 **15.** 0
17. sin solución **19.** ± 3 **21.** ± 18 **23.** 0 **25.** $\pm\frac{5}{2}$
27. ± 2 **29.** ± 4 **31.** ± 3 **33.** Sea $x = $ la longitud del lado de un cuadrado, entonces $x^2 = 75$; 8.7 pies
35. 7.1 pies **37.** 0 **39.** 1 **41.** $n > 0$; $n = 0$; $n < 0$
43. sin solución **45.** $\pm\frac{1}{6}$ **47.** ± 0.4 **49.** 144 **51.** Cuando se resta 100 de cada lado, se obtiene $x^2 = -100$, que no tiene solución. **53.** 6.3 pies **55a.** $= 6(A2)^2 - 24$
b. ± 2; La(s) solución(es) de la ecuación cuadrática es/son el/los valor(es) de x de la columna A que hace(n) que el valor de la columna B sea igual a 0. **c.** Las respuestas variarán. Ejemplo: Halla cada instancia de cambio de signo en la columna B. La(s) solución(es) está(n) entre los valores de x correspondientes de la columna A.

63.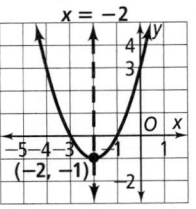

64.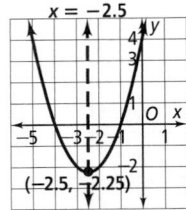

65.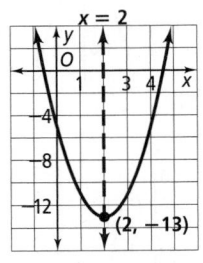

66.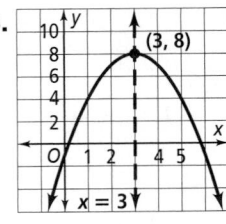

67.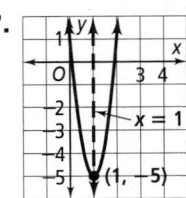

68.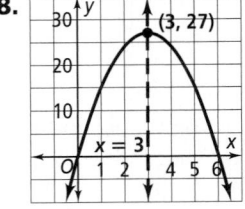

69. $(2c + 1)(c + 14)$ **70.** $(3w + 2)(w + 10)$
71. $(4g + 3)(g - 6)$ **72.** $(2r + 3)(r - 8)$
73. $(3w - 2)(w + 6)$ **74.** $(5p - 4)(p - 6)$

Lección 9-4 pp. 555–559

¿Comprendiste? 1a. $-1, 5$ **b.** $-\frac{3}{2}, 4$ **c.** $-\frac{1}{2}, -14$
d. $\frac{2}{7}, \frac{4}{5}$ **2a.** $-2, 7$ **b.** $-5, 4$ **c.** $\frac{3}{2}, 6$ **3a.** -7 **b.** Los polinomios cuadráticos son cuadrados perfectos.
4. 17 pulgs. por 23 pulgs.
Comprobar la comprensión de la lección 1. 4, 7
2. $-9, 6$ **3.** $\frac{8}{3}, 3$ **4.** 2.5 pies por 4 pies **6.** Para resolver la ecuación, primero descompones en factores la expresión cuadrática, luego igualas cada factor a 0 y resuelves.
7. No, si $ab = 8$, entonces hay un número infinito de valores posibles de a y b, como $a = 2$ y $b = 4$ ó $a = -1$ y $b = -8$.

Ejercicios 9. $-\frac{5}{4}$, -7 **11.** 0, 2.5 **13.** $\frac{7}{4}$, $-\frac{8}{3}$ **15.** -8, 4
17. -1.5, 12 **19.** $-\frac{5}{4}$, 8 **21.** -3, 7 **23.** 1.5, 4 **25.** $\pm\frac{4}{3}$
27. 4 pies por 6 pies **29.** {-4, -2} **31.** {-5, -2}
33. $q^2 + 7q - 18 = 0$; -9, 2 **35.** Las respuestas
variarán. Ejemplo: $6x^2 + 5x - 4 = 0$ **37.** 2; $\pm k$ **39.** 0,
4, 6 **41.** 0, 3 **51.** ± 12 **52.** sin solución **53.** 0 **54.** ± 4
55. ± 7 **56.** ± 3 **57.** $(y - 5)^2$ **58.** $(g - 7)^2$ **59.** $(m + 9)^2$

Lección 9-5   pp. 561–566

¿Comprendiste? 1. 100 **2.** -13, 19 **3a.** -2.21, -6.79
b. No, no hay factores de 15 que sumen 9. **4.** 5.77 pies
Comprobar la comprensión de la lección
1. -18, 10 **2.** -11, 15 **3.** -21, 14 **4.** -9, 7.5 **5.** Las
respuestas variarán. Se dan ejemplos. **a.** descomponer
en factores; $k^2 - 3k - 304 = (k - 19)(k + 16)$
b. completar el cuadrado **6.** Las respuestas variarán.
Ejemplo: Tienes que saber cómo resolverla usando raíces
cuadradas para poder resolverla completando el cuadrado.
Se necesitan más pasos para completar el cuadrado.

Ejercicios 7. 81 **9.** 225 **11.** $\frac{289}{4}$ **13.** -16, 9
15. -10.24, -5.76 **17.** -28.70, 10.70 **19.** -5, 7
21. 1, 13 **23.** -5.82, 4.82 **25.** -1.65, 3.65 **27.** -1.96,
2.56 **29.** -7, 1 **31.** aproximadamente 13.3 **33a.** $75 - 2a$
b. 11.6 pies o 25.9 pies **c.** 51.9 pies o 23.1 pies
35. sin solución **37.** 2.27, 5.73 **39.** sin solución
41. -0.11, 9.11 **43.** Olvidó dividir cada lado por 4 para
hacer que el coeficiente del término x^2 sea 1.
47. -0.45, 4.45 **57.** -6, -5 **58.** $\pm\frac{8}{3}$ **59.** $-\frac{1}{6}$, $\frac{5}{2}$
60. m^{12} **61.** $-\frac{1}{b}$ **62.** t^{13} **63.** y^{29} **64.** 81 **65.** 0 **66.** -15

Lección 9-6   pp. 567–573

¿Comprendiste? 1. -3, 7 **2.** 144.8 pies
3a. Descomponer en factores; la ecuación se puede
descomponer en factores fácilmente. **b.** Raíces
cuadradas; no hay un término x. **c.** Fórmula cuadrática,
representar con una gráfica; la ecuación no puede
descomponerse en factores. **4a.** 2 **b.** 2; si $a > 0$ y
$c < 0$, entonces $-4ac > 0$ y $b^2 - 4ac > 0$.

Comprobar la comprensión de la lección 1. -4, $\frac{1}{3}$
2. -0.94, 1.22 **3.** 2 **4.** Si el discriminante es positivo, hay
2 interceptos en x. Si el discriminante es 0, hay 1 intercepto
en x. Si el discriminante es negativo, no hay interceptos en
x. **5.** Descomponer en factores porque la ecuación se
puede descomponer en factores fácilmente; fórmula
cuadrática o representar con una gráfica porque la
ecuación no puede descomponerse en factores. **6.** Si se
completa el cuadrado de $ax^2 + bx + c = 0$, se obtiene la
fórmula cuadrática.

Ejercicios 7. -1.5, -1 **9.** -3, 1.25 **11.** $-\frac{5}{6}$, $\frac{10}{3}$
13. -11, $4\frac{2}{3}$ **15.** -2.6, 12 **17.** -2.56, 0.16

19. -0.47, 1.34 **21.** -2.26, 0.59 **23.** Fórmula cuadrática,
completar el cuadrado o representar con una gráfica; el
coeficiente del término x^2 es 1, pero la ecuación no puede
descomponerse en factores. **25.** Fórmula cuadrática,
representar con una gráfica; la ecuación no puede
descomponerse en factores. **27.** Descomponer en factores;
la ecuación se puede descomponer en factores fácilmente.
29. 0 **31.** 0 **33.** 2 **35.** ± 4 **37.** ± 1.73 **39.** 2 **41.** No, no
hay soluciones de números reales para la ecuación
$(14 - x)(50 + 5x) = 750$. **43.** Halla los valores de a, b y c
tales que $b^2 - 4ac > 0$. **45a.** 16; 1, 5 **b.** 81; -5, 4
c. 73; -0.39, 3.89 **d.** Racionales; si el discriminante es un
cuadrado perfecto, entonces la raíz cuadrada es un entero, y
las soluciones son racionales. **55.** 1.54, 8.46 **56.** -2, -1
57. -6.06, 0.06

58.
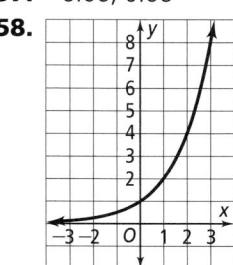

59.
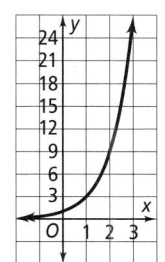

60.
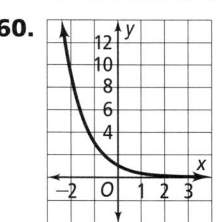

61.
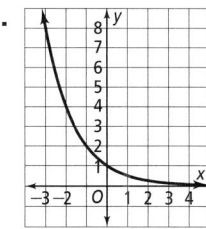

Lección 9-7   pp. 574–580

¿Comprendiste?

1a.
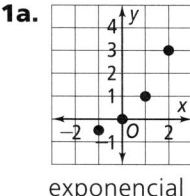
exponencial

b.
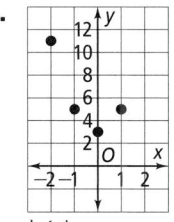
cuadrático

2. exponencial **3a.** exponencial; $y = 6(0.2)^x$ **b.** Ya los
usaste para escribir la ecuación. **4.** Las respuestas variarán.
Ejemplo: lineal; $y = 480.7x + 18{,}252.4$
Comprobar la comprensión de la lección
1. cuadrática **2.** lineal **3.** exponencial **4.** No, una función
no puede ser lineal y exponencial a la vez. **5.** Representa
con una gráfica los puntos, o prueba los datos ordenados
para hallar una diferencia común (función lineal), una
razón común (función exponencial), o una segunda
diferencia común (función cuadrática).

Ejercicios

7.
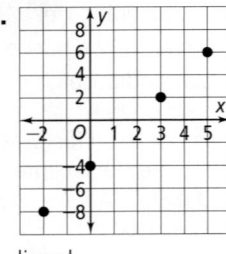

lineal

9.
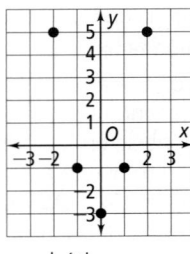

cuadrático

11.
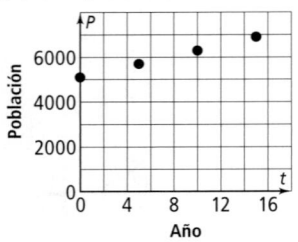

lineal

13. lineal

15. cuadrática; $y = 2.8x^2$

17. lineal; $y = -0.5x + 2$

19. exponencial;
$y = 540(1.03)^x$

21b. La segunda diferencia común es el doble del coeficiente del término x^2. **c.** Cuando las segundas diferencias son iguales, los datos son cuadráticos. El coeficiente del término x^2 es la mitad de la segunda diferencia. **23.** Las respuestas variarán. Ejemplo: (0, 5), (2, 13), (4, 29), (6, 53)

25a.
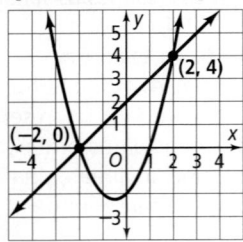

lineal

b. La población cambia en 600 cada 5 años; los valores de y tienen una diferencia común; por tanto, lo que funciona mejor es un modelo lineal. **c.** $p = 120t + 5100$
d. 8700 **32.** −1.5, 0.5 **33.** −3.83, 1.83 **34.** 0.13, 2.54
35. (6, 4) **36.** (2, 7) **37.** (1, −2)

Lección 9-8   pp. 582–587

¿Comprendiste? 1a. (−2, 9), (1, 3) **b.** sin solución
2. Días 2 y 5; 138 personas y 234 personas **3.** (−6, −42), (7, 114) **4a.** (−2, 2), (1, −1) **b.** Sustitución; sustituyes y por $-x$ en la primera ecuación.

Comprobar la comprensión de la lección

1.
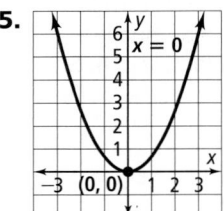

(2, 4), (−2, 0)

---

2. (6, 10), (−7, 192) **3.** (1, 4), (4, 1) **4.** (1, 4) **5.** (−3, −3), (−1.5, −1.5) **6a.** Las respuestas variarán. Ejemplo: $y = x^2 + x - 2, y = -x + 1$ **b.** Las respuestas variarán. Ejemplo: $y = x^2 - x, y = x - 1$ **c.** Las respuestas variarán. Ejemplo: $y = x^2 + x - 2, y = x - 5$
7. En ambos casos puedes representar con una gráfica, usar la sustitución o la eliminación. Si no representas con una gráfica, debes saber cómo resolver una ecuación cuadrática para resolver un sistema de ecuaciones lineales y cuadráticas.

Ejercicios

9.
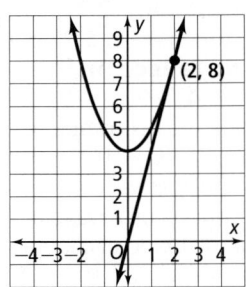

(2, 8)

11.
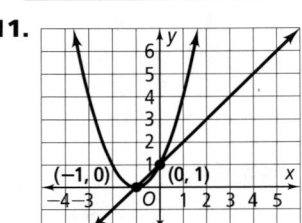

(0, 1), (−1, 0)

13.
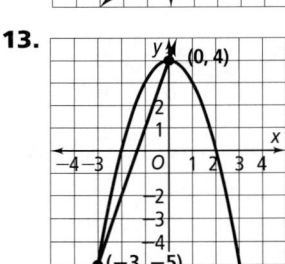

(0, 4), (−3, −5)
15. (2, 4), (−1, 1)
17. Día 0, 20 reproductores de cada tipo; Día 152, 7316 reproductores de cada tipo
19. (6, −2), (−9, −47)
21. (9, −71), (−11, −91)
23. $(-4, -41), \left(\frac{1}{3}, \frac{7}{3}\right)$
25. sin solución

27. (2, −5), (−4, 1) **29.** (−3, 0), (−6, −3)
31. $y = 2x + 2$ **33.** El sistema no tiene solución.
42. cuadrática; $y = 0.2x^2$ **43.** exponencial;
$y = 4(2.5)^x$ **44.** lineal; $y = -4.2x + 7$
45. 14 **46.** $\frac{5}{7}$ **47.** 1.2 **48.** 9 **49.** 0.6 **50.** 20

Repaso del capítulo   pp. 589–592

1. parábola **2.** eje de simetría **3.** discriminante **4.** vértice

5.
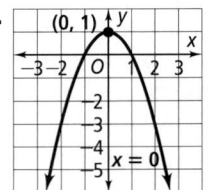

6.

7.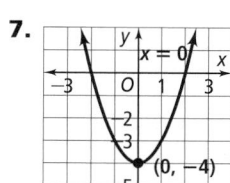

8.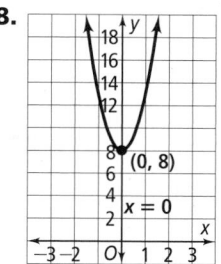

9.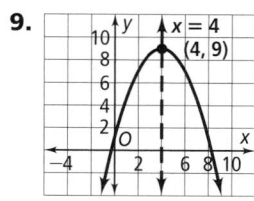

10. $\left(-\frac{3}{4}, 11\frac{1}{8}\right)$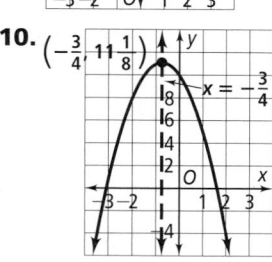

11.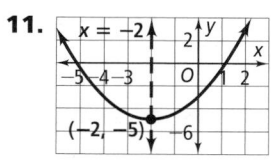

12.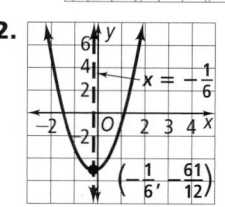

13. Las respuestas variarán. Ejemplo: $y = -x^2$ **14.** Las respuestas variarán. Ejemplo: $y = x^2$ **15.** Las respuestas variarán. Ejemplo: $y = x^2$ **16.** Las respuestas variarán. Ejemplo: $y = 0.5x^2$ **17.** ± 2 **18.** ± 5 **19.** 0 **20.** sin solución **21.** $\pm\frac{2}{3}$ **22.** ± 4 **23.** -3, -4 **24.** 0, 2 **25.** 4, 5 **26.** -3, $\frac{1}{2}$ **27.** $-\frac{2}{3}$, $\frac{3}{2}$ **28.** 1, 4 **29.** 2.3 pulgs. **30.** -6.74, 0.74 **31.** 0.38, 2.62 **32.** -2, -1.5 **33.** -9.12, -0.88 **34.** -1.65, 3.65 **35.** 1.26, 12.74 **36.** 7.6 pies por 15.8 pies **37.** 6.4 pulgs. por 13.8 pulgs. **38.** dos **39.** dos **40.** -1.84, 1.09 **41.** -2.5, 4 **42.** 7.87, 0.13 **43.** -0.25, 0.06 **44.** ± 5; raíces cuadradas porque no hay término x **45.** 3; descomposición en factores porque es fácil para descomponer en factores **46.** 1.5 s

47.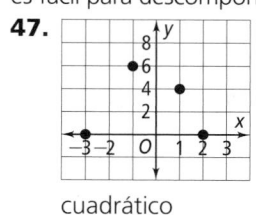

cuadrático

48.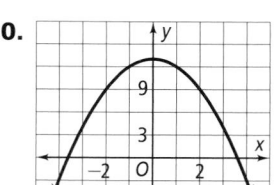

exponencial

49. $y = 3x - 2$ **50.** $y = 5(2)^x$ **51.** $(-1, 8)$, $(2, -1)$ **52.** $(0, -1)$, $(1, -2)$ **53.** $(-1, -1)$, $(1, 1)$ **54.** $(-2, -4)$, $(3, 6)$ **55.** $(-8, 3)$, $(12, 123)$ **56.** $(7, -2)$, $(9, 6)$ **57.** $(-7, -45)$, $(-4, -21)$ **58.** $(-13, 64)$, $(3, -16)$ **59.** $(6, 69)$ $(10, 145)$ **60.** $(-9, 33)$, $(-12, 63)$ **61.** Si miras la gráfica del sistema y observas cuántas veces se intersecan las gráficas de las ecuaciones, ésa es la cantidad de soluciones que tiene el sistema.

Capítulo 10

¡Prepárate! p. 597

1. 6 **2.** 18 **3.** 4.5 **4.** 8 **5.** 10 **6.** 4 **7.** 12 **8.** 14
9. $-2h^2 + 5h + 12$ **10.** $9b^4 - 49$
11. $-15x^2 - 11x - 2$

12.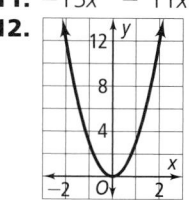

13.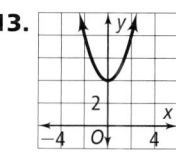

14.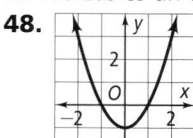

15. 2 **16.** 2 **17.** 0
18. 1 **19.** 2 **20.** 2
21. Ambos contienen la misma expresión radical, $\sqrt{3}$.

22. Sería rico.

Lección 10-1 pp. 600–604

¿Comprendiste? **1.** 15 cm **2.** 9 **3a.** no; $20^2 + 47^2 \neq 52^2$ **b.** sí; $(2a)^2 + (2b)^2 = 4a^2 + 4b^2 = 4(a^2 + b^2) = 4c^2 = (2c)^2$

Comprobar la comprensión de la lección
1. 39 **2.** 7 **3.** sí; $12^2 + 35^2 = 37^2$ **4.** Si eres un estudiante, entonces estudias matemáticas. **5.** Debió haber sustituido c por 13 dado que es la hipotenusa. La ecuación correcta es $12^2 + x^2 = 13^2$; $x = 5$.
Ejercicios 7. 8 **9.** 12 **11.** 17 **13.** 4.5 **15.** 6.1 **17.** 41 **19.** 8.5 **21.** 1.2 mi **23.** sí **25.** no **27.** sí **29.** 10 pies **31.** sí **33.** sí **35.** sí **37.** 719 pies **39.** Sí; $50^2 + 120^2 = 130^2$; por tanto, el triángulo formado por las fuerzas es un triángulo rectángulo.

48.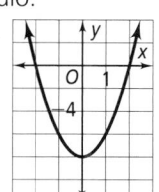

49.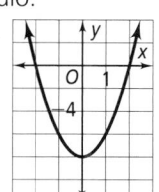

50.

51. $45a^2 - 27a$
52. $12x^3 - 24x^2$
53. $16d^3 + 28d^4$
54. $-12m^2 - 6m^4$

Lección 10-2   pp. 606–612

¿Comprendiste? **1.** $6\sqrt{2}$ **2.** $-4m^5\sqrt{5m}$
3a. $18\sqrt{3}$ **b.** $3a^2\sqrt{2}$ **c.** $210x^3$ **d.** sí; $\sqrt{14t^2} = t\sqrt{14}$
4. $a\sqrt{17}$ **5a.** 4 **b.** $\frac{3}{a}$ **c.** $\frac{5y\sqrt{y}}{z}$ **6a.** $\frac{\sqrt{6}}{3}$ **b.** $\frac{\sqrt{10m}}{6m}$ **c.** $\frac{\sqrt{21s}}{3}$
Comprobar la comprensión de la lección
1. $7\sqrt{2}$ **2.** $4b^2\sqrt{b}$ **3.** $12m^2$ **4.** $\frac{\sqrt{15}}{x}$ **5.** $\frac{\sqrt{15}}{3}$ **6.** $\frac{\sqrt{3n}}{n}$
7a. Sí; 31 no tiene factores que sean cuadrados perfectos, no hay fracciones en el radicando y no hay radicales en el denominador. **b.** No; hay una fracción en el radicando. **c.** No; 25 es un factor de 175 que es cuadrado perfecto. **8.** Las respuestas variarán. Ejemplo:

$$\frac{3}{\sqrt{12}} = \frac{3}{2\sqrt{3}} \cdot \frac{\sqrt{3}}{\sqrt{3}} = \frac{3\sqrt{3}}{6} = \frac{\sqrt{3}}{2};$$

$$\frac{3}{\sqrt{12}} = \frac{3}{\sqrt{12}} \cdot \frac{\sqrt{12}}{\sqrt{12}} = \frac{3\sqrt{12}}{12} = \frac{\sqrt{12}}{4} = \frac{2\sqrt{3}}{4} = \frac{\sqrt{3}}{2}$$

9. Una expresión radical está en la forma simplificada si el radicando no tiene factores que sean cuadrados perfectos además de 1, si el radicando no contiene fracciones y si no aparecen radicales en el denominador de una fracción.

Ejercicios 11. $3\sqrt{11}$ **13.** $-2\sqrt{15}$ **15.** $50\sqrt{7}$
17. $5t^2\sqrt{2t}$ **19.** $-63x^4\sqrt{3x}$ **21.** $-18y\sqrt{3y}$ **23.** 4
25. 30 **27.** $42n^2$ **29.** $16y^3$ **31.** $-126a\sqrt{a}$ **33.** $24c^7$
35. $a\sqrt{26}$ **37.** $\frac{7\sqrt{3}}{4}$ **39.** $\frac{\sqrt{3x}}{8}$ **41.** $\frac{77a}{2}$ **43.** $\frac{\sqrt{10x}}{4x}$
45. $2\sqrt{11}$ **47.** $\frac{4}{5}$ **49.** $2\sqrt{6}$ pulgs. **51.** No está en su mínima expresión; hay un radical en el denominador de una fracción. **53.** Mínima expresión; el radicando no tiene factores que sean cuadrados perfectos además de 1.
55a. $f\sqrt{3f}$ **b.** $\frac{1}{x^2}$ **c.** $\frac{\sqrt{2a}}{2a}$ **d.** $\frac{\sqrt{2m}}{4m}$ **57a.** $\sqrt{18 \cdot 10} =$
$\sqrt{180} = \sqrt{36} \cdot \sqrt{5} = 6\sqrt{5}$ **b.** Las respuestas variarán.
Ejemplo: 4 y 45 **59.** $2\sqrt{13}$ **61.** $\frac{-2\sqrt{a}}{a^2}$ **63.** $\frac{x\sqrt{y}}{y^2}$
65. $4\sqrt{5}$ **67.** $ab^2c\sqrt{abc}$ **69.** $\frac{8\sqrt{6a}}{3a}$ **71.** $1 \pm \sqrt{5}$
73. Las respuestas variarán. Ejemplo: 12, 27, 48
83. sí **84.** sí **85.** no **86.** $(8y + 3)(8y - 3)$
87. $(a + 9)(a - 9)$ **88.** $(5 + 4b)(5 - 4b)$
89. $6a^2 - 5a - 4$ **90.** $-4m^2 + 14mn - 12n^2$
91. $4x^2 + 16x + 15$

Lección 10-3   pp. 613–618

¿Comprendiste? **1a.** $-\sqrt{2}$ **b.** $7\sqrt{5}$ **2a.** $8\sqrt{7}$ **b.** $8\sqrt{2}$
c. No; si son no semejantes y no tienen factores comunes además de 1, aun si pueden simplificarse, seguirán siendo no semejantes. **3a.** $2\sqrt{3} + 5\sqrt{2}$ **b.** $15 - 4\sqrt{11}$
c. $-6\sqrt{2} - 6$ **4.** $\frac{-3\sqrt{10} + 3\sqrt{5}}{5}$ **5.** $(6\sqrt{5} - 6)$ pulgs., o aproximadamente 7.4 pulgs.
Comprobar la comprensión de la lección
1. $5\sqrt{3}$ **2.** $\sqrt{6}$ **3.** $\sqrt{21} - 2\sqrt{7}$ **4.** $41 - 12\sqrt{5}$
5. $3\sqrt{5} - \sqrt{10}$ **6.** $2\sqrt{7} - 4$ **7a.** $\sqrt{13} + 2$
b. $\sqrt{6} - \sqrt{3}$ **c.** $\sqrt{5} + \sqrt{10}$ **8.** $\sqrt{3} \cdot \sqrt{3} \neq 9$;

$\frac{\sqrt{3} + 1}{3 - 1} = \frac{\sqrt{3} + 1}{2}$
Ejercicios 9. $7\sqrt{5}$ **11.** $8\sqrt{3}$ **13.** 0 **15.** $-7\sqrt{5}$
17. $9\sqrt{10}$ **19.** $\frac{19\sqrt{5}}{2}$ **21.** $2\sqrt{3} + 3\sqrt{2}$ **23.** $3\sqrt{7} - 21$
25. $5\sqrt{33} - 15\sqrt{22}$ **27.** -6 **29.** $62 - 20\sqrt{6}$
31. $\frac{3\sqrt{7} + 3\sqrt{3}}{4}$ **33.** $-2\sqrt{5} - 5$ **35.** $\frac{7\sqrt{13} - 7\sqrt{5}}{8}$
37. $\frac{23\sqrt{5} - 23}{2}$ pies, o aproximadamente 14.2 pies
39. $-\frac{4}{3}$; -1.3 **41.** $\frac{-1 + \sqrt{7}}{4}$; -0.4
43. $9 + 6\sqrt{2} + 4\sqrt{5} + 3\sqrt{10}$; 35.9 **45.** No; sí; puedes simplificar $\sqrt{12}$ a $2\sqrt{3}$ y luego combinar los radicales semejantes. **47.** $5\sqrt{10}$ **49.** $22\sqrt{3} - 6$
51. $\frac{13 + \sqrt{65} + \sqrt{130} + 5\sqrt{2}}{8}$ **53.** -24
55. $4\sqrt{3} + 4\sqrt{2} + 3\sqrt{6} + 6$ **57.** $s\sqrt{3}$ **59a.** $x^{\frac{n}{2}}$
b. $x^{\frac{n-1}{2}}\sqrt{x}$ **68.** $6\sqrt{3}$ **69.** $15\sqrt{6}$ **70.** $\frac{2\sqrt{2}}{3c}$ **71.** 15
72. 8^{16} **73.** 2^{11} **74.** 5^{27} **75.** 3^3 **76.** -1 **77.** $-4, 3$
78. $-5, 3$ **79.** $-3, \frac{2}{3}$ **80.** $-2, \frac{1}{2}$ **81.** -7

Lección 10-4   pp. 620–625

¿Comprendiste? **1.** 9 **2.** 0.825 pies **3.** 7 **4.** -2
5a. sin solución **b.** La raíz principal de un número nunca es negativa.
Comprobar la comprensión de la lección **1.** 12
2. 3 **3.** 1 **4.** sin solución **5.** C **6.** Si $x^2 = y^2$, entonces $x = y$; no, si $x = -1$ y $y = 1$, entonces $x^2 = y^2$, pero $x \neq y$.
Ejercicios 7. 4 **9.** 36 **11.** 8 **13.** 16 **15.** -2
17. aproximadamente 5.2 pies **19.** 4.5 **21.** 7 **23.** 4
25. 2 **27.** ninguna **29.** -7 **31.** 3 **33.** sin solución
35. sin solución **37.** El estudiante no comprobó las soluciones en las ecuaciones originales. Las dos soluciones son extrañas; por tanto, la ecuación no tiene solución. **39a.** 25 **b.** 11.25 **41.** Suma $\sqrt{y + 2}$ a cada lado de la ecuación. Eleva al cuadrado cada lado de la ecuación. Halla el valor de y. Comprueba cada solución aparente en la ecuación original. **43.** 3 **45.** sin solución **47.** 1.5 **49.** 1600 pies **57.** $5\sqrt{2}$ **58.** -24
59. $-\frac{2\sqrt{3} - 4\sqrt{2}}{5}$ **60.** sin solución **61.** $-2, 2$ **62.** $-\frac{3}{2}, -\frac{2}{3}$

63. 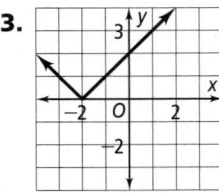   **64.**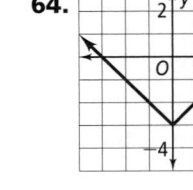

65.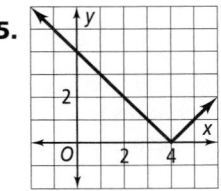

Lección 10-5   pp. 626–631

¿Comprendiste?   **1.** $x \le 2.5$ **2a.** cuando la potencia sea mayor que 56.25 vatios   **b.** 4

3.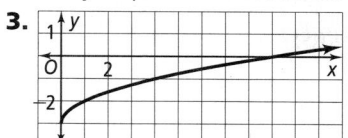

4.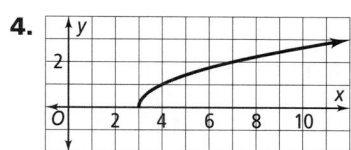

Comprobar la comprensión de la lección

1. $x \ge -3$

2. 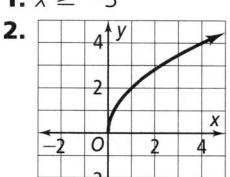   **3.**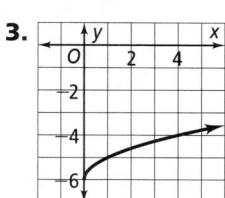

4. No; el radicando no tiene variables.   **5.** La gráfica de $y = \sqrt{x - 1}$ es la gráfica de $y = \sqrt{x}$ desplazada 1 unidad hacia la derecha.   **6.** Sí; el dominio incluye todos los valores de x tales que el radicando tiene un valor mayor que o igual a cero; por tanto, cuando $b > 0$, el dominio de $y = \sqrt{x + b}$ es $x \ge -b$, el cual incluye valores negativos.

Ejercicios   **7.** $x \ge 0$ **9.** $x \ge 7$ **11.** $x \ge -2$
13. $x \le 18$ **15.** $x \ge 4$

17.

x	f(x)
0	0
1	4
4	8

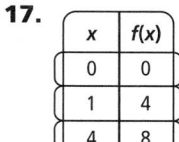

19.

x	y
0	0
3	3
5.3	4

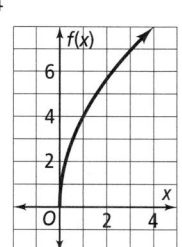

21.

x	y
0	0
1	−3
4	−6

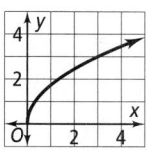

23.

x	y
0	0
2	1
8	2

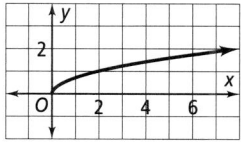

25.

h	v
0	0
1	4.4
6	10.8

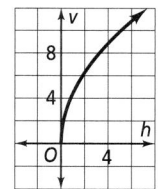

$h > 5.1$ m

27. A   **29.** B

31. 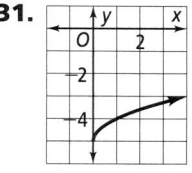   **33.**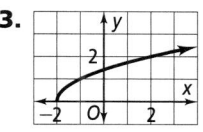

35. 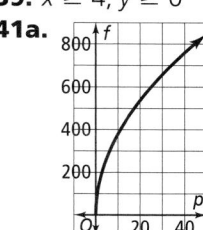   **37.**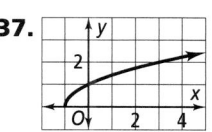

39. $x \ge 4$; $y \ge 0$

41a. 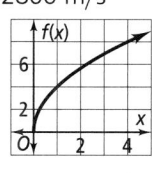   **b.** aproximadamente 45 lb/pulgs.^{2}

43. aproximadamente 2800 m/s

45.

x	f(x)
0	0
1	4
2	5.7
4	8

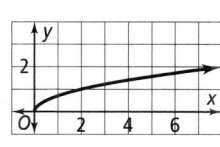

47.

x	y
0	0
2	1
4	1.4
8	2

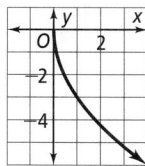

49.

x	f(x)
−2	−4
−1	−3
2	−2

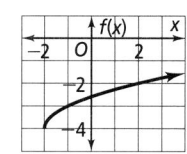

51.

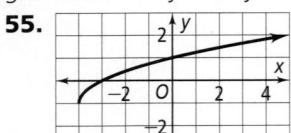

x	y
−3	1
−2	2.4
−1	3
0	3.4

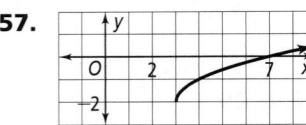

53a. No; la gráfica no pasa la prueba de recta vertical.
b. La gráfica de $y = \sqrt{x}$ es la parte del Cuadrante I de la gráfica de $x = y^2$. **c.** $y = -\sqrt{x}$

55. 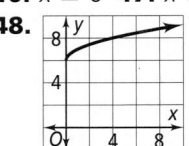 **57.**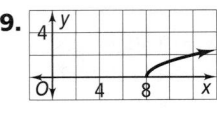

59.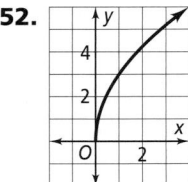

69. 4 **70.** sin solución
71. sin solución **72.** $-\frac{4}{3}$
73. sin solución **74.** 4
75. $5m + 12$
76. $12h^3 + 8h$

77. $-3b - 6$ **78.** $a^2 + 9a + 1$ **79.** $9p^2 + 24p + 1$
80. $6c^5 + 8c^3 - 1$ **81.** 9 pies **82.** 13.5 pies **83.** $\frac{4}{3}$ pies

Lección 10-6   pp. 633–639

¿Comprendiste? 1. $\frac{3}{5}$; $\frac{4}{5}$; $\frac{3}{4}$ **2a.** 0.9848 **b.** 1 **c.** 0.9659
d. 0.1564 **e.** sen 45° = cos 45°; un triángulo con ángulos de 45°, 45° y 90° es un triángulo rectángulo isósceles; por tanto, los catetos tienen la misma longitud y el seno y el coseno son la misma razón. **3.** 1.9
4. 41.8° **5.** aproximadamente 130 pies

Comprobar la comprensión de la lección 1. $\frac{4}{5}$
2. $\frac{3}{5}$ **3.** $\frac{4}{3}$ **4.** aproximadamente 6.4 cm **5.** 73.7° **6.** Para hallar el seno de un ángulo, hallas la razón de la longitud del cateto opuesto a la longitud de la hipotenusa. Para hallar el coseno de un ángulo, hallas la razón de la longitud del cateto adyacente a la longitud de la hipotenusa. **7.** El estudiante debe usar la tecla $\sin^{-1}$; $\text{sen}^{-1} (0.9) = 64.15806724$.

Ejercicios 9. $\frac{5}{13}$ **11.** $\frac{8}{17}$ **13.** $\frac{8}{17}$ **15.** $\frac{5}{13}$ **17.** 0.1736
19. 0.0872 **21.** 0.9397 **23.** 0.9455 **25.** 5.5 **27.** 19.2
29. 66.0 **31.** 60° **33.** 37° **35.** aproximadamente 47.7 pies **37.** Divide la longitud del lado adyacente por el coseno del ángulo agudo. **39.** 514.3 **41.** 78.4
43a. aproximadamente 1,720,000 pies
b. aproximadamente 326 mi

52. 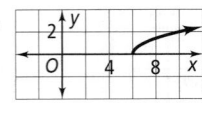 **53.**

54.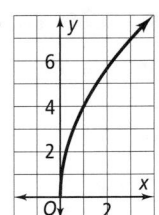

55. sí **56.** sí **57.** no
58. $(x - 3)(x + 4)$
59. $(x + 2)(x + 4)$
60. $(x + 3)(x - 5)$
61. $(x + 3)(x + 6)$

Repaso del capítulo   pp. 641–644

1. razones trigonométricas **2.** solución extraña
3. radicales no semejantes **4.** racionalizar el denominador
5. valores conjugados **6.** 6.5 **7.** 12.5 **8.** 6.1 **9.** 84
10. 17.5 **11.** 0.7 **12.** 6.6 **13.** 2.4 **14.** sí **15.** sí
16. no **17.** sí **18.** no **19.** sí **20.** no **21.** no **22.** sí
23. $-42\sqrt{6}$ **24.** $\sqrt{3}$ **25.** $\frac{5}{2}a$ **26.** $\frac{2}{3s}$ **27.** $-\frac{28}{3}x^2\sqrt{x}$
28. $30t^4\sqrt{3}$ **29.** Las respuestas variarán. Ejemplo: $\sqrt{32s}$, $\frac{8s}{\sqrt{2s}}$, $8\sqrt{\frac{s}{2}}$; todas tienen la variable s y el factor 2 debajo del radical. **30.** $s\sqrt{10}$ **31.** $2\sqrt{6}$ **32.** $4 + 2\sqrt{3}$
33. $4 - 2\sqrt{10}$ **34.** $\frac{-3\sqrt{2} + 9}{7}$ **35.** $-2 + \sqrt{3}$
36. $\frac{-3 + 3\sqrt{5}}{2}$ pulgs. **37.** 169 **38.** 9 **39.** 18 **40.** 21
41. 2 **42.** 1 **43.** 1.5 **44.** $\frac{1}{2}$ **45.** 56.5 cm^3
46. $x \geq 0$ **47.** $x \geq -4$

48. **49.**

50. **51.**

52.

53. sen $A = \frac{8}{17}$, cos $A = \frac{15}{17}$, tan $A = \frac{8}{15}$
54. sen $A = \frac{\sqrt{5}}{5}$, cos $A = \frac{2\sqrt{5}}{5}$, tan $A = \frac{1}{2}$
55. sen $A = \frac{\sqrt{7}}{4}$, cos $A = \frac{3}{4}$, tan $A = \frac{\sqrt{7}}{3}$
56. longitud de $\overline{AC} \approx 9.9$, longitud de $\overline{BC} \approx 6.7$
57. longitud de $\overline{AB} \approx 10.2$, longitud de $\overline{BC} \approx 6.3$
58. longitud de $\overline{AB} \approx 26.9$, longitud de $\overline{AC} \approx 20.0$
59. longitud de $\overline{AC} \approx 24.5$, longitud de $\overline{BC} \approx 5.2$

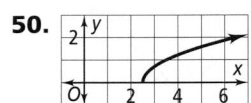
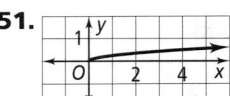

Capítulo 11

1. $2\frac{1}{30}$ **2.** $3\frac{1}{4}$ **3.** $-\frac{73}{120}$ **4.** $\frac{11}{35}$ **5.** $\frac{q^6}{p^5}$ **6.** $6\frac{30}{49}$ **7.** $\frac{64}{729}$

8. $\frac{8yz^6}{5x^6}$ **9.** $-7, 9$ **10.** $-\frac{5}{3}, \frac{7}{4}$ **11.** -13 **12.** $0, 3$ **13.** $-\frac{4}{3}, 5$

14. $-5, -\frac{2}{3}$ **15.** $-10, -1$ **16.** $-3, 7$ **17.** $-\frac{1}{2}, \frac{5}{3}$ **18.** sin solución **19.** 1 **20.** 4 **21.** Los valores excluidos no están permitidos. **22.** Una expresión racional incluye una razón. **23.** Uno disminuye mientras el otro aumenta.

Lección 11-1   pp. 652–657

¿Comprendiste? 1a. $\frac{3}{a}$, $a \neq 0$ **b.** $\frac{9d^2}{2d + 4}$, $d \neq -2$

c. $\frac{1}{3}$, $n \neq \frac{3}{2}$ **d.** $13c$, ninguno **2a.** $\frac{2}{x + 2}$; $x \neq -2$, $x \neq 4$

b. $\frac{a - 2}{3}$; $a \neq 1$ **c.** $\frac{6}{2z + 3}$; $z \neq -2$, $z \neq -\frac{3}{2}$

d. $\frac{c - 3}{c + 3}$; $c \neq -3$, $c \neq -2$ **3a.** -1; $x \neq 2.5$

b. $-y - 4$; $y \neq 4$ **c.** $-\frac{3}{2d + 1}$; $d \neq -\frac{1}{2}, d \neq \frac{1}{3}$

d. $-\frac{3}{2z + 2}$; $z \neq \pm 1$ **4a.** $12x + 4$ **b.** No, h debe ser mayor que 2π para que el valor de a sea mayor que 0. Si h es menor que o igual a 2π, entonces a sería negativa, y la longitud no puede ser negativa.

Comprobar la comprensión de la lección

1. 3; $x \neq -3$ **2.** $-\frac{1}{x + 3}$; $x \neq -3$, $x \neq 5$

3. $4x$ **4a.** No, la expresión no es la razón de dos polinomios. **b.** Sí, la expresión es la razón de dos polinomios. **5.** Si el denominador contiene un polinomio, puede haber valores de la variable que hagan al denominador igual a cero, y la división por cero es indefinida. **6.** La única manera en que la expresión racional no está en forma simplificada es si el numerador y el denominador son iguales. **7a.** sí, $3 - x = -(x - 3)$

b. no, $2 - y = -(y - 2)$

Ejercicios 9. $\frac{1}{7x}$, $x \neq 0$ **11.** $\frac{1}{2}$, $p \neq 12$ **13.** $\frac{x + 2}{x^2}$, $x \neq 0$

15. $\frac{2}{b + 4}$, $b \neq \pm 4$ **17.** $\frac{w}{w - 7}$, $w \neq \pm 7$ **19.** $\frac{m + 3}{m + 2}$, $m \neq -4$, $m \neq -2$ **21.** $b + 3$, $b \neq -5$ **23.** -1, $n \neq \frac{5}{4}$

25. -2, $m \neq 2$ **27.** $\frac{-1}{v + 5}$, $v \neq \pm 5$ **29.** $a + 1$

31. $\frac{2r - 1}{r + 5}$, $r \neq -5$ **33.** $\frac{5t - 4}{3t - 1}$, $t \neq -2$, $t \neq \frac{1}{3}$

35. $\frac{3(z + 4)}{z^3}$, $z \neq 0$ **37.** $-\frac{2a + 1}{a + 3}$, $a \neq -3$, $a \neq \frac{5}{2}$

39. $-\frac{c(3c + 5)}{5c + 4}$, $c \neq -\frac{4}{5}$, $c \neq 2$ **41.** No, $y = \frac{x^2 - 9}{x + 3}$ no está definido cuando $x = -3$ pero $x - 3$ sí. **43.** El estudiante canceló términos en vez de factores; $\frac{x^2 + 2x}{2x} = \frac{x(x + 2)}{2x} = \frac{x + 2}{2}$. **45.** Las respuestas variarán.

Ejemplo: $\frac{1}{(x - 4)(x + 3)}$ **47.** $\frac{5w}{5w + 6}$ **58.** $\frac{15}{17}$ **59.** $\frac{15}{17}$

60. $\frac{8}{15}$ **61.** $10\sqrt{2}$ **62.** $a^2b^3c^4\sqrt{b}$ **63.** $3x\sqrt{11}$ **64.** $\frac{\sqrt{2}}{5m^2}$

65. $2\sqrt{2}$ **66.** $2y\sqrt{y}$ **67.** $(2c + 1)(c + 7)$

68. $(15t - 11)(t - 1)$ **69.** $(3q + 2)^2$

70. $(2c - 1)(2c - 5)$ **71.** $(6t + 1)(4t - 3)$

72. $(3q - 7)(q + 2)$

Lección 11-2   pp. 658–664

¿Comprendiste? 1a. $\frac{15}{y^4}$, $y \neq 0$ **b.** $\frac{x(x + 1)}{(x - 2)(x - 3)}$, $x \neq 3$, $x \neq 2$ **2a.** $3x(x + 1)$ **b.** Sí, pero tendrás que simplificar la expresión resultante. **3a.** $(x - 7)(3x - 2)$

b. $(x + 1)(x + 3)$ **4a.** $\frac{1}{y}$ **b.** $\frac{6}{k + 4}$ **5.** $\frac{z - 1}{z^2 + 2}$ **6.** $\frac{1}{q^2}$

Comprobar la comprensión de la lección

1. $\frac{6}{5t^6}$ **2.** $\frac{(2x + 5)(x - 5)}{4}$ **3.** $3k^2(k + 1)$ **4.** $\frac{4x}{(x + 7)(2x + 3)}$

5. $\frac{(a - 2)^2}{3a}$ **6.** x^2 **7.** no; $\frac{\frac{a}{b}}{c} = \frac{a}{b} \div c = \frac{a}{b} \cdot \frac{1}{c} = \frac{a}{bc}$, donde $\frac{a}{\frac{b}{c}} = a \div \frac{b}{c} = a \cdot \frac{c}{b} = \frac{ac}{b}$ **8.** Los procedimientos son los mismos pero, cuando multiplicas expresiones racionales, puede haber valores de las variables para los cuales las expresiones racionales no están definidas.

9. Las variables b, c y d aparecen en los denominadores, y la división por 0 no está definida. **10a.** Escribe el producto de la expresión racional y el polinomio, descompón en factores, divide y elimina los factores comunes, y escribe el producto en la forma descompuesta en factores **b.** Vuelve a escribir el cociente de la expresión racional y el polinomio como el producto de la expresión racional y el recíproco del polinomio. Descompón en factores los numeradores y denominadores, divide y elimina los factores comunes, y escribe la respuesta en la forma descompuesta en factores.

Ejercicios 11. $\frac{35x}{36}$ **13.** $\frac{40}{3a^5}$ **15.** $\frac{2x(x - 1)}{3(x + 1)}$ **17.** $\frac{2c(c + 2)}{c - 1}$

19. $\frac{(r + 2)(r - 2)}{2r}$ **21.** $t - 4$ **23.** $4(t + 1)(t + 2)$

25. $\frac{(x - 1)(x - 2)}{3}$ **27.** $\frac{(h - 1)(h + 4)}{3}$ **29.** $\frac{x + 1}{2}$

31. $\frac{1}{c^2 - 1}$ **33.** 6 **35.** $-\frac{1}{2}$ **37.** $\frac{n - 3}{4n + 5}$ **39.** $\frac{11}{7k - 15}$

41. $\frac{b - 1}{3(b + 1)}$ **43.** 18 **45.** $\frac{1}{2(x + 1)}$ **47.** $\frac{2(3g + 1)}{g(3g - 1)}$

49. $\frac{1}{3z(z + 10)}$ **51.** $t + 3$ **53.** $\frac{3t - 5}{7t^2}$ **55.** $\frac{x - 2}{x - 3}$

57. \$88.71 **59.** \$518,011.65 **61.** El estudiante olvidó volver a escribir el divisor como su recíproco antes de cancelar. $\frac{3a}{a + 2} \div \frac{(a + 2)^2}{a - 4} = \frac{3a}{a + 2} \cdot \frac{a - 4}{(a + 2)^2} = \frac{3a(a - 4)}{(a + 2)^3}$

63. 0, 4 y -4 hacen que los denominadores sean iguales a 0. **65.** $\frac{2m^2(m + 2)}{(m - 1)(m + 4)}$ **74.** $\frac{7}{3}$, $m \neq 2$ **75.** $\frac{1}{2a^2 - 3}$, $a \neq 0$, $a \neq \pm\frac{\sqrt{6}}{2}$ **76.** $\frac{2c - 9}{2c + 8}$, $c \neq -4$, $c \neq 4.5$

77. $2x^2 + 10x + 12$ **78.** $-3n^2 + 11n + 20$

79. $6a^3 - 21a^2 + 2a - 7$

Lección 11-3   pp. 666–671

¿Comprendiste? 1a. $2a + 5 + \frac{3}{2a}$ **b.** $b - \frac{3}{b} + \frac{1}{5b^3}$

c. $2c^3 + 3c + \frac{3}{2}$ **2.** $2m - 3$ **3a.** $q^3 + q^2 + 2q + 3$

b. $h^2 - 3h + 5 - \frac{3}{h + 3}$ **4a.** $2y - \frac{19}{3} + \frac{55}{3(3y + 4)}$
b. $3a + 1 - \frac{3}{6a + 5}$ **c.** Comprueba si
$(2x - 3)(2x + 2) - 7$ es igual a $4x^2 - 10x - 1$.

Comprobar la comprensión de la lección

1. $4m + 2 - \frac{1}{m} - \frac{3}{5m^2}$ **2.** $20c + 43 + \frac{36}{c - 1}$
3. $5n^2 - 4n + 1$ **4.** $3a - 5$ **5.** Ambos procesos
requieren dividir, multiplicar y restar, luego "bajar" y
repetir si es necesario. Cuando divides polinomios, tal vez
necesites insertar un término con un coeficiente de 0
como marcador de posición.

6. Dividir, multiplicar, restar, bajar y repetir si es
necesario **7.** $-x^4 + 0x^3 + 0x^2 + 0x + 1$
Ejercicios **9.** $3x^4 - \frac{2}{x}$ **11.** $n^2 - 18n + 3$
13. $t^3 + 2t^2 - 4t + 5$ **15.** $3t^2 + \frac{3t}{7} - \frac{11}{7}$
17. $y - 3 + \frac{8}{y + 2}$ **19.** $-2q - 10 + \frac{22}{2q + 1}$
21. $2w^2 + 2w + 5 - \frac{10}{w - 1}$ **23.** $c^2 - \frac{1}{c - 1}$
25. $4c^2 - 8c + 16$ **27.** $a - 1 + \frac{1}{4a + 7}$
29. $t + 5 + \frac{21}{2t - 6}$ **31.** $4q^2 + 2q + \frac{3}{2} + \frac{9}{2q - 2}$
33. $4c^2 + 9c + 7 + \frac{36}{3c - 4}$
35. $3y^2 + 5y + \frac{29}{3} + \frac{124}{3(3y - 5)}$ **37.** $2x + 2$
39. $5t^3 - 25t^2 + 115t - 575 + \frac{2881}{t + 5}$
41. $3s - 8 + \frac{29}{2s + 3}$ **43.** $2r^4 + r^2 - 7$
45. $z^3 - 3z^2 + 10z - 30 + \frac{88}{z + 3}$
47. $6m^2 - 24m + 99 - \frac{326}{m + 4}$ **49.** $m^2 + 5m + 4$
51. $s^2 - \frac{301}{200}s + \frac{1703}{400} + \frac{891}{400(2s + 3)}$ **53a.** $t = \frac{d}{v}$
b. $(t^2 - 7t + 12)$ h **64.** $n + 2$
65. $\frac{(t - 5)(3t + 1)(2t + 1)}{3t(2t - 55)(t + 1)}$ **66.** $\frac{3c + 8}{2c + 7}$ **67.** $\frac{(x + 5)(x + 4)^2}{(x + 7)(x + 8)^2}$
68. $\frac{2}{3}$ **69.** $-\frac{1}{12}$ **70.** x **71.** $\frac{1}{2y}$

Lección 11-4　　　　　　　　pp. 672–677

¿Comprendiste? **1.** $\frac{5a}{3a - 4}$ **2a.** $\frac{-5}{z + 3}$ **b.** $\frac{3n - 4}{5n - 2}$
c. $\frac{1}{q - 2}$ **3.** $\frac{9 + 14y^2}{21y^4}$ **4.** $\frac{c^2 - 14c + 4}{(3c - 1)(c - 2)}$ **5a.** $\frac{45}{4v}$ **b.** $\frac{4m}{5}$; si n
representa las millas por galón cuando el camión está
totalmente cargado, entonces $m = 1.25n$; por tanto,
$n = \frac{m}{1.25}$ ó $\frac{4m}{5}$.

Comprobar la comprensión de la lección

1. $\frac{11}{x - 7}$ **2.** $\frac{2}{y + 2}$ **3.** $\frac{16b + 15}{24b^3}$ **4.** $\frac{10}{3v}$ **5.** Si las expresiones
tienen el mismo denominador, suma o resta los
numeradores como se indica y coloca el denominador. Si
tienen distinto denominador, descompón en factores si es
necesario, halla el m.c.d., vuelve a escribir las expresiones
con el común denominador, suma o resta según se indica y
simplifica. **6.** El procedimiento es el mismo. El m.c.d. es el
m.c.m. de los denominadores. **7a.** sí **b.** No, te dará un
común denominador pero no necesariamente el mínimo
común denominador.

Ejercicios **9.** $\frac{14}{c - 5}$ **11.** $\frac{6c - 28}{2c + 7}$ **13.** $\frac{1}{n + 2}$ **15.** 2
17. $2x^2$ **19.** $7z$ **21.** $5(x + 2)$ **23.** $(m + n)(m - n)$
25. $\frac{35 + 6a}{15a}$ **27.** $\frac{189 - 9n}{7n^3}$ **29.** $\frac{(a + 4)(a - 3)}{(a + 3)(a + 5)}$
31. $\frac{a^2 + 12a + 15}{4(a + 3)}$ **33a.** $\frac{1}{v} + \frac{1}{0.7v} = \frac{1.7}{0.7v}$ **b.** $\frac{17}{7v}$
c. aproximadamente 0.81 h ó 48.6 min **35.** No siempre;
el numerador puede contener un factor del m.c.d.
37. $\frac{-y^2 + 2y + 2}{3y + 1}$ **39.** $\frac{r - 2k - 6}{9 + p^3}$ **41.** $\frac{10x + 15}{x + 2}$
43. $\frac{5000v + 250,000}{v(v + 100)}$ **45.** $\frac{8x^2 + 1}{x}$ **47.** $\frac{-3x - 5}{x(x - 5)}$
59. $\frac{1}{2}x^2 + 2x - 1$ **60.** $5b$ **61.** $\frac{y^2(y - 1)}{y - 3}$ **62.** 6 **63.** 3
64. sin solución **65.** $\frac{5}{3}$ **66.** $\frac{6}{5}$ **67.** 1

Lección 11-5　　　　　　　　pp. 679–685

¿Comprendiste? **1a.** -3 **b.** $\frac{37}{7}$ **2a.** $-\frac{3}{2}, \frac{2}{3}$
b. $-7, -1$ **c.** La expresión $\frac{2}{x^2}$ no puede ser negativa.
3. 4.8 h **4a.** -8 **b.** $-3, 7$ **5.** 0
Comprobar la comprensión de la lección
1. -1 **2.** 1, 5 **3.** 0 **4.** aproximadamente 28 min
5. Una solución extraña de una ecuación racional es un
valor excluido de la función racional asociada.
6. Las respuestas variarán. Ejemplo: $\frac{x^2}{x - 1} = \frac{1}{x - 1}$
7. El estudiante olvidó multiplicar primero ambos lados de
la ecuación por el m.c.d., $5m$.
Ejercicios **9.** 3 **11.** $-1, 6$ **13.** -2 **15.** 5 **17.** $-2, 4$
19. $\frac{16}{3}$ **21.** -1 **23.** $1\frac{5}{7}$ h **25.** 3 **27.** $-\frac{3}{2}, 4$ **29.** sin solución
31. Podrías volver a escribir el lado derecho de la ecuación
como $\frac{3x}{x + 6}$ y luego multiplicar cruzado. **33.** -14
35. $-5, 2$ **37.** $-\frac{6}{5}, -1$ **39.** 12 h
41a.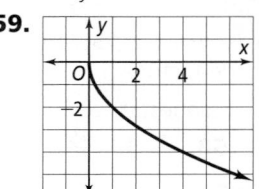
b. $(-9.53, 1.07)$,
$(-4.16, 1.35)$,
$(-1.12, 5.76)$,
$(0.81, 10.16)$

c. Sí; los valores de x son soluciones de la ecuación
original dado que ambos lados son iguales. **43.** 20 Ω
56. $-\frac{3}{x^2y^2z}$ **57.** $\frac{3h^2 + 2ht + 4h}{2(t - 2)(t + 2)}$ **58.** $\frac{-4k - 61}{(k - 4)(k + 10)}$
59. 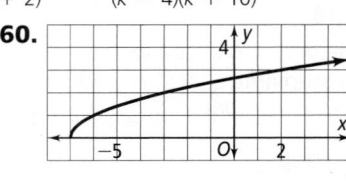 **60.**

61.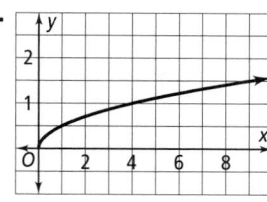

62.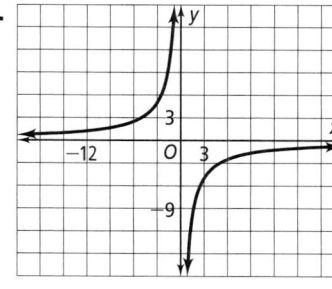

63. sí; 3 **64.** no **65.** sí; $-\frac{1}{4}$ **66.** sí; $\frac{8}{3}$

Lección 11-6   pp. 686–692

¿Comprendiste? 1. $xy = 54$ **2.** 7.5 pies

3a.

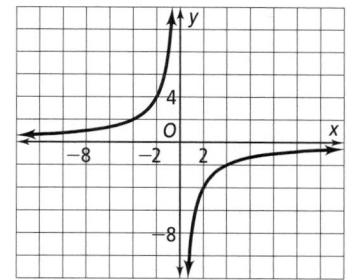

b. Tienen la misma forma. Son reflexiones entre sí sobre el eje de las y. **4a.** directa; $y = -3x$ **b.** inversa; $xy = -48$
5a. Directa; la razón del costo total a la cantidad de suéteres comprados es una constante, 35. **b.** Inversa; el producto de tu velocidad y el tiempo que pasas caminando es una constante, 5.

Comprobar la comprensión de la lección

1. $xy = -51$ **2.** 120 lb

3.

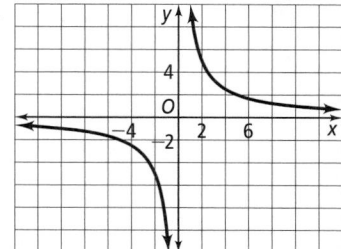

4. directa; $y = -2x$ **5.** sí; 15 **6.** Nunca; la ecuación tiene la forma $y = \frac{k}{x}$, y 0 no está en el dominio de la función.
7. El más pesado debe estar más cerca porque el producto del peso y su distancia al punto de apoyo es una constante.
8. No; sólo variará inversamente si el producto de la cantidad de lápices comprados por el precio por lápiz es una constante.
Ejercicios 9. $xy = 18$ **11.** $xy = 56$ **13.** $xy = 24$ **15.** 3 h

17.

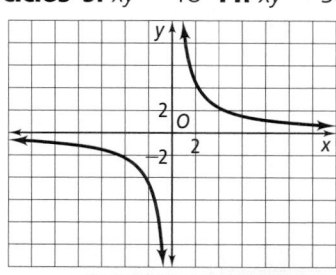

19.

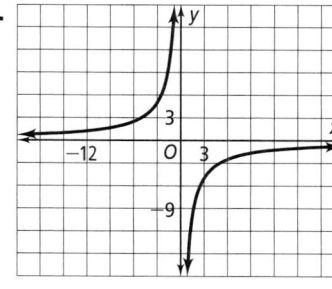

21.

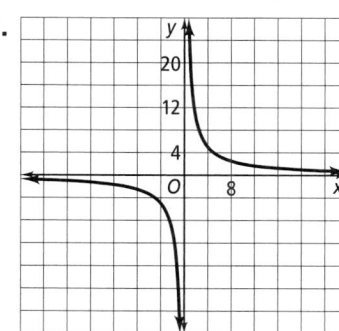

23.

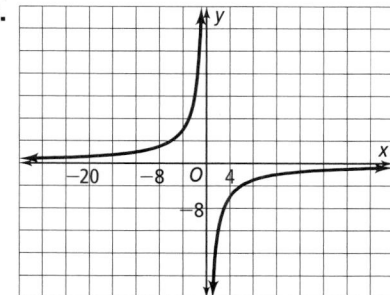

25. directa; $y = \frac{x}{2}$ **27.** inversa; $xy = 72$ **29.** Variación inversa; el producto del costo por persona por la cantidad de personas es una constante. **31.** 256; $xy = 256$

33. 1; $xy = 1$ **35.** 5 **37.** Directa; la razón $\frac{P}{I}$ es una constante, 3. **39.** Directa; la razón $\frac{C}{r}$ es una constante, 2π. **41a.** El valor de la y se duplica. **b.** El valor de la y se divide por la mitad. **43.** directa; $y = 0.4x$; 8 **45.** inversa; $xy = 48$; 0.5 **47.** No; la ecuación de la gráfica tiene la forma $y = -2x + b$. **53.** -25 **54.** sin solución **55.** $-\frac{5}{3}$

56. 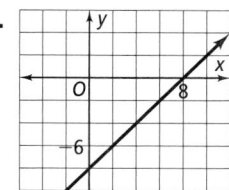   **57.**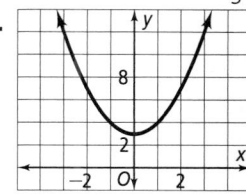

58.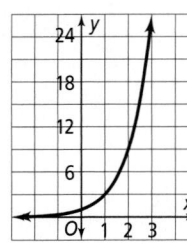

59.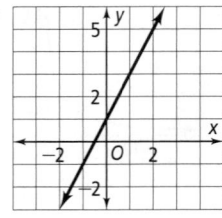

4. 5; $x = 5$, $y = 1$ **5.** Las respuestas variarán. Ejemplo: $y = \frac{1}{x + 2} + 4$ **6.** La asíntota vertical es $x + 5 = 0$, ó $x = -5$. **7.** Si el valor excluido es a, entonces la asíntota vertical es $x = a$.

Ejercicios 9. 2 **11.** 3 **13.** $x = 1$, $y = -1$
15. $x = 0$, $y = 0$

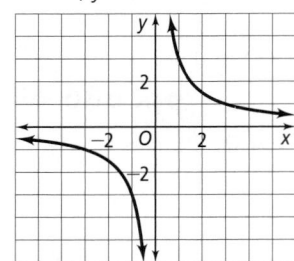

Lección 11-7   pp. 693–700

¿Comprendiste? 1. -7
2. $x = 6$

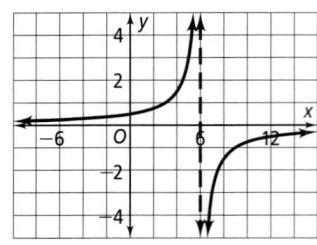

3a. $x = -3$, $y = -4$

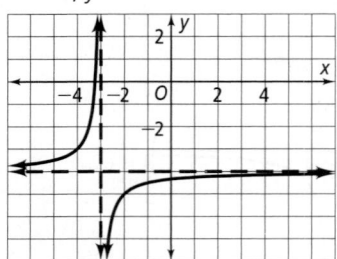

b. Sí; por ejemplo, $y = \frac{1}{x}$ y $y = -\frac{1}{x}$ tienen las mismas asíntotas vertical y horizontal. **4.** aproximadamente 20 personas

Comprobar la comprensión de la lección 1. -1
2. $x = 2$, $y = 3$

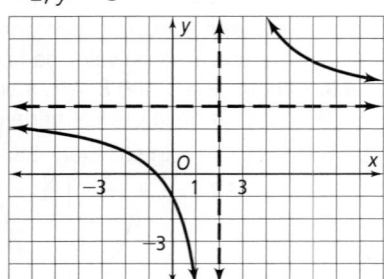

3. 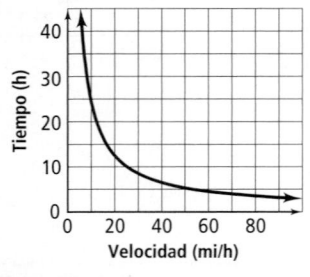 aproximadamente 68.6 mi/h

17. $x = 5$, $y = 0$

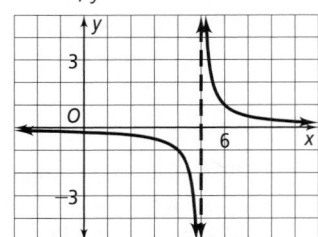

19. $x = 0$, $y = -5$

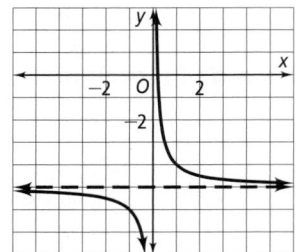

21. $x = -1$, $y = 4$

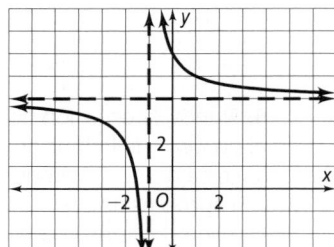

23a. $C = \frac{1920}{p} + 100$

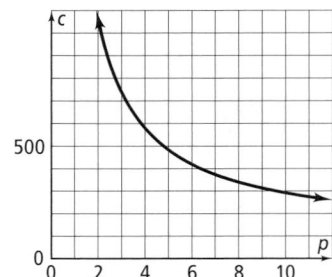

b. 5 personas **25.** Traslada la gráfica 1 unidad hacia la izquierda. **27.** Traslada la gráfica 1 unidad hacia arriba. **29.** Traslada la gráfica 3 unidades hacia la derecha. **31.** aproximadamente 4.2 pies

33a.

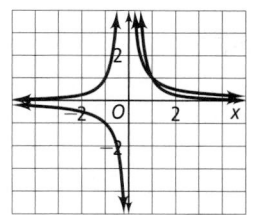

b. $x = 0$, $y = 0$ **c.** todos los números reales excepto el 0; todos los números reales mayores que 0 **35.** función de valor absoluto con vértice en (4, 0) **37.** recta con pendiente $\frac{1}{4}$ que pasa por el origen **39.** traslación de la función radical $y = \sqrt{x}$ desplazada 4 unidades hacia la derecha y 1 unidad hacia arriba **41.** función racional con asíntotas $x = -4$ y $f(x) = -1$ **43.** Las gráficas de $y = \frac{3}{x + 2}$ y $y = -\frac{3}{x + 2}$ están compuestas por dos curvas con asíntotas en $x = -2$ y $y = 0$. La gráfica de $y = -\frac{3}{x + 2}$ es una reflexión de la gráfica de $y = \frac{3}{x + 2}$ sobre el eje de las y. **55.** $xy = 20$ **56.** $xy = -8$ **57.** $xy = 12$ **58.** $xy = -42$ **59.** 0 **60.** 2 **61.** 0 **62.** 0 **63.** 1.7 **64.** 13.1 **65.** 21.15 **66.** −4.9

Repaso del capítulo   pp. 703–706

1. valor excluido **2.** asíntota **3.** expresión racional
4. $\frac{x + 3}{5x^2}$, $x \neq 0$ **5.** $\frac{1}{3}$, $m \neq 3$ **6.** $\frac{x + 3}{5}$, $x \neq -3$
7. $\frac{2(a - 1)}{3(a + 1)}$, $a \neq -1$, $a \neq 1$ **8.** $\frac{2s + 3}{2s - 1}$, $x \neq \frac{1}{2}$, $x \neq 4$
9. $-\frac{1}{2}$, $c \neq 4$ **10.** $\frac{1}{x + 2}$ **11.** $\frac{2}{3(x - 2)}$ **12.** $\frac{(a + 4)(a - 2)}{a^2(a + 2)}$
13. $(x + 5)(x + 7)$ **14.** $4x - 3 - \frac{7}{3x}$
15. $3d - 7 - \frac{8}{d + 3}$ **16.** $2b^2 + b + 3$ **17.** $\frac{8x - 3}{x + 1}$
18. $\frac{24 + 7x}{28x}$ **19.** $\frac{x^2 + 7x - 20}{(x + 2)(x - 4)}$ **20.** $\frac{-15x^2 + 23x + 27}{(3x - 1)(2x + 3)}$
21. $\frac{138{,}430}{59r}$ **22.** 24 **23.** 9 **24.** −14 **25.** −21 **26.** 6 min
27. $xy = 21$ **28.** $xy = 10$ **29.** $xy = -18$ **30.** $xy = -25$

31.

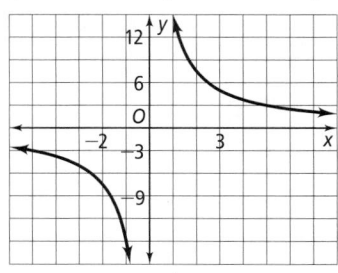

32.

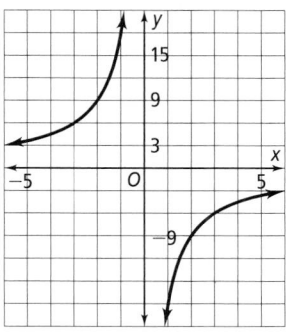

33. aproximadamente 9.5 mi/h
34. $x \neq 0$
35. $x \neq -4$

36. $x = -2$, $y = 0$

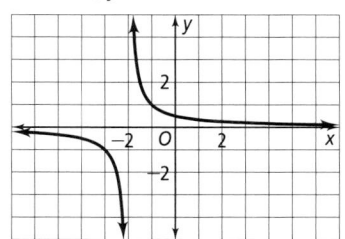

37. $x = -3$, $y = 0$

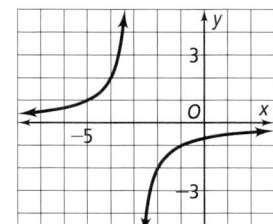

38. $x = 4$, $y = 1$

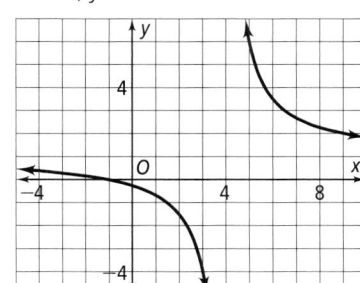

39. $x = 5$, $y = -1$

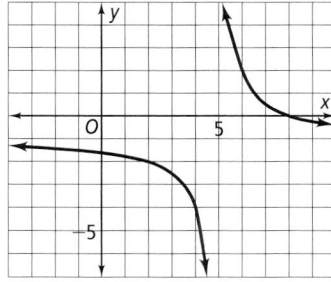

40a. 9 lúmenes **b.** La intensidad está inversamente relacionada con el cuadrado de la distancia; por tanto, si se duplica la distancia, la intensidad es $\frac{1}{4}$ de la intensidad anterior.

Capítulo 12

¡Prepárate!   p. 711

1. $\frac{7}{6}$ **2.** $-\frac{1}{24}$ **3.** $\frac{47}{50}$ **4.** $\frac{5}{12}$ **5.** $\frac{13}{2}$ **6.** 3 **7.** 11 **8.** $6x - 42$
9. $2x + 3$ **10.** $-10 + 2x$ **11.** $2.5 + 2x$ **12.** {1, 2, 3, 5, 6, 7, 9, 10, 11, 13, 15, 16} **13.** {9} **14.** {2, 6, 10, 16}
15. {0, 1, 2, 3, 4, 5, 6, 7, 8, 9, 10, 11, 12, 13, 14, 15, 16, 18}
16.

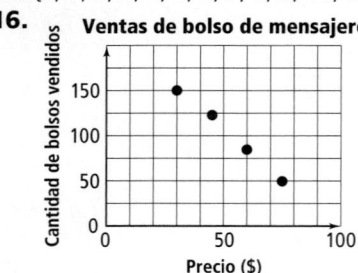

Ventas de bolso de mensajero

negativa

17.

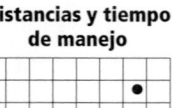

Distancias y tiempo de manejo

positiva
18. cara o cruz **19.** en dos partes con igual cantidad de valores de datos **20.** no

Lección 12-1   pp. 714–719

¿Comprendiste?

1a. $\begin{bmatrix} -4 \\ 1.5 \\ -16 \end{bmatrix}$ **b.** $\begin{bmatrix} 1 & 1 \\ 2.5 & 10 \end{bmatrix}$

c. Puedes sumar o restar matrices sumando o restando los elementos correspondientes. Si las matrices no tienen el mismo tamaño, no tendrán los elementos correspondientes en todos los casos.

2a. $\begin{bmatrix} 6 & -14.2 & -10 \end{bmatrix}$ **b.** $\begin{bmatrix} -16.5 & 4.5 \\ 0 & -2.25 \end{bmatrix}$

3. Portland
Comprobar la comprensión de la lección

1. $\begin{bmatrix} -3 & 9 \\ 0 & 4 \end{bmatrix}$ **2.** $\begin{bmatrix} 2 & 3 \\ 2 & -3 \end{bmatrix}$

3. $\begin{bmatrix} 8 & 0 & 10 \\ -4 & 2 & 4 \end{bmatrix}$ **4.** $\begin{bmatrix} -30 & 0 \\ -12 & 18 \end{bmatrix}$
5. 9 **6.** El estudiante sumó las entradas por filas, pero las matrices no tienen el mismo tamaño; por tanto, no pueden sumarse.
Ejercicios

9. $\begin{bmatrix} -1 & 1 \\ 0 & 0 \end{bmatrix}$ **11.** $\begin{bmatrix} 2 & -1 \\ 5 & -1 \\ 0 & 10 \end{bmatrix}$ **13.** $\begin{bmatrix} 2.4 & -7.6 \\ 8 & 0.3 \\ -7.7 & 1.3 \end{bmatrix}$

15. $\begin{bmatrix} -6 & 2 \\ -14 & 4 \end{bmatrix}$ **17.** $\begin{bmatrix} -19 & -10.5 & -35 \\ -47 & 30 & 0 \end{bmatrix}$

19. $\begin{bmatrix} -12.4 & -23.25 \\ -27.9 & 15.5 \\ -3.1 & -14.26 \end{bmatrix}$ **21.** $\begin{bmatrix} -1.66 & 0.6 & 0 \\ -0.9 & -1.12 & -0.2 \\ 0.2 & -0.58 & -1.4 \end{bmatrix}$

23. Fábrica B **25.** $\begin{bmatrix} 9 & 1 & 2 \\ -10 & 2 & 0 \end{bmatrix}$

27. $\begin{bmatrix} -28.2 & 30.1 & -20.9 \\ 7.9 & 27.9 & -37 \\ -8 & -36.4 & 7.8 \end{bmatrix}$

29. pollo **37.** 5 **38.** 0 **39.** 4
40.

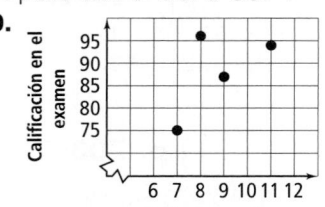

Probablemente no.

Talla de zapatos

41.

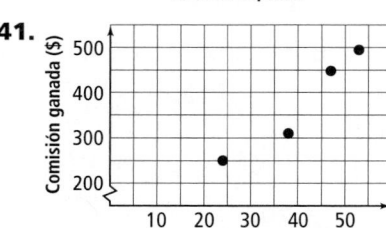

Causal; la cantidad de ventas está relacionada con las ganancias.

Productos vendidos

Lección 12-2   pp. 720–725

¿Comprendiste?
1. Las respuestas variarán. Ejemplo:

Jonrones	Frecuencia
2–6	4
7–11	5
12–16	4
17–21	1

2. Las respuestas variarán. Ejemplo:

Tiempos de llegada

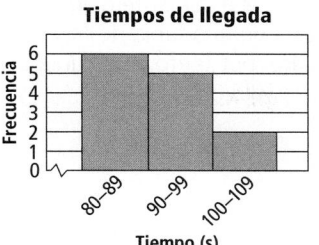

3a.

Dólares gastados en el almuerzo

uniforme
b. Las respuestas variarán. Ejemplo: $70 para la semana; los datos son bastante uniformes; por tanto, el promedio de lo que gasta es aproximadamente $10 por día.

4.

Intervalo	Frecuencia	Frecuencia cumulativa
0–4	6	6
5–9	4	10
10–14	4	14
15–19	2	16

Comprobar la comprensión de la lección

1.

Vida útil de una pila

Horas	Frecuencia
9–12	7
13–16	2
17–20	1
21–24	2

2.

Vida útil de una pila

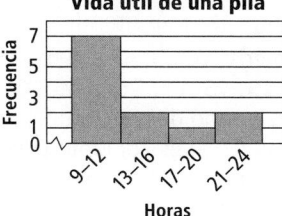

3.

Vida útil de una pila

Horas	Frecuencia	Frecuencia cumulativa
9–12	7	7
13–16	2	9
17–20	1	10
21–24	2	12

4. El dueño de la tienda podría mirar la columna de frecuencia para determinar las horas más ocupadas. **5.** Un histograma simétrico tiene aproximadamente la misma forma si lo doblas por el medio. Un histograma asimétrico tiene un pico que no está en el centro. **6.** Suma la frecuencia de cada intervalo a las frecuencias de todos los intervalos anteriores.

Ejercicios

7. Las respuestas variarán. Ejemplo:

Envergaduras

Cantidad de centímetros	Frecuencia
125–134	5
135–144	4
145–154	4

9. Las respuestas variarán. Ejemplo:

Velocidades máximas

Millas por hora	Frecuencia
90–109	4
110–129	4
130–149	2
150–169	3

11. Las respuestas variarán. Ejemplo:

Edades de parientes

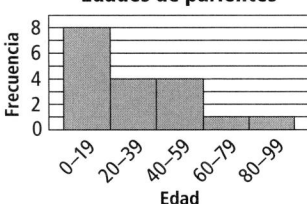

13. Las respuestas variarán. Ejemplo:

Puntos por partido

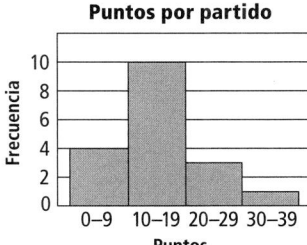

15. simétrico **17.** asimétrico
19. Las respuestas variarán. Ejemplo:

Alturas de edificios

Pies	Frecuencia	Frecuencia cumulativa
100–149	2	2
150–199	3	5
200–249	3	8
250–299	2	10
300–349	2	12

21a. **Mediatriz**

Duración por canción (min)	Frecuencia	Frecuencia cumulativa
0–1:19	0	0
1:20–2:39	2	2
2:40–3:59	5	7
4:00–5:19	3	10

b. 70%; 7 de 10 canciones duran menos de 4 min.
23. Las respuestas variarán. Ejemplo:

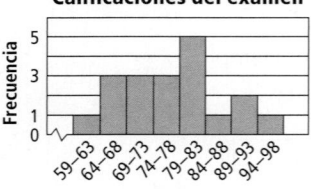

Calificaciones del examen

25. Las respuestas variarán. Ejemplo:

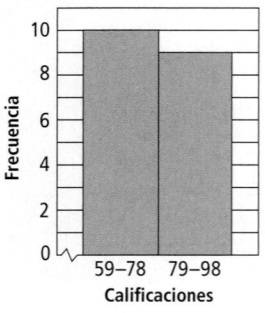

Calificaciones del examen

27. $99 **29.** 9 clientes **31.** No había números en el rango de 30 a 39; por tanto, el estudiante dejó afuera este intervalo. Los intervalos de una tabla de frecuencia no deben tener ninguna brecha; por tanto, el estudiante debió haber incluido el intervalo 30–39.

Intervalo	Frecuencia
20–29	6
30–39	0
40–49	5
50–59	4

38. $\begin{bmatrix} 12 & 16 \\ 14 & 18 \end{bmatrix}$ **39.** $\begin{bmatrix} -2.1 & -5.3 \\ -6.7 & -0.5 \end{bmatrix}$ **40.** $-16, -4, 0, \frac{1}{2}, \frac{5}{4},$
2, 13, 16 **41.** $-1, -0.2, 0, 0.1, 0.9, 1.2, 2, 5$

Lección 12-3   pp. 726–732

¿Comprendiste? 1. 112.4, 109, 104; media **2a.** 88%
b. No; necesitarías una calificación de 104. **3.** Acciones C: 6, 4.2; Acciones D: 22, 11.2; las Acciones C tienen un rango de 6 y una media de 4.2, mientras que las Acciones D tienen un rango de 22 y una media de 10.8 para este período de 5 días. **4.** 48, 45, 35, 30 **5.** $345, $284.25, $359, 25, $866.25
Comprobar la comprensión de la lección 1. 26.2, 30.5, 33; la mediana, dado que hay un valor extremo en este conjunto **2.** 8.76, 8.8, no hay moda; la media, dado que no hay un valor extremo **3.** 14.1, 15, 15, 24 **4.** Todas describen el conjunto de datos al hallar una medida representativa de la tendencia central. La media puede verse afectada por los valores extremos, lo que puede exagerar o subestimar la medida. La mediana es el valor del medio de los datos ordenados y la moda es el dato que ocurre con más frecuencia. **5.** El rango correcto es 8 porque el rango se define como la diferencia entre el valor más alto y el más bajo. **6.** Como un valor extremo es mucho más grande o mucho más pequeño que la mayoría de los datos, hace que el rango sea más grande.
Ejercicios 7. 12, 11, 10; media **9.** 63, 52, no hay moda; mediana **11.** 5.9 **13.** 125 **15.** 15 **17.** Conjunto C: 3.8, 6.7; Conjunto D: 28.3, 9.0; el rango del Conjunto C es 3.8 con una media de 6.7, mientras que el Conjunto D tiene un rango de 28.3 y una media de 9. **19.** Primer jugador: .062, .300; Segundo jugador: .029, .302; el segundo jugador tuvo una media un poco mayor durante las seis temporadas y fue más uniforme, como lo demuestra el rango más pequeño. **21.** 23.4, 24.9, 25.6, 10.6 **23.** 104, 84, 84, 168 **25.** 20.4, 20.7, 16.7, 8 **27.** 3.3, 4, 4.3, 4.1 **29.** 229.7, 144, 96 y 300, 528 **31a.** Planta A: 5.8, 5.8, 5.4, 1.2; Planta B: 5.6, 5.5, no hay moda; 2.9 **b.** Planta A: media, porque no hay valores extremos; Planta B: media o mediana, si consideras 7.2 como un valor extremo.

c. Planta A; tiene un rango más pequeño. **33.** La media, la mediana y la moda disminuirán en esa cantidad, mientras que el rango se mantendrá igual. Si le restas la misma cantidad d a cada conjunto, la suma disminuirá en nd, donde n es la cantidad de datos. Por tanto, cuando divides el total por n, la media disminuirá en d. $\frac{S - nd}{n} = \frac{S}{n} - d$. Para la mediana, el número del medio disminuirá en d. La moda disminuirá en d. Por otra parte, el rango permanecerá igual dado que (valor más alto $- d$) $-$ (valor más bajo $- d$) $=$ más alto $-$ más bajo. **35.** 88.5 **37.** Sí; como un vendedor ganó $150,000, la media fue $47,500, pero un indicador mejor podría ser la mediana, que fue sólo $39,500.

44. Las respuestas variarán. Ejemplo:

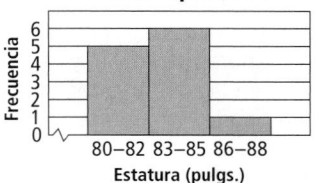

Estaturas de jugadores de básquetbol

45. Las respuestas variarán. Ejemplo:

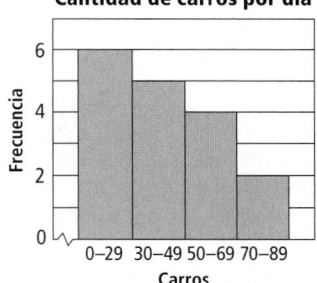

Cantidad de carros por día

46. exponencial

47. lineal

48. 21, 0 **49.** 50, 22.5 **50.** 8.9, 2.1

Lección 12-4   pp. 734–739

¿Comprendiste? 1a. 60, 75, 85, 95, 105 **b.** 5, 7, 15, 21, 53

2.

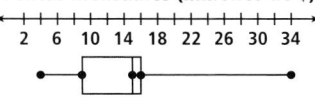

Ventas mensuales (millones de $)

3. La mediana indica el valor del medio de los datos. Por tanto, en Miami las precipitaciones mensuales están debajo de las 4.5 pulgs. la mitad de los meses y por encima de las 4.5 pulgs. la otra mitad. En Nueva Orleáns las precipitaciones mensuales están debajo de las 5.3 pulgs. la mitad de los meses y encima de las 5.3 pulgs. la otra mitad. **4a.** 60 **b.** No; como el valor percentil es el porcentaje de calificaciones menores que o iguales a una calificación dada, siempre hay al menos 1 valor asociado con un valor dado. No hay un valor percentil 0; la calificación más baja es el primer percentil.

Comprobar la comprensión de la lección

1. 48, 54, 100, 188, 256

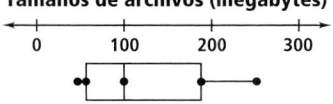

Tamaños de archivos (megabytes)

2. 24, 27, 29.5, 31.5, 33

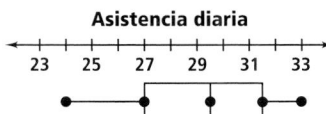

Asistencia diaria

3. Clase B **4.** la caja del medio **5.** 88 **6.** 75%; el tercer cuartil es el valor que divide los datos de modo que aproximadamente el 75% de los datos están por debajo y aproximadamente el 25% de los datos están por encima. **7.** No; el examen se califica con valores de 0 a 100, mientras que el valor percentil indica cómo te fue en relación con el resto del grupo.

Ejercicios 9. 3.2, 4.2, 5, 6.15, 12

11. 100, 100, 101, 104, 105

13.

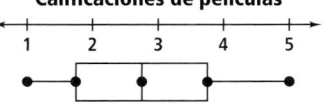

Calificaciones de películas

15.

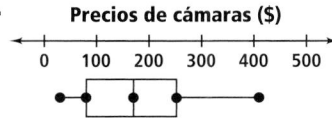

Precios de cámaras ($)

17. 60 **19.** $90 \le x < 94$ **21.** $0 < h \le 73.5$
23. También puede ser igual al valor máximo, lo cual puede suceder si el cuarto más alto de los puntajes tienen todos el mismo valor. **31.** 747.5, 708, 627 **32.** 43.3, 41, 41

33.

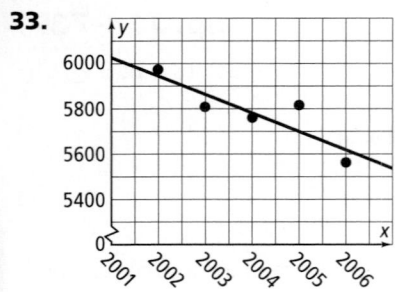

Las respuestas variarán. Ejemplo: $y = -81x + 167$, 509; aproximadamente 4300 establecimientos de bolos

Lección 12-5   pp. 741–747

¿Comprendiste? 1a. cuantitativos; cantidades numéricas **b.** cualitativos, sin cantidades numéricas **2a.** Bivariado; hay dos variables. **b.** Univariado; hay una sola variable. **3.** No; si usas un método de muestreo estratificado, debes encuestar a una muestra aleatoria de cada grupo. **4.** Las respuestas variarán. Ejemplo: ¿Prefieres las películas de acción o los documentales? **5.** Es más probable que los estudiantes que tienen correo electrónico también tengan teléfono celular.

Comprobar la comprensión de la lección
1. sistemático **2.** aleatorio **3.** estratificado
4. cuantitativo **5.** Las palabras *deliciosas* e *insípidos* tienen sesgo y podrían influir en la respuesta del encuestado. **6.** Los datos univariados incluyen una variable y los datos bivariados incluyen dos variables.

Ejercicios 7. cualitativo **9.** cuantitativo **11.** univariado **13.** univariado **15.** Estratificado; no es una buena muestra porque supone que en cada ciudad hay un número similar de votantes. **17.** aleatorio; buena muestra **19.** No es sesgada; quien responde no se ve influenciado por la pregunta. **21.** Durante el día muchas personas están en el trabajo; por tanto, tu encuesta no es representativa de la población. **23.** Como cada muestra es aleatoria, no se espera que sean exactamente iguales. **25a.** Es más probable que las personas que están en un aeropuerto sean viajeros. **b.** La pregunta está influenciando el resultado. Las personas podrían preferir responder "a ninguno". **c.** La muestra es sesgada porque incluye a una mayoría de personas que podrían preferir Francia. **27.** las personas que son clientes de la tienda; un cliente de cada quince; sistemática **29.** los asistentes al partido; asistentes aleatorios; aleatoria **31.** cuantitativos; univariados **33.** cualitativos; bivariados **35a.** Las respuestas son voluntarias y hay deportes que no están incluidos. **b.** no, por las razones expuestas en la parte (a) **37.** La respuesta es voluntaria y es probable que sólo a quienes les gustó el perfume envíen la tarjeta de respuesta. **45.** 40 **46.** 60 **47.** $a > 1$ **48.** $x \geq -3$ **49.** $b > 0.2$ **50.** 20 **51.** 42 **52.** 6

Lección 12-6   pp. 750–756

¿Comprendiste? 1a. 48 **b.** No; el diagrama de árbol sería muy grande; por tanto, sería más fácil usar el principio de conteo en la multiplicación. **2.** 40,320 maneras **3.** 20,160 **4.** 455 maneras

Comprobar la comprensión de la lección 1. 5040 **2.** 6,227,020,800 **3.** 120 **4.** 5040 **5.** 10 **6.** 35 **7.** 24 conjuntos **8.** permutaciones **9.** Las permutaciones se usan para contar en situaciones donde el orden es importante. Las combinaciones se usan para contar en situaciones donde la selección, no el orden, es importante. **10.** Hay sólo una manera de tomar n cosas, de a n a la vez. Además, $_nC_n = \frac{n!}{n!(n-n)!} = \frac{1}{0!} = \frac{1}{1} = 1$.

Ejercicios 11a. 8, 10 **b.** 8×10^6 u 8,000,000 **13.** 3,628,800 **15.** 1680 **17.** 5040 **19.** 42 **21.** 6 **23.** 90 **25.** 5040 maneras **27.** 1 **29.** 9 **31.** 56 **33.** 28 **35.** 10 **37.** 220 maneras **39.** 142,506 grupos **41.** $_9P_7$ **43.** $_9P_6$ **45.** $_8C_5$ **47a.** 24 maneras **b.** No; hay un número limitado de maneras en las que puedes ordenar las letras; por tanto, alguien puede descubrirla. **49.** 60 **51.** 210 **53.** Combinación; el orden de los libros no importa. **55a.** 35,152 siglas **b.** 913,952 siglas **57.** 2 **59.** 4 **61.** 1 **70.** cualitativo **71.** cuantitativo **72.** cuantitativo **73.** cualitativo **74.** 0.81, −6.81 **75.** 6.70, 0.30 **76.** 1.46, −5.46 **77.** −1, −1.67 **78.** 32% **79.** 9% **80.** 22.5% **81.** 18%

Lección 12-7   pp. 757–762

¿Comprendiste? 1. $\frac{5}{8}$ **2.** Sería $1 - \frac{20}{50 + x}$, donde x es el número de otras muestras agregadas. La probabilidad aumenta. **3.** 3 : 1 **4.** 98% **5.** aproximadamente 34,995 focos

Comprobar la comprensión de la lección 1. $\frac{1}{6}$ **2.** $\frac{1}{3}$ **3.** $\frac{5}{6}$ **4.** $\frac{2}{3}$ **5.** 1 : 5 **6.** 16% **7.** La probabilidad teórica está basada en el número de resultados favorables cuando todos los resultados son igualmente probables. La probabilidad experimental está basada en los resultados de un experimento. **8.** Hay sólo dos resultados que son favorables, obtener un 1 o un 2; por tanto, la probabilidad es $\frac{2}{10}$, ó $\frac{1}{5}$.

Ejercicios 11. 0 **13.** $\frac{2}{3}$ **15.** $\frac{1}{2}$ **17.** $\frac{2}{3}$ **19.** $\frac{2}{3}$ **21.** $\frac{1}{3}$ **23.** 5 : 1 **25.** 5 : 1 **27.** 1 : 5 **29.** 43% **31.** 85% **33.** aproximadamente 201 árboles **35.** 98.4% **39.** 40% **41.** 25% **50.** 840 **51.** 6 **52.** 30 **53.** 9 **54.** 5 **55.** {1, 4, 5, 6, 7, 10} **56.** {4, 6} **57.** {0, 2, 4, 5, 6, 7, 8, 10} **58.** {4, 10} **59.** {0, 1, 2, 4, 6, 7, 8, 10}

Lección 12-8   pp. 764–770

¿Comprendiste? 1a. $\frac{5}{6}$ **b.** $\frac{2}{3}$ **2.** $\frac{2}{225}$ **3.** $\frac{1}{18}$ **4.** $\frac{1}{105}$ **5a.** $\frac{5}{33}$ **b.** No; los numeradores y los denominadores son iguales; por tanto, el producto es el mismo.

Comprobar la comprensión de la lección 1a. $\frac{4}{5}$

b. $\frac{3}{5}$ **c.** 1 **d.** $\frac{4}{5}$ **2.** $\frac{3}{20}$ **3.** $\frac{3}{25}$ **4.** Las respuestas variarán. Ejemplo: Hallar la probabilidad de obtener un número menor que 5 que sea par. **5.** Mutuamente excluyentes; las respuestas variarán. Ejemplo: El complemento de un número par en un cubo numérico es un número impar, y pares e impares son mutuamente excluyentes. **7.** Como una tarjeta puede ser amarilla y tener una letra, la fórmula debe ser P(amarilla o letra) = P(amarilla) + P(letra) − P(amarilla y letra) = $\frac{3}{5} + \frac{2}{5} - \frac{1}{5} = \frac{4}{5}$.

Ejercicios 9. $\frac{4}{5}$ **11.** $\frac{1}{2}$ **13.** $\frac{3}{5}$ **15.** $\frac{7}{10}$ **17.** $\frac{1}{4}$ **19.** $\frac{1}{6}$ **21.** $\frac{4}{81}$ **23.** $\frac{1}{9}$ **25.** $\frac{4}{27}$ **27.** $\frac{1}{36}$ **29.** $\frac{1}{36}$ **31.** $\frac{1}{12}$ **33.** 0

35. $\frac{3}{22}$ **37.** Dependientes; el resultado del primer evento afecta el resultado del segundo. **39.** En los eventos independientes, el resultado del primer evento no afecta el resultado del segundo evento, mientras que en los eventos dependientes, el resultado sí se ve afectado. Un ejemplo de dos eventos independientes es lanzar dos cubos numéricos. Un ejemplo de dos eventos dependientes es sacar dos cartas de un mazo sin volver a colocar la primera. **41.** aproximadamente 4.7% **49.** $\frac{11}{21}$

50. $\frac{4}{21}$ **51.** $\frac{2}{7}$ **52.** $\frac{8}{21}$ **53.** −22 **54.** $\frac{a+5}{5(a-5)}$ **55.** $\frac{7(y+1)}{7y+1}$

Repaso del capítulo   pp. 774–778

1. elemento **2.** frecuencia **3.** valor extremo **4.** cuartil
5. $\begin{bmatrix} -12 & 7 \\ 4 & 6 \end{bmatrix}$ **6.** $\begin{bmatrix} 4.4 & 4.5 \\ 9.5 & -10.2 \\ 3.4 & -2.6 \end{bmatrix}$

7. $\begin{bmatrix} -12.6 & -4.62 \\ -12.6 & 8.4 \\ 4.2 & -12.18 \end{bmatrix}$ **8.**

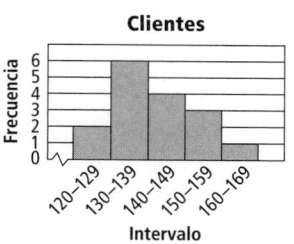
Clientes

9.

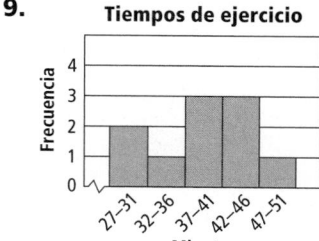
Tiempos de ejercicio

10. asimétrico
11. simétrico
12. 26.3, 26, 23 y 25 y 29, 9
13. 12.1, 12, 12, 2
14. 11.1, 11.3, 13.4; media o mediana
15. 27

16.

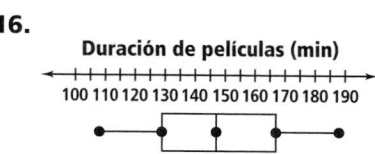
Duración de películas (min)
100 110 120 130 140 150 160 170 180 190

17.
Pesos de perros (lb)
10 20 30 40 50 60 70 80 90

18.
Longitud de libros (páginas)
140 180 220 260 300 340 380 420

19. B, la caja en A es de aproximadamente 90 a 110, mientras que la caja en B es de aproximadamente 75 a 125. **20.** Sistemático; buena muestra; ¿planeas ver más o menos películas el año que viene? **21.** Estratificado; buena muestra; ¿a quién apoyarías para ser el presidente del consejo estudiantil? **22.** 15,120 **23.** 6 **24.** 336 **25.** 20 **26.** 360 **27.** 42 **28.** 28 **29.** 126 **30.** 10 **31.** 20 **32.** 35 **33.** 5 **34.** 10 **35.** 40,320 maneras **36.** 126 conjuntos **37.** $\frac{1}{2}$ **38.** $\frac{1}{2}$ **39.** $\frac{1}{6}$ **40.** $\frac{5}{6}$ **41.** 0 **42.** $\frac{1}{3}$ **43.** aproximadamente 93.3% **44.** $\frac{2}{7}$ **45.** $\frac{2}{7}$ **46.** $\frac{1}{36}$ **47.** $\frac{1}{4}$ **48.** Dependientes; el resultado del primer evento afecta el resultado del segundo. **49.** Independientes; el resultado de la rueda no afecta el resultado de escoger una canica.

Manual de destrezas

p. 786 1. compuesto **3.** compuesto **5.** primo **7.** compuesto **9.** primo **11.** compuesto **13.** 1, 2, 23, 46 **15.** 1, 11 **17.** 1, 3, 9, 27 **19.** $2 \cdot 3 \cdot 3$ **21.** $3 \cdot 3 \cdot 3$ **23.** $2 \cdot 2 \cdot 2 \cdot 2 \cdot 2$

p. 787 1. 2 **3.** 24 **5.** 80 **7.** 33

p. 788 1–11. Las respuestas variarán. Se dan ejemplos. **1.** \$350 **3.** \$300 **5.** \$17 **7.** 6.90 **9.** 7 **11.** \$30.80

p. 789 1. $\frac{8}{14}, \frac{12}{21}, \frac{16}{28}, \frac{20}{35}, \frac{24}{42}$ **3.** $\frac{6}{16}, \frac{9}{24}, \frac{12}{32}, \frac{15}{40}, \frac{18}{48}$ **5.** $\frac{10}{12}, \frac{15}{18}, \frac{20}{24}, \frac{25}{30}, \frac{30}{36}$ **7.** 9 **9.** 48 **11.** 2 **13.** sí **15.** no; $\frac{1}{8}$ **17.** sí **19.** $\frac{1}{2}$ **21.** $\frac{2}{3}$ **23.** $\frac{3}{10}$

p. 790 1. 0.3 **3.** 0.2 **5.** $0.\overline{714285}$ **7.** $\frac{7}{100}$ **9.** $\frac{7}{8}$ **11.** $6\frac{1}{3}$

p. 791 1. $\frac{5}{7}$ **3.** 3 **5.** $10\frac{7}{15}$ **7.** $6\frac{2}{9}$ **9.** $6\frac{7}{33}$ **11.** $9\frac{2}{3}$ **13.** $13\frac{7}{16}$ **15.** $\frac{3}{5}$ **17.** $1\frac{2}{7}$ **19.** $2\frac{3}{8}$ **21.** $3\frac{1}{3}$ **23.** $9\frac{4}{63}$ **25.** $2\frac{1}{6}$

p. 792 1. $\frac{3}{10}$ **3.** $8\frac{5}{8}$ **5.** $3\frac{1}{2}$ **7.** $25\frac{3}{10}$ **9.** $2\frac{4}{5}$ **11.** $1\frac{1}{5}$ **13.** $\frac{5}{7}$ **15.** $1\frac{17}{21}$ **17.** $\frac{20}{27}$ **19.** $\frac{22}{25}$

p. 793 1. 56% **3.** 602% **5.** 820% **7.** 14.3% **9.** 11.1% **11.** 75% **13.** 0.07 **15.** 0.009 **17.** 0.83 **19.** 0.15 **21.** 0.0003 **23.** 3.65 **25.** $\frac{19}{100}$ **27.** $4\frac{1}{2}$ **29.** $\frac{16}{25}$ **31.** $\frac{6}{25}$ **33.** $\frac{3}{800}$ **35.** $\frac{3}{5}$

p. 794 1. 6^4 **3.** $5 \cdot 2^4$ **5.** $4^2 \cdot 3^2 \cdot 2$ **7.** 64 **9.** 141
11. 3267 **13.** $(1 \cdot 10^3) + (2 \cdot 10^2) + (5 \cdot 10^1) \cdot$
$(4 \cdot 10^0)$ **15.** $(8 \cdot 10^4) + (3 \cdot 10^3) + (4 \cdot 10^2) +$
$(0 \cdot 10^1) + (1 \cdot 10^0)$

p. 795 1. 22 cm **3.** 24 cm^2 **5.** 216 cm^3 **7.** 352 cm^3

p. 796 1.

```
3.                    X
                X X
          X     X X X X           X
        X X     X X X X           X X
        X X     X X X X           X X
        0 1 2 3 4 5 6             X
                                  X   X X
                                  X   X X
                                X X   X X X
                                      X X X
                                  1 2 3 4 5 6
```

5.

Medallas de oro ganadas

```
        X
  X X X X
  X X X X
  X X X X X   X       X       X
  0 1 2 3 4 5 6 7 8 9 10 11 12 13
```

En el diagrama de puntos se muestra que la mayoría de los países ganaron aproximadamente 3 medallas de oro. El número máximo de medallas de oro que ganó un país fue 13, y el mínimo fue 1.

p. 797 1.

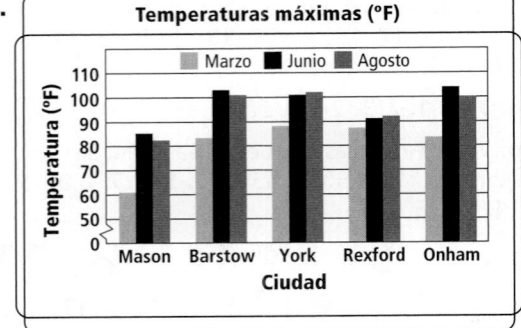

p. 798 1.

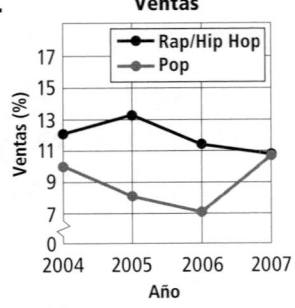

p. 799 1a. Métodos de transporte

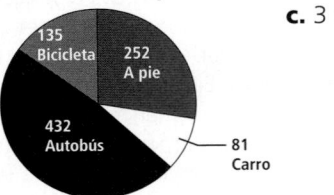

b. 48%
c. 3 veces

p. 800 1.

1	0	5	5	8
2	2	5	8	
3	5	6		

Clave: 1 | 0 significa 10

3.

76	1	8	8
77	6		
78	5	5	8

Clave: 76 | 1 significa 761

5.

Calificaciones de los exámenes

Clase A		Clase B		
8	6			
8 2	7	5	9	
5 3 1	8	1	2	7
8 4	9	0	1	
	10	0		

Clave: 7 | 5 significa 75

2 | 7 | 5

2 | 7 significa 72

Índice

índice

índice

Agradecimientos

Agradecimientos al personal

Los miembros del equipo de *High School Math*, en representación de los servicios de producción, servicios de producción multimedia y diseño digital, desarrollo de productos digitales, editorial, servicios editoriales, manufactura, mercadeo y producción, se incluyen a continuación.

Dan Anderson, Scott Andrews, Christopher Anton, Carolyn Artin, Michael Avidon, Margaret Banker, Charlie Bink, Niki Birbilis, Suzanne Biron, Beth Blumberg, Kyla Brown, Rebekah Brown, Judith Buice, Sylvia Bullock, Stacie Cartwright, Carolyn Chappo, Christia Clarke, Tom Columbus, Andrew Coppola, AnnMarie Coyne, Bob Craton, Nicholas Cronin, Patrick Culleton, Damaris Curran, Steven Cushing, Sheila DeFazio, Cathie Dillender, Emily Dumas, Patty Fagan, Frederick Fellows, Jorgensen Fernandez, Mandy Figueroa, Suzanne Finn, Sara Freund, Matt Frueh, Jon Fuhrer, Andy Gaus, Mark Geyer, Mircea Goia, Andrew Gorlin, Shelby Gragg, Ellen Granter, Jay Grasso, Lisa Gustafson, Toni Haluga, Greg Ham, Marc Hamilton, Chris Handorf, Angie Hanks, Scott Harris, Cynthia Harvey, Phil Hazur, Thane Heninger, Aun Holland, Amanda House, Chuck Jann, Linda Johnson, Blair Jones, Marian Jones, Tim Jones, Gillian Kahn, Brian Keegan, Jonathan Kier, Jennifer King, Tamara King, Elizabeth Krieble, Meytal Kotik, Avi Kotzer, Brian Kubota, Roshni Kutty, Mary Landry, Christopher Langley, Christine Lee, Sara Levendusky, Lisa Lin, Wendy Marberry, Dominique Mariano, Clay Martin, Rich McMahon, Eve Melnechuk, Cynthia Metallides, Hope Morley, Christine Nevola, Michael O'Donnell, Michael Oster, Ameer Padshah, Jeffrey Paulhus, Jonathan Penyack, Valerie Perkins, Brian Reardon, Wendy Rock, Marcy Rose, Carol Roy, Irene Rubin, Hugh Rutledge, Delia Seyhun, Vicky Shen, Jewel Simmons, Ted Smykal, Emily Soltanoff, William Speiser, Jayne Stevenson, Richard Sullivan, Dan Tanguay, Dennis Tarwood, Susan Tauer, Tiffany Taylor-Sullivan, Catherine Terwilliger, Maria Torti, Mark Tricca, Leonid Tunik, Ilana Van Veen, Lauren Van Wart, John Vaughan, Ana Sofía Villaveces, Laura Vivenzio, Samuel Voigt, Kathy Warfel, Don Weide, Laura Wheel, Eric Whitfield, Sequoia Wild, Joseph Will, Kristin Winters, Allison Wyss, Dina Zolotusky

Créditos adicionales: Michele Cardin, Robert Carlson, Kate Dalton-Hoffman, Dana Guterman, Narae Maybeth, Carolyn McGuire, Manjula Nair, Rachel Terino, Steve Thomas

Ilustración

Kevin Banks: 330; **Jeff Grunewald:** 238, 265, 266, 534, 555, 566, 606, 608, 626, 633, 681; **Christopher Wilson:** 253, 268, 276, 325, 368, 390, 474, 492, 550, 663, 674, 714, 718, 720, 724, 726, 750, 751, 755, 757, 764, 766; **XNR Productions:** 4, 132, 142, 151, 169, 171, 385, 422, 449

Ilustración técnica

GGS Book Services

Fotografía

Todas las fotografías que no aparecen en la lista a continuación son propiedad de Pearson Education.

Contraportada, © Gary Bell/zefa/Corbis

Página 3, ©Joel Kiesel/Getty Images; **17,** www.src.le.ac.uk/ projects/lobster/ov-optics.htm; **43,** Alamy; **54,** Satellite Imaging Corp.; **79,** Tobias Schwarz/Reuters/Landov; **84 T,** Livio Soares/ Peter Arnold; **84 fondo,** iStockphoto; **113,** Corbis; **133 R,** Franklin Institute; **133 L,** Photo Researchers; **133 M,** SuperStock; **163,** Michael Newman/PhotoEdit; **164,** Google; **167 R,** Shubroto Chattopadhyay/Corbis; **167 L,** Macduff Everton/Getty Images; **196,** iStockphoto; **221 T,** Corbis; **221 B,** Dorling Kindersley; **233,** Ed Ou/AP Photos; **255 R,** National Geographic; **255 L,** iStockphoto; **255 M,** Dorling Kindersley; **291,** Paul Kitagaki Jr./ MCT/Landov; **300 B,** AP Images; **300 T,** Photo Researchers; **300 M,** NASA; **309,** Corbis; **309 fondo,** iStockphoto; **359,** ©Wildlife GmbH/Alamy; **361 L,** Alamy; **361 R,** Animals, Animals; **413,** Jeff Vanuga/Corbis; **418,** Getty Images; **420 L,** Minden Pictures; **420 R, 451,** Photo Researchers; **473,** Stan Liu/Getty Images; **482 B,** Paulo Fridman/Corbis; **482 T,** Alamy; **500, 506,** iStockphoto; **512, ambas** Minden Pictures; **520,** Kyla Brown; **533,** Bernd Opitz/Getty Images; **557,** Dreamstime; **564,** Dorling Kindersley; **599,** Roine Magnusson/Getty Images; **601,** iStockphoto; **603,** Geoffrey Morgan/Alamy; **615,** Art Wolfe/Getty Images; **611,** iStockphoto; **617,** greeklandscapes.com; **651,** Peter Essick/ Aurora Photos; **663,** iStockphoto; **713,** Jamie Wilson/ iStockphoto.